행복의 발견 365

# 행복의 발견 365

오늘부터 1년,
내 삶의 기준을 찾아가는 연습

세라 본 브래넉 지음
신승미 옮김

design**house**

| 일러두기 |

이 책에 나오는 인명의 한글 표기는 국립국어원 규정에 따랐으며, 규정에 따른 용례가 없는 경우는 원어 발음에 최대한 가깝게 표기하고자 하였다.

그 여자의 눈과 귀는 볼록렌즈와 소리굽쇠였고,

생각이나 느낌의 아주 미세한 굴절이나 울림을 감지했다.

… 그녀는 작가가 책에서 했거나 하지 않은 모든 말에

깊이 내재된 떨림소리, 여러 소리가 뒤섞인 울림을 들었다.

– 윌라 캐더


지극한 사랑과 깊은 감사를 담아,

크리스 토마시노와 늘 깊은 감동을 주는

케이트에게 이 책을 바친다.

한 사람은 이 책을 위해 백방으로 노력했고,

다른 한 사람은 전력을 기울였다.

글로리아나 / 알렐루야

진실과 확신이 부족하고 고뇌와 절망으로 가득 찬 시대에,
모든 여성이 부끄러워하지 말고 나서서 자신의 일을 통해
잃어버린 마음의 일부를 세상에 돌려주려는 노력을 해야 한다.

– 루이즈 보건

# 오늘부터 1년, 내 삶의 기준을 찾아가는 연습

수 세기 동안 여성들은 우리가 오늘날 하고 있는 말을,
흔히 새로운 생각이라고 여겨지는 많은 말들을 해왔다.

– 데일 스펜더
호주의 페미니스트 학자

친애하는 독자에게,

환영한다. 당신이 내 책을 처음 읽는다면 연말 무렵에는 나를 새 친구로 생각하게 되길 바란다. 당신이 이미 내 책을 읽은 친구라면 다시 온 것을 환영한다. 다시 당신의 귀중한 벗이 되다니 정말 근사한 일이다! 하지만 친밀감의 깊이와 상관없이 내가 살면서, 그리고 이 책을 쓰면서 그랬듯이 당신도 이 책을 읽으면서 신날 것이다. 사실 이번 개정판 집필은 내가 지금까지 해온 글쓰기 중에 가장 행복한 작업이었다.

《행복의 발견 365》가 1995년에 처음 나온 이래로 25년이 흘렀다는 것이 믿어지지 않는다. 나는 가족과 일에 헌신하는 삶과 내면 깊숙이 자리 잡은 정신적이고 창조적인 열망을 조화시키려고 노력하는 과정에서 깨달은 뜻밖의 사실을 일일 에세이에서 공유했다. 오래전부터 나는 좌절감과 갈망을 느끼는 사람은 나뿐만이 아닐 것이라고 짐작했지만 전 세계에서 여성들, 당신과 같은 수백만 명의 독자들이 열렬한 반응을 보

일 거라곤 전혀 예측하지 못했다. 우리는 흥미진진한 모험을 함께 시작했으며, 덕분에 나는 끊임없이 고마움과 은혜와 성취감을 느끼고 있다. 당신도 이 모험에서 나와 같은 경험을 하게 되기를 바란다.

## 불만족스러운 삶과 이별하는 법

이야기는 성스러운 시각화다. 경험을 울려 퍼지게 하는 방법이다.
- 테리 템페스트 윌리엄스
미국의 작가·교육자·환경 운동가

내가 강연을 하거나 독자들을 만날 때 가장 자주 듣는 질문들은 단연코 《행복의 발견 365》의 뒷이야기와 관련이 있다. 왜 이 책을 썼는가? 수많은 여성이 생각하던 것을 어떻게 지면에 표현했는가? 혹은 많은 사람이 알고 싶어 하는 질문인, 어떻게 〈오프라 윈프리 쇼〉에 출연하게 되었는가?

수년간 나는 책이나 영화나 사람의 가장 흥미로운 부분은 뒷이야기, 즉 행간에 숨은 이야기라는 것을 알게 됐다. 내가 내 자신을 돌아볼 때 가장 놀라운 점은 이 책을 세상과 내 마음과 당신의 손에 가져다준 우연의 신비로운 연결고리가 어떻게 내 '응답받지 못한 기도들'의 결과로 나타났느냐는 것이다.

이 신비한 일을 생각하면 미소가 지어지는 한편 얼떨떨한 기분이 든다. 왜 우리가 실패를 겪으면서 흘린 눈물이 성공에 필요한 성장을 불러오는지 설명할 길이 없기 때문이다.

《행복의 발견 365》는 내 세 번째 책이었다. 나는 이전에 빅토리아 시대의 가정생활에 관한 책 두 권을 썼고, 빅토리아 시대의 장식 예술에 관한 다음 책을 쓰기 시작할 참이었다. 하지만 장식에 대한 1년간의 숙고는 두려움을 불러왔다. 내가 읽고 싶은 책은 헌신(내 딸, 내 결혼, 병든 어머니, 집에서 하는 일, 세상에서 하는 일, 형제자매·친구·지역사회에 대한 헌신)하는 삶과 내면 깊숙이 자리 잡은 정신적이고 창조적인 열망을 조화시키는 방법에 관한 책이었다. 나는 혼이 나갈 정도로 정신없이 생활하는 여성이 나뿐만이 아니라는 것을 알았다. 나는 기진맥진하고 우울하고 녹초가 된 여성이 나만이 아니라는 것을 알았다. 하지만 답을 가진 여성이 내가 확실히 아니라는 것도 알았다. 나는 올바른 질문조차 알지 못했다.

나는 그런 책을 찾을 수 없었다. 1993년에 노벨문학상을 받은 작가 토니 모리슨은 정말 읽고 싶지만 아직 출간되지 않은 책이 있다면 당신이 직접 써야 한다고 말했다. 나는 토니 모리슨의 조언을 마음에 깊이 새겼다.

나는 아주 많은 것(돈, 성공, 인정, 창조적 표현)을 원했지만 나에게 진짜 필요한 것이 무엇인지 전혀 몰랐다. 때로는 내 열정적인 갈망이 너무 간절해서 그것을 다룰 방법은 갈망하는 것이 없는 것처럼 여기는 것뿐이었다. 나는 일중독자이자 돌봄 중독자이자 완벽주의자였다. 내가 마지막으로 나 자신에게 다정하게 대한 때가 언제였는지 기억나지 않았다. 다정하게 대한 적이 있기는 했을까? 나는 늘 화가 났고, 다른 사람들을 질투했고, 끊임없이 나를 다른 사람들과 비교했고, 꼭 집어 말할 수 없지만 내 삶에 빠져 있는 무엇인가 때문에 억울해했다.

돈은 감정을 격하게 하는 중대한 문제였고 행복해질 수 있는 내 능력을 제한했다. 돈에 휘둘린 내 탓이었다. 돈은 내가 성공과 자존감을 평가하는 유일한 기준이었다. 일을 마무리했는데도 당장 생활비로 쓸 돈이 없다면, 그 일에 대한 성취감을 느끼지 못했다. 좌절감에 사로잡혀 있었고 어떻게 다른 여성들은 만족스러운 삶을 살 수 있는지 헤아릴 수 없던(모든 단편적인 사실들을 고려해서 결론을 도출하려고 해도) 나는 삶을 낭비하고 있다는 생각과 야망을 위해 삶을 희생하고 있다는 생각 사이에서 갈팡질팡했다.

나는 이 책이 절실하게 필요한 여자였다.

그러면 왜 내 인생을 바꿔야 했을까? 직업을 가진 다른 5,000만 명의 어머니들과 마찬가지로, 내 하루 일과는 다른 사람을 위한 일과 이에 상충하는 나의 욕구 사이에서 줄다리기를 하는 것이었다. 한꺼번에 이 일 저 일을 하려고 미친 듯이 서두르다 보니 마치 내 정신이 나를 쫓아오려고 계속 전속력으로 뛰고 있다는 느낌이 들었다. 정신은 내가 지쳐서 잠자리에 맥없이 주저앉을 때에야 나를 따라잡았다. 아침이 가장 무서웠다. 잠에서 깨면 한숨부터 나왔다. 또 하루를 어떻게 견딜까 싶은 생각이 가장 먼저 들었다. 물론 누구에게도 불평하지 않았지만 나 자신과 신에게 우는소리를 해댔다. 그러다가 나 자신의 징징거림 때문에 말 그대로 미칠 지경에 이르렀다.

어느 날 아침, 몸은 지치고 정신력은 완전히 고갈된 상태로 잠에서 깼다. 돈도 빠듯했다. 수익이 좋은 컨설팅 일감이 두 개나 끊어진 참이었다. 게다가 다운사이징 말고는 기삿거리가 없어서 글을 쓰는 프리랜

서들의 일감이 빠른 속도로 줄어들고 있었다. 나는 내 인생에서 빠진 부분에 신경을 집중하는 것만으로도 넌덜머리가 나서 다운사이징에 대해 글을 쓰는 것이야말로 가장 하기 싫은 일이었다. 진이 빠졌고 녹초가 됐고 의욕을 잃었다. 돈 걱정을 하면서 내 가장 소중한 자원인 시간과 창조적인 에너지와 감정을 허비했다. 그래서 나는 식탁에 앉아서 지금 당장 내 삶에서 좋은 것을 찾아 목록을 만들어야 한다는 절박감을 느꼈다. 마치 우울증 치료제 덕에 지나치게 들뜬 사람 같았다. 여섯 시간 뒤에 펜을 놓고 보니 놀랍게도 내 삶에서 그동안 못 보고 지나친 좋은 점이 수없이 적힌 목록이 나왔다. 종이에 적힌 항목이 150개가 넘었는데 그 중에서 돈과 관련된 것은 하나도 없었다. 그런 다음에 내가 '일상의 통찰'이라고 이름 지은 순간이 찾아왔다. 내가 대단히 축복받은 사람이라는 자각 이외에는 아무것도 필요 없음을 깨달은 것이다. 처음으로 감사가 나에게 손짓하며, 감사하는 마음이 지닌 변화의 힘을 활용하라고 권했다. 내 삶을 뜯어고치려 하지 말고 현재의 삶을 마음껏 누리라고 했다. 13세기 독일의 신비주의 사상가 마이스터 에크하르트는 평생 기도하는 말이 '감사합니다'일 뿐이라도 그것이면 충분하다고 믿었다. 그의 말이 옳다는 것을 깨달았고 신이 나서 일상생활에서 감사하는 다섯 가지를 새로 적어 내려갔다.

하지만 나는 이 책을 쓰기 전에 내 삶에서 제대로 돌아가는 것과 그렇지 않은 것을 검토해야 했다. 어쩌면 태어나서 처음으로 스스로에게 완전히 솔직해진 때였을 것이다. 깊은 자기 성찰을 하는 이 시기 동안에 현실적이고 창조적이며 정신적인 여섯 가지 은총(감사, 소박함, 질서, 조화, 아름다움, 기쁨)이 내 나름대로 삶을 정의하도록 도운 촉매가 되었다.

어느 날 아침에 나는 괴로움보다 만족감을 느끼는 순간이 더 많은 행복한 여자가 되었다는 것을 깨달았다. 다시 자신감을 얻은 나는 내가 그때 그랬고 지금도 그렇듯이 자기 뜻대로 살고 싶은 여성들을 위해 느긋하고 여유 있는 삶의 방식에 대한 책을 쓰겠다고 제안했다.

그러나 지금 당신이 읽고 있는 책은 내가 처음 구상한 책과 닮은 점이 전혀 없다. 거의 5년 동안 글을 쓰면서 내가 변화했듯이《행복의 발견 365》도 대단히 변화했다. 매일 아침 글을 쓸 때는 영성과 진정성과 창조성이 '완전한 자아 찾기'라는 하나의 주제로 모여들었다. 처음에는 잡동사니 없애기에 대한 글을 쓰기 시작했는데 결국 자아와 영혼의 여행에 대한 내용으로 끝이 났다. 이에 대해 나보다 더 깜짝 놀란 사람은 없을 것이다.

책의 내용이 '감당할 수 있는 생활방식 만들기'에서 '은총을 받으며 살기'로 진화하면서 나는 예전 모습을 알아보지 못할 정도로 바뀌기 시작했다. 이 책을 쓰면서 날마다 일상에서 통찰을 경험했고, 평범한 일상에서 성스러운 신비를 발견했으며, 지금 이 순간의 신성함에 몰두하게 되었다. 예전보다 훨씬 많이 웃게 되었다. 특히 나 자신 때문에 웃는 일이 많아졌다.

나는 내 삶의 모든 것이 끊임없이 살펴보고, 되돌아보고, 생각해볼 만한 가치를 지니고 있다는 뜻밖의 발견을 했다. 엉망인 머리, 변덕스러운 기분, 아이 픽업, 괴로운 마감일, 마이너스 통장, 더러운 마룻바닥, 장보기, 탈진, 질병, 입을 옷이 하나도 없는 옷장, 갑작스럽게 방문한 손님, 힘겨운 11.3킬로그램 체중 감량. 이 모든 사소한 것에 중요한 의미가 있었다. 이 책은 진정한 삶은 가장 개인적인 형태의 예배라는 초월적인 자각으로 나를 이끌었다. 매일의 삶이 기도가 되었다.

그렇지만《행복의 발견 365》를 세상에 내놓는 과정은 내 생애에서 가장 힘난하고 힘겨웠다. 20년 동안 기자로 활동했고 전국 신문에 기사를 제공하는 칼럼니스트였으며 이미 책 두 권을 냈지만 내 원고로 선뜻 책을 내려는 출판사를 찾기가 너무 힘들어 의기소침해졌다. 힘든 싸움이었다. 2년 동안 30번이나 퇴짜를 맞았다. 에이전트 크리스 토마시노는 내가 받을 충격을 조금이라도 덜어주려고 거절 편지들을 모아두었다가 한꺼번에 전달했다. 출판사가 거절한 이유? 일단 '소박함'에 관한 책은 상업성이 없었고(원서 제목은 '소박한 풍요로움Simple Abundance'이다-옮긴이), '감사함'을 바탕으로 한 라이프스타일 서적은 출간될 가망조차 없었다.

25년 후, 30개 국어로 번역돼 700만 권이 팔리면서 그들의 생각이 틀렸음이 증명되었다.

이번에 새로 머리말을 준비하면서 과거에 놀라운 기적이 일어난 과정을 되돌아볼 겸 출판 기록 파일을 들춰봤다. 일부 거절 편지의 내용은 지금 봐도 너무 인정사정없어서 몸서리쳐졌다. 그때 내가 아무도 상상하지 못할 정도로 수많은 밤을 울면서 잠든 게 당연했다. 하지만 다음 날 아침이 되면 '한 번 더 노력해보자'라고 혼잣말을 하고는 차분하게 명상을 시작했다. 결국 생각, 단락, 페이지가 점차 쌓이면서 각자 창조적인 에너지를 발휘했다. 처음부터 나는 이 책은 위대한 창조주와 나의 공동 작업이라고 생각했다. 제목이 네온사인처럼 번쩍 떠올랐기 때문이다. 나는 이런 일이 일어날 때 관심을 기울인다. 내 임무는 날마다 정시에 자리에 앉아서 글을 쓰는 것이었다. 적당한 출판사를 찾는 세부적인 일은 신과 크리스의 몫이었다.

하지만 솔직히 말해서 세상이 당신을 외면할 때 긍정적인 마음가짐을 유지하기란 몹시 어렵다. 그래서 나는 희망을 버리지 않기 위해 출판 무드보드(특정 주제를 텍스트, 이미지 등 다양한 요소를 활용해 보여주는 보드—옮긴이)를 만들어서 책상 위에 걸었다. 책이 출간되기 2년 전인 1993년의 어느 날 오후, 나는 〈뉴욕타임스〉에서 베스트셀러 목록을 오리고 1위를 한 책의 제목을 하얗게 칠한 다음에 '행복의 발견 365'라고 쓰고 날짜를 1996년 6월로 바꿨다. 나는 그 기사를 컴퓨터 모니터 꼭대기에 붙였다. 로버트 스피어 더닝의 아름다운 그림 〈체리 수확Harvest of Cherries〉이 인쇄된 엽서도 걸었다. 그 그림은 잔디밭 위에 남자용 밀짚모자와 여자용 밀짚 보닛 옆에 체리가 넘쳐흐르는 바구니가 있는 모습을 담고 있다. 이 그림은 "당신은 필요한 것을 다 가지고 있다"라는 교훈을 완벽히 묘사한 것이었다. 그래서 나는 애정 어린 눈으로 나를 바라보는 미래를 앞에 두고 날마다 글을 썼다. 나는 신과 책을 나보다 더 믿는 법을 배워야 했다.

원래 나는 이 책을 아름다운 풀컬러의 라이프스타일 책으로 만들려고 했다. 1990년대 초반에 상당히 유행한 스타일이었는데 쓸모는 별로 없었다. 2년이 지나고 30번째 퇴짜를 맞았을 때, 워너북스의 올리비아 블러머가 영감을 주는 데일리북으로 바꿀 의향이 나에게 있는지 크리스에게 물었다. 나는 터무니없는 말이라고 생각했다. 스스로가 필사적으로 영감을 찾고 있는 마당에 어떻게 다른 여성에게 영감을 준다는 말이지? 크리스는 일단 하룻밤 자고 나서 생각해보라고 했다.

다음 날 아침, 나는 기존 원고를 다시 배열해서 데일리북으로 바꿨다. 나는 읽고 난 뒤 하루 동안 깊이 생각할 수 있는 하나의 희망찬 짧은 이야기가 가진 힘에 놀랐다. 이윽고 부드럽고 연민 어린 목소리가 들렸다. "이제 우리 일을 시작할까?" 나는 그것이 신의 목소리라는 것을 알게 되었다. 그렇게 우리는 일을 시작했다. 하지만 완성하기까지 또다시 2년이 걸렸다. 분명히 나는 당신과 나누고 싶은 이야기가 아주 많았다.

마침내 《행복의 발견 365》가 1995년 11월에 출간됐을 때, 출판사는 이 책을 '여성의 책'이라고 말했다. 그 말은 '서서히 타오를 책'이고 여성들의 '입소문'에 달려 있다는 뜻이었다. 사실 '여성의 책'이니 '서서히 타오를 책'이니 '입소문'이니 하는 것은 '주목을 받지 못한다'는 것을 의미하는 출판계의 완곡어였다. 아니나 다를까 처음 몇 달 동안 지역서점 외에는 주문이 들어오지 않았다.

너무나 속상했다. 5년 동안 땀, 눈물, 고투로 점철된 작업이 주목을 못 받는다고? 내 책이 사라질 판이라고? 그렇게 되게 둘 수 없었다. 이제는 기도 말고는 도움을 구할 데가 없었다. 다음 날에 신이 내 귀에 속삭였다. "여자 제작진에게 주라고 〈오프라 윈프리 쇼〉에 책 30권을 보내. 입소문이 퍼지는지 한번 보자." 이는 아주 흔치 않은 홍보 방법이었고, 그때는 새롭고 흥미로운 방식으로 여성의 독서와 토론을 이끈 유명한 오프라 북클럽이 시작되기 전이었다. 출판사 홍보부는 이미 책 한 권을 오프라 윈프리의 프로듀서에게 보낸지라 과도한 홍보로 비칠 수 있다며 내 제안에 대해 걱정스러워했다. 당연한 반응이었다.

그러는 동안에 크리스마스 시즌이 다가왔고 친한 친구들이 너그럽게도 나를 위해 북파티를 열어 그들의 친구와 친구의 친구를 초대했다. 반응은 열광적이었다.

나는 항상 많은 사람으로 북적이는 워싱턴 월도프 초등학교 바자회에서 부스를 설치했다. 최고의 크리스마스 바자회이기 때문에 사람들은 1년 전부터 달력에 동그라미를 쳐놓고 기다린다. 나는 두 시간 만에 100권을 팔았고 모든 책에 사인을 했다. 여성들이 여러 권씩 샀다. 동생이나 언니, 단짝, 딸, 며느리, 어머니, 시어머니, 조카, 사촌, 이웃, 상사, 비서에게 선물하려고 샀다. 파티에서 책을 산 여성들이 나중에 책을 더 사려고 나에게 연락을 했다. 엄청나게 놀라운 일이었다.

하지만 여전히 오프라 윈프리에게 책을 보내야 한다는 생각이 머리에서 떠나지 않았다. 나는 다시 홍보부에 건의했고 내가 책값을 낼 테니 대신 출판사에서 보내 달라고 부탁했다. 너무 절박한 작가처럼 보이지 않으려는 것이었다. 사실은 절박했다. 아무래도 그들은 내 목소리에 담긴 열정을 느낀 듯했다. 마침내 그들은 승낙했고 고맙게도 크리스마스 선물로 〈오프라 윈프리 쇼〉 제작진에게 30권을 보냈다(그리고 나는 그 책값을 내지 않아도 됐다!).

약 1주일 후, 홍보부 직원은 선물을 받은 여성들 모두가 그 책을 좋아했지만 제작팀은 그 책이 쇼의 소재로 적당하지 않다고 말하더라고 전했다. 나는 체면을 지키려고 "언젠가 오프라 윈프리가 이 책을 집어 들고 공감이 가는 부분을 읽으면서 쇼에서 소개할 거예요"라고 말했다.

1996년 1월이 거센 바람을 몰고 찾아왔다. 우리 집에서 열띤 대화의 주제는 '내가 언제 진짜 직업을 갖게 될까?'였다. 연휴가 끝나고 딸을 학교에 내려줄 때 한 여성이 나에게 신나게 손을 흔들더니 주차장을 가로질러 왔다. 숨을 헐떡이는 그녀는 나에게 하고 싶은 말이 아주 많았다. 그녀는 내 어깨에 양손을 올리고 눈을 똑바로 바라보면서 《행복의 발견 365》를 써줘서 고맙다는 말을 아낌없이 했다. 시어머니가 소아심장외과 의사였는데 아무리 노력해도 어린아이들을 잃는 것이 너무 괴로워서 의사 일을 그만뒀다고 말했다.

"우리가 크리스마스 선물로 《행복의 발견 365》를 드렸어요. 그런데 어떻게 됐는지 알아요? 시어머니가 다시 일을 하시겠대요. 이제 본인의 진정한 재능을 알아차리셨고 자신이 있을 곳이 병원이라는 것을 깨달으셨거든요." 우리 두 사람의 눈에 행복감과 고마움이 가득 고였다.

바로 그때, 바로 그곳에서, 나는 《행복의 발견 365》라는 결과물에 대한 내 애착을 신에게 내주었다. 나는 그 책이 항상 하늘의 책이었음을 알았고 받아들였다. 나는 그 책을 쓴 작가가 되는 축복을 받았고 그 기회에 아주 감사했다. 그저 내 진정한 재능을 이용할 수 있는 일을 찾게 해달라고 기도했다.

나는 전국의 독자들에게 편지를 받기 시작했다. 그들은 책을 써줘서 고맙고 더는 혼자라고 느끼지 않는다고 말했다. 2월 첫째 주, 〈오프라 윈프리 쇼〉에서 전화가 왔다. 오프라 윈프리는 분장실에 갔다가 탁자에 놓인 《행복의 발견 365》를 보고 궁금증이 생겼다. "사방에서 눈에 띄는 이 분홍색 책이 뭐지?" 오프라는 책을 열고 공감이 가는 부분을 읽었다. 그리고 그다음 주에 시카고로 오라고 나를 초대했다. 나는 열세 살짜리 딸을 데리고 가도 되는지 물었다. 직업 체험학습으로 최고였다!

우리는 쇼 녹화가 있는 전날 오후에 시카고에 도착했고 호텔에서 나와 잠깐 산책하면서 미시건 애비뉴와 주변을 탐험했다. 그리고 테라 미국미술 박물관을 발견했다. 거의 문을 닫을 시간이라 빠르게 미술관을 돌아다녔다. 나는 2층에서 사람이 없는 방으로 들어갔다. 내가 무엇을 발견했을 것 같은가? 로버트 스피어 더닝의 〈체리 수확〉이었다. 내가 이 책을 쓰는 동안 날마다 사랑스럽게 바라본 엽서의 그림이었다. 나는 아직도 이 순간을 떠올리면 소름이 돋는다. 그것은 응답 없는 기도의 여정에서 내가 혼자가 아니라는 것을 영적으로 확인한 순간이었다. 당신도 혼자가 아니다.

## 감사하는 마음이 지닌 마법 같은 힘

시대를 잘 만난 아이디어보다 강한 것은 없다.

- 빅토르 위고
프랑스의 시인·소설가·작가

나는 오프라 윈프리가 이 책의 어떤 구절에 공감했는지 모르지만 아마도 감사와 관련된 부분이라고 짐작한다. 그리고 그녀보다 복음을 잘 전파하는 사람은 없다. 그녀는 감사일기 쓰기가 삶을 변화시키는 효과에 대해 자세하게 말했고 많은 쇼에서 이 책과 《행복의 발견 365의 감사일기》를 소개했다. 나도 모르게 '감사 열풍'이 전국을 휩쓸었다.

　나는 단 5년 전인 1991년에 내 삶을 변화시키는 정신적 촉매로서의 감사의 효과를 실험하기 시작했을 때 그 주제에 관해 쓴 글을 거의 찾을 수 없어서 실망했다. 오로지 베네딕트회 수사인 데이비드 스타인들라스트의 책 《감사: 충만한 삶에 이르는 길》에 조금이나마 소개되어 있을 뿐이었다. 확실히 감사일기만큼 좋은 것은 없었다. 내 결론은 감사일기를 만드는 것이었다. 매일 감사할 거리를 찾는 것은 아주 멋진 새로운 활동이었다.

오늘 검색엔진에 '감사'라는 단어를 입력하니 1억 5,400만 개의 책, 웹사이트, 기사, 소식지, 연구 프로젝트 링크가 나왔고 이 숫자는 날마다 증가한다. 나는 로버트 A. 에먼스와 마이클 E. 맥컬러가 편집한 책 《감사의 심리학The Psychology of Gratitude》을 좋아한다. 이 책은 저명한 과학자들이 감사가 우리 마음, 몸, 정신에 미치는 긍정적인 영향을 입증한 실증적 연구의 첫 번째 모음집이다.

이 이야기를 하는 이유는 당신이 이 책의 새로운 독자라면, 당신이 의식하든 못하든 수년 동안 감사나 감사일기에 대한 대화를 접했기 때문이다. 사실 감사는 미국인의 대화에서 아주 흔하게 사용되는지라 거의 엘리베이터 음악과 마찬가지로 친숙해진 단어다.

당신이 당신의 진정성으로 향하는 '소박한 풍요로움'의 여정을 시작하기 전에 다음과 같은 사실을 똑바로 인지해야 한다. 당신은 감사의 힘을 안다고 생각할지 모르지만 당신이 감사의 기적을 개인적으로 경험하기 전에는 제대로 아는 것이 아니다. 나는 《행복의 발견 365》의 초판에 서처럼 당신이 감사의 힘을 발견할 수 있도록 생각할 거리를 일부러 이 개정판 곳곳에 남겼다. 당신보다 먼저 책을 읽은 여성들이 그랬듯이 당신도 이런 페이지들을 만나게 될 것이다. 내가 당신의 진정성 탐구를 신성한 일로 여긴다는 것을 알아두기 바란다.

진정한 탐구는 '진정한 자아'로 이어진다. 진정한 자아라는 말 역시 지난 20년 동안 아주 많은 방식으로 사용된지라 상투적 문구가 되었다. 하지만 약속하건대 진정한 자아와 관련된 다른 사람들의 생각을 머릿속에서 모두 지울 수 있다면 당신의 진정한 자아를 발견하면서 많은 즐거움을 느끼게 될 것이다.

## 삶에 지친 사람들을 위한 처방전

한 여성이 자신의 삶에 관한 진실을 이야기하면 어떻게 될까?
세상이 갈라질 것이다.
- 뮤리얼 러카이저
미국의 시인이자 정치 운동가

나는 이 책을 쓸 때 오직 한 명의 독자를 위해 썼다. 바로 당신이다. 나는 5년 동안 날마다 세상의 스트레스와 완벽주의에서 벗어나 한숨 돌릴 수 있는, 우리 둘만을 위한 휴식을 만들고 있었다. 나는 내 삶에 대해서 진실을 이야기했고 그것은 당신의 진실을 비췄을 것이다. 우리는 한마음이다.

이 책은 1월 1일부터 12월 31일까지 하루씩 구성된 형식으로 일상의 모든 것을 다뤘기 때문에 여러 면에서 최초의 여성 블로그인 셈이다. 또한 입소문이 났다. 여성들은 크리스마스, 생일, 기념일, 졸업식 선물로 《행복의 발견 365》를 샀다. 그리고 그들은 시간이 지나면서 거꾸로 다른 사람에게 이 책을 선물 받았다. 어머니날에 가족에게 선물로 받았다. 혹은 이혼했거나 해고됐거나 병원에서 청천벽력 같은 진단을 받았을 때 친구에게 선물로 받았다. 그리고 전화 한 통화로 모든 꿈이 무너져버렸거나 그동안 당연하게 생각하던 삶이 산산조각 났을 때 이 책을 수시로 집어 들었다. 많은 심리치료사들이 약 대신 이 책을 처방했다. 심리치료 프로그램 참가자들이 이 책을 돌려 읽었다. 학대받은 여성들이 보호소의 도서실에서 이 책을 발견했다. 암 환자들이 화학치료를 받으려고 기다리는 동안에 이 책을 읽다가 자상한 간호사에게 선물로 남겨두고 돌아갔다. 그렇게 코네티컷부터 크로아티아를 거쳐 중국까지 전 세계 여성들이 축하하고 위로하고 기운을 북돋고 무엇보다도 소통하려고 이 책을 주고받았으며 함께 읽었고, 행간에서 발견한 자신의 삶을 축복했다.

## 살기 좋은 세상일수록 더 필요한 이야기

사람들은 가슴이 얼마나 많이 받아들일 수 있는지 뿐만 아니라
머리가 얼마나 많이 견딜 수 있는지 배워야 한다.
– 마리아 미첼
미국 최초의 여성 천문학자이자 1847년 미스 미첼 혜성의 발견자

여성으로서 우리는 태어날 때부터 연령대별로 구분되지만 이런 분류는 더 이상 우리에게 맞지 않는다. 지금 우리를 묘사하는 말은 무엇일까? 밀레니얼 세대, 엑스 세대, 베이비붐 세대? 《행복의 발견 365》의 독자들은 이런 한정된 분류를 거부한다. 일부 2000년대에 태어난 독자들이 이 책을 아주 좋아한다는 글을 남기지 않았다면 나는 오늘 이 개정판을 쓰고 있지 않았을 것이다. 하지만 의문이 들었다. 과연 내가 그들을 위

해 이 책을 업데이트할 수 있을까? 진정으로 자아를 발견한 사람의 대명사인 미셸 오바마가 우리에게 말한다. "당신이 나서서 직접 당신을 정의하지 않으면 다른 사람이 재빨리, 그리고 부정확하게 당신을 정의할 것이다."

그러니 중간에서 만나는 것으로 하자. 우리는 20세기 중반에 태어난 현대인이다. 하지만 우리 나이나 사고방식과 상관없이, 우리 마음과 머리는 우리를 괴롭히는 것으로부터 지켜줄 위로, 균형, 기쁨이 필요하다. 당신은 그것을 이 책에서 발견할 것이다. 한 번에 한 문장씩 읽으면서 평온을 찾아보면 어떨까? 오늘날 우리는 빠르게 변하고 복잡하고 24시간 내내 무서운 뉴스 속보가 터지는 환경에 둘러싸여 있다. 우리의 안전감을 감소시키고 행복해지는 능력을 약화시켜 우리를 기진맥진하게 하고 취약하게 한다. 우리는 위태롭고 걱정스럽고 두렵다.

우리는 어디로 가는지, 혹은 어디에 있는지조차 잘 모른다. 늘 정신이 산만하다. 사랑하는 사람과 같이 있을 때도 그렇다. 종종 아무 이유 없이 갑자기 눈물을 터뜨리고 자신을 이해하며 이야기를 들어줄 사람이 없다고 느낀다. 더 당황스러운 점은 끊임없이 불안하고 위축되고 걱정스러운 이 느낌이 우리 사회의 새로운 기준(뉴노멀)이 됐다는 것이다. 내가 아는 사실상 모든 여성이 아침에 힘이 없고 신경이 곤두서고 다가올 어려움을 상상한다고 한다. 하지만 이는 정상이 아니고 건강하지도 않다. 누군가는 이 말을 해야 한다. 내가 먼저 하겠다.

이는 정상이 아니다.

우리는 놀라운 시대를 살아가고 있지만 이 새로운 기준은 정상이 아니다. 날마다 펼쳐지는 일들이 하나같이 정상이 아니기 때문이다. 이런 세상에서 자신과 사랑하는 사람을 안전하게 지키는 유일한 방법은 기술이 제한돼야 함을 깨닫는 것이다. 그렇다면 어떻게 해야 할까? 여성들이 항상 자신을 보호하던 방법으로 하면 된다. 정서적으로나 정신적으로 안전한 피난처, 우리에게 소중한 것을 보호하는 피난처를 만드는 것이다. 그래서 내가 돌아왔다.

《행복의 발견 365》의 지난 개정판은 2005년에 출간 10주년 기념으로 나왔다. 14년 전인 그때는 기술이 오늘날처럼 생활방식 전반을 지배할 정도로 확대되지 않았다. 과거에는 기술이 우리 삶을 향상시켰지만 이제는 종종 우리가 기술의 인질이 된다. 1968년에 개봉한 스탠리 큐브릭의 공상과학 영화 〈2001 스페이스 오디세이〉는 우리 생활방식을 예언했다. 단, 우주 공간에서 떠다니는 인공지능 컴퓨터인 할 대신에 집에서 가사도우미 역할을 하는 알렉사가 생겼고, 자동차에서 방향을 알려주는 시리가 생겼다. 그러면서 우리는 왜 우리가 생각을 끝까지 이어나갈 인내심이 없는지 궁금해한다.

나는 25년 전의 독자가 아니라 현재의 독자를 염두에 두고 개정 작업을 했다. 명상 부분을 새롭게 고쳤으며 수정하거나 대체한 다른 부분도 많다. 그래도 《행복의 발견 365》의 핵심은 고스란히 남아 있다. 즉 우리는 필요한 것을 다 가지고 있다. 더 필요한 것은 우리가 날마다 일상에서 얼마나 많은 축복을 받는지에 대한 자각뿐이다. 또한 이미 이 책을 읽은 소중한 독자들을 위해 곰곰이 생각할 새로운 내용을 많이 넣었다. 우리 딸들을 위해 그 나이에 필요한 다정한 자극과 자아의 사파리 여행을 떠나게 할 격려를 넣었다. 그러자 마법이 펼쳐졌다. 나는 이 개정판을 쓰는 동안 잊고 있던 과거의 나를 다시 만났고, 이제는 새로운 사파리 여행을 하고 있다. 나는 이 책을 읽는 모든 사람이 그런 영감을 받기를 바란다.

매달 말에 'O월에 느끼는 소박한 행복' 말고도 '비상용품을 준비해 보자'라는 제목의 새로운 꼭지 글을 마련했다. 이 꼭지 글은 비상용품함을 마련하는 방법을 제안한다. 비상사태에 대비하는 이 보관함은 재빨리 집을 떠나 대피해야 할 때 필요한 모든 것을 보관한다. 최소한 요즘에 갈수록 자주 발생하는 듯한 스노 아마겟돈(심각한 폭설과 추위가 몰아치는 기상 이변—옮긴이)이 발생할 때 생활하기에 충분한 물품은 갖추게 될 것이다.


## 곧 당신 앞에 멋진 삶이 펼쳐질 것이다

신성한 예술은 이야기다.

– 이자크 디네센
덴마크 작가 카렌 블릭센의 필명


아일랜드 사람인 나는 눈에 보이는 것보다 눈에 보이지 않는 것을 더 믿는다. 글쓰기는 가장 개인적인 형태의 기도라는 19세기 작가 프란츠 카프카의 말에 동의한다. 위대한 창조주에게 보내는 감사의 말이 모든 페이지의 행간에 들어 있다. 나는 위대한 창조주를 통해 움직이고 글을 쓰고 살아가고 사랑하고 내 존재와 의미를 찾는다.

에밀리 디킨슨은 집이 신의 다른 이름이라고 믿었다. 헬렌 켈러는 신을 "내 어둠 속 빛, 내 침묵 속 목소리"라고 묘사했다. 13세기 신비주의자인 노리치의 줄리안은 "신은 우리를 둘러싸고 감싸고 에워싸는 옷이다"라고 수련 수녀들에게 말했다. 나는 길고 괴로운 하루의 끝에 편안한 가운으로 갈아입을 때마다 그녀의 말이 옳음을 절감한다.

히브리인의 전통에서 전능한 하느님의 정체는 대단히 신성하고 감춰져 있어서 정식 이름을 발음하는 것이 금지돼 있다. 하지만 로마자로는 YHWH(야훼)라고 적는다. 이 네 개의 성스러운 글자는 '있다be'라는 동사의 과거 시제, 현재 시제, 미래 시제에 해당한다. 하느님이 모세에게 '스스로 있는 자'라고 부르라고 했고, 모세가 그 말대로 하자 바다가 갈라졌고 그의 백성들이 40년 동안 황무지에서 방랑하는 동안 하느님은 그들을 날마다 먹였다. 그들 중 많은 사람들이 하늘을 올려다보며 '만나 신'을 불렀을 것이다. 만나는 그들이 살아남게 하늘이 내린 음식의 이름이다.

하느님을 믿는 모든 여성이 구세주를 저마다의 이름으로 부른다. 마찬가지로 믿음이 없거나 나와 달리 믿음을 경험하지 않은 사람은 하느님을 '우주'나 '그분'이나 '올바르고 질서 있는 방향' 같은 각기 다른 말로 부른다. 나는 내 아일랜드 조상들의 켈트족 영성에서 영감을 받는다. 그들은 신을 아름답고 묘사적인 이름으로 다양하게 부르며, 모든 이름이 일상 속의 성스러움을 기린다. 이를테면 '모든 신비의 근원', '의심의 송곳', '희망의 불쏘시개', '항상 존재하는 제공자', '공감하며 듣는 사람', '난로의 수호자', '신성한 원천'이 있다. 또한 늘 나를 인도하는 '풍요로운 어머니'도 있다.

《행복의 발견 365》를 읽는 것이 위안을 주는 좋은 친구와의 대화가 되기를 바란다. 나는 일상의 은총이 펼쳐지는 우리의 길을 내다볼 때, 아주 즐거운 나날이 우리 앞에 놓여 있는 것을 볼 수 있다. 우리는 축복받은 여성이며 마침내 우리 둘 다 그 사실을 알게 돼서 아주 기쁘다.

깊은 애정과 한없는 고마움을 담아,

당신의 용기를 축복하며.

*Sarah Ban Breathnach.*

세라 본 브래너

2019년 5월

# 차례

# 1월

## 감사와 용기로 한 해를 여는 달

## 2월

### 진짜 내 모습을 알아가는 달

# 3월

## 일상에 작은 변화를 만드는 달

# 4월

## 나의 아름다움에 눈을 뜨는 달

# 5월

## 삶의 질서를 되찾는 달

# 6월

행복의 여지를 발견하는 달

# 7월

## 현실과 이상을 조화시키는 달

# 8월

## 진정한 재능을 발견하는 달

# 9월

## 지난날을 되돌아보고 열정을 되살리는 달

# 10월

## 내 행복의 기준을 세우는 달

# 11월

## 자기 자신을 돌보는 달

# 12월

## 자신에 대한 믿음을 꾸준히 지켜나가는 달

# 1월

## 감사와 용기로 한 해를 여는 달

그리고 이제 새해를 맞이하자꾸나!

지금까지 존재하지 않던 일이 한가득 펼쳐질 새해를.

– 라이너 마리아 릴케

독일 시인

1월, 새로운 시작을 알리는 달이자 소중한 기억이 담길 달이 손짓한다. 나에게 오라, 겨울이 경이로운 마법을 부리게 하라. 춥고 상쾌하고 모직 목도리를 두르는 나날, 맛있는 식사가 있는 어둡고 기나긴 저녁, 활기가 넘치는 대화, 혹은 혼자만의 시간에서 느끼는 기쁨! 눈이 부드럽게 내리면서 바깥의 기온이 뚝 떨어진다. 온 자연이 평화롭다. 우리도 그래야 한다. 집으로 발길을 돌리자. 1월은 꿈을 꾸고, 앞으로 펼쳐질 한 해와 그 속의 여정을 즐거운 마음으로 고대하는 달이다.

# 1월 1일

## 생각만 해도 가슴 뛰는 꿈이 있는가?

인생에 있어 어떤 해는 질문을 던지는 해이고, 어떤 해는 답을 주는 해다.
- 조라 닐 허스턴
미국의 작가이자 인류학자

새해 첫날. 새로운 출발. 빈 페이지. 새로 쓰이기를 기다리고 있는 인생의 첫 챕터. 묻고 받아들이고 사랑해야 할 새로운 질문들. 깊게 생각해야 하는 답들. 그리고 기쁨을 느끼고 자아를 발견하는 변화의 해로 만들 새로운 선택들.

당신이 바라는 일을 상상할 수 있게 조용한 시간을 가질 수 있겠는가? 앞으로 이루어지기를 바라는 당신의 희망사항은 무엇인가? 지나간 여러 해를 되돌아보는 동안, 지나가버린 것에 너무 연연하지 말자. 오늘 당신은 또 다른 기회를 선물 받았다. 그보다 더 소중한 것이 있을까? 행운의 여신이 풍부한 가능성으로 우리의 마음을 사로잡기 위해 시공간을 이동해왔다. 그녀는 은총과 호의를 가지고 왔다. 최대한 이용하자.

매년 우리는 눈부시게 아름다운 사계절, 신비로 가득한 12개월, 경이로운 52주, 365일의 일상을 선물 받는다. 하루하루가 24시간으로 꽉 들어차 있다. 여명, 아침기도, 정오, 황혼, 밤으로 가득하다. 시간과 분, 심장이 한 번 뛰는 순간으로 채워져 있다. 깊은 한숨은 물론이고 웃음을 자아내는 놀라운 일들이 있을 것이다. 지혜를 조금씩 키워가며 감사하게 될 것이다. 지금 당장 볼 수 있는 것보다 훨씬 많은 일들이 펼쳐질 것이다. 우리가 셀 수 있고 가방에 담아 옮길 수 있는 것보다 훨씬 많은 축복이 일어날 것이다.

꿈을 꾸는 자만이 변화를 일으킬 수 있다. 앞으로 당신은 점차 행복을 직접 기획하고 연출하는 큐레이터가 될 것이며, 그 과정에서 마음속 깊이 감춰진 조용한 갈망의 소리를 듣는 방법을 배우게 될 것이다. 평소와 달리 올해는 새해 결심 대신에 내면의 가장 비밀스러운 열망을 적자. 적당한 시기가 오기를 기다리며 그동안 미뤄둔 간절한 바람을 적자. 바로 지금이 적당한 시기라고 믿자. 질문을 하자. 소박한 풍요로움의 길 위에서 언젠가 답을 얻게 될 것이며 하루하루 꿈을 이루며 살아가는 방법을 발견하게 될 것이다.

## 1월 2일

### 변화를 원한다면 스스로에게 끊임없이 질문해라

인생은 단 한 번뿐이다. 그러나 제대로 산다면야 한 번으로 충분하다.
- 조 E. 루이스

얼마나 자주 당신은 그저 묻는 것이 두렵다는 이유로 그동안 해결하지 못한 온갖 질문들을 가슴에 묻어둔 채 외면했는가? 그러나 오늘부터 한 해 동안 상상도 못 하게 창조적이고 즐거우며 만족스럽게 살 수 있다면 어떨까? 그런 인생은 어떨까? 무엇을 바꿔야 할까? 어디서부터 어떻게 시작해야 할까? 이쯤이면 질문이 그토록 중요한 이유를 알겠는가?

"해결되지 않은 채 마음 밑바닥에 있는 문제를 인내심을 갖고 대하면서 문제 자체를 사랑하려 노력하라. 지금 얻을 수 없는 답을 성급히 찾으려 하지 마라. 어차피 그 답을 실천하며 살 수 없을 것이다. 모든 다 해보면서 사는 것이 중요하다. 지금은 질문을 하면서 살자." 20세기 독일의 대표 시인인 라이너 마리아 릴케가 충고한다.

당신의 질문에 대한 대답을 언젠가 얻을 것이다. 하지만 물을 가치가 있는 질문이 무엇인지 먼저 알아야 대답을 찾을 수 있다. 곰곰이 생각하자. 지금까지의 삶에서 행간을 읽자. 당신의 질문을 불러들이자. 대답에 필연적으로 따를 변화를 열린 마음으로 받아들이자. 이렇게 하자면 시간이 조금 걸리겠지만 시간이야말로 새해가 넘치도록 주는 축복이다. 당신 자신을 믿자. 그리고 당신의 꿈이 실현되도록 도우려고 기다리고 있는 다정한 근원, 즉 꿈의 씨를 뿌리는 자가 있다는 것을 믿자. 소박한 풍요로움을 음미할 1년이 당신 앞에 있다.

# 1월 3일

## 남은 인생을 위해 무엇을 하고 있는가?

내가 오늘 용기를 가져도 될까요.
내가 원하는 삶을 살 수 있도록,
더 이상 내 꿈을 미루지 않을 수 있도록,
내가 세상에 태어난 목적을 마침내 이루고
더 이상 내 마음을 헛되이 여기지 않도록.

– 존 오도너휴
아일랜드의 시인 · 작가 · 철학자

여전히 우리는 망설인다. 새로운 시작이라는 선물이 삶의 평범한 갈색 포장지로 싸여 있기 때문일까? 새해 다짐까지 한 열정이 점점 식는다는 것을 이미 알아서일까? 아니면 모든 시작이 끝과 함께 출발한다는 것을 배웠기 때문일까? 어쩌면 당신이 전혀 기대하지 않은 결말이 이미 나왔지만 당신은 아직 새로운 환경과 도전적인 변화와 씨름하고 있는 중일 것이다. 당신은 다시 시작하는 방법을 전혀 모른다.

"시작은 미지의 세계로의 외로운 여행처럼 보이기 때문에 종종 두려운 마음이 들게 한다. 그렇지만 사실 어떤 시작도 황량하거나 고립돼 있지 않다." 아일랜드의 시인, 철학자, 신비주의자인 존 오도너휴가 축복의 힘을 다룬 책인 《우리 사이의 공간에 축복을To Bless the Space Between Us》에서 우리를 안심시킨다. "우리는 시작이 외로운 지점에서 미지의 세계로 출발하는 것이라고 생각하는 듯하다. 그렇지 않다. 시작을 받아들일 때 집과 기운이 활기를 띤다. 궁극적으로 시작은 우리를 위해 쌓인 선물과 성장을 향해 활짝 열린 초대다. 시작하기를 거부하는 것은 엄청나게 자신을 무시하는 짓이다. 시작하기를 두려워할 이유가 없다. 대개 시작은 앞으로 펼쳐질 여정을 우리보다 훨씬 잘 안다. 우리가 시작의 기술을 깊이 신뢰할 때, 삶의 비밀스러운 풍요를 거두어들이는 기술을 가장 잘 익힐 수 있다."

따라서 답해야 하는 질문은 단 하나인 듯하다. 당신은 남은 인생을 위해 무엇을 하고 있는가?


## 1월 4일

### 모든 것에는 때가 있다

당신의 생각이 새로운 삶을 불러오는 것이 아니다.
당신의 삶이 새로운 생각을 불러온다.

– 헨리 나우웬
네덜란드의 가톨릭 신학자이자 작가


당신이 눈을 감고 다른 생활방식을 상상할 때, 당신의 하루는 어떤 모습인가? 단 한 장면에 초점을 맞출 수 있는가? 아니면 생각이 수많은 방향으로 흩어지고 짜증스럽게 뒤죽박죽되는가? 새롭고 행복한 이미지들을 떠올릴 수 있는가? 이는 떠보는 질문이 아니다. 나는 최근에 이렇게 눈을 감고 상상을 하면서 약간 어려움을 겪었는데 당신도 그렇다면 타당한 이유가 있다. 때로 우리는 결코 극복하지 못하리라고 생각한 일(우리 모두에게 그런 일이 있다)에서 벗어났다고 생각하려는 참에 우리를 노려보고 있는 '그것'을 사방에서 발견한다. 그것이 속한 과거를 묻어버리고 싶다는 생각까지 든다.

당신은 벽장을 정리하려는 중일 것이다. 모든 크리스마스 장식을 제자리에 갖다 놓고 나니 한쪽 구석에 낡은 갈색 상자가 하나 보인다. 그 상자를 열어보니 엉망이 되기 전 행복했던 모든 순간의 기념품과 사진으로 꽉 차 있다. 좋은 기분이 순식간에 사라진다. 갑자기 진이 빠지고 혼란스럽다. 위험한 저류에 휩쓸려 불공평하고 해결되지 않는 문제들의 거대한 수렁으로 빨려 들어간 느낌이 든다.

나 역시 그랬다. 자신을 망치게 하는 두 간첩이 있다. 후회와 회한이다. 이 뒤틀린 쌍둥이 자매는 못된 짓을 일삼고 자기들을 빼놓고는 당신이 단 한 발자국도 움직이지 못하게 한다. 이 둘은 슬프고 어두운 감정을 먹고 살기 때문이다. 이들이 살려면 당신이 슬럼프에 빠지고 환멸을 느끼고 우울해야 한다. 그래서 이들은 어떤 방식으로든 최대한 오래 당신을 방해할 것이다. 당신이 올해 할 일은 당신의 삶에 빛의 양을 늘릴 뿐만 아니라 세상에 빛의 양을 늘리는 것이다. 그리고 이 교활한 이인조는 당신에게 행복과 치유와 희망이 희미하게 보이기만 해도 한 무더기의 고통스러운 기억을 몰고 와 희망을 가로막으려 할 것이다.

그래서 완전히 의욕을 잃은 우리는 모든 연말연시 장식들을 여기저기 방치해놓고 눈에 띄는 족족 남은 명절 음식은 물론이고 에그노그(브랜디나 럼주에 우유, 크림, 설탕, 거품 낸 달걀 등을 섞어 만든 음료. 미국 남부에서는 크리스마스에 식전주로 마신다.−옮긴이)까지 먹어치운다(에그노그를 낭비하다니 안 될 일이다). 아니면 특별한 날을 위해 아껴둔 와인을 마실지도 모른다(당신의 말이 들리는 듯하다. "어차피 특별한 날이 언제 오기나 하겠어?"). 그리고 마침내 소파나 침대에 자리를 잡았다면 페이스북 친구 명단에서 옛 남자친구를 삭제하는 것이 어떨까? 어차피 지금은 결혼한 남자다(내가 기억하는 한 당신은 그 남자와 헤어졌다). 그러니 리모컨을 들고 부은 눈으로 게슴츠레 응시할 옛날 영화나 텔레비전 프로그램을 찾아보자.

선택한 위안거리가 온라인 의류 사이트의 반짝세일이나 홈쇼핑 채널일 수도 있다. 이런 것들은 해가 뜨기 전까지는 아주 설득력이 있다. 계속 방송을 보노라면 고급스러움이나, 멋들어짐이나, 주름 없는 피부나, 셀룰라이트 자국 없는 몸매를 장담하는 매력적이고 활기찬 진행자의 말을 믿기 시작하게 된다. 6개월 할부로 구매하면 당신 것이 될 수 있을 것 같다. 그 온갖 물건들이 있으면 극복하고, 살아가고, 기분이 나아질 것 같다. 어차피 당신의 세계가 완전히 무너졌으니 처음부터 다시 시작해야 한다는 것이 기억났다.

"당신도 나처럼 어떤 사람이나 물건이나 일이 딱 등장해서 당신이 갈망하는 내면의 행복감을 채워주기를 바라지 않는가? '이 책이나 어떤 생각, 강좌, 여행, 일자리, 전원, 관계가 내 마음속 깊이 자리 잡은 욕구를 이뤄주기를' 하고 바라지 않는가?" 네덜란드의 가톨릭 신학자 헨리 나우웬은 《이는 내 사랑하는 자요》에서 왜 평범함에서 성스러움을 찾는 것이 큰 위안이 되는 뜻밖의 통찰이며, 영혼을 성장시키고 고통을 치유하는지 설명한다.

"하지만 당신이 그 신비한 순간을 기다리는 한, 계속 우왕좌왕하면서 늘 불안하고 초조하고 아쉬워하며 살게 될 것이다. 당신도 알다시피 강박감은 늘 우리를 바쁘게 하는 동시에 장기적인 성과에 회의를 품게 한다. 이는 정신의 고갈과 소진으로 가는 길이다."

혼란스러운 낮과 길고 어두운 밤은 우리 모두에게 찾아온다. 하지만 우리가 사소한 부분에서 자신에게 다정하게 대하는 방법을 배울 때, 믿기 힘들겠지만 예상치 못한 보상을 발견할 것이다. 그저 자신을 위해 초콜릿 과자를 조금 남겨두기 바란다.


## 1월 5일

## 나는 내가 선택한 대로 된다

● 소박한simple

형용사. 1 꾸밈없는. 2 형태와 생각이 명료한. 3 근본적인.

● 풍요로움abundance

명사. 1 충분한 양, 풍성함. 2 부유함. 3 풍부함.

● 소박한 풍요로움simple abundance

1 내면의 여정. 2 정신과 현실 모든 면에서 창조적으로 살아가는 과정.
3 만족감의 융단.


오늘 나는 당신이 꿈을 실현하는 데 필요한 내면의 지혜, 힘, 창의성을 이미 모두 지니고 있다는 사실을 깨닫기 바란다. 대부분의 여성은 이를 쉽게 자각하지 못한다. 개인이 지닌 이런 무한한 능력의 근원이 고지서, 아이 픽업, 마감일, 출장, 더러운 빨래더미 밑에 너무 깊이 파묻혀 있어 일상생활에서 그 근원에 다가서기 어려운 탓이다. 우리는 내면의 자원을 이용할 수 없을 때, 행복과 성취가 외부에서만 비롯된다는 잘못된 결론에 도달한다. 일반적으로 외부에서 일어나는 일이 변화를 일으키기 때문에 그런 착각에 빠지는 것이다. 그래서 우리는 정신없이 바쁘게 살아가는 동안 전진하거나 후퇴하는 추진력을 순전히 외부 상황에 의존하는 습성이 생겼다. 이제는 그렇게 살지 않아도 된다. 당신이 스스로 변화의 촉매 역할을 하는 방법을 배우면 된다.

소박한 풍요로움의 중심에는 마음속에 울려 퍼지는 진정한 자각이 있다. 즉 당신이 진짜로 행복해지기 위해서 필요한 모든 요소를 이미 가지고 있다는 사실을 깨달아야 한다. 앞으로 당신은 감정과 마음과 정신에 변화를 일으키는 내면의 여정을 통해서 이 사실을 알게 될 것이다. 당신의 현실에 엄청난 변화가 일어나고 당신은 우주의 창조적인 에너지와 어우러지게 될 것이다. 그런 변화가 일어나려면 이미 가진 풍요로움을 자각하도록 마음의 눈을 떠야 한다.

소박한 풍요로움은 열정을 회복하고, 위안을 찾고, 평범함에서 성스러움을 발견하는 것이다. 소박한 풍요로움은 일상의 방식과 본질, 일상에 대한 태도를 다시 상상하는 것이다. 소박한 풍요로움은 만족을 느끼기 위해 지금 무엇이 필요한지 깊이 생각하는 것이다. 당신이 하고 싶은 것이나 갖고 싶은 것이나 원하는 것이나 삶에서 경험하고 싶은 것을 그대로 받아들이는 것이다. 당신의 선택에 대한 다른 사람의 의견에 구애받을 필요는 없다. 어차피 그것은 당신의 선택이기 때문이다.

소박한 풍요로움은 당신이 현실적으로 살기 위해서 오래전에 버린 당신의 일부를 되찾는 것이다. 아마 당신은 다른 사람의 요구를 당신의 욕구보다 중시했을 것이다. 우리 모두 그렇다. 자신보다 다른 사람들을 먼저 돌보는 것이 여성의 기본적인 반응이다.

소박한 풍요로움을, 잃어버린 꿈을 되찾거나 완전히 새로운 꿈을 찾도록 용기를 북돋는 일상적이고 아주 비밀스러운 개인적 암호라고 생각하자. 당신은 수년 동안 갈망해온 생활방식을 처음부터 새로 만들게 될 것이다.

한 해 동안 내면의 여정을 걷는 과정에서 길잡이가 돼줄 여섯 가지 은총이 있다. 이 여섯 가지 은총은 풍요로운 삶을 짜는 여섯 가닥의 실이다. 여섯 가닥의 실을 엮으면 평안함, 행복감, 안정감으로 당신을 감싸는 만족감의 융단이 만들어진다. 여섯 가지 은총 중 첫 번째는 '감사'하는 마음이다. 우리가 가진 모든 것의 목록을 살펴보면 실상은 아주 부유하다는 것을 깨닫게 된다. 감사 다음은 '소박함'이다. 소박함은 버리고 줄여서 진짜 잘 살기 위해 필수적인 요소를 깨달으려는 욕구다. 소박함은 내면과 외면의 '질서'를 동반한다. 질서 의식은 우리 삶에서 '조화'에 대한 갈망을 드러낸다. 조화는 매일 우리 주변을 둘러싼 '아름다움'을 알아볼 수 있는 내면의 평화를 제공한다. 그리고 아름다움을 찾는 과정은 '기쁨'에 눈을 뜨게 한다. 하지만 아름답게 수놓아진 융단이 그렇듯이, 한 바늘땀이 끝나고 다른 바늘땀이 시작하는 지점을 찾기가 어렵다. 소박한 풍요로움에서도 마찬가지다.

이제 나와 함께 바늘을 들고 인생의 캔버스에 첫 바느질을 하자. 내면의 자각의 눈을 뜨게 할 신을 초대하자. 가만히 앉아서 기대하며 기다리자. 그리고 오늘 존재하는 일상의 날실과 씨실 안에 내일 맞이할 소박한 풍요로움의 금실이 있음을 잊지 말자.

# 1월 6일

## 인생에 리허설은 없다

공연을 할 때면 무아지경에 빠진다. 자신보다 훨씬 거대하고 강력하며
아름다워진다. 몇 분 동안 영웅이 된다. 이는 힘이다. 지상 최고의 영광이다.
그리고 그것은 공연하는 밤마다 자신의 것이다.

- 아그네스 데밀
미국의 무용가이자 안무가

"인생은 리허설이 아니다"라는 표현을 들어봤을 것이다. 안타깝게도 많
은 사람이 무심결에 인생이 리허설인양 행동한다. 에너지를 아껴뒀다가
첫 공연에서 최대한 발산하려고 리허설에서는 동작을 가볍게 하는 배
우처럼 우리는 평소에 에너지를 억제한다. 당신은 여전히 짝이 맞지 않
는 접시들에 음식을 담아 먹는가? 편안한 매트리스 위에서 푹 자는가?
침대 옆 탁자에 괜찮은 독서용 램프가 있는가? 너덜너덜한 타월로 몸을
닦은 다음에 색이 바래고 해진 티셔츠를 입고 쉬는가? 당신이 나와 같
다면 집에 혼자 있을 때는 거의 차려입지 않을 것이다. 관객 앞에서 연
기하는 것도 아닌데 그런 것이 중요할까?

이는 새해가 시작하고 우리가 실생활의 여정을 살펴보는 지금 묻기
에 좋은 질문이다. 먹음직스러운 식탁을 차리자면 대충 먹을 때보다 노
력이 필요하지만 그만큼 먹는 즐거움이 커진다. 미혼이든 기혼이든, 열
여덟 살부터 여든 살에 이르기까지 우리는 모두 아침에 깨끗한 주방에
들어설 때 더 기분이 밝아지고 기운이 솟는다. 그리고 머리를 손질하고

화장을 하는 데 추가로 들어가는 몇 분은 낮 동안 마음을 편하게 하는 일종의 투자다. 우리는 자신의 겉모습에 대해(멋있는지 아니면 형편없는지) 생각하지 않을 때 다른 사람에게 집중할 수 있고, 이야말로 매력의 정수다. 모든 배우는 소품과 의상의 마력이 무대 위뿐만 아니라 아래에서도 특별한 분위기를 풍긴다는 것을 안다.

어느 누구도 살아가면서 매 순간 연기할 수는 없다. 하지만 한 번이라도 삶이라는 무대의 주연 배우로 자신을 캐스팅한다면 진정한 삶의 힘과 흥분과 영광을 훨씬 자주 느낄 수 있을 것이다.

## 1월 7일

## 나의 운명을 탐구해라

오늘날 많은 여성이 딱히 이름 붙일 수 없는 슬픔을 느낀다.
계획한 목표를 대부분 달성하는데도 삶에서 뭔가가 빠진 느낌을 받는다.
그래서 답을 찾으려 헛되이 '바깥세상'을 찾아 헤맨다.
대체로 문제는 진정한 자아감과 괴리되어 있다는 것이다.

– 에밀리 행콕
미국의 심리학자이자 작가

이런 일이 당신에게 일어난 적이 있는가? 세수하다가 문득 바라본 거울에 비친 여자가 아주 낯설다. "저 사람이 누구지?" 벽에 걸린 거울을 보며 묻는다. 대답이 없다.

익숙한 얼굴이지만 생각했던 모습과 별로 닮지 않았다. 심리학자는 이런 현상을 '자아의 전치displacement of self'라고 부른다. 이는 일반적으로 극심한 스트레스를 받을 때 나타난다(하긴 매일 극심한 스트레스를 받지 않는 사람이 몇이나 될까?).

그렇다면 무엇이 문제일까? 딱히 이름을 붙일 수 없는 이 슬픔은 무엇일까? 이는 오늘 차분하고 곰곰이 생각할 질문이다. 우리가 느끼는 우울의 핵심은 자신의 본모습을 향한 그리움이다. 우리는 진정한 자아를 그리워한다. 당신이 수십 년 동안 '빨간색 옷을 입어', '머리를 자를 때가 됐네', '파리에서 미술 공부를 시작하자', '탱고를 배워봐' 같은 내면의 제안을 무시해왔다면 다행히 희소식이 있다. 진정한 자아는 당신을 포기하지 않았다. 오히려 당신이 진정한 자아를 알아차리고 다시 교감하기를 참을성 있게 기다렸다. 올해는 바깥세상을 외면하고 내면에 귀를 기울이자. 마음이 속삭이는 소리를 잘 듣자. 내면을 들여다보자. 내면의 고요한 친구는 완전한 삶으로 향한 길을 비춰줄 사랑의 손전등을 들고 있다. 당신에게 운명 지어졌던 여정이 마침내 시작되었다.

## 1월 8일

### 나는 행복해지기 위해 필요한 모든 것을 가지고 있다

나는 배고플 때 먹는다. 목마를 때 마신다.
하고 싶은 말이 있을 때 그 말을 한다.
– 마돈나

나는 딸과 친구들을 데려오려고 하교 시간에 맞춰 가던 길에 캐시 매티아가 부른 컨트리 음악 〈무릎 깊이의 강물에 서서 목말라 죽다Standing Knee-Deep in a River〉의 아름다운 선율을 처음 들었다. 눈물이 앞을 가려 도로가 보이지 않는 바람에 급하게 차를 세웠다. 그때까지만 해도 바쁘지만 멋진 하루를 보내고 있었다. 슬프거나 우울하지도 않았다. 그렇다면 왜 그렇게 눈물이 터졌을까?

캐시 매티아는 당연한 존재로 여기던 친구들, 그동안 만난 연인들, 외면하는 우리와 친해지기를 기다리는 낯선 사람으로 가득 찬 경이로운 세상을 노래했다. 노래를 듣는 순간 내면에서 무엇인가가 동요했다. 그동안 내가 당연하게 여기고 고마운 줄 모르던 것들이 너무 많았다. 더 이상은 중요한 것들을 놓친 채 무의식적으로 살고 싶지 않았다.

우리는 행복해지기 위해 필요한 모든 것을 가지고 있다. 그 가치를 자각하지 못할 뿐이다. 이 뜻밖의 사실은 무더운 오후에 마시는 레모네이드처럼 상쾌하게 느껴지기도 하고 갑자기 얼굴에 쏟아지는 차가운 물줄기처럼 놀라움을 안겨주기도 한다. 얼마나 많은 여성이 무릎까지 올라오는 물속에 서 있으면서도 갈증과 공허에 시달리면서 행복을 갈망하는 나날을 보내고 있을까?

그러나 오해하지 말자. 우주는 물 한 모금 혹은 첨벙거리는 물소리 등 무슨 수를 동원해서라도 우리 주의를 끌 것이다. 오늘은 우리 삶에 이미 존재하는 좋은 사람들을 인식함으로써 '행복한 삶'을 향한 갈증을 해소하기로 하자. 그러고 나서 우주에게 고마워하는 마음을 선사하자.

# 1월 9일

## 지금 이 순간 얼마나 행복한가?

행복한 순간이 언제인지 진심으로 알아야 삶에 필요한 것을 깨달을 수 있다.

- 조애나 필드
영국의 정신분석학자이자 작가

지금 이 순간 당신은 얼마나 행복한가? 행복이 무엇인지 알고 있는가? 대부분의 여성은 무엇이 부모나 배우자나 자녀를 행복하게 하는지 알고 있다. 그러나 정작 자신을 웃음 짓게 하고 마음 깊이 만족감을 느끼게 하는 사소하고 구체적인 계기에 대한 자각은 부족하다.

1926년에 젊은 영국 여성 매리언 밀너(필명은 조애나 필드)는 진정한 삶을 살고 있지 않다고 느끼기 시작했다. 자신을 진짜로 행복하게 만드는 것이 무엇인지 알 수 없었기 때문이다. 필드는 이 문제를 해결하기로 마음먹고 7년간의 실험에 돌입했다. 일상생활에서 자신을 즐겁게 하는 것을 일기에 쓰기 시작했다. 일기는 1934년에 《나만의 삶A Life of One's Own》으로 출간됐다. 그녀는 삶에서 빠진 것이 무엇인지 실마리를 찾아내려고 일상의 자질구레한 내용을 속속들이 수색하는 탐정의 심정으로 글을 썼다고 털어놓았다.

오늘날 많은 사람의 일상에서 빠져 있는 것은 현재의 삶을 즐기고 있다는 진정한 감각이다. 우리가 진정으로 사랑하는 것을 인식하지 못한다면 행복한 순간을 경험하기 어렵다. 우리는 만족감을 불러일으키는 사소하지만 진실된 순간을 하나하나 음미하는 법을 배워야 한다. 천천히 꽃꽂이를 하면서 꽃 한 송이 한 송이의 색깔, 향기, 아름다움을 느끼자. 직장 근처에 있는 제과점을 찾아서 서로 다른 맛이 나는 큼직한 쿠키 두 개를 사서 즐기자. 초콜릿 쿠키 애호가라면 이번에는 버터스카치 쇼트브레드를 먹어보면 어떨까? 장보기 목록에 주말에 직접 구울 쿠키의 재료를 추가하자. 오븐에서 갓 나와 따뜻할 때 몇 개 집어먹고 단 것이 당길 때 언제든지 먹을 수 있게 나머지는 냉동해두자. 혹시 평소에 차를 즐겨 마시는가? 그렇다면 전 세계에 1,500종의 차가 있다는 것을 알았는가? 일주일 동안 다양한 차의 조합을 실험하면 마음에 드는 새로운 맛을 찾게 될 것이다. 하던 일을 5분만 멈추고 가르랑거리는 고양이를 쓰다듬거나 개와 함께 놀자. 날마다 우리가 누릴 수 있는 소박한 기쁨이 수없이 많다. 흔히 우리가 알아차리지 못하고 넘어가거나 무시하는 기쁨들을 위한 자리를 만들자.

조애나 필드는 자신이 빨간색 신발, 맛있는 음식, 갑자기 터져 나오는 웃음, 프랑스어 책 읽기, 편지에 답장 쓰기, 축제 때 사람들 틈에서 어슬렁거리며 걷기, 갑자기 떠오른 새 아이디어에서 큰 기쁨을 느낀다는 사실을 발견했다.

올해는 새로운 생각을 이끌어내 보자. 우리를 진정으로 행복하게 하는 것을 깨닫자. 개인적으로 선호하는 것(여기에 자극적인 취향이 포함될 수도 있다)을 생각하자. 그리고 특별한 의미가 있는 진정으로 행복한 순간을 깨닫고 마음껏 탐닉하고 즐기라고 자신에게 허락하자.

# 1월 10일

## 원하는 것을 얻어야 행복해질 것이라는
## 착각부터 버려라

행복하게 살기라는 의무만큼 무시당하는 의무도 없다.
우리는 자신이 행복할 때 익명을 위한 혜택이라는 씨앗을 세상에 뿌린다.

- 로버트 루이스 스티븐슨
영국의 소설가·시인·여행 작가

당신은 더 큰 주방을 갖거나 새 일자리를 구하거나 인생을 함께할 완벽한 사람을 만나면 행복해지리라고 생각할 것이다. 하지만 지금 당장 행복하게 사는 습관을 들이고 싶지 않은가? 우리는 매일 아침에 잠에서 깰 때마다 또 다른 하루라는 멋진 선물을 받는다. 그러니 주어진 하루를 최대한 이용하자. 이는 다른 사람이 우리 대신 해줄 수 있는 일이 아니다. 영국의 소설가이자 극작가인 대프니 듀 모리에는 1938년에 출간된 그녀의 가장 유명한 소설 《레베카》에서 "행복은 소중히 여기는 소유물이 아니다. 행복은 생각의 질, 정신 상태다"라고 썼다.

행복에 대한 새로운 정신 상태를 받아들이자. 우리가 통제할 수 없는 외부 요소가 행복을 좌우한다는 착각을 버리자.

물론 주방을 개조하거나 꿈꾸던 일자리를 얻거나 특별한 사람을 찾으면 적어도 잠깐이나마 행복해진다. 그러나 만족감이라는 마법의 씨앗은 외부가 아니라 내면에 깊이 심어져 있다. 세상이 빼앗을 수 없는 행복은 마음의 비밀정원에서만 무성하게 자란다. 연약하고 아름답고 살아 있는 식물을 싱싱하게 키우려면 잘 돌보고 잡초를 뽑아내야 한다. 마찬가지로 내면의 정원을 잘 돌보고 외부의 기대라는 잡초를 뿌리째 뽑아내면 진정한 행복을 키울 수 있다. 행복은 살아 있는 감정이다.

단지 이뿐만이 아니다. 당신의 행복은 하찮은 소모성 사치품이 아니다. 이 문장을 다시 읽어보자. 이제 외국어로 말하듯이 소리 내 천천히 읽어보자. "내 행복은 하찮은 소모성 사치품이 아니다." 과격한 소리 같은가? 그렇다고 해서 이 말이 사실이 아닌 것은 아니다.

미국의 건국 영웅들은 행복 추구를 아주 중히 여겨서 이를 누구에게도 양도할 수 없는 권리로 인정하고, 국가가 이를 보장하도록 했다. 그들은 우리의 행복을 보장하지는 않았지만 행복을 추구할 우리 권리를 확실하게 보장했다. 또한 그들은 우리의 행복 추구를 단순히 먼지 쌓인 양피지에 적힌 글자가 아니라, 지상에서 신의 은총으로 만들겠다고 생명과 재산과 신성한 명예를 걸고 맹세했다. 두 세기가 지난 현재에도 이 사랑과 보호와 돌봄의 유산은 마땅히 소중히 간직되어야 한다.

결국 우리가 진정한 행복을 인생의 최우선순위로 삼겠다고 작정하고 난 후에야 진정한 행복을 알아차릴 수 있다. 이렇게 행복해지려는 노력은 대부분의 사람에게 새로운 시도여서 약간 겁이 날 수도 있다. 자신에게 관대해지자. 시간이 지나면서 서서히 행복이 이루어질 것이다. 오늘 당장은 행복해지려는 습관이 익숙하지 않을 것이다. 하지만 새로운 행동이 다 그렇듯이 행복 추구도 습득될 수 있다.

# 1월 11일

## 원하는 것과 필요한 것은 다르다

내 인생에 우연히 일어난 일은 하나도 없었다.
모든 일이 내면의 욕구에 의해 발생했다.

– 해나 세네시
헝가리의 시인이자 제2차 세계대전의 영국군 소속 스파이

현재 필요한 것을 다 가지고 있는가? 그렇다면 원하는 것은 어떤가? 사실 원하는 것을 모두 가진 사람은 거의 없다. 때로는 우리가 원하는 것이 온통 마음을 사로잡는 것 같다. 아름다운 사람과 비싼 상품을 미화하는 대중매체는 우리 감각을 혼란스럽게 하고 과도하게 자극한다. 그러다 보니 우리는 진정한 삶을 사는 데 필요한 것이 무엇인지 명확히 판단하지 못한다. 대부분의 여성이 삶에서 빠진 무엇인가를 갈망한다. 하지만 정말로 그 답을 화려한 잡지나 멋진 웹사이트나 텔레비전 리얼리티 프로그램에서 찾을 수 있다고 생각하는가?

행복하고 창조적이며 성취감을 느끼면서 살고 싶다면 원하는 것과 필요한 것을 반드시 구분해야 한다. 안타깝게도 나를 포함한 많은 여성이 두 가지를 분명하게 구분하지 못한다. 그러면서도 몹시 위축감을 느끼는 이유를 궁금해한다.

원하는 모든 것을 즉시 가질 수 없다는 사실을 받아들이면 창조적이고 정신적인 교훈을 얻는다. 순환의 신비, 참고 기다릴 때 오는 엄청난 만족감, 응답받지 못한 기도의 축복을 배운다. 이 중에서 응답받지 못한

기도의 축복은 나에게 기적의 전령처럼 느껴진다. 왜일까? 삶을 진심으로 깊게 사랑하기 위해서 원하는 것과 필요한 것을 분리해야 하기 때문이다. 이 두 가지가 종종 어떻게 겹치는지 혹은 어떻게 행복 찾기 과정에서 눈에 띄지 않는 협력자 역할을 하는지 알아챌 때까지 배워야 한다. 갓난아기처럼 우리도 필수적인 욕구가 충족될 때 만족감을 느끼기 때문이다.

용기를 내자. 자신에게 묻자. 당신이 행복해지기 위해 진정으로 필요한 것이 무엇일까? 이 질문에 대한 지극히 개인적인 답은 사람마다 제각각일 것이다. 어쨌든 당신의 마음이 속삭이는 애정 어린 지혜의 말을 믿자. 일단 내면에 필요한 것을 깨닫고 난 후에야 그것을 분명히 드러내는 데 필요한 창조적인 에너지를 이용할 수 있다. "절실하게 필요한 것이 있으면 꼭 찾아내게 되어 있다. 애인에게 끌리듯이 필요한 것에 자연스레 끌린다." 20세기 초반 미국의 시인이자 아방가르드 미술품 수집가인 거트루드 스타인은 우리에게 확신을 심어준다.


## 1월 12일

### 행복은 찾으려고 노력해야 보인다

지상에서 우리에게 주어진 시간이 한정돼 있으며 그 시간이 언제
끝날지 알 길이 없음을 진정으로 깨닫고 이해한 후에야, 하루하루가 우리가
가진 마지막 날인 것처럼 최대한 완전하게 살게 될 것이다.
- 엘리자베스 퀴블러 로스

오래된 공동묘지에 가면 예상치 못한 방식으로 커다란 깨달음을 얻게 된다. 19세기 후반에 소풍 삼아서 묘지에 가는 것은 빅토리아식 취미였는데 이는 남북전쟁으로 생긴 집단적 슬픔에 의해 확산되었다. 남부군이든 북부군이든 내전의 영향을 받지 않은 가족은 없었다. 센트럴파크와 국회의사당을 설계한 프레더릭 로 옴스테드 같은 조경 설계자들은 묘지를 추모의 풍경과 위안, 아름다움, 예술, 역사의 근원으로 재해석했다.

나는 오래된 묘지를 아주 좋아한다. 나는 매사추세츠에서 자랐는데 1789년에 지어진 우리 집 뒤에 작은 묘지가 있었다. 나는 런던으로 이사 갔을 때 옛날 묘지에서 비석을 탁본하는 기술을 배웠고, 파리에서 살 때는 사라 베르나르에 대한 희곡을 쓰면서 매주 페르 라셰즈 공동묘지에 방문해 그녀의 무덤을 돌봤다. 오래된 묘지들이 속삭이는 소리가 들리는 것 같았다. 비석에 이름이 새겨질 때까지 우리 마음의 갈망을 추구하는 것이 우리 영혼이 내리는 가장 중요한 지시라고 말이다.

1938년 퓰리처상을 받은 손턴 와일더의 희곡 《우리 읍내》를 보면 몹시 가슴 저미는 장면이 묘지에서 펼쳐진다. 이 희곡은 1901년부터 1913년까지 가공의 미국 소도시인 뉴햄프셔주의 그로버즈 코너즈를 배경으로 한다. 관객은 이웃인 두 가족(웨브 가족과 기브스 가족)의 아이들이 자라서 사랑에 빠지고 결혼해서 아이를 갖는 동안 그들의 일상생활을 고스란히 들여다본다. 3막에서 우리는 장례식 참석자들이 된다. 유령들이 얼마 전에 아이를 낳다가 죽은 젊은 여주인공 에밀리를 위로한

다. 이미 떠난 이승의 삶에 아직 미련을 버리지 못한 에밀리는 살아생
전의 평범하고 '하찮은' 어느 하루로 돌아가게 해달라고 빈다. 유령들은
그녀에게 사랑하는 사람들을 볼 수 있지만 그들에게 말할 수 없으며 이
미 한 선택을 바꿀 수도 없다고 경고한다. 마침내 소원을 이뤄 잠깐 이
승으로 돌아간 에밀리는 살아 있는 사람들이 너무 많은 것을 당연하게
여긴다는 사실을 깨닫는다.

결국 그 방문은 에밀리가 감당하기에 너무 버거웠다. "나는 미처 몰
랐어." 그녀는 애절하게 고백한다. "주변에서 온갖 일이 일어나고 있었
는데 우리가 끝내 알아차리지 못했다니…. 이제 작별 인사를 할게. 안
녕, 세상아. 안녕, 그로버즈 코너즈 … 아빠 엄마. 안녕, 재깍거리는 시
계와 … 엄마의 해바라기. 그리고 맛있는 음식과 커피. 그리고 새로 다
린 드레스와 뜨거운 목욕과 … 잠을 자고 깨는 것. 아, 사람들이 이렇게
멋진 것들을 깨닫지 못하다니."

우리는 앞으로 함께 걸을 이 새로운 길에서 내가 일상의 통찰이라고
부른 순간을 추구하게 될 것이다. 일상의 통찰은 에밀리처럼 평범한 일
상에서 성스러움을 깨닫는 것이다. 우리는 해바라기에서, 갓 내린 커피
의 향기에서, 뜨거운 물에 몸을 푹 담그는 목욕에서 그 누구도 '하찮은'
하루조차 허비할 여유가 없다는 것을 깨닫게 될 것이다. 일상 속에 담긴
경이를 알아채지 못한 채 지나쳐버리면 안 된다. 하루하루 우리 앞에 펼
쳐진 진정으로 행복한 순간을 발견하려고 노력해야 하며 그 순간에 감
사하며 살아가야 한다.

# 1월 13일

## 걱정과 불평으로 인생을 낭비하지 마라

**내 눈의 눈이 떠지는도다.**

– 에드워드 에스틀린 커밍스
미국 시인

이런 일을 경험한 적이 있는가? 책을 읽는데 마치 당신만을 위해 쓴 듯이 눈에 쏙 들어오는 문장이 있다. 혹은 노래 가사에서 뜻밖의 계시를 듣는다. 때로 계산대 앞에 줄 서 있을 때 생판 남이 가볍게 몇 마디를 하는데 마치 천사가 당신의 귀에 대고 속삭이는 듯하다. 우리는 이런 순간을 '동시성synchronicity'이라고 칭한다. 스위스의 정신과 의사 카를 융은 동시성이란 겉으로 보기에 무관해 보이는 둘 이상의 사건들이 의미 있는 우연의 일치를 보이는 것이라고 설명했다.

어느 평범한 날 아침, 나는 진이 빠지고 낙심한 채 잠에서 깼다. 돈도 빠듯했다. 수익이 좋은 일감이 두 개나 끊어진 참이었다. 내 인생에서 놓친 부분과 정말 사고 싶지만 돈이 없어서 엄두조차 낼 수 없는 물건에 온통 생각을 사로잡힌 것에 넌덜머리가 났다. 돈 걱정을 하느라 내 가장 소중한 자원인 시간과 창조적인 에너지와 감정을 허비했다. 나에게 남은 자원이 없었다. 내가 간절히 바라는 것은 예측 불가능한 세상에 휘둘리지 않는 내면의 평화였다. 나는 신에게 도와달라고 부탁했고 어디든 이끄는 데로 따르겠다고 약속했다. 태어나서 처음으로 신중하게 계획을 짠 5개년 목표를 버리고 탐구자, 순례자, 체류자가 되었다.

나는 딸을 학교에 보낸 후, 내 목소리가 아닌 것이 분명한 목소리를 들었다. 그 목소리는 나에게 "식탁에 앉아서 네 삶에서 좋은 점을 모두 적고 하나하나에 대해 감사해. 어느 것도 돈과 관련돼서는 안 돼"라고 지시했다.

그때까지만 해도 내 머리와 가슴 속에서 들린 유일한 내면의 목소리는 나 자신의 것이었다. 그래서 나는 지시받은 대로 했다. 여섯 시간 동안 차를 몇 주전자 비우고 나니 종이에 적힌 항목이 150개가 넘었다. 그런 다음에 내가 일상의 통찰이라고 이름 지은 순간이 처음으로 찾아왔다. 내가 대단히 축복받은 사람이라는 자각 이외에는 아무것도 필요 없음을 깨달은 것이다. 이때 처음으로 감사가 나에게 손짓을 하며 감사하는 마음이 지닌 변화의 힘을 활용하라고 권했다. 내 삶을 뜯어고치려 하지 말고 현재의 삶을 마음껏 누리라고 했다. 13세기 독일의 신비주의 사상가 마이스터 에크하르트는 평생 기도한 말이 '감사합니다'일 뿐이라도 그것이면 충분하다고 믿었다. 나는 그의 말이 옳다는 것을 깨달았고 하루하루 감사하는 일 다섯 가지를 신나게 새로 적어 내려갔다.

그렇다면 내 삶의 자산 목록에는 무엇이 포함됐을까? 내 건강, 멋진 남편, 아름답고 늘 행복한 딸, 두 사람의 건강, 작지만 편한 집, 날마다 사랑과 믿음직한 우정과 커다란 기쁨을 아낌없이 주는 소중한 반려동물 세 마리가 목록에 올랐다. 그뿐만 아니라 늘 식탁에 맛있는 음식이 풍성했고 식품 저장실에 와인도 많았다. 또한 다행히 우리 가족을 몹시 사랑하며 인생을 함께 즐기는 훌륭한 친구도 아주 많았다.

일단 쓰기 시작하자 목록이 점점 길어졌다. 나는 내 일을 사랑했다. 책이 출판돼서 좋은 평을 받았다. 많은 여성이 빅토리아 시대의 가족 행사를 다룬 내 첫 책을 읽은 뒤에 삶이 풍성해졌다고 말했다. 나는 세상에 준 대로 되돌려 받는다는 말을 진심으로 믿는다. 물론 한꺼번에 돌아오지 않거나 기대하는 방식으로 돌아오지 않기도 한다. 하지만 최대한 베풀면 최대한 돌아온다. 이제 내 신념대로 살아야 할 순간이었다.

나는 목록을 보면서 내가 아주 부자임을 깨달았다. 당시 내 문제는 그저 일시적으로 현금이 돌지 않는 것이었다. 마침내 나는 통장 잔고로 내 순자산을 규정할 수 없다는 자각에 이르렀다. 그 점은 당신도 마찬가지다.

깨달음을 얻는 과정은 중요하지 않다. 중요한 점은 깨달음을 얻는다는 사실이다. 마음에 고마움이 넘쳐흘렀다. 나는 모든 것에 감사하기 시작했다. 주방 창가에 놓인 병에 꽂힌 데이지 꽃, 딸의 머리카락에서 풍기는 달콤한 향기, 아침에 마시는 홍차의 첫 모금, 일요일 저녁식사로 사과와 감자를 곁들인 돼지고기구이, 세상에서 가장 맛있는 새콤한 체리 파이를 만드는 우리 동네 직거래장터의 여인, 잠자리에 들기 전에 듣는 "사랑해"라는 말. 하루하루가 나에게 진정으로 기쁘고 만족스러운 순간을 선사하기 시작했다. 그렇다면 그전에는 그렇지 않았을까? 물론 그전에도 그런 순간들이 있었다. 차이점은 이제 내가 하루하루가 주는 선물을 알아차리고 감사한다는 것이었다. 나는 감사의 힘에 놀랐다.

오늘 내가 당신에게 바라는 딱 한 가지는 '눈의 눈'을 뜨고 인생을 새롭게 보라는 것이다. 기본적인 욕구가 충족되고 있는가? 집이 있는가? 식탁에 음식이 있는가? 입을 옷이 있는가? 꿈이 있는가? 건강한가? 걸을 수 있고, 말할 수 있고, 주변의 아름다움을 볼 수 있고, 마음을 움직이거나 춤을 추고 싶어서 발을 꼼지락거리게 하는 음악을 들을 수 있는가? 당신이 사랑하고 당신을 사랑하는 가족과 친구가 있는가?

　이제 잠시 하던 일을 멈추고 감사하자. 변화를 일으키는 감사의 힘을 마음으로 깨닫자. 아그네스 데밀은 우리에게 중요한 점을 상기시킨다. "인생에 중요한 결정을 내렸다고 해서 트럼펫이 울려 퍼지지는 않는다. 운명은 조용히 결정된다."


# 1월 14일

## 인생이 뜻대로 흘러가지 않는다면 감사일기를 써라

감사는 삶의 충만함을 드러낸다. 감사는 우리가 가진 것을
여유롭게 바꿔놓는다. 거부를 수용으로, 혼돈을 질서로,
혼란을 명료함으로 바꿔놓는다. 식사를 만찬으로, 집을 가정으로,
낯선 사람을 친구로 바꿔놓기도 한다. 감사는 과거를 이해하게 해주고
현재에 평화를 가져다주며 미래의 희망을 열어준다.

- 멜로디 비티
미국 작가


앞으로 나는 당신이 소박한 풍요로움의 길을 가면서 내면의 탐험을 시작할 때 사용할 몇 가지 도구를 소개할 것이다. 모두 당신이 더 행복하고 만족스럽게 살도록 도와주고, 당신의 창조성을 키워줄 도구다. 그중에서도 첫 번째 도구는 삶의 질을 믿기 힘들 정도로 바꿔준다. 나는 이를 감사일기라고 부른다. 나는 멋진 공책을 가지고 있다. 매일 밤 잠자리에 들기 전에 그날 하루 동안 감사한 일을 다섯 개씩 공책에 쓴다. 아

주 놀라운 내용으로 일기를 채우는 날도 있지만 대체로 그저 소박한 기쁨을 기록한다.

- 미키가 사나운 폭풍 속에서 길을 잃었는데 우리는 이웃집 지붕 위에서 비에 젖은 채 겁에 질려 부들부들 떨고 있는 미키를 발견했다. 그 집에 사다리가 있어서 미키를 구조했다. 나는 이웃에게 감사의 마음을 전하려고 바나나 빵을 구웠다. 맛있었다!
- 청소하면서 푸치니 곡을 듣다가 내가 오페라를 아주 좋아했다는 것이 기억났다.
- 잡동사니를 넣어놓는 서랍 구석에 건전지 한 쌍이 있어서 새 건전지를 사러 밖에 나가지 않아도 되었다. 드디어 인터뷰 녹취를 받아적는 일이 끝났다.
- 칼리지파크의 기술자들이 컴퓨터를 하루 만에 고쳤다. 아이고, 고마워라!

과연 고마워할 일이 다섯 가지나 있는지 싶을 정도로 힘들고 버거운 날들이 있다. 그럴 때는 기본적인 것을 적는다. 내 건강, 내 남편과 딸, 그 두 사람의 건강, 우리 반려동물들, 우리 집, 내 친구들, 곧 드러누울 편한 침대. 때로는 하루가 끝났다는 안도감 자체. 그래도 상관없다. 어차피 현실이 늘 완벽하지는 않으며 원하는 대로 흘러가지도 않는 법이다. 하지만 우리 삶에 좋은 일이 있다는 사실을 되풀이해서 인정하는 것만으로도 견뎌낼 수 있는 힘이 생길 뿐만 아니라 어려움을 극복하는 데 도움이 된다.

감사일기는 소박한 풍요로움으로 가는 길의 첫 번째 단계다. 이 단계를 건너뛰면 효과가 없을 것이다. 인생을 바꿔줄 소박함, 질서, 조화, 아름다움, 기쁨 같은 은총은 감사하는 마음이 없으면 꽃을 피워서 번창하지 못한다. 당신이 나와 함께 이 여정을 떠나고 싶다면 감사일기를 반드시 써야 한다.

이유가 궁금한가? 당신이 삶에 존재하는 풍요로움에 매일 의식적으로 감사하면 지금으로부터 두 달 뒤에는 완전히 다른 사람이 돼 있을 것이기 때문이다. 그리고 당신은 "가진 것과 감사할 것이 많을수록 더 많이 받게 될 것이다"라는 고대의 영적 법칙을 활용하게 될 것이다.

앞에서 나는 소박한 풍요로움으로 가는 길은 변화의 과정이라고 말했다. 우리는 여섯 가지 은총을 두 달마다 하나씩 연습하면서 각 은총을 일상생활에서 실행하려고 노력할 것이다.

오늘은 그중에서 감사로 시작하자. 감사일기장으로 가장 예쁘거나 가장 마음이 끌리는 공책을 고르자. 표지의 재질이나 디자인을 자세히 살펴보자. 종이의 모양과 질감, 크기도 신경 써서 보자. 줄이 처진 내지와 줄이 없는 내지 중 어느 쪽이 마음에 드는가? 많은 여성이 모눈종이로 돼 있고 취향대로 작성하고 꾸밀 수 있는 불렛저널에 글을 쓴다. 펜꽂이나 가름끈이나 전체를 감아주는 고무줄이 달린 공책을 발견할 수도 있다. 캘리그래피 마커처럼 글씨가 예쁘게 써지는 펜이 있으면 일기를 작성하고 싶은 마음이 절로 든다. 컬러잉크도 마찬가지다. 내가 소박한 풍요로움의 길을 걸으면서 배운 가장 소중한 교훈은 아주 사소한 것에서 삶의 운치를 음미하게 된다는 사실이다. 나는 틀이 짜인 일지를 갖고 싶은 사람이 있을지 몰라서 월간 다이어리인 《행복의 발견 365의 감사일기》도 만들었다.

물론 이제 당신은 정신을 반짝 차렸으니 '완벽한' 일기장을 찾는다는 핑계로 마음의 평정을 경험할 기회를 미루는 우를 범하지 않을 것이다. 여기에서 완벽주의는 의미가 없다. 나는 날마다 감사의 은총으로 내 영혼을 돌보기 시작했을 때, 이 은총을 많이 이용할수록 내 머리에 떠오르는 고마움의 조각들이 많아졌다. 하지만 내가 고마움을 즉시 적지 않았다면 그런 순간을 그냥 흘려보냈을 것이다. 나는 포스트잇과 색인카드를 사용하기 시작했고, 집 안 여기저기에 챙겨뒀을 뿐만 아니라 가방에도 몇 장씩 넣어두었다. 당신이 휴대폰 메모에 익숙하고 그 방식이 편하다면 감사의 마음을 그렇게 기록해도 좋다. 흔히 못 보고 넘어가는 즐겁거나 안락한 기쁨의 순간이 한 시간 동안 얼마나 많이 일어나는지 안다면 깜짝 놀랄 것이다. 우리는 그런 순간이 허공으로 증발해버리기 전에 알아채야 한다.

한 달 두 달이 지나고 일기에 축복의 말이 채워질수록 실제로 일상의 기반이 변하기 시작할 것이다. 특히 외부 환경에 아무것도 변한 것이 없는데도 얼마 지나지 않아서 만족감과 희망이 점차 커지는 것을 발견하면서 기쁨에 젖을 것이다. 이는 당신이 심오한 면에서 미미하지만 성장하고 있기 때문이다. 삶의 부족한 점이 아니라 풍요로운 점에 초점을 맞추면서 멋진 미래의 청사진을 새로 그리게 될 것이다. 이런 충만감은 감사의 효과이며 꿈이 현실로 바뀌고 있다는 뜻이다.

프랑스 속담에 "감사는 마음의 기억이다"라는 말이 있다. 오늘 이 아름답고 삶을 긍정하는 은총인 감사를 탐색하고 삶으로 흡수하면서 하루를 시작하자. 놀랍게도 그동안 당신이 찾아 헤매던 기적이 눈앞에 펼쳐질 것이다.

## 1월 15일

### 스스로 만족하는 삶을 사는 비결

그것은 소박해지기 위한 선물이라네.
그것은 자유로워지기 위한 선물이라네.
그것은 우리가 있어야 할 곳으로
내려가게 하는 선물이라네.
그리고 우리가 마땅히 있어야 할 자리에
서 있는 우리를 발견한 순간에,
사랑과 기쁨의 계곡에
그 선물이 있으리라.
– 19세기 셰이커교도의 찬송가

오늘날 조금 더 단순한 삶을 갈망하지 않는 여성이 있을까? 혹은 솔직히 말해서, 지금 자신을 녹초로 만들고 있는 삶과 다른 삶을 원하지 않는 여성이 있을까? 그렇다면 우리는 어떤 삶을 동경할까? 모든 것을 내던지고 떠나 그리스의 섬에서 55마리의 고양이를 돌보며 사는 것일까? 미안하지만 내가 지난번에 확인한 바에 따르면 이미 3만 5,000명의 여성이 우리보다 먼저 그 일자리에 지원했다. 마추픽추까지 잉카 트레일을 걷는 것은 어떨까? 멸종 위기에 처한 동식물종을 보호하기 위해 아프리카 사파리를 계획하는 것은 어떨까? 아니면 당신이 빅서 지역에 열 예정인 가게에서 판매할 물품을 찾기 위해 골동품 쇼핑도 할 겸, 샤르트르에서부터 앙코르와트까지 순례 여행을 하는 것은 어떨까? 이 모두가 소박해 보이지는 않겠지만 이런 상상은 우리가 오늘 대하고 있는 삶보다 분명히 나은 아름다운 꿈을 불러일으킨다.

혹은 정말로 '한 번에 한 가지 일에 집중하기'와 같은 소박한 즐거움을 찾고 있는가? 당신이 한 가지 일이 끝날 때까지 그 일에만 집중할 수 있던 적이 언제였는가? 그럴 줄 알았다. 소박함을 찾는다고? 잉카 트레일에 대한 상상으로 돌아가는 편이 낫겠다.

좋은 소식이 있다. 우리가 삶을 찬찬히 잘 살펴보고 감사가 변화를 일으키도록 두면, 소박한 풍요로움을 찾아가는 다음 단계가 저절로 펼쳐진다. 우리가 가진 것이 아주 많다는 사실을 인정하면, 거추장스러운 것들을 점차 줄이고 기본으로 돌아가고 행복에 진짜로 필요한 것을 배우고 싶은 충동이 생긴다. 당신의 꿈을 포기하지 말자. 그저 중요한 순서대로 순위를 매기자. 새 식탁 세트를 사려고 야근하는 것과 아이가 출전하는 어린이 야구단 경기를 보러 가는 것 중에 무엇이 더 당신에게 중요할까? 새 식탁 세트를 사는 대신에, 분위기를 새롭게 바꾸기 위해 화려한 러너를 식탁에 깔고 쿠션을 몇 개 갖다 놓고 계절에 맞는 꽃장식을 식탁 중앙에 놓는 방법도 있다. 이는 삶을 소박하게 만드는 선택이다. 또한 하루하루의 빈 캔버스에 창조적인 붓놀림을 하는 선택이기도 하다. 이런 선택을 기꺼이 받아들이자. 이런 모든 선택이 진정한 여정이다.

많은 사람이 소박함이란 부족한 상태로 그럭저럭 지내는 것이라고 생각한다. 사실은 그 반대다. 의식적으로 선택한 진정한 소박함은 삶을 내면에서부터 밝혀준다. 진정한 소박함은 자신감과 너그러움을 지니게 하며, 우울증에 빠져 가까이하게 된 사치와 무절제의 속박에서 벗어나게 한다. 진정한 소박함은 따분하기 그지없는 평범한 순간, 음울한 삶, 심지어 무생물조차도 탁월한 경지로 높여준다(아름다운 셰이커 가구를 본 사람이라면 공감할 것이다).

소박한 풍요로움의 길을 걷는 우리에게 부족함은 곧 풍족함이다. 오늘은 소박함이 얼마나 매력적인지 생각해보기 바란다. 벽난로 선반 위의 하얀 우유병에 담긴 화사한 노란 수선화 다발, 티끌 하나 없이 반짝이는 창문으로 쏟아져 들어오는 햇빛, 깔끔하게 니스칠을 한 마룻바닥의 광택, 밀랍으로만 만든 양초의 아른거리는 불빛과 향기를 상상하자. 지치고 피곤한 당신의 영혼이 소박함이 주는 위안을 통해 제자리를 찾을 수 있음을 믿자. 우리가 각자에게 맞는 자리를 찾기 위해 마음속을 열심히 들여다볼 때 일상의 소박한 선물을 매일 발견하게 될 것이다.


## 1월 16일

## 마음이 어수선하다면 집 정리를 해보자

질서는 아름다움을 결정하는 기반이다.

- 펄 벅

미국에서 최초로 노벨문학상을 받은 여성 작가

몇 년 전부터 나는 행복하고 만족스러운 삶에는 가정생활과 정신생활이 서로 떨어질 수 없게 연결돼 있다고 생각했다. 이 둘은 각각 금실과 은실이고 함께 어우러져서 만족감의 융단을 만든다.

셰이커교도는 19세기 중반에 미국에서 번창한 기독교 종파다. 셰이커교도는 침대를 정리하는 것처럼 단순하고 평범한 일과를 통해서 하느님을 향한 사랑을 표현할 수 있게 은총을 베풀어달라고 매일 아침 간절히 기도한다. 17세기 카르멜 수도회의 로렌스 수사는 종교서의 고전인 《하나님의 임재 연습》에서 주방에서 동료 수도사들이 먹을 식사를 만들 때 냄비, 항아리, 감자에서 성령을 자주 느꼈다고 썼다.

돈 때문에 괴롭거나, 가족이 아파서 걱정하거나, 자꾸 지연되는 사업 계약 때문에 조바심칠 때가 있다. 나는 이런 외부 상황 때문에 마음을 다스릴 수 없을 때마다 평정을 되찾는 내 나름의 의식에 본능적으로 의지한다. 이 의식은 바로 집 정리다. 집을 정리하면 감정적으로나 정신적으로나 즉각적인 이익을 얻는다. 우리는 외부에서 일어나는 일을 우리 뜻대로 통제할 수 없다. 그러나 우리를 돌보고 지탱하는 위안을 내면에서 찾을 수 있다. 나는 기분이 우울한 날과 집이 어수선한 날 사이에 직접적인 연관성이 있다는 점을 발견했다. 이런 생각을 하는 사람이 나만은 아닐 것이다. 작가 도로시 파커는 말한다. "우리 목숨을 앗아가는 주범은 비극적인 사고가 아니라 지저분함이다."

당신이 항상 정처 없이 표류하는 느낌이 드는데 이유를 모르겠다면 질서 혹은 질서의 부재가 당신의 삶에서 하는 역할을 곰곰이 생각해보길 바란다. 늘 잡동사니와 혼란과 혼동 속에 살면서 명료하게 생각할 수 있는 여성은 없다. 그런 상황이 누구의 책임인지는 중요하지 않다. 먼저 질서란 꼭 지켜야 하는 의무(침대 정리, 설거지, 쓰레기 내놓기)가 아니라 아름다운 새 인생을 위한 기반이라고 생각하자. 꺼내 쓴 물건을 제자리에 돌려놓거나 주방을 깨끗하게 유지하거나 벗은 옷을 걸어놓는 것처럼 간단한 규칙만 지키면 된다. 또한 공동의 이익을 위해 그런 규칙을 잘 지키도록 가족을 가르치면 된다.

원래 우주에는 신성한 질서가 존재한다. 일상적인 일을 처리하면서 질서 의식을 조금씩 키우려고 노력하면 창조적인 에너지의 강력한 원천을 활용할 수 있다. 오늘 당신의 삶에 신성한 질서를 받아들이면 내일 더 많은 평온함이 펼쳐질 것이다.


## 1월 17일

## 오늘 하루 스마트폰에서 벗어나보자

내가 치는 음표는 다른 피아니스트와 다를 것이 없다.
그러나 음표 사이의 포즈(잠시 멈춤),
그렇다, 바로 그곳에 예술이 존재한다.
- 아르투어 슈나벨
오스트리아 피아니스트


똑같은 쇼팽의 피아노 야상곡을 쳐도 풋내기 학생의 연주와 거장의 연주는 분명히 다르다. 폴란드의 작곡가 프레데리크 쇼팽이 전 생애를 바쳐 작곡한 곡이기 때문이다. 그는 어디서 연주를 잠시 멈추거나, 어떤 선율에 격정과 자신감을 담아 연주해야 할지를 지시했다.

삶의 협주곡도 마찬가지다. 먼저 음표를 하나하나 외우고 날마다 연습하고 연주해야 조화를 이룰 수 있다. 무엇보다도 먼저 가정생활과 직장생활의 경계를 짓는 방법을 배워야 한다. 이는 모든 여성이 날마다 부딪치는 가장 어려운 일이다.

요즘 세상은 1년 내내 빠르게 변하고 복잡하다. 대체로 무서운 소식을 담고 끊임없이 쏟아지는 뉴스 속보가 언제 어디에서나 우리를 괴롭힌다. 텔레비전과 인터넷을 완전히 피하지 않는 한, 끔찍한 자연재해나 테러리스트의 잔혹 행위에 관한 소식을 전하는 전 세계의 뉴스 앵커들에게 어느새 둘러싸이게 된다. 가장 무시무시한 단어는 '대피소'가 되었다.

이런 비극적인 사건들이 실시간으로 펼쳐지는 동안 우리는 위험에 빠진 낯선 사람들을 무력하게 지켜본다. 우리의 감수성과 동정심이 신체적으로, 감정적으로, 정신적으로 우리를 약화하는 두려움이라는 이름의 전기봉으로 푹푹 찔리는 사이에, 우리 일상은 인질이 된다. 사랑하는 사람들과 하루를 보내기 위해 처리해야 하는 평범한 일이 기운을 빠지게 하고, 안도감을 빼앗아가고, 행복해지는 능력을 약화해서 결국 우리를 기진맥진하게 하고 연약하게 만든다. 우리는 '고요함'이 모든 교향곡에서, 특히 우리 영혼이 작곡하고 싶어 하는 교향곡에서 가장 중요한 부분이라는 사실을 잊어버렸다. 대개 일상생활에서 정신을 산란하게 하는 요인들이 관심을 요구할 때 우리가 가장 먼저 제거하는 것은 우리가 가장 필요로 하는 것이다. 즉 조용히 사색에 잠길 시간이다. 삶을 더 낫게 바꿀 수 있도록 생각할 시간, 도움이 되거나 되지 않는 점을 심사숙고할 시간을 없앤다. 꿈을 꿀 시간조차 없앤다.

조화란 삶의 선율이 잘 어우러질 때 우리 내면에 울려 퍼지는 만족감의 운율이다. 우리가 어떻게든 정확한 건반을 칠 수 있을 때다. 즉 가족의 기대와 세상에서 맡은 책임이 정신적인 성장과 자신을 표현하고 싶은 내면의 욕구와 균형을 이루는 때다.

《행복의 발견 365》가 처음 출간됐을 때는 기술이 막 발전하기 시작하는 중이었다. 퍼스널 컴퓨터는 기술에 흥미가 있는 사람들만 사용하는 희귀한 새 도구였고, 인터넷은 기껏해야 초기 단계였으며 스마트폰이라는 개념 자체가 없었다. 이런 기술은 삶을 친구나 가족과 공유할 수 있는 새롭고 매력적인 수단이었고, 개인적인 세계를 더 큰 외부의 세계와 혼합하는 것은 대단히 흥미로웠다.

하지만 기술 잠식의 문제점이 곧 드러났다. 1984년에 개봉한 미국 호러 코미디 영화 〈그렘린〉을 본 적이 있는가? 이 영화는 모과이라는 기이하면서도 사랑스러운 동물을 크리스마스 선물로 받은 10대 빌리 펠처에 대한 이야기다. 모과이를 돌보면서 지켜야 할 규칙은 단 세 가지다. 첫째, 햇빛에 노출하면 안 된다. 둘째, 물에 닿지 않게 한다. 셋째, 자정 이후에 먹을 것을 주면 안 된다.

물론 이런 안전장치는 즉시 무시됐고, 하룻밤 사이에 장난꾸러기 털북숭이가 그렘린이라는 혐오스러운 작은 파충류 괴물들로 수없이 번식해서 마을을 아수라장으로 만든다. 나는 기술이 모과이라고 생각한다. 기술은 아무 해가 없는 것으로 보였고, 기술이 적용된 도구는 멋들어지게 똑똑한 장치였다. 그러나 이윽고 인공지능은 멀티미디어 플랫폼과 결합했고, 인터넷은 장난감에서 거대하고 난폭한 로봇으로 변해 우리 영혼을 집단으로 서서히 흡수했다.

우리는 소박한 풍요로움의 길을 걷는 과정에서 잠시 멈춰 서는 방법을 배우기 시작했다. 우리는 삶에서 얼마나 많은 부분이 인공지능 홀로그램이 되었는지 파악하기 위해 정지 버튼을 눌러야 한다. 우리가 보지 못하는 것을 없앨 수는 없으며, 부지불식간에 우리의 인터넷 사용이 보이지 않는 잉크로 작성되고 해커라고 불리는 암호 해독자에 의해 해석된다. 우리가 감사, 소박함, 질서를 삶에 받아들이면 조화가 생긴다. 우리는 다른 사람의 기대와 자신의 행복, 혼자 있고 싶은 순간과 벗이 필요한 순간, 일과 놀이, 활동과 휴식, 인터넷을 통한 더 넓은 세계와의 의식적인 연결과 온전한 정신과 평정을 위한 더 넓은 세계와의 단절 사이에서 균형을 유지하는 방법을 배운다.

일단 오늘은 그저 속도를 늦추자. 오늘 하루를 편안하고 우아하게 연주되는 느린 아다지오 선율처럼 살자. 마음을 진정시키고 기운을 북돋는 음악을 듣자. 하던 일을 멈추고 음악을 들으면서 어떻게 각각의 음이 조화롭게 결합해 악보 전체를 표현하는지 생각하자.


## 1월 18일

## 아주 사소한 것들이 인생을 아름답게 만든다

삶을 매일 새로 만들겠다고 선택한 여성보다 더 강하거나 급진적이거나
놀랍도록 아름다운 것은 없다. 그런 여성은 해결해야 할 문제가
얼마나 많든, 만회해야 하는 실수가 얼마나 많든 간에 상관없이 나아간다.

- 카라 올월 레이바
미국의 자기계발 작가이자 동기부여 코치

소박한 풍요로움에 이르는 길은 완만하지만 그 길을 걸으면서 얻는 교훈은 강력하다. 일단 상황에 상관없이 감사하는 법을 배우게 된다. 현실에 감사하면서 현실을 개선할 방법을 발견하게 된다. 소박함을 받아들이면 적을수록 좋다는 사실을 배우게 된다. 그렇게 마음이 자유로워지면 일에 질서가 생기고 내면세계에 조화가 일어난다. 자신에게 맞는 속도로 살고, 한계를 인정하는 방법을 배우고, 발전하는 과정에 고마워하고, 교훈을 일상에서 하나하나 실천해 결국 습관으로 만들게 된다.

그러면 어느 날 갑자기 살아 있음을 느끼게 되고 아름다움을 추구하고 싶은 열망이 생긴다. 인생을 아름답게 만드는 것이 최상의 소명임을 깊이 자각하게 된다. 기자인 애나 루이스 스트롱은 1936년에 이렇게 고백했다. "나는 평생 융단의 뒷면을 짜며 산 셈이었다. 모든 씨실과 날실 및 형태를 정확히 익혔지만 정작 앞면의 색감과 광택은 한 번도 보지 못했다." 우리는 삶의 색감과 광택과 아름다움이 우리를 부르는 순간 스트롱이 한 말의 의미를 이해할 것이다. 그러나 당장 끝내야 하는 일거리가 책상에 쌓여 있다면 이런 내면의 욕구에 어떻게 반응해야 할지 알지 못한다. 아름다움을 추구하고 싶은 내면의 열망을 깊이 억누른 채 점심시간까지 일한다.

그렇다면 계획이 필요하다. 달력에서 앞으로 2주 동안의 일정을 살펴보자. 근무일 10일 중에서 당신 마음대로 쓸 수 있는 점심시간 한 시간이 있는가? 아무도 보지 않을 때 그 한 시간을 노란색 형광펜으로 빠르게 칠한다. 이제 누군가가 그 노란색으로 칠한 시간에 무엇인가를 해달라고 요구하면, 당신은 "미안해요. 깰 수 없는 약속이 있어요"라고 솔직하게 말하면 된다. 지금부터 그때까지 신문을 훑어보면서 근처에서 열리는 미술 전시회가 있는지 찾는다. 당신이 향할 곳이 그곳이다. 그리고 나는 거기에서 당신을 만날 것이다.

오늘 하루 남은 시간에는 주변 사물의 모양, 색깔에서 뜻밖의 발견을 해보자. 나는 언젠가 농산물 직거래장터에서 발견한 복숭아에서 붉고 푸른 색채의 가장 완벽한 배합을 발견한 적이 있다. 아름다움이 우리를 둘러싸고 있다. 우리가 그것을 알아채지 못하는 것뿐이다. 당신을 둘러싸고 있는 아름다움을 찾아보자. 사무실을 둘러보면서 새로운 칭찬거리를 찾아보자. 어쩌면 동료의 일상에서 아름다움을 발견하고 뜻밖의 기쁨을 느끼게 될 것이며, 당신과 동료 둘 다 엄청나게 기분이 좋아질 것이다.

오늘 밤 당신이 사랑하는 사람들의 얼굴들을 찬찬히 바라보고, 정성을 들여서 식탁을 차리고, 저녁식사를 준비하는 과정을 즐기고, 음식을 멋들어지게 담아내자. 촛불을 밝히고 가장 예쁜 잔에 와인이나 탄산수를 따라 새로 얻은 이 깨달음을 축하하자. 아름다움은 삶의 사소한 부분에서 드러나고 지속되며 커진다.

지금 바깥에는 한겨울의 어둠이 다가오고 있지만, 당신은 내면에서 당신의 빛을 찾았다.

# 1월 19일

## 불행은 스스로 만드는 것이다

나는 불가사의한 우주가 고통의 축을 중심으로 돌고 있다고는 믿을 수 없다.
분명히 세상의 생소한 아름다움이 어딘가 순수한 기쁨 위에 존재할 것이다.

- 루이스 보건
미국 시인

소박한 풍요로움의 여정은 미지의 영역으로 우리를 안내한다. 우리는
감사하는 마음이 영혼의 땅을 갈고, 소박함과 질서의 씨가 일상생활의
땅에 깊이 뿌리내리는 과정을 날마다 배운다.

　우리가 각 은총을 실행하고 뜻밖의 만족을 발견하는 동안, 조화는 가
정생활과 직장생활의 경계를 분명하게 지을 수 있게 해준다. 그렇게 함
으로써 우리는 우리 자신과 우리가 사랑하는 사람을 위해 진정한 삶을
만들어갈 수 있는 용기를 얻는다. 끈기 있게 기다린 끝에 아름다움이 일
상생활의 뜻밖의 장소에서 꽃을 피우고, 우리는 대체로 순식간에 지나
가는 행복은 물론 기운을 회복해주고 새로 시작하게 도와주는 예상치
못한 기쁨의 원천을 체험한다. 이제 우리는 세상에서 자신의 진정한 제
자리를 발견했다. 18세기 영국의 시인 윌리엄 워즈워스는 "조화의 힘과
기쁨의 심오한 힘에 의해 고요해진 눈으로 사물의 삶을 들여다보네"라
고 썼다. 변화 과정 중 이 지점에서 우리를 사로잡는 것이 바로 사물의
삶을 들여다보는 것이다. 삶의 교훈을 배우기 위해 고통의 길을 거부하
고 싶은 갈망이 깊은 내면에서 솟구친다. 마침내 우리는 기쁨의 길을 받

아들일 준비를 마치게 된다.

현재의 순간에 충실히 사는 방법을 배우는 것은 기쁨의 길의 일부다. 하지만 그러자면 내면에 깊은 변화가 일어나야 한다. 많은 사람이 무의식적으로 마음속에서 극단적인 드라마를 찍는다. 쓸데없이 최악의 상황을 예상하고 그 예상을 믿으면서 행동해 결국 나쁜 일이 벌어지게 만든다. 우리는 무심결에 자신의 불행을 직접 창조한다. 선택권이 있다는 사실을 미처 깨닫지 못한 채 하루하루 꼬리를 무는 위기 속에서 발버둥 치고 상황 때문에 상처받는다.

하지만 우리가 마음속 드라마를 꺼버리고 삶의 흐름과 신의 선함을 믿기 시작하면 어떻게 될까? 최상의 상황을 기대하면 어떻게 될까? 그렇게 하면 삶의 새로운 챕터를 행복한 결말로 쓸 수 있지 않을까? 이런 태도는 지난 수년 동안 무심결에 해오던 행동과 워낙 다르기 때문에 많은 사람이 솔직히 불가능하다고 여긴다. 그러나 얼마든지 가능하다. 잠시 불신을 거두자. 과감하게 믿자. 어차피 기존에 안고 살던 고통과 결핍감 이외에는 잃을 것도 없지 않은가?

오늘 당장 시작하자. 한 시간 동안 시도하자. 장난삼아 하자. 모험삼아 해보면서 당신의 진실을 발견하자. 고통에서 벗어나 기쁨을 통해서 배우려는 의지로 가득 차 있다고 온 세상을 향해 큰 소리로 선언하자. 입에서 내뱉으면 그 말을 믿게 된다. 게다가 놀랍고 기쁘게도 당신은 그런 축복이 당신의 선언을 참을성 있게 기다려 왔음을 깨닫게 될 것이다.

# 1월 20일

## 매일 아침 그날의 우선순위를 정해라

잘못된 선택은 없다. 그저 걸을 운명이었으나
모르고 지나친 길이 있을 뿐이다.
- 가이 가브리엘 케이
캐나다의 판타지소설 작가

뜨거운 차를 한잔 들고 침실로 돌아가는데 19세기 미국의 시인이자 철학자인 헨리 데이비드 소로가 말한 "고독만큼 다정한 벗이 없다"라는 구절이 떠오른다. 평일 아침의 야단법석이 지나간 이 시간에는 집이 고요하다. 나를 따라 계단을 올라온 고양이들이 잔뜩 주름진 침대 시트 속 보금자리로 냉큼 달려간다. 고양이들조차 내가 마음을 안정시키는 일과, 평일 아침의 고상한 의식을 막 시작하려는 참이라는 것을 안다.

일에 관련된 전화가 오기에는 아직 이른 시간이지만 아무 방해도 받지 않으려고 휴대폰의 전원을 끈다. 이제부터 한 시간은 내면으로 들어가는 데 쓴다. 기도를 하고, 최근에 재미있게 보고 있는 책의 한 챕터를 읽은 다음에 감사일기를 되돌아본다. 대체로 내가 감사하는 것을 잊어버린 무엇인가가 있다. 또한 이미 지나간 은총을 곱씹다 보면 어제의 걱정거리가 어떻게 저절로 잘 풀렸는지 이해하게 된다. 오늘의 걱정거리도 그렇게 잘 풀리리라.

이 시간 동안에는 라디오나 텔레비전이나 컴퓨터를 켜지 않는다. 괜히 켰다가 집중력을 잃으면 나와 내 하루에서 생기를 뺏어가는 긴급한 뉴스 속보에 휩쓸려 하루가 엉망이 될 것이기 때문이다. 사람들은 중요한 일이라도 생기면 어떻게 하려고 그러냐고 묻는다. 걱정할 것 없다. 내가 의식을 끝내고 컴퓨터를 켜면 저절로 그런 소식에 대해서 알게 될 것이다. 나는 홀로 생각을 정리하고 그날 하루의 우선순위를 정할 한 시간을 꼭 자신에게 허락한다.

당신이 내면의 여정을 위해 하루에 한 시간이라는 선물을 자신에게 선사할 수 있을지 확인하자. 무엇이 소중한지 곰곰이 생각할 수 있도록 숨 돌릴 틈을 충분히 내야 한다. 혹은 황혼 녘에 상상의 나래를 펼쳐도 좋다. 처음부터 한 시간을 통째로 투자하는 것이 호사다 싶으면(사실 절대로 호사는 아니지만, 일단 초반이니 점진적으로 늘려가도 괜찮다) 적당한 기회를 봐서 시간을 조금씩 빼도 된다. 이를테면 아침에 30분을 빼고 잠자리에 들기 전에 다시 30분을 빼는 식으로 시작하자.

내 경험을 말하자면 대부분은 내면의 여행이 끝나도 인생을 극적으로 바꿀 만한 일이 전혀 일어나지 않은 듯 보인다. 혼자서 한 시간을 보냈을 뿐이다. 대체로 새로운 통찰이나 영감이나 지침이 당장 확 떠오르지는 않는다. 하지만 때로 조금 더 큰 그림에 분명하게 초점을 맞추게 된다. 당신도 차츰 그렇게 될 것이다.

적어도 내가 아는 바로는 이렇다. 깊은 내면으로 자주 여행을 떠나면 좋은 결과가 돌아오게 돼 있다. 나중에 운전을 하거나 저녁식사를 준비하거나 샤워를 하다가, 내가 바라는 영감이나 나에게 필요한 통찰력이 퍼뜩 떠오르는 경우가 아주 많다. 그렇지만 아침 의식에서 계시를 받든 안 받든 상관없이 하루하루는 멋진 선물을 선사한다.

# 1월 21일

## 진짜 자신을 알고 싶다면 발견일기를 써라

사랑하는 것에 관한 지식은 자연스레 생긴다. 읽거나 분석하거나
연구할 필요가 없다. 무척 사랑한다면 관련 지식이 그 어떤 도표가 제공하는
내용보다 훨씬 자세하게 당신에게 서서히 스며든다.

– 제서민 웨스트
미국 소설가

당신이 삶을 사랑할 수 있게 하는 열쇠는 무엇을 진정으로 사랑하는지
파악하는 것이다. 로버트 루이스 스티븐슨은 "세상이 좋아하라고 하는
것을 그대로 받아들이는 것이 아니라 당신이 무엇을 좋아하는지 아는
것이 당신의 영혼을 살아 숨 쉬게 하는 길이다"라고 우리를 일깨운다.
오늘 우리가 관심을 둘 주제는 영혼을 살아 숨 쉬게 하고 창조성을 키우
는 방법이다.

당신이 특별히 좋아하는 것을 가장 즐겁게 찾는 방법은 '발견일기'를
만드는 것이다. 이 발견일기는 아주 어두운 미지의 영역, 즉 진정한 내
면의 세계로 들어가려 할 때 탐험가의 기록일기 역할을 한다. 영혼을 대
변하는 아름다운 이미지를 모으는 활동을 통해서 상상력을 키우고 진정
한 자신을 발견할 수 있다. 햇볕이 내리쬐는 산타페의 강렬한 색감이 당
신을 계속 부르고 있다는 사실을 몰랐는가? 그렇다면 당신이 모으는 그
림에 그 색감이 계속 나타나는 이유가 무엇일까? 지금까지 단순하고 실
용적인 디자인인 미드센추리 모던이 당신의 취향이라고 생각했는데 일

기에 붙여놓은 것들은 왜 하나같이 장미꽃 무늬가 날염된 면직물인가? 그리고 미술공예 운동의 영향을 받은 그 방갈로 그림은 여기에 왜 붙어 있을까? 별로 현대적이지 않지만, 바깥벽에 징두리돌을 쌓아 올리고 튼튼한 지붕 아래 현관이 있는 그 건축 양식이 마음에 드는가?

참 흥미롭지 않은가? 이는 사진 하나가 수천 마디를 말하는 완벽한 경우다. 그리고 그 사진은 당신에게 말한다. 눈을 감고 시각 이미지를 하루에 하나씩 깊이 생각하면 창조력이 활성화되고 흥미로운 사실을 알아차리는 통찰력이 생긴다.

오늘은 검은색 표지의 스케치북, 잘 드는 가위, 풀, 양면테이프, 당신이 좋아하는 잡지, 카탈로그를 준비하자. 요즘 잡지를 구독하려면 돈이 많이 든다(출판물이 빠르게 사라지고 있는 이유다). 그래서 나는 미국 남부의 생활방식을 담은 잡지 《가든 앤드 건Garden and Gun》과 아메리칸 익스프레스의 회원용 월간지 《디파처스Departures》 같은 전문지(10달러 이하로 제한)를 이베이에서 둘러보는 것을 좋아한다. 내가 좋아하는 선물이 외국의 인테리어 및 라이프스타일 잡지와 패션 잡지라는 것을 아는 친구들은 여행을 가면 내게 주려고 이것들을 챙겨온다. 당신도 이미지의 새로운 출처를 찾기 시작하면 금방 발견하게 될 것이다.

당신은 이미 핀터레스트 같은 이미지 수집 사이트에서 마음에 드는 사진을 모으고 있을지도 모른다. 그런 사람이 당신만은 아니다. 수백만 명의 사람이 자신이 좋아하는 이미지를 그런 식으로 공유한다. 무수히 많은 게시판에서 요리법, 인테리어 아이디어, 영감을 주는 스타일 등을 찾을 수 있다. '행복의 발견 365의 발견일기'에 관한 게시판들까지 있다! 하지만 내가 만든 게시판들이 아니다. 이유는 간단하다. 나는 사생활의 경계를 확실하게 구분해야 한다고 조언하고 있다. 세상 사람들이 다 볼 수 있는 온라인에 자료를 게시할 때는 한 번 더 신중하게 생각해야 한다. 나도 그러려고 노력하고 있다.

솔직해지자. 당신이 이런 사진 수집 사이트에서 모은 이미지 중 4분의 3은 이미 잊어버리지 않았는가? 장담하건대 당신이 게시판에 올린 자료들의 대부분을 수년 동안 들여다보지도 않았을 것이다. 새로운 사진이 눈에 띌 때마다 과잉 자극과 스트레스의 구덩이로 떨어지기 쉽다. 다른 여성들의 생활, 드레스, 인테리어, 여행, 결혼식을 담은 완벽한 이미지들을 보는 것은 이기기 불가능한 사기도박에 빠지는 것이나 마찬가지이며 우리 자존감을 깎아내리고 결핍감을 늘릴 뿐이다.

이와 달리 발견일기는 순수한 직관과 느낌이 있는 소박한 풍요로움의 길을 걷게 한다. 서서히 꾸준히 나아가는 길, 감각적이고 불안감을 없애는 길이다. 당신이 나아갈수록 당신의 진정한 자아와 연결되는 것을 느끼게 될 것이다. 올 한 해 동안 나는 다시 한번 당신 자신을 믿는 방법을 배우라고 권할 것이다. 그리고 당신의 직관을, 창조적이고 정신적인 북쪽 끝을 용감하게 가리키는 영혼의 나침반으로 여기는 방법을 배우라고 권할 것이다.

준비한 물건을 모두 바구니에 넣어 침대 옆에 두자. 밤에 잠자리에 들기 전, 기분 좋게 졸리면서 느긋한 기분이 들고 감수성이 풍부한 상태일 때 잡지를 훑어보자. 술술 넘기다가 마음에 드는 이미지가 있으면 찢거나 오려 발견일기에 붙이자. 특정한 방식으로 그림을 배열하려 하지 말자. 당신이 만들고 있는 콜라주가 자유롭게 전개되게 두자. 얼마 지나지 않아서 콜라주는 당신의 마음이 가고 싶은 방향을 제시할 것이다.

나는 발견일기에 인용문, 스케치, 축하카드, 그림엽서도 덧붙이며 시인 W. H. 오든이 '내 행성의 지도'라고 일컬은 것을 만든다.

잡지나 카탈로그에서 골라 모은 이미지, 혹은 사진이나 그림엽서를 수집해보자. 당신 자신에 대해서 알고 싶던 모든 것을 드러내는 잡다한 그림이나 사진 등을 생각에 잠겨 모으다 보면 자신의 열정을 향한 중력을 느끼게 될 것이다. 당신의 취향, 당신의 흥미를 돋우는 것, 당신을 자극하는 것, 당신을 행복하게 하는 것, 특정한 명암의 파란색이 당신을 웃음 짓게 하는 이유를 발견하는 것부터 친구 간 불화의 원인을 이해하는 것은 물론 깊은 내면의 믿음을 인식하는 것에 이르기까지 발견일기는 진정한 자아의 감춰진 곳으로 당신을 인도할 것이다.

## 1월 22일

### 꿈꾸는 삶을 최대한 구체적으로 상상해라

네 보물이 있는 그곳에는 네 마음도 있느니라.

– 신약성서 마태복음 6장 21절

자존심이 없고 허세를 부리는 해적은 감춰진 보물이 표시된 지도도 없이 보물을 찾으러 나설 것이다. 그런 무모한 모험을 할 필요가 있을까? 지금부터 만들 보물 지도는 당신이 생각하는 이상적인 삶을 보여주는 콜라주다. 이는 당신이 가고 싶은 방향으로 창조적인 에너지를 집중하는 시각 도구다.

먼저 자신이 이상적이라고 생각하는 삶을 상상해야 한다. 이 과정은 쉽지 않다. 잠시 조용한 시간을 내서 내면을 들여다보자. 눈을 감자. 이제 당신이 누구와 어떻게 사는지 보일 것이다. 당신이 꿈에 그리는 집은 어떻게 생겼는가? 그 집이 어느 나라에 있는가? 자녀가 있는가? 몇 명이나 되는가? 집에 있는 정원은 어떤 스타일인가? 하얀 말뚝 울타리가 빙 둘러쳐진 유기농 텃밭을 가꾸기 시작했는가?

반려동물이 있는가? 당신의 직업은 무엇인가? 블로그를 운영하거나, 장편영화를 찍거나, 순혈종의 말을 기르는가? 이제 이상적인 삶의 이미지와 어울리는 그림을 잡지에서 찾아보자. 사진을 오려서 발견일기에 콜라주를 만들자. 당신의 꿈에 들어맞는 시각 자료를 찾지 못하겠거든 창조성을 발휘해서 직접 그림을 그리자. 이 작업이 다 끝나면 특히 마음에 드는 당신의 사진을 한 장 고르자. 얼굴에서 빛이 나고 행복해 보이는 사진이어야 한다. 당신의 모습을 오려내서 보물 지도 콜라주의 한가운데에 붙이자.

보물 지도를 만들면서 즐거운 생각을 하자. 기쁜 생각을 하자. 일곱 살짜리 어린아이처럼 생각하자. 이것은 지적 활동이 아니다. 우주에게 보여주는 위시리스트다. 내면 깊은 곳의 소망은 진정한 자아의 속삭임이다. 그 속삭임을 존중하는 법을 배워야 한다. 속삭임을 경청하는 법을 배워야 한다. 퓰리처상을 받은 시인인 앤 섹스턴은 귀를 영혼 옆에 내려놓고 열심히 들으라고 충고한다.

무엇보다 누구에게도 당신의 보물 지도를 보여줄 필요가 없음을 명심하자. 당신을 제외한 그 누구도 당신의 보물 지도에 접근할 필요가 없다. 미래의 소원, 희망, 꿈, 신성한 포부는 우리의 가장 진정한 보물이다. 그런 보물을 당신의 마음속 안식처에 안전하게 넣어놓자. 발견일기의 뒷부분에 당신만의 보물 지도를 보관하고 자주 들여다보자. 보물 지도를 볼 때 당신이 앞으로 이끌어갈 멋진 삶에 감사하자. 당신이 현재와 다르게 살고 싶다는 사실을 알아차리는 것은 가장 멋진 축복이다. 행복하고 만족스럽게 살기 위한 가장 중요한 비밀은 모든 것은 바깥세상에 나타나기 전에 마음속에서 먼저 만들어진다는 것을 깨닫는 것이다. 마음속에서 만들어지기 전에는 가슴 속 불꽃으로 존재한다. 눈에 보이기 전에 믿어야 한다. 보물이 묻힌 지점을 찾아내려면 먼저 당신이 파내려는 보물이 무엇인지 알아야 한다.

## 1월 23일

### 나를 위한 시간은 반드시 필요하다

당신의 고독을 소중히 여겨라. 홀로 기차를 타고 한 번도 가보지
않은 곳으로 떠나라. 별이 총총히 떠 있는 하늘 아래에서 혼자서 야숙해라.
수동변속기 자동차의 운전법을 배워라.
돌아오지 못할지 모른다는 두려움이 사라질 정도로 멀리 떠나라.
하기 싫은 일을 거부해라. 주변 사람이 모두 반대해도 당신의 본능이
강하게 끌리는 일이라면 밀고 나가라. 사랑을 받고 싶은지 아니면 존경을
받고 싶은지 결정해라. 순응이 목적 찾기보다 중요한지 결정해라.

– 이브 엔슬러
미국의 극작가이자 배우

당신의 진정한 자아를 만나고 나니 이제 더 친해지고 싶지 않은가? 걱정할 것 없다. 자아와 함께 창조적인 유람을 다니기 시작하면 그렇게 될 것이다.

창조적인 유람이란 이 목적을 위한 것으로 당신이 진정한 자아와 단둘이 정기적으로 만나는 시간이다. 연애 초기에 상대방에게 줄 수 있는 최고의 선물은 둘만의 오붓한 시간을 보내는 것이다. 진정한 자아와의 관계도 마찬가지다. 당신은 수십 년 동안 진정한 자아를 무시해왔을 것이다. 이제는 바꿀 때가 되었다.

그렇다면 어떻게 해야 할까? 자신을 찬미하자. 그리고 마음이 밝아지며 영혼이 노래하게 하는 기분전환거리를 찾자. 영국의 시대극 영화를 보거나, 출근하기 전에 새로 생긴 프랑스풍 카페에 들러서 이른 아침식사를 하거나, 이탈리안 마켓에 가서 이곳저곳 천천히 구경하거나, 아침에 뒷산을 오르거나, 기막히게 멋진 중고매장을 샅샅이 살펴보거나, 헌책방을 둘러보거나, 화방에 가서 자신을 표현할 방법을 모두 상상하자. 창조적인 유람을 시작하면 진정한 자아가 아름답고 신비로운 존재, 즉 당신의 본모습을 다정하게 드러낼 것이다. 이는 신성한 노력을 통해 개인적인 성장을 추구하는 과정에서 자연스럽게 발생한다.

격려했으니 이제 경고를 하나 하겠다. 창조적인 유람은 말처럼 쉽지 않다. 사실 나로서는 소박한 풍요로움의 길에서 가장 어려운 과정이 창조적인 유람이었다. 나는 혼자서 즐거운 시간을 보내는 것에 익숙해 있지 않았다. 그런 행동이 너무 경솔하고 제멋대로인 것처럼 여겨졌다. 그러니 당신도 감정의 강한 저항에 대비하기 바란다. 수많은 변명이 떠오를 것이다. '넌 지금 완전히 빈털터리거든', '너무 바빠', '아이들을 봐줄 사람도 없잖아!', '봐서 다음 주쯤, 덜 지친 때나 마감을 끝내고 나서 하자'. 여성들이 흔히 대는 온갖 핑계가 생길 것이다. 나도 안다. 나와의 데이트를 처음 시작해서 몇 번 외출을 하는 동안 죄를 짓는 기분이 들었다. 그러다가 창조적인 유람에 감도는 장난기와 은밀한 분위기가 거부할 수 없는 유혹이라는 것을 깨달았다. 결국 나는 저항을 멈췄고 그 덕분에 점차 나아졌다.

창조적인 유람은 돈이 아니라 시간을 투자해야 한다. 당신 마음대로 쓸 수 있는 한 시간을 달력에 표시하고 노란색 형광펜으로 칠해놓으라고 한 며칠 전의 제안이 기억나는가? 나는 한가롭게 구경할 수 있는 미술 전시회가 근처에서 열리는지 찾아보라고 제안했다. 그 외출은 어떻게 됐는가? 멋지게 끝났기를 바란다. 이제 창조적인 유람을 자기 성장의 습관으로 만들자. 이제 다음 달 달력에 한 주에 한 시간씩 노란색 형광펜으로 칠해놓자.

아무리 바쁜 사람이라도 일주일에 한 시간쯤은 짬을 낼 수 있다. 그럴 수 없다면 자신의 우선순위를 진지하게 다시 생각해봐야 한다. 베이비시터를 고용하거나, 배우자에게 아이들을 맡기거나, 자녀가 학교에 갔을 때 시간을 내거나, 직장에서 점심시간을 활용하면 된다. 상상력을 기르고 진정한 자아와의 관계를 돈독하게 하는 것은 더 이상 미룰 수 없는 투자라는 사실을 깨닫기만 하면 시간을 낼 방법은 얼마든지 많이 있다. 이번 주는 일주일에 한 번씩 진정한 자아와 떠나는 창조적인 유람에 전념하자. 기적이 일어나기를 기대하자.

# 1월 24일

## 돈은 있다가도 없고, 없다가도 있다

돈이 넘쳐날 때는 남성의 세상이 된다. 돈이 부족할 때는 여성의
세상이 된다. 만사가 실패로 돌아간 듯 보일 때 여성의 본능이 두드러진다.
여성은 주저앉아 있지 않고 일자리를 얻는다. 그런 여성이 있기에
온갖 어려움이 일어나도 세상이 돌아가는 것이다.

-《레이디스 홈 저널Ladies' Home Journal》, 1932년 10월호

당신의 건강이나 사랑하는 사람의 건강을 걱정하면 정신이 레이저처럼 한곳에 집중된다. 중요한 점이 무엇인지 깨달은 덕에 갑자기 삶의 모든 면이 명료해진다. 살아 있다는 것 자체가 소중하다. 하루하루가 선물이다. 병을 고칠 기회를 달라고 빈다. 그리고 대부분의 경우에 그럴 기회를 얻으면 굉장히 고마워한다.

그러나 돈 걱정은 당신을 절망시킨다. 돈 걱정이 어둡고 위협적인 그림자처럼 온종일 따라다니기 때문에 삶의 즐거움을 앗아간다. 밤이면 침대 발치에서 맴돌며 잠을 빼앗아간다. 돈 때문에 고민할 때면 낮에는 무섭고 밤에는 괴롭다. 당신은 선물 받은 소중한 24시간을 모조리 무심코 허비한다. 사는 것이 아니라 그저 존재할 뿐이다.

오늘은 돈 때문에 걱정이 된다면 힘을 내자. 당신은 생활방식을 바꿀 능력을 갖추고 있다. 결핍과 박탈감을 풍요와 만족감으로 바꿀 능력을 갖추고 있다. 살다 보면 돈이 있을 때도 있고 없을 때도 있는 법이다. 그러나 정신의 풍요는 타고난 권리라는 깨달음은 변함없이 남아 있다. 미

국의 복음성가 가수인 머핼리아 잭슨은 이렇게 말했다. "돈이 있으면 누구나 독립적으로 살아갈 수 있다. 그러나 동전 한 닢 없을 때 독립적으로 살아가는 것이야말로 하느님의 시험이다."

내가 그간의 경험에서 배웠으며 당신과 공유하고 싶은 점은 삶은 소박할수록 풍요로워진다는 사실이다.

영혼이 결핍된 사람은 있다. 그 경우를 제외하면 세상에 결핍이란 존재하지 않는다.


## 1월 25일

### 성공은 원하고, 상상하고, 믿는 것에서부터 시작된다

다이아몬드는 멀리 떨어진 산이나 저 건너 바다 밑이 아니라 당신 집의 뒷마당에 묻혀 있다. 단, 당신이 다이아몬드를 찾으려 노력한다면 말이다.

– 러셀 콘웰
미국의 목사·연설가·독지가


흔히 '다이아몬드 밭'으로 불리는 빅토리아 시대의 유명한 강연은 어떤 동기유발 강연보다 많은 사람에게 영향을 줬고 영감을 불러일으켰다. 전직 신문기자이자 목사인 러셀 콘웰은 1877년부터 1925년까지 이 강연을 6,000번 이상이나 했다. 그의 강연집은 출간되자마자 베스트셀러가 됐으며 커다란 감화를 주는 고전으로 길이 남았다. 콘웰은 나중에 펜실베이니아주 필라델피아에 템플 대학교를 설립했다.

콘웰이 강연에서 들려준 이야기는 대단히 큰 감동과 여운을 남긴다. 이 이야기는 알리 하페드라는 페르시아 농부의 삶을 담고 있다. 재산이 많아 남부러울 것 없이 살던 하페드는 어느 날 우연히 다이아몬드에 대한 이야기를 듣는다. 하페드는 농장을 팔고 가족도 버려둔 채 다이아몬드를 찾아 전 세계를 여행한다. 사방을 구석구석 뒤졌지만 그토록 절실히 바라는 다이아몬드를 발견하지 못했다. 집도 절도 없는 신세가 돼 외롭고 절망에 빠진 하페드는 결국 스스로 목숨을 끊고 만다. 부자가 되려는 열망에 완전히 사로잡혀버린 결과였다. 한편 하페드에게 땅을 산 사람은 이제 자신의 것이 된 잔디 잎사귀 하나하나에 감사했고 농장에 아낌없이 사랑을 베풀며 열심히 일했다. 밤에는 가족과 둘러앉아 노동의 결실을 먹었다. 그는 자신의 삶에 만족했다. 어느 날 그는 마침내 놀라운 사실을 발견했다. 알리 하페드가 버리고 떠난 그 집의 뒷마당에 다이아몬드가 묻혀 있었다. 말 그대로 다이아몬드 밭이었다. 소박한 농부는 꿈에도 생각지 못한 엄청난 부자가 되었다.

콘웰은 이 이야기를 통해서 훌륭한 메시지를 전달한다. 모든 사람의 내면에는 풍요의 샘과 기회의 씨앗이 있다. 모든 사람에게는 발견돼 실현되기만을 기다리는 꿈이 깊이 박혀 있다. 우리가 꿈을 소중히 여기고 애정과 인내와 열정과 내면의 창조적 에너지를 자신에게 투자하면 진정으로 성공할 수 있다.

당신의 다이아몬드 밭은 어디에 있을까? 당신이 세상 어디에서나 무슨 일이라도 할 수 있다면 무엇을 하고 싶은가? 그렇다. 당신이 지금 당장 불가능하다고 생각하는 바로 그 일 말이다. 가게를 열고 싶은가? 결혼해서 가정을 꾸리고 싶은가? 드레스를 디자인하고 싶은가? 시나리오를 쓰고 싶은가? 복학해서 미생물학 학위 과정을 마치고 싶은가?

누구나 다이아몬드 밭을 가지고 있다. 그 밭은 당신이 발견해서 소중하게 아끼고 채굴하기를 기다리고 있다. 누구에게나 출발점이 있다. 상상은 성공을 위한 영혼의 청사진이니 상상의 나래를 마음껏 펴보자. 소박한 풍요로움의 길을 걷다 보면 개인적인 성공, 진정한 행복, 재정적인 안정을 위한 기회가 뒷마당처럼 가까이 있음을 깨닫게 될 것이다.


# 1월 26일

## 모든 것이 늦었다는 착각을 버려라

나는 사는 것이 좋다. 절망적일 정도로 몹시 비참하고
슬픔에 고통받은 적도 있지만, 그런 일을 겪는 과정에서 살아 있는 것
자체가 아주 멋진 일임을 확실히 깨달았다.

– 애거사 크리스티
영국의 소설가이자 역대 최고의 베스트셀러 작가


꿈이 실현되도록 도와주는 외부의 힘이 있다는 믿음이 아주 위협적인 발상이라고 여기는 사람이 있다. 특히 주도권을 잡는 데에 익숙하거나 적어도 주도권을 잡았다는 착각에 빠진 사람이 그렇다.

그리고 수많은 사람이 또 다른 착각에 사로잡혀 살아간다. 무정하고 변덕스러운 숙명이 삶을 결정한다는 것이다. 그런 사람은 대단히 비참한 경험을 한 뒤 생긴 후유증 때문에 다정하고 너그러운 창조적인 힘이

우리를 든든하게 뒷받침한다는 점을 믿지 않으려 한다. 우주를 창조한 신이 우리가 장학금을 받거나 승진을 하거나 복학을 하거나 사업을 시작하거나 새로운 도시로 이사 가도록 도와준다는 점을 믿지 않으려 한다. 놀이공원 유령의 집에 가면 형상이 일그러져 보이는 거울이 있다. 그 거울처럼 우리 눈으로 보는 것은 실제가 아니다. 사람들은 자신의 꿈에 대한 최종 거부권을 외부 상황이 지녔다고 착각한다.

그래 놓고 자신이 그토록 불행한 이유를 궁금해한다.

살아 있는 것 자체가 멋진 일임을 깨닫지 못하게 막는 착각을 버릴 마음이 있는가? 그게 다다. 그렇게 마음만 먹으면 된다. 당신 스스로 연구개발팀의 팀원이 되어보자. 다정하게 도움을 주며 회의론자까지도 기꺼이 받아주는 우주와 더불어 실험하자. 나는 회의론자가 최고의 탐구자가 된다는 것을 경험으로 배웠다. 오늘은 동반자, 즉 신이 당신을 한 걸음씩 이끌어주고 있으며 다음 단계도 알고 있다는 것을 열린 마음으로 믿자.


## 1월 27일

### 내 안의 두려움에게 괜찮다고 말해라

이제 여성은 시선을 돌려 내면의 힘을 찾는 개척자가 되어야 한다.
어떤 면에서 여성은 늘 개척자였다.
- 앤 모로 린드버그
미국의 선구적인 여류 비행사이자 작가

먹고살기가 영 힘든 시기다. 그러나 우리 세대의 여성만 이런 어려운 시절을 겪는 것은 아니다. 우리보다 앞서 산 수많은 여성이 갖은 시련 속에서도 끈기 있게 노력해 삶을 풍요롭게 만들었다는 점을 알면 위안이 된다.

1932년 대공황의 암흑기에 《레이디스 홈 저널》은 10월호 사설에서 호황기로 돌아가는 것은 그저 돈의 문제가 아니고, 경제적 번영 못지않게 삶의 번영이 중요하다는 점을 유념하자고 독자들에게 말했다. 하지만 이 기사는 다음 사항을 강조했다. "최선을 다하려는 노력만으로는 부족하다. 체념은 아무 도움이 안 된다. 새 국가에 도움이 되는 것을 창조해야 한다. 건국자들의 이상을 부활해야 한다. 돈에 대해 새로운 가치관을 배워야 한다. 개척을 해야 할 때다. 가정과 가족을 보호할 새로운 안전조치를 만들어야 한다는 말이다. … 과거에 우리가 지출 전문가였다면 이제는 생활 전문가가 되어야 한다."

나는 이 기사를 읽던 순간이 정확하게 기억난다. 당시 나는 다이아몬드 밭을 파고 있었다. 오늘날 여성이 성공적으로 살아갈 방법에 대해 실마리를 얻으려고 어느 골동품 가게의 바닥에 앉아서 옛날 여성지를 뒤지던 중이었다. 그때 나는 1년 동안 소박한 풍요로움의 길을 걸은 참이었고 마치 개척자가 된 듯한 기분이 들었다. 솔직히 말하자면 보스턴에서 모든 살림살이와 가족을 챙겨서 마차에 싣고 약속의 땅을 찾아 국토를 가로지르는 여성이 된 것 같았다. 전염병, 가뭄, 눈보라, 회오리바람, 뱀, 소금에 절인 소고기를 견디면서 3,200킬로미터를 이동하는 동안 더 나은 삶을 찾겠다는 꿈을 놓지 않았다. 이때 나는 네브래스카 준주까지 왔고 아직도 갈 길이 1,600킬로미터가 남았는데, 돌아가기에는 너무 먼

길을 온 상태였다. 그 개척자 여성처럼 나는 낙담했고 기진맥진했다. 때마침 그 잡지를 발견했을 때 그것이야말로 내 영혼에 보내진 전보라고 생각했다. "계속 가. 멈추지 마. 너는 올바른 길을 걷고 있고 혼자가 아니야." 나는 그 순간부터 한 번도 뒤돌아보지 않았고, 기진맥진한 상태에서 창조적 에너지가 넘치는 상태로 탈바꿈했다. 나는 소박한 풍요로움의 길은 삶을 바꾸는 힘이 있다는 것을 몸소 배웠다.

개척자가 될 준비가 됐는가? 그렇다면 영혼에 창조적인 에너지를 마음껏 쏟아부을 때다. 나를 정찰병, 즉 당신만의 길잡이라고 생각하자. 나는 지난 몇 년 동안 앞장서서 걸으며 우거진 덤불을 제거해놓았다. 이제 막 길을 걷기 시작한 당신에게 해줄 말은 길이 험하고 경사졌으며 시간이 걸린다는 정도다. 지금부터 당신과 내가 이 책을 통해서 함께 걸을 시간만 해도 무려 1년이다. 그러나 이 길에서 당신은 위로를 얻고 성장한다. 또한 한 번에 하루씩만 가면 된다. 그러니 두려워하지 말자. 당신만 이 길을 가는 것이 아니다. 개척자의 길을 걷는 모든 여성처럼 당신도 자신의 빛과 하늘의 별을 따라서 걷는 법을 배울 것이다. 우리에게 필요한 것은 그것이 전부다. 진정한 용기와 놀라운 은총이 있으면 어떤 역경도 극복할 수 있다.

# 1월 28일

## 매일 자신과 대화해라

대개 자신의 모습에 대한 두려움 때문에 거울 앞에 서게 된다.
- 안토니오 포르치아
아르헨티나 시인

몇 년 동안 나는 특별한 명상을 해왔으며 이를 황금거울 명상이라고 부른다. 황금 테두리에 아름다운 조각이 새겨져 있고 크기가 방만큼 거대한 거울을 마음속에 그린다. 이것은 내 구체화 거울이다. 내 삶에서 실현하고 싶은 꿈을 먼저 이 거울에 비춰본다.

프랑스 속담에 '우연이란 하느님이 모습을 숨기고 행하는 방식'이라는 말이 있다. 나는 이 놀라운 우연을 경험했다. 황금거울 명상을 시작하고 약 1년 후 가장 좋아하는 도시인 더블린으로 경비가 전액 지원되는 출장을 가게 됐다. 더블린에서 가장 오래되고 아름다우며 비싼 셸버른 호텔에 묵게 되었다. 처음 가보는 곳이었다. 호텔에 도착해서 라운지로 들어서다가 내 눈을 의심했다. 내가 매일 명상하면서 상상한 거울이 그곳에 실제로 있었다. 라운지 벽 전체를 차지할 정도로 엄청나게 크고 테두리에 금박을 입힌 아름다운 거울이었다. 나는 거울에 비친 내 모습을 보며 기쁨에 차서 웃음을 터뜨렸다. 마음에 그리는 모든 것이 실제 세상에 나타난다는 사실을 우주가 나에게 보여주었기 때문이었다.

오늘은 몇 분 정도 시간을 내서 내면으로 여행을 떠나자. 눈을 감자. 희미한 흰색 빛으로 둘러싸인 아름답고 커다란 황금거울을 마음속에 그리자. 그 빛은 사랑이며, 당신을 둘러싸고 안아주고 보호한다. 거울을 들여다보자. 거울에 비친 대단한 여자가 보이는가? 그 여자는 아름답고 눈부시다. 강하고 건강하며 활기 넘치는 기운을 지니고 있다. 반짝이는 눈으로 당신을 바라보며 다정하게 웃고 있다. 그녀가 누군지 알아보겠는가? 평생 알던 사람처럼 여겨질 것이다. 맞는 말이다. 그녀는 당신의 진정한 자아다. 이제 잠시 그녀와 시간을 보내자. 그녀가 무엇을 하고 있는가? 어떻게 하고 있는가? 원할 때마다 그녀를 방문하자. 그녀는 당신이 자아를 발견하는 여정을 펼치는 동안 길을 찾도록 도와준다.

거울에 비친 거친 눈초리가 두려워지는 날이 있을 것이다. 하지만 황금거울 속의 여자와 마주치는 것을 단 한 순간도 망설이면 안 된다. 그 여자는 당신의 영혼을 최고로 잘 나타낸다. 당신의 내면에 있는 완벽한 여성의 화신이며, 사랑으로 당신의 길을 밝혀준다.

## 1월 29일

### 현실을 받아들여야만 문제가 풀린다

우리가 진정으로 받아들이는 삶의 모든 것은 변화를 거친다.

- 캐서린 맨스필드
영국 소설가

우리 상황을 받아들이고 축복을 비는 자세는 변화를 위한 아주 강력한 도구다. 사실 이 둘을 합하면 삶에 기적을 일으킬 수 있는 정신의 묘약이 된다.

받아들인다는 것은 무슨 뜻일까? 받아들임은 상황, 감정, 문제, 재정 상태, 일, 건강, 다른 사람과의 관계, 이루어지지 않은 꿈을 있는 그대로 인정하는 것이다. 삶을 조금이라도 바꾸려면 지금의 상태가 운명이라는 점을 먼저 인식해야 한다. 받아들임은 나에게 이른바 '영혼의 긴 한숨'이다. 받아들임은 기도하면서 감은 두 눈, 조용히 흐르는 눈물이다. 이는 "좋아요. 당신이 인도하세요. 나는 따라가겠습니다"라는 수긍이다. 그리고 "모든 것이 잘될 거예요"라는 긍정이다. 그저 여정의 일부다.

지난 몇 년 동안 나는 삶에 일어나는 일들을 고집스럽게 거부한 것은 만족감을 얻기 위한 몸부림이었다는 것을 발견했다. 반면에 현실에 순응하면, 즉 상황을 거부하지 않고 받아들이면 내 영혼이 진정된다는 점도 깨달았다. 마음을 활짝 열고 나에게 주어진 이점과 풍요를 받아들일 수 있게 된다. 받아들임은 크나큰 안도감과 해방감을 동반하기 때문이다. 말하자면 삶이라는 압력밥솥에서 고통스럽게 발버둥 치던 증기가 완전히 빠져나간 셈이다.

우리가 상황을 받아들이면 어떻게 될까? 먼저 마음이 편해진다. 그다음으로 진동, 에너지 패턴, 심장박동 수가 변한다. 우주의 무한한 긍정적인 에너지를 다시 활용할 수 있다. 또한 현실에 밝은 빛이 드리워져 다음 단계를 더 잘 볼 수 있다. 지금 당신의 삶에 어떤 상황이 일어나고 있든, 그것을 받아들이자.

세계적으로 유명한 글쓰기 강사이자 《뼛속까지 내려가서 써라》의 작가 내털리 골드버그는 우리 임무는 삶의 실제 상황을 있는 그대로 경건하게 인정하는 것이라고 생각한다. 주변을 둘러보고 현실을 인정하자.

주방이 비좁고 바닥이 지저분한가? 체중계 바늘이 가리키는 몸무게에 기가 막히는가? 바닥난 통장 잔고가 불안한가? 현재 다니는 직장이 마음에 안 드는가? 거부하고 싶겠지만 모두 당신의 현주소다. 현재 당신의 삶에 실제로 일어나고 있는 일들이다. 그래도 괜찮다. 그것이 현실이다.

오늘은 발버둥 치지 말자. 치유력이 있는 변화의 과정을 시작하자. 이제 당신은 앞으로 나아갈 준비가 되었다. 다시 시작할 준비가 되었다.

## 1월 30일

### 현실을 받아들였다면 그것을 축복해라

당신이 무언가를 축복하면 그것이 당신을 축복하리라.
당신이 그것을 저주하면 그것이 당신을 저주하리라. … 당신이 상황을 축복
하면 상황은 당신을 해칠 힘이 없어진다. 한동안 골치 아픈 상황일지라도
당신이 진심으로 축복하면 점차 사라질 것이다.

– 에밋 폭스
20세기 초 신사고 운동의 영적 지도자

모든 신앙에는 하늘의 주선을 기원하는 공통된 형식이 있으며 이를 '축복'이라고 한다. 흔히 식사 전에 말하는 감사도 '축복' 기도라고 부른다. 대부분의 사람이 오직 성직자만 축복할 수 있다고 생각하는데 그렇지 않다.

고대부터 축복은 신의 가호, 행운, 건강, 부를 의미하는 투명 망토

로 여겨졌다. 존 오도너휴는 《우리 사이의 공간에 축복을To Bless the Space Between Us》에서 "전통적으로 아일랜드에서 축복의 행위는 일상생활과 분리되지 않는다"라고 말한다. 이 책의 주제는 오늘날 정신없이 바쁘고 혼란스러운 세상에서 위안을 얻기 위해 잊어버린 축복 기술을 되찾는 것이다. "축복이 무엇일까? 축복은 당신의 주위에 드리워진 둥근 빛이며 당신을 보호하고 치유하고 강화한다. 삶은 새로운 발생이 끊임없는 흐르는 것이다. 축복의 멋진 점은 우리의 믿음이 앞으로 펼쳐질 일에 영향을 줄 수 있다는 것이다. … 우리는 축복을 할 때 현재의 한계를 넘어서 근원에 도달할 수 있다. 축복은 미래의 완전한 자아를 깨운다. 우리는 아직 일어나지 않은 일이 생길 불완전한 기미를 일컬어 전조라고 한다. 축복은 그 길을 밝힌다. 축복을 기원하면 기회의 창문이 영원한 시간 속에서 열린다."

나는 정신의 여정을 통해, 복잡한 상황이나 낙심시키는 일에 대한 축복(입으로 한 말)이 어떻게 상황의 결과를 바꾸는지 발견했다. 그렇지만 모든 축복의 첫 단계는 아무리 어렵거나 부당해 보이는 상황이어도 그것을 받아들이는 것이다. 그러고 나서 내가 직면한 고통을 축복해야 한다.

맞다. 필요하다면 이를 악물고라도 축복하자. 대체로 우리는 어떤 상황이 발생한 이유를 모른다. 전체 모습을 볼 수 있을 만큼 멀리 떨어져야 이유가 보인다. 어쩌면 영영 이유를 알지 못할 수도 있다. 하지만 우리를 성가시게 하는 만사를 축복하는 것은 아무리 골치 아픈 상황이라도 개선할 수 있는 숭고한 항복이다. 또한 삶의 온갖 상황을 축복하면 믿음을 가져야 한다는 교훈을 얻게 된다. 지난 수년 동안 내가 쉽고 즐겁게 배운 교훈은 모두 축복을 통해서 얻었다. 고통과 몸부림을 통해서 삶의 교훈을 얻는 것에 넌더리가 나는가? 그렇다면 이제는 당신이 봉착한 어려움을 축복하자. 교훈을 얻는 더 나은 방법이 있음을 알게 될 것이다. 나는 말이 지닌 엄청난 힘을 워낙 강하게 믿는지라 듣기 싫은 말을 들을 때면 마음이 진정될 때까지 몇 번이나 "당신을 축복합니다! 당신을 축복합니다!"라고 크게 외친다.

나는 목사 스텔라 테릴 만의 가르침에서 매우 효과적인 축복의 말을 배웠다. 테릴 만은 "나와 내 가족의 아침을 축복해주소서"라는 말로 아침을 맞이하고, 낮에는 "나와 내 가족의 낮을 축복해주소서"라고 말하며, 저녁에는 "나와 내 가족의 밤을 축복해주소서"라고 기도하라고 권한다. 이런 선량하고 긍정적인 말이 내 일상생활에 많은 축복을 불러왔듯이 당신의 일상생활에도 많은 축복을 불러올 것이다.

당신이 빈 축복의 개수를 세는 것부터 시작하자. 오늘부터 시작하자. 이제 당신이 받은 축복의 개수를 세자. 오늘부터 시작하자. 당신이 빈 축복을 모두 적은 목록을 만들자. 100개를 넘길 수 있는지 보자. 사실 좋은 일이 아주 많이 일어나지만 우리는 일상생활의 분주함 때문에 이를 알아채지 못한다. 축복을 하나하나 적으면 이미 우리 손이 닿는 범위에 있는 풍요로움에 집중하게 되며 축복을 현실로 만들 수 있게 된다.

# 1월 31일

## 문제없는 인생은 없다

그대의 일상이 빈곤해보이거든 일상을 탓하지 마십시오.
그대 자신을 탓하십시오. 그대가 일상의 풍요로움을
불러낼 실력이 없는 시인임을 인정하십시오. 창작하는 자에게
빈곤과 하찮은 장소란 없기 때문입니다.
- 라이너 마리아 릴케
독일 시인

대부분의 여성이 일단 상황이 진정될 때까지 기다렸다가 미뤄뒀던 일을 한꺼번에 처리하려고 할 것이다. 내일은 진정한 기쁨을 찾기 시작할 거야, 내일은 나에게 더 너그럽게 대할 거야, 내일은 시간을 내서 마음껏 즐길 거야, 만사가 차분해지는 내일이 오면. 내 경험을 통해 말하자면 당신이 지금 마땅히 누려야 할 삶을 내일까지 기다리다가는 한도 끝도 없을 것이다. 당신은 삶이 평온해지기를 기다리지만 삶은 절대 평온한 상태로 기다리지 않는다.

삶은 항상 움직이고 변하며 한 치 앞을 예측할 수 없다. 늘 당신의 관심을 차지하려 난리 치는 문젯거리가 여기저기에서 발생한다. 끊임없이 울려대는 전화, 말썽꾸러기 아이, 요란한 이메일이나 문자 알림, 닥쳐온 마감일, 고장 난 자동차. 현실은 온갖 골치 아픈 문제투성이고 한숨 돌리는 즉시 또 다른 문제가 생긴다.

그렇다면 어떻게 해야 할까? 삶이 완벽해질 때까지 기다리겠다는 생각을 당장 멈추고 현재 상황에서 최대한 만족스럽게 살려고 노력하면

된다. 누구나 현실을 받아들이고 축복하고 감사하고 앞으로 나아갈 수 있다.

오늘은 일상생활에서 풍요로움을 불러내자. 오늘은 결핍에서 풍요로 이동하자. 우리는 미루는 버릇 때문에 소중한 기회를 너무 많이 잃었다. 당장 친구에게 전화해 점심 약속을 잡자. 책을 읽거나 소설을 쓰자. 서류를 정리하자. 새로운 요리법으로 저녁식사를 만들자. 사람들을 만날 때마다 웃자. 활활 타는 모닥불 앞에 앉아 꿈을 꾸자. 바늘을 다시 들고 수를 놓자. 살아 있다는 사실 자체가 감사한 것처럼 행동하자. 기쁨을 흩뿌리자.

오늘은 진정한 즐거움을 느낄 수 있는 방법을 한 가지 궁리해서 실천하자. 잘했다! 여행은 첫걸음을 떼기가 가장 어려운 법이다. 유명한 프랑스 배우 사라 베르나르는 우리에게 상기시킨다. "삶이 삶을 낳는다. 에너지가 에너지를 만든다. 노력해야 부자가 된다."

# 소박한 행복 받아들이기

그렇지 않아도 정신없이 돌아가는 세상이 해가 갈수록 감당 못할 정도로
더욱 복잡해지고 있다. 따라서 우리는 해가 바뀔 때마다 소박한 행복 속에서
더욱더 많은 평화와 위안을 찾아야 한다.

－《우먼스 홈 컴패니언Woman's Home Companion》, 1935년 12월호

소박한 풍요로움의 길을 걸으며 스스로 삶의 만족감을 만들어내는 과정
에서 나타난 가장 뜻밖의 성과는 소박한 행복에서 평화와 위안을 얻는
것이다. 사소한 것들이 아주 큰 의미가 되기 시작한다. 소박한 행복은
우리 감각을 사로잡아서 몸과 영혼을 풍요롭게 한다. 소박한 행복은 현
재의 순간에 충실하게 사는 방법을 가르친다. 우리가 평범함에서 숭고
함을 찾을 때 삶이 제대로 돌아간다.

누구나 살다 보면 기쁨과 축하가 가득한 멋진 순간으로 기억되는 날
이 있다. 아이가 태어난 날, 승진한 날, 새 아파트 임대 계약을 한 날, 혼
인 서약을 하고 축배를 든 날이 그렇다. 그러나 케이크와 샴페인이 삶에
끊임없이 등장하지는 않는다. 우리는 하루하루의 대부분을 힘들고 단조
로운 일에 파묻혀서 지낸다. 침대 시트를 갈아야 하고, 드라이클리닝 맡
긴 옷을 찾아와야 하며, 쓰레기를 내놔야 한다. 일상적인 활동이 고되고
지루한 일로 전락하지 않게 하려면 사소한 것들의 아름다움을 음미해야
한다. 평화와 즐거움을 선사하는 아주 작은 기쁨거리를 발견하는 것이다.

영국의 극작가 J. B. 프리스틀리는 1949년에 출간한 《기쁨Delight》이
라는 에세이집에 그런 순간을 모아놓았다. 그가 좋아하는 순간들을 몇
가지 소개하자면 아침에 커피와 달걀과 베이컨의 향기를 맡으며 잠에서
깨기, 침대에서 추리소설 읽기, 한낮에 갑자기 아무 일도 하지 않기, 책
사기, 어린아이들과 함께(그저 참아주는 것이 아니라) 즐거운 시간 보내기
가 있다.

추운 겨울이다. 오늘 저녁식사로 집에서 손수 만든 따뜻한 수프를 내
놓으면 어떨까? 오늘 당장은 불가능하다면 이번 주말에는 어떨까? 나
는 겨울이 되면 이런 소박한 행복을 일주일에 한 번씩 만끽한다. 재료를
자르고 껍질을 벗기고 버리는 과정은 마음을 진정시키는 효과가 있다.
채소의 색을 유심히 살펴보자. 당근의 선명한 주황색, 셀러리의 밝은 초
록색, 양파의 윤이 나는 흰색을 음미하자. 당신 앞에는 아름다운 정물화
가 놓여 있다. 서둘러서 만들지 말고 요리하는 마음 자체를 즐기자. 집
에서 만든 음식 냄새가 정말 좋지 않은가? 살아 있어서 혹은 적어도 저
녁식사를 할 수 있는 집이 있어서 기쁜 마음이 들 것이다.

삶의 정수가 우리 곁에 있는 순간에 그 정수를 붙잡는 방법을 알겠는
가? 우리는 매 순간을 기꺼이 받아들여야 한다. 1906년 단편소설 작가
인 마거릿 콜리어 그레이엄은 "사람은 옷 못지않게 기쁨도 필요하다.
어떤 사람은 기쁨이 훨씬 많이 필요하다"라고 썼다. 오늘은 당신에게
위안을 주고 행복을 최우선순위로 만드는 소박함을 찾아보자.

# 1월에 느끼는 소박한 행복

한겨울이다. 날씨가 춥다. 늘 그렇듯이 겨울이 왔다.
나는 강제로 핀 개나리처럼 실내에서 꽃을 피운다.
나는 나가기 위해 들어온다. 나는 밤새 글을 읽고 쓴다.
이해할 수 없었던 것이 명료해진다.
나는 남은 한 해의 심은 것을 수확한다.
- 애니 딜러드
퓰리처상을 수상한 작가

❦ 생활을 바꾸고 싶을 때, 봄에 심어 가을에 수확하는 알뿌리식물을
실내에 심어 햇살이 내려쬐는 창가에서 꽃을 피워보자. 작은 수선
화, 히아신스, 튤립을 섞어서 심자. 다양한 색감과 향기로 영혼과
집을 밝히자. 당신의 열망을 새로 생긴 좋은 습관으로 받치고, 그
습관과 식물이 자라는 것을 지켜보자.

❦ 미국의 전통적인 새해맞이 음식인 호핑존으로 저녁식사를 준비하
자. 동부콩(행운), 쌀(건강), 콜라드 그린(번영), 구운 햄과 옥수수빵
이면 된다. 나는 익힌 동부콩, 깍둑썰기한 채소와 피망, 붉은 양파
를 프렌치 드레싱으로 버무린 맛있는 겨울 샐러드를 만들어 실온에
뒀다가 상에 차린다.

❧ 새해를 맞아 새롭게 출발하는 의미로 집에 있는 각종 서류와 책상을 정리하자. 될 수 있는 대로 많이 버리자. 새 달력을 벽에 걸자. 집에서 서류 작업을 하는 개인 공간을 최대한 멋있게 꾸미자.

❧ 집 근처에 있는 화방에 가서 구경하자. 자신을 표현할 수 있는 각종 아이디어를 모두 받아들이자. 선명한 색감을 써도 좋고, 종이나 캔버스나 점토를 이용해도 좋다. 내가 쓴《행복의 발견 365의 감사일기》나《발견일기: 진정한 자아의 시각 자서전 만들기》를 찾지 못하겠거든 당신의 콜라주 미술 치료에 사용할 검은색 표지의 스프링 공책을 고르자.

❧ 핀터레스트를 자주 방문한다면 감동적인 이미지를 프린트해서 콜라주에 사용하자. 당신의 심미안이나, 당신이 느끼고 있는 감정이나, 당신에게 평화를 가져다주는 장소를 대변하는 검색어를 입력하자. 다른 예술가들의 작품을 살펴보고 그들이 자신을 표현하기 위해 어떤 매체를 사용하는지 알아보자.

❧ 냉장고에 자석이 부착된 아크릴 액자를 달아 감사 콜라주를 만들자. 가족과 친구와 반려동물처럼 당신이 사랑하고 감사하는 대상의 사진을 액자에 넣어놓자. 예상보다 저렴하게 나온 자동차 수리비 청구서처럼 고마움을 상기할 수 있는 사소한 물건도 끼워놓자. 혹은 감사를 표현할 메모판을 만들고 계절이 바뀔 때마다 사진을 떼서 앨범에 넣자. 당신이 받은 모든 축복을 새해 전날 밤에 쭉 훑어

보자. 경이로운 마법을 경험하게 될 것이다. 우리는 자신이 받은 축복을 너무 빨리 잊어버린다. 당신이 바라는 특별한 소원이 있다면 그 모습이 담긴 사진을 콜라주에 붙여놓고 미리 감사를 드리자.

🌾 겨울의 목가적인 분위기를 체험할 준비를 하자. 식품 저장실에 카카오 가루, 작은 마시멜로, 품질 좋은 초콜릿 바(얇게 밀어서 코코아 위에 장식한다)를 저장해두자. 휘핑크림을 구매해 냉장고에 보관하자. 조용한 주말 혹은 예상치 못하게 얻은 휴가 때 느긋하게 즐길 수 있는 것들을 준비해놓자. 눈이 내리고 집에 있을 때 잠옷 차림으로 게으름을 피우자. 집에 벽난로가 있다면 하루 종일 불을 피우자. 아이들과 같이 살거나 마침 집에 놀러 왔다면 다 함께 눈사람을 만들고 눈썰매를 탄 다음에 점심으로 토마토 수프와 따뜻한 치즈 샌드위치를 먹자. 그러고 나서 낮잠을 자자.

🌾 온라인에서 믿기 어려울 정도로 싼 물건을 찾을 수도 있지만, 집 근처에 멋진 중고매장이 있다면 그곳에 가자. 모든 여성은 단골 가게 목록에 멋진 중고품 가게가 하나쯤 있어야 한다.

🌾 아이들이 학교에서 돌아온 후 차와 함께 먹는 간식이나 디저트로 속이 꽉 차고 촉촉한 갈색 생강 쿠키를 한 판 굽자. 로리 콜윈의 책 《더 많은 홈 쿠킹: 작가, 주방으로 돌아가다More Home Cooking: A Writer Returns to the Kitchen》를 읽어보자. 콜윈이 건네는 가장 중요한 조언은 일반 당밀을 사용하지 말라는 것이다. 대신에 그녀는 루이

지애나주에 위치한 C. S. 스틴 시럽 밀 회사의 시럽을 추천한다. 이 회사의 역사는 100년이 넘는다. 웹사이트 www.steenssyrup.com를 방문해보자.

🌾 이번 달에는 원예 블로그를 둘러보자. 당신이 좋아하는 꽃 그림이나 사진을 오려서 종이에 꿈의 정원을 꾸미자. 당신이 허브 정원에 관심이 많다면, 원예 콜라주 만들기에 푹 빠져보고 그 콜라주를 발견일기에 넣어 보관하자. 당신이 홀로 머물 비밀 정원을 만드는 상상을 해보자. 그 정원이 어떻게 생겼는가? 어떤 정원 장식과 가구가 당신의 마음을 끄는가? 그런 장식과 가구를 콜라주에 덧붙이자. 당신의 상상을 먼저 종이에 재현하자.

🌾 다음에 시장에 갈 때 식품 저장실을 맛있는 음식으로 다시 채울 수 있게 구매 희망 목록을 만들면 어떨까? 겨울날은 계절 특유의 단 음식과 맛좋은 특별 간식으로 축하할 수 있다. 작게 자른 귀리로 만든 죽, 따뜻한 블루베리 시럽을 뿌린 와플, 오렌지맛 버터를 올린 팬케이크, 프렌치토스트, 뜨거운 시나몬 번, 카페오레, 향신료를 넣은 코코아, 머그잔에 담은 콩소메, 레몬버베나 티, 처음 맛보는 차와 크럼핏(위에 작은 구멍들이 난 동글납작한 빵-옮긴이), 큰 컵에 담은 글뢰그(따뜻한 와인에 브랜디나 계피 등을 넣은 스웨덴 음료-옮긴이), 레몬과 정향 향이 나고 당신을 괴롭히는 병을 치유하는 핫 버터드 럼(럼과 뜨거운 물과 설탕을 섞어 버터를 띄워 마시는 음료-옮긴이)이나 핫 위스키 토디(위스키에 설탕, 뜨거운 물, 향신료를 넣어 만든 음

료-옮긴이). 겨울의 풍미를 우아하게 맛보고 우리가 받은 축복을 세어보자.

# 2월

## 진짜 내 모습을 알아가는 달

중국차, 히아신스 향기, 장작불, 제비꽃 바구니.
나는 기분 좋은 2월의 오후를 상상하면 그런 모습이 떠오른다.

- 콘스턴스 스프라이

영국의 플로리스트이자 작가

2월은 안목이 아주 좋은 사람의 눈에만 보이는 선물을 감춘 채 춥고 축축한 잿빛으로 찾아온다. 이달에 걸을 길은 완만하다. 2월에 우리는 소박한 풍요로움의 삶에 고마워하며 선물을 부탁할 것이다. 이는 바로 감사하는 마음이다. 우리는 감사라는 실을 들고 일상생활의 천을 짤 것이다.

## 2월 1일

### 깨어 있는 자아가 진짜 자아다

진실을 직시해야 비로소 자신을 발견할 수 있다.

– 펄 베일리
미국의 배우이자 가수

나는 글을 쓰다가 갑자기 눈물이 나오기 시작하면 경이로운 진실에 가까워지고 있다는 것을 알게 된다. 내 잠재의식이 무심코 휘갈겨 쓴 글이 깊게 감춰진 정신의 좌골신경을 건드렸다. 나는 계속 진행해서 깊게 들어갈 수밖에 없다. 안마사가 스트레스 때문에 등이나 어깨에 뭉친 근육을 찾아내 풀어내는 방식과 같다.

"글이 당신의 심장을 손가락으로 만진다. 글이 동맥으로 몰려들어 심장으로 들어간다. 정체를 모르는 무엇인가를 느끼려고 … 움직이는 두꺼운 판막을 누른다. 갈색 근육을 더듬더듬 만진다." 퓰리처상 수상자 애니 딜러드는 글을 쓰는 동안 진실이 드러나는 과정을 이렇게 밝힌다.

내 신경을 서서히 주무르다가 심장의 구멍에 얼키설키 깊게 파묻힌 과거의 울퉁불퉁한 옹이(억눌린 슬픔, 깊은 후회, 회한의 파편)를 우연히 발견한다. 내가 키보드를 두드리는 동안, 안마사가 손과 손바닥으로 내 어깨를 주무르듯 내 산문이 기억의 언저리를 더듬어 살핀다. 내가 거부해온 것이 나에게 말하려고 발버둥 치고 있다.

최선을 다하기란 쉽지 않다. 사실 최선을 다하는 삶은 즐거운 과정이며 우리가 태어난 이유다. 하지만 열정과 인내와 끈기와 노력이 섞인 투지가 필요하다. 또한 기도가 필요한 경우도 많다. 우리 길을 밝혀주는 정신의 힘을 사용할 수 있게 되면 자신의 빛을 길잡이 삼아 사는 법을 배우기가 훨씬 수월해지기 때문이다. 미국의 창조성 코치이자 작가이자 예술가인 줄리아 캐머런은 이를 우리 한계를 초월한 '정신의 전원' 스위치를 켜는 것이라고 표현한다.

내 여정을 돌이켜보면 그녀의 말이 아주 옳다. 예전에 나는 워크숍이나 강연이나 회의 등에서 사람들 앞에 나서는 경우에만 '정신의 전원'을 켜달라고 요청했다. 그러다 보니 전기가 들어오는 집에서 살면서 몇 달에 두어 시간씩만 불을 켜는 것이나 마찬가지였다. 그러면서 왜 너무 자주 걸림돌에 부딪혀 넘어지는지 궁금해했단 말인가?

그래서 나는 엄마로, 작가로, 예술가로, 친구로 사는 일상생활에서도 전원을 켜달라고 요청하기 시작했다. 요청하자 전원이 켜졌다. 요청하지 않을 때 나는 어둠 속에 있었다. 내가 하는 말을 이해하기 위해 당신이 숙련된 전기 기사가 될 필요는 없다. 당신이 요청하면 누군가가 반드시 그 스위치를 켠다. 정신의 전원을 켜려면 요청만 하면 된다. 빛이 있으면 아주 잘 보인다. 분명하게 보인다. 그리고 우리가 내면을 깊이 들여다보면 진정한 자아는 가시화된 영혼이라는 것을 볼 수 있다.

당신의 진정한 자아는 세상에 가시화된 당신의 영혼이다.

영혼의 진실이 내 저항을 뚫고 나아가던 그 날을 기억한다. 그때까지만 해도 나는 이 책의 주제를 우리 삶의 잡동사니 없애기로 삼았다. 프린터에서 나온 원고 출력물을 무심히 읽다가 내가 쓴 기억이 없는 한 문장에 정신이 번쩍 들었다. 따끔한 충격을 받았으며, 지금 나는 이를 창조적 에너지라고 부른다. 간단히 말하면 나중에 《행복의 발견 365》로 나온 작품과 위대한 창조주가 나 없이 편집 회의를 하고 있던 것이었다.

진정한 자아는 가시화된 영혼이다.

나는 이 뜻밖의 일을 곰곰이 생각하다가 우리에게 도움이 되지 않는 잡동사니는 물건만이 아니라는 것을 깨달았다. 우리 삶, 직업, 배우자, 옷장, 몸무게, 자녀, 인테리어 스타일에 대한 다른 사람의 의견도 우리에게 도움이 되지 않는 잡동사니였다. 우리가 공평한 경쟁의 장에 닿거나 혼자 생각할 공간을 찾기 위해서는 온갖 쓰레기 같은 소리를 날마다 헤쳐나가야 한다. 그러니 당신이 늘 피곤해하는 것도 당연하다.

본래 모습이 아닌 모습으로 당신을 뜯어고치려 하지 말자. 그저 위대한 창조주가 만든 그대로의 상태에서 최선을 다하려고 노력하자. 소박한 풍요로움이라는 장인 기술로 당신의 영혼을 돌볼 수 있다. 오늘은 스위치를 켜서 불을 밝히자.

# 2월 2일

## 위기 상황에 대한 대비책을 마련해라

우리는 위기를 제안받지 않는다. 위기가 찾아온다.
- 엘리자베스 제인웨이
미국의 페미니즘 작가

중세 이래로 2월 2일은 성촉절로 알려졌다. 이는 초를 축복하고 그 신성한 빛이 세속적인 생활을 인도하도록 교구민의 손에 들려 집에 보내는 고대 유럽의 축일이다.

이때 신중한 시골 아낙들은 집에서 절임식품, 약초 추출물, 약품을 보관하는 찬장을 비롯한 비상용품함을 열어 겨울용품 재고를 조사했을 것이다. 하지만 이 한겨울에 가장 중요한 물품은 밀랍 초였다. 여전히 밤이 길어 동이 트기 전에 모든 사람이 촛불을 밝히고 옷을 갈아입었기 때문이다. 한겨울의 어둠은 몇 달 동안 지속됐다.

성촉절은 오늘날 미국에서는 그라운드호그 데이로 알려져 있다. 전설적인 그라운드호그(다람쥐와 비버 중간 모습을 한 설치류의 일종 - 옮긴이)인 펑수토니 필(펜실베이니아 펑수토니 마을에 서식하는 특정 개체 - 옮긴이)이 자기 그림자를 찾아 굴에서 살금살금 기어 나오는 때다. 그림자가 보이면 겨울이 아직 6주 더 남은 때다. 그림자가 보이지 않으면 초봄일 것이다. 어쨌거나 눈이든 진눈깨비든 싸라기눈이든 큰 폭풍이 몰려올 소지가 다분한 시기다.

그런데 전기가 끊겨버린다. 이럴 때 비상용품함으로 가서 초와 성냥을 꺼낼 수 있다면 기막히게 좋지 않을까? 캠핑용 랜턴이 있고 모든 개인 전자기기용으로 완전히 충전된 배터리가 있다면 금상첨화가 아닐까?

"내 생각에 삶의 큰 위기는 우리가 가장 견디기 힘든 위기가 아니라 가장 준비가 덜 된 위기다." 1902년 메리 애덤스가 책《한 부인의 고백 Confessions of a Wife》에 쓴 말이다. 위기에 맞설 준비가 돼 있지 않은 상태에 대한 그녀의 통찰이 한 세기가 훨씬 지난 후 많은 여성의 마음에 반향을 불러일으키다니 정말 놀랍다. 적어도 내가 보기에는 그렇다.

왜일까? 어디 한번 보자. 전형적인 평일 아침이다. 커피를 내리는 동안 밤사이에 무슨 일이 일어났는지 염려하면서 뉴스를 듣고 날씨와 교통 정보를 바탕으로 출근길 경로를 바꾸면서 급한 일이 있을지 모르니 이메일도 확인한다. 굴 밖으로 머리를 쑥 내밀고 우르르 몰려오는 물소 떼로부터 얼마나 떨어져 있는지 진동을 통해 거리를 측정하는 어미 프레리도그(북아메리카 평원에 사는 다람쥣과 동물-옮긴이)처럼 우리는 막연하지만 점점 더 커지는 위기를 무시하면서도 한편으로는 그것에 반응한다.

그러나 대수롭지 않은 일로 취급하는 완강한 고집이 다시 이긴다. 게다가 급하게 밖으로 나가느라 우리 영혼이 보내는 모스 부호('준비하라')를 해독하기는커녕 듣지도 못한다. 그래서 우리는 주방에 혼자 있는 그 순간에조차 '투쟁 도피 반응'으로 몸에 일어나는 이 혼란스러운 불안을 느끼기 시작한다.

사실 준비돼 있지 않기 때문이다. 우리는 어떤 것에 대해서도 대비하고 있지 않다. 우리는 이를 안다. 우리는 심근경색(40~60대 여성의 사망을 일으키는 주요 원인)에 대해 준비가 되어 있지 않다. 우리는 맹렬한 들

불이나 진흙사태, 싱크홀, 토네이도, 지진, 쓰나미, 갑작스러운 홍수 등을 맞을 준비가 되어 있지 않다. 요즘에 유독 지독하게 자주 일어나는 것만 같은 '세기의 폭풍'이 몰려오는 동안 온 가족이 난방이나 전기나 음식 없이 눈에 갇혀 있을 때 2주를 버틸 준비가 돼 있지 않다.

진실 게임을 하자. 바로 지금 현관문을 두드리는 소리가 나서 나가니 노란 안전조끼를 입은 사람이 근처에서 위험한 가스 누출이 발생해서 온 가족이 대피해야 한다고 말한다면 당신은 어떻게 할 것 같은가?

나는 제대로 처신하지 못했다. 날카로운 소리를 지르는 고양이 한 마리를 캐리어에 담아 끌고 가면서 사라진 나머지 두 마리를 찾느라 길 여기저기를 필사적으로 두리번거리는 잠옷 차림의 여자는 평소 상상하던 멋진 모습과 거리가 멀었다. 비상이 해제됐다는 신호가 울렸을 때, 수화기 너머 내 흐느낌을 듣고 있던 딸과 가스 점검원 중에 누가 더 안심했을지 모르겠다.

그렇다. 세상은 무섭고 하루하루 지날수록 더 무서워지는 듯하다. 마음의 평정이 끊임없이 무너지고 있다. 그런데 우리가 아침에 일어나자마자 극도로 피곤하고 늘 신경이 날카로워져 있고 비관적인 상상을 하는 경향이 늘어난 것을 비상 상황에 대한 대비로 설명할 수 있을까? 나는 설명할 수 있다고 생각한다. 우리가 준비돼 있지 않다는 것을 알기 때문이다.

이 점을 생각하자. 이브가 에덴동산을 떠난 이래로 우리는 생존을 외부 자원(전력망, 의사소통, 음식, 깨끗한 물, 응급처치, 약, 이동수단, 주거지)에 전적으로 의지하게 된 첫 번째 여성 세대다.

당신을 공포에 빠뜨리려는 것이 아니다. 하지만 예측할 수 없는 수많은 일이 우리에게 너무 많이 일어났다. 나는 극단적인 상황에 대비해서 비상대책을 마련해놓는 것이 신성한 의무라고 깊게 믿고 있다. 비상시에 우리가 용감한 엄마가 되기를 기대하는 사랑하는 가족들을 위해, 혹은 혼자 위기에 처할지도 모르는 자신을 위해서도 반드시 방비책을 세워야 한다.

위기에 부딪혔을 때 바로 대응할 수 있는 긴급 구조원이 되려면 기본 기술이 있어야 한다. 필요할 때 대피하거나 적어도 며칠 동안 집에서 완벽하게 대응할 수 있도록 계획과 물품을 갖춰야 한다.

내가 배운 내용을 당신 안의 탐구자와 공유하겠다. 두려움은 당신과 가족이 위험을 피하게 하려고 작동되는 신성한 경고 신호다. 글자 a와 c의 위치를 바꾸기만 하면 무서움(scared)이 신성함(sacred)이 된다. 두려움은 당신이 위험한 상황에서 벗어날 때까지 살아 있게 하는 원초적인 본능이다. 이를 여성의 육감, 즉 직감이 포착하여 처리되는 정신의 단파 주파수로 생각하자. 내가 상황이나 환경을 두려워할수록, 그 상황이나 환경을 인정하고 직시하며 극복 방법을 배우는 것이 필수적인 책무가 된다.

이제 나의 최우선 방침(당신도 함께 참여하기 바란다)은 우리가 도전이나 위기 속에서 가장 침착하고 유능한 여성이 되는 것이다. 언제 어디에서든 우리를 둘러싼 혼란이 심해질수록 우리는 침착해질 것이다. 그런 다음 우리가 자신을 믿을 때, 우리가 위기에서 힘을 발휘할 수 있다고 믿을 때, 우리가 무엇을 해야 할지 알 때 비상 상황이 일어나면 도움을 청하고 싶은 바로 그 여성이 우리 자신이 되는 것이다.

그래서 올해 우리는 만일을 대비해서 필요한 것들을 모두 마련해 비상용품함을 체계적으로 채워나갈 것이다. 나는 벌써 마음이 훨씬 편해졌다. 당신도 그렇게 되기를 바란다. 당신의 용기를 축복한다.

## 2월 3일

### 타인에게 휘둘리지 마라

당신의 삶을 오늘 바꾸라. 미래에 희망을 걸지 말고,
지체 없이 당장 행동하라.
- 시몬 드 보부아르
프랑스의 철학자이자 페미니스트

영국의 낭만파 시인인 윌리엄 워즈워스는 1807년에 이렇게 불평했다. "세상은 우리에게 너무 버겁다. 우리는 돈을 벌고 쓰느라고 힘을 탕진한다." 200년이 지난 오늘날 나를 포함한 많은 여성이 워즈워스의 말에 동의할 것이다. 우리는 가정생활과 직장생활을 동시에 꾸려가면서 써버린 시간과 창조적인 에너지와 감정을 다시 얻느라고 만성적으로 피로에 시달린다. 게다가 이번 주에 도착한 신용카드 청구서를 보니 아무래도 크리스마스에 쓴 돈을 여름까지 갚아야 할 성싶다.

그러나 끊임없이 우리를 괴롭히는 절망적인 상황 속에서도 삶을 되찾고 미래를 개척할 방법이 있다. 이 방법의 핵심은 삶에서 진정으로 우리를 행복하게 만드는 요소를 알아보기 위해 잠시 세상을 외면하는 것이다. 구체적인 방법은 사람에 따라서 다르다. 그러나 일단 우리가 중대한 내면의 지식을 얻으면, 외부 세상을 바꾸는 능력이 생긴다.

선구적인 비행기 조종사이자 경주마 조련사, 모험가, 작가인 베릴 마컴은 아름다운 회고록《이 밤과 서쪽으로》에서 "평생 살고도 말년에 이르러 정작 자기 자신보다 다른 사람에 대해 더 많이 안다"라고 고백했다. 마컴은 1936년에 혼자서 대서양을 무착륙 횡단한 최초의 조종사였는데도 이 크나큰 성취의 공로를 스스로 인정하지 않았다.

당신은 어떤가? 이미 거둔 승리는 외면한 채 다음 승리를 좇고 있는가? 나는 그런 여성을 안다. 당신도 알 것이다. 그녀는 매일 아침에 침대에서 나오는 순간부터 모든 일과 모든 사람에게 최선을 다하지만, 자신의 뛰어난 업적을 알아채지 못한다. 결국 그녀는 왜 성취감을 느끼지 못하는지 끊임없이 의아해한다.

아마 최근에 당신에게 자기중심적self-centered이라고 말한 사람은 없을 것이다. 왜 그렇게 말하지 않을까? 대부분의 여성은 자기self를 내세우는 말로 자신을 표현한다는 생각만으로도 주춤한다. 그런 생각이 너무 나쁘다고 여긴다. 이렇게 자기를 내세우지 않는 자멸적인 겸손은 으쓱한 기분이 들게 하는 많은 형용사를 제거한다. 침착한self-poised, 자신감 있는self-assured, 능란한self-accomplished. 우리가 다른 여성을 보고 경탄하는 모든 특성이 여기에 해당한다고 보면 된다. 그렇다면 왜 우리는 남의 이목을 의식하고 자신을 칭찬하는 것을 꺼릴까?

우리는 어린 시절부터 그릇에 남은 마지막 쿠키에 손을 뻗을 때 손등을 철썩 맞아왔던 경험이 있어서 욕망과 갈망을 충족시키는 것이 이기적이라고 여기게 됐다. 그러나 이제 당신은 성인이 됐고 자신이 얼마나 놀라운 존재인지 다시 발견할 준비가 됐으니, 한때 부끄러워서 벌게지던 두 볼이 이제는 강렬한 생기를 띨 수 있다는 것을 깨달을 때다.

오늘부터는 의도적으로 세상을 외면하자. 단, 일주일 동안만이다. 고급 브랜드를 소개하는 럭셔리 잡지, 웹사이트, 대중매체를 피하자. 당신이 좋아하는 블로그나 인스타그램 인플루언서를 비롯한 다른 사람의 말들을 떨쳐버리자. 그 사람이 아무리 유능하고 창조적이고 유명해도 떨쳐버리자. 유해물질이 들어 있는 링거액이 되는 것과 회복과 영감의 원천이 되는 것은 종이 한 장 차이다.

다음을 곰곰이 생각해보라. 왜 소셜미디어의 게시물이 우리 영혼을 굶주리게 하는데도 이를 먹이를 준다는 뜻을 가진 '피드feeds'라는 용어로 부를까? 인터넷을 하고 싶은 유혹이 들 때마다 자신에게 질문해보자. 대신에 다음 한 주 동안 당신의 취향과 생각 중 대부분이 진짜 당신 것이 아니라는 사실을 깨달으면서 오는 충격을 기꺼이 받아들이자. 당신은 다른 사람의 관점을 무의식적으로 서서히 받아들여 왔다.

진정한 자아의 속삭임에 귀를 기울이자. 당신이 정말로 하고 싶은 것은 무엇일까? 선택을 하거나 행동을 하는 것이 어렵게 느껴지지 않을 것이다. 서류더미에 파묻혀 있는 공개강좌 팸플릿을 찾으려고 책상을 정리하는 것만큼이나 간단할 수 있다. 당신은 꽃 그림 그리기나 프랑스 아르데코 디자인 배우기에 흥미가 있었는가? 그렇다면 강좌에 등록하자. 매주 새로운 것을 배우는 것은 즐거운 선물이다. 올해부터 우리는 이 새로운 게임을 할 것이다. 사실 우리는 이미 시작했다. 바깥세상의 떠들썩한 소음이 없어질 때야 당신은 내면 깊은 곳에서 울리는 소리를 들을 수 있다. 주의해서 듣자. 영혼이 당신의 노래를 부르고 있다.

# 2월 4일

## 나만의 영웅을 찾아라

어떤 특정한 사람, 아름다운 미술이나 음악 작품, 기도와 마찬가지로
어떤 영화는 우리를 교화하기 위해 특별히 주어진 은총인 것 같다.

– 마샤 시네타
미국의 작가이자 교육자

책이나 영화에 완전히 몰두해서 그 속의 일부가 된 느낌이 든 적이 있는
가? 이야기나 작가의 목소리나 주인공이나 대화가 당신의 심금을 울렸
을 것이다.

그런데 전 세계에서 수백만 명의 사람들이 동일한 반응을 보인다면
인간의 마음과 머리와 손에서 비롯됐다고 해도 그것은 신의 작품이다.
1942년 아카데미상을 받은 전쟁영화인 그리어 가슨 주연의 〈미니버 부
인〉은 내게 대단히 성스러운 영감을 준다. 이 영화는 전시 대처법을 배
워가는 와중에도 일상생활에서 소중한 것을 오롯이 지키려는 영국 중산
층 가정의 영웅적 노력을 그린다.

미니버 부인은 신념과 지성과 힘과 용기와 투지와 흔들리지 않는 낙
관주의와 사랑으로 가족과 가정을 온갖 위험으로부터 지키는 여성의 전
형이다. 그리고 어떤 여성이든 그 역할 속에서 자신을 비춰볼 수 있기에
그녀는 강력한 영웅이기도 하다.

나는 2001년 9월 11일 이후에 케이 미니버를 만났다. 당시에 나는 뉴
욕에 아파트를 가지고 있었고 내 딸 케이트가 뉴욕 대학교에 막 입학했

다. 미국이 자국 땅에서 테러를 당한 충격이 계속 퍼지자, 나는 다른 여성들에게 조언과 위안을 달라는 요청을 자주 받았다. 하지만 나는 능력이 너무 부족하다고 느꼈다. 오히려 내게 죽은 사람의 넋을 달래어 고이 잠들게 할 수 있는 능력을 갖췄으며 본받을 수 있는 여성이 필요했다. 내가 가장 중요한 것을, 즉 무섭고 소란스러운 세상에서 내 딸과 나를 위해 안전한 피난처를 만들어야 한다는 것을 기억하게 도와줄 여성 영웅이 필요했다. 바로 그때 미니버 부인과 만났다.

내가 비상용품함을 만들도록 영감을 준 주인공이 바로 미니버 부인이었기에 그녀에 대한 이야기를 여기에서 공유하고 싶다. 나는 예상치 못한 사태에 대비해야 한다는 것을 알았지만, 그런 시도를 하려고 할 때마다 수많은 재난 시나리오 책이 나를 불안하고 초조하게 했다. 〈미니버 부인〉을 본 후에야 마침내 내 역할 모델과 비상용품함을 연결 지을 수 있었다. 그리고 '미니버 부인 되기'는 내 비유와 주문이 되었다. 나는 앞으로 몇 달 동안 그녀의 지혜와 침착함을 이야기할 것이다. 그녀는 당신에게도 아주 좋은 친구가 될 것이 분명하다. 지금부터 매달 말미에 '비상용품을 준비해보자'라는 꼭지 글이 나올 것이다. 이 활동은 비상용품함 구비에 초점을 맞출 것이다.

일단 많은 영화 스트리밍 사이트에서 시청 가능한 윌리엄 와일러 감독의 영화 〈미니버 부인〉을 보는 것으로 시작하자. 미니버 부인은 그리어 가슨이 스크린에서 아름답게 구현하기 전, 영국의 기자가 잰 스트러더라는 필명으로 1937년부터 1939년까지 〈더 타임스〉에 연재한 글에 등장하는 가공의 인물이었다. 우아한 산문과 재치 있는 시로 알려진 잰 스트러더는 "딱 당신처럼 평범한 삶을 사는 평범한 여성에 대한 글을 써달라"고 편집자에게 부탁받았다.

마법은 많은 사람을 기분 좋게 한다. 이 시기에는 전쟁의 위협이 날마다 영국 신문의 머리기사를 도배했다. 영국 독자들은 일상생활 속 사소한 것에 대한 미니버 부인의 사색을 아주 좋아했다. 그녀의 사색이 영국 독자들의 사색을 반영했기 때문이다. 한 독자의 말대로 미니버 부인은 항상 쾌활하고 밝았다.

미니버 부인의 삶에서 반성이나 통찰이나 부활의 원천이 될 수 없는 하찮은 것은 없었다. 그녀는 사소한 일상의 통찰을 감사하며 살아야 한다는 것을 독자들에게 상기시켰다. 익숙한 명절 귀향길, 빨리 읽고 싶은 도서관 대출 도서, 계단을 올라갈 때 손에 잡히는 난간의 편안한 느낌, 디너파티에서 맞잡는 손과 마주치는 눈, 빠르게 입맞춤하기에 알맞은 아이 목 뒤의 움푹 들어간 부분, 오래된 가족용 자동차와 작별할 때의 슬픔, 1년 내내 즐거움을 줄 완벽한 달력 찾기, 아이들이 자라는 동안 잰 키를 표시한 방문, 커다란 리본이 달린 밀짚모자, 각종 장미가 어우러진 향과 벽난로의 불, 비 오는 오후에 차와 함께 먹는 크럼핏, 주머니 사정이 넉넉지 않을 때 와인 대신 마시는 맥주.

독자들에게 최악의 시기가 닥쳤을 때조차 미니버 부인이 선보이는 영혼의 안식은 위안이 되었다. 1940년 9월까지 적어도 200만 명의 영국 어린이와 임신부가 9개월 동안 계속된 독일의 폭격을 피해 런던을 떠났다. 이때 미니버 부인은 자녀들을 위험에서 벗어나게 하려고 아름다운 집을 떠날 준비를 하고 있었다. 미니버 부인은 생각에 잠겼다. '사람들은 단조로움의 가치에 대해 감사하는 법을 배웠다. 대체로 사람들은 더 극적인 사건을 바라는 경향이 있었다. 극적인 사건은 최근에 이미

충분히 일어났다. 사람들은 7년 동안 살아남았다.' 미니버 부인도 녹초
가 되었다. … 기진맥진했고 정신과 마음마저 속속들이 지쳤다. 세상의
그 무엇도 지루한 숙모와 시골 목사관에서 길고 습한 오후를 보내는 것
보다 더 나아 보이지 않았다.

미니버 부인이 영국과 미국 후방의 용감한 여성들을 위로한 때로부
터 50년이 지난 후, 그리어 가슨은 "과거의 삶에서 혹 풍겨오는 특정한
향수 냄새처럼" 미니버 부인은 서양이 혼란에 빠져 있던 시절을 기억나
게 한다고 회상했다. "갑자기 영웅적 행동, 연민, 신념, 바람직한 인간
성의 세계가 됐다. 다시 말하면 미니버 부인의 세계가 됐다. 그녀는 바
람직하지 못한 인간성과 싸우기 위해 소환되었다. 미니버 부인은 가식
없는 태도, 확고한 평온, 흔들리지 않는 용기, 유머를 가졌다. 그녀는 우
리에게 인간의 본성을 상당히 잘 보여준다. 돌아온 것을 환영한다. 우리
는 당신이 필요하다. 그리고 우리는 당신과 함께해서 즐겁다."


## 2월 5일

### '진짜 나'를 발견하는 방법

**자신을 사랑하는 것은 평생 갈 로맨스가 시작되는 것이다.**

– 오스카 와일드

아일랜드의 시인·극작가·전설적인 이야기꾼


당신이 진정한 자아를 어렴풋이 파악하는 시점이 되면 자신의 자아가

대단히 긍정적이고 낙관적인 여성이라는 점에 자못 놀라게 된다. 항상 웃는 표정이다. 항상 침착하다. 항상 위안을 준다. 자신감을 물씬 풍긴다. 당신은 이렇게 자문할 것이다. 도대체 이 여자가 누구지? 이 여자가 나와 닮은 점이 있는가?

닮은 점이 있고 그렇지 않은 점도 있을 것이다. 그 여성은 당신의 내면이다. 진정한 당신이다. 당신이 늘 그렇게 긍정적이고 낙관적으로 행동하지 않는다면(분명히 나는 그렇게 행동하지 못한다), 애당초 어떤 선택을 내리기도 전부터 다른 사람의 비판을 받을 것이라고 예상한 채 끊임없이 무의식적으로 자신을 검열하고 있기 때문이다. 우리를 겁먹게 하는 것은 바로 우리 자신의 검열이지만, 그런 우리 그림자는 다음 기회에 다루도록 하자.

미국의 영적 스승이자 작가, 정치 운동가인 메리앤 윌리엄슨은 우리가 삶의 주인공이 되기 위해 대역을 거부할 때 진정한 자아를 발견할 수 있다고 믿는다. 윌리엄슨은 《울고 있는 여성, 당신은 우주의 어머니》에서 "여성이 자기 내면의 엄청난 가능성과 사랑에 빠지면 그 가능성을 제한하는 힘의 위세가 갈수록 약해진다"라고 썼다.

하지만 우리는 이런 더 높은 차원의 모습을 가끔이나마 어렴풋이 볼 수 있을 뿐이다. 이를테면 기분이 좋은 날, 여덟 시간 동안 푹 잤을 때, 철저하게 준비한 업무 회의에서 최상의 실력을 발휘했을 때, 작년에 산 옷이 여전히 잘 맞을 때, 신나는 파티를 열었는데 자신을 포함한 모든 참석자가 엄청나게 재미있게 놀았을 때 그렇다. 이럴 때 우리는 세상만사가 잘 돌아간다고 생각하는 경향이 있다. 모든 것이 제자리에 있다. 이때 우리가 깨닫지 못하는 사실은 자신 역시 아무 문제가 없다는 점이다. 그 순간에 우리는 물 흐르듯이 순조롭게 살아가고 있고 그런 삶을 사랑한다. 우리는 마땅히 있어야 할 자리에 있다. 진정한 자신과 현실의 자신이 결합해 완전한 하나가 되는 특별한 순간이다.

그렇다면 이런 정신적인 에너지원을 자주 이용할 방법이 무엇일까? 삶의 순조로운 흐름을 수시로 접할 방법이 무엇일까?

명상이 도움이 된다. 할 일 목록에 적힌 일들을 쉬지 않고 해나가는 것이 아니라 모든 활동 사이에 5분씩 간격을 두고 잠시 멈추는 것도 도움이 된다. 커피나 차를 마시는 휴식이 재충전을 위한 시간이 되도록 작은 의식을 만드는 것도 좋다. 산책하기에 적당한 새로운 장소를 찾아보거나, 에센셜 오일을 풀어 향이 좋은 물에 오랫동안 몸을 푹 담그거나, 마주친 모든 사람에게 미소를 짓거나, 자신에게 너그럽게 대하는 것도 좋다. 조급한 마음을 버리고 일출이나 일몰을 처음부터 끝까지 지켜보는 것도 도움이 된다. 동물을 쓰다듬거나, 어린이와 놀거나, 마음에 드는 새 향수를 찾아보는 것도 좋다. 초콜릿 네 조각과 새 책, 추운 겨울밤에 침대 발치에 넣어놓은 뜨거운 물주머니, 매일의 사소한 즐거움, 이 모든 것을 감사하는 마음도 도움이 된다. 슬슬 감이 오는가? 기쁨에 다가갈 방법이 당신의 생각보다 훨씬 많다.

하지만 무엇보다도 마음을 활짝 열고 변화를 환영해야 한다. "지켜보자. 기다리자. 시간이 흐르면 목적이 드러나고 실현될 것이다. 기다리는 동안 무의식 상태로 있으면 안 된다. 생각하고 성장해야 한다. 기뻐하고 꿈을 꾸되 무릎 꿇고 기도해야 한다. 오늘 신성한 기운이 감돈다. 우리가 여신을 낳는다. 여신은 우리 본모습이다. 여신이 우리이기 때문이다. 친구이고 치료사이고 예술가이고 사업가이고 교사이고 치유자이고 엄마인 우리 모두가 여신이다. 여성들이여, 이제부터는 웃자. 우리에게 새로운 소명이 생겼다." 메리앤 윌리엄슨이 조언한다.


## 2월 6일

### 내가 진정으로 좋아하는 것이 무엇인가?

삶을 온전히 자기 것으로 만드는 유일한 출발점은
무엇인가를 사랑하는 것이다.
- 앨리스 콜러
미국의 철학자이자 작가


상식적으로 생각해보면 자신이 사랑하는 것을 알아내는 과정은 당연히 쉽고 간단해야 한다. 그러나 실상은 거의 그렇지 않다. 우리는 수십 년 동안 소셜미디어, 잡지, 어머니, 자매, 친구 등 다른 사람이 우리에게 영향을 미치고 좌지우지하게 내버려뒀다. 그러니 마약을 끊듯이 다른 사람의 의견을 단번에 끊어야 한다. 이제부터 중요한 것은 당신 자신의 의견뿐이다.

이번 주에 실험을 하나 하자. 가구점과 장식용품점을 둘러보자. 모든 것을 새로운 눈으로 볼 수 있도록 지금껏 가본 적이 없는 가게를 선택하자. 무엇이 당신을 놀라게 하고, 당신에게 말을 걸고, 당신을 신나게 하는가? 핸드백에 들어가는 작은 스프링 수첩이나 휴대폰에 놀랍고 흥미진진한 사항을 적어보자.

당신을 흥분시키는 것이 가게에서 나는 향기나 찻주전자의 모양인가? 처음 들어본 음악이나, 러그의 색깔이나, 정교한 꽃꽂이의 조화인가? 보는 순간 당신의 마음에 쏙 드는 것을 한눈에 알아보게 될 것이다. '우와' 하는 감탄이 바로 나온다. 충동을 믿고 만남의 순간을 포착해서 실마리를 기록하자. 그런 내용은 나중에 중요하게 쓰일 것이다.

그러고 나면 다음 주에 새로운 옷 가게로 한 번 더 창조적인 유람을 떠나보자(옷을 사러 가는 것이 아님을 명심하자). 평소에 호기심이 일었지만 가격이 너무 비싸서 멀리하던 가게로 가면 된다. 지금쯤이면 봄 신상품이 들어와서 진열돼 있을 것이다. 유행을 살펴보자. 취향에 맞는 옷도 살펴보자. 진한 황색 리넨 재킷을 보니 활기가 돈는가? 그렇다면 왜 평소에 검은색 옷만 입는가? 아름다운 꽃무늬가 잔잔한 면 주름 스커트와 민소매 상의를 보니 절로 탄성이 터져 나오는데도 실용적이라는 이유로 늘 청바지만 고집하는가? 어쩌면 자신이 매력적이라는 느낌이 실용성보다 중요할 수도 있다. 진정한 열망을 받아들이자.

올해는 질문을 던지는 해라는 점을 명심하자. 가장 필수적인 질문은 '내가 진정으로 좋아하는 것이 무엇인가?'이다. 인내심을 갖자. 단 일주일 만에 삶이나 집이나 옷장을 샅샅이 살펴볼 수는 없다. 시간이 지나면서 진정한 삶이 자연스럽게 우아하게 드러난다는 사실을 믿자.

# 2월 7일

## 내게 맞는 삶의 속도를 찾아라

나는 내 세상을 만들었고 그 세상은 내가 밖에서
본 어떤 세상보다 훨씬 낫다.

– 루이즈 니벨슨
미국 조각가

많은 창조 신화에서는 단 6일 만에 세상이 만들어졌다고 한다. 우리가
자신의 세상을 다시 만드는 시간은 그보다 더 걸릴 것이다. 그러나 자아
를 발견하는 우리 여정을 비추는 빛이 있다고 확신하면 자신 있게 시작
할 수 있다.

퀘이커교의 전통은 그 빛이 우리 내면에 있다고 가르친다. 종교친우
회Religious Society of Friends라고도 부르는 퀘이커교도는 세상 속에서 살되
세상에 휘둘리지 않고 절묘하게 균형을 유지하는 법을 보여주는 완벽
한 예다. 이는 퀘이커교도가 삶을 종교와 세속이라는 이분법으로 나누
지 않기 때문이다. 오히려 퀘이커교도는 가족의 식사를 요리하는 과정
에서부터 정치 정책에 반대하는 운동에 이르기까지 일상의 모든 경험이
숭고하다고 믿는다. 영국의 작가 조지 고먼은 "퀘이커교 정신의 정수는
우리가 하는 모든 행동이 종교적인 의의를 지닌다는 확신이다. 삶에서
자신을 분리하는 것이 아니라 삶 속으로 깊고 완전히 들어간다"라고 말
했다.

소박함은 퀘이커교도의 삶과 가정과 옷차림을 짓는 실이다. 매주 열

리는 예배는 조용히 명상을 하는 시간이다. 이들의 특징은 규칙적인 생활 패턴(리듬)과 존경과 반성이다. 이런 시금석은 우리 세상을 다시 만들려고 노력하는 과정에도 도움이 된다.

첫 단계는 삶에 리듬감을 되살리는 것이다. 당신의 세상에 리듬이 얼마나 있는가? 어린이만 규칙적인 취침 시간, 식사 시간, 조용한 시간이 필요한 것은 아니다. 엄마에게도 그런 규칙적인 생활패턴이 필요하다. 늘 한결같고 위안을 주는 자연의 리듬을 생각하자. 밀물과 썰물, 사계절의 순환, 한 달 동안 변하는 달의 위치와 상태, 아침에서 밤으로 넘어가는 하루의 변화를 떠올려보자. 우리 세상에도 주춧돌이 돼줄 리듬이 필요하다. 누구나 바쁘게 살아가는데 유난히 남보다 정신이 없고 기진맥진하는 사람이 있다. 분명하게 선을 그을 지점과 확실하게 거절하는 방법을 배워야 한다.

오늘은 리듬이 당신의 일과에서 하는 역할을 조용히 생각하자. 잘 돌아가는 일과 그렇지 않은 일을 마음이 알려줄 것이다. 당신이 일하는 방식에 리듬을 되살리면, 세상의 돌봄을 받을 수 없을 때 당신을 돌보고 지탱해줄 만족감과 행복감이 생긴다.


## 2월 8일

### 평소라면 하지 않을 일들에 도전해보자

삶은 불확실한 형태라서 다음에 무엇이 어떻게 펼쳐질지 모른다.
… 예술가는 앞일을 완전히 알지 못한다. 추측할 뿐이다.

우리가 틀릴 수도 있지만 어둠 속에서 도약하고 또 도약한다.
- 아그네스 데밀
미국의 무용가이자 안무가


대부분의 사람이 위험을 피하고 신중하게 처신할 때 안심한다. 예를 들어서 공예품 바자회에서 눈에 확 들어온 핸드페인팅 유리구슬 목걸이 대신에 진주 목걸이를 차고 외출한다. 그러나 거리에서 스친 여자의 목걸이가 아주 예뻐 걸음을 멈추고 쳐다보니 바자회에서 본 바로 그 유리구슬 목걸이라는 것을 알아차린다. 발걸음을 돌리면서 "우와, 저 여자 정말 멋쟁이네"라고 중얼거린다. 그리고 그 여자는 목걸이가 그렇게 잘 어울릴지 어떻게 알았는지 궁금해한다.

아마 그 여자는 몰랐을 것이다. 그저 자신의 본능을 믿고 어둠 속에서 높이 도약했을 것이다. 그녀는 자신의 스타일 감각을 신뢰했다. 유리구슬 목걸이가 "나를 목에 둘러요!"라고 속삭였고 그녀는 귀를 기울였다. 그녀는 사소하지만 의미가 있는 일상에서 모험을 하며 살았다.

매일 새로운 것을 받아들일 기회가 생긴다. 오늘 밤 저녁식사에 평소에 먹는 마늘 빵 대신 이탈리아 빵 포카치아를 내놓는 것이 그런 기회가 될 수도 있다. 혹은 평범한 검정 양말 대신에 꽃무늬 양말을 선택할 수도 있다. 호피 무늬 스카프나 아름다운 발목을 부각하는 망사 하이힐을 선택할 수도 있다. 그냥 그렇다는 말이다.

새로운 선택을 할 때 상상력을 끌어올리자. 그냥 돌돌 말아 묶은 지저분한 머리를 세련된 프렌치 올림머리로 바꿀 수 있다. 그 차이에 깜짝 놀랄 것이다. 미용실에 들어갈 때는 아무렇게나 묶여 있던 머리가 나올 때는 세련된 머리로 변신해 있을 것이다. 인간의 행동은 아이작 뉴턴의 운동 제3법칙, 즉 작용과 반작용의 법칙으로 해석할 수 있다. 당신이 시간을 투자해서 프렌치 트위스트(머리를 뒤로 묶어 원기둥 모양으로 감아올린 헤어스타일 - 옮긴이)를 완전히 익히면, 곧 입술 화장과 스모키 눈화장도 하게 될 것이다. 어쩌면 시선을 잡아끄는 과감한 귀걸이까지 착용할지 모른다. 이런 변화가 어디로 이어지게 될까? 잠자고 일어난 후의 엉망인 헤어스타일에서 벗어나 놀라움으로 가득한 세상으로 들어간다.

심리학자 수전 제퍼스는 "하루에 하나씩 모험하자. 기분이 엄청나게 좋아지는 사소하거나 과감한 행동을 감행하자"라고 제안한다. 오늘은 당신의 삶을 바꿀 수 있는 진짜 모험을 하자. 당신이 예술가이고 당신의 삶은 작업 중인 작품이라고 생각하자.

작업 중인 작품은 결코 완벽할 수 없다. 그러나 조금씩 바꾸면 된다. 원고라면 초안을 수정하면 된다. 그림이라면 캔버스에 다른 색을 덧칠하면 된다. 영화라면 편집을 하면서 완성도를 높이면 된다. 예술은 발전한다. 삶도 그렇다. 예술은 고여 있으면 안 된다. 삶도 마찬가지다. 당신 자신을 위해 만들어가고 있는 아름답고 진정한 삶은 당신의 예술작품이다. 이는 최상의 예술이다. 1930년대의 뛰어난 작가 브렌다 율런드는 우리를 일깨운다. "당신은 태고 이래로 탄생한 어떤 존재와도 다르기 때문에 그 누구와도 비할 수 없다."

이 생각을 마음속에 새기자.

# 2월 9일

## 삶을 예술작품으로 만들어라

우리의 한계를 받아들이는 것은 물론 우리의 가능성을
포옹하는 것도 용기가 필요하다.
- 어윈 맥매너스
미국의 작가·미래학자·모자이크교회 창립자

대부분의 사람이 자신을 예술가로 생각하는 것을 거북해하지만 실제로 우리는 예술가가 맞다. 보통 예술가라고 하면 소설을 쓰거나, 그림을 그리거나, 발레를 안무하거나, 브로드웨이 극단에서 연극을 하는 사람을 떠올린다. 혹은 점토를 물레에 올려 항아리를 빚거나, 장편영화를 촬영하거나, 눈가를 검게 칠한 화장에 검은 드레스 차림으로 압생트를 마시는 사람을 떠올린다. 맞다. 일부는 그렇다. 하지만 모두 다 그렇지는 않다.

우리 모두가 예술가다. 예술가는 그저 듣는 기술이 좋고 우주의 창조적인 에너지를 이용하는 사람이다.

나는 책을 쓰는 동안, 정신의 전원 스위치를 켠 후 나 스스로 내 앞길을 막지 않게 해달라고 기도한다. 수개월 동안 창조성에 불을 지피고 날마다 아침 10시부터 작업하다 보면 어느 날 아침에 아무 기대 없이 컴퓨터 앞에 앉았는데 갑자기 무엇인가 터져 나오는 순간이 올 것이다. 말 그대로 책이 내 머리 위에서 빙빙 도는 것을 느낀다.

하지만 아주 신나는 점은 이것이다. 내가 팔을 머리 위로 뻗으면 진짜로 페이지에서 단어를 끄집어낼 수 있을 것 같다. 마법처럼 황홀하고 놀랍다. 또한 내가 알기로는 그것이 글을 쓰는 유일한 방법이다. 단, 체계적인 작업에 불이 붙으려면 몇 달이 걸릴 수도 있다는 점을 기억하자. 때로 하루 종일 한 단락을 고쳐 쓰고 또 고쳐 쓰다가 끝난다. 오스카 와일드는 "나는 마침표 하나를 찍느라 오전 시간을 다 썼고 그 마침표를 빼느라 오후 시간을 다 썼다"라는 말로 그 심정을 기막히게 표현했다.

또한 나는 '책'이 항상 나보다 잘 안다고 믿는다. 어떤 예술가에게나 창작에서 가장 힘든 부분은 작품을 믿는 것이다. 특히 세상 사람들 모두가 그 작품을 믿지 않을 때 더욱더 그렇다.

"진정한 창조성은 쉽게 생기지 않는다." 어윈 맥매너스가《장인의 영혼: 당신의 삶을 예술품으로 만들기The Artisan Soul: Crafting Your Life into a Work of Art》에서 말한다. "창조성은 위험에서 태어나고 실패를 통해 정제된다. 우리가 근본적으로 정신적인 존재이거나 창조적인 존재라면, 장인의 영혼은 우리가 진정한 자아의 모습으로 살아갈 용기를 가질 때 우리에게 깃든다."

진정한 삶을 창조하는 것도 마찬가지다. 당신은 매일 선택을 할 때마다 독특한 예술품을 만들고 있는 셈이다. 당신만이 만들 수 있는 예술품이다. 아름답고 수명이 짧은 예술품이다. 당신이 태어난 이유는 당신의 세상에 지울 수 없는 흔적을 남기기 위해서다. 당신의 진실성은 여기에 있다.

오늘은 당신이 신중을 기하려는 마음과 모험을 감행하고 싶은 마음 사이의 크고 작은 선택으로 예술작품을 만들고 있다는 점을 받아들이자. 당신이 하고 싶은 새롭고 색다른 일이 있는가? 에스프레소를 마셔보지 않았다면 점심을 먹으면서 한 잔 주문하면 어떨까? 저녁식사로 올리브 빵 위에 염소젖 치즈를 올려 먹어보자. 기분이나 일에 따라 각기 다른 음악 플레이리스트를 만들자. 예를 들어서 나는 글을 쓸 때는 영화 음악을 듣고, 청소를 할 때는 오페라를 듣고, 집에서 빈둥거릴 때는 미국 명곡집에 포함된 콜 포터와 조지 거슈윈과 제롬 컨의 음악을 듣는다.

혹은 완전히 다른 것을 시도하고 싶다면 빙겐의 성녀 힐데가르트가 좋아하던 펜넬 차를 오후의 다과 시간에 마셔보자. 수녀원장, 예술가, 작가, 작곡가, 신비주의자, 약사, 시인, 신학자, 성인인 힐데가르트는 중세 암흑시대에 사람들을 열광시켰다. 나는 그녀가 마신 것이라면 무엇이든 마실 것이다.

당신이 새로운 경험을 할 때마다 영감을 더 잘 받아들이게 된다. 당신이 색다른 시도를 할 때마다 내면의 목소리에 열심히 귀 기울이고 있다는 것을 우주에 알리게 된다. "우리 자신을 알고 그 지식에 충실한 것, 이는 장인의 용기다." 어윈 맥매너스가 설명한다. "장인은 우리를 거짓되게 만드는 모든 것을 거부하고, 참되게 사는 막대한 위험을 감수한다. 우리의 진정한 자아를 받아들이고 온전한 인간다움을 날것 그대로 표현하면서 사는 것은 가장 큰 위험이자 가장 풍성한 보상이다."

당신의 본능을 신뢰하자. 당신의 갈망을 축복이라고 믿자. 창조적인 충동을 존경하자. 당신이 믿음을 가지고 어둠 속에서 높이 도약한다면, 당신의 선택이 당신 자신만큼이나 참되다는 것을 알게 될 것이다. 무엇보다 당신의 아름다운 삶이 당신의 예술임을 발견하게 될 것이다.

# 2월 10일

## 진정한 삶을 살기 위해서는 준비 단계가 꼭 필요하다

또 하나의 진정한 사실! 나는 아직 죽지 않았다! 여전히 영혼의 한 조각을
불러와 다채로우며 영원히 변치 않는 글을 쓸 수 있다.

- 케리 흄
뉴질랜드의 시인이자 소설가

화가는 새로운 작품을 시작하기 전에 준비 단계를 거친다. 포착하려는
장면을 여러 장 스케치한다. 딱 맞는 색을 찾기 위해 물감을 섞는다. 물
감이 캔버스에 잘 밀착되도록 프라이머라는 표면 처리제로 밑칠을 한
다. 이런 모든 작업에 시간이 걸린다.

물론 작품을 감상하는 사람은 화가가 거치는 준비 과정을 보지 못한
다. 그저 작품의 완성된 모습만 본다. 미국의 추상표현주의 화가 헬렌
프랭컨탈러는 "아름답거나 감동적인 그림은 붓칠 한 번으로 완성된 것
처럼 보인다. 나는 붓을 놀린 흔적이나 물감이 떨어진 자국을 보는 것이
싫다"라고 말한 적이 있다.

준비 단계는 모든 예술에서 꼭 필요하다. 진정한 모습으로 살고 싶다
면 삶에도 준비 단계가 필수적이다. 우리는 밑칠을 하고 상상의 나래를
펼칠 수 있는 캔버스를 24시간마다 새로 받는다.

마음을 차분하게 가라앉히고 꿈을 상상해보자. 발견일기로 자신을
표현할 조용한 시간을 내서 자신의 진짜 취향을 알아보자. 한 번에 한
가지 일을 끝마치는 것에 집중하도록 느긋해지자. 이는 우리가 만족감

을 느끼고 싶다면 꼭 거쳐야 할 준비 과정이다. 내(혹은 메이크업 아티스트들의) 비결은 신체적 이유뿐만 아니라 심리적 이유로 아침에 프라이머라는 화장품을 얼굴에 바르는 것이다. 그러면서 나는 거울을 보고 "좋았어. 시작할 준비가 됐어"라고 선언한다.

예술가가 거울이나 캔버스나 발레 바 앞에서, 또는 마음속으로 하는 준비는 결코 헛되지 않을 것이다. 우리가 삶에 몰입하고 그 순간을 음미하는 한 붓을 놀린 자국이 보이지 않기 때문이다. 오늘은 삶의 캔버스에 영혼의 한 조각을 펼치기 전에 서두르지 말고 내면의 준비를 하자.

## 2월 11일

### 돈이 부족할 때 깨닫게 되는 것이 있다

인생에는 재미있는 점이 있다. 모든 것을 마다하고 최고만
받아들이려고 고집하면 대체로 최고를 얻는다.
- W. 서머싯 몸
영국의 극작가이자 소설가

돈 걱정을 안 해도 되면 우아하고 아름답게 살기가 훨씬 수월하다. 언제라도 현금을 찾아다 쓸 수 있다면 더 큰 만족을 위해 현재의 욕구를 참고 기다려야 한다는 교훈을 배울 필요가 없다. 그러나 돈이 있다고 해서 진정한 삶을 살 수 있다거나 훌륭한 선택을 한다는 보장은 없다. 마찬가지로 아름다운 물건에 둘러싸여 있다고 해서 평생 행복하리라는 보장도

없다. 가슴이 찢어지게 슬픈 소식을 들을 때 실크 술이 달린 아름다운 무늬의 쿠션에 얼굴을 묻고 흐느낀다고 해서 더 큰 위로가 되지 않는다.

내가 소박한 풍요로움의 길을 막 걷기 시작할 때의 일이다. 당시 나는 세상의 방해 요소를 차단하려고 몇 달 동안 잡지와 신문을 읽지 않았고 뉴스를 보지 않았으며, 특히 식료품과 필수품을 살 때를 제외하고는 쇼핑을 아예 하지 않았다. 그때 내가 경험한 증상은 금단현상과 비슷했다. 가끔 실제로 통증이 느껴졌고 몸이 떨렸으며 현기증까지 생겼다. 그럴 때면 진정한 자아는 내 외적인 자아(새로 시작한 이 활동을 모르는 내 자아)를 다독이며 사실 내가 내면의 심오한 변화 과정을 겪고 있다고 안심시켰다. 적응하기 위해 여유가 필요했다.

나는 태어나서 처음으로 필요와 욕구의 차이를 구별하는 방법을 배우고 있었고 이 강력한 교훈을 완전히 익혀야만 다음 단계로 나아갈 수 있었다. 없어도 사는 데 별 지장이 없는 물건을 파악해야 했다. 물건을 살 돈이 없어서가 아니라 내 본모습을 파악하기 위해 거쳐야 하는 중요한 과정이었다.

없어도 살아가는 데 지장이 없는 물건을 파악하면 분별력이라는 능력이 생기기 때문에 최고의 것을 누릴 수 있다. 최고가 나타날 때까지 감사하며 우아하게 기다릴 수 있는 인내심이 생긴다. 최고가 나타나리라는 확신이 있기 때문이다. 의식적이고 올바른 선택을 하는 능력이 생기기 때문에 자신과 사랑하는 사람을 위해 진정한 삶을 창조할 수 있다.

50편의 소설을 쓴 영국 작가 에벌린 앤서니는 《죽은 자의 거리The Avenue of the Dead》에서 말한다. "오랜 시간이 흐른 뒤에 그녀는 삶의 방향이 바뀐 그 순간을 기억하게 되리라. 이미 운명 지어진 순간이 아니었다. 그녀에게 선택권이 있었다. 적어도 선택의 여지가 있는 듯 보였다. 받아들이든 거절하든 그것은 그녀의 선택이었다. 교차로에서 미래로 향하는 길로 가든 다른 방향으로 가든 하나를 고를 수 있었다."

세상을 외면하고 자신의 행복으로 향하는 것은 진정한 자아의 길이며 일생에서 가장 중요한 선택이다. 똑똑한 여성이여, 계속 나아가자. 당신이 옳다!

## 2월 12일

## 불만은 변화의 성장통이다

불만과 무질서는 절망이 아닌 에너지와 희망의 신호다.
- 시슬리 웨지우드
영국 사학자

'정신의 전원' 스위치를 켜는 연습을 할 때 무엇을 기대할 수 있을까? 더 많은 에너지와 영감, 놀랍고 기쁜 우연, 우아하게 목표를 달성하는 능력이 생길까? 물론이다. 적어도 내 경험에 따르면 그렇다.

하지만 당신이 미처 예상하지 못한 점이 한 가지 있다. 정신의 불이 켜져 있지 않을 때, 스위치를 켜는 것을 잊고 어둠 속에 있을 때면 갑자기 엄청난 불만이 터져 나온다. 혹은 며칠 동안 감사일기를 쓰는 것을 잊을 때 갑자기 커다란 불만을 느낄 수도 있다. 만사가 신경에 거슬릴 수도 있다.

당신이 느끼는 불만은 다양한 짜증으로 드러난다. 갑자기 집에 있는 모든 방이 싫어진다. 예전에 잘못 꾸민 부분이 거슬린다. 지금까지 잘 입던 옷이 이제는 맞지 않거나 어울리지 않아 보인다. 몇 년 동안 한 번도 안 입고 여전히 꼬리표가 달린 채 옷장 구석에 처박아둔 옷은 말할 것도 없다. 조바심치지 말자. 나중에 이런 옷들을 어떻게 정리해야 할지를 다룰 것이다.

늘 요리하는 음식이 지겨워진다. 혹은 맨날 포장해다 먹는 식당의 음식이 질린다. 현관 신발장을 열 때마다 물건이 우르르 쏟아질까 무서워서 머리를 손으로 감싸는 것에 신물이 난다. 그러나 더 심각한 문제는 감사하는 자세로 살면서 생긴 큰 희망이 끊임없는 불만에 밀려나고 만다는 점이다. 꿈자리가 사나웠고 아침부터 기분이 언짢았다. 소박한 풍요로움의 길이 다른 여성에게 효과가 있을지 몰라도 당신에게는 맞지 않는다는 생각이 들기 시작한다.

그러나 속단하기에 이르다.

지금 벌어지고 있는 일은 변화 과정의 일부다. 늘 생글생글 잘 웃는 사랑스러운 아기를 생각하자. 갑자기 아기가 울고 짜증을 부리고 시리얼을 한 주먹 쥐고 입에 욱여넣는다면 낮잠을 재우자. 놀랍게도 아기는 오후 내내 자고도 밤에 안 깨고 푹 잔다.

당신은 아침에 아기에게 옷을 입히면서 그녀가 밤새 2.5센티미터 자란 것을 발견한다! 아기는 성장기를 지나고 있었고 성장통은 진짜로 고통스럽다.

당신도 정신의 성장통을 겪고 있다. 나는 이 성장통을 '신성한 불만' 이라고 부른다. 신성한 불만은 굴 속에 침입해 나중에 진주가 되는 모래

같은 이물질이나 마찬가지다. 이런 창조적인 두 번째 기회는 우리가 내면으로 들어갈 때 찾아온다. 우리가 마침내 자기 삶의 주인이라고 선언하고 운명에 맞서 미래를 개척하려고 노력할 때 찾아온다. 우리가 지푸라기로 금실을 잣는 방법을 배울 때 찾아온다. 우리가 정신의 전원을 이용한다면 자신의 빛으로 살 수 있다는 사실을 감사한 마음으로 깨달을 때 찾아온다.

"불만이 축복일 수 있다. 그것은 당신이 계속 나아가서 진정으로 원하는 것을 달성할 수 있도록 당신을 괴롭히고 자극하는 대단히 창조적인 상태다." 배리 돌닉이 《당신의 불만에 대한 설명: 어떻게 어려운 시기가 삶을 더 윤택하게 만드는가Instructions for Your Discontent: How Bad Times Can Make Life Better》에서 우리를 안심시킨다.

요구하자. 권리를 주장하자. 오늘 당장 시작하자!


## 2월 13일

## 본능을 믿어라

당신이 제대로 하고 있다면 발을 내려다보지 말라. 그저 춤을 춰라.

- 앤 라모트
미국 작가


오늘은 당신이 열 살 무렵에 찍은 사진을 찾아보자. 웃고 있는 사진이라야 한다. 사진을 예쁜 액자에 넣어 화장대나 책상에 올려놓거나, 발견일기에 넣어놓고 매일 들여다보자. 사진 속 어린 소녀에게 사랑을 보내자.

상상력을 발휘해 과거로 돌아가자. 열 살로 돌아간 당신이 집과 학교와 놀이터에 있는 모습을 생각하자. 어디에 살았는가? 집 혹은 아파트와 거리가 보이는가? 어린 시절 집에 있던 방들을 돌아다녀 보자. 당신의 방은 어떤 모습이었는가? 언니나 동생과 방을 같이 썼는가? 단풍나무 재목의 침대 두 개에 흰색 침대보가 깔려 있었는가, 아니면 이케아 이층 침대가 있었는가?

친구는 누구였는가? 단짝 친구가 있었는가? 그 친구는 누구였는가? 크레용 중에서 어떤 색을 가장 좋아했는가? 악기를 연주했는가? 여름에 뒷마당에서 놀았는가? 침대 대신 선반에 올려놓고 있지만 지금도 아끼는 가장 소중한 장난감은 무엇인가? 좋아하는 책은 무엇인가? 《낸시드루》와 《녹원의 천사》? 《베이비시터 클럽》과 《초원의 집》, 아니면 주디블룸의 책? 좋아하는 음식은 무엇이었는가? 제일 좋아한 과목이 무엇이었는가? 기억이 나는가? 밤에 잠자리에 누워 눈을 감고 열 살 때 모습을 떠올리자. 아침이 되면 무엇이 기억나는지 생각해보자.

열 살은 당신이 본능을 믿던 마지막 시기였을 테니 이 활동을 하면서 재미있게 즐겨보자. 그때는 자신의 의견이 분명해서 엄마나 언니나 친구의 의견에 구속받지 않았다.

백화점 탈의실에서 열 살짜리 내 딸을 지켜보던 때가 기억난다. 새로운 깨달음의 순간이었다. "싫어요, 그건 내가 아니에요." 딸은 입어보라고 옷을 가져다줄 때마다 이렇게 말하더니 자신감 있게 여러 색실로 짠 니트 조끼와 챙이 넓은 검은색 펠트 모자를 집어 들었다. "이거 봐요." 딸이 만족스럽게 선언했다. "이게 나 같네요." 딸이 옳았다. 둘 다 아주 멋들어지게 딸에게 어울렸다.

나는 옛날 옛적에 내가 본능을 믿던 시절을 떠올린다. 당신도 그런 적이 있었다. 그 옛날에는 이것저것 재고 따지고 짐작하지 않았다. 그때처럼 다시 본능을 믿을 수 있다. 진정한 자신을 발견하는 것은 그저 관람하는 스포츠가 아니니 나와 함께 직접 실천하자.

소녀 시절의 당신에게 접촉하자. 그 소녀는 이제 완전히 성장했다. 그 소녀는 당신의 진정한 자아이며, 당신이 얼마나 아름답고 재주가 많으며 놀라운 사람인지 일깨워주려고 기다리고 있다. 더구나 당신이 그 소녀를 그리워하던 만큼 그 소녀도 당신을 그리워했다.

## 2월 14일

## 연애하는 사람처럼 설렘을 가득 안고 살아라

만약에, 만약에 삶 자체가 연인이라면 어떻게 될까?
- 윌라 캐더
풀리처상을 수상한 소설가

여성은 종종 사랑과 연애를 혼동한다. 바로 내가 그랬다. 40년 동안 세 번 결혼한 것에서 알 수 있다. 하지만 나는 이 중요한 교훈을 얻었고 흔히 연애와 사랑이 더불어 일어나지만 결코 이 둘이 같지 않다는 사실을 다시는 잊어버리지 않을 것이다. 사랑을 감정이라고 생각하자. 연애는 그 감정의 기분 좋은 표현이다.

연애는 연인에게 느끼는 감정의 깊이와 폭을 구체적인 방식으로 드러낸다. 이메일로도 사랑이 전달될 수 있지만, 손으로 쓴 편지를 받는다면 구애를 받고 있는 것이다. 편지를 쓰면서 걸린 시간, 다른 사람이 손수 쓴 편지 속에 자신의 이름이 보이는 것, 이런 것들이 여성의 심장을 더욱더 빠르게 뛰게 한다. 혹은 당신이 깊은 감정을 애인에게 드러내 보였는데 돌아오는 대답이 "나도 그래"라는 실망스러운 메아리라면, 사랑은 모르겠지만 연애를 하는 것은 분명히 아니다.

여성은 사랑을 원하고 필요로 하지만 끊임없이 갈망하는 것은 연애다. 그러나 여성이 중년에 발견하게 되는 가장 기분 좋은 비밀은 사랑의 탱고를 추려면 두 사람이 필요하지만 대단히 보람 있고 낭만적인 삶에는 단 한 사람, 즉 자신만 필요하다는 것이다.

"마음이 가는 대로 살면 모든 순간이 사랑에 빠질 기회를 불러온다." 인생 코치이자 작가인 마사 벡이 《길을 헤매다 만난 나의 북극성》에서 우리를 일깨운다. 수년 전 그녀는 홀로 파리에 있게 됐다. 그런데 외떨어져 있다는 느낌이 아니라 거의 기절할 정도의 황홀감을 느꼈다. "가는 봄비가 내리는 파리의 거리를 걷고, 사과꽃과 커피의 향을 맡으면서 나는 화려하고 낭만적인 삶을 살기 위해서는 완벽한 동반자가 나타나기를 기다릴 필요가 없다는 것을 깨달았다. 사귀는 사람이 있으면서도 연애의 설렘이 없이 사는 사람이 있는가 하면 사귀는 사람이 없으면서도 연애의 설렘을 가득 안고 사는 사람이 있다."

낭만적인 삶을 원한다면, 샤워를 하거나 화장을 하거나 옷을 갈아입을 때 당신이 격정적인 연애를 하고 있는 척해보자. 모든 여성은 사랑에 빠질 때 치르는 자기만의 비밀스러운 쾌락과 탐닉의 의식을 가지고 있다. 당신이 정성 들여 멋지게 꾸민 자아를 다른 사람과 공유하지 않는다고 해도, 당신의 집이 그저 주거지가 아니라 안식처가 되도록 당신이 아주 좋아하는 것을 주변에 두자. 빨간색(입술, 손톱, 신발, 벽)에 대해 다시 생각하자.

아름다운 속옷에 탐닉하자. 푹신한 안락의자에 앉아 색다른 탐정물이나 누아르영화 속으로 모험을 떠나자. 커다란 팔찌를 차고 브리오슈를 즐기자. 머리카락을 곱슬곱슬하게 말고 멋들어진 벨트로 허리를 꽉 조이자. 어차피 그동안 먹은 초콜릿 때문에 붙은 살이니 부끄러워하지 말고 당당하게 몸매를 자랑하자. 완벽한 향기를 찾아내서 하루의 시작과 끝을 그 향기와 함께하자. 혹은 당신은 물론 당신의 집에도 어울리는 향기를 찾아내자. 무엇보다도 당신 자신의 연인이 되는 방법을 기꺼이 배우자.

마사 벡이 우리에게 말한다. "아주 낭만적인 삶을 살기 위해서 지켜야 하는 단 한 가지는 모든 결정을 사랑을 바탕으로 내려야 한다는 것이다. 자기에 대한 사랑, 다른 사람에 대한 사랑, 아이디어와 활동과 장소에 대한 사랑, 냄새와 맛과 광경과 소리와 감촉에 대한 사랑. 이런 방식의 삶은 가장 사소하고 가장 평범한 순간에 낭만을 불러일으키고, 특별한 순간으로 이끈다."

# 2월 15일

## 과거가 모여 지금의 내가 되었다

여성은 … 3,000살로 태어난다.

- 셸라 딜레이니
영국의 드라마 작가이자 시나리오 작가

나는 20대 때 영국, 아일랜드, 프랑스에서 살았다. 진정한 나를 찾아가는 길의 밑칠은 세상에서 가장 놀라운 사람을 만났을 때 시작됐다. 내 인생 최초의 멘토가 된 그 사람은 내 평범함 밑에 깊이 감춰진 특별함을 보여준 진정한 르네상스 여성이었다.

내가 처음 커샌드라를 마주쳤을 때, 나는 자의식의 단단한 껍데기 안에 고통스럽게 갇혀 있었다. 나는 그녀가 초대한 디너파티나 주말 시골 여행에 참석할 때마다 사람들을 소개받은 뒤 공손하게 핑계를 대고 사람들로부터 떨어진 빈방으로 피신했다. 결국 그녀는 한참 나를 찾으러 돌아다니다가 아늑한 벽난로 앞 푹신한 안락의자에 행복하게 자리를 잡은 나를 발견하곤 했다.

어느 날 밤 그녀는 내 손에서 책을 빼내더니 식당으로 다시 데리고 가기 전에 사람들과 어울리기를 불편해하는 내 감정에 관한 이야기를 꺼냈다. 어쩔 수 없이 나는 아주 일상적인 대화에서조차 나를 노출하는 것이나 조롱을 당할지 모른다는 것에 두려움을 느낀다고 고백했다. 커샌드라는 내가 대담하고 어처구니없고 위험한 이야기로 낯선 사람들을 즐겁게 하면 사람들과 어울릴 때 느끼는 불편함을 다시는 걱정할 필요가 없다고 약속했다.

"음, 빅토리아 시대 여성 탐험가들에 대한 멋진 책들이 당신의 서재에 있더라고요." 내가 그녀에게 말했다. "괜찮은 이야깃거리가 있는지 찾아볼게요."

"'찾는다'고요?" 그녀가 짐짓 놀란 척하며 나를 놀렸다. "세라, 다른 사람의 이야기는 '빌릴' 수만 있어요. 당신이 진짜 자신의 삶을 살기 시작한 후에요. 당신 자신이 주인공이 돼야 해요. 대부분의 사람은 목적의식 없이 온갖 사건으로 뒤엉킨 복잡한 삶을 살아요. 당신은 하루하루를 빈 페이지로 봐야 해요. 당신은 하루를 재미있는 일화, 엄청난 전환점, 대담한 선택, 열정으로 가득 채울 수 있어요. 세상은 이야기꾼을 흠모하지만 자신의 이야기를 하지 않거나 자신의 이야기대로 살지 않는 사람을 안타까워해요."

그로부터 40여 년이 흐른 지금, 나는 열댓 권의 책을 채우기에 충분한 이야기를 모았다. 그중 대부분이 내가 남에게 말하는 것은 고사하고 겪으리라고는 상상도 못 한 이야기였다. 나는 이런 이야기가 누군가의 삶에서 가장 흥미롭다고 여긴다. 이를테면 구사일생, 대탈출, "설마 진짜 그랬어요?"라는 말이 절로 나오는 놀라운 일에 대한 이야기 말이다.

나는 최근에 이야기와 이야기꾼에 대해서 상당히 많이 생각했다. 특히 내가 당신에게 들려주고 싶은 대부분의 이야기꾼, 험난한 과거가 있고 내가 소중히 여기는 여성들이 더 이상 글을 쓰지 않거나 고인이 됐고 그들의 대담한 업적이 가정사와 문학사의 틈으로 빠져나갔다.

나는 당신이 다른 누구보다 당신을 소중하게 여기는 방법을 얼마나 배웠는지 모른다. 그렇다고 해서 우리가 과거가 있는 여자들의 클럽에 가입할 수 없다는 뜻은 아니다. 그 과정에서 우리에게 과거가 생겼기 때문이다. 게다가 우리 모두가 대가를 치렀다.

과거가 있는 여성으로 여겨지는 것보다 더 매혹적이고 흥미롭고 낭만적인 것은 없다. 물론 당신을 아름답게 만드는 존재가 바로 당신이라는 점을 아는 것을 제외하면 말이다. 체중을 5킬로그램이나 10킬로그램이나 15킬로그램 줄이고 싶을지라도 여전히 멋지고 강한 여성이다. 과거가 있는 여성은 열정적으로 사랑했고 사랑받았다. 이런 여성은 자신의 별난 점을 찬양하고, 본모습을 당당하게 내세우고, 두려움에 맞서고, 약점을 소중히 여기는 법을 배운다. 그런 이유로 자신과 같은 여성은 없다는 깨달음을 영혼에 새겨놓는다. 자신과 같은 사람은 과거에도 없었고 미래에도 없을 것이다.

대부분의 여성과 달리, 과거가 있는 여성은 잃어버린 사랑이나, 자신의 존재 가치를 의미했을지 모를 사랑이나, 거부한 사랑을 남몰래 아쉬워하지 않는다. 그녀는 그 모든 것을 있는 그대로 인정하며 예상 밖의 선물로 여기기까지 한다. 대부분의 여성은 그런 사랑을 외면해버린다. 특히 민망한 사랑이라면 더욱더 그렇다. 우리가 보답받지 못한 사랑, 우리를 두렵게 한 사랑, 우리를 힘들게 한 사랑, 많은 희생을 치렀어야 한 사랑, 우리를 파산시킨 사랑, 관습에 어긋난 사랑, 한때 심장을 더 빠르게 뛰게 하고 볼을 붉어지게 하고 무릎을 후들거리게 하고 눈물을 흐르게 하던 사랑을 무가치한 것으로 치부하면, 우리가 애써서 얻은 위대한 지혜를 스스로 버리게 된다.

이번 주는 흠 잡지 않으면서 오로지 위로할 뿐이고, 세상 경험이 많고 현명하고 감정이 풍부하고 진실하며, 인정 많고 침착하고 기품 있고 너그러운 여자 친구가 있다면 얼마나 든든할지 곰곰이 생각하자. 과거를 가진 여자, 즉 당신의 진정한 자아를 다시 부르자.

"내 삶의 모든 축복이 / 오늘 내 생각 속에 있다." 미국 남북전쟁 시대의 시인인 피비 케리가 우리에게 상기시킨다. 이 생각을 간직하자. 자신의 진정한 자아에게 열정적이고 필사적으로 의지하자.


## 2월 16일

### 당신은 아직 모든 잠재력을 발휘하지 않았다

정신이 바짝 드는 생각이 있다! 바로 지금 이 순간에 내 잠재력을
완전히 발휘하면서 살아간다면 어떻게 될까?

- 제인 와그너
미국의 작가·감독·프로듀서


숨을 깊이 들이쉬고 긴장을 풀고 웃자. 제인 와그너는 릴리 톰린의 코미디 협력자이자 동성 배우자이며 《우주에서 지적 생명체의 징후 찾기The Search for Signs of Intelligent Life in the Universe》를 포함한 많은 책의 작가다. 따라서 앞의 수사적 의문문은 지혜는 물론 비꼼을 담고 있으며 진실을 보여주기도 한다. 와그너는 착각하는 능력은 중요한 생존 도구일 것이라고 지적한다. 아주 일리가 있는 말이다.

그나마 위안이 되는 점은 지금까지 당신은 잠재력을 완전히 발휘하면서 살지 않았다는 것이다. 그렇게 살았다면 이 책에 끌리지도 않았을

것이다. 당신은 여전히 노력하고 꿈을 꾸고 갈망하고 나아가고 있다. 나역시 마찬가지다. 내가 잠재력을 완전히 발휘하면서 살았다면 이 책을 다시 쓰고 있지 않았을 것이다. 당신이나 나나 아주 신나는 모험을 하고 있지만, 때로 아래를 내려다보지 않도록 스스로 상기시켜야 한다.

우리 둘 다 지금 빈 페이지를 응시하고 있다. 온갖 눈부신 가능성에도 불구하고 이 빈 페이지는 우리를 겁먹게 한다. 특히 우리가 열정과 목적, 사랑과 갈망, 지혜와 무엇보다도 행복한 결말로 가득 채우기를 바라고 있기 때문이다. 우리가 어떻게 시작할지 혹은 어디로 향할지 눈치채지 못할 수 있지만 오늘은 오드리 헵번에게 동의하자. 그녀는 우리가 마음을 먹고 간절히 바라고 상상하는 그 어떤 것도 불가능하지impossible 않다고 믿었다. "왜냐고요? 그 단어 자체가 '나는 가능하다I'm possible'는 말이니까요."

## 2월 17일

### 꿈을 이루려면 먼저 꿈을 가져야 한다

이 여성은 누구인가?
당신은 당신 자신보다 그녀를 더 잘 안다.
당신이 그녀를 전혀 모를 때를 제외하고.
당신 삶의 모든 부분에 휘몰아치는 바람.
과거까지 바꾸는 바람.

– 존 피터먼
미국 사업가

묻어버린 꿈을 파내려면 엄청난 사랑과 용기가 필요하다. 한때 우리는 눈부신 성공을 거둘 것이라고 믿었다. 그 시절이 기억나는가? 우리 모두가 온몸을 불살랐던 과거의 노력을 보여주는 잿더미와 찬란한 불꽃으로 타오르던 기억을 가지고 있다. 우리의 소중한 열정은 한숨과, 어깨를 으쓱하는 행동과, "뭐, 상관없어"라는 말 뒤로 빤히 보이는 곳에 숨겨져 있다.

우리의 꿈, 우리는 그것을 어떻게 사랑했고 잃었을까? 어디 한번 따져보자. 순진함, 선의, 단념, 쓰라린 실패, 회피, 실망, 거부, 잘못된 선택, 좋지 않은 타이밍, 수포로 돌아간 노력, 어리석은 실수, 예측 못 한 상황, 운명의 장난, 놓쳐버린 기회. 그러니 과거의 발자취를 따라가자면 용기가 필요한 것이 당연하다.

하지만 우리는 진정한 자아로 돌아가는 길을 찾는 동안 묻어버린 꿈을 발견할 것이다. 그 꿈은 우리가 다시 꿈꾸기를 참을성 있게 기다리고 있다.

옛날에 어느 현명한 여성은 다음과 같이 나에게 충고했다. "'만일 내가 그렇게 할 수 있었으면 이렇게 됐을 텐데' 혹은 '내가 그렇게 했으면 이렇게 될 수 있었을 텐데'라고 후회하지 마라. 그저 현실에 충실하게 살아라." 그간 나는 꿈을 갖는 것 못지않게 실천하는 것이 중요하다는 교훈을 배웠다. 그렇지만 먼저 꿈을 가져야 한다는 사실도 깨달았다.

오늘은 꿈을 갖는 날이다. 당신이 사랑하는 꿈과 함께하고, 자신에게 친절하게 대하자. 당신의 생각과 함께하자. 조용히 앉아서 당신이 오래전에 묻어버린 꿈을 불러내보자. 타다 남은 잿더미 속의 불씨가 아직도 당신의 영혼 속에서 타오르고 있다. 그 모습을 머릿속에서 상상하면서 마음속으로 당신을 몸을 따뜻하게 데우자. 프랑스계 미국인 소설가, 시인, 작가인 아나이스 닌은 이렇게 고백했다. "꿈은 항상 나보다 앞서서 달렸다. 꿈을 따라잡는 것, 한순간이라도 꿈과 일치돼 사는 것, 그것은 기적이었다."

## 2월 18일

### 꿈을 이룰 '자기만의 방'을 만들어라

여성이 소설을 쓰려면 돈과 자신만의 공간이 있어야 한다.

- 버지니아 울프
영국 작가

나는 한창때 미술작품을 수집하면서 커다란 기쁨을 만끽했다. 미국은 물론 유럽의 고등학교 미술전시회부터 주요 경매 행사에 이르기까지 폭넓게 이리저리 손을 써서 작품을 발견했다. 이는 엄청난 즐거움의 원천이었다. 젊은 작가의 작품을 사는 것은 작가에게나 나에게나 항상 큰 기쁨을 줬고, 크리스티 경매나 소더비 경매에서 수십 년 동안 햇빛을 보지 못한 그림에 입찰하는 것이 설렜다.

나는 좀처럼 경매에 직접 참석하지 않는다. 앞에 나서기를 좋아하지 않는 편이고 초보 미술품 수집가이기 때문이다. 또한 나는 이제 미술품이나 수집물을 투자 목적으로는 거의 사지 않는다. 다행스러운 일이다. 남들이 확실한 투자라고 장담하던 구매가 항상 큰 손해로 끝나서 나를 충격과 불신에 빠뜨렸기 때문이다. 이는 다른 이야기이니 다음 기회에 언급하겠다. 어쨌든 내 마음에 들고 아름다워서 산 것(미술품, 골동품, 수집물)은 사정상 팔고 난 후에도 오랫동안 나와 함께 머물면서 귀중한 교훈과 소중한 기억을 전해줬다.

내가 구해낸 한 그림은 1998년 소더비 카탈로그의 '중요한 유럽의 그림'란에 파묻혀 있었다. 이런 항목은 대체로 로마 가톨릭교회의 화려한 붉은색 의복을 입은 고대 이탈리아 추기경들의 초상화, 둥근 배를 드러내고 반투명한 하렘 바지 차림에 풍만한 가슴 위로 늘어뜨린 금화 목걸이를 한 긴 검은 머리의 이국적인 여성들, 죽은 동물과 물고기와 모피와 뿔이 전시된 긴 탁자의 정물화로 가득 차 있었다. 아침식사용 간이식탁 뒤에 걸기 딱 좋은 그런 그림들이었다. 당신이 미술계의 상투적인 표현이 어디에서 나오는지 궁금하다면 다름 아닌 18세기와 19세기 유럽 화가들의 살롱만 보면 된다.

〈그들의 화실A Studio of Their Own〉이 그런 종류였다. 1886년에 신비에 싸인 엘리자베스 필더드가 그린 그 그림에는 개인 화실에서 아프리카 족장 옷을 입은 흑인 남성 모델을 그리고 있는 여덟 명의 빅토리아 시대 여성들이 묘사되어 있다. 그때까지 나는 그런 그림을 본 적이 없었다. 여성 역사의 한 단면을 선명하게 되살린 그 그림은 아주 놀라웠다. 여성들의 동지애, 창작의 활기, 해방감, 비밀스러운 탈출을 담았다.

카탈로그에서 5센티미터가량의 정사각형 그림을 봤을 땐 크기가 작아 보였다. 그러니 런던에서 그림을 가져오는 운송료가 구매 가격의 두 배나 들었고 메릴랜드에 있는 내 작은 타운하우스로 옮기느라 건장한 남성 세 명이 필요했을 때 내가 얼마나 놀랐는지 상상이 될 것이다. 나는 입찰하기 전에 그림의 크기를 확인조차 하지 않은 것이다. 그림은 받고 보니 가로와 세로 길이가 각각 2.1미터가 넘었다. 거대한 그림이었고 겨우 걸 만한 공간은 그 집에서 한쪽 벽뿐이었다.

나는 그림 속 여성들과 날마다 함께하는 시간을 대단히 좋아했고 엘리자베스 필러드가 정확히 누군가 하는 수수께끼를 풀려는 시도를 즐겼다. 그녀는 영국인이었을까, 프랑스인이었을까? 그녀는 어디에서 언제 어떻게 이 거대하고 흥미로운 화실 그림을 그렸을까? 뒷마당에 빨래를 넌 다음에 베란다에서 단숨에 그릴 그림은 아닌지라, 여성 미술 학교에서 그린 그림이었을 것이다. 나는 몇 년 동안 노력했음에도 그 작가에 대해서 별로 알아내지 못했다. 그러다가 내 삶의 궤도가 바뀌었고 나는 거처를 영국으로 옮겼다. 화실 그림은 경매에서 다시 팔렸다(나는 미술관에 팔렸기를 항상 바랐다). 독자 중에 그 그림을 본 사람이 있다면 부디 그 그림이 어디에 있는지 나에게 알려주기 바란다.

엘리자베스 필러드가 〈그들의 화실〉을 그렸을 때 버지니아 울프는 단 네 살이었다. 그러나 버지니아 울프의 성격 형성기인 빅토리아 시대에 화실은 인기 있는 주제였고 그녀는 지식인 가정에서 태어났다. 1898년에 런던에서 처음 출간됐고 수년 동안 영향력을 발휘한 미술 잡지인 《더 스튜디오The Studio》(미술공예 운동과 아르누보를 옹호)는 여성 미술가를 위한 화실 광고를 실었다. 나는 늘 버지니아 울프가 엘리자베스 필러드의 그림을 전시회에서 봤을지도 모르며 1929년에 출간된 에세이 《자기만의 방》이라는 제목이 필러드의 붓놀림이나 그녀 같은 여성 화가들에게서 영감을 찾은 것은 아니었을까 하는 생각이 든다.

유사 이래 여성이 창작을 하는 데 필수적인 요소는 개인 공간과 돈인 듯하며, 이 점에 대해서 나는 이견의 여지가 없다. 내가 영국 링컨셔에 있는 뉴턴 채플에서 살던 몇 년 동안 둘 다 누리는 복을 받은 까닭이다. 하지만 목가적인 환경이 늘 우리 삶에 보장되는 것은 아니다. 우리는 천국으로 가는 입장권을 얻을 때 쫓겨날 예상을 거의 하지 않지만, 끊임없이 계속되는 것은 오로지 변화뿐이다. 그리고 변화가 활발하게 일어나기 전에 붕괴가 일어나기 마련이다. 내가 그 교훈을 더 일찍 배웠으면 좋았겠지만 이 글을 쓰는 지금에야 그것을 받아들이고 있다.

우리는 꿈을 꾸거나 예술을 창작하거나 새로운 사업을 시작하거나 무엇보다 열정을 느끼는 일을 추구하기 전에 완벽한 환경이 필요하다고 생각한다. 하지만 깊이 내재된 이런 관념은 정교한 형태의 자기 방해다.

오늘 당신의 발목을 잡고 있다고 느끼는 것은 무엇인가? 시간, 공간, 창조적 에너지, 감정, 인간관계, 돈 중 무엇이 부족해서일까? 장담하건대 이 여섯 가지 현실적인 이유 중에서 적어도 두 가지가 당신을 불편하게 하고 좌절하게 하는 원인일 것이다. 나는 세속적인 성공을 거두고 난후에도 주눅이 들거나 확신이 들지 않을 때가 있다.

하지만 솔직히 말해서 내가 기억의 막을 젖히고 처음 《행복의 발견 365》를 쓰던 시절로, 삶에서 가장 창조적이던 시절로 돌아가면 당시 내 상황이 결코 이상적이지 않았음을 인정할 수밖에 없다. 돌봐야 할 어린아이가 있었고, 결혼생활에서 문제가 스멀스멀 일어나고 있었으며, 출판사 30곳에서 거절을 받았고, 여윳돈이 조금도 없었다. 내가 무에서 유를 창조한 나만의 공간은 부부 침대에서 내 쪽 자리였다.

여성은 항상 절실하게 필요하면 지푸라기를 자아 금실을 만들었다. 하지만 우리가 금실로 보상받기 전에 먼저 감사부터 한다면 어떤 기적이 일어날까?

여성이 창조를 하기 위해 필요한 공간은 여성이 꿈을 이룰 준비가 될 때까지 마음과 상상 속에 간직돼 있다. 이런 말을 하고 싶지는 않지만, 때로 여성은 벗어나고 싶은 바로 그 침대에 누워 텅 빈 벽을 빤히 쳐다보면서 한숨이나 흐느낌 사이에서 운명을 찾는다.


## 2월 19일

## 세상에서 가장 멋진 여행을 상상해봐라

말해주오. 당신의 멋지고 소중한 단 하나의 삶으로 무엇을 하려 하오?
- 메리 올리버
내셔널 북어워드 및 퓰리처상을 수상한 시인


"나는 정원 문을 넘어서서 그 옆으로 난 길을 따라 미지의 세계로 출발하고 싶었다." 1923년에 프랑스의 탐험가이자 작가인 알렉산드라 데이비드 닐이 영적 진리와 진취적인 모험을 찾아서 히말라야로 향한 대담한 여정을 회상하며 쓴 글귀다. 그 이야기는 닐의 위업만으로도 아주 흥미진진하지만 그 가치를 더욱더 크게 하는 점이 있다. 이 여정을 감행했을 때 그녀의 나이는 쉰다섯 살이었다.

파리에서 태어난 이 탐험가는 전직 배우여서 불교 순례자 차림으로 티베트의 중심지이자 성스러운 도시인 라싸에 나타났다. 서양 출신의 여자가 한 번도 방문한 적이 없는 도시였다.

나는 어느 날 방과 후에 딸아이와 친구들을 차에 태우고 가다가 오늘날 여성은 그런 방랑벽을 어떻게 충족하는지 궁금해졌다. 나는 이집트 고대 도시 테베 근처에 있는 핫셉수트 여왕의 신전에 찾아가고 싶은 꿈과 방과 후에 활기찬 아이들을 축구 연습장에 데려다줘야 하는 현실을 어떻게 조화시켜야 할까? 당신은 다 트인 공간을 칸막이로 분리해놓은 사무실에서 일하고 있는지도 모른다. 사생활이 거의 보장되지 않고 유쾌함이라고는 없는 곳이다. 주변을 둘러보자. 당신이 동행을 부탁하고 싶은 사람이 보이는가?

당신도 정원 문 너머에 있는 풍경을 보고 싶은 마음이 간절하다면, 내가 모험의 불꽃을 살려두려고 사용하는 방법을 활용하자. 진정한 탐험가를 만나기 위해 내면으로 여행을 떠나는 것이다. 당신의 비밀 소원을 모아놓는 '언젠가 상자'를 만들자. 내 '언젠가 상자'에는 언젠가 가고 싶은 기차 여행의 대장정과 관련한 두툼한 여행 홍보책자들이 들어 있다. 남아프리카공화국 케이프타운부터 프리토리아까지 운행하는 초호화열차 로보스 레일. 런던에서 베네치아까지 운행하고 파리와 인스브루크와 베로나에서 정차하는 아르데코풍의 오리엔트 특급열차. 인도의 벵갈루루에서 마이소르까지 운행하는 강렬한 진분홍색 열차 골든 채리엇을 타고 떠나는 7일 밤의 여정과 나가르홀 국립공원….

이 정도면 당신도 이해했을 것이다.

내면의 탐험가가 어디로 향하는가? 당신이 원하는 대로 쓸 수 있는 경비와 자녀 혹은 반려동물 돌봐주는 사람이 있고 전 세계 어디라도 갈 수 있다면 어디로 가고 싶은가? 이유가 무엇인가? 누구와 가고 싶은가? 여행지에 얼마나 머무르고 싶은가? 무엇을 하고 싶은가?

그렇다. 이는 최고급 여행이며 당연히 즐거워야 한다. 창조적인 상상을 넓게 펼칠 수 있도록 인터넷 검색을 하자. 여성의 놀라운 모험에 대한 사이트가 아주 많이 있으며 어니스트 섀클턴의 발자취를 따라가는 남극대륙 여행, 찰스 다윈의 갈라파고스제도 여행, 부탄왕국 같은 비밀스러운 장소에 대한 여행 정보도 있다. 손가락으로 키보드를 두드려 상상에 날개를 달아주자. 유명한 여성 탐험가에 대한 글을 읽어보자. 나는 용감한 빅토리아 시대 여성들과 그들이 간 곳을 생각하노라면 깜짝 놀랄 수밖에 없다. 그들은 길고 무거운 치마와 페티코트 차림으로 높은 산을 등반했고 웅장한 강을 항해했고 정글을 걸어서 지나갔고 사막을 횡단했다. 나는 빅토리아 시대를 배경으로 한 연극에서 의상을 완전히 차려입고 연기해본 적이 있다. 그 상태로는 무대를 무사히 가로지르는 것만으로도 힘겨웠다.

온라인에서 여행 잡지를 많이 찾아볼 수도 있다(《트래블 앤드 레저Travel Leisure》,《콘데 나스트 트래블러Conde Nast Traveler》,《내셔널 지오그래픽 트래블러》, 아메리칸 익스프레스의 《디파처스》와 《원더러스트Wanderlust》). '언젠가'를 위한 아이디어를 바구니에 모으고 잠자리에 들기 전 당신의 상상을 창조력이 풍부하고 두려움이 없는 잠재의식에 밀어 넣자. 당신이 추운 겨울밤에 거실 안락의자에 앉아서(일단 지금은) 상상으로 여행을 만끽하고 있다는 것을 굳이 다른 사람에게 알릴 필요가 없다.

내면으로 여행을 떠나는 이유가 궁금한가? 퓰리처상을 받은 미국의 소설가 앨리스 워커가 예리하게 간파했듯이 우리는 "가장 낯선 나라는 내면에 있다"는 사실을 서서히 배우고 있기 때문이다. 모든 사람은 각자가 어두운 대륙이다. 황량한 미개척지다. 우리는 진정한 자아를 찾는 길을 걷는 동안 수없이 많은 경이를 발견하게 된다.

## 2월 20일

### 일단 시작하면 두려움은 없어진다

우리가 할 수 있는 것은 돌아다니면서 진실을 말하는 것뿐이다.
- 카슨 매컬러스
미국의 소설가이자 극작가

우리가 진정한 삶을 위한 선택을 시작하면 세상에서 우리의 진정한 자리를 처음으로 발견하게 된다. 그러나 이런 자각을 얻기란 쉽지 않다. 자신의 가장 어두운 내면으로 여행하려면 끈기와 대담성이 있어야 한다. 그곳에서 무엇을 찾게 될지 누가 알겠는가?《호빗》과《반지의 제왕》을 쓴 영국의 판타지소설 작가인 J. R. R. 톨킨은 "살아 있는 용 옆에 살면서 용에게 신경 쓰지 않기란 불가능하다"라고 충고한다.

말하자면 우리의 용은 우리의 두려움이다. 낮에는 뒤를 졸졸 따라다니며 괴롭히고 밤에는 식은땀을 흘리게 한다. 미지에 대해 두려워하고, 실패할까 봐 두려워하며, 새로운 일을 시작하기를 두려워하고, 마무리 짓지 못할까 봐 두려워한다. 혹은 등골이 오싹해지는 진짜 두려움도 있다. 이는 성공에 대한 두려움, 즉 진정한 본모습으로 살아가게 되면서 필연적으로 일어날 변화에 봉착해야 한다는 두려움이다. 현재 살아가는 방식은 마음에 들지 않지만 적어도 익숙하기 때문에 안심이 된다.

카슨 매컬러스는 소설 《마음은 외로운 사냥꾼》에서 이렇게 썼다. "그녀의 머릿속에는 온통 '나는 원한다, 나는 원한다, 나는 원한다'라는 생각뿐이었다. 하지만 이렇게 간절히 원하는 것이 무엇인지 그녀는 알지 못했다."

우리가 어디를 향해 가는지 모르면 아주 겁이 난다. 오래된 꿈이 되살아나고 새로운 열망이 졸라댄다. 생각이 명료해지기는커녕 혼란스럽기만 하다. 이런 순간에 자각을 두려워할 필요가 없음을 되새기면 위안이 된다. 우리의 개인적인 탐험이 끝나면 진정한 자아, 즉 우리 삶에서 잊고 있던 여성과 재회할 것이기 때문이다.

예나 지금이나 여성은 침대 밑이나 옷장 속에 숨어 있는 용을 다루는 방법을 늘 잘 알고 있었다. 불을 켜고 걱정하는 사람을 애정 어린 말로 안심시킨다. 이와 마찬가지 방식으로 우리 마음속에 있는 용을 없애야 한다.

오늘 미래 때문에 불안하거나 겁이 난다면 빛과 사랑이라는 양날의 칼을 들자. 용이 등장하지 않는다면 이야기할 가치가 있는 모험이 아님을 항상 기억하자. 재미있는 옛날이야기에서 늘 그렇듯이 탐험이 끝나면 당신은 오래오래 행복하게 살게 될 것이고, 낙담이라는 이름의 용은 죽거나 길들게 될 것이다.

## 2월 21일

## 내면을 탐색하는 시간을 자주 가져라

사파리 생활은 모든 슬픔을 잊게 하며 마치 샴페인 반병을 마신 것처럼
살아 있음에 감사하는 마음으로 기분을 한껏 부풀게 하는 무엇인가가 있다.
- 이자크 디네센
덴마크 작가

1893년 여름, 메리 킹즐리라는 영국 여성이 자아를 찾아서 프랑스령 콩
고에서 가장 황량하고 위험한 지역으로 여행을 떠났다. 얼마 전에 부모
가 모두 세상을 뜨자 서른한 살의 나이에 미혼인 킹즐리는 비탄에 빠져
고독감에 시달렸을 뿐만 아니라 목적의식을 완전히 상실했다. 그러나
서아프리카에서 모험을 하면서 그런 마음이 완전히 바뀌었다. 몇 년 뒤
알려지지 않은 물고기와 동물을 상세히 기록한 그녀의 글과 동식물의
발견은 빅토리아 시대 과학계의 갈채를 받았다.

매리 킹즐리는 꿈을 좇는 사냥꾼이었다. 다시 말하면 자신의 본모습
과 세상에서 자신의 자리를 찾으려는 사람이었다. 당신도 마찬가지다.
게다가 당신은 킹즐리가 매일 부닥친 야생동물, 치명적인 질병과 같은
위험을 만나지 않고도 여느 탐험가의 모험처럼 흥미로운 모험을 시작했
다. 나일강의 수원을 알아내거나 아마존강의 수로를 기록하기 위한 탐
험은 당신이 오늘 떠나는 내면으로의 여정, 즉 자아와 영적 성장을 위해
떠나는 사파리와 표면상 비슷하다.

아프리카에서 사파리(스와힐리어로 여행이라는 뜻)란 편하고 안전한 환

경을 떠나 야생의 환경으로 들어가는 모험을 말한다. 내면의 여성, 즉 당신의 진정한 자아가 하는 말에 귀를 기울일 때마다 당신도 그런 모험을 떠나는 것이다. 이 점을 자주 되새기기 바란다.

"웅장한 아프리카 숲은 위대한 도서관과 같다. 지금까지 나는 그곳에서 그림을 보는 것 정도만 할 수 있다. 이런 그림이 뜻하는 바를 읽을 수 있도록 나는 지금 그들의 문자를 배우느라고 바쁘다." 메리 킹즐리는 탐험일지에 이렇게 썼다.

언젠가(미래)는 어제(과거)보다 중요하다.


## 2월 22일

## 고독은 자신을 성장시키는 힘이다

**나는 대륙들을 담은 트렁크를 가지고 있다.**

- 베릴 마컴
선구적인 여성 비행사이자 모험가


겨울은 아프리카에서 건기고 사파리를 하는 시기다. 우리는 건기와 사파리에서 삶의 교훈을 얻을 수 있다.

영국에서 태어나고 케냐에서 자란 선구적인 비행기 조종사이자 사파리 가이드인 베릴 마컴이 사파리 여행에 대해 털어놓는다. "텐트 앞에 모닥불이 타오르는 밤이면 하느님에게 많은 것을 기대하게 된다. 사람들과 앉아서 이야기를 하더라도 혼자다. 그들도 혼자다. … 당신의 말을 열심히 들을 사람은 당신뿐이다. 당신의 생각을 중요하게 여길 사람은 당신뿐이다. 세상은 거기에 있고 당신은 여기에 있다. 이것이 유일한 극과 극, 유일한 현실이다. 당신이 말하는데 누가 듣는가? 당신이 듣는데 누가 말하는가?"

자아와 영적 성장을 위해 떠나는 사파리에서는 때로 외로운 감정이 든다. 그러나 우리는 절대 혼자가 아님을 안다. 사파리에서 큰 부분을 차지하는 신비와 마주치려면 이런 고립감이 꼭 필요하다는 사실을 깨달으면 위로가 된다. 야생에서는 매일 살아남으려고 발버둥 쳐야 한다. 그리고 저녁에 졌다가 아침에 다시 떠오르는 태양을 보는 것만으로도 경이로움을 느낀다. 사파리 여행에서는 하루하루를 충실히 살게 된다. 그곳에서는 하루가 주어졌다는 것 외에 확실히 보장되는 것은 아무것도 없기 때문이다. 우리가 이 교훈을 배우기만 하면 일상생활에서도 그렇게 살 수 있다.

오늘은 마음속 모닥불 옆에 앉아서 많은 것을 꿈꿔보자. 누군가 듣고 있다. 누군가 당신에게 말하고 있다. 내면에 있는 야생의 신비를 받아들이면서 다음 단계로 나아가라고 격려하고 있다.

희망이 다시 불붙기를 기대하자. 당신의 기도가 경이로운 방식으로 응답받으리라고 기대하자. 삶의 건기는 영원히 계속되지 않는다. 다시 봄비가 내린다.

## 2월 23일

### 진짜 삶은 무언가를 열렬히 갈망하는 자의 것이다

나는 열정적인 사랑에 빠지는 것이 필연적인 과제라고 믿게 되었다.
그런 사랑은 우리를 열어젖힌다. 우리는 모든 것을 위험에 빠뜨린다.
그 과정에서 우리는 욕구와 갈망의 크기를 발견한다.
그리고 삶을 완전하게 살려면 갈망이 필요하다.

– 로즈메리 설리번
캐나다의 전기 작가·학자·시인

전기 작가는 마음의 지도 제작자다. 대상의 표면적인 삶 밑에 있는 비밀 이야기를 찾기 위해 특정한 이정표를 상세히 배치한다. 모든 작가는 진정한 삶이 행간에 존재한다는 것을 알고 있다.

우리는 진정한 자아를 찾아가는 동안 전기 작가, 탐험가, 모험가, 고고학자 같은 다양한 역할을 맡을 것이다. 각 전문가는 잠재의식의 비옥한 토양과 우리 마음의 가장 깊은 동굴 속에 깊게 묻혀 있는 기억의 자투리를 파내는 기술을 가지고 있기 때문이다. 고고학자는 형사가 단서를 읽듯이 인공 유물을 읽는다. 우리가 내면의 고고학자를 깨우려는 이유는 진짜 당신을 발굴하기 위해서다. 그 진짜 당신은 당신의 표면적인 이야기 밑에 있다.

우리 삶의 가장 중요한 시금석은 우리가 무엇을 어떻게 사랑하는가이다. "문학과 예술에서 사랑은 우리가 자신에게 들려주는 신화다. 여기에서 신화란 지어내거나 날조한 거짓이 아니라 우리의 가장 깊은 민음과 열망을 둘러싼 이야기라는 뜻이다." 로즈메리 설리번이 책《욕망의 미로: 여성, 열정, 그리고 낭만적인 집착Labyrinth of Desire: Women, Passion, and Romantic Obsession》에 쓴 글이다. "열정적인 사랑의 이야기는 무엇인가를 몹시 원해서 그것을 얻기 위해 모든 위험을 무릅쓰는 이야기다. 우리가 애인을 만나러 가려고 맹렬한 속도로 고속도로를 달릴 때, 우리가 합리적 행동에 대한 온갖 규칙을 무시할 때 우리는 드라마처럼 극적으로 살고 있고 세상에서 그 무엇도 중요하지 않다."

설리번은 프랑스의 철학자인 시몬 드 보부아르와 장 폴 사르트르, 멕시코의 화가인 프리다 칼로와 디에고 리베라처럼 유명한 연인들을 탐구한 대단히 흥미로운 책에서 도발적인 질문을 한다. 여성은 현재 상황에서 예술적으로 표현할 수 없는 억눌린 열정을 발산하고 싶은 욕구 때문에 사랑에 빠지는 것이 아닐까?

정말 훌륭한 통찰력이다.

이 질문을 심사숙고하면서 당신이 마지막으로 열정적인 사랑에 빠졌던 때를 떠올려보자. 어쩌면 그 로맨스 때문에 잘못된 선택을 했을 때 어디에 누구와 있었는지, 혹은 누구와 있지 않았는지 생각하자. 나는 잘못된 선택을 한 적이 많지만 이제는 그런 사랑의 밑에 깔린 것이 아름다운 축복, 독이 되는 기억을 치유하는 마음의 진정제라는 것을 안다.

여성이 자신의 열정과 욕구와 예술적 표현에 다가서지 못하거나 그것을 드러내지 못할 때, 혹은 여성이 애인이나 배우자를 비롯한 다른 사람의 욕구를 챙기느라고 자신의 진정한 꿈, 생각, 느낌을 돌보기를 거부할 때 선택과 환경과 기회가 세 갈래 교차로에서 결국 충돌하게 될지도 모른다.

그렇지만 우리가 열렬한 사랑의 속편을 알게 될 때, 우리가 찾고 있는 로맨스가 우리 곁에 있다는 것을 깨닫게 될 때 무참하게 사랑에 실패하지 않고도 삶의 형태와 구조를 바꿀 수 있다.

로즈메리 설리번은 이렇게 이야기한다. "좋든 싫든 열정적인 사랑은 애정에 굶주린 자아의 온갖 원초적 감정을 불러일으킨다. 우리는 거울의 세계에 빠지고 우리 내면세계를 차지한 여러 자아를 깜짝 놀라서 빤히 쳐다본다. 열정적인 사랑은 우리를 우리 마음의 동굴 속으로 깊이 보낸다. 우리에게 체력이 있다면 우리가 얼마나 부유한지, 얼마나 공감을 불러일으키는지, 얼마나 신비한지를 그곳에서 발견할 것이다."

## 2월 24일

# 자신을 제대로 이해하려면 과거를 발굴해라

때로 자신을 만든 모든 것을 이해하기 위해
먼저 과거로 돌아가야, 정말로 돌아가야 앞으로 나아갈 수 있다.

– 폴 마셜
미국 소설가

"우리가 어떻게 기억하고 무엇을 기억하고 왜 기억하는지는 우리 개성을 보여주는 가장 개인적인 지도가 된다." 작가 크리스티나 볼드윈이 책 《삶의 동반자: 정신의 탐구로서 일기 쓰기Life's Companion: Journal Writing as a Spiritual Quest》에서 우리를 일깨운다. 오늘은 열심히 기억하려고 노력하자. 당신의 영혼에 깃든 신비를 발견하는 데 도움이 될 만한 발굴을 시작할 준비를 하자.

당신이 깨닫든 깨닫지 못하든 당신은 여러 삶을 살아왔고 각 삶은 당신의 영혼에 지워지지 않는 흔적을 남겼다. 환생을 말하는 것이 아니다. 우리 삶이 변화하는 방식을 말하는 것이다. 이를테면 아동기, 청소년기, 대학 시절이나 사회 초년생 시절, 결혼생활, 출산과 육아와 같은 것을 말하며, 어쩌면 미혼모나 과부로서 지내는 삶도 있을 수 있다. 각 단계에는 웃음도 있었고 눈물도 있었다. 하지만 우리 목적을 고려할 때 더 중요한 점은 우리가 개인적인 취향을 키워간다는 것이다. 각 삶의 경험은 퇴적층처럼 기억의 층을 남긴다. 우리가 사랑하던 것들과 소중한 순간을 떠올리다 보면 진정한 자아의 빛이 어렴풋이 드러난다.

고통스러운 기억을 되살릴까 봐 무서워서 과거를 회상하기를 주저하는 여성들이 있다. 하지만 질병이 우리에게 예상치 못한 선물을 가져다주듯이 고통스러운 기억도 화해의 선물을 들고 온다. 두려워할 필요가 없다. 과거는 당신이 기억해주기를 바랄 뿐이다.

모자이크 발굴은 고고학 발굴에서 가장 흥미로운 발견이다. 모자이크란 작고 다채로운 조각을 무수히 많이 붙여 더 큰 시각적 형상을 만드는 그림이나 장식 문양이다. 고대의 모자이크에는 고대 세계의 신성한 이야기, 즉 사람들이 살던 방식이나 그들에게 중요하던 것이 담겨 있다. 따라서 고고학자는 모자이크를 통해서 흥미로운 과거를 어렴풋이 파악한다.

우리도 진정한 자신을 발굴하면서 모자이크를 찾을 것이다. 무엇이 과거에 행복과 만족감을 불러왔는지 알아내는 것이다. 과거를 되돌아볼 때는 기억이 변덕스럽다는 점을 늘 염두에 둬야 한다. 기억이 우리 매력에 무릎을 꿇는다면 구애를 받아들일 것이다. 때로 기억은 너그러움으로 우리를 놀라게 하고, 우리는 놀랍도록 명확하게 과거의 순간을 기억해낸다. 하지만 대부분 기억은 모자이크 속의 작고 다채로운 조각들처럼 부서져 있다. 그럴 경우에 우리는 인내심을 갖고 과거의 퇴적물을 털어내야 한다.

오늘은 신중하게 발굴 준비를 하자. 내면의 진정한 고고학자가 기억을 불러낼 수 있는 인공 유물을 모으게 하자. 오래된 사진, 편지, 기념물이면 된다. 혼자 있는 시간을 내서 과거로 느긋하게 시간 여행을 떠나자. 즐겁게 와인이나 차를 한잔 마시자. 지난날에 좋아하던 음악을 듣자. 비틀즈, 브루스 스프링스틴, 페이스 힐, 휘트니 휴스턴, 카우보이 정키스, 조니 미첼, 필 콜린스, 아바, 캐럴 킹, 에이미 와인하우스, 스팅, 앨라니스 모리셋, 비욘세, 셀린 디옹.

사진을 찬찬히 들여다보고 고등학교 졸업앨범을 들추고 오래된 연애편지를 읽자. 열 살, 열여섯 살, 스물한 살, 스물두 살, 서른 살, 서른다섯 살, 마흔 살 때의 삶으로 거슬러 올라가자. 한때 당신의 모습이던 소녀와 여성을 다시 만나면서 어떤 기억이 떠오르는지 살펴보자. 행복하던 시절만 생각하자. 당신이 지금 찾으려는 것은 개인적이고 진정한 즐거움과 취향의 패턴이다. 이는 당신의 모자이크를 구성하는 조각이다.

미국 작가 유도라 웰티는 우리 삶의 사건들은 시간 순서로 일어나지만 우리에게 중요한 순서로 정리가 된다고 말한다. 인내심과 관찰력을 가지고 이런 사건들을 들여다보면 당신 내면의 탐구자에게 '뜻밖의 사실을 드러내는 끊임없는 실타래'가 생길 것이다.

# 2월 25일

## 어떤 선택을 하든 배움을 얻을 수 있다

자신의 본모습으로 사는 것은 항상 후천적인 기호다.

- 퍼트리샤 햄플
미국의 회고록 집필자이자 교육자

고고학 발굴은 그리 화려한 작업이 아니다. 대체로 열악한 상황에서 고생스럽게 일해야 한다. 과거의 보물이 묻힌 곳을 찾는 데 성공한다고 해도 현장에서 흙더미를 조심스럽게 제거해야 한다. 아무리 빨리 파내고 싶어도 발굴 과정을 성급하게 진행하면 안 된다. 하긴 서서히 흙을 파내는 단계에 시간을 투자하지 않으면 발견의 전율도 없을 것이다.

우리도 진정한 자아를 발굴하기 위해 참을성 있게 파 내려가야 한다. 미국 포크음악의 대표적인 가수이자 작곡가인 존 바에즈는 계속 찾기만 하면 답이 나온다고 말한다. 그렇다면 우리가 찾아야 할 것이 무엇일까? 그것은 당신이 가진 진정한 스타일의 파편들이다.

수 세기 동안 여성은 외모 치장, 인테리어, 손님 접대, 직장생활, 취미생활을 통해서 내면의 스타일 감각을 세상에 드러냈다. 우리 자신이나 자신이 좋아하는 것을 잘 알게 될수록 선택을 내리기가 더 쉬워진다. 게다가 창조적인 선택이야말로 진정한 자아의 핵심이다.

선택은 자유, 새로운 것을 받아들일 자유를 준다. 선택이 당신의 영혼에게 말하고 당신이 그 말에 귀를 기울이기 때문이다. 오늘은 당신의 삶을 되돌아보면서 과거에 한 선택을 곰곰이 생각해보자. 옳은 선택이 있는가? 마음이나 직감을 따라서 선택을 내렸는가? 선택 방식에 만족하는가, 아니면 다른 방식으로 선택하고 싶은가? 과거에 선택하지 않았는데 지나고 나서 보니 후회되는 것이 있는가?

오랫동안 묻어둔 꿈이 당신이 선택하지 않은 길에 서서 여전히 당신을 부르고 있을 수도 있다. 그렇다면 더 이상 너무 늦었다는 말로 자신을 설득하려 하지 말자. 꿈이 아직 이루어지지 않았다고 해서 그 꿈이 거부됐다는 뜻은 아니다. 어쩌면 이제는 꿈이 실현되도록 변화를 꾀할 지혜가 생겼을 것이다. 어쩌면 이전과 다른 선택을 내릴 지혜가 생겼을 것이다. 당신의 진정한 자아와 대화를 하자. 당신이 했거나 하지 않은 선택에 대해 진정한 자아에게 물어보자. 진정한 자아가 전하는 지혜에 귀를 기울이자.


## 2월 26일

## 내면에서 발굴한 것들을 모두 기록하자

내 기억은 분명히 내 손 안에 있다. 나는 연필이 있고, 연필로
글을 쓸 수 있고, 연필을 만지작거릴 수만 있다면 지난 일을 기억할 수 있다.
이유야 모르겠지만 손은 정신을 집중하게 한다.
– 마저리 키넌 롤링스
퓰리처상을 수상한 작가


오늘 아침에도 발굴을 계속하기 위해 당신의 영혼 발굴 현장으로 돌아

갈 것이다. 당신은 이틀 연달아서 발굴에 많은 시간을 투자하는 이유가 궁금할 것이다. 현재를 만족스럽게 살 방법에 대한 실마리를 얻으려고 과거를 탐색해야 하는 과정이 내키지 않는 사람도 있을 것이다. 부디 마음을 활짝 열기 바란다. 발굴 과정을 통해서 내면을 이해할 수 있기 때문에 가능성도 확대된다. 이제 펜을 사용해서 발굴을 할 것이다.

어린 시절의 집으로 돌아가자.

집이 어떻게 장식돼 있는가? 기억이 나는가? 방마다 돌아다니며 다시 한번 둘러보자. 당신의 방을 청소했는가? 평소에 문을 닫아놓았는가? 집에서 가장 좋아하던 장소가 어디였는가? 어머니가 요리를 잘했는가? 어머니의 특별한 요리법으로 당신이 직접 음식을 만든 적이 있는가? 당신이 아플 때 어머니가 어떻게 보살펴주었는가? 마지막으로 침대에 누워서 수프와 크래커로 점심을 먹던 때가 언제인가? 방학 때 어디에 갔는가? 할머니와 할아버지 댁에 갔는가? 할머니와 할아버지가 살던 동네가 기억나는가? 어린 시절 방학을 기억할 때 떠오르는 향기나 소리나 맛이 있는가? 집 앞 진입로 옆에 우거진 수국 덤불이 기억나는가?

이제 10대 시절로 돌아가자. 같은 반에 우상이던 여학생이 있었는가? 부러워하던 여학생이 있었는가? 우상으로 삼거나 부러워하던 친구가 누구였고 이유가 무엇이었는가? 학년 말 댄스파티에 갔는가? 그때 입던 드레스를 자세히 묘사하자. 헤어스타일을 어떻게 했는가? 당신은 누구 때문에 외모에 신경을 쓰기 시작했는가? 당신보다 나이가 많은 소녀나 여성 중에 당신의 스타일에 영향을 준 사람이 있었는가? 당신이 10대였을 때 당신의 눈에 세상에서 가장 매력이 넘치던 여성이 누구였는가?

이제 독립해서 직장을 다니거나 결혼을 하면서 처음으로 집을 장만한 때로 돌아가자. 어느 동네였는가? 어떤 가구를 들여놨는가? 그 시절에 산 장식물을 여전히 간직하고 있는가? 그런 것들이 현재 당신의 스타일에 맞는가, 아니면 그 취향에서 벗어났는가? 가족에게 물려받은 물건을 여전히 보관하고 있는가? 그 물건이 정말로 당신에게 어울리는가?

이제 현재 당신이 있는 방으로 천천히 관심을 돌려보자. 지금까지 당신은 진정한 자아의 모자이크에 넣을 조각을 몇 개 더 발굴했다. 영국의 프리마 발레리나 마고 폰테인은 처음 맞닥뜨린 사소한 일들이 엄청나게 큰 깨달음을 주기도 한다고 말했다. 우리는 중대한 일이 삶에 흔적을 남긴다고 생각하는 경향이 있지만 사실 세월이 흐른 뒤 기억에 떠오르는 것은 별로 대수롭지 않았던 순간이다. 오늘은 즐거운 기억을 하나 떠올려서 그 순간을 생각하자. 감사일기에 그것을 쓰거나 발견일기에 사진을 붙여놓고 기념해도 좋다.

## 2월 27일

## 열정과 현실은 별개가 아니다

열정이란 무엇인가? 그것은 분명히 한 사람이 되는 과정이다.

– 존 보먼
영국 영화 제작자

많은 여성이 열정적으로 살고 싶어 하고 열정에 휩쓸리고 싶어 하면서도 열정과 안전한 거리를 유지하면서 어느 정도만 경험하려 한다. 그래서 우리는 흥미진진한 소설, 시간 여행을 하는 연애소설, 야한 영화, 눈물 나는 영화, 통속적인 연속극, 육체적인 관계없이 장난삼아서 하는 연애, 자신의 삶보다 화려한 가십 잡지에 빠진다. 결국 열정이란 기쁨을 무모하게 추구하면서 이성을 버린다는 뜻이다. 치아 교정 때문에 오후에 딸을 치과에 데리고 가는 대신에 폴로를 하는 아르헨티나인 애인을 만나러 정신없이 뛰어가는 경우라고나 할까?

열정은 격렬하고 혼란스럽고 예측할 수 없다. 자유분방하고 극단적이고 집착적인 면이 있다. 글렌 클로즈가 〈위험한 정사〉에서 연기한 미혼의 중역은 잠깐 가지고 놀 수 없는 여자다. 열정적인 감정을 고스란히 드러내고, 욕구에 충실하고, 달을 보고 울부짖고, 공상을 실행에 옮기고, 통제 불능이고, 잔인하게 복수한다.

대부분의 여성은 현실적으로 해야 할 일이 너무 많아서 열정적인 충동에 몸을 맡길 여유가 거의 없다. 아이의 흐르는 콧물을 닦아줘야 하고 애완견을 산책시켜야 한다. 간식으로 브라우니를 구워야 하고, 콘퍼런스에 참여해야 하며, 기차 시간에 맞춰 움직여야 하고, 마감일을 지켜 일을 끝내야 하며, 저녁식사를 차려야 한다. 그렇게 하루가 가고 인생이 지나간다. 불꽃을 피우지 못하고 시시하게 사그라진다.

우리는 깨닫지 못하지만 열정은 진정성의 뮤즈다. 열정은 모든 삶에 영향을 미치는 원초적이고 강렬한 에너지이며, 심장이 뛸 때마다 느껴지는 신성한 존재다. 열정은 은밀하고 낭만적이고 야한 소설에만 나오는 상투적인 문구가 아니다. 열정의 정수는 조용하고 헌신적인 모습 속에 가려져 있기도 하다. 이를테면 갓난아이를 돌보고, 장미 정원을 가꾸고, 특별한 저녁식사를 준비하고, 사랑하는 사람이 아플 때 간호하고, 친구의 생일을 기억하고, 꿈을 이루려고 노력하는 활동 속에도 열정이 있다. 아이가 꿈을 포기하지 않도록 격려하는 것도 마찬가지다.

우리는 소극적인 삶이 아닌 열정적인 삶을 살 수 있는 새로운 기회를 매일 얻게 될 것이다. 단, 평범함 속에 늘 열정이 늘 존재한다는 사실을 증명한다면, 기쁨을 자제하는 자세를 버린다면, 제임스 조이스가 쓴 소설 《율리시스》의 주인공 몰리 블룸처럼 어제도 내일도 늘 마음을 열고 기꺼이 받아들이는 방법을 배울 수 있다면 말이다.

열정은 신성하다. 환희를 통해서 사람을 변모시키는 심오한 신비다. 인정하고 싶지 않아도 우리 내면에서 성스러운 열정의 불이 타오르고 있다는 사실을 받아들여야 한다. 우리는 사랑에 의해서, 사랑을 위해서, 사랑을 향해서 창조됐기 때문에 열정은 현실의 일부가 된다. 우리가 열정을 밖으로 표출하지 않는다면 자신을 제물로 바친 느낌이 들 것이다. 영혼이 자연발화해버릴 것이다.

이슬람교의 성서 코란과 유대교의 탈무드에서는 삶이 우리에게 기쁨을 제공했지만 우리가 이 세상에 있는 동안 즐기기를 거부한다면 추궁받을 것이라고 가르친다. 추리소설 작가이자 기독교 작가인 도로시 세이어스는 열정이 저지를 수 있는 유일한 죄악은 기쁨을 즐기지 않는 것뿐이라고 믿었다.

이제 시작하자. 마음 놓고 출발하고 더 이상 죄를 저지르지 말자.

# 2월 28일

## 비상용품을 준비해보자 : 중요 서류

용기는 주변에서 볼 수 없지만, 어쨌든 주변에 돌아다니기는 한다.

– 미논 매클로플린
미국의 기자이자 작가

"전시에는 유비무환이라는 옛말을 통감하게 된다. 이 비상시에 필요한 모든 용품을 한데 모아두는 비상용품함을 마련했는가? 그저 보관함에 불과할지 모르지만 비상시 준비물 마련을 현명하게 계획해야 한다." 잡지 《하우스 앤드 가든House and Garden》이 1942년에 독자들에게 권한다.

그러면 시작하자. 집을 떠나 대피해야 한다는 생각만으로도 견디기 어려우므로 우리는 강도를 낮출 것이다. 이는 집 정리를 할 수 있는 아주 좋은 기회다. 2주 동안 주말에 시간을 내서 한 번에 두 시간씩 정리할 계획을 세우자. 모든 것이 어디에 있는지 즉시 떠오르면 얼마나 마음이 편한지 당신은 상상도 못 할 것이다.

우리는 올 한 해가 가는 동안 비상용품함에 물품을 추가할 것이다. 일단 지금 만들 서류철에 중요 서류들을 모아놓는다. 아마 이런 서류들이 여기저기 흩어져 있을 것이다. 당신이 이 과제를 마무리할 때까지 원본을 모아서 상자에 넣어두자. 복사본도 만들어두자. 컴퓨터와 프린터에 스캔 기능이 있다면 정보를 스캔해서 백업 디스크나 휴대용 저장장치나 클라우드에 서류를 저장해놓으면 된다. 원본은 잘 타지 않고 방수가 되는 상자나 서류가방에 넣어두면 된다.

나는 덮개가 있는 클리어 파일에 종류별로 서류를 분류해 보관하는 것을 좋아한다. 이렇게 보관하면 서류를 바로 찾을 수 있다.

출생증명서 혹은 입양허가서

혼인증명서, 이혼 서류

유언장

은행 거래 정보

법률 및 의료 위임장

보험 서류(생명보험, 주택보험, 자동차보험)

등기권리증 혹은 임대차계약서

신용카드 복사본

자동차등록증 및 자동차 관련 서류

주민등록증 및 서류

여권, 비자

최근 3년간의 소득세 서류

의료 기록

이 엄청난 작업이 끝나면, 이 용도로만 사용하는 투명 폴더와 디스크나 휴대용 저장장치를 배낭에 넣어둔다. 당신이 집에서 대피해야 할 때 나가는 문에서 가장 가까운 수납장 안에 배낭을 보관한다. 옛날 사람들은 종이 서류만 사용했지만 요즘은 전자 장치가 일반적이고 옮기기 훨씬 쉽다.

나는 이 작업을 '일어나지 않기를 바라는 만일의 상황을 위한 준비'라고 부른다. 서류를 다 정리하고 나면 스마트폰으로 사진을 찍어서 검색 가능한 제목과 함께 자신에게 이메일을 보낸다. 내 경우에는 '가족 서류-세라본브래넉-출생' 식으로 제목을 붙인다. 쉽게 찾을 수 있게 모든 사진을 컴퓨터의 한 폴더에 저장하거나 당신이 선택한 클라우드 서버에 바로 업로드한다. 한 친구는 해외여행을 갔을 때 공유가능한 구글 드라이브에 모든 관련 서류를 업로드해서 가족에게 링크를 보냈다. 그녀의 자녀들이나 형제자매들은 지구 반대편에서 언제든지 정보에 접근할 수 있었다. 다행히 아무 사고도 일어나지 않아서 그녀의 가족은 이 정보를 찾아볼 필요가 없었지만 정보를 가지고 있음을 아는 것만으로도 모두에게 안심이 됐다.

그나저나 컴퓨터에 서툰 사람을 위해 중요 서류를 스캔해서 저장해주는 것은 대단한 선물이다. 이는 당신이 사랑하는 사람의 마음을 편안하게 할 것이다.

# 2월 29일

## 오늘 당장 시작해라

살다 보면 여행을 떠날 날이 온다.
지금까지 한 여행 중에 가장 긴 여행이 될 것이다.
그것은 바로 당신 자신을 찾아가는 여행이다.
– 캐서린 샤프
미국 독립영화 제작자

우리는 거의 두 달 동안 진정한 자아로 향하는 내면의 여행에 대해 깊이 생각했다.

바라건대 당신은 감사하는 마음으로 영혼의 밭을 갈기 시작했고 소박한 풍요로움의 씨를 뿌릴 준비를 하고 있을 것이다. 평범한 일상에서 성스러움을 발견하고, 당신이 필요한 것을 이미 다 가졌다는 사실을 깨닫고, 선택을 창조적인 에너지 촉진제로 여기고 환영할 것이다.

어쩌면 따로 시간을 내서 보람찬 순간들을 매일 감사일기에 모으기 시작했을 것이다. 발견일기에 담긴 여러 이미지에서 진정한 자아를 찾는 즐거움을 만끽하고 있을 것이다. 일주일 혹은 며칠 동안이라도 인터넷을 비롯한 외부 세상을 피하려는 시도도 했다면 금상첨화다. 그랬다면 당신이 세상과 접속해 있을 때의 일과와 당신이 직접 하루하루를 작곡할 때의 영화음악 작곡가의 일과를 비교할 수 있을 것이다.

반면에 당신이 이런 활동을 아직 시작하지 않았을 수도 있다.

나도 지금의 당신과 같은 때가 있었다. 나도 안다. 며칠, 몇 주, 몇 달, 심지어 몇 년이 얼마나 훌쩍 지나가버리는지 안다. 당신에게 필요한 것보다 다른 사람에게 필요한 것을 먼저 챙기다 보니 정작 당신에게 쓸 시간을 하루에 30분도 내기도 힘든 상황이라는 것을 안다. 나는 당신이 절실하게 바라면서도 새로운 것을 시작할 수 없는 이유를 설명할 진심어린 핑곗거리를 찾기가 얼마나 쉬운지 안다. 나는 무심코 내일이라는 말이 튀어나오기가 얼마나 쉬운지도 안다. 내일 시작할 거야, 내일. 다내가 아는 이야기다. 다 내가 겪은 일이다.

하지만 내가 무엇보다 확실히 아는 것은 여행에 대해 읽는 것과 직접 여행하는 것은 다르다는 사실이다.

이때쯤이면 당신이 나와 함께하는 여행에 관심을 두게 됐을 테니 앞으로 남은 한 해에 대해 말해보겠다. 우리는 지금부터 날마다 반복되는 생활을 축하해야 할 일로 삼을 것이다. 그렇다, 축하 말이다. 나는 소박한 풍요로움의 길에서 많은 교훈을 얻었다. 그중에서 몇 가지 중요한 교훈을 들자면 일상의 사소함이 삶을 바꿔놓으며, 모든 경험은 연습이 아니라 실전이고, 우리가 마음을 열고 삶을 받아들이면 모든 것이 영감의 발판이 된다는 것이다.

과거에 그저 선택하지 않아서 삶을 더 나은 방향으로 바꾸지 못한 적이 얼마나 많았는가? 오늘은 선택하자. 소박한 풍요로움의 길을 계속 갈지, 아니면 지금 당장 이 책을 덮어버릴지 선택하자. 이 책을 그만 읽으려는 사람에게 축복을 빈다. 평화와 풍요가 늘 함께하기를 바란다. 부디 이 책을 친구에게 주거나 기증하기 바란다.

당신이 계속 나와 함께 이 길을 걷기로 했다면 내일이 아니라 오늘 당장 해야 할 일이 무엇인지 알 것이다. 당신의 삶을 다시 한번 살펴보자. 감사하자. 상황을 받아들이자. 감사하자. 축복받은 점을 세어보자. 감사하자. 매일 명상을 하자. 내면을 탐험하는 데 필요한 기본 도구를 골고루 사용하자. 그런 도구는 당신이 길을 찾도록 돕는다. 무엇보다도 당신의 용기와 변화의 힘을 믿자.

1947년 노벨문학상 수상자인 앙드레 지드는 "아주 오랫동안 육지를 보지 못한다는 각오로 항해를 해야 새로운 땅을 발견할 수 있다"라고 우리에게 조언한다.

돛을 펼치자. 닻을 끌어올리자. 정처 없이 흘러가자. 뒤에서 불어오는 바람을 느끼자. 수평선에 시선을 고정하자.

혹은 그냥 육지에 머물러도 된다.

선택은 당신의 몫이다.

# 2월에 느끼는 소박한 행복

당신이 세상에 대해 불만스러워하는 이유는 당신의 기쁨에
걸맞은 작은 것들을 가지지 못하기 때문이다.
- 조지 엘리엇
빅토리아 시대의 유명 작가 메리 앤 에번스의 필명

❧ 2월 2일 성촉절을 맞아 온 집안에 촛불을 켜자. 은은한 불빛을 만
끽하자. 느긋이 쉬면서 낮과 밤의 구분을 모호하게 하는 전등을 사
용하지 않으면 세상이 얼마나 다르게 보이는지 살펴보자. 더 자주
촛불만 켜고 살면 어떨지 생각하자. 나는 커다란 향초를 좋아한다.
장식용 전자 양초가 인기 있지만 분위기가 완전히 딴판이다. 흘러
내리지 않는 밀랍 초를 사두자. 밀초는 빛을 아름답게 반사한다(온
라인 쇼핑몰 아마존에 다양한 종류가 있다). 밀초를 냉동실에 보관해놓
으면 평소보다 촛농이 덜 떨어지고 두 배나 더 오래 탄다.

❧ 당신이 내면의 작업에 집중할 수 있는 신성한 공간을 만들자. 작은
탁자나 책꽂이나 창턱이나 책상 위면 된다. 줄리아 캐머런이 우리
내면의 탐구자에게 말한다. "창조성을 쉽고 행복하게 유지하려면
정신적으로 중심을 잃지 않아야 한다. 우리가 규칙적인 의식에 집
중하면 훨씬 수월하다. 우리에게 성스럽고 행복한 느낌을 주는 요

소에서 끄집어내는 것이 중요하다." 나는 다양한 묵주를 수집하고 계절별로 묵주를 바꾼다.

❧ 미국의 음식 전문 작가인 M. F. K. 피셔에게 사랑받는 겨울의 위안 거리는 저녁식사용 핫초콜릿 수프다. 수프 그릇 바닥에 버터를 바른 뜨거운 토스트 조각을 깐다(약 10~12개). 그 위에 미니 마시멜로를 한 움큼을 뿌리고 아주 뜨거운 코코아를 국자로 떠서 토스트 위에 담는다. 수프용 큰 스푼으로 음미한다. 토스트를 다 먹고 나면 동물 모양 크래커를 먹어도 좋다.

❧ 당신이 열 살일 때 찍은 멋진 사진을 찾았는가? 찾았다면 사진에 완벽하게 어울리는 액자를 구해서 끼우고 책상이나 화장대 위에 올려놓자. 아직 찾지 못했다면 어머니 혹은 가족사진을 보관하고 있는 사람에게 도움을 청하자.

❧ 더 없이 행복한 아침을 위한 한 가지 취침 의식은 일어나자마자 차나 커피를 마실 수 있게 컵을 예쁜 쟁반에 준비해서 주방 조리대에 올려놓는 것이다. 당신을 기다리고 있는 그 쟁반을 보면 아침을 우아하게 시작할 수 있다. 당신이 진짜로 귀한 대접을 받는 기분을 누리고 싶다면 깨끗한 주방과 말끔한 싱크대가 당신을 맞이하게 하는 것도 좋은 방법이다. 우리를 행복하게 하는 데에는 많은 것이 필요하지 않다. 이런 간단한 특전은 돈으로 살 수 없는 것이다.

❧ 실내에서 구근식물을 키우는가? 대부분의 슈퍼마켓과 정원용품점

은 지금 연말연시 구근 세트를 할인해서 판매한다. 화분 속에 화려한 세상을 창조하자. 수선화, 튤립, 크로커스(할인 중인 어떤 종류라도 상관없다)를 섞어서 화분 하나에 모두 심는다. 한 달 후 다채로운 향기와 색을 만끽하게 될 것이다. 혹은 그냥 슈퍼마켓에서 파는 히아신스와 수선화와 튤립 화분을 사서 커다란 바구니나 항아리에 한데 모아놓아도 좋다.

❦ 주방 창턱에 여러 색이 섞인 프림로즈를 담은 바구니를 올려놓으면 기분이 확 밝아진다. 작은 프림로즈 화분 세 개가 내 감사일기에 얼마나 자주 등장하는지 보면 놀랄 정도다.

❦ 매일 향수를 뿌려보자.

❦ 빨간색 립스틱을 발라보자.

❦ 콜 포터의 음악을 들어보자.

❦ 밸런타인데이용으로 옛날식 초콜릿 퍼지를 만들자.

❦ 나는 최대한 정확한 설명을 찾기 위해 사람과 장소에 대한 책을 읽는 것을 좋아한다. 2월은 사파리 여행을 시작하는 달이다. 따라서 나에게 아주 커다란 기쁨을 준 멋진 책들의 목록을 소개한다.

- 1920년부터 1950년까지 영국 식민지 시대의 케냐를 알고 싶다면 다음의 책을 읽어보라.

  - 베릴 마컴의 회고록 《이 밤과 서쪽으로》

  - 메리 러벌의 《아침까지 똑바로: 베릴 마컴의 삶Straight on Till Morning: The Life of Beryl Markham》

  - 주디스 서먼의 《이자크 디네센: 이야기꾼의 삶Isak Dinesen: The Life of a Storyteller》

  - 이자크 디네센의 《아웃 오브 아프리카》

  - 사라 휠러의 《태양에 너무 가깝게: 데니스 핀치 해턴의 대담한 삶과 시대Too Close to the Sun: The Audacious Life and Times of Denys Finch Hatton》

- 1960년 후 식민지에서 벗어난 아프리카의 열정적이고 흥미진진한 모습을 엿보고 싶다면 나이지리아의 훌륭한 작가인 치마만다 응고지 아디치에의 국제상 수상작 《보라색 히비스커스》, 《태양은 노랗게 타오른다》를 읽어보라.

- 잰 스트러더의 《미니버 부인Mrs. Miniver》은 원문 에세이 모음집이고, 그녀의 손녀인 이센다 맥스턴 그레이엄의 《진짜 미니버 부인The Real Mrs Miniver》은 잰 스트러더의 이야기를 다룬 대단히 흥미로운 전기다. 그녀가 지키려고 노력하던 사생활이 대중의 상상 속에서 펼쳐졌다.

🌱 우리가 걷는 소박한 풍요로움의 여정에 '세라 본 브래넉의 소박한 풍요로움: 위로와 기쁨의 음악Sarah Ban Breathnach's Simple Abundance:

Music of Comfort and Joy'이라는 제목의 오리지널 사운드트랙도 있다. 아마존 뮤직, 아이튠즈, 스포티파이에서 스트리밍할 수 있다.

# 3월

## 일상에 작은 변화를 만드는 달

갑자기 변화가 일어나는 달이다. … 3월에는 겨울이 주춤거리고
봄이 나아간다. 우리 내면에서도 무엇인가는 버티고
무엇인가는 나아간다. 우리는 두 힘 사이에서 오도 가도 못하고
때로는 여러 갈래로 찢긴다. … 어떤 날은 자신감이 완두콩 크기로
쪼그라들고 척추가 깃털처럼 느껴진다.
우리는 다른 곳에 있고 싶지만 그곳이 어디인지 모른다.
다른 사람이 되고 싶지만 그가 누구인지 모른다.

– 진 허시
미국의 동식물 연구가이자 작가

겨울이 마지막 노력을 기울이고 봄이 처음 속삭이는 3월이 왔다. 자연과 더불어 우리 정신도 오랜 겨울잠에서 천천히 깨어난다. 며칠 전만 해도 발가벗었던 나뭇가지가 이제 새로운 성장으로 꽃을 피운다. 우리는 내면 깊은 곳에서 샘솟는 희망을 느낀다. 내면의 정원으로 들어가서 땅을 일구자. 이달에 우리는 소박한 풍요로움의 두 번째 은총인 소박함의 씨를 영혼의 비옥한 땅에 뿌릴 것이다.

# 3월 1일

## 평온함은 삶을 극적으로 뒤바꾼다

주여, 제가 바꿀 수 없는 것들을 받아들일 수 있는 평온함을 주시고,
제가 바꿀 수 있는 것들을 변화시킬 수 있는 용기를 주시며,
그리고 그 둘을 구별할 수 있는 지혜를 내려주소서.

– 라인홀트 니부어
미국 개신교 신학자

평온함이라고 하면 많은 사람이 개신교 신학자 라인홀트 니부어 박사
가 쓴 유명한 기도문을 떠올린다. 이 기도문은 1934년에 진행한 설교를
위해 작성됐으며 〈뉴욕타임스〉에 게재됐다. 대공황이 한창이던 때, 그
의 말에 담긴 소박함과 명쾌함은 삶의 환경을 바꿀 힘이 없다고 느끼던
수많은 미국인을 위로했다. 이런 미국인 중에 빌 W.가 있었다. 1935년
에 알코올중독자들의 12단계 치료 모임인 '익명의 알코올중독자들'을
만든 그는 "평온의 기도는 놀라운 속도로 퍼져나가 널리 사용됐으며 우
리가 가장 좋아하는 다른 두 기도문인 주기도문과 '평화의 기도'와 같은

위치에 올랐다"라고 썼다.

나는 라인홀트 니부어의 '평온의 기도'를 좋아하는 수많은 사람 중 하나다. 그러나 나는 바꿀 수 없는 일을 평온함과 연계시키는 것을 그만둘 때가 왔다고 생각한다. 일상의 활동에 평온함의 소박한 선물을 되살리려고 의식적으로 노력할 때 삶의 질을 극적으로 바꿀 수 있기 때문이다.

그렇다면 정확히 어떤 방법을 써야 할까? 마음의 평화를 무너뜨리는 이메일 100개를 삭제하는 것으로 매일 아침을 시작하면 어떨까? 그러자면 맹공격을 하는 이런 정크메일을 삭제하는 데 30분 정도 투자해야 하지만, 내가 '유익한 순간'이라고 이름 붙인 이 시간이 지나면 감사일기에 적고 싶을 정도로 마음이 아주 후련해질 것이다.

그렇지만 이 세상이 정신없이 마구 돌아가는 것 같은 기분이 자주 든다면 당신이 그렇게 정신없이 살고 있기 때문일 것이다. 내가 아는 한 여성은 욕실에서 칫솔에 치약을 짜자마자 방으로 나와 치약 거품을 잔뜩 물고 이를 닦으며 침대를 정리한다. 왜 그럴까? 구겨진 시트를 흘끗 봤기 때문이다. 이어서 입을 헹구기도 전에 다음 일에 뛰어든다. 보나마나 이렇게 정신없이 시작한 하루는 시간이 지날수록 악화된다.

평온한 여성은 곁길로 새지 않는다. 곁길은 에너지를 사방으로 분산시키기 때문에 곁길로 빠지면 결코 평온함에 도달할 수 없다. 신경 쇠약은 확실히 보장되겠지만 평온은 보장되지 않는다. 지극히 간단한 원리다.

침착하고 매혹적이고 당당한 할리우드의 우상 그레이스 켈리는 모나코 대공비가 된 후 사방에 에너지를 분산하며 살지 않았다. 우리도 그렇게 살면 안 된다. 물론 그레이스 대공비야 침대를 정리하는 사람이 분명히 따로 있었을 테지만, 어쨌든 에너지를 분산하면 안 된다는 점은 타당한 사실이다.

대단히 흥미로운 점이 있다. 오스카상을 수상한 영화인으로서의 경력과 평소 대중 앞에서 보였던 차분함에도 불구하고, 그레이스 켈리가 레니에 대공의 부인으로서의 역할을 완벽하게 수행하는 방법을 따로 배워야 했다는 것이다. 그레이스 켈리가 모나코 대공비가 되는 방법을 배울 수 있었다면 우리도 배울 수 있다. 그렇게 하면 온전한 정신을 되찾을 수 있다.

방법은 간단하다. 하루가 다 끝날 때까지 매시간 한 번에 한 가지 일을 마무리하기 위해 집중한다. 알코올중독 치료 12단계 프로그램의 회원처럼 칫솔질부터 아이 재우기에 이르기까지 지금 하고 있는 일에 모든 관심과 의식을 집중하면서 평온한 것'처럼' 행동하면 된다(그레이스 켈리를 생각해보자). 이 연습에서 우리가 얻는 것은 현재 순간에 최선을 다할 때 생기는 내면의 평화다.

물론 대부분의 여성이 마술을 부리듯이 여러 일을 동시에 하며 사는 것에 익숙해져 있어서 내가 하는 제안이 황당하게 들릴 것이다. 이것저것 한꺼번에 하지 않으면 그 많은 일을 어떻게 마무리하냐고 생각할 것이다. 그러나 장담하건대 지금 하고 있는 한 가지 일에 마음과 몸과 정신을 다 기울여 열중할 때 결국 당신이 마음먹은 모든 일을 훨씬 쉽고 효율적이며 즐겁고 만족스럽게 마무리할 수 있다.

그리고 놀랍게도 당신은 평온을 경험하게 될 것이다.

# 3월 2일

## 명상을 통해 정신에 접속해라

명상이란 그저 자기 자신이 되어 그 본모습을 파악하는 것이다. 좋든 싫든
현재 당신이 서 있는 길, 즉 당신의 인생을 깨닫게 되는 것이 명상이다.
- 존 카밧진
미국의 의과대학 명예교수·작가·명상 전문가

아직 일상생활에서 명상을 하고 있지 않은가? 그렇다면 명상이라는 말
을 들으면 책상다리를 하고 불편하게 앉아 있는 자세, 등의 통증, 지금
이 시간에 해야 할 다른 온갖 일에 쏠려 있는 마음, 숨을 쉬고 있는지 아
닌지 집중하느라 생긴 과호흡 증상 같은 달갑지 않은 이미지가 떠오를
것이다.

이런 유쾌하지 못한 이미지가 명상의 전부는 아니다. 하지만 이런 이
미지는 많은 사람이 명상을 하지 않는 이유를 설명하는 데에 도움이 된
다. 우리가 정기적으로 명상을 해야 하는 생리적, 심리적, 정신적 이유
가 있다. 나는 명상을 '올바른 행동을 위한 휴식'이라고 부른다. 이는 이
를테면 마음과 몸과 정신을 결합하는 회반죽이다.

명상을 하는 방법은 다양하다. 심리학자이자 과학자, 영적 스승인 조
앤 보리센코 박사는 명상은 한 가지에 의도적으로 집중하는 것이며, 그
한 가지가 세속적일 수도 정신적일 수도 있다고 설명한다.

"정원 가꾸기나 독서나 하다못해 가계부 정리에 완전히 몰두하다 보
니 호흡이 느려지고 먹잇감에 몰래 접근하는 표범처럼 정신이 하나에

집중된 경험이 있을 것이다! 이런 상태에서 창조성이 꽃을 피우고, 직관이 심오한 지혜로 이어지며, 몸의 자연치유 체계가 가동되고, 신체적이나 정신적으로 잠재력이 최대로 발휘되며, 심리적으로 만족감을 느낀다." 보리센코 박사가 세속적인 명상에 관해 설명한 내용이다. 반면에 정신적인 명상은 "자연과 당신과 다른 사람 속에 있는 신성함을 인식하도록 도움을 준다. 정신에 내재하는 사랑과 기쁨, 즉 정신의 정수가 당신의 삶에 스며들 것이다".

나는 내면의 필요에 따라서 다양한 방법으로 명상을 한다. 구체적으로 말하자면 향심 기도(성서나 시편 등을 읽고 이를 바탕으로 묵상하는 기도법 – 옮긴이)의 성스러운 문구에 전념하기, 시 구절에서 개인적인 의미 찾기, 산책하면서 명상하기 등이 있다. 마구 두근거리는 심장이 차분해질 때까지 노래 하나를 반복해서 듣기도 한다.

또한 나는 골동품을 구경하면서 명상하기를 좋아한다. 어슬렁어슬렁 이리저리 거닐면서 어떻게 과거가 나에게 이야기하는지 골똘히 생각한다. 특히 다른 사람의 삶의 일부였던 물건을 통해서 과거가 나에게 말을 거는 방식을 생각해본다. 지금 이 순간으로 연결되는 길은 아주 많지만, 한 번에 한 가지 일에 집중해서 끝내는 것으로 시작한다. 조앤 보리센코는 "내가 항상 좋아하는 명상은 작고 촉촉한 초콜릿 케이크를 세심한 관심을 기울이면서 감사하는 마음으로 먹는 것"이라고 말한다.

오늘은 몸의 긴장을 완전히 풀 수 있도록 편한 자세로 앉거나 누울 수 있는 조용한 장소에만 머무르자. 이제 두 눈을 감고 느리고 일정하게 호흡하자. 내면의 고요에 다가가자. 명상하기 위해 하루에 20분씩 시간을 낼 방법을 생각하자. 이 정도면 준비가 끝났다. 다음 단계는 실제로 명상을 해보는 것이다.

## 3월 3일

## 오늘 하루 편안하고 조용한 장소에 머무르자

누구나 안식일을 지킬 수 있지만 경건하게 보내려면
그 주 내내 노력해야 한다.
- 앨리스 워커
풀리처상을 수상한 소설가

조물주가 일곱 번째 날에 안식을 취한 것은 무방했지만, 현대의 많은 여
성이 그날 휴식을 취하면 안 된다고 여긴다. 그들은 일주일 중 엿새 내
내 천지를 창조한 것이 아니라 그저 세상이라는 짐을 어깨에 지고 있었
을 뿐이라고 생각한다.

에밀리 디킨슨은 "안식일에 교회에 가는 사람도 있지만 나는 안식일
을 집에서 지킨다"라고 털어놓았다. 나도 디킨슨처럼 안식일을 집에서
지킨다. 특히 겨울이나 비가 오는 일요일에는 온종일 잠옷을 갈아입지
도 않는다. 나는 이런 모습에 대한 죄책감을 아주 오래전에 버렸다. 안
식일을 경건하고 행복하게 지키는 방법을 배웠기 때문이다. 많은 사람
이 안식일을 일요일로 여긴다. 그런가 하면 금요일 일몰 때부터 토요일
밤까지를 안식일로 지키는 사람도 있다. 자신의 안식일로 챙기는 날이
어떤 요일인지는 중요하지 않다. 그저 안식일을 지킨다는 것 자체가 중

요하다.

안식일에 삼가야 할 일이 있다. 힘이 많이 드는 집안일을 자제해야
하며(식사 준비는 해도 되지만 요리하기가 쉽거나 즐거워야 한다. 선택은 당신
에게 달려 있다), 주중에 마무리하지 못한 일을 붙잡고 있거나 월요일에
시작할 업무를 미리 해서도 안 된다.

안식일은 숭배, 휴식, 소생, 회복, 위안을 주는 의식, 기분전환, 축하,
계시를 위한 날이다. 또한 감사할 것이 얼마나 많은지 기억하고 "감사
합니다!"라고 말하는 날이다. 교회나 사원이나 절이나 회당 등 장소를
불문하고 안식일을 지킬 수 있다. 산책을 하거나, 수영을 하거나, 승마
를 하거나, 강아지와 함께 등산을 하면서도 할 수 있다. 맛있는 아침식
사 쟁반이 놓인 침대에서 베개에 몸을 기대고 앉아 재미있는 글을 읽거
나, 활활 타오르는 벽난로 옆에서 십자말풀이를 하거나, 멋진 미술전시
회를 구경하거나, 영화관에서 영화를 보거나, 오페라 음악이 흐르는 주
방에서 셰리주를 홀짝거리며 기가 막힌 진수성찬을 요리하면서도 할 수
있다.

중요한 점은 당신이 안식일이라고 정한 요일에 당신의 영혼에게 이
야기를 하고 당신의 몸과 마음이 기운을 낼 수 있는 특별한 무엇인가를
한다는 것이다.

나는 안식일이란 개인의 신앙과 상관없이 몇 시간 동안 느긋이 쉴 수
있는 정신의 '휴식'이라고 생각한다. 안식일에 하는 활동은 우리에게 희
망을 줘야 하며 다가올 한 주를 버티기에 충분한 영감을 줘야 한다. 음,
적어도 우리는 그것을 목표로 삼아야 한다!

작가 우치다 요시코는 《꿈단지夢は翼をつけて》에서 말한다. "일요일은

평일이라는 하얀 면직물더미 위에 놓여 있는 밝은 황금색 비단 조각과 같다." 이처럼 휴식이야말로 조물주가 안식일을 만든 이유일 것이 확실하다.

<br>

### 3월 4일

## 상상력을 이끌어내기 위한 나만의 의식을 만들어라

신의 우물은 깊다. 우리가 우물에 들고 가는 양동이가 작을 뿐이다.

– 메리 웹
영국의 로맨스소설 작가이자 시인

<br>

나는 글을 쓸 준비를 할 때마다 천천히 창작의 세계로 들어갈 수 있도록 마음을 편하게 하는 의식을 치른다. 나는 침대에서 일하는데 갓 우려낸 찻물이 담긴 찻주전자를 침대 옆 탁자에 갖다 놓고 글을 쓸 때만 듣는 음악(영화 배경음악)을 틀어놓는다. 작업의 종류마다 정해진 음악이 있다. 내 옆에는 새 스프링 공책과 좋아하는 펜 여러 자루와 함께 모서리가 잔뜩 접힌 책 한 무더기가 있다. 이렇게 해서 나는 혼자가 아니라 내가 성자로 여기는 사람들과 함께 있게 된다. 이들은 조앤 디디온, 애니 딜러드, 메리 캔트웰, 멀 셰인처럼 내가 사랑하는 선배 여성작가들이다. 각 작가는 진정한 자아의 목소리로 나에게 특별한 메시지를 보낸다. 나는 창의력이 샘솟을 수 있도록 그들의 손과 마음과 정신이 만들어낸 작품을 다시 음미한다.

나는 이 집필 의식을 '영감의 펌프에 마중물 붓기'라고 부른다. 옛날 식으로 우물에서 물을 수동으로 퍼 올리려면 먼저 펌프에 물 한 바가지를 부어줘야 한다. 내가 특정한 방식으로 마중물 붓기를 하는 이유는 일정한 과정을 반복하는 것이 창조성을 담당하는 우뇌를 활성화하기 때문이다. 나는 늘 똑같은 벨릭 도자기 머그잔으로 차를 마시고, 똑같은 음악을 들으며, 똑같은 종류의 펜과 공책으로 글을 쓰고, 똑같은 책을 다시 읽는다. 반복적인 의식을 치르면 뇌는 이제부터 작업한다는 것을 알아채고 어제 멈춘 부분에서부터 이어간다. 내가 신이 하는 말을 받아쓰기라도 하는 양 나도 모르는 사이에 공책에 술술 글이 써진다. 손으로 초안을 대략 쓰고 나면 사무실로 가서 컴퓨터로 작업한다. 그때부터 진짜 집필이 시작된다. 하지만 다시 말하지만 나는 이미 의식의 힘을 통해서 영감의 도움을 받은 것이다. 초보 작가들은 항상 다른 작가들의 개인적인 비결을 발견하기를 좋아한다. 내 비결은 리듬과 루틴의 규칙을 이용하는 것이다. 나는 뮤즈가 나를 잘 찾아올 수 있도록 아침 10시면 꼭 책상 앞에 앉아 있다.

당신도 상상력이 머물러 있는 깊은 내면에 다가설 수 있게 마음을 편하게 하는 의식을 만들어야 한다. 발견일기를 작성할 때 쓸 흥미로운 의식을 만들어보면 어떨까? 당신의 진정한 취향을 드러내는 시각 이미지 찾기를 할 짬이 주중에 나지 않는다면 일요일에 취미 삼아서 해보자. 이의식을 최대한 흥미롭게 만들자. 오랫동안 느긋하게 욕조에 몸을 담그는 것도 좋다. 그렇게 해서 긴장이 풀리고 편안해지면 잡지, 가위, 일기를 담은 바구니를 침대로 가지고 가자. 지금 이 순간에만 즐길 특별한 음료를 준비하자. 영감이 떠오르도록 예쁜 초를 켜서 화장대 위에 놓자.

이번 주에는 당신의 영감을 퍼 올리기 위한 당신만의 특별한 방법을 만들어보자. 커다란 양동이를 들고 신의 우물에 가서 마음을 편안하게 하는 의식을 치르자.

## 3월 5일

## 절약은 아끼는 것이 아니다

넉넉하게 베푸면서도 검소한 가정이 번창하는 것을
지켜보는 만족감이 있다.
- 필리스 맥긴리
퓰리처상을 수상한 작가

내가 아는 한 중고매장에서 저렴한 가격의 좋은 물건을 발견하고 흥분하지 않는 여성은 없다. 하지만 절약은 차고 세일, 플리마켓, 이베이에서 흥정해서 물건을 싸게 사는 행위에만 국한되지 않는다. 수 세기 동안 절약은 주부의 귀한 자산이자 신성한 의무였으며, 여기에는 주부 개인 및 가정의 자원을 올바르게 분배하는 것도 포함된다. 이런 자원으로는 시간, 창조적 에너지, 감정, 노력, 강점, 기술, 손재주, 노동력이 있다. 또한 돈을 포함한 모든 종류의 재산 관리, 검소와 절제, 불우이웃 돕기가 있다.

다시 말해서 가족의 건강과 번창과 안전을 지키기 위해 필요한 모든 소박한 덕목은 '하늘의 은혜'라는 광범위한 한마디에 다 들어 있었다.

하지만 절약이 어떻게 우리의 걱정을 없애주고 결점을 보완시켜주는지, 또한 일상을 균형 잡게 해주는지 이해하기 위해서는 이 놀라운 특성을 둘러싼 온갖 낡고 진부한 거미줄을 치워야 한다.

우선 절약과 거리가 먼 것부터 짚고 넘어가자면 인색함, 짠돌이, 쩨쩨함, 궁상, 쥐꼬리, 조잡함, 구두쇠, 싸구려가 있다.

절약은 후하고, 너그럽고, 인정 많고, 활기차고, 늘어나고, 풍성하고, 번성하고, 넉넉하고, 건전하고, 효율적이다. 절약은 감사, 소박함, 질서, 조화, 아름다움, 기쁨(흥미롭게도 소박한 풍요로움의 여섯 가지 은총)과 같은 우아한 기술을 실천하는 것이다. 절약은 번창하고, 팽창하고, 풍부하다. 우리는 절약 기술을 통해 삶의 모든 분야에서 균형을 이루게 된다.

영국 가정에서 절약이 해온 역할을 찾아 거슬러 올라가면 14세기 시인 제프리 초서의 《캔터베리 이야기》와 윌리엄 셰익스피어의 《베니스의 상인》에서도 발견할 수 있다. 절약이라는 단어의 최초의 의미는 '부유한 사람의 생활' 혹은 행운, 복, 부, 건강 타고나기였을 것이다. 하지만 절약이 고결한 소망이 된 이유는 절약이 주는 풍요로움이 하늘의 축복이나 국왕의 호의에 의해 전달되지 않아서다. 절약은 훌륭하고 깔끔하고 부지런하고 창의적이고 정직하고 똑똑하고 진취적이고 관대하고 신중한 주부들의 일상적인 선택을 통해서 이루어졌다. 매일 반복되는 평범한 일과에서 신비로움을 발견하고 일상의 풍요로움을 소중히 여긴 여성들이었다.

절약을 기원하는 것은 행복한 결혼식에서 쌀을 던지거나, 비둘기를 날리거나, 풍습에 따라 '오래된 물건과 새로운 물건과 빌린 물건과 파란 물건을 몸에 지녀야 하는 것'만큼이나 중요하게 여겨졌다. 16세기 초부터 영국의 결혼식에서는 신부의 아버지나 후견인이 가난을 막고 부와 보호를 불러오는 의미로 신부의 왼쪽 신발에 6펜스짜리 은화를 넣는 관습이 시작되었다. 6펜스짜리 은화는 결혼에 따르는 것들을 '보상'하는 상징이었다.

흥미롭게도 절약thrift이라는 단어는 매력적인 꽃 아르메니아의 다른 이름이기도 하다. 4월부터 9월까지 활짝 피는 이 분홍색 다년생 꽃은 바위틈에서 자란다. 이 꽃은 생명 유지를 위한 흙이 거의 필요 없고, 바다의 밀물과 썰물에 의한 침식으로부터 습지를 보호하는 장벽의 역할을 한다. 절약은 비상사태의 밀물과 썰물로부터 우리를 보호한다. 절약은 우리가 저축을 통해서, 즉 빅토리아 시대 사람들이 '행복의 여지'라고 부르던 것을 통해서 빈곤과 고통으로부터 보호하는 방어벽을 만들 수 있게 한다. 아주 멋진 이름이지 않은가? 당장이라도 한 송이를 갖고 싶게 하는 이름이다.

절약이 없으면 "가정의 단단한 행복도 거의 없다". 퓰리처상 수상 작가인 필리스 맥긴리는 베티 프리단의 책《여성의 신비》에 대한 답으로 프리단의 책이 출간된 지 1년 후에 내놓은《그녀의 신발 속 6펜스Sixpence in Her Shoe》에서 우리에게 말한다. "절약은 이기적이거나 인색하지 않으며, 너그럽고 인정 많은 성격을 갖고 있다. 하느님의 물질적인 선물에 대한 존경이기 때문이다. 절약은 인색함과 공통점이 전혀 없으며 아끼는 것과도 다르다."

필리스 맥긴리는 나와 생각이 비슷하다. 그녀는 아내, 어머니, 주부, 작가, 시인으로 사는 것을 아주 좋아했다. 그녀는 글에 자기 일과의 모든 측면을 담는 것을 대단히 즐겼고, 스튜나 수프가 부글부글 끓는 동안 시나 수필이나 책을 썼다. 그리고 그녀는 남편의 손님을 대접하는 것부터 백악관 연회에서 작품에 대한 찬사를 받는 것까지 삶의 모든 측면을 결합해 만족의 융단을 만드는 것에서 모순을 느끼지 않았다.

필리스 맥긴리는 수필 〈절약의 즐거움〉에서 열정적인 절약이 어떻게 행복한 가정의 수호자가 되는지 이야기한다. "인색함은 은식기 한 세트를 상속받아 은행에 보관하는 것이다. 아끼는 것은 은식기를 잃어버릴까 봐 두려워서 중요한 날에만 사용하는 것이다. 절약은 순수한 즐거움을 위해 매일 밤 저녁식사를 은식기에 담아 차리고 찬장에 넣기 전에 버터나이프의 숫자를 세는 것이다."

우리는 삶의 풍파로부터 보호받기 위해 지속가능한 생활방식을 만드는 방법을 배우고 있다. "절약이란 미래를 대비해서 아껴놓는 것이다. 아이들을 교육해야 하고 나이 들어서 짐이 되면 안 되기 때문이다. 절약은 집을 페인트칠하고, 지붕을 고치고, 신발에 슈트리(구두 모양의 변형을 막는 틀-옮긴이)를 넣는 것이지만 이웃의 아이들을 위해 쿠키 한 통을 굽는 것이기도 한다. 절약은 절대 인색하지 않다." 맥긴리가 우리에게 말한다.

내가 맥긴리의 글에서 특히 더 좋아하는 부분은 절약은 모든 여성이 얻으려 노력해야 하는 '개인적 기쁨'이라는 것이다. 일단 생각해보자. 당신의 진정한 사치는 무엇인가? 신용카드를 긁을 때 약간 양심에 찔리는 구매 말이다.

당신은 요리를 좋아하는가? 그렇다면 고급 칼, 유기농 닭고기, 고급 올리브유가 감당할 수 있는 사치일 것이다. 신중하게 식단을 짜면 닭고기는 세 명이 먹을 수 있는 맛있는 저녁식사로 늘어날 것이다. 손수 만든 닭고기 국수 수프에 곁들일 빵까지 직접 만들 필요는 없다. 절약의 놀라운 점은 소비를 줄이게 하는 것이 아니라 절충을 하게 만든다는 것이다.

"모든 여성은 자신만의 방식으로 절약하는 법을 배워야 한다. 가정의 수입·지출이나 가족의 꿈을 고려해서 아껴서 살되 굴욕을 당할 정도가 되면 안 된다. 절약에서 품위가 풍겨야 한다." 필리스 맥긴리가 우리에게 상기시킨다. "사람에 따라서 절약이 가계부를 제대로 결산하는 것처럼 작은 일이 될 수도 있고 모든 창문에 달 커튼을 만드는 방법을 배우는 것처럼 큰 일이 될 수도 있다. … 그리고 웃음소리나 옷장 서랍 속 향주머니처럼 집에서 누릴 수 있는 기분 좋은 것이다."

나는 우리가 절약을 '가질 수 없는 것'의 속박이 아니라 만족감과 창조성을 위해 집에서 기르는 약초로 여기면 이 오랜 기술이 우리 의욕을 북돋고 '행복의 여지'를 늘릴 것이라고 믿는다. 바로 이것이 우리가 평범함에서 숭고함을 추구하는 이유다.

## 3월 6일

## 예금이 늘어날수록 미래의 행복도 늘어난다

1년에 20파운드를 벌어, 19파운드 6실링을 쓴 사람에게 남는 것은
행복이다. 1년에 20파운드를 벌어, 20파운드 6실링을 쓴 사람에게
남는 것은 고통이다.
- 찰스 디킨스

'행복의 여지'는 빅토리아 시대의 '문학 주부들'(행복한 가정 이루기에 대해서 쓴 여성 칼럼니스트들)이 가계 예산에 대해 언급할 때 사용한 완곡한 표현이다. 1849년에 찰스 디킨스가 어린 시절에 그의 아버지가 채무자 교도소에 수감되었던 일을 바탕으로 한 소설 《데이비드 코퍼필드》에서 지적했듯이 삶에서 행복과 고통의 차이는 6실링의 초과 지출만큼이나 적을 수 있다. 초과 지출은 6실링에서 멈추지 않기 때문이다. 당시 6실링은 약 72센트였다!

나는 재정에 '행복의 여지'를 만드는 것이 우리가 개인 예산의 개념을 재구성할 수 있는 아주 좋은 방법이라고 생각한다. 지출과 정기예금 사이에 자신만의 '행복의 여지' 예금으로 완충재를 만들어놓으면, 욕구와 필요의 균형을 잡게 된다.

본론으로 들어가기 전에 우리가 사용하는 말의 힘을 명심해야 한다. '예산'은 내가 좋아하는 말이 아니다. "'예산'이라는 말에 겁먹는 사람들이 있는 것 같다. 그런 사람들은 예산을 걸신들린 듯 집어삼키는 짐승으로 여기거나, 주부가 식구들이 원하는 것을 갖지 못하도록 하는 데 사용하는 도구로 생각한다. 그와 반대로 예산을 잘 짜서 사용하면 계획 외의 부주의한 낭비를 방지한다. 예산은 무심코 빚에 빠지는 것을 막는다. 반대로 예산을 짜면서 세심하게 살펴본다면 아무리 바람직한 지출일지라도 낭비의 범주로 분류되었을지도 모르는 많은 것들을 살 수 있게 된다." 여성 잡지 《모던 프리실라 Modern Priscilla》 1928년 1월호에 나온 글이다.

예산이라는 말은 가혹하게 들리지만, '행복의 여지 예금'이라는 말은 기쁨을 약속하는 것처럼 들린다. 즉각적인 즐거움이나 보상을 자발적으로 억제하면 나중에 더 큰 만족을 맛볼 수 있다. 당신이 일정한 액수(처음에는 아무리 적어도)를 행복의 여지에 할당하기로 함으로써 자신을 행복을 적극적으로 창조하는 일상의 예술가라고 믿는다면 개인 예산에 대해 이전과는 다르게 느끼게 될 것이다.

## 3월 7일

## 우울할 때 위로가 되는 것들을 마련해놓자

**삶은 안락한 곳에서 벗어날 때 시작된다.**

- 닐 도널드 월시
미국 영성 작가

살다 보면 우리 영혼을 시험하는 날이 필연적으로 오기 마련이므로 이날을 대비해야 한다. 특히 진정한 자아를 찾기 위해 안락한 영역을 벗어나야 할 때 그런 날들이 온다. 힘든 시기를 겪은 후, 머리까지 이불을 뒤집어쓰고 누워 문밖으로 한 발짝도 나가기 싫을 때가 있다. 나는 이렇게 완전히 녹초가 됐을 때 위안을 주는 서랍을 들여다보는 것이 지친 마음과 정신에 아주 좋은 처방이라는 것을 발견했다.

내 피난처는 서랍장의 맨 밑 서랍이다. 나는 1년 내내 그 서랍에 자그마한 사칫거리를 쟁여놓는다. 하지만 나를 위로해주는 물건 중 대부분은 원래 불행 치료제가 필요할 때를 대비해서 아껴둔 선물이다.

이쯤에서 그 서랍 속 물건을 살펴보자. 서랍에는 초콜릿 트러플 한 상자, 일회용 미니어처 과일주와 식후에 마시는 술, 마음을 평온하게 하는 아로마 입욕제, 아직 읽지 않은 갖가지 추리소설, 작은 병에 담긴 바흐 레스큐 레머디(건강식품점에서 판매하는 동종요법 에센스), 기분 좋은 꿈을 불러오는 허브 벨벳 베개, 수면 방해 요소를 차단하는 공단 눈가리개, 장미향 거품 목욕제, 실크 리본으로 묶어놓은 오래된 연애편지, 추억거리를 모은 스크랩북, 고급 비스킷 한 통, 온갖 종류의 색다른 찻잎 선물 세트가 들어 있다.

소박한 즐거움이 어떤 것인지 알 수 있겠는가? 세상살이에 지친 여성의 응석을 받아주고 행복하게 하는 모든 것이 여기에 있다. 기막히게 멋진 목욕, 이따금 야금야금 먹을 맛있는 간식거리, 행복한 기억을 불러일으키는 감상적인 물건, 기분 좋게 홀짝거릴 음료, 재미있는 읽을거리가 다 모여 있는 것이다. 이제 침대 시트를 갈고 온수 주머니에 따뜻한 물을 채운 뒤에 쟁반에 두꺼운 흰색 양초 여섯 개를 올려놓자. 쟁반을 화장대 거울 앞에 올려놓고 성냥을 켜서 당신만의 오라를 엄숙하게 밝히자. 마음을 진정시키는 음악을 틀고 좋아하는 잠옷을 입자. 침대에 들어가서 그 순간을 느긋이 탐닉하자. 이 방법이 효과가 없다면 그냥 아스피린 두 알을 먹고 아침에 나에게 전화하기 바란다.

위안을 주는 서랍을 준비할 때 보기만 해도 기분이 좋아지는 시트지나 종이를 서랍 안에 깔고 눈과 코를 즐겁게 해줄 향주머니를 넣어두자. 위안을 주는 물건을 선명한 색깔의 습자지로 포장해서 아름다운 리본으로 묶자. 그러면 서랍을 열 때마다 황홀한 선물꾸러미들이 눈에 들어올 것이다. 선물을 받아 마땅한 당신에게 보내는 마음의 선물이다.

## 3월 8일

## 내 모습을 자신 있게 드러내보자

당신을 있는 그대로 받아들이기 전에는
당신이 가진 것에 결코 만족하지 못한다.
- 도리스 모트먼
미국 소설가

우리가 자신을 있는 그대로의 모습으로 받아들이기 시작하면 우리 삶에서 소박함의 의미가 커진다. 아름다운 백합에 굳이 금도금을 할 필요가 없다는 진리를 내면에서 서서히 깨닫기 때문이다. 드디어 진정한 자아를 드러낼 준비가 됐기 때문에 장신구를 포기해도 된다.

나는 소박한 풍요로움의 과정에서 이 시점을 '뛰어들기'라고 부른다. 가장 사적인 영역에서 믿음을 가지고 용기 있게 도약해야 하는 까닭이다. 다시 말해서 겉모습을 통해서 바깥세상에 자신을 표현하는 방식을 탐험해야 한다. 이는 단순히 옷이나 헤어스타일을 말하는 것이 아니다. 진정한 자아를 자랑스럽게 드러내는 여러 미묘한 방법을 말하는 것이다. 우리 내면의 여성을 마침내 깨닫고 받아들이기를 말하는 것이다. 우리의 진정한 모습에 편해지는 법 배우기를 말하는 것이다.

"우리는 한순간에 태어나지 않는다. 단계별로 조금씩 태어난다. 몸이 먼저 나오고 정신이 나중에 나온다. … 어머니는 우리를 낳으면서 몸이 뒤틀리는 고통을 겪는다. 우리는 정신이 성장하는 과정에서 더 기나긴 고통에 시달린다." 슬라브계 미국인 소설가이자 이민자 인권 운동가인 메리 앤틴이 1912년 소설 《약속의 땅The Promised Land》에 쓴 말이다.

우리의 정수가 드러나도록 곰곰이 생각할 시간, 반성할 시간, 창조적인 선택을 할 시간, 고치를 뚫고 나올 시간, 수치심을 없앨 시간, 마음의 거미줄을 걷어낼 시간이 필요하다.

무기력한 거부, 끊임없는 의심, 점잖은 무시라는 마약에 빠져서 자신의 진짜 아름다움을 잊어버린 채 수년 동안 성장을 중단한 사람도 있다. 한때 안도감을 주던 대응 전략들이 이제는 후회만 일으킨다. 피해를 복구하고 진정한 자아와 다시 연결되려면, 정신이 안전그물을 부여잡고 있다고 확고히 믿으면서 과감하게 뛰어들어야 한다. 무엇보다도 진짜 정체성을 잊어버려서 하나하나 상기시켜주고 안심시켜줘야 하는 기억상실증 환자를 대하듯이 자신을 친절하고 온화하게 대해야 한다.


## 3월 9일

## 내게 어울리는 스타일을 찾아보자

너무 많은 여성이 자신이 얼마나 멋진지 모른다.
이들은 온갖 유행품으로 외면을 휘감았지만 내면은 흐릿하다.
– 메리 케이 애시
메리케이 코스메틱스의 설립자

자신이 얼마나 멋진지 아는 여성은 거의 없다. 솔직히 다들 자신이 애매하게 생겼다고 생각할 것이다. 수많은 여성이 자신을 멋지고 날씬한 모습으로 바꾸고 싶어 한다. 10년이 넘게 헤어스타일을 바꾸지 않는 여성도 있다. 잘 어울려서가 아니라 그저 편하게 여겨지기 때문이다. 게다가 20대에 하던 화장법을 수십 년간 고수하는 여성도 있다. 현재 거울에 비친 얼굴은 과거와 달리 자홍색이 어울리지 않는데도 말이다.

우리가 외모를 제대로 꾸미는 방법을 잘 모를지라도 이를 잘 아는 존재가 있다. 우리는 스타일과 패션 노하우와 편안함의 근원과 더 친해지면 자신의 광채에 눈을 뜨게 될 것이다. 이 근원은 바로 진정한 자아다. 진정한 자아는 원래 우리가 되었어야 할 여성으로 발전하도록 도와준다.

진정한 자아의 도움을 받을 수 있는 간단한 방법은 스타일 인플루언서들(당신이 동경하는 여성들)의 다양한 이미지를 모으는 것이다. 혼자 있는 조용한 시간이 날 때마다 편하게 앉아 당신이 생각하기에 매력적인 여성들의 사진과 입고 싶은 옷의 사진을 펼쳐보자. 당신이 선택한 옷을 살 여유가 있을지 혹은 그 옷이 몸에 맞을지 같은 생각은 아예 하지 말자. 이 활동은 창조적인 브레인스토밍이다. 먼저 꿈을 가져야 그 꿈이 이루어진다는 사실을 늘 명심해야 한다. 발견일기에 사진을 붙이자. 당신이 생각하는 이상적인 여성의 이미지를 붙인 콜라주를 만들자. 완벽한 헤어스타일을 찾고 집과 직장에서 입을 멋진 옷을 골라보자. 재미있게 즐기면서 하자. 자신을 종이 인형을 가지고 노는 열 살짜리 소녀라고 상상하자. 발견한 내용을 살펴보자. 발견일기 콜라주 속의 옷이 당신 옷장에 걸린 옷과 비슷한가? 이 점을 곰곰이 생각하자.

이제 자신과 약속을 하자. 당신은 자신의 진정성을 일깨우고 스타일 감각을 발견하기 위한 모험을 시작했으므로 꼭 갖고 싶은 경우를 제외하면 옷을 사지 않겠다고 다짐하자. 더 이상 취향에 맞지 않거나 질 낮은 옷에 안주하지 말자. 소박한 풍요로움의 길을 가면서 당신이 정말로 좋아하는 물건으로만 둘러싸인 기쁨, 외모를 근사하게 살려주고 기분까지 좋아지며 진정한 스타일 감각을 드러내는 옷만 입는 즐거움을 발견하게 될 것이다. 소박함의 강한 힘으로 당신의 삶을 바꾸기 시작하자. 진정한 자아에 맞지 않는 옷 따위는 삶에 들여놓지 말자.

## 3월 10일

### 내면의 아름다움을 발견해라

우리 시대의 비극은 너무 시각중심적인 사회라는 것과
사람들이 외모에 지나치게 집착한다는 것이다.

– 제서민 웨스트
미국 소설가

모든 사람이 때때로 외모에 신경을 쓴다. 어떤 사람은 늘 외모에 신경을 쓴다. 그러나 매 순간 외모에 신경을 쓰면서 사는 것을 좋아하는 사람은 없다. 그저 신경 쓰기가 싫거나 너무 피곤해서 빗을 들 힘조차 없는 날을 생각하자. 더러운 청바지를 입고 씻지 않은 얼굴, 헝클어진 머리를 한 채 영감을 찾을 수 있을까? 치마가 너무 딱 붙고 팬티스타킹이 엉덩이에 끼고 지퍼가 끝까지 올라가지 않는 마당에 깨달음을 얻을 수 있을까?

나는 그러기를 바란다. 나도 만사가 귀찮은 날이 있기 때문이다.

나처럼 당신도 세상에 보이는 모습이 아주 중요하다고 배웠을 것이다. 안타깝게도 겉모습이 지나친 대접을 받고 있다. 우리가 외모나 행동에 대한 세상의 기대치에 부응해서 살지 않으면 마음에 상처를 주는 자기혐오와 자기부정이라는 악순환의 희생자로 전락해버린다. 이런 상황에 부닥칠 때 우리 영혼이 셀카 사진보다 훨씬 눈부시다는 사실을 기억하면 위안이 된다.

메리앤 윌리엄슨은 힘과 여성성에 대한 아름다운 명상록인 《여성의 가치》에서 이렇게 말한다. "아름다움은 모든 여성이 지닌 내면의 빛, 영혼의 광채다. 그러나 대부분의 여성이 이 아름다움을 무의식적으로 감추고 그 존재를 부정한다. 우리가 소유권을 주장하지 않은 것은 눈에 보이지 않는다."

하지만 당신이 진정한 자아와 친해지고 빛나는 정체성을 회복하면 점진적으로 신체의 변화가 일어날 것이다. 정신의 성장에 전념하고 반짝이는 빛을 일깨우면 그 결과가 당연히 외부로 드러나게 돼 있다. 메리앤 윌리엄슨이 우리에게 상기시킨다. "우리가 아름다워지고 사랑을 주고받고 모든 좋은 일에 성공하는 것이 하느님의 뜻이다. 애초에 창조된 목적대로 우리 모두가 여신이 되는 것이 하느님의 뜻이다."

# 3월 11일

## 내면이 보내는 위기 신호를 포착해라

당신이 매일 자아실현을 위해 노력하려고 결심하면 당신의
온 세계가 바뀐다. … 그 두 여자가 당신이며,
그들은 당신을 변신시킬 수 있다.

– 1947년 12월호《굿 하우스키핑Good Housekeeping》의 폰즈 콜드크림 광고

나는 한 친구를 몇 달 만에 우연히 만났다. 나는 길거리에서 많은 사람을 헤치고 다가온 친구를 처음에는 전혀 못 알아봤다. 항상 멋들어지게 꾸며져 있던 머리가 헝클어져 있었다. 화장기 없는 시뻘건 얼굴이 부어 있었고 눈 밑에 커다란 다크서클이 있었다. 평소에 좋아하던 스타일의 코디네이션이 아니라 청바지와 꽈배기 스웨터를 입고 있었다. 나는 정말로 놀랐다. 대체 무슨 일일까?

커피숍에 앉아 대화를 나누다가 친구는 당시 겪고 있던 심각한 위기에 대해 말했다. 그러나 친구가 털어놓기도 전에 이미 나는 그녀에게 중대한 문제가 생겼음을 직감했다.

모든 사람은 매일 무수한 방식으로 자부심에 대한 신호를 보낸다. 대부분의 신호는 그 친구의 신호처럼 강렬하지 않으며 오히려 미약하다. 천하를 얻은 기분일 때는 발걸음이 활기차고 얼굴에 미소가 어리며 눈이 빛난다. 그런가 하면 시간이나 에너지나 감정이 메말랐을 때는 옷차림과 몸단장에 소홀해진다. 말 그대로 무신경해진다. 전혀 신경 쓰지 않는 것처럼 보이는 지경까지 간다. 물론 마음속으로는 신경을 아주 많이

쓴다.

하지만 우리가 혼자 있을 때조차 외모에 대해 신경 써야 하는 이유가 있다. 그 이유는 우리가 최상의 모습일 때 느끼는 내면의 기쁨 때문이다. 《굿 하우스키핑》 1949년 3월호에 나온 폰즈 콜드크림의 또 다른 광고가 독자에게 충고한다. "많은 여성이 완전한 자아실현을 이룰 수 없다고 느낀다. 그렇지만 그런 느낌에 순응할 필요가 없다. 내면에 도움의 손길이 있다. 당신은 내면에서 그 손길을 느낄 수 있다. 행복해지고 싶은 내면의 욕구를 느낄 수 있다. 내면의 당신과 외면의 당신의 긴밀한 상관관계, 서로를 변화시키려는 각각의 신비한 힘이 생기 없는 당신을 즐겁게 자아실현을 하는 당신으로 바꾼다."

나는 1940년대 후반에 나온 이 '뉴에이지' 화장품 광고 시리즈를 처음 발견했을 때 아주 기뻤다. 그리고 고마웠다. 당신이 변화의 길에서 배우는 가장 놀라운 교훈은 변화에 마음을 열면 진정한 자아가 끊임없이 보내는 격려의 신호를 알아챌 수 있다는 것이다.

## 3월 12일

### 오늘 기분이 어떤지 스스로에게 물어보자

여성의 외양이 어떤지와 삶의 단계에 따라 외양이 어떻게 변하는지는
하찮은 질문이 아니다. … 여자는 거울에 비친 눈을 바라보며
"나 어때?"라고 묻는다. 여자는 대답을 열심히 듣는다.
대답이 이해에 상당히 도움이 될 수 있기 때문이다.

"내 모습 어때요?" 모든 여성이 평생 다른 사람에게 묻는 말이다. 그러나 당신은 진정한 자아를 향한 길을 걷고 있으므로, 많은 의미가 담긴 이 유도 질문을 자신에게 다정하게 던질 때가 되었다. 그리고 일단 질문하고 나면 대답을 열심히 들어야 한다. 거울을 볼 때 "기분이 어때?"라고 물어보면 더 좋다. 그날 자신에 대해 어떻게 느끼느냐는 단지 당신이 입는 옷만이 아니라 당신의 모습 전체에 영향을 미치기 때문이다.

우리는 수년 동안 외모에 관심을 집중해왔으나 이제 아름다움에 대한 관점을 완전히 바꿔야 한다. 변화는 강력한 내면의 삶으로부터 시작된다. 마음이 변화할 방법을 일러줄 것이다. 그 방법은 옷을 바꾸거나 살을 빼거나 어울리는 헤어스타일을 찾는 등 다양하다. 하루에 20분씩 명상하기, 조용히 생각하기, 진정한 자아를 찾는 산책하기는 당신의 생각보다 훨씬 많이 외모에 도움을 준다. 물론 백 번 듣는 것보다 한 번 보는 것이 낫다.

그렇다면 뭘 기다리고 있는가? 오늘 당장 시작하자. 내면의 도구를 하나 골라서 매일 반복하는 미용 의식으로 삼자. 프랑스의 철학자이자 신비주의자인 시몬 베유는 내면으로 깊이 들어가 보면 우리가 원하는 것을 이미 가지고 있음을 알게 된다고 믿었다. 이 말을 잊지 말자.

# 3월 13일

## 현재의 모습을 있는 그대로 받아들이자

밖을 두리번거리지 말라. 천국은 당신 안에 있다.

— 메리 루 쿡

미국 배우

오늘은 과거와 화해하는 날이다. 우리가 가지고 태어난 몸과 얼굴뿐 아니라 살면서 바뀐 얼굴이나 몸과도 화해하자. 오늘은 거울에 비친 주름살, 축 처진 뱃살이나 여기저기 튀어나온 불필요한 살, 컬이 금방 풀리거나 너무 곱슬곱슬한 머리카락을 받아들이는 날이다. 티베트의 시인이자 스승이자 불교 현자인 사라하의 찬가를 읊조리며 시작하자. "내 몸 안에 신성한 강이 있네. 온갖 순례지만이 아니라 해와 달도 있네. … 내 몸만큼 더없이 행복한 사원을 보지 못했다네."

자신만의 순례지인 몸을 사랑하게 되기까지 시간이 조금 걸릴 것이다. 그러나 진정한 사랑을 꽃피우려면 먼저 현재의 모습을 있는 그대로 받아들여야 한다. 내일이나 다음 주나 10킬로그램을 뺀 이후의 모습이 아니라 지금 당장의 모습 말이다. 받아들인다는 것은 현실을 인정하는 것임을 잊지 말자. 예를 들어서, 원하는 몸매보다 뚱뚱하다거나 혈색이 나쁘다거나 흰머리가 생겼다거나 레깅스가 몸에 맞지 않는다는 것을 인정하자.

대부분의 여성이 다른 여성을 미인이라고 생각하지만 정작 자신을 미인이라고 여기지는 않는다. 하지만 모든 여성은 진정한 미인이 되도록 창조되었다. 이 점을 받아들인 뒤에야 자신만의 독특한 광채를 세상에 보여주는 방법을 배울 수 있다. 오늘은 '지금 이 모습이 나이고 이 모습 그대로도 아주 멋지다'는 말을 주문처럼 되뇌어보자.

## 3월 14일

## 나를 위해 살아라

나는 나를 갑자기 잃은 것이 아니었다.
돌에 새겨진 무늬가 물에 닳아서 점차 없어지듯이,
수년 동안 고통을 씻어내는 사이에 얼굴이 서서히 닳아 없어졌다.
– 에이미 탄
미국 소설가

부유하든 가난하든 간에 누구에게나 삶은 고달프다. 우리를 고통스럽게 하는 것은 벌어진 자상일 수도 있고 영혼에서 일어나는 느리고 조용한 출혈일 수도 있다. 겉으로 보면 우리는 잘 추스르고 사는 것 같다. 그러나 누구나 "안녕하세요?"와 같이 단순한 말 한마디에 서러운 울음이 터져 나올 것처럼 자신이 아주 작고 연약하고 겁먹은 듯 느껴지는 어둡고 폭풍우 치는 날을 만나기 마련이다.

이런 일이 생길 때 자신을 호되게 탓하는 것이 아니라 자신에게 친절하게 대해야 한다. 자신을 탓하는 것은 세상 사람들만으로도 충분하다. 설사 우리 감정이 현실에 바탕을 두지 않는다고 해도 그 순간에 느끼는 두려움은 타당하며 실재한다. 두려움에 대해 가장 잘 설명한 것은 '진짜처럼 보이는 거짓 증거'라는 말이다. 이 말을 늘 명심하자.

진짜처럼 보이는 거짓 증거.

당신의 삶에 이런 일이 생길 때 당신을 완전하게 사랑하는 것이 첫 번째 의무임을 떠올리자. 이렇게 실천하려면 어떻게 해야 할까? 소박한 즐거움과 자그마한 사치를 누리며 당신을 소중히 돌보면 된다. 갓난아이를 대하듯 당신을 애지중지하면 된다. 저녁식사로 중식당이나 인도 식당에서 맛있는 음식을 배달시켜 먹자. 온라인 배달업체인 그럽허브는 현재 미국 전역의 식당 8만 5,000곳에서 배달해준다. 그중에서 당신이 좋아하는 음식이 분명히 있을 것이다.

이때쯤 꽃집에 진열되기 시작하는 앵초나 수선화나 튤립 화분을 당신에게 선물하면 어떨까? 오후 일을 접고 퇴근하는 것은 어떨까? 이도 저도 다 어렵다면, 커다란 팝콘 그릇을 옆구리에 끼고 영화나 드라마를 서너 편 연달아보는 것은 어떨까? 맞다. 이런 것을 흥청망청 즐기기라고 부른다. 점심식사를 대신해 아이스크림을 사 들고 공원에 가서 먹으면서 햇볕을 마음껏 쬐고 새소리를 듣는 것은 어떨까? 다른 사람의 부탁을 거절하는 것은 어떨까?

걱정하지 말자. 당신은 할 수 있다.

당신이 항상 모든 일을 해야 할 필요도, 주변 모든 사람의 요구를 받아줄 필요도 없다. 그렇지 않아도 동시에 여러 일을 하느라고 힘든데 또다시 일이 추가되면 비명을 지르거나 울음이 터질 것 같다는 생각이 들 때가 있을 것이다. 그럴 땐 우선 "안 되겠네요. 미안하지만 먼저 해야 하는 일이 있어요"라고 말하자.

오늘은 당신을 위해 살아야 한다. 우리가 갑자기 우리 자신을 잃은 것이 아님을 명심하자. 하지만 우리가 한 번에 하나씩 자신에게 친절을 베풀면 진정한 자아를 되찾을 수 있다.


## 3월 15일

## 자신을 잘 돌보는 사람은 자존감이 높다

대부분의 여성은 자신을 돌보는 사소한 시도마저 아주 두려워한다.
– 줄리아 캐머런
미국의 작가이자 예술가


대부분의 여성이 자신을 돌보는 것을 두려워하는 이유가 무엇일까? 왜 당신은 자신을 돌보는 것을 두려워하는가? 두렵지 않다고 이의를 제기하고 싶은가? 그렇다면 생각해보자. 지난 한 달 동안 몇 번이나 창조적인 유람을 했는가? 위안을 주는 서랍을 장만했는가? 발견일기를 꾸미거나 감사일기를 썼는가?

우리는 자기를 돌보는 것에 관한 한 구두쇠 스크루지처럼 군다. 자신에게 친절하게 대하면 태양을 향해 움직이는 식물처럼 창조성이 꽃을 피우기 때문일 것이다. 물론 이렇게 되면 삶에 변화를 일으키고 싶을 텐데 우리는 아무리 긍정적인 변화라도 변화 자체에 거부감을 느낀다. 틀에 박혀서 산다고도 할 수 있지만 적어도 익숙한 습관은 나름의 은밀한 방식으로 위로를 준다.

그렇지만 진정한 자아를 향해 가는 과정은 자그마한 변화를 통해서 이루어진다. 19세기의 위대한 러시아 소설가 레프 톨스토이는 아주 작은 변화가 일어날 때 진정한 삶을 살게 된다고 믿었다. 당신이 자신에게 얼마나 상냥하게 대하는지 솔직하게 살펴보자. 하루에 몇 시간이나 자는가? 자주 산책을 하거나 운동을 충분히 하는가? 명상할 시간을 많이 내는가? 한 주 동안 휴식에 할애하는 시간이 몇 시간인가? 꿈을 꾸는 시간이 몇 시간인가? 즐거움을 가져다주는 활동을 하는 시간이 몇 시간인가? 큰 소리로 마음껏 웃어본 적이 언제였는가? 줄리아 캐머런은 창조성의 회복을 다룬 중요한 책 《아티스트 웨이》에서 자신 돌보기와 자존감 사이에 연관성이 있다고 충고한다.

나를 돌보는 것은 나에게 아주 힘든 일이었다. 하지만 나는 삶이 잘 흘러가기를 원한다면 자신에게 더 나은 대우를 해줘야 한다는 교훈을 소박한 풍요로움의 길에서 얻었다. 자신을 돌보는 것은 다른 사람이 대신해줄 수 없는 일이다. 오늘은 당신을 위해 할 수 있는 멋진 일 열 가지를 적어보자. 그중에서 하나를 골라서 실천하자. 자기를 돌본다고 해서 손해 볼 것은 없다. 이익만 있을 뿐이다.

## 3월 16일

### 거울을 보며 자신의 매력을 찾아보자

영혼에 관한 심오한 질문의 답을 찾는 지름길은
몸에 대한 사소한 답에서 시작된다.

대부분의 여성이 그렇듯이 당신도 날마다 거울에 비친 모습을 바라볼 것이다. 그러나 그 모습이 마음에 들어서 저절로 고개를 끄덕인 적이 언제였는가? 오늘은 평소와 완전히 다르게 행동하기 바란다. 거울 속 자신의 모습을 애정 어린 마음으로 바라보고 그 모습에 감사하자.

이는 단지 외양만 살펴보는 것이 아니라 성격, 말과 행실 등 자신의 모든 부분에서 마음에 드는 점을 하나하나 살펴보는 활동이다. 대부분의 여성은 서슴없이 자신을 비판한다. 늘 외모에서 문제점을 찾는다. 그러나 오늘 우리는 자신을 즐겁게 하는 점을 찾아내서 감사할 것이다.

오늘 밤에 한 시간 정도 시간을 내서 당신이 얼마나 멋진 존재인지 찬양하자. 향유나 거품 입욕제를 이용해서 매혹적인 분위기로 욕조를 꾸미자. 욕실에 초를 켜놓고 은은한 촛불 옆에서 목욕을 하자. 생기를 되찾을 수 있게 적어도 20분 동안 따뜻한 물에 몸을 푹 담그자. 오늘 밤에 발견해야 하는 특별한 점을 모두 깨닫게 해달라고 진정한 자아에게 부탁하자. 타월로 몸을 닦고 몸에 크림이나 로션을 부드럽게 바르자. 온몸을 천천히 마사지하자. 어깨부터 발가락까지 몸을 주물러 내려가면서 세상에서 가장 아름다운 빛이 각 부위를 감싸고 있다고 상상하자. 이 빛은 사랑이며 지금 당신은 세포 하나하나에 그 사랑을 보내고 있다. 가장 다정한 목소리로 당신이 얼마나 멋진지 크게 말하자.

이제 침실로 가서 잠옷을 갈아입기 전에 거울에 비친 알몸을 연민의 눈으로 살펴보자. 당신의 얼굴과 몸에서 마음에 드는 열 곳을 찾을 때까지 거울을 유심히 바라보자. 완벽한 코나 아름다운 손이나 가는 발목이 마음에 들 수도 있다. 머리끝에서부터 시작해 발끝으로 시선을 돌리자. 모든 점을 고려하자. 예를 들어서 헤어스타일이 탐탁치 않지만 머리 색깔은 아주 마음에 들 수 있다. 열 가지를 모두 감사일기에 쓰자. 이제 당신의 성격에서 마음에 드는 점을 생각하자. 임기응변에 능하고, 남의 말을 잘 듣고 공감하고, 참을성과 애정이 많은 어머니이고, 훌륭한 여성이라는 식으로 자세하게 생각하자. 모든 내용을 종이에 쓰자. 당신의 성격에 대해 고맙게 여기는 점이 열 가지가 나올 때까지 멈추지 말자.

자신에 대해 마음에 드는 점을 스무 개 찾을 수 없다면 다시 거울 앞에 서자. 스무 개가 다 나올 때까지 이 활동을 되풀이하자. 미국의 여성 참정권 운동가이자 노예제 폐지론자인 엘리자베스 캐디 스탠턴은 1892년에 '자아의 고독'이라는 연설에서 "조물주는 같은 일을 되풀이하지 않기에 인간은 저마다 다른 가능성을 지니고 있다. 자기계발은 자기희생보다 고귀한 의무다"라고 말했다. 오늘은 당신의 놀라운 가능성을 진심으로 찾아서 마음껏 기뻐하자. 찾기가 힘들다고 해서 아예 포기하지 말고 그저 하루에 하나만 발견해보기로 하자. 오늘 마음에 드는 점을 한 가지도 찾을 수 없다면 내일 찾으면 된다. 당신에게 다정하고 부드럽게 대하려고 노력하고 자신을 돌보는 마음이 늘어나는 것을 지켜보자.

오늘은 이 점을 곰곰이 생각하자. 자기계발은 자기희생보다 고귀한 의무다. 이는 여성 운동에 평생을 바친 여성의 머리와 마음과 영혼에서 나온 말이다.

## 자신의 장점을 마음껏 드러내라

몸이 길고 날렵한 그레이하운드 같은 사람이 무엇 때문에 몸집이 작고
다리가 짧은 페키니즈처럼 보이려고 애를 쓴단 말인가?

− 이디스 시트웰
영국의 시인이자 비평가

미모가 여성의 가장 소중한 재산으로 여겨지던 시절, 1887년에 태어난
영국 시인 이디스 시트웰의 모습은 유독 두드러졌다. 당신이 예상하는
이유 때문은 아니었다. 어린 시절 그녀는 너무 못생기고 마르고 행동이
서툴러서 가족은 그녀가 커서 결혼도 못 할까 봐 안달복달했다. '불쌍한
아이 E'라는 별명을 가진 그녀는 두말할 것 없이 비참하고 외롭고 절망
스러운 어린 시절을 참고 견뎌야 했다. 그러던 중에 그녀가 무척 따르던
여자 가정교사가 문학과 음악의 세계를 그녀에게 소개했다. 그녀는 빅
토리아 시대의 서정 시인인 앨저넌 찰스 스윈번의 시와 19세기 말에 나
타난 상징주의 예술에 푹 빠졌다. 상징주의는 예술과 시에서 사실주의
를 거부한 운동이다. 그녀는 마음이 맞는 사람을 찾다가 자신의 진정한
자아를 사랑하게 되었다.

　이런 진정성은 이디스 시트웰의 시뿐만 아니라 공상과 극적 사건에
뿌리를 둔 별난 스타일로 고스란히 표현됐다. 그녀는 특유의 드레스, 모
피, 모자로 유명해졌다. 그녀는 은실이나 색실의 수가 놓아진 두껍게 짠
고급 비단이나 커튼과 카펫 등의 실내장식용 천으로 치렁치렁 길게 늘

어진 옷을 입고 다녔다. 라파엘 전파의 그림에 나올 법한 스타일이었다. 그녀는 마르고 뼈가 도드라진 얼굴 골격을 부각시키는 모자를 쓰고 다녔으며, 이런 모자는 그녀만의 독특한 트레이드마크가 되었다. 시트웰은 길고 가는 손가락을 강조하려고 손톱을 길게 길러 빨간색으로 칠하고 엄청나게 큰 반지를 여러 개 꼈다.

이디스 시트웰의 대담한 스타일이 거북한 사람도 있을 것이다. 그러나 그녀가 진정한 자아를 찬미하고 긍정적인 면을 강조하는 방식은 모든 여성에게 교훈을 준다. 지금쯤 당신은 자신의 얼굴과 몸에서 멋진 점을 발견했을 것이다. 누구나 남과 구별되는 특징이 적어도 하나는 있다. 당신은 강점을 부각시키는 편인가? 가장 아름다운 부분이 눈인가? 그렇다면 아이들과 집에 있을 때나 집에서 일할 때라도 매일 눈화장을 하자. 흰머리가 생기고 있는가? 그렇다면 굳이 염색하지 말고 반짝이는 은발이 되도록 내버려두는 것은 어떨까? 아름다운 미소와 두툼하고 육감적인 입술이 매력인가? 그렇다면 시선이 입술에 집중될 수 있게 빨간색 립스틱을 발라보자.

이디스 시트웰은 죽음을 앞두고 이렇게 고백했다. "겸손한 태도를 기를 시간이 있으면 좋겠다는 생각이 종종 든다. 그러나 나 자신에 대해 생각하는 것만으로도 너무 바쁘다." 대부분의 여성은 자신의 좋은 점을 생각하는 데에 시간을 쓰지 않는다. 오늘은 이디스 시트웰의 전례를 따르자. 당신의 진정한 장점을 발견하고 과시하고 찬미하자.

# 3월 18일

## 삶은 되돌릴 수 없지만 바꿀 수는 있다

잠자는 숲속의 미녀가 깨어나면 그녀의 나이는 거의 쉰 살에 가까울 것이다.
- 맥신 커민
미국 계관시인

모든 여성의 마음속에는 사랑을 통해 깨어나기를 기다리는 잠자는 숲속의 미녀가 누워 있다. 너무 오랫동안 잠을 잤기 때문에 아주 조심스럽게 깨워야 한다. 그러나 백마 탄 왕자님이 왕궁 문을 박차고 들어와 깨워주기를 기다려선 안 된다. 대신에 당신의 진정한 자아가 지닌 마법의 힘을 불러일으켜서 당신의 아름다움을 깨닫지 못하게 한 잔인한 주술에서 스스로 벗어나야 한다.

내가 어릴 때 알던 예쁜 여자아이 이야기를 해보겠다. 옛날에 우리 도시에서 환경미화원 파업이 일어났다. 말끔하게 손질된 교외 주택들 앞에 몇 주 동안 쓰레기더미가 쌓였다. 어느 날 신문사 사진기자가 어떤 집 앞에 차를 세우고 아이들이 있냐고 물었다. 기자는 그동안 쌓인 쓰레기의 높이를 강조하려고 아이들을 쓰레기더미 근처에 세워놓고 촬영할 작정이었다. 기자가 문으로 다가갔을 때 어머니 뒤에 수줍게 서 있는 어린 여자아이가 보였다. 그래서 기자는 그 여자아이를 쓰레기더미 위에 올려놓고 사진을 찍었다. 신문에 그 사진이 나온 뒤에 학교 운동장에서 몇몇 아이들이 그 여자아이를 '쓰레기더미'라고 부르며 놀렸다. 공개적으로 망신을 당한 여자아이는 아주 오랫동안 자신의 아름다움에 무감각해졌다. 쓰레기더미에 앉아 있는 것은 물레 바늘에 손가락이 찔려 깊은 잠에 빠지는 것과 마찬가지였다.

"때로 불운과 행운은 구분하기가 어렵다. 여러 해가 흘러도 구분하기가 어렵다. 대부분의 사람은 어떤 상황을 잘 이해했더라면 행운을 축하했을 일인데 불운으로 여기고 엄청난 눈물을 흘린 경험이 있다." 캐나다 작가인 멀 셰인이 다정하게 우리를 일깨운다.

그 여자아이가 손가락을 물레 바늘에 찔리지 않았다면 매일 방과 후 오후 내내 침대에 들어가서 동화책 세상에서 위안을 구했을까? 어른이 되자 환상의 비밀을 알아내려고 연극을 공부했을까? 스타일에 대해 배우기 위해 런던과 파리로 날아가 패션에 관한 글을 썼을까? 그렇지 않았을 것이다. 이렇게 확신할 수 있는 이유는 내가 바로 그 여자아이기 때문이다.

당신의 물레 바늘은 무엇인가? 손가락이 찔려서 깊은 잠에 빠진 순간이 있었는가? 아니면 그저 천천히 마음의 문을 닫았는가? 지나치게 비판적인 부모, 성폭행이나 가정폭력, 충격적인 이별, 음식이나 약물이나 술에 의존하는 버릇 때문에 잔인한 마법에 걸렸을 수도 있다.

잠자는 숲속의 미녀여, 이제 잠에서 깨어날 때다. 당신의 창조성, 상상력, 진정한 스타일 감각은 마법사의 그 어떤 주문보다도 강력하다. 멀리 셰인은 우리에게 용기를 준다. "결코 과거를 바꿀 수 없지만 과거가 당신에게 미치는 영향력을 바꿀 수는 있다. 또한 삶에서 무엇도 되돌릴 수 없지만 삶을 바꿀 수는 있다."

# 3월 19일

## 사람들은 평온한 사람에게 끌린다

평온은 너무 많은 사람이 과소평가하는 품성이다.
… 주변이 떠들썩할 때 우리는 우아하고 여유 있게 앉아 있는 여성에게
끌리는 것을 도저히 거부할 수 없다. 그런 여자는 두 손을 가지런히
모은 채 나직한 목소리로 이야기하고 눈과 미소로 호응하면서 귀를
기울인다. 그녀는 주변 사람들의 귀와 눈과 마음을 매혹하는 주문을 건다.

-《굿 하우스키핑》, 1947년 11월호

누구나 빛나는 미소로 다른 사람을 자신의 주변으로 끌어들이는 특별한 여성을 만난 적이 있다. 당신이 안부 인사를 하는 동안 그녀는 눈을 반짝반짝 빛내며 듣는다. 그녀가 사람들에게 기울이는 관심은 마음을 진정시키며 최면 효과를 발휘해 남녀노소를 불문하고 모두 그녀에게 끌린다. 그녀에게서 몸을 돌려 자기 자리로 돌아갈 때면 마치 지금까지 아름답고 따뜻한 빛을 듬뿍 받은 것 같은 느낌이 든다.

실제로 당신은 빛을 듬뿍 받았다. 그 빛은 바로 사랑이다. 우리 모두 아주 오래된 이 아름다움의 비결을 이용할 수 있다. 우리가 진정으로 다른 사람에게 관심을 가지면 상냥함이 강하게 솟구친다. "그녀는 대화를 할 때 상대방을 억지로 벌리고 들어가야 하는 이상하고 단단한 껍데기처럼 대하며 말하지 않는다. 그 대신에 그녀는 이미 상대방의 껍데기 안에 들어와 있는 것처럼 말한다." 할렘 르네상스(1920년대에 미국 뉴욕의 흑인지구 할렘에서 일어난 흑인문화예술 운동 – 옮긴이)에 영향을 끼친 아프

리카계 미국인 극작가 마리아 보너가 1926년에 감정이 풍부한 여성에 대해 쓴 글이다. 우리 모두 그런 여성이었으면 좋겠다. 우리 모두 그런 여성이 될 수 있으면 좋겠다.

우리는 그렇게 될 수 있다.

일상생활에서는 고요한 순간보다 괴로운 순간이 많다. 그러나 자신의 울타리 밖으로 나가 다른 사람을 진정으로 받아들이면 정신의 힘을 이용할 수 있다. 갑자기 내면에서 환한 빛이 나고 이 빛은 고급 미용실에서 화장한 것보다 훨씬 아름답게 우리 모습을 바꿔놓는다.

오늘은 평온한 영혼을 가진 여성인 것처럼 행동하자. 만나는 모든 사람에게 다정한 웃음을 지으며 인사하자. 아무리 바빠도 동료나 가족이나 친구와 마주치면 서둘러 자리를 뜨지 말자. 부드럽게 말하자. 집중해서 듣자. 당신이 나누는 모든 대화가 오늘 당신에게 가장 중요한 일인 것처럼 행동하자. 자녀나 남편이 이야기할 때 그들의 눈을 바라보자. 고양이를 쓰다듬고 개를 어루만지자. 당신이 만나는 모든 생명체에게 아낌없이 사랑을 베풀자. 하루가 끝날 때쯤에 기분이 어떻게 달라져 있는지 보자.


## 3월 20일

### 내적인 아름다움은 외적인 매력으로 드러난다

신디 크로퍼드처럼 아름다운 여성이 진정한 아름다움의 비결은
내면의 빛을 찾는 것이라고 말한다면 멋지지 않을까?

제기랄. 나는 그들과 동일한 방법을 써서 내면의 빛을 찾았다.
틀림없이 나는 이전보다 행복하다. 그렇지만 여전히
나는 그 아름다운 여성들처럼 보이지는 않는다.
- 메리앤 윌리엄슨
미국의 작가이자 영적 스승

모든 여성이 비욘세를 쏙 빼닮을 수야 없지만 최대한 멋지게 보일 수는 있다. 소박함은 자아를 움직이는 데에 일조한다. 이는 우리가 가장 멋진 모습, 진정한 모습으로 보이는 방법을 다시 생각할 때 자연스럽게 일어난다. 점차 '간결한 것이 더 아름답다'는 접근법이 인테리어와 손님 접대는 물론 화장과 패션에도 적용된다는 것을 알게 된다.

역설적이게도 최대한 멋지게 보이고 싶은 열망은 우리가 내면의 활동에 몰두한 후에야 생긴다. 우리가 정신의 성장을 찾아 내면으로 들어가면 외면에 꽃이 피기 시작한다. 시간을 투자해 명상을 하면 마음이 더욱 고요해지며 이는 얼굴에 고스란히 드러난다. 지금 모습 그대로의 자신을 사랑하는 법을 배우면 건강한 식습관이나 적절한 운동 방법을 알아내 실천하고 싶은 의욕이 생긴다. 화장을 더 자주 하게 되며, 그저 집에서 일하거나 슈퍼마켓에 가거나 아이들을 방과 후 활동 장소로 태워다줄 때도 옷에 더 신경을 쓰게 된다. 이런 미세한 변화는 우리 자신에 대한 감정에 막대한 영향을 준다.

그렇다면 내적인 아름다움을 위해 노력할 때 외적인 매력이 생기는 이유가 무엇일까? 그 둘이 단단하게 연결돼 있기 때문일 것이다. 그노시스주의의 한 격언은 내면의 모습이 외면에 드러난다고 가르친다. 자신의 잠재성을 완전히 깨달은 여성은 눈부신 광채로 조물주를 기쁘게 한다. 메리앤 윌리엄슨은 생활방식에서건 외모에서건 간에 개인의 변화 과정은 '정신의 성장을 위한 노력'이라고 말한다. 나는 그녀를 믿는다.

## 3월 21일

### 시간이 해결해줄 일에 안달복달하고 있지는 않은가?

나는 불안거리나 걱정거리가 없는 균형, 순수,
평온을 … 좋은 안락의자와 비슷한 것을 꿈꾼다.
- 앙리 마티스
프랑스 인상파 화가

이 글을 쓰고 있는 지금, 나는 바닥에 넘어져서 겨우 일어났다가 다시 넘어진 후유증에 한 시간 동안 시달리고 있다. 멍이 든 데다 숨이 가쁘고, 앉아 있는데도 여전히 몸이 부들부들 떨리고 진이 빠진다. 펜싱 선생님의 말에 따르면 당연한 현상이란다. 그는 아까 나에게 코어 보드(코어 운동을 통해 신체의 균형을 잡아주는 기구 – 옮긴이)의 가운데에 올라가 가만히 서서 버티라고 했고 나는 마음대로 되지 않는 몸 때문에 창피해서 어쩔 줄 몰랐다.

부디 곧 몸이 나아서 평소에 하는 운동인 펜싱과 승마를 다시 할 수 있으면 좋겠다. 어쨌든 나는 두 운동을 하려면 몸 상태가 훨씬 좋아져야 한다는 것을 알게 돼서 당황하는 중이다. 게다가 넘어지는 바람에 내 몸의 오른쪽과 왼쪽이 균형과 힘이라는 측면에서 얼마나 불균형한지를 깨달았다. 하지만 나는 스포츠에서건 삶에서건 완전히 균형을 잃기 전에는 균형을 찾을 수 없다고 들었다. 그리고 균형을 사용하지 않으면 잃는다고도 들었다.

《균형 잡힌 삶을 위한 명상Meditations for Living in Balance》의 작가인 앤 윌슨 섀프는 이렇게 지적한다. "우리는 균형 잡힌 삶에 대해 생각할 때, 우리가 일상생활에서 대부분의 일을 서둘러 해치우려고 하듯이 균형에 대해서도 이렇게 접근하는 경향이 있다. … 우리는 일과 가정의 균형을 바란다. 우리는 운동을 하고 몸에 좋은 음식을 먹기를 바란다. 우리는 더 많은 일을 할 수 있게 건강을 유지하기를 바란다. 우리는 우리 자신, 우리 시간, 우리 활동, 우리 관계, 우리 삶을 비롯한 모든 것을 가득 채우기를 바란다. 조심하지 않는다면 우리는 그렇지 않아도 너무 긴 할 일 목록에 '삶의 균형 잡기'라는 또 다른 항목을 추가하게 될 것이다."

이번 주에는 빛과 어둠의 길이가 완전한 균형을 이루는 춘분이 끼어 있다. 또한 바쁜 삶에서 더욱 균형을 발견할 수 있는 방법을 깊이 생각하기에 완벽한 시기이기도 하다. 대부분의 여성이 많은 일을 하는 것을 당연하게 여긴다. 우리는 24시간 동안 열댓 개의 각기 다른 방향으로 끊임없이 끌려다닌다. 일, 자녀, 개인적인 인간관계, 허드렛일, 친구, 가족, 약혼자, 다른 사람에게 한 약속, 건강 걱정, 마감일, 이루지 못한 꿈과 희망. 그러다 보니 균형의 삼위일체인 심사숙고, 회복, 휴식을 위한 시간이 거의 남지 않는다. 이 세 가지를 행복을 위한 의식으로 여기기 시작하자.

그러니 할 일 목록의 시소에서 내려와서 안락의자를 찾자. 균형을 찾는 방법 중 하나는 해야 하는 모든 일을 꼭 오늘 끝낼 필요는 없다는 것을 깨닫는 것이다. 앤 윌슨 섀프가 다음과 같이 조언한다. "내버려두면 우리 삶의 많은 일과 문제가 저절로 해결될 것이다. 당장 해내야 하지만 불가능한 일이 내일이나 다음 주에는 아주 다르게 보일 것이다. 다른 사람들이 어떤 일이 시급하다고 밀어붙일 때 … 내 최선의 반응은 그저 속도를 줄이는 것이라는 것을 자주 느꼈다."

혹은 선종의 선문답은 이렇게 우리를 일깨운다. "조용히 앉아서 아무 것도 하지 않아도 봄이 오고 풀이 저절로 자란다."


### 3월 22일

## 자신만만하게 행동하면 실제로 자신감이 생긴다

사람들은 내가 거만하다고 생각했지만 그렇지 않았다.
그저 나는 자신이 있었을 뿐이다. 예나 지금이나 자신 없는 사람은
자신감을 용서할 수 없는 특성으로 여긴다.

- 베티 데이비스
미국 배우


얼굴에 바르는 피부재생크림이나 탄력크림을 사듯이 화장품 가게로 당당히 들어가서 자신감 한 병을 살 수 있다면 얼마나 좋겠는가. 안타깝게도 이 정신의 만병통치약은 비싼 향수와 마찬가지로 여성마다 어울리는 종류가 다르다. 저마다의 고유한 성질 때문이다.

어렸을 때 내 자신감의 묘약은 주로 태도와 낙천주의와 확신의 향기

를 강하게 풍겼다. 경험과 지식과 지혜의 향기는 뒤늦게 풍겼다. 그러나 오늘날까지도 나는 새로운 도전이나 기회가 생길 때마다 용기를 주는 특별한 묘약 한 방울을 마련해야 한다. 내가 쓰는 방법은 최대한 철저하게 준비하고 해당 역할에 어울리게 몸단장을 하는 것이다. 예를 들어서 옷장에 걸려 있을 때조차 자신감을 물씬 풍기는 옷을 입는다. 이어서 기도를 하면서 정신의 전원을 켜 달라고 요청한다. 그러고 나서 '공연'을 시작한다. 내가 자신만만한 것처럼 행동하면 세상은 내가 자신만만하다고 생각한다.

자신 없지만 자신 있게 살아야 할 때 진정한 자아에게 자신 있는 태도를 빌리면 된다는 사실을 기억하면 위안이 된다. 진정한 자아는 당신이 얼마나 대단한 사람인지 알고 있으며 당신을 격려한다. 당신에게는 이런 약간의 사기 진작만 필요할 뿐이다. 잠재의식은 진짜와 상상을 구분하지 못한다(그래서 창조성을 발견하는 시각화 작업이 효과가 있는 것이다). 자신 있는 것처럼 행동하면 실제로 그렇게 된다. 적어도 잠깐 동안은 자신감이 생긴다. "당신이 할 수 없다고 생각하는 일을 해야 한다." 가장 오랜 기간 미국 대통령 영부인으로 활동한 엘리너 루스벨트가 한 말이다. 실제로 그녀는 자신의 말을 입증하는 삶을 살았다. 당신이 살다가 어려움이 생기면 진정한 자아에게 자신감의 향기를 빌려서 어려움을 이겨내면 된다.

# 3월 23일

## 나는 몇 점짜리 사람인가?

다른 사람의 아류가 되려 하지 말고 항상 최고의 자신으로 살아라.
- 주디 갈랜드
미국 배우

나는 주디 갈랜드를 흉내 내는 것은 형편없지만 세라 본 브래넉의 역할
은 상당히 잘한다. 이 점을 깨닫기까지 거의 평생이 걸렸지만 그 후로
과거와 완전히 다른 사람이 되었다. 이 진실이 당신의 마음을 일깨우면
당신도 그렇게 될 것이다.

우리가 의식하든 못하든 간에 세상은 당신에게 다른 여성이 되라고
끊임없이 강요한다. 안타깝게도 그리 멀리 보지 않아도 현대 여성이 일
상의 영감을 얼마나 갈망하는지 알 수 있다. 이미 여성의 라이프스타일
에 대한 웹사이트와 블로그가 수없이 많은데도 매달 옷 입기, 집 장식하
기, 인간관계, 아이를 영재로 키우기, 몸무게 절반으로 줄이기, 개인적
목표 점검하기 등에 관해 조언하는 라이프스타일 코치들의 사이트가 엄
청나게 생겨난다. 정신이 아찔할 정도다.

당신은 어떤지 모르겠지만 늘 바쁘고 지치고 신경이 곤두서는 나는
(어쩔 수 없다. 깨달음은 파도처럼 밀려왔다가 밀려간다) 또 다른 충고가 필
요하지 않은데도 다정하게 격려하거나 상식을 알려주거나 자상하게 어
떤 사실을 상기시키거나 위로가 되는 말을 찾아다닌다. 그래서 종종
《행복의 발견 365》가 애정 어린 마음으로 자기를 돌보도록 이끄는 1080

페이지짜리 허가서처럼 느껴지는 것이리라.

당신은 행복과 안녕은 방종이 아니라 정신의 최우선 명령이라고 믿어야 한다.

웹스터 사전에 따르면 진정한 상태란 '상상이나 가짜나 모방이 아닌' 것이다. 진정하게 산다는 것은 '진짜이고, 진실하고, 참되게' 산다는 것이다. 우리가 진정으로 요구할 수 있는 유일한 것은 우리 자신이 되는 것이다. 하지만 아무리 지독한 날이라도 최선을 다하는 것만으로 충분하다. 뉴욕의 한 광고 회사에서 중역을 맡고 있는 정력적인 여성이 있다. 내가 아는 한 세상에서 가장 창조적이고 똑똑하고 재능이 뛰어나고 재미있는 여성이다. 그러나 때로 그녀는 자신을 그렇게 생각하지 않는다. 그녀는 늘 성과를 점수로 매기는 집에서 자라서 자신에게 엄청나게 엄격했다. 다른 사람은 그녀를 A⁺로 평가하지만 그녀가 평가한 자기 점수는 C⁻다.

우리 모두 자신에게 아주 엄격하다. 우리는 다른 사람처럼 되고 싶어 할 뿐만 아니라 다른 사람의 완벽한 모습을 닮고 싶어 한다.

내가 아는 또 다른 여성에 관해 이야기해보겠다. 그녀가 쓴 첫 책이 나왔을 때 그녀는 정신 나간 사람처럼 굴었다. 수년에 걸쳐서 노력한 끝에 대단히 아름다운 책을 만든 자신을 축하하기는커녕 절벽에서 뛰어내릴 기세였다. 한 문장에서 동사의 시제를 잘못 썼다는 이유 때문이었다. 성취를 축하하기는커녕 스스로 기쁨을 빼앗았다.

다행히 이제 그녀는 더 현명해졌다. 아미시교도들은 퀼트 이불을 만들 때마다 일부러 어울리지 않는 천 조각을 하나 넣는다. 하느님만이 완벽하게 창조할 수 있다는 진리를 되새기려는 것이다. 우리도 그 점을 유넘해야 한다. 우리는 오직 자신의 최고의 모습이 되기 위해서 노력해야 한다. 다른 사람이 되려고 할 필요가 없다. 그저 자신의 최고의 모습이면 늘 충분하다.

# 3월 24일

## 내일은 오늘보다 나아질 것이다

마음의 소리를 듣기는 쉽지 않다. 당신이 누구인지 알아내기는 쉽지 않다.
당신이 누구이며 무엇을 원하는지 알아내려면 노력과 용기가 필요하다.

- 수 벤더
미국 작가

지금까지 우리가 해온 활동 중에서 자신을 돌보는 것 다음으로 가장 힘든 활동은 마음의 속삭임을 듣는 것이다. 어떤 날은 소박한 풍요로움의 길이 자연스럽게 펼쳐진다. 당신이 진짜로 필요한 것을 모두 가졌다는 사실을 깨닫는다. 그러나 어떤 날은 욕구를 가라앉히기가 힘들다. 충족되지 않은 욕구와 이뤄지지 않은 꿈이 너무 많은 것만 같다. 내면의 변화가 외부로 드러나기를 기다리기가 신물이 난다.

이처럼 암담한 날이 오면 설사 우울이라는 은밀한 파괴자가 우리가 나아가는 길을 일시적으로 막고 방해하려고 해도, 우리가 찾으려고 노력만 하면 매일 선물을 받게 된다는 점을 명심해야 한다. 슬픈 이유가 아주 분명할 때도 있다. 예를 들자면 엄청난 상실감, 혹은 돈이나 건강에 대한 걱정이 있다. 그런가 하면 기분이 안 좋은 이유를 도무지 알 수 없고 그래서 기분이 더 나빠지는 때도 있다. 이런 이유는 수없이 많다. 자신이나 다른 사람에게 인정받지 못해서 생기는 불만, 기진맥진, 날씨, 호르몬, 독감의 징조, 혹은 그저 변화의 과정에서 겪는 고민 등이 있다.

정신적이고 창조적인 성장 과정이 순조롭고 예측할 수 있으며 고통이 따르지 않는다면 얼마나 좋겠는가! 그러나 현실은 그렇지 않다. 저명한 영국 작가인 페이 웰던은 "최상의 변화는 모두 고통을 동반한다. 그것이 변화의 핵심이다"라고 말한다. 또한 성장에는 통증이 따른다. 세 걸음 전진, 두 걸음 후진, 이어서 아무 변화도 일어나지 않는 듯 보이는 긴 정체기가 이어진다. 하지만 이런 휴면기는 항상 급성장을 가져온다는 점을 깨닫는 것이 중요하다. 안타깝게도 흔히 우리는 휴면기에 우울해지거나 포기하려고 작정한다.

이런 날에는 옷을 챙겨 입고 문밖에 나가는 것조차 엄두가 나지 않는다. 몰골이 끔찍한데도 아무런 신경도 쓰지 않는다. 전날 샤워를 했는지 혹은 마지막으로 머리를 감은 날이 언제인지 기억이 나지 않는다. 아이들은 자꾸 칭얼거리고 당신은 새된 소리를 지른다. 참을성이 바닥난다. 삶이 황량하게 여겨지고 밝은 미래 따위는 보이지 않는다. 진정한 자신을 발견하기가 생각보다 훨씬 더 힘들고, 이제는 진정한 모습을 정말로 찾고 싶은지조차 모르겠다.

먹구름이 짙게 깔려 있을 때, 폭풍우가 어서 지나가기를 기다리면서 견디는 것 외에 무엇을 할 수 있을까? 선택은 둘 중 하나다. 하나는 그저 항복하고 저항을 멈추는 것이다. 우울하다고 신세 한탄을 하는 것이다. 하지만 그전에 은총을 베풀어달라고 요청하자. 그리고 실컷 울자.

일찍 퇴근하자. 낮잠을 자고 우울한 기분을 잠으로 떨쳐버리자. 좋아하는 간식(예를 들어서 치즈케이크 한 조각이나 하겐다즈 아이스크림 한 그릇)을 그저 약 대용으로 죄책감 없이 마음껏 먹자. 단, 냉장고 앞에 서서 퍼먹지 말고 편한 자리에 앉아서 천천히 음미하자. 혹시 요리할 기운이 있다면 저녁식사 때 마음을 위로하는 음식을 만들어서 먹자. 그럴 기운이 없다면 저녁식사를 사 먹거나 샌드위치처럼 간단한 음식을 준비하자. 눈물을 쏙 빼놓는 영화를 보자. 아이들을 일찍 재우자. 뜨거운 욕조에 몸을 푹 담그자. 위안을 주는 서랍을 열자. 포근한 이불 속에 몸을 푹 파묻자. 고마워할 점 다섯 가지를 찾아보자. 이제 전등을 끄자.

다른 하나는 우울한 기분을 몰아내기 위해 분위기를 바꾸는 것이다. 은총을 구하자. 좋은 친구에게 전화해 수다를 떨자. 물을 끓여 따뜻한 차를 만들자. 세수를 하고 머리를 빗고 립스틱을 바르고 향수를 뿌리고 귀걸이를 달자. 거울에 비친 모습을 보고 미소를 짓자. 앉을 자리가 나도록 거실을 정리하자. 집 주변을 걸으면서 머릿속을 맑게 하자. 직장에서 일하는 중이라면 집중할 수 있는 내일까지 새 프로젝트의 진행을 미루자. 대신에 책상을 청소하고 서류를 정리하자. 집에 가는 길에 수선화 한 다발과 좋아하는 포장 음식을 사서 자신에게 선물하자.

당신이 두 가지 중 어떤 방법을 선택하든지 24시간 후에는 새로운 하루가 시작될 것이다. 내일은 더 나아질 것이다. 그러나 이틀이 지나고 사흘이 지나도 우울한 기분이 계속되면 친구나 상담사나 의사나 신에게 도움을 요청하면 된다. 누구에게나 암울한 날이 오기 마련이다. 그러나 이처럼 절망적인 날은 자신에게 다정하게 대하는 방법을 배울 소중한 기회를 준다. 믿기 힘들겠지만 오늘도 숨어 있는 선물이 당신을 기다리고 있다. 물론 당신이 자발적으로 찾으려고 할 때만 선물이 보일 것이다. 페이 웰던은 "아무 일도 일어나지 않고, 다시 아무 일도 일어나지 않다가, 모든 일이 일어난다"라고 우리를 안심시킨다.

# 3월 25일

## 옷은 넘쳐나는데 왜 항상 입을 옷이 없을까?

물론 "입을 옷이 하나도 없어"라는 말은 우리가 벌거벗고 다니거나
은둔 생활을 해야 한다는 뜻이 아니다. 그저 기분에 맞거나 현재의
생활을 반영하는 옷이 옷장에 없다는 말이다.

– 케네디 프레이저
영국의 수필가이자 패션 기자

옷이 가득 들어 있는 옷장에서 기분에 맞춰 입을 만한 옷을 하나도 찾지 못한 경험이 다들 있을 것이다. 그러면 우리는 체념의 한숨을 푹 내뱉고는 검은색 드레스와 진주 목걸이 혹은 청치마와 스웨터에 부츠처럼 오랜 세월에 걸쳐 가치가 입증됐고 자주 입어 편한 '유니폼'을 집어 든다.

사실 대부분의 여성이 특별한 경우를 제외하면 같은 옷이나 아주 비슷한 옷을 반복해서 입는다. 계절에 따라 옷이 달라지지만 주로 입는 옷 몇 벌만 돌려가면서 입을 뿐이며, 그런 옷은 우리가 자신의 현재 삶을 어떻게 보는지 드러내 보인다. 《보그》의 전설적인 편집장 다이애나 브릴랜드는 수년 동안 출근할 때마다 똑같은 스타일의 검은색 스커트와

스웨터를 입는 것으로 유명했다.

그렇다면 우리는 입지 않는 수많은 옷을 어떻게 하는가? 아무것도 안한다. 그 옷들은 그저 옷걸이에 걸린 채로 옷장에 방치돼 있다. 이유를 대자면 한도 끝도 없다. 사이즈가 맞지 않거나, 색이 마음에 들지 않거나, 디자인이 어울리지 않거나, 피부에 닿으면 간지럽다. 혹은 마지막으로 그 옷을 입었을 때 전남편과 지독하게 싸운 터라 그 상처를 다시 떠올리기 싫다. 때로 계절이 여러 번 바뀌는 동안에 그대로 걸려 있는 경우도 있다. 혹시 입게 될지도 모를 때를 대비해서라지만 그런 날은 오지 않는다.

봄은 옷장 속 물건을 꺼내 옷과 자신의 관계를 다시 생각하기에 완벽한 시기다. 신선한 변화의 바람이 불고 있다. 두꺼운 코트와 스웨터를 벗어 던지고 가벼운 옷으로 갈아입고 싶은 마음이 간절해진다. 뒤떨어진 유행 감각을 벗어던지고 실생활에 맞아떨어지며 진정한 자아를 제대로 반영하는 스타일로 대체하자.

옷장에 걸린 모든 옷이 당신이 정말로 좋아하는 옷, 입으면 당신의 매력을 살려주거나 기분을 좋게 하는 옷이면 어떨까? 당신의 기분이 날마다 얼마나 좋아질지 생각하자. 소박한 풍요로움의 두 번째 은총인 소박함을 받아들이면 그런 기적이 일어난다.

나중에 옷장과 서랍장을 말끔히 치울 것이니 지금은 옷 정리에 대해 걱정하지 않아도 된다. 오늘은 그저 당신의 실생활과 매일 입는 옷을 가만히 생각하자. 그 옷이 당신의 내면에 있는 여성과 어울리는가? 발견 일기에 붙여놓은 옷은 내면의 여성을 반영하는가? 지금 옷장에 걸린 채 방치한 옷은 내면의 여성을 반영하는가? 모든 드레스, 치마, 면바지나 청바지, 블라우스, 스웨터, 티셔츠, 재킷은 이야기를 한다. 케네디 프레이저는 《패셔너블 마인드The Fashionable Mind》에서 "모양과 색깔에 상관없이 모든 옷은 삶을 가지고 있다"라고 말한다. 조용히 앉아 내면으로 들어가 당신의 삶의 실로 짠 이야기를 열심히 들어보자.


## 3월 26일

## 옷차림은 자신을 표현하는 방법이다

매장에서든 집에서든 우리가 선택한 옷은
우리 자신을 정의하고 묘사한다.
- 앨리슨 루리
풀리처상을 수상한 소설가


우리는 아침에 옷을 입을 때 그 옷을 통해서 자신의 마음과 가족과 외부 세상과 대화를 하는 셈이다. 그러나 대부분의 여성이 이 점을 모른다. 앨리슨 루리는 흥미로운 책 《옷의 언어The Language of Clothes》에서 옷은 상상도 못 할 정도로 많은 말을 전달한다고 말한다. "내가 길거리나 모임이나 파티에서 대화를 나눌 수 있을 만큼 가까이 다가가기 훨씬 전부터 상대방은 입고 있는 옷을 통해 자신의 성별, 나이, 계층을 알린다. 그리고 직업, 출신, 성격, 의견, 취향, 성욕, 현재 기분을 담은 중요한 정보(혹은 잘못된 정보)까지 줄 가능성이 크다. 나는 관찰한 것을 말로 표현하지는 못하지만 그 정보를 무의식적으로 기억한다. 그리고 동시에 상대방도 나와 동일한 과정을 거친다. 우리는 얼굴을 직접 맞대고 대화하기 전에 이미 오래되고 보편적인 언어로 서로 이야기를 주고받은 것이다."

진정한 자아 찾기를 시작한 후로 생기는 여러 놀라운 통찰력 중 하나가 여기에서 나온다. 수십 년 동안 집이나 직장이나 모임이나 슈퍼마켓에서 다른 여성이 당신을 대신해서 대화를 했다는 사실을 깨닫게 되는 것이다. 처음에는 이 사실이 당황스럽고 실망스럽기까지 할 것이다. 하지만 잘 생각해보면 흥미로운 발견이다. 이제 당신은 창조적인 선택을 통해서 당신의 진정성을 소중히 여기며 표현하기 시작했으니 두 언어를 사용하는 방법은 물론 자신을 유창하게 표현하는 방법을 배울 수 있기 때문이다. 프랑스의 유명한 패션 디자이너 가브리엘 코코 샤넬은 "무언가가 아니라 누군가가 되기로 결정을 하고 나면 얼마나 많은 걱정을 덜게 되는가"라고 말했다.

## 3월 27일

## 유행과 스타일을 구분해라

**유행은 퇴색되지만 스타일은 남는다.**
- 코코 샤넬
프랑스 패션 디자이너

코코 샤넬은 오늘날에도 여전히 우리의 개인 교사다. 유행과 스타일의 차이가 무엇일까? 참 좋은 질문이다.

흔히 여성은 유행과 미친 듯이 바람을 피우고 싶어 하지만, 선택을 하라고 하면 대부분 스타일과 결혼하는 쪽을 택한다. 스타일은 좋은 배우자처럼 당신을 실망시키지 않기 때문이다. 유행의 유혹에 빠져봤자 그 불륜의 불꽃은 다음 시즌 전에 다 타서 없어진다.

유행은 과시적이고 최신의 것에 관심이 있다. 스타일은 예전에 끊임없이 생겼다 사라지는 유행을 모두 지켜봤으며, 단순함과 아름다움과 우아함처럼 유행에 얽매이지 않는 원칙은 시간이 지나도 변치 않는 힘을 발휘한다는 것을 알고 있다. 유행은 일시적인 열광이다. 스타일은 철학이다.

유행은 개성을 무시하지만 스타일은 개성을 찬양한다. 유행은 매력을 발휘하지만 동시에 자기중심적이고 경박하며, 따분한 애인이나 마찬가지라는 것을 절대 잊지 말자. 반면에 스타일은 활기차고 관대하며 당신의 최고 장점을 온 세상이 볼 수 있게 드러낸다. 유행은 선동을 하지만 스타일은 마음을 달래는 것을 선호한다. 유행을 따르면 혼자만 만족을 느낄 뿐이지만, 스타일을 따르면 다른 사람의 찬사를 듣게 된다. 코코 샤넬의 시대에 《보그》의 편집장이던 에드나 울먼 체이스는 "유행은 돈으로 살 수 있지만 스타일은 스스로 만드는 것이다"라고 말했다.

유행은 추측하기 때문에 허풍만 떨 수도 있다. 그러나 스타일은 확실히 알고 있다. 유행은 참을성이 없고 결국 떠나간다. 스타일은 변함이 없으며 모든 여성이 자각하기를 기다린다. 진정한 스타일은 정신에서 태어나기 때문이다.

# 3월 28일

## 입지 않는 옷들은 과감히 정리해라

소설에서나 삶에서나 실수를 바로 잡기에 늦은 때란 없다.

- 낸시 세이어
미국 소설가

옷이 당신의 진정성을 드러내도록 바로잡는 첫 단계는 잘못 산 옷이나 어울리지 않는 옷과 인정사정없이 헤어지는 것이다. 그런 옷들은 옷장을 가득 채우고 있으면서 당신의 마음을 혼란스럽게 할 뿐이다. 하지만 잠시 현실적으로 생각하자. 내가 아는 대부분의 여성은 이런 일을 시작하기 전에 마음의 준비를 해야 한다. 옷장과 서랍장 정리는 생각만 해도 겁이 난다. 옷을 사느라 허비한 엄청난 돈과 수많은 잘못된 선택이 떠오르기 때문이다. 게다가 일단 시작하면 상당히 고된 작업이다. 그렇지만 아주 엉망진창인 옷장을 정리하는 것보다 만족스러운 일도 없다. 어차피 겨울옷을 치우고 봄옷과 여름옷을 내놔야 하기 때문에 환절기는 옷장을 정리하기에 완벽한 기회다. 공략 계획을 잘 세우면 과거도 정리할 수 있다.

이 활동을 위해 3시간 정도 시간을 내자. 대체로 토요일 오후가 적당하다. 미리 상자와 커다란 쓰레기봉투를 충분히 모아놓아야 한다. 그렇지 않으면 옷을 담을 것을 찾으려고 중간에 계속 방을 들락날락하느라 기운이 다 빠진다. 즐거운 음악을 틀자. 참고로 말하자면 나는 집 정리를 할 때 주로 브로드웨이 뮤지컬 음악을 듣는다. 심호흡을 하자. 이제 옷장에서 모든 물건을 꺼내서 침대에 쌓아놓자. 다 꺼냈는가? 이제 다시 넣기에는 너무 늦었다.

옷을 종류별로 살펴보자. 어떻게 해야 할지 확신이 서지 않는 옷이 나오면 직접 입고 전신 거울 앞에 서자. 거울에 비친 모습을 보면서 솔직하되 연민 어린 마음으로 판단하자. 보석, 스카프, 가방, 모자, 신발 등의 패션 액세서리도 정리하자. 정말로 좋아하는 물건, 당신을 아름답게 보이게 하거나 기분이 좋아지게 하는 물건만 남겨두자. 이때야말로 소박함이 작용하는 순간이다. 지금은 몸에 맞지 않지만 여전히 마음에 드는 옷은 어떻게 해야 할까? 지금 입고 있는 옷보다 딱 한 사이즈가 작은 옷만 보관하자. 한 사이즈를 줄이는 것은 현실적인 목표이자 앞으로 노력해야 할 목표이기 때문이다.

현재 당신의 생활에서 각각의 경우에(직장, 격식을 차리는 자리, 편한 자리) 필요한 옷을 곰곰이 생각하자. 1년 동안 안 입은 옷이 있다면 아무리 비싸도 과감하게 작별을 고하자. 대단히 애착이 가는 옷이 아니라면 남겨두지 말자. 예를 들어서 나는 로라 애슐리 브랜드의 옷만 입던 시절이 있었다. 그때 입던 꽃무늬 옷은 지금 나에게 어울리지 않는다. 그렇지만 내 딸과 커플룩으로 입고 다니면서 행복했던 추억이 아주 많기 때문에 그 옷들이 상징하는 과거와 헤어질 수 없다. 그래서 나중에 딸이 자라서 입을지 말지 직접 판단할 수 있게 옷을 잘 싸서 다락에 두었다. 딸은 당황스러워하면서 "그 스타일은 다시 유행하지 않을 거예요"라고 말하지만 앞일을 누가 알겠는가? 즐거운 감정을 불러일으키는 옷을 보관할 공간이 있다면 보관해두자. 그럴 공간이 없다면 당신이 그랬듯이 그 옷을 아주 좋아해 줄 사람에게 기쁜 마음으로 넘겨주자.

이제 과감하게 행동할 때다. 정리한 옷을 당신의 너그러움에 감사할 사람들에게 주자. 그렇게 하면 당신이 얼마나 많은 것을 베풀 수 있는지 깨닫게 되면서 풍족한 기분이 들 것이다. 이처럼 긍정적인 태도는 삶을 더욱 풍요롭게 할 수 있는 필수적인 요소다.

비싼 물건을 버리는 가장 도움이 되는 방법은 드레스 포 석세스 같은 단체에 기증하는 것이다. 이 단체는 구직 활동을 하는 여성에게 면접용 옷을 제공한다. 이렇게 하면 아주 긍정적인 방식으로 다른 여성을 도울 수 있기 때문에 망설임 없이 옷장을 정리할 수 있다. 평소에 기가 막히게 옷을 잘 차려입는 친구가 있는데, 그녀는 멋진 옷을 믿기 어려울 정도로 저렴한 가격에 구입하는 재주가 있다. 그 친구는 매년 옷을 기부한다. 그녀는 자신이 그저 운이 좋다고 생각한다. 내 생각에 이는 선행이 계속 순환되게 하려고 우주가 친구에게 보상하는 방식이다.

모든 여성은 실수로 구입한 옷이 있다. 이런 옷은 스타일 감각을 혼란스럽게 하고 입을 옷이 없다고 우는소리를 하게 만든다. 과거의 화신인 옷장을 정리하면 당신의 내면에 있는 자아를 드러내는 옷을 선택할 수 있는 공간과 자유가 생긴다.


## 3월 29일

# 좋은 옷을 입어야 좋은 일이 생긴다

내 패션 취향의 바탕은 간지럽지 않은 옷을 고르는 것이다.

- 길다 래드너

대부분의 여성이 편한 옷을 열렬히 좋아한다. 나는 페이즐리 무늬의 면 잠옷을 정말 좋아한다. 방법만 있다면 일주일 내내 하루 종일 그 옷만 입고 싶을 정도다. 잠옷은 낮에 침실의 옷장에 걸린 채로 참을성 있게 기다리다가 밤이 되면 내 이름을 작은 소리로 부른다. 나는 대단히 경건한 마음으로 그 옷을 입기 때문에 자주 세탁한다. 그러다 보니 잠옷이 갓난아기의 뺨처럼 부드러워졌다. 집에서 여러 벌을 돌려 입으려고 여러 옷가게를 찾아봤지만 안타깝게도 내 잠옷과 스타일이나 천이 같은 옷이 없었다. 그래서 이 성스러운 탐색은 계속 이어질 것이다.

옛날에 나는 실크와 면이 섞인 특별한 스웨터를 가지고 있었다. 워낙 자주 입고 빨다 보니 가장자리의 올이 풀리기 시작했다. 어쨌든 나는 이 스웨터를 계속 입었다. 그 옷을 입는 날에는 글이 아주 잘 써졌기 때문에 행운의 스웨터라고 불렀다. 글이 잘 풀린 이유는 그 옷을 입으면 즐겁고 편안하다 보니 자유롭게 창조적인 전달자가 될 수 있었기 때문이다. 내가 집필 중이던 책이 마침내 마무리되자 전남편은 오래되고 추레한 스웨터를 버리라고 간청했다. 당시에 우리 지역에서 나와 친분이 없는 사람들은 그저 나를 '시장 부인'이라고 불렀기 때문에 남편의 입장을 생각해 어쩔 수 없이 그 말을 따르기로 했다. 우리 집 고양이 중 한 녀석이 내가 사랑하던 그 스웨터를 보금자리로 삼고 있다. 내 소중한 보물을 물려받은 고양이의 더없이 행복한 표정을 보고 있노라면 상실감이 어느 정도 완화되지만 여전히 그 스웨터가 그립다.

나는 모든 여성이 편한 옷을 입을 때 최상의 상태가 된다고 믿는다.

옷감과 핏(맞음새)의 연금술을 통해서 우리는 또다시 낙원으로 돌아간다. 단, 이번에는 이브처럼 조물주 앞에서 발가벗고 있는 것이 아니라 진정한 자아가 원하는 옷을 입고 한껏 만끽한다.

안타깝게도 많은 여성이 편한 옷을 삶의 중요한 요소가 아니라 부차적인 요소로 여긴다. 어쩌면 하루 24시간 중 여덟 시간쯤은 편한 옷을 입고 기분이 좋겠지만 그 정도로는 부족하다. 나머지 시간은 꽉 끼거나, 질질 끌리거나, 숨이 막히거나, 간지럽거나, 추어올리거나 내려야 하는 불편한 옷에 억지로 몸을 집어넣고 있다. 그런 옷은 삶을 불행하게 만든다. 우리는 세상에 맞춰 사느라고 그런 고문 장치를 입고 다닌다. 그러나 이제부터는 세상이 우리에게 맞출 방법을 찾아보면 어떨까?

이번 주는 탐정이 돼보자. 편안하게 있고 싶을 때 손이 가는 옷을 옷장에서 자세히 살펴보자. 삶을 더 편안하게 할 실마리를 찾아보자. 어떤 천이 피부에 닿을 때 느낌이 좋은가? 휴대폰이나 가방에 넣어 다니는 작은 스프링 수첩에 메모하자. 어떤 사이즈를 입을 때 정말로 편한가? 쓸데없이 허영심을 부리지 말고 솔직해지자. 내 경험에 따르면 약간 헐렁한 옷이 진짜 자기 사이즈다. 무리하게 몸을 집어넣는 것이 아니라 미끄러지듯이 몸이 쑥 들어가는 옷이 편한 옷이다. 어떤 모양의 칼라가 당신에게 어울리는가? 이런 세세한 면이 커다란 차이를 만든다. 옷을 관리할 때도 편안함이라는 개념을 적용하자. 다음에 옷을 살 때는 관리하기 편한 옷을 찾자. '드라이클리닝 전용'이라는 꼬리표가 붙은 옷을 제외하자.

이제 당신의 취향에 맞는 옷이 눈에 띄지 않는다면 찾을 때까지 기꺼이 기다리자. 주머니 사정을 고려해서 예산을 짜보자. 하루 종일 입을 수 있고 몇 년이 지나도 마음에 들, 질 좋고 편한 옷을 사기 위해 저축을 하자. 소박한 풍요로움의 길은 대체품이나 그럭저럭 괜찮은 옷에 안주해 돈과 에너지와 감정을 계속 낭비하는 것이 아니라 완벽한 옷을 찾을 때까지 인내심을 갖도록 격려한다.


## 3월 30일

## 자신의 스타일을 꾸준히 개발해라

취향은 평생 동안 폭넓게 발전하며 결코 실수를 저지르지 않는다.
스타일은 생겼다가 없어졌다가 하며 가끔 기가 막히게 멋질 때가 있다.
- 케네디 프레이저
영국의 수필가이자 패션 기자


당신이 입는 옷을 통해서 당신의 진정한 스타일을 찬미하는 것은 일종의 예술이다. 하지만 다른 예술과 마찬가지로 스타일 감각 역시 알아내고 궁리한 뒤에 꾸준히 키워나가야 한다. 스타일은 당신의 강점을 발견해서 그 가치를 완전히 확신할 때 시작된다. 그리고 예전에 생각하던 것처럼 많은 옷이나 액세서리나 보석이나 화장품이 필요하지는 않다는 것을 깨달을 때 자신만의 스타일이 활짝 피어난다.

오늘은 당신이 예술가임을 기억하자. 당신의 진정성을 찾으면 당신만의 독특한 스타일을 발견할 것이다. 멋들어지게 쓴 모자, 스모키그레이 색 아이라이너로 아름답게 강조한 눈, 화려한 귀걸이와 기가 막히게 어울리는 세련된 짧은 머리, 얇은 스타킹과 우아한 펌프스로 과시한 늘씬한 다리, 고급 맞춤 울 재킷과 함께 입은 평범한 흰색 면 티셔츠는 모두 각자의 독특한 스타일이다.

올해는 당신에게 어떤 스타일이 잘 어울리고 어울리지 않는지 찾아보자. 그러고 나서 다른 사람이 입은 옷에 신경 쓰지 말고 자신에게 어울리는 옷을 고수하자.

# 3월 31일

## 비상용품을 준비해보자: 구급상자

진짜로 안전을 확보해주는 것은 보험이나 돈이나 직장이 아니고,
구입한 집과 가구나 퇴직연금이 아니며 다른 사람도 결코 아니다.
그것은 기술과 유머와 용기, 당신만의 불을 지피고
당신만의 평화를 찾는 능력이다.

- 오드리 서덜랜드
미국의 카약 탐험가·모험가·작가

내 딸이 중학교 2학년 과정을 끝냈을 때 온 학급이 캠핑 여행을 가기로 했다. 나는 딸이 초등학교에 다닐 때 글을 쓰기 시작한 터라 학교에서 가는 여행에 보호자로 참석한 적이 한 번도 없었다. 그래서 딸이 보호자로 가달라고 할 때 당연히 승낙했다. 그렇지만 내가 마지막으로 캠핑 여행을 간 때는 걸스카우트 단원이던 수십 년 전이어서 내 캠핑 기술은 없

는 것이나 마찬가지였다.

그런데도 내가 캠핑에서 일어날지 모를 위급 상황을 대비해야 한다고 작정한 것을 보면 아무래도 미니버 부인의 정신을 무의식적으로 느꼈나 보다. 그래서 나는 아웃도어와 캠핑용품을 판매하는 매장에 가서 쇼핑카트에 구급용품과 캠핑장비를 가득 담았다. 내가 카트에 또 다른 '필수품'을 담을 때마다 케이트는 그것을 꺼내며 말했다. "이건 필요 없을 거예요."

나는 쇼핑 막바지에 진드기 제거제를 담았다. 아이들은 모두 발목까지 오는 내복과 비옷을 입기로 한지라 케이트는 상자를 보고는 한숨을 쉬었다. '다른 아이들의 엄마들은 보호자로 동행할 때 이런 것을 가져가지 않는데, 나는 왜 딸을 부끄럽게 하고 있을까…' 당신이 열세 살짜리 딸과 심한 말다툼을 해본 적이 있다면 그 상태를 질질 끄는 것이 썩 유쾌하지 않음을 알리라. 내 기억으로 그 대화는 케이트의 분노에 찬 경고로 끝났다. "좋아요. 가지고 가요. 대신 아무한테도 보이지 말아요."

메릴랜드주 애서티그섬의 조랑말을 보러 간 캠핑 여행은 엄청나게 재미있었다. 정말 다행히도 남자아이 하나가 진드기에게 물린 것을 제외하면 응급 상황이 없었다. 운이 좋게도 준비성 많은 한 엄마가 진드기 제거제를 넣어왔다. 그리고 끝이 좋으면 다 좋은 법이다.

• 응급 의료정보

이번 달에 우리는 미니버 부인의 침착성을 본받으면서 구급상자와 건강 기록 관련 자료들을 준비할 것이다.

"심장마비든 허리케인이든 간에 응급 상황이 일어나면, 의료인이 환자의 건강정보를 입수하는 것이 아주 중요하다." 미국 최고의 종합병원으로 손꼽히는 메이오 클리닉은 다음과 같이 권한다. "응급 사태가 언제 생길지 예측할 수 없지만 이에 대비해서 준비는 할 수는 있다."

그러니 지금 시작하자.

지난달에 중요 서류를 준비할 때처럼 가족의 건강 기록 파일을 모으는 것부터 시작할 것이다. 파일을 모두 한 상자에 넣고 스캔한 파일을 포함한 개인 파일을 준비한다. 종이에 출력해놓고 휴대용 저장장치에도 저장해놓는다. 이번에도 2주 동안 2시간씩 작업을 해보라. 내 경우에는 2주에 걸쳐서 총 4시간가량이 걸렸다. 그렇지만 한 번 정리할 때 2시간이면 충분하다. 처음에는 1시간만 해도 아주 좋다. 중요한 것은 시작하는 것이다.

모든 가족 구성원에 대한 파일을 만들 것이다. 필요한 정보는 이름, 나이, 성별, 주소, 혈액형, 고혈압이나 당뇨병이나 간질이나 알레르기 같은 질병이다.

또한 스마트폰의 홈화면에 모든 의료정보를 담을 수도 있다. '잠겨 있을 때 보기'라는 설정을 업데이트하면 응급구조사가 우리의 모든 필수 정보를 볼 수 있다. 어머니나 이모나 할머니에게 선물로 이 설정을 적용해주자. 응급 기능이 활성화되면(세부사항은 당신의 스마트폰 시스템을 확인하기 바란다) 응급처치 요원이 호출됐음을 알리는 연락이 목록에 있는 모든 사람에게 간다.

또한 각 가족 구성원의 처방전 목록도 필요하다. 위급 상황에 대비해서 구급상자를 준비하고 있어서 각각 따로 처방된 몇 달분의 약을 예비용으로 갖추고 싶다고 주치의에게 말한다.

예방접종 기록이 있다면 종이에 출력하는 것은 물론이고 스캔도 해 놓는다. 마지막으로 언제 파상풍 주사를 맞았는지 누가 기억하겠는가?

최근에 해외여행을 했는가? 그렇다면 그 내용도 적는다.

가족 구성원 각각의 건강 문제를 다루는 의료 동의서와 기타 서류나 특별한 제품이 있어야 하며, 의료 위임장에 서명을 꼭 해야 한다.

최근의 질병(혹은 유방암 검사)과 관련된 엑스레이 사진이 있다면 휴대용 저장장치에 보관한다. 지난달에 필수 서류를 준비할 때와 마찬가지로 모든 가족 구성원 각각의 파일이 있어야 하며, 응급처치와 건강 관련 용품을 보관하는 가방에 그 파일들을 함께 보관하면 된다. 나라면 바로 눈에 띄는 빨간색 더플 백을 고를 것이다. 바퀴가 달린 더플 백이면 더할 나위 없이 유용하다.


● 구급상자

구급상자를 처음 준비할 때는 내용물이 모두 갖춰진 최고급 구급상자를 들여놓으면 훨씬 수월하다. 나는 미국 산업안전보건청이 승인한 산업체용 구급상자를 추천한다. 50명까지 치료할 수 있으며 아마존에서 판매한다. 집에 아이가 있다면 어린이용 구급상자를 준비해놓는 것도 좋다.

진통제, 살충제(현재 많은 천연 방충제가 나와 있다), 가려움 방지 크림, 자외선 차단제, 물집약, 혈액응고제, 상처용 밴드처럼 처방전 없이 살 수 있는 구급약과 의료 도구를 챙긴다. 이외에 기침약, 감기약, 무좀약, 탐폰, 생리대, 손 소독제, 휴대용 티슈도 있다. 당신의 구급상자를 자세히 살펴보고 나면 채워 넣어야 할 물품이 무엇인지 알게 될 것이다.

고무장갑, 마스크, 부목, 팔걸이 붕대, 지혈대를 잊지 말자. 모두 온라인에서 살 수 있다.

마지막으로 메이오 클리닉이 조언한다. "여행자가 구급상자와 관련해 저지를 수 있는 유일한 실수는 구급상자를 지참하지 않는 것이다. 시중에서 구매할 수 있는 구급상자가 많다. 조금만 신경 써서 미리 준비하면 유용하다. 어드벤처 스포츠를 할 때나 비상시에 예상치 못한 상처나 질병에 대처할 때 좋다."

구급상자에서 물건을 빼서 쓸 때는 '빌린다'고 생각해야 한다. 종이에 적어서 구급상자 위에 올려놨다가 다음에 약국에 갈 때 사서 넣어놔야 한다.

그리고 진드기 제거제를 잊지 말자!

# 3월에 느끼는 소박한 행복

가장 중요한 것은 대단히 커다란 즐거움이 아니라
작은 즐거움을 소중하게 여기는 것이다.
- 진 웹스터
미국의 소설가이자 극작가

🌿 집 화단에서 수선화를 키우지 않는다면 지금 제철인 수선화 한 다
발을 사 오자. 이 아름다운 꽃은 어느 공간이든 환해 보이게 할 것
이다.

🌿 봄 산책을 나가거나, 뒷마당을 돌아다니거나, 묘목원에 가서 잎이
안 달린 나뭇가지를 구입하자. 체리나무, 야생 능금나무, 개나리,
자작나무면 적당하다. 나뭇가지 끝을 비스듬히 날카롭게 자른 뒤에
미지근한 물을 채운 예쁜 용기에 담자. 커다란 꽃병이나 색감이 화
려한 병이나 질그릇, 혹은 오래된 양철 우유통도 괜찮다. 상상력을
발휘해라! 해가 잘 드는 곳에 나뭇가지를 두고 집 안에 봄이 찾아올
때까지 기다리자.

🌿 싸구려 물건을 파는 잡화점이나 저가 생활용품점을 찾자. 가게 곳
곳을 둘러보자. 당신은 이런 상점들이 아직까지 팔고 있는 물건들

을 보면 놀랄 것이다. 테리 직물로 된 행주를 사서 주방에 있는 지저분한 행주와 교체하자.

🌾 성 패트릭 데이(3월 17일)를 경축하자. 초록색 옷을 입자. 맛있는 아일랜드 소다빵을 구워서 콘비프, 양배추, 삶은 감자, 당근과 함께 저녁식사를 차리자. 뜨거운 차와 시원한 맥주와 아이리시 커피를 함께 내놓자. 술을 안 마신다면 맥주 맛이 나되 알코올이 없는 무알코올 음료를 구입하면 된다. 거실에서 아일랜드 전통음악을 틀어놓고 빠르고 경쾌한 지그 댄스를 추자(농담으로 하는 말이 아니다!). 슈퍼마켓에서 아일랜드의 국화인 토끼풀이 심어진 작은 화분을 사서 책상에 올려놓자.

🌾 춘분(3월 21일)을 기념해서 봄날 저녁식사로 연어 완자, 신선한 아스파라거스, 햇감자를 먹자.

🌾 산책길이나 꽃집에서 구한 갯버들로 봄 화환을 만들어 현관에 걸자. 공예품 가게에서 원형틀을 사서 갯버들 가지를 감고 꽃꽂이용 철사로 단단히 묶으면 된다. 봄바람에 펄럭이도록 축제 분위기가 나는 긴 장식 리본도 달자.

🌾 마음에 드는 긍정적인 말을 모아서 직접 당신의 목소리로 휴대폰이나 디지털 녹음기에 녹음하자. 녹음한 다음에 침대에 누워 눈을 감고 헤드폰으로 듣자. 일주일에 서너 번씩 듣자. 사람을 변화시키는

데 효과가 아주 큰 방법이다.

❁ 3월의 마지막 주는 부활절 바구니를 만들기 좋은 때다. 예쁜 파스텔색의 바구니를 찾아서 안에 조약돌을 깔거나, 원예용품점에서 판매하며 재사용이 가능한 비닐을 깔고 비료를 섞은 흙을 5센티미터 높이로 넣는다. 빠르게 자라는 독보리 씨를 흙에 뿌린 다음에 다시 0.6센티미터 정도로 흙을 덮는다. 물을 충분히 주고 싹이 틀 때까지 며칠 동안 갈색 종이봉투로 가린다. 싹이 나면 햇볕이 잘 드는 따뜻한 창가로 바구니를 옮겨두고 계속 물을 준다. 2, 3주가 지나면 싱싱한 풀이 가득한 바구니가 될 것이다. 바구니 손잡이에 리본을 달고, 색칠한 부활절 나무 달걀과 작은 토끼 인형을 넣는다. 이렇게 하면 봄철 식탁을 장식할 멋진 센터피스가 완성된다. 부활절 저녁 식사에 초대받아 갈 때 이 바구니를 안주인에게 선물하면 아주 좋아할 것이다.

❁ 이번 달에 '위안을 주는 서랍'을 마련했는가? 아직 장만하지 않았다면 이유가 무엇인가? 돈이 문제라면 작고 상징적인 물건 하나를 골라 천천히 채워보자. 중요한 점은 눈에 보이고 만질 수 있는 구체적인 방법으로 자신을 돌보기 시작하는 것이다.

❁ 이번 달에 창조적인 유람을 몇 번이나 갔는가? 동전 한 닢도 쓰지 않고 알찬 순간을 즐길 수 있음을 잊지 말자. 그저 시간만 투자하면 된다.

# 4월

나의 아름다움에 눈을 뜨는 달

4월, 열두 달의 수호천사.

– 비타 색빌웨스트

영국의 시인, 소설가, 정원 디자이너

4월은 눈부신 햇빛이 가득하기 때문이리라. 대지가 더 푸르러지기 때문이리라. 이 달의 특징이 부활이기 때문이리라. 그래서 기운이 솟구치기 시작하는 것이 아닐까? 이제 빛의 계절이 지닌 힘이 커지면서 어둠의 계절이 약해진다. 정원에서 프림로즈, 팬지, 제비꽃, 튤립, 라일락 등의 꽃이 아름다운 색으로 활짝 편다. 각 꽃과 나무와 가지는 진정성의 힘을 확실하게 증명한다. 우리는 이번 달에 소박한 풍요로움의 길에서 우아하고 창조적이며 즐겁게 진정한 자아로 성장하면서 자신의 아름다움에 눈뜨게 될 것이다.

# 4월 1일

## 우리에겐 어려움을 뚫고 나아가는 힘이 있다

세상이 당신에게 어떤 사람이 되라고 말하기 이전의 당신이
어떤 사람이었는지 기억나는가?

– 대니엘 러포트
캐나다의 베스트셀러 작가이자 사업가


당신은 페루 '안데스산맥의 여왕'을 아는가? 이는 잎이 뾰족뾰족하며 거대한 종자식물이다. 지구상에서 어떤 식물도 살 수 없는, 고도가 가장 높고 가장 열악한 환경에서 자란다. 꽃을 피우기까지는 80년이 걸린다. 80년생은 인간 나이로 치면 30세인 셈이다.

혹은 지구에서 8,000만 년 전부터 살아온 아프리카의 경이로운 나무인 마다가스카르 야자나무를 아는가? 이 나무는 100년에 한 번만 꽃을 피우기 때문에 2008년에서야 처음으로 발견됐다.

'막시moxie'를 여성이 가진 불굴의 힘으로 생각하자. 이 놀라운 식물들의 자생력처럼 말이다. 우리에게 필요한 모든 것은 이미 우리에게 주

어졌다. 그것은 과거의 잿더미에서 가장 잘 자라나는 회복력, 원기, 자립의 씨가 담긴 작은 타임캡슐처럼 우리 마음속 깊은 곳에 숨어 있다.

나는 막시라는 멋진 말을 좋아한다. 1885년에 무알코올 건강음료의 브랜드명으로 만들어진 이 말은 미국의 속어로 용기, 요령, 대담성, 열정을 뜻하는 명사다. 나는 이 의미들이 활발히 조합되는 것을 좋아한다. 이 말은 진정한 자아를 찾아가는 우리 여정을 완벽하게 묘사한다. 막시는 원래 당신을 괴롭히는 것들을 다루는 데 효과가 좋다. 특히 당신이 수줍음을 많이 타고 얌전하다면 더욱더 그렇다. 우리가 멋진 삶을 찾아가는 동안에 우리는 취약함을 느끼고 자주 겁을 먹는다. 신은 우리가 이 전환점에 다다를 것을 알고 있다. 포기할 것인가 아니면 나아갈 것인가. 당신의 막시는 바로 이 순간을 위한 것이다.

막시를 무궁무진한 용기와 굳건한 믿음이 어우러질 때만 일어나는 여성의 힘으로 생각하자. 이 두 가지 요소는 필요성과 열정의 자연발화를 통해 완전히 새로운 혼합물을 창조한다. 그것은 강철 같은 결심이다. 이제 고정된 물체에 가해지는 압도적인 힘을 생각해보자. 당신은 행복을 방해하는 모든 것을 뚫고 나아가는 진정한 자아의 막시를 가졌다.

우리가 모든 가식을 깨고 핑계를 버린 후에야, 가슴 아프고 견딜 수 없는 상황을 직시한 때에야, 창조주와 우리 자신의 의견만 중요하게 여길 때에야, 세상이 당신에게 어떤 사람이 되라고 말하기 이전의 당신이 어떤 사람이었는지 떠올린 후에야 우리는 진정한 자아가 된다.

# 4월 2일

## 욕구를 통해 진정한 자아를 재발견해라

우리 삶은 70개여야 한다. 하나의 삶은 쓸모가 없다.
- 위니프리드 홀트비
영국의 소설가이자 페미니스트

재창조. 내가 오늘 이 단어를 다시 듣거나 읽는다면(장담하건대 그렇게 될 것이다) 감당하지 못할 생각이 들 것이다. 다시 새 책을 쓰고 싶을 것이다.

요즘 재창조 열풍이 분다. '은퇴'가 이전 세대들의 화두였다면 '재창조'는 차세대의 화두가 되었다. 적어도 모든 라이프스타일 잡지 편집자들이 한 말에 따르면 그렇다. 우리가 평정심을 유지하면서 살아가게 하려고 금발의 라푼젤을 백발의 라푼젤로 바꿨을 뿐인 동화를 만들어낸다. 잡지와 웹사이트는 다른 새로운 직업을 통해서 삶을 재해석하라고 우리를 부추긴다. 검사가 목사로 전직한다. 헤지펀드 트레이더가 소규모 위스키 양조업자가 된다. 범죄수사 전문 회계사가 금전운 전문 점성가가 된다. 약사가 쇼콜라티에로 변신한다.

우리가 삶을 예술작품으로 보려면 이 터무니없는 상투적인 문구의 사용을 중단해야 한다. 무생물은 '재창조'될 수 있다. 자동차는 이제 전기로 충전된다. 플러그에 꽂아 쓰는 진공청소기가 이제는 강력한 무선 로봇청소기와 같이 사용된다. 재창조는 원래 어떤 형태로 세상에 나온 것을 재발명하거나 재구성하는 것을 의미한다. 식물은 유전자가 '변형'

되었다. 동물은 '복제'되었다. 유행은 치마 길이, 어깨 패드, 잘록한 허리선에 관한 스타일을 10년마다 '재활용'한다. 그러나 진정성은 재창조나 변형이나 복제나 재활용이 아니다.

진정성은 신성한 성장이다. 재창조는 발전이 아닌 대체. 비록 지금 당신이 기어 올라가려고 하는 나뭇가지가 지연, 실망, 폐기, 거부 때문에 성장을 방해받았다고 할지라도 진정성은 영혼이 태어났을 때부터 지금 이 순간을 지나 이후로까지 자연스럽게 이어진다. 진정성은 당신이 아름답고 매력 있고 우아하게 펼쳐지기를 바라는 일상적인 생활방식의 정신, 스타일, 정수다.

진정성은 당신이 지금 행복하려면 무엇인지 필요한지 헤아린다. 진정성은 당신이 하고 싶은 것이나, 갖고 싶은 것이나, 삶에서 경험하고 싶은 것을 그대로 받아들이고 있다. 어차피 당신이 선택한 것이기 때문에 다른 사람들이 당신의 선택이 현명하지 않다고 아무리 이러쿵저러쿵해도 상관없다. 진정성은 열정을 되찾고 있고, 위안을 찾고 있고, 예상치 못한 일에 최대한 대비하고 있다.

진정성은 당신이 현실적으로 살기 위해 오래전에 버린 당신의 일부를 되살리고 있다. 당신은 자신에게 필요한 것보다 다른 사람이 원하는 것을 우선시할 것이다. 모든 여성이 그렇게 한다. 자신보다 다른 사람을 먼저 돌보는 것은 여성의 기본적인 반응이다. 하지만 진정성은 내면의 다른 여성을 발견할 수도 있다. 그 내면의 여성은 당신이 상상도 못 한 희망찬 낙관주의, 짜릿한 힘, 빛나는 생기를 가졌고 어디에도 구속되지 않는 자유의 몸이다. 그 여성은 당신의 진정한 자아다. 나는 그녀의 많은 재주에 깜짝 놀라고, 그녀의 삶의 기쁨과 활력과 명확한 미래상에서 의욕을 얻는다.

나는 꿈을 이루기 위해 무엇이든 감수하겠다는 그녀의 용기와 자신감에 현혹된다. 뛰어난 시인 마지 피어시는 "나는 이런 매몰된 삶들이 나를 통해 빠져나와 자신들을 표현하려고 노력하는 것을 느낀다"라고 말했다. 확실히 우리 모두에게 울려 퍼지는 메아리다. 당신도 내면의 그 여성을 만나고 싶지 않은가?

그렇다면 재창조하지 말자. 당신의 진정한 자아를 재발견하자.

## 4월 3일

## 멋진 사람들의 비밀은 열정에 있다

영혼은 항상 문을 조금 열어놓고 황홀한 경험을
환영할 준비를 하고 있어야 한다.
- 에밀리 디킨슨
미국 시인

프랑스 여성은 넘치는 열정으로 유명하다. 코코 샤넬은 1910년에 파리에 첫 번째 가게를 연 뒤 빅토리아 시대의 코르셋을 벗어 창밖으로 내던졌다.

오늘날 내가 열정에 대해 생각하노라면 아말 클루니가 가장 먼저 떠오른다. 그녀는 국제 인권 변호사가 레드 카펫과 법정을 패션 스타일과 사람의 본질로 뒤흔들 수 있다는 것을 보여준 여성이기 때문이다. 파파

라치가 그녀에게 어떤 브랜드의 옷을 입고 있느냐고 묻자 아말은 "나는 이드 앤드 레이븐스크로프트를 입고 있다"라고 쏘아붙였다. 이는 1639년 이래로 영국의 법복을 생산해온 업체다.

루피타 뇽, 제인 폰다, 케이트 블란쳇, 블레이크 라이블리, 헬렌 미렌, 리애나는 모두 멋지게 보이는 방법을 안다. 우리는 그들이 어떻게 웃고, 걸음을 멈추고, 몸을 돌리고, 다시 웃는지 보는 것만으로도 많은 것을 배울 수 있다. 그들은 어떤 포즈를 취하는가? 무슨 액세서리를 하고 있는가, 혹은 하지 않았는가?

다이애나 황태자비도 열정이 있었다. 이제 그녀의 며느리인 케임브리지 공작부인 케이트와 서식스 공작부인 메건이 그녀의 역할을 물려받았다. 두 사람 다 인기 있는 팬 사이트를 운영하고 있다. 이 팬 사이트들은 그들이 언제 어떤 옷을 입는지, 우리가 비슷한 옷을 보다 싼 가격으로 구입하려면 어떻게 해야 하는지 알려준다. 영국의 패션업계는 '케이트 효과'와 '메건 효과'라는 새로운 범주를 만들었고, 그 뒤를 세 살배기 스타일 아이콘인 샬럿 공주가 바짝 따라잡고 있다. 샬럿 공주의 공식 차림은 끝이 둥근 피터 팬 칼라와 주름 장식이 달린 원피스, 카디건, 여기에 어울리는 신발, 옷과 보색인 머리 리본이다.

자, 그럼 본 질문으로 돌아가자. 당신은 누구의 모습을 닮고 싶은가? '나 자신'이라고 말할 수만 있다면 얼마나 좋을까? 분명히 우리는 앞으로 그렇게 말하게 될 것이다.

우리가 멋을 내는 기술을 배우는 동안 희망을 잃지 않게 하자는 의미에서 짚고 넘어가자면, 위에서 언급한 모든 유명인에게는 스타일 전담 팀이 있다. 스타의 비밀 측근 스타일리스트가 이런 팀을 이끄는데, 그들은 결코 모습을 드러내지 않으며 언급되지도 않는다. 아마 비밀 유지 계약 때문일 것이다. 하지만 고객을 위해 유명 디자이너 드레스와 보석을 빌릴 수 있는 권한을 갖고 있다.

100년 전 빅토리아 시대의 여성들 대부분이 거무칙칙한 색감의 옷을 입던 시절에 에밀리 디킨슨은 일 년 내내 위아래 전부 흰색 옷만 입고 다니는 열정을 보였다. 디킨슨은 옷을 통해서 열정을 표현하면 자신이 그토록 열렬히 찾아 헤맸고 다른 사람에게도 찾으라고 권유하던 황홀경으로 펄쩍 뛰어들 수 있다는 사실을 알고 있었던 듯하다.

열정은 창조적인 에너지, 활력 혹은 활기가 집약된 것이다. 열정은 멋진 옷, 새롭게 꾸민 방, 아름다운 시구, 중요한 기획안 발표 등 원하는 것을 당당하게 해낼 수 있는 특별한 능력 혹은 재능이다. 우리가 그것을 해낼 수 있을지 누가 알았을까? 확실한 것은 우리 자신은 알지 못했다는 것이다. 그래서 비밀스러운 즐거움을 발견하는 것이 아주 재미있다.

우리가 불만에 차 있고 낙심할 때 흔히 열정에 대한 갈망이 일어난다. 이는 우리가 원하는 대로 쓸 수 있는 돈이 얼마나 있든 간에, 기운을 내서 다른 시도를 하고 본능을 믿으라는 조물주의 뜻이다. 우리가 모험을 하고 결실을 보며 기뻐할 때 열정이 작용한다. 또한 열정은 스타일을 멋지게 만드는 비밀이고 남은 삶을 행복하게 사는 열쇠이기도 하다.

당신 자신이 되자. 당신에게 딱 맞는 옷이나 헤어스타일이나 만족스러운 일을 통해 열정을 내뿜자. 항상 당신 자신으로 살고 싶지 않은가?

그렇다면 잘 다듬은 열정을 가지려면 어떻게 해야 할까? 작은 부분에 주의를 집중하면 된다. 일상이 진정성에 대해 주는 교훈을 받아들이면 된다. 무엇이 우리를 흥분시키거나 눈물짓게 하는지, 무엇이 우리 머리로 피가 쏠리게 하거나 심장을 철렁하게 하거나 무릎을 후들거리게 하거나 한숨짓게 하는지 끊임없이 잘 살펴보면 된다. "시장의 노점, 멋진 부하라산 러그, 중국 자수 조각. 이런 눈의 양식이 되는 것들은 어디에서나 찾을 수 있다." 영국의 작가 조캐스타 이니스가 우리에게 일러준다. 이번 주에는 우리 주변을 다시 한번 둘러보자.

## 4월 4일

## 옷 입기 놀이를 통해 새로운 자신을 발견해보자

마음을 열고 창조성을 켜는 기술을 익혀라. 당신의 내면에 빛이 있다.
- 주디스 재미선
미국의 무용수이자 안무가

오늘 우리가 흥미를 느낄 주제는 근심 걱정 없이 즐거운 마음의 중요성을 기억하는 것이다.

마음에서 우러나온 쾌활한 감정은 정신과 긴밀하게 연계되어 있다. 재미있는 농담으로 당신을 웃기는 남동생이나 갑자기 전화해서 커피 한 잔 마시자고 불러내는 친구를 떠올려보자. 그들과 함께 있는 것만으로 행복하지 않은가? 무용가 주디스 재미선이 말했듯이 쾌활한 사람은 삶을 향해 마음을 열고 창조성을 켜는 특별한 재능이 있다. 이처럼 특별한 사람이 그런 재능을 간직하고 있는 이유는 여전히 내면의 어린이를 존중하기 때문인지도 모른다. 우리는 소박한 풍요로움의 길을 걸으며 이 신성한 재능을 키우는 방법을 점차 배울 것이다.

어린이들은 옷 입기 놀이를 좋아한다. 핼러윈 때 분장을 하고 흥분한 남자아이나 비 오는 날 오후에 엄마의 옷장과 보석 상자를 탐험하며 즐거움에 빠진 여자아이를 떠올려보자. 오늘 우리도 옷 입기 놀이를 할 것이다. 나는 옷장 정리를 해야 하는 봄과 가을에 이 놀이에 푹 빠져서 마음껏 즐긴다. 혼자 해도 재미있고 딸이나 가까운 친구와 해도 재미있다. 그나저나 미리 경고해두는데 딸과 이 놀이를 할 때는 "엄마, 이거 아직도 필요해요? 아니면 나 줘요"라는 말을 수시로 듣게 될 것이다.

입지 않는 옷을 다 치운 옷장을 새로운 시각으로 살펴보자. 작은 변화가 당신의 외모에 커다란 영향을 미친다. 재킷을 여러 종류의 치마나 바지와 입어보면서 잘 어울리는 조합이 있는지 보자. 몸에 딱 맞는 재킷을 밑단을 주름으로 장식한 치마와 짝을 지어 입고 벨트를 매보자. 감청색 정장에 맞춰 입으려고 산 프린트 실크 블라우스 대신에 차이나 칼라가 달린 흰색 면 블라우스를 입어보자. 평소에 칼라를 열고 입는다면 이번에는 단추를 다 잠그고 목에 커다랗고 화려한 목걸이를 하자.

당신의 모습이 새로워 보이는가? 이제는 머리카락을 뒤로 묶고 달랑거리는 귀걸이의 모습이 어떤지 살펴보자. 그러고 나면 신발을 다 끄집어 내놓고 살펴보자. 직장에 갈 때 항상 평범한 가죽 펌프스를 신는가? 저녁에 외출할 때 신으려고 아껴놓은 스웨이드 웨지 샌들로 바꿔 신어보면 어떨까? 무엇이든 옷장 속에 든 것으로 궁리하자. 이 활동을 하면서 즐거운 시간을 보내자. 자신을 일곱 살짜리 아이라고 생각하자. 마음껏 놀아보자. 미국의 작가이자 기자인 게일 시히는 자기 발견의 기쁨을 항상 느낄 수 있다고 말한다.

오늘 밤 감사일기에 새로운 글을 쓰자. "나는 오늘 ○○○을 하면서 재미있게 놀았다." 빈 칸에 적당한 말을 쓰자.

## 4월 5일

## 눈길을 사로잡는 색으로 주변을 바꿔보자

나는 평생 완벽한 빨간색을 추구했다. 어떤 칠장이도 내가 원하는
완벽한 빨간색을 섞어내지 못한다. 마치 내가 "나는 다소 고딕풍이고
약간 불교 사찰의 분위기가 가미된 로코코식을 원해요"라고 말하는 것처럼
느껴질 것이다. 그들은 내가 무슨 말을 하는지 전혀 모른다.
거의 완벽에 가까운 최고의 빨간색은 르네상스 초상화 속 아이의
모자 색깔을 그대로 모방한 것이다.

- 다이애나 브릴랜드
미국《보그》편집장

색깔이 삶을 어떻게 바꿀 수 있는지 내가 본능적으로 경험한 첫 순간은
10대 때였다. 우리 가족은 뉴욕에서 살다가 매사추세츠주의 작은 도시
로 이사했다. 부모님은 1789년에 지어진 아름다운 뉴잉글랜드 식민지
시대의 주택을 구입했다. 큰길에서 조금 떨어진 곳에 돌담에 둘러싸여
있던 그 집은 근처의 주택들처럼 흰색 미늘 벽에 창문에는 전통적인 검
은색 셔터가 달려 있었다.

이사를 간 직후에 엄마는 붉은색 페인트로 거실을 칠했다. 이때는 빨
간색이 세련된 색으로 인식되기 훨씬 전이어서 10대인 나는 엄마가 무

엇에 홀려서 그런 색을 칠했는지 도무지 속을 알 수 없었다. 이웃들도 이해를 못 하기는 마찬가지였다. 그러나 거리에서 흰색과 검은색 테두리를 두른 창문으로 들여다본 빨간색 거실의 모습은 숨이 막힐 정도로 아름다웠다. 엄마는 거실을 칠하기 전에 가족과 의논하지 않았다. 엄마는 그저 본능을 따랐고 그 결과물은 아주 아름다웠다. 이런 경우는 진정성을 찾으려고 노력할 때 흔히 일어난다. 당시 나는 이사 때문에 불만이 많았는데도 새집의 현관문을 열고 들어가는 순간을 늘 고대했다. 빨간색 거실이 내 태도를 바꿔놓은 것이다.

옷 색깔이 집 색깔과 같을 필요는 없다. 나는 빨간색과 검은색, 강렬하고 창조적이며 극적인 색의 옷을 입는 것을 정말 좋아한다. 하지만 내가 편하고 기쁘게 지내려면 긴장을 누그러트리는 파스텔조의 색이 필요하다. 아름다운 다이아몬드가 많은 면으로 깎여 있듯이 진정한 자아에도 많은 면이 있으며, 다양한 기분을 색깔을 통해서 표현할 수 있다.

오늘은 당신이 아주 좋아하는 색을 생각하자. 그 색으로 둘러싸여 있거나 그 색의 옷을 입는가? 그렇지 않다면 이유가 무엇인가? 색으로 이 봄을 활기 있게 보낼 수 있는 여러 방법을 찾자. 많은 여성이 색으로 실험하는 것을 겁낸다. 그저 우리는 각자의 연구개발팀에 속해 있고, 과학 프로젝트의 일환으로 정보를 찾고 있다는 점만 기억하면 된다. 효과가 있는가?

열대어가 있는 수족관으로 조만간 창조적인 유람을 떠나자. 위대한 창조주의 컬러 팔레트를 흘끗 보는 것만으로도 깜짝 놀라게 될 것이다. 오늘날 1년을 앞서가는 디자인업체들은 팬톤이 선정하는 '올해의 색'이 발표되기를 간절히 기다린다. 나는 얼마나 많은 심사위원들이 심사 전에 이국적인 물고기를 구경하러 가는지 궁금하다.

어떤 색이 당신의 영혼에게 말을 거는가? 페인트 가게에 가서 페인트 색상표에서 컬러 스펙트럼을 살펴보자. 당신이 나와 같다면 그 다양한 색감에 심장박동이 빨라질 것이다. 몇 가지 색의 견본품을 구해다가 집에서 저렴하게 시험해볼 수도 있다.

이제 포목점에 가거나 온라인으로 당신의 눈길을 사로잡는 패턴을 찾아보자. 그 천을 한 마 정도 사자. 천을 소파에 걸치거나 벽에 핀을 꽂아 걸어놓자. 시험 삼아 한 달 동안 그 색과 더불어 살아본 다음에 그 천으로 베개를 만들거나 그 색조로 방이나 가구를 칠하자. 색깔이 들어간 파일, 클립, 메모장으로 책상에 활기를 더하자. 도시락을 쌀 때 활기를 주는 색감의 냅킨을 같이 챙기자. 자연의 선명한 색 스펙트럼을 볼 수 있도록 주방 조리대 위의 밝은색 사기그릇에 농산물을 담아놓자. 다음에 미술관에 갈 때 메모판 혹은 냉장고에 붙이거나, 책상에 놓거나, 친구에게 보낼 아트 엽서를 사보자. 다채로운 충동에 몸을 내맡기자.

19세기 영국의 미술평론가 존 러스킨은 색을 가장 사랑하는 마음이야말로 가장 순수하고 사려 깊은 마음이라고 믿었다. 색을 사랑하는 마음으로 진정한 자아가 가진 많은 색조를 표현하자.

# 4월 6일

## 일상에서 예술성을 발휘해보자

**우아함은 튀지 않지만 기억된다.**

- 조르조 아르마니
이탈리아 패션 디자이너

나는 1970년대에 런던에서 살면서 패션 카피라이터로 일했다. 주급이 50파운드였는데 당시 약 100달러의 가치였다. 나는 아주 화려한 업계에서 일했지만 흔히 '단칸 셋방'이라고 부르는 음울하고 칙칙한 작은 집에서 살았다. 원룸이었다. 요리용 핫플레이트와 싱크대와 냉동 기능이 없는 두 칸짜리 냉장고가 있었다. 약 3제곱미터 정도의 그 공간은 회반죽이 덕지덕지 발라져 있었다. 천장에는 갓도 없는 백열전구가 덩그러니 달려 있었다. 공동 목욕탕은 복도 끝에 있었고 목욕을 할 때마다 요금 징수기에 1실링을 넣어야 5분 동안 보일러가 돌아갔다.

하지만 내 방은 위풍당당한 빅토리아식 건물의 꼭대기에 있어서 첼시의 킹스로드 근처에 있는 멋진 민간 공원이 내다보였다. 계단은 화강암으로 돼 있었고 검은색의 묵직한 목재 현관문에는 사자 머리 모양의 놋쇠고리가 달려 있었다. 높고 우아한 창문은 깔끔한 흰색 목조 틀로 둘러싸여 있었고 창가의 화분에는 화사한 꽃이 흐드러지게 피어 있었다. 대단히 웅장한 건물의 외관은 내가 마치 영주의 자손이라도 되는 듯한 느낌을 들게 해서 나는 건물까지 걸어가는 길을 정말 좋아했다.

그러나 현관문에 열쇠를 넣고 돌릴 때는 그렇지 않았다. 저녁 7시에 건물에 들어서서 현관문을 닫고 4층까지 터덜터덜 올라가 집에 들어가고 나면 마법이 풀린 신데렐라가 돼버렸기 때문이었다. 그렇지만 나는 몽상가였고 언젠가 화려하게 살게 되리라고 상상했다.

당시에 영국은 석유로 인한 엄청난 경제 위기를 겪고 있었다. 런던에 빈번하게 정전이 일어났고 주 3일 근무제를 시행하고 있었으며 대규모 파업이 연이어 벌어졌다. 암울한 시기였다. 나는 어쨌든 보수가 있는 일자리가 있어서 정말 행운이라고 생각했다. 하지만 옷과 신발을 살 돈이 거의 없었다. 나는 둘 다 필요했다(《악마는 프라다를 입는다》를 생각해보라). 그래서 나는 싼 재료로 멋진 물건을 만드는 전문가가 되었다. 나는 모든 곳에서 영감을 찾았다.

창조성은 독창성과 위험의 산물이다. 당시 영국의 《보그》에서는 적은 돈으로 멋을 낼 수 있는 방법에 관한 시리즈를 게재했다. 빈티지 옷이 돌아왔다. 파리에서는 부자를 위한 오트쿠튀르 혹은 맞춤복의 전당(영화 〈팬텀 스레드〉를 생각해보라)이 기성복 혹은 프레타포르테 패션쇼 무대로 대체되었다.

런던에서는 세계적이고 상징적인 패션 현상 두 가지가 인기를 얻었다. 패션 디자이너 바버라 홀라니키의 광택이 흐르고 몸매가 드러나는 아르데코풍 옷, 빅토리아 시대에서 영감을 받은 로라 애슐리의 낭만적인 꽃무늬 원피스와 점퍼스커트와 페티코트 스커트가 사방에 나타나기 시작했다. 작고 아름다운 농장을 가진 마리 앙투아네트처럼 세련된 런던 여성들은 방금 젖소의 우유를 짜기라도 한 것처럼 잔가지 무늬에 위아래가 붙고 발목까지 내려오는 옷을 입었다. 런던과 파리에서 일하는 것이 신나고 흥미진진한 시절이었다. 그리고 나는 2년 동안 패션계와 함께 살고 함께 숨 쉬었다.

그러나 패션쇼가 아무리 황홀하다고 한들 결국 나는 밤마다 승강기가 없는 4층 건물의 꼭대기 층에서 갓도 없는 백열전구 아래에 서 있었다. 홀로 즐거운 시간을 보내는 것조차 힘든 곳이었다. 어느 금요일 밤 퇴근길에 킹스로드와 슬론스퀘어에 있는 피터 존스라는 대형 백화점의 진열장 앞을 지나갔다. 자투리 천을 대대적으로 할인해서 판매한다는 광고지가 붙어 있었고 진열창에 걸린 천은 휘황찬란했다. 호기심이 생겨서 들어가 둘러보니 장관이었다.

당시 나는 재봉틀이 없었다. 손바느질을 할 줄도 몰랐다. 그래도 상관없었다. 세상에 태어나서 처음 본 아름다운 천이 테이블마다 쌓여 있는 모습은 황홀했고 도저히 거부할 수 없었으며 아이디어를 샘솟게 했다. 화려했지만 감당할 수 있는 가격이었다. 한 마당 단돈 1파운드였다. 나는 적갈색, 녹색, 연두색, 짙은 황색 인디언 페이즐리 무늬 천 35마에 돈을 펑펑 썼다. 광택이 흐르는 면직물이었다. 거의 일주일 봉급에 달하는 지출이었지만 그만한 가치가 있었다.

나는 그 주 내내 천을 자르고 붙이고 스테이플로 고정하고 씌우고 걸었다. 모든 벽에 천을 붙였고, 천정에 천막처럼 천을 둘렀고, 손바느질로 커튼을 만들었다(뜻이 있는 곳에 길이 있다). 매트리스에 천을 씌웠고, 침대보와 베갯잇을 만들었으며, 침대에 캐노피를 만들었다. 일요일 밤이 되자 방과 내가 완전히 변했다. 당시 내가 미친 듯이 들떠 있었다고도 볼 수도 있겠지만, 나는 그 주에 신비로운 경험을 했다고 생각하고 싶다. 나는 주변의 아름다운 모습과 모험을 감수한 내 창작성에 아주 신이 났다. 나 자신이 아주 자랑스러웠고 내 첫 번째 '황홀한 경험'이라고 할 수 있는 그 아름다움에 강한 인상을 받았다. 하지만 더 중요한 점은 내가 창조성과 본능과 열정을 통해 그 황홀함을 일으켰다는 사실을 깨달았다는 것이다. 사진을 찍어놓았다면 얼마나 좋았을까!

이유야 어떻든지 간에 곤궁한 모든 여성의 내면에는 용기를 내서 일상에서 예술성을 마음껏 발휘하고 싶어 하는 여성이 있다고 믿는다. 그 예술가가 다락에서 벗어나게 하자. 벽이나 당신의 몸을 장식할, 색다르고 새로운 무엇인가를 자르고 풀질하고 스테이플러로 박고 걸치고 늘어뜨리고 싶어서 손가락이 근질근질한가? 오늘 나는 집에 있는 방이든, 상상 속의 옷이든, 마음속 작업이든 간에 당신의 상상력과 창조적 에너지와 감정과 더불어 천, 페인트, 톱, 망치, 못, 바늘, 실, 재봉틀, 접착제, 스테이플건만 있으면 바꾸지 못할 것이 없다는 점을 당신이 깨닫기를 바란다.

망설이지 말자. 창조적인 불꽃을 섣불리 의심하지 말자. 일단 밀고 나가자. 황홀한 경험을 찾아보자. 황홀한 경험이 당신을 기다리고 있을 것이다.

힌트를 주자면 황홀한 경험을 일으키는 것은 돈이 아니라 돌진이다. 그리고 당신은 그런 기세를 확실히 가지고 있다. 사실 당신은 필요한 것을 모두 가지고 있다.

# 4월 7일

## 중고 의류매장에서 특별한 보물을 찾아보자

어떤 사람은 사치가 빈곤의 반대말이라고 생각한다. 그렇지 않다.
사치는 천박함의 반대말이다.

– 코코 샤넬
프랑스 패션 디자이너

당신의 진정한 자아가 조르조 아르마니의 1,000달러짜리 캐시미어 재킷을 입고 싶다는 뜻을 드러냈는데 당신의 예산으로 살 수 있는 것은 할인하는 제이크루의 울 재킷이라면 어떻게 해야 할까?

우리는 소박한 풍요로움의 길을 걸을 때 가끔 물질적인 욕구와 주머니 사정이 일치하지 않는다는 사실에 자주 직면하게 된다. 이는 특히 당신이 정신적인 성장과 통장 잔고 불리기에 똑같이 신경을 쓴다면 까다로운 딜레마를 일으킨다. 그래서 감사일기에 적을 만한 신나는 정보를 소개한다.

명품 매장이 아니라 중고 명품 매장을 이용해본 적이 있는가? 중고 명품 시장(옷, 신발, 액세서리)이 다시 태어났다. 이 시장은 전 패션 산업에서 가장 폭발적으로 성장하고 있다. 예전에 우리가 저렴한 새 옷이나 중고 옷을 살 때 둘러볼 곳은 이베이가 유일했지만 중고 명품 시장이 등장하면서 판도가 변했다. 이제 중고 명품 온라인 플랫폼인 더 리얼리얼, 포시마크, 베스티에르 콜렉티브, 트레데시를 살펴볼 때다.

"더 이상 당신 어머니 시대의 패션 산업과 같지 않다. 쇼핑몰에 가서 모든 사람이 가진 것과 똑같은 옷을 집어 들던 시절은 지났다. 스타일을 추구하는 사람들은 독특한 보물을 원하고 직접 찾아내고 싶어 한다. 중고 시장은 그런 쇼핑 욕구를 만족시킨다. 전통적인 매장은 이런 부분에서 완전히 실패하고 있다." 재정 전문가이자 베스트셀러 작가인 니콜 래핀이 말한다. "오늘날의 적극적인 여성은 현명하고 실용적으로 선택을 하고 금전적인 결정을 내림으로써 자기 미래의 주인이 되고 있다. … 우리의 사고방식이 박탈감을 느끼는 것에서 열망을 좇는 것으로 바뀌었으며, 우리 재정과 패션 센스가 이를 뒤따랐다."

중고가 부활하는 이 새로운 물결을 누가 이끌고 있는지 아는가? 바로 당신이다. 그리고 당신의 어머니와 할머니다. 이런 중고 옷 패셔니스타는 자신의 욕구와 필요의 균형을 맞추기 위해서 지난 시즌의 옷을 판매하기도 한다. 메리앤 윌리엄슨의 말을 빌자면 "먼저 천국을 찾아라. 때가 되면 마세라티가 생길 것이다".

아르마니나 랠프 로런도 마찬가지일 것이다. 창조력을 발휘하자. 창조성은 신이 준 선물이다. 사고 싶은 옷을 못 사서 쌓인 욕구불만 때문에 재봉 강좌를 듣다가 옷을 직접 디자인하게 될 수도 있다. 혹은 똑똑하고 요령 있게 쇼핑하는 방법을 배우게 되거나, 스타일을 연구하다가 멋쟁이의 반열에 오를 수 있을 것이다. 우리는 "구하라, 그러면 찾을 것이다"라고 배웠다. 옷이나 영성도 구하면 찾을 수 있을 것이다. 우리가 신의 특별한 선물을 찾아 내면을 살피면 재봉 강좌나 요령 있는 쇼핑 등을 통해서 물질적 욕구가 줄어들 것이다. 우리는 물질세계에서 살고 있지만, 우리의 진정한 자아는 잘 차려입은 여성일 뿐, 물질만능주의에 빠진 여성이 아니다.

# 4월 8일

## 자신을 위한 작은 사치를 누려라

호사를 누리는 데 돈은 필요하지 않다. 편안함 자체가 호사다.

- 제프리 빈
미국 패션 디자이너

'소박한 풍요로움'이라는 말을 처음 듣고 1990년대의 다운시프팅(일과 삶의 균형을 잡기 위해 삶의 속도 늦추기 - 옮긴이)과 운동과 긴축 운동을 떠올린 사람도 있을 것이다.

그러나 이는 잘못된 생각이다. '절약'이 멋지고 창조적인 살림 기술이라면, '긴축'은 공포를 바탕으로 하며 공포는 풍요를 끌어들이는 것이 아니라 쫓아낸다. 긴축 운동은 '티끌 모아 태산' 같은 실용적인 지혜를 주는 것이 아니라 의류 건조기에 쌓인 보푸라기로 핼러윈 의상을 만들라는 식의 지독히 인색한 권유를 한다.

소박한 풍요로움은 궁핍이 아니다. 혹은 기분 좋아지자고 형편도 안 되면서 돈을 펑펑 쓰는 낭비도 아니다. 나에게 소박한 풍요로움은 편안함과 기쁨 사이의 진정한 균형, 즉 중용에 도달하기에 관한 일상적인 명상이다. 또한 우리는 우아하고 정중히 '받는 기술'도 배워야 한다. 받는 기술은 나에게 늘 어려운 것이었다.

우주는 인색하지 않다. 우리는 인색하다. 아주 인색한 영혼을 가진 여성이 있다. 가족과 친구와 불행한 사람 등 다른 사람에게는 아주 후하면서 정작 자신에게 아주 인색하다. 우리가 주먹을 꼭 쥐고 있거나 마음과 생각을 아예 꽉 닫고 있다면 신이 어떻게 우리에게 더 많이 베풀 수 있겠는가? 소박한 풍요로움은 빈곤과 결핍의 감정을 모두 날려 보내고 번성과 풍요의 감정으로 바꾸는 방법을 배우는 것이다.

일상생활에서 풍족함을 더 많이 경험할 수 있는 방법 중 하나는 저렴한 사치품으로 자신을 만족시키는 것이다. 예를 들자면 겨우내 빨갛게 타오르는 불꽃 앞에 앉아 있는 즐거움을 위해 장작 한 묶음에 돈을 조금 투자한다. 혹은 휘핑크림과 얇게 깎은 초콜릿을 넣은 뜨거운 코코아 한 잔을 만끽한다. 이처럼 저렴한 사치품은 소박한 즐거움을 완전한 만족감으로 바꾸어준다. 저렴한 사치품은 풍요로움이 이미 우리 삶에 있으며 우리가 손을 뻗어 잡기만 쉽게 얻을 수 있음을 깨닫게 한다.

많은 사람이 소박함은 호사를 싫어한다고 생각한다. 셰이커교도는 최고로 소박한 삶을 살았지만 잘 먹는 것이 숭고한 호사라고 생각했으며, 재료 본연의 맛을 강조하는 프랑스의 누벨 퀴진 요리법이 나오기 100년 전부터 이미 가장 신선한 재료와 독창적인 향신료와 허브를 사용하는 것이 중요하다고 믿었다. 1886년에 셰이커교도의 집에 초대를 받은 어떤 사람은 식탁에 차려진 식사가 델모니코스의 음식에 뒤지지 않는다고 말했다. 델모니코스는 부자들이 정찬을 즐기는 뉴욕의 유명한 식당이다.

당신의 스타일을 키울 방법을 궁리할 때 저렴한 사치품에 대해 곰곰이 생각해보자. 보다 더 풍요로운 기분이 들게 하는 소박한 즐거움이 무엇인가? 당장은 캐시미어 카디건을 살 여유가 없다면 돈을 모으는 동안 캐시미어 양말을 신거나 스카프를 두르면 된다. 혹은 좋아하는 향수나 입욕제나 로션의 향기에 취해보거나, 피부에 닿는 실크 속옷과 면 잠옷의 감촉을 즐기거나, 모든 옷과 무난하게 어울리는 색감의 멋진 가죽 가방에 투자한다. 일회용 휴지 대신 흰색 리넨 손수건을 사용하거나(이는 환경친화적이기도 하다!), 아직 미용실에 갈 때가 안 됐어도 가끔 기분전환 삼아서 미용실에 가서 머리를 드라이하거나 고급 헤어드라이어를 사는 데 돈을 투자한다. 일주일에 한 번씩 매니큐어를 새로 바르거나, 옷에 달린 싸구려 플라스틱 단추를 플리마켓에서 발견한 아름다운 빈티지 단추로 바꿔 단다. 얼굴 마사지나 전신 마사지를 받는 여유를 누리거나, 소중한 다이아몬드 귀걸이처럼 특별한 날에만 하는 보석을 날마다 착용해본다.

오늘은 모든 풍요를 열린 마음으로 받아들이겠다고 선언하자. 풍요는 당신 주위에서 기다리고 있다. 베푸는 것과 마찬가지로, 은혜로운 마음과 감사하는 마음으로 선선히 받는 것도 행복이라는 점을 깨닫기만 하면 하루하루가 특별한 날로 변하는 선물을 받게 된다.


## 4월 9일

### 취향은 서서히 만들어진다

내면은 영혼을 자연스럽게 투영한다.

- 코코 샤넬
프랑스 패션 디자이너


당신은 점차 진정성에 눈을 떠가면서 평생 쌓아온 물건들은 방에 있다는 것조차 눈치채지 못하는 반면에 텅 빈 벽과 창문과 바닥이 새로운 연인처럼 다정하게 손짓을 하는 것을 알아채게 될 것이다. 오늘 밤 촛불을 켜놓고 나무 상자에 차린 밥을 먹으면서 내일 아침에 내 영혼이 그대로 투영된 새 인테리어가 완성되기를 기다린다면 참 즐거울 것이다. 그러나 당신과 마찬가지로 현재 내 은행 잔고로는 이런 상상이 실현될 수 없는지라 천천히 일을 진행해야 한다. 우리는 이를 걸림돌이 아니라 기회로 여겨야 한다. 실제로 예산은 우리 바람보다 진행을 훨씬 더디게 할 수도 있지만 우리의 진정한 재능을 키우는 데 알맞은 속도를 유지하도록 도와준다.

솔직히 말하자면 오늘 아침에 나는 물건이나 입고 싶은 옷을 통해서 나를 제대로 표현하고 있는지에 대해 확신이 들지 않았다. 당신은 어떤가? 이전까지만 해도 나는 확실히 표현할 줄 안다고 여겼다. 우리 집에는 25년 동안 나에게 엄청난 기쁨을 줬고 내가 엄청나게 좋아하는 물건들이 있다. 그런가 하면 내가 너무 싫어하는지라 없는 것처럼 취급하는 물건들도 있다. 소박한 풍요로움의 길의 핵심은 변화다. 변화가 일어나려면 과도기를 거쳐야 한다. 지금 우리는 상황을 거의 인식할 수 없는 경계성 과도기를 지나고 있다. 쉽게 말해서 잠에서 깨어나는 일종의 통과의례 단계다. 이 과정에서 너무 서두르면 안 된다.

따라서 끈기 있게 기다려야 한다. 곰곰이 생각하고 돈을 모으고 반성하고 단순화시키고 질서를 받아들여야 한다. 준비하고 실험하고 관찰해야 한다. 골동품 가게, 공예품 박람회, 경매, 집수리 전문업체, 중고품 할인점, 플리마켓, 창고 세일, 유품 정리 세일, 박물관, 인테리어 전시회, 고급스러운 인테리어 소품 가게, 가구 전시장, 화랑으로 창조적인 윈도쇼핑 유람을 떠나야 한다.

마음에 드는 물건이 있으면 가까운 장래에 할인 행사가 있는지 물어보자. 자세한 내용을 적어놓자. 인테리어 전문가의 쇼케이스, 유서 깊은 집, 봄에 열리는 멋진 저택 및 정원 투어를 다니며 다른 사람들이 어떻게 살고 있고 어떻게 살았는지 구경하자. 책을 읽고 정해진 시간 동안 인터넷 검색을 하자. 하루에 15분 정도 웹사이트를 살펴보면 어떨까? 발견일기에 붙일 이미지를 출력한다. 출력할 정도로 마음에 드는 이미지가 있다면 일이 잘 풀리고 있는 것이다. 15분 넘게 화면을 스크롤만 하고 있다면 방향을 잃은 것이니 웹서핑을 중단해야 한다.

시각 이미지로 계속 마중물을 붓자. 환상적인 상차림부터 아름다운 커튼까지 모든 자료를 모아서 일기에 붙이자.

나는 1980년대 아메리칸 컨트리디자인 운동의 촉매 역할을 한 작가이자 수집가인 메리 에멀링을 아주 좋아하고 존경한다. 에멀링은 일반적인 감성에 바탕을 두면서도 놀랍도록 고유한 스타일을 지녔다. 그녀는 그때그때 머리에 떠오르는 생각을 기록하는 수첩을 준비하라고 제안한다. 그녀는 지퍼가 달려 있고 속지를 끼웠다 뺐다 할 수 있는 가로 17센티미터, 세로 22센티미터의 수첩을 사용한다. 이 수첩에는 주머니가 많이 달려 있어서 줄자, 가위, 펜, 연필, 클립, 연필깎이, 계산기를 넣을 수 있다. 그녀는 방별로 섹션을 나누고 위시리스트, 평면도, 변경할 부분을 표시한 사진, 페인트 색상표와 직물 견본과 영수증을 담은 봉투를 추가한다. 수첩 뒤에 있는 1년 전체 달력에는 할인과 특별 행사 일정을 표시하고, 연락처란에는 매장, 전시장, 중개상, 하청업자, 자재 공급업체의 이름과 전화번호를 적어놓는다. 이 수첩은 꿈의 보관소이며 영감이 떠오르면 사라지기 전에 바로 포착할 수 있도록 늘 가지고 다닌다.

에멀링의 제안을 따라 하면 당신의 진정한 재능을 계발하고 키울 수 있다. 그러다 보면 욕구불만에 빠지기는커녕 시간이라는 훌륭한 선물을 받게 된 것에 감사하게 될 것이다. 당신이 좋아하는 것을 파악할 시간이 생겼으니 취향을 파악하고 조금씩 바꾸다 보면 당신이 살아가는 방식을 사랑하게 될 것이다.

## 4월 10일

## 중고매장에서 절약의 기쁨을 맛보자

아름다움은 보는 사람의 눈에 있다.
- 마거릿 울프 헝거포드
아일랜드 소설가

미국의 유명한 미인이자 영국 수상 윈스턴 처칠의 어머니인 제니 제롬 처칠은 절약과 모험을 동시에 할 수는 없다고 믿었다. 낭비벽이 있어서 끊임없이 돈 걱정을 하고 산 그녀는 안타깝게도 쇼핑하기에 좋은 곳을 몰랐다.

오늘은 재활용이 주는 황홀한 기쁨을 이야기하자. 물론 병과 캔을 재활용하라고 말하려는 것이 아니라, 단돈 2달러와 드라이클리닝을 맡기는 수고만 들이면 손에 넣을 수 있는 안 퐁텐의 대표적인 흰색 셔츠를 말하는 것이다. 또는 거저나 마찬가지인 25달러짜리 고급스러운 진품

구치 가죽 핸드백, 5달러에 내놓은 검은색 이브 생로랑 재킷을 말하는 것이다(맹세할 수 있다). 중고품 할인점, 중고품 위탁 판매점, 빈티지 의류 부티크, 온라인 중고 명품 사이트에서 건질 수 있는 질 좋고 값싼 물건은 한도 끝도 없다.

현명한 여성이라면 신뢰할 만한 쇼핑처를 파악해둬야 한다. 좋은 수확을 올릴 수 있는 곳은 크게 네 곳으로 분류할 수 있다. 첫째는 굿윌스토어나 구세군 재활용 가게와 같은 중고품 할인점이다. 중고품 할인점은 기증받은 물건을 팔기 때문에 질을 장담할 수 없지만 일단 둘러볼 가치가 있다.

둘째, 고급 중고품 위탁 판매점은 유행을 따르고 싶어 하는 부유층 여성들이 지난 시즌의 필수품을 싸게 팔아치우는 곳이기 때문에 중고품 할인점과 차별화가 된다. 여기에서는 명품 정장, 코트, 드레스, 야회복, 액세서리를 원래의 가격보다 훨씬 낮은 가격에 구할 수 있다.

셋째, 빈티지 의류 부티크는 빅토리아 시대의 흰색 면 페티코트에서부터 1930년대 캐럴 롬바드의 쑥색 트위드 바지까지 다양한 시대의 독특한 옛날 의상을 갖추고 있다. 일단은 중고품 할인점에서 시작해서 차근차근 빈티지 의류 부티크로 옮겨가기 바란다. 빈티지 의류 부티크는 마치 한낮에 포트와인을 마시는 것처럼 사람을 취하게 할 수 있으니 주의해야 한다.

마지막으로 이베이와 차원이 다르며 엄청난 물건을 발견할 수 있는 중고 명품 사이트가 있다. 앞에서 말했듯이 더 리얼리얼, 포시마크, 트레데시, 엣시가 대표적이다. 이런 사이트에서는 세계적으로 유명한 명품이 여전히 꽤 비싼 가격으로 거래되지만, 당신이 지금 끌리는 디자인을 파악할 겸해서 한 번씩 둘러볼 가치가 있다. 스레드업은 사용감이 적은 다양한 종류의 중고 옷을 팔뿐만 아니라, 소비자가 상태가 좋은데 버리고 싶은 옷을 보내면 그 옷을 팔고 일정 금액을 준다.

중고품 쇼핑에 성공하려면 몇 가지 기본 규칙을 지켜야 한다. 첫째, 기분이 좋을 때 쇼핑을 해야 한다. 피곤하거나 스트레스를 받을 때 가면 안 된다. 둘째, 서두르면 안 된다. 천천히 둘러보면서 지혜를 발휘해야 한다. 셋째, 깊은 생각에 잠길 수 있도록 혼자서 가야 한다. 넷째, 적당한 현금을 가지고 가야 한다. 판매자가 현금을 선호하기도 하고 당신도 지출에 제한을 둘 수 있어서 좋다. 현금을 다 쓰고 나면 집에 올 때가 됐다는 뜻이다. 다섯째, 찾게 될 물건에 기대치를 가지면 안 된다. 그저 보물찾기에 나선 양 행복하게 관망하는 태도를 지녀야 한다. 실제로 당신은 보물찾기를 하고 있기 때문이다.

나는 다음과 같은 혼잣말을 즐겨 한다. '신이 주는 풍요로움은 진짜로 내 삶에 존재해. 정말 좋은 옷이 저렴한 가격으로 나온 것을 발견했을 때 신이 내려주는 풍요로움을 확인할 수 있지.' 이 말은 항상 사실이다. 마지막으로, 정기적으로 매장에 방문해야 한다. 늘 새 상품이 들어온다. 당신의 위시리스트에 있는 검은색 캐시미어 터틀넥이 다음 주 화요일에 나타날지 모를 일이다.

이번 주에는 절약이라는 새로운 즐거움을 즐기자. 절약과 모험을 동시에 한다는 전율만으로도 중고품을 뒤질 가치가 있다.

# 4월 11일

## 액세서리는 패션을 완성하는 마침표다

당신이 적합한 옷을 입는다면 삶에서 원하는 모든 것을 가질 수 있다.

– 이디스 헤드
아카데미 의상상을 여덟 번 수상한 디자이너

대체로 여성은 옷에 대해서는 상반된 감정을 느끼지만 액세서리에는 애착이 아주 강하다. 의미 있는 생일에 단짝이 글씨를 새겨 선물한 금 브로치, 늘씬하고 세련돼 보이는 검은색 불투명 스타킹, 산타페로 환상적인 여행을 갔을 때 구입한 은 목걸이, 여동생이 파리에서 사다 준 화려한 파란색 실크 스카프, 온갖 물건이 다 들어가는 밝은색 나이로비 밀짚 가방.

패션 액세서리는 진정성의 산물이다. 추억이 서려 있거나 기분을 대변하거나 안정감을 주거나 개성을 드러낸다. 때로 액세서리는 공을 들여 차려입은 옷을 망친다. 여성이 액세서리에 쏟는 관심이 워낙 크기 때문에 여러 면에서 액세서리가 옷보다 훨씬 중요하다. 액세서리는 자신을 분명하게 정의하는 패션의 마무리이자 개성의 마침표다.

많은 유명 디자이너가 여성이 액세서리를 과도하게 착용한다고 생각한다. 코코 샤넬은 우리가 밖에 나가기 전에 거울을 보고 한 가지 액세서리를 빼야 한다고 항상 말했다. 미안하지만 나는 그 의견에 동의하지 않는다. 내가 볼 때 많은 여성이 패션 액세서리를 선택할 때 자신을 억제하면서 무난하거나 안전한 길을 따른다. 튀지 않고 다른 사람에게 맞추는 것이 더 편하기 때문이다.

코코 샤넬의 부유한 미국인 고객들은 다음 시즌의 오트쿠튀르 의상을 구매하려고 1년에 두 번 파리에 간다. 소문에 의하면 언젠가 그녀가 한 미국인 고객에게 옷과 액세서리를 더 이상 팔지 말라고 직원들에게 지시했다고 한다. 이 고객은 텍사스의 귀부인으로 아주 부자였고 오랜 고객이었기 때문에 직원들은 이 갑작스러운 결정을 이해할 수 없었다. 코코 샤넬은 이렇게 불만을 털어놓았다. "그녀가 모든 것을 한꺼번에 착용하기 때문이에요! 그녀는 나를 꼴사납게 만들어요."

영혼의 인도를 받으며 진정한 스타일을 찾아서 키우려고 노력할 때, 패션 액세서리는 자신감을 키워줄 작지만 중요한 모험을 감행하는 데 도움이 된다. 의외의 방식으로 조합한 옷과 액세서리는 강한 힘을 준다. 도로시 역을 맡은 주디 갤런드가 오즈의 마법사를 만나려고 떠났을 때 파란색 체크무늬 치마에 다홍색 신발을 신고 얼마나 멀리 여행했는지 생각하자.

당신이 신발, 스타킹, 벨트, 스카프, 보석, 모자, 장갑, 핸드백, 향수를 어떻게 선택하느냐에 따라서 세상에 진정한 당신을 알리는 데에 큰 차이가 생긴다. 당신은 우아한 스타일을 좋아하는가, 아니면 장난기 가득한 스타일을 좋아하는가? 세련된 스타일을 선호하는가, 아니면 개성 강한 스타일을 선호하는가? 당신은 스타일을 고수하는가, 아니면 최신 유행을 따르는가? 우리가 인사를 나누기도 전에 당신이 하고 있는 액세서리는 당신에 대한 간략한 이력을 전달한다.

"아주 잘 차려입은 차림새가 되는 데는 여러 가지 요인들이 있다. 완벽한 옷, 머리, 화장, 장신구." 유명인 스타일리스트 미카엘라 얼랭어가《액세서리 착용법: 모든 옷에 완벽한 마무리How to Accessorize: A Perfect Finish to Every Outfit》에서 말한다. "거리에서든지 레드카펫에서이든지 개성이 드러날 때 최고의 순간이 펼쳐진다. 인생 최고의 특별한 날이든 금요일 밤의 데이트이든 일자리 면접이든 그저 슈퍼마켓에 가는 길이든, 옷을 입을 때 장난기와 엉뚱함과 즐거움이 곁들여져야 한다. 나는 당신의 모습과 기분이 최고가 되기를 바란다."

　마지막으로 모든 여성이 꼭 지녀야 하고, 없으면 안 되는 가장 중요한 패션 액세서리는 내면에서 나온다는 사실을 잊지 말자. 진정한 아름다움을 깨달은 여성은 모두 너그러운 마음, 마음에서 우러나는 미소, 즐거움으로 반짝이는 눈을 갖고 있다.


## 4월 12일

### 내 몸과 화해하는 것은 자유로워지는 첫걸음이다

몸은 신성한 옷이다. 몸은 당신의 첫 옷이자 마지막 옷이다.
그 몸으로 세상에 와서 그 몸으로 세상을 떠난다.
그러니 존경하는 마음으로 대해야 한다.
- 마사 그레이엄
미국의 무용가·안무가·현대무용의 창시자


우리 몸을 사랑하는 방법 배우는 것과 긍정적인 보디 이미지를 지니는 것 중에 어느 쪽이 우선일까? 어느 쪽이 먼저 와도 상관없다. 긍정적인 보디 이미지를 가지고 있지 않다면(대부분이 여성이 여기에 해당한다) 몸을 사랑하는 방법을 배우는 과정이 긍정적인 신체상을 수립하는 데 도움이 된다. 미국의 선구적인 페미니스트인 글로리아 스타이넘은 당신의 상상 속 모습이 아니라 당신의 실제 모습을 사랑하는 방법을 배우면 자유로워진다고 말한다.

이제 자그마한 부분을 통해 자신을 사랑함으로써 자존심을 향상시킨 다음에야 커다란 부분에서 자신을 개선할 수 있다는 사실을 깨달을 때가 왔다. 무엇보다 먼저 자신과 다른 사람의 비현실적인 기대치 때문에 스스로를 망치는 악순환을 깨야 한다.

오늘부터는 아름다움에 대한 세상의 기준을 멀리하자. 어차피 미의 기준은 끊임없이 변한다. 이집트 여왕 클레오파트라는 핏줄이 두드러진 다리가 멋지다고 생각해 하지정맥류에 걸리고 싶어 했고, 중세 미인들은 배를 불룩하게 보이려고 일부러 패드를 댔다. 엘리자베스 1세는 백연이라는 하얀 납과 식초를 얼굴에 발랐다. 멋져 보이는 모습은 아니다.

세상이 당신을 찬양해주기를 기다리지 말자. 당신 자신의 기준을 만들자. 마음에 안 드는 부분은 잊어버리고 멋진 부분에 집중하자. 거울에 비친 당신의 모습에서 좋아할 만한 부분을 찾자. 개인 트레이너가 없으면 만들 수 없는 몸매에 집착하지 말고, 지금 당신이 갖고 있는 바로 그 몸을 기분 좋게 받아들이면서 살 방법을 발견하자.

돌봄이 지닌 변화의 힘을 직접 배우자. 건강한 음식과 깨끗한 물로 몸을 돌보자. 음식을 먹기 전에 천천히 숨을 쉬어보자. 스트레스와 부정적인 기운을 내뱉고 산소와 긍정적인 기운을 들이마시자. 그저 움직이는 것 자체가 얼마나 놀라운 일인지 재발견하자. 스트레칭을 하고 춤을 추고 걷고 뛰고 점프를 하고 줄넘기를 하고 놀고 포옹하자. 편한 옷과 고요한 순간과 마음을 달래는 아름다움 의식으로 몸을 소중히 여기자.

건강관리 전문가 다이애나 로시가 말한다. "여성에게 가장 중요한 관계는 자기 몸과의 관계다. 남편이나 애인이나 자녀나 친구나 동료와의 관계보다 훨씬 더 중요하다. 이기적인 것이 아니라 엄연한 사실이다. 몸은 그야말로 존재를 위한 수단이다. 베풀고 사랑하고 움직이고 느끼는 수단이다. 몸이 제대로 작동하지 않으면 삶에서 무엇도 제대로 작동하지 않을 것이 확실하다."

오늘은 당신의 몸을 혐오하지 말고 몸과 화해를 하자. 영혼이 이 삶의 여정을 위해 당신에게 준 신성한 옷, 즉 몸을 의식적으로 사랑하고 존경하자.


# 4월 13일

## 음식은 아름다움의 적이 아니다

자기애는 장기적으로 정말 효과가 있는 유일한 체중 감량 보조제다.
- 제니 크레이그
체중 감량 전문업체 제니 크레이그의 설립자


태초에 먹는 행위는 삶의 숭고하고 소박한 즐거움을 의미했다. 그러다가 이브가 선악과를 먹었고 이후 여성은 음식과의 전쟁을 치러왔다.

음식은 여성의 적이 아니다. 살려면 먹는 것을 좋아해야 한다. 음식은 몸이 생존하기 위해 필수적인 연료다. 거식증이나 폭식증 등의 질병에 걸렸을 때처럼 음식을 거부하는 것은 심각한 문제가 있다는 신호다. 굶주림과 싸우지 말자. 대신에 그 느낌을 존중하고 자신의 감각을 끌어당기는 영양가가 높은 음식으로 답하자. 미각뿐만 아니라 시각과 후각도 자극하는 음식을 먹자.

몸은 자신에게 필요한 것을 말한다. 그러나 대부분의 여성이 이 사실을 믿기를 두려워한다. 다이어트를 내팽개치고 배가 고플 때마다 먹고 싶은 대로 먹다가 결국 기네스북에 오를까 봐 불안해한다.

그러나 굶주릴수록 더 체중이 늘어나고 결국 자기혐오에 빠지게 된다. 살면서 다이어트를 한 번 이상 해본 여성은 이 괴로운 진실을 잘 알고 있다. 가슴 아픈 자기혐오의 악순환을 끊을 유일한 방법은 다이어트를 중단하고 상식을 적용하는 것이다. 배고플 때 몸에 좋은 음식을 먹고, 목마를 때 마시고, 피곤할 때 자고, 정기적으로 운동을 해서 몸의 균형을 유지하고, 기도와 명상을 통해서 영혼에 양분을 줘야 한다.

노자는 제자들에게 성심으로 온전해지면 도道로 돌아간다고 말했다. 자신의 몸무게를 부정하지 않고 편하게 받아들이는 것도 마찬가지다. 노자의 사상을 바탕으로 하는 동양철학인 도교는 본래 모습대로 온전히 살아가는 유일한 방법은 순리에 따르는 것이라고 가르친다. 《보그》 표지에 나오는 삐쩍 마른 여자처럼 되고 싶은 욕구보다 훨씬 차원이 높은 지혜에 몸이 응답한다는 사실을 받아들이자.

무조건 체중이 덜 나가기를 바라지만 각자에게 적정한 체중이 있다. 적정 체중일 때 가장 편하고 에너지가 넘치며 건강하고 보기 좋다. 몸을 믿으면 적정 체중에 도달할 수 있다. 옷 사이즈를 잊어버리고 저울도 치우자. 몸무게를 재지 말고, 좋아하는 옷으로 당신의 상태를 알려주자.

　무엇보다도 진정한 자아의 안내를 신뢰하자. 내면으로 들어가서 진정한 자아를 마음에 그리자. 진정한 자아의 체중이 얼마나 나가는지 보자. 사랑의 힘을 통해서 당신에게 가장 알맞은 체중에 도달하게 해달라고 진정한 자아에게 부탁하자. 오늘은 앞으로 진정으로 필요할 체중 감소 보조제는 자기애뿐임을 믿자. 자신을 사랑하는 마음만이 효과가 있기 때문이다.


## 4월 14일

## 정신적인 허기는 음식으로 채울 수 없다

몸에 육체적·감정적·정신적으로 양분을 줘야 한다.
현 문화 속에서 우리는 정신적으로 굶주려 있다.
단순한 영양부족이 아니라 영양실조에 걸려 있다.
– 캐럴 호링
미국의 영양사이자 심리치료사


나를 포함해서 많은 여성이 삶을 감당하느라고 문자 그대로나 비유적으로나 삶을 집어삼킨다. 불안하거나 걱정하거나 긴장하거나 우울할 때마다 불편하고 부정적인 감정을 밀어내려고 생각 없이 본능적으로 음식을 삼키고 마신다.

　우리는 배고프고 목마르다. 그러나 아이스크림이나 와인이 아니라 더 깊은 관계와 내면의 평화에 굶주려 있다. 솔직히 말하자면 사랑과 미움과 몸의 편안한 균형을 유지하는 방법에 대해 곰곰이 생각하고 있는 바로 지금도 나는 아이스크림과 와인을 먹고 싶다.

스위스의 유명한 심리학자인 칼 융은 알코올중독이 신성한 질병이라고 믿었다. 스콧 펙은 《끝나지 않은 여행》에서 칼 융이 알코올중독은 영혼의 장애 혹은 영혼의 질환이라는 결론에 이른 과정을 설명한다. "전통적으로 술을 스피릿spirit(정신)이라고 칭한 것은 우연이 아니었다. 알코올중독자는 다른 사람에 비해서 훨씬 더 정신을 갈망하는 사람이다." 나는 많은 여성이 중독되는 상습적인 과식도 이와 마찬가지라고 생각한다. 우리는 대단히 강한 삶의 욕구를 가지고 있지만, 본래 모습대로 살아가고 싶은 끊임없는 열망을 채우기 위해 진짜로 필요한 것이 무엇인지 모른다.

내가 삶을 집어삼킨 이유가 기쁨과 평온함에 굶주려 있었기 때문이라는 사실을 처음 깨달은 순간은 자신을 돌보는 방법을 배우는 과정에서 커다란 전환점이었다. 마침내 내가 배가 고픈 것이 아니라 정신적으로 영양결핍에 걸렸음을 이해했다. 필요할 때마다 내면으로 들어가서 영혼, 즉 내 진정한 자아에게 직접 물어보면 된다는 것을 깨달았다. 손이 무조건 음식으로 향하는 것을 멈추고 진정한 자아에게 "지금 너를 어떻게 돌봐줄까? 너를 어떻게 사랑해주면 좋겠니? 네게 진짜로 필요한 것이 뭐야?"라고 물어볼 수 있게 되었다.

다음번에는 입에 음식을 집어넣기 전에 잠시 생각해보자. 진짜로 배가 고파서 먹으려는 것인가, 아니면 그저 불안해서 먹으려는 것인가? 불안해서라면 냉장고로 달려가는 대신에 동네를 한 바퀴 산책하는 편이 훨씬 이롭고 당신을 아끼는 선택이다.

하루가 끝날 때가 되면 이제 긴장을 풀어도 된다는 신호를 보내려고 습관적으로 와인을 들이키는가? 그 대신에 잠시 시간을 내서 편한 옷으로 갈아입고 저녁식사를 만들면서 맛있는 과일맛 탄산수를 조금씩 들이켜고, 와인은 식사와 함께 즐길 때까지 아껴두는 것이 낫지 않을까? 내면의 갈망을 채우는 당신만의 즐거운 활동을 정하자. 다정하게 영혼을 돌보는 동안 육체적인 갈망이 완화될 것이다.

오늘은 당신이 느끼는 굶주림과 목마름의 이유를 찾자. 굶주리고 목마른 영혼을 만족시킬 수 있도록 내면의 욕구를 드러내달라고 진정한 자아에게 부탁하자.


## 4월 15일

## 운동을 즐거운 놀이라고 생각해라

웃으면서 조깅하는 사람을 보게 된다면 나도 조깅을 고려해보겠다.

- 조앤 리버스
미국 연예인


내가 아는 한 세상에는 두 종류의 사람이 있다. 운동하는 사람과 운동하지 않는 사람. 운동하는 사람은 에너지가 넘치고 스트레스가 적으며 체중 문제에 대한 고민을 덜 하고, 대체로 삶을 긍정적이고 낙관적으로 본다. 몸매가 탄탄한 여성은 지금까지 삶을 향상하려고 시도한 여러 방법

중에 규칙적인 운동이 최고라고 말할 것이다.

운동하지 않는 여성은 그런 말을 믿지 않으며 운동을 할 수 없거나 하지 않는 온갖 변명거리를 늘어놓는다. 시간이 없어서, 이미 너무 망가진 몸매라 손쓸 도리가 없어서, 독감에 걸려서, 날씨가 너무 춥거나 너무 더워서, 너무 피곤해서, 너무 우울해서 운동을 할 수 없다고 말한다. 다음 주부터 시작하겠다고 말하기도 한다. 나는 규칙적으로 운동하지 않는 여성에 대해 잘 알고 있다. 얼마 전까지만 해도 나 역시 그들과 마찬가지였기 때문이다. 나는 꽤 오랫동안 주치의에게 야단을 맞고 가족에게 잔소리를 들으면서도 운동을 하지 않았다. 작가이자 철학자인 로버트 메이너드 허친스는 운동하고 싶은 마음이 들 때마다 누워서 그 마음이 지나가기만을 기다린다고 말했다. 많은 여성이 허친스와 비슷한 생각을 하고 산다.

그런 생각은 좋지 않다. 자신을 돌보는 태도가 아니다. 건강에 해롭다. 모든 여성이 이성적으로는 이 사실을 알고 있다. 다들 현명하므로 몸을 잘 돌봐야 한다고 뇌를 천천히 설득할 방법을 찾을 수 있을 것이다. 하지만 항상 우리보다 한 수 앞서는 고집스러운 의식에게 엄격한 새 규칙을 강요하는 것은 효과가 없을 것이다. 과거에 여러 번 시도했지만 효과가 없었는데 지금에 와서 그 방법을 다시 쓸 이유가 없다.

따라서 유혹하는 쪽으로 방법을 바꾸자. 운동이나 체력 단련이라는 말을 사용하지 말자. 꼭 이름을 붙여야겠거든 창조적인 움직임이라고 부르자. 날씬하고 유연한 여성이 애용하는 헬스장이나 조깅, 아령, 에어로빅 강좌는 제쳐두자.

창조적인 움직임이란 삶을 향상하는 즐거운 놀이라고 생각하자. 잠시 차분히 앉아서 창조적으로 움직일 수 있으며 즐거움을 주는 모든 방법을 상상하자. 발레나 힙합이나 줌바 같은 춤, 수영, 펜싱, 승마, 라켓볼, 테니스, 골프, 자전거 타기를 비롯해 많은 활동이 있다. 요가 혹은 중국무술인 태극권처럼 몸과 마음과 정신이 어우러지는 활동도 있다.

이제 오늘 찬란한 햇빛을 받으며 산책하는 모습을 상상해보자. 걷기는 최고의 창조적인 움직임이며 돈이 한 푼도 들지 않는다. 걸으면 머리가 맑아지고 폐에 신선한 공기가 가득 차고 분노가 발산되고 힘이 생기고 집중력이 높아진다. 한 번에 한 걸음씩 단계적으로 움직이기 시작하자. 긍정적인 가속도가 생겨 꾸준히 움직이게 될 것이다.

내 말을 믿기 바란다. 이런 유혹은 효과가 있다. 옛날에 나는 헬스클럽에 가는 도중에 빠질 궁리를 하느라고 기를 썼다. 하지만 내가 아주 좋아하는 스포츠인 승마와 펜싱을 하려면 더 건강해져야 한다는 조언을 의사에게 들은 터라 요즘에는 심호흡과 스트레칭과 걷기 명상을 하고 있다. 이제 나는 기분이 훨씬 좋아졌으며 계단 오르내리기 같은 다음 단계로 넘어갈 준비가 되었다. 다이애나 로시는 다음과 같이 장담한다. "우리가 깨우치고 자각하면 마음과 영혼을 다시 인도하고 조정할 수 있다. 일단 몸을 위해서는 몸을 움직이고 새로운 칭찬 방법을 찾고 몸이 필요하다고 말하는 좋은 음식을 적당히 먹으면 된다. 그리고 긍정적이고 건강한 자의식을 위해서는 우리 영혼이 세상 및 다른 영혼과 관계를 맺게 하면 된다."

# 4월 16일

## 매일 산책을 하면 삶이 놀라울 만큼 평화로워진다

걷는 사람이 되려면 하느님의 특별 허가가 필요하다.

– 헨리 데이비드 소로
미국의 철학자·시인·동식물 연구가

예전에 나는 운동 삼아서 걸으러 나가려다가 현관도 지나지 못하고 주저앉았다. 그런데 어느 날 너무 불안해서 미칠 것 같아 범죄 현장에서 도망치듯 점심 때 급하게 집에서 뛰쳐나갔다.

실망감과 고통스러운 기억과 과거의 내 비현실적인 기대치에 잔뜩 억눌려 있었고, 알 수 없는 미래와 필연적인 변화가 두렵던 내게 유일하게 안전한 장소는 현재의 순간이었다. 인도를 딛는 발, 얼굴에 닿는 바람, 몸에 들어왔다가 나가는 호흡. 40분을 걷다가 문득 멈춰 서서 보니 놀랍게도 시내 반대쪽까지 가 있었고 한결 차분해진 마음으로 집에 돌아왔다. 나는 그날 이후로 산책을 즐겼다.

내가 산책을 즐길 수 있었던 이유는 걷고 싶은 마음이 아름다운 배경, 특히 시골 풍경에 의해 100배는 커졌기 때문이다. 나는 10년 동안 영국 전원 지대 어느 곳에서든 걷는 것을 좋아했다. 현관 앞에 놓인 무릎까지 오는 장화, 방수 재킷, 양치기 지팡이, 트위드 모자, 스카프는 농장 문 너머에 구불구불한 길이 있다는 의미다. 그렇다면 밖에는 무엇이 있을까? 나가지 않으면 결코 알아내지 못할 것이다.

내가 영국에서 미국으로 건너간 후 뉴멕시코주 타오스에서 산책할 때 처음 접한 서부 풍경의 광활함은 계속 나를 기다리고 있던 것처럼 보였다. 팔을 죽 뻗고 서서 빙빙 돌면서 "와" 하고 함성을 지를 수 있는 곳이었다. 내 주변을 원을 그리며 돌던 개들이 앞으로 400미터를 달려가다가 돌아올 수 있는 곳이었다. 행복했다. 나는 왜 개척자들이 약속의 땅을 찾아서 계속 나아갔는지 이해했다. 또한 조물주가 당시 내가 볼 수 있는 것보다 더 큰 풍경이 있다는 것을 알리려 한다는 것도 이해했다. 나는 믿어야 했고, 내가 있어야 하는 곳에 도착할 때까지 한 번에 한 걸음씩 성심껏 나아가야 했다.

이렇게 느낀 작가가 나만은 아니었다. D. H. 로런스는 1992년에 뉴멕시코를 발견했을 때 그곳이 자신을 완전히 바꿔놓았다고 말했다. 그는 8년 동안 뉴멕시코에 세 번 갔고 다 합해서 11개월 동안 그곳에서 살았다. D. H. 로런스는 1930년에 프랑스에서 죽었지만 타오스산에 대한 그의 그리움이 워낙 강했기 때문에 부인인 프리다는 유골을 가져와 그들이 지내던 작은 목장에 있는 예배당에 묻었다.

걷는 이유는 다양하다. 사람들은 건강해지기 위해서나 창작을 하다가 부딪친 문제를 해결하기 위해서, 혹은 자신이나 다른 사람과 벌인 말싸움을 끝내거나, 한가로이 걸으며 주변 세상에 눈을 돌리거나, 명상을 하기 위해 걷는다. 창조성 코치인 줄리아 캐머런은 하루에 20분씩, 그리고 일주일에 한 번은 1시간씩 걸으라고 조언한다. "창조성은 정신적인 작용이고 우리는 그 속에서 영감을 경험한다. 영감은 한숨 돌릴 때 찾아온다. 걷기는 주기적이고 반복적으로 휴식을 취하게 한다."

나는 대체로 '움직이면서 명상'을 하려고 걷는다. 영혼의 단련이라고 할 수 있겠다. 나는 머릿속의 요란스러운 소리를 가라앉히고 큰 보폭으로 걸으면서 느리고 안정된 호흡의 리듬에 집중하고, 내면의 고요함에서 위안을 받으려고 노력한다.

내 몽상은 지저귀는 새 소리, 개 짖는 소리, 예쁜 정원의 풍경에 의해 갑자기 멈추기도 한다. 소로는 때로 '정신에 다다르지 못하는' 걷기에 대해 불평했다. "일 생각이 머리에 떠오르고 내 몸은 걷고 있지만 내 영혼은 다른 곳을 헤맨다." 나도 그렇게 딴생각이 들 때가 있지만 나는 걷는 동작으로 서서히 관심을 되돌리는 방법을 익혔다. 한 번에 한 걸음씩 내딛는 바로 그곳 그 순간에서 평화를 찾았기 때문이다.

가만히 앉아서 명상하기 힘들다면 걸으면서 명상하기를 시도해보기 바란다. 특히 요즘에 날씨가 화창해졌기 때문에 걷기에 제격이다. 당신의 취향을 고려해서 시간대를 정하자. 아침형 인간이 아니라면 낮이나 오후에, 혹은 저녁을 먹고 나서 별을 보며 걸으면 된다. 직장이 시내에 있어도 점심때 짬을 내서 산책하면 된다. 당신이 거리를 거닐면서 세상을 차단하고 명상하는 중이라는 사실을 누구에게도 알릴 필요가 없다. 내 경험상 걷기 명상에 잘못된 방법이란 없다. 나는 지금 산과 야자수로 둘러싸인 도시에 살고 있는데 이 풍경은 다른 여느 곳과 마찬가지로 즐거움과 평화를 가져다준다.

그렇지만 나는 여전히 운동을 위해 걷지는 않는다. 대신에 나는 승마 부츠를 신고 펜싱 마스크를 쓰기 위해서 걷는다. 걷는 이유는 중요하지 않은 것 같다. 그저 걷는다는 행위 자체가 중요하다.

## 4월 17일

## 헤어스타일 때문에 매일 스트레스를 받고 있는가?

머리를 손질할 줄 모르는 여성에게 천재성은 별 쓸모가 없다.
- 이디스 워튼
여성 최초로 퓰리처상을 수상한 작가

수백 년 동안 여성의 머리카락은 여성이 지닌 '최고의 영광'이라고 불렸지만, 내가 아는 모든 여성은 머리를 관리하는 것에 문제를 겪는다. 나는 자기 머리카락을 정말로 좋아하는 여성을 본 적이 없다. 오히려 다들 머리 때문에 골치를 앓는다. 머리카락은 살아 있고 강하며 변덕스럽고 형이상학적인 에너지를 갖고 있으며, 우리는 그 에너지에 주의를 기울이고 제대로 파악하고 받아들여야 한다. 잘 어르고 구슬리면 말을 잘 들을 때도 가끔 있으며 이런 경우를 '좋은 날good hair day'이라고 부르지만 머리카락에 강요할 수는 없다. 우리가 머리에 투자하는 엄청난 돈과 시간과 창조적인 에너지와 감정을 생각해보자. 그런데도 대체로 머리는 우리의 진정성이 아니라 자신의 진정성을 표현한다. 당신은 어떤지 모르겠으나 나는 매일 삶과 벌이는 자잘한 전투만으로도 기진맥진해지는데 머리와의 싸움도 만만치 않다.

대부분의 여성은 미국의 페미니스트 작가 나오미 울프가 '아름다움의 신화'라고 일컫은 집단 환각에 빠져 살고 있다. 우리는 좋은 샴푸와 린스를 사용하고 예쁘게 파마나 염색이나 커트를 하면 텔레비전과 영화와 패션쇼에 등장하는 여자들의 머리를 할 수 있을 것이라고 세뇌당해왔다. 그나저나 그런 여자들은 직접 머리를 매만지지 않는다. 우리도 매일 혹은 적어도 사람들 앞에 나서거나 잡지에 나올 때마다 전속 헤어스타일리스트에게 머리를 맡길 수 있다면 그들처럼 환상적이거나 최소한 남 앞에 내놓을 만한 머리를 가질 수 있을 것이다. 그러나 현실은 그렇지 못하다. 당신도 마찬가지일 것이다.

평소에 집에 있을 때 내 머리는 미용사에게 손질을 받고 나올 때와 완전히 다르다. 미용사처럼 양손에 헤어드라이어와 브러시를 들고 현란하게 움직이는 방법을 아직 익히지 못했기 때문이다. 그래서 나는 집에서 헤어드라이어로 머리를 손질하는 것을 예전에 포기했다. 대신 머리를 감고 무스를 바르고 말린 다음에 전기 헤어스타일러로 컬을 만든다. 머리를 하는 과정이 사실상 똑같은데도 어떤 날은 아주 멋지게 완성되지만 어떤 날은 실망스럽다. 머리는 우리를 겸손하게 하며 우리는 머리와 화해하고 평화롭게 살아야 한다.

그러자면 머리를 있는 그대로 인정하고 고유한 특성을 파악해야 한다. 머리카락이 굵은지 가는지, 머릿결이 거친지 부드러운지, 직모인지 곱슬머리인지, 파마를 할 때 어떻게 끊어지는지, 흰머리가 나고 있는지, 가르마가 어느 쪽인지 알아야 한다. 머리카락과 끊임없이 싸우는 것이 아니라 친해지고 좋은 관계를 쌓는 것이 관계 회복과 마음의 평화를 위한 첫 단계다. 내 진정한 자아가 하고 있는 머리 모양은 구불구불 물결치는 어깨 길이의 금발이다. 그러나 나는 머릿결이 부석부석해지지 않는 파마약이 발명되기 전에는 진정한 자아와 같은 헤어스타일을 할 수 없다는 사실을 받아들여야 했다. 그래서 나는 파마 대신에 염색을 선택했다. 늘 창의적인 선택이 가장 중요하다.

현재 당신의 머리 모양이 마음에 들지 않으면 원하는 헤어스타일의 사진을 끈기 있게 찾아보자. 친구가 추천한 미용사에게 그 사진을 가지고 가서 일단 상담하자. 현재의 헤어스타일과 원하는 헤어스타일을 비교하면서 이야기를 나눠보자. 매일 집에서 머리 관리에 얼마나 시간을 투자할 수 있는지 고려하자. 이는 굉장히 중요한 문제다. 마음에 드는 절충안이 있는지 살펴보자.

긴 머리를 짧게 자르는 것처럼 과감한 변화를 고려하고 있다면 머리를 하기 전에 먼저 변화에 익숙해지도록 새 헤어스타일의 사진을 2주 정도 거울에 붙여놓자. 그렇게 하면 머리를 바꾼 후 충격이 덜할 것이다. 당신이 점성술을 믿지 않을 수도 있지만 미의 여신인 비너스를 뜻하는 금성이 역행할 때는 헤어스타일 변신을 하지 말자. 나를 믿어야 한다. 내가 하는 말이 무슨 소리인지 짐작도 못 하겠다면 검색을 해보라. 고금의 지혜는 가슴 속에 묻어두는 것이 아니라 널리 알려야 한다.

무엇보다도 충동에 무릎 꿇지 말자. 살다 보면 "이놈의 머리를 당장 어떻게 해야겠어"라고 소리 지르는 날이 온다. 하지만 그런 날에는 머리를 바꾸면 안 된다. 새 헤어스타일보다 익숙한 헤어스타일을 관리하기가 훨씬 수월하다는 사실을 명심해야 한다. 그렇지만 다른 때에는 망설이지 말고 변화를 주자. 어울리는 헤어스타일을 찾는 것보다 더 큰 기쁨은 없다. 버스에서 본 여성의 보라색 하이라이트 염색이 아주 멋졌는가? 시도해보자! 앞머리가 짧은 단발머리를 꼭 하고 싶은가? 시도해보자! 최악의 결과가 나와도 실컷 울고 나서 그저 머리카락일 뿐임을 기억하자. 어차피 머리카락은 다시 자라며 앞으로 당신은 더 현명한 선택을 하게 될 것이다.

헤어스타일을 있는 그대로 받아들이는 방법을 배우는 것은 당신을 사랑하는 방법을 배우는 과정의 일부다. 시인 메리앤 무어는 당신을 괴롭히는 부분이 당신의 가장 좋은 부분이라고 말했다. 옳은 말이다.

## 4월 18일

# 화장은 나만의 매력을 부각하는 숭고한 의식이다

여성의 가장 아름다운 화장은 열정이다.
그러나 화장품을 사는 편이 더 쉽다.

– 이브 생로랑
프랑스 패션 디자이너

거울을 볼 때 누가 보이는가? 당신의 진정한 자아가 보이기 시작하는가? 거울 속에서 당신을 바라보는 독특한 아름다움을 지닌 얼굴에 점차 익숙해지는가? 그러기를 바란다. 그러나 이런 자기 수용과 자기애의 성장은 느리게 진행되고 미미한 수준이다. 특히 수년 동안 점잖게 무시를 당해온 터라 진척이 느릴 수밖에 없다.

자신의 얼굴을 사랑하는 한 가지 방법은 화장을 해서 보기 좋게 만드는 것이다. 살아오면서 화장에 대한 내 생각은 여러 번 바뀌었다. 패션계와 연극계에서 일하던 20대 때는 화장을 하지 않으면 문밖에도 나가지 않았다. 나에게 화장은 자신감을 주는 세련된 가면이었다.

이후 결혼해 딸을 낳고 주로 집에서 작업하던 30대 때는 남편과 저녁에 외출할 때를 제외하면 아예 화장을 하지 않았다. 화장을 중단한 것이 정말 다행이었다. 덕분에 내 모습에 편해질 기회를 얻었기 때문이다. 그전까지 내가 종사하던 분야는 대단히 자기중심적이고 외모에 집착했다. 이제 내면의 여성을 알게 됐으며 겉모습에 집중하지 않게 되었다. 그러나 화장을 하지 않은 내 모습에 점차 다른 감정이 들었다.

화장을 하면 거울에 비친 모습이 마음에 들었다. 화장을 안 하면 거의 거울을 쳐다보지 않았다. 아름답게 보이도록 꾸미고, 타고난 아름다움을 화장으로 부각하는 것이 생각처럼 무의미한 짓이 아니라는 사실을 깨닫기 시작했다. 화장은 그저 내가 아름답게 보이도록 도와주는 도구였다. 내 모습이 최고로 멋지게 보이면 기분이 좋아졌다. 기분이 좋아지면 기운이 많이 솟았고 성과가 좋았으며 사교적으로 변했다. 성과가 좋아지고 사교적으로 되면 상대방이 긍정적으로 반응했고 내 자부심이 높아졌다.

화장이 자긍심을 북돋아 자기 수용의 선순환을 일으켰다. 무엇보다도 화장은 나를 돌보는 의식이 되었다. 아침에 세상이 아니라 나를 위해 가장 아름답게 꾸미는 10분이 내 진정성을 돌보는 사소하지만 중요한 순간임을 알게 됐다. 진심이 담겨 있으면 화장조차 숭고한 의식으로 거듭날 수 있다.

오늘은 거울을 볼 때 그곳에 비친 얼굴을 축복하자. 그리고 조금 더 화사해 보이고 싶다면 립스틱을 바르자.

# 4월 19일

## 에너지가 충전되는 특별한 장소를 찾아라

마음을 진정시키고, 세상의 아름다움과 그곳에 내재한 엄청나고
무한한 보물을 깨달아라.
내면에 지닌 모든 것, 가슴이 열망하는 모든 것, 본성에 딱 들어맞는
모든 것, 이 모든 것에 부합하는 요소가 위대한 완전체에 깊이 묻힌 채
당신을 기다리고 있다. 장담하건대 그것은 반드시 당신에게 올 것이다.
그러나 장담하건대 정해진 시간 전에는 절대 오지 않을 것이다.
울고 열망하고 다른 사람에게 손을 내밀어봤자 소용없다.
그러니 그런 수작을 부리지 마라.

‐ 에드워드 카펜터
영국 시인

봄은 만물이 소생하고 활력을 되찾는 계절이다. 위대한 완전체가 우리
에게 필요한 모든 것을 충족해줄 것이라는 영국의 시인 에드워드 카펜
터의 확신에 찬 말을 깊이 생각하면서 이 계절을 시작하는 것보다 더 좋
은 방법이 있을까? 기다리는 것이 마음의 평화든 만족감이든 은총이든
소박한 풍요로움에 대한 내면의 자각이든 간에 그것은 분명히 우리에게
올 것이다. 다만 감사하는 마음과 열린 마음으로 받을 준비가 돼 있을
때만 올 것이다.

참을성 있게 기다리는 동안 간단한 봄철 의식을 통해 위안과 기쁨을
찾자. 내가 좋아하는 의식은 밖으로 나가서 또 다른 성스러운 장소를 찾
는 것이다. 이 의식은 평온함이 우리 내면에서 늘 우리와 함께한다는 점

을 일깨운다. 오래된 공동묘지의 나무 그늘, 처음 방문한 아름다운 공원과 미술관, 오래된 도서관의 서가, 방문자가 촛불을 켤 수 있는 조용한 예배당, 햇살을 흠뻑 받으며 앉아 있을 수 있는 야외 카페는 혼자 있는 시간이 커다란 보물이라는 것과 정신적인 충전을 위한 시간이라는 것을 깨닫게 하는 장소다. 조지 루커스의 〈스타워즈〉에 영감과 영향을 준《영웅의 여정》을 쓴 위대한 신화학자 조지프 캠벨은 "성스러운 공간과 성스러운 시간과 기쁨을 주는 활동만 있으면 된다. 그리고 나면 거의 모든 것이 기쁨이 되고, 기쁨은 끊임없이 커진다"라고 말한다.

## 4월 20일

## 욕조 목욕은 최고의 우울 치료제다

나는 이 세상에서 뜨거운 목욕이 조금이라도
도움이 되지 않는 슬픔은 없다고 생각한다.

– 엘렌 글래스고
퓰리처상을 수상한 소설가

모든 여성은 샤워와 욕조 목욕 사이에는 엄청난 차이가 있다는 것을 알아야 한다. 샤워는 샤워기로 그저 때와 땀을 씻어낼 뿐이다. 그러나 욕조 목욕은 빅토리아 시대 사회비평가 앰브로즈 비어스의 말대로 예배를 대신하는 신비로운 의식이다.

나는 심리치료와 더불어 사용되는 물 치료법의 회복 효과를 믿는다.

한 세기 전, 삶에 끊임없이 기술이 침범하고 전화와 전기로 인해 생활이 몹시 바쁘게 돌아가자 이런 혼란에 적응하느라 미국 전역에 신경과민 혹은 신경쇠약이 급속히 퍼졌다. 그리고 그런 증상을 제거하는 목적으로 물 치료법이 엄청나게 유행했다. 빅토리아 시대 사람들은 불안으로 인해 안절부절못하고 맥박이 빨리 뛰는 증세, 불면증, 우울증, 두통을 치료하려고 떼를 지어 온천으로 몰려가서 광천수를 마셨고 약효가 있는 물에 몸을 담갔다.

오늘날 우리는 자기 집 목욕실에서 혼자 치료할 수 있다. 그리고 상식이 있는 사람이라면 날마다 욕조 목욕을 해야 한다. 목욕의 은총을 과소평가하면 안 된다. 목욕은 마음을 진정시키고, 몸의 피곤과 긴장을 풀어주며, 스트레스를 받은 정신을 달래준다. 목욕은 최고의 위안을 주는 잠에 빠져들게 하거나 반대로 잠에서 깨어나 열심히 하루를 시작하게 한다.

내 생활 철학은 아주 단순하다. 확신이 서지 않을 때 목욕을 하는 것이다.

목욕탕 문을 닫고 수도꼭지를 틀고 목욕용 소금이나 에센셜 오일을 물에 붓는다. 푹신푹신한 타월을 꺼내놓고 머리를 하나로 묶고 욕조 속에 몸을 담그며 세상을 차단한다. 나에게 목욕은 기도와 명상만큼 재충전과 정신 집중에 필수적이다.

사실 제대로 된 목욕은 최상의 명상법이다. 향기롭고 따뜻한 물에 우아하게 잠겨 있으면 더 바랄 것이 있을까? 촛불이나 마음을 진정시키는 음악이나 시원한 음료나 좋은 책(읽기 너무 힘들지 않은 책)과 함께 목욕을 하자. 혹은 뜨거운 잔물결이 발가락에 부딪치는 동안 당신을 둘러싸는 고요를 즐기자.

목욕을 더욱 숭고하게 만들 보조용품을 모으는 즐거움에 빠지자. 손잡이가 긴 목욕용 솔, 공기주입식 베개, 욕조 트레이 등을 하나씩 마련하자. 사람들이 생일이나 명절이나 어버이날에 받고 싶은 선물을 물으면 목욕용품이라고 대답하자. 그러면 늘 집에 목욕용품을 다양하게 갖춰놓을 수 있을 것이다. 향기 나는 소금, 오일, 파우더, 거품 목욕용 물비누, 거품 입욕제(기분 좋은 향과 색이 나며 조용히 녹는다) 등 여러 종류가 시중에 나와 있다. 마음에 드는 제품을 찾아보고 그것을 저렴한 사치품이라고 생각하자. "뜨거운 목욕으로 해결하지 못할 슬픔은 없다." 수전 글래스펠이 1911년에 《더 비저닝The Visioning》에 쓴 글이다. 어쩌면 욕조에서 이 글을 썼는지도 모르겠다. 아무튼 이 문장에는 수전 글래스펠의 경험에서 나온 통찰력이 담겨 있다.

영국 소설가 로즈 매콜리는 1936년에 출간된 《개인적 즐거움Personal Pleasures》에서 말한다. "아 뜨거운 목욕! 참으로 아름답네. … 하루의 고됨과 궁핍과 포기에 대한 위안은 지극히 호화롭고 열정적이고 노골적이구나."

## 4월 21일

### 자신의 체취를 알아보자

냄새는 소리와 광경보다 훨씬 더 심금을 휘젓는다.

- 러디어드 키플링

내가 자주 가는 소중한 장소 중 하나는 헌책방이다. 안타깝게도 헌책방에 가는 이 예스러운 취미는 온라인 서점의 출현으로 거의 사라졌다. 그렇지만 영국의 푸른 섬에서는 그렇지 않다. 장이 설 만큼 큰 도시에는 찻집, 교회, 선술집, 헌책방이 있다.

제대로 된 헌책방은 문 꼭대기에 작은 종이 달려서 손님이 문지방을 넘으면 주인이 알게 된다. 세월이 흐르면서 색이 바랜 가죽과 종이의 매혹적인 향기가 어서 들어와 구경하라고 당신을 환영한다. 책이 선반마다 뒤죽박죽 꽂혀 있고 바닥에도 드문드문 탑처럼 쌓여 있다. 주인은 단골이 오면 찾고 있는 책을 추려내는 데 도움이 되는 셰리주를 한잔 권한다. 단골은 오래된 쇼핑백에 책을 가득 담아 웃으며 헌책방을 나서게 될 것이다. 그렇게 헌책방 주인이 다음 달 집세를 마련하는 데 넉넉하게 이바지하게 될 것이다.

나는 영국 러틀랜드의 어핑엄에서 길을 가다가 훌륭한 헌책방을 우연히 발견했다. 나는 40대로 보이는 주인에게 시각, 청각, 후각, 미각, 촉각의 다섯 가지 감각과 두 가지 신비로운 감각(직관 혹은 앎과 경이감)을 다룬 책이 있는지 물었다. 그는 나를 안쪽으로 안내했고 나는 한 시간 동안 즐겁게 내 프로젝트에 필요한 책을 샅샅이 뒤졌다. 내가 고른 한 무더기의 책값을 낼 때 주인이 왜 이 주제에 관심이 있냐고 물었다. 나는 감각의 영적인 성질에 대한 책을 쓰고 있다고 대답했다. 그리고 감각은 우리가 신에게 다가서는 문이라는 것을 믿는다고 말했다.

"죽은 사람에게도요." 그가 부드럽게 말했다. 엄청난 슬픔이 얼굴에 드러났다. 그는 부인이 작년에 갑자기 죽었다고 말했다. 이 부부에게는 아이가 없었다. "우리는 인생의 동반자였어요. 함께 세계를 여행했습니다. 내 아내와 함께하는 삶은 아름다운 모험이었어요." 그들이 가장 좋아하는 장소는 파리 근처 베르사유 궁전에 있는 정원이었다. 그들은 신혼여행 때 처음 그곳에 갔다. 그는 부인이 죽은 후 그곳으로 여행을 떠났다.

"겨울이었어요. 땅이 얼었고, 나무가 헐벗었고, 어떤 꽃도 피지 않았어요. 온 세상이 암울한 잿빛이었어요. 나는 벤치에 앉아서 울기 시작했습니다. 우리는 20년 동안 떨어질 수 없는 사이였어요. 나는 너무 화가 나서 그녀에게, 하늘에, 하느님에게 마구 소리를 질렀습니다. 아무도 없어서 다행이었죠. 누군가 있었다면 나를 끌어냈을 테니까요. 어차피 상관없었지만요. 마침내 나는 마음을 가라앉히고 천천히 정문으로 걸어가기 시작했어요. 그때 갑자기 그녀의 향기가 나를 둘러쌌습니다. 어떤 여성도 내 아내처럼 좋은 향이 나지 않았습니다. 그녀에게서 라일락, 봄…빵을 굽는 냄새가 났죠. 내 아내는 빵 굽는 것을 아주 좋아했어요. 그녀에게서 활기차고 행복한 냄새가 났어요. 그리고 내 주위가 온통 그녀의 향기로 가득 찼어요."

죽은 아내의 사랑의 향기에 둘러싸인 채 겨울 정원에 홀로 서 있는 비탄에 빠진 남자의 이미지가 나를 눈물짓게 했다. 이제 우리 둘 다 울고 있었다.

"당신은 내가 미쳤다고 생각하겠지만 나는 그녀가 나와 함께 그곳에 있었다는 것을 알아요." 나는 그가 미치지 않았으며 오히려 운이 좋고 축복을 받았다고 안심시켰다. 그는 향기를 풍기던 그녀가 15분 정도 머물다가 떠났다고 말했다. 슬프게도 그는 다시는 아내를 감지하지 못했다. 하지만 그 신비로운 만남의 기억은 평생 지속될 것이다.

모든 여성은 자기만의 향기를 가지고 있다. 향수 냄새를 말하는 것이 아니다. 여성의 향기는 식단, 유전, 호르몬, 위생, 건강 상태에 따라서 저마다 DNA처럼 독특한 내음을 풍긴다. 나폴레옹이 조세핀 황후에게 다음날 그가 도착할 때까지 목욕을 하지 말라는 편지를 보낸 일화는 유명하다. 그는 그녀의 자연스러운 체취를 아주 좋아했다. 내 딸은 어릴 때 내가 출장을 가면 내 베개를 베고 내 오리털 이불을 덮고 잤다. 딸은 베개와 이불에서 "엄마 냄새가 나요"라고 말했다. 아버지가 돌아가신 후 어머니는 내게 아버지의 손수건을 건넸다. 나는 손수건을 침대 옆 탁자 서랍에 늘 넣어놓았고 코에 손수건을 댈 때마다 아버지가 옆에 있는 것 같아서 위로가 되었다. 향기로운 추억이 시간과 공간을 초월해 아버지의 사랑을 전했다.

많은 여성이 자신의 자연스러운 체취를 꺼림직하게 여긴다. 대신에 우리의 관능을 가리려고 적지 않은 돈을 쓴다. 다른 사람에게 불쾌감을 줄까 봐서 내심 두려워하는 것일까? 아무래도 우리는 은연중 몸에서 불쾌한 냄새가 난다고 믿는 듯하다. 그렇지 않다면 왜 자기 본연의 체취를 바꾸려고 하겠는가? 하지만 우리가 삶을 사랑할 때 일어나는 기적은 우리 자신을 무조건적인 사랑의 렌즈를 통해서 본다는 것이다. 우리는 긴장을 풀고 진짜 우리가 된다. 우리는 숨는 것을 멈춘다. 우리는 진정한 우리를 받아들인다.

이번 주에는 실험을 해보자. 향이 첨가되지 않은 비누와 데오드란트를 사용하자. 자그마한 것에서부터 당신의 진정한 자아로 돌아가자.

이집트 시대 이래로 여성의 향기 기술이 숭배를 받았다. 당신의 행복감을 증진시키는 향수를 찾는 것은 정신의 선물이고 감각을 만족시키는 즐거움이다. 하지만 중요한 첫 단계는 다른 향을 덧붙이기 전에 가장 오래 지속되고 향의 기본이 되는 당신의 베이스노트를 발견하는 것이다. 진정한 '여성의 향기'는 당신 자신에게서 배어나오는 본연의 향기다.

## 4월 22일

## 오감을 이용해 일상을
## 색다른 시선으로 관찰해보자

영혼만이 감각을 치유할 수 있듯이 감각만이 영혼을 치유할 수 있다.
- 오스카 와일드
영국의 시인·극작가·전설적인 이야기꾼

우리는 감각을 통해서 세상을 경험하고 해석하며 음미하도록 만들어졌다. 이런 감각에는 후각, 미각, 청각, 촉각, 시각, 직관이 있다. 시인, 조종사, 작가, 탐험가, 동식물 연구가인 다이앤 애커먼이 감각의 기원과 진화 과정을 추적한 《감각의 박물학》에서 말하듯이, 우리는 "아름다움과 공포를 쏟아내는 세상을 경험으로 지각하는" 능력을 지닌 감각의 동물이지만 대부분의 사람은 자신의 모든 신비를 깨닫지 못한 채 비몽사몽한 상태로 살아간다. 애커먼은 우리가 잠에서 깨어나 "의식을 이해하려면 감각을 이해해야" 한다고 충고한다. "감각은 뚜렷한 혹은 미세한 행위 자체로 삶을 이해하지는 않는다. 감각은 현실을 활기찬 조각으로 분해해서 의미 있는 형태로 다시 조립한다."

이번 주에는 날마다 잠시 시간을 내서 모든 사람이 풍부하게 지닌 타고난 능력의 경이로움을 생각해볼 것이다. 조지 엘리엇은 이렇게 말했다. "우리가 모든 평범한 일상을 예리하게 보고 느낄 수 있다면 잔디가 자라는 소리와 다람쥐의 심장박동 소리까지 들릴 것이며 저 건너에서 조용히 웅크리고 있는 사자의 으르렁거리는 소리에 놀라 죽고 말 것이다. 늘 그렇듯이 가장 성급한 사람만이 어리석음으로 똘똘 뭉친 채 돌아다닌다."

오늘은 파란 하늘을 올려다보고, 발밑에서 잔디가 자라는 소리를 듣고, 봄의 향기를 들이마시고, 땅의 열매를 혀로 음미하고, 사랑하는 사람에게 손을 뻗어 안아보자. 감각적 지각의 신성함을 깨닫게 해달라고 신에게 요청하자.


## 4월 23일

### 기분 좋은 향기를 찾아 이곳저곳을 탐험해보자

집에 오다니 참 웃기다. 아무것도 변하지 않았다.
모든 것이 똑같은 모양과 느낌이고 냄새까지 똑같다.
변한 것은 당신뿐임을 깨닫는다.
- F. 스콧 피츠제럴드
미국 작가

집마다 특유의 냄새가 있다. 갓 구운 빵, 레몬향 가구광택제, 고양이 비듬, 축축한 개, 현관 앞 깔개에 묻은 진흙, 바구니에 담긴 빨랫감의 냄새가 난다. 주방에서 커피, 베이컨, 잘 읽은 과일 향이 난다. 목욕탕에서 비누 향이 난다. 침실에서 주름진 시트의 냄새가 난다. 거실에서 싱싱한 꽃다발과 말린 꽃바구니와 타들어 가는 장작과 신문 냄새가 난다.

"냄새처럼 인상적인 것은 없다. 예기치 않게 다가와 잠시 머물다간 하나의 향기가 어린 시절 산속 호숫가에서 보낸 여름, 달빛이 비치는 해변, 중서부 도시에서 8월에 고기찜과 고구마를 먹은 가족 만찬이라는 세 가지 추억을 떠올리게 한다. … 냄새는 수년 동안 잡초더미 밑에 감춰져 있던 지뢰처럼 우리 추억 속에서 부드럽게 폭발한다. 냄새와 추억의 지뢰 철선을 건드리면 갑자기 터진다. 복잡한 영상이 덤불에서 솟구친다." 다이앤 애커먼이 말한다.

그런데 우리가 후각을 잃어버린다면, 현재 미국 내 200만 명의 후각상실증 환자처럼 돼버린다면 어떻게 될까? 어떤 향기도 맡지 못하고 희망을 잃은 채 내면의 향기 나침판 없이 표류하게 될 것이다.

오늘은 후각의 소박한 즐거움을 즐기자. 마음을 편하게 하는 향기를 만끽하자. 이탈리안 마켓으로 창조적인 유람을 떠나자. 중국음식점에 가서 점심을 먹자. 헌책방에 가서 이리저리 둘러보자. 대형 백화점의 향수 판매점에 가서 향기를 깊이 들이마시자. 뒷마당의 싱싱한 잔디에 눕고, 정원의 흙을 뒤집어엎고, 지금 한창일 라일락꽃과 은방울꽃에 코를 묻고, 온통 초록으로 물들고 이슬이 맺힌 봄의 달콤한 향기를 맡자. 비가 내린 후 숲이나 정원이나 동네를 산책하자. 농산물 직거래장터에 가서 로즈메리, 세이지, 레몬버베나, 타라곤, 민트, 월계수, 라벤더처럼 향기로운 허브를 골라 와 주방 선반에 작은 정원을 만들자. 향기가 좋은 제라늄을 욕실에 두자.

오늘 저녁밥으로 토마토, 마늘, 양파, 소시지, 피망을 올리브유에 볶아서 파스타를 만들어보자. 기분 좋은 향이 나도록 물을 담은 냄비에 정향, 오렌지 껍질, 계피, 사과를 넣어 끓이자. 말린 꽃잎을 다양하게 섞어보자. 향기로운 목욕을 즐긴 후 향기를 더해줄 보디로션으로 마사지를 하자.

다이앤 애커먼은 말한다. "냄새는 추억을 불러일으킨다. 그뿐만 아니라 잠자는 감각을 일깨우고, 우리를 달래고, 응석을 받아주고, 욕구를 채워주고, 자아상을 정하게 돕고, 매력을 발산하게 한다. 위험을 경고하고, 열정에 빠뜨리고, 종교적인 열정을 부채질하고, 낙원으로 이끌고, 유행을 즐기는 사람이 되게 하고, 사치를 누리게 한다."

우리를 둘러싼 세상은 추억을 떠올리게 하고, 감정에 영향을 미치며, 느낌과 기분을 바꿔놓는 아름다운 냄새를 풍긴다. 향기의 힘은 아주 성스러운지라 하느님은 모세에게 향기의 제단을 만들고 기도할 때 감미로운 향을 피우라고 가르쳤다. 오늘은 멋진 향기가 날 때마다 냄새를 맡을 수 있는 훌륭한 능력을 가진 것에 감사하는 기도를 드리자.

# 4월 24일

## 이국적인 식료품으로 미각을 넓혀보자

**삶 자체가 흥청망청 먹고 마시기다.**

– 줄리아 차일드
미국의 요리사이자 작가

미각은 후각의 동생이다. 동생인 미각은 먼저 출발한 언니의 안내에 의지하지만 때가 되면 힘차게 치고 나가기를 바란다. 다이앤 애커먼은 《감각의 박물학》에서 어린이는 어른보다 미뢰가 많다고 설명한다. 어른은 입안에 1만 개의 미각 센서가 있다. 이는 주로 혀에 분포하고 나머지는 입천장과 인두와 편도샘에 있다. 놀랍게도 인간의 미뢰는 10일 주기로 재생되지만 중년에 접어들면 재생이 둔화한다. 나이를 먹을수록 감각이 떨어진다(그래서 새롭고 참신한 자각이 필요하다)는 생각은 엄연한 사실이다.

만지고 시험한다는 뜻의 고대 영어 tasten에서 파생된 단어 taste는 이중적 의미를 지녔다. 사람마다 제각각인 미각의 소박한 즐거움을 탐험하고 축하하려면 두 가지 의미를 모두 살펴봐야 한다. taste의 첫 번째 뜻은 입에서 용해된 물질을 달거나 시거나 쓰거나 짠 맛으로 구분하는 감각 기능을 의미한다. 두 번째 뜻은 우리에게 기쁨을 불러일으키는 것을 알아차리고 감사하는 정신적 기능을 의미한다.

오늘은 단순하면서도 대단히 정교한 감각인 미각을 즐김으로써 인생을 음미하는 기쁨을 늘릴 방법을 탐험하자.

요즘에는 많은 슈퍼마켓에서 이국적인 식자재를 판매하지만, 평소에 접해 보지 않은 색다른 재료를 파는 식품점을 동네에서 직접 찾아다니면서 고유한 맛과 향을 발견하면 훨씬 더 재미를 느낄 수 있다. 카리브해, 동아시아, 인도나 파키스탄, 이탈리아, 케이준, 독일, 프랑스, 헝가리, 히스패닉, 코셔, 미국 남부 음식 등 다양한 종류가 있다. 동아시아 지역만 해도 중국(서로 다른 스타일을 가진 8대 요리), 일본, 한국, 태국, 캄보디아, 베트남으로 나뉜다.

나는 열여덟 살 때 세상에 나간 후에야 식탁에 올라오는 모든 채소가 희멀겋지는 않다는 것을 알게 됐다. 삶을 바꾸는 발견이었다! 그리고 아티초크를 손질해서 먹는 법을 배웠다. 얼마나 신났는지 모른다. 너무 많은 여성이 모험을 하지 않고 어릴 때 먹던 음식을 다시 만들어 먹지만, 일단 틀을 깨고 나오면 새롭고 맛있는 수많은 음식이 우리 앞에 놓여 있다.

맛있는 음식의 세계가 우리를 기다리고 있다. 이번 주에는 식품점에 가서 싱싱한 재료의 강렬한 향기를 들이마시고 저녁식사로 요리할 새롭고 색다르고 멋진 재료를 사 오자. '80가지 메뉴의 세계 일주'라는 요리 게임을 해도 좋다. 친구들이 음식을 조금씩 가져와서 나눠 먹는 식사를 하면 한결 수월하다.

다음으로 양념을 넣어두는 찬장을 깨끗이 치우자. 이 청소는 상징적인 동시에 필수적이다. 무엇보다 다양성이야말로 삶의 양념이며 신선한 양념만큼 미각을 넓히는 것은 없다. 딸이 태어난 후로 나는 양념 찬장을 청소할 시간이 없었다. 하지만 소박한 풍요로움의 길을 걷기 시작하고 일상의 질서를 잡으려고 노력하면서 비로소 수년 동안 방치된 찬장을 청소했다.

　내가 기막힐 정도로 한심하고 창피한 이 이야기를 털어놓는 이유는 양념 찬장을 정리하다가 가금류 양념캔 11개와 호박 파이 향신료통 11개를 발견하고 깜짝 놀랐기 때문이다. 양념통 22개가 얼마나 많은 공간을 차지하는지 상상이 되는가?

　굳이 미스 마플이 등장해 추리하지 않아도 이 집의 주방 살림을 맡은 여자가 그간 어떻게 살았는지 짐작이 될 것이다. 그녀는 아이가 태어난 이래로 매년 추수감사절 때마다 가금류와 호박 파이 향신료를 새로 샀다. 왜 그랬을까? 뛰어난 요리사여서 양념 맛에 아주 까다로웠기 때문일까?

　그렇지 않다. 그저 그녀가 늘 정신이 없었고 부주의했기 때문이다. 작년에 산 양념이 남았는지 몰랐고 요리 도중에 재료가 모자라 다시 가게에 가는 것이 싫어서 무조건 사다 쟁여놓은 것이다.

　부끄러운 내 경험에서 교훈을 얻기 바란다. 나뿐만 아니라 많은 미국 여성이 지난 추수감사절에 남은 식료품을 쌓아놓고 살 것이다. 찬장을 정리해야 하는 이유는 우리가 앞으로 미각을 깨우기 위해 쓸 새로운 양념을 놓을 공간을 마련하기 위해서다(궁금해하는 독자를 위해 짚고 넘어가자면 카다몸과 고수 씨는 10년이 지나면 화석처럼 굳는다). 조만간 인도 카레, 쌀, 망고 처트니로 저녁식사를 요리해보자. 혹은 바질, 오레가노, 마늘 향기가 도는 라자냐나 미국 남서부식 칠리 스튜를 만들자. 19세기의 유명한 개척자 키트 카슨의 유언은 "칠리 한 그릇만 먹을 시간이 있으면 좋을 텐데"이었다. 감사하게도 우리에게는 그럴 시간이 있다.

　다들 맛있게 많이 드시길! 다시 커다란 쓰레기봉투를 들고 향신료 수납 선반을 치우러 가자.


## 4월 25일

## 일상을 이루는 사소하고
## 소중한 순간을 유심히 살펴봐라

이 세상에서 인간의 가장 위대한 행위는 보는 것이다.
… 선명하게 본 광경은 시, 예언, 종교다.

- 존 러스킨
영국 미술평론가


나는 안경을 쓰나 벗으나 잘 보이지 않는 곤란한 단계에 이미 도달했다. 그래서 늘 안경을 가지고 다니는데 혹시 제자리에 안 뒀다가 찾지 못하면 순간 당황해서 어쩔 줄 모른다. 나는 시력이 떨어지면서 뚜렷하게 보는 것이 얼마나 소중한 능력인지 절실하게 느꼈다.

뛰어난 화가인 내 친구 수전 애벗은 세밀한 부분까지 대단히 정교하게 묘사한 수채화를 그린다. 수전의 눈과 손은 미세한 뉘앙스에 집중해 여성의 일상을 포착한다. 수전의 관심을 끈 모든 사물이 영감을 준다. 뛰어난 사진이 그렇듯이 여성의 삶에서 의미 있는 추억거리를 배열한 그녀의 정물 수채화는 눈부신 순간을 제때 포착한다. 특히 화가는 시각을 신성시한다.

파블로 피카소는 "우리가 뇌를 뽑아버리고 눈으로만 보면" 주변의 세상에 놀라움을 금치 못할 것이라고 말했다. 스위스 화가 파울 클레는 한 쪽 눈은 보고 다른 쪽 눈은 느낀다고 밝혔다. 폴 세잔은 나이를 먹을수록 자신의 지각 능력을 의심했고 자기 그림의 본질이 그저 변덕스러운 기질의 표출일까 봐 걱정했다. 세잔은 시력이 나빠지자 자신이 공들인 붓질 한 번으로 캔버스에 담아낸 세상을 보는 독특한 방식이 천재성이 아니라 우연에 불과한 것이 아닐까 생각했다. 조지아 오키프는 "어떤 면에서는 누구도 제대로 꽃을 보지 않는다. 꽃은 너무 작고 우리는 볼 시간이 없다. 친구를 사귀려면 시간이 걸리듯이, 보려면 시간이 걸린다"라는 말로 본다는 것의 의미를 잘 표현했다.

보려면 시간이 걸린다. 우리는 볼 시간이 없다. 이는 가혹한 진실이며 영혼이 서늘해지는 말이다. 대부분의 사람은 볼 수 있는 능력이라는 기적 같은 선물을 받고서도 흘긋 보는 것 이상으로는 시간을 들이지 않는다. 시각을 당연한 것으로 여기고 고마워하지 않는다. 내 친한 친구 하나는 시력에 심각한 문제를 겪고 있으며 시력을 잃을지 모른다는 걱정을 나에게 털어놓았다. 친구의 말을 들으며 나는 무력감을 느꼈다. 친구는 아이들을 등하교시키거나 치과에 데려가거나, 식료품을 사러 가거나, 새로운 요리를 하거나, 신문을 읽거나, 사랑하는 사람의 얼굴을 보거나, 화장하는 능력을 잃는 것을 슬퍼했다. 우리 일상을 구성하는 아주 작고 소중한 순간들을 잃을까 봐 안타까운 것이다.

오늘은 당신의 세계를 제대로 둘러보자. 가족과 집과 반려동물과 직장 동료와 길에서 지나치는 낯선 이들을 진짜로 바라보자. 당신이 볼 수 있다는 사실에 감사하며 만나는 모든 사람에게 미소를 보내자. 하느님이 천지를 창조할 때 처음 내린 명령이 "빛이 있으라"였고, 날마다 일을 마치고 자신의 작품을 돌아보며 "보기에 좋다"라고 하신 것만 봐도 볼 수 있는 능력이 크나큰 선물이라는 것을 알 수 있다. 우리도 이 세상이 얼마나 좋은지 봐야 한다.

## 4월 26일

## 주변에서 들리는 소리에 가만히 귀 기울여봐라

더듬거리는 입술과 부족한 소리로
내 천성의 음악을 제대로 전하려
애쓰며 발버둥 치네…
- 엘리자베스 배럿 브라우닝
영국 시인

오감을 모두 지닌 사람은 만약에 감각을 하나 잃게 된다면 시각 상실이 가장 끔찍하리라 생각한다. 그러나 생후 19개월 때 원인을 알 수 없는 심한 열병으로 눈과 귀가 먼 헬렌 켈러는 시각 상실보다 청각 상실을 더 슬퍼했다. 작가 해나 머커는 《리스닝Listening》에서 다음과 같이 말한다. "심리학자는 원래 들을 수 있던 사람에게 발생한 난청 혹은 심각한 청력 상실이 인간에게 최고로 충격적인 경험이라고 말한다."

　30년 전에 나는 거의 두 살이 된 딸과 함께 우리가 가장 좋아하는 패스트푸드 식당에서 점심을 먹던 중에 천장에서 떨어진 커다란 판에 머리를 맞고 식탁에 쓰러졌다. 그때 입은 머리 부상 때문에 거의 2년 동안

부분적으로 장애를 겪었다. 정신을 차린 뒤에도 첫 석 달 동안은 침대에만 누워 있었고 모든 감각이 부정확했다. 시야가 아주 흐렸고, 빛에 대단히 민감해졌으며, 침대에 깔린 이불의 다양한 무늬를 보는 것만으로도 평형감각이 불안정해져서 무늬가 없는 뒷면이 위로 오게 이불을 뒤집어놓아야 했다. 책을 읽기는커녕 글을 한 페이지도 이해할 수 없었다. 하지만 가장 혼란스러운 것은 청각 기능에 이상이 생긴 것이었다. 음악을 들으면 어지러워서 견딜 수 없었다. 전화 통화조차 할 수 없었다. 입술을 읽는 것처럼 눈에 보이는 실마리가 없으면, 귀에 들어오는 소리를 뇌에서 처리해 의미 있는 형태로 재배열할 수 없었기 때문이었다.

　이런 후유증이 상당히 오랫동안 계속됐지만 18개월이 지나자 감각이 서서히 돌아왔다. 나는 정말로 감사했다. 이런 이야기를 하는 이유는 우리가 일시적이든 영구적이든 감각을 잃어버리기 전에는 그것을 너무 당연하게 여긴다는 사실을 생각해보라는 뜻에서다. 나는 많은 사람이 고통을 느껴야 비로소 깨닫는다는 사실이 너무 안타깝다. 이제 나는 둔하고 무감한 상태로 삶을 제대로 느끼지 못하다가 또다시 충격적인 일을 당하고서야 뒤늦게 감각의 경이와 신비와 마법을 갑자기 깨닫고 후회하는 일이 없도록 매 순간 최대한 노력하고 있다. 당신도 그래야 한다.

　미국 작가 케이트 초핀은 1900년에 "그저 자신을 둘러싼 음악이 아니라 세상의 음악을 감지할 정도로 민감하고 단련된 귀를 가진 사람이 나 말고 또 있을지 궁금하다"라고 썼다.

　나는 한밤중에 잠 못 이루며 뒤척일 때 불안감을 없애주는 연인의 규칙적인 호흡, "사랑해"라는 말과 계단을 쿵쾅쿵쾅 뛰어오는 발소리와 함께 들리는 "다녀왔습니다"라는 말, 수화기 너머로 들리는 단짝의 목소리, 지붕에 떨어지는 빗소리, 고양이가 가르랑거리는 소리, 개가 꼬리로 바닥을 쿵 치는 소리, 물이 끓을 때 찻주전자에서 나는 휘파람 같은 소리를 좋아한다. 그리고 상상력을 일으키고 영혼을 빛나게 밝히는 문장을 만들기 위해 한데 얽혀 있는 단어들의 선율, 잠시 만사를 내려놓고 내 도움이나 감독 없이 우주가 알아서 돌아가는 것을 지켜볼 때 주위에 흐르는 아름다운 침묵의 소리, 마음을 진정시키고 영감을 주며 예상치 못한 숭고한 기쁨의 물결로 나를 이동시키는 음악을 좋아한다. 지금 실생활이라는 협주곡이 연주되고 있다. 아름다운 장조와 단조의 후렴구를 들을 수 있음을 고맙게 여기고 기뻐하자.

## 4월 27일

## 포옹과 손길은 더 큰 행복을 가져온다

당신 내면의 고요와 가까워지는 법을 배우고, 삶의 모든 것이 목적을 가지고 있음을 알자. 세상에 실수나 우연은 없다. 모든 일이 우리에게 교훈을 주기 위해 일어나는 축복이다.
- 엘리자베스 퀴블러 로스
미국의 정신과 의사

촉각은 낯선 손이 우리를 영혼의 어두운 영역에서 세상의 차갑고 강렬한 빛으로 끄집어낼 때 경험하는 최초의 신체 감각이다. 안전하고 따뜻한 자궁에서 나오면 싸늘한 공기가 발가벗은 연약한 몸을 덮친다. 이윽고 엄마의 팔에 안겨 안식을 찾는다. 세상에서 최초로 의식하는 몇몇 순간을 촉각이 이끈다.

많은 사람이 세상을 떠날 때 마지막으로 느끼는 감각도 촉각이다. 대체로 사랑하는 사람의 손을 꽉 움켜쥔 채 숨을 거둔다. 시각과 후각과 청각과 미각은 사라진 지 이미 오래다. 과학자 프레더릭 색스는 "촉각은 가장 먼저 불붙고 가장 마지막까지 타오른다. 눈이 우리를 저버린 후 오랜 세월이 지나도 손은 변함없이 충실하다"라고 말한다.

우리는 어떤 감정이 생기면 '기분을 느낀다'고 표현하고, 몹시 심금을 울리는 일이 생기면 '마음에 와 닿았다'고 말한다. 소외되거나 정처 없이 방황하는 느낌이 들면 '현실과 접촉이 단절되었다'고 말한다. 자동차 범퍼에 붙은 스티커는 "오늘 자녀를 안아줬나요?"라고 묻는다. 안아줬는가? 이런 질문을 하는 이유는 모든 사람은 잘 살기 위해서가 아니라 살아남기 위해서 포옹과 접촉이 필요하기 때문이다.

아들 둘을 혼자서 키우며 열심히 사는 내 친구는 정기적으로 얼굴과 전신에 아로마테라피 마사지를 받는다. 친구는 마사지 비용을 매월 지출되는 경비에 포함시키며 마사지를 예방의학이라고 생각한다. 마사지는 건강보험이 적용되지 않지만 마음의 평화와 행복감을 위해 친구에게 필수적이다. 친구는 홀로 아이들을 키우며 살다 보니 다른 사람의 손길을 느낄 기회가 거의 없어서 심한 긴장감을 느끼거나 아프거나 박탈감을 느꼈다. 그러다가 마침내 어느 날 자신의 건강을 유지해주는 손길이 절실히 필요하다고 깨달았다. 매달 마사지 치료를 받기 시작한 이후로는 아픈 적이 거의 없었으며 에너지도 많아졌다. 친구는 마사지의 치유효과가 3주간 지속되며 그 기간이 지나면 다시 마사지를 받아야 된다고 말한다. "너도 받아봐야 해." 친구가 적극적으로 권했지만 현실적이고 합리적이던(나는 내가 그렇다고 생각했다) 나는 말을 듣지 않았다. 그러나 몇 년 전 내 생일에 그 친구가 선물한 마사지를 경험한 이후로 생각이 바뀌었다.

내가 완전히 '감각주의자'가 된 과정을 이야기해보겠다(육체적 희열에 지나치게 집중하는 육감주의자와 대조적으로 감각주의자는 감각 경험에서 기쁨을 찾는 사람을 말한다). 스트레스가 극에 달한 여성을 고요한 마사지실에 한 시간 동안 홀로 둔다. 이제 아로마 에센셜 오일의 향으로 신체 감각을 깨운다. 최면을 걸듯이 얼굴과 몸을 쓰다듬고 특히 발과 발가락을 문지른다. 파헬벨의 캐논이 선사하는 아름다운 선율이 부드럽게 깔린다. 햇살이 나무 바닥에서 춤을 춘다. 장엄한 마사지가 끝난 후에 소다수와 레몬의 신선한 맛으로 입안을 상쾌하게 한다.

나는 처음 마사지를 받았을 때 최면에라도 걸린 양 시간 가는 줄 몰랐다. 마사지가 끝나자 마치 아침식사를 하면서 샴페인을 마신 것처럼 또는 시간과 공간을 초월한 경험을 한 것처럼 마음이 평화롭고 기뻤으며 여유로워졌다. 자연스럽게 생긴 행복감이 몇 시간 동안 계속됐으며 그날 밤에 어린아이처럼 푹 잤다. 다음 날 아침이 되자 세상에 맞설 준비가 됐다는 생각이 들었다.

오늘은 강력한 힘을 가졌고 삶을 질을 높여주지만 너무 자주 묵살당하는 촉각과 다시 가까워지자. 아이들을 꺼안고 머리를 쓰다듬자. 아이들이 이미 다 자라서 쑥스러워해도 양손으로 꼭 안아보자. 사랑하는 사람에게 키스를 하고 반려동물을 어루만지고 피부에 닿는 다양한 천의 촉각을 느끼자. 실크나 모피나 양모 중에서 뭐가 가장 좋은가? 감각적이고 따뜻하며 향이 좋은 목욕을 즐긴 뒤에 겨울이면 깨끗한 플란넬 이불을, 더운 계절이면 면이나 마 이불을 덮고 알몸으로 자자.

치료 효과가 있는 전신 마사지나 얼굴 마사지로 정기적으로 자신을 대접하면 어떨지 진지하게 생각하자. 죄책감을 느끼지 말자. 치석을 제거하거나 머리를 새로 자르거나 새 안경을 사는 것과 마찬가지로 마사지도 행복을 유지하기 위해 가끔 필수적으로 지출해야 하는 항목이라고 생각하자.

영국의 시인 윌리엄 워즈워스는 한 여성에 대해 "그녀는 지상의 세월의 손길을 / 느끼지 못하는 사물 같았네"라고 썼다. 우리 모두 촉각을 즐기면서 우리 몫의 지상의 세월을 열정적으로 껴안는 여성이 되자.


## 4월 28일

### 직감에 따라 행동해라

직감은 정신의 능력이며 설명하지 않고 그저 방향을 가리킨다.
- 플로렌스 스코블 신
미국 작가


직감은 육감이라고 불리며 흔히 여성의 전유물로 여겨진다. 영국의 작가 D. H. 로런스는 성과 아름다움에서 생긴 지성이 직감이라고 믿은 반면에, 인류학자 마거릿 미드는 여성의 직감은 오랜 세월 인간관계를 통해 훈련한 결과라고 결론지었다. 직감이란 사실이라는 합리적인 증거가 없지만 진상을 곧바로 알아차리는 능력을 말한다. 나는 여기에서 직감의 존재 여부를 논할 생각이 없다. 직감이 실제로 존재한다는 것을 이미 '알기' 때문이다. 당신도 안다.

오늘 내가 관심이 있는 질문은 이것이다. 당신은 직감을 사용하는가? 끊임없이 당신에게 신호를 보내는 내면의 본능을 듣는 방법을 배웠는가? 당신을 라디오라고 생각하자. 필요할 때 정보를 받을 수 있도록 다이얼을 직감 방송 채널에 정확히 맞춰놓았는가, 아니면 잡음만 듣고 있는가?

직감은 현실이라는 미로 속에서 안전하게 이동할 수 있도록 신이 내려준 성스러운 감각이다. 야생동물은 살아남기 위해 순전히 직감에 의지한다. 우리도 잘 살기 위해서는 직감에 의지해야 한다. 캐서린 버틀러 해서웨이는 1946년에 "풍요롭게 사는 유일한 길은 가장 깊은 본능을 따르는 것이다. 결과가 두려워서 가장 깊은 본능을 따르지 않으면 삶이 안전하고 편리해지는 반면 빈약해질 것이다"라고 썼다.

직감은 독창적인 방식으로 우리와 소통하려고 노력한다. 이 중 하나는 연극 연출가인 내 친구 도나 쿠퍼의 입을 빌자면 '교육받은 직감'을 통해서다. 대체로 우리 몸에 강렬한 신체의 반응을 일으켜서 정신을 차리고 관심을 기울이게 한다. 이런 직감의 신호를 하나 예로 들자면 창조적인 발견을 동반하거나 특정한 행동을 하지 못하게 경고하는 감정의 떨림이 있다. 직감이 메시지를 보내는 또 다른 방법은 뭔가 새로운 일을 시도하면 기분이 좋아질 것 같다는 생각에 갑자기 사로잡히게 하는 것이다. 그 일을 하면 커다란 기쁨에 놀라게 된다. 직감이 슬쩍 눈치를 주는 세 번째 방법은 통찰을 통해서다. 이는 우리가 마땅히 있어야 하는 곳으로 제때 데려다주는 우주의 흐름에 휩쓸리도록 하는 내면의 깨달음이다.

오늘은 내면으로 들어가서 진정한 자아의 지혜와 안내를 찾아내자. 진정한 자아는 상상의 속삭임과 직감의 빛을 통해서 당신에게 말할 순간을 변함없이 기다리고 있다. 하지만 이 놀라운 힘을 키우는 방법을 배우고 싶다면 먼저 그것을 믿어야 한다. 여러 자그마한 일에서부터 직감을 사용하자. 직감을 매일 사용하면 마침내 이 육감이 커져서 다른 다섯 감각처럼 삶의 질을 향상할 것이다.


## 4월 29일

## 매력적인 여성은 무엇이 다른가?

삶의 기쁨을 누리는 것이 여성에게 최고의 화장품이다.

- 로절린드 러셀
미국 배우


잉그리드 버그먼은 영화 〈카사블랑카〉에서 매력을 발산했다. 50년이 흐른 후 미셸 파이퍼는 이디스 워튼의 동명 소설을 영화로 만든 〈순수의 시대〉에서 엘렌 올렌스카 백작부인 역을 맡아 매력을 완벽하게 보여줬다. 탠디 뉴턴은 〈웨스트월드〉에서 매혹적인 로봇인 매브 밀레이를 우아하게 구현하면서 파괴적이고 감각적인 관능을 드러냈다.

이런 흡입력은 무엇일까? 매력은 자신만의 매혹과 신비로 사람을 유혹하거나 끌어당기는 힘이다.

오늘날 사람들은 신비로운 것에 그다지 관심을 보이지 않는다. 참 안타까운 일이다. 요즘 세상에서는 모든 이야기를 까발리는 선정주의가 판을 친다. 극작가이자 언어의 예술가인 엔토자케 샹게는 여성이 있는 곳에 마법이 있다고 믿었으며 나도 그렇게 생각한다. 그뿐만 아니라 나는 여성이 있는 곳에 신비가 있어야 한다고 믿는다. 내가 가장 흥미롭게 여기는 점은 일부 여성이 겉으로 보기에 전혀 힘을 들이지 않으면서도 완벽하게 신비, 즉 매력을 드러내는 비결이다. 이런 여성적인 신비로운 면은 호기심을 불러일으키고 자세히 관찰하고 싶어지게끔 한다. 이런 여성은 누구이며 어떻게 이런 비결을 갖게 되었을까?

회사에서 자신감과 확신이 넘치는 자세로 회의를 지휘하는 여성을 본 적이 있는가? 혹은 방과후에 큰 아이를 태우고 가려고 한 손에는 갓난아이를 안고 다른 한 손으로는 걸음마를 하는 아이의 손을 잡은 채 학교 복도에서 기다리며 고요히 미소 짓는 여성을 본 적이 있는가? 이런 여성들은 지치거나 피곤하거나 넌덜머리가 난 것처럼 보이지 않는다. 외모도 근사해보인다. 주름 하나, 얼룩 한 점 없는 옷을 아름답게 차려입는다. 이들은 가사와 일을 둘 다 수월하게 해낸다. 그 비결이 궁금하다. 우울증 치료제라도 먹는 것일까? 돈이 많거나, 준비성이 철저한 성격이거나, 온종일 일해주는 가정부와 개인 비서가 있는 것일까? 긍정적인 생각을 하거나 좋은 별자리를 타고나서일까? 어쩌면 비결은 이보다 훨씬 심오한 무언가, 즉 영적인 면에 있는지도 모른다.

이런 여성들도 촉박한 마감일에 쫓기는데 갑자기 컴퓨터가 말을 안 듣거나, 아이들이 징징거리거나, 자동차가 고장나 견인해야 하거나, 막

고슴도치에게 상처 입은 애완견을 수의사에게 데려가야 하는 상황에 처한 적이 있을까? 나는 늘 그런 상황에 빠진다. 당신도 그럴 것이다. 그래서 가끔은 만사 제쳐두고 리우데자네이루로 훌쩍 휴가를 떠나고 싶어진다.

그러다가도 당신은 주저하지 않고 콧물 범벅인 아이의 코를 닦고, 더러운 귀저기를 갈고, 전자레인지에 햄버거스테이크를 넣어 해동하고, 스파게티 소스를 만들고, 코트 단추를 달고, 큰 아이의 숙제를 돕는다. 문득 하던 일을 멈추고 당신이 없으면 가족이 어떻게 살아갈까 생각하다가 그 자리에 있어서 대단히 기쁘다는 사실을 곧 깨닫는다. 놀라운 일이지만 당신에게도 어떤 매력이 있을 거라는 생각이 든다. 모든 가족이 당신 주위로 자연스레 몰려들기 때문이다. 밤이 되면 온 가족이 당신을 부른다.

깊은 생각에 빠질 때도 있다. 예를 들어서 누구도 모르는 앞일을 생각할 때 그렇다. 그러나 당신은 걱정하거나 집착하는 대신에 그저 내버려두고 무슨 일이 벌어질지 지켜본다. 매일 시시각각 새롭게 펼쳐지는 삶에서 기쁨을 얻기로 한다.

에밀리 디킨슨은 삶이 너무 놀라워서 다른 것에 신경을 쓸 시간이 없다고 털어놓았다. 당신 얼굴이 영화 스크린에 등장할 일은 없을 것이다. 내 얼굴도 마찬가지다. 그러나 모든 것을 사랑하며 열심히 사는 것만으로도 충분히 매력을 발산할 수 있다는 내면의 자각에 도달할 수는 있다.

# 4월 30일

## 비상용품을 준비해보자: 물

나는 무엇을 믿어야 할지 알 수 없어서 모든 믿음을 버렸을 때,
다행히도 어둡고 깊숙한 땅속에서 차갑고 달콤하고 깨끗한 물이
솟아나는 장소에 갈 때마다 결국 아무것도
믿지 않는 것은 잘못이라고 느꼈다.

- 시그리드 운세트
1928년 노벨문학상을 받은 노르웨이의 소설가

미니버 부인은 영화에서 대단한 용기와 준비성을 보여줬다. 그나저나 당신은 비상용품함을 잘 준비하고 있는가? 때로 우리는 진짜로 하고 싶은 일이 있어도 일과 집과 일상이 뒤엉킨 복잡한 현실 때문에 선뜻 나서지 못한다. 그리고 사실대로 말하자면 만일의 사태를 대비해서 비상용품을 저장한다는 생각 자체가 당신을 불안하게 만들기도 한다. 나는 비상용품함을 완비하기까지 적어도 1년이 걸렸다. 그러다가 이사를 해서 이를 다시 만들어야 했다. 그러니 나는 당신 편이다. 자꾸 미루고 싶은 마음도 이해한다. 이렇게 생각하면 어떨까? 우리가 해야 할 것은 가구 하나를 정리하는 것뿐이다. 전기가 나가서 온 집이 깜깜할 때 건전지가 들어 있는 손전등이 어디에 있는지 바로 찾을 수 있게 하자는 것이다.

비상용품함에 추가할 아주 소중한 것이 있다. 생명의 묘약인 물이다. 물이 편리한 수도꼭지에서 항상 나오지는 않는다. 그러나 우리는 최근 자주 일어나고 있는 가뭄이나 홍수 같은 물 위기로 생활에 타격을 받은

후에야 이 엄청난 일상의 선물이 얼마나 소중한지 깨닫는다.

세계 곳곳에서 여성들은 가족을 위해 물을 길어야 하는 고생을 감수한다. 크리스틴 코신스키는 케냐로 여행을 갔다가 삼부루에서 여성들과 소녀들이 하루에 최대 12시간동안 물을 찾아다닌다는 것을 알게 됐다. 코신스키는 여성들에게 힘을 주기 위해서 100개의 우물을 파서 10만이 넘는 가정에 물을 공급하는 삼부루 프로젝트를 시작했다. 여성과 물의 깊은 관계에 대한 이런 이해는 우리가 사랑하는 사람을 잘 돌보고 물을 충분히 먹게 해야 한다는 생각을 갖게 한다.

물을 저장하려면 몇 가지 어려움이 따른다. 우선 공간 문제가 있고 접근성도 고려해야 한다. 재난관리기구들은 하루에 한 사람당 3.8리터가 필요하다고 조언하며 비상사태 권고에 따르면 적어도 3일 동안 사용할 수 있는 충분한 양을 보관해야 한다.

BePrepared.com이라는 온라인 사이트는 비상용 물과 식량을 판매한다. 물을 신선하게 유지하는 알약은 물론 다양한 크기의 물 보관 용기도 있다. 아마존 쇼핑몰에서도 정수용 알약을 판매한다. 상황이 어떻게 될지 모르니 한 사람당 19리터 혹은 가능한 만큼 최대한 많은 양을 비축하는 것이 좋다. 이왕에 할 거면 제대로 하자.

자동차 트렁크에 물을 보관해도 좋지만 당신이 사는 곳의 기온을 고려해야 한다. 플라스틱 통은 극심한 더위에서 화학물질을 배출하고 물은 극심한 추위에서 언다. 자동차 트렁크에 냉장 박스를 들여놓고 물이 담긴 병이나 캔을 보관하면 기온 변화에 영향을 받지 않는다. 화학물질이 포함되지 않은 종이 팩에 담겨 나오는 물도 있다. 이렇게 종이 팩에 담긴 물은 어디에서나 구할 수는 없으니 온라인에서 구매해 비상용품함에 갖춰놓자.

당일치기 여행을 갔다가 5일 동안 길을 잃고 헤맨 등산객 두 명은 라이프스트로의 휴대용 정수 빨대를 이용해서 살아남았다. 이 빨대는 시냇물의 독소와 기생충을 걸러냈다. 아마존과 아웃도어 전문 웹사이트에서 판매한다. 특히 당신이 주말마다 야외에 나가서 모험을 즐긴다면 지금 당장 배낭에 넣어봐야 하는 저렴한 필수품이다.

# 4월에 느끼는 소박한 행복

세상에 작은 것이란 없다. 소위 말하는 '작은 것'은 우주의 경첩이다.
- 패니 펀
미국 소설가

❦ 다이앤 애커먼의 놀라운 탐구가 집결된 책 《감각의 박물학》을 펼쳐
들고 즐거운 독서의 세계에 빠지자. 이 책을 보면 감각에 흥미가 생
기고 감각주의자로 살고 싶은 생각이 들 것이다.

❦ 4월은 산책하기 아주 좋은 달이다. 따뜻한 봄철의 소나기를 맞거나
온화한 햇볕을 받으며 걷자. 긴 겨울잠에서 깨어난 땅의 향기와 조
물주가 펼쳐놓은 다채로운 풍경은 살아 있다는 것만으로도 얼마나
행복한지 일깨워줄 것이다.

❦ 평소에 바느질에 취미가 없어도 창조적인 유람을 떠날 대형 포목
점을 찾아보자. 가구 장식용 천을 둘러보자. 그런 천은 싼 가격으
로 테이블보나 가구 덮개를 만들기에 제격이다. 패턴북을 훑어보
자. 여러 가지로 상상을 해보자. 당신을 위해 만들고 싶은 것이 있
는가? 집을 꾸미기 위해 만들고 싶은 것이 있는가? 그렇다면 실천
하자. 바느질을 배우기에 너무 늦은 때란 없다.

❦ 속옷 서랍을 정리하자. 낡고 추레한 브래지어와 팬티를 버리고 예쁜 새 속옷을 자신에게 선물하자. 속옷 할인점에서 싼 가격으로 구매하자. 속옷 서랍에 다채로운 종이를 깔고 라벤더 향주머니를 넣자.

❦ 화장품을 모두 살펴보고 오래되고 굳어진 것을 버리자. 봄을 맞아서 엷은 색조를 사용하자. 화장이 자연스럽게 되도록 손가락 대신에 화장 스펀지와 브러시로 파운데이션을 섞어 얇게 펴 바르는 법을 익히자. 대형 백화점의 화장품 코너나 세포라와 얼타 뷰티 같은 화장품 전문매장에 가서 무료 메이크업 서비스를 받아보자. 많은 화장품 회사가 이 시기에 봄 신상품을 내놓는다. 무료로 화장을 해줬다고 해서 화장품을 살 필요는 없다. 뷰티 컨설턴트가 화장을 끝내면 진심으로 고마움을 전하자. 그리고 주변을 돌아다니면서 어울리는지 생각해보고 새 화장품을 살지 결정하겠다고 말하자.

❦ 빗물을 받아서 머리를 감자. 빅토리아 시대의 여성들은 빗물로 감으면 머리카락이 부드러워진다고 믿었다.

❦ 봄을 맞아 기분을 상쾌하게 하는 새 향수를 찾자. 장미나 라일락이나 은방울꽃 향수를 시도하자. 마음에 드는 향수를 날마다 뿌리자.

❦ 기운을 회복하기에 제격인 주말 나들이를 다시 시작하자. 중고 가정용품 판매장에서는 빈티지 침구에, 농산물 직거래장터에서는 허브와 꽃나무에 관심을 가지고 살펴보자.

❦ 소나기가 내리는 오후에 담요를 두르고 웅크리고 앉아 지붕에 빗방울이 떨어지는 소리를 듣자. 크럼핏이나 스콘을 냉동실에 넣어두었다가 이렇게 비 오는 날에 먹자. 얼그레이와 다르질링 둘 다 오후에 마시기 좋은 차다.

❦ 예수가 십자가에 못 박혀 죽은 일을 기념하는 날인 성금요일에 먹는 십자가 빵을 굽자.

❦ 예쁜 우산과 장화가 있는가? 없으면 마련하자.

# 5월

## 삶의 질서를 되찾는 달

5월에는 모든 것이 가능해보인다.

– 에드윈 웨이 틸

미국의 동식물 연구가·사진가·작가

마침내 봄의 약속이 이루어져 5월이 마법을 부린다. 이달에 우리는 관심의 방향을 집으로 돌린다. 날마다 반복하는 일과에서 소박함을 실천하는 동안 소박한 풍요로움의 세 번째 은총인 질서가 지닌 변화의 힘을 다시 익힐 것이다. 질서는 정신없이 바쁜 생활에 균형을 준다. 특히 소중한 개인 공간의 주변을 비롯해 일상을 어떻게 정리할지 배우면 버릴 것이 보일 것이다. 평범함 속에서 신성함을 발견할 때 일상의 통찰을 신선한 시각과 감사하는 마음으로 음미하는 방법을 배울 것이다.

# 5월 1일

## 내 집과 같은 편안함을 주는 곳은 없다

에덴동산에 세운 집과 우리 앞의 영원한 집 사이에
지상의 집들이 잇따라 있다.

– 줄리아 맥네어 라이트
미국 작가

신성한 동반자 관계는 우리 삶에 여러 형태로 나타난다. 때로 뼈와 살 대신에 나무와 돌의 형태이기도 하다. 뜻밖의 소개팅 한 번으로 행복한 가정이 시작된다. 이처럼 놀라운 순간을 흔히 첫눈에 반했다고 표현한다. 이런 강렬하고 즉각적인 끌림은 강한 욕구만큼이나 강한 충격을 동반한다.

'소속감의 집The House of Belonging'은 고대 켈트족이 영혼이 머무는 지상의 집인 몸을 비유한 말이다. 또한 사람과 장소와 집과의 친밀한 관계에서 발견되는 깊은 평화, 안전감, 기쁨, 만족이 머무는 곳을 비유한 말이기도 하다. 존 오도너휴는《영혼의 동반자: 켈트족의 지혜의 책Anam

Cara: A Book of Celtic Wisdom》에서 이 아름다운 주제를 탐구했다. "당신은 사랑하고 사랑받는 법을 배울 때 영혼의 집으로 돌아간다. 당신은 따뜻함을 느끼고 보호를 받는다. 당신은 그리움과 소속감을 느끼는 집에서 비로소 완전히 하나가 된다."

나는 삶의 여러 시기에 우리를 기다리고 있는 소속감의 집이 정말로 있다고 믿는다. 편안함과 위로로 우리를 감싸려고 기다리고 있는 성스러운 집. 발견되기를 기다리고, 지어지기를 기다리고, 보수되기를 기다리고, 청소되기를 기다리고 있는 집. 우리가 시간과 감정과 창조적 에너지를 투자해 마루를 복구하는 바로 그 순간에 우리를 구하려고 기다리고 있는 집. 하지만 대부분은 인정받기를 기다리고 있는 집이다. 인정이라는 축복은 대단히 중요하다. 오늘은 이 은총을 달라고 기도하자.

예전에 나는 우리 모두에게 '영원한' 집이 있다고 믿었다. 하지만 이제 나는 사랑에서와 마찬가지로 우리 삶에 '영원'이란 없다는 것을 안다. 또한 나는 현재 우리 상황이 어떻든지 간에 우리를 돌보는 '지금-여기'의 집이 있다는 교훈을 삶에서 얻었다. 그리고 집을 마련하는 것은 우리가 영혼에게 줄 수 있는 가장 큰 자기 돌봄의 행위다.

우리는 이런 삶의 중간 단계에서 방황하고 고독을 느낀다. 하지만 버려진 껍데기를 옮겨 다니며 사는 해변의 소라게처럼 우리에게는 항상 선택의 여지가 있다. "우리는 소라게처럼 자유롭게 껍데기를 바꿀 수 있다. 혹은 등에 지고 다닐 수 있다." 앤 모로 린드버그의 이 말은 질문을 던진다. 올해는 어떻게 할까? 바꿀까, 아니면 지고 다닐까?

다른 사람 · 일 · 예술 · 열정적인 갈망과의 관계 등 당신의 모든 관계는 당신과 영혼의 친밀한 관계를 반영한다. 당신과 집의 관계만큼 이 진실을 분명히 드러내는 것은 없다.

이 감정적인 애착은(좋든 싫든 무관심하든) 애정에 관한 일상 지침서다. 존 오도너휴는 말한다. "모든 사람은 친밀감을 갈망하고, 포옹과 인정과 사랑을 받는 보금자리를 꿈꾼다. 우리 내면의 무엇인가가 소속되기를 절실히 바란다. 우리는 지위와 성취와 소유라는 면에서 세상이 제공하는 모든 것을 가질 수 있다. 하지만 소속감이 없으면 모든 것이 공허하고 무의미해 보인다."

나는 몇 년 치 감사일기를 쭉 훑어보다가 '내 아름다운 집'이라는 말이 아주 자주 나와서 놀랐다. 나는 삶의 다양한 단계에서 머물렀던 여러 거주지에 고마움을 느낀다. 그 과정에서 우리가 변화, 환경, 선택뿐만 아니라 시간, 공간, 장소도 계속해서 바꾼다는 진실을 발견했고 받아들였다. 우리는 삶의 여러 단계와 각 단계의 서로 다른 무대 디자인을 우아하게 받아들이는 법을 배운다. 진실한 사랑과 마찬가지로 집도 겉모습만으로는 판단할 수 없다. 중요한 것은 그 속에 있는 것이다.

## 5월 2일

### 꿈에 그리는 집이 있는가?

집은 당신이 누구인지, 당신이 무엇을 가장 사랑하는지 이야기해야 한다.
한 곳에 모든 것이 모여 있어야 한다.
- 네이트 버커스
미국의 인테리어 디자이너이자 작가

여성이 40대가 되면 그동안 적어도 일곱 번은 이사했을 가능성이 다분하다. 평생 이사하는 횟수는 평균 열한 번이다. 첫 아파트, 목적에 맞게 지은 집, 신혼집으로 옮기는 것은 '행복한' 이사다. 이직, 집세 상승, 생계를 위한 주택 다운사이징과 같은 상황 때문에 이사를 하는 경우도 있다. 뜻밖의 이혼이나 자연재해처럼 자기 힘으로 어쩔 수 없는 비극적인 상황 때문에 억지로 이사하기도 한다.

잠깐 머무는 곳이라 생각했는데 어쩌다 보니 전혀 살고 싶지 않은 장소에서 10년 후까지도 복작대며 살게 되는 경우도 많다. 주변 아파트의 벽이 무너지기 시작할 때까지 말이다. 나는 변화를 그다지 좋아하지 않지만 집이 주거하기에 적합하지 않으면 이사할 때가 되었다고 생각한다. 당신도 나처럼 현재 이런 환경에서 살고 있다면 화물차를 빌려서 이삿짐을 옮겨야 한다.

이사가 죽음, 이혼, 빚보다도 스트레스가 심한 통과의례인 이유가 있다. 이유 여하를 막론하고 이사는 복잡한 모든 일이 동시에 일어나기 때문이다.

그런가 하면 다소 낭만적인 집착을 하게 되는 꿈의 집이 있다. 모든 사람이 그런 파괴적이지만 창의적인 변화의 기폭제, 이성적인 생각을 완전히 없애버리는 열정적인 연애에 발목을 잡힌 적이 있을 것이다. 역사상 최고의 연인으로 일컬어지는 남성인 카사노바라는 이름은 흥미롭게도 '새로운 집'이라는 뜻이다.

꿈의 집을 구하는 과정에는 모든 전율이 담겨 있다. 찾기, 첫눈에 반하기, 제안하기, 경쟁자 나타나기, 구애하기, 승리하기. 이어서 새로운 보금자리를 설계하는 약혼 기간에는 더없는 행복이 찾아온다. 그 후 몇 달 동안 건축업자와 배관공과 전기기술자와 페인트 표본에 시달리고, 핫플레이트에 음식을 해먹는 상황에 끌려다니면서 당신은 완전히 미칠 지경에 이른다. 하지만 마침내 모든 작업이 끝나면 행복한 생활이(오래 가지는 못할지라도) 시작된다. 어차피 이별은 필연적으로 오게 돼 있다.

영국에서 집을 보러 다닐 때가 기억난다. 나는 제인 오스틴이 꿈꾸던 집과 가까운 모습으로 복구된 조지 왕조 시대의 아름다운 장원영주 저택을 소개받았다. 그 집은 입주자가 열쇠를 돌리고 들어가서 여행가방을 푸는 것 외에는 아무 수리나 개조를 할 필요가 없어서 즉각 입주가 가능한 부동산 목록에 올라가 있었다.

그런데 이 아름다운 집을 구경하는 내내 매우 불안한 마음이 들었다. 기운이 너무 강해서 집에 들어선 순간부터 몸이 오싹거렸다. 마치 사방에서 벽이 눈물을 흘리고 있는 듯한 느낌이 들었다. 누군가 여기에서 죽었을까? 여기에서 비극이 일어났을까? 부동산 중개인을 따라 우아한 방을 하나하나 둘러보던 중 내 심장이 사정없이 두근거리기 시작했다. 가슴이 꽉 조이는 것 같은 신체적 고통이 너무 심해서 밖으로 나가 숨을 골라야 했다.

유령이 출몰한 것이 아니었다. 나는 유령이 나오는 집에 여러 번 가봤다. 이 집의 기운은 오래됐거나 오싹하거나 위협적이지 않았다. 그것은 슬픔이었다. 아물지 않았고 위로할 길 없는 슬픔이었다. 나는 눈에 보이지 않고 만질 수 없으며 상실감에 빠진 무엇인가를 들어 올려서 내 팔에 안고 "그래, 그래…"라고 속삭여야 할 것만 같았다.

마침내 부동산 중개인에게 물어보기로 했다. "여기는 어떤 여성에게 아주 소중한 집이었는데 무슨 이유에서인지 그녀와 집을 억지로 떨어뜨려놓은 것 같아요. 당신은 느껴지지 않나요? 도대체 이 집에 무슨 사연이 있나요?"

그제야 부동산 중개인이 마지못해 설명했다. 사실 한 부부가 18세기의 망가진 잔재를 〈오만과 편견〉에 나오는 다아시의 펨벌리 저택에 견줄 만한 영화 세트장처럼 완벽하게 복구하느라고 집과 정원에 수년의 세월을 쏟아부었다. 그런데 내가 방문하기 몇 주 전에 그 가족은 조세회피와 관련한 국세청의 조사를 피해 갑자기 영국을 떠났다.

그들은 꿈에 그리던 집을 버리고 한밤중에 서둘러 떠났다. 옷걸이들이 여전히 옷장에 걸려 있을 정도였다. 내가 할 수 있는 일이라고는 그 집을 아주 사랑했고 흠잡을 데 없는 취향으로 장식한 여성과 그 집을 위해 축복을 비는 것뿐이었다.

그나저나 옷걸이들은 도톰한 패드를 넣은 분홍색, 초록색, 파란색의 격자무늬 천으로 싸여 있었다. 나는 그때부터 그 천을 찾고 있다. 내 핸드백에 견본을 넣어 다니기까지 한다. 이런, 이야기가 주제에서 벗어났다. 여성이나 꿈에 그리는 집에 대해 이야기를 할 때 자주 그러는 편이다. 왜냐하면 이 둘은 거부할 수 없을 정도로 낭만적이고 흥미로우며, 소소한 것들에 관한 이야기가 아주 재미있다고 생각하기 때문이다.

집과의 연애는 가장 황홀하고 매혹적인 이야기다. 미혼자이든 기혼자이든, 이혼녀이든 미망인이든, 열여덟 살이든 여든 살이든, 언젠가 어딘가에 어떻게든 아늑한 보금자리에서 살 것이라는 꿈처럼 완벽한 열정은 없다.

집을 아름답게 꾸밀 계획보다 황홀한 일은 없고, 문지방을 넘어서는 상상만큼 유혹적인 환상은 없기 때문에 그녀는 그곳에 '영원히' 머물 것이다. 이는 허물어트리기 어려운 공상이다. "사람들이 다른 사람들에게 영향을 받기 쉽듯이 나는 집에 영향을 받는다. 나는 평생 두 번 집과 사랑에 빠졌다. … 사람과 사랑에 빠지는 것처럼 매번 격렬하고 치명적이다." 20세기 초 영국의 작가인 캐서린 버틀러 해서웨이가 고백했다.

침구류를 넣어두는 벽장부터 주방의 식품 저장실까지, 장식용 쿠션을 놓은 창가 의자부터 장미 덩굴로 덮인 정자까지 이 모든 환상은 우리가 소꿉놀이하던 어린아이일 때부터 사랑스럽게 꿈꾸어오던 것이다. 인형을 재우려고 혹은 묘하게 마음이 끌리는 깔개 패턴을 기억에 새기려고 엄마가 식당 의자에 걸쳐놓은 담요 밑으로 기어들어 갔을 때 틀림없이 누군가 마법을 부렸을 것이다.

"당신이 꿈에 그리는 집이 기나긴 길의 끝에 있을지라도 머릿속은 언젠가 당신의 것이 될 그 집에 대한 계획으로 가득 차 있다. 이미 당신은 미래의 집을 꾸밀 때 참고할 신문 기사와 스케치와 아이디어를 모아놓았을지도 모른다. … 당신은 집에 관한 모든 계획을 모든 머릿속에 저장할 수 없다. 여기에 저장하자." 1946년 엘리너 힐리어는 《아가씨의 집 꾸미기 계획 스크랩북Mademoiselle's Home Planning Scrapbook》을 구입한 젊은 여성을 이런 말로 안심시킨다.

그녀가 말한 스크랩북은 가로 30센티미터, 세로 38센티미터의 크기에 은백색 표지와 스프링 제본으로 돼 있고, 꿈을 담은 종이를 넣어두는 커다란 봉투가 들어 있다. 나는 이 스크랩북과 내 《발견일기》가 비슷해서 깜짝 놀랐다. 내 책도 봉투가 들어 있고 스프링 제본이 되어 있다. 하지만 이 책을 구상한 지 오랜 후에야 내가 좋아하는 취미이자 명상인 골동품 구경을 하다가 힐리어의 스크랩북을 발견했다. 다른 여성들이 처분한 물건들을 샅샅이 뒤지다 보면 내 생활에서 진정으로 소중한 것을 구하고 되찾게 된다.

그렇지만 나는 엘리너 힐리어의 꿈의 집 꾸미기 계획에서 첫 번째 규칙을 보고 당황했다. "당신이 바라는 집, 당신과 당신의 연인이 바라는 삶을 마음속으로 구체적으로 그리자." 진짜로 솔직히 말하자면 내 《발견일기》가 나온 이유는 내가 바라는 삶이나 집을 마음속으로 그릴 수 없었기 때문이었다. 물론 배우자와 함께하는 삶이나 집도 상상할 수 없었다.

게다가 내 삶의 단계에 따라서 꿈꾸는 집은 장식이 화려한 빅토리아 시대의 집일 때도 있었고 프랭크 로이드 라이트의 대초원 양식의 저택일 때도 있었다. 포도밭이 있는 토스카나의 빌라일 때도 있었고, 타오스 푸에블로에 있는 전통가옥일 때도 있었고, 몬태나주 빅스카이에 있는 목장주 주택일 때도 있었다.

그러니 둥근 지도판을 빙 돌리고 화살을 던지는 놀이를 해보면 어떨까? 내 진짜 꿈의 집은 아직 위시리스트에 들어 있지 않기 때문이다. 그 집은 16세기 영국의 작은 석조주택으로 방이 단 두 개이고, 집 앞에 오래된 사과나무가 한 그루 있으며, 주방 창문으로 풀을 뜯는 양이 보이고, 길에서 말이 뛰어다니는 소리가 들리는 곳이다. 심장아, 진정해. 이집이 실용적일까? 물론이다. 게다가 다른 나라에 있다.

그저 한 번 본 것, 그것이면 된다. 딱 한 번 본 것만으로 세상이 흔들린다. 나는 그때의 황홀감을 기억한다. 나쁜 남자들을 만날 때 느끼는 것처럼 어리석을 정도로 강렬한 감정이었다. 16세기 극작가 크리스토퍼 말로는 "첫눈에 반하지 않으면 사랑이라 할 수 있을까?"라고 궁금해했는데 마땅히 그럴 만했다.

나는 영원한 보금자리라고 여긴 집에서 10년 동안 살다가 갑자기 서둘러서 떠날 수밖에 없었다. 옷장에 걸린 옷을 잡아채서 마구 집어넣은 여행가방과 늙은 고양이만 든 채 출장을 가장하고 미국으로 떠났다. 알고 보니 영국의 전과자 사기꾼과 결혼했고, 안전하게 대서양을 건너자마자 이혼 소송을 제기해야 했다. 그렇지만 끝내 뉴턴 채플로 돌아가지 못하리라는 예상은 단 한 순간도 하지 않았다.

우리는 영원이 무한하다고 생각하지만, 모든 꿈에는 유효기간이 있다. 영원은 눈 깜박할 사이에 사라진다. 그래서 우리는 하루하루를 소중히 여겨야 한다. 우리가 멀리 내다볼 수 없는 것은 하늘의 위대한 은총이다. 그래서 우리가 감당할 수 있는 것은 24시간으로 할당된 하루하루다.

그래도 시간이 지나면 과거를 되돌아보면서 기억을 걸러내고 분류한다. 기억은 당신을 과거가 있는 여성으로 만들지만 사연을 말할지 말지는 당신의 선택이다. 어차피 기꺼이 뒤로 물러설 수 있어야 앞으로 나아갈 수 있다.

플로리다 스콧 맥스웰은 "삶의 모든 사건이 지금의 당신을 만들었다고 주장해야 한다. 시간은 걸리겠지만 과거의 모습과 행동을 모두 진정으로 받아들일 때 비로소 현실에 치열하게 맞설 수 있다"라고 우리를 격려한다.

1883년 플로리다에 오렌지 마을을 세우려는 영국인 이민자 부부의 딸로 태어난(그래서 이 시도를 따서 플로리다라고 이름을 지었다) 그녀는 집에서 교육을 받았고 열여섯 살 때 배우가 됐으며 스무 살 때 단편소설을 쓰기 시작했다. 1910년에 존 스콧 맥스웰과 결혼한 후 남편의 고향인

스코틀랜드로 가서 여성 참정권을 위해 활동했고 연극 각본을 썼으며 가정을 꾸렸다. 그녀는 마흔여섯 살 때 이혼하고 기자로 일하면서 네 자녀를 돌봤다. 이후 스위스의 유명한 정신과 의사이자 정신분석가인 칼 융의 가르침을 받았으며, 정신분석 분야의 여성 선구자로서 영국과 스코틀랜드의 병원에서 활동했다.

나는 플로리다 스콧 맥스웰이 결혼생활을 끝내고 얻은 첫 번째 집에서 느끼는 편안함에 대해 묘사하는 방식을 아주 좋아한다. "괴로운 시간이 지난 후, 나는 마음에 드는 아파트를 발견했고 내 집이 되었다. 그곳은 오래전부터 나에게 필요하던 소중한 피난처이기도 했다. 내 딸과 나는 어느 날 저녁에 수트케이스 두 개, 침대 두 개, 구근식물 화분 세 개, 주전자와 차 도구를 가지고 그곳으로 이사 갔다. 우리는 건축업자가 두 방 사이의 벽에 커다란 구멍을 뚫은 뒤 버리고 간 마른 널빤지 조각으로 작은 벽난로에 멋진 불을 피웠다. 나는 지붕 위 비둘기 소리를 들으며 누워 있었다. ⋯ 나는 양쪽 창문 너머로 나무를 내다봤다. 나는 자유로웠고 행복했다. ⋯ 이미 집이 나에게 아주 소중해진 터라 집의 표면이 내 피부 같았다."

그녀의 피부와 같은 집. 아주 생생하게 살아 있고 잘 보호한 집은 당신의 피부처럼 가까운 존재다. 외부인이 보면 그녀는 스코틀랜드의 커다란 시골 저택에서 작은 아파트로 이사간 것에 불과하지만, 그녀의 묘사는 집에 관한 소속감을 이야기하고 있었다. 세월이 지나면 다른 집을 갖게 되겠지만, 지금의 나처럼 그날 밤 그녀는 만족감을 주고 피난처를 제공하는 집(아무리 일시적일지라도)이 '소속감을 느끼는 집'이라는 것을 알았다.

그래서 나는 당신을 안아주면서 지금 당신이 어디에 사는지 혹은 왜 내일 떠나야 하는지는 중요하지 않다고 안심시키고 싶다. 당신은 모텔에서 숙식하고 있거나 과거와 미래 사이의 중간쯤에 있는 안전한 집에서 안식을 찾고 있을지도 모른다. 내 집 하나 없어 친구네 집 소파나, 언니네 집 방이나, 보호소의 간이침대에서 임시로 생활하고 있을지도 모른다. 동화에서처럼 탈출할 수 있을 만큼 머리카락이 길게 자랄 때까지 탑에 갇혀 있을지도 모른다. 나도 이런 곳에서 다 한 번씩 살아본 경험이 있다. 당신이 내일을 향한 과도기의 터미널에서 일시적으로 피신하는 동안, 거처를 가치 있게 만드는 것은 당신이 간직하고 있는 꿈이다.

당신은 당신을 포용하고, 돌보고, 기쁘게 하고, 영감을 주는 집에서 살 자격이 있다. 당신이 소속감을 느끼는 집을 아직 발견하지 못했다면 이 점을 명심하자. 당신이 찾고 있는 모든 것은 계속해서 당신을 찾고 있다. 장담하건대 그것들은 생각보다 훨씬 더 가까이 와 있다.

## 5월 3일

### 매일 아침 나를 위한 기도를 하자

나는 집이 없지만 나를 갖고 있다.

– 앤 트루윗
미국 조각가

아침에 일어나면 우리를 위해 다음과 같은 기도를 한다. 오늘은 같이 기도해보자.

의심을 무찌르고 용기를 북돋는 주여, 나의 소중하고 사랑하는 독자인 이 여성을 축복하소서. 당신의 분명하심과 긍휼에 감사합니다. 시작한 일을 끝내주셔서 감사합니다. 오늘 시작한 일과 오래전에 중단한 일을 오늘 끝낼 수 있게 하소서. 낮에 우리를 괴롭히고 밤에 마음을 어지럽히는 유령을 없애주소서.

우리에게 후회의 잔재를 돌아보게 하시고 구출할 수 있는 것을 구해내게 하시고, 현재에 안주하려는 마음을 날려보내게 하소서. 바라건대 우리가 두려움에서 믿음으로 건너가게 하소서. 그래서 우리가 놀라운 경이와 지혜를 가지고 오늘 하루를 살게 하소서. 우리가 흠잡을 데 없이 아름다운 현실을 맹렬히 살아가도록, 우리 삶의 모든 사건이 우리 것임을 주장하게 하소서.

평온한 피난처를 만들게 하소서. 만족스러운 거주지를 기쁘게 설계하게 하소서. 우리가 황홀한 영혼의 안식을 얻을 수 있게 하소서.

우리가 험난한 시기에서 안전하게 나와 미약하지만 새로운 시작으로 넘어가게 하소서. 우리를 이해의 문턱으로 이끄소서. 이 여성을 소속감을 느끼는 집으로 맞이하소서. 와서 그녀의 집을 축복해주소서. 지금 이 순간과 과거, 현재, 미래가 있음에 감사합니다. 아멘.

이제 심호흡을 하자. 오늘 당신에게 필요한 것을 이미 다 가지고 있다는 새로운 깨달음을 되새기면서 하루를 편안하게 지내보자.

## 5월 4일

## 집을 돌보면 영혼이 충만해진다

우리가 날마다 집에서 하는 예술은 소박해 보이지만
영혼에 아주 중요하다.
- 토머스 무어
미국의 심리치료사이자 영성 작가

"우리는 장소와 사람에게서 환영받고 싶어 한다. 우리는 집과 아파트가 따뜻하고, 편안하고, 아름답기를 바라지만 때로 그곳은 혼란과 혼돈의 영토다." 건축가이자 작가인 앤서니 롤러가 책《영혼을 위한 집: 정신과 상상력과 더불어 살게 하는 길잡이A Home for the Soul: A Guide for Dwelling with Spirit and Imagination》에서 곰곰이 생각한다. "그렇지만 영혼이 찾는 천국은 가까이에 있다. 그 천국은 가스레인지와 찬장 속에, 책꽂이 위에, 옷장 속에 있다. 우리는 볼 수 있는 눈과 창조할 수 있는 손만 있으면 영혼이 바라는 집을 되찾을 수 있다."

다시 말해서 빗자루를 들자. 우리가 집을 돌보는 방식은 우리의 자긍심뿐만 아니라 영혼의 만족감을 드러내는 작지만 중요한 표현이다.

영혼의 충만함을 꼭 종교와 연관 지을 필요는 없다. 앤서니 롤러는 "어떤 사람은 기도와 의식과 성서를 통해서 영혼에 다가서지만, 맛있는 스튜나 연인의 포옹이나 송판 마루의 질감에서 영혼과 마주치기도 한다. 대성당 부속 예배당은 정신의 평화를 찾는 성지지만, 거실 창가에 있는 긴 의자가 조용히 원기를 회복시켜주는 천국이 될 수도 있다'라고 설명한다.

앤서니 롤러는 집에서 영혼을 충만하게 채우는 가장 즉각적인 방법은 청소와 수리지만 집안일은 사회에서 낮게 평가된다고 이야기한다. 하지만 청소는 집은 물론 우리에게도 유익한 "분별 있는 행동"이다. "분주한 현대생활에서 청소는 마음을 가라앉히는 기술이 될 수 있고, 자신의 공간에 질서를 불러와 소박한 기쁨을 선사하는 기술이 될 수 있다. … 청소는 돌봄이라는 행동을 통해 집과 아파트에 축복을 베푼다." 그래서 집안일이 "영혼이 깃드는 길"이 될 수 있다.


## 5월 5일

### 날마다 영혼의 방을 방문해라

불행할 때 어떻게 하면 행복해질 수 있을까? 양귀비와 함께
수레국화와 목서초를 심어라. 서로 향이 섞이도록 스위트피 사이에
피튜니아를 심어라. 스위트피 싹이 나오는 모습을 보라.
살구색과 분홍색의 중간색으로 칠해진 얇은 로열우스터 찻잔에
최고급 차를 따라 마셔라.
- 루머 고든
영국 작가

영국 작가 루머 고든은 진정한 삶에 대한 매혹적인 회고록《방 네 개짜리 집A House with Four Rooms》에서 "한 번에 하나씩 정리하며 음미한 사소한 것들이 도움이 됐다"라고 회상한다. 그녀는 삶이 어수선하던 시절에 늘 자신에게 사소한 것을 음미하자고 말했다.

오늘은 마음이 어수선하다. 일정이 꼬였고 여러 일이 겹쳤다. 생활의 흔적인 쓰레기가 여기저기 흩어진 집은 현재 내 마음에 일고 있는 혼란을 반영한다. 평소 성격대로라면 당장 청소를 시작해야 한다. 하지만 엄청난 의지력을 발휘해서 참고 있다. 청소를 하려고 하던 일을 중단하면 하루의 리듬이 깨질 것이다. 세상이 소란스러워지기 전에 방해받지 않고 일할 수 있는 소중한 시간은 단 몇 시간뿐이다. 그 소중한 몇 시간 동안 단 한 가지 생각에 집중하고 그 생각의 흐름을 따라가며 단어를 조합해 원고를 마무리해야 한다. 설사 오전 내내 걸려도 어쩔 수 없다.

내가 루머 고든의 글을 좋아하는 여러 이유 중 하나는 그녀가 자신의 비범한 삶을 집안일과 창작과 영혼이라는 면에서 다채롭고 솜씨 좋게 엮어내기 때문이다. 인정하기 싫지만 그녀의 삶과 달리 내 삶을 감친 솔기는 수시로 뜯어지거나 벌어진다.

루머 고든은 인도에 사는 영국인 부모에게서 1907년에 태어났다. 대영제국이 전 세계로 뻗어나가 인도를 통치하던 시절이었다. 그녀는 여러 차례 영국으로 돌아갔지만 대부분의 삶을 자신이 사랑했던 인도에서 보냈다. 그녀는 1936년에 글을 쓰기 시작해서 거의 70권의 책을 냈고 마지막 소설은 아흔 살에 집필했다. 고든은 어린이와 성인을 위한 소설, 논픽션, 단편집, 회고록, 시, 드라마 등 모든 장르에 통달했다.

그녀의 유명한 소설은 대부분 실생활의 결실을 찬양한다. 마법, 신비, 일상. 〈뉴욕타임스〉는 이렇게 루머 고든을 평했다. "이자크 디네센과 베릴 마컴처럼 특별한 부류에 속하는 여성이다. 이 부류의 여성들은 호랑이를 사냥하고 남자의 넋을 빼놓고 멋진 디너파티를 열고 문학가로 명성을 얻는 등 그들이 정한 목표를 훌륭히 이루어낸다."

나는 루머 고든의 수많은 책 중에서 회고록을 가장 좋아한다. 거의 끊임없이 글을 쓰는 와중에도 하루하루 열심히 살아가고, 가족을 돌보며, 집이라는 껍데기를 깨고 나와 전 세계를 고향으로 삼은 그녀의 삶에 사로잡혔다. 그녀는 대단히 훌륭한 작가이지만 실생활만큼 매혹적인 이야기는 없는 법이다.

세상과 동떨어진 안전한 안식처를 만들고 그 속에서 사소하지만 진정한 기쁨을 찾아 음미하는 기술은 그녀가 책에서 반복해서 다루는 주제다. 그런 안식처는 수녀원 담장 안이 될 수도 있고 위층에 있는 아기 방이 될 수도 있다. 루머 고든이 진정한 삶을 산 비결은 '영혼의 집'에 거주한 것이었다. "인도 속담에 모든 사람은 육체, 정신, 감정, 영혼이라는 네 개의 방을 가진 집이라는 말이 있다. 대부분의 사람은 한 방에서만 산다. 하지만 단지 환기를 시키려는 목적으로라도 날마다 네 방에 다 들어가지 않으면 완전한 인간이 아니다."

## 5월 6일

### 타인의 삶은 때로 삶의 이정표가 된다

1945년 8월 : 전쟁이 발발하기 전의 시절이 있었다.

그 시절이 이제는 영 다른 세상 같다. 그 시절은 어디로 갔을까?
내가 《검은 수선화Black Narcissus》를 쓴 작가가 맞나? 돈이 사라진 것처럼
그녀도 사라졌나? 내가 다시 글을 쓸 수 있을까? 먼저 나는 영국에
대항해야 한다. … 그곳이 이처럼 이방으로 보이는 것은 처음이다.
- 루머 고든
영국 작가

나는 용기가 필요하거나 무력감이 들 때 위안을 주는 의식에 의지한다.
내가 가장 좋아하는 그 의식은 바로 다른 여성들의 삶에 관한 글을 읽는
것이다. 특히 사회와 가정의 역사에서 간과된 여성들의 이야기를 좋아
한다. 그들은 한 분야의 우상과 모범이 되기 전에는 평범한 여성에 지나
지 않았다. 문학 모험가이자 글을 통해 과거로 시간 여행을 가서 그 시
대의 가정을 탐험하는 탐험가로서 나는 그들의 이야기에서 수많은 지
혜, 만족, 기쁨을 발견한다. 또한 교훈적인 일화, 세심한 관찰, 애정 어
린 충고, 놀라운 고백, 뛰어난 전략을 모아 내 앞에 펼쳐질 상황을 짐작
하려고 한다.

 "그들은 무슨 생각을 하고 있었을까?" 인터넷에서 우습거나 기이한
사진의 제목으로 자주 등장하는 말이다. 하지만 나는 이 말을 다른 경우
에 사용한다. 과거가 있는 여성들이 삶을 송두리째 바꿔놓은 가슴 아픈
상황, 갈림길, 변화, 선택에 부딪혔을 때 무슨 생각을 하고 있었는지 알
아내려고 할 때 묻는다.

 이는 울다 지쳐 잠든 여성들, 하늘을 향해 주먹을 치켜들고 다시는
굶주리지 않겠다고 맹세한 여성들, 달을 보고 울부짖으며 정당한 분노
를 표출하던 여성들, 영웅적인 패기와 용기로 터전을 맹렬하게 지킨 여

성들의 이야기다. 투쟁 끝에 권리를 획득했고 능력을 펼치려고 노력하는 여성을 살펴보자. 과거가 있는 여성은 경고 딱지를 붙이고 나와야 하겠지만, 그렇게 되면 우리는 그들과 어울려 시간을 보내는 즐거움을 놓치게 될 것이다. 나는 당신에게 필요한 정신의 용기를 북돋기 위해 앞으로 이 책에서 내가 특히 좋아하는 여성들을 소개할 것이다.

나는 존경하는 여성들의 회고록, 전기, 편지, 일기와 경매장 카탈로그를 샅샅이 뒤진다. 그들이 쓴 글과 그들이 그린 그림을 보면 매혹적인 삶을 펼쳐낸 것처럼 보였다. 실제로 그들의 삶은 예술이 되었고 그 예술은 우리의 유일한 이정표다.

나는 운명이 반전되는 심각한 상황을 품위 있고 우아하게 견딘 여성들을 엄청나게 존경한다. 그들은 슬픔이 강타한 뒤 어떻게 회복했을까? 오랫동안 바라던 꿈을 이뤘는데 친구들이 너무 질투를 느껴 같이 기뻐해주지 않을 때 기분이 어땠을까? 자신이 이룬 성공이 하루아침에 잿더미가 됐을 때 어떻게 극복했을까? 향후 계약에 얽힌 수익을 포함해서 남편에게 맡긴 돈이 모두 없어졌다는 사실을 알아냈을 때 어디에 있었을까? 그들의 이야기를 탐색하는 내내 내 머릿속에는 한 글자가 떠나지 않았다. 그것은 집이었다.

내게 통찰을 주는 많은 책 중 내가 가장 좋아하는 책은 루머 고든의 《방 네 개짜리 집》이다. 이 책은 그녀의 세 번째 소설 《검은 수선화》가 대대적인 성공을 거둔 후인 1945년부터 1977년까지의 세월을 담은 회고록이다. 《검은 수선화》를 원작으로 하고, 데버러 커가 히말라야 오지 마을에 선교를 하러 떠난 작은 성공회 수녀원의 수녀원장 역할을 맡은 동명의 영화가 1947년에 아카데미상을 받았을 무렵에, 루머 고든은 멋대로 돈을 빼돌려 날려버린 남편인 로런스 때문에 절망에 빠졌다. 정작 돈을 버는 사람은 자신인데도 순진하게 생각한 나머지 돈을 관리하는 전권을 남편에게 줘버렸다는 것을 깨달은 것이다.

"나는 그가 진짜 가장이 되기를 바라는 마음에 우리 돈을 그에게 맡겼다. 〔그가 자신의 빚을 갚기 위해 내 계좌에서 수표를 발행하려고〕 그가 요구했을 때 돈을 줬지만… 그는 돈을 한 푼도 갚지 않았다. 여전히 믿어지지 않을 때가 있다. 내가 가구를 파는 동안 로런스는 옆에 서 있었다. 알고 보니 그는 이미 그 가구를 두 차례나 각각 다른 사람들에게 팔았던 것이다. 자동차도 팔아치운 상태였다. 내가 아이들의 보험증권을 현금으로 바꾸려고 은행에 갔을 땐 이미 인출된 뒤였다. 우리 부부의 공동 예금 계좌는 텅 비어 있었다."

루머가 남편이 증권회사에 진 빚의 목록을 받아들자 전무가 물었다. "어떻게 하시겠습니까? 갚으시겠습니까?" 그녀가 말했다. "갚을게요."

물론 이는 훌륭한 여성이 보일 만한 태도다. 그렇지 않은가?

그렇지 않다.

당신이 궁금해할까 봐 말하자면 올바른 대답은 "아니요"이다. 그것은 그녀의 빚이 아니었다. 내가 한때 그랬듯이 당신도 그 상황을 곰곰이 생각하고 있을 것이다.

'아니오'는 수많은 여성에게 아주 낯선 말이기 때문에 루머는 미처 그 말을 할 엄두를 내지 못했다. 자신을 위해 '아니오'라고 말하는 것은 실천하기 힘든 지혜다. 당신을 우선시하는 법을 배우기가 어려운 이유는 남을 먼저 돌보려는 우리 천성에 어긋나기 때문이다.

우리가 명확함, 안전, 지불 능력을 포함한 삶의 진정한 균형을 이루는 법을 배우려고 애쓰는 동안, 루머 고든은 힘겨운 교훈을 우리에게 알려준다. "내가 살면서 저지른 모든 어리석은 짓 중에서 그것이 가장 어리석은 짓이었다. 내가 《검은 수선화》로 벌어들인 돈이 거의 없어졌다. 나는 갚겠다는 그 한 마디로 나와 아이들을 안전하게 지켜줄 돈을 날려버렸다."

어쨌든 그녀는 계속 나아가야 했고 실제로 그렇게 했다. 그녀는 투지와 우아함과 용기를 가지고 다시 67권의 책을 썼다. "절망은 당신의 재능을 배반한다"라는 그녀의 말은 내게 수많은 아침에 커튼을 열어젖히고 차를 한잔 준비할 힘을 주었다. "새로운 장소에서 처음 깨어나는 것은 다시 태어나는 것과 마찬가지다." 매일 아침 오늘이 준 경이로운 선물을 알아차리자.

"소설, 회고록을 포함해 내가 쓴 모든 책은 우리 가족과 아주 약간 관련이 있다. 그리고 이야기의 첫 부분은 비슷한 방식으로 시작된다. 처음 도착한 땅, 새 삶을 시작하는 낯선 곳에서의 우연한 만남이 일어난다." 루머 고든이 말한다. "어디에서든, 어느 집에서든, 내가 처음 하는 일은 그곳을 가정으로 만드는 것이다. 버려진 집이 서서히 살아나게 된다."

내가 그녀에게 대단히 친근감을 느끼는 이유는 그녀가 소속감을 느끼는 집을 찾으면서 견딘 격변이 내 삶에도 그대로 일어났기 때문이다. 하지만 루머 고든은 '영원'이 24시간마다 시작되고 끝난다는 교훈을 나에게 알려주었다. 당신이 충격에서 벗어나고 나면 이 교훈은 대단히 귀중한 발견이고 보물이 될 것이다. 영원이라는 말을 당신의 어휘 목록에서 없애고 모든 꿈을 '영원히 불가능한 일'이라는 범주에 넣으려는 시도를 중단하면 상상도 못 할 안도감이 생긴다.

대신에 우리가 새롭게 마음속에 그린 '소속감을 느끼는 집'에서 하루하루를 새로운 눈으로 맞이하자.


## 5월 7일

## 혼자 살수록 집을 아늑하게 꾸며라

너무 많은 사람이 자신을 제대로 대우할 줄 모른다.
마치 우리가 제대로 대우받을 가치가 없고, 제대로 대우할 시간이 없고,
제대로 대우하면서 생기는 죄책감을 느끼고 싶지 않은 것 같다.

– 도미니크 브라우닝
미국의 작가이자 편집자


멋진 배우자, 행복한 결혼생활, 사랑하는 가족이 있는데도 주변 환경과 소원해진 느낌이 들 수 있다. 당신은 왠지 소속감을 느끼는 집에서 살고 있지 않다는 것을 알고 있다.

왜 그렇다고 생각하는가? 소속감을 느끼는 집은 단순히 장소만 의미하는 것이 아니다. 당신의 삶과 집에는 당신이 진정으로 존재해야 한다. 우리가 자신을 돌보는 방법 중 하나는 자신을 위한 집을 창조하는 것이다. 특히 미혼일 때는 시작이 아무리 미미해도 상관없다. 그런데도 많은 여성이 망설인다. 잘못된 인식 탓에 우리는 그런 돌봄을 받을 가치가 없다고 무의식적으로 생각하기 때문이다.

도미니크 브라우닝은 감동적이고 가슴 아픈 책인 《집과 정원에서:

비탄, 치유, 주택개조에 대한 회고록Around the House and In the Garden: A Memoir of Heartbreak, Healing, and Home Improvement》에서 한 친구에 대해 이야기한다. 감정적으로나 심리적으로나 정신적으로나 창의적으로나 재정적으로나 보금자리를 마련하기 위해 투자한 적이 없는 연령대의 여성에게 강력한 교훈을 주는 이야기다. "그녀가 원한 것, 그리고 그녀가 계획한 것은 사랑에 빠져서 결혼해 누군가와 가정을 꾸리는 것이었다. 그런데 그런 일은 일어나지 않았다."

이 여성은 재능과 용기와 교양을 갖춘 사람이었지만 40대에 접어들자 주거공간에 엄청난 불편함을 느끼기 시작했다. 그 여성(우리 중 누구라도 될 수 있다)은 과감히 결정을 내려 집을 사고 꾸민 뒤 편안히 지내는 것을 자신에게 선뜻 허락하지 못했던 것이다. "직장에서 다른 사람들의 부탁을 절대 거절하지 못하는 그녀는 정작 자신을 위한 결정을 내려야 할 때가 오자 어쩔 줄 몰랐다."

그녀는 왜 이런 어려움을 겪었을까? 자신감이 없었고 자기에 대해 만족하지 못했기 때문이다. 세상에 그렇지 않은 여성이 있을까? 사실 우리는 여러 면에서 똑같은 생각을 공유하고 있다. 자신의 몸에 관해 불만을 느낄 때, 이 추방당한 기분을 우리가 사는 집에서도 느끼기 쉽다. 이런 슬프고 안타깝고 고요하고 비밀스럽고 가슴 아픈 진실은 다른 사람에게는 편안함이나 소속감이라는 선물을 아낌없이 베풀면서도 정작 자신이 문지방을 넘을 때 그 선물을 받을 수 없는 이유가 된다.

왜일까? 아마 우리가 그럴 가치가 없다고 믿기 때문일 것이다. 많은 여성과 마찬가지로 나는 활활 타는 벽난로, 아름답게 차린 식탁, 맛있는 음식, 좋은 와인처럼 좋은 것은 나눠야 한다고 배우면서 자랐다. 하지만 살다 보면 선택이나 변화나 환경으로 인해 한 계절이나 두 계절, 아니면 10년까지도 혼자 지내는 시기가 오기 마련이다. 혼자서 저녁밥을 먹는데 굳이 벽난로를 피우고 요리를 하고 식탁을 차리고 좋은 빈티지 와인을 딸 필요가 있을까? 당신의 애플 파이를 칭찬할 사람이 아무도 없는데 굳이 만들 필요가 있을까?

이는 우리가 읽거나 들어본 적이 없고 공유하기도 어렵지만 진실이다. 하지만 진실을 받아들이면 이런 상처주기, 심리적인 자해, 수치심을 끝낼 수 있고 우리의 정교한 자멸 행위가 실체를 드러낸다. 이윽고 감사 일기를 하나씩 쓸 때마다 하루하루 서서히 치유되기 시작한다. 가장 마음이 따뜻해지는 이야기, 즉 당신 자신의 이야기를 쓰기 때문이다.

부디 과거의 나처럼 시간 낭비를 하지 말기 바란다. 소속감을 느끼는 집을 만들고 주머니 사정에 맞는 한도에서 가장 고급으로 와인, 음식, 가구, 예술을 즐기는 것을 부끄러워하거나 망설이지 말기 바란다.

도미니크 브라우닝은 확신을 준다. "배우자나 자녀가 없이 혼자 산다고 해도 우리는 여전히 둥지를 틀고 있다. 자기 자신에게 안식처를 제공하고 있다. 혼자라서 힘든 일이 더 많겠지만 안식처에 대한 애정이 덜하지는 않다." 그녀는 혼자서 보금자리를 마련한다고 해서 참사랑을 찾을 희망의 문을 닫아버리는 것이 아니라고 말한다. 사실 정반대다. 사랑을 향한 새로운 문, 현관을 활짝 열어젖히는 것이다.

'작은 집'이라는 프랑스 우화가 있다. 아름다운 여자들을 유혹할 비밀 무기로 집을 지은 영리한 남자의 이야기다. 그가 집에 열정과 관심을 아낌없이 쏟아부은지라 여성들은 집에 들어서자마자 황홀해했다. 당신도 그런 기분을 알 것이다. 그리고 당신도 그렇게 해야 한다. 집에 혼자 있을 때도 의식적으로 아름답고 우아하게 살아야 한다.


## 5월 8일

## 마음을 단단하게 훈련시켜라

나는 유일한 치유법을 안다고 믿는다. 그것은 이기적이지도
배타적이지도 않지만 난공불락의 평온함을 지닌 삶의 중심을
자신의 내면에 만드는 것이다. 내면의 집에서 만족감을 느낄 수 있도록
아주 풍요롭게 장식하는 것이다.
찾아와서 머물고 싶어 하는 모든 사람을 반갑게 환영하지만,
어쩔 수 없이 혼자 지낼 때도 항상 행복하도록 만드는 것이다.
- 이디스 워튼
미국의 소설가·인테리어 디자이너·조경 디자이너


소설 《환락의 집》과 1920년 퓰리처상 수상작 《순수의 시대》에서 대호황
시대의 뉴욕 사회를 뛰어나게 포착한 소설가 이디스 워튼은 집에 대한
글로 작가 생활을 시작했다.

사실 워튼은 미국 최초의 인테리어 베스트셀러인 《집 장식The Deco-
ration of Houses》(건축가 오그던 코드먼과 공저)을 1897년에 펴냈으며 매사추
세츠주 레녹스에 있는 방 35개짜리 대저택 더 마운트의 인테리어로 유
명해졌다. 하지만 그녀는 최고의 예술품이나 물건들을 채울 능력이 있
었는데도 집 자체에는 애착을 가지지 않았다. 그러다가 쉰 살에 프랑스

남부에 있는 집을 열렬하게 사랑하게 되었다.

"마침내 완벽한 남자와 결혼하는 것 같은 느낌이 들었다!" 그녀는 사랑하는 집에 대해서 이렇게 썼고 실제로 이후 25년 내내 그곳에서 살았다. 그녀는 이 현대적인 프랑스 빌라와 정원에서 소속감을 찾았다.

나는 이디스 워튼이 여성의 본성을 묘사할 때 집과 건축에 비유해서 여성의 소속감과 특권 의식을 탐구한 점이 아주 흥미롭다. 이를테면 여성은 손님용 방들이 따로 있는 커다란 집인 셈이다. 더 편한 다른 방들은 오직 가족과 친구를 위한 것이었다. "하지만 그 너머에, 훨씬 너머에, 다른 방들이 있다. 그 방들의 손잡이는 돌아간 적이 없다. 그리고 ⋯ 가장 안쪽 방, 즉 가장 신성한 신전에는 영혼이 홀로 앉아서 한 번도 오지 않은 발소리를 기다리고 있다."

많은 사람이 이 열망을 연인과 연관 지어 생각한다. 하지만 워튼은 단지 연인만을 갈구한 것이 아니며 실제로 그녀가 만난 남자들의 면면을 보면 그다지 이상적인 관계가 아니었음을 알 수 있다. 많은 여성에게 익숙한 상황일 것이다. 바람둥이 남편이 그녀가 소설 《환락의 집》의 대성공으로 번 돈까지 함부로 써대기 시작하자 마침내 이혼했다. 그리고 반복해서 그녀를 가슴 아프게 한 영국인 유부남 건달과의 고통스러운 불륜을 견뎠다.

나는 이디스 워튼이 "삶을 직시할 수 있다면 다락방에서 살 가치가 있지 않을까?"라고 털어놨을 때 영혼이 기다리고 있는 발소리는 그녀 자신이었다는 것을 마침내 깨달았을 것이라고 믿는다.

그와 같은 결론에 언제 다다르는지는 중요하지 않지만 빨리 도달할수록 더 행복해질 것이다.

# 5월 9일

## 행복은 보잘것없어 보이는 집안일에 숨어 있다

집이 곧 신이다.

- 에밀리 디킨슨
미국 시인

에밀리 디킨슨은 우리가 지금 살고 있는 집이 바로 에덴동산이라고 말했다. 나는 거실을 돌아다니며 보라색 머리띠, 컬러 마커, 어린 예술가의 스케치북, 테니스 라켓, 지난주 시의회 회의록, 야구 잡지 한 무더기, 갖가지 CD, 비올라, 다양한 통신 판매 카탈로그, 3일 치 신문, 신발 두 켤레, 소파 옆에 구겨져 있는 빈 과자 봉지, 내 것이지만 보라색 머리띠의 주인이 쓰고 던져놓은 게 분명한 머리빗을 주워들면서 에밀리 디킨슨의 말을 되새긴다.

여기가 에덴동산이라고?

시인들은 수 세기 동안 가정생활의 기쁨을 서정적으로 노래해왔다. 분명히 그들은 평화롭고 편안하게 시를 쓸 수 있도록 조용한 안식처를 만들어준, 다정하고 참을성이 많으며 잘 돌봐주는 여성과 살았기 때문이리라.

그러나 서른네 살 이후로 거의 집 밖에 나가지 않은 은둔자 에밀리 디킨슨이 아주 가정적이었다는 것을 알고 있는가? 실제로 에밀리 디킨슨은 요리할 때와 시를 쓸 때 최고의 황홀감을 느꼈다고 한다. 그녀의 시(1,775편) 대부분이 사망한 1886년 이후에야 발표됐기 때문에 시인으로서의 명성보다 먼저 요리 실력으로 매사추세츠주 애머스트에서 명성을 얻었다. 다양한 요리 중에서도 특히 오후의 다과회에 내놓은 속이 꽉 찬 과일 케이크와 자신의 성역인 2층 침실 창문을 통해 배고픈 동네 아이들에게 내려보낸 생강 쿠키 바구니로 유명했다.

집에 틀어박혀 만족스럽게 자족하던 에밀리 디킨슨의 삶은 100년이 훨씬 넘게 지난 21세기의 삶에 완벽한 해독제처럼 여겨진다. "나는 비상사태가 내 손을 잡고 끌어내지 않는 한 집에서 나가지 않는답니다. 설사 끌려가도 고집스럽게 저항하지요. 그리고 가능하다면 손을 잡아뺀답니다." 에밀리 디킨슨이 1854년에 친구에게 쓴 편지다.

나도 그렇게 손을 뺄 수 있다면 얼마나 좋을까. 지금 청소를 하는 대신에 그저 20분 동안 햇볕이 내리쬐는 뒷마당에 앉아 새로 둥지를 트는 새를 바라보고, 새를 쳐다보는 고양이도 바라보고, 정원에 새롭게 활짝 핀 꽃에 인사하고, 갓 끓인 차를 마시며 에밀리 디킨슨이 세상에 보낸 편지라고 일컬어지는 그녀의 시를 읽는 즐거움에 빠질 수 있다면 소원이 없겠다.

그러나 이 목가적인 공상을 실행하기 전에 먼저 청소를 해야 한다. 일상생활의 잔재를 주우며 거실을 정돈해야 한다. 거실의 무질서와 어수선함과 혼란을 단 한 순간도 참을 수 없기 때문이다. 낭만적인 공상에 잠길 시간이 없다.

그런데 정말로 그럴 시간이 없을까?

일상의 사소한 물건을 집어 올리며 육체적으로나 감정적으로나 정신적으로 고개를 숙이고 있는 지금이야말로 일상의 성스러움을 증명한 시인들의 자세가 필요한 순간인지도 모르겠다. 그러면 다른 사람들의 소유물만이 아니라, 문자 그대로 내 발 옆에 있는 아름다움과 기쁨과 풍요를 볼 수 있을 것이다. 잠시라도 내가 고요히 마음을 가라앉히고 질서와 조화를 내 집에 들여놓는 데 완전히 몰두하면, 오늘 오후를 예찬하는 시가 내 일에 대한 자각에서 탄생할 것이다.

거실을 청소하는 목적이 무엇일까? 그저 쓰레기를 줍고 어제 신문을 버리는 것일까? 아니면 청소가 어떤 영감을 불러일으키고 있을까? 어수선한 거실을 가족이 모두 모여 함께 편안한 시간을 즐길 안전하고 평온한 안식처로 바꾸는 과정에서 청소에 대한 내 인식이 바뀌고 있지 않을까?

우리는 날마다 선택을 한다. 다른 사람의 요구에 부정적으로 반응할 수도 있다. 아니면 풍요롭게 살기로 선택하고 부정적인 반응을 의미 있는 반응으로 바꿀 수도 있다. 마음가짐이 가장 중요하다. 내가 내 삶과 일에 의미를 부여하지 않으면, 아무도 나를 대신해서 그 의미를 부여해주지 않는다. 지금 내가 하고 있는 거실 청소의 가치를 스스로 인정하지 않으면 아무도 그 가치를 인정해주지 않는다. 그리고 가정을 돌보는 일이야말로 가장 성스럽다. 집안일이 성스럽지 않다면 대체 성스러움의 의미가 무엇이란 말인가?

그래서 나는 청소를 할 때 기분을 북돋고 내 선택을 축하하려고 바흐의 협주곡을 듣는다. 나에게 갓 끓인 차를 대접하려고 주전자를 불에 올려놓는다. 창문을 활짝 열어젖히고 산들거리는 봄바람을 들이마신다.

에밀리 디킨슨은 이메일이나 문자를 받지 않았다. 전화가 뭔지, 퍼스널 컴퓨터나 텔레비전이 뭔지 몰랐다. 그녀는 친구, 우정, 음식, 가정, 자연, 아이디어, 문학, 음악, 예술처럼 정말로 중요한 모든 면에서 부자였고, 삶이 너무 놀라워서 다른 것에 신경 쓸 시간이 거의 없다는 것을 발견했다.

우리가 이런 경이로운 선물을 감사하게 받아들인다면 행복의 상속인이 될 수 있고 꿈에서도 생각지 못할 정도로 부유해질 수 있다.

이제 거실이 아주 깔끔해 보인다. 모자와 코트, 배낭과 서류가방, 오늘 쓰고 버릴 물건들을 애정 어린 마음으로 다시 받아들일 준비가 되었다. 이 물건들은 디킨슨이 우리에게 알려준 일상의 통찰로 둘러싸여 있다. "영원은 지금의 순간들로 구성되어 있다."

## 5월 10일

### 집은 내 삶을 보여주는 지표다

집은 당신이 되어야 하는 미래의 모습이 아니라 현재 당신의 모습이다.
– 질 로빈슨
미국 소설가

좋든 싫든 간에 집의 개성은 지나온 과거와 현재의 삶과 바로 이 순간 당신의 모습을 보여주는 정확한 지표다. 앞으로 우리가 나아갈 길은 딱히 드러내지 않는다.

솔직히 이 글을 쓰고 있는 지금 우리 집의 상태가 남에게 보여주기 민망할 정도인지라 마음이 약간 뜨끔하긴 하다. 어쨌든 집이 삶의 정확한 지표라는 점은 반론의 여지가 없는 사실이다. 현대 인테리어 디자인의 원조인 엘시 드 울프는 원하든 원하지 않든 우리는 집에서 자신을 표현한다고 말했다. 울프가 1913년에 발표한 책 《훌륭한 취향의 집The House in Good Taste》은 반세기 동안 미국의 인테리어 스타일을 완전히 바꾸어 놓았다.

집을 다시 장식할 돈만 있다면 진짜 내 모습을 보여줄 수 있다고 항변하는 사람이 있을 것이다. 그야 두말하면 잔소리다. 맞는 말이다. 그러나 돈이 생기기를 기다리며 삶과 창작성을 억누를 여유가 없다. 그러다가는 결국 자신은 물론 사랑하는 사람까지 속이는 상황에 부닥치게 되기 때문이다. 그러니 더 이상 미루지 말자. 오늘은 집을 관리하고 꾸미는 방법을 통해 진정한 자아를 표현하기 위해 소박한 풍요로움의 세 단계인 '받아들이기, 상황 축복하기, 개인의 선호 파악하기'를 이용하면 된다. 그렇게 하면 감사와 소박함과 질서가 우리 집을 위안과 만족감이 가득한 성스러운 안식처로 바꿔줄 것이다.

내 첫 책 《샤프 여사의 전통: 빅토리아식 가족 행사 바꾸기Mrs. Sharp's Traditions: Revising Victorian Family Celebrations of Comfort and Joy》가 출간된 뒤에 멋진 화보로 유명한 고급 잡지사에서 연락이 왔다. 작가의 실제 삶을 들여다보고 싶다면서 비용을 지불하고 우리 집에 와서 취재하겠다고 했다. 그 잡지사는 내 책에 빅토리아 시대의 모습이 생생하게 묘사되어 있는 것을 보고 내가 완벽하게 복원된 19세기 스타일의 집에서 살고 있을 것이라고 추측했을 것이다. 그런 책을 썼으니 당연한 일이 아닌가?

안타깝게도 내가 사는 집은 그렇지 않았다. 나는 당황해서 어쩔 줄 몰랐다.

"진정해." 할리우드에서 일하는 오랜 친구가 나를 위로하며 말했다.

"초점을 조정해서 다시 봐." 영화계에서 초점 조정이란 가장 선명한 이미지를 찍기 위해 물체와 카메라 사이의 거리에 따라 카메라 렌즈의 초점거리를 천천히 바꾸는 것을 말한다. "너희 집은 따뜻하고 멋지고 아늑하고 흥미롭고 편해. 사방에 기가 막힌 촬영거리가 널렸잖아. 너 자신에게 너무 엄격하게 굴지 마."

그렇지만 기자인 나는 잡지사가 기대하는 것을 잘 알고 있었고 내가 사는 집은 그들의 기대와 달랐다. 나는 이왕 대중에게 공개될 것이라면 완벽한 모습이어야 한다고 생각했다. 내 기대치에 맞춰 살기도 힘든 마당에 다른 사람의 기대치에 부응하기를 절실히 바랐다. 결국 내 홍보 담당자가 잡지사에 연락해 내 집 대신에 호텔에서 차를 마시면서 인터뷰하기로 조율했다.

돈은 주변 환경을 통해서 우리를 표현하는 데 도움이 된다. 하지만 개성을 반영하는 따뜻하고 매력적인 집을 만들자고 온라인 쇼핑 사이트에서 '구매' 버튼을 클릭할 필요는 없다. 꼭 사야겠다면 '없으면 살아갈 수 없는' 물건을 장바구니에 넣은 다음에 집 주변을 산책하거나 주방 조리대를 깨끗이 닦거나 산처럼 쌓인 빨랫감을 세탁기에 넣는다. 결정을 다음 날로 미룬다. 물건을 보고 구매하는 사이사이에 시간 여유를 둔다. 이는 우리를 지탱하고 보호하는 경계선을 긋는 방법이다.

당신이 어디에서 어떻게 살든지 간에 오늘은 애정이 담긴 눈으로 집을 관찰하자. 방마다 돌아다니며 당신과 가족을 안전하게 둘러싸고 있는 벽과 지붕에 감사하자. 잠시 멈춰 서서 오늘 죽음이나 이혼이나 빚이나 자연재해 때문에 집을 잃어버린 모든 여성을 생각하자. 지금 이 순간 당신에게 진정으로 필요한 모든 것을 다 가지고 있다는 사실을 명심하면서 당신이 가진 집에 감사하자.

# 5월 11일

## 집을 가족 모두를 위한 공간으로 꾸며라

공간에 대한 권한이 당신에게 있다고 느낄 때야
비로소 집이 당신의 진정한 집이 된다.
- 조앤 크론
미국의 작가이자 영화감독

여러 사람과 같이 살고 있어도 당신 집이라고 말할 수 있을까? 오늘은 소유권에 관해 이야기해보자. 우리는 골디락스(동화 〈골디락스와 곰 세 마리〉에 나오는 소녀-옮긴이) 시절부터 소유권을 계속 다뤘다. 아빠 곰 의자, 엄마 곰 의자, 골디락스에게 딱 맞는 의자. 당신은 딱 맞는 의자를 가지고 있는가? 그러기를 바란다. 가지고 있지 않다면 '꼭 사야 할 물건' 목록의 상단에 올리면 된다. 독서에 적절한 조명과 완벽한 크기의 오토만(등받이가 없고 발을 올려놓는 긴 의자-옮긴이)도 추가한다. 첼리스트 요요마에게 활 없이 첼로를 연주하라고 할 수 없듯이 휴식에 필수적인 기구가 없으면 쉴 수 없다.

흔히 소유권은 다른 사람의 점유로 인해 그 사람에게까지 공유된다. 그래서 작은 아파트의 거실은 낮에 작가인 남편의 서재로 쓰인다. 식탁과 의자는 전쟁놀이를 하는 아이들에게 성의 요새가 되니 두 가지 역할을 한다. 당신이 바느질과 뜨개질을 하는 작업실은 독립한 아이들이 집에 놀러 올 때 자는 방이 된다. 손님방은 아픈 시어머니를 모시는 방으로 바뀐다. 지하에 있는 가족실은 자신만의 공간을 꿈꾸는 10대 자녀에게 딱 맞는 은신처가 된다.

모두를 위한 거주지를 행복하고 조화롭게 만드는 첫 단계는 자신뿐만 아니라 가족에게 필요한 점을 알아채고 인정하는 것이다.

딸 케이트가 태어나고 거의 4년 동안 나는 크레용과 레고를 제외하고는 탁자에 아무것도 올려놓지 않았다. 케이트가 보이는 족족 손을 뻗어서 놀려는 단계를 지나 아름다운 물건을 감상할 수 있는 때가 될 때까지 꽃병이나 장식품을 모두 치워뒀다. 케이트의 안전과 내 정신 건강을 위해서였다. 시간이 흐르면서 우리 물건은 서서히 뒤섞였다. 결혼선물로 받은 워터퍼드 크리스털 제품과 케이트의 장난감이 오붓하게 한자리에 놓여 그 집에 사는 모든 가족의 개성을 드러냈다. 그러다가 함께 살게 된 아기 고양이 미키가 벽난로 선반에 올라가면 안 된다는 것을 배울 때까지 깨지기 쉬운 소중한 물건들을 다시 치워뒀다. 미키는 금방 배웠다. 미키는 17년 동안 행복하게 살면서 나와 함께 영국에 있는 내 집으로 여행을 갔다가 캘리포니아로 돌아왔다.

흔히 공간을 꾸미는 것은 많은 여성에게 사치로 여겨진다. 하지만 그렇다고 해서 우리 삶에 변화를 가져올 수 있는 집안 관리를 미뤄야 할까? 어떤 상황이든지 간에 집의 평온은 늘 내면에서 비롯된다. 영혼에 필요한 공간은 크기나 돈으로 측정할 수 없다.

주위의 사물을 통해서 당신을 진정으로 표현하고 싶지만 현실적인 문제 때문에 지연되고 있어도 실망하지 말자. 현실의 한계와 싸우는 대신에 그 한계 안에서 최대한 노력하자. 당신의 삶과 인테리어 스타일은 한창 작업 중인 예술작품이며 그것들이 당신의 하루하루를 즐겁게 해주리라는 것을 잊지 말자.

내가 좋아하는 스타일의 인테리어 디자이너인 알렉산드라 스토더드는 집을 장식할 때 현 삶의 단계와 가족 구성원을 가장 먼저 고려해야 한다고 충고한다. "사람들이 인테리어를 할 때 원하는 사항이 비현실적이거나 현재의 삶에 안 맞는 경우가 있다. 어린 자녀를 둔 집은 고등학생 자녀를 둔 집과 다르게 꾸며야 한다. 이혼이나 재혼을 했고 자식이 자주 놀러 온다면 그들에게 필요한 공간이나 물건을 고려해야 한다. 생활방식만이 아니라 현재 거치고 있는 삶의 단계를 적용해야 한다는 말이다. 집에 살고 있는 모든 구성원의 삶과 조화를 이루는 집은 늘 방문자의 마음을 안정시키고 기운을 북돋아 줄 것이다." 그리고 올바른 안목을 지니고 있으면 방문자뿐만 아니라 그 집에 사는 사람들에게도 늘 편안함과 활기를 불어넣어 주는 곳이 될 수 있을 것이다.

## 5월 12일

### 생을 마칠 때 후회하지 않을 인생을 살고 있는가?

현실을 직시하라, 슬레인 부인. 당신의 자녀들, 남편, 영예는 당신이
자아에 다가서지 못하게 하는 장애물일 뿐이다. 그들은 당신이
소명을 대신해서 선택한 것이다. 당신은 현명한 판단을 하기에
너무 어렸겠지만 그 삶을 선택했을 때 빛을 거스르는 죄를 지었다.

1931년에 출간된 비타 색빌웨스트의 《모두 쏟아부은 열정All Passion Spent》은 체념이 담긴 긴 한숨을 쉬며 생애를 마치기 전에 자신의 생각, 갈망, 욕구, 필요, 선택, 소박한 즐거움을 즐기겠다는 여성의 확고한 결심을 다룬 소설이다.

이 소설은 전 수상이자 인도 총독인 '위대한 남자' 헨리 슬레인의 죽음을 알리면서 시작된다. 그가 워낙 오랫동안 살아서 모두 그가 불멸이라고 생각했다.

70년 동안 그의 아내로 산 데버러 슬레인 부인도 그랬다. 그녀는 10대를 벗어나지도 않은 1850년에 결혼했다. 한때 화가가 되는 꿈을 꾸었지만 주변의 기대대로 귀족 간의 결혼을 했고 사회적 의무를 다했고 어머니가 되었다. 응석받이였던 여섯 자녀는 이제 모두 60대가 되었는데 무례하고 탐욕스럽고 거만했다. 한 떼의 독수리처럼 검은색 크레이프 옷을 입은 그들은 역겨운 배우자들과 함께 응접실에 모여 앉아 떠들썩하게 이야기를 나눈다. "어머니를 어떻게 하지?"

그들은 어머니가 일 년에 정해진 동안 자신들과 지내되 그녀의 상당한 재산에서 생활비를 직접 내야 한다고 결정한다. 하지만 슬레인 부인은 충격적인 계획을 가지고 있다. 슬레인 부인은 30년 동안 아주 마음에 들어 하던 예쁜 작은 집이 임대로 나왔다는 소식을 들었다. 그녀는 호화로운 대저택에서 햄스테드에 있는 그 작은 집으로 이사할 생각이다. 런던 교외인 그 지역은 화가와 하층민이 사는 곳이다. 그녀는 늙은 프랑스인 하녀 제누를 데리고 이사해서 새 출발을 한다. 그녀는 아주 간단한 규칙을 세웠다. 사랑스러운 증손녀를 제외한 40세 이하의 그 누구도 방문할 수 없고 자녀 중 누군가 방문하려면 약속을 잡아야 한다.

우리는 슬레인 부인의 여성적인 기쁨을 엿볼 수 있다. 새 벽지와 컬러 페인트, 커튼, 정원의 식물, 새 책 무더기에 대한 행복한 기대, 수십 년의 의무감에 짓눌리기 전 연애 감정을 가졌던 오랜 친구와 관계 개선.

이 책은 여성이 자신의 생각, 감정, 꿈의 영역인 내면의 삶에 대한 발견을 드러내는 드문 이야기다. 슬레인 부인은 우리가 삶의 잉걸불에 다른 통나무를 던지기 전에 다른 사람에 대한 의무 뒤에 숨어버리지 않기를 바랄 것이다.


## 5월 13일

### 집에 있는 물건이 내게 어떤 의미를 주는지 살펴보자

친구 집에 가면 그 집의 개성과 특징, 생활방식이 느껴진다.
그런 요소는 정체성과 에너지와 열정과 온기로 집을 활기 있게 하며
가족이 어떤 사람들이고 어떻게 살아가는지를 분명히 보여준다.

- 랠프 로런
미국 패션 디자이너


내가 결혼한 직후, 친정 부모님은 다른 주에 있는 작은 집으로 이사 가기로 마음을 먹고 가구와 살림살이를 처분하기 시작했다. 어머니는 당

시에 내가 빅토리아 시대를 얼마나 좋아했는지 아는지라 할머니에게 물려받은 19세기 응접실 가구 세트를 나에게 주었다. 할머니가 1921년에 뉴욕 리츠 호텔에서 열린 경매에서 구매한 응접실 세트는 2인용 소파 한 개와 의자 두 개로 구성돼 있었다. 어머니는 한 쌍의 19세기 도자기 램프도 주었는데, 항아리 모양이었고 아래에 놋쇠 받침대가 있었으며 높이가 거의 1미터나 됐다. 전체는 짙은 암녹색이었고 테두리에 황금빛 잎사귀가 장식되어 있었으며 가운데에 엄청나게 큰 분홍색 칼라 꽃이 있었다. 한마디로 흉물스러웠다. 그러나 나는 몇 년이 지난 후에야 그 사실을 깨달았다.

그 사실을 알게 된 때는 소박한 풍요로움의 세 번째 은총인 질서를 우리 가족의 삶에 들여오려고 노력하던 시기였다. 나는 질서를 찾기 위해서 이 방 저 방을 돌아다니면서 우리 가족의 생활 패턴을 냉정하게 관찰했다. 물건을 보관하는 방식, 잡동사니 집결지가 돼버린 공간, 물건을 사용하고 나서 귀찮다는 이유로 제자리에 돌려놓지 않는 자리를 살펴봤다.

이 과정에서 나는 범죄 현장을 수사하는 형사처럼 매일 주변에 있는 장식품을 세세하게 관찰했다. 특히 장식품이 주는 느낌과 그 자리에 있어야 하는 이유를 곰곰이 생각했다. 나 자신을 탐구하기 시작하면서 '이 집에 누가 살지?'라고 자문했다. 생각해보니 나는 거실에 들어갈 때마다 램프를 보고 움찔했다. "맙소사, 정말 끔찍하네"라고 작은 소리로 투덜대며 램프를 피해 다녔다. 드디어 어느 날 내면의 인테리어 디자이너가 "그놈의 지겨운 램프를 치우고 불평 좀 그만해"라고 절박하게 말했다.

달리 할 말이 없다. 그러나 잠귀가 아주 어둡고 눈을 뜨려면 한참 걸리는 사람이 있는 법이다. 어머니에게 그랜드피아노를 물려받은 지 20년이나 지난 어느 화창한 아침에야 그 피아노가 좁은 연립주택이나 생활방식에 걸맞지 않는다는 사실을 깨닫게 될 수도 있다. 특히 피아노를 칠 줄 모른다면 말이다. 혹은 처음 집에서 독립해 아파트로 옮기면서 중고매장에서 산 뒤로 지금까지 세 번이나 페인트칠을 다시 한 베니어판 침대에 싫증이 났을 수도 있다. 다시 페인트 붓을 들어야 한다는 생각만으로도 울고 싶어진다면 페인트칠을 하지 말자. 대신에 함께 살고 싶은 다른 싼 침대를 찾아보자.

1870년대와 1880년대에 탐미주의 운동이 유럽과 북미에서 갑자기 일어나 삶의 모든 측면을 아름답게 만드는 것에 초점을 맞췄다. 탐미주의 운동의 핵심은 아름다운 주변 환경을 통해 영혼에 양분을 줘야 한다는 것이었다.

이번 주에는 천천히 집을 돌아다니면서 매일 당신의 주변에 있는 물건을 살펴보자. 그 물건이 정말로 편하고 당신의 취향을 드러내는가? 그 물건이 아주 마음에 드는가, 아니면 그저 함께 살 뿐인가? 물건을 손에 넣은 경로는 중요하지 않다. 돈을 얼마나 들였는지도 중요하지 않다. 계속 둘지 아니면 버릴지 지금 당장 결정하지 않아도 된다. 이 활동의 목표는 깨달음이라는 점을 명심한다.

무엇보다도 진정성을 찾으려고 결심하기까지 너무 오랜 시간이 걸렸다고 창피해할 필요가 없다. 19세기 영국의 시인 코번트리 팻모어는 "밝을 때 본 것을 어두울 때 부정하지 않을 용기만 있다면, 기다리는 자에게 만사가 저절로 모습을 드러낸다"라는 말로 우리를 안심시킨다.

# 5월 14일

## 일과 가정은 서로 상충하지 않는다

잘 굴러가는 집은 완전히 미친 세상에서 정상성의 축소판이다.
집이 이치에 맞지 않으면 그 무엇도 이치에 맞지 않는다.

– 헨리에타 리퍼거
미국 작가

수 세기 동안 젊은 여성들은 살림을 하고 요리를 하고 가족을 돌보는 방법을 어머니나 할머니에게 엄격하게 배웠다. 조지 엘리엇의 소설《플로스 강의 물방앗간》에서 한 구절을 들어보자. "도슨 가족은 집안일을 하는 특유의 방식이 있었다. 리넨 침구류를 표백하고, 와인을 만들고, 돼지고기를 소금에 절여 훈제한 햄을 만들고, 병에 담은 구스베리를 보관하는 방법이 각각 정해져 있었다. 그래서 모든 딸은 깁슨 집안이나 왓슨 집안이 아니라 도슨 집안에 태어난 은혜에 감사했다."

안타깝게도 나는 도슨 집안의 딸로 태어나지 않았다. 그렇지만 고등학교 3학년 때 '미래의 주부 상'을 받았다. 나를 가르친 수녀들은 아주 기뻐하면서도 당혹스러움을 감추지 못했다. 교육 과정에 가정 과목이 아예 없었으니 그럴 만도 했다. 또 내 방의 상태를 누구보다도 잘 아는 어머니도 말문이 막힐 정도로 아주 놀랐다. 어머니는 늘 내게 방 청소를 시키려고 애썼다. 그런 내가 저평가된 일인 가사의 중요성을 주제로 글을 써서 상을 받은 것이다(제빵 대회가 아니라 글쓰기 대회였다).

20세기 중반의 많은 현대 여성들은 뒤섞인 메시지를 들으며 자랐다.

특히 우리가 고등학교를 졸업하고 대학에 들어갈 무렵에 그랬다. 우리 어머니 세대의 대부분은 전업주부였지만 그들은 우리가 직업을 갖기를 원했다. 여권신장 운동에 대한 소문이 들리기 시작한 1965년에 어머니들은《여성의 신비》를 읽는 것이 침대를 정돈하거나, 흰 빨래와 색깔 빨래를 분류하거나, 옷장을 정리하거나, 미트로프 만드는 방법을 배우는 것보다 성인 여성으로서의 삶을 준비하는 데에 유익하다고 느꼈다.

운이 좋다면 당신의 어머니는 당신이 두 가지를 모두 할 수 있다고 가르쳤을 것이다. 즉 가정과 의미 있는 일이 균형을 이루는 삶을 즐기라고 말했을 것이다. 그러나 대부분은 그렇게 운이 좋지 못했다. 조지 엘리엇의 말을 빌자면, 우리는 가사를 중시하는 도슨 집안에서 태어났다.

오늘날은 딱히 가정과 일 중 하나를 선택할 필요는 없다. 여성은 회사를 창업하고, 은행과 거대 미디어 기업을 이끌고, 달에 착륙하고, 월가에서 유가증권을 거래하고, 100만 달러짜리 영화 계약을 성사시키고, 국회의원으로 선출되고, 저녁 뉴스앵커를 맡고, 대법원 판사가 되고, 노벨상을 받는다. 그러면서도 퇴근길에 정기적으로 슈퍼마켓에 들르고, 가족들이 입을 깨끗한 옷이 없으면 세탁을 하고, 긴 하루의 끝에 아수라장 속에서 편히 앉을 자리를 찾는다.

가사라고 불리던 것이 이제는 '어덜팅adulting(어른이 하는 일)'이라는 신조어로 불린다. 나는 이 말에 웃음이 나온다. 우리 집에는 어른의 일이 넘쳐나는데 내가 유일한 어른이기 때문이다. 식사 준비, 세탁하기, 쓰레기 밖에 내놓기, 고양이 모래 갈기, 설거지하기. 이런 힘들고 단조로운 집안일이 어른의 손길을 간절하게 찾고 있지만 나는 이런 일을 전담하고 싶지 않다. 물론 우리가 아주 편리한 시대에 살고 있기 때문에 이런 가사 부담을 외부에 위탁할 수 있는 방법이 많이 있다. 나도 때로 이런 방법을 사용한다. 이는 편리하지만 비싸다. 그래서 나는 우리가 자신과의 휴전을 선언하고, 따지기 좋아하는 사람과 진정한 자아 사이의 적대 행위를 중단해야 한다고 생각한다.

이제 깊은 내면을 살펴볼 때가 되었다. 가정 관리가 어떻게 진정성의 표현이 되는지 다시 생각해봐야 한다. 우리는 리넨 침구류를 표백하거나, 와인을 만들거나, 돼지고기를 소금에 절여 훈제한 햄을 만들거나, 병에 담은 구스베리를 보관하는 방법을 모른다. 하지만 영혼에 양분을 주는 성스러운 가정 관리 활동을 재발견하기에 늦지 않았다.

일단 우리 자신과 가정을 돌보는 것으로 시작하자. 귀찮고 따분한 일을 도움이 되는 일로 바꾸자. 편하고 아름답고 잘 굴러가는 가정을 만드는 것이야말로 가장 만족스러운 성취를 얻는 길이고 깨달음을 얻는 영적 경험을 하는 것이다. '어른이 하는 일'을 하루아침에 '아이의 놀이'로 바꿀 수 있다고 장담하지는 못하겠다. 하지만 땀 흘린 대가처럼 시간과 창조적인 에너지를 가정에 쏟을수록 당신은 물론 사랑하는 사람에게 커다란 감정적인 보상이 따를 것이다.


## 5월 15일

### 하찮은 일을 잘해야 큰일도 잘해낼 수 있다

내가 사는 동안 설거지할 더러운 그릇이 항상 생길 것이다.

이 싱크대가 사색의 장소가 될 수 있다면 내가 여기에서
항상성을 배울 수 있기를.
- 거닐라 노리스
미국의 작가이자 정신분석가

우리는 집안일이 너무 싫어서 쌓이고 쌓일 때까지 최대한 미룬다.

많은 여성이 끊임없이 반복되며 비생산적인 집안일을 시시포스가 받은 고문처럼 생각한다. 시시포스는 그리스 신 제우스를 모독한 벌로 거대한 바위를 가파른 산의 꼭대기까지 밀어 올리는 벌을 받았다. 매번 겨우 정상에 다다르기 직전에 바위가 아래로 미끄러져 내려갔고 불쌍한 시시포스는 처음부터 다시 바위를 굴려 올려야 했다. 여성도 마찬가지다. 프랑스의 페미니스트 시몬 드 보부아르는 《제2의 성》에서 깨끗한 물건이 더러워지고 더러운 물건이 깨끗해지는 일들이 날마다 계속 반복된다고 말했다.

물론 우리가 이런 일을 매일 할 시간이 난다고 가정하고 하는 말이다. 미국 여성 중 3분의 2가 직장에 다니며, 이들은 저녁 7시에서 아침 7시 사이에 자질구레한 집안일을 해야 한다. 상황이 이런데도 당신이 더 이상 참지 못할 때까지 더러운 것이 그 상태 그대로 있는 이유가 궁금한가?

나는 소박한 풍요로움의 길에서 차분하게 탐험하고 받아들여야 하는 세 번째 은총이 실망스럽게도 질서라는 사실을 발견하고 멈칫했다. 물론 물건을 찾으려고 난리를 치거나 어수선한 주변을 무시하려고 애쓸 때뿐 아니라 수시로 기진맥진하고 표류하는 느낌이 들긴 했다. 그러나 아무리 그래도 질서라는 덕목은 너무 시대에 뒤떨어지고 상상력이 부족

하며 평범한 것 같았다.

하지만 나는 아미시교도, 퀘이커교도, 특히 셰이커교도의 소박하고 깔끔하고 평화로운 삶을 살펴보다가 그들이 성스러운 질서의 실로 바느질해서 삶과 일과 예술을 매끄럽게 결합하는 능력에 감동하였다.

질서는 일정부터 주변 환경을 통해 자신을 표현하는 방식까지 셰이커교도의 생활의 모든 면에 영향을 미쳤다. 1774년에 셰이커교를 창설한 앤 리는 추종자들에게 질서가 하늘의 첫째 법칙이라고 가르쳤다. 그녀는 교구민들에게 천국에 더러움이란 없다고 충고했다.

셰이커교도는 밤낮을 가리지 않고 필요할 때 즉시 찾을 수 있도록 개인 소지품과 도구를 아주 완벽하게 정리해야 한다. 이를 위해서 질서를 성스러운 예술의 경지로 올려놓았다. 셰이커교도들이 제작해 사용하는 붙박이 서랍장과 찬장의 정교한 아름다움과 광택을 보는 것만으로도, 당신의 이름이 적힌 멋진 소나무 보관함이 '영혼의 집'에서 기다리고 있다는 것을 알게 된다. 셰이커교도는 집안일을 포함한 일과가 일종의 예배라고 믿었다.

"기도와 집안일은 늘 함께한다. 항상 그랬다. 우리는 일과가 곧 삶의 방식임을 안다. 우리는 집을 청소하고 정리하는 동시에 우리를 청소하고 정리한다. … 우리가 가장 단순한 일을 대하는 자세는 우리가 삶을 대하는 자세를 여실히 드러낸다." 가정의 영성을 다루는 작가 거닐라 노리스가 현대식 기도서 《집에 머물기Being Home》에서 한 말이다.

# 5월 16일

## 집안일은 적당히 하는 것이 좋다

당신이 가장 솔직한 진실을 원한다면, 내 기도는 이것이라고 밝힌다.
하느님, 이 지저분한 곳에서 나를 꺼내주세요.

- 리타 메이 브라운
미국 작가

우리는 집안일에 통달하고 싶어 하고, 자신과 사랑하는 사람의 평온과 안전과 온전한 정신을 지키는 작은 세계를 만들고 싶어 한다.

하지만 바로 찾을 수 있도록 물건을 사용한 후에는 제자리에 놓아야 한다는 기초조차 배운 적이 없는데 어디에서 어떻게 시작해야 할까? 그리고 우리가 그런 기초를 배우지 않았다면, 협동과 요리처럼 살아가기 위해 꼭 필요한 기술을 자녀에게 과연 가르칠 수 있을까? 우리가 자신과 자녀에게 줄 수 있는 가장 소중한 선물은 질서와 일에 대해 존중하고 감사하는 마음을 심어주는 것이다.

당신은 어릴 때 집안일을 배웠는가? 누가 당신에게 요리를 가르쳤는가? 세계적으로 유명한 요리사 중 일부는 아버지에게 요리를 배웠다. 옷을 개거나, 블라우스를 다림질하거나, 침대를 정리하거나, 빵을 반죽하는 방법을 알려준 사람이 있었는가? 할아버지와 할머니가 탁자에 광을 내거나, 바닥에 니스를 칠하거나, 느슨해진 조명 가구의 나사를 조이거나, 저장식품을 만들거나, 장미 덤불을 가지치기하거나, 커튼을 걸거나, 치맛단을 줄이는 방법을 보여줬는가? 운이 좋게도 살림 기술을 가르쳐준 가족 사이에서 자란 여성들도 있다. 가족은 그들에게 요리법과 가사 요령을 알려줬을 뿐만 아니라 버터를 저어서 크림처럼 만들고, 시트를 개고, 바늘에 실을 꿰고, 퀼트를 하는 방법을 가르쳤고 돈으로 살 수 없는 귀중한 혼수를 물려줬다. 소설가 메릴린 로빈슨은 소설 《하우스키핑Housekeeping》에서 전통적으로 이런 가정교사 역할을 하는 사람은 신념에 찬 행동으로 일상의 의식을 치르는 어머니, 소중한 일상이 치유력을 가진다는 것을 알고 이 신성한 진실을 딸에게 전하는 어머니라고 말한다.

1861년에 나온 이저벨라 비튼의 고전 《비튼의 가정서Book of Household Management》부터 《마사 스튜어트의 살림 안내서Martha Stewart's Homekeeping Handbook》에 이르기까지 다양한 살림책에서 살림 조언을 살펴본 후 한 가지가 분명해졌다. 계획이 있어야 건전한 정신을 유지할 수 있다는 것이다. 계획이 일보다 먼저라는 점을 늘 명심해야 한다. 그러나 계획을 세우기 전에 할 일이 있다. 당신이 회사에서 중요한 프로젝트를 진행할 때처럼 집안일에 대해 처음부터 끝까지 '생각해봐야' 한다.

직장에서 보수를 받고 하는 일에 아무 생각 없이 뛰어드는 사람은 없다. 그런데 왜 방과 식사와 사랑과 만족감으로 보상하는 집안일에는 무작정 뛰어드는가? 먼저 생각을 하면 스스로 일상생활을 감독할 수 있고 잡다한 일, 방해받는 상황, 부담감에 무조건 반응하지 않게 된다. 집안일이 우리를 좌지우지하게 내버려두는 것이 아니라 우리가 집을 관리하는 방법을 배워야 한다.

먼저 당신이 생각하는 이상적인 가사의 기준을 파악해야 한다. 어머니의 기준이나 도슨 집안의 기준과 똑같을 필요는 없다. 잠시 눈을 감고 현관문을 들어서는 모습을 상상하자. 당신이 상상하는 바람직한 방은 어떤 모습인가? 당신의 이상적인 살림 기준은 당신이 용인할 수 있고 만족할 수 있는 최소한도의 상태가 된다.

예를 들어서 나는 먼지가 쌓여 있는 것은 참을 수 있지만(그래도 침실 서랍장에 내 이름을 쓸 수 있을 정도로 두껍게 쌓이는 먼지는 거부한다.) 잡동사니를 보면 미칠 것 같다. 그래서 거실과 침실이 흰색 장갑을 끼고 하는 검사를 통과할 정도로 먼지 하나 없이 깔끔한 것보다 잘 정리돼 있는 것이 훨씬 중요하다. 청소에 들여야 하는 시간을 감안하면 언제라도 잡지 화보를 찍을 준비가 돼 있을 필요는 없고 그저 물건들이 늘 제자리에 있기만 하면 만족한다. 당신이 쾌적하게 살 수 있는 기준을 결정하자. 이는 당신에게 효과가 있는 계획을 세우기 위한 첫 단계다.

그다음에는 해야 할 일과 담당자와 시간을 정해야 한다. 가장 쉬운 방법은 매일, 매주, 매달, 계절별로 하는 일을 분류하는 것이다. 종이에 다 써놓고 보면 당신이 하는 일이 너무 많아서 놀라게 될 것이다. 이제 누구에게 일을 분담할지 생각한다. 해야 할 집안일과 담당자가 다 정해지면 종이에 작성한다. 지금 당신이 짜고 있는 전략은 집에 질서와 조화를 들여오는 동시에 이를 음미할 시간과 공간을 제공한다.

집에 질서를 들여올 수 있는 전통적인 규칙이 네 가지 있다. 이 규칙은 당장 오늘부터 일상생활의 질을 바꾸기 시작한다. 이 비결을 앞으로 21일 동안 매일 아침과 저녁에 큰 소리로 반복해서 말하자. 마음의 평정을 유지하는 주문으로 삼자. 종이에 적어서 방마다 하나씩 붙이자. 이 지혜의 말을 자녀에게 가르치고 남편의 귀에 속삭이자.

1. 쓰고 난 뒤에는 제자리에 두자.

2. 열었으면 닫자.

3. 던졌으면 줍자.

4. 벗었으면 걸자.

## 5월 17일

## 허드렛일을 중대한 임무라고 생각해보자

다시 먼지를 털 시간.
구석구석을 어루만지며
내 집을 돌볼 시간.
나는 청소가, 나와 함께 살고 내가 소중히 여기는 것을
쓰다듬으며 고마워할 기회라고 …
일종의 애무라고 생각하고 싶다.

- 거닐라 노리스
미국의 작가이자 심리치료사

전해지는 말에 따르면 예수보다 500년 전에 태어난 중국의 현자인 노자는 자신이 살던 나라를 다스리는 부패하고 퇴락한 왕조에 환멸을 느끼고 떠나기로 했다고 한다. 노자가 국경에 다다르자 관문을 지키는 수문장이 길을 떠나기 전에 노자에게 삶의 기술을 가르쳐주는 책을 써달라고 간청했다. 노자는 기꺼이 승낙했다. 그는 이 책을 '도덕경'이라고 불렀다. 노자는 책이 완성되자 중국을 떠났고 이후 아무도 그를 보지 못했다.

《도덕경》은 도교라는 중국 종교의 경전이며 역사상 가장 많이 번역된 책이다. 추종자들은 도가 우주의 질서를 다스린다고 믿으며 그 원칙에 따라서 살려고 노력한다. 선禪과 마찬가지로 도道는 정신의 길이다. 통찰력을 얻으려면 머리로 이해하는 것이 아니라 직접 경험해야 한다. 도의 주요 내용 중 하나는 거부가 아닌 순응을 바탕으로 하는 일치다. 《도덕경》에는 "도는 늘 무위無爲이지만 하지 않는 일이 없다"라는 구절이 있다. 도의 길에 전념하면 온갖 기대를 벗어버리고 음과 양으로 가득 채워질 빈 통이 된다. 음과 양은 직장과 가정, 어둠과 빛, 슬픔과 기쁨, 친밀감과 고독, 공격과 방어 같은 삶의 반대되는 두 가지 기운을 말한다.

그렇다면 고대 중국 철학자의 불가사의한 조언이 집의 질서를 바로 잡는 데 어떤 도움을 줄까? 우리 영혼이 무위, 즉 '행하지 않음'이라는 가르침에 빠져 있으면 집안일을 어떻게 마무리한단 말인가?

딱히 설명하기 어렵지만 정지를 통해서 마무리가 된다. 우리 삶이 하루도 빠짐없이 매일 진행되는 방식을 곰곰이 생각하면서 효과가 있는 점과 없는 점을 파악하는 것이다. 일을 하기 전에 잠시 멈추고 심사숙고하면 자질구레한 집안일조차 전체의 조화에 기여한다는 사실을 깨닫게 된다. 깨달음을 주는 노자의 교훈 중에 "이름이 있는 것이 만물의 근원이다"와 "신묘함과 드러남은 동일한 뿌리에서 발생한다"는 구절이 있다.

나는 이 지혜를 가슴에 새겼으며 이를 삶에 적용해 집에서 하는 일에 대한 태도를 바꿨다. 아무리 힘들고 단조로운 일이라도 열린 마음으로 자발적으로 나서면 사랑이 담긴 일로 변한다. 앞에서 말했듯이 우리가 어떤 상황을 표현하는 말을 통해 그 상황에 행사하는 심오한 힘을 이해하려면 시간이 걸린다.

먼저 당신의 노력을 표현하는 이름을 짓자. 가장 큰 변화의 촉매제는 내가 '허드렛일'을 '임무'라는 말로 부르기 시작한 것이었다. 당신이 매일 하는 일을 '집안일' 대신에 '가정 돌보기'라고 부르면 어떨까? 이는 우리 관점을 향상한다. 일을 다시 정의하는 것은 잠재의식에 작지만 강력한 마법을 건다. 게다가 먼지를 털고, 고양이 배변용 모래를 교체하고, 빨랫감을 분류하고, 식사를 준비하고, 정원을 가꾸는 것은 결국 당신과 사랑하는 사람과 반려동물과 집을 돌보는 활동이다. 며칠 전까지만 해도 우리는 적당한 사람을 찾자마자 모든 집안일을 맡기고 싶은 심정이었다. 우리가 돈을 주고 일하는 사람을 고용할 수는 있지만 돌보기는 우리 마음에서 나와야 한다는 것을 이해할 때 근본적인 균형이 생긴다.

일상적인 일에서 신비를 찾고 평범함에서 성스러움을 보려고 노력하자. 나에게는 이것이 가정 돌보기의 도, 즉 길의 중심이다. 노자는 작은 것을 중요하게 여기라고 탐구자들에게 충고했다. 오늘은 중요도를 떠나서 집에서 하는 모든 일을 완전한 당신에게 다다르는 진정한 길의 일환으로 생각하자. 그러면 진짜로 그 일이 그렇게 될 것이다.

## 5월 18일

## 집 상태는 마음의 상태를 보여준다

생생함은 매일의 표면 아래에 있다. 습관의 먼지 아래에 있는 기쁨의
빛을 잡는 모든 사람에게 기쁨이 계속 지속된다.
- 프레야 스타크

"당신은 미래로 나아가는 것을 돕거나 방해하는 과거의 기념품을 집에 둔다. 당신은 외부와 내부의 폭풍우를 견딜 수 있게 온기를 주고 보호막이 되는 물건을 가지고 있다." 캐스린 L. 로빈은 책 《정신의 대청소: 주변 공간을 아름답게 가꿔서 내면 공간을 치유하기Spiritual Housecleaning: Healing the Space Within by Beautifying the Space Around You》에서 우리에게 위안을 준다. "당신은 이 공간이 당신을 정화하고, 부양하고, 몸과 마음을 쉬게 하고, 사랑하는 사람이나 친구와 친밀하고 즐거운 시간을 보내게 하고, 당신을 즐겁게 하고, 기운을 북돋을 수단을 제공해주기를 기대할 수 있다. 당신은 집에 올 때마다 문을 열면 이런 선물을 받을 수 있다는 것을 당연하다고 여길지 모른다."

하지만 가슴 아픈 진실은 당신과 나 같은 많은 여성이 문을 열고 들어갈 때 이런 선물을 받지 않는다. 집이 몸과 영혼의 피난처가 될 수 없기 때문에 중독의 얄팍한 피난처로 도망친다. 그 피난처는 음식, 술, 쇼핑, 담배, 섹스, 소셜미디어, 일중독, 완벽주의처럼 정신적인 노숙자가 모이는 곳이다.

"우리는 집이 우리에게 아무런 의미가 없는 것처럼, 우리가 집에 아무런 의미가 없는 것처럼, 마치 살아 있다는 영광스러운 느낌이 일상생활과 아무런 관계가 없는 것처럼 집을 드나든다. 우리가 엄청나게 놀라거나 감동받은 일은 아주 가끔 일어난다." 캐스린 로빈이 말한다.

당신이 사는 곳을 처음 보는 것처럼 새로운 눈으로 볼 때가 되었다.

"넓든 좁든 분명히 당신은 주방, 욕실, 잘 곳, 앉을 곳이 있는 집을 가지고 있다. 당신이 원룸에 살 수도 있고 방이 열 개가 넘는 고급 저택에 살 수도 있다. 집의 크기는 당신의 영혼의 크기와 관련이 없지만, 거주지의 상태는 존재(몸과 마음과 정신)의 상태를 나타낸다."

그녀는 외부의 욕구와 내부의 욕구의 균형을 맞추기 위해 습관의 패턴을 찾아야 한다고 제안한다.

"습관의 패턴이 혼란스럽고 빈약하고 다채로운가? 당신은 틀에 박히지 않은 환경, 분명한 루틴, 기쁨을 상기시키는 물건, 평온을 느낄 공간이 필요한 사람인가? 집은 당신에게 필요한 것을 드러내거나 제공하는가? 더 잘 드러내거나 제공할 수 있는가? 당신은 필요한 것이 무엇인지 아는가? 혹은 당신은 그것을 알면서도 무시하고, 몸과 마음과 정신에 필요한 조건을 갖출 수 있는 능력을 제한하는가? 당신의 규칙이 무엇인지 알아차리기도 전에 그것을 버리고 다른 사람의 규칙을 따랐는가?"

당신이 당장 이런 질문에 대답할 수 없어도 속상해하지 말자. 정신적인 면에서 집을 돌보는 일이 끝날 때쯤이면 대답하게 될 것이다.


## 5월 19일

## 집은 몸과 마음과 정신을 치유하는 공간이다

현관에 들어설 때 바깥세상에서 받은 중압감과 부담을 내려놓아야 한다.
집은 우리에게 영혼의 안식처, 감각의 피난처를 제공해야 한다.
– 제인 알렉산더
영국 작가

캐스린 로빈은 기 치료와 변신 연극을 공부하는 10년 동안 부업으로 집 청소 대행업을 했다. 그녀는 《정신의 대청소》에서 치유와 집 돌보기에 대한 자신의 전문 지식을 열정적이고 실용적인 영적 수행과 결합한다. 이는 많은 여성이 그들이 사는 곳에 대해 다시 생각하게 한다. 확실히 나는 그랬다.

"당신의 집은 성스러운 공간, 당신의 주소가 달린 성스러운 공간이다. 대부분의 사람이 이 장소가 평범하다고 생각한다. 유감이다. 우리에게는 늘 성스러운 공간이 필요했고 지금도 필요하다." 안타깝게도 성스러운 공간이라는 표현은 영혼이라는 말만큼이나 상투적인 문구가 됐다.

성스러운 공간이라는 표현은 우리에게 무슨 의미일까? 신성하고, 경건하고, 거룩하고, 축복을 받는 곳이라는 뜻일까? 사전과 일반적인 어법에 따르면 그렇다. 그런데 행복하고 기쁘고 놀랍고 멋진 곳이라는 뜻으로 해석하면 어떨까? 그런 뜻은 아닐까?

다시 생각해보자. 로빈은 유감스럽게도 고고한 단어는 종교적 가르침을 담고 있어서 신성하고, 도덕적이고, 고결하고, 독실하고, 경건한 것을 떠올리게 한다고 말한다. 그녀는 이런 단어는 상당히 '착한' 사람이 되어야 한다는 부담을 주기 때문에 많은 사람이 지레 겁을 먹고 피하는 게 당연한 일이라고 생각한다. 대신에 그녀는 성스러운 공간이라는 표현을 보다 순수하고, 보다 깨끗하고, 보다 많은 가능성을 갖고 있는 곳이라는 뜻으로 확대한다.

"'sacred(성스러운)'라는 단어는 'whole(완전한)'이라는 뜻을 가진 어원에서 유래했다. 성스러운 자아, 완전한 당신이 되면 그 신성한 정신(신, 대지, 우주의 생명력)과 연결된다. 당신이 신성하다고 말하는 것은 그것이 본질적으로 당신에게 특별하다는 의미다. 어쩌면 그것은 당신이 보다 더 완전해지게 도울 것이다. 당신이 나고 자란 가정환경에 따라서 성스러운 공간이 교회, 절, 산속 숲, 바위투성이 해변, 미술관이 될 수도 있고 엘비스 프레슬리나 버지니아 울프나 재키 로빈슨의 생가가 될 수도 있다."

지금 웃고 있지는 않은가? 이런 생각은 자꾸 웃음이 나오게 한다. 그러니 오늘 집 이곳저곳을 걸어 다니면서 그 표정 그대로 웃어보자. 집 안 어느 곳에서 가장 행복한 기분이 드는가? 바로 거기가 당신에게 성스러운 곳이다. 캐스린 로빈은 다음과 같이 일깨워준다. "성스러운 공간은 기운을 북돋거나, 평화롭거나, 편안하거나, 몸과 마음과 정신을 치유한다. 또한 'healing(치유)'이라는 단어 또한 건강한 마음과 몸, 즉 완전체를 뜻하는 어원에서 유래했다. 그 공간이 당신의 집이라면 일상생활에서 교감과 완전체라는 느낌을 갖기가 훨씬 쉽다."


## 5월 20일

## 일상을 보는 관점을 바꾸면 세상이 완전히 달라진다

나는 신을 믿지 않지만 신이 있음을 안다.
- 카를 융
스위스의 정신과 의사이자 정신분석가


이쯤이면 소박한 풍요로움의 길이 창의적이고 현실적일 뿐만 아니라 정신적이라는 점을 눈치챘을 것이다. 소박한 풍요로움은 신의 존재에 대해 상반되는 감정을 느끼는 사람에게도 효과를 발휘한다. 신이 당신을 보호하고 있다고 믿든 안 믿든 간에 감사, 소박함, 질서, 조화, 아름다움, 기쁨을 일상생활에 들여놓으려고 의식적으로 노력하면 당신의 세계가 바뀔 것이다.

하지만 당신이 정신의 각성에 전념하고 그 과정의 가장 중요한 부분인 선의를 베푸는 생명력에 대한 깨달음을 얻는다면 아주 놀라운 일이 벌어질 것이다. 삶이 걱정되거나 힘겹다거나 파괴되었다는 느낌이 이전보다 줄어들 것이다. 정신적인 면과 창조적인 면과 현실적인 면은 분리될 수 없음을 깨닫게 되기 때문이다. 세 측면 모두가 중요하고 특별한 의미를 지니며 서로 연결되어 있다.

당신은 그저 캐서롤을 요리하고 있다고 생각하겠지만 사실은 사랑과 양분이 필요한 굶주린 몸과 지친 영혼을 돌보고 있는 셈이다. 점심시간 내내 상처받은 친구에게 보내줄 카드를 고르러 다녔다고 해보자. 몇 달 뒤에 친구가 수십 킬로미터나 떨어진 곳에서 전해진 당신의 마음이 아주 큰 위안이 되었다고 말한다. 혹은 당신이 소규모로 근근이 인터넷 쇼핑 사이트를 운영하고 있는데 한 여성이 전화해서 마침 품절인 상품을 구해달라고 한다고 해보자. 딸의 생일파티에 필요한 물건이라 당신이 공장에 주문할 때까지 기다릴 수 없다. 그렇다면 그녀에게 실망감만 안겨주고 떠나보내는 대신 동일한 상품을 판매하는 경쟁 사이트의 이름과 전화번호를 주면 된다. 그 상황과 관계된 모든 사람에게 축복을 주는 선순환을 당신이 일으킨 것이다.

과거의 당신은 그런 선의를 베풀지 않았을 것이다. 그러나 이제 당신은 정신의 세계에 경쟁이란 존재하지 않는다는 것을 배우고 있다. 과거에 당신은 모든 선택이 '성스러운 완전체'를 이루는 일부임을 몰랐다. 크리스티나 볼드윈은 책《삶의 동반자》에서 우리가 깨달을 준비가 되면 월요일과 목욕일, 비가 오는 토요일 오후를 비롯하여 평범하고 작은 일들로 이루어진 모든 삶의 성스러운 중심지는 영성에 있다는 것을 자각하게 될 것이라고 말한다.

몇 달 전에 당신은 이 말이 진실일 수도 있다고 생각하지 못했을 것이다. 그러나 날마다 소박한 풍요로움의 길을 걷는 동안 정신의 각성에 전념하고 있기 때문에 신비, 마법, 존엄에 점차 마음을 열게 됐다. 더 이상은 무조건 믿을 필요가 없다. 당신이 이미 알고 있기 때문이다.


## 5월 21일

### 자신을 부드럽고 다정하게 대해라

당신은 자신을 돌보기 전에 다른 사람을 돌보는 것이 가능하다고
여기지 않았을지도 모르지만 상당히 가능한 일이다. 그런 일은 늘 있었다.
나를 증거물 A로 제공한다.
- 실라 밸런타인
미국 작가


내가 아는 많은 여성이 위안과 돌봄을 받고 싶은 마음을 잘 표현하지 않는다. 이 열렬한 욕구는 깊고 분명하지만 대체로 보답받지 못한다. 대신

에 일반적으로 여성은 위안을 제공하는 측이며, 자녀와 늙은 부모와 남편과 친구와 심지어 동료의 여러 요구 사이에서 옴짝달싹하지 못한다.

비록 우리가 성인이라도, 꼭 껴안아 주고 머리카락을 쓰다듬어주고 이불을 단단히 덮어주며 내일은 다 잘될 것이라고 안심시키는 특별한 존재가 여전히 필요하다. 자기를 돌보는 방법을 배우려면 모성애가 강하고 크나큰 위안을 주는 신성의 힘을 다시 익혀야 한다. 이를 시작할 가장 좋은 방법은 담장 안 피난처를 찾고 있는 모든 사람을 보호하고 돌보며 지탱하는 편안한 집을 만드는 것이다.

여성 잡지 《미즈》의 전설적인 편집장인 글로리아 스타이넘은 중년에 접어들어 자아존중감에 관해 깊이 생각하면서부터 자신을 다시 돌보게 된 이야기를 감동적으로 썼다. 스타이넘의 부모는 그녀가 열 살 때 이혼했고 이후 어머니는 심각한 우울증에 시달리며 무기력하게 살았다. 그래서 스타이넘은 어렸을 때부터 가족을 돌보는 역할을 했다.

그로부터 10년 뒤 그녀는 여권신장 운동의 지도자가 되어 단체를 만들었고 전국을 돌아다니며 강연을 했고 홍보를 했고 성공적으로 기금을 조성했다. 그러나 평생 동안 다른 사람을 돌보면서 살았으면서도 감정적으로나 육체적으로나 정신적으로나 자신을 돌볼 줄 몰랐다. 그 사실이 가장 분명하게 드러나는 곳은 집이었다. 그녀는 《셀프 혁명》에서 자신의 아파트가 '옷을 갈아입고 서류를 골판지 상자에 버려두는 공간'에 불과했다고 털어놓는다. 그녀는 집이 '자아의 상징'이라는 사실을 뒤늦게 서서히 깨달았으며 50대에 이르러서야 처음으로 집다운 집을 꾸미고 즐겁게 살기 시작했다.

오늘은 집 안을 돌아다니면서 사소하지만 구체적인 방식으로 날마다 당신을 돌볼 수 있는 방법을 생각해보자. 당신이 앉고 자고 쉬고 생각할 수 있는 편안한 공간이 거실과 침실에 있어야 한다. 당신을 즐겁게 하는 작은 사치품이 주방과 욕실에 있어야 한다. 집 곳곳에 아름다움, 질서, 소박함이 있어야 한다. 아름다움은 영감을 주고, 질서는 혼란한 상태에서 벗어나게 하고, 소박함은 마음을 달래준다.

시인 엔토자케 샹게는 "내 안에서 신을 찾았고 그 신을 사랑했네 / 강렬히 사랑했네"라고 썼다. 우리를 돌보는 여신의 사랑을 기리는 가장 아름다운 방법은 여신의 정신이 깃들어 있는 성전을 찬양하는 것이다.

## 5월 22일

### 필요 없는 물건은 과감히 정리하자

쓸모가 없거나 아름답지 않은 물건을 단 하나도 집에 두지 말라.

- 윌리엄 모리스
영국의 작가·텍스타일 디자이너·화가

시인이자 공예가이자 디자이너인 윌리엄 모리스가 미술공예 운동을 시작하면서 1880년대 영국 빅토리아 시대의 답답한 응접실에 신선한 바람이 불었다. 모리스와 동료들은 당시에 대량으로 생산돼 중산층 가정에 잔뜩 들어차 있던 싸고 조잡한 가구와 장식품을 박멸하려고 나섰다.

모리스는 추하고 쓸모없고 불편한 가구를 버리고 단순한 진짜 가구를 들여놓으라고 충고했다. 아일랜드 시인 윌리엄 버틀러 예이츠는 가정에서 아름다움과 기능의 미학적 연금술이 필요하다는 모리스의 주장을 "오랫동안 기다려온 장식 예술에 대한 구원"이라고 말했다.

집에 질서를 되살리고 삶을 간소하게 만드는 과정에서 윌리엄 모리스의 규칙을 인정하고 사용할 때에야 미관을 개선하는 데 진정한 구원이 찾아온다. 그의 규칙은 당신이 아름답거나 쓸모 있다고 생각하지 않는 모든 물건을 버리는 것이다.

이번 주에 메모장과 펜을 들고 시작해보자. 곰곰이 생각하면서 방을 모두 돌아보자. 소박함, 질서, 조화, 아름다움의 성스러운 은총과 함께하자. 가구와 장식품을 비롯한 주변의 모든 물건을 제대로 살펴보자. 오늘 있는 그대로의 집에 감사하자.

이제 각각의 물건에 질문을 던지자. "너는 아름답니? 쓸모가 있니? 이제 너를 보낼 때가 됐니?" 아름답지 않고 쓸모도 없지만 특별한 추억이 서린 물건이 분명히 있을 것이다. 윌리엄 모리스에게는 미안한 일이지만, 그런 경우에는 제거 목록에 새 분류를 만들자. 단, 조심해야 한다. 그 물건에 진짜로 깊은 애정을 품고 있는가? 그 물건이 사라지면 아주 슬플까? 솔직해지자. 진정한 자아 이외에는 누구도 이 활동에 간섭할 수 없다. 진정한 자아는 당신에게 무엇인가 말하고 있다. 열심히 듣자(필요 없는 물건에 애정을 가진 가족이 있다면 그 사람의 방에 두면 된다). 지금까지 생각한 정보를 모두 종이에 쓰자. 늘 행동으로 옮기기 전에 종이에 쓰면서 생각할 시간을 가져야 한다.

다음 단계는 한 달에 방 하나씩 정리하기로 마음먹은 뒤 날짜를 정해서 달력에 표시하면 된다. 정해진 날에 몇 시간을 빼놓아야 한다. 옷장에서 필요 없는 옷을 정리할 때와 마찬가지다. 잊지 말고 상자와 쓰레기봉투를 충분히 준비해야 한다. 이제 분류를 시작하자. 아름답지 않거나 쓸모없거나 정이 들지 않은 물건이 있다면 없애야 한다. 첫 번째 상자에는 다른 사람들에게 나누어주거나 자선단체가 운영하는 중고품 가게 혹은 이베이, 에브리싱 벗 더 하우스, 렛 고 같은 온라인 사이트에서 팔 물건을 넣자. 고모할머니가 물려준 님프가 그려진 꽃병이나 결혼선물로 받았지만 꼴도 보기 싫은 일본 사케 잔 세트처럼 버릴 수는 없지만 마음에 들지 않는 물건을 넣으면 된다. 두 번째 상자에는 흠집이 없고 품질이 좋으며 한때 열렬히 좋아했지만 이제는 흥미를 잃은 물건을 분류하자. 이 상자에 든 물건은 앞으로 선물로 쓰거나 중고 명품 매장에 넘기면 된다. 세 번째 상자에는 몹시 싫거나 오래됐고 망가져서 버릴 물건을 넣으면 된다.

고대 철학 중에 삶이 더욱더 풍요로워지기 원한다면 자신이 원하는 좋은 것을 받을 수 있도록 빈 공간을 만들어야 한다는 말이 있다. 자리가 없다면 새것이 어떻게 들어오겠는가? 더 이상 필요 없거나 갖고 싶지 않지만 다른 사람에게는 유용할 물건을 나누어주면서 빈 공간을 만들자.

모든 사람은 성장하면서 변한다. 그런 변화를 통해서 우리가 성장하고 있다는 것을 알 수 있다. 개인의 취향 역시 변한다. 그동안 좋아하던 피에스타 브랜드의 시리얼 그릇에 싫증이 나서 이제 매그놀리아 브랜드의 그릇을 모으고 싶거나, 할머니가 물려준 리모주의 오찬용 접시가 당신의 접대 스타일에 어울리지 않는다면 이런 물건은 상당히 가치가 있으므로 온라인 옥션 사이트에서 팔면 된다. 그러고 나서 당신이 좋아하기 때문에 당신에게 가치가 있는 그릇으로 교체하면 된다.

집에서 만든 바나나 빵을 당신에게는 어울리지 않지만 친구가 아주 좋아할 것 같은 접시에 담아 예쁘게 포장해 선물하는 것도 소박한 즐거움을 안겨줄 것이다.

당신이 더 이상 좋아하지 않는 물건을 진심으로 좋아할 만한 사람에게 보내 생활을 간소화하고 집에 질서를 만들자. 그렇게 하면 당신에게 완벽하게 들어맞는 풍요로움을 받아들일 기회가 생긴다.


## 5월 23일

## 삶이 답답하다면 어질러진 주변을 정리해라

자기가 하는 일에서 행복을 얻으려면 세 가지 조건이 필요하다.
일단 적성에 맞아야 한다. 그리고 일을 지나치게 많이 하면 안 된다.
마지막으로 성취감을 느껴야 한다.
- 존 러스킨
영국 미술평론가


태양이 빛나고 있다. 창문에 얼룩이 보이고 흰색 커튼이 조금 꾀죄죄해 보인다. 봄 청소를 해야 할까? 물론이다. 하지만 소파와 새 책이 손짓하고 있으니 창문과 커튼은 기다려도 된다.

잡동사니 서랍도 기다려도 된다. 깔끔해 보이는 모습 아래에 온갖 잡다하고 자질구레한 물건이 어수선하게 쌓여 있는 블랙홀 같은 서랍 말이다. 잃어버린 물건, 찾은 물건, 가족 중 누군가 다음 생애에나 쓸 물건, 혹은 너무 훼손돼서 알아볼 수 없는 물건 등 어쨌든 모든 물건이 거기에 다 들어 있다.

다른 사람은 어떤지 모르겠지만 나는 그런 잡동사니 서랍이 방마다 있다. 이 아파트로 이사 온 지 얼마 지나지 않았는데도 그렇다. 나는 이사 오기 전에 잡동사니 서랍을 정리할 시간이 없어서 그냥 각각 갈색 상자에 모조리 쏟아붓고 테이프를 붙인 다음에 '침실', '주방', '거실'이라고 표시했다. 오래된 잡동사니 서랍에 들어 있던 물건들은 이제는 새로운 잡동사니 상자에 들어 있다.

아마 당신은 내가 부딪친 딜레마를 이해할 것이다. 나는 소박한 풍요로움의 교훈을 다시 배우면서 내 충동을 직시했다. 겉으로 보기에 나는 질서가 서 있는 사람처럼 보였지만 내면은 완전히 혼란한 상태였다. 나는 그 사실을 알고 있었다. 내 진정한 자아는 그 사실을 알고 있었다. 그래서 마음이 아주 불편했다. 아일랜드에서 태어난 프랑스 작가 사뮈엘 베케트는 소설 《말론, 죽다Malone Dies》에서 "용암에 파묻히고도 눈썹 하나 까딱 안 할 담력이 있는 사람이라야 자기가 만들어놓은 난장판을 드러낼 수 있다"라고 썼다. 성인 여성이 잡동사니 서랍을 정리해야 한다는 사실을 인정해야 할 때도 그런 담력이 필요하다. 심호흡을 하자. 쓰레기봉투를 가져왔다.

잡동사니 서랍에 일가견이 있는 내가 추천하는 방법은 존 러스킨의 충고를 따라서 일생의 잡동사니가 담긴 서랍을 감당할 수 있는 범위에서 조금씩 정리하는 것이다. 한꺼번에 너무 많이 하면 안 된다. 이 규칙을 따르면 자신이 한 일에 성취감을 느낄 수 있다. 매달 방 하나씩 혹은 수납공간 하나씩 정리하는 것을 목표로 삼자. 그런 다음에 매주 해당 공간을 정리하자. 첫째 주는 잡동사니 서랍을 정리하고, 둘째 주는 옷장을 정리하고, 셋째 주는 침대 밑과 이불장과 욕실장과 식품 저장실 같은 보관 장소를 정리하자. 무엇보다도 한 번에 너무 많이 정리하려고 하지 말자. 그랬다가는 일을 망칠 것이다. 거실에 있는 게임 상자를 5년 동안 정리하지 않았는가? 걱정할 것 없다. 두 달 정도 혹은 당신이 정리에 나설 짬이 날 때까지 미뤄도 상관없다. 오늘 가장 짜증을 일으키는 공간들을 곰곰이 생각한 다음에 골칫거리의 우선순위를 정하자.

나는 집안일은 분담해야 한다고 굳게 믿지만 잡동사니를 정리하는 일만은 혼자 해야 한다는 못마땅한 결론에 이르렀다. 잡동사니 정리는 반드시 혼자서 해야 한다. 여러 번 강조할 만큼 중요한 규칙이다. 배우자나 애인이나 아이들은 절대로 물건을 못 버리게 할 것이다. "아, 그게 거기 있었구나." 그들은 라이온 킹 손가락인형을 비롯해서 당신이 버리려는 사실상 모든 물건을 주어들며 그렇게 말할 것이다. 그러고 나서 아무 데나 던져둬서 당신이 그 물건에 걸려 넘어지게 할 것이다. 그러니 가족의 말에 넘어가지 말자. 그들이 그 물건 없이 5년 혹은 10년 동안 살았다면 앞으로도 아무 문제없이 살 수 있다. 내 말을 믿고 꼭 혼자 잡동사니를 정리해야 한다. 그렇지 않고 가족과 같이하다가는 자제력을 잃고 폭발하게 될 것이다.

잡동사니를 정리할 때 마지막으로 주의할 점이 있다. 이게 뭔지, 어느 상자로 분류해야 할지 모르겠는 물건이 나오면 어떻게 해야 할까? 가족 중 누구도 알아보지 못하는 물건은 퇴장당해야 한다. 이때가 유일하게 가족과 의논해야 할 때다. 단, 인정사정없어야 한다. 확신이 서지 않는 물건이 있으면 버리자. 필요 없고 원하지도 않는 물건이다. 가지고 있는지조차 잊어버린 물건이다. 그러니 집에 두지 말자. 언젠가 필요할 때가 있을 것 같은가? 아니, 그런 날은 오지 않는다. 당신은 내가 그랬듯 잡동사니 서랍 속의 물건을 잡동사니 상자 속에 쏟아부어 또 다른 난장판을 만들고(물건을 버리지 못하고 강박적으로 모아두는 만성적인 호더일 가능성이 다분하다) 결국 지하실이나 다락방이나 차고에 쓰레기 매립장처럼 쌓아두는 상황을 원하지 않을 것이다.

정리된 서랍과 옷장이 하나둘 늘어나고 정리에 성공할 때마다 삶의 주도권을 다시 찾은 느낌이 강해진다. 옛날에 나는 겉만 깔끔하고 속은 뒤죽박죽인 생활이 내 마음을 얼마나 짓누르는지 진지하게 생각하지 않았다. 그러나 잡동사니를 정리하자 다시 태어난 기분과 기쁨과 내면의 평화를 느꼈다. 이것이 소박한 풍요로움의 정수다. 당신은 그저 계획을 세울 시간과 일터로 갈 용기와 정리할 에너지만 있으면 된다.

어느 화창한 봄날에 갑자기 커튼을 빨고 창문을 닦고 싶은 충동이 들어도 놀라지 말자. 아름다운 햇살이 비치면 이제 당신은 밖을 선명하게 내다볼 수 있다.


## 5월 24일

### 설레지 않는 물건은 버려라

우리가 사는 공간은 과거의 우리가 아니라 현재 성장하고 있는
우리를 위한 곳이어야 한다.
- 곤도 마리에

최근에 결혼한 딸 케이트가 내 새 아파트 정리를 도와줘도 되겠냐고 물었다. 케이트의 결혼, 이사, 신나는 새 집필 프로젝트가 모두 같은 달에 일어나서 정리할 시간이 거의 없었다. 지금 내가 글을 쓰고 있는 침실의 일부를 정리해주겠다는 딸의 제안을 대대적으로 환영했다.

케이트는 곤도 마리에의 정리법을 내 집에 적용하고 싶어 했다. 많은 여성처럼 나도 그녀의 충고에서 영감을 받았다. 특히 감사하는 마음으로 정리를 시작하는 그녀의 방식이 아주 마음에 들었다.

곤도 마리에가 말한다. "당신이 버린 것을 포함한 모든 것에서 배울 기회가 있다. … 당신이 버린 물건에 대해 하나씩 깊이 생각하면 당신의 생활방식과 새로운 물건을 구입하는 방식에 긍정적인 영향이 미칠 것이다." 그녀의 말에 완전히 동의한다.

그렇지만 나는 곤마리 정리법을 직접 경험하기 전에 그 글을 읽었다. 알고 보니 그녀의 방법에는 일절 타협점이 존재하지 않았다. 나는 여전히 윌리엄 모리스의 두 가지 원칙(쓸모 있는가? 아름다운가?)이 잡동사니를 정리하기에 아주 좋은 동기라고 믿는다. 여기에 한 번에 조금씩 정리하라(서랍, 옷장, 벽장)는 존 러스킨의 충고를 추가하면 죽고 싶은 지경에 처하지 않고도 모든 방을 정리할 수 있을 것이다.

곤마리 신봉자인 딸이 드디어 도착했다. 내가 딸과 마실 차를 만드는 동안 친애하는 열성분자는 침실에 있었고 그곳에서 낯선 소음이 들렸다. 내 딸은 옷장에서 모든 것을 끄집어내서 침대에 쌓아놓고 있었다. 서랍과 상자에 들어 있던 구두, 핸드백, 스웨터, 코트, 원피스, 상의, 바지, 브래지어, 스카프, 벨트가 다 나와 있었다.

"너 뭐 하는 거니?" 나는 산처럼 쌓인 물건이 점점 늘어가는 것을 보며 벼락을 맞은 듯이 놀랐다. 케이트가 설명했다. "엄마가 정말로 좋아하는 것은 버릴 필요 없어요. 그런 물건에 설렘을 느끼고 있는 거라고요!"

내가 그러고 있다고? 나는 공황 발작과 곤도 마리에가 말하는 설렘의 차이점에 대해 궁금해하고 있는데? 그렇게 우리는 몇 시간 동안 틀어박혀서 모든 물건들을 보관할 물건, 나눠줄 물건, 팔 물건, 어떻게 해야 할지 모르는 애매한 물건으로 분류했다.

"왜 이렇게 두 개씩 있는 옷이 많아요?"

"그야 그 블라우스가 나한테 잘 어울려서 뉴욕이랑 영국에 하나씩 있어야 하니까."

"흠, 엄마는 지금 캘리포니아에 있잖아요. 그러니까 하나만 있으면 돼요."

아이고, 내가 기절하지 않은 것이 다행이다.

우리가 곤마리 정리법대로 분류하는 동안 나는 어떻게 해야 할지 모르는 애매한 물건을 곰곰이 생각해서 추려냈다.

몇 시간이 흘렀고 쓰레기봉투를 아파트에서 계속 내보냈다. 마침내 저녁 7시에 침대가 정리됐고 딸은 집에 돌아갈 준비를 했다. 정말로 침실에 새로운 기운이 흘렀다.

하지만 나에게 가장 재미있는 순간은 똑같은 블라우스 두 개를 슬쩍 회수하려다가 케이트에게 들켰을 때였다. 케이트는 말썽을 피워 난장판을 만들어놓고도 아무렇지도 않게 놀고 있는 개들에게 말하는 투로 나를 야단쳤다. 나는 블라우스 두 개 때문에 개 취급을 당했다는 사실을 마침내 깨닫고 웃음을 터뜨렸다.

당신이 집이나 아파트에 작은 설렘을 느끼고 싶다면 몇 가지 조심스러운 제안을 하고 싶다. 다른 잡동사니를 정리할 때와 달리 곤마리식으로 정리할 때는 혼자서 하지 말자. 당신이 헬스클럽에서 맨몸 근력운동을 할 때처럼 당신을 지적해줄 사람(특히 곤마리 신봉자)과 함께하자. 침대에 엄청난 짐더미를 쌓아놓겠지만 감사하는 마음으로 정리를 시작하면 즐거운 모험이 될 것이다. 그럼 이쯤에서 곰곰이 생각해봐야 할 곤도 마리에의 지혜를 들어보자. 아주 이치에 맞는 말이다.

"정이 가는 물건을 하나씩 만지면서 무엇을 버릴지 결정하는 동안 당신은 과거를 정리한다. 당신이 이 물건들을 서랍이나 상자에 슬쩍 집어넣으면, 당신의 과거가 당신의 발목을 잡고 현실에 충실하지 못하게 한다. 물건 정리는 과거를 정리한다는 뜻이기도 하다. 당신이 한 발 나아갈 수 있도록 당신의 삶을 재설정하고 과거를 청산하는 셈이다."

그리고 나는 삶에서 완성의 조화로움을 간절히 알고 싶다. 당신은 그렇지 않은가?

"우리가 소중히 여겨야 하는 것은 추억이 아니라 그런 과거의 경험을 통해 변화한 우리 자신이다. 이는 우리가 물건을 분류할 때 기념품이 우리에게 주는 교훈이다. 우리가 사는 공간은 과거의 우리가 아니라 현재 성장하고 있는 우리를 위한 곳이어야 한다."

현재 성장하고 있는 우리라니, 확실히 설렘이 일어날 만하다.

# 5월 25일

## 집의 매력은 가구와 장식품으로 결정되지 않는다

우리가 특정한 집을 좋아하는 이유는 무엇일까?
그리고 그런 집이 우리를 좋아하는 것 같은 이유는 무엇일까?
우리 주변에 반영되는 마음의 온기 때문이다.

– T. H. 롭스존 기빙스
영국 태생의 건축가이자 가구 디자이너

누군가의 집에 들어선 순간 그 집이 매력이 있는지 없는지를 바로 느낄 수 있다. 매력이 있는 집은 방문객을 쾌활하게 맞이하는 아늑함이 감돈다. 멋진 방의 온화한 울림이 마음껏 편안함에 빠져들라고 유혹한다.

소박한 아름다움이 기쁨을 준다. 평온과 조화와 질서가 마음을 진정시킨다. 색다른 것들은 유쾌함을 준다. 추억이 현재에게 과거를 알린다. 이처럼 멋지고 마음이 끌리는 집에 있으면 세상만사를 희망찬 눈으로 보게 된다. 아무리 골치 아픈 문제라도 별일 아닌 것 같다. 〈유령과 뮤어 부인〉, 〈아이 양육〉, 〈코네티컷의 크리스마스〉, 〈마법에 걸린 오두막 The Enchanted Cottage〉 같은 1940년대의 걸작 흑백영화에 나오는 가정적인 분위기를 떠올려보자.

영화감독 낸시 마이어스가 〈왓 위민 원트〉, 〈신부의 아버지〉, 〈사랑할 때 버려야 할 아까운 것들〉, 〈사랑은 너무 복잡해〉, 〈인턴〉 같은 다양한 영화에서 선보인 멋진 무대 디자인과 집의 진정한 아름다움을 생각해보자. 그녀의 로맨틱 코미디 영화에서는 이런 집들은 중요한 요소이고 항상 여자 주인공이 사는 곳이다. 주인공의 사랑과 일은 조화롭지 못한 혼란한 상태일지 몰라도 그녀의 집은 평화롭다. 우리 모두가 그 집이 자기 집이기를 바란다.

낸시 마이어스가 인테리어를 아주 좋아한다고 말한 것도 놀라운 일이 아니다. "나는 인테리어라는 말에서 엄청난 설렘을 느낀다. 3년마다 집을 다시 단장할 여력이 없는지라 그 에너지를 모두 영화에 쏟는다. 나는 여느 집주인들처럼 행동한다. 우리는 직물 견본을 구하고 구조 설계도를 들여다본다. 실제로 우리는 집을 새로 짓는다. 나는 청구서를 전혀 받지 않는 집주인이 된다."

그녀는 우리가 활용할 수 있는 비밀 전략을 알려줬다. 꿈에 그리는 집이 있지만 지금 가질 수 없다면 진짜로 그 집을 짓는다고 가정하고 모든 단계를 상상하자. 그것이 정신과 물질의 세계를 잇는 다리다. 한 가지 주의할 점이 있다. 이 집이 완전히 진짜라고 믿어야 한다. 낸시 마이어스의 영화 촬영장 집처럼 실제라고 생각해야 한다.

"당신에게 매력이 있으면 다른 것은 필요 없다. 매력이 없으면 다른 무엇이 있어도 소용없다." 영국의 극작가 제임스 매슈 배리가 1907년에 매력에 관해 쓴 글이다.

돈으로 아름다운 가구와 장식품을 살 수 있지만 그렇다고 해서 집에 매력이 깃든다고 장담할 수는 없다. 매력은 사거나 팔 수 있는 특성이 아니기 때문이다. 하지만 우리는 진정성을 통해 매력에 다가갈 수 있고, 주변의 아름다움을 감사하는 마음과 재능으로 매력이 나타난다.

절약이 필수였던 제1차 세계대전 중인 1917년에 나온《더 마더스 매거진The Mother's Magazine》8월호 기사 '예상 밖의 매력'에는 "아름다움은 돈을 써서 살 수 있는 게 아니라 예술적 기질에 담겨 있다"라는 글이 실려 있다. 한 세기가 지난 지금 우리는 여성들이 무엇을 원하는지 알고 있다. 모두가 이 갈망을 공유하기 때문이다. 오늘은 "가족에게 더 소중하고 더 다정한 집을 만들어주고 싶은 열망'이 집에 매력을 부여하는 변치 않는 비결이라는 사실을 깨닫자.

## 5월 26일

## 완벽에 집착하면서 삶을 낭비하지 마라

완벽주의는 최고의 자학이다.

- 앤 윌슨 섀프
영성 작가이자 중독치료 전문가

5월의 어느 아름다운 일요일 오후였다. 상쾌한 산들바람이 불었고 화창했고 따뜻했다. 그저 완벽했다. 한겨울에 꿈꾸는 바로 그런 날이었다. 그날 아침에 딸과 나는 농산물 직거래장터로 나들이를 가서 상추, 바질, 토마토 모종, 금련화, 천수국을 샀다. 일주일 전에 우리는 프랑스식 작은 텃밭에 제격인 예쁜 적갈색 토기를 발견했다. 나는 라이프스타일 잡지에서 컨테이너 정원(땅이 아니라 상자, 화분, 질그릇 등의 용기에 식물을 심어 만든 정원-옮긴이)을 만드는 놀라운 아이디어를 발견하고 흥미를 느꼈다. 케이트도 나와 생각이 같았다. 우리는 즐겁게 열심히 도면을 그렸고 계획을 짰고 식물을 심었다.

나는 식물을 심고 난 뒤에 텃밭 가장자리에 흘린 젖은 흙을 치우느라 애를 먹었다. 스펀지로 닦으려고 했는데 오히려 진흙투성이가 되어버렸다. 케이트가 물뿌리개로 물을 뿌려서 훨씬 깔끔해졌지만 여전히 잡지에 나온 사진과 거리가 멀었다. 창피한 말이지만 그때 나와 케이트는 완벽한 텃밭을 만드느라고 오랫동안 야단법석을 떨었다. 마침내 나는 지칠대로 지쳐버렸다. "좋아, 이제 끝났어. 참 아름답구나."

"그렇지만 이 아줌마 것이랑 달라요." 케이트가 잡지 기사를 가리키며 화난 목소리로 불평했다.

"그래, 다르지. 이건 우리 텃밭이잖아. 우리 것도 멋있어. 괜찮은데 뭘. 이 정도면 비슷해."

"그래도 아줌마 것은 완벽하잖아요. 아줌마가 해놓은 것은 다 완벽해요. 우리 것도 완벽했으면 좋겠어요." 단호한 열한 살짜리 꼬마 숙녀는 실망해서 짜증을 냈다.

이제 그만! 평온을 위한 기본 규칙을 되뇌일 때다. '완벽이 아니라 발전이 중요하다.' 1980년대부터 책과 잡지와 텔레비전에 등장해서 우리에게 조언하거나, 현재 블로그와 인스타그램과 사진 공유 사이트를 통해 인기를 얻고 있는 화려한 라이프스타일 전문가들은 우리에게 완전히 정직하지 않았다. 그들은 촬영 전이나 중간에 마법의 붓에 적갈색 물감을 찍어 토기에 묻은 얼룩을 말끔하게 없애는 스타일리스트를 포함한 전속 전문가팀을 보유하고 있다.

나는 이 점을 딸에게 설명하려고 애썼다. "모두 이미지일 뿐이고 환상이고 가공한 거야. 수백만 달러가 동원되는 비즈니스야. 우리가 보는 것이 항상 진짜는 아니야. 자, 여길 봐." 나는 만족스러운 표정으로 우리가 심은 토기를 가리켰다. "진흙으로 범벅된 이것이 진짜야. 진짜인데다 아주 멋지잖아."

마침내 나는 의심 많은 딸을 설득해 시간이 지나면 어떻게 되는지 지켜보기로 했다(역시 자연은 나를 실망시키지 않았다. 봄 소나기가 우리의 스타일리스트 역할을 했다). 이어서 우리는 영국장미, 라벤더, 접시꽃, 델피니움을 심어 향기로운 옛날식 정원을 만들려고 남은 오후 내내 화강암처럼 단단한 흙을 뒤집었다. 고양이들은 새로 심은 개박하 화단을 보고 신이 나서 어쩔 줄 모르며 몸을 비벼댔다.

우리는 완벽에 집착하면서 얼마나 많은 삶을 낭비하는가(혹은 망치고 훼손하는가)? 게다가 내가 바로 앞에서 한 이야기는 인터넷이 나오기 전 시절의 일이다. 그때 이래로 이런 성향이 계속 강해지고 있어서 걱정된다. 호기심이 생겨서 얼마나 많은 텃밭 사진이 올라와 있는지 보려고 이미지 수집 사이트인 핀터레스트에 들어가 보았다. 452개의 사진을 발견했고 텃밭 사진들을 하나하나 넘기다 보니 갈수록 더 완벽해 보였다. 지금 나는 정원이나 테라스나 발코니가 없는 아파트에 살고 있음에도 그런 텃밭을 전부 갖고 싶어졌다. 지금 당장!

아마 우리가 완벽주의에 빠지는 이유는 우리가 어떤 수준 이상으로 잘 살기를 부모들이 기대했기 때문일 것이다. 정작 부모들은 자신들도 그 기준에 도달할 수 없다는 것을 알았다. 우리 집에서는 1등이 되는 것만으로는 만족하지 않았고, 수월하게 1등을 한 것처럼 보여야 했다.

부모들은 자녀들이 더 많이 갖기를 원했다. 그러나 무엇을 더 많이 갖기를 원했을까? 고통? 고통이라면 이미 지겹게 겪지 않았나? 오늘은 어느 분야에서든 완벽이란 달성할 수 없는 목표라는 사실을 받아들이

자. 현실에서는 최고가 되려고 노력하는 것이 아니라 최선을 다하려고 노력해야 한다. 최선을 다해도 말실수를 하고 카펫에 얼룩이 생기고 화분에 진흙 자국이 생길 것이다.

완벽한 여성은 현실 세상에 없다. 완벽한 이미지로 먹고사는 연예인들을 부러워하거나 질투하거나 모방하기보다는 불쌍하게 여겨야 한다. 그들은 유명하고 부유하지만 한순간도 마음이 편하지 않기 때문이다. 온 세상이 실수를 기다리며 지켜보고 있다.

나라면 고맙지만 사양하겠다. 나는 그렇게 매 순간 마음 졸이며 살고 싶지 않다. 당신은 어떤가? 완벽은 발전의 여지가 거의 없다. 받아들일 여유도, 기쁨을 누릴 여유도 거의 없다. 우리가 선택한 길에서 발전은 매일 맛볼 수 있는 소박한 즐거움이다. 물론 햇살이 좋은 5월의 어느 날 오후에 딸과 텃밭을 만드는 것처럼 완벽한 순간들은 분명히 있다. 그렇지만 삶과 화단은 완벽하지 않아도 매우 즐겁다.

## 5월 27일

### 삶이 간소해지면 진짜 중요한 것이 보인다

**잡동사니에서 벗어나 간소함을 찾아라.**

– 알베르트 아인슈타인
독일 태생의 노벨상 수상자이자 이론물리학자

오늘 아침 내내 아름다운 물건과 필요한 물건과 필요 없는 물건을 골라 내서 분류한 다음에 거실 바닥을 둘러봤다. 마치 고고학 발굴 현장에서 가정집에서 발견된 유물들을 범주에 따라서 분류해놓은 것 같았다. 이제 성인이 된 딸이 아기 때 쓰던 마지막 고무젖꼭지 같은 소중한 기념품과 쓰레기가 나란히 놓여 있었다. 나는 만약 인류학자가 깔끔하게 몇 무더기로 분류된 이 삶의 축약판을 보면 이 여성에 대해 무슨 말을 할지 궁금했다.

곧 각 물건이 제자리로 돌아가고 나머지는 쓰레기봉지로 들어갈 순간이 왔다. 믿거나 말거나 정리는 엄청나게 큰 만족감을 줬다.

나는 이 방 저 방 돌아다니는 동안 전 세계의 위대한 영적 스승들과 전통들의 공통적인 특징을 궁리했다. 예수 그리스도, 모하메드, 부처, 노자, 이스라엘 선지자, 이슬람 수피, 가톨릭 성인, 힌두교 현자, 셰이커교도, 퀘이커교도, 아미시교도. 그들 중 누구도 잡동사니 서랍을 가지고 있지 않았다. 그들 모두가 간소함을 받아들였기 때문이다. 영성, 소박함, 평온함은 성스러운 삼위일체다. 다시 말하면 질서정연한 영혼의 성스러운 세 가지 특징이다. 19세기 미국의 수필가, 시인, 철학자인 헨리 데이비드 소로는 우리는 사소한 것에 신경 쓰느라 삶을 낭비한다고 말했다.

내 생각은 다르다. 우리는 집중하지 못하기 때문에 삶을 낭비한다. 도무지 어떤 물건을 찾을 수 없어서 미칠 것 같은 상황에서 어떻게 진짜로 중요한 것에 집중할 수 있겠는가? 초조하고 조바심치는 사람에게 소로가 제시하는 해결책인 '간소하게, 간소하게, 간소하게'는 오늘날에도 효과가 있다.

이번 주에는 용기와 창조성을 조금만 발휘하면 당신이 간절히 바라는 숨 쉴 공간을 찾아낼 수 있다는 점을 깊이 생각하자. 당신은 그저 잡동사니 서랍을 치우고 있다고 생각하거나, 집을 정리하기 위해 하루 일정을 조정하고 있다고 생각할 것이다. 그러나 당신의 영혼은 그보다 훨씬 중요한 의미가 있음을 알고 있다.

## 5월 28일

### 하루 20분 명상으로 생각의 사슬을 끊어내자

내면의 혼란을 없애고 어느 정도나마
질서를 찾을 수 있는 것은 엄청난 은총이다.
- 캐서린 패터슨
각종 문학상을 수상한 미국 작가

전통적으로 봄은 집에 질서를 되살리는 계절이지만 내면의 질서를 찾기에도 완벽한 기회를 제공한다. 작가 애비게일 트래퍼드는 "봄맞이 대청소에는 심리적인 효과도 있다. 잠시 멈추고 정신의 옷장에 쌓인 감정의 잡동사니를 직시하는 시간이다. 자기 성찰을 위한 일시적인 정지다. 스트레스가 많은 삶을 사는 보통 사람을 위한 중간 궤도 수정이다"라고 말한다.

내면의 질서를 찾는 한 가지 방법은 당신을 미치게 하지만 그동안 정신없이 사느라 대책을 세우지 못한 문제를 파악하는 것이다. 마음속으로 전형적인 하루 일과를 그려보자. 밧줄 끝에 매달려 있는 그 여성을 측은한 마음으로 보자. 어떤 상황이 답답한가? 그날 필요한 뭔가 중요한 물건을 잊어버렸다는 찜찜한 마음으로 서둘러 출근하는 상황, 옷이 모두 주름져 있어서 입을 옷을 찾을 수 없는 상황, 한참 저녁식사를 요리하다가 보니 꼭 필요한 재료가 없어서 막막한 상황이 떠오를 것이다. 이런 모든 상황은 질서가 필요하다고 외치고 있다. 당신의 조각난 영혼도 마찬가지로 질서를 갈구하고 있다.

이제는 훨씬 나은 방식으로 살 수 있다. 일상생활에 질서가 분명히 드러나도록 내면에 질서를 확립하면 된다. 먼저 아침에 일어난 후와 밤에 자기 전에 하루를 계획하고 반성하는 시간을 갖자. 그 정적은 당신이 스스로 혹은 세상이 만든 광란에 휩쓸려 정신없이 살지 않아도 된다는 사실을 상기시킬 것이다. 아침과 밤에 각각 최대한 10분만 시간을 내면 된다. 그런 시간 여유조차 없는가? 오늘은 시간을 낼 수 없을지 모르지만 내일은 시간을 만들자. 다른 사람이 일어나기 전과 잠자리에 든 후의 10분 정도를 자신을 위해 쓰자.

아침에 막 일어난 후와 잠자리에 들기 직전에 무엇을 해야 할까? 마음을 가라앉히고 기운을 내고 사색하고 궁리하고 발견하자. 곰곰이 생각하고 상상하고 창조하고 연결하자. 모든 것이 내면에서 시작됨을 받아들이자. 기도하고, 성서나 성스러운 시나 명상록을 읽자. 이제 곧 펼쳐질 하루가 어떻게 하면 더 순조롭게 돌아갈지 생각하자. 오늘은 물론 날마다 신성한 질서가 당신의 삶에 깃들기를 바라자. 행복하고 스트레스가 없으며 결실이 많은 하루를 마친 뒤 저녁 휴식을 느긋이 즐기는 모습을 상상하자.

뒷마당을 거닐거나 발코니 혹은 현관에 앉아 커피를 마시며 일출을 기다리자. 매일 자연이 느리지만 확실하게 다시 새로워지는 과정을 관찰하자. 믿기 힘들겠지만 시간은 서두르지 않는다. 7시가 6시에게 "어서 움직여. 가야 할 곳이 있고 만나야 할 사람이 있고 보내야 할 이메일이 있단 말이야!"라고 말하는 법은 없다.

자녀가 있거나, 통근시간이 한 시간 반이나 걸리거나, 유럽에 있는 고객과 전화통화를 해야 한다면 내 제안이 불가능하게 여겨질 것이다. 당신의 실생활을 전혀 모르는 사람이 하는 제안이라고 생각할 수도 있다. 하지만 나도 다 겪은 일이다. 오히려 하루의 시작과 끝에 마련하는 10분의 여유가 다른 사람들보다 당신에게 더 필요할지 모른다. 당신의 영혼이 당신의 길잡이가 되게 하자.

아침과 저녁에 여유 시간을 가진다는 것은 침대에서 나오기 힘들 정도로 피곤한 아침에 평소보다 일찍 몸을 일으켜 세워야 한다는 뜻일 수도 있다. 그리고 당장이라도 침대에 쓰러져 깊이 잠들 준비가 된 밤에 조금 더 깨어 있어야 한다는 뜻일 수도 있다. 그렇지만 나를 믿기 바란다. 그런 시간을 낼 가치가 충분히 있다.

참고로 내가 아침과 저녁에 마음을 진정시키는 순간을 갖는 방법을 소개하겠다. 나는 정해진 기상시간과 취침시간 30분 전에 아늑한 침대에 누워 어둠 속에서 그레고리오 성가를 듣는다. 이는 지난 1,500년 동안 베네딕트회 수사들이 부른 고대 라틴어 기도문이다. 안타깝게도 나는 수사들이 부르는 노랫말을 하나도 이해하지 못하지만 별로 문제될 것은 없다. 부드럽고 규칙적인 송가가 내 깊은 내면을 위로하고 진정시킨다는 점이 중요하다. 나는 때로는 수사들과 함께 기도하고, 때로는 수사들이 나를 위해 기도한다고 상상한다. 이런 시간은 진실한 것이 존재한다는 사실을 나에게 일깨운다. 때로 내가 정신없이 바쁘게 사는 낮 동안에 잊어버리는 진실이다. 당신도 나와 마찬가지일 것이다.

오늘은 당신의 일과에 신성한 질서가 겉으로 드러나도록 먼저 내면의 질서를 찾아보자.


## 5월 29일

# 마음에 힘을 빼야 더 큰 힘을 낼 수 있다

설렁설렁 일하는 시간은 혼자 있으면서 꿈을 꾸고
내면의 자신과 만나는 시간이다. … 설렁설렁 일하기는 발견이다.
- 알렉산드라 스토더드
미국의 작가 · 인테리어 디자이너 · 라이프스타일 철학자


나는 정리하기와 청소하기와 설렁설렁 일하기를 나름대로 분명하게 구분한다. 정리하기와 청소하기는 일상적인 의식에 필수적인 질서를 제공하는 기반이 된다. 설렁설렁 일하기는 자기 성찰과 영감이 교차하는 지점이다. 설렁설렁 일하기는 '해야 할 일' 목록에 적혀 있지 않아서 스트레스에 눌린 정신을 매혹하고 꼬드긴다.

하지만 나는 주변에 온갖 잡동사니가 널려 있고 구석에 거미줄이 쳐져 있는 마당에 추억이 서린 기념품이나 아름다운 꽃병을 즐거운 마음으로 재배치하면서 즐거워할 수는 없다. 무심코 거실 구석을 올려다봤다가 '샬럿의 거미줄'(작은 시골농장 천장에 사는 거미 샬럿이 친구인 아기돼지 윌버를 살리기 위해 거미줄로 글을 쓰는 내용의 동화《샬럿의 거미줄》에

나오는 거미줄을 비유한 것-옮긴이)에 버금가는 걸작을 발견한 사람이 나만은 아닐 것이다. 그래서 나는 일반적으로 토요일 오후에 청소를 다 끝낸 다음에 설렁설렁 일하는 시간을 따로 낸다.

여러 사람이 함께 해도 되는 청소와 달리 설렁설렁 일하기는 형이상학적인 측면에서 최대의 이익을 얻기 위해 느긋하게 하는 혼자만의 활동이다. 나는 은식기에 광을 내고, 사기그릇과 크리스털 잔을 닦고, 꽃꽂이를 하고, 가구를 옮기는 것도 설렁설렁 일하기에 속한다고 생각하지만, 이 활동의 요점은 재배치다.

설렁설렁 일하기의 즐거움은 자유로운 연상을 하는 것에 있다. 설렁설렁 일하기가 로르샤흐 테스트(좌우가 대칭인 잉크 무늬를 해석하게 해서 성격이나 정신 상태 등을 판단하는 검사 - 옮긴이)라고 생각하자. 단, 로르샤흐 테스트와 다른 점이 있다면 잉크 무늬를 해석하는 대신에 꿈과 선택과 위험과 즐거움과 취향으로 생각이 흘러갈 때까지 자신이 갖고 있는 물건에 감춰진 의미를 곰곰이 생각한다는 것이다. 당신은 그저 좋아하는 물건을 벽난로 선반이나 책장이나 탁자 위에 재배치하는 중이라고 생각하겠지만 사실 그 순간에 삶의 인테리어를 새롭게 설계하고 있는 셈이다. "사실 창조적인 설렁설렁 일하기는 집에서 내가 가장 즐기는 활동 중 하나다." 인테리어 디자이너인 알렉산드라 스토더드가 말한다. "이를 통해서 아직 우리에게 중요하고 의미가 있는 것을 파악할 수 있다. 조용하고 사적인 이 활동은 … 삶의 다양한 면에 세심하게 관심을 기울이게 하고 우리 욕구를 파악하게 한다."

내가 설렁설렁 일하기 의식을 치를 때는 음악이 중요한 역할을 한다. 원래 나는 집안일을 할 때 음악을 듣는 것을 좋아하며 그날의 기분이나 일에 따라서 바흐에서 브로드웨이의 뮤지컬 곡에 이르기까지 매번 선곡을 달리한다. 그러나 가장 자기성찰적인 이 설렁설렁 일하기 시간에는 〈아웃 오브 아프리카〉나 〈잉글리시 페이션트〉 같은 영화의 사운드 트랙을 선택한다. 끊임없이 마음속에 떠오르는 멜로디를 들으면서 가족사진이나 작은 아일랜드 커트 글라스 수집품을 재배치하거나 바짝 마른 겨울 나뭇가지를 싱싱한 꽃으로 교체하노라면, 이런 소중한 물건들이 나에게 어떤 의미가 있는지 더 잘 이해하게 된다. 당신의 집이 도시에 있든 시골에 있든 교외에 있든, 집은 꿈의 씨앗을 뿌릴 비옥한 땅을 제공한다. 설렁설렁 일하기는 우리가 좋아하는 것의 씨를 뿌린다. 머지않아 우리는 만족감을 풍성하게 수확하게 될 것이다.

## 5월 30일

### 몸과 영혼을 편안하게 만드는 물건들로 방을 꾸미자

아! 집에 있는 것이 세상에서 가장 편하다.

- 제인 오스틴
영국 소설가

제인 오스틴의 소설은 18세기 영국 가족의 삶을 재치와 풍자, 통찰력으로 엮어낸 것으로 유명하다. 또한 아늑하고 편안한 보금자리에 대한 작가의 애정을 행간에 고스란히 드러낸다. 난로 바로 옆으로 옮겨놓은 작은 책상에서 글을 쓴 제인 오스틴은 소설 《맨스필드 파크》에서 커다란 위안을 주는 안식처를 묘사한다. 주인공 패니 프라이스는 "불쾌한 일을 겪은 후에 안식처로 가서 … 일을 하거나 사색에 젖으면 즉시 마음이 편해졌다. 화분과 책과 … 책상과 독창적인 모든 활동에서 나온 작품들이 손이 닿는 거리에 있었고 … 방에 있는 거의 모든 물건에 흥미로운 추억이 담겨 있었다".

인테리어 스타일과 상관없이 모든 집이 지녀야 할 근본적인 요소는 위안을 주는 편안함이다. 주변 환경을 통해서 우리의 진정성을 발견하고 표현하는 동안 위안이 최고 우선순위가 된다. 나는 소박한 풍요로움의 길을 따르기 시작했을 때 집에서 내가 진짜로 편하게 느끼는 장소가 거의 없다는 사실을 깨닫고 충격을 받았다. 진정성을 찾는 과정은 지각 변동으로 갈라진 두 단층면 사이에서 사는 것과 마찬가지다. 발을 딛고 있는 땅이 언제든지 요란하게 무너져내릴 수 있다.

오늘은 당신의 보금자리에 대해 생각해보자. 밖에 나가기 싫을 정도로 아늑한가? 당연히 그래야 한다. 당신이 갈망하는 편안함을 집에서 얻을 수 있는가? 당신이 원하는 편안함이 무엇인지 알고는 있는가? 당신이 원하는 편안함에 대해 충분히 생각한 때가 언제였는가?

오늘은 위시리스트를 만들자. 푹신하고 포근한 앉을 자리, 몸을 든든하게 받쳐주거나 낮잠이 솔솔 오게 하는 불룩한 베개, 발을 올려놓을 자리, 독서에 적합한 램프, 넉넉한 책장, 언제라도 손에 닿는 거리에 있고 흥미롭거나 깨달음을 주거나 아주 재미있는 읽을거리, 좋아하는 물건을 진열할 장소, 간식과 차를 놓을 편리한 탁자, 정리가 잘 돼 있고 필요한 물건이 다 갖춰져 있는 작업용 책상, 감당할 수 있는 가격대에서 가장 괜찮은 오디오, 고급 커피메이커나 예쁜 찻주전자나 과즙기, 기분을 밝게 하는 식물과 꽃, 오래 머물고 싶어지는 뒷마당용 가구, 자리를 뜨기가 싫은 예쁜 정원이나 테라스 등을 쓰면 된다.

사람마다 다른 목록이 나올 것이다. 천천히 살펴보면서 정말로 필요한 것을 파악하자. 지금까지 가본 곳 중에 들어서자마자 포근한 느낌이 들던 방을 생각하자. 다른 사람의 집이라도 상관없다. 그 방에 마음이 끌리고 계속 머무르고 싶은 이유가 무엇이었는가? 가장 큰 이유는 편안함이었을 것이다. 오늘은 몸과 영혼을 편하게 하는 보금자리를 만들기 위해 필요한 것이 무엇인지 곰곰이 생각하자.

## 5월 31일

### 비상용품을 준비해보자: 옷

옷과 용기는 서로 밀접하게 관련돼 있다.
- 세라 지넷 던컨
캐나다의 기자이자 작가

《행복의 발견 365》의 인기가 급격히 올라간 직후 디즈니월드에서 세미나를 하게 됐는데 주최 측의 배려로 가족을 데려갈 수 있었다. 마침 하루 동안 자유 시간이 생겨서 가족과 함께 올랜도의 다른 명소를 구경하기로 했다. 케이트와 남편이 며칠 동안 디즈니월드와 앱콧 테마파크에서 놀 계획을 이미 짜놓았기 때문이다.

그런데 하필 그날 최악의 폭풍우가 휘몰아쳐서 호텔로 가는 교통편을 구할 수 없었다. 어쩔 수 없이 걸어가게 되었는데 몇 시간 동안 걸으면서 비에 홀딱 젖었다. 돌아와서는 뜨거운 물로 샤워한 후 식당으로 내려가서 저녁식사로 피자를 먹었다. 나는 그날 밤에 감사일기에 따뜻하고 마른 옷을 입은 것이 첫 번째 감사한 일이라고 적었다. 나중에 이사할 때 오래된 공책들을 넣어놓은 상자를 정리하다가 1996년의 감사일기를 발견했다. 나는 그날 적은 내용을 보고 크게 웃었다. 두 번째 감사한 일은 뜨거운 샤워라고 적혀 있었기 때문이다. 세 번째는? 내 책이 〈USA 투데이〉 베스트셀러 목록의 상위에 오른 것이었다. 우리는 커다란 성과를 달성한 중요한 순간이 영원히 잊지 못할 순간이라고 생각하지만, 사실 우리 삶의 이야기를 들려주는 것은 사소해서 지나쳐버린 축복들이다.

중요한 순간은 삶의 구두점이다.

감사일기를 쓰면서 얻게 되는 기쁨 중 하나는 하루하루 무엇이 정말로 중요한지를 발견하는 것이다. 특히 예상치 못한 폭풍을 만났을 때 깨끗하고 마른 옷은 정말로 중요하다.

세제 브랜드인 타이드는 자연재해 피해자들을 돕기 위해 트럭에 이동식 세탁 설비를 싣고 다니며 세탁 서비스를 제공하는 재난구호 프로그램을 운영한다. "타이드는 깨끗함의 힘을 믿습니다. 위기에 처할 때, 깨끗한 옷의 모양과 냄새와 느낌에서 희망을 발견할 수도 있습니다."

그러니 갑자기 재난에 부딪혀 집을 떠나 피신해야 할 때를 대비해서 깨끗한 옷을 챙겨놓으면 어떨까? 각 가족 구성원이 입을 옷을 속옷과 상하의까지 포함해서 두 벌씩 준비해야 한다. 한 벌은 반팔 티셔츠처럼 더운 날씨용 옷을 준비해야 하고, 다른 한 벌은 추운 날씨용으로 따뜻한 겨울옷을 준비해야 한다. 정리하기 쉽게 목록을 소개한다.

티셔츠 두 개

긴팔 폴로셔츠나 터틀넥 두 개

바지나 청바지 두 개

운동복 같은 상의 두 개(하나는 경량, 다른 하나는 두꺼운 후디)

양말 일곱 켤레(네 켤레는 면양말, 세 켤레는 털양말)

눈과 비를 맞으며 걸어도 따뜻한 등산화나 부츠 한 켤레

발을 안정적으로 지지해주는 운동화 두 켤레

모자, 스카프, 장갑 두 켤레(한 켤레는 작업용, 다른 한 켤레는 추운
날씨를 대비한 보온용)

안감을 댄 방수 파카 하나

안감을 떼어낼 수 있는 두꺼운 재킷 하나


모든 가족 구성원의 옷을 한곳에 모은 후, 한 명당 하나의 투명한 플
라스틱 상자에 각각 옷을 넣고 상자 양옆과 위에 이름표를 붙인다.

옷 상자를 만들 때 선글라스나 안경, 야구모자 등 추가로 넣을 것은
없는지 확인해본다. 이 활동의 요점은 비상용품함을 열자마자 "다행이
야. 만반의 준비가 돼 있어"라는 소리가 절로 나오게 하는 것이다.

# 5월에 느끼는 소박한 행복

그 날은 5월이 아침과 저녁의 빛을 양손으로 뒤로 밀쳐
낮이 길어진 아름다운 나날 중 하루였다.
- 아멜리아 이디스 허들스턴 바
미국 소설가

5월 1일 오월제 아침이 고대 켈트족의 벨테인 축제를 깨운다. 전통적으로 이날은 대자연의 너그러움을 받아들이는 때다. 집에 있는 창문을 모두 열고 온화한 산들바람으로 공간을 상쾌하게 채우자.

❦ 오월제인 5월 1일에 당신의 집과 이웃집 현관에 꽃바구니를 걸자. 활짝 핀 분홍색 미국산딸나무꽃, 라일락, 흰색 패럿 튤립으로 숨 막히게 아름다운 5월의 꽃다발을 만들자. 친구나 동료에게 꽃다발을 선물하자.

❦ 5월은 꽃의 여신인 플로라를 찬미한다. 이른 아침에 뒷마당이나 정원에 머무는 것은(집에 뒷마당이나 정원이 있다면 감사일기에 그 고마움을 꼭 써야 한다) 경이감을 되살리기에 완벽한 활동이다. 해 질 녘에 손수건을 밖에 내놓아 밤사이에 이슬에 흠뻑 젖게 한다. 봄보다 어려 보이는 외모를 위해 변치 않고 환하게 빛나는 이슬 몇 방울을 얼

굴에 바르고 두드리자.

※ '어머니의 날'에 내면의 위대한 어머니를 기리는 작은 감사 선물을
당신에게 주자. 당신이 진짜로 원하는 선물을 하자. 당신에게 위안
을 주는 물건을 적어놓은 위시리스트에서 고를 만한 선물이 있는
지 살펴보자. 자녀가 있든 없든 자신에게 선물을 주자. 자녀가 있다
면 스스로의 기대치에 부응하지 못하는 자신을 용서하자(자기 기대
치에 부응하며 사는 사람이 있을까?). 작년에 쌓인 죄책감을 내던지고
새롭게 시작하자. 어머니가 살아 있다면 올해는 꼭 시간을 내서 어
머니에게 긴 편지를 쓰자. 그동안 하고 싶던 말을 다 쓰고 사랑하는
마음을 전하자. 어머니가 세상을 떠났다면 마음속으로 이야기하자.
어머니는 당신의 말을 들을 것이다.

※ 잡동사니 서랍을 일주일에 하나씩만 정리하자. 보관할 곳이 없는
물건을 버리자. 인스타그램에서 정리전문가를 팔로우해 서랍 정리
(집의 다른 곳 정리 포함)에 대한 영감을 얻자.

※ 당신이 영국의 전통적인 살림 방식을 좋아한다면 앨리슨 메이의 블
로그(www.brocantehome.net)에 방문해보라. 나는 그녀가 블로그를
시작한 2004년부터 팬이었는데 당시에 나는 영국에 살았다. 그녀
는 영국 생활에 대한 내 향수를 채워준다. 이 웹사이트를 방문할 때
마다 매력적인 교훈을 얻는다.

❦ 햇살, 새소리, 사과꽃, 싹을 틔운 라일락, 라벤더 향이 나는 빳빳한 리넨 시트를 통해 여성의 창조적인 에너지가 서서히 커지면서 봄맞이 대청소(문자 그대로의 청소뿐만 아니라 감정의 청소도 포함)를 하고 싶은 마음이 일어난다. 앨리슨 메이의 사이트에는 봄맞이 대청소를 하는 순서가 잘 나와 있다.

❦ 나는 친환경적인 세탁제품(손빨래와 속옷 관리 포함)을 제공하는 뉴욕의 상점과 웹사이트 런드레스(www.thelaundress.com)를 발견했다. 어릴 적 자질구레한 장난감으로 소꿉놀이를 하던 기억이 나는가? 어른이 돼서도 마찬가지다. 괜찮은 도구만 있으면 따분한 집안일을 영혼을 돌보는 일로 바꿀 수 있다.

❦ 5월에는 매주 한 곳씩 정해 깔끔히 청소한다. 주방(냉장고, 식품 저장실, 싱크대 밑, 잡동사니 서랍, 찬장), 침실(침실 옆 탁자와 옷장), 욕실(유통기한 확인, 물건 정리, 효과적인 보관 체계 찾기). 큰일을 완수하는 비결은 감당할 수 있는 작은 일로 나누는 것이다. 더 많은 조언과 영감이 필요하다면 정리전문 회사 라이프인제너럴의 인스타그램에서 '31일 도전'을 찾아보기 바란다. 상당히 실용적이다.

❦ 옷장은 수많은 이유로(감정적이고 금전적인 부담감, 막대한 양) 정리에 착수하기가 집에서 가장 힘든 곳이다. 분류와 처리를 제대로 해야 한다. 그리고 많은 정리전문 전문가들이 조언하듯이 옷걸이 교체를 고려하자. 모든 곳에 똑같은 옷걸이를 사용하자. 통일된 옷걸이를

사용하면 정돈되고 질서정연한 느낌이 들며 보기에 좋다. 새 옷걸이를 살 형편이 된다면 전문가가 추천하는 조이 망가노의 벨벳 옷걸이가 좋지만 아마존 쇼핑몰에도 다양한 제품이 있다.

❦ 토요일 오후 청소한 다음에 한 시간 동안 좋아하는 음악을 들으면서 설렁설렁 할 수 있는 일을 해보자. 기념품과 사진을 다시 배치하자. 달콤한 추억을 음미하자. 마음속에서 과거로 돌아가자.

❦ 나는 줄리아 스위턴이 영화와 텔레비전에 나오는 집을 소개하는 사이트 훅트 온 하우스(hookedonhouses.net)를 아주 좋아한다. 인스타그램 계정도 있다. 이 웹사이트는 무대 뒤의 많은 이야기도 담는다. 나는 특히 1930년대와 1940년대의 흑백영화를 보고 나면 바로 흐뭇한 웃음이 번진다. 세트장 디자인이 많은 것을 보여주기 때문이다. 나는 항상 집의 세세한 장식, 소파 덮개의 가장자리, 커튼, 주방에서 시대를 드러내는 세부적인 인테리어를 찾아본다. 이런 멋지고 아늑한 배경이 우리에게 편안함을 주는 이유를 생각하자.

❦ 소중한 수집품이 있는가? 그렇다면 진열해놓는가? 당신이 정말로 좋아하는 물건에 둘러싸여 살 수 있는 새로운 방법을 생각하자.

❦ 집과 직장에 있는 벽난로 선반이나 탁자나 책상을 화초로 장식하자. 봄 폭풍 때문에 떨어진 잔가지와 잎이 무성한 나뭇가지로 소박한 화환을 만들거나 좋아하는 꽃병에 꽂는다. 나뭇가지를 준 나무

에 감사한다. 아서 왕 시대에 현명한 여성들은 화환이 소박할수록 힘이 세진다고 믿었다. 개암나무 잔가지가 인기가 많았고, 보호를 비는 마음에서 각 가족의 머리카락을 한 올씩 가지 사이에 넣어서 엮었다.

❦ 당신과 가족이 집에서 비바람과 위험을 피하게 해달라고 기도하자. 또한 불의의 사고와 풍파와 자연의 분노에서 벗어나게 해달라고 기도하자. 당신을 둘러싼 벽과, 당신을 보호하는 지붕과, 당신이 딛고 선 마루를 축복하자. 나는 항상 집 입구의 벽에 "오직 나와 내 집은 여호와를 섬기겠노라"(여호수아 24:15)라는 성경 구절을 붙여놓는다. 모든 인용문을 붙여다 뗐다 할 수 있는 스티커로 만들 수 있다. 맞춤형 탈착식 벽면 스티커를 온라인에서 검색하자.

❦ 벌써 5월 31일인가? 그렇다면 감자 샐러드를 만들 때다! 혹은 무엇이든 당신에게 여름을 의미하는 음식을 만들면 된다. 내 경우에는 6~8월에만 상에 올라오는 미국 남부 스타일의 감자 샐러드가 여름을 떠올리게 한다. 그렇다, 나는 9월 첫째 월요일인 노동절까지만 흰색 신발을 신는다.

# 6월

## 행복의 여지를 발견하는 달

항상 6월인 세상에 살면 어떨지 궁금하구나.

– 루시 모드 몽고메리

《빨간 머리 앤》의 작가

6월은 완벽한 달이다. 당신이 알아차리지 못했을까 봐서 하는 말인데 꽃병의 꽃꽂이가 화려해지고 정원은 다채로운 색깔로 찬란하다. 장미와 모란이 활짝 피고 딸기와 크림을 마음껏 먹는 때가 왔다. 자유의 싱그러운 향이 감돌고 아무도 우리가 무엇을 하는지 신경 쓰지 않는다. 학교는 방학을 하고 여름캠프가 시작되며 휴가에 대한 생각이 머릿속을 떠나지 않는다. 미소가 깊어지고, 웃음소리가 커지고, 마음이 활짝 열린다. 이달에 우리는 진정한 만족감을 주는 것은 금전적인 부유함이 아니라 삶의 풍부함이라는 사실을 다시 발견한다.

# 6월 1일

## 집안일을 하는 것은 명상하는 것과 마찬가지다

집안 정리는 내 기도이며 기도가 끝나면 응답이 있다.
무릎을 꿇고 웅크린 채 청소를 하노라면 기도로는
할 수 없는 방식으로 내 몸이 정화된다.

– 제서민 웨스트
미국 소설가

당신이 어수선한 옷장을 정리하면서 그대로 두거나 보관하거나 다른 사람에게 나눠줄 옷 등으로 천천히 분류할 때, 그녀가 그곳에 있다. 당신이 주방 조리대에 대지의 결실을 올려놓거나 단순히 블랙베리 파이가 아닌 축복을 구우며 사랑이 담긴 음식을 먹고 마실 가족의 행복을 무언으로 빌 때, 그녀가 그곳에 있다.

당신이 집에 놀러 올 친구를 위해 손님방을 정리하면서 가장 좋은 시트를 침대에 깔고 폭신한 타월을 의자에 걸어놓고 램프 옆에 재미있는 책과 아름다운 꽃꽂이를 둘 때, 그녀가 그곳에 있다.

당신이 은식기에 광을 내고 빨래를 하고 식탁보를 다리고 설거지를 하고 촛대에 새 초를 꽂아놓을 때, 그녀가 그곳에 있다.

그녀는 위대한 가정의 수호신, 헤스티아다. 지금까지 이 이름을 들은 적이 없더라도 매일 반복되는 일과에서 기쁨을 느낄 때마다 그녀의 존재를 느꼈을 것이다.

헤스티아는 3,000년 전 고대 그리스에서 가족의 삶을 수호하는 화덕의 여신이었다. 여성들은 자신들의 거주지를 아름다움과 안락함이 가득한 가정으로 바꿀 수 있도록 보호해주고 영감을 달라고 헤스티아에게 기원했다.

헤스티아는 고대 그리스 신화에 나오는 올림포스의 열두 신 중 하나다. 제우스는 헤스티아가 인간이 바치는 공물 중 최고로 좋은 것을 받을 수 있도록 신전의 한가운데에 앉히는 특혜를 내렸다. 그러나 헤스티아는 열두 신 가운데에서 가장 덜 알려져 있으며 그녀에 대한 신화도 없다.

다른 신과 여신은 많은 조각과 그림에서 인간으로 표현되었지만 헤스티아는 인간의 모습으로 등장하지 않았다. 대신 사람들은 동그란 화덕에서 불타오르는 영원한 불길로 그녀의 숭고한 영혼을 기렸다. 융학파의 분석가이자 여성의 영성을 다룬 작가인 진 시노다 볼런은 《우리 속에 있는 여신들》에서 헤스티아의 신성한 화덕불이 빛과 온기와 요리에 필수적인 열을 제공했다고 말한다. 헤스티아는 수 세기 동안 익명으로 존재했지만 고대 그리스의 "집과 신전에서 헤스티아 여신의 존재는 일상생활의 중심"이었다.

진 시노다 볼런은 고대 사람들이 그랬듯이 오늘날 여성이 반복되는 일과를 할 때마다 헤스티아에 대해 곰곰이 생각하면 "정신적 중심인 내면에 관심을 집중하게 되어" 내면의 조화를 발휘할 수 있다고 말한다. 헤스티아는 녹초가 되지 않고 위태로운 처지에 처하지도 않는다. 오히려 헤스티아는 "외부의 혼란이나 무질서 혹은 평범한 일상의 한가운데에 단단히 자리 잡고" 있다. 모든 집안일을 수월하고 우아하게 마무리한다. 일상생활에서 헤스티아와 만나려고 노력하고, 그녀의 고요하고 차분하며 질서정연한 영혼이 우리 행동에 영향을 주면 평범한 속에 성스러운 신비가 있다는 사실을 깨닫게 된다.

그렇다면 어떻게 해야 할까? 때로 나는 집안일을 하면서 헤스티아에게 도와달라고 말한다. 혹은 헤스티아라면 이 일을 이렇게 할지 자문한다. 물론 그런 질문을 하는 자체가 내가 답을 안다는 뜻이다. 어쨌든 그런 질문은 살림의 사색적 속성을 일깨운다.

진 시노다 볼런이 강조하듯이 무엇보다도 헤스티아는 "집안 관리는 명상이나 마찬가지"라는 것을 우리에게 상기시킨다. 청소며 빨래 때문에 바빠서 차분히 앉아 명상할 시간을 따로낼 수 없고 정신과 소통할 여유도 없는가? 그렇다면 모든 일에 경외하는 마음으로 다가서면 집은 물론 당신도 변할 수 있다는 사실을 깨달아야 한다. 헤스티아는 가정을 꾸려가는 어려움을 알고 있으며 그 어려움을 성스럽게 생각한다. 당신도 그래야 한다.

# 6월 2일

## 진정한 아름다움은 수수함에서 나온다

수수함에서 아름다움을 발견하는 것이 스타일이다.

- 앙드레 퓌망
프랑스의 인테리어 디자이너이자 가구 디자이너

수수함은 그리 흥미로운 특성이 아니다. 색감이나 장식이 없는 스타일이 세련되고 인상적일 수 있지만 수수한 스타일은 따분해 보인다. 수수함이라고 하면 고등학교 무도회에서 춤 신청 한 번 받지 못하고 체육관 한쪽에 쭈그리고 있는 모슬린 드레스 차림의 여학생이 연상된다. 그러나 호텔 인테리어부터 연필까지 모든 것을 재해석한 프랑스 디자이너 앙드레 퓌망은 '수수한 물건이 비싼 물건보다 훨씬 아름다울 수 있다는 비밀을 좋아하지 않는 사람은 결코 스타일을 지닐 수 없다'고 믿었다.

어렸을 때 아주 대단한 일을 해냈을 때조차 자화자찬하지 말라는 말을 들었을 것이다. 혹은 나중에 실망하지 않으려면 눈부시게 성공하겠다는 꿈을 버리고 수수한 꿈을 꾸라는 말을 들었을 것이다. 지금까지도 당신이 진정한 자아를 표현하려고 하면 자랑하지 말라고 질책하는 옛날 옛적의 목소리가 다시 들릴 것이다.

그러나 정작 세상의 관심은 온통 과장된 몸짓, 즉 화려함과 명성과 부유함에 집중되어 있다. 세상은 이 세 가지를 훌륭한 기호라고 생각하며 숭배한다.

세계적인 베스트 드레서 명단에는 항상 부유한 여성이나 유명인의 이름이 오르고, 고급 잡지에서는 늘 유명한 영화배우의 대저택을 떠들썩하게 소개한다.

첫 소설은 관심을 받지 못하는 경우가 많다. 첫 책이 베스트셀러가 되지 못하면 두 번째 책을 내기가 여간 어려운 것이 아니다. 아무리 연기를 잘해도 아카데미상을 받지 못하면 돈벌이가 되는 상품 축에도 끼지 못한다. 올림픽 동메달리스트가 100만 달러짜리 광고를 계약했다는 이야기를 들어본 적이 있는가? 없을 것이다. 금메달은 챔피언이 받기 때문이다. 대단하지 않은 성공으로는 인정을 받지 못한다. 우리는 수수하다는 말을 들으면 이류를 떠올린다.

그러니 잠시 수수함에 대해 깊이 생각해보자. 우리가 소심하고 수줍고 내성적이고 촌스럽다고 생각한 여성이 사실은 그렇지 않다면 어떨 것 같은가? 수수함이 사실은 절제된 열정이라면 어떨 것 같은가? 수수함이 자신감으로 아주 꽉 차서 요란함에 현혹되지 않는 품성이라면 어떨 것 같은가?

미국의 작가이자 일러스트레이터인 올리버 허퍼드는 수수함을 "의식하지 않는 척해서 매력을 높이는 점잖은 기술"이라고 말한다. 진정한 스타일을 가진 사람은 자신에게 어울리는 것과 어울리지 않는 것을 확실히 알고 있다. 그런 사람은 상표에 신경 쓰지 않는다. 대신에 자기를 표현하는 것에 관심을 둔다. 프랭크 로이드 라이트는 집 인테리어를 절대 힙한 감성의 라이프스타일 브랜드인 어반 아웃피터스에 맡기지 않을 것이다. 양쪽 모두 폭넓은 팬이 있지만 서로 스타일이 다르기 때문이다. 비결은 진정성의 핵심을 파헤칠 수 있을 만큼 깊은 내면으로 들어가는 것이다. 당신이 당신을 둘러싼 모든 것을 사랑하면 방이 당신에게 사랑을 되돌려줄 것이다.

# 6월 3일

## 인테리어 예산이 부족하다면 작은 변화를 즐겨보자

처음에는 우리가 집에 영향을 미치지만
나중에는 집이 우리에게 영향을 미친다.

- 윈스턴 처칠
영국의 수상이자 화가

상상 속에서는 고민할 필요가 없다. 먼저 진짜로 마음에 드는 색감의 소파나 소나무 찬장을 고른다. 지금까지는 순조롭다. 다음은? 아르데코나 아늑한 영국식 전원주택이나 미드센추리 모던 스타일을 좋아하는 내면의 여성을 표현할 수 있는 카펫, 커튼, 그릇, 거실 탁자 등을 선택해 수월하게 방 전체를 꾸미면 된다.

그러나 현실은 그렇지 않다. 오늘 갑자기 무엇을 안락의자 위에 걸고, 바닥에 깔고, 선반에 놓을지 모르겠다면 어떻게 해야 할까? 안락의자는 남편의 전 부인이 구매했고 카펫은 어머니에게 받았고 거실 탁자는 중고매장에서 구했다면 어떻게 해야 할까? 당신이 원하는 것을 알지만 여윳돈이 별로 없어서 고풍스러운 소나무 찬장 구매와 당장 필요한 새 자동차의 계약금 지급 중 하나를 선택해야 한다면 어떻게 해야 할까?

그렇다면 인테리어 목록을 만들 때가 됐다. 소유물을 자세히 살펴보

고 아름답거나 쓸모가 있거나 특별한 추억이 서린 물건을 분류하면 상
황을 명확하게 파악할 수 있다는 이점이 생긴다. 배치를 바꾸거나 천을
갈거나 다시 페인트를 칠하기만 해도 완벽해질 물건이 아주 많아서 깜
짝 놀랄 것이다. 단, 아름답지만 이제는 당신에게 어울리지 않는 물건을
발견해도 놀라지 말기 바란다.

내 친한 친구는 수년 동안 열심히 터키의 킬림 방식으로 직조된 쿠션
을 수집했다. 그녀는 거실 장식에 엄청난 돈과 에너지를 투자했으며 결
과물을 아주 마음에 들어했다. 그런데 어느 날 예전과 달리 이제는 거실
에서 시간을 별로 보내지 않는다는 생각이 문득 들었다. 마침내 온종일
고되게 일하고 퇴근한 사람을 편하게 맞이하기에는 거실 장식의 패턴이
지나치게 복잡하고 색감이 어둡다는 사실을 깨달았다.

그 친구는 현실적인 문제와 새로운 발견 사이에서 고민했다. 거실을
그냥 그대로 내버려둘 것인가 아니면 현재 자신에게 진정한 기쁨을 주
는 스타일로 바꿀 것인가. 친구는 기쁨을 택했다. 거실에 활력을 불어넣
고 싶었을 뿐만 아니라 거실에서 마음 편히 생활하고 싶었다. 새로운 열
정이 생기면서 마음이 평온해졌다. 첫 단계로 무늬 없는 흰색 천으로 교
체한 안락의자만 남겨놓고 거실에서 가구를 다 치웠다. 벽과 책장을 흰
색으로 칠하고 쿠션을 치웠다. 하지만 쿠션이 여전히 아름다웠기 때문
에 다음에 필요할 때를 대비해서 벽장에 보관해두었다. 친구가 아주 아
끼는 책들의 표지를 제외하면 거실은 온통 흰색이다. 새로운 스타일의
주제는 '자제'였다. 예전에 그녀는 거실에 있으면 마음이 편치 않았다.
그러나 이제는 집에 들어설 때마다 불편한 기분이 아니라 만족스러운
기분이 든다. 그런 만족감이야말로 '진정한 장식'에서 가장 중요하다.

인테리어는 잡지나 인스타그램에서 방이 얼마나 멋져 보이느냐가 아니라 당신이 그 방에서 어떤 기분을 느끼느냐가 중요하다. 진실한 눈을 통해 방을 꾸미려면 페인트 색상표와 직물 견본을 살펴보기 전에 당신의 내면을 탐구해야 한다.

내면이 원하는 인테리어가 주변 환경에 표현될 때까지 기다리는 동안 나름대로 조금씩 장식을 하면 어떨까? 지금 당장은 새 소파를 살 형편이 안 되지만 오래된 소파에 활기를 줄 작은 양탄자를 사서 근처에 깔 수는 있을 것이다. 램프 갓을 바꿔서 새로운 분위기를 연출하거나, 꽃병 대신에 찻주전자에 꽃을 꽂거나, 예쁜 자기 컵을 연필꽂이로 사용할 수도 있다. 벽이 아니라 작은 이젤에 사진을 올려놓거나 주방 찬장 문을 떼어버리는 방법도 있다. 가장 중요한 점은 없어도 생활에 아무 지장이 없는 물건을 찾아내는 것이다.

열정과 끈기와 의지와 새로운 시각만 있으면 돈을 거의 혹은 전혀 쓰지 않고도 집안을 꾸밀 수 있다.

## 6월 4일

### 열정과 본능이 이끄는 대로
### 자신의 스타일을 발견해라

우리가 팔팔하게 살아 있는 동안에는 열망과 소망을
결코 포기하지 못하는 듯하다. 우리는 아름답고 좋다고 느끼고 것이 있고,
그런 것들을 갈망해야 한다.

내가 좋아하는 취미 중 하나는 가정생활의 기쁨을 찬미하는 소설을 읽는 것이다. 1930년대 단편소설 작가 캐슬린 노리스나 로리 콜윈, 로자문드 필처, 노라 에프론의 책들은 열정적인 연애뿐만 아니라 음식과 가구를 아주 멋들어지게 묘사해 내 상상력에 날개를 달아준다.

대프니 듀 모리에도 책에 가정생활에 관한 내용을 많이 담았다. 그녀는 소설 《레베카》에서 막심의 전 부인이 쓰던 서재를 묘사한다. "딱 봐도 여성의 방이었고 우아함과 섬세함이 감돌았다. 의자와 꽃병과 아주 작은 장식품 하나까지 서로 조화를 이루었고 드윈터 부인의 개성에 맞도록 모든 가구를 세심하게 고른 여성의 방이었다. 마치 한 여성이 평범한 물건에는 눈길도 주지 않은 채 최고만을 고르는 확실한 본능을 따라서 맨덜리 저택의 보물 중 마음에 드는 물건을 하나씩 손가락으로 가리키며 '이 가구로 하겠어요, 그리고 이것이랑, 이것도요'라고 말하며 방을 꾸민 것 같았다."

삶과 가정에 서서히 질서가 회복되는 과정에서 주변 환경을 통해 진정한 조화를 이루게 된다. 다시 말하자면 최고만을 고르는 확실한 본능을 따라서 자신의 감각을 가장 잘 표현하는 물건을 가리키게 된다. 하지만 잡동사니로 가득한 옷장과 서랍을 정리할 시간이 아직 없었거나, 온갖 물건을 자세히 살펴보면서 아름답거나 쓸모가 있거나 정이 가는 물건을 분류할 시간이 아직 없었어도 실망할 필요는 없다. 지금 당신의 내면에서 중요한 활동이 일어나고 있으며 머지않아 분명하게 눈에 보일 것이다.

내가 작가라 그런지 모르겠지만 진정한 스타일을 발견하는 것은 책을 쓰는 창조적인 단계와 아주 비슷하다고 생각한다. 책은 생명이 없어 보이겠지만, 집처럼 살아 있고 숨을 쉬며 작가의 존재를 표현한다.

작가가 책을 쓰는 과정과 당신이 스타일을 발견하는 과정을 비교해서 설명하겠다. 작가가 책을 쓸 때는 먼저 영감이 떠올라야 한다. 이와 비슷하게 당신의 스타일을 발견하는 것은 절로 한숨이 나오는 거실 상황을 시작점으로 삼을 수도 있다. 나는 처음 떠오른 아이디어에 살을 붙이기 위해 조사를 해야 한다. 당신이 창조적인 유람을 떠나고 잡지 기사나 직물 견본 같은 것을 모아놓는 단계가 여기에 속한다.

다음으로 나는 내용의 개요 혹은 윤곽을 그려야 한다. 당신은 계획이나 예산을 짜면 된다. 이 단계에서 일반적으로 나는 프로젝트의 방대한 규모 때문에 불안감이 든다. 당신도 그럴 것이다. 이럴 때 나는 과감하게 뛰어들어 초안을 쓴 후에야 불안감이 점차 잦아든다. 지금쯤 당신은 마룻바닥에 니스를 다시 바르려고 오래된 카펫을 뜯어내고 있거나, 벽지 혹은 페인트칠을 벗겨내기 시작했을 것이다.

대체로 나는 초안 작성을 끝낸 뒤에 안도의 한숨을 쉬지만 곧이어 다시 공포의 파도에 휩싸인다. 초안을 정말 제대로 쓴 것일까? 그러나 한걸음 물러나서 수정하기 시작하면 마음이 다시 차분해진다. 책의(혹은 방의) 형태가 구체화되면서 아이디어가 빠르게 솟아 나온다.

진짜로 재미있는 단계인 수정이 이때부터 시작된다. 이때는 자신의 스타일로 방에 생명력을 불어넣고 특별한 의미가 있는 장식품과 디테일을 추가하는 단계다. 혹은 일부를 없애기도 한다. 나는 효과가 없는 부분을 고치고 효과가 있는 부분은 더 좋게 만들 수 있기 때문에 수정 단계를 좋아한다. 그렇지만 아직 갈 길이 멀다. 에이전트나 편집자가 이제 됐다고 말할 때까지 원고를 쓰고 또 쓰면서 계속 수정해야 한다. 작가가 원고를 에이전트에게 전달하는 것은 줄다리기와 비슷하다. 작가는 "시간이 조금만 더 있으면 좋을 텐데"라고 말할 것이다. 그 시간은 열흘이 될 수도 있고 10주가 될 수도 있고 10년이 될 수도 있다.

하지만 좋은 소식이 있다. 당신에게는 시간이 더 있다!

원고를 다 쓰고 나면 일이 끝나는 책과 달리 당신이 주변 물건을 통해서 쓰는 시각적인 자서전에서는 이야기가 끝없이 이어진다. 멈출 필요가 없다. 사실 멈출 수 없다. 당신은 자기 개성의 새로운 면을 발견하면서 그런 면을 늘 드러내게 될 것이다. 세월이 흐르면서 삶의 변화에 따라 더 이상 당신에게 맞지 않은 장식을 발견해서 수정하고 없애면서 크고 작은 변화를 끊임없이 감행할 것이다.

책을 쓰는 일이든 집을 꾸미는 일이든 간에 열정을 발휘해야 한다. 열정을 당신의 뮤즈, 진정한 인테리어 디자이너로 삼자. 열정이 안내하는 대로 따라가고 본능을 믿자. 열정적으로 사랑하는 물건으로만 둘러싸여 살기를 바라자. 인내심을 가지자. 걸작을 만드는 데는 평생이 걸리는 법이다.

유명한 인테리어 디자이너 엘시 드 울프는 "나는 그림을 못 그린다. 글을 못 쓴다. 노래도 못한다. 하지만 집을 아름답게 장식할 수 있고 환하게 밝힐 수 있고 따뜻한 분위기를 조성할 수 있고 생명력을 불어넣을 수 있다"라고 말했다. 열정을 진정한 디자이너로 삼아 집을 꾸미면 모든 방에서 당신의 특성이 드러날 것이다.

# 6월 5일

## 집에 돌아오면 긴장을 푸는 의식을 실행하자

당신이 도망쳐 나오는 집이 있고, 뛰어서 들어가는 집이 있다.

- 로라 커닝햄
미국의 소설가이자 극작가

집이 아무리 깔끔하고 정돈되어 있어도 우리는 모두 똑같은 반응을 보인다. 손님이 온다는 말을 듣자마자 잽싸게 액자를 반듯이 정렬하고, 쿠션을 두드려서 부풀리고, 거울에 광을 내고, 거미줄을 걷어내고, 구겨져 있거나 지저분하게 쌓인 것들을 어떻게든 필사적으로 가린다. 다시 말하면 일상생활의 모든 증거를 감춘다. 갑자기 손님들을 맞이하게 되었을 뿐만 아니라 내면의 이상이 반영된 집으로 그들을 들여야 한다.

이상하게도 운명은 우리가 아직 완전히 통달하지 못한 교훈에 반복해서 부딪치게 한다. 꼭 원형 계단을 걷는 것 같다. 정신적 교훈은 우리에게 닥친 무수한 삶의 경험, 특히 우리가 이해하지 못한 삶의 경험에서 나온다. 나는 가정의 행복에 대한 글을 얼마나 오래 써왔을까? 행복해지려는 열정, 평범한 일과의 소중함, 행복이 사라질 때의 아픔, 사라진 행복을 떠올리는 괴로움. 요즘 내가 끊임없이 갈망하는 것은 다시 한 번 나 자신에게 집중하는 것이다.

보통 당신은 집에 들어서자마자 무엇을 하는가? 우편물을 훑어보는가? 메시지를 확인하는가? 저녁 뉴스 방송을 켜는가? 급한 일이 일어나지 않으면 아쉬운 기분이 드는가? 요즘 세상은 의사소통이 워낙 즉각적으로 이루어지는지라 바깥세상이 주는 과도한 자극으로부터 벗어나기가 대단히 어렵다. 그러려면 신체 감각을 만족시키는 수밖에 없다.

평일을 위해 긴장 풀기 의식을 만들어보면 어떨까? 30분 정도 느긋하게 보낼 시간을 갖는다. 옷을 갈아입거나 주전자를 불에 올리거나 와인 한잔을 따르거나 반려동물을 쓰다듬거나 화분에 물을 줄 때 최대한 느긋하게 움직인다. 저녁에 집에 오면 마음을 평온하게 하거나 절로 웃음 짓게 하는 특별한 음악을 틀고 음악만 집중해서 듣는다. 이 방 저 방을 어슬렁거린다. 뒷마당으로 나가서 꽃이나 나뭇가지를 꺾어 와 즐겁게 꽃꽂이를 한다. 시계가 똑딱거리는 소리가 들리는가? 심장이 마구 뛸 때 두근거림을 가라앉히는 확실한 방법은 오래된 시계의 리듬으로 마음을 달래는 것이다. 오늘 밤에 당신이 머물 방들이 당신을 환영하게 하자.

옛날에는 저녁을 맞이하기 전에 샤워를 하고 옷을 갈아입어 몸단장을 하는 관습이 있었다. 당신이 너무 피곤해서 당장 침대에 쓰러지고 싶은 날, 재빨리 샤워를 하고 편한 옷으로 갈아입는 것만으로도 즐거운 저녁을 보낼 새로운 기운이 솟을 것이다.

이제 편한 옷에 관해 이야기해보자. 고등학교 때부터 입은 오래된 트레이닝복이나 닳아 해진 청바지나 나이트가운으로 갈아입고 싶겠지만 혼자 있으면서 꾸미는 것을 부끄러워하지 말자. 헐렁하고 부드러운 옷(새 니트, 우아한 롱드레스, 눈에 띄는 기모노, 빈티지 가운)으로 보다 더 긍정적이고 당당한 모습을 연출하자. 바지를 입는 것이 더 편하다면 부드러운 요가 바지와 밝은색 티셔츠가 기분을 좋게 할 것이다. 옷이 여성을 만들지는 않지만, 우리가 집에서 입는 옷은(혼자 있을 때라도) 현재 우리

자존감이 어느 정도인지를 잘 보여준다. 여성은 사람들과 있을 때 입는 옷과 혼자 있을 때 입는 옷을 구분한다. 우리는 사람들이 있는 데서는 차분하게 행동하지만 혼자 있을 때는 허물어지고 흐트러진다. 웃기지만 그게 사실이다. 하지만 나는 왜 내 본연의 모습대로 행동하지 못할까 궁금해하다가 내가 집에만 들어가면 말 그대로 위기일발의 상황에 처해 있다는 것을, 여유가 없다는 것을 깨닫는다.

당신이 본래의 모습을 되찾으면 저녁식사 준비를 시작하자. 음식이 끓는 동안 우편물을 분류해서(옆에 쓰레기통을 두자) 쓸모없는 우편물은 열지도 말고 쓰레기통에 던지자. 개인적인 편지를 받았다면 이 드문 즐거움에 관심을 쏟을 시간이 날 때까지 그대로 보관하자. 이메일은 확인한 뒤 답장을 보내거나 회신 전화를 할 시간을(가급적 내일) 정하자.

당신이 지금부터 올해 말까지 한 가지 새로운 일을 하려고 한다면, 적어도 일주일에 세 번은 저녁 시간을 최대한 개인적으로 보내려고 노력하자. 당신 자신에게 집중하자.


# 6월 6일

## 바라는 일이 있다면 소리 내어 말해라

구하라 그리하면 너희에게 주실 것이요,
찾으라 그리하면 찾아낼 것이요,
문을 두드리라 그리하면 너희에게 열릴 것이니.
– 신약성서 마태복음 7장 7절

다른 사람에게 편하게 부탁한 적이 마지막으로 언제인가? 편하게 조언을 구하거나 도움을 요청하거나 길을 물은 때가 언제인가? 나는 기자로서 많은 시간을 질문하며 살았다. 그러니 당신은 내가 부탁하는 게 수월할 거라 생각할 것이다. 사실은 그렇지 않다. 그렇지만 최근 내 일상에 모험심을 발휘하기 시작했다. 이는 아주 간단하지만 겁이 나기도 하는 행동이다.

그것은 바로 내가 원하는 것을 '요청'하는 것이다. 도움과 조언과 지혜와 안내와 정보를 요청하는 것이다.

특히 다른 사람이 준 정보로 알게 된 카페는 정말 마음에 드는 곳이었다. 이 글을 쓰고 있는 지금 나는 예쁜 흰색 제라늄 화분들로 둘러싸여 있는 노천카페에서 빨간색과 흰색 줄무늬의 파라솔 아래에 앉아 맛있는 아이스 카페라테를 마시고 있다. 그리고 발 옆에 놓인 쇼핑백 속의 여름옷 한 벌을 슬쩍슬쩍 쳐다보며 즐거워하고 있다. 소박한 풍요로움의 테스트를 통과한 옷이다. 나에게 잘 어울리고 내 기분을 좋게 하고 할인까지 하고 있었다.

옷장과 서랍장에서 필요 없는 옷을 다 치우고 보니 밖에서 입을 옷이 한 벌밖에 남지 않았다. 농담이 아니라 사실이다. 그러나 가게에서 둘러본 옷은 너무 비싸거나 어울리지 않거나 기분을 좋게 하지 못했다. 그래서 몇 달 동안 옷을 사지 않았다. 그러다가 멋진 스타일을 지닌 지인을 우연히 만났다. 그녀의 옷은 모두 아주 멋져 보였다. 하지만 그녀에게는 포대자루라도 기품 입게 연출할 수 있는 당당함이 있다. 과거에 나는 그녀를 만날 때마다 부러워만할 뿐 조언을 구하지 못했다. 이번에 만났을 때는 바로 본론으로 들어갔다. "어디에서 옷을 사세요?" 고맙게도 그녀는 여러 매장은 물론 자신이 선호하는 몇몇 브랜드의 차이점까지 상세하게 이야기해주었다. 그러더니 아주 멋진 가게에서 곧 할인행사를 하니 꼭 가보라고 조언했다. 가게에서 발행하는 소식지를 받아보라는 조언도 빼놓지 않았다. 그러면 광고를 하지 않는 특별행사에 초대받을 수 있기 때문이었다.

스페인 시인 안토니오 포르치아는 "하늘에 뭔가를 요청하지 않은 지 꽤 오래됐다. 그러나 여전히 내 두 팔은 내려오지 않는다"라는 말로 요청의 심오한 역설을 표현했다. 우리는 원하고 필요로 하고 열망하고 동경하지만, 요청하지 않는다. 그러면서도 두 팔을 하늘을 향해 쭉 펴고 있다. 마음은 굴뚝같지만 행동으로 옮기지 않는다. 분명하게 말하지 않는다. 우리가 요청하지 않는 이유는 거절당할까 봐 두렵기 때문이다. 누구에게? 그것은 중요하지 않다. 신이든 남편이든 상사이든 마찬가지다. 간절하게 바라는 일이 마법처럼 일어나지 않으면 거부당했다고 느낀다. 그래서 앞으로는 요청하지 않겠다고 마음먹지만 마음속으로는 여전히 바라고 결국 끊임없이 박탈감에 시달린다.

요청한다고 해서 바라는 것을 얻으리라는 보장은 없다. 작가 마저리 홈스는 기도서 《누구한테라도 말 좀 해야겠어요, 하느님 I've Got to Talk to Somebody, God》에서 "내가 요청해도 이루어지지 않는다. 내가 간청해도 듣지 않는다"라고 털어놓는다. 그녀는 "손가락 마디마디에 피가 흐를 정도로 문을 두드리고 목이 쉴 정도로 요청하지만" 문은 변함없이 닫혀 있고 정적만 흐를 뿐이라고 말한다. 요청이 이루어지지 않은 거대한 침묵 속에서 들리는 소리라고는 당신의 흐느낌뿐이다. 나도 안다. 그러나 요청하지 않으면 아예 실낱같은 희망마저 없어진다.

오늘부터는 요청하자. 질문하고 부탁하자. 머리를 멋지게 자른 여성이 보이면 어디에서 잘랐는지 물어보자. 가정용품 매장에서 예쁜 페인트 색깔의 이름을 물어보고, 초대받아 간 집주인에게 요리법을 물어보고, 미용실에서 들리는 음악의 이름을 물어보자. 오후에 혼자 시간을 보낼 수 있게 방과 후 아이들 마중은 남편에게 대신 부탁하자. 아이들에게 장난감을 직접 치우라고 말하자. 작업 마감일을 연기해달라고 부탁하자. 휴가를 내겠다고 말하자. 월급을 올려달라고 요청하자. 다음 할인 날짜를 물어보자. 신에게 매일 은총을 내려달라고 요청하자. 지혜의 신에게 사는 방법을 가르쳐달라고 요청하자. 수호천사에게 도움을 요청하자. 그러면서 아주 간절히 원해서 기도로 바라는 것조차 두려운 그 개인적인 기적을 요청하자.

당신이 필요하고 원하는 것을 요청하자. 올바른 질문을 가르쳐 달라고 요청하자. 답해달라고 요청하자. 삶의 신성한 계획이 기쁨을 통해서 펼쳐지게 해달라고 요청하자. 정중하게 요청하자. 열렬히 요청하자. 감사하는 마음으로 요청하면 답이 들릴 것이다.

그저 요청하기만 하면 된다.


## 6월 7일

### 좋아하는 물건을 수집해보자

수집품 중 각 물건에는 나름의 이야기와 추억이 있다. 발견한 과정,
구입한 날, 함께 있던 사람, 휴가….

영화 〈타이타닉〉을 기억하는가? 영화의 마지막에 침대에서 잠들어 있는 늙은 로즈를 와이드 샷으로 잡은 장면이 나온다. 그녀의 머리맡엔 액자들이 빽빽하게 늘어서 있는데, 액자 속에는 로즈가 웅장한 배의 참혹한 침몰과 소중한 잭 도슨의 죽음을 겪고 살아남은 후 어떻게 살아왔는지 보여주는 사진들이 담겨 있다.

구체적으로 말하면 로즈가 날마다 '어떻게 살기로 결정했는지'를 보여준다. 개인적으로 나는 그녀가 남은 평생 커튼이 모두 쳐진 방의 침대 구석에서 이불을 뒤집어쓰고 있었다고 해도 놀라지 않았을 것이다. 나라면 그랬을 테니까.

대신에 그곳에는 로즈가 말을 타고, 폴로를 하고, 펜싱을 하고, 비행기 조종을 하고, 바다에서 낚시를 하고, 사파리 여행을 하고, 피라미드 옆에서 낙타를 탄 채 하늘 높이 손을 흔들고, 등산을 하고, 자동차 경주를 하는 사진들이 있었다. 다시 말해서 함박웃음을 지으며 온 힘을 다해 살아온 것이다. 그녀가 오래된 사진들 속에서 얼마나 행복해 보이는지 생각하는 것만으로도 나는 활짝 웃게 된다.

이 대목이 바로 이 영화에서 내가 가장 좋아하는 장면이다. 10초 정도밖에 안 되지만 이 장면을 처음 본 순간에 엄청난 황홀감에 휩싸였다. 나는 이 가공의 여성이 절망적인 비극에서 살아남은 후 다시 살기로 선택했을 때 비로소 놀라운 삶이 시작됐다는 것을 깨달았다. 그래서 지난 몇 년 동안 여성 탐험가와 모험가의 오래된 사진과 앨범 및 자질구레한 여행용품을 수집했다.

또한 내가 사랑하는 여성들, 과거를 가진 그 여성들의 삶의 이야기를 수집한 뒤 그들의 교훈을 엮어내 일상생활의 천을 짠다. 그것은 내가 인용문을 수집하기 시작한 이래로 가장 멋진 수집품이 되었다. 시간과 상상과 감정과 에너지 외에는 돈이 하나도 들지 않았으며 나를 소박한 풍요로움의 길로 이끌었다. 과거를 가진 이 놀라운 여성들과 내가 이브의 딸이라는 같은 혈통과 유산을 지닌 것이 무척 기쁘다.

당신은 무엇을 수집하는가? 수년 동안 모아서 현재 집에 진열해놓은 물건이 무엇인가? 당신이 열정적으로 좋아하는 물건을 수집하고 있기를 바란다. 외딴곳의 작은 가게와 플리마켓을 돌아다니며 세상에서 당신만 가치를 알아보는 신비로운 물건을 찾는 것처럼 큰 기쁨이 없기 때문이다.

온라인에서 멋진 물건을 발견할 수도 있다. 특히 이베이, 엣시, 에브리싱벗더하우스 같은 사이트들이 괜찮다. 나는 그냥 구경만 할지라도 정기적으로 위시리스트를 확인한다. 하지만 때로 이런 경매 사이트에서는 종이에 베인 상처처럼 아주 쓰라린 경험을 하게 된다. 이를테면 9일 동안 지켜보던 물건이 경매 마감 4초 전에 다른 구매자에게 넘어갈 때가 그렇다.

그렇지만 생생한 사냥의 전율은 오늘도 우리의 흥미를 끈다. 빛을 보지 못하고 묻혀 있던 물건을 실시간으로 발견하는 기쁨을 무엇에 비교할까. 건너편에 있는 아름다운 물건을 본 순간, 그 물건은 가까이 다가와 자세히 살펴보라고 손짓을 한다. 그리고 "날 집에 데리고 가세요"라고 조용히 속삭인다. 심장이 고동친다. 당신은 물건을 뒤집어서 가격표를 본다. 횡재했다! 속내가 드러나지 않게 태연한 표정으로 돈을 내고 인사를 나눈다. 그리고 천천히 문을 나서면서 씩 웃는다. 대놓고 좋아하는 표정을 짓는 것은 현명한 행동이 아니다. 약삭빠른 주인이 당신이 그 물건을 간절하게 원한다는 것을 알아채면 가격을 올릴지도 모른다.

나는 뉴멕시코주의 유령도시에 있는 보잘것없는 가게에서 프레드 하비 우유병을 발견한 적이 있다. 단돈 1달러였다. 나는 미치광이처럼 내 딸 케이트에게 그 우유병에 대해 계속 주절거리는 것을 멈출 수가 없었다. 그런데 갑자기 뚱한 표정으로 계산대 뒤에 서 있던 사람이 내 손에서 그 우유병을 빼가더니 1달러를 돌려주는 것이 아닌가. 계산원은 박물관에 진열할 만한 가치가 있는 물건인데 실수로 가게 앞에 진열했다고 말했다. 그 후 케이트는 몇 년에 걸쳐서 다른 우유병을 온라인에서 찾아내서 어느 크리스마스에 의기양양하게 내밀었다. 나는 신이 나서 어쩔 줄 몰랐다. 어쨌거나 나는 소중한 교훈을 얻었다. 보물을 발견한 순간에는 입 다물고 조용히 있자!

보물을 발견해도 안전하게 자동차에 올라탈 때까지는 만세를 부르지 말자. 보물을 새 보금자리로 데리고 가서 다른 물건들을 재배치하고 새로 생긴 보물을 눈에 띄는 자리에 놓을 때 기쁨이 몰려들 것이다. 한 발 뒤로 물러서서 바라보자. 수집품과 그 순간이 모두 완벽하다. 이제 당신은 그 수집품을 볼 때마다 삶이 얼마나 놀랍고 경이로운지 되돌아보게 되고, 마음에서 우러나온 선택들이 어떻게 생각만 해도 당신을 웃음 짓게 하는지 생각하게 된다.

# 6월 8일

## 물욕이 생길 때면 플리마켓에 가보자

중고품 쇼핑의 설렘은 당신이 평생 동안 찾아온 무엇인가가
다음 좌판에 있을지 모른다는 기대감에서 온다.
- 메리 랜돌프 카터
미국의 작가·사진가·화가

이맘때면 나는 주말마다 여기저기 무언가를 찾아다닌다. 어슬렁어슬렁 배회하다가 손으로 써서 전봇대에 붙여놓은 전단을 따라가기도 한다. 특별히 찾는 물건이 있는 것이 아니라 그냥 이것저것 둘러본다. 기대라는 틀에 갇혀 기쁨을 맛볼 기회를 미리 차단할 필요가 있을까?

태양이 밝게 빛나고 있다. 자동차에 연료를 가득 채웠으며 텀블러에는 아주 차가운 레모네이드가 있고 주머니도 채웠다. 때로는 친구와 동행하고 때로는 혼자 마음대로 돌아다닌다. 뭔지 모르지만 내가 평생 찾아다니던 것을 찾기 직전일지도 모른다. 어쩌면 오늘은 찾게 되리라.

이맘때는 각 가정집에서나 차고에서 중고물품을 싸게 팔고 주말이면 플리마켓이 열리는 시기다. 쇼핑 장소를 온라인에서 야외 좌판으로 바꿀 때다. 여기저기 찾아다니는 것은 영혼에 유익하다. 자발적이든 어쩔 수 없어서든 허리띠를 졸라매기로 일생일대의 결심을 하고 나면 박탈감을 해소할 치료제가 필요하다. 세상은 판매를 중단하지 않았다. 우리가 구매를 중단했을 뿐이다.

특히 이럴 때 구매욕을 자극하는 멋들어진 광고가 사방에서 공격하

면 자기연민에 빠지기 쉽다. 이성적으로는 물건에 대한 집착에서 벗어났더라도 우리 모두에게 약간씩 존재하는 세속적인 부분은 여전히 물욕 때문에 고생한다. 내 경험에 따르면 물욕을 잠재우는 가장 좋은 방법은 야외 시장이나 중고 세일에 자주 다니는 것이다.

나는 모든 야외 쇼핑을 플리마켓 발견물이라는 항목으로 묶는다. 그러나 알아두면 좋은 몇 가지 차이점이 있다. 개인이 집 마당이나 차고에서 중고품을 싸게 판매하는 마당 세일이나 차고 세일은 누군가 자신이 쓰지 않는 물건이 당신의 보물이 되길 바란다는 뜻이다. 보물을 찾으려면 다양한 물건들을 샅샅이 뒤져야 할 때도 많지만 그래서 손해날 것은 없다.

이혼, 사망 등으로 인한 이스테이트 세일과 이사 세일은 옷부터 주방용품, 재활용 가구에 이르기까지 다양한 물건을 둘러볼 수 있는 최고의 종합 선물 세트다. 이스테이트 세일은 대체로 전문 중개상이 열기 때문에 정리가 잘 되어 있으며 주로 금요일에 시작해서 주말까지 열린다. 아침 일찍 가야 가장 좋은 상품을 차지할 수 있지만 저녁이나 일요일 오후에 가격이 가장 저렴해진다. 주말 플리마켓은 수백 킬로미터 떨어진 곳에서 온 전문 중개상이 각종 물품을 야외에서 판매하는 자리다. 골동품에서 폐물에 이르기까지 사실상 모든 물건이 있고 가격은 제품에 따라서 천차만별이다.

"플리마켓 쇼핑을 잘하는 전략은 간단하면서도 복잡하다." 인테리어 디자이너 샬럿 모스가 《디테일에 대한 열정A Passion for Detail》에서 조언한다. "특정한 물건을 찾을 목적으로 가면 아주 괜찮은 다른 물건이 있어도 우리 눈이 보지 않고 삭제해버릴 것이다. 이 방법은 실망만 남긴다.

하지만 그저 재미 삼아서 혹은 그저 사냥 삼아서 간다면 집에 가지고 올 물건을 발견하게 된다. … 플리마켓에서 쇼핑하는 이점이 물건을 얻는 것만은 아니라는 점을 명심해야 한다. 호기심을 발휘하면 그만큼 소득이 있기 마련이며 아주 좋은 아이디어를 발견할 수도 있다. 게다가 즐거움은 무료다!"

# 6월 9일

## 나만의 보물을 찾아내는 4가지 기술

당신에게 무엇인가를 돌려주는 집을 만들라.
– 잰드라 주로
'리틀 옐로 카우치' 블로그 개설자이자 크리에이터

초등학교 때 매주 각자 물건을 가져와 전 급우 앞에 서서 그 물건에 관해 이야기하던 발표수업을 기억하는가? 행복한 시절이었다. 모든 수집가가 자신의 보물 이야기를 들어줄 청중을 가지고 있다면 멋지지 않을까?

당신이 탐험가가 되어 모험을 떠날 때 다음의 네 가지 제안을 떠올리면 여행이 더욱 즐거워질 것이다.

1. 정신적인 풍요만이 유일하게 진정한 풍요이며, 당신에게 가장 이익이 되는 물건을 좋은 가격으로 구매할 때 정신적인 풍요가 찾아온다는 점을 항상 기억하라.

2. 항상 "더 깎아줄 수 있나요?"라고 묻자. 이는 가격을 흥정할 때 유용한 방법이다. 혹시 깎아줄지 누가 아는가?

3. 항상 사기 전에 그 물건을 어디에 쓸지 꼭 생각하자. 내가 아는 한 여성은 10년 동안 차고 세일에서 상습적으로 사들인 수많은 물건을 처리하기 위해 마당 세일을 열어야 했다. 싼 가격에 솔깃해서 무조건 쓸어 담지 말자.

4. 항상 지출 한도를 정해 죄책감 없이 쇼핑할 수 있어야 한다. 나는 여름에 여기저기 야외 세일을 찾아다니면서 쓰는 돈을 주당 20달러로 제한해놓는다. 20달러가 넘어간다면 신중히 고려한 뒤 구매한다. 항상 현금을 가지고 다니자. 그래야 지출을 통제할 수 있으며 어차피 대부분의 야외 세일에서는 수표나 신용카드를 받지 않는다. 지출 한도를 정한다고 해서 심리적인 안정감까지 줄어들지는 않는다. 나는 여름이면 주말마다 야외 세일을 돌아다니지만 물건을 전혀 사지 않고 돌아오는 경우가 태반이다. 그래서 쓰지 않은 돈은 플리마켓용 지갑에 그대로 남아 다음 주에 쓸 수 있다. 인내는 즐거움을 불러온다.

대체로 그저 구경하는 재미를 즐기자. 그리고 당신은 쓸모 있거나 아름다운 물건만(이왕이면 둘 다에 해당하는 물건만) 사기로 했기 때문에 야외 세일에서 돈을 낭비하는 것이 아니라 창조성에 투자하고 있는 셈이다. 10달러짜리 책상을 사다가 페인트로 점묘법이나 흩뿌리기나 스펀징처럼 새로운 시도를 해볼 수 있다. 설사 망쳐도 죄책감을 느끼지 않을 것이다.

뛰어난 작가, 사진가, 화가이자 랠프 로런의 광고 감독인 메리 랜돌프 카터는 물건의 아름다움을 우리에게 일깨운다. "값이나 출처가 중요한 것이 아니다."

묻혀 있는 보물을 찾는 방법을 카터만큼 잘 아는 사람도 없다. 그녀는 폐물 시리즈를 포함해서 수집을 주제로 한 책을 12권이나 냈다. "물건과 교감을 하게 된다. 그 물건에 보금자리와 새 삶을 주고 싶어진다."

여기저기 찾아다니노라면 오래되고 버려진 물건을 새로운 시각으로 보는 눈이 생긴다. 우리가 평범한 나날을 상상력과 사랑으로 되살리듯이 잊힌 물건을 창조성과 선택으로 구할 수 있다.

# 6월 10일

## 플리마켓 쇼핑을 위한 5가지 전략

돈이 있으면 누구나 멋진 스타일을 연출할 수 있다. 그러나
진짜 기술은 아주 적은 돈으로 스타일을 살리는 것이다.
– 톰 호건
미국의 수집가이자 기업가

중고품 쇼핑의 기술을 연마하는 데 필수적인 다섯 가지 전략이 있다.

1. 절약하자, 찾아내자, 발견하자.

2. 규모와 비율을 파악하자.

3. 본능을 믿자.

4. 눈을 훈련시키자.

5. 천천히 하자.


1. 절약하자, 찾아내자, 발견하자. 〈스타트렉〉 벌컨족의 인삿말로 바꾸면 '장수와 번영을'이다. 정말로 좋아하는 것을 찾으려고 노력하는 동안 절약하면, 결국 그것을 발견할 것이고 살 돈도 생길 것이다. 일주일 이상 걸릴 수도 있지만 언젠가 발견하게 될 것이다. 앞으로 몇 년 후에 당신과 내가 중고할인점에서 만나게 될지 모른다. 우리는 빛나는 눈빛을 보고 서로를 알아볼 것이다. 우리는 비밀 슬로건 '절약하자, 찾아내자, 발견하자'로 서로를 알아챌 것이다. 그저 내가 벽난로 선반에 올려놓으려고 찜한 거울에 당신이 손을 내밀지 않기만 바란다! 아니다. 당신에게 완벽한 거울이라면 가져가도 좋다. 나에게 완벽한 거울도 나타날 테니 걱정할 것 없다. 나는 웃으면서 보내주면 언젠가 더 좋은 물건이 나타난다는 교훈을 배웠다.

2. 규모와 비율을 파악하자. 당신의 방이나 옷이 잡지나 인스타그램의 사진처럼 보이지 않는 이유는 천이나 색감이나 스타일보다는 규모와 비율 때문이다. 멋지고 세련된 가정용 중고가구점 샤르트뢰즈(〈뉴욕타임스〉가 1990년대에 극찬하는 기사를 쓴 다음 날 모든 물건이 매진됐다)의 공동소유주인 톰 호건은 근

사해 보이는 방의 비결은 균형을 맞추려는 노력이라고 말한다. 중요한 것은 대칭이 아니고, 규모와 비율이 시각적으로 더 중요하다. 예를 들어서 방의 한쪽 끝에 커다랗고 무거운 가구가 있으면 반대쪽 끝에 부피가 큰 가구를 하나 더 놓아서 균형을 맞춰야 한다. 현대식 가구와 투박한 가구를 섞어서 절충적인 분위기를 내고 싶다면 시도해보자. 단, 각 스타일의 비율이 동일해야 한다. 나는 쿠션이나 램프 같은 물건들은 짝을 이루어 두는 것을 좋아한다.

3. 본능을 믿자. 당신이 좋아하는 것은 당신이 가장 잘 안다. 톰 호건은 친구, 유행, 인기에 의지하지 말라고 조언한다. 그런 부분에 이끌려 샀다가는 6개월만 지나도 너무 싫증이 나서 가구가 보기 싫어지거나 가구가 있는 방에 들어가기도 싫어질 것이다. "돈 낭비다."

4. 눈을 훈련시키자. 톰 호건은 "눈은 일정한 모습에 익숙해져 있기 때문에 그와 다른 모습은 이상해 보인다"라고 말한다. 새로운 천을 20마나 사기 전에, 두어 주 동안 천의 견본을 가구 위에 걸쳐놓아 보자. 눈이 적응하지 못하면 당신에게 맞는 물건이 아니다.

5. 천천히 하자. 톰 호건의 조언은 이렇다. "모든 가구를 한꺼번에 바꾸려고 서두르면 안 된다. 사람들은 너무 급하게 샀다가 결국 싫어하게 되는 실수를 저지른다." 최고의 방과 옷장은 서서히 만들어진다. 완성된 형태로 머릿속이나 가게에서 불쑥 튀어나오지 않는다. 그리고 항상 영감을 발휘할 여

지를 남겨두어야 한다. 내일 어떤 좋은 아이디어가 떠오를지 아무도 모르는 법이다.

다음번에 쇼핑을 하려고 문을 나설 때 진정한 스타일은 돈과 상관없으며 순전히 본능에 대한 신뢰에 달려 있다는 점을 명심하자.

수업 끝!


## 6월 11일

## 가장 편안히 쉴 수 있는 공간을
## 최대한 호화롭게 꾸며라

문명 세계에서 때로 침대를 안식처로 여기지 않는 사람은 거의 없다.
특히 가진 힘보다 더 많은 힘을 날마다 쓰는 사람은 더욱 그렇다.
- 애니 이디스 포스터 제이미슨
J. E. 벅로즈로 알려진 영국 소설가


집에 있는 모든 방 중에서 침실이 가장 사적인 것을 통해 여성의 영혼을 드러낸다. 침실은 여성의 진실(과거, 현재, 미래의 꿈, 혹은 꿈의 부재)을 나타내기 때문이다. 희망과 슬픔, 열정과 즐거움, 사소한 실수, 자신에 대한 평가, 숨기거나 숨기지 않는 면이 모두 드러난다.

밤과 잠이 동의어가 아니듯이 침실bedroom과 내실boudoir도 동의어가 아니다. 그나저나 당신은 침실에서 실제로 무엇을 하는가? 어차피 안 믿을 테니 잠만 잔다는 말은 하지 말자. 당신이 잠만 자는 기적을 일으켰다면 내 조언이 필요 없다. 그러니 침실이 있는 다른 이유를 생각해보자. 수면, 휴식, 기분전환, 독서. 물론 로맨스도 빼놓을 수 없을 것이다. 우리는 희망에 산다.

나는 침실이 더 이상 원래의 용도인 안식처로 쓰이지 않아서 걱정이다. 내가 보기에 침실은 공용 살림터가 되었다. 그래서 우리는 잠자리에 들기 전 그곳에서 다림질을 하고, 옷을 개고, 내일 입을 옷을 입어보고, 세금을 내고, 운동을 하고, 뉴스를 보거나 집에 가져온 일을 한다. 그리고 마침내 베개에 털썩 머리를 누이고 나면 다음 24시간 근무의 시작을 알리는 총소리처럼 자명종이 울릴 때까지 죽은 듯이 잔다.

이제 우리에게 없는 침실에 관한 이야기로 돌아가자. 믿기 힘들겠지만 우리가 갈망하는 것은 침실이 아니라 내실이다. 일과에서 벗어나 품격 있게 머무는 조용한 공간, 흐트러지는 곳이 아니라 쉬는 곳이다.

작가 주디스 서먼은 내실은 말 그대로 "불만을 드러내는 방이다. 프랑스어로 '부데bouder'가 불만을 드러낸다는 뜻이기 때문이다. 이는 대부분의 여성이 갖고 있지만 현실에서 인정하지 않는 욕구, 즉 숨고 싶은 욕구를 우아하고 다소 비꼬는 투로 표현한 것이다"라고 말했다.

그녀의 수업이 계속 이어진다. "문에 튼튼한 자물쇠가 달려 있다면 어떤 방에나 숨을 수 있다. 하지만 내실이 복숭아색 실크 네글리제라면 예비 침실은 목욕용 가운(딸의 체육복이랑 같이 빨아서 분홍색으로 변한)이다. … 내실의 호화로움은 필수적인 특성이다. 그것은 일종의 영양분 혹은 훌륭한 방종이다."

여성이 자신의 집에서 숨고 싶어 할 이유가 생각나는가? 혼자만의 시간이나 휴식이 낮잠만을 의미하지는 않는다.

주디스 서먼은 내실에서 할 수 있는 다양한 멋진 활동을 제안한다. "벽난로에 불을 지피고, 내리는 비를 바라보고, 이어폰으로 음악을 듣고, 판매책자를 훑어보고, 스텐실로 액자를 꾸미고, 옛 애인에 대한 환상에 잠기고, 모카포트에 내린 에스프레소를 마시면서 퍼즐을 맞추고, 어머니에게 텔레파시로 심중을 전하려 애쓰고, 보내지 못하겠지만 유명한 소설가에게 마음을 사로잡을 만한 비평이 담긴 편지를 쓰고, 팬티스타킹을 색깔별로 분류하고, 손금이나 고대 그리스에 대해 공부하고, 오래된 실크 넥타이 조각으로 화려한 지갑을 만든다."

다시 말해서 세상에 별로 중요하지 않지만 당신의 평온과 생존에 필수적인 활동을 하라는 것이다.

물론 내실로 사용할 만한 방을 가진 여성은 그리 많지 않지만, 내실 만들기는 공간이 아니라 마음의 문제다. 컴퓨터나 운동기구나 다림질 판을 다른 곳으로 옮길 수 없을 수도 있다(그래도 포기하지 말자!). 하지만 잠을 자는 공간과 분리되게 커튼을 치거나 가리개를 놓을 수는 있다.

나는 방이 진정으로 사적인 공간이 된다면 우리가 그 방을 다른 눈으로 보게 된다고 믿는다. 당신은 아마 나만큼 침실에서 많은 시간을 보내지 않을 것이다. 나는 대체로 침실에서 글을 쓰기 때문이다. 하지만 당신의 침실은 당신의 영역이어야 한다. 앞으로 며칠 동안 네 개의 공간에 대해 곰곰이 생각해보자. 당장은 순전히 상상에 지나지 않겠지만 나중에 네 개의 공간이 하는 역할을 알아채는 데 도움이 될 것이다. 나는 풍요로운 미래를 원한다면 이 네 개의 공간(내실, 화장대, 리넨류 수납장, 제대로 된 식품 저장실)이 필수적이라고 생각한다. 개인적으로 나는 동시에

이 네 공간을 모두 가져본 적이 없는지라 생각만으로도 기분이 좋아진다. 당장 이루어질 수는 없는 꿈일지라도 말이다.

당신의 침실을 내실로 바꾸는 것에 관해 말하자면, 이것이야말로 우리가 재미있게 할 수 있는 활동이다. 아주 좋아하지만 자주 내놓지 않는 물건이 있을 것이다. 실크 스카프나 숄을 테이블보로 사용하면 어떨까? 팔랑이는 네글리제나 어깨에 두르는 숄을 옷장 문 모서리나 의자 등에 걸쳐보자. 깃털 장식을 거울 모서리에 꽂아보자. 작고 투명한 크리스마스 전구를 침대 머리맡 나무판에 빙 둘러 걸자. 실용적인 커튼을 투명한 천으로 바꾸자. 망사나 시폰을 두 겹 겹치면 달빛이 폭포처럼 흐르고 햇살이 방바닥에서 춤을 춘다.

나는 여성은 침구류에 대해 열광적이어야 하고 집착해야 한다고 생각한다. 시트가 피부에 닿는 느낌이 어떤가? 뻣뻣하거나 거칠거나 닳았거나 후줄근한가? 실크 시트는 엄청나게 비싸지만 내구성이 뛰어나고 몇 년이 지나도 오래된 티가 나지 않는다. 실크 시트는 겨울에 따뜻하고, 여름에 시원하며, 아무것도 입지 않고 샤넬 No. 5만 뿌리고 잠자리에 들라는 매릴린 먼로의 조언을 따르고 싶은 마음이 들게 한다.

쿠션도 있다. 나는 아름다운 쿠션이 있으면 거의 그냥 지나치지 못하는데 혹시라도 지나치면 바로 후회가 몰려온다. 주름 장식이 된 쿠션, 술이 달린 쿠션, 양모 쿠션, 실크 쿠션, 벨벳 쿠션, 자수 쿠션, 테두리 장식이 있는 쿠션, 리본 장식 쿠션 등 상상도 못 할 정도로 종류가 다양하다. 어울리는 한 쌍을 집 어느 곳에 놓아두어도 된다. 구석진 곳에 생기가 도는 것을 보면 기분이 좋아질 것이다.

내실 만들기에 관한 한 지나친 사치란 없다.

싱싱한 꽃다발을 최대한 자주 탐닉하자. 설사 밤에 꽃이 피는 재스민이나 천사의나팔처럼 작거나 향긋한 계절 식물이라도 좋다. 살아 있는 무엇인가를 침실에 둬야 한다. 그래서 삶의 순환이 밤에도 계속된다는 것을 방이 깨닫게 하는 것이다. 아니다. 우리가 한밤중에 어둠 속에서 스크롤하고 클릭하고, 클릭하고 스크롤하는 것은 여기에 해당되지 않는다!

내실에서 사용할 가장 향기로운 초나 디퓨저를 찾아보자. 낮잠이 솔솔 오게 하는 아늑하고 부드럽고 가벼운 담요를 시간을 들여서 찾아 침대 끝에 올려놓자. 향수병을 예쁜 거울 쟁반이나 은 쟁반이나 데쿠파주 쟁반에 종류별로 모아놓자. 플리마켓 나들이에서 우아한 촛대를 사자.

창으로 내다보이는 광경이 뒷마당이든 벽돌 건물이든 간에 창가 화단을 가꾸자. 당신은 소박한 사치를 아주 좋아하게 될 것이다.

가장 예쁜 '방해 금지' 표지판을 찾아서 손잡이에 걸자. 집에 같이 사는 사람이 많다면 내실 문 안에 보조 잠금장치인 체인 자물쇠를 달자. 사진과 그림이 많이 실린 커다란 책 몇 권을 침대 옆 의자에 쌓아놓자. 밤에 그 책을 읽으면 정말로 호강하는 기분이 들 것이다.

그렇다. 우리가 내실을 호화롭게 꾸민다는 것은 거리낌 없이 무엇이든 할 수 있는 분위기로 만드는 것을 의미한다.

마지막으로 아래의 문구를 붙였다 뗄 수 있는 스티커로 만들어서 내실 벽에 붙이자. 나는 이 문구를 20년 전에 티 박스에서 발견했다. 영감은 우리 주변 어디에나 존재한다. 나는 가장자리를 스텐실로 꾸미며서 침대 위에 붙였다. 새로운 내 삶의 철학을 소개한다.

진정한 열정은 사람을 도취시키고 기운을 북돋아 준다.

마음을 진정시키고 오감을 만족시키며 멋지고 신비롭다.

나는 당신이 겪을 경험을 미리 알려주고 싶었다!


# 6월 12일

## 화장대는 자신을 돌보는 공간이다

모든 여성은 화장대에서 화가가 될 기회를 얻는다.

− 소피아 로렌

이탈리아 영화배우


모든 여성은 허영의 제단 역할을 하는 장소를 한 군데 가질 자격이 있다. 어차피 우리는 육체적으로 딱히 허영을 부린 적이 없기 때문이다.

화장대는 어찌 보면 지나간 시대의 잊힌 존재다. 여성이 앉아서 자기에게 관심을 듬뿍 쏟을 수 있는 공간이며, 여성이 화장을 하거나 머리를 꾸미거나 잠자리에 들기 전 스킨과 로션을 바르는 휴식 장소다. 여성이 새로워지는 자리다.

"화장대의 매력은 변화를 약속한다는 데 있다. 우리는 번질거리는 코와 헝클어진 머리를 한 꼴불견으로 화장대 앞에 앉았다가 반짝이고 보기만 해도 즐거운 모습으로 일어난다." 미국의 시인 신시아 재린이 말한다. "화장대는 변화의 힘을 가졌을 뿐만 아니라 화해의 장소다. 우리는 끊임없이 자기 얼굴과 사이가 틀어진다. 자기 코를 경멸하고 자기 턱 때문에 절망한다. 하지만 화사한 색을 바르고 음영을 주면서 우리는 화해한다."

아마 당신은 자신의 자연미와 말다툼을 한 적이 없을지 모른다. 하지만 나는 나 자신과 친구가 되는 방법을 배우는 데 평생이 걸렸다. 나를 돌볼 때 기분이 좋아지고 편한 장소가 따로 있으면 도움이 된다. 내 화장대는 강낭콩 모양의 탁자, 모서리를 깎은 유리 상판, 아름다운 삼면거울로 되어 있다.

"당신 자신에 관한 생각은 당신의 몸을 얼마나 돌보는지에 크게 좌우한다. … 용기를 내고 싶으면 치장하자. 몸을 새로 단장하는 느낌만큼 사기를 북돋는 것은 없다. 그리고 몸단장을 하지 않는 것처럼 사기를 저하하는 것도 없다." 미국의 배우이자 영화감독인 마저리 윌슨이 1942년에 출간된 《당신이 되고 싶은 여성The Woman You Want to Be》에 쓴 내용이다.

화장대가 있는 집이 갈수록 줄어들고 있지만, 그렇다고 해서 화장대의 본질을 되찾을 수 없다는 뜻은 아니다. 일단 화장품 가방 같은 작은 것으로 시작하여 가능하다면 서랍장 위나 낮은 책장의 꼭대기 칸으로 점차 공간을 옮겨가자. 작은 탁자를 둘 만한 공간을 만들자. 탁자 위에 거울을 놓고 브러시와 화장품을 멋진 용기에 가지런히 정리하자. 여유 공간이 전혀 없다면 목욕탕에 있는 선반이나 서랍을 사용하자. 선반에는 회전 정리함을 두면 화장품을 넣고 빼기 편하고, 서랍에는 포개어 쌓아 올릴 수 있는 투명한 통을 넣고 화장품을 담으면 완벽하다. 바로 눈에 띄고 쉽게 넣고 뺄 수 있게 잘 정리된 여성용 도구를 보는 것만으로도 자기를 돌보는 일에 대해 조금 더 생각하는 계기가 될 것이다. 우리를 기분 좋게 하는 일에 더 많은 시간을 투자하라고 상기시킬 것이다.

엘리자베스 길버트가 회고록 《먹고 기도하고 사랑하라》에서 말한다. "이것이 의식의 목표다. 우리는 기쁨이나 충격 같은 복잡한 감정을 위한 안전한 휴식처를 만들기 위해 정신적인 의식을 치른다. 우리를 짓누르는 감정에 평생 끌려다니지 않으려는 것이다. 우리 모두에게 그런 보호를 위한 의식이 필요하다. … 당신이 갈망하는 특정한 의식이 당신이 속한 문화나 전통에 없다면, 당신의 망가진 감정 시스템을 현명하고 너그럽게 바로잡을 수 있는 당신만의 의식을 만들면 된다."

그래서 제대로 된 허영의 공간이 여성에게 필요하다. 당신의 진정한 아름다움을 깨달으면서 축하하는 공간이 필요하다.


# 6월 13일

## 수납공간이 많을수록 삶의 질이 높아진다

대저택에서 살기를 기대하는 여성은 별로 없다.
대부분의 여성이 신과 남편과 건축가에게 바라는 것은 그저 가족이 함께 살 만한 적당한 크기에, 살림하기 좋게 공간 배치가 잘 되어 있는 집이다.
-《하우스 뷰티풀House Beautiful》, 1932년 2월호

수납공간이나 옷장을 필요한 만큼 충분히 갖추고 사는 여성이 있을까? 물론 없다.

"'나는 집에 방이 많기를 바라지 않아요.' 그들은 차와 오이 샌드위치를 먹으면서 말한다. '나는 멋진 방 몇 개와 50개 정도의 옷장만 있으면

돼요.'" 1932년에 《하우스 뷰티풀》의 건축 분야 기자가 오랫동안 고통 받아 왔지만 희망을 버리지 않는 전국의 주부들을 응원하며 쓴 글이다. 멋진 방 몇 개와 50개 정도의 옷장이라…. 맞는 말이다.

이 세상에서 우리만 찬장이나 옷장이 부족한 것이 아니다. 87년 전 우리 증조할머니들은 오이 샌드위치를 먹으면서 이런 은밀한 욕구를 고백했고 《하우스 뷰티풀》은 그 비밀을 누설했다.

"지난 몇 년 동안 옷장은 일종의 예술이 되었다. 대도시에는 선반의 가장자리에 면직물로 된 주름 장식을 달거나, 셀 수 없이 많은 모자와 신발과 드레스를 보관하기 위해 옷장을 비둘기장처럼 만드는 가게들이 있다. 물론 대부분의 여성에게 이런 옷장은 그저 광고나 잡지 기사에만 존재하는 그림의 떡이다."

내가 영국에서 집을 구하러 다니던 이야기가 기억나는가? 그때 나는 로런스 올리비에와 비비언 리의 집이었던 노틀리 수도원이 매물로 나왔다는 소식을 들었다. 나는 1937년에 시작되어 1960년에 이혼할 때까지 지속된 그들의 유명한 로맨스와 결혼생활이 산산조각 난 곳을 보러 갔다.

그 집의 뼈대에서 지난날의 아름다움을 볼 수 있었고, 예전의 모습으로 완벽하게 복구하면서 느낄 무한한 재미가 쉽게 상상되었다. 현관과 곡선계단 쪽을 콜팩스사의 장미꽃 무늬 벽지로 마무리하면 좋을 듯했다.

그러나 라운지 같은 공유 공간에서 사적인 공간으로 들어갈수록 강한 불안감에 사로잡혔다. 스웨터를 입거나 난방을 켜야 할 것처럼 뭔가 차갑고 축축한 느낌이 들었다. 이어서 나는 비비언 리의 침실로 들어갔다. 침실 양쪽에는 내실용 작은 거실과 욕실이 딸려 있었다. 그런데 무엇인가 빠져 있다는 생각이 들었다. 몇 분 후 나는 붙박이장이 없다는 것을 깨닫고 깜짝 놀랐다! 붙박이장 하나 없는 비비언 리라니.

비비언 리의 전기 작가들에 따르면, 그녀는 조울증과 폐결핵에 시달리며 오랫동안 침대에 틀어박혀 지냈고 폐결핵으로 53세에 세상을 떠났다. 나는 간간이 한바탕 호되게 우울증을 앓으면 약을 먹어 치료하지만, 비비언 리가 살던 시절만 해도 그런 해결책이 없었다. 그런데 주변 환경이 그녀의 건강에 그다지 좋은 영향을 주지 못했다는 생각이 들 수밖에 없었다. 특히 아픈 여성(독감을 앓든 만성질병을 앓든)을 포함해서 어떤 여성도 축축하고 어수선한 침실에서는 휴식하거나 회복할 수 없다.

감정이 우리의 소비 패턴에 영향을 미치듯이 수납공간의 여부에 따라서 편안한 집을 만드는 우리의 능력이 달라진다. 매우 우아한 비비언 리(스칼릿 오하라)가 그럴싸한 붙박이장 하나 없었다고 생각하니 강한 충격이 밀려왔다.

영국인 부동산 중개인은 비비언 리에게 네글리제, 평상복, 야회복을 넣는 대형 장롱이 있었을 것이라고 설명했지만 이 과실에 대한 내 실망을 누그러뜨리지 못했다. 그녀는 신발을 어디에 뒀을까? 그리고 모자와 핸드백과 장갑은 어디에 뒀을까?

여성이 감정적으로 위기에 처할 때 방 여기저기에 흩어져 있는 옷 무더기를 보는 것은 전혀 도움이 되지 않는다. 나는 이 점이 아주 중요하다고 생각한다. 안락해 보이는 집은 여성의 심리적인 불안을 완화하는 데 크게 도움이 되며, 특히 일상생활이 통제 불능일 때 붙박이장을 두는 것은 균형과 내면의 평정을 회복하는 첫 단계이다.

아무리 부유하고 유명한 여성이라도 다른 사람이 고른 집이라면(노틀리 수도원은 로런스 올리비에의 첫사랑이었다) 붙박이장과 장롱이 기대에 미치지 못할 수 있다. 당신이나 나나 비비언 리에게는 안타까운 일이지만, 여성이 갖고 싶은 붙박이장은 여전히 화려한 인테리어 잡지나 인스타그램이나 가구 가게에만 존재한다.

현재 당신의 집이 어떤 형태이든 당신의 통장에 돈이 얼마나 있든지 간에, 당신과 나를 포함한 어떤 여성도 주체하지 못할 정도로 혼란한 상태에 휩싸여 살기를 바라지는 않는다. 당신의 집에는 모든 것을 보관할 만큼 공간이 충분하지 않다. 나는 이것이 얼마나 짜증스럽고 분통 터지는지 잘 알고 있다. 그러니 우리는 공간을 더욱더 현명하게 사용할 줄 알아야 한다. 제대로 된 장롱과 붙박이장이 있으면 삶이 훨씬 더 수월해진다. 이보다 더 분명하고 간단하거나 명확한 것은 없다.


# 6월 14일

## 진짜 낭비는 옷을 사는 것이 아니라
## 입지 않는 것이다

기본적으로 어떤 공간이든 안식처가 될 수 있다.
… 개인적인 공간은 공기와 물처럼 필수적이다. … 모든 여성은
당당하게 자신만의 공간을 가질 자격이 있다. 그녀를 정의하는
스타일이 있는 공간, 그녀가 규칙을 정하는 공간 말이다.

– 재클린 드 몬트래블
작가·편집자·스타일리스트

나는 부디 이번 생에 내실, 화장대, 리넨류 수납장, 멋진 식품 저장실을 갖게 되길 바란다. 그것도 모두 한 집 안에. 하지만 내가 원하는 공간들을 최소한으로 추리면 일단 기능성 붙박이장 한두 개가 남을 것이다.

"옷장 정리만큼 완전한 만족감을 주는 일은 없다." 헨리에타 리퍼거가 1940년에 출간된 《당신의 집과 살림 방법A Home of Your Own and How to Run It》에 쓴 말이다. 마찬가지로 분명히 어디에 뒀는지 아는데도 다른 옷과 겹쳐서 한 옷걸이에 걸어놓는 바람에 찾지 못해 헤매는 것처럼 짜증나는 일도 없다. "진짜 낭비는 옷을 사는 것이 아니라 입지 않는 것이다." 우리는 리퍼거의 이 말이 진실임을 절감한다.

당신이 윌리엄 모리스의 방법을 사용하든 곤도 마리에의 방법을 사용하든 상관없으나 몇 가지 제안하고 싶은 것이 있다. 우선 쉬운 일부터 시작한다. 하나의 옷장에서 모든 물건을 꺼내서 두 가지로 분류한다. 한쪽은 당장 입을 수 있는 옷이고, 다른 쪽은 당장 입을 수 없는 옷이다.

당장 입을 수 없는 옷 무더기를 먼저 살펴보자. 수선할 수 없게 찢어졌거나 얼룩이 묻었거나 몸에 맞게 고칠 수 없는 옷이 너무 많아서 놀랄 것이다. 이제 집에 불이 나면 바로 움켜쥘 정도로 특별한 추억이 서린 물건이 아니라면 버리자(애초에 그렇게 중요한 물건이라면 몇 년 전에 고쳤을 것이다). 나는 40대 때 두 사이즈나 작고 지퍼도 없는 초록색 새틴 야회복을 가지고 있었다. 10년 넘게 미련을 버리지 못한 이유는 추억과 판타지를 상징하는 옷이었기 때문이다. 파리에서 살면서 패션에 관한 글을 쓰던 20대 아가씨, 재봉 기술 배우기를 포함해 내가 다시 되고 싶던 활기찬 여성. 나는 집착한 이유를 깨닫자마자 그 옷을 친구에게 주었다. 친구는 단 일주일 만에 지퍼를 달더니 신나서 그 옷을 입고 다녔다.

그 옷을 입은 그녀는 아주 아름다웠고 그녀는 두고두고 고마워했다.

이제 입을 수 있는 옷의 중요도를 평가하자. 옷마다 다음의 네 가지 질문을 하면 된다.

내가 너를 마지막으로 입은 때가 언제더라?

내가 너를 입으면 아름다워지거나 편안한 느낌이 드나?

앞으로 언제 어떻게 너를 입을까?

내가 정리를 하는 게 아니라 이사를 간다면 너를 데리고 갈까?

마지막 질문은 솔직한 마음을 이끌어낸다. 더 이상 맞지 않기 때문에 입지 않는 옷이 분명히 있을 것이다(몸무게를 몇 킬로그램 줄이면 입을 만하다는 핑계로 자신을 속이지 말자. 당신이나 나나 그것이 실현불가능한 일이라는 것을 안다). 나는 두 가지 사이즈의 옷을 보관하는데 큰 사이즈의 옷이 딱 붙는 느낌이 들면 작은 사이즈의 옷이 다시 몸에 맞을 때까지 와인을 소다수로 바꿀 때가 되었다고 판단한다.

또한 꼭 점검할 점이 있다. 옷장에 걸린 옷이 현재의 생활방식에 맞는가? 아니면 생활방식은 변했는데 옷은 예전 그대로인가? 날마다 집어드는 옷이 당신의 일상에 맞는가? 거울에 비친 변한 모습과 어울리는가? 예전에는 사무실에서 일했지만 이제는 집에서 일할지도 모른다. 혹은 예전에는 골프를 좋아했지만 이제는 등산에 빠져 있을 수 있다. 신발이 발에 맞는다면 신자. 맞지 않는다면 재활용하자.

우리는 옷장에 걸린 것이 그저 원피스와 치마와 바지라고 생각하겠지만 그렇지 않다. 사실 그것은 과거다. 대부분의 옷이 좋든 나쁘든 사람과 장소와 특정한 시기의 삶을 연상시키기 때문이다. 나에게 로라 애슐리는 독립기념일 퍼레이드에서 똑같은 흰색 세일러 원피스 차림에 빨간색 리본이 달린 밀짚모자를 쓰고 양산을 든 소도시 시장의 부인과 딸, 즉 과거의 나와 내 딸 케이트를 늘 떠올리게 하는 브랜드다. 내가 로라 애슐리(1985년에 비극적으로 죽었다) 브랜드의 옷을 모조리 없애도, 혹은 내가 그녀의 옷을 좋아하던 시절과 아무리 달라졌어도 그 시절의 기억은 영원히 사라지지 않을 것이다. 여성은 강한 감정을 느낀 추억을 잊지 못한다.

한때 나는 검은색 레이스 칵테일 드레스에 푹 빠진 적이 있었다. 처음에는 너무 비싸서 살 엄두가 나지 않았다. 하지만 나는 특별한 자리에서, 바라건대 로맨틱한 자리에서 그 드레스를 입고 있는 모습을 상상했고, 그런 상상을 위해서라면 얼마든지 돈을 치를 의향이 있었다. 그 옷을 입은 나는 아주 멋졌을 것이다(다행히 그것을 증명하는 사진이 있다). 그렇다고 해서 엄청난 참사로 끝난 그날 저녁의 고통을 완화해주지는 않았다. 내가 그 남자와 헤어지고 오랜 세월이 흐른 후에도 그 드레스는 검은색 레이스 옷걸이에 걸려 있었다. 옷장을 정리할 때마다 남한테 거저주기에는 너무 비싼 드레스라는 생각에 그 옷을 남겨두었다. 그렇지만 정작 버리기 힘든 것은 억눌린 감정, 내가 오랜 세월 동안 표현하지 못한 좌절, 실망, 분노였다.

어느 순간 나는 어수선한 옷장과 혼란에 빠진 생활을 얼마든지 바로잡을 수 있다는 것을 믿게 되었다. 마침내 새 출발을 할 준비가 되었는데도 그 드레스가 나를 과거에 묶어두고 있었다. 그래서 고통스러운 연애의 기억을 없애는 푸닥거리 의식을 치르기로 했다. 마지막으로 그 드레스를 입고 한껏 치장한 후 샴페인 한잔을 따라놓고 식탁에 앉아서 한 번도 가져보지 못한 최고의 연인과 탁 터놓고 대화를 했다. 치료 효과가 아주 좋았다. 이어서 나는 그 드레스를 축복하고 드라이클리닝을 해서 친한 친구에게 줬다. 친구에게 아주 잘 어울렸다. 그 드레스는 그녀의 애정운을 기막히게 높여주는 옷이 되었다. 상상이 될 것이다.

많은 돈이나 희망을 투자한 옷보다 작아서 입지 못하는 옷을 버리기가 훨씬 쉽다. 하지만 실크든 울이든 레이스든 후회든지 간에 우리 발목을 잡는 감정의 실을 잘라내려면 행복에 대한 강인한 의지가 필요하다. 때로는 그 의지를 갖기가 아주 힘들다. 그렇지만 나를 믿기 바란다. 일단 미련을 버리면 옷장을 정리하는 데 왜 그렇게 오래 걸렸는지 의아해지는 한편 진심으로 고마운 마음이 들 것이다.


## 6월 15일

### 사고 싶은 집이 아니라 살고 싶은 집으로 꾸며라

누가 나에게 집의 최고 이점을 묻는다면 나는 이렇게 대답할 것이다.
집은 즐거운 몽상에 잠기게 한다.
- 가스통 바슐라르
프랑스 철학자


케리 그랜트와 마이어나 로이가 주연을 맡은 1948년의 고전영화 〈미스터 브랜딩스〉를 봤는가? 매우 재미있고 교훈적인 이 영화는 뉴욕에 사는 성공한 광고회사 중역과 그의 가족 이야기다. 이 가족은 시내에 있는 비좁은 아파트에 세 들어 살고 있다. 교외주택에서 살기를 간절히 바랐던 그들은 드디어 코네티컷주의 전원 지역에 장미 넝쿨이 우거진 완벽한 집을 짓기 위해 값비싼 모험을 시작한다. 시간이 지날수록 계획과 달리 집은 점점 커지고 공사비도 덩달아 올라간다. 직접 집을 지어본 사람이라면 누구나 공감할 만한 상황이다. 온 가족의 신경이 너덜너덜해졌고 은행 잔고가 바닥났지만 결국 수많은 고난을 거친 끝에 꿈이 실현된다. 나는 브랜딩스 씨 가족이 영원히 행복하게 살기를 바란다. 그들이 만든 집은 아주 아름다웠다.

가족이든 직장이든 집이든 생활방식이든 간에 꿈을 이루려면 시간이 오래 걸린다. 또한 꿈을 이루려면 돈이 든다. 옛날 속담에 "신은 원하는 것을 가져가되 대가를 치를 각오를 하라고 말한다"라는 말이 있다. 꿈을 이루려면 돈과 땀과 좌절과 눈물과 용기와 선택과 끈기와 엄청난 인내심이 있어야 한다. 하지만 꿈이 탄생하려면 한 가지가 더 필요하다. 이는 사랑이다. 사랑만이 정에 굶주리고 자기중심적인 개인들을 애정이 넘치고 굳게 단결된 진정한 가족으로, 열정을 생계 수단으로, 단순한 주거지를 당신의 진정성을 완벽하게 표현하는 가정으로 바꿀 수 있다.

설사 돈이 많아도 그것만으로는 부족하다. 집을 단순한 거주지가 아니라 가정으로 바꾸려면 사랑과 시간이 꼭 필요하다. 1874년에 새뮤얼 클레먼스는 사랑하는 아내 리비와 세 딸을 데리고 꿈에 그리던 집으로 이사를 갔다. 코네티컷주 하트퍼드에 자리한 빅토리아 고딕 양식의 빨간 벽돌 저택은 대단히 웅장했고 방이 19개나 있었다. 이후 클레먼스는 35년 동안 열심히 집을 장식하고 개조했다. 그러나 열정이 지나쳐 돈을 너무 많이 쏟아부은 나머지 파산하고 말았다(다행히 마크 트웨인이라는 필명으로 소설을 써서 파산에서 벗어났다). 마크 트웨인은 그 집에 대해 이렇게 이야기했다. 가족이 워낙 많은 애정을 쏟았기 때문에 "그 집은 심장과 영혼과 눈이 있었다. 또한 우리를 인정하고 배려하고 깊이 공감했다. 가족이나 마찬가지였다. 우리는 집을 믿고 집의 은총을 받으며 살았고 축복 속에서 평온했다. 집은 우리가 밖에 나갔다 올 때마다 밝은 얼굴로 다정하게 환영했다. 우리는 늘 감동을 받으며 집에 들어섰다".

그런 집에서 살고 싶지 않은 여성이 있을까? 가족을 포용하고 돌보고 지탱하고 영감을 주는 집을 바라지 않는 여성이 있을까? 그런데도 많은 여성이 다른 집으로 이사 갈 돈이 있어야만 그런 꿈이 실현되리라 생각한다. 분명히 지금 사는 집은 꿈에 바라는 곳이 아니라고 생각한다. 에밀리 디킨슨은 "나는 가능성 속에서 산다"라고 말했다. 우리도 그럴 수 있다. 문제를 보지 말자. 가능성이 있는 일을 찾자. 지금 당신이 어떤 집에 살고 있는지는 중요하지 않다. 트레일러나 아파트나 단독주택에서 살거나 모텔을 전전하는 사람도 있을 것이다. 그곳이 당신이 꿈에 그리는 집은 아니겠지만 당신의 꿈이 비바람을 피할 안식처를 제공하고 있다. 그 꿈은 현재의 집을 당신이 간절히 바라는 집으로 바꿔줄 수 있다. 사랑이 있으면 최소한의 비용으로 페인트를 칠하고 목재를 손질하고 회반죽을 바르고 벽지를 바르고 스텐실로 꾸미고 나무를 심고 바느질을 하고 건축하는 방법을 찾을 수 있다. 사랑이 있으면 부족한 돈을 시간과 창조적인 에너지와 감정으로 채울 수 있다. 우리는 사랑의 장식 비결을 배워야 한다.

그러나 망치나 페인트 붓이나 부동산 전단지를 집어 들기 전에 공상에 잠겨야 한다. 침실과 거실과 주방 등 모든 방을 돌아다니자. 벽과 지붕과 창문과 토대에 축복을 빌자. 집을 세밀하게 살펴보고 분류하고 간소화하고 질서를 들여오면서 감사하는 마음을 표현하자. 꿈에 그리는 집이 당신의 내면에 있음을 깨닫자. 오늘 가슴 속 비밀의 성역에서 그집을 찾아야만 내일의 문턱을 넘을 수 있다.

# 6월 16일

## 과거를 받아들여야 앞으로 나아갈 수 있다

가장 신성한 축일은
입 밖에 내지 않고 특별히 간직하는 날이다.
마음속 비밀 기념일…
– 헨리 워즈워스 롱펠로
미국 시인

작가 캐서린 버틀러 해서웨이가 1930년에 말했다. "나이를 먹는 날들이 있는가 하면 다시 젊어지는 날들이 있다. 한 방향이 아니라 앞뒤로 왔다 갔다 한다." 내 생각에는 그녀가 시간의 흐름이 아니라 추억에 대해 사색하며 한 말인 듯하다.

6월은 전통적으로 오렌지꽃과 레이스와 쌀로 상징되는 달이다. 그러나 지금 내가 생각하고 있는 것은 결혼식이 아니다. 오늘 나는 살아가면서 겪은 남다른 통과의례를 생각하고 있다. 6월은 마음속에 간직한 비밀 기념일의 달이다. 비밀 기념일은 절대로 남에게 말하지 않고 조용히 홀로 간직하는 날이다. 비밀 기념일이라고 하면 첫 키스가 떠오르는 사람이 있을 것이다. 내 비밀 기념일은 세상을 뜨기 전 아버지 손을 마지막으로 잡던 날이다.

내 6월의 추억은 대체로 어린 시절의 즐거웠던 여름 활동과 관련되어 있다. 테라스에서 칵테일을 마시는 어른들 앞에 펼쳐진 여름 극장, 박수와 함께 얼음 조각이 달그락거리는 소리. 조랑말 타기. 수영장에서 튀던 물방울이나 잔디밭 스프링클러에서 사방으로 뿌려지던 물줄기. 이어서 어린 소녀의 잊을 수 없는 6월의 추억이 물밀 듯이 밀려든다. 세례 요한 탄생 축일 전야와 요정들을 위한 티 파티 준비하기. 그러고 나면 다음 날 뒷마당으로 신나게 달려가서 다채로운 포장지와 리본으로 감싸인 선물 찾기.

나는 이번 주에 집안일을 보러 나갔다가 한 중학교를 지나쳤다. 많은 가족들이 행복하게 소풍을 즐기고 있었다. 갑자기 큰 한숨이 터져 나왔다. "아, 학기 말 소풍이구나. 나도 학기 말 소풍을 항상 좋아했는데." 나는 순식간에 타코마파크로 돌아가 있었다. 학기의 마지막 날과 운동장에서 열리는 여름소풍을 위해 에브리데이 고메에서 세상에서 가장 맛있는 참치 샌드위치, 브라우니, 작은 과일 타르트를 고르던 추억이 떠올랐다.

비밀 기념일은 세상 속에서 우리의 사회적 역할과 신성한 연결을 신비로운 방식으로 드러낸다. 기쁜 날이거나 슬픈 날일 수도 있고, 놀랍게도 기쁘면서도 슬픈 날일 수도 있다. 중요한 전환점이 되는 날일 수도 있고 작은 깨달음을 얻은 날일 수도 있다. 당신은 수년 동안 공부한 끝에 첫 직장에 채용된 날이나 특별한 연애편지를 받은 날을 기억할 것이다. 당신은 낡아빠졌지만 아들이 제일 아끼는 티셔츠를 건조기에서 꺼내면서 아들을 처음으로 1박 2일 캠프에 보내던 순간을 떠올렸을 것이다. 이제 서른 살이 된 아들은 다른 지방에 살고 있으며 주말이면 집에 온다. 그런데 신선한 향기가 나는 말린 꽃, 솔잎, 칼라민 로션, 구운 마시멜로, 환한 모닥불에 둘러앉아 듣던 귀신 이야기가 어디에서 불쑥 떠오르는 것일까?

혹은 다른 사람에게 털어놓을 수 없는 고통스러운 상실이 기억날 것이다. 끝내 세상에 나오지 못했거나 단 며칠밖에 살지 못하고 떠난 아기의 생일. 당신이 술안주를 준비하고 있을 때 30년이나 같이 산 남편이 다른 여자가 생겼다고 말하던 어느 날 밤에 느낀 절망. 어쩌면 친구와의 오랜 불화를 끝낼 때인지도 모른다. 어차피 그때 누가 잘했고 잘못했는지는 이제 중요하지 않기 때문이다. 중요한 것은 지금 당신이 어떻게 상황을 바로잡느냐이다.

때로 그런 비밀 기념일의 중요성을 깨닫기까지 수년이 걸린다. 혹은 비밀 기념일 자체를 인정하거나, 조용한 침묵과 기도로 그런 날을 기념하며 품위 있게 과거를 보내주기까지 수년이 걸리기도 한다. 과거가 요구하는 것은 기억해달라는 것뿐이다. 과거는 우리가 더 나은 현재로 옮겨가기를 원한다. 그러기 전에는 미래가 펼쳐지지 않기 때문이다. 과거의 최우선 임무는 당신을 미래로 보내는 것이다.

우리 감각은 이런 영혼의 기억 전달자다. 노래가 기억을 불러일으키는 것과 마찬가지다. 매년 봄 어머니의 화장대에 놓여 있던 활짝 핀 라일락과 크리스털 향수병, 펄럭이는 얇은 오간자 커튼 뒤로 보이는 조명의 부드러운 불빛. 낡은 야구 글러브. 친한 친구의 해변 별장에서 야외 샤워를 할 때의 순수한 황홀감. 할머니의 감자 샐러드와 농산물 직거래 장터에서 산 새콤한 체리 파이. 죽은 고양이의 목걸이, 고양이가 가장 좋아하던 담요, 고양이가 당신의 품에 안겨 뺨에 흐르는 눈물을 핥으며 세상을 떠난 마지막 순간.

이런 기억은 중요하다. 이는 진실의 시금석이다. 메멘토 모리*memento mori*, 라틴어로 '당신이 언젠가 죽는다는 것을 기억하라'는 뜻이다. 더 중요하게는 '당신이 살아 있다는 것을 기억하라'는 뜻도 된다. 나는 우리가 흘려보낸 모든 것의 뒤에 숨은 은총을 알아차리고자 하지 않으면 어떤 축복도 받을 수 없다는 사실을 이해하는 데 평생이 걸렸다. 당신이 나보다는 빨리 이 교훈을 깨닫기 바란다.

우리 감각은 우리가 휘청거리며 하루하루 살아가는 동안 억눌렸거나 감춰졌던 것을 드러내는 정신의 암호해독기다. 우리는 일과를 마치기 위해 엄청난 시간과 노력과 감정을 소비하고, 정신없이 돌아가는 속도에 기진맥진한다. 오늘날 기술이 우리 삶을 좌지우지한다. 우리는 어디에 먼저 신경 써야 할까? 문자, 통화 중인 전화, 대기 중인 전화? 어쩌면 이메일이나 새 스마트워치의 알림음일 수도 있다. 이런 소통은 거짓 절박감을 동반한다. 물론 즉각적인 의사소통은 세상에서 중요한 요소이며 삶은 늘 변하기 마련이다. 그러나 마음속 비밀 기념일은 우리가 상상도 못 할 정도로 강력한 연계로 이끄는 원시적이고 오래된 길이다.

때로 우리는 추억을 감상적이거나 비현실적이거나 중요하지 않은 것으로 치부한다. 제멋대로 구는 생각이라고 묵살하기까지 한다. 그냥 어떻게 되는지 보려고 물을 주기 시작한 죽은 장미 덤불에서 놀랍게도 불쑥 솟아난 녹색 싹을 보고 당황한 적이 있는가? 우리는 종종 휴면기와 죽음을 혼동한다. 우리는 고통스러운 기억이 우리에게 작별을 고하고 떠나기도 전에 그 기억에서 벗어나 새 출발을 하고 싶어 한다. 하지만 삶의 궤적을 변화시킨 길을 존중함으로써 성장하고 변화하고 마침내 치유된다. 우리는 완전한 자아를 향해 가는 여정을 계속할 힘을 영혼의 양식인 추억에서 발견한다.

에이미 탄은 소설《조이럭 클럽》에서 "나는 애초에 이해하지 못한 것은 끝내 기억하지 못한다"라고 말한다. 이는 누구나 마찬가지일 것이다. 다음에 큰 도약을 하려면 적절한 시간에 적절한 장소에 있어야 한다. 우리 마음 속 비밀 기념일은 이를 위해 두 걸음 뒤로 물러나게 하는 정신의 중개자, 이해의 전달자다.


## 6월 17일

### 자기만의 방은 창조성이 깨어나는 공간이다

우리는 고독할 때 삶과 추억과 주변의 사소한 것들에
열정적인 관심을 기울인다.
– 버지니아 울프
20세기를 대표하는 영국의 모더니즘 작가


1928년 10월 영국의 소설가 겸 문학비평가인 버지니아 울프는 영국 케임브리지 대학교에서 여성과 소설을 주제로 두 차례 강연을 했다. 그녀는 강연에서 수 세기 동안 여성들끼리만 조용히 공유해온 사실을 공개적으로는 처음 이야기했다. 여성이 창조성을 발휘하려면 사생활, 평화, 개인 수입이 필요하다는 것이었다. 그녀의 강연 내용은 이듬해에 '자기만의 방'이라는 책으로 출간되었다. 이 책에서 울프는 여성이 창조성을 귀중히 여기면서 갈고닦아야 하고 침묵의 고문으로 미쳐버리면 안 된다고 조언했다.

미국 작가인 틸리 올슨은 1962년에 출간된 《침묵Silences》에서 입이 막히고 재갈이 물리고 말을 못 할 때, 다시 말하자면 인격체가 되려고 발버둥 치지만 그럴 수 없는 잔혹한 좌절에 처했을 때의 창조적인 목소리를 아름답게 탐구했다. 올슨은 하찮은 일거리를 전전하면서 네 자녀를 키우고 뒷받침하느라 글을 쓸 기운이 전혀 없던 20년 동안 침묵해야 했다. 그녀는 거의 쉰 살이 되어서야 찬사를 받은 첫 소설 《수수께끼를 내주세요Tell me a Riddle》를 발표했다.

오늘날 많은 여성이 창조성의 침묵을 경험한다. 창조성의 침묵은 신의 뜻을 전달할 새로운 것을 탄생시키고 싶은 열의가 없어서가 아니라, 창조에 필요한 시간이 부족하거나 공간이 부족한 것처럼 여성이 어찌할 도리가 없다고 느끼는 환경 때문에 생긴다. 어쩌면 명확하게 알지 못해서일 수도 있다. 즉 매일 필수적으로 신성한 창조성을 키워야 한다는 것을 깨닫지 못하는 것이다. 물론 더 큰 창조성을 키우기 위해 필요한 돈도 부족하다. 쓰고 싶은 이야기가 있는데 먹고살기 바빠서 글을 쓸 여력이 없다면 그 글을 자유롭게 표현하는 날이 올 때까지는 열정은 사라지지 않고 내면에서 불타오르고 단어들은 영혼에 새겨져 있을 것이다. 비록 그런 때가 토요일 오후 한 시간에 불과할지라도.

대부분의 여성이 혼자 살지 않는 한 자신만의 방을 갖지 못한다. 그래도 자신만의 것이라고 부를 작은 공간(설사 구석진 곳이라도)을 찾을 수는 있다. 도심에 있는 좁은 아파트에 사는 내 친구는 한구석에 1930년대의 꽃무늬가 있는 접이식 칸막이를 둘러서 자기만의 공간을 만들었다. 친구는 병풍 뒤 햇살이 비치는 창가에 작은 책상과 의자를 배치해 휴식처로 사용한다.

접이식 칸막이와 책상과 의자를 놓을 공간도 없는가? 그렇다면 당신만의 책장을 만들자. 여기에는 친구가 당신의 미래를 위해 선물한 크리스털 문진, 아름답게 장정된 가죽 공책, 고급 색연필이 가득 담긴 컵, 아주 좋아하지만 그동안 모아놓지 않은 자질구레한 물건들처럼 지극히 감성적인 물건들을 두면 된다. 그리고 당신이 일상의 예술가가 된 것을 기념하기 위해 다양한 크기의 붓을 담은 컵을 두어도 좋다. 중요한 점은 당신의 책장이라는 사실이다. 정신의 공간은 당신의 사적이고 예술적인 충동을 돌보라고 일깨우는 곳, 당신의 창조성을 찾아내라고 격려하는 곳이다. 그리고 당신이 그 공간을 지나칠 때마다 그곳은 당신이 일상의 예술가임을 말없이 증명할 것이다. 장담하건대 당신이 이 진실을 깨닫고 존중하는 날이 곧 올 것이다.

## 6월 18일

## 당신에게 부엌은 어떤 공간인가?

이것은 내 요리법이 아니다. 이것은 환기와 몸짓으로만
불러일으킬 수 있는 기억이며 대체로 실체가 없다. 나는 이것을
요리법으로 만드는 것을 반대한다. 이것은 기술이 아니라
예술이고 사랑이다. 어떤 것은 누군가의 옆에 서서 배워야 한다.

– 엘리자베스 케이마크 미니치
미국의 교육자이자 작가

내 어머니는 내게 몇 가지 요리법을 알려주기는 했지만 딱히 요리를 가
르치지는 않았다. 나는 레인지 앞에서 어머니와 함께 서 있던 기억이 없
다. 솔직히 말하자면 눈물 나는 일이다. 나는 요리에 대한 모든 것을 다
른 작가들에게 배웠다. 나는 1970년대 초에 그립고 사랑하는 메리 캔트
웰에게 요리를 배웠다. 그때 그녀가 잡지 《마드무아젤Mademoiselle》에 기
고하던 요리 칼럼을 통해서였다.

캔트웰은 나중에 〈뉴욕타임스〉의 논설위원으로 16년 동안 재직했고
〈뉴욕타임스〉의 일요판 신문에 '그녀의 것'이라는 칼럼을 연재했다. 그
리고 독자들이 그녀를 친한 친구라고 느끼게 만드는 세 권짜리 회고록
을 썼다. 혼자 살던 나는 작은 주방에서 그녀의 가르침을 받으며 완벽한
마카로니 치즈를 요리하는 데 통달했으며, 마음만 먹으면 크리스마스
푸딩을 재빨리 만들 수 있다는 사실에 자부심을 느꼈다.

이후 1980년대에 내가 첫 결혼을 했을 당시에 내 요리 스승은 소설가

로리 콜윈이었다. 그녀는 나에게 생강 쿠키를 굽는 방법을 가르쳤고, 부담스럽지 않은 가격으로 좋은 올리브유와 무염 버터와 유기농 닭으로 호사를 누릴 수 있음을 알려줬다. 나와 콜윈의 삶은 아주 비슷했다. 나이가 비슷했고 딸이 한 명 있으며 전업 작가였다. 무엇보다도 우리 둘 다 집을 좋아했으며 집에서 기쁨과 흥미를 찾았다. 우리 일상은 글쓰기, 방과 후 아이 데려오기, 고기찜 요리로 구성되어 있었고 훌륭한 요리는 식품, 사랑, 안전 세 가지 요소가 일체를 이루는 고차원의 예술이라는 믿음을 공유하고 있었다.

우리의 또 다른 공통점은 요리책에 심취해 있다는 것이었다. "혼자서 요리하는 사람은 없다. 주방에 아무도 없을 때라도 우리는 과거 수 세대에 걸친 요리사들과 현재 요리사들의 조언과 메뉴, 요리책 작가들의 지혜에 둘러싸여 있다." 내가 모서리가 잔뜩 접히고 기름투성이인 그녀의 요리 에세이 《홈 쿠킹: 주방의 작가Home Cooking: A Writer in the Kitchen》와 《더 많은 홈 쿠킹》을 급히 훑어보는 동안 그녀가 나를 일깨운 말이다. 그녀는 거의 30년 전인 마흔여덟 살 때 자다가 숨을 거뒀지만 그 말대로 여전히 내 주방에 남아 있다.

나는 어머니가 돌아가신 후 어머니의 요리법이 담긴 꽃무늬 아코디언 파일을 가지고 있었다. 사실 몇 년 동안은 슬픔에 겨워 그 파일을 열어볼 수조차 없었다. 옥수수빵, 해산물 칵테일(명절 저녁용 전채), 어머니의 군침 도는 켄터키식 세이지 드레싱(속에 넣는 것이 아니다!), 스파게티 소스(파스타가 아니다!). 여기에는 어릴 적 우리 식탁에 한 번도 오르지 않은 요리법도 있었다. 셰리주가 들어간 4인용짜리 몽골레 퓌레였다. 이는 기본적으로 토마토와 완두콩, 두 종류의 수프로 만들며 유지방이 적은 크림과 셰리주와 우스터소스가 들어간다. 건강하게 살고 싶은 내 본능 때문에 지금은 이 요리를 할 가능성이 없어 보이지만 앞일이야 누가 알겠는가? 어머니가 레시피 카드에 요리법을 깔끔하게 타이핑한 이유가 있을 것이다.

어쩌면 어머니는 글이 안 써져서 애를 먹었을 것이다. 어머니는 항상 작가가 되고 싶었지만 출판사에 글을 보낸 적이 없었고 내가 작가로 성공하는 것도 보지 못한 채 세상을 떠났다. 어쩌면 어머니는 타이핑한 레시피 카드로 자신의 마음과 주방에 질서를 불러올 수 있다고 생각했을 것이다. 손님들은 이 퓌레를 좋아했을까? 알 수 없다. 어머니는 집에 손님이 오면 고급스러운 대합구이와 굴구이를 내놓았다. 나는 두 요리에 자부심을 느꼈고 손님들이 하는 칭찬에 기분이 좋았다. 그러나 정작 엄마는 칭찬을 사양했다.

"주방은 당신이 원하는 모습대로 어린 시절을 재창조하는 곳이다. 우리는 어릴 때의 멋진 기억은 모두 간직하고 고통을 준 기억은 모두 제거한다. 여성들의 왁자지껄한 소리, 공중에 감도는 따뜻하고 달콤한 냄새, 음식과 사랑의 위안, 조리대와 오븐을 둘러싼 징두리 벽판, 항상 어머니가 그곳에 있으리라는 믿음을 기억한다." 노라 시턴이 회고록《주방 모임The Kitchen Congregation》에서 말한다.

"주방은 우리가 의식하기도 전에 어린 시절의 꿈으로 소리 없이 들어간다. 우리가 아이를 갖고 꿈에서 깨기 전으로. … 어머니와 딸은 주방을 공유하고 싱크대와 레인지와 식품 저장실 앞에서 그들의 삶을 스쳐 지나간 여성들의 보편적인 지식을 나누어 갖는다. 벽은 우리가 분출하는 감정을 고스란히 받아낸다. 우리의 웃음은 조리대 상판에 윤을 낸다.

고통스러웠던 순간이 있었음을 드러내는 긁힌 자국이 여기저기에 나 있다. 우리는 싱크대에서 울고 축축한 행주로 눈물을 닦아낸다."

노라 시턴은 우리가 주방을 음식과 혼동하지 않는 것이 아주 중요하다고 여긴다. 나 또한 그 믿음에 전적으로 동의한다. "주방은 과정이 일어나는 곳, 식사를 만드는 곳이다. 조용히 휴식하는 곳, 사랑하는 사람들의 목소리가 들리는 곳이다. 무대에서 연기를 하듯이 좋아하는 요리법이나 신성한 요리법으로 음식을 준비하는 곳이다."

그나저나 몽골레 퓌레 이야기가 나와서 하는 말인데 당신 나름의 방법으로 만들어보면 어떨까? 나도 아직 만들어본 적이 없으니 신중하게 시도해보길 바란다.

# 6월 19일

## 식품 저장실을 갖춰라

처음에 메그는 죽 늘어선 병을 보고 다소 놀랐다.
그러나 존이 잼을 아주 좋아했고 자그마한 예쁜 병을
맨 위 선반에 놓으면 아주 잘 어울릴 것 같았다.

– 루이자 메이 올컷
《작은 아씨들》의 작가

오늘은 여름날에 제격인 공상에 푹 빠져보자. 훌륭한 식품을 저장하는 유서 깊은 전통에 대해 사색해보는 것이다. 여름에 채소와 과일로 피클을 만들고, 설탕 조림을 하고, 브랜디에 담그고, 병에 담아 식품 저장실에 넣어두는 일보다 멋진 것이 있을까?

리넨류 수납장 못지않게 먹을거리가 꽉 채워진 식품 저장실은 오래전부터 여성이 애착을 가지는 대상이었다. 프랑스 피레네산맥에 있는 선사시대의 가르가스 동굴에는 돌을 깎아 만든 선반이 있었을까? 두말하면 잔소리다. 그런 선반이 없었다면 소금에 절인 야생돼지의 정강이 살을 어디에 저장했겠는가? 그로부터 2,000년 후 빅토리아 시대의 여성들은 식품 저장을 비밀스럽게 전해지는 예술로 격상시켰다. 그 시대의 여성은 속이 깊은 서랍과 찬장과 옥수숫가루와 통밀가루를 저장할 만큼 커다란 통, 칠면조 접시를 보관하는 넓은 선반, 예쁘게 포장해서 먹음직스럽게 칸칸이 진열한 쿠키를 선명하게 묘사한 19세기 여성 문학가들에게 영감을 받았다.

음식이 풍성하게 쌓인 식품 저장실에 대해 생각하노라면 마음을 돌보고 양분을 주는 기분이 든다. 저장식품은 교류와 회복을 연상시키고, 과거에 느낀 기분 좋은 위안을 떠올리게 하고, 오늘도 그만큼 위안을 느낄 것이라는 확신을 준다.

한 세기 전의 여성들은 현대의 미국 여성들처럼 음식에 관해 고민하지 않았다. 안타깝게도 우리는 먹는 즐거움에 거의 빠지지 못하며, 이렇게 정서적으로 김빠진 상태는 음식을 저장하는 방식에서 고스란히 드러난다. 당신이 〈다운튼 애비〉의 팬이라면 대저택의 주방과 식품 저장고를 관장하며 엄청난 존재감을 가진 아주 자그마한 여인인 요리사 패트모어 부인을 알 것이다. 그랜섬가처럼 작위가 있는 집안은 세련된 접대가 요구되기 마련이므로 그녀는 영국 귀족 사회에서 이 집안의 명성까지 책임져야 한다.

〈다운튼 애비〉에서 패트모어 부인은 대체로 주방에서 일하는 장면만 나온다. 아, 우리가 보지 못한 것은 주방 옆에 특별하게 설계된 방이다. 이 식품 저장고의 한쪽 벽은 건물 바깥쪽을 둘러싼 외벽이고 환풍구가 달려 있다. 사방에 그득한 선반에는 굽거나 볶았을 뿐만 아니라 병에 저장하고 브랜드에 담그고 훈제한 고기, 생선, 가금류가 있다. 차가운 슬레이트 선반에는 치즈가 저장되어 있다. 마대에는 신선한 버터와 달걀과 마른 식자재(밀가루, 설탕, 소금, 쌀, 귀리, 겨)가 담겨 있다.

요리사의 자부심이자 기쁨인 패트모어 부인의 식품 저장고도 있다. 패트모어 부인의 식품 저장고 선반에는 잼, 젤리, 설탕 조림, 과일 꿀, 마멀레이드, 머스터드, 처트니, 피클, 견과류, 허브 양념, 약품이 담긴 반짝이는 병이 죽 늘어서 있다. 빵, 케이크, 파이, 스콘, 비스킷이 담긴 통도 있다. 버드나무 바구니에는 살구, 복숭아, 자두 같은 제철 과일, 사과, 배뿐만 아니라 아직 흙이 묻은 뿌리채소가 있다.

모든 현대 여성은 작은 꽃무늬 천으로 몸통을 두르고 뜨개질해서 만든 흰색 모자를 뚜껑에 씌운 반짝이는 병이 얼마나 숭고한 즐거움을 가져다주는지 알아야 한다. 그렇다면 무엇부터 해야 할까? 멀리 갈 것도 없이 헬렌 위티의 《근사한 식품 저장실Fancy Pantry》로 시작하면 된다. 이 책은 타의 추종을 불허하고 아주 흥미로워 도저히 눈을 뗄 수 없으며 모든 여성에게 필수적인 지침서다. 이 책은 정말로 맛있는 음식을 먹는 사치를 저렴한 가격으로도 누릴 수 있다고 믿는 사람들에게 구체적인 방법을 알려준다. 나는 이 기분 좋은 책을 볼 때마다 벌떡 일어나서 주방으로 달려가고 싶은 생각을 억누르기가 힘들다.

그렇다고 해서 신발 상자처럼 비좁고 푹푹 찌는 주방에 호박 마멀레이드 병 수십 개를 올려놓으라는 말이 아니다. 내년의 사무실 운영 예산을 짜고, 아이들의 소프트볼 결승전을 보러 가고, 해변에서 일주일 동안 휴가를 보낼 짐을 싸느라고 바쁜 짬짬이 저장식품을 만드는 것은 엄두도 못 낼 일이다.

그저 당신도 나처럼 집에서 구운 캐러웨이 러스크, 햇볕에 말린 토마토, 향료를 넣은 블루베리, 과일맛 식초, 과일 꿀에서 커다란 기쁨을 느낄지도 모른다는 말이다. 덧붙이자면 내가 좋아하는 과일 꿀은 사실 꿀이 아니라 점도가 시럽과 잼의 중간 정도이며 묘한 매력이 있는 저장식품으로, 팬케이크나 디저트에 발라 먹으면 굉장히 맛있다. 그냥 한 숟가락씩 떠먹기만 해도 참 맛있다.

내 방법을 제안하자면 농산물 직거래장터에 가서 우리처럼 직접 만들 엄두를 못 내는 사람을 대신해서 다른 여성이 집에서 만든 저장식품을 구매하면 된다. 한발 더 나아가고 싶다면 잼, 젤리, 처트니 병의 뚜껑에 딱 맞게 원형으로 오려진 잔무늬의 천을 사서 병을 감싼 다음에 리본이나 말린 라피아야자 줄기나 굵은 노끈으로 묶자. 온라인에서는 예쁜 라벨을 살 수 있다(엣시 같은 사이트를 둘러보자. 너무 많이 사지 않도록 주의하자). 또한 나는 휴가를 갈 때면 그 지방에서 특별히 생산되는 저장식품을 잊지 않고 꼭 산다.

그래도 《근사한 식품 저장실》을 읽으면 직접 만들고 싶은 의욕이 솟구칠 것이다. 헬렌 위티는 작고 빈약한 식품 저장실이라도 좋으니 모든 사람에게는 식품 저장실이 있어야 한다고 믿는다. 나는 진심으로 그녀의 말에 동의한다.

# 6월 20일

## 평온한 인생을 위해 세탁물 정리는 필수다

그리고 여자는 라벤더향이 나는 부드러운 새하얀 리넨을 덮고
하늘색 눈꺼풀을 감은 채 여전히 잠들어 있었다.

– 존 키츠
영국의 낭만파 시인

강부터 바다까지 온 세상이 내 것이라면, 사람이 들어갈 수 있는 크기에 향기롭고 솜씨 좋게 정리된 커다란 리넨류 수납장에 대한 보답으로 내 모든 사랑을 주겠다.

잠시 눈을 감고 하늘색 눈꺼풀의 상상에 잠기자. 당신이 길을 따라가니 문이 있다. 문을 여니 바닥부터 천장까지 붙박이장이 있는 방이 나온다. 찬장 문에는 유리 손잡이가 달려 있다. 서랍장은 슬쩍 손만 대도 미끄러지듯 열린다. 안에는 당신이 갖고 싶은 온갖 무채색의 리넨류가 있다. 이집트 면, 퍼케일, 리넨, 실크 같은 다양한 천이 있다. 모두 세 번씩 접혀서 종류별과 색깔별로 완벽하게 정리되어 있다. 선반 위에는 갖가지 형태와 크기의 최고급 터키 타월이 담긴 흰색 바구니들이 라벨을 단 채로 줄줄이 늘어서 있다. 경건하게 쓰다듬다가 나무랄 데 없이 조화로운 아름다움에 경탄한다. 당신이 간절히 원하던 물건으로 이제는 언제라도 쉽게 찾을 수 있다. 프렌치 라벤더, 불가리안 로

즈, 토스카나 베르가모트의 매혹적인 향기가 공기에 감돈다. 강렬한 즐거움에 한숨이 절로 나온다. 이 꿈은 당신이 바라는 만큼 길게, 혹은 당신이 균형을 회복하는 데 필요한 만큼 짧게 지속된다. 이제 당신은 '평온'이 무엇인지 알았으니, 정신없는 세상에서 멀리 떨어진 이 고요한 곳으로 수시로 돌아올 수 있다. 이곳은 당신의 것이 될 것이다. 그렇게 될 것이다.

당신이라면 어떨지 모르겠지만 나는 이 몽상을 수년 동안 꿈꾸었는데도 아직 현실로 만들지 못했다. 열심히 노력했지만 내 수납장은 여전히 차고 세일 현장과 비슷하다. 색이 각각 따로 노는 해진 시트, 가지각색의 타월(한두 장에는 표백된 자국도 있다), 고양이 차지가 된 지 오래인 낡은 담요들. 이 모습이 당신의 수납장을 연상시킨다면 우리 둘 다 꿈꾸고 있는 몽상을 보다 현실적이고 달성할 수 있는 상상으로 바꿔야 할 때가 된 것이다.

한때 메리 캔트웰은 좋은 향기가 나는 리넨류 수납장을 가진 당대 살림 전문가들의 우아한 삶에 대해 곰곰이 생각했다. 그녀는 자신도 제대로 된 리넨류 수납장을 마련하고 싶었던 적이 있었지만 게으른 데다 리본을 잘 못 매서 포기했다고 회상했다.

리넨류를 질서정연하게 분류하고 예쁘게 보이려고 실크 리본을 매는 방식은 더 이상 유행하진 않지만 아름다움과 실용성을 결합한다는 발상은 영원히 없어지지 않을 것이다. 완벽하고 싶은 마음은 지금이나 앞으로나 늘 강하게 들 것이다. 메리 캔트웰은 이 열망에 대해 이렇게 털어놓는다. "내 리넨 침구류를 깔끔하게 열 지어 정리해놓으면 어수선한 세상에서 일종의 방어벽이 돼줄 것이다. 예나 지금이나 역병이나 죽음, 우리가 깨어 있을 때 몰래 다가오는 악몽을 막을 방법이 없다. 그러나 내가 우주에서 보면 티끌처럼 아주 작은 내 공간을 깔끔하게 정리할 수 있다는 확실한 증거인 리넨류 수납장이 있으면 참 좋겠다. 깔끔하고 포근한 시트와 베갯잇과 식탁보가 리본에 묶여 있는 모습을 보면 앙리 판탱라투르의 그림 속에 있는 듯한 느낌까지 들지 모른다."

앙리 판탱라투르는 19세기 프랑스의 화가다. 그는 아름다운 꽃 그림으로 유명하며 가정에 대해 글을 쓴 여성 작가들은 그를 자주 언급했다. 하지만 아무리 판탱라투르라도 우리 집 복도에 있는 수납장에서 평온함을 느끼게 할 재간이 없다. 인스타그램에 사진을 올릴 만큼 완벽하게 개어놓은 유기농 목욕 타월이나 고급 시트가 없다. 다섯 개의 선반 위에서 시트는 행주와 자리다툼을 하고, 감기약과 휴지와 티슈와 비누는 전구와 연장 코드와 쟁탈전을 벌인다.

그래도 살아 있으면 희망이 있는 법이다. 그리고 희망이 있으면 살아가기 마련이다. 그저 어떻게 시작하는지만 알면 된다. 메리 캔트웰의 말을 다시 돌이켜보면 나는 '티끌'이라는 말에서 감명을 받았다. 그 말만 들으면 수납장 정리가 얼마든지 달성할 수 있는 작은 목표처럼 보이기 때문이다. 당신이 당장 수납·정리용품 전문매장 컨테이너 스토어로 달려가서 서로 잘 어울리는 수백 개의 상자와 칸막이를 사지는 못하겠지만, 지금 가지고 있는 것을 살펴보고 깔끔하게 다시 개서 종류별과 색깔별로 정리할 수는 있다. 그리고 수납장 전체는 도저히 감당하지 못하겠다면, 내 딸 케이트가 최근에 난장판인 리넨류와 씨름하면서 정리할 때처럼 서랍 하나나 선반 하나를 치우는 것으로 시작하자. 천천히 정돈하느라고 몇 주나 걸렸지만 케이트는 이제 각 침대의 시트가 어디에 있는지 아는지라 한결 마음이 편하다고 했다.

리넨류 수납장 정리가 중요한 이유는 이곳이 사치스러운 공간이 아니기 때문이다. 리넨류 수납장은 반드시 필요하다. 영혼에 양분을 주고 온전한 정신을 유지시키고 곤두선 신경을 누그러뜨린다. 우리는 성인 여성이다. 우리는 일시적인 변덕과 진정한 욕구의 차이를 알고 있다. 지친 여성이 향기롭고 질서정연하고 깨끗한 시트더미를 보면 어떤 느낌이 들까? 기분이 전환되고 기운이 회복되는 것을 느낄 것이다. 시각적 즐거움을 얻고, 마음을 누그러뜨리는 향기를 맡을 것이다.

내용물이 잘 갖춰져 있는 식품 저장실을 생각하자. 아름다운 화장대를 생각하자. 아늑한 책장을 생각하자. 흙이 묻은 부츠와 옷을 벗어놓고 개의 발을 닦는 뒷문 앞 공간을 생각하자. 우리 일과에서 그런 균형을 찾게 되면 기분이 어떻게 달라질까? "우리 느낌은 지식으로 가는 가장 진실한 길이다" 시인 오드리 로드가 말한다.

리넨류 수납장을 시작으로 그런 즐거움을 집에 불러오자. 우리의 작은 몸짓, 일상의 깨달음이 우리 일과에서 시각적 오아시스 역할을 하는 동안 우리는 활동을 중단한 자아를 사랑과 관심으로 보살피고 있다.

# 6월 21일

## 황폐한 영혼의 정원을 생기 있게 가꿔라

나는 모든 것에 마법이 있다고 확신한다. 마법을 발견해서 우리를 위해
불가사의한 일을 하게 할 만큼 충분히 감지하지 못했을 뿐이다.

– 프랜시스 호지슨 버넷
미국 소설가

내가 1990년대에 워싱턴 외곽에 살 때 워싱턴 대성당에 내 비밀의 정원
이 있었다. 비숍스 가든이라고 불리는 그 정원은 허브와 장미가 섞여 있
었다. 석재 아치를 지나 무거운 나무문을 열고 들어가면 보이는 그곳은
공공정원이었지만 나는 다른 사람을 마주친 적이 거의 없었다. 나는 봄
과 가을에 자주 그곳에 가서 도시락을 맛있게 먹은 후 조용히 글을 쓰다
가 딸이 하교할 즈음에 길을 나섰다.

20년 후에 나는 벽과 문과 아름다운 정원으로 둘러싸인 뉴턴 채플에
서 살게 되었다. 나는 《행복의 발견 365》를 쓴 긴 기간 동안 날마다 명
상을 했는데, 그 명상의 일부인 비숍스 가든이 마침내 나만의 비밀 정원
으로 나를 이끈 것은 놀랄 일이 아니었다.

나는 항상 작가들(특히 작품이 성공한 작가들)의 뒷이야기가 대단히 흥
미로웠다. 아주 좋아했던 영국의 안식처를 어쩔 수 없이 떠나 켄트의 그
레이트 메리텀 홀 저택에서 구원을 받고, 오랜 시간이 지나 《비밀의 화
원》을 탄생시킨 프랜시스 호지슨 버넷의 이야기는 강렬하고 가슴 아픈
사연이었다.

빅토리아 시대가 저물어가는 1898년이었다. 가난, 자녀의 죽음, 신경 쇠약, 오랜 결혼생활에 종지부를 찍은 이혼, 아들뻘인 젊은 건달과의 요란한 두 번째 결혼을 포함한 온갖 어려움을 10년 동안 겪으면서 잡지 연재소설과 동화를 수년간 쓴 끝에 마침내 버넷은 《소공자》로 예상치 못한 큰 인기를 얻었다. 갑자기 돈이 들어오기 시작했고 책을 기반으로 한 브랜드가 성공을 거둔 첫 번째 사례가 되었다. 장난감, 놀이, 옷, 속편이 나왔고 결국 할리우드 영화까지 개봉되었다. 인터넷이 없던 시절의 해리 포터와 J. K. 롤링이라고 보면 된다.

하지만 그때도 국제적인 베스트셀러에는 대중의 열광, 직업적인 요구, 프라이버시 침해, 집요한 관심이 뒤따랐다. 버넷은 이혼과 배우와의 재혼(그녀는 혼인서약을 하자마자 그 결혼이 실수라는 것을 알았다)에 대한 대중의 격렬한 비난 때문에 좌절하고 충격을 받아서, 생각을 정리하고 삶을 새로 꾸릴 조용한 피난처가 필요했다. 그녀는 몹시 초조했고 아주 우울했으며 폐결핵 초기 단계의 증상에 시달렸다. 힘이 없었고 숨쉬기가 힘들었으며 늘 기진맥진했는데 출판사는 계속 그녀에게 더 많은 요구를 했다. 그러나 혼자서 전 가족을 부양했기 때문에 계속 일할 수밖에 없었다. 그래서 그녀는 영국 남단의 바닷가인 켄트로 피신했다.

조지 왕조 시대의 웅장한 저택인 메리텀 홀 저택은 해안에서 12킬로미터 떨어져 있었지만 해변에 부딪치는 파도 소리가 들리는 듯했다. 버넷이 그 저택을 임대했을 때에는 무너져내리기 직전의 폐허나 다름없었다. 벽으로 둘러싸인 정원이 많았지만 수풀이 너무 무성해서 100년 동안 잠들어 있는 잠자는 숲속의 미녀의 성 같았다. 미래에 그녀의 비밀의 화원이 되는 곳은 가시 덩굴이 무성하게 뒤덮여 있어서 보이지도 않았다.

진짜로 탈진한 느낌이 든 적이 있는가? 차를 한잔 만들기 위해 아래층에 내려가야 한다는 생각만으로도 산에 오르는 정도의 노력과 힘이 필요한 적이 있는가? 그 무렵 버넷이 딱 그 상태였다. 그렇지만 매일 아침에 침실 창문 밖에서 개똥지빠귀가 나뭇가지에 앉아 노래하자 호기심이 생긴 그녀는 기운이 서서히 회복되자 마침내 산책을 하러 나섰다. 이내 한때 장미 정원이던 곳의 죽은 관목을 뽑고 베어낼 힘이 생겼다. 그다음으로 무거운 나무문을 발견했다. 그 문을 열고 들어가 발견한 곳은 이후 그녀의 신성한 야외 안식처가 됐다. 그녀는 하루하루 단계적으로 분홍색 장미 관목 300그루를 심어 그 정원을 변화시켰다.

버넷은 그 정원에서 꽃을 가꾸고 글을 쓰면서 만족스러운 나날을 보냈다. 화창한 날에는 꽃무늬가 있는 커다란 일본제 양산으로 햇볕을 가렸고 추운 날에는 넓은 무릎 담요로 몸을 꽁꽁 감쌌다. 그리고 꼭 필요할 때만 집에 들어갔다. 행복하게 보낸 9년 동안 책 세 권과 연극 한 편을 썼다. 하지만 1907년에 메리텀 홀 저택의 임대 계약 기간이 끝나고 갱신을 하지 못해 슬픔에 잠긴 채 미국으로 돌아가야 했다. 그녀는 즉시 롱아일랜드의 집에 똑같은 장미 정원을 만들 계획을 세우고 관목을 심기 시작했다. 그리고 가장 유명한 작품이 되는 《비밀의 화원》을 쓰기 시작해 1911년에 출판했다.

《비밀의 화원》은 외로운 두 아이가 구원을 받는 이야기다. 아픈 소년과 고아 소녀는 돌담 뒤에 감춰진 채 누구의 돌봄도 받지 못하고 수풀만 무성해진 정원을 발견해 생명력을 불어넣는다. 이 책에서 기적적으로 소생된 정원은 두 아이는 물론이고 작가의 구원과 부활을 멋지게 상징한다.

죽음을 앞둔 버넷은 메리텀 홀의 정원에서 일하면서 삶의 의지와 자아의식을 회복했다고 회상했다. "여름에 사랑스럽게 만개하던 식물"과 "부슬부슬 비가 내리던 봄날, 오래된 다년초 화단의 가장자리 풀밭에 작은 고무 매트를 깔아놓고 그 위에서 무릎 꿇고 앉아 일하던 거의 3주 동안"의 정다운 기억이 생생하게 살아 있었다.

나는 우리 모두가 영혼의 깊은 곳에 비밀의 화원을 가지고 있다고 믿는다. 그 정원의 상태는 외면이 아니라 내면의 건강과 활력에 따라서 달라진다. 우리는 죽음이나 빚이나 이혼을 통해 기대하고 계획하고 꿈꾸던 삶에서 벗어나 갑자기 낯선 환경에 떨어진다. 이는 모든 감각, 즉 다섯 가지 신체 감각과 두 가지 정신의 감각(직감과 경이감)에게 아주 충격적인 일이다.

아주 끔찍한 점은 이 새로운 현실에는 시간표가 없다는 것이다. 슬픔과 경악의 상태가 한도 끝도 없이 길어질 수 있다. 일종의 기억상실이 생기기도 한다. 남들은 우리가 정상으로 돌아왔다고 생각하겠지만 사실 우리는 과거도 현재도 미래도 아닌 홀로그램 속에서 살고 있다.

그렇다면 그늘진 곳에서 햇살이 비추는 곳으로 어떻게 이동할 수 있을까? 그날 하루의 은총을 구하고 감사를 표현하면 된다. 아침에 벽만 바라보고 누워 있는 것이 아니라 침대에서 나가기로 선택하면 된다. 수풀이 무성하고 버려진 정원이 생명을 되찾듯이 우리의 희미해진 꿈도 활기를 되찾도록 단계적으로 일상으로 돌아가면 된다. 마음에 상처를 주는 덩굴을 한 번에 하나씩 베고 하루 동안 절망적인 기억을 재생하지 않으면 된다. 그렇게 하루가 이틀이 되고 일주일이 된다. 그러면 우리는 서서히 앞으로 나아가고 있는 자신을 어느 날 문득 발견한다. 한 달 전에는 불가능했던 일이다. 계절이 바뀐다. 우리는 계속 나아간다.

오늘은 당신 영혼의 향기로운 정원을 다시 방문하자. 무거운 나무문을 힘껏 밀어 열자. 정원용 장갑을 끼고 가장 날카로운 가위를 들자. 날마다 덩굴을 하나씩 베자. 당신의 발목을 잡고 있는 과거의 생각을 하나씩 자르자. 여성과 잡초의 레슬링 시합과 같다고 보면 된다. 우리는 날마다 자신의 운명을 결정한다. 우리가 무슨 생각을 하느냐에 따라 운명이 달라진다. 내가 이 진실을 발견하고 얼마나 불편했는지 아무도 모를 것이다. 어쨌든 당신이나 내가 할 수 있는 유일한 것은 생각을 바꾸는 것이다. 실망, 짜증, 의욕 상실, 좌절, 슬픔을 베어버리자. 지나간 일이나 아직 일어나지 않은 일에 대한 불만을 제거하자. 감정의 덤불과 잡초는 우리의 하루하루를 숨 막히게 할 뿐이고 우리의 하루하루는 우리의 운명이 된다. 당신의 상상력을 축복하고, 꿈의 씨를 뿌리는 사람이 새로운 아이디어를 심게 해달라고 기도하자. 그러고 나서 열정이 인내와 정성으로 정원을 가꾸게 하자. 프랜시스 호지슨 버넷이 "정원이 있으면 미래가 있고 미래가 있으면 당신은 살아 있다"라는 것을 발견했듯이 우리도 발견할 수 있다.

## 6월 22일

### 소지품은 내가 어떤 사람인지를 말해준다

미술은 놀랍도록 사실적이어야 한다.
- 프랑수아즈 사강

그 그림은 양손으로 잡을 수 있을 정도로 작다. 하얀 컵, 받침, 은수저만 있는 지극히 단순한 그림이다. 하지만 이 차분한 절제가 발휘하는 놀라운 힘은 늘 나에게 감동을 준다. 나는 프랑스의 화가 앙리 판탱라투르가 1864년에 그린 정물화 〈하얀 컵과 받침White Cup and Saucer〉을 처음 봤을 때 낯선 사람을 바라보며 말했다. "와, 세상에!" 놀란 남자가 나와 그림을 번갈아 보더니 웃으며 말했다. "네. 맞습니다. 진짜 '세상에' 하는 소리가 나오네요. 이 그림에 딱 맞는 말입니다."

나는 과일, 꽃, 접시, 책 같은 물체를 모아놓고 그린 정물화를 수집하는데 무슨 이유에서인지 정물화를 보면 '세상에'라는 감탄사가 절로 나온다. 정물 화가가 사소하고 평범한 일상에 엄청난 애정과 숭배를 베풀기 때문일 것이다. 일상의 윤택함이 캔버스에서 튀어나와 내 마음을 사로잡는다. 관심을 기울여야 한다. 화가의 붓질을 통해 삶이 "나를 봐요!"라고 말한다. "모든 신성함에 대한 애정을 가지고 나를 봐요. 나를 보고 오늘 내 안에서 살아요."

내가 정물화에 자석처럼 끌리는 이유는 정물화가 끊임없이 움직이는 내 평소 상태의 해독제이기 때문이다. 나는 글을 쓰지 않을 때는 가만히 앉아 있기가 힘들다. 가만히 서 있기는 사실상 불가능하다. 그림 앞에 서 있을 때만 예외다. 그림을 감상하는 고요한 순간은 영혼을 위로한다. 그림을 보고 돌아설 때면 시각이 더 예민해질 뿐만 아니라 공간감도 되돌아온다. 나는 사랑하는 일상에 의해서 다시 한번 균형을 느낀다.

정물화 구도를 잡고 있노라면 유쾌하고 차분한 휴식이 찾아온다. 당신은 화가가 아닐지라도 일상의 예술가로서 평범함을 새로운 방식으로 보는 데 도움이 되는 예술가의 도구를 가지고 있다. 화가 폴 세잔은 사과 몇 개가 담긴 노란 도자기 그릇, 빵 한 덩어리, 식탁보 같은 주방 정물화를 그리는 것을 좋아했다. 다음에 신경이 곤두서거나 무력감을 느끼면 10분 정도 짬을 내서 설렁설렁 돌아다니자. 오랫동안 쓰지 않았던 꽃병을 꺼내 새싹이 나는 나뭇가지를 꽂아 거실에 두자. 빈센트 반 고흐의 가장 아름다운 그림은 〈유리잔 속의 아몬드 꽃가지〉다. 나는 반 고흐라고 하면 항상 어두운 분위기가 떠오르지만, 희망을 담은 이 작고 아름다운 그림은 평온한 순간들을 보여주는 감동적인 증거다. 비록 그 순간들이 짧았을지라도.

아주 좋아하지만 거의 신지 않는 새틴 신발, 향수병, 목걸이, 스카프를 침실 서랍장 위에 모아놓으면 어떨까? 마음에 드는 모자를 상자에서 꺼내 침대 기둥에 걸어놓자. 누군가 "왜 모자가 저기 있죠?"라고 질문하면 당신이 그 모자를 얼마나 좋아하는지, 얼마나 자주 쓰지 않는지 상기하려고 뒀다고 대답하면 된다. 그나저나 이제 당신은 전과 달리 그 모자를 자주 쓰게 되지 않을까?

무엇보다도 소지품을 적당한 자리에 배치하면서 놀아보자. 당신 주위의 평범한 물건들을 나란히 놓으면 당신에 대한 진실이 드러난다. 나란히 늘어놓은 컵과 받침, 꽃줄기 몇 개, 체리가 담긴 그릇에서 삶이 표현된다. 일상의 선물은 아주 소중하다.

# 6월 23일

## 나는 나를 얼마나 존중하며 살고 있는가?

지금 나는 고요한 눈으로 본다,
그 기관의 바로 그 고동을.
생각에 잠긴 숨을 내쉬는 존재,
삶에서 죽음으로 건너가는 여행자.
확고한 이성, 절제된 의지,
끈기, 통찰, 힘, 그리고 재능.
고귀하게 태어난 완벽한 여자…

– 윌리엄 워즈워스
영국 낭만파 시인

당신은 이 글을 읽기 전에 휴대폰을 들여다봤을 것이다. 우리는 혹시 뉴스 속보가 있는지 확인하려고 수시로 휴대폰을 본다. 최근에는 날마다 온종일 뉴스 속보가 터지는 듯하고, 자연스레 우리는 주변의 아름다움을 보지 못한 채 휴대폰에 눈을 박고 산다.

나는 그 충동의 해독제를 찾으려고 열심히 노력한다. 오늘은 억지로 나를 현실에서 떼어내기 위해서 영국의 시인 윌리엄 워즈워스가 아내 메리 허친슨에 대해 쓴 시 〈그녀는 기쁨의 화신〉을 곰곰이 생각했다. 우리가 이미 '고귀하게 태어난 완벽한 여자'임을 알아야 한다는 생각이 퍼뜩 떠올랐다. 우리는 이 사실을 알지 못한다. 우리는 자신에게 양분을 줘야 하고, 가능한 모든 방법으로 날마다 서로에게 이 사실을 상기시켜야 한다.

대부분의 날들은 정상이 아니다. 오늘 당장 벌어지는 일에 대한 대처 방안과, 세상의 소란에서 벗어날 길에 대한 선견지명을 갖고 싶은 간절히 열망 사이에 극심한 불균형이 존재한다. 이것만으로도 무척 힘들다. 우리가 현실의 급급함에서 벗어나 꿈을 부활시키기란 불가능한 것일까?

몸과 마음과 영혼의 회복을 위해서는 날마다 10분씩 세 번의 휴식이 필요하다. 명상이라는 말에 대해 생각해보자. 당신이 규칙적으로 명상을 하지 않는다면 틀에 박힌 두 가지 이미지가 떠오를 것이다. 불편한 자세와 숨쉬기 체조에 관한 이미지다. 그러니 오늘은 그 반대로 해보자. 편한 자세를 취하자. 이어서 워즈워스의 시에서 삶에서 죽음으로 건너가는 여행자가 그랬듯이 자연스러운 숨에 대해 깊이 생각해보자.

"숨은 감각적이고 율동적이며 우리가 살아 있는 한 항상 우리와 함께한다. 숨은 더 넓은 세상이 우리에게 준 선물이며 … 우리가 살고 움직이고 존재하는 우주 전체와의 친밀한 교환이기도 하다." 캐밀레리 모린과 로린 로시가 《여성을 위한 명상 비결: 당신의 열정, 즐거움, 내면의 평화 발견하기Meditation Secrets for Women: Discovering Your Passion, Pleasure and Inner Peace》에서 우리에게 상기시킨다. "숨은 본질적으로 은총으로 가득차 있다."

이 책은 여성과 남성이 명상에서 찾는 바가 극적으로 다르다는 사실을 강조한다. "수천 년 동안 수도자들은 명상 지식의 주요 관리자였고 명상 기법의 창안자였다. 자연스레 명상은 그들의 요구를 충족하도록 만들어졌다. 그 결과 명상에 대한 가르침은 먼 과거에 동아시아 지역에서 은둔하는 금욕적인 남성에게 효과가 있던 마음가짐에 여전히 머물러 있다. 대부분의 가르침은 여성의 몸과 정신을 이해하지 못한다." 캐밀레리 모린이 지적한다.

나는 명상을 하는 동안에 연화좌로 앉지 못하고 허리에 통증을 느끼는 데다 생각은 멋대로 오가고 과도한 호흡(글을 쓸 때의 전형적인 반응)에 휘말리기 때문에 "평소에 명상하세요?"라는 질문을 받으면 대답하기가 늘 곤란했다. 하지만 나는 끈기 있게 노력하면서 모든 감각을 즐기고 갈망을 마음껏 충족시키고 욕구를 즐기려고 한다. 또한 내 열정이 실현되게 해달라고 날마다 간절히 기도한다.

캐밀레리 모린은 명상이란 감각 세계를 탐닉하고, 우리 존재의 단순함 속에서 쉬고, 자신을 마음껏 즐기는 것이라고 우리를 안심시킨다. 우리 감각을 안내자로 삼아 숨의 기쁨을 다시 발견하는 것이 즐거움을 받아들이는 능력을 늘리는 방법이다. 이쯤 되면 당신은 이렇게 묻고 싶을 것이다. 숨처럼 평범한 것에서 어떤 기쁨을 발견할 수 있을까(당신이 고약한 기관지염이나 폐 질환에서 회복된 지 얼마 되지 않았다면 이런 질문은 아예 머리에 떠오르지도 않을 것이다)?

잠자리에 들기 전에 오늘 분량의 끈기, 힘, 재능을 다 쓰지 말고 조금 남기자. 그 나머지를 이용해 마음이 편해지는 음악을 듣고 당신의 숨소리가 만족감의 한숨이 될 때까지 천천히 들숨과 날숨의 온화한 물결에 익숙해지자. 워즈워스가 말한 것처럼 "정령이면서 여인인… 고귀하게 태어난 완벽한 여자"가 당신임을 깨닫게 될 것이다.

# 6월 24일

## 집에 향기를 가득 채워라

나는 삶이 천박하지 않고 성스럽기를,
하루하루가 수백 년처럼 알차고 향기롭기를 소망한다.
- 랠프 월도 에머슨
미국의 철학자이자 시인

인간이 처음 후각을 따르기 시작한 순간부터 향기는 마음과 상상의 집을 끌어당기는 저항할 수 없는 자석이었다. 19세기의 배우이자 극작가인 존 하워드 페인은 1823년에 롱아일랜드의 이스트 햄프턴에 있는 작고 낡은 집의 난로에서 나는 냄새를 맡고 숲 향기를 떠올리며 "세상에 집만큼 좋은 곳은 없다"라고 이야기했다. 그는 지붕에 널이 덮인 그 집에서 어린 시절을 보냈다. 세상에 집만큼 좋은 곳이 없는 이유는 집과 같은 향기가 나는 곳이 없어서이리라.

이미 고대부터 사람들은 미적인 목적은 물론 치유의 목적으로 주변을 향기롭게 하려고 노력했다. 그리스인들과 로마인들은 향나무처럼 향기로운 나무로 수납장과 상자를 만들었고, 허브와 꽃으로 옷과 침구류에서 향기가 풍기게 했으며, 향초를 피워 집과 사원을 향기로 가득 채웠다. 신성함에 대한 환영의 의미로 바닥에는 허브와 풀을 깔았다. 예수를 향해 종려나무 가지를 흔들며 환영한 것에서 종려주일이 시작되었다.

20세기가 될 때까지 사람들은 포맨더(향기 좋은 꽃이나 이파리를 넣는 작은 통 – 옮긴이)를 가지고 다녔다. 오늘날처럼 오렌지에 정향을 박아넣는 것이 아니라 남성용은 장식이 달린 뾰족한 원뿔 모양의 금속통이었고 여성용은 도자기 단지였으며 브로치로도 사용할 수 있었다. 날마다 향기로운 꽃과 허브를 교체해서 목 근처에 달았기 때문에 작은 꽃다발이라고 불렀다.

여성들은 사람들이 많은 곳에 갈 때 세균을 퇴치하고 씻지 않은 이웃의 악취로부터 민감한 콧구멍을 보호하기 위해 향주머니를 차고 다녔다. 성경에도 하느님이 모세에게 말한 대로 향신료와 올리브유를 섞어서 성유를 만드는 방법이 정확한 양과 함께 나온다(출애굽기 30:23~24). 하느님이 이르길 예배당 곳곳에 성유를 바르고 모든 표면을 정화하라고 했다. 유명한 건축가 루트비히 미스 반데어로에는 신은 세밀한 부분에 깃든다고 말했다. 성경에서 꼼꼼하게 지시한 내용을 보면 맞는 말인 듯하다.

다음에 외출 후 집에 들어가면 감각 지각 프로젝트를 수행해보자. 현관에 들어서면서 코를 벌름거리며 냄새를 맡아보자. 첫인상이 어떤가? 가구용 광택제, 암모니아, 카펫용 세제의 꽃향기 냄새가 나는가? 반려동물의 냄새가 나는가? 전날 밤에 요리한 냄새가 남아 있는가?

주방에서 식사 준비가 한창일 때 식욕을 돋우는 냄새가 나는가? 욕실에서 상쾌한 냄새가 나는가? 침실은 어떤가? 세탁실에서 더러운 트레이닝복 냄새가 나는가? 향수, 향초, 세제가 서로의 향을 가리는가, 혹은 뒤섞여서 의도하지 않은 향을 풍기는가? 집에서 '당신' 같은 냄새가 나는가, 아니면 이웃의 바비큐 냄새나 담배 냄새가 건너와서 골치인가?

집을 깨끗이 하고 좋은 향기가 나게 하려고 조상들이 사용한 방법을 본뜬 현대식 제품들이 많이 있다. 이를테면 레몬향 살균제, 소나무향 세제, 밀랍 스프레이 광택제의 기원은 동일한 용도로 진짜 레몬, 소나무, 밀랍 같은 재료를 사용하던 몇 세기 전으로 거슬러 올라간다. 꽃향기가 나는 카펫 파우더는 말린 라벤더를 카펫에 뿌리고 쓸어내린 후 나는 향기를 복제하려고 했지만 별로 비슷하지 않다(말린 라벤더는 오늘날 사용해도 좋다). 오늘날의 방충제는 아주 오래전부터 사용해왔던 효과적인 천연방충제인 로즈메리나 타임에 비교하면 냄새가 너무 고약하고 자극적이라는 점은 말할 것도 없다.

아름다운 향기가 퍼져나가게 하는 방법은 다양하다. 신선한 과일, 싱싱하거나 말린 허브, 에센셜 오일, 향긋한 나무, 향신료를 이용하면 된다. 에센셜 오일을 물에 몇 방울 떨어뜨리고 버너나 촛불로 조심스럽게 가열하는 방법도 있다. 물론 용액에 갈대 스틱을 꽂아놓는 디퓨저도 효과가 아주 좋고 뚜껑만 열면 되니 간편하다.

하지만 집에서 15분 정도 짬이 난다면 주방 조리대에서 아름다운 향이 나게 할 수 있는 이 방법을 활용해보자. 먼저 감귤류(오렌지, 레몬, 라임을 섞으면 좋다)의 껍질을 벗겨 커다란 샐러드 볼에 담는다. 좋아하는 허브(싱싱한 허브든 말린 허브든 상관없다)의 줄기를 곱게 다지고, 말린 포푸리(버릴 생각이던 오래된 포푸리도 괜찮다)를 조금 넣고, 좋아하는 에센셜 오일 몇 방울을 떨어뜨린다(나는 장미향을 넣는다). 그리고 샐러드를 만들 듯이 모든 재료를 잘 섞으면 매력적인 향이 풍기기 시작한다.

콜 포터는 1943년에 개봉된 영화 〈소리치고 싶은 말Something to Shout About〉을 위해 만든 노래에서 "당신이 있는 집으로 돌아가면 참 좋을 거예요"라는 가사를 썼다. 자신을 돌보기 위해 조금만 신경을 쓴다면 현관문 열쇠를 돌리면서 행복하게 노래를 흥얼거릴 수 있을 것이다.

# 6월 25일

## 성장은 고통을 수반한다

꽃봉오리 속에서 웅크리고 있으면서 감수하는 위험이, 꽃을 피우려고
감수하는 위험보다 훨씬 더 고통스러운 날이 왔다.
- 아나이스 닌
미국의 소설가이자 시인

성장은 고통스러울 거라는 지레짐작으로 변화를 거부하느라 허비하는
시간과 창조적인 에너지와 감정이 얼마나 될까? 대체로 성장은 불편하
기 마련이다. 특히 인간관계에서 선을 긋는 방법을 배울 때는 더욱 그렇
다. 우리가 진정한 자아를 육성하려고 전념할 때 주변 사람들은 우리에
게 변화가 일어나고 있음을 알아챌 것이다. 지금은 그간 정원에서 조금
씩 자란 식물이 속도를 높여서 성장하는 계절이다. 진정한 자신이 되는
여정을 시작한 지 6개월이 됐으니 이제 우리도 성장 속도를 높여야 하
는 계절이다.

　자신의 부탁을 당연히 들어주리라고 생각하는 사람들에게 "미안하지
만 못하겠어요"라고 말하면서 당신의 진정한 욕구를 표현하기란 어려
운 일이다. 하지만 당신의 진정성이 높아질 기회를 무산시키는 것보다
는 낫다. 꽃봉오리 속에 꽁꽁 싸여 있는 것이 활짝 꽃피우는 것보다 훨
씬 고통스러운 때가 왔다. 빅토리아 시대의 작가 해나 라이언은 "정원
가꾸기는 그림 그리기나 시 쓰기와 마찬가지로 창조적인 작업이다. 자
아의 표현, 즉 아름다움에 대한 개인적 생각의 표현이다"라고 말한다.

또한 정원 가꾸기는 진정성을 찾는 과정에서 생기는 성장통을 탐구하는
좋은 방법이기도 하다. 대자연은 인내심이 있는 스승이다.

정원이나 꽃가게에서 완벽한 장미 꽃봉오리를 하나 찾아보자. 책상
이나 침대 옆 탁자에 꽃봉오리를 올려놓자. 탈무드에서는 풀밭의 풀잎
하나하나에 몸을 굽히고 '자라라, 자라라'고 속삭이는 수호천사가 있다
고 가르친다. 우리에게도 그렇게 속삭이는 수호천사가 있다.


## 6월 26일

## 식물을 기르는 것은 자신을 보살피는 것이다

정원 가꾸기는 은총의 매개체다.

– 메이 사턴

미국의 시인·소설가·회고록 집필자


정원 가꾸기는 내가 진정성을 찾는 여정을 시작한 이후로 소박한 풍요
로움이 내게 준 첫 번째 준 선물이었다. 예전에는 정원일이 너무 지루하
고 힘든 일 같아 보여서 정원일을 하지 않았다(누구나 정원에서 '논다'가
아니라 '일한다'고 말한다). 이미 집안일과 책을 쓰는 일로도 너무 힘들어
서 정원에서까지 일할 여력이 없었다.

하지만 몇 년 전에 영국의 전원 지대로 이사 갔을 때 진정한 열망이
드러나기 시작했다. 영국 사람들이 워낙 정원 가꾸기에 열정적이기 때
문이었다. 영국은 자투리땅부터 커다란 전원주택까지 사방에 꽃이 피어

있다. 나는 꼭 이듬해 봄에는 마당에 스노드롭, 크로커스, 프림로즈, 블루벨, 수선화, 튤립을 꽃 피우겠다고 결심했다. 이미 집 앞에는 사랑스러운 라일락 나무가 한 그루 있었다. 나는 정원 가꾸기에 대해 전혀 몰랐기 때문에 유명한 정원 전문가 거트루드 지킬, 비타 색빌웨스트, 셀리아 댁스터, 캐서린 S. 화이트에게 조언을 구했다.

캐서린 화이트는《뉴요커》의 초창기인 1925년부터 1958년에 퇴직할 때까지 편집장을 맡았다. 그녀는 열정적인 정원사이기도 했다. 그녀의 남편인 작가 E. B. 화이트는 캐서린의 책《정원에서 계속 정진Onward and Upward in the Garden》의 서문에서 "아내는 정원 가꾸기란 우리가 어디에 있든, 다른 일로 얼마나 바쁘든 상관없이 그저 여가시간에 하는 자연스러운 활동이라고 생각했다"라고 썼다.

캐서린 화이트는 상품 카탈로그를 보고 쇼핑하는 것도 좋아했다. E. B. 화이트는 캐서린이 몇 시간씩 완전히 몰두해서 꽃과 씨앗을 연구했고, 샅샅이 살폈고, 면밀히 조사했고, 곰곰이 생각했고, 퇴짜를 놨고, 분류했다고 전한다. 이처럼 정원용품 카탈로그를 향한 지칠 줄 모르는 열정 덕분에 그녀는 수십 년 동안 편집 일을 하고 퇴직한 뒤에 집필을 시작했다. 첫 기사는 씨앗 카탈로그와 묘목업자에 대한 비판적인 논평이었으며 이 글을 시작으로 유명한 정원 칼럼 시리즈 '계속 정진'을 연재했다.

내 생각에 여성 정원사는 두 부류로 나뉜다. 한 부류는 모든 꽃에 대해 알 뿐만 아니라 학명까지 아는 대단한 여성이다. 이들은 꼼꼼하게 정원일기를 쓰고 모눈종이에 식물 배치도를 그리며 모종삽과 삽을 사용하면서도 땀 한 방울 흘리지 않는다. 한마디로 정원 가꾸기의 귀재다. 캐서린 화이트는 이 부류에 속한다.

　다른 부류는 지저분하다는 말이 걸맞는데 내가 이 부류에 속한다. 정원에서 일할 때 늘 얼굴이 벌겋고 냄새를 풍기며 땀에 젖어 있다. 정원용 장갑을 어디에 뒀는지 잊어버려 손톱에 흙이 잔뜩 끼어 있으며 그리 원예에 재능이 있다고 할 수 없다. 학명은커녕 이름도 잘 모르고 그저 "저 작은 노란색 꽃"이라고 부르며 손가락으로 가리킬 뿐이다. 또한 정원 가꾸기에 열광하며 지상의 낙원이나 아름다운 풍경에 대한 환상에 사로잡혀 있다.

　그렇지 않고서야 어떻게 내가 2월에 장미 나무를 열네 그루나 주문했겠는가? 5월의 어느 날 아침에 한꺼번에 도착할 것이고 그러면 이틀 동안 미친 듯이 일해야 한다는 생각을 하지 못한 채 말이다. 당연한 일이지만 안타깝게도 정원사는 같이 오지 않았다. 장미 나무를 땅에 심으려면 먼저 구멍을 아주 깊게 파야 한다. 어쨌든 장미 나무는 무사히 땅에 심어졌다. 날씨가 궂은 어느 겨울날 오후에 멋진 정원용품 카탈로그를 열심히 살펴보다가 앞뒤 생각 없이 무턱대고 주문한 장미 나무들은 중년에 접어든 내게 사랑스러운 아이들이 되었다.

　캐서린의 남편은 그녀에게 정원 가꾸기는 쉬운 일이었지만 집필은 "느리고 고통스러운 과정"이었다고 말했다. 나는 화단에 이중 배수로를 만드는 것보다 글을 쓰는 것이 훨씬 쉽다. 그래도 정원에서 하는 모험을 통해서 영혼이 성장한다고 생각한다. 정원 가꾸기는 예상하지 못한 은총의 매개체가 되었다. 몇 시간씩 무릎을 꿇고 흙을 파면서 내면의 평온을 발견했기 때문이다. 정원은 내가 다른 일에 대해 생각하지 않거나 내 힘으로 어쩔 수 없는 일을 걱정하지 않는 유일한 공간이다. 식물을 심고 잡초를 뽑는 그 순간에 완전히 몰두하면 엄청난 만족감을 느낄 수 있다. 머릿속이 고요해지고 마음이 넓어진다. 이제 나는 여성이 정원에서 성장하도록 안배한 조물주의 이유를 알 것 같다. 신의 지혜에 대한 추측은 이쯤에서 끝내자.

'기쁨'이라는 이름의 아름다운 분홍색 장미가 내게 손짓한다. 계속 정진하라. 이제 정원을 가꾸며 즐겁게 놀 시간이다.


## 6월 27일

## 늦게야 꽃을 피우는 사람도 있다

**뿌리 내린 곳에서 활짝 피어라.**

– 메리 엥겔브라이트
미국의 화가이자 디자이너


내 세대의 기준으로 보면 나는 대기만성형이다. 서른두 살에 결혼했고 서른다섯 살에 엄마가 됐으며 마흔 세 살에 첫 책이 나왔다. 마흔 다섯 살에는 처음으로 진짜 정원을 가졌다. 한때는 이런 사실이 결함처럼 여겨져서 부끄러웠다. 그러나 하루하루 부러울 정도로 열정적으로 살았고 책을 썼고 정원을 가꿨던 메이 사턴이 나를 안심시켰다. "정원 가꾸기는 감정이나 상황에 흔들리지 않는 열정을 유지할 준비가 된 중년기에 찾아오는 보상이다. 그런 열정은 인내심, 바깥 세상에 대한 정확한 자각, 가뭄과 차가운 눈을 헤치고 나아가 정원을 가꾸는 데 겪었던 모든 실패를 잊고 자두나무가 꽃을 피우는 순수한 기쁨의 순간을 향해 전진할 힘이 있어야 생긴다."

자두나무는 오늘 꽃이 피지 않지만 늦게야 꽃을 피우는 것에는 좋은 점도 많다. 특히 우리가 자신의 진정한 스타일을 펼치면서 나아간다면 오래 걸리고 늦게 이루어진다고 해도 괜찮다.

하지만 때로 우리는 두렵고 아직 준비되지 않았다고 느낀다. 따라서 당신이 꽃이 피는 과정을 생각할 때 고려할 점이 있다. 당신은 자신의 꿈이 아닌 다른 사람들의 꿈을 좇는 것을 그만둘 준비가 되었는가? 당신의 발목을 잡고 있는 것이 무엇인지 아는가? 당신의 발목을 잡고 나아가지 못하게 하는 것이 바로 당신 자신은 아닌가? 살아간다는 것은 그저 관중석에 앉아서 소극적으로 지켜보는 스포츠가 아니다. 당신의 앞에 놓인 새롭고 다채로운 영역으로 뛰어들 준비가 되었는가?

나는 소박한 풍요로움의 은총을 탐구하고 실험하기 시작한 직후에 멋진 꿈을 꾸었다. 나는 담이 쳐진 오래된 정원에 이끌려 걸음을 옮기다가 길에 놓인 황금 열쇠를 발견했다. 열쇠를 돌리자 묵직한 나무문이 활짝 열리더니 죽은 식물들이 빽빽이 들어찬 음울한 황무지가 드러났다. 사방이 어두웠다. 하지만 안으로 들어가자 지금껏 본 것 중에 가장 아름다운 정원으로 향하는 입구에 햇빛이 찬란하게 비치고 있었다.

그래도 나는 황량한 정원을 남겨둔 채 천상의 정원으로 발걸음을 옮기기가 망설여졌다. 덤불 속에 얽혀 있는, 보이지 않는 뭔가가 나를 제지했다. 마침내 나는 억지로 입구를 향해 발걸음을 내디뎠다. 그러자 황무지가 사라졌다. 주변에 아름다움과 풍요만이 가득했으며 나는 엄청난 기쁨과 평온을 느꼈다.

나는 잠에서 깼을 때 그 꿈의 의미를 정확하게 이해했다. 초목이 무성한 정원은 내 삶의 풍요를 뜻했고, 황무지는 부족함에 집착하는 내 생각을 상징했다.

풍요로움과 부족함은 우리 삶에 동시에 존재한다. 둘 중 어느 정원을 가꿀지 선택해야 한다. 우리 발목을 잡고 있는 보이지 않는 덤불은 우리 생각이다. 삶에서 부족한 점이 아니라 현재 존재하는 풍요(사랑, 건강, 가족, 친구, 일, 기쁨을 주는 목표)에 집중하기로 선택하면 황무지가 사라지고 현실 속에서 매일 커다란 기쁨을 느끼며 살 수 있다.

그러니 먼저 당신을 위한 야외 안식처를 만들어보자. 집에 뒷마당이 있다면 그늘진 구석에 편한 의자와 작은 탁자를 놓으면 어떨까? 해먹을 걸면 어떨까? 한숨 돌리고 싶을 때 잠시 한가로이 있게 베란다나 테라스에 의자를 두면 어떨까?

야외 안식처에 있을 때 내면에 있는 비밀의 화원을 가꾸는 것도 잊지 말자. 외부에서 꽃을 활짝 피우려면 먼저 내면에 씨앗을 뿌려야 하기 때문이다. 실망, 좌절, 약해진 포부, 이루어지지 않은 기대, 과거의 실패에 대한 분노를 뽑아내자. 그런 감정의 잡초는 창조성을 억누를 뿐이다. 자유로운 상상력이 영혼의 비옥한 흙에 가능성의 씨앗을 뿌리게 하자. 열정이 인내심을 가지고 정원을 가꾸게 하자.

80대에도 우아한 제인 폰다는 "당신이 늦게 꽃피우는 사람이라도 괜찮다. 그 꽃피우는 순간을 놓치지 않기만 하면 된다"라고 조언한다.

# 6월 28일

## 모든 게 시들하다면 환경을 바꿔보자

분갈이는 후진이 아니라 전진을 받아들인다는 뜻이다.
우리가 오래된 껍데기에 더 이상 들어맞지 않음을 깨닫는다는 의미다.
그것은 실패가 아니다. 그것은 삶이다.

– 헤더 코크런
미국 소설가이자 텔레비전 프로그램 제작자

이 일을 어쩌면 좋단 말인가. 이파리들이 떨어지고 있다. 대체 뭐가 문제일까? 그동안 물을 잘 줬다. 햇볕도 듬뿍 받았다. 기온이 너무 높거나 낮은 것일까? 나는 화분을 들어 올려 아래에 있는 배수구를 살펴본다. 작은 흰색 뿌리가 좁은 화분에서 탈출하려고, 혹은 숨 쉴 공간을 더 찾으려고 필사적으로 흙을 뚫고 내려오고 있었다.

화분 전체에 뿌리가 뻗어서 더 이상 자랄 수 없는 상태다. 당신은 적어도 2년에 한 번씩 분갈이를 해야 한다는 사실을 알았는가? 예전에는 이런 고민을 할 필요가 없었다. 분갈이를 해야 할 정도로 식물이 오래 산 적이 없었기 때문이다. 하지만 나는 점차 나 자신을 잘 돌보게 되면서 모든 것을 잘 돌보게 됐다. 어쨌든 뿌리가 자랄 공간이 남아 있는 시점이라도 양분이 이미 모두 흡수됐기 때문에 오래된 흙을 교체해야 한다. 지금 그 화분 속은 불모지다.

"나는 내 마음속 화분의 분갈이를 언제 할지 모르겠다. 새로운 장소로 옮겨 심어져서 새 흙의 충격을 받아들이고 미지의 세상을 느끼며 그곳에 뿌리를 내릴 용기가 부족한가 보다." 거닐라 노리스가 헌신적인 신앙을 담은 기도서 《비잉 홈》에서 털어놓는다.

우리도 성장하기 위해서는 분갈이를 해야 한다. 그렇다면 언제 분갈이를 해야 할까? 하루를 시작하기도 전에 시들어버렸을 때, 마음속에 꿈을 그릴 수 없을 때, 마음 놓고 웃은 때가 언제인지 기억나지 않을 때, 앞으로 펼쳐질 24시간이 전혀 기대가 되지 않을 때가 있는가? 매주 이런 일이 일어나면 당신의 화분에 뿌리가 가득 찼음을 깨달아야 한다. 이때가 되면 영혼 주변의 흙을 부드럽게 털어내야 한다. 상상의 불꽃을 일으키고, 맥박을 빠르게 뛰게 하고, 대화에 미소와 쾌활함을 불러일으키는 뭔가를 찾아야 한다.

분갈이를 해야 한다고 해서 현재의 결혼생활이나 직장을 버리고 새로운 터전을 찾아야 한다는 의미는 아니다. 그저 새로운 뭔가가 필요하다는 뜻이다. 온라인에서 한 학기에 한 강좌만 듣고 있다면 지금이라도 복학하면 어떨까? 올여름부터 프랑스어를 배우거나 그동안 꿈꾸던 선물포장 사업을 시작하면 어떨까? 아니면 구석에 처박아둔 재봉틀을 고치거나 블랙베리 주스를 만들거나 펜싱을 배우면 어떨까? 장학금을 신청하거나, 강좌를 듣거나, 당신만의 신문을 내거나, 상품 카탈로그를 보내달라고 요청하지 못하는 이유가 무엇일까? 지난번에 떠오른 소설 아이디어는 그냥 묵혀둘 것인가? 당신이 무엇인가를 쓸 때까지 첫 페이지는 비어 있을 것이다.

분갈이를 하다 보니 뿌리가 성장을 멈춘 것이 보인다. 나는 서로 엉킨 뿌리를 손가락으로 부드럽게 풀어준다.

잎사귀, 줄기, 뿌리.

마음, 몸, 영혼.

이들은 삼위일체다. 정신의 신비로운 실이 이음매 없이 매끄럽게 하나로 연결해놓는다. 나는 한 가닥이 어디서 끊기고 또 다른 가닥이 어디서 시작하는지 자국을 발견할 수만 있다면 만사를 이해하게 되리라는 생각을 종종한다. 현 상황에서는 내가 이해하는 것이 별로 없지만 어쨌든 조금은 알고 있다.

나는 꽃나무를 약간 큰 화분에 옮겨 심는다. 식물이 놀랄 수 있기 때문에 이전 화분보다 너무 크면 안 된다. 그저 잘 자라도록 다독일 수 있는 정도의 크기면 된다. 마찬가지로 나 역시 세상과 대결하려고 하면 안 된다. 그저 내 앞에 주어진 일을 하나씩 해나가야 한다. 이제 나는 화분에 양분이 많은 흙을 넣는다. 물을 준다. 식물이 새로운 환경에 적응할 수 있도록 화분을 그늘진 곳으로 조심스럽게 옮겨서 하루 동안 둔다. 벌써 줄기가 곧아지고 이파리가 생생해진 것 같다.

뿌리와 꽃봉오리는 부활이 존재함을 조용히 입증한다.

## 6월 29일

### 지금까지 잘못된 인생을 살아왔을지도 모른다

나는 사는 방법을 배우거나 생각해내고 싶다.

- 애니 딜러드
풀리처상을 수상한 작가

이제 당신이 받아들일 준비가 됐기 때문에 계시가 사방에서 빠르게 일어난다. 구약성서에서 하느님은 당나귀, 바위, 불타는 숲을 통해서 신성한 메시지를 전달한다. 그러니 당신의 귀에 들리는 소리에 진실이 담겨 있기만 하다면 무슨 소리가 어떤 방식으로 들리든지 간에 타당성에 이의를 제시하지 말자. 그저 책을 잃거나, 영화를 보거나, 친절한 마트 직원과 잡담을 하다가 새로운 사실을 깨닫게 될 수도 있다. 영감의 원천을 차단하지 말자.

소박한 풍요로움의 길에서 가장 비약적인 도약은 당신이 평생 전진이 아니라 후진을 했다는 사실을 갑작스럽게 깨닫는 순간에 이루어진다. 그동안 당신은 정신적인 길이란 그저 복종, 희생, 고통이 따를 뿐이며 세속적인 길만이 자유, 성취감, 행운을 줄 수 있다고 믿었을 것이다. 그러다 어느 날 아침에, 어쩌면 바로 오늘 아침에 갑자기 통찰을 얻는다. 그렇게 되면 그동안 당연하게 여기던 사실상 모든 지식을 버려야 함을 깨닫는다.

하지만 겁먹을 필요는 없다. 거창하게 들리지만 사실 그리 어렵지 않다. 지금까지 걸어온 길이 만족스러웠는가? 세속적인 재능이 진정한 행복을 가져다줬는가? 그동안 완벽하다고 생각했던 직장이나, 결혼생활이나, 집이나, 돈에서 오는 성취감이 일주일 이상 지속됐는가? 그러니 당신의 경험과 충동을 믿자. 기존 지식을 버리고 다시 배우려면 처음에는 아주 힘들겠지만, 기계적인 암기가 아니라 개인적인 지식을 바탕으로 배워나가면 생각보다 훨씬 수월할 것이다. 게다가 실제 생활도 즐거워질 것이다.

내 생각은 다음과 같다. 우리는 이 세상에 태어나기 직전에 미래의 모습, 즉 우주의 계획이 담긴 사진을 한 장 받는다. 우리가 앞에 펼쳐진 모험에 흥미를 느끼게 하려고 하늘이 주는 것이다. 그런데 하늘의 카메라에서 사진이 나오고 있을 때 너무 급한 마음에 완성된 사진 대신에 인화도 안 된 네거티브(피사체와 명암이 반대로 보이는 이미지 – 옮긴이)를 움켜쥔다. 관점이 뒤집어진다. 흰색이 검은색으로 보이고 검은색이 흰색으로 보인다. 큰 그림을 담은 사진이이지만 뒤집혀 있다. 그래서 웃어야 할 때 울고, 영감을 얻어야 할 때 부러워하고, 풍요 대신에 박탈감을 느끼며, 쉬운 방법을 두고 어려운 방법을 선택하고, 전진하는 대신에 후진한다. 설상가상으로 마음의 문을 열면 끊임없이 기쁨이 펼쳐질 텐데 상처받지 않으려고 마음의 문을 닫아버린다.

사실 신은 우리와 협력하기를 기다리고 있는데, 우리는 신이 우리를 위해 나서주기만을 기다렸다. 오늘은 우주의 계획이 담긴 사진의 원판인 네거티브를 인화해서 당신에게 원래 주어진 삶을 살기 시작하자.

이제 앞으로 나아갈 때다.

# 6월 30일

## 오늘 무슨 일이 일어나도 평정심을
## 유지하고 하던 일을 계속해라

그녀가 문간에 다다랐다. 자물쇠에 열쇠를 넣으니 부드럽게 돌아갔다. 우리가 집에 대해 기억하는 것은 그런 것이었다. 방의 크기나 벽의 색깔이 아니라 문손잡이와 스위치의 느낌, 손바닥에 닿는 난간의 형태와 감촉을 기억했다. 잠깐의 접촉에서 느끼는 친밀감.
그런 친밀감이 다시 일어나니 집에 온 실감이 났다.
- 잰 스트러더
《미니버 부인》의 작가

내가 미니버 부인을 존경하는 이유는 그녀가 가족에게 방독면을 챙겨주는 것처럼 전시의 어려움에 묵묵히 대처하는 동시에 일상의 평범한 일을 솜씨 좋게 해나가기 때문이다. 영국은 1939년 9월 3일에 독일과의 전쟁을 선포했고 런던은 첫 번째 폭격을 맞았다. 그달 말에 모든 영국 국민은 어깨끈이 달린 종이상자에 넣어 다닐 수 있는 방독면을 지급받았다. 아기들을 위한 아주 작은 안전모도 있었다. 방독면 없이 집 밖에 나가는 사람은 처벌을 받았다.

미니버 부인은 '방독면'이라는 제목의 수필에서 조용히 속마음을 털어놓는다. "하지만 불안을 드러내면 안 되지… '최악의 상황에'(아직도 '전쟁이 일어나면'이라는 말을 피하고 완곡하게 표현하려 하다니 웃기는 일이다), 최악의 상황에 이 아이들은 최소한 우리가 어떤 한 국가가 아니라 이념과 싸우고 있다는 것을 알 것이다. … 미니버 부인은 차를 향해 걸으면서 생각했다. 그래서 우리는 우유를 끓여 젖병에 넣고, 점심을 먹기 전에 아이들 손을 씻기고, 바닥에 떨어진 수저로 먹지 못하게 한다."

다행히 방독면은 필요 없었다. 하지만 미국이 전쟁에 개입하기 전까지 참혹한 2년을 보내야 했다. 영국 정부는 나치의 대규모 침략을 두려워했다. 영국 정보국은 국민을 안심시키고 단결시키기 위해 단순하지만 눈에 띄는 빨간색 포스터를 시리즈로 제작해 배포했다. 그중 하나에는 이렇게 적혀 있었다.

당신의 용기, 당신의 활기, 당신의 결의가 승리를 불러오리라

다른 포스터에는 자유가 위험에 직면했다고 적혀 있었다. 이런 포스터가 전국의 게시판과 기차역에 붙었다. 또한 다른 포스터가 제작돼 200만 부 이상 인쇄됐지만, 그 포스터는 최악의 상황에 배포할 예정이었다. 그 포스터에는 이렇게 적혀 있었다.

평정심을 유지하고 하던 일을 계속하라

그들은 극심한 위험과 어려움 속에서 살았다. 공습, 폭격, 런던 대공습(독일군이 10개월 동안 밤마다 공중폭격을 가했다)을 피해 런던에서 시골 마을로 피난한 150만 명의 어린이와 임신부, 기적적인 됭케르크 철수 작전, 달걀과 실과 양말 같은 식량과 필수품의 배급. 최악의 상황은 일어나지 않았다. 그 포스터는 폐기되었다.

10년 전 영국의 한 서적상이 어느 상자의 바닥에서 이 포스터들을 발견했다. 상자에는 경매에서 산 오래된 책들이 담겨 있었다. 그는 포스터를 액자에 넣어 계산대 옆에 걸었다. 그 포스터를 사겠다는 사람들이 너무 많아서 그는 포스터를 복사해야 했다. 침략이 일어나지 않은 그때로부터 80년이 흐른 지금, 그 슬로건은 숭배의 대상이 되었다. 어떤 상황에서도 위안을 주는 이 메시지는 우리에게 많은 점을 시사한다.

'평정심을 유지하고 하던 일을 계속하라.'

나는 이 구절을 액자에 넣어 주방에 두었고 소파 쿠션에도 프린트했다. 이 말의 조용한 확신은 항상 내 기운을 북돋는다. 오늘 무슨 일이 일

어나도 평정심을 유지하고 하던 일을 계속하자. 그러고 나서 하루를 무사히 보냈음을 감사하자. 은총을 요청하고 당신과 신이 함께라면 해결할 수 없는 일이 없다는 것을 알자.

지금까지 비상용품함을 마련해 중요한 서류, 구급상자, 물, 여벌의 옷을 갖췄다. 이제는 당신과 가족과 반려동물을 위한 음식에 초점을 맞출 것이다. 목표는 유사시 최대한 빨리 필수품을 챙겨 집에서 나가는 것이다. 따라서 우리는 이번 달과 다음 달에 텃밭과 요리의 세계를 탐험하면서 비상식량에 대한 계획도 진행할 것이다.

비상식량은 오래된 다섯 가지 저널리즘 원칙에 따라 준비한다. 누가, 무엇을, 어디에서, 언제, 왜.

당신은 누구와 사는가? 어린이와 반려동물이 있는가? 먼저 다양한 맛의 단백질 바와 단백질 셰이크를 모은다. 한 사람당 하루에 단백질 바 세 개, 분말 혹은 장기보관용 액체(냉장보관을 하지 않아도 됨) 단백질 셰이크 세 개를 챙긴다. 다양한 맛의 시리얼도 준비한다. 음료로는 동결건조 즉석커피와 티백이 있으면 된다. 우유가 필요하거나 가족 중에 어린이가 있다면 분유나 인스턴트 우유, 장기보관용 곽 우유를 갖추면 된다. 장기보관용 곽 우유는 맛이 더 좋은 반면에 더 무겁다.

반려동물용으로는 개봉하지 않은 먹이 몇 봉지를 갖추면 된다. 반려동물이 좋아하는 맛으로 고른다. 물과 건량을 담는 접이식 먹이통을 판매하니 알아보기 바란다.

마지막으로 단백질 바와 셰이크, 우유, 반려동물 먹이의 유통기한을 확인해야 한다. 이번에도 투명한 플라스틱 상자에 모든 식량을 보관할 것이다. 식량을 꽉 채워도 당신 혼자 들 수 있을 만큼 가벼운 상자여야 한다. 이 점은 아주 중요하다. 나는 비상용품함을 처음 정리할 때, 필요한 물건을 다 갖췄지만 너무 무거워서 들지도 못했다. 그런 경우에는 바퀴가 달린 커다란 가방이 더 낫다.

이달의 준비를 끝낸 후 놀라울 정도로 마음이 평온해지지 않았는가? 당신은 굉장히 중요하고 실용적인 일을 완수한 것이다. 혹시 모를 미래의 비상사태에 체계적으로 대비함으로써 당신과 사랑하는 가족을 돌보고 있다.

아직 시작하지 않았는가? 혹은 시작했다가 중단했는가? 나도 그런적이 있었다. 온갖 이유와 바쁜 일상 때문에 시작하고 중단하고 시작하고 중단하기를 반복했다. 나는 당신이 이 활동에서 스트레스를 받기를 바라지 않는다. 그냥 하고 싶은 기분이 들 때 하면 된다. 그런 기분이 들때 참고하라고 내게 유용했고 당신에게도 유용할 순서를 앞에서 소개했다. 내 조언을 오래된 책들이 들어 있는 상자의 바닥에서 발견한 포스터로 생각해도 좋다.

# 6월에 느끼는 소박한 행복

"나는 최고로 멋지고 달콤한 날들은 아주 엄청나거나 신나는 일이 일어난 날들이 아니라, 진주목걸이에서 진주알이 스르르 풀려 떨어지듯 소박하고 작은 기쁨들이 연이어 계속되는 날들이라고 믿어요." 캐나다의 작가 루시 모드 몽고메리가 《빨간 머리 앤》의 주인공 앤 셜리를 통해 한 말이다.

한여름은 앞일을 내다보고 꿈을 꾸는 때다. 운이 좋다면 앞날이 "절대 잊을 수 없는 여름, 삶에 드물게 나타나지만 아름다운 추억이라는 막대한 유산을 남기는 여름, 운 좋게도 기분 좋은 날씨와 기분 좋은 친구와 기분 좋은 일이 거의 완벽하게 어우러지는 여름의 어느 날"로 펼쳐질 것이다.

신이 날 정도로 아주 맛있는 것을 먹었을 때가 마지막으로 언제인가? 여름의 맛이 나는 새로운 먹을거리를 몇 가지 만들어보면 어떨까?

❦ 퇴근 후 차가운 레모네이드를 마시며 대화를 나누자. 평소에는 슈퍼마켓에서 사 먹어도 좋지만 오늘은 신선한 레몬과 설탕으로 전통적인 음료를 만들어 자신에게 대접하면 어떨까? 방법은 간단하다. 과립 설탕 두 컵, 물 한 컵, 얇게 채 썬 레몬 껍질(세 개 분량)을 5분 동안 끓인다. 충분히 식힌 뒤 여기에 레몬 여덟 개를 짠 과즙을 넣는다. 잘 밀봉해서 냉장고에 보관한다. 얼음물이나 탄산수 한 잔당

시럽을 큰 스푼으로 두 번 넣으면 맛있는 레모네이드가 된다.

❦ 아이스크림이 영혼에 유익하다는 점을 잊지 말자. 슈퍼마켓에 가서 새롭고 다양한 아이스크림을 사 오자. 혹은 집에서 만든 아이스크림을 한 번 먹을 만큼만 얼려놓고 점심식사 후에 콘에 담아 먹자. 주변에 있는 아이스크림 전문점에 가자.

❦ 주말에 수박을 사서 완전히 시원해지도록 적어도 하루 동안 냉장고에 넣어놓자. 수박을 큼직하게 잘라서 현관 앞 계단이나 마당이나 테라스에서 가족 혹은 친구와 먹으면서 씨를 마구 뱉어보자. 씨 뱉기 대회를 열어 누가 가장 멀리 날리는지 보자.

❦ 나무 두 그루가 있다면 해먹을 걸자. 혹은 운 좋게도 해먹 거치대가 있다면 차고에서 꺼내 설치하자. 이제 베개와 부드러운 쿠션을 놓고 해먹에 누워서 상상에 빠지자.

❦ 땅거미가 질 때 반딧불이나 개똥벌레를 잡으며 추억 속으로 여행을 떠나자. 반딧불이와 개똥벌레 집을 미리 준비하자. 마요네즈 병을 깨끗이 씻고 뚜껑에 구멍을 뚫은 다음에 병 속에 풀을 깔면 끝이다. 어린 시절에 만들던 벌레집이 기억나는가? 잠깐만 넣어놓았다가 바로 자연으로 날려 보내자.

❦ 6월 21일에 하지를 기념하며 뒷마당에서 캠핑을 하자. 텐트를 치고

침낭을 놓고 화로대에 나무를 쌓아 캠프파이어를 하자. 핫도그와 스모어를 디저트로 내놓자. 당신이 모를 수도 있으니 스모어를 만드는 방법을 소개하자면, 그레이엄 크래커 두 개 사이에 얇은 초콜릿과 구운 마시멜로를 넣으면 된다. 하나 집어먹자. 몇 개 더 먹자! 귀신 이야기를 하고 달빛을 받으며 꿈나라로 가자.

🌾 신선하고 맛있는 칵테일을 위해 칵테일 텃밭을 만든 뒤 각종 허브를 키우자. 갓 딴 민트를 모히토에 넣거나 테킬라 피즈에 타임을 넣자. 칵테일 텃밭은 당신의 음료에 새롭고 복잡한 맛을 더해준다.

🌾 최고로 멋진 밀짚모자를 구해서 진정한 자아에게 선물하자.

🌾 발톱을 빨갛게 칠해보자.

🌾 진짜 비밀의 정원을 만들 수는 없겠지만, 편히 앉아서 쉴 수 있는 비밀 장소를 만들 수는 있다. 나무 말뚝과 줄로 뒷마당에 원뿔형 천막을 만들고 붉은강낭콩이나 나팔꽃이나 스위트피를 심자. 넝쿨이 나오면 줄을 연결해서 뻗어 나갈 방향을 잡자. 자주 천막에 가서 삶의 의미를 곰곰이 생각해보자. 어린 자녀가 있다면 이곳을 정말로 좋아할 것이다. 당신도 마찬가지다. 우리는 별로 힘들이지 않고도 행복과 고마움을 느낄 수 있다.

🌾 집에 정원을 가꿀 공간이 없어도 컨테이너 정원을 보면 삽과 화분

을 챙겨서 당장 식물을 심고 싶을 것이다. 컨테이너 정원은 실외의 창가에 두는 것을 비롯해 다양한 종류가 있으며, 요즘 아파트 거주자들 사이에서 인기다. 관련 책이 서점이나 아마존에 많이 나와 있다. 이런 책은 위스키 통, 물통, 화분, 항아리, 바구니, 정원 벽 등을 이용해서 식물을 심는 방법을 소개하고 여러 가지 제안도 한다.

🌾 정원 가꾸기에 재주가 없지만(많은 사람이 식물을 죽이지 않는 것을 힘들어한다) 식물에 둘러싸여 살고 싶다면 염자(신화월), 알로에, 산세비에리아 같은 다육식물을 들여놓자. 관리하기 쉽고 모던한 느낌을 주며 어느 공간에나 어울린다.

# 7월

현실과 이상을 조화시키는 달

꿀벌의 나지막한 날갯짓 소리와 선탠 크림의 향기가

어우러지는⋯ 사랑스러운 7월.

– 신시아 위컴

원예 작가

무덥고 푹푹 찌는 7월이 왔다. 속도를 늦추자. 아니면 아예 멈추자. 일을 줄이고 옷을 가볍게 입고 휴대폰을 덜 들여다보고 일정에 연연하지 말자. 이와 더불어 포부와 기대를 내려놓자. 이제 욕구가 줄어들고 있다. 필요한 것이 충족되어서일까? 실내든 실외든 그늘진 조용한 공간에서 시원한 음료와 상쾌한 산들바람을 즐기자. 힘든 하루에서 벗어나 잠시 한숨 돌리자. 휴식은 좋은 습관이다. 여름은 계절이라기보다는 멜로디다. 하루하루가 아름답게 어우러지기 시작할 때 우리가 흥얼거리는 만족감의 선율이다. 이번 달에는 소박한 풍요로움의 네 번째 은총인 조화의 가락이 우리 마음에서 점차 들려오는 동안 행복 추구를 최우선순위로 삼을 것이다.

# 7월 1일

## 하루 3번 일상에서 즐거움을 찾아보라

나는 … 어떤 형편에든지 자족하기를 배웠노니.
- 신약성서 빌립보서 4장 11절

20대에 내 목표는 유명해지는 것이었다. 30대에는 통장 잔액이 중요하다고 생각했다. 40대 때는 그동안 찾아 헤매던 모든 것을 한마디로 요약하면 '만족'이라는 사실을 마침내 알게 됐다.

다행히 나는 유명해지면 큰 대가가 따른다는 점을 깨달았다. 이제 나는 창조적인 프로젝트를 구상부터 완성까지 잘 이끌어가는 '기량이 뛰어난' 여성이라는 평가가 유명인이라는 자리보다 훨씬 좋다. 그리고 내 영혼 깊이 자리 잡은 자아는 돈이 행복을 보장하지 않는다는 사실을 안다. 어느 여름날 아침, 부유하고 유명한 작가가 불행한 사고로 사랑하는 자녀를 잃었다는 기사를 읽으면서 그 사실을 확실하게 깨달았다. 몇 달 동안 베스트셀러 명단에 올라 있는 작가였다. 주방에서 설거지를 하던 나는 담벼락에 테니스공을 튀기고 있는 케이트를 창문으로 내다봤다.

케이트는 행복하고 안전하고 살아 있었다. 그 유명 작가는 그날 아침에 내가 누리던 축복을 다시 느낄 수만 있다면 세상에서 거둔 온갖 성공을 주저 없이 포기했을 것이다. 나는 그 작가를 위해 기도한 다음에 나를 위해 기도했다. 바로 이 순간의 내 삶이 얼마나 풍요로운지 영원히 잊지 않게 하소서. 감사하는 마음을 절대 잊지 않게 하소서.

물론 세금과 각종 청구비를 어려움 없이 지불하고, 꼭 필요한 물건을 사고, 원하는 것도 몇 가지 누리고, 편안한 쿠션까지 구입할 수 있다면 훨씬 더 행복해질 것이다. 그리고 가게에서 아주 멋진 물건을 발견했을 때 가격을 묻지도 않고 주저 없이 "포장해주세요"라고 말할 수 있다면 굉장히 행복할 것이다. 사실 죽기 전에 한 번이라도 그렇게 해보았으면 좋겠다.

그래도 요즘에 내가 끊임없이 갈망하는 것은 만족감이다. 그래서 내 앞에 펼쳐진 소중한 하루의 매 순간에서 빛나는 즐거움을 포착하며 살게 해달라고 요청하기 시작했다. 이를 실천하는 방법은 아주 간단하다. 점심식사로 버터밀크 허니브레드에 타라곤 마요네즈와 셀러리를 넣은 맛있는 참치 샌드위치를 만드는 것도 한 방법이다. 가족과 손님을 위해 종종 참치 샌드위치를 내놓지만 안타깝게도 평소에 나를 위해 따로 시간을 내서 만드는 경우는 거의 없다. 혹은 원고 마감일이 목전에 다가왔을지라도 노트북 컴퓨터가 아니라 아주 재미있는 책을 들고 해변에 앉아 있는 것도 한 방법이다.

부정적인 버릇이 날마다 하나씩 슬금슬금 생기듯이 긍정적인 갈망도 조금씩 생겨난다. 명상, 창조적인 활동, 자신을 돌보는 시간은 행복해질 수 있는 좋은 습관이다. 내 경험에 따르면 20분 동안 조용히 앉아 내면을 들여다보거나, 발견일기에 사진·그림을 붙이거나, 산책을 하거나, 다음에 해야 할 일을 더욱 즐겁게 할 방법을 스스로에게 물으면 부질없는 욕망이 줄어든다.

오늘은 당신에게 진정으로 중요한 의미가 있는 갈망에 대해 깊이 생각하자. 만족감을 느끼기 위해 꼭 필요한 것이 무엇인가? 이어서 당신이 갖고 있는 것들로 적어도 세 번, 마음과 정신과 몸을 만족시키자.


## 7월 2일

### 마음먹기에 따라 하루가 달라진다

매 순간 우리는 원하는 모든 것을 가지고 있다.
설사 우리는 그렇게 생각하지 않을지라도.

– 멜로디 비티
미국 작가


소박한 즐거움으로 빚어지는 날이 있는가 하면 소박한 즐거움으로 구원받는 날이 있다. 해변에서 아름다운 여름을 만끽한 오늘은 소박한 기쁨으로 빚어진 날이었다. 방충망이 쳐진 현관에 앉아서 전원 풍경 구경하기부터 흥미로운 가게 구경, 가족과 친구와 해변에서 보낸 오후, 재미있는 책 읽기, 파도가 발목을 휘감을 때 털어놓은 비밀, 점심때 먹은 아이스크림콘, 판자가 깔린 산책로 거닐기, 놀이동산에서 게임하기, 상품 타기까지 모두 즐거움을 주었다. 그러고 나서 집으로 돌아와 뒷마당에서 상쾌하게 즐긴 샤워, 칵테일을 마시며 나눈 대화, 좋은 친구와 저녁식사를 요리하는 기분, 풍성하게 차린 맛있는 음식, 감미로운 와인, 웃음소리, 명랑한 분위기도 다 좋았다. 조금 있다가 행복하게 잠자리에 드는 순간도 즐거울 것이다.

아일랜드 속담에 "어제 겪은 좋은 일 두 개, 혹은 결코 생기지 않을 내일의 좋은 일 세 개보다 오늘의 좋은 일 한 개가 낫다"라는 말이 있다. 오늘은 과거를 아쉽게 회상하거나 미래를 걱정스럽게 예상할 필요가 전혀 없었다. 현재를 완전하게 만끽하며 보냈고 소박한 풍요로움이 가득했기 때문이다. 오늘은 즐거움이 연달아 일어난 풍요로운 날이었고 말 그대로 즐거움이 넘쳐흐르기 직전이었다.

하지만 매일 해변에서 놀면서 살 수는 없는 노릇이다. 얼마 전에 아침 8시에 전화가 왔다. 작업 과정에 큰 변화가 생겼다고 했다. 이 통화는 내 하루를 완전히 엉망진창으로 만들어버렸다. 수화기를 내려놓자 심장이 빠르게 뛰었다. 전화 한 통화에 그동안 내가 세심하게 짜놓은 계획이 물거품이 돼버렸고 수많은 약속을 지킬 수 없게 되었다. 나는 불평불만을 터트리며 이리저리 서성거렸다. 도저히 못 참겠다는 생각이 들었다. 선택할 수 있는 방법은 세 가지였다. 분노에 차서 있는 힘껏 고함을 지르거나, 죽으려고 변기에 머리를 처박거나, 심호흡하고 나서 다른 대안을 찾음으로써 하루를 구원하는 것이었다. 이 중에 실제로 가능한 해결책은 단 한 가지였다.

나는 집에서 아이나 반려동물을 불안하게 만들 행동을 하지 않기로 한 터라 고함 지르기는 제외됐다. 변기에 머리를 박는 방법도 현실성이 없었다. 변기에 빠져 죽으려면 물 한 바가지로는 턱도 없었다. 그래서 나는 차를 한잔 마시고 유대교 하시디즘의 기도를 떠올렸다. "하느님이 도와주실 것을 압니다. 그러나 하나님, 당신이 도움의 손을 내밀 때까지 나를 도와주소서."

그날 하루는 내가 어떻게 하느냐에 따라서 힘들어질 수도 즐거워질 수도 있었다. 상황을 바꿀 길이 전혀 없었고 그저 받아들이는 것이 최선이었다. "항상 선택하기 나름이야." 나 자신에게 일깨웠다. 삶이 내게 던진 상황을 좋아할 필요는 없지만 받아들일 수는 있다. 결국 성공은 처음에 세운 계획을 얼마나 잘 실행하느냐가 아니라 대안을 가지고 얼마나 순조롭게 난관을 극복하느냐로 판가름 난다. 이는 대부분의 사람에게 100퍼센트 적용된다.

나는 대안을 생각했다. 소박한 즐거움, 고대할 수 있는 즐거운 일로 하루를 구원하는 것이다. 대안 쪽으로 기어를 변경하려면 처음에는 태도를 조정하는 과정을 거쳐야 한다. 그러나 자동차 운전이 그렇듯이 연습하면 점차 무의식적으로 변경할 수 있게 된다.

먼저 나는 마음을 진정하려고 찻잔을 들고 정원으로 나갔다. 잡초를 몇 개 뽑고 꽃을 꺾었다. 꽃을 꽃병에 꽂은 후에 요리책을 뒤적였다. 저녁에 새로운 요리를 할까, 아니면 위안을 주는 음식을 만들까? 마침 주방 조리대에 내놓은 복숭아가 제대로 익어서 디저트로 먹을 복숭아 덤플링을 만들기 딱 좋을 듯했다. 저녁을 먹고 나서 인터넷에서 옛날 영화를 한 편 보면 어떨까? 그리고 일을 보러 나가기 전에 남은 1시간을 최대한 활용하기로 했다. 현재의 행복한 한 시간을, 행복했던 과거의 두 시간이나 오늘 오지 않을 행복한 세 시간보다 멋지게 보내자고 작정했다.

바라던 것과 다른 하루가 내 앞에 펼쳐졌다. 그러나 감사하게도 내

의지로 그 하루를 구원할 수 있었다.

## 7월 3일

## 욕망을 숨기지 마라

나는 좋은 사람을 많이 안다. 그러나 그들이 스스로의 굶주림을
자세히 살펴본다면 훨씬 더 좋은 사람이 될 것이다.
- M. F. K. 피셔
미국 음식 작가

"이브는 사과를 베어 묾과 동시에 현재 우리가 아는 세상, 아름답고 결
함이 있으며 위험하고 수많은 생명체로 가득한 이 세상을 우리에게 가
져다주었다. 이브는 천연두, 소말리아, 소아마비 백신, 밀, 윈저장미를
우리에게 줬다." 바버라 그리주티 해리슨이 에세이집 《동산을 나와서:
성경에 나타난 여성 작가Out of the Garden: Women Writers on the Bible》에서 말
한다. "과도한 호기심에 찬 이브의 행동"은 우리에게 욕구와 식욕과 굶
주림도 가져다주었다.

이브가 없었다면 나는 오늘 저녁식사 메뉴를 고민하고 있지 않았을
것이다. 당신도 마찬가지다. 이브가 없었다면 나는 뼈를 깎는 고통을 겪
어야 완성되는 창작을 하고 있지 않았을 것이다. 그러나 이브가 없었다
면 신만이 줄 수 있는 내면의 평화·기쁨·조화를 향한 강한 열망이나
세속의 즐거움을 몰랐을 것이다.

대체로 사람은 하루에 적어도 세 번 먹는다. 그렇다면 굶주림이 진정으로 채워지려면 얼마나 자주 먹어야 할까?

많은 여성이 음식과 인간관계와 경력에 대해 끊임없이 점검하며 자신을 억누른다. 결심만으로 갈망의 뚜껑을 꼭 닫아둘 수 있기라도 한 듯 갈망을 자아 속으로 깊이 밀어 넣는다. 하지만 나는 굶주림이 신성한 것이라는 사실을 점차 자각하고 있다. 우리는 날마다 굶주리고, 날마다 굶주림을 채우는 과정을 반복하게 돼 있다. 그렇지 않고서야 왜 주기도문에서 오늘의 일용할 양식을 달라는 요청이 맨 처음에 오겠는가?

우리 영혼은 단순히 신체의 굶주림뿐만 아니라 심리, 감정, 창조성, 정신의 굶주림도 느낀다. 하지만 조물주는 이성, 상상력, 호기심, 분별력을 선물로 주었다. 그래서 우리는 여러 굶주림을 구분할 능력이 있다. 오늘 아침에 당신이 정말로 굶주린 것이 스콘인가 아니면 휴식인가? 당신이 진심으로 원하는 것이 열정적인 키스인가 아니면 파스타인가? 혹은 그저 밤에 푹 자는 것인가? 그렇다면 와인을 석 잔째 마시면서 재방송하는 드라마를 보고 있지 말자. 당장 텔레비전을 끄고 포근한 잠자리로 들어가자. 남편이 있다면 함께 포근한 잠자리에 들자고 부르자.

"내가 굶주림을 주제로 글을 쓸 때 진짜로 하려는 이야기는 사랑 및 사랑을 향한 갈망, 온정 및 온정을 향한 애정이다. 그리고 굶주림이 채워질 때의 온기와 풍요와 기분 좋은 현실이다. … 이 모두가 하나다." 뛰어난 미식가이자 음식 전문 작가인 M. F. K. 피셔가 1943년에 말했다.

이브의 후손이여, 욕구를 경멸하지 말자. 당신의 욕구 안에 신성한 불꽃이 있다. 사랑받고 싶어 하는 영혼이 있다. 왕성한 식욕을 가진 여성은 그 갈망을 채우도록 창조됐다.

사랑. 굶주림. 식욕. 욕구. 신성함. 완전함.

이 모두가 하나다.


# 7월 4일

## 실현 가능한 현실적인 꿈을 좇아라

아무것도 바라지 말라. 삶이 주는 뜻밖의 선물에 놀라면서 검소하게 살라.
– 앨리스 워커
풀리처상을 수상한 미국의 소설가이자 시인


우리 가족은 방금 아주 멋진 옛날식 가두 행진을 구경하고 왔다. 이 독립기념일 행진은 타코마파크에서 130년 동안 한해도 빠지지 않고 열렸다. 미국 동해안에서 역사가 가장 긴 행진이며 이 지역 사람들은 행복을 아주 중요하게 생각한다. 올해는 당신도 그러기를 바란다.

윌리엄 제임스는 철학자이자 심리학자이며 유명한 소설가 헨리 제임스의 형이다. 윌리엄 제임스는 인간의 행복을 집중적으로 연구해 근대 심리학의 이정표가 된 《심리학의 원리》를 1890년에 출간하면서 자신의 불꽃을 쏘아 올렸다. 이 책은 12년간의 집필을 거쳐 완성됐으며 분량이 두 권 합쳐 1,400페이지에 달한다. 이 책은 그때까지 어떤 책도 다루지 않던 영역을 과감하게 파헤치면서 정신과 신체의 연결, 감정이 행동에 미치는 영향을 탐구했다. 그리고 조화로운 삶을 살려면 외부의 과시적인 요소에 집중하는 대신에 내면의 삶을 돌보는 것이 중요하다고 강조했다. 윌리엄 제임스 박사는 이 책을 통해 미국에서 자기계발 운동의 선구자가 되었다.

또한 윌리엄 제임스는 실용주의 철학을 설득력 있게 옹호했다. 그는 우리가 태어날 때 세상이 이미 존재하고 있으므로 있는 그대로 받아들여야 한다고 주장했다. 하지만 우주를 다정한 존재로 보느냐 적대적인 존재로 보느냐에 따라서 내면의 현실을 창조하는 능력이 달라진다. 그는 "불행의 결과를 극복하는 첫 단계는 일어난 일을 받아들이는 것이므로 … 현실을 기꺼이 받아들여야 한다"라고 충고했다.

실용주의자인 제임스 박사는 개인의 행복은 순전히 실현 가능성에 달려 있다고 믿었다. 현실이 기대치에 부합하면 행복해진다. 기대치에 부합하지 않으면 우울해진다. 이는 철학과 심리학만큼이나 현실적이고 개인적이고 단순하며 완전히 타당하다. 물론 이는 우리가 행복해지고 싶다면 창조적인 선택을 해야 한다는 의미다. 더 많이 이루고 축적하려고 의식적으로 끊임없이 노력하는가? 아니면 기대치를 낮추고 가진 것으로 살아가면서 만족하는 방법을 배우려고 하는가?

많은 여성이 기대치를 낮추라는 말을 꿈을 포기하라는 뜻으로 오해한다. 한 친구는 내게 "세라, 미안하지만 그 말은 포기하라는 소리로 들려"라고 말했다.

전혀 그렇지 않다.

꿈과 기대는 아주 다르다. 꿈이란 당신이 에너지와 특성과 재능과 상상력을 발휘해서 세상을 재창조할 수 있도록 신이 안전망을 잡아주고 있다고 믿고 과감하게 도약하는 것이다.

기대란 자아가 특정한 결과에 감정을 쏟는 것이다. 특정한 결과는 꿈을 실현하기 위해 필요한 것이다. 자아의 기대는 아카데미상, 잡지 표지 기사, 〈뉴욕타임스〉 베스트셀러처럼 기준이 분명하다. 꿈이 자아의 상상대로 실현되지 않으면 누군가가 아주 많이 불행해진다. 그 누군가가 누구일까? 바로 자아다! 그 누구도 미래나 최고의 결과를 정확하게 예측할 수 없기 때문에 이런 식의 생각은 스스로를 망친다. 우리가 자아의 기대에 부합하지 못하면 다시 실패한 셈이 된다. 그리고 어느 시점이 되면 진짜로 포기해버린다.

꿈을 열정적으로 추구하면 영혼이 높이 날아오른다. 반면에 꿈의 성취를 저울질하는 기대는 영혼을 바닥에 꽁꽁 묶어 놓는다. 그렇다고 해서 그저 기대를 낮추라는 말이 아니다. 진정으로 즐겁고 모험적으로 살고 싶다면 기대를 아예 버려야 한다.

기대를 하는 사람이 아니라 꿈을 꾸는 사람으로 살아야 한다. 그런 삶은 독립된 삶을 살아가는 것이나 마찬가지다. 기대에 부응하려는 노력의 속박에서 벗어나면 더욱 직접적으로 행복을 추구할 수 있다. 기대하는 것이 아니라 꿈을 꿔야 신이 개입해서 연계와 완료와 성취와 축하를 통해 당신을 놀라게 한다. 꿈을 꾸자. 실천하자. 당신의 꿈을 실현하자.

나는 평생 자청해서 마음의 고통을 겪었지만 이제는 꿈을 꾸고 실행하고 초연하라는 윌리엄 제임스의 조언처럼 꿈과 기대의 균형을 잘 유지하려고 노력한다. "결정을 내리고 실행할 단계가 되면 결과에 대한 모든 책임과 걱정을 깨끗이 잊어야 한다." 제임스 박사가 내게 말한다. 나는 아주 열정적으로 일하고 성공이 전적으로 내게 달린 것처럼 행동한다. 그러나 최선을 다하고 나면 최대한 잊어버리려 노력하며 내 작업이 세상 사람에게 받을 평가를 기대하지 않는다. 나는 뜻밖의 기쁨에 놀라는 쪽을 의식적으로 선택했다. 당신도 그런 선택을 할 수 있다.

오늘은 현실적이고 개인적으로 행복을 추구하고 있는지에 대해 생각해보자. 오프라 윈프리는 그녀를 위해 신이 준비해둔 꿈이 자기 스스로 꾼 꿈보다 훨씬 컸다고 말했다. 나는 우리가 꾸는 꿈은 신이 우리를 위해 마련해놓은 꿈의 근처에도 못 간다고 생각한다. 또한 특정한 결과가 아니라 진정한 표현에 감정을 쏟아야만 신이 우리에게 주려는 꿈을 찾을 수 있다고 믿는다.

## 7월 5일

### 슬플 때는 맛있는 음식을 만들어보자

그렇다. 비결이 있었다. 당신은 삶을 물려받았거나 창조했다.
당신은 자신이 원하는 삶이 무엇인지 깨닫고 나서 어떻게 해서든
그 방향으로 살았다. 그리고 다행스럽게도 당신은 그 삶을 좋아했다.
- 로리 콜윈
미국의 소설가이자 음식 작가

나는 1980년대에 또다시 글을 통해서 로리 콜윈과 단짝 친구가 됐다. 그녀는 가정생활에서 느끼는 행복의 기복을 펜과 포크로 포착했다. 나는 지난달에 로리를 당신에게 소개했다. 그녀는(그녀의 요리법을 따라 하면) 생강 쿠키가 아주 커다란 기쁨의 기폭제가 될 수 있으며 슬플 때는 앞치마를 두르고 맛있는 음식을 만들라고 가르쳤다.

로리는 소설 다섯 권, 단편집 세 권, 음식 에세이와 요리법 모음집 두 권을 썼다. 또한 그녀는 피카소가 즐겨 입은 줄무늬 티셔츠를 아주 좋아했나 보다. 그녀는 거의 모든 사진에서 줄무늬 티셔츠를 입은 채 활짝 웃고 있다.

나는 로리처럼 음식에 대한 아름다운 글을 쓰고 싶었지만 음식은 내 전문 분야가 아니었다. 그래도 우리는 아주 친해졌다. 직접 만난 적은 없지만 수년에 걸쳐서 작가와 독자 사이의 친밀하고 신비로운 유대감이 강해졌다. 책을 읽노라면 자신에 대해 가족이나 가까운 친구도 모르는 점을 놀랍게도 작가가 알고 있다는 느낌이 들 때가 있다. 그럴 때 독자와 작가의 유대감이 강해진다.

나는 로리의 소설과 단편을 아주 좋아했지만 요리 에세이는 그야말로 숭배했다(에세이 모음집인 아주 매력적인 두 권의 책, 《홈 쿠킹》과 《더 많은 홈 쿠킹》). 내가 로리의 책을 읽고 그녀의 새 요리법을 시험한 날은 늘 풍요로웠다. 단짝 친구가 집에 놀러와 커피를 마시고 엄청나게 커다란 케이크를 먹으며 수다를 떠는 기분이었다.

로리와 나의 공통점은 요리책에 심취했다는 것이다. 정기적으로 요리책과 떠나는 모험은 끊임없는 즐거움을 주며 아무리 추천해도 지나치지 않는다. 많은 여성이 밤에 침대에서 소설을 읽듯이 나는 요리책을 읽는다. 또는 감자가 삶아지는 것을 지켜보면서 요리책을 읽는다. 그래서인지 나는 섹스보다 가정사를 자세하게 다룬 소설을 좋아한다. 나는 섹스 자체보다 사람들이 섹스 전후에 먹는 음식이 더 궁금하다.

물론 나는 요리책에 나온 음식을 다 만들어보지는 않았다. 그저 요리책을 훑어보다가 마음에 드는 곳에 노란색 포스트잇을 붙이고 '좋은 아이디어'라고 적어놓는 것이 좋다. 요리책은 단순히 저녁식사 메뉴를 소개하는 공간이 아니라 풍요롭고 창의적인 선택의 세계를 담고 있다. 요리책과 함께하면 가능성이 무궁무진하게 펼쳐진다. 우리가 당장 오늘 오후에 비행기를 타고 프랑스로 날아갈 수는 없지만, 원한다면 책을 펼치고 치킨 치즈 그라탱 같은 고급 프랑스 요리를 만들 수는 있다.

1992년 10월의 어느 날 아침에 아주 끔찍한 일이 일어났다. 나는 평소처럼 아침식사를 준비하고 케이트를 학교에 보내려고 아래층으로 내려왔다. 도시락을 싸면서 빨리 준비하라고 딸내미를 재촉하던 중에 신문 기사에 눈길이 갔다. 로리가 잠을 자다가 심장마비로 사망했다는 기사였다. 그녀의 나이는 마흔여덟이었다. 매 끼니는 물론 하루하루를 최고로 멋지게 만들라고 조언하던 단짝이 세상을 떠났다는 말인가? 나는 가족이 모두 집에서 나갈 때까지 눈물을 참았다. 일단 눈물이 흐르기 시작하자 멈출 수 없었다. 오전 내내 코를 훌쩍이며 로리의 추억담을 읽고 또 읽고 기도를 했으며, 일상에서 성스러움을 찾아서 찬미하던 특별한 여성이자 작가의 죽음을 애도했다. 그러는 사이에 생강 쿠키를 한 판 구워서 다 먹었다.

"식탁에 가만히 앉아 있지 못하는 어린 자녀 때문에 골치가 아프고, 늘 이런저런 문제로 가정생활이 삐거덕거릴 것이다. 삶은 매력과 온정과 위안뿐만 아니라 슬픔과 눈물로 가득 차 있다. 어쨌든 인간은 행복하고 슬프고를 떠나서 먹어야 한다." 로리가 내게 말한다.

이것이 내가 요리책, 특히 로리 콜윈의 책을 좋아하는 이유다.

# 7월 6일

## 수확의 기쁨을 누려라

나무와 허브가 있는 정원과 과수원이 천국이 아니면 어디가 천국일까.
기쁨이 가득하고 즐겁지 않은 것이 없구나.

– 윌리엄 로슨
영국의 성직자이자 정원사

물론 모든 것은 정원에서 끝나고 다시 시작한다. 사랑. 감탄. 숭배. 축
하. 헌신. 좌절. 집착. 단념. 재기. 소생. 회복. 인간이 이 땅에서 살고 갈
망하는 한 신성한 열정이 매년 다시 점화된다. 아담과 이브 사이에서가
아니라 이브와 에덴동산 사이에서.

원예 지식이 거의 없는 나 같은 여성도 태양이 빛나고, 땅에서 지렁
이가 자라고, 공기가 촉촉하고 부드러워지는 때가 오면 자연인으로 살
고 싶은 본능이 꿈틀거린다. 우리는 다시 한번 결심한다. "올해는 꼭 정
원을 만들 거야." 당신은 어떤지 모르겠지만 올해 나는 정말 진심으로
하는 말이다. 그럼 펜과 삽을 들고 시작해볼까?

꽃, 채소, 과일, 허브에게 골고루 사랑을 주는 텃밭. 오랜 역사를 가진
텃밭의 낭만이 과거의 속삭임을 안은 채 뒷문을 지나 접시 위로 순식간
에 전달된다. 당신이 키운 식물을 한 입 베어 물 때마다 천국이 조금씩
복원된다. 당신은 자신에게 말한다. 이것이 맞아. 이것이 옳아. 그래, 이
렇게 살아야지. 이게 행복한 삶이야. 애초에 음식이란 이런 것이야. 당
신이 성경의 시편 작가가 "너희는 여호와의 선하심을 맛보아 알지어다"

라고 쓴 이유를 이해하는 순간 짜릿한 황홀함이 몰려올 것이다.

영국에 살 때 어느 주말에 옥스퍼드셔에 있는 프랑스 요리사 레이몽 블랑의 르 마누아 레스토랑에서 생일을 자축했다. 모든 것(분위기, 인테리어, 향기, 미슐랭 가이드 별점 두 개를 받은 음식)이 감각적이고 멋지고 숭고했다. 하지만 가장 기분 좋은 기억은 레이몽 블랑의 텃밭을 거닌 것이었다. 그는 넓이 8,000제곱미터인 이 텃밭에서 90종이 넘는 채소와 과일과 70종의 허브를 유기농으로 기른다. 나는 희열에 젖어 그곳에 서서 언젠가 담장을 두른 내 텃밭을 만들고야 말 것이라고 맹세했고, 이 꿈은 다이아몬드보다 소중하다.

"텃밭은 프랑스에서 수 세기 동안 시골생활의 주춧돌이었다." 조지 앤 브레넌이 《텃밭: 프랑스식 신선한 정원 요리Potager: Fresh Garden Cooking in the French Style》와 《프랑스 텃밭에서: 텃밭 가꾸기의 기쁨In the French Kitchen Garden: The Joys of Cultivating a Potager》에서 말한다. "프랑스 텃밭은 단순한 채소밭이 아니라 실내와 야외 사이의 교감이다. 땅과 조화롭게 사는 수단이다. … 텃밭 가꾸기는 긍정적으로 살게 하고 삶의 질을 높이는 활동이며, 거의 모든 기후와 생활방식에 쉽게 적용할 수 있다."

문제는 어디에서 시작하느냐이다. 나는 8,000제곱미터의 땅이 없다. 하지만 레이몽 블랑도 20년 전에는 그런 땅이 없었다. 그러니 지금은 자투리땅이나 커다란 통 중 하나를 선택할 수밖에 없다. 개인적으로 나는 반으로 잘라 초록색 페인트를 칠한 위스키 숙성통이 어린 양상추류(특히 내가 좋아하는 것은 마타리 상추다)를 키우기에 최적이라고 생각한다. 원예 작가 수지 베일은 반으로 자른 위스키 숙성통을 '샐러드 볼'이라고 불렀다. 이어서 물냉이, 시금치, 키우는 데 절대 실패하지 않는 방울토마토(이탈리아 방울토마토와 노란 방울토마토), 파, 프랑스식 피클용 오이를 추가한다. 이제 허브를 키울 통을 하나 더 들여놓는다. 제노바 바질, 이탈리아 파슬리, 로즈마리, 딜, 오레가노, 작은 월계수 나무를 심는다.

이 모든 것은 집에서 키운 행복으로 이어진다. 한 번도 채소 텃밭을 가꾼 적이 없다면 규모를 줄여서 빨간 토마토와 노란 토마토, 바질, 상추, 파를 한 통에 같이 심으면 된다. 한련화처럼 먹을 수 있는 꽃을 통의 가장자리에 빙 둘러 심으면 훨씬 예쁘다. 이런 꽃은 샐러드에 풍미를 더하고 보기에도 좋다.

작은 자투리땅이나 집에 있는 가장 큰 통에서 가드닝을 시작해도 아주 행복해질 것이다. 아파트에 산다면 창가에 커튼 대신 흰색 격자판을 둘러 넝쿨이 타고 올라가게 한 창가 화단이 제격이다. 실패할 가능성이 없기 때문이다. 처음 가꾸는 텃밭이니 이왕이면 성공하는 것이 더 좋지 않겠는가?

다음에 할 일은 내년 겨울용 채소 카탈로그를 주문하고, 원예책을 쟁이고, 가장 예쁜 꽃무늬 원예용 장갑과 챙이 넓은 밀짚모자와 손에 딱 맞는 좋은 도구를 찾는 것이다. 아, 잡초를 뽑을 때 사용하는 무릎 패드, 밝은색 에나멜 물뿌리개, 일상의 에덴동산을 상세하게 그릴 수 있도록 모눈종이가 들어 있는 원예 공책 같은 부담 없는 가격의 필수품도 잊지 말자.

당신은 당장 올여름에 담장을 두른 텃밭이나 흰색 말뚝 울타리가 있는 작은 텃밭을 만들지는 못할 것이다. 나도 그렇다. 우리 삶과 마찬가지로 정원에서 수확을 하려면 먼저 계획을 세우고 땅을 갈고 모종을 심어야 한다. 하지만 오늘 당신은 나와 함께 풍성하고 즐거운 소박함의 씨앗을 상상 속에 뿌릴 수 있다. "상추와 무와 허브를 처음 수확했을 때… 갓난아기의 어머니가 된 기분이 들었다. 내게 어찌 이리 아름다운 존재가 생겼을까?" 20세기 파리의 아방가르드 미술품 수집가인 미국인 앨리스 B. 토클라스가 회상했다. "이후로 매년 수확하면서 채소 하나하나를 볼 때마다 그런 경이감이 온몸을 감쌌다. 직접 키운 채소를 수확할 때면 무엇과도 비교할 수 없이 만족스럽고 황홀하다." 급기야 그녀는 1954년에 《앨리스 B. 토클라스 요리책The Alice B. Toklas Cookbook》을 썼고, 이 책은 지금까지도 베스트셀러에 올라와 있다.

## 7월 7일

### 당신에게 위안을 주는 음식은 무엇인가?

인간에게 기본적으로 필요한 요소인 음식, 안심, 사랑은
서로 아주 밀접하게 얽혀 있어서 서로 떼어놓고 생각할 수 없다.
- M. F. K. 피셔
미국 음식 작가

위안을 주는 음식: 예스럽고 별남. 비욘세에게 위안을 주는 음식은 파파이스 치킨이다. 크리시 티건은 벨비타 치즈가 있으면 무엇이든 할 수 있다고 한다. 제니퍼 로런스는 쿨랜치맛 도리토스를 좋아한다. 블레이크 라이블리에게 그리운 맛은 크래프트사의 마카로니 앤드 치즈다.

설마? 그보다는 더 괜찮은 음식을 좋아하지 않을까? 크리시 티건은 제외다. 나는 위안을 주는 음식에 관한 한 그녀를 전적으로 신뢰한다. 그녀가 재미있는 요리책 두 권《갈망Cravings》과《여전히 굶주림Hungry for More》을 썼고 실제로 몇몇 요리법에 벨비타 치즈를 사용하기 때문이다.

그런데 매시트포테이토, 브리오슈 프렌치토스트, 페투치니 알프레도는 어디에 있나? 피자와 솔트캐러멜 아이스크림은 어디에 있나? 브라우니는 어디에 있나? 킷캣은?

위안을 주는 음식은 각자가 자신을 위로하는 방식이며 기름이 묻은 지문처럼 긴 세월이 지나도 변함없이 미뢰에 분명하게 입력되어 있다. 고통스럽고 우울할 때 사랑과 추억이 담긴 음식이 마음을 치료한다.

기본적으로 음식은 최고급 요리, 린 퀴진(저지방, 저칼로리를 표방하는 냉동식품 브랜드로 다이어트를 하고 싶은 사람들이 주로 구입한다—옮긴이), 위안을 주는 음식, 소울푸드, 놀이방 음식, 초콜릿으로 나뉜다. 위안을 주는 음식, 소울푸드, 놀이방 음식, 초콜릿을 한데 묶는 사람도 있다. 그러나 우리처럼 숭고함을 추구하는 탐험가들은 구원을 주는 음식의 미세한 차이를 알아채야 한다.

위안을 주는 음식은 마음을 따뜻하게 한다. 마음이 무거울 때는 안정된 상태를 유지하고 감정의 균형을 이루는 것이 필요하다. 미트로프와 매시트포테이토, 마카로니 앤드 치즈, 치킨 파이, 레드빈 라이스, 크림 리소토를 먹으면 도움이 된다. 우리가 어려움을 딛고 살아남을 것이라는 확신을 주는 음식이다. 단 한 걸음을 내딛기조차 싫을 때라도 그런 음식이 있으면 계속 앞으로 나아갈 힘이 생긴다. 소울푸드는 우리를 뿌리로 돌아가게 하고, 놀이방 음식은 우리를 포근하게 감싸 잠자리에 눕

히며, 초콜릿은 생각을 바꾼다. 기분에 따라서 각기 다른 음식을 선택하면 된다.

위안을 주는 음식이 최고급 요리가 아니라는 사실을 알아야 한다. 위안을 주는 음식은 별 네 개짜리 레스토랑에서는 찾을 수 없지만 운이 좋으면 값싼 식당에서 찾을 수 있다. 사실 비싼 음식일수록 그 음식이 주는 위안이 줄어든다. 돈으로 즐거움을 살 수 있지만 위안을 살 수는 없다. 설사 당신 자신에게 주는 위안이라도 마찬가지다.

위안을 주는 음식은 린 퀴진도 아니다. 발사믹 식초를 아무리 흠뻑 뿌린 샐러드라도 라자냐만큼 만족스럽지 않는 이유를 의아해한 적이 있을 것이다. 이런 신체 현상을 완벽하게 설명하는 과학적인 이유가 있다. 탄수화물이 함유된 맛있는 음식은 기분을 좋게 하는 세로토닌의 분비를 증가시켜 뇌의 화학적 성질을 바꾸기 때문에 마음을 진정시키고 만족감을 준다. 다시 말해서 파스타와 감자는 천연 우울증 치료제다. 이야기만 들어도 벌써 기분이 좋아지는가?

위안을 주는 요리를 소박한 즐거움으로 만드는 계획을 소개한다. 위안을 주는 음식의 요리법을 모아서 철하자. 위안을 주는 음식을 만들 때 양을 두 배로 늘려 한 끼 분량은 냉동실에 보관하자. 냉동실에 넣은 음식의 이름과 날짜를 적어서 냉장고 문에 붙이자. 그러면 마음에 먹구름이 밀려들 때 기분을 좋게 할 음식을 바로 찾을 수 있다. 맛있고 위안을 주는 저녁식사가 냉동실에 있다는 사실만으로도 즐거워진다. 특히 하루 종일 힘들게 일했는데 아무도 알아주지 않을 때면 냉동실 속 위안을 주는 음식이 더욱 큰 즐거움이 될 것이다.

M. F. K. 피셔는 "어차피 몸에 영양분을 제공해야 하니 이왕이면 모

든 솜씨를 발휘해서 … 더 큰 즐거움을 누릴 수 있도록 노력해보면 어떨까?"라고 묻는다. 그리고 우리가 식탁에 앉는 목적은 단순히 먹기 위해서만이 아니라 기운을 북돋고 위로를 받기 위해서다. 그러니 감사하는 마음을 갖고 "품위 있고 열정적으로" 식사를 하자.

## 7월 8일

### 당신의 소울푸드는 무엇인가?

소울푸드의 의미는 이름 그대로다. 소울푸드는 혼을 담아
요리한 음식, 풍부한 맛을 가진 음식이며 우리 영혼에 유익하다.

– 실라 퍼거슨
미국의 가수·배우·작가

소울푸드는 과거로 가는 여권이다. 소울푸드는 단순히 옥수수죽이 아니라 과거의 유산이다. 할머니가 밀가루 반죽을 두드려 딱딱하게 구운 식빵이나 유모가 만든 러시아식 수프 보르시치가 소울푸드가 된다. 실라퍼거슨은《소울푸드: 최남부 지방의 클래식 요리Soul Food: Classic Cuisine from the Deep South》에서 소울푸드는 "전통이 가득한 유산, 자손 대대로 전해진 삶의 방식"이라고 말한다.

일반적으로 소울푸드는 아프리카계 미국인의 요리를 의미하지만, 인종이나 문화와 상관없이 좋은 추억을 불러일으키는 요리라는 뜻으로 폭넓게 사용된다. 소울푸드는 요리에 얽힌 기억, 이야기, 요리법이다. 그

리고 소울푸드는 치킨이나 만두를 튀기는 방법, 국수를 뽑는 방법, 양지머리를 삶는 방법, 토르티야를 반죽하는 방법, 아이스티를 달콤하게 만드는 방법이다.

지금은 부모님 두 분 다 세상을 떠났지만, 예전에 두 분을 보러 친정에 갈 때마다 어머니는 첫 끼와 마지막 끼로 내가 가장 좋아하는 수프 빈을 만들어줬다. 그 음식은 어머니가 젊었고 내가 어렸을 때 살던 켄터키 옛집으로 시간을 거슬러 돌아가게 한다. 수프 빈은 강낭콩이 완전히 뭉그러질 때까지 몇 시간 동안 천천히 끓인 음식이다. 수프 빈을 국자로 퍼서 매시트포테이토 위에 담고 양배추 샐러드, 뜨거운 옥수수빵과 진짜 버터, 시원한 맥주와 함께 내놓는다.

어머니 생애의 마지막 여름에 나는 케이트를 데리고 친정에 갔다. 어머니의 자식과 손주 들이 모두 모였다. 대화와 요리와 안락함이 넘쳤고 우리는 조심스레 작별을 고했다. 나는 수프 빈을 만들 줄 알았지만 직접 요리할 마음의 준비가 아직 안 돼 있었다. 나는 어머니의 죽음을 생각하지 않으려고 노력했다. 그저 어머니가 마지막으로 만들어준 수프 빈만 떠올렸다. 애도 방법은 여러 가지다.

소울푸드는 책을 보고 요리할 수 없다. 본능을 따라야 하고 감각을 동원해야 한다. "프라이드치킨을 뒤집을 때가 되면 나는 따닥따닥 소리를 구분할 줄 알아야 하고, 비스킷이 거의 다 구워질 때의 냄새를 맡을 줄 알아야 하며, 뜨거운 페이스트리에 손대도 되는 때를 느낄 줄 알아야 한다." 실라 퍼거슨이 말한다. "계량 수저가 아니라 맛을 보고 간을 맞춰야 한다. 체리 파이가 달콤하고 멋지게 부풀어 오를 때를 시계가 아니라 눈으로 판단해야 한다. 이런 기술을 쉽고 빠르게 가르치기란 불가능하다. 이런 기술은 직접 느껴야 하며 … 마음과 영혼에서 나온다."

올여름에는 정성이 가득한 요리법을 모으자. 혹은 아주 사랑하지만 자주 만나지 못하는 사람에게 요리해달라고 하자. 개인 요리 강습을 받으면 더욱 좋다. 당신은 캐러멜 아이싱으로 잼 케이크를 만드는 방법을 잘 안다고 생각하겠지만, 정말로 그럴까?

## 7월 9일

## 때론 어른에게도 아이 음식이 필요하다

동물 모양 크래커, 코코아 한 잔,
내가 생각하는 가장 멋진 저녁식사.
어른이 돼서 좋아하는 것을 먹을 수 있게 되면
항상 크래커랑 코코아만 먹을 테야.

– 크리스토퍼 몰리
미국의 소설가이자 기자

나는 런던으로 이사 간 1972년에 처음으로 가족과 떨어져서 크리스마스를 보냈다. 크리스마스 며칠 전에 집에서 보낸 커다란 상자가 도착했다. 상자에는 각종 선물이 들어 있었다. 그중에서 엄마가 보낸 선물은 발이 달린 빨간색 플란넬 잠옷이었다. 어머니가 대체 내 사이즈를 어떻게 알았는지 모르겠다. 그러나 이제 내가 엄마가 되고 보니 일부러 시간을 내서 내게 줄 깜짝 선물을 궁리하고 찾아다녔을 어머니의 모습이 눈에 선하다.

그렇지만 당시에는 어머니의 선물이나 마음을 고맙게 여기지 않았다. 나는 스물다섯 살이었고 내가 세련된 여성이라고 생각했다. 어머니가 아직도 나를 아이로 생각하는 것이 기분 나빴다. 물론 지금 생각해보면 그때 나는 완전히 아이였다. 어머니는 제2차 세계대전 중에 종군 간호사로 영국에 파병됐다. 그래서 어머니는 런던이 춥고 습기가 많으며 음울한 데다가 심한 날은 손발의 감각이 마비될 정도로 스산하다는 사실을 잘 알고 있었다. 나는 그때만 해도 영국의 겨울이 그렇게 추울지 전혀 몰라서 이 잠옷을 곧바로 내다 버렸고 벌벌 떨더라도 검은색 실크 기모노를 입고 있는 쪽이 낫다고 생각했다.

지금은 그 잠옷을 다시 가질 수만 있다면 어떤 것을 줘도 아깝지 않다. 그 잠옷은 놀이방 음식으로 차린 저녁식사의 분위기에 딱 맞았을 것이다. 당신이나 나 같은 성인 여성이라도 최소한 잠깐은 기분이 좋아질 놀이방 저녁식사가 가끔 필요하다.

쉽게 짜증이 나고 눈물이 날 때, 너무 피곤해서 눈을 뜨고 있기도 힘들 때 머리를 토닥거리며 "괜찮아… 아가"라고 말해줄 사람과 포옹이 필요한데 주변에 아무도 없을 때가 있다. 그럴 때 놀이방 음식이 필요하다. 놀이방 음식은 어린 시절에 당신이 아주 좋아하던 요리다. 그런 음식은 자신이 있을 자리를 알았기에 세상에 불만이 전혀 없었고 행복했고 순수하던 순간을 떠올리게 한다. 플란넬 잠옷을 입은 채 저녁을 먹고 동화를 들으며 스르르 잠들던 시절 말이다.

똑똑하고 성공한 40대 여성들이 참여한 세련된 디너파티가 막바지에 달한 무렵, 안주인이 디저트를 내오자 재치 있게 오가던 농담이 갑자기 중단되었다. 안주인은 손님 앞에 따뜻한 크림을 얹고 시나몬과 육두구 가루를 뿌린 라이스 푸딩을 하나씩 내려놓았다. 손님들은 머뭇거리며 한 입 맛보더니 기쁨에 차서 다들 환호성을 질렀다. "이걸 대체 몇 년 만에 먹는 거야!" 식탁 주변에 감도는 즐거움이 손에 잡힐 듯 분명했다.

"놀이방 음식은 최고의 위안을 준다. 그럴 수밖에 없는 것이 당시의 현실이 아무리 최악이었을지라도 시간이 지난 뒤 되돌아본 어린 시절 은 모두 멋지기만 하다." 과거의 환상적인 음식을 책《만족스러운 식사 Square Meals》에 모두 담은 제인 스턴과 마이클 스턴이 말한다. "다들 춤추 는 토끼가 그려진 그릇에 담긴 따뜻한 피자 한 조각 혹은 방과 후에 늘 마시던 코코아 한 잔이 기억에 남아 있다."

이제 우리는 어른이 되었고, 계단 꼭대기에 있던 놀이방은 빛바랜 사 진이나 기분 좋은 추억으로 남아 있다. 하지만 무엇이든 먹고 싶은 음식 을 저녁식사로 먹을 수 있게 됐으니, 놀이방 음식을 발견하기에 늦은 나 이란 없음을 잊지 말자. 특히 당신이 이전에 그런 음식을 들어본 적도 맛본 적도 없다면 말이다. 세상에, 누가 당신을 키웠나? 분명히 메리 포 핀스는 아닐 것이다!

놀이방 음식 메뉴를 소개한다.

- 웰시 래빗(녹인 치즈를 얹은 토스트)
- 밀크 토스트(그릇에 따뜻한 우유를 따르고 토스트를 넣는다. 설탕, 시나몬 가루, 건포도, 코코아를 뿌린다)
- 쇠고기 수프(사골을 푹 끓인 수프나 가장 맛있는 콩소메 수프를 생 각하면 된다)

- 수란(컵에 담은 달걀을 물이 담긴 냄비에 넣고 약한 불에서 반숙으로 익힌다)
- 프렌치토스트 핑거(빵껍질을 제거하고 여러 조각으로 자른 토스트)
- 구운 바나나(바나나 껍질을 벗기고 반으로 자른다. 오븐용 그릇에 담고 꿀과 시나몬 가루를 뿌려 200도에서 15분 동안 굽는다)
- 에그 커스터드(크렘브륄레부터 플랑까지 모두 포함된다)

부드럽고 맛있고 위로가 되는 음식, 입맛을 다시게 하는 음식을 먹었을 때가 언제인지 기억나지 않는다면 그런 음식을 먹은 지 너무 오래됐다는 뜻이다. 스턴 부부는 독자의 기억을 되살리기 위해 《만족스러운 식사》의 한 챕터 전체를 놀이방 음식에 할애했다. 《몰리 킨의 놀이방 요리책Molly Keane's Book of Nursery Cooking》은 내가 소중히 여기는 멋진 책이다. 이 책은 1904년에 태어난 아일랜드의 소설가이자 극작가의 회고록이다.

신경이 날카로워지거나 소리를 지르고 싶어지면 잠시 시간을 내 부드러운 음식을 만들어 지친 미각과 곤두선 신경을 달래자. 효과가 없으면 담요를 덮거나 엄지손가락을 빨아도 된다. 그러니 손을 씻고 의자에 앉아 동물 모양 크래커에 대한 글을 읽자.

주방은 내가 아는 가장 아늑한 장소라네.
주전자가 노래하고 레인지 불빛이 환히 빛나고,
황혼 녘에 나를 기다리는 코코아와 동물.
보기만 해도 정말 기분이 좋아.

동물 모양 크래커와 따뜻한 코코아가 우리를 기다리고 있다. 우리 둘이 먹을 양이 충분하니 걱정할 필요 없다. 이제 나는 다 컸으므로 다른 사람과 나눠 먹을 줄 안다. 그리고 혹시 당신이 사랑스러운 크리시 티건(존 레전드의 부인으로 음식에 관심이 많고 요리하는 것을 좋아해 자신의 레시피를 담은 책을 출간하기도 했다−옮긴이)을 나보다 먼저 만나거든, 전 연령의 어린이를 위해 재해석한 놀이방 음식을 그녀의 다음 책에 꼭 실어달라고 전해주기 바란다.

## 7월 10일

## 주방은 이상과 현실의 균형을 잡아주는 장소다

깊은 곳에 진정한 내면의 삶이 있는 사람이 결국
외부의 삶에서 일어나는 짜증스럽고 사소한 문제를 잘 처리한다.
− 이블린 언더힐
영국의 영성 작가이자 신비주의자

나는 아침에 딸아이를 여름캠프에 내려주고 집에 와서 컴퓨터 앞에 앉아 일했다. 오후에는 아이를 데려온 뒤에 주방에서 식사를 준비하고 저녁 8시에 다시 컴퓨터 앞에 앉았다. "일반적으로 여성이 하는 일은 창조적인 삶이나 관조적인 삶이나 성스러운 삶에 어긋난다." 작가이자 비행사인 앤 모로 린드버그가 나를 위로했다. 이 인용문을 우연히 읽은 여름에 내 삶은 2시간 단위로 분절돼 있었는데 이는 창조나 사색에 그리 도움이 되지 않았다.

내가 명상책을 쓰는 동안 끊임없이 일을 했다는 것은 자못 역설적이다(독자는 명상책이라고 하면 작가 내면에 깊이 자리 잡은 평온함의 저장고에서 솟아나는 샘을 상상할 것이다). 이 상황은 우주의 농담 혹은 쉽게 터득할 수도 어렵게 터득할 수도 있는 우주의 교훈이었다. 소박한 풍요로움에 대한 글이 그냥 나오지는 않았다. 그런 글을 쓰려면 내가 소박한 풍요로움을 실천하며 살아야 했다. 그렇지 않으면 그냥 공상과학 소설을 쓰는 것이나 마찬가지였을 것이다.

내 삶에는 조화가 절실히 필요했다. 내면과 외면, 보이는 것과 보이지 않는 것 사이의 균형이 절실히 필요했다. 글이 내게서 나오는 것 같지가 않았다. 내 몸을 악기로 비유하면 이 악기의 현이 아주 팽팽해져 있었다. 툭 끊어지지 않게 하려면 현을 느슨하게 풀어야 했다. 당신도 나처럼 느낀 적이 있을 것이다. 현을 당기는 힘은 너무 강하고, 목소리 톤은 너무 날카롭고, 부담스러운 각종 요구의 데시벨은 귀청이 터질 듯이 높다.

삶에 불협화음이 흐를 때는 소박한 풍요로움의 네 번째 은총인 조화를 깊이 탐구하는 것이 최선이다. 최근에 나는 재능 있는 여성 작가의 영적 여정을 다룬 아주 좋은 책을 읽었다. 작가는 집중하고 사색하면서 명료하게 글을 쓰려고 실제로 수도원에 들어갔다. 그렇지만 나는 작업 중인 바로 이 순간에 저녁식사를 기다리고 있는 남편과 아이와 반려동물을 버려둔 채 그 작가처럼 수도원에 들어가 버릴 수 없었다. 내 유일한 선택지는 작업을 중단하고 주방으로 향하는 것이었다. 미사를 드리거나 명상할 시간은 없었지만 저녁식사를 만들 수는 있었다.

《달콤 쌉싸름한 초콜릿》을 쓴 작가이자 주방 신비주의자인 라우라 에스키벨이 말한다. "가정은 우주의 네 요소인 흙, 물, 공기, 불과 교류할 수 있는 성스러운 장소다. 여기에 사랑과 감정을 섞어서 마법을 부린다. 요리를 통해서 영적 수준을 높이고 물질 만능주의 세상에서 흔들리지 않고 균형을 잡는다." 불안정하게 돌아가는 세상에서 주방은 수도원만큼이나 신비로운 장소다.

빨간 피망과 노란 피망, 작은 가지, 호박을 얇게 채 썬다. 붉은 양파, 신선한 바질, 오레가노, 길쭉한 이탈리아 토마토를 채 썬다. 질 좋은 올리브유를 두르고 다진 마늘로 향을 낸 다음에 채소를 넣고 부드러워질 때까지 살짝 볶는다. 와인을 약간 넣는다. 끓는 물에 펜네 파스타를 넣고 6분 동안 삶는다. 신선한 파르메산 치즈를 강판에 간다. 가게에서 산 로즈메리 리코타 포카치아를 오븐에 넣고 데운다. 파스타와 채소를 섞는다. 치즈를 뿌린다. 가족을 식탁으로 부른다. 감사의 기도를 드린다. 건강과 사랑과 맛있는 음식과 만족스러운 순간을 축하하는 건배를 한다. 알차게 보낸 하루, 소박하지만 풍요로운 하루를 축하한다.

20세기 초반 영국의 신비주의자 겸 작가인 에블린 언더힐은 세속적인 의무를 지닌 여성 신비주의자는 영적 초월을 실제적 능력과 결합할 수 있었기 때문에 종종 선지자나 예언자가 되었다고 믿었다. 그들은 시인이든 성인聖人이든 요리사이든 간에 모두가 성스러움을 추구하면서도 "평생 동안 열정적으로 현실을 사랑하며" 살았다.

음악처럼 참 듣기 좋은 말이다. 나와 함께 흥얼거리지 않겠는가?

# 7월 11일

## 요리는 창조적인 활동이다

새로운 요리의 발견은 행성의 발견보다 인류의 행복에 더 많이 기여한다.
- 장 앙텔름 브리야사바랭
유명한 미식자이자 음식 작가

홀로 펼치는 예술인 요리를 격렬하게 좋아하는 여성은 별로 없다. 그러나 모든 여성이 음식을 만들 수는 있다. 대부분의 여성이 기계적으로 식사를 준비하고 되도록 만들기 쉬운 요리를 한다. 하지만 오늘은 저녁식사 준비를 단순한 의무가 아니라 창조성을 발휘하는 기회로 여기자. 요리는 진정한 자아가 의식적인 자아에게 당신이 예술가라는 사실을 일깨우기 좋은 방법이다. 캔버스와 물감의 결합처럼 요리는 연금술이다. 완전한 자아가 되는 과정이다.

부엌칼은 붓처럼 창조적이다. 깎기, 절단하기, 채 썰기, 젓기, 끓이기, 볶기는 모두 의식적인 마음을 예술적인 안내자로 자동 전환시키는 손재주다. 의식적인 마음이 흐트러지면 비록 자신은 알지 못하지만 창의적인 마음이 그 자리를 차지한다. 나는 글을 쓰거나 일상생활을 하다가 무엇을 어떻게 해야 할지 막막할 때마다 주방에 가서 새로운 것을 발견하려고 노력한다. 그중 하나가 다른 곳에서 먹던 맛있는 음식을 재현하는 것이다. 최악의 상황이라 해봤자 요리가 실패로 돌아가 저녁식사를 샌드위치로 대체하는 정도다. 반면에 일이 잘 풀리면 즐겁게 브레인스토밍을 할 수 있고 새로운 맛의 저녁식사를 가족에게 선보일 수 있다. 이는 그 무엇도 당연하게 여기면 안 된다는 점을 내게 일깨운다. 특히 회의와 절망과 굶주림에 시달리는 순간에 그렇다.

"미련을 버리지 못하고 후회한다면, 혼자 있을 때 영감을 찾을 수 없다면 자기 삶의 예술가가 되는 방법에 대해 작가와 시인과 요리사에게 배울 것이 아직 많다는 뜻이다." 재클린 더발은 《끊임없는 식탐: 요리로맨스Reckless Appetite: A Culinary Romance》에서 "과거를 바꿀 수는 없지만 미래를 개척할 수는 있다. 또한 케이크도 만들 수 있다"라고 말한다.

이번 주에는 명상의 일환으로 케이크를 처음부터 끝까지 혼자서 만들어보자. 당신이 상상할 수 있는 가장 맛있는 케이크, 꿈의 케이크, 항상 먹고 싶었지만 만들 시간을 내지 못한 케이크를 상상하자. 바빠도 케이크를 만들 시간을 내보자. 주방에 아무도 들어오지 못하게 하자. 예술가가 작업을 하는 중이다. 완전히 몰두해서 천천히 조심스럽게 밀가루, 달걀, 우유, 베이킹파우더, 베이킹소다, 소금, 향신료, 설탕을 섞자.

어려움에 부딪히면 그 상황을 그저 훌륭한 요리법의 재료 중 하나라고 생각하자. 각 재료는 모두 요리에 크게 공헌하지만 소금과 설탕이 하나가 되듯이 점차 변한다. 재료는 우주의 네 요소, 즉 오븐에서 타오르는 불, 수도에서 나오는 물, 곡식을 키우는 흙, 모든 것을 감싸는 공기에 의해 전환된다. 당신의 영혼에서 타오르는 불, 땀과 눈물 속 물, 인내가 지닌 흙의 성질, 진정한 삶의 기술을 터득하고 신비를 풀어내려 발버둥치며 들이켜는 공기를 무시하면 안 된다.

그리고 케이크가 향기롭고 맛있게 구워져서 오븐에서 나오면 처음부터 케이크를(혹은 삶을) 직접 만드는 과정과 그저 가게에서 구입한 케이크 믹스 가루로 만드는 과정의 차이점을 생각하자. 간이 식품은 시간을 절약해준다. 그러나 화가와 마찬가지로 요리사는 항상 진짜라고 불릴 자격이 없는 음식과 진짜 음식을 구별할 줄 안다.

# 7월 12일

## 삶에 고난이 닥칠 때 어떻게 대처하고 있는가?

문 앞에서 끙끙거리는 소리가 들린다.
바닥을 긁는 소리가 들린다.
일터로! 일터로! 제발!
문가의 늑대!

- 샬럿 퍼킨스 길먼
미국의 작가·기자·사회개혁가

우리는 모두 커다랗고 무시무시한 늑대를 두려워한다. 조만간 그 녀석이 찾아와 끙끙대며 문을 긁어댈 것이기 때문이다. M. F. K. 피셔는 늑대가 찾아오면 "신념의 천에 커다란 구멍이 난다. 천의 무늬가 없어진다"라고 회상한다. 미국 최고의 음식 전문 작가라고 해도 손색이 없을 M. F. K. 피셔는 경제적으로 어려운 시기에 대해 잘 이해하고 있다. 사실 초기 작품 중《늑대를 요리하는 법》은 전쟁으로 최악의 식량 부족을 겪던 1942년에 출간되었다.

최고의 요리책과 회고록이 그렇듯이 피셔는 개인적 경험을 바탕으로 글을 썼다. 그녀는 거의 평생 동안 늑대가 다가오지 못하게 하려고 애를 썼다. 그녀는 수년 동안 《뉴요커》를 비롯한 많은 간행물에 글을 썼고 아주 유명했지만 원고료를 그리 많이 받지 못했다. 하루 벌어 하루 먹고 사는 자유 기고가로 일하면서 두 딸과 세 남편을 부양하느라고 근근이 생계를 이어갔다. 그러나 피셔는 은행 잔액과 상관없이 잘 사는 법을 알고 있었다. 상황이 아무리 어려워도 아등바등 살지 않았다. 원래 빈곤은 지갑보다 영혼에 먼저 오는 법이다.

사실 피셔의 소박하지만 풍요로운 삶을 생각해보면 가난했다는 것이 믿어지지 않을 정도다. 그녀가 행복하게 살 수 있었던 이유는 감사하는 마음으로 삶을 받아들였기 때문이었다. 그녀는 여행을 자주 다녔고 프랑스와 이탈리아에 살았으며 훌륭한 책을 많이 썼다. 열정적으로 사랑했으며, 많은 친구와 추종자 들과 어울렸고, 매일 좋은 음식을 먹고 마시는 즐거움을 음미했다. 진정한 자아를 활기차게 표출했다.

그녀는 자신을 본받고 싶어 하는 사람들에게 "불쾌한 놀라움이 갈수록 증가하는 세상에서 가장 유쾌하게 살 수 있도록" 욕구를 뽑아내고 신성한 굶주림만 남겨두라고 조언한다.

그러기 위해서 그녀는 어떻게 했을까? 그녀는 늑대가 찾아와도 겁을 내며 도망가지 않았고 집을 날려버릴지 모른다는 두려움에 굴복하지도 않았다. 그녀는 운명의 우여곡절이 주기적으로 찾아온다는 사실을 알았다. 좋은 와인, 싱싱한 토마토, 따뜻한 빵, 치즈, 최고급 버터처럼 오늘 가진 좋은 것에 집중하면 굶주림이 충족된다. 아름다운 석양, 화기애애한 대화, 사랑하는 사람, 음악, 심호흡, 감사의 한숨이 우리가 기억하는 순간을 만든다.

사치한다고 해서 행복한 삶을 살 수 있는 것은 아니다. 행복한 삶은 빼앗지 않는다. 행복한 삶은 기쁨을 준다. 피셔가 이렇게 조언한다. "당신이 가진 자원을 어떻게 사용해야 할지 말해주는 타고난 감각에 의지해서 늑대가 열쇠 구멍에 대고 코를 킁킁대지 못하게 막아야 한다. 그러면 상황이 아무리 안 좋아도 우아하고 현명하게 살 수 있다."

## 7월 13일

### 노하우가 있어야 살림이 즐거워진다

이번 달에는 요리와 삶이 훨씬 간편한 의식이 될 것이다.
나는 메인요리 하나를 중심으로 풍성하게 차릴 수 있는 멋진 식단을 짰다.
필요할 때마다 보려고 주방 찬장 문에 식단을 붙여놓았다.
아무 의욕이 없을 때 저녁식사로 뭘 먹을지 고민할 필요가 없다.

- 넬 B. 니컬스
미국의 요리 작가

나는 가정생활을 주제로 글을 쓰는 작가 중 특히 넬 B. 니컬스를 좋아한다. 그녀는 1920년대부터 1940년대까지 《우먼스 홈 컴패니언》의 칼럼니스트였다. 쉽게 말해서 넬 B. 니컬스는 귀네스 펠트로, 니겔라 로슨, 마사 스튜어트의 전신이었다. 그녀는 못하는 것이 없었다. 그러나 넬 B. 니컬스의 가장 큰 재능은 독자가 미숙하다고 느끼지 않게 배려해서 글을 쓰는 것이다. 그녀의 쾌활한 조언을 잘 따르면 당신도 행복한 가정을 꾸릴 수 있을 것이다.

그녀는 활기차게 요리를 했고 저장식품을 만들었으며 청소를 했고 청소함부터 지하실까지 정리했다. 진공청소기 같은 최신 가전제품을 써보고 '유익한 친구'라고 생각했지만, 흰색 시트를 여름 햇볕에 바짝 말려서 표백하는 것 같은 전통방식도 소중하게 여겼다. 니컬스의 칼럼을 읽으면 블랙체리 푸딩을 크게 한 숟가락 떠먹는 기분이 든다. 차분해지고 위안이 되며 포만감이 느껴지면서도 입맛이 돈다. 나는 그녀와 한 시간 정도 함께하면 단발머리를 하고 허리선이 낮은 면 원피스에 체크무늬 앞치마를 두른 채로 라디오에서 흘러나오는 스콧 조플린의 랙타임 연주곡에 맞춰 발을 까딱거리고 싶어진다. 그러면서 다락 창문을 예쁘게 꾸밀 모슬린 커튼을 염색하고 싶어진다.

넬 B. 니컬스가 살림의 여왕으로 수십 년 동안 이름을 날리는 가운데 '효율'이라는 말이 여성 잡지에서 유행어가 되었다. 살림을 빅토리아 시대의 어머니들처럼 예술로 여겨야 하는 것은 물론이고 가정학이라는 학문으로도 여겨야 한다고 촉구하는 기사가 많이 나왔다. '여성은 주방 일을 줄일 계획을 짜야 한다'는 그녀의 현명한 조언은 정말 감사한 말이다.

장보기와 식사 준비는 창조적인 에너지가 많이 들어가는 집안일이다. 나는 식품 저장실을 관리하는 전략을 세웠다. 이 전략을 잘 지키면 요리하다가 재료가 떨어져서 당황할 일이 없다. 첫째는 주요 식품 목록을 만드는 것이다. 작성하는 데 한 시간이면 충분하지만 앞으로 엄청나게 많은 시간을 절약해줄 것이다.

신선식품, 유제품, 육류, 생선, 기본식품, 종이류, 개인적인 물품으로 나눠서 목록을 만든다. 이 목록은 자동으로 기억을 환기해준다. 나는 목록을 컴퓨터에 저장해놓고 금요일마다 출력해 필요한 것을 확인한다.

혹은 휴대폰 메모장에 저장해서 확인해도 된다. 유용한 장보기 목록 애플리케이션도 많다. 이런 앱은 목록을 점검해서 동네 슈퍼마켓에서 가장 저렴한 가격의 상품을 추천하며, 사용자에 가족이나 룸메이트를 추가할 수 있고, 식사 준비와 주별 계획에 도움을 준다.

효율적인 장보기 목록을 만들려면 먼저 식단을 짜야 한다. 그래야 무엇을 요리하고 무엇을 사야 할지 알 수 있다. 이를 돕는 앱도 많이 나와 있다.

소박한 풍요로움의 전략은 탁자에 앉아서 가족이 좋아하는 음식을 쭉 적어보는 것이다. 가족에게 직접 물어봐도 좋다. 반찬과 채소와 디저트도 넣어야 한다. 이어서 주요 식단 파일을 만들자. 이번에도 앱을 이용할 수 있다. 혹은 컴퓨터에 저장한 요리법을 이용하거나 그냥 색인 카드에 적어도 된다. 최소한 열두 가지 정도를 정하면 물리지 않고 매번 새로운 느낌의 저녁식사를 즐길 수 있다. 같은 음식이 반복해서 식탁에 올라오는 것보다 지겨운 일도 없지만 자칫하면 그렇게 되기 쉽다.

많은 여성이 주중에 새로운 요리를 시도해볼 시간이 없다. 사랑하는 '고객'이 당신의 레스토랑에 계속 찾아오게 하려면 매달 새로운 요리를 두 가지 정도 넣어야 한다. 시간 여유가 있고 색다른 요리를 하는 소박한 즐거움을 즐길 수 있는 주말에 새로운 요리를 실험하자.

"한마디만 더 하겠다. 도저히 시간을 낼 방법이 없다면 이 사랑스러운 달에는 매일 조금씩 시간을 훔쳐서 잔디나 해먹이나 나무 아래에 누워서 … 쉬자. 영혼에 이만한 강장제가 있을까! 지친 신경에 이만한 휴식이 있을까! 오늘날 가정에 평온이 절실히 필요하다. 가정의 수호자인 주부의 마음이 평온하지 않으면 가정이 평온할 수 없다. 누워서 나뭇잎이 우거진 하늘을 올려다보면 이번 달은 물론 1년 내내 가정은 육체적 욕구를 채우는 공간만이 아니라 정신의 안식처라는 내 생각에 동의하고 싶어지지 않겠는가?"

넬 B. 니컬스의 말이 전적으로 옳다. 그 사실을 일깨워준 그녀에게 고마운 마음을 전한다.

## 7월 14일

## 식사 시간만큼은 세상과 잠시 떨어져 있어라

식탁은 만남의 공간, 모임의 장,
영양과 축제와 안전과 충족감의 근원이다.
- 로리 콜윈
미국의 소설가이자 음식 작가

미혼이든 기혼이든 혹은 자녀가 있든 없든 누구나 저녁밥을 먹어야 한다. 저녁식사 시간은 하루 중 가장 중요한 순간이 되어야 한다. 평화롭고 즐거우며 수확이 많은 하루였다면 축하의 시간이 된다. 힘겹고 기운 빠지는 하루였다면 위안의 시간이 된다. 어느 쪽이든 식탁이 우리를 향해 손짓한다.

음식의 종류가 다양하듯이 식사의 형태도 다양하다. 포장 음식을 먹기도 하고, 가정에서 직접 만든 요리를 먹기도 하고, 만찬에서 진수성찬을 즐기기도 한다. 누구나 바쁘다는 이유로 가끔 저녁을 대충 때우는데,

냉동식품을 계속 먹다가는 정신의 굶주림과 영양부족으로 치닫기 쉽다.

포장 음식은 대단히 편하지만 주기적으로 이용하면 지출이 너무 늘어난다. 식당에서 자주 외식하는 것도 경제적으로 부담스럽기는 마찬가지다. 게다가 집에 정착하지 못하고 계속 방랑 생활을 하는 느낌이 든다. 집에서 요리를 하는 것은 아주 즐거운 경험이 될 수 있으며 요즘에는 블루에이프런, 헬로프레시, 플레이티드처럼 재료와 요리법이 포함된 밀키트 서비스를 제공하는 회사가 늘어나서 쉽게 요리사 수준의 음식을할 수 있다. 혹은 월요일부터 금요일까지 집밥 챙겨 먹기에 도전할 수도있는데 계획만 잘 세우면 쉽고 빠르고 맛있게 만들 수 있다.

한때 나는 날마다 오후 4시가 넘어서야 저녁식사로 무엇을 먹을지 급하게 생각하기 시작했다. 요즘에는 그런 상황을 생각만 해도 오싹하다. 단 한 시간 만에 계획을 세우고 장을 보고 요리를 한다는 것은 완전히자기 학대다. 그러니 미리 준비하자. 여러 온라인 사이트와 앱을 잘 이용하면 얼마든지 쉽게 식단을 짜고 매주 장을 볼 수 있으니 걱정할 필요없다.

당신이 약간 구식이라 책에서 정보를 얻는 방식을 선호한다면, 내 오랜 애장품인 미셸 어바터의 《월요일부터 금요일까지의 요리책Monday to Friday Cookbook》을 보면 된다. 요리사인 미셸은 하루 종일 다른 사람을 위해 요리하는지라 가족을 위한 저녁식사만이라도 맛있되 간단하게 만들고 싶었고 그런 생각을 바탕으로 책을 냈다. 그녀는 식품 저장실에 주식을 비축하는 방법, 일정이 겹칠 때 식사를 해결하는 방법, 늘 찬장이 비어 있는 허버드 아주머니(동요 주인공─옮긴이)처럼 살지 않을 방법을 알려준다.

로리 콜윈이 말한다. "우리는 긴장을 풀 시간, 생각할 시간이 필요하다. 잠을 잘 때 뇌가 휴식하고 꿈을 꾸듯이 깨어 있을 때도 전원을 껐다가 다시 연결하고 주변을 둘러볼 시간을 가져야 한다. 하룻밤이라도 텔레비전과 전화를 끄고 난로 앞에 둘러앉아 쉬어야 하며 일거리는 사무실에 두고 와야 한다. 가족이나 친구와 주방으로 들어가서 함께 만들기 쉽고 마음을 따뜻하게 하는 음식을 찾아 도전해야 한다. 일주일에 한 번이라도 혼자, 혹은 가족이나 여러 친구와 식탁에 모여 앉아 음식을 먹어야 한다. 우리는 음식이 없으면 죽는다. 마찬가지로 함께하는 사람이 없으면 살아가는 의미가 없다."

내게로 오라. 식탁이 손짓한다.

## 7월 15일

### 자신을 위해 식탁을 아름답게 꾸며보자

나는 식탁 차리기가 단순히 칼과 포크를 놓는 것이 아니라
훨씬 많은 의미를 지님을 오래전에 깨달았다. 식탁 차리기는
음식과 대화를 위한 공간을 마련하고 분위기를 조성하는 일이다.
특히 분위기는 그날 먹은 음식, 같이 있던 사람, 서로 나눈 대화 내용을
깡그리 잊은 지 한참 지난 뒤에도 기억에 남아 있다.

— 페리 울프먼
테이블 상판 디자이너이자 작가

손님을 초대한 경우를 제외하면 대체로 식사를 준비할 때 상차림을 제일 마지막에 생각한다. 손님이 오면 좋은 그릇과 냄비와 식탁보를 내놓지만 가족끼리 먹는 일상적인 식사에서는 차림새를 신경 쓰지 않는다. 물론 집에 있는 식기가 그게 다라면 상관없다. 하지만 찬장에 예쁜 자기 그릇을 가득 쌓아두고도 늘 이가 빠진 그릇을 식탁에 올린다면 문제가 있다.

가족에게 양분을 제공하는 의식인 저녁식사 자리에는 좋은 컵과 특별한 접시와 촛불이 필요하다. 이 의식은 우리를 보호하고 치유한다. 이 의식은 휴식과 회복을 찾으려고 식탁에 모여든 모든 사람이 성스러운 울타리로 둘러싸여 있음을 상징한다.

당신은 그저 상을 차리고 있다고 생각하겠지만, 아름다움을 탄생시키는 창조적인 본능을 믿고 따르면 평범한 일상에서 성스러움을 경험하게 될 것이다. 모세는 불타는 덤불에서 하느님을 찾았다. 우리는 먼 곳에서 찾을 필요가 없다. 축복이 넘치는 식탁은 이미 우리를 위해 차려져 있다.

"나는 가족과 함께 한 저녁식사를 떠올릴 때면 음식의 맛이나 냄새보다 장면이 훨씬 선명하게 기억난다. 식탁의 분위기, 목재의 윤기, 촛불, 색감, 조화와 질서의 느낌." 남편 찰스 골드와 《완벽한 상차림The Perfect Setting》을 쓴 페리 울프먼이 회상에 젖어서 말한다.

우리 할머니 세대는 손님 접대에 앞서서 식탁보에 풀을 먹이고 식기에 광을 냈지만 오늘날은 그렇게 격식을 차리지 않는다. 그래도 이런 것들의 조화로움이 상차림을 보기 좋게 한다는 점은 변하지 않았다. 또한 예나 지금이나 조화로움은 꼭 필요하다. 우리는 양분보다 조화에 더 굶주려 있다. 그렇지만 매일 이탈리아제 고급 식탁보를 깔 필요는 없다. 아름다운 목재 식탁에 흰색 냅킨, 도기 접시, 커다란 물 컵, 양초, 작은 꽃다발이나 싱싱한 과일이 담긴 그릇을 놓기만 해도 식사를 즐거운 만찬으로 격상시키기에 충분하다. 이는 소박하면서도 풍요로운 상차림이다.

조금 더 시간을 내서 식탁을 아름답게 꾸미는 행위는 휴식과 안부의 자리에 신을 반갑게 맞이하는 기도와 같다. 단순한 식사가 아니라 만찬을 즐기는 쪽을 선택하는 것은 자신을 돌보는 과정에서 작지만 중요한 발전이다. 먹음직스러운 상 차리기는 생각보다 자주 할 수 있다. 특히 식탁을 평범한 일상에서 예술성을 표현하는 공간으로 여기고 페리가 제안한 대로 '간편함, 손쉬움, 저렴함'을 지키려고 노력하기만 하면 된다.

오늘은 집에 있는 아름다운 식기나 식탁보로 상을 차리자. 손님 접대에 사용하려고 아껴둘 것이 아니라 당신과 가족을 위해 사용하면서 아름다움을 감상하고 감사하자. 그러다 보면 상을 예쁘게 차리거나 삶의 소명을 찾고 싶은 마음이 타당한 갈망이라는 사실을 깨닫게 될 것이다.

오늘 밤에 손님이 올 것이다. 누구일까? 바로 당신의 진정한 자아다. 진정한 자아가 마땅히 받아야 할 사랑과 존경과 환영을 가장 아름다운 접시에 가득 담자. 당신을 대접하라는 말이다. 풍요로움의 정신이 비약적으로 발전하게 될 것이다.

# 7월 16일

## 제철 음식으로 자연이 주는 풍요로움을 누려라

일 년 열두 달 태양 빛이 한결같은데 어찌하여 어떤 날이 더 좋은가?
그것은 계절을 구분하고 축제일을 정해주신 주님의 뜻이다.
주님이 어떤 날은 높이시어 거룩하게 하셨고 어떤 날은 평일로 정하셨다.
– 외경 〈집회서〉 33장 7~9절


제철 음식을 해먹는 기쁨은 가장 단순한 즐거움인데도 가장 관심이 없다. 제철 요리는 균형과 조화와 리듬을 우리에게 가져다주며 소박함과 풍요로움이 서로 단짝이라는 지혜를 조용히 증명한다. 제철 음식을 먹는 기쁨은 평범한 일상을 신성한 순간으로 바꿔주며, 잠언에 나온 "마음이 즐거운 자는 항상 잔치하느니라"라는 지혜를 일깨운다.

제철 재료로 요리하면 식비도 절약된다. 흔히 우리는 맛이 절정에 다다른 가장 신선한 재료로 요리하는 것이 사치라고 생각한다. 하지만 사실 제철 음식을 먹는 것은 저렴하고 건강하게 먹기 위한 최상의 방법이다. 게다가 검소함이 대단히 세련되게 표현되기 때문에 내면의 속물근성이 궁핍함을 느낄 겨를도 없다. 저녁식사로 석쇠에 구운 채소, 고트 치즈, 토마토와 마늘을 올린 이탈리아식 토스트 브루스케타를 먹고 디저트로 베리 크럼블까지 즐기고 나서 어떻게 궁핍함을 느낄 수 있겠는가?

여름은 대자연이 풍요로움을 한껏 자랑하며 우주가 인색하지 않음을 증명하는 때다. 지금 정원과 농산물 직거래장터에 대지의 선물이 넘쳐흐른다. 자연이 풍성한 재료를 저렴하게 제공하는 요즘은 일 년 동안 할 요리를 곰곰이 생각하기에 딱 좋은 시기다.

내가 아는 한 제철 음식을 가장 잘 소개한 책은《주디스 헉슬리의 8인 용 식탁Judith Huxley's Table for Eight》이다. 주디스 헉슬리는 훌륭한 작가 이자 요리사이자 정원사이며 이 세 분야에 대한 애정이 책의 곳곳에서 고스란히 드러난다. 지금은 절판됐지만 시간을 투자해서 찾아볼 가치 가 있는 책이다(운이 좋으면 아마존에 올라온 중고 책을 발견할 수 있을 것이 다). 이 책은 1년 내내 참고할 수 있도록 환상적인 식단을 주별로 하나 씩, 총 52개를 소개한다. 나는 가족 만찬을 준비하는 일요일마다 이 사 랑스러운 책을 반복해서 본다.

영국의 시인 윌리엄 브라운은 봄, 여름, 가을, 겨울이 주는 기쁨보다 더 큰 기쁨은 없다고 믿었다. 제철 음식이 주는 즐거움은 삶이 자연의 식탁에서 항상 벌어지는 잔치가 될 수도 있다는 생각이 들게 할 것이다.


# 7월 17일

## 문제를 바라보는 관점을 달리해보자

제자들이 이르되 여기 우리에게 있는 것은
떡 다섯 개와 물고기 두 마리뿐이니이다.
– 신약성서 마태복음 14장 17절

예수가 신도, 구도자, 무신론자, 그저 호기심이 발동해서 가르침을 들으 러 온 사람을 포함한 5,000명의 무리를 배불리 먹였다는 이야기를 들어

봤는가? 날이 저물자 제자들은 무리를 집에 보내라고 아뢰었다. 그러자 예수는 지치고 굶주린 사람들을 보내라니 터무니없는 소리라고 말했다. "여기 우리에게 있는 것은 떡 다섯 개와 물고기 두 마리뿐입니다. 우리가 먹기에도 부족합니다. 저 많은 사람을 어찌 다 먹인단 말입니까?" 제자들이 말했다.

"네가 가진 것을 내게 가져오라." 예수가 말했다. 그리고 나서 하늘을 우러러 축사를 하고 음식에 축복을 내리더니 제자들에게 주며 사람들에게 나눠주라고 말했다. 그러자 신기하게도 모두 배불리 먹고 나서도 음식 바구니가 12개나 남았다.

내가 이 이야기를 좋아하는 이유는 풍요로움의 정신을 아주 잘 설명하는 데다 소박하지만 풍요로운 삶의 모형을 보여주기 때문이다. 마태복음과 마가복음에서는 예수가 이처럼 소박하지만 풍요로운 기적을 두 번 일으켰다고 전한다. 마가복음에 나온 두 번째 기적에서는 떡 일곱 개와 두어 마리 생선으로 4,000명을 먹였다. 이번에는 예수의 힘에 위협을 느낀 제사장들이 트집을 잡고 나섰다. 그들은 신의 자격을 입증할 표적과 기적을 보이라고 예수에게 요구했다. 예수는 그들의 조롱을 묵살하고 발길을 돌리며 바리새인과 사두개인의 누룩을 주의하라고 경고했다(내 생각에 여기에서 누룩은 전통적인 종교의 허풍을 뜻하는 듯하다). 그러나 제자들은 예수의 경고를 말 그대로 해석해 마을의 떡이 다 상했다고 추측했다. 그래서 그곳에서 만든 떡을 하나도 사지 않고 다음 마을에 도착해서 먹기로 작정했다.

예수와 제자는 몇 시간 뒤에 배를 타고 호수를 건너고 있었고 이동 시간이 예상보다 훨씬 오래 걸렸다. 제자들은 누룩이 상해서 떡을 하나도 안 가져왔다고 불평을 늘어놓기 시작했다. 그들은 몹시 배가 고파서 물었다. "어떻게 할까요? 뭘 먹을까요?" 자신이 한 말을 완전히 이해하지 못한 제자들에게 화가 난 예수는 질책했다. "믿음이 없는 자들아, 너희가 어찌 떡이 없다고 수군거리느냐? 아직도 알지 못하느냐? 내가 떡 다섯 개를 5,000명에게 떼어 주고, 떡 일곱 개를 4,000명에게 떼어 준 것이 기억나지 않느냐? 그리고 내가 바구니를 몇 개나 거두더냐? 내가 떡 이야기를 하는 것이 아님을 아직도 이해하지 못하느냐? … 눈이 있어도 보지 못하고 귀가 있어도 듣지 못하느냐?"

정말 훌륭한 이야기다. 이 풍요와 결핍의 이야기에 감춰진 흥미로운 교훈은 결국 제자들이 이해하지 못했다는 것이다. 기적이 눈앞에서 연달아서 벌어지지만 실상을 제대로 보지 못했다. 뛰어난 스승에게 직접 가르침을 받고 있었을지라도 결국 그들은 평범한 인간이었기 때문이다. 내면의 변화를 체험하지 못했기 때문에 스승의 지도만으로는 부족했다.

우리도 예수의 제자들과 마찬가지다. 우리는 얼마나 많은 것을 이해하지 못하며 살고 있을까? 중요한 인간관계에서 일어나는 세력 다툼, 신용카드 사용을 자제하지 못하는 습관, 자존심을 해치는 직장 내 문제, 자신 혹은 사랑하는 사람에게 드러나기 시작하는 중독 증상, 무의식적으로 계속해서 위험을 자초하는 자멸적인 습관을 알아차리지 못하고 넘겨버린다. 이해하지 못하는 점이 무엇인지는 중요하지 않다. 이런 일들은 살아가는 내내 발생하며 마침내 우리 눈에 그 패턴이 보일 때까지 계속해서 되풀이될 것이다. 이제 관심을 기울여야 한다. 평생 데자뷔를 반복해서 경험할 필요는 없다.

우리가 이해하지 못하는 이유는 외부의 경험을 제대로 해석하지 못하기 때문이다. 우리 영혼은 외부 경험이라는 정보를 처리하지 못한다. 외부의 삶에서 벌어지는 상황은 도저히 이해할 수 없는 외국어로 진행된다. 그래서 외부의 징후가 본질이라고(꼭 그렇지는 않다!) 여기거나, 이해될 때까지 똑같은 경험을 계속 반복한다. 외국어를 배우는 것과 비슷하다. 시인 에드나 세인트 빈센트 밀레이는 이를 "삶은 지긋지긋한 여러 일이 연달아 일어나는 것이 아니라 지긋지긋한 한 가지 일이 계속 반복되는 것이다"라고 표현했다.

혀로 말하는 언어는 신의 선물이고 마음의 언어는 갈망이며 의지의 언어는 합리화이고 감정의 언어는 느낌이다. 정신은 세 언어를 모두 할 수 있다. 오늘은 적어도 그 모든 언어를 이해하려고 노력하자. 가지지 못한 것에 집중하지 말고 가진 것에 감사하자. 고마움을 전하고 축복하고 나누자. 부족할까 봐 두려워서 몰래 저장하거나 숨기지 말자. 신은 부족함이 없다.

당신에게 떡과 물고기 있고 그것으로 무엇을 할지 안다면, 당신이 필요한 것을 다 가진 셈이다.

## 7월 18일

## 사랑하는 사람들과 즐거운 식사를 해라

환대는 일종의 예배다.

- 탈무드

많은 여성이 인테리어, 정원 관리, 요리 같은 소박한 즐거움을 누리기를 미룬다. 마찬가지로 소박한 즐거움 중 하나인 손님 접대도 미룬다. 너무 거창하게 대접하려고 생각하기 때문이다. 손님을 대접할 때는 평소 먹는 음식보다 훨씬 정성스럽고 비싼 음식을 준비하려고 돈과 시간을 투자해서 계획을 짜고 쇼핑을 하고 요리를 한다. 완벽한 분위기를 조성하려고 특별히 신경 쓰며 대청소로 시작해서 화보를 찍어도 될 정도의 상차림으로 마무리한다. 가구를 이동하거나 평상시 일과를 뒷전에 두는 등 갖가지 요란을 떠는지라 가족의 생활리듬이 며칠 동안 깨진다. 내가 아는 많은 여성이 정작 손님이 오면 완전히 녹초가 돼서 현관문을 열면서 "다시는 이 짓 안 해!"라고 맹세한다. 그러니 손님 접대라는 생각만 해도 질리는 것이 당연하다. 그러다가 특별한 행사가 생겨서 실력을 발휘해야 하는 때가 오면 그전에 한 맹세를 까맣게 잊어버린다.

나는 대공황 시기에 호황기의 풍습이 완전히 사라지지 않아서 다행이라고 생각한다. 사람들은 그저 가족 행사의 규모를 적절하게 줄였다. 파티 경비도 삭감했다. 여러 코스 대신에 주제에 맞춰 한 코스만 준비했다. 예를 들자면 음료와 핑거 푸드, 수프와 샌드위치, 팬케이크 혹은 스파게티, 디저트와 커피 같은 식으로 식단을 짰다. 파티 장소를 식당에서 주방으로 옮겼다. 주방에서 새로운 요리법을 선택해 함께 요리하는 과정 자체가 즐거움이었다. 손님들이 맛있는 음식을 조금씩 가져와서 나눠 먹는 포틀럭이 유행했다. 포틀럭은 아주 멋지고 소박한 즐거움을 안겨준다. 사람들은 파티에 초대를 받으면 무엇을 가져갈지 물어본다. 모든 참가자가 특별한 음식을 가지고 가면 시간과 비용이 절약되며 파티가 소박할지라도 다양하고 독특하며 새로운 음식을 두루 맛볼 수 있다.

프랑스에서는 매주 가족과 친구가 모여 '여성의 음식'을 주제로 한 파티를 연다. 여성의 음식은 맛과 영혼과 의미가 있는 음식이라는 뜻이다. 전형적인 프랑스 요리와 건강한 식사가 만나는 새로운 의식을 시작하기에 좋은 방법은 베아트리스 펠트르의 《나의 프랑스 가족 식탁: 음식, 사랑, 행복이 가득한 요리법My French Family Table: Recipes for a Life Filled with Food, Love, and Joie de Vivre》를 보는 것이다.

떡과 물고기의 기적에서 가장 중요한 교훈은 너그러움을 함께 누렸다는 것이다. 우리도 즐거운 시간을 함께 누려야 한다는 것을 잊지 말아야 한다. 우리가 더 많은 즐거움을 원한다면 더욱더 그렇다.


## 7월 19일

## 자신을 위한 시간을 내어 좋아하는 일을 해봐라

마음의 의무는 욕망에 충실하는 것이다. 마음은 열정을 따라야 한다.
- 리베카 웨스트
영국의 작가·기자·문학평론가


플로리다에 사는 소설가 마저리 키넌 롤링스(《아기 사슴 플래그》로 퓰리처상을 수상했다)는 파이를 구우면서 소설의 줄거리를 짰다. 소설가 이자크 디네센은 꽃꽂이를 했다. 배우 수전 서랜던은 탁구를 했다. 배우 캐서린 헵번은 촬영장에서 기나긴 대기 시간을 뜨개질로 채웠다. 배우 메리 케이트 올슨은 장애물 뛰어넘기 대회에 정기적으로 출전하는 승마

애호가다. 빅토리아 여왕이 자녀들을 그린 수채화는 스케치북으로 수십 권에 달했으며, 이는 대영제국을 통치하지 않을 때는 붓을 들고 그림 그리기를 좋아하던 여성의 일면을 보여준다.

"전통적으로 우리는 각종 집안일과 의무의 틈바구니에서 잠시 시간을 내어 창조적인 활동을 하는 것을 오히려 자랑스럽게 여긴다. 그러나 그것이 그렇게 자랑스러워할 일인지는 모르겠다." 1993년에 노벨문학상을 받은 미국 작가 토니 모리슨이 말했다.

하지만 집이 우리를 부른다. 아이들이 우리를 부른다. 일이 우리를 부른다. 그렇다면 그림이나 시는 언제 우리를 부를까?

날마다 부른다. 그런데 우리는 진정한 자아의 말 대신에 다른 사람의 말을 열심히 듣느라고 너무 바쁘다. 15분만 할애해서 좋아하는 활동을 하면 만족감을 느낄 텐데도 그럴 시간이 없다고 믿어버린다. 우리가 진정한 갈망의 속삭임을 듣지 못하는 이유는 듣고 싶지 않기 때문이다.

우리가 갈망의 속삭임을 듣는다면 받아들여야 하고 반응도 해야 할 것이다. 우리는 자칫 그림, 춤, 난초 재배, 의자 천갈이, 초밥 만들기를 배우고 싶다는 소리를 들을까 봐 걱정한다. 강좌를 들어야 하거나 책, 종이, 연필, 레깅스, 꽃나무, 천, 밥솥을 사야 할 것이다. 그런데 현실적으로 열정에 소비할 시간이 없다. 중요한 갈망을 충족하는 것은 시간이 날 때까지 미뤄도 된다. 아이들이 개학한 다음에, 어머니의 건강이 좋아진 다음에, 사무실 사정이 나아진 다음에 시작하면 된다.

이 모두가 당신이 평소에 듣는 변명일 것이다. "내 행복에 꼭 필요한 활동을 찾을 때까지 열정을 보류할 거예요"는 어떤가? "나를 우선순위에 올리는 방법을 모르겠어요"는 어떤가? 내가 하는 말은 당신을 최우선으로 생각하라는 것이 아니다. 그저 우선순위에라도 올려놓으라는 뜻이다.

빅토리아 시대의 작가 메리 앤 에번스는 창작열을 현실적으로 불태우는 방법을 알았다. 그녀는 남자 이름인 조지 엘리엇을 필명으로 썼다. 그 덕에 여성의 진정한 갈망을 언짢아하던 시대에 《미들마치》, 《사일러스 마너》, 《플로스강의 물방앗간》이 출간될 수 있었다. 그녀는 열정에 대해 이렇게 말했다. "열정을 불태우기에 늦은 때란 없다."

당신은 창의성을 키울 공간과 시간을 갈망하고 있을지 모른다. 우리는 신경을 갉아 먹는 괴로움을 가라앉히는 해결법이 음식, 술, 일, 섹스, 쇼핑, 약, 소셜미디어뿐이라고 생각한다. 그러나 하루에 한 시간씩 그림을 그리거나 소설을 쓰거나 도자기를 굽는다면 육체적으로나 정신적으로 그리 고통스럽지 않을 것이다.

어쩌면 말이다.

## 7월 20일

### 공상을 통해 원하는 것을 찾아보자

여행의 목적지가 있으면 좋지만 결국 중요한 것은 여행의 과정이다.

– 어설라 K. 르귄

미국의 공상과학소설 작가

예전에 나는 내 마음의 목적지에 도착해야만 행복을 찾을 수 있다고 믿었다. 탐험가는 그 목적지를 진짜 북쪽 혹은 진북이라 부른다. 빙글빙글 도는 이 세상에서 절대 변하지 않고 고정된 하늘의 한 지점을 말한다. 그 시절에 내게 진짜 북쪽은 성공해서 돈을 많이 버는 것이었다. 그렇게 하면 내 운명을 창조적으로 개척할 수 있고 열정을 마음껏 추구하는 사치를 누릴 수 있을 줄 알았다.

나는 모험을 시작할 적에 상상했던 것보다 훨씬 긴 여정을 거친 후에야 한 가지 사실을 깨달았다. 그 깨달음은 바로 때로 샛길로 빠질 때도 있었지만 내가 항상 창조적으로 살아왔다는 것이다. 지금까지 그 사실을 깨달을 분별력이 없었을 뿐이다.

더 중요한 점은 목적지에 도착하는 것보다 여행의 정신이 훨씬 중요하다는 것이다. 진정한 행복을 깨달으려면 목적지를 향해 내딛는 걸음마다 만족감을 느끼려고 노력해야 한다. 결국에 여정이 어떻게 펼쳐질지 아무도 모르는 법이다. 여정은 실제의 삶이다.

1923년의 어느 날, 화가 조지아 오키프도 똑같은 결론에 도달했다. "나는 자신에게 말했다. 나는 살고 싶은 집에서 못 살고 … 가고 싶은 장소에 못 가고 … 원하는 일을 하지 못한다. 원하는 일이 뭔지조차 분명하게 말하지 못한다. 그러니 적어도 그림만이라도 그리고 싶은 대로 그리지 않으면 정말 어리석은 것이다. 다른 사람의 눈치를 보지 않고 나만을 생각해서 할 수 있는 유일한 것이 그림이다."

조지아 오키프는 꽃뿐만 아니라 뼈와 사막의 모래에서도 화려함을 발견했다. 물론 우리는 조지아 오키프처럼 강렬한 그림을 그리지 못한다. 그래도 그녀를 본보기로 삼아서, 진정한 자아와 친해지고 진정한 북쪽을 깨달을 수 있는 공상을 위한 시간을 낼 수는 있다.

사람들은 공상이 빈둥거리는 것이라고 여긴다. 그러나 공상을 하는 동안에 가장 많은 잠재력이 생긴다. 위대한 전쟁 시인으로 알려진 영국 시인 루퍼트 브룩은 조용한 기쁨을 매우 설득력 있게 찬미했다. "운이 좋은 극소수만이 평온과 만족의 저수지를 꽉 채울 수 있으며 … 절실히 필요한 마지막 순간에 평온과 만족을 저수지에서 끌어올려 쓸 수 있다."

진정한 자아를 진심으로 돌보는 기술은 자연스럽게 혹은 쉽게 생기지 않는다. 그러나 끈기를 가지고 부단히 연습하면서 익힐 수 있다. 최소한 기도하면서 그 기술을 달라고 요청할 수는 있다.

## 7월 21일

### 혼자 있는 시간을 소중히 여겨라

하루 혹은 한 시간이라도 혼자 지내고 싶은 것이 당연한 바람이라고
생각한다면 시간을 낼 방법을 얼마든지 찾을 수 있다. 그러나 여성은
이런 요구가 바람직하지 않다고 생각해 시도조차 하지 않는다.

– 앤 모로 린드버그
미국의 선구적인 여류 비행사이자 작가

나는 세상의 종말이 군대끼리의 무력 충돌이 아니라 '최후의 결정타' 한 방으로 일어난다고 생각한다. 최후의 결정타란 6개월 동안의 작업을 단 한 문장으로 망쳐버리는 이메일, 순식간에 충격에 빠뜨리는 전화 한 통, 겉으로는 단순한 부탁 같지만 알고 보면 또 다른 업무 지시 같은 것을

말한다. 회의를 한 번 더 할까요? 퇴근하기 전에 보고서를 하나 더 작성해줄래요? 쿠키를 한 번 더 구워주겠어요? 이번 주에 아이들 픽업을 한번 더 해줄래요? 한도 끝도 없다. 결국 여성은 아무 기미도 보이지 않다가 갑자기 한밤중에 고래고래 소리를 지르게 된다. 영문을 모르는 남편과 자녀는 깜짝 놀라며 '나 때문에 그러나?'라고 생각할 것이다. 그레타 가르보는 "혼자 있고 싶다"라고 말하지 않았다. 그녀는 "혼자 있게 내버려두세요"라고 말했다. 두 문장은 큰 차이가 있다.

여성은 늘 분주하게 살아간다. 그럴수록 잠시 멈추고 홀로 보내는 시간의 의미를 다른 시각으로 봐야 한다. 많은 여성이 혼자 있는 시간을 사소하게 여긴다. 창조적인 필수품이 아니라 포기해도 좋은 사치 정도로 생각한다. 왜 그럴까?

자신을 괄시하면 내면의 삶이 황폐해진다. 내면의 결핍을 겉으로 드러내지 않거나 진정한 자신을 계속해서 왜곡하면 결국에 자신만 불행해진다.

앤 모로 린드버그는 명심할 점을 일러준다. "혼자 있을 때만 솟아오르는 샘이 있다. 예술가는 창작하려면 혼자 있는 시간이 필요하다는 것을 안다. 화가는 혼자서 그림을 그리고, 작가는 혼자서 글을 쓰고, 작곡가는 혼자서 작곡을 하고, 성자는 혼자서 기도를 한다. 여성은 자신의 진정한 본질을 다시 찾기 위해 혼자 있는 시간이 필요하다. 물론 혼자만의 공간과 시간을 찾는 것이 필수적이지만 그리 쉽지 않다. 문제는 공간과 시간만이 아니다. 한창 활동하는 중에도 영혼을 고요하게 유지할 방법을 찾는 것이 더 큰 문제다. 사실 진짜 문제는 영혼을 만족시킬 방법을 찾는 것이다."

# 7월 22일

## 삶은 견디는 것이 아니다

그녀는 견뎠다. 살아남았다. 그저 가까스로.
그러나 그런 삶은 제대로 사는 것이 아니다.

– 앤 캐머런
캐나다의 소설가·시나리오 작가·시인

아, 물론이다! 우리가 환생해서 또 다른 삶을 즐기게 될 수도 있다. 나는 그런 가능성에 대해 개방적이다. 그래도 나는 확실해지기 전까지는 지금 살고 있는 삶을 낭비하고 싶지 않다. 나는 견뎠다. 살아남았다. 근근이 살아왔다. 그러나 그런 삶은 제대로 사는 것이 아니다.

나는 수년에 걸쳐서 내면의 선물에 관심을 기울임으로써 내 삶에 펼쳐지는 신성함을 존중하려고 노력했다. 그 과정에서 내면의 명령, 즉 혼자 있고 싶은 갈망에 대해 오랫동안 열심히 생각해왔다. 나는 사랑하는 사람들과 함께 하는 시간을 아주 좋아하며, 전문가들과 브레인스토밍을 하고 멋진 프로젝트를 고안하는 것을 정말로 좋아한다. 하지만 나는 내 마음의 교향곡을 작곡하려면 음표 사이사이에 긴 쉼표가 들어가야 한다는 점을 깨달았다.

나는 시인이자 회고록 집필자인 메이 사턴이 말한, "내면을 탐구하는 것 외에 아무런 의무가 없는 자유 시간"을 갈망한다. 내면의 조화를 유지하려면 매일 적어도 한 시간 정도 혼자 있는 시간이 있어야 하고, 영혼에게 기운을 주는 이 휴식 시간을 침입자와 방해물로부터 지켜야 한다.

의도적으로 혼자만의 시간, 즉 가족과 친구와 떨어져 알차게 보내는 시간을 찾는 것이 이기적이라는 생각이 들 수도 있지만 그렇지 않다. 몸이 생명을 유지하려면 잠과 음식이 꼭 필요하듯이 창조적인 정신이 발달하고 꽃을 피우려면 혼자 있는 시간이 꼭 필요하다.

"한 시간이나 하루 혹은 일주일 동안 친구와 가족의 곁을 떠나서 의도적으로 혼자 있는 기술을 익혀야 한다. 이 교훈을 오늘 당장 깨닫기란 불가능하다." 앤 모로 린드버그가 시인한다. "하지만 일단 실천하면 혼자 있는 시간에서 대단히 소중한 가치를 발견하게 된다. 삶이 그전보다 풍족하고 생기 있으며 만족스러워진다."

앤 모로 린드버그는 우리 중 누구도 상상조차 못 할 괴로움을 겪었다(그중 하나는 침대에서 자던 어린 아들이 납치돼 살해당한 사건이다). 그녀는 자신의 용기 있고 창조적인 삶을 통해서 그저 참거나 살아남는 것으로는 부족하다는 점을 우리에게 분명히 보여준다.

우리는 삶의 혼란과 혼돈과 불협화음을 극복하는 한편, 자신의 음표를 연주하는 법을 배워야 한다. 한편에 자리 잡은 가족, 친구, 애인, 일에 대한 헌신과 다른 한편에 자리 잡은 깊은 내면의 열정 사이에서 섬세한 균형을 유지하기 위해 높은 옥타브와 낮은 옥타브를 넘나들며 움직여야 한다. 내 경험에 따르면 조화의 부드러운 선율을 들을 수 있는 확실한 방법은 홀로 조용히 있는 것이다.

# 7월 23일

## 바쁠수록 혼자 있는 시간을 확보해라

그녀는 홀로 있는 시간의 기쁨을 맛보는 것에 익숙하지 않았다.

- 이디스 워튼

《순수의 시대》의 작가

혼자 있는 시간을 마련하려면 계획이 필요하다.

나는 여러 시행착오를 겪었다. 처음에는 가족이 잠들어 있는 이른 아침과 늦은 밤에 혼자 시간을 내서 알차게 보내려고 노력했다. 그러나 현실성이 없는 방법이었다. 너무 피곤해서 움직이기는커녕 사색에 잠기거나 창조성을 발휘하기가 불가능했다. 나뿐만이 아니라 다들 늘 잠이 부족하다고 느낄 것이다.

당신이 사무실에서 근무한다면 일주일에 몇 번 정도 점심시간을 이용해서 혼자 유람을 떠나면 된다. 당신이 그 시간에 뭘 하는지 다른 사람에게 알릴 필요는 없다. 낮에 홀로 시간을 보내기에 적당한, 아름답고 역사가 오래된 도서관이나 박물관이나 성당이나 공원이 근처에 있는지 알아보자. 그 외에 다른 곳도 찾아보자.

점심시간에 일을 해야 하는 직업을 갖고 있다면, 일정표에 근무시간 전후로 30분씩을 당신을 위한 시간으로 표시하자. 그 시간이 되면 사무실 문을 닫고 생각을 정리하자. 한 친구는 얼마 전까지만 해도 이것이 실용적이지 않은 방법이라고 주장했지만 지금은 이 시간을 철저하게 지킨다.

이마저도 불가능한 상황이라면 주중에 적어도 이틀 밤은 집에서 홀로 있는 시간을 꼭 가져야 한다. 아무리 바빠도 꼭 지켜야 한다. 일정표에 '집'이라고 써놓고 약속을 굳게 실행하자.

직장에 다니지 않지만 항상 집에 사람이 북적이는 경우도 있을 것이다. 저녁밥을 먹은 다음이나 아이들을 재우고 난 다음, 아이들이 숙제를 할 때 한 시간 동안 홀로 시간을 보내겠다고 공표하자. 상황이 여의치 않다면 아예 아무도 방해하지 못하도록 욕실 문을 잠그고 욕조에 몸을 담그는 것도 한 방법이다. 머리를 짜내서 방법을 고안하자. 주중에 남편보다 한 시간 먼저 침대에 들어가서 혼자 책을 보거나 휴식을 취하면 어떨까?

방송국 중역인 한 친구는 기운이 넘치고 열정적이지만 엄청난 스트레스에 시달리고 매일 늦게까지 야근을 한다. 이 친구는 주말에 시간을 혼자 보낸다. 재충전을 하려고 토요일 내내 침대에 누워 있다가 저녁식사 시간이 돼서야 방에서 나온다. 가족과 집안일과 직장 때문에 주중에 시간을 낼 겨를이 없다면 일요일 오후에 두 시간을 혼자만의 시간으로 쓰자. 은둔의 신성함을 경험해보자.

직장에 다니지 않으며 자녀들이 아직 학교에 들어갈 나이가 아닌 사람도 있을 것이다. 아이들이 낮잠을 잘 때 혼자서 즐겁게 보낼 방법을 고민하고 계획을 세우자. 이 시간에는 집안일을 하면 안 된다. 자신의 기운을 회복하는 목적으로만 써야 한다. 아이가 어느 정도 자라서 낮잠을 잘 필요가 없다고 해도 걱정할 필요 없다(그나저나 낮잠이 필요 없는 사람은 없다). 전략을 바꾸면 된다. 점심시간 직후의 한 시간을 '고요의 시간'으로 정하자. 온화하지만 단호한 태도로 아이들을 방에 데려다주고 아이들이 이 시간에만 가지고 놀도록 정해진 특별한 장난감을 챙겨주자. 한 시간 뒤에 보자고 말하고 당신만의 특별한 공간으로 가자.

"홀로 있기란 혼자서 잘 지내는 것이다." 앨리스 콜러가 《고독의 정거장The Stations of Solitude》에서 설명한다. "집에서 편안하게 당신이 선택한 것에 몰두하고, 다른 사람들의 부재가 아닌 자기 존재의 충만함을 자각하는 것이다."

<br>

## 7월 24일

### 몸이 아프다면 마음을 살펴봐야 할 때다

성취도가 높은 여성들은 외부와 내부에서 생기는 수많은 요구와 그 요구를 걸러낼 기술이 없어서 자폭을 한다. 이런 여성들은 자신이 가장 먼저 희생하는 것이 사적인 시간 혹은 사적인 즐거움이라고 푸념한다.

— 해리엇 B. 브레이커
미국의 작가이자 심리학자

<br>

홀로 쉬면서 재충전하는 시간을 규칙적으로 갖지 않는 여성은 심리학 용어로 '사생활 결핍 증후군'에 시달린다. 증상은 갑작스러운 분노, 뚜렷한 기분 변화, 만성 피로, 우울증이다. 익숙한 증상인가? 인정하기 싫은가?

이들은 하루 종일 채워지지 않은 공허감을 느끼고, 집에 와도 허전한 감정에 밤에 푹 잘 수 없다. 아주 사소한 일에도 감정이 폭발해서 눈물을 흘리고 화를 낸다. 아이들에게만 그러는 것이 아니다. 얼마 지나지 않아서 직장 상사와 동료나 친구와도 사이가 안 좋아진다. 이유는 명백하다. 늘 피곤에 절어서 짜증을 내는 사람을 누가 좋다고 하겠는가? 그런 주기가 끊임없이 반복되다가 결국 병이 난다. 작년에 5주 동안 독감을 앓았는가? 여름에 허리 통증으로 2주 동안 누워 있었는가? 지난달 내내 축농증이 떨어지지 않았는가?

마음이 휴식을 취하지 못해 아프면 몸에 병이 찾아온다. 안타깝게도 많은 여성이 병에 걸린 다음에야 혼자 있는 시간과 공간을 자신에게 허락한다. 지금 당신의 삶이 그런가? 계속 그렇게 살 필요가 없다. 주기적으로 뜨거운 물병과 감기약을 만나는 순간을 은연중에 고대하고 있다면 사생활 결핍 증후군으로 치르는 대가가 너무 크다고 봐야 한다. 장담하건대 그보다 훨씬 나은 길이 있다.

## 7월 25일

### 혼자 있을 때만 특별한 것을 발견할 수 있다

혼자 있을 때 들리는 목소리가 있다. 그러나 우리가 세상에 발을 들여놓는 순간 소리가 희미해지면서 들리지 않는다.

- 랠프 월도 에머슨
미국의 철학자이자 시인

정기적으로 일정한 시간 동안 홀로 시간을 보내면 개인적인 열정과 진정한 갈망이 표면에 떠올라 자각으로 이어진다. 지금까지 당신은 진정한 스타일을 찾는 길을 떠나 마음의 지혜를 따라갔으며 마침내 삶에 결과물이 아름답게 드러나는 것을 보았다. 이제 정기적으로 홀로 시간을 보내면 두 세계 사이의 문이 활짝 열린다는 사실을 알게 될 것이다. 오늘날 우리가 살고 있는 삶과 마음속 깊이 갈망하는 삶 사이의 문이 열리는 것이다.

혼자 있는 시간이 내면의 조화를 경험하는 데 아주 중요하다는 사실을 깨닫기만 하면 재충전할 방법을 찾을 수 있다. 틸리 올슨은 소설《수수께끼를 내주세요》에서 혼자 있는 시간을 무엇과도 바꾸지 않을 한 여성의 이야기를 소개했다. 그 여성은 다시는 다른 사람의 리듬에 맞춰서 움직이지 않겠다고 결심했다. 대부분의 여성이 다른 사람의 리듬에 맞춰서 움직인다. 그러나 혼자 있고 싶은 욕구를 존중하고 소중히 여기면 상상력을 키우고 영혼을 돌보는 방법을 배울 기회가 생긴다.

서서히 그러나 단호하게 시작하자. 아주 잠깐일지라도 홀로 있는 시간이 쌓인다면 평온한 일생을 되찾을 수 있다는 점을 명심하자. 인내심을 갖자. 너무 급하게, 너무 많은 것을 바라지 말자. 특히 당신이 조절하려는 일정이 가족의 기대치와 상충하는 경우에 천천히 가족을 설득하자. 끈기를 갖자.

자신에게 한순간도 시간을 낼 수 없는 날이 있다. 그런 날이면 사진작가 마이너 화이트의 충고를 가슴에 새기자. "저감도 필름이라 셔터속도가 저하돼도 정신은 자신이 택한 사진가가 사진을 다 찍을 때까지 움직이지 않고 가만히 있다."

# 7월 26일

## 혼자서 즐기는 취미를 가져라

눈에 보이는 삶에 대해 관심을 가져라. 사람, 사물, 문학, 음악에
흥미를 느껴라. 세상은 대단히 풍요로우며, 다채로운 보물과
아름다운 영혼과 흥미로운 사람으로 약동하고 있다. 너 자신을 잊어라.

– 헨리 밀러
미국 작가

생각을 정리하기 위해 정기적으로 홀로 시간을 보내는 것이 초반에는
너무 사치처럼 여겨질 것이다. 진정한 통찰력을 키우고, 자신을 창조적
으로 표현하고, 만족스럽고 즐거운 활동을 즐기면서 시간을 보내는 것
이 불가능해 보일 것이다. 비현실적이고 믿을 수 없으며 상상조차 안 될
것이다. 말도 안 된다는 생각이 들 것이다.

"네. 딴 세상 이야기네요." 내가 워크숍에서 이 주제를 꺼낼 때 일반
적으로 참석자들은 커다랗게 한숨을 쉰다. 그러나 얼굴에는 아쉬워하는
표정이 서려 있다. "재미있는 시간을 보내라는 말이죠?" 참석자들은 알
고 싶어 한다.

"맞아요. 재미있는 시간을 보내는 거죠."

"그러니까, 혼자서요?"

"네, 혼자서 재미있게요. 시간이 난다면 뭘 하고 싶나요?"

"재미있는 거요?"

다음 이야기가 어떻게 펼쳐질지 짐작이 갈 것이다. 내가 만난 대부분

의 여성은 재미라는 말이 나오면 대화를 잘 이어가지 못했다. 오히려 기저귀 발진이나 아인슈타인의 상대성 이론을 주제로 토론하면 적극적으로 의견을 개진한다. 그렇지만 그런 이야기가 무슨 재미가 있는가? 사실 대부분의 여성이 20여 년 동안 가족과 직장 사이에서 종종거리다가 자신의 가장 중요한 부분을 잊어버렸다. 진정한 자아와 가까워지도록 홀로 시간을 보내기 시작하면 삶에 빠진 조각이 있다는 것을 깨닫는다.

빠진 조각은 열정이다. 다른 말로 하면 활력 혹은 삶의 기쁨이다. 이 조각이 들어가 마침내 퍼즐이 완성되면 엄청난 기쁨이 생긴다. 커다란 즐거움을 주는 활동을 찾으면 마음에서 행복이 우러난다. 이 활동은 사람마다 다양하다. 일반적으로 이 마법 같은 활동을 취미라고 부른다.

그렇다면 어떻게 해야 할까? 작가 브렌다 율런드는 상상력이 꽃을 피우려면 "한가한 시간, 그러니까 오랫동안 행복하게 빈둥거리고 꾸물거리고 어슬렁거리는 비생산적인 시간"이 필요하다고 말한다. 또한 혼자서 하는 활동이 주는 재미를 깨달으려면 조사를 해야 한다. 많은 여성이 따로 시간을 내서 혼자 공상을 해본 지가 워낙 오래돼서 다른 사람의 간섭을 받지 않는 소중한 두세 시간이 생기면 낮잠을 자는 것 이외에 뭘 해야 할지 감을 못 잡는다. 그나마 겨우 생긴 한가한 시간을 어영부영 흘려보낸다.

오늘은 그저 한가한 시간을 보내자. 꾸물거리고 빈둥거리면서 과거에 즐거움을 느낀 공상의 내용을 곰곰이 생각하자. "나는 일을 자수 혹은 요리와 마찬가지로 생각한다. 내가 지금 쓰고 있는 이 원고를 놀이라고 생각한다. 이렇게 보면 나는 평생 놀이를 하며 사는 셈이다. 바느질이나 자수, 꽃 가꾸기나 글쓰기, 식료품 사기 등 모두가 놀이다." 작가

다이앤 존슨이 말한다. 그녀의 소설에는 주로 파리로 간 후 새로운 삶을 찾은 여성이 주인공으로 나온다.

진정한 자아를 찾으려고 노력하면서 평범한 일과를 놀이처럼 하면 삶에 조화로운 리듬이 울려 퍼질 것이다.


## 7월 27일

## 해보고 싶은 일들을 글로 적어라

혼자라… 혼자라… 아! 다들 혼자 있는 것이 나쁘다고 경고한다.
반면에 혼자 있는 즐거움이 제대로 칭찬을 받은 적이 있던가?
혼자 있는 즐거움이 존재한다는 사실을 아는 사람이 과연 있기나 할까?

- 제서민 웨스트
미국의 퀘이커교도 작가


옛날 옛적 즐겁게 놀았던 시절이 기억나는가? 실마리를 찾기 위해 어린 시절로 되돌아가자. 열 살 때 혼자 노는 것을 좋아했는가? 고등학교 때와 대학교 때 좋아하던 특별활동이 무엇이었는가? 과거의 삶에서 헛된 것은 없다. 행복하고 만족감을 준 모든 활동은 고스란히 남아 있다. 우리 삶에 길게 이어져 있는 황금 실이 있다. 삶의 기쁨이 완전히 풀려버리기 전에 이 실을 다시 찾아야 한다.

그동안 묻어둔 기쁨을 브레인스토밍을 통해서 발굴하자. 혼자 할 수 있는 즐거운 활동 열 개를 빠르게 적어보자. 너무 깊이 생각하지 말자.

그러나 몇 분이 지나도 떠오르지 않는다고 해도 당황하지 말자.

도움이 필요한가? 어렸을 때 어떤 게임을 좋아했는가? 어떤 스포츠를 좋아했는가? 어떤 영화를 좋아했는가? 어떤 책을 좋아했는가? 어떤 만화 주인공을 좋아했는가? 어떤 가수나 그룹을 좋아했는가? 어렸을 때 언제가 가장 즐거웠는가? 10대 때는 언제가 가장 즐거웠는가? 성인이 돼서는 언제가 가장 즐거웠는가? 기억이 나는가? 추억이 떠오르는가?

당장 갖고 싶은 세 가지 기술을 적어보자. 피아노 연주, 피겨스케이팅, 사진을 잘 찍는 것인가? 사람들에게 비밀로 한다고 가정할 때, 해보고 싶은 엉뚱한 활동을 세 개 적어보자. 벨리 댄스, 어릿광대 연기, 열기구 타기 등이 떠오르는가? 직접 시도할 가능성이 없어도 흥미롭게 느껴지는 과감한 활동을 세 개 적어보자. 스탠드업 코미디, 등산, 스쿠버다이빙이 떠오르는가? 유급 휴가를 받는다면 가고 싶은 장소를 세 곳 적어보자. 이집트에 가서 유물을 발굴하고 싶은가? 오리엔트 특급열차를 타고 싶은가? 파리의 오트쿠튀르 컬렉션에 가고 싶은가? 바느질이나 책 제본이나 정원 관리처럼 손으로 하는 활동을 좋아하는가? 혹은 사진 촬영이나 스테인드글라스 공예나 전시용 유리상자 제작처럼 눈으로 즐기는 활동을 좋아하는가?

아이디어가 떠오르는가? 수많은 가능성이 당신을 기다리고 있다. 기꺼이 실험에 나서기만 하면 된다. 취미 활동은 천부적인 재능을 깨달을 좋은 기회다. 물론 노력이 조금 필요하다. 먼저 우울한 기분을 없앨 활동을 찾아내야 한다. 다음으로 시간을 내야 한다. 헨리 제임스의 동생인 앨리스 제임스는 삶은 예상하지 못한 일투성이라고 믿었다. 매일 아침 잠자리에서 벌떡 일어나게 하는 혼자만의 즐거움을 찾아내면 앨리스 제임스의 말에 동의하게 될 것이다.


## 7월 28일

## 취미는 숨은 재능을 발견할 수 있는 기회다

당신의 취미는 무엇인가? 모든 여성은 매일 반복하는 일상생활 외에
특별한 관심사를 가지고 있어야 한다. 당신의 관심사는 무엇인가?
– 《더 마더스 매거진The Mother's Magazine》, 1915년 1월호

"내면의 활력, 생명력, 에너지, 활기가 당신의 몸을 통해서 행동으로 표
현된다. 당신에게만 존재하는 것이므로 유일무이한 표현이다. 다른 몸
을 통해 존재하지 못하기 때문에 당신이 표현을 막으면 그저 사라져버
린다." 현대 무용가 마사 그레이엄이 조언한다.

당신은 어떤 표현을 막고 있는가? 취미 삼아 하는 일을 완벽하게 해
내리라고 기대하는 사람은 없기 때문에 취미는 창조성을 자유롭게 표현
하기에 제격이다. 취미로 여러 일을 시도해볼 수 있다. 재미 삼아서 그
림을 그리고 시를 쓰고 도자기를 만들고 플리에도 해보자. 플리에는 반
듯이 서서 무릎을 굽히는 발레 동작이다. 무용수는 공연 전 연습 시간에
플리에로 다리 근육을 풀며 준비를 한다. 플리에처럼 취미 생활은 재능
을 발휘할 준비를 해주고 타고난 취향을 드러내준다. 꿈꾸던 삶을 시험
삼아 살아보고 자신에게 맞는지 생각해보면 된다.

지금까지 한가하게 공상하면서 당신에게 즐거움을 주는 개인적인 취

미를 여럿 발견했다. 이제 그중 하나를 고르자. 실이나 페인트 같은 재료가 있어야 하면 준비물 목록을 만들자. 일주일 동안 준비물이나 장소를 마련하자. 오늘로부터 일주일 뒤에 취미 활동을 시작할 수 있도록 한 시간을 비워놓자. 취미 활동을 하면 즐겁게 살려고 노력하게 된다. 또한 전에는 상상도 못 하던 시간이 이제는 없으면 못 사는 시간으로 바뀔 것이다.

## 7월 29일

## 집 가꾸기를 취미로 삼아보자

탁월한 재능이 있는 사람만이
집 곳곳에 생기는 온갖 문제를 혼자 해결할 수 있다.
– 아널드 베넷
영국의 소설가·극작가·수필가

내 새로운 취미 중 하나는 새집을 가꾸는 것이다. 나는 1924년에 영국의 소설가이자 수필가이자 극작가인 아널드 베넷이 잡지에 기고한 재미있는 에세이를 읽고 나서 집을 가꾸는 것을 취미로 생각하기 시작했다. 오늘날 아널드 베넷은 세상에서 거의 잊혔지만 한때 H. G. 웰스와 조지 버나드 쇼만큼 유명했다. 베넷은 신경과민 증세를 보이는 중산층의 보통 사람이었다. 그는 자신의 신경과민 덕에 오히려 천재적인 재능을 발휘할 수 있었다. 넘치는 기지와 지혜를 발휘해서 삶의 의미, 삶의 수수께끼, 소박한 즐거움을 곱씹었다. 그의 책 중에서 가장 인기가 많은《하루 24시간 어떻게 살 것인가》에서는 누구나 통달하고 싶은 시간 관리법을 소개한다.

베넷은 취미로서 집을 가꾸면 보이는 것들에 대해 이야기한다. "집이 탄생한다. 집이 선택받는다. 사람들이 집에 들어와 산다. 집에서 삶이 펼쳐진다. 꽃병이 벽난로 선반에 적절하지 않다. 카펫이 벽지와 어울리지 않는다. 침대 발치 때문에 문을 여닫기 불편하다. 식당 가구 전체를 잘못 골랐다. 가난에 시달리는 흔적이 현관에 덕지덕지 붙어 있다. 화실에 있는 그림 중 가장 중요한 두 점이 너무 높이 걸려 있다. 수백 가지가 조금씩 잘못됐고 몇 가지는 지독하게 잘못됐다! 그래도 상관없다. 어떻게든 집의 기능을 한다. 완벽하게 만들려던 욕심이 실패로 돌아갔다. 집은 불변의 존재가 되어버렸다. 저기에 집이 있다! 저 정도면 괜찮을 것이다. 괜찮아야 한다."

그러나 베넷은 실제 삶을 캔버스로 삼은 진정한 예술가에겐 특별한 기회가 주어진다고 말한다. "누구도 완성되지 않은 집에서 지루해하고 있을 권리가 없다. 우리의 최고의 모습을 잘 표현하지 못하는 집, 부족한 점이 있는 집, 필요 이상으로 추하거나 불편한 부분이 있는 집 … 관리에 돈이 많이 드는 집, 사소한 점이 거주자의 신경을 거슬리고 조화를 완전히 깨는 집. 이런 집은 대책을 세워야 한다. 집을 완벽하게 만드는 것을 취미로 삼으면 어떨까?"

흥미로운 제안이다. 집을 수리하고 단장하는 일을 즐거운 취미로 생각하는 여성은 거의 없다. 일반적으로 그런 일은 세상에서 가장 험한 산을 오를 때보다 육체적·심리적·창조적·재정적 자원이 더 많이 필요한 엄청난 작업이라고 여기기 때문이다. 예를 들어서 오늘 아침에 나는 마침내 영국에서 출발해 롱비치 해변에 도착한 뒤 나를 기다리고 있던 12미터짜리 컨테이너와 씨름하느니 차라리 나무통을 타고 나이아가라 폭포를 건너는 것이 낫겠다고 생각했다. 그 컨테이너 안에는 영국에서의 살림살이가 모조리 들어 있다.

"대부분의 사람의 집이 그렇듯이 당신의 집도 작을지 모른다. 그러나 아무리 작은 집이라도 결코 완벽하게 단장하지 못할 것이다. 손볼 곳이 한도 끝도 없다." 아널드 베넷이 우리에게 말한다. 그의 말이 맞는 것 같다. 아무래도 내가 집 단장을 골치 아픈 일이 아닌 즐거운 취미로 여기는 출발점으로 삼을 겸 그 컨테이너 안 물건들을 살펴봐야 할 때가 된 듯하다. 무슨 일이든 마음가짐이 가장 중요하다.


## 7월 30일

### 나쁜 버릇은 잠재력을 앗아간다

나는 샤워를 하면서 커피를 마시거나, 이를 닦고 스무디를 마시는 것 같은 이상한 행동을 하기를 좋아한다. 꼭 아침밥을 앉아서 먹느라고 시간을 허비할 필요는 없다. 이런 내 방법은 시간을 절약하는 데 도움이 된다.
- 미셸 윌리엄스
미국 배우


나쁜 버릇을 없애는 것보다 어려운 일도 없다. 우리는 자신에게 해로운 행동을 할 때면 바로 알 수 있다. 머릿속 한가운데 자리 잡은 조용한 목소리가 바짝 경계하며 잔소리를 해대기 때문이다. 그저 불안해서 담배에 불을 붙이거나 계속 와인을 들이키거나 냉장고 앞에 서서 차가운 스파게티를 흡입할 때 조용한 속삭임이 들린다. "그러지 마." 물론 지금까지 우리는 그 소리에 귀를 기울이려고 하지 않았다.

행복에 도움이 안 되는 버릇을 없애려는 이유를 먼저 파악하면 행동을 바꾸기가 수월하다. 나쁜 행동을 바꾸면 좋은 점이 무엇일까? 건강한 생활방식, 더 많은 에너지와 활기, 맑은 정신의 기쁨과 평온함, 늘씬한 몸을 갖게 될 것이다. 내면을 들여다보면 자각의 눈이 떠진다. 자신을 다정하게 대하기 시작한다. 진정한 자아와 친해지고 내면에 자리 잡은 자신의 진짜 모습을 볼수록 그 모습을 성장시키고 외부로 표출하기 위해 필수적인 단계를 밟을 용기가 솟아난다.

곧 자신을 꾸짖는 것이 아니라 격려하고 위로하는 속삭임을 듣게 된다. 그러면 저녁식사를 준비하다가 목이 마를 때 자동으로 와인 병을 드는 대신에 시원한 광천수를 선택하게 될 것이다. 특히 광천수를 예쁘게 세공된 유리잔에 따르고 레몬 한 조각을 띄워서 마신다면 더할 나위 없는 행복을 느낄 것이다. 주방에 들어갈 때마다 무의식적으로 주전부리를 입에 넣는 대신에 식탁에 앉아서 접시에 담긴 음식만 먹게 될 것이다. 시간을 내서 식욕은 물론 눈까지 만족스러운 맛있는 음식을 만든다면 말이다. 불안할 때 위로 삼아서 충동적으로 담배를 손에 드는 대신에 십자수나 십자말풀이를 집어들 것이다.

우리는 창조성을 키우는 데 쓸 수 있는 소중한 순간을 자기도 모르게 스스로에게서 앗아가고 있다. 흡연의 위험성을 항상 경고하는 공중위생

국이 이런 무의식적인 버릇까지 관여하지는 않는다. 그러나 진정한 자아는 경고해준다. 목숨을 위협하진 않아도 삶을 행복하게 하지도 못하는 나쁜 버릇에 매달리는 것은 자신의 잠재력을 빼앗는 셈이기 때문이다.

## 7월 31일

## 비상용품을 준비해보자: 통조림

후방에서 주요 역할을 하는 사람은 여성이다. 전력을 다해 방어하고,
장군처럼 가족을 뭉치게 하고, 본거지에서 단단히 버티고 있는 것은
여성이다. 모든 것이 집이 어떤 곳이 될 수 있는지에 대한 여성의 지혜,
여성의 열정, 여성의 전망에 달려 있다.

– 《하퍼스 바자》, 1942년 5월호

1939년 10월, 독일과 영국이 전쟁을 시작하고 한 달 후 잰 스트러더의 〈더 타임스〉 에세이 연재 모음이 '미니버 부인'이라는 제목으로 출간되었다. 이 책은 즉각 베스트셀러가 되었다. 영국의 독자들은 2년 동안 신문에 실린 미니버 부인의 사색을 좋아했다. 한창 전쟁 중이라 독자들은 평범한 일상이 사라질까 봐서 두려웠다. 두려울 수밖에 없는 상황이었다. 식량 배급제가 시작됐고, 방독면이 지급됐고, 등화관제용 커튼이 걸렸고, 많은 가족이 시골로 대피했다. 미니버 부인은 가공의 인물 이상의 존재가 되었다. 미니버 부인은 그들의 단짝이 되었고 누군가의 자매, 어머니, 부인이 되었다. 딱 그들과 마찬가지였다.

정부의 가장 중요한 관심사는 후방을 지키고 정상적인 생활을 유지하는 중심축이 바로 여성들임을 그들에게 인식시키고 사기를 진작하는 것이었다. 미니버 부인이 평화로운 시기에 독자들의 사기를 높였으니, 전시인 지금이야말로 그 어느 때보다 그녀의 존재가 필요했다.

1940년 7월, 잰 스트러더의 미니버 부인이 대서양을 횡단했다. 《미니버 부인》미국판은 북클럽 '이달의 책 클럽'의 선정작으로 뽑혔고 즉시 베스트셀러 상위권에 진출했다. 미국의 참전이 멀지 않은 상황에서 막후 권력자들은 미니버 부인이 영국에서처럼 미국 국민에게도 감화를 주리라고 생각했다. 지지를 보낸 권력자들은 윈스턴 처칠, 프랭클린 루스벨트 대통령, 영화사 MGM의 설립자 루이스 B. 메이어, 〈미니버 부인〉 영화를 찍게 되는 윌리엄 와일러 감독이었다. 그들 모두가 후방의 중요성과 힘을 보여주는 가정 드라마가 전투 장면을 그린 선전 영화보다 훨씬 영향력이 크리라 생각했다.

그렇지만 영화가 극장에서 상영되기까지 2년은 걸릴 터였다. 그동안 미니버 부인의 정신이 국민들 사이에서 살아 숨 쉬게 하려면 어떻게 해야 할까? 그들은 고심했다. 잰 스트러더의 손녀인 이센다 맥스턴 그레이엄은 잰 스트러더의 전기인 《진짜 미니버 부인》에서 이렇게 이야기한다. "전쟁 중 미니버 부인의 명성과 성공이 한창일 때, 할머니는 전쟁 지원차 비공식 대사로 미국에 가서 영국과 미국의 관계에 대해 수백 차례 강연했다. 청중은 넋을 잃고 들었다. 대중은 그녀가 현명하고 침착하고 헌신적인 부인이자 어머니인 미니버 부인의 화신이라고 믿고 싶어 했다. 그녀는 그들을 실망시키지 않는 것이 전시에 그녀가 해야 하는 의무라고 느꼈다."

우리는 지난달에 비상시 집에서 안전하게 대피한 후 간편하게 체력을 유지할 수 있는 단백질 바와 셰이크를 챙겼다. 하지만 여성은 단백질 바만 먹고 살 수 없다.

다행히 맛있는 음식을 찾아 멀리 갈 필요가 없다. 식품 저장실에 비상시 먹기 좋은 다양한 식품이 이미 있기 때문이다. 식품 저장실에 들어 있는 주식은 주로 통조림이나 진공포장 식품일 것이다. 여기에 나온 제안을 길잡이 삼아서 비상식품을 준비하자. 비축한 비상식품들을 휴대용 식품 저장실로 생각하자. 통조림을 집중적으로 모아보자. 통조림의 종류는 아래와 같이 다양하다.

캔 음료(파인애플·사과·야채 주스)
과일 통조림
채소·스튜·수프 통조림(사골육수 수프 포함)
콩 통조림

가족 구성원의 성별과 나이와 좋아하는 음식을 고려하자. 퓰리처상을 받은 〈뉴욕타임스〉의 줄리아 모스킨 기자는 '현대의 식품 저장실 비축 방법'이라는 기사에서 우리가 자신 있게 요리할 수 있는 식품과 좋아하는 식품만 비축해야 한다고 강조한다. "당신이 정어리를 좋아하지 않는데 비상 상황에서 억지로 정어리를 먹어야 한다면 전혀 위안을 받지 못할 것이다."

토마토 페이스트(파우치 포장)처럼 여러 용도로 쓸 수 있는 식품을 생각하자. 토마토 페이스트로 스튜나 수프나 소스를 만들 수 있다. 좋아하는 핫소스, 소금, 후추도 당연히 포함해야 한다. 대부분의 식품점에서 모든 음식에 풍미를 더하는 허브(파우치 포장)를 판매한다. 특히 이 활동은 시간 여유를 가지고 진행해야 한다. 매주 장보기 목록에 조금씩 비상 식품을 추가해서 생활비에 너무 부담되지 않게 하자.

# 7월에 느끼는 소박한 행복

7월은 오븐 속 빵처럼 여름이 색을 바꾸는 때이지만 더 이상
부풀어 오르지는 않는다. 이때가 절정기다.

– 제서민 웨스트
미국의 퀘이커교도 작가

🌾 현실적이고 개인적인 행복을 찾아보자. 지역 퍼레이드를 찾아가서
구경하고 가족과 친구를 모아 바비큐를 하자. 저녁에 불꽃놀이를
구경하자. 그리고 당신의 독립을 선언하자. 이 선언을 기념하는 의
미로 집에 깃발을 달거나 손에 깃발을 들고 흔들자. 그저 '기다리는
사람'이 아니라 '꿈을 꾸는 사람'으로 살아가기로 선택하자.

🌾 내가 수십 년 전에 어머니에게 선물 받은 일체형 잠옷이 다시 유행
하고 있다. 간절히 바라면 이루어진다는 증거다. 관심이 있다면 온
라인에서 다양한 모양과 색깔의 일체형 잠옷을 판매하니 둘러보기
바란다.

🌾 이번 달에 바닷가에 머물 계획이라면 다양한 시간대의 해변을 감상
하자. 사람들이 몰리기 전인 아침 일찍 해변으로 나가 조개껍질을
모으자. 사람들이 다 떠난 오후 늦게 해변에 가서 연을 날리자. 하

롯저녁 시간을 내서 달밤에 걷자. 일행이 있으면 손을 잡자.

🌿 백사장에 타월을 깔고 앉거나 해안가에 서서 멀리 수평선을 응시하자. 파도의 리듬에 몸을 맡기자. 시간이 정지된 듯한 느낌을 경험하며 음미하자. 앤 모로 린드버그의 《바다의 선물》을 아직 읽지 않았다면 이번 달이 읽기에 완벽한 때다. 나는 매년 이 소중한 책을 해변에 가지고 간다. 책에 각기 다른 색으로 칠해진 부분을 보면 그때그때의 내 생각과 느낌을 알 수 있다. 수년에 걸쳐 밑줄을 그은 소중한 책은 비밀일기와 마찬가지다.

🌿 병에 모래를 담아 집에 가져오자. 모래를 쟁반에 붓자. 사색에 잠기고 싶으면 해변을 거닐면서 기념품으로 간직할 조개껍질을 찾자.

🌿 마지막으로 별을 쳐다본 때가 언제인가? 밤하늘에 구름 한 점 없는 날이면 좋은 와인이나 청량음료, 치즈, 크래커, 신선한 과일을 가지고 나가서 커다란 담요를 깔고 누워보자. 여름 밤하늘을 올려다보자. 별 보기가 인간의 가장 오랜 취미인 데에는 다 이유가 있다. 별을 쳐다보노라면 우리가 영원히 알 수 없는 또 다른 세계가 있고, 하루하루가 미지의 세계에 대한 실마리를 따라갈 기회임을 깨닫게 된다. 소원을 빌 별을 찾아서 행복을 불러올 소원을 빌자.

🌿 천둥이 치고 비가 내릴 때 불을 끄고 침대 한가운데에 앉아서 창밖을 내다보거나 현관 방충망 뒤에 앉아서 밖을 내다보자. 자연의 아

름다움과 힘을 느끼자. 열정의 등불을 켜달라고 기도하고 그 열정을 당신의 삶에서 활용할 방법을 생각하자.

🌾 감자가 삶아지기를 기다리거나 해먹에 누워 있을 때 라우라 에스키벨의 《달콤 쌉싸름한 초콜릿》, 다이애나 아부 재버의 《초승달 Crescent》, 앨리스 워터스의 《정신의 각성: 반문화적 요리하기Coming to My Senses: The Making of a Countercultural Cook》, 재클린 더발의 《끊임없는 식탐: 요리 로맨스》처럼 요리를 주제로 한 낭만적이고 쌉쌀하면서 달콤한 소설에 깊이 빠지자. 특히 만족스러운 책은 다이앤 못 데이비드슨이 탐정이 된 전직 출장 요리사를 주인공으로 쓴 맛깔 나는 시리즈인 《케이터링 투 노바디Catering to Nobody》, 《다잉 포 초콜릿 Dying for Chocolate》, 《시리얼 살인Cereal Murders》이다. 집에서 직접 초밥을 만들어 영화 〈스시 장인: 지로의 꿈〉을 보면서 먹자.

🌾 영화를 보면서 저녁식사를 하는 것이 구식처럼 여겨지겠지만, 요리와 영화가 잘 어울리면 그렇지도 않다. 감각적인 〈달콤 쌉싸름한 초콜릿〉을 볼 때는 초콜릿 몰레를 곁들인 멕시코 엔칠라다를 먹자. 맛있는 요리가 가득한 〈음식남녀〉를 볼 때는 중국 음식을 주문하자. 호화스러운 음식이 펼쳐지는 〈바베트의 만찬〉을 보는 날에는 대조적으로 프랑스식 '여성의 음식'을 만들어 먹자. 〈줄리 앤드 줄리아〉를 볼 때는 이 영화와 잘 어울리는 줄리아 차일드의 유명한 책 《프랑스 요리의 기술》에 나오는 요리법을 한두 가지 시도해보자. 아니면 그냥 넷플릭스 시리즈 〈셰프의 테이블〉이나 내가 좋아하는 최고

의 요리 방송인 〈영국 베이킹 쇼The Great British Baking Show〉를 마음껏 보자. 유료 영화 채널인 TCM은 와인과 영화를 결합시킨 와인 클럽 (tcmwineclub.com)을 운영한다. 이 기발한 아이디어는 와인 한잔이 일상의 활동(영화 보기)을 즐거운 특별 대접으로 변화시킨다는 것을 증명한다.

❧ 케이크를 구우면서 명상에 잠겨보자. 로즈 레비 베런바움의 《케이크 바이블The Cake Bible》을 읽어보면 좋을 것이다. 영원히 잊지 못할 명상에 관한 조언이 200개 이상 나와 있다. 삶에 어떤 역경이 닥쳐도 항상 케이크를 구울 수는 있다는 점을 잊지 말자.

# 8월

## 진정한 재능을 발견하는 달

8월은 짓궂은 달이다.

– 에드나 오브라이언

아일랜드의 소설가이자 극작가

8월 애호가들은 멈춤의 즐거움을 마음껏 즐긴다. 그늘에서마저도 37도가 넘으면 너무 더워서 견디기 힘들지만 그만큼 수용력이 커지고 생각이 깊어진다. 여름에만 잠깐 허락받은 더딘 삶의 기쁨을 만끽하며 창조적인 에너지의 저장고를 다시 채우자. 이번 달은 소박한 풍요로움의 길에서 진정한 재능을 발견하고 인정하고 감사하며 자기 것으로 만들고 존중하는 데에 몰두할 것이다. 진정한 재능은 당신의 삶뿐만 아니라 사랑하는 사람의 삶까지 바꾸어놓는다.

# 8월 1일

## 꿈을 찾기에 너무 늦은 때란 없다

겁먹지 말고 꿈을 크게 가져.

— 크리스토퍼 놀런
영국 영화감독

1987년 8월 16일과 17일 주말에 무엇을 했는지 기억나는가(혹시 당신이 태어나기 전인가)? 나는 기억나지 않는다. 아마 옷을 개고, 저녁식사로 무엇을 먹을지 생각하고, 고양이 배변용 모래를 갈고, 마감일을 지키려고 글을 쓰고 있었을 것이다.

기억이 나는 사람은 전 세계에서 동시에 열린 뉴에이지 행사 '하모닉 컨버전스'에 참여해 손에 손을 잡고 노래를 부르며 '조화롭게 동조'하고 있었을 것이다. 이 행사는 이집트 기자의 피라미드, 페루 마추픽추, 일본 후지산, 그리스 델포이 신전, 캘리포니아 섀스타산, 애리조나 세도나, 사우스다코타 블랙힐스, 뉴욕 센트럴파크에서 열렸으며 14만 4천 명 이상이 함께했다.

이 주말이 아주 중요한 의미를 지닌 이유는 그랜드 트라인(아홉 행성 모두가 특정한 자리에 위치해 서로 정확히 123도 각을 형성하는 때)이라는 대단히 드문 천문학 현상이 일어났기 때문이었다. 그전에 마지막으로 그랜드 트라인이 나타난 때는 23,412년 전이었다. 당시 뉴에이지 주창자들은 이 천문학 현상에 고대 마야력과 아즈텍력의 예언과 인간성을 일깨우려고 모인 영적 지도자 무리에 대한 호피족의 전설을 덧붙였다. 그러니 뉴에이지 추종자들이 명상을 통해서 다음 천 년 동안 지구를 대재앙이 아닌 평화로운 영적 자각으로 이끌 완벽한 때라고 생각한 것도 당연하다.

그 후로 영적 각성과 성장을 촉구하는 책이 수없이 나왔고 '아직 가지 않은 길'을 가라고 했다. 그런데 마음과 몸과 영혼의 성스러운 일체를 통해서 조화를 이루는 방법에 대한 실마리와 조언과 통찰을 제공하는 목소리가 너무 많아서 오히려 진정한 자아를 깨달을 방법을 찾기가 힘들어졌다. 또한 영적 길이 너무 많아서 대체 어떤 길을 따라야 할지 알 수 없다.

미국의 저명한 명상가 잭 콘필드가 《마음의 숲을 거닐다》에서 우리에게 답을 준다. "영적인 삶을 시작할 때 해결해야 할 문제는 간단하다. 길이 당신의 마음과 연결돼 있어야 한다. '나는 진심으로 길을 따르고 있는가?'라고 자문하면 자신이 가야 할 길을 다른 사람이 대신 말해줄 수 없다는 사실을 알게 된다. 그러니 다른 사람에게 기대는 대신 그 질문의 신비와 아름다움이 자신의 내면에서 울려 퍼지게 해야 한다. 그러면 내면 어딘가에서 답변이 들리고 이해력이 생길 것이다. 잠시 동안만이라도 가만히 멈춰 서 깊은 내면에 귀를 기울이면 진심으로 길을 따르고 있는지 아닌지 알게 될 것이다."

내가 지금까지 걸은 길 중에 가장 기쁘고 성취감이 큰 영적인 길은 진정한 자아를 발견하는 과정이었다. 이 길은 진정으로 마음과 연결된 길이었으며, 창조성이 신성하다는 사실을 깨달은 순간부터 시작되었다. 이번 달에 당신은 진정한 자아에 다가서게 하는 창조성을 재발견해서 자기 것으로 만들고 축하하게 될 것이다. 그렇게 되면 당신만의 하모닉 컨버전스를 개최하고 싶어질지도 모르겠다. 재능을 되찾고 꿈을 되살리고 진정한 삶을 창조하기에 늦은 때란 없다. 다음 질문을 곰곰이 생각하자. "당신의 독창성을 찬양하지 않고 거부하는 것이야말로 '원죄'가 아닐까?"

모든 사람은 제각기 훌륭하고 탁월한 재능을 지니고 있다. 재능은 일상생활을 통해서 신성함을 지상에 표현할 기회다. 이 소중한 재능을 감사히 받으면 세상을 재창조하는 일원이 된다. 창조적인 충동을 받아들이고 진정한 길을 따라가다 보면 진실하게 살아갈 수 있다. 당신은 그저 화단에 꽃을 심고, 밥을 하고, 자녀를 돌보고, 책을 편집하고, 텔레비전 드라마를 제작하고, 커튼을 만들고, 기사를 쓰고, 그림을 그리고, 공예를 가르치고, 노래를 작곡하고, 계약을 하고 있다고 생각할 것이다. 그러나 실상은 그런 순간 하나하나가 진정한 삶이 된다. 베트남 승려이자 시인이자 작가인 틱낫한은 삶은 진실을 실험하는 도구라고 우리를 일깨운다.

# 8월 2일

## 삶은 늘 경이로움으로 가득 차 있다

내 삶은 아주 멋졌다! 조금만 더 일찍 깨달았더라면 얼마나 좋았을까.
- 시도니 가브리엘 콜레트
프랑스 작가

우리는 고통과 노력과 상실을 통해서 삶의 교훈을 깨닫는다고 생각한다. 그러나 부드러운 교훈이 가장 많은 가르침을 준다는 사실을 아는 사람은 거의 없다.

수년 전에 우리 가족은 해변 리조트에서 열린 전당대회에 갔다. 남편은 워크숍에 참석했고 당시 다섯 살이던 케이트와 나는 해변에서 놀았다. 어느 날 오후에 어린이를 대상으로 깜짝 행사가 열렸다. 호텔 주차장에서 무료로 코끼리를 타볼 기회를 제공한 것이다. 케이트는 기뻐서 어쩔 줄 몰랐다. 그날 밤에 나는 케이트를 재우면서 말했다. "마음을 열면 삶은 늘 경이로움으로 가득 차게 될 거야. 아침에 잠에서 깰 때만 해도 하루 동안 펼쳐질 일을 전혀 모르지. 그러다가 상상도 못 한 코끼리를 타게 되는 날도 있고."

며칠 뒤에 집에 돌아오니 미국 기자단에 합류해 아일랜드 더블린에서 열리는 밀레니엄 축제를 1주일 동안 취재해달라는 초청장이 와 있었다. 경비가 모두 지급되는 출장이었다.

기자단은 열흘 뒤에 출발할 예정이었다. 나는 즉흥적으로 결정하는 편이 아니다. 갑작스럽게 초대장을 받고 보니 세상에서 가장 좋아하는 나라로 무료 여행을 떠날 기회를 거절해야 할 갖가지 이유가 떠올랐다. 여권 기간이 만료돼 재발급을 받아야 했고, 케이트를 돌볼 사람이 없었고, 진행 중인 작업과 일정이 겹치는 데다가 휴가에서 막 돌아온 참이었다. 남편이 조용히 물었다. "그러니까 코끼리를 타지 않겠다는 말이야?" 나는 남편을 보며 미소 지었다. 나는 마음을 열고 받아들이라는 남편의 부드러운 가르침을 깨닫고 기자단에 합류해 내 삶에서 가장 즐거운 한 주를 보내게 되었다.

부드러운 교훈을 기꺼이 받아들이겠다고 마음먹으면, 교훈이 수많은 방식으로 우리에게 다가온다. 오늘은 어린이의 지혜에 귀를 기울이고, 친구의 다정한 친절을 받아들이고, 도움이 필요한 사람에게 손을 내밀고, 동료에게 조언을 구하자. 직감에 따라 행동하고, 자신의 결점을 애정 어린 마음으로 인정하고, 반려동물이 현재의 순간에 완전히 집중해서 사는 모습을 지켜보고, 즉흥적인 결정으로 생기는 놀라운 치유력을 다시 발견하자. 지금 처한 상황이 어떻든지 간에 좋은 점에 집중하고, 매일 행복하기를 기대하고, 당신의 삶이 대단히 멋지다는 사실을 깨닫자. 이런 깨달음은 빠를수록 좋다.

물론 예상치 못한 일이 불시에 일어난다. 그래도 마음을 열고 부드러운 교훈에 감사하면 새로운 스승이 당신의 길에 나타날 것이다. 슬픔 못지않게 뜻밖의 발견도 많은 교훈을 준다.

# 8월 3일

## 일정표를 작성해 잃어버린 시간을 되찾아라

일정은 혼란과 변덕을 방지한다. 일정은 하루하루를 잡는 그물이다.
… 일정은 이성과 질서의 모형이다. 일정을 따르면 의지가 현실로 실현된다.
- 애니 딜러드
퓰리처상을 수상한 작가

내 친구 앨리스의 의견에 따르면 우리를 괴롭히는 것은 일주일 동안 해야 하는 온갖 일이 아니라 해야 할 온갖 일에 관한 생각이다. 앨리스는 딸이 활동하는 걸스카우트의 학부모 연례 자원봉사 회의에 참여하는 것을 잊어버린 주에 이 사실을 깨달았다. 원래 그녀는 아주 꼼꼼한 사람이라 당연히 회의 날짜를 기억할 것이라고 여기고 날짜를 따로 적어놓지 않았던 것이다. 그러나 하필이면 그 중요한 날에 뇌의 램 부분에 과부하가 걸려 스케줄 시스템이 다운되는 바람에 약속을 깜박해버렸다. 다음 날 잠에서 깬 친구는 가슴이 철렁 내려앉았다. 회의에 너무 늦게 도착해서 쉬운 일은 다른 학부모들의 몫으로 다 정해진 뒤였고 남은 일은 딱 하나뿐이었다. 그래서 올해 앨리스는 걸스카우트 쿠키의 판매를 관리하는 일을 맡았다.

삶을 조화롭게 하는 소박한 풍요로움의 전략이 있다. 이 전략은 램 메모리를 확장시키기 때문에 다음부터는 울며 겨자 먹기로 걸스카우트 쿠키 판매를 감독하지 않아도 된다. 물론 그 일을 하고 싶은 사람도 있을 것이다. 그렇다면 부디 앨리스에게 연락하기 바란다.

일요일마다 20분씩 시간을 내서 자리에 앉아 일정표에 다음 6일간의 할 일 목록을 적어보자. 이어서 다음 3주 계획을 미리 살펴보자.

하루하루를 잡는 그물을 던지려면, 직장생활과 개인생활을 모두 고려해야 한다. 쉽사리 엄두가 안 나겠지만 아주 중요한 과정이니 용기를 내자. 매주 실제로 하는 일을 아래에 정리한다.

● 보편적인 할 일 목록

직장: 회의, 예측, 마케팅·홍보, 사무, 기획, 주문, 청구서 관리, 자료 읽기, 조사, 문서 작성, 출장, 전화·이메일 응답

집안 용무: 은행, 세탁소, 우체국

자녀: 학교, 건강, 강습, 운동, 스카우트, 픽업, 특별활동, 놀이, 파티

약속: 건강, 체력, 미용, 자동차, 반려동물

쇼핑: 식품, 의류, 약, 가정용품, 선물, 잡화

우편물: 이메일, 청구서, 편지, 문자, 카드, 소포

가사: 청소, 빨래, 인테리어, 개조, 요리, 수리, 접대, 정원

가족: (당신에게 해당하는 의무를 써넣자)

친구: (당신에게 해당하는 의무를 써넣자)

교회·지역사회: (당신에게 해당하는 의무를 써넣자)

개인: 영감, 성찰, 휴식, 회복, 단장, 창조적인 유람, 교육, 즐거운 취미

위에 나온 일을 대부분 하고 나면 마지막에 나와 있지만 가장 중요한

항목인 개인 활동을 할 시간이 없다. 따라서 이런 실생활의 딜레마를 해결하려면 계획을 짤 때부터 개인 항목을 목록의 맨 위에 써놓고 최우선 순위로 삼아야 한다. 과감하게 당신 위주로 한 주의 계획을 짜자.

먼저 주간 일정표에서 매일 한 시간씩을 형광펜으로 테두리 치자. 이 여섯 개의 칸에 당신의 이니셜을 쓰자. 이 이니셜은 자신을 돌보는 시간이라는 의미의 잠재의식 코드다. 나는 중요성을 강조하기 위해 이 칸을 노란색 형광펜으로 칠한다. 시급하고 신성한 일정이다. 당신이 자신과 만나는 시간이다.

일정표를 작성하는 것의 장점은 가족을 위한 용무이든 개인적인 일이든 간에 일단 목록에 적으면 다시 의식적으로 생각할 필요가 없다는 것이다. 논리를 담당하는 좌뇌가 목록을 아주 좋아하기 때문이다. 덕분에 목록을 만들고 분류하고 모든 일을 일정에 끼워 넣는 과정이 자동적으로 일어난다. 때로 목록을 만들면 일을 처리하기가 쉬워지기까지 한다. 그러니 마무리하고 싶은 일이 있다면 꼭 써놓자.

아침저녁으로 목록을 훑어보자. 마무리한 일은 빨간색 펜으로 가위표를 하자. 목록에 빨간색으로 표시된 부분이 늘어갈수록 만족감이 아주 많이 커진다. 대부분의 날을 혹은 모든 날을 성과 없이 보내고 있다는 생각이 들거든 '한 일' 목록을 일주일 동안 쓰자. 일주일 동안 생각보다 많은 일을 하고 있음을 깨닫고 놀라게 될 것이다. 또한 그물이 없었기 때문에 소중한 순간을 무의식적으로 허비한 것도 발견하게 될 것이다. 성장하고 꿈꾸고 진정한 통찰력을 키울 순간을 낭비해버린 것이다. 작가 애니 딜러드는 하루를 어떻게 보내느냐에 따라 삶이 결정된다고 말했다. 누구나 공감할 만한 말이다.

# 8월 4일

## 걱정은 아무것도 해결해주지 않는다

나는 어려운 시기를 겪은 덕에 무한한 풍요와
아름다움이 사방에 펼쳐져 있으며, 끊임없이 걱정하는 수많은 일이
사실 전혀 중요하지 않다는 사실을 깨달았다.

– 이자크 디네센
《아웃 오브 아프리카》의 작가

당신은 걱정이 많은 편인가? 누구나 어느 정도는 그렇지만 유난히 비관적인 사람이 있다. 우리는 걱정할 때 최악의 경우를 맨 먼저 떠올린다.

걱정은 시간 도둑이다. 내 친한 친구 중 한 명은 작은 고민을 순식간에 커다란 불행으로 부풀려 생각하는 버릇이 있었고 결과적으로 슬픔과 불안감이 그칠 날이 없었다. 악순환을 깨달은 친구는 이제 걱정을 안 하려고 노력한다. 그 덕에 몹시 힘든 상황에서도 내면의 조화를 유지한다.

우리는 걱정으로 마음을 졸이는 것이 문제에 긍정적인 영향을 준다고 생각한다. 적어도 문제에 대해 생각하는 것이 생각하지 않는 것보다 낫다고 여기는 것이다. 그러나 실제로는 갈수록 걱정이 커져서 결국 자신과 주변 사람의 하루를 모두 망친다. 당신이 어떻게 할 수 없는 문제가 생겨 안달이 나면 미칠 지경에 이르기 전에 걱정스러운 생각을 멈추자. 마태복음 6장 34절을 보면 예수가 훌륭한 시간 관리 비결을 알려준다. "내일 일을 위하여 염려하지 말라, 내일 일은 내일이 염려할 것이다." 딱 맞는 말이다. 내일은 또 내일대로 걱정거리가 생길 것이다.

그러나 너무 속이 상해서 감당할 수 없다면 신과 대화를 나누면 어떨까? 나는 멋지고 인정 많고 뛰어난 작가인 줄리아 캐머런의 제안을 아주 좋아한다. 그녀는 신이 우리 삶에 개입하는 것을 "질서정연하고 올바른 방향으로 안내하는" 것으로 여기라고 말한다. 영혼이 안내하는 GPS라고 보면 된다.

밤잠을 설치게 하는 걱정은 대부분 돈 걱정이다. 줄리아 캐머런은 하나님이 재정을 담당한다고 말한다. "사실 우리 재정을 … 하나님의 보살핌에 맡기는 것은 빈곤이 아닌 번창으로 가는 길이다. 하나님은 자산을 절약하는 데 전문가다. 하나님은 우리가 가진 것의 가치를 증가시키는 데 전문가다. 하나님을 우리 재정에 참여시키는 것은 모든 풍요의 근원이 우리 일에 관여하게 해달라고 요청하는 것이다."

내가 위기나 곤경으로 보이는 모든 것을 '축복'이라고 부르기 시작했다고 말한 것이 기억나는가? 터무니없는 소리처럼 들릴 것이다. 하지만 성경을 비롯한 내 책꽂이에 있는 모든 영성책에 공통적으로 나오는 교훈은 삶을 변화시키는 말의 힘이다.

일부 자동차에는 연료가 완전히 바닥날 때만 가동하는 비상용 연료통이 달려 있다. 우리는 도저히 벗어날 수 없는 위기 상황에 처할 때 연료가 완전히 바닥난 기분이 든다. 우리는 연료가 있어야 달릴 수 있다. 나는 신이 우리에게 용기로 가득 찬 여분의 연료통을 줬다고 믿는다. 그리고 우리가 위기를 축복이라고 부르면, 우리 영혼은 자동으로 비상 연료통의 스위치를 켠다. 우리가 원한 축복이 비상 연료통은 아니겠지만, 적어도 비상 연료통 안에는 우리가 안전하게 집에 갈 수 있는 연료인 용기가 충분히 들어 있다.

훌륭한 영성 작가인 마저리 홈스는 걱정을 떨쳐버릴 비결을 알려준다. "나는 어떤 상황에 축복을 내려달라고 요청하는 것만으로도 어쩐일인지 상황이 나아지고 기운과 기쁨이 솟구친다는 것을 배웠다. 가장오래되고 보편적인 진리를 깨달았다. 신이 도움의 손길을 내밀기 전에먼저 요청하면 도움이 내려온다." 걱정을 떨쳐버리고 남은 하루를 잘버티도록 은총을 내려달라고 요청하자. 그저 요청만 하면 놀라운 은총이 엄청나게 쏟아진다.

우리가 걱정을 하는 이유 중 하나는 미래를 마음대로 할 수 없다는사실에 무력감을 느끼기 때문이다. "나는 거의 평생 동안 일어나지 않을 일을 걱정하며 살았다." 마크 트웨인이 죽음을 앞두고 인정했다. 우리 모두 그러면서 산다. 이제는 멈추자.

"열망하라, 구하라, 믿으라, 받으라." 1930년대와 1940년대에 인기있었던 영성 작가이자 신비주의자 스텔라 테릴 만이 조언한다. 이 순서대로 기도를 하거나 생각을 재배치하면 스텔라가 말한 의미를 이해할것이다.

### 8월 5일

## 때로는 아무것도 하지 않은 채 하루를 보내라

항상 일을 해야 하는 것은 아니다.
… 신성한 게으름도 있다. 요즘 사람들은 이를 두려워하며 무시한다.
- 조지 맥도널드

어느 아름다운 여름날 아침이었다. 화창했고 기온과 습도도 적당했다. 사람들이 살아 있음에 감사함을 느끼는 날이었다. 그러나 나는 너무 기진맥진해서 그런 선물을 깨닫지 못했다. 밤새 푹 잠들지 못하고 몸을 뒤치락거리며 자다 깨기를 반복했다. 원고 마감일이 다가오고 있었고, 여름캠프가 끝났지만 개학하려면 아직 한 달이나 남았으며, 아픈 어머니를 보러 가야 했다. 나는 영국의 시인 스티비 스미스가 "손을 흔드는 것이 아니라 물에 빠지고 있었다"라는 말을 무슨 뜻으로 했는지 새삼 알 수 있었다. 내가 딱 그 상황이었다.

고양이들을 뒷마당으로 내보내면서 나도 잠시 밖으로 나갔다. 상쾌한 산들바람이 초록색 가지를 살랑살랑 흔들었다. 잔디에 아른거리는 음영이 전에 미처 알아채지 못한 멋진 모자이크를 만들었다. 새가 지저귀는 소리와 매미가 맴맴 우는 소리와 벌이 윙윙거리는 소리가 어우러진 자연의 교향곡이 이른 아침의 정적 속에 울려 퍼졌다. 조화로운 고요함이 내 주위에 맴돌았다. 뒷마당에 계속 있고 싶었다. 그러나 케이트가 깨기 전에 작업을 시작하려고 내키지 않는 발걸음을 집 안으로 옮겼다.

그런데 전날 밤에 넌더리가 나서 던져놓은 책과 종이가 침대 옆 바닥에 흩어져 있는 모습이 내 내면의 혼란을 그대로 드러냈다. 감정을 주체할 수 없었다. 갑자기 눈물이 터져 나왔다.

실컷 울고 나자 용기를 북돋는 온화한 목소리가 뒷마당으로 다시 가라고 제안했다. 영혼의 목소리였다. 평소 같으면 저항했겠지만 그날은 기이하게도 제안에 따랐다. 풀밭에 면 침대보를 깔고 거실 소파에서 가져온 쿠션 여러 개를 커다란 떡갈나무에 비스듬히 놓아 기대 앉을 공간을 만들었다. 찻주전자와 찻잔을 올려놓은 쟁반, 자료와 책을 담은 바구니를 가지고 나왔다. 애초에는 밖에서 글을 쓸 생각이었다. 그러나 자리에 앉자 그저 가만히 앉아서 천천히 숨 쉬는 것 외에는 아무것도 할 수 없었다. 명상을 하고 싶지 않았다. 진정한 자아와 대화를 하거나 생각을 하거나 창작을 하거나 머리를 굴리는 것이 다 싫었다. 그래서 그냥 앉아서 차를 마시면서 무성한 이파리 사이로 파란 하늘을 올려다봤다. 그리고 나비 한 마리가 여기저기 우아하게 날아다니는 모습을 지켜봤다. 늘 보는 마당이었다. 그러나 그날 아침에는 대단히 아름다웠다. 아주 익숙하면서도 너무 낯설었다.

몇 분 지나지 않아 우울한 기분이 순식간에 사라지고 기분이 좋아졌다. 곧 고양이들이 옆으로 다가왔다. 평소와 다르게 내가 그 시간에 밖에 나와 앉아 있는 것이 신기한 듯했다. 잠시 후에 잠에서 덜 깬 케이트가 담요와 베개를 들고 밖으로 나왔다. 케이트가 내게 뭘 하느냐고 물었다. 적당히 설명할 말이 없어서 나는 조사를 하고 있다고 대답했다. 나는 글을 쓸 수 있도록 자연의 양분을 흡입하고 있었다. 나는 케이트에게 와서 함께 앉자고 했다.

엄마의 모습이 아주 차분하고 여유 있어 보였는지 케이트는 기회를 놓치지 않고 자신이 갓난아이였던 시절에 대해 이야기해달라고 했다. 그 색다른 순간이 그리 오래 갈지 누가 짐작이나 했겠는가? 멋지고 나른한 여름날의 그 순간은 여덟 시간이나 지속되었다. 우리는 야외에서 점심을 먹고 낮잠을 잤다. 그러는 사이사이에 크게 웃고 가족 이야기를 하고 서로 기운을 돋우고 동물을 바라보고 꿈을 이야기했다. 그 순간 나는 살며 사랑하는 것 외에 아무것도 하지 않았다.

소박하지만 풍요로운 하루가 끝날 즈음에 나는 기운을 회복해주는 선물을 받았다는 사실을 깨달았다. 바로 신성한 게으름이라는 선물이었다. 아무 일도 하지 않으면서 보낸 조화로운 날은 너무 많은 일을 하려다가 불협화음을 일으키는 날들의 균형을 잡아줬다. 은총처럼 갑자기 다가온 행운이었다. 아주 비현실적이지만 꼭 필요한 순간이었으며 나는 감사하는 마음으로 그 순간을 음미했다.

## 8월 6일

## '행복 추구'를 할 일 목록에 올려놓자

비범한 삶과 평범한 삶의 유일한 차이는 평범함에서
찾아내는 비범한 즐거움이다.
– 베로니크 비엔
프랑스의 디자이너·작가·화가

우리는 '지극한 행복bliss'을 정의하지 못하지만 그것이 무엇인지는 안다. 지극한 행복은 영적인 축복이고 언어로 제대로 표현하기 힘들다. 뉴질랜드의 작가 캐서린 맨스필드처럼 뛰어난 작가도 설명하기 힘든 감각이라고 표현하는 것이 최선이다. 우리는 그녀의 놀라운 단편소설 〈지극한 행복Bliss〉에서 버사 영이 사로잡힌 뜻밖의 감각적 황홀감을 엿볼 수 있다. 그녀는 "걷는 대신 뛰고 싶었고, 보도와 차도를 오르내리며 춤을 추고 싶었고, 굴렁쇠를 굴리거나 공중에 무엇인가를 던졌다가 받고 싶었고, 가만히 서서 그저 아무 이유 없이 웃고 싶었다".

흔히 우리는 '행복'과 '지극한 행복'이 같다고 생각한다. 둘 다 웃음과 웃음소리를 불러오기 때문이다. 그러나 우리가 행복할 때 짓는 웃음은 외부 환경의 영향을 받는다. 따분하고 반복적인 일상을 보내다 무슨 일이 발생하면 갑자기 삶이 별로 암담해 보이지 않는다. 대출을 받고 일자리를 구하고 행운이 생긴다. 계약을 따내거나 결혼 날짜를 잡는다. 그러나 결국 계약이 무산되거나 결혼식이 열리지 않는다면 우리는 행복하지 않을 것이다. 사실 우리가 행복이라고 부르는 많은 것이 운명의 변덕은 말할 나위 없고 다른 사람의 선택에 달려 있기 때문에 '행복happy'과 '발생했다happened'라는 단어가 같은 어원에서 나온 말이 아닌가 싶을 것이다.

그렇지 않다.

지극한 행복은 다른 사람이나 장소나 사물과 관련이 없다. 지극한 행복은 우리에게 주어진 은혜로운 선물, 주체할 수 없을 정도로 엄청난 환희다. 이루 말할 수 없이 강렬하게 느껴지는 지극한 행복의 순간은 흔히 파문처럼 번져가는 떨림으로 시작한다. 솔직히 견디기 힘들 지경이고, 평범한 즐거움과 달리 익숙하지 않은 감각이다. 버사 영은 지극한 행복으로 가득 찰 때 "감히 숨조차 쉴 수 없었지만 … 깊게, 깊게 숨을 쉬었다. 그녀는 차가운 거울을 쳐다볼 엄두가 안 났지만 쳐다보니 한 여성의 환한 미소, 떨리는 입술, 커다래진 까만 눈을 보게 되었고, 귀를 기울이며 … 신성한 … 무엇인가를 기다리고 있는 분위기가 느껴졌다".

버사 영은 지극한 행복이 평범함 속에서 감각적인 만족을, 일상의 황홀한 울림을 강렬하게 자각하는 것임을 발견한다. 그녀는 식탁 한가운데에 과일 바구니를 올려놓다가 과일에서 전날에 보지 못했던 이상한 광택이 감도는 것을 알아챈다. 아니면 전날도 있었을까?

"귤과 사과에서 딸기색이 감돌았다. 노란 배는 실크처럼 부드러웠고, 청포도는 은빛과 보랏빛으로 덮여 있었다. 그녀는 이 과일들을 식당의 새로운 카펫과 조화를 이루게 하려고 구매했다. 물론 얼토당토않고 터무니없는 소리로 들리겠지만, 그녀는 정말로 그 이유로 구입했다. 그녀는 가게에서 '식탁을 카펫과 맞추려면 보라색을 추가해야 해'라고 생각했다."

역사적으로 성자, 예언자, 시인, 철학자는 천국을 기다리는 것이 아닌 지상의 황홀감을 받아들여야 하는 신성한 의무에 대해 서정적으로 이야기했다. 하지만 빌 모이어스의 획기적인 텔레비전 시리즈 〈신화의 힘〉에서 '지극한 행복'의 개념을 대중화시킨 사람은 사학자이자 세계적으로 이름난 신화학자 조지프 캠벨이었다. "당신이 지극한 행복을 추구하면 늘 그곳에서 당신을 기다리고 있던 길에 서게 되며, 당신이 마땅히 살아야 하는 삶은 바로 지금의 삶이다."

캠벨은 주인공의 욕구 추구가 신화, 로맨스, 종교, 전설에서 보편적인 주제라고 말한다. 조지 루커스와 그의 영화 〈스타워즈〉는 캠벨의 책에서 엄청난 영향을 받았다. 루커스는 캠벨이 그의 작품에 준 영향을 인정하면서 캠벨을 가르켜 "나의 요다"라고 말했다.

모이어스가 캠벨을 인터뷰한 프로그램이 방송된 후, 갑자기 지극한 행복 열풍이 일었다. 사람들은 지극한 행복을 추구한다는 것이 무엇인지 확실히 알지도 못하면서도 그것에 대해 이야기하기 시작했다. 관련

단체들이 생겼고, 재즈 가수가 되고 싶은데 왜 남의 세금 업무를 대신 처리하고 있냐는 문구가 머그잔에 찍혔다. 교통 체증에 걸려 늘어선 자동차의 범퍼에 붙은 스티커의 문구, '지극한 행복을 추구하라'는 사람들의 잠자는 욕구를 깨웠다.

많은 사람이 캠벨의 조언을 소명이나 천직에 응답하라는 권유로 해석했다. 그는 "당신이 지극한 행복을 추구하면 문이 열릴 것이다"라고 충고했다. 물론 그의 말은 옳다. 문제는 행복으로 가는 문이 늘 국회의 사당이나 아쉬람에서 발견되지는 않는다는 것이다. 종종 지극한 행복으로 가는 문은 당신의 집 뒷마당으로 이어진다. 그래서 우리가 그것을 즉각 거부하는지도 모른다. 뭐라고? 평범한 '지극한 행복'이라고? 일상의 행복이라고? 내가 찾는 것은 그런 것이 아니야.

행복과 지극한 행복이 주는 황홀감을 추구하는 것은 섹스처럼 여러 가지가 혼합된 감각을 불러온다. 7단계 정도의 환희라고 보면 된다. 때로 소명은 지극한 행복이 될 수 있지만 딱히 천직이 곧 지극한 행복은 아니다. 손에 잡히는 즐거움이 지극한 행복이 될 수 있고, 그것이 새로운 시도로 이끌고 새로운 시도가 다시 새로운 관심사로 이어져 천직이 된다. 이처럼 지극한 행복을 찾는 여정은 깔끔한 직선 길이 아니다.

다행히 지극한 행복은 설사 싫어하는 직장이나 바람직하지 않은 관계에 그대로 머물기로 한 사람이라도 차별하지 않는다. 사실 셰익스피어는 "역경이 지극한 행복을 불러오며 그것은 천상의 평화로움이다"라고 말한다. 내 생각에 셰익스피어의 말은 우리 몸이 피폐해지고 우리 마음이 한계에 달했지만 극복할 힘이 없을 때 지극한 행복의 순간이 영혼을 달래는 정신적 위안의 역할을 한다는 뜻인 듯하다. 내 경험에 따르면 지극한 행복은 단순한 반창고가 아니라 신성한 진정제다.

지극한 행복은 기도처럼 은밀하고, 저마다 다르고, 대단히 개인적이지만 여성은 동일한 일곱 가지 감각(시각, 청각, 후각, 미각, 촉각, 직감, 경이감)을 가지기 때문에 지극한 행복을 불러오는 요인과 이를 차단하는 요인이 서로 비슷하다. 한 여성에게 황홀감을 주는 것이 다른 여성에게는 희열을 느끼지 못하게 할 수도 있다(예를 들어서, 나는 양을 아주 좋아하지만 당신은 좋아하지 않을 수 있다). 그래도 석양 보기, 모래에서 맨발로 걷기, 과즙이 많은 자두 먹기, 야외에서 샤워하기, 하루를 자신만의 날로 정하기, 방해받지 않고 여덟 시간 동안 푹 자고 일어나기는 나처럼 당신도 환하게 웃게 할 것이다.

지극한 행복을 일으키는 이런 활동은 다른 사람이 필요 없고 돈도 들지 않는다는 점에 주목하자. 당신의 관심만 있으면 된다. 하지만 당신이 이번 달에 조금 더 많이 웃고 있다는 것을 발견할 때까지 매일 색다른 방종을 실험하려는 적극적인 의지가 필요하다. 이를테면 토마토 샌드위치와 마르가리타를 함께 즐기는 실험을 해보면 어떨까? 또한 지극한 행복을 불러일으키려면 최소한 일주일에 한 번 '행복 추구하기'를 할 일 목록에 올리고 그것을 우선순위로 삼아야 한다.

당신은 지금 얼마나 행복한가? 맞다. 나는 7개월 전에 당신에게 이 도발적인 질문을 했다. 그때보다 진전이 있는가? 이번 여름에는 행복에 대해 곰곰이 생각하자. 영국 소설가 페이 웰던은 책《여성을 행복하게 하는 것What Makes Women Happy》에서 섹스, 음식, 친구, 가족, 쇼핑, 초콜릿, 사랑이 행복을 불러일으킨다고 말한다. 이런 것들도 그리 나쁘지 않지만 나는 훨씬 구체적으로 생각해보기를 권한다. 나는 보라색 모란과 분홍색 장미를 라일락과 섞어 크림색 주전자에 꽂았다거나, 마늘과 파르메산 치즈를 뿌리고 새우를 구웠다거나, 아끼느라고 꼭꼭 숨겨놓은 행주를 꺼내놓고 쓰기 시작했다든가 하는 자세한 이야기를 듣고 싶다.

앞으로 며칠 동안 자신을 관찰하자. 순식간에 사라지는 행복한 순간이나 지극한 기쁨을 감사일기에 기록하자. 용기를 내자. 당신을 행복하게 하려면 무엇이 필요한지 당신에게 묻자. 그 답을 아는 사람은 당신뿐이다.

## 8월 7일

### 행복을 방해하는 습관을 적어보자

당신은 의무를 짊어지고 사는 것처럼 보인다.
그리고 삶은 당신에게 동의하지 않는 듯하다.
- 엘런 글래스고
풀리처상을 수상한 소설가

지극한 행복의 축복을 거부하는 가장 잔인하고 교활한 방식은 지극한 행복을 다른 사람에 대한 의무로 착각하는 것이다. 하지만 작가 아나이스 닌은 이렇게 고백한다. "다른 사람에게 헌신하는 것은 스스로 수치스럽다고 느끼는 자아의 갈망과 욕구를 은폐하려는 시도가 아닐까? … 나는 받는 것이 항상 부끄러웠다. 그래서 나는 줬다. 그것은 미덕이 아니었다. 그것은 은폐였다."

우리는 모두 가면을 쓴다. 그리고 바운티풀 부인(조지 파커의 희곡에 등장하는 돈 많고 자비로운 여인-옮긴이)의 역할을 연기하기를 좋아한다. 하지만 우리는 너그러움의 고리에서 감사와 충족감 사이에 아주 중요한 조각이 빠져 있다는 것을 모른다. 우리는 아주 쉽게 선량한 마음을 베풀지만 정작 남이 베푸는 선량한 마음을 우아하게 받아들이지 못한다. 나역시 마찬가지다.

우리는 어떤 식으로 지극한 행복을 막고 있을까? 한번 따져보자. 대체로 무지를 통해서다. 하지만 우리는 지극한 행복을 방해하는 것을 다양한 다른 이름으로 부른다. 원예 작가 루스 스타우트는 "무지에서 오는 지극한 행복은 바람직하지 않다. 더 만족스러운 지극한 행복을 차단하기 때문이다"라고 말한다.

우리가 자신이 아니라 남을 위해 선택하고 약속하는 기이한 경향에서 볼 수 있듯이 지극한 행복을 막는 것은 대단히 교묘하고 개인적이고 복잡한 자멸 행위다. 왼손은 방금 오른손이 무엇에 동의했는지 모른다. 지극한 행복을 날치기하는 나쁜 습관을 아래에 모아봤다. 당신은 몇 가지나 해당하는가?

가질 수 없는 것을 원한다
가진 것을 거부한다
세상을 적대시한다
삶이 힘들다고 믿는다
변화의 시작을 외부 상황에 지나치게 의존한다
돈이 모든 것의 답이라고 믿는다

자신이 불행하다고 믿는다

상황이 절대 나아지지 않을 것이라고 믿는다

녹초가 되어 있다

제대로 먹지 않는다

운동하지 않는다

몸에 관심을 기울이지 않는다

행복, 사랑, 성공이 가치 없다고 느낀다

자기가 무엇을 좋아하는지 모른다

자기가 어떤 사람인지 모른다

중독 행동 패턴이나 의존성을 알아차리지 못한다

앞서 나가거나 잘해야 한다는 미명 아래 일중독에 빠져 있다

완벽주의 성향이 있다

유머가 부족하다

자기 자신을 생각하며 웃지 못한다

사람들 앞에서 수줍어한다

자발성이 부족하다

자신이 너무 미숙하다고 생각한다

경험이 많은 척한다

자신이 없으면 세상이 무너진다고 믿는다

도움을 요청하지 못하거나 받지 못한다

팀의 일원이 되지 못한다

우아하게 거부하지 못한다

남의 기분을 맞추려 한다

만사를 경쟁적으로 본다

생각이나 느낌을 제대로 표현하지 못한다

항상 옳아야 한다

우월감을 느끼려고 남을 깎아내린다

직감을 믿지 않는다

꿈을 추구하지 않는다

싫은 일인데도 하겠다고 약속을 한다

지키지 못할지 알면서도 약속을 한다

그저 분란을 일으키지 않으려고 약속을 한다

걱정하면 상황이 더 나아지리라 생각한다

쉬지 않는다


　나는 처음 이 목록을 정리했을 때, 행복을 막는 이 모든 것들이 너무 익숙해서 그동안 거의 알아차리지도 못했다는 사실에 상당히 놀랐다. 하지만 해나 모어가 1811년에 《자기애Self Love》라는 소책자에 썼듯이 "자기기만의 창의력은 끝이 없다". 이번 주에는 지극한 행복을 가로막는 것을 딱 하나만 고르자(당신이 앞의 목록을 읽을 때 움찔 놀란 것부터 시작하자. 나는 이 목록을 만들면서 모든 항목에 놀랐다). 이런 부정적인 습관을 당신을 향한 다정한 애정과 맞바꾸자.

# 8월 8일

## 자신의 진정한 재능이 무엇인지 알고 있는가?

신의 뜻을 매일 탐구하라.

- 카를 융
스위스의 정신과 의사이자 정신분석가

위대한 유대계 철학자 마르틴 부버는 깨달음을 얻은 하시디즘의 스승인 랍비 주시아에 대한 이야기를 했다. 랍비 주시아는 자신이 진정한 삶을 살고 있는지 늘 깊이 생각했다. 주시아가 말한다. "저승에서 '너는 왜 모세처럼 살지 못했느냐?'라고 물으면 할 말이 있을 것이다. 그러나 '왜 주시아처럼 살지 못했느냐?'라고 물으면 할 말이 없을 것이다."

이제 소박한 풍요로움의 네 번째 은총인 조화가 당신의 내면에서 일어나기 시작했을 것이다. 이 단계는 주시아의 대화가 주는 교훈을 얼마나 잘 받아들였느냐가 가장 중요하다. 조화롭게 살려면 타고난 선물, 즉 재능을 분명하게 깨달아야 한다. "재능은 우리를 세상에 데려다주고 살게 하므로, 재능의 발견은 모든 사람이 직면한 가장 중요한 임무다." 엘리자베스 오코너가 《제8요일의 창조: 재능과 창조성Eighth Day of Creation: Gifts and Creativity》에서 말한다. "참된 삶, 즉 본모습에 충실한 삶이란 재능에 충실하게 살아가는 것을 말한다. 재능에 충실하지 않으면 본모습으로 살 수 없다."

그러나 재능을 모르면 재능에 충실할 수 없다. 수 세기 동안 여러 스승, 신비주의자, 성자, 현자, 시인, 철학자가 진정한 삶의 길을 증언했지만 많은 사람이 그런 소리를 거부했다. 이유가 무엇일까? 내가 보기에 그 이유는 대체로 진정성에 대한 교훈이 인류가 가장 두려워하는 '신의 뜻'이라는 말로 시작되기 때문이다. 신의 뜻이라고 하면 고통이 떠오른다. 따라서 많은 사람이 의식적이든 무의식적이든 무지의 나락에 빠지는 쪽을 선택한다. "신을 믿으라고? 신의 섭리를 믿으라고? 그랬던 적이 있지. 다 겪어봤다고. 고맙지만 사양하겠어. 혼자 힘으로 살아가는 편이 낫겠어."

그러나 우리는 의심의 구덩이에 빠져 있을 때조차 자신의 힘보다 위대한 힘이 있다고 믿고 싶어 한다. 그런 힘은 실제로 존재한다. 진정한 자아가 그런 힘을 지녔다. 〈스타워즈〉에서 오비원 케노비는 제자인 루크 스카이워커에게 말한다. "그 힘은 모든 생명체가 만들어내는 에너지 장이란다. 우리를 둘러싸고 있고 우리에게 스며들며 은하계를 하나로 결합하지." 그 힘은 당신의 꿈과 열망을 재능과 결합해서 재능이 밖으로 표출되게 한다. "네 느낌을 따라라. 네 느낌을 믿어라." 제다이의 기사 오비원이 우리에게 충고한다. 우리는 그 힘 안에서 살아가고 움직이고 존재하기 때문이다.

그 힘은 사랑이다.

사랑은 당신의 무조건적인 행복과 조화, 온전함만을 바라고 희망한다. 이번 달에는 당신의 재능을 발견하고 인정하고 감사하고 자기 것으로 만들고 존중하는 데 전념하자.

그러면 그 힘이 당신과 함께할 것이다.

# 8월 9일

## 생각만 하다가는 삶을 바꿀 기회를 놓친다

울지 마라. 화내지도 마라. 이해해라.

– 바뤼흐 스피노자
네덜란드 철학자

당신은 타고난 재능을 불러내고 싶어 한다. 재능을 탐험하고 싶어 한다. 창조성을 발견하고 되찾고 싶어 한다. 그런데 어디에서 시작해야 할까? 일단 마음을 활짝 열고 기꺼이 신의 뜻을 따르려 해야 한다.

작가 매들린 렝글이 《물 위를 걷기: 신앙과 예술에 대한 고찰Walking on Water: Reflections on Faith and Art》에서 말한다. "예술가는 출산의 고통을 기꺼이 받아들이는 종이다. 위대한 천재의 작품이든 아주 사소한 작품이든 모든 형태의 예술은 예술가에게 다가와서 '나 여기 있어요. 내게 생명을 주세요. 나를 낳아주세요'라고 말한다. 그러면 예술가는 '내 영혼이 하나님을 찬미하리라'라고 말하며 기꺼이 작품의 전달자가 된다. 그러나 때때로 작품을 거부하는 예술가도 있다."

매들린 렝글이 확실히 옳았다. 그녀의 청소년 공상과학소설 《시간의 주름》은 스물여섯 번 넘게 거절당한 후에야 1963년에 출간되었다. 그 소설이 영화로 만들어지고 전 세계에서 읽히기까지 다시 반세기가 흘렀다. 그녀는 작품이 거절될 때 예술가가 느끼는 절망을 회고록인 《고요의 순환The Circle of Quiet》에서 우아하게 말한다. 내가 거절 받을 때 치르는 의식은 렝글에게 영감을 받았다. 눈이 퉁퉁 붓도록 울고, 목이 터지게 위대한 창조주와 싸우고, 작가의 눈물이라 불리는 아일랜드 위스키를 마시고, 잠자리에 든다. 아침이 되면 당신이 아직 살아 있고 다시 용기를 내서 시도할 수 있음에 감사하자. 당신은 작품의 종이다. 당신은 작품을 판단하면 안 된다. 당신의 임무는 작품을 만드는 것이다. 우리는 날마다, 특히 가슴이 찢어지게 아픈 날이라도 일하러 가야 한다. 레이디 가가에게 물어보라. 그녀는 "예술가로서 우리는 끊임없이 슬픔에 잠긴다"라고 말한다.

당신이 쓰고 있는 책을 이해하지 못하는, 더 중요하게는 당신을 이해하지 못하는 출판사와 일하는 작가가 되느니 차라리 출판사를 통하지 않고 책을 내는 작가가 되는 것이 낫다. 당신에게 이런 일이 생긴다면 많은 세월이 흐른 언젠가, 이 조언을 한 나에게 감사할 것이다. 많고 많은 세월이 흐른 뒤에.

재능을 불러낼 때, 종이 되느냐 마느냐는 완전히 우리 선택에 달려 있다. 하나님이 우리에게 준 첫 선물은 자유의지다. 언젠가 죽기 마련인 인간과, 하나님의 영광을 목격한 천사가 다른 점은 자유의지의 있고 없음이다. 천사는 기쁜 마음으로 자유의지를 종이 되고자 하는 열정과 맞바꿨다. 인간은 천사보다 높은 위치에 있기에 양쪽 세상의 최고 특성인 종이 되고자 하는 열정과 자유의지를 둘 다 가질 수 있다. 언젠가 우리는 정작 두려워해야 하는 것은 신의 뜻이 아니라 우리들 자신의 기만과 책략에 내맡겨지는 것임을 깨닫게 될 것이다. 때로 우리는 제2의 《해리 포터》나 《바람과 함께 사라지다》 혹은 '아메리칸 걸'이라고 불리는 역사적인 인형 시리즈를 탄생시킬 수 있는 기회를 거절한다.

"미안하지만 나는 그런 일을 할 생각이 없어요. 다른 사람을 찾아보세요."

그러면 신은 다른 사람을 찾는다.

정확하게 말하자면 우리는 다른 사람을 찾으라고까지 말하지는 않는다. 때로 우리는 "미안하지만 지금 당장은 내가 정신이 없네요. 나중에 오세요"라고 말한다.

그러면 위대한 창조주는 다른 곳으로 가서 열린 마음으로 기꺼이 창조의 전달자가 되겠다고 나서는 예술가를 찾을 것이다.

이 시나리오는 당신이 수년 동안 그저 그런 일을 하며 정신없이 살다가 어느 날 갑자기 가슴 아프고 당황스럽고 미치도록 화가 나는 소식을 듣게 되는 이유를 확실히 설명한다. 예를 들자면, 당신이 첫 아이를 기르면서 고안한 유모차와 비슷한 유모차로 누군가 특허를 따내 대박을 터뜨린다. 짜증스러운 팬티스타킹의 발 부분을 잘라버린 여성이 스팽스라는 새로운 보정 속옷을 개발한다. 당신도 팬티스타킹을 자르지 않았던가? 1960년대에 토비 숙모가 뉴욕 광고회사에서 일하면서 겪은 이야기들을 녹음한 테이프는 어떻게 됐을까? 그녀는 정말 웃겼다! 그나저나 당신은 그 이야기를 텔레비전 시리즈로 만들려고 하지 않았나?

누군가 당신의 책이나 디자인이나 상표나 요리법을 훔쳤다는 말이 아니다. 그저 다른 사람이 당신의 아이디어와 비슷한 창조적인 아이디어를 세상에 소개할 수도 있다는 말이다. 그러면 당신은 기절초풍한다. 희망이 산산조각 나고 충격에 빠진다. 누군가 당신의 생각을 읽지 않았다면 어떻게 그런 일이 일어날 수 있을까?

그러나 누군가가 이용한 것은 당신의 마음이 아니라 신성한 마음이다. 모든 것은 세상에 탄생하기 전에 신 안에서 완전한 형태로 존재한다는 점을 명심하자. 위대한 창조주는 편애하지 않는다. 모든 사람은 재능을 통해서 세상을 재창조하기 위해서 태어났다.

당신은 살아가는 동안 멋진 기회를 많이 제공받지만, 신은 당신을 통해서 각 작품에 한 번씩만 찾아온다. 그러고 나서 다른 곳으로 간다. 요컨대 그 작품을 꼭 탄생시켜야 한다. 당신이 낳지 않으면 다른 사람이 낳을 것이다.

그러니 좋은 아이디어가 떠오르면 관심을 집중해야 한다. 아이디어가 머릿속에 있는 동안 곧 다른 사람의 뇌파가 그 창조적인 에너지의 패턴을 포착할 것임을 알아야 한다. 당신의 마음을 인공위성이라고 생각하자. 창조적인 하늘의 메시지가 아주 짧은 시간 동안 끊임없이 당신에게만 전달된다. 당신이 희망을 품고 과업을 받아들이며 감사하기에 충분한 시간 동안만 전달된다.

진짜 기가 막힌 아이디어가 있는가? 완성품이 머릿속에 그려지는가? 깜짝 놀랄 만큼 멋진가? 소설가 게일 고드윈은 "아이디어는 자체의 신비로운 시간에, 당신의 조건이 아닌 자체의 조건으로 다가와서 포착되거나 사라진다"라고 말한다.

그러니 기회가 오면 거부하지 말고 기꺼이 받아들이기 바란다.

# 8월 10일

## 자신의 행동을 가로막은 것은 자기 생각이다

할 수 있거나 꿈꿀 수 있는 것이 무엇이든 당장 시작하라.
대담성에는 천재성과 힘과 마법이 들어 있다.
- 요한 볼프강 폰 괴테
독일의 작가이자 정치가

오늘 당신 자신이 얼마나 축복받은 사람인지 깨달을 것이다. 당신은 남몰래 당신의 영혼이라는 성역에서 꿈을 키운다. 주위가 고요하면 당신 앞에 무한히 펼쳐진 황금의 기회를 보고 흥분에 휩싸인다. 행복은 홀로 간직하기 가장 어려운 감정인지라 배우자와 친구와 애인과 언니와 어머니와 자녀에게 꿈을 털어놓는다.

하지만 상대방이 열광적인 반응을 보이지 않으니 직격탄에 맞은 기분이다. '너를 위해 하는 말인데'로 시작하는 장황한 연설이 쏟아진다. 그들은 당신이 지금 새로 시작하기에는 나이가 너무 많다거나 역량에 부치는 일이라거나 빈털터리라거나 경험이 없다고 말한다. 필요한 자원이나 재능이나 인맥이 없다고 충고한다. 또한 꿈이 결실을 맺는 것은 하늘의 별 따기라고 말한다.

진짜로 그럴까? 당신의 꿈에 반대하는 사람들의 전력을 생각해보자. 그들이 실제로 이룬 꿈이 얼마나 되는가? 거의 없지 않은가?

그럴 줄 알았다. 특히 창조적인 계획이 나온 후 첫 3개월 동안은 당신의 신성한 꿈을 털어놓을 때 조심해야 한다. 덴마크의 철학자이자 신학자인 쇠렌 키르케고르는 이 기간을 창조하기 전의 '몽상 자각' 단계라고 불렀다. 불만에 찬 몽상가는 위험을 감수하는 스승이다. 다른 사람이 무슨 말을 할지 확신이 없다면 아예 조언을 구하지 말아야 한다. 부정적인 말을 또다시 들을 여유가 없다.

재고, 즉 '다시 생각하기'는 운명이 당신에게 내던지는 어려운 상황과 압도적인 장애물과 위험한 우회로보다 훨씬 더 강하게 꿈을 억제한다. 다시 생각해보라는 다른 사람의 말에 굴복해서 당신의 진정성을 훼손하는 태도는 교묘하면서도 해로운 자기 학대다. 솔깃하겠지만 현혹되면 안 된다. 남의 의견에 영향을 받지 않는 사람은 거의 없다. 조언을 냉정하게 받아들이고 나서 그런 조언을 한 근본적인 이유를 생각하고 의견이 타당한지 따져봐야 한다. 상대방이 준 정보가 통찰력이 있고 당신이 고려하지 않은 내용이라면 마음에 간직하자. 그러나 의욕을 떨어뜨리는 내용이라면 잊어버리자. 공손하지만 단호하게 대화를 마무리하자. 의욕을 떨어뜨리는 사람에게는 앞으로 아예 조언을 구하지 않는 것이 최선이다.

세라 블레이클리는 "나는 누구에게도 말하지 않겠다고 의식적으로 결심했다"라고 밝혔다. 20년 전에 팬티스타킹의 발 부분을 잘라버린 이 솜씨 좋은 여성은 현재 자수성가한 갑부가 되었다. "이제 나는 사람들에게 말한다. 당신이 돌아설 수 없을 정도로 아이디어에 충분히 투자할 때까지 아무에게도 아이디어를 말하지 마라. 당신이 아이디어를 구상하는 단계가 가장 위태로운 때다. 부정적인 평가 한마디가 당신의 계획을 중단시킬 수 있다."

1951년 스코틀랜드의 히말라야 원정대 대장인 윌리엄 허친슨 머리는 몽상가에게 믿음을 가지고 도약하라고 강조한다. "독창적인 모든 사업과 창조에는 한 가지 근본적인 진리가 있는데, 그것을 무시하면 수많은 아이디어와 훌륭한 계획이 사멸하게 된다. 자신 있게 스스로에게 의지하는 그 순간에 신의 섭리도 함께 가동하기 시작한다. 결정을 내리지 않았으면 생기지 않았을 온갖 일이 발생해 도움을 준다. 일련의 즐거운 일이 결정에서 나온다. 아무도 상상조차 못 하던 뜻밖의 일과 만남과 물질적 원조가 생긴다."

<br>

## 8월 11일

### 진짜 문제는 능력 부족이 아니다

재능의 덕이라고 생각하면 안 된다.
재능을 어떻게 사용하느냐가 중요하다.
- 매들린 렝글
미국의 청소년소설 작가이자 회고록 집필자

<br>

당신이 맡은 일에 능력이 부족할까 봐서 걱정할 필요 없다. 설사 우리가 다른 일을 달라고 간청할지라도 신은 각자의 재능에 완벽하게 맞는 과업을 선택해 준다. 창조적인 도전에 직면할 때 자신의 능력을 과소평가하는 것이 좋은 핑계가 된다. 그러나 지금 위대한 창조주는 알고 있다. 사실 우리에게 부여된 일이 자신에게 부적합하다는 느낌은 정신적인 전제 조건인 것처럼 보인다.

재능의 수준은 논란의 여지가 있는 문제다. 과업은 늘 우리보다 우리 자신을 잘 알고 있기 때문이며 이 점은 아무리 감사해도 끝이 없다. 예술품을 만드는 종이 되기로 결정했다는 말은 물감을 섞고 노트북을 부팅하고 현을 연주하고 도자기를 만들고 빈 페이지를 채우고 어려운 문제를 해결한다는 뜻이다.

무에서 창조가 이루어지지는 않는다. 예술은 신성한 합작, 예술가와 위대한 창조주 사이의 신성한 계약이다. 영감을 받은 예술가는 이 사실을 명백히 알고 있다. 도저히 손에서 내려놓을 수 없는 소설을 쓰는 작가나, 머릿속에 또렷이 각인되는 시를 쓰는 시인이나, 시선을 뗄 수 없는 그림을 그린 화가나, 계속 반복해서 듣게 되는 음악을 만든 작곡가가 바로 영감을 받은 예술가다.

위대한 이탈리아의 작곡가 자코모 푸치니는 오페라 〈나비 부인〉에 대해 "나는 신이 부르는 대로 받아쓰기를 한 것이다. 나는 종이에 써서 사람들에게 전달하는 매개자였을 뿐이다"라고 말했다. 헤리엇 비처 스토는 여섯 자녀를 돌보고 요리를 하고 바느질을 하는 틈틈이 주방 식탁에서 자신을 통해 글을 쓴 것은 '다른 손'이었다고 말했다. 《톰 아저씨의 오두막》을 쓰는 동안 다음 이야기가 어떻게 진행될지 전혀 몰랐기 때문이다. 헨델은 〈메시아〉를 작곡할 때 20일 동안 환각에 빠져 있었다고 믿었다. "내 앞에 펼쳐진 천국과 하나님을 진짜로 본 것 같았다."

피터르 몬드리안부터 힐마 아프 클린트에 이르기까지 많은 화가들도 자신의 역할을 중간 전달자로 여겼다. 로버트 머더웰은 캔버스에 환영을 담는 가장 확실한 방법은 붓이 가는 대로 내버려두는 것임을 알았다. "붓은 화가가 혼자 발견할 수 없는 것을 발견하게 한다."

그리고 IT계의 창조적인 천재인 스티브 잡스는 이렇게 털어놓았다. "창조성이란 단지 여러 가지를 연결하는 것이다. 창조적인 사람들에게 어떻게 그렇게 했느냐고 물으면 그들은 한 일이 별로 없어서 약간 죄책감을 느낄 것이다. 그들은 그저 무엇인가를 발견했고 시간이 지나면 그것이 당연해 보였을 뿐이다."

창조성, 기교, 용기, 규율, 헌신, 안목, 에너지, 열정, 감정, 지성, 상상력, 독창성, 끈기, 인내력, 기술, 땀, 재치, 고집, 눈물, 짜증과 더불어 신성한 꿈을 키워 가면 재능이 성장할 것이다. 게다가 당신이 신의 도움을 받아 달성하게 되는 성과에 감탄을 금치 못할 것이다. 당신이 재능을 베풀어야 하는 만큼 세상에 당신의 재능이 필요하다. 메이 사턴은 "내면에 쌓인 채로 발휘되지 못한 재능은 무거운 짐이 된다. 심하면 독이 되기도 한다. 삶의 흐름이 역행하는 것과 다름없다"라고 말한다.

당신 홀로 창조하는 것이 아니라 도움의 손길이 있다는 사실을 잊지 않는다면 재능의 흐름이 멈출 일은 없을 것이다.

## 8월 12일

## 누구에게나 창조성이 있다

하나님의 손을 보기 위해 노력하고
이를 당신의 활동을 도우려는 친구의 손길로 생각하라.
– 줄리아 캐머런
미국의 작가·화가·교사

"많은 여성이 자신이 좀 더 창의적이었으면 하고 바란다. 자신을 창조적이라고 생각해도 창조성을 제대로 활용하지 못한다. 꿈이 자꾸 손가락 사이로 빠져나간다. 왠지 삶이 맥 빠진 듯하게 느껴진다. 훌륭한 아이디어와 멋진 꿈이 있지만 실현할 수 없다." 줄리아 캐머런은 유례없는 걸작 《아티스트 웨이》에서 이렇게 말했다. "피아노를 배우고 그림을 그리고 연기 수업을 듣고 글을 쓰는 것처럼 꼭 달성하고 싶은 창조적인 갈망이 구체적으로 나타날 때도 있다. 반면에 목표가 어수선할 때도 있다. 어쨌든 우리는 소위 창조적인 삶을 갈망한다. 창조성을 직장에서 발산하고 자녀와 배우자와 친구와 함께 나누고 싶어 한다."

많은 여성이 실패나 성공으로부터 자신을 보호하려고 넘을 수 없어 보이는 장벽을 무의식적으로 세운다. 창조적인 충동을 무시하거나 거부함으로써 자신을 보호하고 있다고 생각하겠지만 사실은 진정한 자아를 산 채로 매장하는 셈이다.

다른 사람의 의견과 비판(자신의 내부 검열도 포함)의 부스러기를 제거하는 방법을 서서히 배워야 한다. 그리고 인색하고 옹졸한 신이 작품에 대해 안 좋게 해석하는 것을 무시하고 줄리아 캐머런이 말한 대로 위대한 창조주가 안내하는 '질서정연하고 올바른 방향'으로 나아가는 방법도 배워야 한다. 그러면 내면의 예술가와 만나게 될 뿐만 아니라 자신의 예술을 개인적인 형태의 예배로 여기게 될 것이다.

줄리아 캐머런은 이렇게 우리를 안심시킨다. "창조가 자연스러운 일이라는 것을 인정한 다음에야, 위대한 창조자가 당신이 하는 프로젝트에 필요한 도움을 줄 것이라는 두 번째 생각을 받아들일 수 있다. 이 협력자의 도움을 기꺼이 받아들이는 순간 삶의 곳곳에서 유용한 도움이 보일 것이다. 방심하지 말고 살펴보자. 당신 내면의 창조적인 목소리를 확장시키는 높은 주파수가 있다."

영혼은 하루 종일 끊임없이 당신에게 속삭인다. 직감을 느끼거나, 친구의 제안에 귀를 쫑긋 세우거나, 새로운 일을 시작하고 싶은 충동을 즉흥적으로 따르는 때가 있을 것이다. 마음으로 듣는 연습을 하자. 오늘은 영혼의 위성의 궤도를 조정하자. 진정한 예술가의 길을 걸으면서 도움을 받을 수 있도록 더 높은 주파수에 파장을 맞추자.

## 8월 13일

### 일상을 예술로 만들고, 자신의 예술을 칭찬해라

**그러나 당신이 창조할 것이 전혀 없으면 자신을 창조할 것이다.**

- 카를 융
스위스의 정신과 의사이자 정신분석가

얼마 전에 친구와 나는 대부분의 사람이 삶은 캔버스고 우리는 화가라는 생각을 하지 못하는 이유를 놓고 대화를 나눴다. 친구는 자신이 케이크조차 제대로 굽지 못한다면서 창조성이 거의 없다고 말했다. 나는 이 말에 단호하게 반대했다. 나는 모든 여성이 실생활에서 예술을 이끌어내는 재능을 타고났다고 진심으로 믿는다. 그러나 일부 여성은 이 천부적인 능력을 갈고닦지 않는다. 물론 완전히 지치고 몸과 마음이 너덜너덜해진 상태에서 재능을 키우기란 아예 불가능한 일이다. 어쨌든 여름이 끝나가는 이 시점에서 곰곰이 생각해볼 주제다.

굳이 그림, 조각, 뜨개질, 노래, 춤, 연기가 아니라도 상관없다. 전념하기만 한다면 케이크 굽기도 발레의 안무처럼 예술이 될 수 있다. 피곤하고 배고파서 짜증을 내는 아이를 인내심을 가지고 달래는 것도 예술이 될 수 있다. 연락 없이 갑자기 손님이 찾아올 때 집에 있는 재료로 요리해서 촛불과 와인과 웃음과 생기 넘치는 대화로 멋지게 대접하는 것도 예술이다. 친구가 위기를 잘 넘기도록 돕거나, 나이 많은 부모에게 위안을 주거나, 10대 소녀의 파티 계획을 짜는 것도 예술이다. 마음을 열고 내면의 창조성을 기꺼이 발휘하면 오늘 당신이 하려는 모든 일이 예술로 전환될 수 있다. 여성은 일상의 예술가다. 세상은 일상의 예술을 인정하지 않거나 칭찬하지 않으므로, 우리 스스로 자기 예술을 인정하고 칭찬해야 한다. 우리는 신성한 진실의 관리자다. 이 지혜를 소중히 여기고 사랑하는 사람에게 전달해야 한다.

나는 예술가로 살아오면서 창조는 노동, 기술, 숭고라는 세 차원으로 나뉜다는 것을 알게 됐다. 성 프란치스코는 손으로만 일하는 여성은 노동자이고, 손과 머리로 일하는 여성은 장인이고, 손과 머리와 마음으로 일하는 여성은 예술가라고 말하며 창조적 과정을 설명한다.

노동은 일 자체에만 목표를 두는 것이다. 기술은 작업을 하는 방법에 초점을 둔다. 마음과 몸과 정신을 쏟고 있는가? 여유롭게 천천히 하는가, 아니면 서두르는가? 지금 하는 일에 집중하는가, 아니면 해결해야 할 수십 가지 일을 생각하고 있는가?

케이크 굽기를 예술의 경지로 올리자. 밀가루, 달걀, 버터, 설탕, 소금을 그릇에 한꺼번에 쏟아붓고 거칠게 휘저은 반죽 덩어리를 오븐에 처박아두고 나서는 최고로 맛있는 케이크가 나오리라고 기대하는가?

아니면 밀가루를 세 번 체에 치고 달걀을 잘 풀고 버터와 설탕을 크림 상태로 만든 다음에 재료를 조금씩 조심스럽게 합하는가? 반죽을 15분 동안 잘 섞어주는가? 오븐을 예열하고 팬에 버터와 밀가루를 발라두는가? 멋진 결과를 기대하는 것은 물론이고 반죽을 하는 내내 노래를 흥얼거리면서 창조 과정을 즐기는가? 그렇다면 요리에 사랑이 담기는 것이다: 사랑은 기술을 예술로 격상하는 정신의 에너지다.

우리는 진정한 삶이라는 예술 작품을 창조하도록 운명 지어졌다. 이 예술 작품을 완성하는 데는 평생이 걸린다. 하지만 매일 새로운 임무를 시작하기 전에 내면을 들여다보는 데 필요한 시간은 단 5분이면 된다. 이 5분 동안 당신이 일상의 예술가라는 사실을 깨닫고, 자신의 재능에 감사하며, 사랑과 창조적 에너지와 재능을 당신의 관심을 기다리는 사람이나 아이디어나 작업에 쏟으면 된다.

큰 소리로 말해보자. "나는 재능이 뛰어난 일상의 예술가다. 내 작품은 내게 축복이며 내 것이다."


## 8월 14일

## 자신에 대한 믿음을 가져라

이제 마음의 작업을 할 때다.
- 라이너 마리아 릴케
독일 시인

어니스트 헤밍웨이는 자신이 아는 가장 진실한 문장을 쓰라고 당신 내면의 작가를 격려한다. 당신이 표현할 수 있는 가장 진정한 이미지를 그리자. 5초 동안 빛줄기를 포착하려고 하루 종일 카메라 셔터에 손을 얹고 기다리자. 대화를 통해서 분노와 원초적인 감정을 모조리 표현하자. 규칙과 절제로 다듬어진 무용수의 육체로 열정의 힘을 전달하자. 조각을 할 때 돌 속에 갇힌 천사를 해방시키자. 하늘도 감동할 만한 음악을 작곡하자.

하지만 예술가가 창작품에 충실해지려면 자아의 중심으로 여행을 떠나야 한다. 뇌의 보초병인 의식을 지나서 마음의 가시 달린 철조망을 넘어서 '진실 게임'의 참호로 들어가야 한다. 자신을 믿지 않으면 진실한 문장을 쓸 수 없고 진실하게 살 수도 없다. 용기가 없으면 자신을 믿을 수 없다.

잠시 멈추고 용기에 대해 곰곰이 생각하자. 우리가 미래를 향해 도약할 때 믿고 의지해야 하는 것이 용기이기 때문이다. 'courage(용기)'는 프랑스어로 마음을 뜻하는 'coeur'에서 파생됐다. 여성으로서 당신은 모든 일에 마음을 쏟는다. 그 대가로 신은 축복의 끊임없는 흐름(당신의 마음에서 다른 사람의 마음으로, 다른 사람의 마음에서 당신의 마음으로)에 필요한 용기를 당신에게 돌려준다. 이는 시간과 공간을 초월하는 필수적인 교환이고, 긍정적이고 신성한 교환이다.

당신은 이런 은총을 알아채지 못하겠지만 은총은 당신을 대신해서 끊임없이 움직이고 있다. 중력이 지구에 작용하는 힘처럼, 은총은 삶에 작용하는 눈에 보이지 않는 힘이다. 우리가 여정을 계속하는 동안, 특히 일상의 예술가로 활동할 새로운 아이디어, 기회, 에너지가 없을 때 이

점을 이해하는 것이 대단히 중요하다. 이럴 때 나에게 효과가 좋은 주문은 "아무도 당신의 미래를 빼앗을 수 없다"이다. 함께 우리 미래를 창조하자.

그러자면 용기가 필요하다. 내 생각은 이렇다. 용기는 귀중한 경험, 현명한 지혜, 강인한 정신력, 대담한 지성, 직관력 있는 결단의 신비로운 연금술이다. 미국의 시인 칼 윌슨 베이커가 1921년에 썼듯이 "기도를 하면 두려움이 용기가 된다".

그리고 우리는 기도 후 축복을 받아 단 하나의 중요한 용기, 1950년대 수필가 미뇽 매클로플린이 말한 "한 순간에서 다음 순간으로 나아가게 하는 용기"를 갖게 된다.

용기에 대한 이 정의는 매분, 매시간, 매일 나에게 효과가 있다. 당신은 어떤가? 재능과 변화에 관한 한, 먼저 원하는 바를 표현해야 은총이 내려온다는 점을 항상 명심하자.

그렇다면 어떻게 해야 할까? 매일매일 실행하면 된다. 감사하면 된다. 진행 과정을 세세하게 신경 쓰지 않아야 한다. 잘 진행되고 있으면 그것으로 충분하다. 완성한 뒤에 받을 평가에 신경 쓰고 있을 여유가 없다. 그것은 당신의 역할이 아니다. 지금 당신은 꿈을 구체적으로 전달하는 연습을 하고 있다는 점을 명심하자. 그렇다면 당신의 역할은 그저 행하는 것이다. 작품이 존재하지 않으면 아예 출간하거나 제작하거나 공연하거나 판매할 수 없다.

이 점을 생각해보자. 창조성을 발휘하고 살라는 신의 뜻을 거부하고 신과 씨름하는 여성은 예술 작품을 창조하기를 거부하는 여성이다. 설상가상으로 진정한 삶을 창조하는 것도 거부하는 여성이다. 후회가 영원히 회복되지 못하는 치명상으로 남는다. 오늘은 진정한 진실 게임을 하는 날이다. 당신의 창조성을 믿고 몸을 맡기자. 창조성이 당신을 이끄는 곳이 당신이 있어야 하는 곳이라고 믿자. 당신의 진정한 자아는 당신이 어디로 향하는지 알고 있다. 신과 싸우지 말자. 신과 협력하자.

## 8월 15일

# 모르는 것이 축복일 수도 있다

무지는 폭넓은 가능성을 제공한다.

– 조지 엘리엇
영국 소설가

믿기지 않겠지만, 모르는 편이 나은 경우도 있다. 무지는 당신을 보호하는 축복이다. 당신이 지독하게 힘들게 승진을 했는데 다음 달에 회사가 부도나리라는 사실을 알고 싶은가? 당신의 소설이 연속으로 퇴짜를 맞다가 세 번째 소설에 이르러서야 처음으로 출간되리라는 사실을 알고 싶은가? 당신이 영화에서 처음으로 대사가 있는 역을 맡았는데 그 장면이 통째로 편집되리라는 사실을 알고 싶은가? 당신이 만든 항아리가 다음 주에 열릴 공예품 장터에서 하나도 팔리지 않으리라는 사실을 알고 싶은가?

알고 싶지 않을 것이다. "도전했는가? 실패했는가? 상관없다." 사뮈엘 베케트는 말한다. "다시 도전하라. 다시 실패하라. 실패하면서 조금씩 개선하라." 성공 전에 늘 실패를 겪는다는 것을 안다면, 승진하려고 치열하게 경쟁하거나 연구 보조금을 신청하거나 오디션을 보거나 항아리를 구울 가마를 빌리겠는가? 실패는 창조의 과정에서 아주 중요한 부분이다. 진정한 성공은 수많은 실패에 숙달된 다음에야 찾아온다.

알아봤자 이득이 없는 것이 하나 더 있다. 받아들인 과업에 따르는 수많은 책임이다. "솔직히 말해서 이 책을 쓰느라 겪어야 하는 산고의 고통을 미리 알았다면 시작할 용기를 차마 내지 못했을 것이다." 이저벨라 비튼이 1881년에 쓴 《가정 관리서》에 대해서 털어놓은 말이다. 이 책은 한 세기가 훌쩍 넘은 현재까지도 계속 판매되고 있다.

누구나 그렇듯이 이저벨라 버튼이 창조의 고통을 모를 수밖에 없던 이유가 있다. 세상에 창조물을 내놓기 위해 거쳐야 하는 힘든 노동을 미리 안다면 그 일을 시작하려는 사람이 아무도 없을 것이다.

처음 작업을 시작할 때 우리는 황금빛 가능성의 화려함에 매혹당한다. 무지는 무한한 지성의 매력적인 유혹 중 일부분이다. 신이나 천사와의 조우가 눈이 멀 정도로 찬란한 빛을 동반하는 이유가 대체 무엇이겠는가? 우리가 너무 멀리 내다보면 안 되기 때문이다. 우리가 알면 안 되기 때문이다. 에덴동산의 금단의 열매가 지식의 나무에 열려 있었다는 사실을 잊지 말자.

첨단군수산업에는 '알 필요가 있는' 범주에 속하는 정보를 표시하는 코드가 있다. 전체 그림을 몰라도 해당 작업을 잘할 수 있다면 신은 우리를 무지한 상태로 내버려둔다. 우리는 그저 신이 우리보다 잘 안다는 사실만 알고 있으면 된다. 우리가 길을 잃으면 신이 다음 단계를 보여주면서 이끌어줄 것이다. 재능을 성장시키는 과정에서 스스로를 과소평가

하지 않게 이끌어줄 것이다.


# 8월 16일

## 경쟁이 아닌 창조를 해라

당신의 열정이 무엇이든 간에 그 열정을 계속 추구하자.
성공을 쫓거나 다른 사람과 비교하느라고 시간을 낭비하지 말자.
모든 꽃은 각각 다른 속도로 핀다. 결국 사람들은
당신이 일을 아주 잘하게 된 것을 볼 것이다.
그리고 당신이 정말로 훌륭하다면 성공이 당신을 좇아올 것이다.

- 수지 카셈
미국의 시인이자 철학자


많은 여성이 창조적인 작업을 세상에 내놓지 못하는 이유 중 하나는 무의식적으로 창조가 아니라 경쟁을 하고 있기 때문이다. 경쟁은 영감의 흐름에 늘 합선을 일으킨다. 극작가로서 재능이 뛰어난 한 친구가 있다. 그는 그리스 연극과 같은 고전 작품을 볼 때만 편안함을 느낀다. 자신의 극본과 비교하면서 연극을 보는 버릇이 들어서 현대극을 볼 때마다 마음이 너무 괴롭기 때문이다.

우리가 모르는 사람과 경쟁하면서 자신을 괴롭히는 이유가 무엇일까? 이는 정교하고 선동적인 자기비하 행위다. 능력이 부합되지 않는다면 애초에 왜 시도할까? 비교는 삶에 미치는 영향이 너무 깊고 길어서 큰 상처를 남긴다.

30년 전 빅토리아 시대 가정의 전통을 소개한 내 첫 책이 나왔을 때만 해도 그 시대를 다룬 인기 있는 책이 거의 없었다. 그러나 2년 동안 19세기 후반을 다룬 책 열풍이 불어 시장이 완전히 포화 상태가 되었다. 오늘날에는 빅토리아 시대에 관한 책을 출판하려는 상업 출판사를 찾기가 거의 불가능하다. 그렇다고 해서 지금 빅토리아 시대를 주제로 책을 쓰고 있는 사람이 당장 집필을 중단해야 한다는 뜻은 아니다. 창조의 주기는 순환한다. 과거가 프롤로그인 데는 다 이유가 있다.

때로 시대를 앞서가는 경우가 있다. 모차르트는 자신이 후세를 위한 작곡을 하고 있다고 선언함으로써 천재성을 입증한 것으로 유명하다. 말 그대로 수백만 명에 달하는 예술가 지망생과 전문 예술가가 책을 쓰고, 시를 발표하고, 시나리오를 팔고, 영화를 감독하고, 오디션을 보고, 옷을 디자인하고, 공예품 전시회에 출품하고, 집에서 창업하고, 에이전트를 찾아다니고, 행운이 일어나기를 기도한다. 겁먹지 말자. 어차피 모방이 없이는 완전히 새로운 것을 만들어낼 수 없다. 그러나 진정성을 지닐 수는 있다.

위대한 창조주가 당신에게 배정한 예술 과제를 받아들이면 그 과제는 당신의 것이 된다. 당신이 포기하지 않는 한 아무도 빼앗을 수 없다. 다른 사람이 따라 할 수는 있다. 하지만 세상에 당신과 동일한 사람은 없기 때문에 당신의 작품과 똑같이 만들 수는 없다. 당신의 작품은 당신의 감수성, 기질, 경험, 감정, 열정, 인내, 세세한 부분, 특이한 성격, 별난 행동의 산물이다.

당신이 진정성을 갖춘다면 당신의 작품도 그럴 것이다.

# 8월 17일

## 자신의 가치는 타인의 인정에 있지 않다

레코드 계약이 당신을 예술가로 만들지는 않는다.
당신이 당신을 예술가로 만든다.

- 레이디 가가
미국의 작곡가·가수·배우

첫 책을 출간하고 나서 힘든 시간을 보냈다. 내가 성공을 거둔 책을 썼다는 사실을 믿을 수 없었다. 특히 내가 자기 삶을 살아가는 등장인물을 창조했기 때문에 더욱 그랬다.

허구의 인물인 샤프 부인은 누구나 간절히 원하는 이상적인 어머니이자 모든 어머니가 본받아야 할 여성이었다. 빅토리아 시대의 '완벽한' 어머니인 샤프 부인이 내 분신이라는 평가가 많았지만 나는 그런 의견을 적극적으로 부정했다. 내 생각에 샤프 부인은 완전히 나와 정반대였다. 샤프 부인은 침착하고 구제불능일 정도로 낙천적이며 대단히 영적인 인물이다. 그녀는 현실적인 삶과 초연한 삶의 균형을 절묘하게 유지했기 때문에 늘 삶이 조화로웠다. 과거에 깊이 감사하고 현재에 충실하고 미래를 고대하면서 날마다 최선을 다해 살았다. 그녀의 집은 낙원이었으며, 아름다움과 질서와 안락함과 진정한 스타일의 훌륭한 기호를 고스란히 드러냈다. 그녀는 정이 많은 충직한 친구이자 진실한 친구였으며 상대방의 상황을 공감하고 격려하고 영감을 줬다. 나는 샤프 부인을 완전히 숭배했으며 다른 많은 여성도 나와 같은 심정이었다.

그렇게 비범한 여성이 어떻게 내 분신이 될 수 있겠는가? 그저 나는 그녀가 부르는 대로 받아쓰는 대필자였다. 좋든 싫든 그 책은 샤프 부인의 책이었다. 그러나 샤프 부인과 거리를 둘수록 내가 5년 동안이나 피땀을 흘린 결과물로 거둔 성과를 마음껏 즐길 수 없었다. 나는 다른 사람의 칭찬과 찬사는 물론 책을 써줘서 감사하다는 말을 황송하게 받아들이였다. 그러나 오랫동안 노력해서 목표를 달성했는데도 마음이 공허하고 혼란스러우며 성취감이 없는 이유가 궁금했다.

몇 년 뒤에 여동생과 마음을 탁 터놓고 이야기를 나눴다. 나는 대화를 하면서 무의식적으로 샤프 부인에 대한 말을 계속했다. "그만해" 모린이 부드럽지만 단호하게 말했다. "샤프 부인이 다른 사람인 것처럼 말하는 것 좀 그만해. 언니는 믿지 않지만 샤프 부인이 바로 언니야. 언니의 깊은 내면에 있는 모습이라고. 이제 언니 재능을 인정해야 해. 그렇지 않으면 재능을 잃어버릴 거야."

모린은 내 불만의 원인이 재능에 대한 책임을 거부하기 때문이라고 생각했다. 나는 내 재능을 인정하지 않으려 했다. 비록 뉴욕의 작업실이 아니라 교외 주택에 살고 있었지만 엄연히 예술가라는 사실을 인정하지 않으려 했다. 내가 스스로에게 하는 최고의 칭찬은 문장, 단락, 페이지, 칼럼, 기사, 책이 완성될 때까지 단어 하나하나를 이어가는 성실한 글쟁이라는 것 정도였다. 나는 예술가라는 진정한 정체성을 불신이라는 무기로 때려눕혔고, 거부라는 무기로 진정한 자아를 매장했다.

그렇다면 왜 내 재능을 인정하지 않았을까? 내가 수년 동안 자문한 질문이다. 아마 실패할 경우에 내가 실패자라는 사실을 인정하고 싶지 않았을 것이다. 그리고 실패하면서 조금씩 나아가는 것도 지겨웠다. 나는 창조적으로 살고 싶었지만 세상이 내 창조성을 인정해야만 내게 창조성이 있는 것으로 생각했다. 나는 신이 내 재능을 활용해서 무엇인가를 표현하고 있음을 깨닫기까지 오랜 시간이 걸렸다. 그 무엇인가는 내가 글쓰기를 거부하면 존재하지 않았을 것이다. 이어서 나는 위대한 창조주의 과제를 받아들였고 글을 썼기에 거기에서 나온 결과물을 소유할 권리와 의무가 있었다.

## 8월 18일

### 위험을 무릅써야 발견할 수 있는 것들이 있다

책을 쓸 때마다, 노트를 쳐다볼 때마다 너무 버겁다.
나는 책을 11권 썼지만 매번 "아이고, 이를 어쩌나. 이제 사람들이
알아챌 거야. 지금까지 모두를 상대로 한 연극을 해왔는데
이제 들통나게 생겼어"라고 생각한다.

– 마야 앤젤루
미국의 시인·회고록 집필자·인권 운동가

내가 사기꾼이라는 생각이 자주 든다. 그래서 진정성은 내가 완벽한 숙주가 될 것이라고 판단했나 보다. 진정한 자아가 속삭였다. "나를 탐구해. 커튼 뒤를 들여다봐. 바위 아래를 살펴봐. 거기에 누가 있는지 알아봐." 솔직히 말하자면 나는 이 책을 구상할 때만 해도 진정한 자아를 발견하기 위한 여정에 나서게 될지 꿈에도 몰랐다. 초반에 나는 느리게 살

기나 잡동사니 버리기에 대한 라이프스타일책을 쓰고 있다고 생각했다.

많은 예술가는 조만간 다음 사실이 들통나리라는 두려움에 시달린다. '우리는 초자연적인 힘이 우리를 통해서, 그리고 우리와 함께 작업한다는 사실을 알지만 창조를 하면 작품이 우리 이름을 달고 세상에 나온다.' 이는 예술가가 끊임없이 고민하는 문제다. 창조하지 않으면 신성한 불꽃의 심지가 잘린다. 창조를 하면 세상에 가짜 얼굴을 보여주는 듯한 느낌이 든다. 자기 혼자서 창작하지 않았다는 것을 알기 때문이다.

하지만 재능을 거부하는 것을 멈추고, 겸손하고 감사한 마음으로 기꺼이 인정하고 나서 세상과 공유하면 이런 고민이 사라진다. 재능을 자신만을 위해서 이용하지 않는 한 안전하다.

신약성서에 나오는 우화를 하나 이야기해보자. 부유한 남자가 멀리 여행을 떠나기 전에 하인 세 명에게 돈을 나눠준다. 첫 번째 하인에게 5달란트(성경에 나오는 화폐 단위. 재능이라는 의미로도 쓰임-옮긴이)를, 두 번째 하인에게 2달란트를, 마지막 하인에게 1달란트를 준다. 첫 번째 하인은 주인이 준 돈을 즉시 투자해서 두 배로 늘린다. 달란트를 두 개 받은 하인도 돈을 두 배로 늘린다. 그러나 달란트를 하나 받은 하인은 책임을 지기가 무서워서 땅에 돈을 묻는다.

마침내 주인이 돌아와서 세 하인을 불러놓고 정산을 한다. 달란트를 늘린 두 하인은 수고했다고 칭찬을 받는다. 두 사람은 좋은 성과를 거뒀기 때문에 주인과 함께 행복을 나눈다.

이어서 세 번째 하인이 와서, 주인이 워낙 엄한지라 안전하게 처신하는 편이 낫다고 생각해 아무 일도 일어나지 않게 달란트를 땅에 묻어뒀다고 이야기한다. 주인은 적어도 이자라도 붙는 은행에 돈을 맡길 상식조차 없는 어리석은 하인에게 분노한다. 주인은 돈을 빼앗아서 가장 돈을 많이 불린 첫 번째 하인에게 준다. 그러고 나서 "가진 자는 더 많이 받아 풍족해지니라"라고 말한다. 주인은 모험을 하지 않고 안전하게 처신한 세 번째 하인을 어둠 속으로 쫓아버린다. 하인은 그곳에서 눈물을 흘리고 흐느끼고 이를 간다. 그럴 만도 하다. 세상이 자신에게 투자하지 않으면 지독하게 고통스럽다. 그러나 자신이 스스로를 믿지 못하고 자신에게 투자하지 않으면 더한 고통을 겪는다.

이 이야기는 창조적인 활동의 위험성을 의미한다. 어찌 보면 재능을 땅에 묻어버린 하인이 불쌍하다는 생각이 든다. 엘리자베스 오코너가 지적하듯이 "안전을 염두에 둔 그 하인의 보호책은 아주 타당"해 보이기 때문이다. 안전하게 처신했다는 이유만으로 위로와 동정이 없이 불쌍한 하인을 어둠 속에 내던진 주인이 불한당 같다는 느낌이 든다. 대부분의 사람이 살면서 안전하게 행동하기 때문에 이 우화를 들으면 자못 겁이 난다.

애초에 이 우화의 목적은 겁을 주는 것이다.

많은 사람이 다른 사람의 재능과 자신의 재능을 비교하며 소중한 자원인 시간과 창조적인 에너지와 감정을 낭비한다. 오늘은 당신의 진정한 재능을 끌어내 달라고 신에게 요청하자. 더욱 풍족하게 살고 싶은가? 재능을 묻어버렸는가? 스스로에게 투자하지 않는다면 어떻게 부유하고 충만하고 열정적으로 살 수 있겠는가? 많은 여성이 너무 긴 세월 동안 안전을 지향하며 살아왔으며 그래 놓고도 자신이 불행한 이유를 궁금해한다.

위험을 회피하려고만 하는 것이야말로 가장 위험한 선택이다.

# 8월 19일

## 주어진 역할에 최선을 다하고 있는가?

모든 여행의 불가사의는 애초에 여행자가
어떻게 출발점에 다다랐느냐는 것이다.

- 루이즈 보건
미국 계관시인

'영적 여정'이라는 말을 들으면 무슨 생각이 드는가? 많은 사람들이 어려운 교훈, 고통스러운 깨달음, 가슴 아픈 희생, 응답 없는 기도에 대한 좌절과 외로움을 즉시 떠올린다. 나는 그 모든 것을 겪었고 이것들을 다 합해서 '천장과의 친밀한 대화'라고 부른다. 하지만 어려운 교훈과 응답 없는 기도는 삶의 필수 과정이라서, 나는 도전이나 어려움에서 작지만 신성한 특징을 찾기가 더 쉽다. 꼭 보석 세공인이 금이나 은에 표식을 남겨놓은 것과 같다. 우리가 찾는 성배는 우리의 진정한 운명이다.

나는 아일랜드계 가톨릭 집안에서 태어났다. 이는 내가 검은색과 흰색, 각종 베일의 세상에서 태어났다는 의미다. 우리는 매주 일요일에 미사에 참석했다. 그런데 라틴어 미사와 유향이 1965년에 미국식 영어와 포크 음악으로 바뀐 후로 마치 내가 속하지 않은 곳에 있는 느낌이 들었다. 나는 종교의식의 신비, 놀라움, 아름다움, 경외심에서 평화를 찾았다. 내가 이해할 수는 없지만 마음과 영혼에서 반응하는 언어로 진행되는 숭배가 좋았다.

물론 나는 1960년대 중반에 가톨릭 고등학교에 다녔다. 그 시절에 소명vocation(부름이라는 뜻의 라틴어 보카레*vocare*에서 파생됨)이라는 말은 종교계에 입문한다는 뜻으로 자주 사용되었다. 나는 이 말이 궁극적인 삶의 길을 제시하는 것 같아서 괴로웠다. 나는 배우가 되고 싶었기 때문이다. 내 미래는 극장이나 영화관에 있을 터였다. 나는 열두 살 때 이미 열두 개나 되는 예명을 지어놓았다. 그러다가 당시 대부분의 10대 소녀들이 그랬듯이 언젠가 잘생긴 남자와 불같은 사랑에 빠져서 결혼을 하고 아이를 낳고 뉴욕 그레이트넥에서 영원히 행복하게 살게 되리라고 생각했다.

사실 나는 간절히 배우가 되고 싶었지만, 한편으로는 신의 선택을 받아서 속세를 떠난다는 발상이 아주 매력적이라고 생각했다. 자석처럼 강렬하게 끌렸다. 더구나 흰색과 검은색으로 된 수녀복이 무척 낭만적이라는 생각까지 들었다.

나는 영화 〈파계〉에서 오드리 헵번이 연기한 루크 수녀에게 엄청나게 많은 영향을 받았다. 루크 수녀는 내가 가진 모든 감정의 버튼을 눌렀다. 그녀는 1920년대에 벨기에령 콩고에서 간호 수녀로 선교 활동을 하기 위해 수녀원에 들어간다. 그녀는 자신의 길을 강하게 확신하지만 어느 순간부터 내적 갈등을 겪기 시작한다. 영화를 보지 않은 사람이라도 그다음에 펼쳐질 이야기를 상상할 수 있을 것이다. 나는 좋아하는 영화를 10년마다 다시 보는 것을 좋아한다. 같은 영화라도 더 젊은 시절에 볼 때와는 완전히 다른 느낌을 받기 때문이다. 나이를 먹으면 어쩔 수 없이 현명해지기 마련이다.

나는 부모님에게 내 운명은 무대에 서는 것이라고 단호히 말했다. 내 생각에 하나님에게서 가장 멀리 떨어진 곳은 극장이었다. 천사를 웃기는 방법을 아는가? 하늘에 당신의 계획을 말하면 된다.

그래서 나는 뉴욕에 갔고 세인트 말라키 배우 교회가 있다는 것을 알게 됐다. 흠, 배우들을 위한 교회라. 그다음에 명성과 재물을 얻기 위해 런던에 갔다가 세인트폴 코번트가든(영국 성공회)에서 배우 교회를 발견했다. 또한 나는 연극계와 교회가 공통적으로 언어에 관심이 많았다는 것을 알게 되었다. 나는 킹 제임스 성경(1769년판), 아침 기도문(1928년 《성공회기도서》), 저녁 기도문의 언어를 좋아한다. 나는 주기도문의 마지막 문장, "나라와 권능과 영광이 영원히 아버지의 것입니다"를 좋아하고 "모든 것이 주께로부터 왔으니 예물을 주께 바치나이다"라는 찬송가 구절을 절대 잊지 않는다. 나는 안전감을 느꼈다. 또한 나는 내 영성을 상자에 숨겨뒀다고 생각했다. 나는 신성한 신비의 접근을 막았다.

나는 훌륭한 배우가 되지 못했다. 거절, 자기 회의, 재정적 불안, 대중의 비판은 배우의 일상이다. 나는 잠깐 극작가가 돼서 사라 베르나르에 대한 여성 1인극을 썼다. 이어서 나는 연극평론가가 됐지만 오래가지 못했다. 편집자들은 극찬하는 평론을 별로 좋아하지 않기 때문이다. 격려 대신에 조롱을 토해낼 때 훨씬 더 흥미진진한 법이다. 말로 다른 사람에게 상처를 주라고? 악의를 품은 펜은 검보다 날카롭다. 모든 예술가는 "그들의 꿈을 그대의 발밑에 깔고"(W. B. 예이츠의 시를 변형함) 있지만, 나는 다른 영혼의 꿈을 짓밟을 수 없었다.

그래서 나는 무대에서 돌아섰고, 얼마 지난 후 은총을 받아 소중하고 예쁜 아이를 가졌으며 그 아이의 엄마라는 평생의 역할이 생겼다. 딸이 네 살 정도 됐을 때 나는 그동안 아이를 키우느라고 여행을 한 번도 한 적이 없으니 주말을 혼자 보내며 생각을 정리하게 아이를 봐달라고 아이 아빠에게 부탁했다. 원래 나는 호텔에 가서 푹 자면서 룸서비스를 받을 생각이었지만, 누군가가 주말 침묵 수행을 체험할 수 있는 성공회 수녀원에 대해 말했다. 완벽했다. 수녀원으로 차를 몰고 들어서는 순간 마법에 걸린 기분이 들었다. 예배당으로 이어지는 고요한 석조 현관으로 들어서면서 집에 도착한 느낌이 들었다. 수녀원에서 그런 느낌이 들자 한편으로는 매우 불안했다.

신의 부름을 받아 세상과 격리돼 살아가는 수녀들 옆에서 기도하고 일하면서 조용히 주말을 보낸 후에, 내면에서 상충되고 있는 생각을 인정할 수밖에 없다는 결론에 다다랐다. 그렇다. 나는 과거에 부름을 받았지만 신을 섬기라는 하늘의 명령을 거절했다고 신에게 고백했다. 그러나 이제 나에게는 더 큰 소명이 있었다. 나는 엄마였다. 나는 최선을 다해 소중한 아이를 보호하는 역할을 위임받았다.

일요일에 수행 체험을 마무리하면서 모든 체험자가 무엇이든 마음을 괴롭히는 이야기를 수녀에게 고해성사처럼 털어놓는 자리가 마련됐다. 마음의 짐을 내려놓으라는 것이었다. 나는 찬란한 가을날의 황금빛 햇살이 쏟아지는 수녀원 정원에서 내 나이 또래의 아름다운 수녀와 나란히 앉았다. 나는 신의 부름을 받은 은총을 거절했다고 말했다. 내가 그토록 슬펐던 이유는 종교인의 길을 선택하지 않아서가 아니라 내 진정한 소명을 깊이 생각할 용기조차 없었기 때문이었다. 이제 너무 늦었다. 확고한 내 길이 생겼다. 나는 최고의 엄마가 되어야 했다. 그리고 글도 써야 했다.

수녀는 잠시 눈을 감고 손을 모은 채 침묵했다. 그녀는 한숨을 쉬었다. 이어서 그녀는 주말 동안 떨어져 있다가 만나 서로 반갑게 인사를 나누고 있는 가족들을 바라보라고 말했다. 그들의 웃음을 보세요. 포옹을 보세요. 웃음소리를 들으세요. 유대감과 교감의 지극한 행복을 느끼세요. 그녀는 성직자가 되지 않고 세상에서 아내와 어머니로 살았더라면 신을 더 잘 섬길 수 있지 않았을까 싶은 생각이 이따금 든다고 털어놨다. 그러고 나서 조용히 물었다. "자매님은 신의 부름에 이미 응답한 것이 아닐까요? 하나님은 어머니가 필요하십니다. 하나님은 작가가 필요하십니다. 하나님을 대신해 세상에서 할 수 있는 자매님만의 특별한 일이 분명히 있습니다. 어쩌면, 자매님, 당신의 수녀원은 세상일지도 모르지요."

"소명이라는 개념은 흥미롭고 풍요롭다. 이 말은 우리가 부름을 받는 특별한 형태의 삶이 있음을 암시한다. 소명을 따르는 것이 운명을 깨닫는 길임을 암시한다." 존 오도너휴가 말한다. 그렇지만 "소명의 얼굴은 변하"기 때문에 우리는 살면서 많은 역할을 해야 한다. "태어난 것이 선택받은 것이다."

그리고 누가 알겠는가? 삶이라는 드라마에서 우리를 가장 두렵게 하는 역할이 결국 분장실 문에 달린 금빛별과 열두 차례의 커튼콜로 이어질지도 모른다. 배우 교회에서 마음에 드는 신도석을 차지하게 되는 것은 말할 것도 없다.

# 8월 20일

## 간절히 원하면 기적이 찾아온다

나는 항상 내 자아들을 데리고 파리로 돌아갈 것이다.
과거의 자아, 습관적인 자아, 내가 되지 못한 자아.

- 헬렌 베빙턴
미국 시인

내가 런던의 연극계에서 얻은 유일한 일자리는 미국의 프로듀서 샘 워너메이커의 비서였다. 그는 셰익스피어 글로브 극장을 개축하는 프로젝트에 열정적이었다. 여름 시즌이 끝난 후 나는 새로운 꿈이 필요하다고 판단했다. 내가 다시 타자기를 두드려야 한다면 조지 오웰의 1933년 회고록《파리와 런던의 밑바닥 생활》이 아니라 내 글을 치고 싶었다.

그러나 1974년 8월의 지독하게 더운 오후, 설사 내가 책을 출간하고 호평을 받게 된다고 해도 그것은 내가 죽은 후일 것이라는 확신이 들었다. 지갑에 남은 돈이라고는 달랑 11프랑뿐이었고 마지막으로 먹은 음식은 전날 아침이었고 그날 밤은 잠잘 곳조차 없었다.

반복되는 좌절에 신물이 난 나는 내 기도에 응답할 무엇인가를 찾아서 붐비는 파리 라탱지구를 걸었다. 명백히 이 시점에서 필요한 것은 신의 작은 개입이었다. 나는 기적을 기원하기 위해 봉헌 양초를 켜기로 했다. 뭐랄까, 아일랜드계 가톨릭교도 여성에게 기적은 일상적인 일이다. 바로 내가 그 생생한 증거가 아닐까? 사실 나는 입에 풀칠하기도 힘든 방랑자처럼 산 지난 3년 동안 영혼을 조금 잃었다.

물론 가족에게는 가끔 체면을 차려 급하게 휘갈겨 쓴 엽서를 보내면서 "경험에서 나온 글을 쓰기 위해" 유럽 전역을 여행하는 척했다.

나는 생미셸 거리에 늘어선 카페를 피해 노트르담 대성당으로 갔다. 파리에 산다면 상실감과 외로움과 두려움을 느낄 때, 문제를 해결하려고 노력하는 대신 몇 시간이고 며칠이고 몇 주고 카페에 죽치고 앉아서 (금전적으로 여유가 있다면) 이국적인 이름의 크림 커피나 식전주로 마음을 달래기 쉽다. 프랑스 카페에서는 문제가 낭만적으로 보인다. 문제 해결은 부차적이다. 그러나 양초를 사려고 1프랑을 내면 10프랑짜리 얇은 지폐 한 장만 남을 판이었다. 지상에서 가진 것이 단 10프랑일 때 삶은 지극히 위태로워 보인다. 그래도 촛불을 밝힐 곳이 하나 있다면 그곳은 파리의 노트르담 대성당일 것이다.

간청을 위해 마련된 어둡고 서늘하고 넓은 공간은 순례자보다 더 많은 관광객으로 북적여서 성모마리아에게 기도하는 작은 제단까지 겨우 다다를 수 있었다. 나는 당시에 절실하게 필요한 것이 돈이라고 생각했지만 무엇이든 좋으니 나에게 필요한 기적을 달라고 요청한 기억이 난다. 물론 안전한 잠자리, 먹을 음식이 필요했다. 격려가 필요했다. 자신감이 필요했다. 용기가 필요했다. 그러니 나에게 일어나는 기적은 효과가 좋아야 할 터였다.

성당 한쪽 신도석의 어둠 속에 오랫동안 앉아서 나 자신 그리고 신의 섭리와 대화를 나눴다. "네가 말하지 않으면 아무도 몰라. 그만 패배를 인정해." 솔깃한 생각이었다. 그렇지만 내가 무엇인가를 이루리라고 결코 믿지 않던 내 가족과 회의적인 친구들에게 패배를 인정하고 치러야 하는 대가가 너무 컸다. 자존심을 내세우다가 망한다지만, 때로는 자존심이 비틀거리는 우리를 단단히 버티게 한다. "아, 성모마리아님, 제가 버티게 해주세요." 나는 기도했다. "포기하지 않게 해주세요. 저를 하찮게 여기지 않게 해주세요." 나는 내 글이 출간되기만 하면 아무것도 바라지 않겠다고 약속했다.

그때의 어린 아가씨를 떠올리자니 절로 웃음이 나오고 고개를 절레절레 흔들게 된다. 일단 나는 책이 출간된 후로도 많은 기도를 했고 그때처럼 열렬하게 바람을 전했다. 하지만 작가는 종이에 글을 쓰는 사람이고 말보다 글이 앞선다는 것을 그때의 나는 몰랐다. 지난 여섯 달 동안 나는 타성에 젖어 있었다. 프랑스 배우 사라 베르나르에 관한 극본을 쓰려고 파리에 왔고 영감을 찾기 위해 그녀가 자주 가던 곳을 방문하는 등 그녀의 삶에 대해 상당히 조사했지만, 글을 전혀 쓰지 않고 있었다. 사실 펜을 들거나 타자기를 두드릴 수 없었다. 남은 숙박비를 낼 돈이 없던 나는 여행가방을 담보로 잡히고 빈손으로 호텔에서 나왔다. 지상에서 내가 가진 것이라고는 입고 있는 옷과 이제 내 발치에서 "사기꾼"이라고 소리치는 우울한 휴대용 타자기뿐이었다. 내가 머물던 호텔 지배인도 이제 그렇게 소리칠 것 같았다.

집에 수신자 부담 전화를 걸어서 미국행 비행기 표를 보내달라고 부탁하는 것 말고는 대안이 없었다.

성당을 나서면서 내 기도에 한 가지를 추가했다. 그전까지 상상도 못한 요청이었다. 그 요청은 패배를 축복해달라는 것이었다. 나는 순진함과 나쁜 타이밍과 잘못된 선택과 바보 같은 실수 때문에 망쳐버리거나 날려버린 기회를 대신할 다른 기회가 있음을 기억하게 하늘이 도와주기를 바랐다. 그리고 다음에는 내 꿈을 실현할 준비가 되어 있기를 바랐다. 나는 꿈은 기다리지 않는다는 교훈을 힘겹게 얻었다. 꿈은 나름대로의 일정표가 있고 꿈의 최우선 목표는 현실이 되는 것이다. 꿈은 아무도 기다려주지 않는다. 보이지 않는 손이 확실한 방향으로 나를 이끌었다. 길 건너 공중전화였다. 동전이 필요했다. 나는 뷔셰리 거리 37번지에 멈췄다. 가게는 밖에서 보니 중고매장 같았지만 사실은 서점이었다. 문 위에 '셰익스피어 앤드 컴퍼니'라는 노란색과 빨간색으로 된 간판이 걸려 있었다.

"어서 오세요." 에즈라 파운드를 닮은 마르고 아래턱에 수염이 난 사람이 책이 높이 쌓인 커다란 대리석 탁자 뒤에서 말했다. "멀리 여행(고생이라는 뜻)해서 음료가 필요한 사람처럼 보이네요. 딱 맞춰 왔어요. 마침 차를 마시려던 참이에요."

당시에 절망이 너무 깊어 환영을 보고 있다고 생각한 기억이 난다. 나는 러시아식의 기다란 유리잔에 가득 따른 레몬차를 받았다. 그리고 쭉 뻗은 손이 작은 버터 쿠키, 귤, 초콜릿이 담긴 접시를 내밀었다. 맛있는 음식의 향연에 감도는 레몬향이 마치 기절하는 여자를 깨우는 암모니아 흡입제처럼 내 감각을 깨웠다. 쿠키를 먹자 그 모든 상황에도 불구하고 엄청나게 행복해지기 시작했다. 내 주변에는 나와 마찬가지로 만족스러운 얼굴을 한 사람들이 있었다. 자유분방한 어수선함 속에서 다양한 언어로 정답게 잡담을 나누는 여행자들이었다. 바닥에서 천장 서까래까지 어지럽게 쌓인 책더미가 사방에 있었다. 벽에는 파리의 문학 행사들을 소개하는 다채로운 포스터가 붙어 있었다. 젤리 병에 꽂혀 있는 다소 기이한 조합의 작은 해바라기와 백합이 영어 문고판 책으로 가득한 탁자에 생기가 돌게 했다. 가게 앞 유리에는 윌리엄 셰익스피어의 커다란 석판화가 걸려 있었다. 문밖으로는 센강이 흘렀다. 거울 뒤 세상에 떨어진 기분이었다.

내 타자기를 알아챈 남자가 손으로 타이핑하는 시늉을 하며 다시 나에게 말했다. "작가군요. 아하, 타자기만 들고 가볍게 여행하는 분이야. 확실히 헤밍웨이의 공책, 연필 두 자루와 연필깎이보다는 크고 무겁겠지만, 본질적으로… 이런, 샛길로 빠졌네…. 물론 출간했겠죠?"

"여기가 어디에요?" 멍한 목소리가 들렸다. 나는 그것이 내 목소리라는 것을 어렴풋이 알아챘다.

"네? 파리, 노트르담 대성당 앞, 잡초 같은 작가들을 위한 여관이죠." 그가 그런 질문을 받아 놀랐다는 투로 말했다.

"뭐라고요?"

"셰익스피어 앤드 컴퍼니요. 조이스, 헤밍웨이, 네루다, 아나이스 닌, 두렐, 긴즈버그, 그리고 20세기의 모든 위대한 작가들의 집이에요. 헨리 밀러가 가장 좋아한 서점. 나는 여기 직원 조지 휘트먼. 어느 분야 작가라고 하셨더라? 출간은 했겠죠? 여기는 출간한 작가만을 위한 공동체에요. 관광객은 안 받아요."

나는 여전히 남자의 말을 알아듣지 못했지만, 내가 관광객이 아닌 것은 분명했다.

"어디서부터 여행해서 여기까지 왔나요?" 조지가 물었다. 그는 마치 계속 기다렸는데 사흘 늦게 도착한 손님을 대하듯이 말했다.

"워싱턴이요." 나는 대답했다. 1974년 8월에 여행을 다니는 미국인이라면 뜨거운 논쟁에 빠질 수 있는 대답이었지만 너무 피곤한 나머지 적당히 둘러댈 기력이 없었다.

"아, 워터게이트가 일어난 나라. 그 탐욕스러운 상황에서 탈출하려고 왔군요. 정치 제도가 후퇴하고 있어." 그는 주변에 몰려 있는 사람들에게 이야기했다. 사람들이 고개를 끄덕이며 동의했다.

"이 사람 누구예요?" 나는 마지막 버터 쿠키와 귤을 집으려고 내 앞으로 손을 내미는 어린 대학생에게 속삭였다. 초콜릿은 이미 사라지고 없었다.

"조지요? 월트 휘트먼의… 조카나 사촌 아니면 아들 뭐 그런 거예요. 다들 그렇게 알고 있어요." 학생이 쿠키를 삼키고 말했다. "그 시인 말이에요."

"셰익스피어 앤드 컴퍼니는요?" 나는 이 장소에 대한 간단한 설명이 필요했다.

"셰익스피어 앤드 컴퍼니를 모르는 작가도 있어요? 당신이 있는 곳이 성지라는 것을 몰라요?" 그가 슬슬 의심스러운 눈길을 보내기 시작했다.

고맙게도 조지가 나를 구했다. 적어도 나는 그렇게 생각했다.

"자, 어디까지 말했더라? 아, 물론 출간했겠죠?" 그가 다시 물었다.

나는 이 정신없는 대화에 휩쓸리기 시작했다. "출간이요? 아, 음…."

"이 공동체는 출간한 작가만 받아요. 여기가 파리의 자유대학이라고는 하지만 기준이 있답니다."

"그럼요, 출간했어요."

"어디에서요?"

"어디요? 다양한 곳이요. 작은 문학지들, 물론 〈포스트〉도요. 〈워싱턴포스트〉요. 그러니까… 예전에… 가끔… 기고했어요."

나는 형편없는 거짓말을 하고 있었다. "하지만 휴가 중이에요. 장기 휴가… 극본을 쓰려고요. 기자 일을 계속해야 할지 모르겠어요. 좀 정리하려고 파리에 왔어요."

조지가 자애롭게 웃었다. 나는 그를 속이지 못했다. 그는 지금까지 나 같은 사람을 너무 많이 봤고 앞으로 30년 동안 나 같은 사람이 수천 명은 올 것이다.

"아, 음. 그래요. 규칙이 있어요. 원하는 만큼 공짜로 여기에 머물러도 되지만 10일 이상은 안 돼요. 장기 체류를 하기에는 공간이 부족해요. 여기에서 지내는 동안 날마다 책을 한 권씩 읽고 최소 두 시간 동안 글을 써야 해요. 모든 음식은 나눠 먹어요. 여기는 공동체이니까요. 그리고 예외적인 경우를 빼면 위층 서재에서는 항상 조용해야 해요. 사용한 공간은 직접 치워야 해요. 지금은 시설 관리자가 없거든요. 당신이 지원한다면 모를까. 지원한다면 당신이 원하는 만큼, 혹은 견딜 수 있을 만큼 머물러도 돼요." 그는 히죽 웃고 나서 덧붙였다. "시설 관리자는 여기 올 때 출간 작가가 아니라도 돼요. 가능성만 있으면 되죠. 이게 다예요. 당신까지 여섯 명이네요. 좁겠지만, 더 많은 사람이 있던 적도 있으니까요. 요리할 줄 알아요? 자, 그럼 이야기는 끝난 것 같네요. 즐겁게 지내요. 그리고 헤밍웨이가 한 말을 명심해요. '당신이 해야 할 것은 최대한 진실한 문장 하나를 쓰는 것뿐이다. 자신이 아는 가장 진실한 문장을 써라.' 무엇에 대한 극본이에요?"

"사라 베르나르요. 그녀가 유명해지기 전 이야기요." 나는 다소 멍하게 대답했다.

"좋아요. 이곳은 그 작업에 완벽한 공간이에요. 여기 오는 모든 사람이 유명해지기 전이에요. 하지만 그들이 이곳을 떠나면." 그가 내 쪽으로 몸을 기울여 공모자처럼 속삭였다. "세상이 기다려요. 명심해요. 진실한 문장 하나. 같이 지내게 돼서 좋네요. 언젠가 당신의 사진이 우리 친구들과 함께 벽에 걸릴 거예요."

내가 가게 안쪽의 좁고 곧 무너질 듯한 계단을 올라 천국으로 가면서 느낀 고마움과 안도감을 말로 다 표현할 수 없다. 위층에는 '올드 스모키 독서실'과 '블루 오이스터 다실'이라고 불리는 두 개의 큰방과 작은 주방이 있었다. 벽에는 한때 셰익스피어 앤드 컴퍼니가 격려했고, 육성했고, 빈곤과 세상의 거부와 스스로의 회의로부터 보호했으며 이제 전설이 된 작가들의 액자 사진이 사인과 함께 쭉 걸려 있었다. 확실히 내가 단 몇 시간 전에 투자한 기적이 멋지게 결실을 보았다. 나는 파리에서 작가가 되었다.

## 8월 21일

### 원하는 것을 얻으려면 지금 바로 시작해라

행복해라. 그것이 현명한 삶이다.
- 시도니 가브리엘 콜레트
프랑스 작가

원래 셰익스피어 앤드 컴퍼니를 만든 사람은 미국 장로교 목사의 딸인 실비아 비치였다. 그녀는 제1차 세계대전 중에 미국 적십자와 파리에

왔다가 영어책 서점을 열기 위해 남았다. 1919년부터 1941년까지 이 서점을 운영했는데 처음에는 뒤퓌트랑 거리 8번지에서 문을 열었다가 오데옹 거리 12번지로 이사했다. 이곳은 빠르게 미국인 국외 거주자들과 1920년대와 1930년대에 '잃어버린 세대'로 불린 작가들을 위한 오아시스가 됐다. 제임스 조이스, 어니스트 헤밍웨이, 에즈라 파운드, 토머스 울프, F. 스콧 피츠제럴드, 존 더스패서스, 거트루드 스타인이 여기에 해당한다.

어니스트 헤밍웨이는 실비아 비치에 대해서 "내가 아는 사람 중에 그녀처럼 나에게 다정한 사람은 없다"라고 썼다. 제임스 조이스도 비슷한 말을 했을 것이다. 그의 《율리시스》가 세상의 모든 출판사에서 거절당한 후 실비아 비치가 직접 자기 인쇄기로 출간해줬기 때문이다.

독일은 파리를 점령한 후 이 전설적인 서점을 1941년에 강압적으로 폐쇄했고 비치를 포로수용소에 보냈다. 그녀는 1942년에 풀려나서 파리로 돌아갔다. 그녀는 고통에서 서서히 회복됐지만 서점을 다시 열지 않았고 나치 점령하에서는 모든 책을 자신의 아파트에 숨겼다. 조지 휘트먼은 제2차 세계대전 후 파리에 도착했고 문학 유산을 이어가기 위해 1951년에 영어책 서점을 열었다.

아나이스 닌은 1950년대에 파리에서 쓴 일기에서 서점의 모습을 묘사했다. "그 서점은 센강 옆에 있었고 … 위트릴로의 집이었고, 그리 안정적으로 보이지 않는 토대, 작은 창문, 철판 덧문 그리고 영양 결핍에 수염을 기른 조지 휘트먼이 있었다. 책들 사이에 있는 성자. 책을 빌려주고 무일푼인 친구들을 위층에 살게 하고 책을 팔려는 욕심이 없는 사람. 서점 안쪽, 사람들이 북적이고 책상과 작은 스토브가 있는 작은 방.

그가 편지를 쓰고 우편물을 개봉하고 책을 주문하려고 하는 동안, 책을 보러 왔다가 주저앉은 사람들이 그곳에서 이야기를 나눈다. 아주 좁고 위험한 계단이 빙 돌아 그의 침실, 혹은 공동 침실로 이어진다. 조지는 헨리 밀러와 다른 손님들을 그곳에 머물게 한다."

내가 센강이 내려다보이고 책장이 늘어선 방에서 지내는 동안 독서, 글쓰기, 좋은 친구들, 손님들의 '진지한 작업'에 대한 조지의 엄청난 존중 덕에 자신감이 살아났다. 평생 처음으로 내가 하려는 것이 가치 있다고 느꼈다. 이런 완전한 인정과 승인이 공동체를 만들었다. 대단히 긍정적인 이 분위기는 내가 실패에 대한 두려움을 버리고 글을 쓸 용기를 북돋아 주었다. 4주 후 나는 사라 베르나르에 대한 극본의 초안을 마무리했다.

'기적'의 달이 끝나갈 무렵, 노트르담 대성당으로 돌아가서 감사의 초를 밝혔다. 더 이상 미래가 두렵지 않았다. 이제 떠날 때가 됐다. 나는 여행비를 마련하려고 타자기를 팔았고 아주 좋은 값을 받았다. 타자기를 산 사람은 캘리포니아에서 온 돈 많은 청년이었다. 대학에 들어가기 전에 부유한 부모가 유럽 여행을 보내줬다고 했다. 그는 잃어버린 세대 작가들이 자주 가던 또 다른 장소인 카페 레 되 마고에서 이국적인 식전주 몇 잔을 마시면서 자신도 작가가 되고 싶다고 나에게 말했다.

"작가는 글에 대해 말만 하는 것이 아니라 글을 쓰는 사람이에요." 내가 조지의 지혜를 그에게 전했다. "명심해요. 당신이 아는 가장 진실한 문장을 쓰세요. 가장 힘든 것은 첫 문장이에요." 내가 길을 건너 돌아보니 그는 휴대용 타자기를 탁자에 올려놓고 음료를 한 잔 더 주문했다. 그는 파리에서 막 작가가 되었다.

# 8월 22일

## 관심을 기울일수록 능력이 살아난다

이야기는 약이다. … 엄청난 힘이 있다.
우리는 아무것도 할 필요 없이 그저 듣기만 하면 된다.
이야기에는 절망을 치유하고 의욕 상실을 회복시키는 효과가 있다.
- 클라리사 에스테스
미국의 작가이자 정신분석가

떡 다섯 개와 물고기 두 마리로 무엇을 할지 아는 것 다음으로 여성에게 가장 중요한 재능은 밀짚으로 황금을 만드는 것이다. 연금술 재능에 따라서 결핍에 시달리는 삶과 소박한 풍요로움의 삶이 판가름 난다. 다행히 이는 모든 사람이 가지고 태어나는 재능이다. 그러나 다른 재능과 마찬가지로 연금술이라는 재능도 끌어내서 소중히 아끼고 자신의 것으로 만들고 존중하고 키워야 한다.

옛날이야기를 하나 하자. 늘 허풍을 일삼는 가난한 물방앗간 주인이 우연히 왕을 만났다. 왕은 부를 늘리는 것에 집착하기로 유명했다. 물방앗간 주인은 왕에게 잘 보이려고 딸에게 지푸라기를 금실로 짓는 희귀한 재능이 있다고 자랑했다. 왕은 의심스럽지만 호기심이 생겨 딸을 성으로 데려오라고 명령했다. 물방앗간 주인의 딸이 오자 왕은 지푸라기를 잔뜩 쌓아놓은 커다란 방을 보여줬다. 그리고 다음 날 아침까지 지푸라기를 금실로 바꾸어놓지 않으면 목숨이 성치 못할 것이라고 말했다.

아예 불가능한 일인지라 처녀는 괴로운 마음에 흐느꼈다. 누가 그녀의 목숨을 구할 수 있단 말인가? 그때 갑자기 이상하게 생긴 난쟁이가 방에 나타났다.

"나는 지푸라기로 금실을 지을 수 있단다. 도와주면 내게 뭘 줄래?" 난쟁이가 말했다. 깜짝 놀란 처녀는 어머니가 물려준 목걸이를 풀어 난쟁이에게 줬다. 난쟁이는 즉시 물레를 돌리기 시작했다. 처녀는 물레가 돌아가는 부드러운 소리를 듣다가 깊은 잠에 빠졌다. 왕이 동이 트자마자 와서 보니 처녀는 수많은 타래의 금실에 둘러싸여 잠들어 있었고 지푸라기는 한 가닥도 보이지 않았다.

왕은 처녀가 자아놓은 금실을 보고 기뻐서 어쩔 줄 몰랐다. 처녀는 놀라운 재주를 부린 장본인이 자신이 아니라고 설명하고 싶었지만 스스로의 무능력을 차마 인정하지 못했다. 솔직히 말하면 어찌 될지 자명했다. 그러나 침묵은 처녀를 더 큰 궁지로 몰아넣었다. 욕심 많은 왕이 지푸라기로 가득한 더 큰 방으로 처녀를 데려간 것이다. 이번에도 왕은 목숨을 지키고 싶거든 지푸라기를 금실로 자아놓으라고 명령했다.

둘째 날 밤도 전날과 똑같이 흘러갔다. 이번에 처녀는 이상하게 생긴 난쟁이에게 마술을 부려주는 대가로 반지를 빼주었다. 다음 날 아침도 왕은 금실이 넘쳐흐르는 방을 보고 황홀해했다. 처녀는 여전히 진실을 숨겼다. 왕이 지푸라기가 가득 찬 대연회장 크기의 방으로 데려가자 그녀는 엄청난 실수를 저질렀다는 사실을 깨달았다. 왜 비밀 협력자가 있다고 진작 고백하지 않았단 말인가? 왕은 한 번 더 지푸라기를 금실로 지으면 그녀를 왕비로 삼겠다고 약속했다.

그날 밤에 신비로운 난쟁이가 와서 보니 처녀는 거의 제정신이 아니었다. 난쟁이에게 줄 것이 하나도 없었기 때문이었다. "걱정하지 마."

난쟁이가 말했다. "네 첫 아이와 바꾸는 조건으로 한 번 더 도와줄게."

'하지만 어찌 그리 끔찍한 약속을 할 수 있겠어?' 그녀가 자신에게 물었다. 그러다가 자신의 비밀 공범자를 아는 사람이 없으니 마지막 거래 약속을 지키지 않아도 되리라고 판단했다. 처녀가 승낙하자 난쟁이는 세 번째로 지푸라기를 금실로 지었다. 다음 날 왕은 물방앗간 주인의 딸을 왕비로 맞이하고 행복에 젖은 처녀는 난쟁이와 한 약속을 곧 잊어버렸다.

1년이 지나고 왕비는 아주 예쁜 사내아이를 낳았다. 그러나 얼마 지나지 않아 난쟁이 마법사가 갑자기 침실에 나타나 아이를 달라고 했다. 왕비는 아이를 데려가지 말라고 간절히 애원하며 왕국의 모든 금은보화를 주겠다고 말했다. 그러나 난쟁이는 거절했다. 왕비는 커다란 슬픔에 맥을 못 추고 바닥에 쓰러져 흐느꼈다. 은밀히 왕비를 도운 난쟁이는 동정심이 들어 사흘을 줄 테니 자신의 이름을 알아내라고 말했다. 난쟁이는 한 번도 이름을 말한 적이 없었다. "사흘 안에 내 이름을 알아내면 네 아이를 데려가지 않을게." 왕비는 영리하고 충성스러운 하인의 도움을 받아 마침내 난쟁이 마법사의 이름이 룸펠슈틸츠킨이라는 사실을 알아냈다. 결국 왕비는 아들과 왕비 자리와 행복을 지킬 수 있었다.

융학파 비평가이자 옛이야기 전승자인 클라리사 핀콜라 에스테스가 여성의 심리를 잘 파헤친《늑대와 함께 달리는 여인들》에서 말한다. "이 야기에는 삶의 복잡성을 일깨우는 가르침이 들어 있다." 오늘은 이 룸펠슈틸츠킨 동화에 나오는 등장인물들의 심리를 곰곰이 생각해보자. 항상 꿈이나 동화에 대해 곰곰이 생각할 때는 모든 등장인물이 우리 내면의 일부를 반영한다는 점을 염두에 둬야 한다. 당신은 물방앗간 주인의 딸일 뿐만 아니라 물방앗간 주인, 왕, 충성스러운 하인, 갓난아기, 롬펠슈틸츠킨이다. 무엇보다도 당신은 지푸라기이며 금실이다.

## 8월 23일

## 불가능하다고 느낄 때 잠재의식의 힘을 믿어라

정신의 눈을 뜨고 내면에 있는 무한한 보물창고를 바라보면
사방에 무한한 부가 넘쳐난다. 멋지고 즐겁고 풍요롭게 살기 위해
필요한 모든 것을 꺼낼 수 있는 금광이 당신의 내면에 있다.

- 조지프 머피
미국의 작가이자 성직자

롬펠슈틸츠킨이 누구인지 알아냈는가? 롬펠슈틸츠킨은 물방앗간 주인 딸의 잠재의식이었다. "잠재의식의 숨겨진 힘을 깨닫고 발휘할 줄 알면 훨씬 많은 힘과 부와 건강과 행복과 기쁨이 삶에 생긴다." 조지프 머피가 형이상학 분야의 고전인 《잠재의식의 힘》에서 말한다. 뇌가 좌뇌와 우뇌로 나뉘듯이 생각도 두 영역으로 나뉜다. 의식은 이성을 주관하고 잠재의식은 감정과 창조성을 주관한다.

"명심해야 할 핵심은 잠재의식은 아이디어를 받아들이자마자 실행하기 시작한다는 점이다. 잠재의식은 아이디어의 연상 작용으로 움직이고 목적을 수행하기 위해 평생 축적한 지식을 모두 활용한다. 당신 내면의 무한한 힘, 에너지, 지혜를 활용한다. 바라는 것을 얻으려고 모든 자연

의 법칙을 동원한다. 때로 잠재의식은 당신이 부딪친 어려움을 해결할 방법을 즉각 내놓기도 하고 며칠이나 몇 주 혹은 그 이상이 걸리기도 한다. … 잠재의식의 행로를 추적하기란 불가능하다."

룸펠슈틸츠킨 이야기에서 창조의 순환은 잠재의식에 내린 지시로 시작된다. 꿈을 물리적인 형태로 끌어내리려면 입 밖으로 분명하게 선언해야 하기 때문이다. 그 이야기에서 잠재의식에 내린 지시는 "내 딸은 지푸라기를 금실로 지을 수 있다"라는 말이었다.

우리가 맡은 임무가 사실상 불가능해 보일 때도 있다. 목표를 달성할 시간이나 재능, 자원, 지원이 없다는 생각이 든다. 그러나 왕이 더 부자가 되는 생각에 사로잡혀 있듯이 우리도 여러 가능성에 강한 흥미를 갖는다. 우리는 진정한 갈망 때문에 대담해져서 지시를 따른다. 룸펠슈틸츠킨 이야기에서 그런 지시는 "지푸라기를 금실로 바꾸어놓지 않으면 목숨이 성치 못할 것이다"이었다. 꿈이 사라지면 우리가 갈망하는 진정한 삶도 사라질 것이다.

그래서 추론, 경험, 솜씨 등 이성적인 의식이 아는 모든 기술을 사용해서 지푸라기를 짓는다. 그러나 꿈을 표현하기 위해 이성에만 의지하면 주변에 남는 것은 지푸라기뿐이다. 그렇지만 우리에게는 지푸라기를 금실로 만드는 방법을 아는 이상하게 생긴 창조적인 협력자가 있다. 룸펠슈틸츠킨이 바로 우리의 잠재의식이다. 우리는 목걸이나 반지 대신 자부심과 통제력을 내준다. 첫 아이 대신에 외적인 자아를 내준다. 혼자서 할 수 없다는 사실을 인정한다. 목표를 달성하려면 잠재의식에 지시를 내려야 한다. 그러고 나서 잠재의식이 우리 대신 일을 하도록 창조적인 잠에 빠진다.

창조를 하다가 막다른 골목에 부딪히면 이성을 넘어선 곳에 깃들어 있는 내면의 지혜에 주도권을 넘겨줘야 한다. 갈피를 잡을 수 없으면 잠자리에 들기 전에 잠재의식에 대신 해결해달라고 요청해야 한다. 아침이 되면 답이 나올 것이다. 그러나 답이 나오지 않으면 잠들기 전에 계속 질문해야 한다. 어떻게 진행해야 할까? 어떻게 해야 내 지푸라기를 금실로 지을 수 있을까? 잠재의식에 답을 알려달라고 말해야 한다. 세 번째 날에 답이 드러나기 시작할 것이다. 그나저나 3은 마법의 숫자다.

잠재의식의 대단한 힘을 갈고닦으면 놀랍게도 어떤 장애물에 부딪혀도 목표를 모두 달성할 수 있다. 꿈이 이루어진 뒤의 모습을 미리 마음속에 간직하고 있자. 마음의 열망을 보자. 달성의 전율을 느끼자. 미리 감사하는 마음을 전하자. 어떤 경로를 통해 실현될지 묻지 말고 그저 실현될 것이라고 믿자. 그럼 이제 시작하자.

오늘은 가난한 물방앗간 주인의 딸에서 왕비로 변신할 준비를 하자. 주도권을 무한한 지성에게 기꺼이 맡기자. 불신을 버리고 당신이 지닌 힘의 원천에 이름을 붙인 다음에 지푸라기를 금실로 짓기 시작하자.

## 8월 24일

### 아무런 위험도 감수하지 않는다면
### 더 큰 위험에 직면하게 된다

당신의 독특한 점을 받아들이자. 설사 다른 사람이 그 점을
불편해할지라도. 완벽은 위대함의 적임을 내 여정을 통해

배웠기 때문에 나는 완벽할 필요가 없다.
- 저넬 모네이
미국의 작곡가이자 가수

무모하고, 제멋대로이고, 관능적이고, 너무 뜨거워서 감당이 안 된다. 아직 정오도 되지도 않았는데 8월이 우리 목에 뜨거운 숨을 내뱉는다. 그늘에서마저 37도가 넘어갈 때 자신에게 좋은 것이 무엇인지 아는 여자는 나쁜 여자가 된다.

"나쁜 여자는 도전한다. 자기가 무엇을 원하는지, 그것을 어떻게 얻을지 안다. 자기 규칙을 만들고, 자기 방식대로 하고, 사과하지 않는다. 언제 수단과 방법을 가리지 않아야 하는지 안다." 캐머런 터틀이 도발적인 자기계발서 '배드걸 가이드' 시리즈에서 말한다. "나쁜 여자는 열성을 다하고 자신감이 넘치고 재미를 좋아한다. 나쁜 여자는 당신의 가장 대담한 꿈이고 내면의 야성이다. 나쁜 여자는 최고 상태의 당신이다. 당신이 누구든 어떤 스타일이든 상관없다."

그리고 당신의 나이도 상관없다. "타락한 여자는 없다. 나쁜 여자가 발견될 뿐이다." 배우 메이 웨스트가 말한다. 안타깝게도 대부분의 경우에 우리 속 나쁜 여자는 화려하고 몸에 꽉 끼는 드레스를 입고 옷장에 머문다. 그래서 흔히 우리는 나쁜 여자라는 말을 마구 놀아나는 여자를 뜻하는 부정적인 말과 헷갈린다. 암캐, 마녀, 매춘부, 창녀, 창부, 걸레, 잡것, 노는계집.

그렇다. 이것이 바로 역사적으로 남자들이 자기가 마음대로 할 수 없는 여자, 당당한 여자, 능력 있는 여자를 부르는 이름이었다. 나는 그녀들을 '과거가 있는 여자'라고 부른다. "역사를 통틀어 위대한 여성들은 나쁜 여자였다. 그들은 원하는 것에 열정적이었다. 그들은 꿈꾸는 사람, 위험을 감수하는 사람, 당대의 규범에 저항한 사람이었다. 그들은 거절했고 순응하지 않았다. 그들은 규칙을 어기기를 두려워하지 않았고 남자들에게서 원하는 것을 받기를 꺼리지 않았다. 그들은 자신의 나쁜 점을 바꾸려는 세상을 따르지 않았다. 그러나 당신은 당신의 나쁜 점을 바꿀 것이다." 터틀이 강조한다.

나는 내면의 나쁜 여자에 대해 생각할 때 개인적인 우상인 영화 〈왕좌의 게임〉의 칼리시를 떠올린다. 그녀는 용들의 어머니, 대너리스 스톰본이라고도 불린다. 그녀는 "웨스테로스가 경험한 폭풍 중 가장 강력한 폭풍을 몰고 세상에 왔다. 어찌나 강렬한 폭풍인지 성벽의 괴물 석상을 무너뜨렸고 아버지의 함대를 불태웠기" 때문이다. 세상을 변화시킬 운명을 가지고 태어난 여성에게 그리 나쁘지 않은 시작이다.

우스운 이야기이지만 사실이다. 나는 얼마 전에 설거지를 하다가 내 얘기를 듣고 있을 누군가와 입씨름을 벌였다. 나는 하늘에 대고 소리쳤다. "아니요. 싫어요…. 왜 항상 내가 착한 여자여야 하죠? (어쩌고저쩌고.) 내가 되고 싶은 사람은 용들의 어머니예요!"

나는 분노를 토해낸 즉시 흡족한 기분을 느꼈고 계속해서 주방을 청소했다. 15분 정도 후에 청소를 다 끝내고 나서 쓰레기를 밖에 내놓고 오니, 현관 문틀 바로 옆 외벽에 작은 용처럼 생긴 커다란 도롱뇽이 있었다. "우와. 좋아요, 좋아요." 나는 하늘을 보고 큰 소리로 말했다. "좀 천천히 합시다. 오늘 당장 용들의 어머니가 되겠다는 말은 아니잖아요." 도롱뇽이 나를 힐끗 쳐다보더니 꽃나무 덤불 속으로 잽싸게 사라졌다.

행실을 바르게 하며 자란 '착한 여자'인 나는 거의 평생 동안 내 열정을 묻으려고 노력했다. 하지만 착한 여자가 천성적으로 가진 야성의 불꽃을 끄면, 생존하게 할 뿐만 아니라 번창하도록 축복받은 타고난 바로 그 본성을 없애면 열정이 내면으로 들어간다. 억눌린 열정은 활동을 중단하고 결국 만성적인 우울증, 나중에 생각하면 부끄럽고 창피한 선택, 쇠약해지는 병, 중독, 자포자기(차에 탄 델마와 루이스가 절벽에서 직진하는 장면을 생각해보자)로 드러난다. 유방암 진단을 받고 나서야 하고 싶은 것을 하겠다고 등산이나 조경 설계를 시작해서는 안 된다. 머리를 자르고 싶으면서도 치통을 앓고 있다는 핑계로 미뤄서는 안 된다. 하지만 내 경험에 따르면 너무 많은 여성이 그렇게 산다.

우리는 나쁜 여자의 개념을 다시 생각해야 한다. 나쁜 여자란 무엇일까? 캐머런 터틀은 "나일강을 항해하는 클레오파트라 ⋯ 알곤퀸 호텔에 있는 도로시 파커(20세기 초 뉴욕의 알곤퀸 호텔에서 당대의 유명 작가, 평론가, 배우 등이 모여 식사를 함께하며 생각을 나누던 모임인 알곤퀸 라운드 테이블Algonquin Round Table의 창립 멤버-옮긴이) ⋯ 버스 앞자리에 앉은 로자 파크스 ⋯ 고음으로 노래 부르는 미스 피기 ⋯ 존경 받는 아레사 프랭클린, 과감하게 표현하는 티나 터너"를 떠올리라고 말한다.

〈헝거 게임〉의 캣니스 에버딘은 어떨까? 〈피너츠〉의 루시는 어떨까? 《빨간 머리 앤》에서 노바스코샤의 사고뭉치 앤 셜리는 우리 모두를 대신해서 고백한다. "의식하지 못하는 새에 나쁜 사람이 되기 정말 쉽지 않나요?"

개인적으로 내가 아주 좋아하는 나쁜 여자는 팅커벨이다. 팅커벨은 어찌나 못됐던지 자기 뜻이 관철될 때까지 바닥으로 떨어져 숨을 참고 죽은 척하다가 다시 제멋대로 행동한다. 제인 오스틴은 어떨까? 그녀는 역사상 가장 체제 전복적인 여성 중 하나다. "나는 최고가 아닌 것은 받아들이지 못하니 항상 최고의 대접을 받을 자격이 있다."

매릴린 먼로는 어떨까? 그녀는 세기의 섹시 심벌로 남았지만 유감스럽게도 그녀는 나쁜 여자가 아니었다. 그녀는 그저 사랑받고자 했을 뿐이다. 나쁜 여자가 샤넬 No. 5만 뿌리고 잠자리에 들 수도 있지만, 나쁜 여자의 생존 본능은 강력하고 훌륭하다.

"무엇인가를 원하는 것이 숙녀답지 않다고 생각하는가? 정신 차리자!" 캐머런 터틀이 촉구한다. "무엇인가를 원하거나 열망하거나 갈구하는 것을 두려워하지 말자. 그리고 당신이 원하는 것을 추구하기를 두려워하지 말자. 당신이 자신을 만족시킬 수 없다면 어떻게 다른 사람이 당신을 만족시키겠는가?"

여전히 나이를 불문하고 많은 여성이 가장 두려워하는 것은 언젠가 집도 친구도 없이 홀로 노숙자로 살아가는 것이다. 이런 여성들에게 쓰러진 여성의 어두운 그림자는 위협적이다. "그림자라는 말 자체가 우리 천성에 도사린 어둡고 비밀스럽고 악의적인 면, 자신은 물론이고 다른 사람을 해칠 준비가 된 면을 암시한다." 뛰어난 작가이자 영적 에너지 의학의 개척자인 캐럴린 미스가 《성스러운 계약: 당신의 신성한 잠재력 깨우기Sacred Contracts: Awakening Your Divine Potential》에서 설명한다. 하지만 우리 성격의 "그림자는 우리에게 가장 덜 익숙한 우리 일부를 대변한다고 이해하는 것이 적절하다".

그리고 많은 여성에게 가장 낯선 것은 즐겁게 살고 싶은 욕구다. 여성이 진정한 사랑이라고 부르는 것이 다른 사람에 대한 갈망이 아니라는 점은 상당히 많은 점을 시사한다. 그것은 아주 좋아하는 것, 살아 있는 기분을 느끼게 하고 즐거운 것을 하고 싶은 억눌린 욕구다. 내 평생 가장 즐거운 경험은 어느 주말에 어깨까지 올라오는 고무장갑을 끼고 새끼를 밴 희귀종 양의 출산을 돕는 것이었다. 주말 내내 산통을 겪은 끝에 드디어 새끼 양 여덟 마리가 태어났다. 움직일 힘도 없었던 나는 이틀 동안 잠만 잤다. 하지만 내 아름다운 양인 내 딸이 태어난 후 처음으로 푹 잘 수 있었다. 세상에는 영적 연결이 있고 나는 그것을 찾을 것이다. 결국 나는 도롱뇽들의 엄마다.

## 8월 25일

### 내 삶의 주인공은 나 자신이다

나는 시간의 연극에서 중요한 것을 얻기를 바란다.
… 사랑처럼 깊은 것이 있다면 그것을 깊이 가질 것이다.
사랑처럼 좋은 것이 있다면 그것도 가질 것이다.
그리고 나는 목적을 가진 시간과 공간이 있다면 그 속에 속할 것이다.
- 제넷 저드메인
크리스토퍼 프라이의 〈화형을 면한 여인〉의 등장인물

나는 연기를 아주 좋아했지만 거의 배역을 따내지 못했고 거절당하는 고통을 더 이상 감당하지 못하는 상태에 이르렀다. 캐스팅은 여배우의 재능과 전혀 관계가 없다. 순전히 외모에 달려 있다. 감독이 머릿속으로 그려놓은 등장인물의 외모와 일치하지 않는 사람은 오디션을 볼 기회조차 얻지 못한다.

호주의 영화감독 제인 캠피언은 19세기 중반을 배경으로 한 영화 〈피아노〉의 여주인공인 에이다에 맞는 배우를 찾아 전 세계를 헤맸다. 그러는 동안 홀리 헌터는 캠피언 감독을 1년 넘게 쫓아다니며 역을 달라고 졸랐다. 처음에 캠피언은 헌터가 적임자라는 확신이 없었다. 과거에 헌터가 연기한 남부 태생의 천박한 여자의 이미지가 지워지지 않았기 때문이었다. 그러나 헌터는 어렸을 때 피아노를 배웠던 이유가 바로 에이다라는 역 때문이었으며 그 역에 생명력을 불어넣는 것이 자신의 운명이라고 믿었다. 에이다 역을 따내기 위해 수많은 역경을 겪었기에 심금을 울리는 연기로 아카데미상을 받았을 때 기쁨이 더욱 컸을 것이다. 나도 그런 경험이 있기 때문에 헌터가 상을 받는 모습을 바라보면서 그녀의 심정을 공감했다.

거절, 자기 회의, 비참한 주머니 사정, 대중의 비평은 배우의 일상이다. 그러나 완벽하게 차려입고 아카데미 시상식에 참가한 배우들을 보면 그런 사실을 잊어버린다. 〈피아노〉에서 에이다의 고집 센 딸 역을 맡은 열한 살의 애나 패킨도 아카데미상을 받았다. 패킨의 연기 경력이라고는 학교 발레 공연에서 스컹크 역을 맡은 것이 다였지만 공개 오디션에서 5,000명의 후보자를 제치고 역을 따냈다. 어린 패킨은 꿈을 이뤘고 하루아침에 삶이 바뀌었다. 그런데 나는 그림에 아주 소질이 많은 케이트가 3년 동안 여름방학 때마다 다니던 그림 학원을 그만두고 전문 극단이 어린이들을 위해 운영하는 배우 워크숍에 참석하겠다고 했을 때 왜 그리 놀랐던 것일까? 될성부른 나무는 떡잎부터 알아본다고 하지 않던가?

케이트의 손을 잡고 어두운 극장에 들어서서 무대와 조명을 본 순간 과거의 기억이 되살아났다. 젊은 시절에 무대에서 느꼈던 분장용 화장품의 냄새, 관객의 함성, 소름, 전율, 마법, 신비, 경이감이 모두 떠올랐다. 텅 빈 극장은 창조적인 에너지로 고동치고 있었다. 흥분한 케이트의 얼굴이 달아올랐고 눈이 반짝였으며 온몸에서 기쁨의 빛이 흘렀다. 딸아이의 그런 모습을 본 적이 없었다. 딸의 꿈을 왜 진작 눈치채지 못했을까? 나는 딸을 향해 열린 가능성에 흥분했다.

그해 여름 내내 딸의 1인극을 함께 연습하면서 등장인물의 동기, 대사, 리허설, 의상이 또다시 내 삶의 일부가 되었다. 나는 추억, 분장 기술, 걷고 멈추는 동작 연기의 힘, 과거에 무대에 선 이야기를 케이트에게 들려줬다. 케이트가 겁을 먹고 두려워하면 긴장이 창조 과정의 중요한 부분이라고 안심시키면서 그런 감정을 거부하는 대신에 활용하는 방법을 알려줬다.

케이트의 연극 무대 데뷔는 환상적이었다. 케이트의 연기와 에너지와 열정이 의외로 강렬했다. 나는 깜짝 놀랐고 대견해서 눈물이 나올 정도였다. 다음날 도나 쿠퍼에게 전화를 걸어 잔뜩 흥분한 채로 자세하게 소식을 전했다. 도나는 웃으며 "당연한 거 아니야? 네 딸이잖아!"라고 말했다. 그러고 나서 오랜 친구는 과거의 내 모습을 회상했다. 빨간색 울 조끼와 통 넓은 바지에 검은색 승마 부츠 차림으로 크리스토퍼 프라이의 연극 〈화형을 면한 여인〉의 공개 오디션에 자신만만하게 들어서던 젊은 시절의 내 모습을 생생하게 이야기했다. "눈에서 불길이 타올랐고 무대에 올라가는 걸음새가 다른 사람보다 훨씬 극적이었지. 그 순간 나는 제넷을 연기할 배우를 찾았다고 생각했어." 그 연극의 활기찬 여주인공 제넷은 내가 처음으로 맡은 주역이었다.

아무리 재능이 많다고 해도 모든 사람이 공연 예술가가 될 수는 없다. 그러나 누구나 공연 예술을 통해서 삶의 질을 높일 수 있다. 꼭 배우가 될 필요는 없다. 각자의 삶이 연극이고 무용이고 오페라다. 자신의 무대 조명이 진정성으로 향하는 길을 비춰줄 것이다. 17세기 영국의 시인 프랜시스 베이컨은 삶이라는 연극에는 신과 천사만이 구경꾼이 될 수 있다고 우리를 일깨운다.

## 8월 26일

### 영화 속에서 삶의 메시지를 찾아라

너무 많은 사람에게 텔레비전과 영화는 자신과
다른 사람을 이해하는 유일한 방법이다.

— 미셸 오바마

미국의 변호사·작가·전 미국 대통령의 부인

오늘은 명상을 하는 대신에 영화를 한 편 보자. 낮에 시간을 내서 팝콘 한 상자를 들고 어둠 속에 쭈그리고 앉아 삶의 의미를 생각하자. 집에서 보든 영화관에서 보든 상관없이 장면 하나하나에서 즐겁게 진실을 발견하게 될 것이다. "영화에서 신비로운 메시지를 찾으면 힘을 얻게 된다. 통찰력이 생기고 자각을 하게 된다." 마샤 시네타가 《필름의 힘: 영화를 통한 정신의 성장Reel Power: Spiritual Growth Through Film》에서 말한다. "오늘날의 삶은 각종 어려운 문제와 회복에 너무 집중돼 있다. 현대인들은 21세기 생활방식에 적응하기 위해 발버둥 치며 애쓰고 있다. 안타깝게도 문제에만 집중해서 자신과 딜레마를 제대로 보지 못하고 스스로의 역량을 제한해버린다. 영화는 시야를 넓히고 상상력을 높인다. 시처럼 영화도 마음의 대리인이다. 우리가 아는 것을 일깨우고 우리가 재능을 마음껏 발산하게 도우며 창조적인 변화의 촉매 역할을 한다." 영화는 "정신적인 가치를 발견해서 활용하게 하는 힘"을 지닌다.

과거에는 모닥불 주위에 둘러앉아 연장자의 지혜를 들었다. 그 문화가 사라져버린 오늘날 영화가 그런 이야기를 대체한다. 나는 영화를 이용해서 내 창조의 우물을 다시 채운다. 시각적인 환기가 필요할 때면 매력적인 세트와 의상이 등장하는 시대극을 애용하고, 스트레스를 풀 때는 코미디에 의지하며, 그저 일상에서 탈출하고 싶을 때는 1930년대와 1940년대의 신비롭고 낭만적인 흑백 고전 영화를 찾는다. 나는 천사, 환생, 내세, 영원한 사랑을 다룬 영화를 수집한다.

기분에 따라 다른 장르의 영화를 보는 것은 유익하다. 기운이 되살아난다. 마음에 드는 영화 목록을 만들자. 목록에 적은 영화를 스트리밍 플랫폼에서 보자. 가끔 영화관에 가는 것도 잊지 말자. 집에서도 얼마든지 영화를 볼 수 있는 세상이지만, 옛날처럼 영화관에서 개봉작을 보는 것은 멋진 경험이고 저렴하게 누릴 수 있는 사치다.

# 8월 27일

## 현재의 삶은 자신이 선택한 결과다

강한 여성을 주인공으로 하는 글을 쓰고만 있지 말고,
주인공이 되자.

– 에이드리엔 포지
미국의 작가이자 시나리오 작가

시나리오 작성법을 가르치는 강사와 흥미로운 대화를 한 적이 있다. 그녀는 학생이 '자기 이야기의 주인공'을 통해서 진정한 목소리를 키우고 있는지 아닌지 다 보인다고 말했다.

이 말을 듣고 호기심이 생겼다. 초보 시나리오 작가의 가장 흔한 문제는 전형적인 주인공을 만든다는 것이다. 거의 모든 페이지에 나오는 인물이지만 그 인물이 주인공인 이유는 단지 자주 등장하기 때문이다. 그저 환경이나 악의의 희생자일 뿐이고 스스로의 선택을 통해서 이야기를 이끌어가지 않는다. 외부의 자극에 반응만 하기 때문에 창조적인 에너지를 악당과 계속 고조되는 위기에 집중한다.

우와, 우리 이야기와 똑같지 않은가? 우리 자신의 연극에 등장하는 배우는 형편없다. 하지만 조지 버나드 쇼의 주인공처럼 지금부터는 바로 우리 선택을 통해 정서적으로 만족스러운 결말을 만들 것이다. "진정으로 성공을 거둔 순간은 관객의 눈에 보이는 순간이 아니다." 조지 버나드 쇼가 말한다. 우리가 자기 삶의 주인공이 되려면 스스로의 힘으로 승리를 거둬야 한다. 나를 현재로 이끈 선택을 내가 하지 않았다면 내 잘못이 아니지 않을까? 내 잘못이 아니라면, 비난을 받거나 수치스러워할 필요가 없지 않을까? 이런 교활한 변명은 집어치우자.

오늘부터는 다른 사람을 탓하지 말자. 정상참작을 하지 말자. 회피하지 말자. 우리가 자신을 위해 행동하는 것이 아니라 상황에 반응만 하기로 선택할 때, 주인공이 될 기회뿐만 아니라 창조적인 에너지와 활기와 열정까지 모두 포기하게 된다. 벽장 속에 앉아서 누군가 와서 꺼내주고 놀아주기만 기다리고 있는 순종적인 인형이 된다.

초보 시나리오 작가가 저지르는 실수는 주인공이 완벽해야 한다고 생각하는 것이다. 우리는 완벽한 주인공을 원하지 않는다. 원하지 않는 대혼란에서 스스로의 힘으로 빠져나오는 주인공으로도 충분하다. 최종적인 성공 여부와 관계없이, 그런 시도가 이야기를 매혹적으로 만들고 우리에게 영감을 준다. 사실 직면해야 하는 도전이 없다면 주인공이 될 수 없다. 누가 올림픽 장거리 선수가 대낮에 거리를 지나는 모습을 보고 승리를 예상할까? 하지만 챔피언 정신을 가진 사람은 어둡고 비 내리는 새벽 4시에 달리기 연습을 한다. 그렇게 녹초가 될 정도로 힘든 훈련이 수년 동안 이어져야 주목과 존경을 받는다.

당신이 난처한 상황에 부닥칠 때의 두려움, 점잖은 무시, 혼란의 덤불을 한 번에 헤쳐나갈 수 없다는 것을 깨닫자. 하지만 더 이상 두려움에 발목 잡혀 살고 싶지 않다는 마음을 자각하는 것만으로도 정신적으로 크게 도약할 수 있다. 당신이 악당에게 쫓겨 덤불 속으로 들어가는 것이 아니라 당신의 집을 찾기 위해 스스로 숲길을 선택하는 순간마다 주인공이 된다. 전설적인 인물이 당신의 마음속에 있고, 마음은 전설적인 인물이 승부수를 두는 연습을 하기에 최고의 장소다. 당신이 이끌어가는 이야기가 아니라면 당신의 삶이 아니다. 당신이 자기 삶의 주인이 돼야 다른 것도 가질 수 있다.

# 8월 28일

## 시대극 영화를 보면서 평온한 시간을 보내라

연결하자! 그것이 그녀의 설교였다. 일상과 열정을 연결해야만,
양쪽 다 행복해질 수 있다. … 더 이상 단편적으로 살지 말자.
- E. M. 포스터
영국 소설가

나는 눈을 감고 〈셜록 홈스〉 초반에 나오는 소리에 집중한다. 도로에 부딪히는 말발굽의 따가닥따가닥 소리, 미스 마플의 뜨개질바늘이 서로 부딪쳐 딸각거리는 소리, 위대한 여왕이 되는 어린 소녀에 대한 이야기인 훌륭한 텔레비전 드라마 시리즈 〈빅토리아〉에 삽입된 교향곡의 도입부를 듣는다. 마틴 핍스가 작곡한 이 교향곡에는 단 두 단어만 나온다. '글로리아나 / 알렐루야'이다. 그런데도 나는 두 단어를 머리에서 지울 수 없다. 당신도 마찬가지일 것이다. 나는 몇 주 동안 두 단어를 흥얼거렸고 여느 때보다도 기분이 좋았다. 이 두 단어에 온갖 힘과 영광이 들어 있기 때문인가 보다. 마틴 핍스는 몇 가지 리듬 중에서 인간의 심장 고동 소리를 흉내 낸 음을 선택했다. 우리가 사랑하거나 행복하거나 두려울 때 나는 소리다.

글로리아나 / 알렐루야. 나는 잊히지 않는 아름다운 선율의 타임머신을 타고 황홀감에 최대한 가까워진다.

오늘은 시대극 영화가 주는 소박하지만 풍요로운 행복을 찬양하자. 아토믹 블론드, 용을 탄 소녀, 용 문신의 세계에서 멀리, 멀리 떨어지자. 그들은 멋진 롤 모델이지만 내가 지금 찾고 있는 고요와 위안이 아니다.

대신에 요란하고 소란스럽고 거친 현실이 아니라 역사 영화의 평행 현실을 보며 기뻐하자. 잊어버린 천국의 불가사의한 우아함으로 페이지를 넘기자. 무대를 전환하자. 다른 시대, 다른 장소를 찬미하자. 우아한 속도로 흘러가는 시대극 속의 삶을 즐기자.

호화로운 배경, 고요한 복도, 술이 달린 커튼, 비밀 통로. 프렌치 도어, 파리 스타일의 서랍장. 완벽한 예절. 금지된 사랑. 베일이 달린 모자, 가죽 장갑, 진주 단추, 모자 고정용 핀, 바느질 도구. 홍조 띤 볼, 실크 코르셋, 한껏 부풀린 페티코트. 매력적인 양산, 타조 깃 부채, 주름 장식 네크라인, 굽이치는 머리카락, 꽃무늬 면직물. 페이즐리 숄, 갈색 가죽으로 된 난로망 의자. 교활한 음모와 건방진 발언, 활활 타는 불과 콕번스의 1947년산 포트와인.

응접실, 오전용 거실, 온실, 식품 저장실. 아침식사는 하인이 시중을 들지 않으니 직접 찬장에서 꺼내 먹는다. 이 관례를 알아두면 당신이 다음 주 토요일부터 월요일까지 대저택에 초대받아도 부끄럽지 않게 행동할 수 있을 것이다.

사냥, 사냥개를 동반한 승마, 여우 사냥꾼들의 무도회, 검은색 승마복을 입고 두 다리를 한쪽으로 모아 말에 걸터앉은 우아한 여성들, 흰색 플란넬 바지를 입고 크리켓을 하고 당구를 치고 배드민턴을 치는 남성들.

칵테일과 내기. 테니스 복식 시합에 사람이 하나 부족한데 함께할 사람 없나? 잔디밭에서 만나자. 딸기, 클로티드 크림, 오이 샌드위치, 샴페인. 상류 계급 말씨의 세련된 대화, 딱 부러지는 표현, 길게 늘어뜨리는 모음과 또렷한 자음, 장난스러운 반어법, 사랑스러운 기벽, 미세한 뉘앙스, 반달 같은 눈썹, 오후 3시가 아니라 황후 폐하처럼 정확히 4시 20분에 마시는 차. 오늘 어떤 난관과 충격에 부딪힌다고 해도 종이처럼 얇은 도자기 잔에 담긴 달콤한 차는 신경을 안정시킨다.

개인적으로 나는 영감과 용기와 확신을 주고 인간의 영혼을 찬양하는 영화가 제공하는 행복감이 우리 모두에게 필요하다고 생각한다. 우리에게 지금 절실하게 필요한 평온과 위안이 영화 속에 있다.

"영화는 우리를 비추고 평범하지 않은 세상으로 우리를 초대한다." 마샤 시네타가 말한다. "영화의 주제와 이미지는 최악이나 최상의 상황일 때의 우리, 최선을 다할 때의 우리를 보게 한다. 또는 우리가 되고 싶은 사람에 대한 새로운 대본을 쓰게 돕는다."

그리고 시대극 영화와 함께하면 우리는 영화가 우리의 부재를 알아채기도 전에 집으로 돌아갈 수 있다.


# 8월 29일

## 반려동물이 우리에게 주는 것들

인간의 완벽한 동반자는 키 1미터 20센티가 넘지 않는다.
- 시도니 가브리엘 콜레트

내가 살면서 배운 가장 중요한 교훈은 무조건적인 사랑이 변화의 힘을
지녔다는 것이다. 내게 이 교훈을 가르쳐준 스승은 신비로운 고양이 잭
이었다. 야생 고양이 잭은 9년 전 여름에 우리 집 뒷마당에 갑자기 나타
났다. 굶주린 것이 분명해 보였지만 첫 주 내내 그저 나를 가만히 지켜
보며 상황을 파악했다. 주방 문밖에 먹이를 놔줬지만 내가 있을 때는 먹
이에 손도 대지 않았다. 한 달이 지난 다음에야 내 앞에서도 편하게 먹
기 시작했다.

점차 쓰다듬어도 거부하지 않았고 기분 좋게 깊은 그르렁 소리를 내
며 나를 기쁘게 했다. 가을에서 겨울로 넘어가는 어느 쌀쌀한 날 아침,
잭은 마침내 나와 같이 살기로 결심하고 집 안으로 들어왔다.

잭과 나 사이에 열렬한 사랑이 시작되고 얼마 후에 잭의 눈에 염증이
생겼다. 수의사에게 데리고 갔다가 잭이 고양이 백혈병에 걸렸다는 진
단을 받았다. 청천벽력 같은 소리였다. 마침 우리 수의사는 관례적인 치
료법뿐 아니라 몸과 마음을 통합해서 돌보는 전체론적인 치료법을 쓰고
있었다. 그는 항생제 복용, 동종요법 치료, 마사지와 명상(긴장 완화를
위해 10분 동안 쓰다듬어 주기)으로 면역체계를 튼튼하게 하자고 권했다.

서로에게 좋은 벗으로 지내며 8년이 흘렀다. 잭은 백혈병으로 진단을
받은 다른 고양이보다 훨씬 오래 살았기 때문에 기적의 고양이로 알려
졌다. 사실 잭이 너무 건강해서 의사는 병이 자연스럽게 완치된 것이 아
닌가 싶어 수시로 검사했다.

그러나 결국 우리에게 주어진 시간이 끝났고 잭의 증세가 급격히 나

빠지기 시작했다. 잭에게 조금이라도 시간을 더 주려고 온갖 최신 치료법을 동원했다. 마침내 어떤 기도도 응답을 받지 못하는 죽음의 순간이 왔다. "잭은 순전히 당신의 사랑으로 버티고 있습니다." 수의사가 부드럽게 말했다. "이제 사랑으로 잭을 보내줘야 할 때가 됐습니다." 나는 오래된 목욕 가운으로 영혼의 단짝을 조심스레 감싸서 팔에 안았다. 작별 인사를 하자 잭은 내 눈물을 핥으며 그르렁거리다가 마지막 숨을 거뒀다. 딸을 출산한 이후로 가장 경건한 순간이었다.

잭이 신나게 뛰어놀던 뒷마당에 잭을 묻었다. 아주 오래전에 우리가 처음 만난 곳이었다. 우리는 스코틀랜드 시인 로버트 번스가 "우리의 굶주린 가슴에서 다정한 피난처를 찾은 고아"를 추모한 시구를 작은 놋쇠 묘비에 새겼다. 이 시구는 한때 사랑했지만 이제 세상을 떠난 모든 동물에게 적용되는 감정을 담고 있다. 그들은 여전히 우리와 함께 꿈을 꾼다.

오늘 당신의 굶주린 가슴에서 다정한 피난처를 찾고 있는, 오래전에 잃어버린 꿈은 무엇인가?

의사와 심리학자는 사랑, 돌봄, 함께 보내는 시간이 동물의 행복을 높여준다고 말한다. 개나 고양이의 사랑을 받아본 사람이라면 반려동물과의 관계에서 느끼는 유대감을 말로 다 표현할 수 없다는 것을 안다. 개는 무조건적으로 사랑을 주고 고양이는 너그럽게 구원의 손길을 베푼다. 우리가 동물을 기쁘게 받아들이는 한 동물은 우리의 온갖 죄와 결점에 신경을 쓰지 않는다.

반려동물과 함께 살지 않는다고 해서 유대감을 느낄 수 없다는 말은 아니다. 각기 다른 계절에 동물원에 가거나, 친구의 반려동물을 대신 돌보거나, 이웃의 개를 산책시키거나, 뒷마당에 다람쥐를 위해 말린 옥수수와 견과류를 놓아두거나, 연못의 오리와 공원의 비둘기와 해변의 갈매기에게 빵조각을 던져주자.

반려동물이 있다면 단순히 먹이를 주거나 산책을 시키는 것에만 그치지 말자. 돌보는 것을 회피하지 말자. 마음을 활짝 열고 반려동물을 당신의 삶에 들여놓자. 반려동물을 쓰다듬고 안고 애정을 표현하고 응석을 받아주고 소중히 돌보고 함께 놀아야 한다. 우리가 동물을 맹목적으로 사랑하면 동물은 엄청나게 헌신적인 사랑을 되돌려준다. 반려동물에게 이야기를 하면 절대로 비밀을 누설하지 않는 믿음직스러운 친구가 되어준다. 스트레스를 한 방에 날리는 반려동물의 우스꽝스러운 행동을 보며 마음껏 웃자. 그런 모습을 보며 사는 법을 배우자. 개는 친해지기 쉽고 충성스러운 친구이지만 기분 변화가 심하다. 고양이는 즉흥적이며 현재의 순간에 만족하며 산다. 이 자그마하고 늘 털이 빠지고 사람을 할퀴는 동물은 속을 알 수 없다. 어찌 보면 고양이는 항상 해야 할 일이 수두룩한 정신없이 바쁜 세상에 무위의 역설을 가르치러 온 선禪의 스승이다. 지금 내 책상 위에 몸을 웅크리고 있는 고양이가 입증하듯이 낮잠을 잘수록 깨달음이 많아진다.

오늘은 위안을 주는 동물과 지상의 삶을 함께할 수 있다는 선물에 감사하자. 동물은 영혼의 동반자이며 소박하지만 풍요로운 사랑의 좋은 본보기다. 동물이 있는 한 외롭다고 느낄 새가 없다. 동물이 주는 사랑과 그 동물을 우리에게 내려준 존재에 감사하자.

# 8월 30일

## 정체기를 비약적 성장을 위한 준비 단계로 삼아라

누구에게나 창조성을 발휘하지 못하는 순간이 찾아온다는 사실을
인정해야 한다. 솔직하게 받아들일수록 그런 순간이 빨리 지나간다.
이럴 때면 작업을 중단하고 공허감과 실망감을 느낄 용기가 있어야 한다.

– 에티 힐레줌
네덜란드의 신비주의자이자 작가

당신이 시인이든 전업주부이든 행위예술가이든, 아침에 일어나 진정한
삶을 다시 창조하기 위해 우물에 마중물을 붓다가 우물이 완전히 말랐
다는 사실을 발견하는 날이 올 것이다. 8월의 끝무렵에 이런 비관적인
이야기를 듣는 것이 당황스럽겠지만 길게 보면 창조성을 발휘하지 못하
는 날도 창조 주기의 일부라는 사실을 인정해야 마음의 평정을 유지할
수 있다. 창조적이지 않은 날도 삶이다. 모든 예술가는 이 사실을 알고
있다. 진정성을 예술로 발현하면 당신에게도 그런 날이 올 것이다. 창조
적이지 않은 날은 음과 양이 조화를 이루는 과정의 일부다.

몇 년 전에 창조성이 한창 고갈된 때가 있었다. 나는 뉴욕의 커피숍
에서 에이전트인 크리스를 만나 마치 커다란 실패나 암 선고에 대한 이
야기라도 하듯이 몇 달 동안 꿈을 꿀 수 없었다고 조용히 털어놓았다.
공상에 잠기거나 상상을 마음에 그리기는커녕 빌고 싶은 소원조차 떠
오르지 않았다. 내 몸 속엔 아일랜드인의 피가 흐르고 있기 때문에 꿈을
꿀 수 없다는 것은 영혼에 불균형이 생겼다는 뜻이라고 믿는다. 문제를

해결하는 수완이 아주 뛰어난 크리스의 조언이 꼭 필요했다. 우리는 바로 직전에 광고사와 회의를 마치고 돌아온 참이었다. 회의에서 크리스는 새 사업을 광고사에 제안했는데, 사업 내용은 바로 내가 창조성 컨설팅 서비스를 제공하는 것이었다. 당시에 내면이 완전히 고갈돼 있었기 때문에 나는 완전히 당황했다.

"어떻게 해야 하죠?"

"아무것도 안 해도 돼요." 크리스가 말했다. 아무것도 하지 말고 그냥 기다리자. 창조성의 정체기를 최대한 의연하게 받아들이고 창조성 혹은 의식의 엄청난 변화를 맞을 준비를 하자.

일과 인간관계를 쌓고 창조성을 계속 발전시키고 싶을 때 모든 것을 중단하기란 상당히 어렵다. 그러나 끊임없이 눈물을 흘리며 간절히 원해도 진전이 없거나, 기도조차 드릴 수 없을 정도로 마음이 고갈된 상태라면 잠시 멈춰야 한다. 항상 창조성을 발휘하기란 불가능한 법이다.

그렇다고 해서 일을 완전히 그만두라는 말이 아니다. 계속 원고지를 들추고 스케치북을 열고 레인지에 불을 붙이고 재봉틀을 돌리고 컴퓨터를 켜야 한다. 그림 그릴 준비를 해놓고 점토를 촉촉하게 관리해야 한다. 당신이 진정한 자아가 도착할 때까지 자리를 메워주는 임시직이라고 생각하자.

그 동안에는 진정한 자아가 지시할 때까지 삶을 바꾸는 결정을 보류하자. 지금 당신이 할 일은 우물에 물을 다시 채우는 것뿐이다. 창조적인 유람을 통해서 지하의 샘을 찾아다니자. 감사일기를 쓰면서 진정한 자아와 계속 대화를 나누자. 망설임 때문에 개수대 구멍으로 흘려보내 버렸거나 찬장에 처박아둔 과거의 창조적인 프로젝트를 부활시키자. 그

프로젝트를 다른 시각으로 살펴보자. 나는 완전히 의욕을 상실하면 발견일기를 들춰보며 삶의 전환점을 암시하는 실마리를 찾는다.

너무 많은 꿈이 탈선되었을 때도 창조성의 고갈이 생긴다. 그러나 건기에는 찬란한 햇빛이 내리비친다. 지금은 그저 어두운 흙먼지 때문에 앞이 안 보이는 것뿐이다. 극심한 절망감은 대체로 영양결핍 때문에 온다. 잘 먹지 않거나, 잠이 부족하거나, 너무 열심히 일하거나, 너무 오랫동안 희망이 없이 지내온 결과다. 창조성의 불모지가 됐다면 쉬어야 한다. 내가 아는 한 가장 창조적이고 생산적인 사람인 도나 쿠퍼는 내가 뜻대로 진행되지 않는 작업 때문에 괴로워하면 "이도 신의 뜻이야"라고 충고한다.

친구의 말이 맞다. 창조성을 되살리려던 발버둥을 중단한 지 4개월 뒤에 내게 창조성이 다시 찾아왔다. 우리가 일상의 예술가로 살아가면서 지키기 가장 힘든 점은 때때로 애쓰기를 멈추는 것이다. 지금 창조성이 고갈됐다는 느낌이 들어도 절망하지 말자. 기분을 북돋고 힘을 아끼자. 당신은 진정성의 비약적인 성장을 준비하고 있다.

자연 현상인 가뭄은 나타날 때와 마찬가지로 갑자기 신비롭게 사라진다. 이 또한 신의 뜻이다.

# 8월 31일

## 비상용품을 준비해보자: 단백질 보충용 통조림

토마토와 오레가노는 음식을 이탈리아식으로 만든다.
와인과 타라곤은 음식을 프랑스식으로 만든다. 사워크림은 음식을
러시아식으로 만든다. 레몬과 계피는 음식을 그리스식으로 만든다.
간장은 음식을 중국식으로 만든다. 마늘은 음식을 맛있게 만든다.

- 앨리스 메이 브록
미국의 예술가이자 작가

식품 저장실을 꽉 채우는 것은 미니버 부인에게 사치였을 뿐만 아니라 기적이었을 것이다. 전쟁이 시작되고 단 4개월이 지난 1940년 1월에 영국 식품부가 설립됐고 엄격한 식량 배급을 시작했기 때문이다. 식량 배급은 1954년까지 14년 동안 지속되었다. 또한 후방에서는 민간인은 물론이고 군대를 위해 채소밭을 가꿔야 했다. 그 시대의 요리책에서는 계란과 버터와 우유가 들어가지 않고 직접 기를 수 있는 잎채소를 곁들인 요리를 소개한다.

원하는 대로 식품을 저장할 수 있는 시대에 사는 우리는 복 받은 것이다. 다른 종류의 비상용 통조림을 더 추가하자. 바로 고기와 생선 통조림이다. 대부분의 비상식품 구비 목록에는 고기 통조림이 포함된다. 동네 슈퍼마켓, 대형 할인점, 아마존 같은 온라인 판매업체에서 아래 상표의 통조림을 살 수 있다.

요더 베이컨 통조림

아머 고기 통조림

훈제 연어 파테

요더 버라이어티 팩

닥 캔 햄 세 팩

그레이비 로스트비프(커클런드 상표)

비엔나소시지

스팸 클래식


참치 통조림, 조개 통조림, 고등어 통조림, 연어 통조림을 고려하자. 가족 중 정어리 애호가도 잊지 말자. 오래전에 음식을 어떻게 저장했는지 기억하자. 유기농 목초로 사육한 소고기로 만든 비프 스틱을 추가하자. 치킨 육포는 어떨까?

최소한으로 가공한 천연음식 단백질과 지방을 찾자. 이는 당신의 만족감을 충족시키면서 혈당도 지켜줄 것이다. 안전하고 맛있는 친환경 어류 제품을 제공하는 업체가 온라인에 몇 군데 있다. 훈제 홍합 통조림과 링귀네는 조개 소스 링귀네의 비상식품 버전이다.

파스타 재료에 좋아하는 파스타, 국수, 쌀, 퀴노아, 곡물을 추가하고 요리할 냄비를 잊지 말자. 냄비가 크면 그 속에 마른 재료를 보관할 수 있다.

이것만으로도 충분하지만 비상 대비용이므로 소스, 머스터드, 양념도 추가하자. 예를 들어서 아마존에서는 하인즈 소스 팩을 판매한다.

비상식품을 준비하면서 건전지가 필요 없는 옛날식 깡통따개, 주방용 가위, 병따개, 와인오프너, 톱날칼, 플라스틱 도구(수저, 국자, 주걱)도 챙기자. 모두 투명한 봉지에 담아 통조림 보관통에 넣자.

겉에 왁스를 입힌 경질 치즈, 대형 통에 담긴 크래커, 캔맥주, 상자에 든 와인, 장기 보관용 우유를 포함해도 좋다. 노동절 주말에 할 일이 없다면 이 비상식품들을 모두 조금씩 맛보고 무엇이 당신의 입맛에 가장 맞는지 확인해보자!

# 8월에 느끼는 소박한 행복

여름이 삐걱거리는 문소리도 없이 부드럽게 닫힌다.
- 에밀리 디킨슨

❦ 어릴 때 좋아하던 책을 다시 찾아보자. 도서관에 가서 어린이 도서
를 둘러보자. 혼자 가도 좋고 자녀를 데리고 가도 좋다. 아동용 작
은 의자에 앉아서, 웅크리고 앉아 재미있는 책을 정신없이 읽던 추
억을 떠올리자. 무슨 책이었나?《작은 아씨들》이나《블랙 뷰티》나
《빨간 머리 앤》이었는가? 혹은 로라 잉걸스 와일더의 '초원의 집'
시리즈였는가? 주디 블룸이나 베벌리 클리어리의 책이었는가? '베
이비시터 클럽' 시리즈였는가?《기억 전달자》였는가? '구스범스'나
'해리포터' 시리즈였는가? 소녀 탐정 낸시 드루의 모험 이야기였는
가(낸시의 자그마한 파란색 자동차, 카디건과 풀오버, 친구 베스와 조지와
네드,《옛날 다락방의 비밀Secret in the old attic》과《곰팡이투성이 저택의 수
수께끼The Mystery at the Moss-Covered Mansion》에 등장하는 엄청나게 풀기 어
려운 사건이 기억나는가)?

❦ 글로리아 스타이넘은 행복한 어린 시절을 갖기에 늦은 때란 없다고
말한다. 나는 그녀의 말을 믿는다. 내가 선택하고 싶은 어린 시절

은 모드 하트 러브레이스의 '벳시와 테이시' 시리즈에 고스란히 담겨 있다. 일상을 벗어나 그저 미네소타의 깊은 계곡으로 도피하고 싶다면 벳시 레이가 친구 테이시 켈리, 팁 뮬러와 벌이는 엉뚱한 장난에 동참하자. '벳시와 테이시' 시리즈는 열 권으로 구성돼 있으며 벳시와 테이시가 다섯 살이던 시절에 시작해서 제1차 세계대전 이후 벳시가 결혼을 하면서 이야기가 끝이 난다. 내가 옛날 동화책을 좋아하는 이유는 요리, 인테리어, 손님 접대, 취미 생활처럼 아늑한 가정의 세세한 부분이 섬세하게 묘사되어 있기 때문이다. 나이가 드니 어릴 때 발견하지 못한 작은 것들이 눈에 쏙쏙 들어온다.

❦ 독서클럽에 가입하거나 독서클럽을 새로 만들어보자. 좋은 책을 공유하는 즐거움은 독서의 즐거움 못지않다. 마음이 맞는 사람들을 한 달에 한 번씩 만나 간단한 식사를 하거나 음료를 마시면서 이야기의 반전과 캐릭터의 발전 과정에 대해 이야기를 나누자. readerscircle.org은 많은 독서클럽의 연락처와 정보를 무료로 제공한다. sarahbanbreathnach.com이나 simpleabundance.com, 그랜드 센트럴 출판사 사이트에 방문해서 새로운 《행복의 발견 365》 독자 가이드와 북클럽 세미나에 대한 정보를 확인하자.

❦ 예술가는 동일한 길을 걷는 조력자가 필요하다. 줄리아 캐머런의 연민 어린 마음이 고스란히 담겨 있으며 대단히 재미있는 《아티스트 웨이》가 큰 도움이 될 것이다. 나는 워크숍을 열 때마다 참가자에게 이 책을 가장 먼저 추천한다. 딸아이가 배우가 되려고 캘리포

니아로 떠났을 때 가방에 넣어준 책이기도 하다. 캐머런은 이 책에서 창조적인 자아를 발견해 되살리는 방법을 12주 과정으로 설명한다. 그녀의 다른 많은 책도 영감과 힘을 북돋는다. 그녀의 웹사이트 juliacameronlive.com에 방문해서 블로그와 온라인 강좌를 확인하자.

🌾 세계에서 가장 상징적인 서점인 '셰익스피어 앤드 컴퍼니'를 직접 혹은 온라인으로 방문하자. shakespeareandcompany.com에서 구미가 당기는 읽을거리를 둘러보자. 현재 조지의 딸인 실비아 비치 휘트먼이 운영하고 있으며, 아주 오래전에 조지가 원한 대로 바로 옆에 카페가 생겼다. 내 행복하고 고마운 추억이 그곳에서 나온다. 우리에게는 언제나 파리가 있다. 1965년의 문학계 기록과 사진을 담은 멋진 책을 보고 싶다면 크리스타 핼버슨이 편집한 《셰익스피어 앤드 컴퍼니, 파리: 마음의 서점의 역사Shakespeare and Company, Paris: A History of the Rag Bone Shop of the Heart》가 있다. 이 책을 읽으면 문학 모험을 떠날 계획을 세우고 싶어질 것이다.

🌾 다락은 8월의 훌륭한 목적지다. 소설가 캐서린 앤 포터는 당신이 다른 여성들과 달리, 모든 것을 라벨이 붙은 상자에 깔끔하게 정리했더라도 "과거가 절대로 당신이 생각한 곳에 있지 않을 것이다"라고 말한다. 우리가 물건들을 뒤지며 추억 여행을 떠나면 그녀의 말이 맞다는 것을 알게 될 것이다.

❦ 당신의 과거는 어디에 있는가? 다락이나 지하실, 혹은 어머니나 언니의 집에 있는가? 실수로 전남편의 집에 남겨뒀는가? 어린 시절이나 사적 자아가 쉽게 찾을 수 있는 곳에 없다면, 그것을 되찾기 위해 조심스럽게 대화해보는 것이 좋다. 당신이 캐리 피셔의 소설 《할머니의 망상Delusions of Grandma》에 나오는 여성처럼 '부재의 연대기 작가'가 됐다면 당신의 삶에서 빠진 조각을 기억해내는 것에 몰두해야 한다. 그러니 상자를 어두운 곳에서 꺼내고 시원한 민트 티를 마시면서 그 속의 물건들을 훑어보자. 한가하게 과거를 다시 방문하고 기념품을 분류하는 두어 시간을 자신에게 선물하자.

❦ 손수건에 싸인 사랑의 향기. 북슬북슬한 곰 인형, 플란넬 셔츠, 오래된 해변용 담요(수년이 흘렀는데도 여전히 모래가 묻어 있다). 흰색 긴 부츠나 시집에서 발견한 말린 꽃. 이런 것들은 잊어버리면 안 됐던 과거와 우리를 재결합시킨다. 우리가 집을 떠나지 않았을지도 모르지만 빅토리아 시대의 소설가 세라 온 주잇이 말하듯이 "모든 길이 늘 그렇듯이 돌아오는 길은 나에게 새로웠다".

❦ 당신이 여행자이고, 당신의 고향을 수수하고 느긋하고 즐거운 탐험을 할 완벽한 여행지라고 간주하자. 혹은 모든 것이 시작된 곳으로 진짜로 여행을 떠나보는 것은 어떨까? 나는 내 첫 번째 집에 방문했을 때 그곳이 너무 작아서 놀랐다. 기억 속 그 집은 대저택이었다. 내가 다녔던 초등학교까지 세 블록을 걸어가는 것은 지금까지 내가 한 여행 중에 가장 만족스러운 여행이었다. 홀로 느리게 걸으

면서 너는 성장했다고 자신에게 말하는 것은 상상도 못 하게 경이
로운 일이다.

❧ 여름은 당신에게 어떤 맛일까? 로브스터 롤, 블루베리 파이, 초콜
릿 에그 크림, 루트 비어 플로트? 감자 샐러드? 미각을 다시 체험
하자!

# 9월

지난날을 되돌아보고 열정을 되살리는 달

가을은 미래를 대비하라고 우리에게 말한다.
현명한 방식으로 모으고 지키라고 말한다. 하지만 가을은
보내주는 법을 배우라고도 말한다.
결핍의 아름다움을 알아차리라고 말한다.

- 보나로 W. 오버스트리트

미국의 시인이자 작가

9월의 노래는 두 가락이 조화를 이룬다. 경쾌한 세레나데가 끝나고 묵직한 멜로디가 시작된다. 지금까지 8개월 동안 우리는 땅을 갈고 감사와 소박함과 질서와 조화의 씨를 삶에 뿌렸다. 이제 소박한 풍요로움의 다섯 번째 은총인 아름다움을 삶에 불러들여 진정한 만족감을 수확할 때가 됐다. 이달에는 사랑이 씨를 뿌린 풍성한 수확물을 거둬들이자.

# 9월 1일

## 마음을 다잡고 새로운 다짐을 해보자

가을에서 겨울로, 겨울에서 봄으로,
봄이 여름으로, 여름이 가을로.
그렇게 해가 변하고 우리가 변한다.
움직임이 너무 빨라 움직인다는 사실조차 깨닫지 못한다.

– 디나 크레이크
영국의 소설가이자 시인

아주 오랜 옛날부터 9월을 새로운 해의 시작이자 반성과 다짐을 하는 달로 삼았다. 특히 유태인은 속죄일을 가장 성스러운 날로 여기며 기린다. 속죄일은 신과 다른 사람들에게 진실해지기 위해 24시간 동안 일상 생활을 중단하고 철저히 단식하며 속죄하는 날이다. 이를 통해서 생활에 열정과 목적을 되살린다.

  자연은 잘 눈에 띄지는 않지만 끊임없이 변한다. 매달 깜짝 놀랄 만큼 변화가 일어나고 있지만 우리가 그 움직임을 깨닫지 못할 정도로 계절은 다음 계절에게 조용히 자리를 넘겨준다. 단풍이 들기 시작하는 시기가 오면 우리도 재충전을 위해 마음을 새로 다잡아야 한다.

캐서린 엘리자베스 파이트는 1949년에 《굿 하우스키핑》에 게재한 글에서 여성들이 새로운 전통을 세워야 한다고 역설했다. 그녀가 말한 새로운 전통은 9월을 맞아 개인적이고 긍정적인 다짐을 하는 것이다. "가을이 되면 감정과 정신에 새로운 자극이 필요하다. 수많은 여성이 가을을 허비하는 이유가 무엇일까? 삶에 새로운 변화를 일으킬 노력을 하지 않는 이유가 무엇일까?" 1월의 소극적인 다짐은 "정신과 몸이 지치고 주머니가 텅 비고 휴식 외에는 달리 충동이 일지 않는 때" 만들어졌다.

내가 보기에 1월의 다짐은 의지를 반영하고 9월의 다짐은 진정한 욕구를 반영한다. 현재의 삶을 진정으로 좋아할 수 있도록 더하거나 빼야 하는 것이 무엇일까? 친구를 자주 만나는 것처럼 간단한 목표를 다짐해도 좋다. 혹은 나중에 자녀가 10대가 돼서 당신과 어울리기를 피하는 때가 오기 전에 최대한 시간을 내서 함께 모험을 즐기고 싶거나, 따분한 일상생활에 활력을 되찾고자 연애 감정에 다시 불을 붙이고 싶을 수도 있다. 혹은 하루에 한 시간씩 홀로 있는 시간을 갖거나 지금보다 더 자주 눈부신 햇살을 맞으며 산책하고 싶을 수도 있다.

상상력과 용기와 목적에서 비롯된 가을의 다짐은 그것들이 개인적인 것이라는 장점이 있다. 당신이 새로 다짐하고 있다는 사실을 아무도 모른다. 가을의 다짐을 할 때는 샴페인을 터뜨리며 떠들썩하게 경적을 울리고 색종이를 뿌릴 필요가 없다. 9월은 그저 우리가 마음을 활짝 열고 긍정적인 변화를 받아들이기를 바란다. 나는 그 정도라면 해볼 만할 것 같다. 당신도 할 수 있다.

# 9월 2일

## 잘 사는 사람이 일도 잘한다

일상생활과 위대한 일 사이에 아주 오래된 적대감이 존재한다.
내가 그것을 표현하게 거들어달라. 이해하게 도와달라.

– 라이너 마리아 릴케
독일 시인

많은 사람이 아담과 이브가 낙원에서 실수를 저지르지만 않았다면 지금 우리가 먹고살려고 죽어라 일을 하지 않고 에덴동산에서 근심 걱정 없이 살았을 것으로 생각한다. 안타깝지만 그런 해석은 현실성이 없다. 성서에서 아담과 이브의 이야기를 자세히 읽어보면 원래 하나님은 인간을 창조할 때부터 일을 시킬 작정이었으며 일이 기쁨이 되기를 바랐다. 아담이 맡은 숭고한 직무를 생각하면 금방 이해할 수 있다. 아담은 모든 생물을 자세히 살펴보고 적당한 이름을 짓는 임무와 아름다운 정원을 가꾸는 임무를 맡았다. 태초에 일은 곧 선물이었다.

그러다가 일이 온갖 종류의 노동이 되었다.

우선 개인적인 일이 있다. 아이를 키우고, 집을 돌보고, 식사를 준비하고, 아이들을 등하교시키고, 가계를 관리하고, 정원을 가꾸고, 반려동물을 돌보고, 절약한다.

그런가 하면 공적인 일도 있다. 직장에 가고, 학부모회와 교회 모임에 참석하고, 지역 사회에서 활동하고, 자원봉사를 한다. 실생활에서 신경 써야 할 것들이 너무 많아서 정작 진짜 중요한 것을 돌볼 여유가 없다.

직장에 다니면 노력에 대한 대가를 받는다. 그러나 여성이 하는 일 중 대부분이 무보수이며 주목받지 못한다. 직장에서건 가정에서건 여성은 거의 평생 일을 하면서 보내고 있기 때문에 이 부분을 숙고해봐야 한다. 나는 단순히 출퇴근, 육아, 아픈 아이, 눈이 오는 날, 교사와의 상담, 요리·청소·세탁 등의 귀찮은 일에 대처하는 방법을 말하는 것이 아니다. 서로 상충하는 의무들에 대해 깊게 생각해봐야 한다. 또한 일의 성스러운 속성도 곰곰이 생각해봐야 한다. 우리는 각자의 재능을 통해 신의 섭리를 세상에 표현하기 위해 창조되었다. 직업이나 이력에 상관없이 재능을 발휘하는 것은 모두 위대한 업적을 쌓는 것이다.

오늘날 많은 여성이 집이나 직장에서 하는 일과 사생활이 균형을 이루지 못하고 있다고 생각한다. 급진적인 철학자이자 전 가톨릭 성직자인 매슈 폭스는 "잘 사는 것은 곧 일을 잘하는 것"이라고 믿는다. 나는 그의 의견에 진심으로 동의한다. 그렇다면 오늘날 여성은 어떻게 해야 일을 잘하면서 잘 살 수 있을까? 내가 아주 복잡하고 논쟁거리가 많은 이 문제에 쉽고 빠른 해결책을 제시할 수 있다면 좋겠다. 진정한 삶을 살지 않는다면 일을 잘할 수 없고 잘 살 수도 없기 때문이다. 릴케처럼 우리도 일상생활과 일 사이의 아주 오래된 반목을 큰 소리로 인정해야 한다. 실제로 그런 반목이 존재한다. 그 반목은 매일 여성을 갈기갈기 찢어놓는다. 혼자의 힘으로 그런 반목을 이해할 수 없으니 서로 도와야 한다. 손을 잡고 서로의 걱정에 귀를 기울이고 다 잘될 것이라고 격려해야 한다.

함께 노력하면 어떻게든 방법을 찾아낼 수 있을 것이다.

# 9월 3일

## 모든 것에서 도망치는 공상은 도움이 된다

직장에 있을 때면 집에 두고 온 아이들을 생각한다.
집에 오면 마무리하지 못한 직장 일을 생각한다.
그런 갈등이 끊임없이 내면에 일어난다. 결국 마음이 분열된다.

- 골다 메이어
전 이스라엘 총리

일반적인 통념과 달리 많은 여성이 자주 하는 비밀 공상은 성적인 것과 전혀 상관이 없다. 그러나 이런 공상 역시 나름대로 금지된 주제에 초점을 맞춘다. 나는 이 공상을 '스크램블드에그 혹은 달걀프라이?'라고 부른다.

어느 날 갑자기 끊임없이 이어지는 일들과 방치된 아이들과 마무리하지 못한 일이 뒤섞인 지극히 평범한 날을 이제 단 하루도 참을 수 없을 것 같은 기분이 든다. 이럴 때면 흔적도 없이 사라지고 싶은 강렬한 충동에 휩싸인다. 신용카드는 추적이 되니까 가져가면 안 된다. 통장에 남은 현금을 몽땅 찾고 작은 여행가방을 꾸려 고속버스에 훌쩍 올라타 서부에서 식당 종업원으로, 혹은 열대지방의 해변 오두막에서 바텐더로 새로운 삶을 시작한다.

물론 실제로 집을 떠나지는 않는다. 하지만 탈출 계획을 상상하는 것만으로도 삶이라는 압력밥솥에서 증기를 빼는 효과가 있다. 기한이 지난 고지서가 없고, 요리나 청소나 쓰레기 배출이나 돈이나 양육권 때문에 싸울 일이 없는 삶을 꿈꾼다. 육아와 직장 사이에서 갈등할 필요가 없고, 나이 많은 부모를 돌보느라 기진맥진하지 않아도 되며, 한밤중에 상사에게 이메일이 오지 않는 삶을 꿈꾼다. 24시간 안에 해결할 수 있는 책임만 주어진 삶을 꿈꾼다. 더 이상 하루도 못 참겠다는 생각이 들면, 차라리 훌쩍 떠나 식당 종업원으로 취직해 손님에게 스크램블드에그나 달걀프라이 중에 뭘 먹겠냐고 물어보며 사는 것이 속 편할 것 같다.

수년 전에 내가 메릴랜드에 살 때 우리 집에서 그리 멀지 않은 곳에서 서른아홉 살의 여성이 완전히 자취를 감춘 적이 있었다. 여덟 살부터 열여섯 살 사이의 자녀 다섯을 둔 주부였다. 그녀는 그날 아침에 초등학생 딸의 현장 학습에 보호자로 따라갔다. 학교로 돌아온 후 농구 게임을 하러 가는 딸을 버스에 태워주며 날씨가 좋으니 자신은 집까지 걸어가겠다고 말했다. 그러나 그녀는 집에 돌아오지 않았다. 저녁식사 시간이 돼도 그녀가 돌아오지 않자 걱정하던 가족은 경찰에 실종신고를 했다. 곧이어 주민을 동원한 대대적인 수색이 시작됐으며 그녀의 안전을 비는 철야기도가 이어졌다. 다들 최악의 상황을 상상하며 불안해했다. 그녀는 흔적도 없이 사라질 사람이 아니었기 때문이다. 그녀의 삶에는 부족한 것이 없었다. 명문대를 나왔고 단란한 가족과 아늑한 집이 있었으며 대단히 부유했고 외교관인 남편과의 결혼생활도 완벽했다. 모든 것을 가졌지만 정말로 원한 것은 갖지 못한 여성은 다행히 사흘 뒤에 무사히 발견됐다. 그녀는 자신이 저지른 짓 때문에 혼란스러웠고 자신을 찾느라고 벌어진 소동에 깜짝 놀랐다.

실종 사건의 내막은 이랬다. 그녀는 아이를 버스에 태우고 집을 향해 걷다가 잠시 생각을 정리하려고 한적한 곳을 찾았다. 순간적인 충동에 휩싸여 가장 좋아하는 장소인 워싱턴 내셔널 대성당까지 몇 킬로미터를 걸었다. 아름다운 성역에 도착해 침묵 속에서 마음의 소리를 들었다. 몇 시간 동안 고요하고 평온하게 보내고 나니 그곳을 떠나 북적북적한 집으로 돌아갈 엄두가 나지 않았다. 그래서 자그마한 예배당에서 이틀 동안 묵었다.

나는 그녀가 납치된 것이 아니라 자발적으로 사라졌다는 뉴스를 듣고 엄청난 안도감을 느꼈으며 남편에게 소식을 전했다. 그는 그녀가 정신적으로 불안정한 상태일 거라고 여겼다. 균형을 잃었다고 했다. 그렇지 않고서야 그처럼 기이한 행동을 설명할 길이 없다는 것이었다. 내 생각은 달랐다. 나는 그녀가 혼자서 짊어지기에는 삶의 무게가 너무 무거웠나보다고 생각했다. 그러나 나는 스트레스를 해소하기 위해 명상을 할 참이었기 때문에 그녀가 제정신이 아니라는 그의 반응에 굳이 이의를 제기하지 않았다. 속사정이야 잘 모르지만 그렇게 힘든 상황이었다면 사라져버린 것이 지극히 온전한 판단이었다고 생각했다. 분명히 그녀는 절박했을 것이다. 틀림없이 가슴이 찢어지게 슬펐을 것이다. 그렇지만 제정신이 아니라고 말할 수는 없었다. 그러나 그 생각을 남편에게 납득시키자면 상당히 오래 대화를 나눠야 할 터였다.

우리가 아는 것은 이 정도다. 무슨 이유에서인지 그녀의 마음에 분열이 일어났다. 마음의 중심을 잃었다. 결국 그녀의 삶은 겉보기처럼 완벽하지는 않았다. 표면상으로 아무리 번지르르해도 완벽한 삶이란 없다. 나는 그녀에게 "꼭 사라져야겠거든 그렇게 하세요. 그렇지만 집에 전화해서 잘 있다고 아이들에게 말하세요"라고 미리 말하지 못한 것이 못내 아쉽다.

수많은 방향에서 쏟아지는 내부와 외부의 요구들과 사투를 벌이느라고 몸과 마음과 정신이 기진맥진해지면, 차라리 식당 종업원으로 살고 싶다는 공상이 표면으로 드러난다. 우리는 일상생활과 일 사이의 오래된 반목 때문에 심한 상처를 입는다. 반창고 같은 미봉책은 더 이상 효과가 없다.

사실 집에서 달아나는 공상은 아주 큰 도움이 된다. 현실이 통제 불능 상태가 됐다는 마음의 경고 신호이기 때문이다. 변화가 일어나야 하고, 창조적인 선택을 해야 하며, 대화를 시작해서 끝까지 이야기를 나눠야 한다. 달아나는 공상이 계속돼 행동으로 옮기기 직전까지 가면 편도 버스표를 사는 것보다 도움을 구하는 편이 낫다.

"내가 '다른 사람이고 일이고 다 될 대로 되라지. 내 할 일을 다 했어. 이제 자기 할 일은 자기가 알아서 하라고. 지겨워, 됐어, 그만'이라는 혼잣말을 얼마나 자주하는지 아무도 모를 것이다." 이스라엘의 유일한 여성 총리인 골다 메이어가 솔직히 털어놓는다.

당신이 "지겨워, 됐어, 그만"이라고 말할 줄만 안다면 굳이 집에서 달아날 필요가 없다.


## 9월 4일

## 최근에 책에 몰입한 순간이 있는가?

"내가 언제 죽을지 알면 얼마나 좋을까?" 아흔여섯 살의
프랜시스 앤 수녀는 자주 말했다. "그것을 알면 얼마나 좋을까?"

"왜요, 수녀님?"

"그러면 다음에 무엇을 읽을지 알 테니까."

– 루머 고든

《수녀원에서In This House of Brede》의 작가

최근에 좋은 책을 읽은 적이 있는가? 그러기를 바란다. 독서는 내가 아주 좋아하는 활동 중 하나고, 다음에 무엇을 읽을지 고르는 것은 100주년 기념 선물이 들어 있는 크래커 잭 상자에서 멋진 무엇인가를 발견하는 것과 같다. 그런데 우리가 원하는 것이 암호 해독 반지나 날개 달린 요정 모양의 장식품일까?

일상의 화가(혹은 밥 로스)가 팔레트에 짤 색깔(짙은 적갈색, 황토색, 밝은 청색, 진홍색, 흰색)을 선택하듯이 책 읽기 및 독서요법을 위한 완벽한 책을 발견하는 영광스럽고 호사스러운 축복에 대해 곰곰이 생각해보자.

내가 아직 감수성이 예민하던 어린 시절의 어느 날이었다. 우리 가족은 켄터키에 있는 할머니 집에 갔다. 덥고 눅눅한 어느 여름날, 나는 지루하고 좀이 쑤셔서 가만히 있지 못하고 이 방 저 방을 헤집으며 돌아다녔다. 어른들을 짜증 나게 하는 행동이었다. 그러다가 나는 작은 뒷방에서 《내셔널 지오그래픽》 더미를 발견하고 훑어보기 시작했다. 내가 너무 조용했는지 할머니가 나를 찾는 소리가 들렸다.

"할머니, 나 괜찮아요. 그냥 책 읽고 있어요."

"책이라고? 무슨 책? 뒷방에 무슨 책이 있어?" 할머니가 큰 소리로 외치더니 갑자기 내 옆에 나타나서 내 손에서 그것을 뺏어갔다.

"이 잡지를 책이라고 한 거야?"

나는 아무 말 없이 할머니를 올려다봤다.

"아가, 이것은 책이 아니야. 이것은 잡-지란다. 잡지."

나는 여전히 아무 말도 하지 않았다.

"못 배운 사람이나 잡지를 책이라고 부르는 거야. 너는 잡지를 책이라고 부르면 안 돼. 앞으로 평생." 이어서 할머니는 자신이 옳다는 것을 강조하기 위해 《리더스 다이제스트 선집》을 가져와서 말했다. "자, 이것이 책이란다. 하지만 너는 아직 어려서 읽으면 안 돼."

"네, 할머니."

아주 어린 나이에 읽을거리의 종류를 분간하는 방법을 제대로 배운 나는 이제 두 가지를 구분할 수 있다. 그것은 책과 전자책이다.

이 둘은 같지 않다.

책은 손에 들고 인쇄된 페이지를 애정 어린 손길로 혹은 신이 난 채로 넘길 수 있다. 전자기기는 손가락으로 화면을 밀면 정보를 제공한다. 전자책은 80일 동안 열기구를 타고 세계를 여행할 때 유용할 것이다. 하지만 최초의 인쇄물인 《구텐베르크 성서》가 1454년에 나온 이래, 우리는 내면의 성찰과 균형의 회복을 위해 모든 외부 활동을 중단시키려 신중히 책을 고른다.

1926년에 영국의 소설가, 시인, 사학자, 문학평론가인 로즈 매콜리는 이렇게 썼다. "잠들기 전에 침대에서 책과 보내는 한 시간보다 더 즐거운 한 시간은 단 하나다. 그것은 아침에 불려 나가기 전에 침대에서 책과 보내는 한 시간이다."

오늘 당신이 그런 시간을 갖기 바란다.

# 9월 5일

## 책 속에 당신에 대한 진실이 있다

그녀는 사전부터 순무에 대한 논문까지 무엇이든 읽을 것이다.
활자는 그녀의 마음을 사로잡았고 황홀하게 했고 아무짝에도
쓸모없는 사람으로 만들었다.

- 카일리 테넌트
호주의 소설가·극작가·사학가

나는 항상 나와 맞지 않는 시대와 장소에 태어났다고 느꼈다. 나는 지금 여기가 아니라 과거의 삶이나 다른 사람의 삶에 얽매여 있었다. 그래서인지 늘 책의 세상에 끌렸고, 내가 평생 동안 찾는 것이 책 속에 감춰져 있음을 알았다. 나는 독서와 글쓰기를 통해서 내 운명을 찾을 것이다. 전생을 전문적으로 다루는 아주 존경받는 점성술사에게 점을 보러 간 적이 있었다. 《행복의 발견 365》가 처음 출간된 후였고 인터넷이 생기기 전이었다.

나는 개인 정보를 말하지 않았고 가명을 댔다. 나에 대해 전혀 모르는 그녀의 의견을 듣고 싶었기 때문이다. 주변 정보를 주면 그녀의 분석에 영향을 미칠지도 모를 일이었다.

그녀가 알아낸 것은 아주 흥미로웠다. 그녀는 전생과의 강한 연결 고리를 봤다고 말했다. 나는 전생에서 중세 수도원의 필경사여서 비밀스럽고 성스러운 책의 아름다운 필사본을 만들었다. 하지만 누구나 일상생활에서 신성함을 경험할 수 있도록 이 금단의 영적 지식이 왕이나 교

회뿐만 아니라 모든 사람에게 공유돼야 한다고 믿었기 때문에 매우 갈등했다고 한다. 그녀는 정해진 상담 시간이 끝나갈 무렵에 내게 작가냐고 물었고 나는 그렇다고 대답했다. 우리는 큰 소리로 웃었다. 그녀가 웃으며 말했다. "당신은 성스러운 계약을 아주 잘 지킨 것 같네요."

누구나 처음 접하는 상황이나 사람인데도 이미 과거에 접한 것처럼 친숙하게 느껴지는 데자뷔를 경험한 적이 있을 것이다. 우리가 마음을 열고 뜻밖의 지식을 받아들일 준비가 될 때 일어나는 현상이다. 그것이 핵심이다. 마음을 열고 예상하지 못한 정보나 통찰을 받아들여야 한다. 특히 섬광처럼 갑자기 스친 느낌이 기묘하거나 무작위적이지만 우리 눈을 뜨게 할 때 그렇다. 우리는 이것을 공시성共時性이라고 부른다. 우리에게 의미가 있는 두 개 이상의 일이 동시에 발생한다는 뜻이다.

〈내 아이 속 유령〉이라는 텔레비전 쇼를 본 적이 있는가? 아이들이 전생에 대해 자세하게 말하는 리얼리티 프로그램이다. 아이들의 부모들은 그 전생을 터무니없는 소리라고 무시하지 못한다.

특히 한 이야기는 깊은 슬픔을 일으킨다. 세 살짜리 아이가 말한다. "엄마, 내 영화를 보지 그래요?" 그래서 부모는 몰래 인터넷에서 검색한다. 어떻게 됐을까? 그들은 실마리를 따라가다가 아이가 〈바람과 함께 사라지다〉의 시나리오 작가인 시드니 하워드였다는 것을 알게 된다. 그는 역사적으로 가장 유명한 이 영화가 출시되기 전인 1939년에 농장에서 일어난 사고로 사망했다. 그는 자기 삶의 황금기를 놓쳐서 화가 나 있었다. 누가 그를 탓할 수 있으랴? 아카데미는 1940년에 최초로 사망한 사람에게 오스카 상을 수여했지만, 그것이 살아 있을 때 받은 감동과 같을 수는 없다. 특히 시상식 후 세상의 화려한 파티가 아니라 사랑스러운 유령 캐스퍼가 연 파티에 가야 한다면 말이다.

나는 중고 책을 집어 들 때면 전율을 느낀다. 특히 처음 접한 작가에 대해 알아갈 때 이런 만남이 대단히 매력적이라고 느낀다.

책을 개인적인 소일거리로 즐기는 방법은 아주 많다. 독서클럽에 들어가거나, 어릴 때 좋아하던 책을 다시 읽거나, 완전히 몰두하게 하는 유혹적인 책을 찾을 수도 있다. 그러나 안타깝게도 평온과 위로와 웃음과 우정을 주는 좋은 책은 추천이 없으면 만나기 힘들다. 책은 우리의 위안과 평정에 아주 중요하므로 책을 잘 선택하는 기술을 익혀야 한다.

"책의 멋진 점은 상상을 통해 다른 사람의 삶에 들어가게 한다는 것이다. 그러면서 우리는 다른 사람에게 공감하는 방법을 배운다. 하지만 진짜 놀라운 점은 우리가 그전에 미처 보지 못한 자신에 대한 진실, 자기 삶에 대한 진실도 배운다는 것이다." 재능 있는 작가 캐서린 패터슨이 우리에게 상기시킨다.

야구 명예의 전당에 오른 위대한 야구 선수 요기 베라는 이를 간단명료하게 표현했다. "또다시 데자뷔가 오고 있다."


## 9월 6일

### 멋진 헌책방에 방문해보자

나는 이전 주인이 자주 읽던 페이지가 저절로 펼쳐지는
헌책을 아주 좋아한다.
– 헬렌 한프

책 고르기는 깊이 생각하고 찾아낸다는 면에서 명상이나 탐정 활동과 비슷하다. 모든 여성은 책을 통해 모험을 떠나기 위해서 세 가지 길을 잘 닦아놓아야 한다. 이는 좋은 책을 많이 구비한 서점, 단골 헌책방, 온라인 전문 서점이다. 온라인 전문 서점은 보물이다. 당신이 찾는 주제가 온라인 전문 서적상의 관심 분야라면 그 서적상의 지식과 전문성을 한껏 이용할 수 있다. 당신은 어떤 주제에 흥미를 느끼는가? 아일랜드 기근, 윈저 공작부인, 미국항공우주국의 탄생, 정치 회고록, 프랑스 디자이너 마지 루프, 호모 사피엔스의 진화 등 다양할 것이다. 내 말을 믿어도 좋다. 오늘 당신의 관심 분야가 무엇이든지 간에, 완벽한 책을 찾도록 기꺼이 도울 전문 서적상은 세상 어디인가에 분명히 있다. 한 온라인 서적상은 "나한테 맡겨 둬요. 한번 찾아볼게요"라고 말한 뒤 호주와 뉴질랜드에서 아주 훌륭한 책을 발견해 내게 가져다줬다. 찾으려고 노력하면 발견할 것이다.

책은 호흡만큼이나 필수적이다. 내 경험에 따르면 같은 책을 세 번째 읽으면 단어 하나하나가 그날을 구원하는 소생의 말이 된다.

우리는 감사해야 한다. 전자책과 온라인 서점의 등장에 따른 부정적인 전망에도 불구하고 오프라인 서점이 살아남았다. 온라인에서 사면 하룻밤 사이에 책이 배달되지만, 적어도 일 년에 두 번은 서점에 직접 가서 책을 구매함으로써 오프라인 서점을 응원한 사람들 덕이었다.

특별한 헌책방에 가면 교회에 있는 것처럼 경건한 마음이 든다. 시간이 영원히 정지된 듯한 느낌이 든다. 몇 시간이 몇 분처럼 느껴지고 넋을 놓는다. 모서리가 잔뜩 접혀 있고 세월과 더불어 변색된 책이 옛 애인처럼 나를 맞아준다. 두 팔이 아니라 달콤함과 곰팡내가 약간 뒤섞인 가죽 향기로 나를 껴안는다.

때때로 어둑어둑한 통로를 헤매는 나를 빛이 다정하게 감싸 안을 것이다. 햇살 한 줄기 혹은 천사의 날개가 나를 인도하기 때문이다. 내게 꼭 필요했지만 내가 그 사실조차 미처 깨닫지 못하고 있던 책으로 이끈다. 솔직히 이렇게 책을 발견하는 일이 워낙 여러 번 일어나니 이제는 초자연적인 현상이 아니라 기본 절차처럼 느껴진다. 당신이 이제 막 재능을 이끌어내려 노력하기 시작했고 숨은 조력자의 존재를 보다 확실히 느끼고 싶다면 훌륭한 헌책방에 가보는 것이 좋다. 나는 책 탐험을 할 때 이 기도를 즐겨한다. "하느님의 도우심이 내게 유일한 진실입니다. 하느님의 도우심은 딱 맞는 가격의 딱 맞는 책으로 분명하게 나타납니다. 내가 찾으려 노력하면 발견할 것입니다. 그리고 감사할 것입니다."

어떤 헌책방은 책이 종류별로 분류되지 않은 채 여기저기 잔뜩 쌓여 있고 책장이 금방이라도 주저앉을 것 같지만, 진귀한 책이나 알려지지 않은 주제의 책을 다루는 헌책방은 아주 깔끔하게 정리돼 있다. 어쨌든 놀라운 정도로 다양한 책을 갖추고 있어서 마치 가정교사를 둔 것과 마찬가지다. 모든 책을 주제별로 분류해놓은 헌책방도 있다. 저자와 시리즈에 따라서 알파벳순으로 책을 찾을 수 있으며 때로 초판본도 눈에 띈다. 나는 이런 헌책방에서 수많은 보물을 발견한다. 나에게 보물은 이제는 1900년대부터 1950년대까지의 가정생활 책, 한때 찬란하고 아름답던 온갖 흔적이다. 또한 나는 옛날 잡지와 과거에 제조회사가 무료로 배부하던 소책자도 발견한다. 이런 자료는 수많은 영감과 정보를 준다.

나는 이를 진정한 자기계발을 돕는 '독서 요법'이라고 부르고 책을 통해서 하느님의 도우심을 느낀다. 이는 오래된 형태의 기도다.

또한 이를 점치기라고도 한다. "점치기는 신과 대화하는 수단이다. 신과의 소통은 당신이 혼자가 아니고, 우주가 살아 있다는 증거를 제시한다. 또한 신이 당신의 존재를, 당신의 갈망과 두려움과 상처와 재능과 진정한 자아를 안다는 증거를 제시한다." 영국의 영성 작가인 필리스 큐롯이 말한다. 그녀가 좋아하는 점치기 방법은 전 세계의 도서관과 서점은 물론이고 그녀의 집이나 친구의 집에서 책장 앞에 서서 '도서관 천사'와 상의하는 것이다. 그녀는 각 장소에서 특정한 시기에 필요한 알맞은 책으로 이끌어 달라고 요청한다. 이렇게 기도한다. "나는 책 속에 머무는 신비한 정신을 청하오니 부디 내가 구하는 것을 찾도록 나를 인도하소서. 부디 내가 지혜를 찾게 도우소서." 그러고 나서 그녀는 눈을 감고 책장 앞에서 손을 앞뒤 및 위아래로 움직인다. 어느 순간이 되면 특정한 책을 향해 손이 부드럽게 뻗어 나간다. 그녀는 특별한 느낌이 드는지 보려고 잠시 기다리다가 그 책을 책장에서 빼며 말한다. "나는 당신을 내 인도자로 인정합니다."

큐롯의 제안을 들어보자. "양손으로 책을 들고 책이 저절로 펼쳐지게 하자. 이제 눈을 뜨고 어떤 페이지인지 보자. 앞에 있는 것을 읽자. 당신이 받은 답에 대해 곰곰이 생각하자면 시간이 걸릴 것이다. 혹은 메시지가 당장은 분명하지 않을 수도 있다. … 당신이 받은 구절을 종이에 적자. 바로 그 순간에는 아무 의미 없는 구절처럼 보여도 그것이 감정을 불러일으키게 두자. 도움을 베푼 책, 도서관 천사, 신에게 감사하며 점치기를 끝내자."

나는 수십 년 동안 비슷한 기도 의식을 했으며 이 의식은 항상 나를 다음 단계로 이끌거나 필요한 지식을 주었다. 고단하고 거친 삶을 헤쳐나가게 인도할 여성 친구를 책에서 찾고 싶을 때가 오면 서점에 가기 전에 나에게 필요한 조언의 종류에 대해 먼저 깊이 생각한다. 그러면 신성한 사서가 신속하게 도움을 주어 내가 감사한 마음으로 웃음 지으며 두려움을 헤쳐나가게 한다.

버지니아 울프는 헌책방 방문은 완벽한 기쁨을 주는 선물이라고 믿었다. 당신의 우선순위 목록에 멋진 헌책방 찾기를 적자.

## 9월 7일

### 조용한 집에서 책을 읽으며 위안을 얻어보자

집은 조용하고 세상은 고요하네.
읽는 자는 책이 되고 여름밤은
의식이 있는 책과 같다.
집은 조용하고 세상은 고요하네.
- 월리스 스티븐스
미국 시인

나는 살면서 필요한 모든 것을 책의 행, 문단, 페이지, 챕터, 표지에서 발견했다. 내가 읽은 책에서, 그리고 더욱더 신비롭게도 내가 쓴 책에서 말이다.

내가 살아가거나 다음 단계의 삶으로 안전하게 나아가는 데 필요한 책은 바로 내가 쓴 책임을 오랜 시간이 흐른 후에야 알게 된 것은 상당히 뜻밖의 일이다.

내 책은 개인적인 예언자가 된다. 내 의식이 모르는 사이에 내 진정한 자아가 앞에 있는 새로운 영토를 정찰하라고 영혼을 파견했고, 마음속으로 소유권을 주장할 준비가 되어 있기 때문이다. 그러면 나는 금광으로 몰려든 사람처럼 광맥을 파고 사금을 채취한다. 앞으로 생길 미지의 변화와 선택과 상황을 꿋꿋이 뚫고 나아가도록 지탱해줄 진실, 지혜, 재능, 용기, 진취성, 은총의 덩어리를 채취한다. 감사하게도 이제 나는 진짜 금과 황철석을 구분하는 법을 배웠다.

나는 책을 범주별로 분류한다. 글쓰기 책(글쓰기 기술), 예술, 인테리어, 요리책, 여성의 회고록, 잊힌 여성 작가들의 소중한 책, 여성 탐험가, 전기, 영화(영화의 역사, 의상디자인, 미술장식), 추리소설, 아일랜드 역사, 켈트족의 신비주의, 원예, 자연 연구, 가정 문학, 철학, 영성, 패션과 스타일, 시와 문학, 그리고 같은 작가가 쓴 책들을 한곳에 모아둔다.

옥스퍼드 사전, 인용문 모음집, 단어책, 문학적 재담과 잊힌 표현에 관한 책으로 가득한 참고 도서용 책장도 있다. 고갈된 느낌이 들면 책장 앞으로 가서 정독한다.

최근에 이사하면서 책을 포장하고 분류하느라고 사람들을 꽤 괴롭혔다. 그게 다 정독하는 습관 때문이었다. 책을 훑어보다가 읽지 않은 책을 발견하고 기뻤다. 이사 가기 전에 읽고 싶을지 모르니(어리석은 생각이었다) '여성의 삶'이라고 적힌 상자에서 책을 빼놓기로 했다. 하지만 결국 책은 '잡동사니'라고 적힌 커다란 옷상자에 담겨 이삿짐 운반 트럭에 실렸다. 마지막 상자까지 싣고 새집으로 이동해서 첫 번째 상자를 내렸다. 드디어 이사가 끝났다. 내가 이 글을 쓰는 동안, 골판지 상자가 탑처럼 쌓인 채 방치되어 있다. 곧 정리해야 할 것이다. 고양이들이 상자를 발톱을 가는 용도로 이용하기 시작했기 때문이다. 나는 책이 망가지지 않게 해달라고 기도한다. 내 책이 그립다.

솔직하게 말하자면 나는 새 책을 쓰는 동안 정보를 담은 논픽션만 읽고 현대소설을 읽지 않는다. 다른 사람의 목소리에 조금이라도 영향을 받고 싶지 않기 때문이다. 작가의 목소리는 영혼의 거울이고 지문처럼 지울 수 없으며 보물처럼 지켜야 한다. 20년 동안 기자로 활동한 후, 이 책을 쓰는 5년 동안 마침내 내 목소리를 발견했다. 그리고 45년 동안 신나는 모험과 성취를 경험했다. 모든 작가는 '자기 목소리를 발견'하려고 평생 노력하며, 생각을 끝까지 들을 수 있을 만큼 마음과 창조적인 삶이 조용해야 비로소 자기 목소리를 발견할 수 있다고 고백할 것이다. 그러고 나면 당신은 런던 로이즈 보험에 가입된 목소리를 가진 가수처럼 당신의 목소리를 보호한다.

매개자로서 작가에게 가장 중요한 규칙은 내가 쓰는 글과 내가 대상으로 한 독자가 분리되지 않아야 한다는 것이다. 내가 대상으로 한 독자란 바로 사랑스러운 당신을 말한다.

"읽는 자가 페이지 위로 몸을 기울이는 것만 제외하면, 마치 책이 존재하지 않는 듯 말이 흘러나오네. … 고요함은 의미의 일부, 마음의 일부. 페이지로 향하는 완벽한 접근." 미국의 시인인 월리스 스티븐스는 독서에 대한 아름다운 시에서 "집은 조용하고 세상은 고요하네"라고 말한다. 이 아름다운 문장을 소리 내어 천천히 읽어보자. 집은 조용하고 세상은 고요하네. 이 생각이 바로 기도가 아닐까? 단 네 마디뿐이지만,

설사 윌리스가 이 글을 쓰고 전달하는 데 평생이 걸렸다고 한들 한순간
도 낭비한 것이 아닐 것이다.

혼란과 도전, 슬픔과 곤경을 겪을 때 미래의 시점에서 현재를 보면
아주 많이 안심이 된다. 그리고 마찬가지로 과거의 삶을 돌아보면 지금
우리 영혼을 시험하고 우리를 비통하게 하는 역경은 안전한 항구로 용
감하게 항해한 시기로 기억될 것임을 알게 된다.

하지만 우리를 지치게 하는 것이 있다. 물건을 간직하고 싶은 욕구가
물건을 둘 공간과 계속해서 충돌하고 있다. 무엇을 왜 간직해야 하는지
도 모르면서 욕구에 휘둘린다. 언젠가 필요할 때가 있을 거야…. 그 시
절이 정말 좋았어…. 당신의 삶이나 집을 걸러내고 분류하기가 버거운
가? 당신만 그런 것이 아니다. 우리 모두에게 동종요법 치료가 필요하
다. 오늘 아침에 나는 안전하고 아늑한 어린 시절의 몽상을 떠올렸다.
만화와 책에서 내가 좋아하는 방들이 어떻게 묘사되었는지를 떠올렸다.
《하우스 앤드 가든House and Garden》을 보기 전에 '베티와 베로니카' 만화
책 시리즈를 보던 시절이 있었다. 건축 잡지 《아키텍처 다이제스트》 이
전에는 《빨간 머리 앤》과 1940년대부터 1960년대까지 10대 초반 청소
년을 대상으로 나온 잡지인 《콜링 올 걸스Calling All Girls》를 보았다.

내가 어린 시절에 좋아한 책은 엘로이즈 윌킨이 삽화를 그린 '리틀 골
든 북' 시리즈였다. 윌킨은 성공한 동화 삽화가였다. '리틀 골든 북' 시
리즈 중 네 권의 삽화를 그려달라는 사이먼 앤드 슈스터 출판사의 요
청을 받아들여 1943년에 계약한 것이 시작이었다. 그녀는 1980대까지
100권이 넘는 책의 삽화를 그렸다.

그녀는 모든 연령대의 여성에게 세월이 흘러도 변치 않는 아름다운

선물을 주었다. 나는 자신의 마음과 집을 세상과 공유해준 그녀에게 한 없이 감사한다. 나는 어릴 때 엘로이즈 윌킨이 창조한 세상을 워낙 좋아했기에 그녀의 아늑하고 안전한 세상을 내 아이에게도 보여줬다. 이제 우리는 둘 다 성인이 되었지만 엘로이즈 윌킨이 부리는 마법의 힘은 여전히 강력하다. 차를 한잔 마시면서 그녀의 책《우리는 엄마를 도와요We Help Mommy》,《우리는 아빠를 도와요We Help Daddy》,《새로 태어난 아기The New Baby》,《어린이를 위한 기도Prayers for Children》,《아기의 크리스마스Baby's Christmas》를 천천히 넘기노라면 평온함 속에 잠시 머물게 된다. 이는 행복한 어린 시절로 가는 여행이다.

우리는 자주 이사를 하는지라 어디에서 살든 우리에게 절대적으로 필요한 것, 없으면 견딜 수 없는 것이 무엇인지 다시 생각해야 한다. 나에게 그런 절대적인 것은 책과 수첩과 펜을 늘어놓을 수 있고 고양이도 옆에 둘 수 있는 커다랗고 편한 침대, 고급 독서용 램프, 질 좋은 영국차, 안락한 의자와 오토만, 향기가 풍기는 리넨류 수납장, 벽난로, 책장, 괘종시계, 아름다운 정물화 수집품이다. 아직 이 모든 것들과 재회하지 못했지만 머지않아 만나게 될 것이다. 우리가 만나는 앞날이 분명히 보인다.

오늘 나는 또다시 '리틀 골든 북'을 펼친다. 내 손가락이 책 속에 그려진 식민지 시대의 작은 깔개, 스텐실 테두리, 파란색과 흰색이 어우러진 자기 접시, 단풍나무 침대, 안쪽에 꽃분홍색이 칠해진 파란색 장식장 그림을 훑고 지나간다. 아늑하고 차분한 작은 세상이다. 연령대를 불문하고 여성을 대상으로 쓴 책에서 찾아낸 보물들이 셀 수 없이 많은 감정을 불러일으킨다는 것을 깨달았다. 물론 살면서 여러 집을 다양한 스타일로 꾸몄지만, 모든 인테리어는 엘로이즈 윌킨의 영향을 받았다. 그래서 내가 쓰고 읽은 책을 통해 다시 살아가기 시작하는 동안 늘 경탄을 금치 못한다.

아무래도 새로운 범주를 만들고 그 책들을 전시할 새로운 공간도 마련해야 할 듯하다. 일단은 '행복한 상자'라는 라벨을 붙인 특별한 상자에 넣는다.

오늘 나는 조용한 집과 고요한 세상이 당신의 마음속에서 시작되기를 바란다. 당신을 다정하게 얼싸안고 위로하는 책을 발견하기를 바란다. 그리고 당신이 상상조차 못 한 놀라운 은총이 흘러넘치기를 바란다.

## 9월 8일

## 책 속에 삶을 변화시킬 단서가 있다

**나는 적어도 네 번 읽은 책만 좋아한다.**

- 낸시 브루커 스페인
영국의 방송인이자 기자

나는 지금까지 소박한 풍요로움의 여정을 자아와 정신의 사파리 여행으로 묘사했다. 우리는 자아를 발굴하기 시작했고, 이 활동은 내가 펴낸 책 《또 다른 목표: 당신의 진정한 자아 발굴하기Something More: Excavating Your Authentic Self》와 함께할 수도 있다. 책을 11권이나 더 썼는데도 새 책을 쓰기 시작할 때는 여전히 기록 보관자나 고고학자가 된 듯한 느낌이

든다. 화석의 연대를 측정하듯이 책장에 꽂힌 책들을 통해 내 삶의 특정 시기를 측정할 수 있기 때문이다. 혹은 특정 시기와 장소에서 책장에 꽂혀 있던 책을 기억하기 때문이다.

영국 작가 수전 힐은 재미있는 회고록《하워즈 엔드는 층계참에 있다 Howards End Is on the Landing》에서 책장에 가득 꽂힌 책을 모두 읽은 1년 동안의 멋진 모험을 이야기한다. 작은 우연이 소속감을 새로운 방향으로 바꾸는 방식은 항상 신비롭다. "시작은 이런 식이었다. 어떤 책을 찾으러 층계참에 있는 책장으로 갔다. 분명히 그곳에 있어야 하는데 없었다. 하지만 다른 책이 많이 있었고 그중에서 내가 아직 읽지 않은 책이 최소한 열두 권은 있었다." 그래서 그녀는 새 책을 사는 것을 멈추고, 마음과 정신과 의견을 탐구하는 긴 순례길에 올랐다.

당신의 책장에 어떤 책이 많이 꽂혀 있는가? 알기는 하는가? 시원한 가을에 기분전환거리로 삼기에 좋은 활동이 있다. 종종 삶을 변화시킬 영감을 얻고 싶은데 어디에서 시작해야 할지 전혀 감을 잡지 못할 때가 있다. 이럴 때 책장을 살펴보는 것으로 활동을 시작하자. 수전 힐의 설명을 들어보자. "나는 평생 독서를 하면서 무엇을 축적했는지 탐구하고, 집 안 이곳저곳에 있는 많은 책을 조사하기 위해 내 책들을 거두어들이고 싶었다. 이 책들은 1년이 넘는 동안 나를 집중시키고, 가르치고, 즐겁게 하고, 놀라게 하고, 향상시키고, 이끌고, 풍요롭게 만들기에 충분한 양이다. 모든 책이 먼지를 털고 펼쳐서 읽는 대접을 받을 자격이 있다. 책장에 있는 책은 무생물이지만 일종의 번데기이기도 하다. 새로운 생명을 탄생시킬 가능성이 가득한 무생물이다. 나는 그날 집에서 어슬렁거리며 숨어 있는 책 한 권을 찾는 동안 이곳에 얼마나 많은 생명이 보관돼 있는지 깨달았다."

나는 영화와 책을 똑같이 좋아하기 때문에("두 연인, 나는 부끄럽지 않네. 두 연인, 나는 그들을 똑같이 사랑하네…" 모타운의 여왕 메리 웰스의 노래 가사다) 영화와 음식과 책과 즐거움이 어우러진 나만의 영화·독서 의식을 만들었다.

에드워드 시대 영국의 소설가 E. M. 포스터가 쓴《하워즈 엔드》를 살펴보자. 그는 대영제국의 절정기와 쇠퇴기의 사회계급에 주의를 기울였고, 여성의 삶과 독립을 규제하는 족쇄에 아주 많은 관심을 가졌다. 그는 가진 자와 가지지 못한 자에 대한 여러 이야기를 소설에 동시에 배치했다. 우리는 그런 이야기를 통해 불편한 현실을 직시하면서 양면을 모두 살펴볼 수 있다. 이것이 가능한 이유는 그가 우연이라는 장치를 이용해서 진실을 아주 부드럽게 그리기 때문이다. 이를테면 헬렌 슐레겔이 모르는 사람인 레너드 바스트의 우산을 콘서트에서 무심코 줍는 우연한 순간에 세 가족의 삶을 송두리째 바꿔놓은 일련의 상황이 시작된다.

우리가 포스터의 작품에 익숙한 이유는 〈전망 좋은 방〉과 〈인도로 가는 길〉 등 그의 소설이 많이 영화화되었기 때문이다. 이 영화들은 1980년대부터 2000년대 초까지 머천트 아이보리 프로덕션(제작자 이스마일 머천트, 영화감독 제임스 아이보리, 시나리오 작가 루스 프라워 자발라가 만든 영화 제작팀)에서 제작됐다. 머천트 아이보리 프로덕션의 영화들은 경이로우며 일부는 '유산 영화Heritage film'라는 장르에 속한다. 여기에서는 집이 항상 조연 역할을 하고 힘겨운 연애가 등장한다. 역사, 유산, 집, 뛰는 가슴. 나는 처음 본 순간 포스터에게 반했다. 나는 머천트 아이보리를 결코 떠날 수 없을 것이다.

메리 웰스의 노래가 두 가지 측면을 가진 남자를 사랑하는 여자의 마음을 잘 표현하듯이 두 가지 방식(책과 영화)으로 표현된 '하워즈 엔드'는 똑같이 나를 즐겁게 한다.

머천트 아이보리 영화 〈하워즈 엔드〉에는 에마 톰슨과 앤서니 홉킨스가 출연했으며 이 작품은 아카데미상 세 부문을 수상했다. 시대극의 전형인 이 영화를 보노라면 금실로 짠 얇은 천을 통해 멀리서 훔쳐보고 있는 느낌이 든다. 조명과 풍성한 색감이 대단히 호화스럽고, 그 시대를 아주 잘 재연했으며, 대화가 반어적이면서도 명확하다. 이 '머천트 아이보리 방식'은 곧 사람들이 자기 작품의 특별한 분위기와 느낌을 설명할 때 사용하는 일반 명칭이 되었다.

2017~2018년에 미국 케이블TV인 스타즈에서 〈하워즈 엔드〉를 4부작으로 제작했다. 미국의 영화감독이자 시나리오 작가인 케네스 로너건(〈갱스 오브 뉴욕〉의 작가이며 〈맨체스터 바이 더 씨〉의 감독)이 시나리오를 맡았는데 그로서는 매우 뜻밖의 선택이었다. 나는 이미 봤지만 스포일러를 자제하겠다. 주말에 직접 드라마를 보면서 대조와 비교를 통한 영화 치료를 경험하기 바란다. 친구들을 초대해서 함께 봐도 좋고, 혼자서 먹고 마시면서 봐도 좋다. 책 한 권, 영화 두 편, 와인 한 병, 올리브, 제노바 살라미, 프로볼로네 치즈, 딱딱한 바게트, 천일염을 첨가한 다크 초콜릿을 준비해서 즐거운 한때를 보내자.

E. M. 포스터는 책을 반복해서 읽게 만드는 소설가로 알려져 있다. 그의 소설을 읽을 때마다 새로운 점을 배우게 되기 때문이다. 우리가 특정한 영화를 좋아하는 것도 그런 이유에서다. 때로 나는 영화를 보기 전에 원작 소설을 읽거나, 영화를 본 다음에 원작 소설을 찾는다. 당신의

마음에 드는 방식을 골라서 하루 날을 잡고 시도해보기 바란다.

"오직 우리가 받아들일 준비가 된 책, 우리가 아직 가지 않은 길을 간 책이 우리에게 영향을 줄 수 있다." 포스터가 우리에게 상기시킨다.


# 9월 9일

## 독서는 시간을 여행하는 가장 좋은 방법이다

요즘 사람들은 책을 제외한 모든 것을 읽는다.

- 안네 소피 스웨친
러시아의 신비주의자이자 19세기 여류 작가


오늘 밤에 1836년으로 시간 여행을 간다고 상상하자. 우리는 프랑스 파리 생도미니크 거리 71번지에 있는 존경받는 살로니에르, 마담 소피 스웨친의 아파트에서 열리는 활기찬 문학 파티에 초대됐다.

살로니에르가 무엇일까? 물어봐 줘서 고맙다.

"살로니에르는 파티 주최자다." 현대의 살로니에르인 손님 접대 전문가 칼라 맥도널드가 설명한다. "이 말은 17세기와 18세기 프랑스에서 당대의 가장 권위 있는 작가, 철학자, 예술가를 찬양하고 홍보하기 위해 집에서 살롱이라는 파티를 개최하는 유능한 여성을 칭하는 의미로 처음 사용되었다. 대단히 영향력 있는 살로니에르는 파티에서 토론할 주제를 선택했고 초대할 사상가, 정치인, 귀족, 실력가의 명단을 정했으며 토론을 능수능란하게 이끌었다. 대화는 살롱의 주요 활동이었고 살로니에르의 목표였다. 당대의 여성 실세인 그들은 모든 참석자들이 깨우칠 수 있게 담화를 교양 있게 유지했다."

이런 멋진 파티에 가고 싶지 않은 사람이 있을까? 정중하고 재치 있고 지적인 농담, 관점의 교환, 다른 손님에 대한 존경(특히 처음 참석한 경우). 그런 파티는 당대 가장 중요한 사상가들과 창작자들이 한자리에 모여 의견을 교환하는 장이었다. 이런 파티의 주최자들이야말로 막강한 힘을 가진 최초의 소셜 인플루언서였다.

프랑스 왕 루이 15세의 정부인 마담 퐁파두는 가장 유명한 살로니에르다. 하지만 우리에게 이름이나 이야기가 별로 알려지지 않은(이제라도 알아가면 된다) 비범하고 지적이고 박식한 여성들은 귀에 들리는 도발적인 속삭임과 부채 뒤의 웃음이 군중 속의 떠들썩한 외침보다 훨씬 설득력이 있다는 것을 알았다. 특히 지적이고 활기차고 재치 있는 대화가 그 저녁의 목적이었기 때문이다.

그렇다면 오늘 우리는 누구의 파티에 참석할까? 마담 소피 스웨친의 파티다. 그녀의 뒷이야기를 조금 들춰보자. 러시아 대신의 딸인 소피는 러시아 여황제 예카테리나 2세의 궁전에서 살았다. 그녀는 훌륭한 교육을 받았고 여러 나라의 언어를 구사했다. 하지만 어린 소피는 직접 보고 들으면서, 특히 주변에서 진행되는 솔직한 대화를 들으면서 많은 교훈을 얻었다. 그녀는 어린 소녀였고 사실상 어른들의 눈에 잘 띄지 않은 까닭이었다.

소피는 열일곱 살 때 훨씬 연상이지만 더할 나위 없이 좋은 남편감과 결혼했다. 안타깝게도 그녀는 자식이 없었고 영성에서 위안을 얻었으며 서른세 살에 가톨릭교로 개종했다. 하지만 러시아 정교회를 떠난 귀족은 러시아에서 추방하게 돼 있었다. 소피는 파리를 새 고향으로 선택했고 좋은 배경과 인맥을 이용해서 살롱을 열었다. "그 살롱은 곧 장안의 화제가 됐다. 러시아에서 추방된 사람들뿐만 아니라 문학계, 정치계, 종교계의 유명한 사상가들이 그녀의 살롱에 왔다." 크리스틴 오브라이언이 말한다.

마담 스웨친은 1826년부터 1856년까지 파리 최고의 귀부인이었다. 우리가 그녀와 그곳에 함께 있다고 상상하자. 오늘 밤 그녀의 손님 명단에 누가 있을까? 빅토르 위고(《레 미제라블》), 알렉상드르 뒤마(《삼총사》), 구스타브 플로베르(《마담 보바리》), 프랑스 낭만주의 소설가 조르주 상드(19세기의 가장 성공한 여성 작가 중 하나). 프레데리크 쇼팽도 불렀을까? 지금 우리 귀에 들리는 음악이 〈녹턴 op. 9〉일까?

다른 손님들이 앉아서 음악을 듣는 동안 마담 스웨친은 차분하고 우아하게 우리에게 다가와서 부탁을 하나 해도 되겠냐고 묻는다. 물론, 좋습니다. 무엇이든 말만 하세요. 그녀는 급한 전갈을 가지고 21세기로 가 달라고 말한 뒤 작은 종이 한 장을 내 손에 쥐여주고 그녀의 손으로 덮는다. 그녀는 부드럽게 말한다. "당신에게 신의 축복이 있기를, 당신의 모든 노력에 보답이 있기를 기원합니다."

이제 우리의 일상으로 돌아갈 때다. 집에 가는 동안 먹게 라뒤레 마카롱을 몇 개 주머니에 챙겨 갈까? 그런데 라뒤레 제과점은 1862년이 되어서야 문을 열 것이다. 그렇다면 미래로 돌아가는 길에 그곳에 잠시 들르자. 독서는 시간을 무너뜨린다.

# 9월 10일

## 소셜미디어는 영혼을 살찌우지 못한다

책을 흘긋 들여다보면 다른 사람의 목소리, 어쩌면 1,000년 전에
죽었을 사람의 목소리가 들린다. 독서는 시간 여행이다.

– 칼 세이건

미국의 천문학자·우주론자·천체 물리학자·작가

태초에 말씀이 있었다. 솔직히 하늘과 땅을 분리하기 위해 필요한 것은
말씀뿐이었다. 여전히 그렇다. 말이 퍼지면서 창조 행위에서 말의 중요
성이 많은 면에서 증가했다. 점토판에 새기고, 왁스에 찍고, 파피루스나
반짝이는 금박 피지에 찍고, 금속활자에 잉크를 발라서 양피지에 찍는
등의 방법으로 말이 기록되었다. 수천 년 동안 어둠에서 빛으로 발전하
고 망치에서 폰트로 발전하는 과정에서, 읽고 말하고 해석하고 격려하
고 알리고 행동하고 상상하고 지시하고 교육하고 즐겁기 위해 늘 말이
글로 적혀야 했다.

　말이 성스럽고 저장되고 음미되고 공유되는 한 그럴 것이다. 1836년
에 파리에서 마담 스웨친이 미래에 가져가 달라고 우리에게 준 쪽지가
기억나는가? 그 쪽지에 무엇이 적혀 있었는지 아는가? "요즘 사람들은
책을 제외한 모든 것을 읽는다." 그녀의 예리한 논평으로부터 거의 두
세기가 흐른 후, 시간이 무너지지 않고 있다. 시간이 가속화하고 있다.
그 어느 때보다도 빨라지고 있다. 이제 '눈 깜짝할 사이'라는 표현은 꾸
물거림으로 여겨진다. 우리는 너무 빨리 가고 있어서 우리가 움직이고

있다는 것조차 알아채지 못한다. 사실 환경학자들은 기후 변화 위기의 빠른 속도를 '거대한 가속'이라고 부른다. 거대한 가속이 전염성 있는 컴퓨터 바이러스처럼 기술과 사회에 퍼졌다.

어떻게 하면 이 가속을 우리 정신이나 영혼에 조금이라도 유익하게 만들 수 있을까? 그렇게 할 수 없다. 우리는 그 사실을 안다. 하지만 그렇다고 해서 오늘 컴퓨터를 사용하지 않겠다는 말은 아니다. 나는 컴퓨터 앞에 앉을 것이고 일하다가 699달러짜리 연분홍색 속옷에 어느새 정신이 팔릴 것이다. 얇은 레이스 재질의 어깨가 드러나는 이 반팔 보정 속옷은 참 예쁘고 색깔도 멋지다. 왜 이 속옷이 가속에 대한 사색을 쓰고 있는 오늘의 작업을 계속 방해하는 것일까? 내가 지난주에 멋모르고 '자세히 보기' 버튼을 클릭하는 실수를 저질렀기 때문이다. 그때 나에게 필요한 정보는 가격뿐이었다. 그런데 어떻게 됐는지 아는가? 이제 버그도프 굿맨은 내가 미끼용 링크를 거부하지 않았다는 것을 알기에 그 후로 계속 나에게 메시지를 보내고 있다. 아, 세상에, 오늘 그 옷을 349달러로 할인해서 판매한단다.

"인터넷과 소셜미디어는 우리가 한두 단락만 읽고 주변을 두리번거리도록 우리 두뇌를 훈련했다. 나는 온라인에서 《애틀랜틱》이나 《뉴요커》 기사를 읽을 때 몇 문단을 보고 나면 기사의 길이를 알아보려고 사이드바를 힐끗 쳐다본다. 내 마음이 옆길로 새고 나도 모르게 사이드바와 링크를 클릭하고 있다." 작가 필립 얀시가 하는 말은 우리 모두에게 해당한다. 얀시는 서른 권의 책을 낸 작가이며, 이 소셜미디어의 시대에 영적 사안을 탐구한다. 그는 독서의 종말이라고 부르는 개인적인 위기를 겪고 있으며, 이 위기는 우리의 영혼을 위협한다.

얀시는 30년 넘게 작가 생활을 하며 읽은 5,000권의 책이 꽂힌 27개의 높은 책장에 둘러싸여 글을 쓴다. "책은 내가 누구인지 파악하게 한다. 책은 내 믿음의 여정을 안내했고 과학과 자연의 경이를 나에게 소개했다. … 무엇보다도 책은 기쁨과 모험과 아름다움의 근원이었고, 내가 몰랐을 현실을 보여줬다." 하지만 얀시는 현 경향이 우리 집중력을 떨어뜨리고 있다고 인정한다.

정신적·육체적 건강과 행복이 음식에서 양분을 공급받아 유지되고 확대되듯이 두뇌는 상상력과 감정과 창조력에서 양분을 공급받는다. 이런 영혼의 근원은 지켜져야 한다. 지난 20년 동안 우리는 지구를 살리고 희귀종 동식물의 멸종을 막기 위한 운동에 열심히 나섰다. 그렇지만 우리가 글을 살릴 수 없다면 어떻게 세상을 살릴 수 있을까? 인터넷의 장점은 우리가 아주 많은 정보와 지식을 이용할 수 있다는 것이다. 이제 그 장점은 그다지 중요하지 않게 되었고 사람들은 삶을 바꾸는 책을 쓰지 않는다. 그렇다면 무엇을 읽을까?

나는 진정한 자아가 눈에 보이는 영혼이라는 믿음을 이야기해왔다. 하지만 당신만이 진정한 자아가 영혼의 생존자가 되게 할 수 있다.


## 9월 11일

### 오늘은 어제 죽은 자들이 그토록 바라던 내일이다

뮤즈의 상실. 등장인물의 상실. 삶의 상실.

– 애나 퀸들런

그날은 낸시, 셰릴, 밸러리, 캐슬린, 길다, 엘리자베스, 퍼트리샤에게 평소와 다름없이 정신없이 바쁜 월요일이었다. 그저 평범한 출장, 흔한 비행이었다. 아이들에게 입을 맞추고 학교에 보냈다. 베이비시터에게 아이를 맡겼다. 남편에게 잊지 말고 아이를 축구 연습장에 데려다주라고 당부했다. 냉장고에 넣어놓은 캐서롤을 데워먹고 세탁소에서 옷을 찾아오라고 말했다. 일곱 여성 중에는 이날 하루를 기진맥진한 채 보낸 사람도 있었고 즐겁게 보낸 사람도 있었다. 만족스럽게 보낸 사람도 있었고 실망스럽게 보낸 사람도 있었다. 그런데 그런 것이 무슨 의미가 있을까? 하루가 끝나갈 무렵에 그들은 시카고 오헤어 공항으로 향하는 아메리칸 이글 통근 비행기 4148기에 올랐다. 비행기에 타기 전에 기념품점에서 자그마한 선물을 샀을지도 모른다. 사랑하는 가족은 하루 동안 일어난 일을 이야기할 생각에 부풀어 그들을 기다리고 있었으리라. 그들은 공항에 도착하면 택시를 타고 집에 가서 가족을 만났으리라.

그러나 그 대신에 속보, 전화, 믿을 수 없는 소식, 절망, 충격, 고통, 슬픔, 비통이 이어졌다. 꿈이 산산조각 났다. 낸시(48세), 셰릴(44세), 밸러리(44세), 캐슬린(47세), 길다(43세), 엘리자베스(37세), 퍼트리샤(42세)는 영원히 집에 돌아가지 못했다. 비행기가 하강하던 중에 상상도 못 했던 일이 발생했기 때문이다. 일곱 여성은 다른 61명의 승객과 함께 비행기 추락 사고로 사망했다. 비행기가 충돌하는 순간에 그들은 살아남을 수 없다는 것을 알았을까? 마지막에 무슨 생각을 했을까?

마지막 순간에 뇌리를 스친 생각은 성사시켰거나 놓친 계약 혹은 하루 동안 골치 아팠던 일이 아니었을 것이다. 분명히 그들의 마지막 생각은 진실했을 것이다. 어쩌면 사랑하는 사람들의 얼굴이 떠올라 공포가 사라졌을지도 모른다. 후회할 시간조차 없었을 것이다. 부디 그랬기를 바란다. 그랬기를 기원한다.

사는 동안 상실에서 벗어날 수 없다. 상실은 현실의 일부다. 세계무역센터 붕괴. 우리는 그 뉴스를 들었을 때 우리가 어디에 있었는지 잊지 못한다. 샌디훅 초등학교 총기 난사. 사망한 1학년 학생들. 우리는 이 사건 후 다시는 이런 일이 벌어지지 않기를 바랐다. 하지만 비극은 반복되었다.

"참혹한 일이 생길 때 조금 전만 해도 상황이 이렇지 않았다고, 그 순간으로 돌아가게 해달라고, 뭐든지 좋으니 지금 이 순간만 없애 달라고 생각해본 적이 있는가?" 영국의 소설가 메리 스튜어트가 묻는다. "그 순간으로 돌아가려고 노력하고 또 노력하지만 돌아갈 수 없다는 것을 당신도 안다. 그래서 그 순간을 꼭 붙들고 지나가지 않게 하려고 애쓴다."

오늘 하루가 당신에게 힘든 날일 수도 있다. 예상치 못한 삶의 굴곡이 담긴 다음 순간이 일어나지 않기를 바랄 것이다. 하지만 적어도 당신에게는 다음 순간이 있다. 여전히 살아 있다. 이 소중한 하루를 어떻게 살아갈지 선택할 수 있다.

그 순간이 그냥 사라지기를 바라지 말자. 그 순간을 낭비하지 말자. 부디 그 순간을 구해내자. 그 순간을 꼭 붙들자. 그 순간을 소중히 여기자. 무엇보다도 그 순간에 감사하자. 잃어버린 기회, 저지른 실수, 아직 오지 않은 성공에 대한 실망감에 굴하지 말고 감사하는 마음을 갖자.

오늘 하루가 너무 끔찍해서 고마움을 느끼지 못하겠는가? 즐거운 순간이나 소박한 즐거움을 단 하나도 찾을 수 없다고 생각하는가? 전화할 친구나 사랑할 사람이나 나눌 물건이나 미소를 지을 거리를 하나도 못 찾겠는가? 삶이 너무 힘들어서 순간순간 최선을 다해 살아갈 여유가 없는가? 그렇다면 오늘은 당신을 위해 살지 말자.

오늘을 살 수 없는 사람들을 위해 살자.

오늘 하루를 낸시, 셰릴, 밸러리, 캐슬린, 길다, 엘리자베스, 퍼트리샤를 대신해서 살자.


## 9월 12일

## 긴 이야기에 빠져들어라

스토리텔링, 그것은 미래가 아니다.
유감이지만 미래는 순간적인 떠오름과 충동이다. 그것은 순간과
파편으로 만들어지며 이야기는 살아남지 못한다.
– 덱스터 파머
미국 소설가


사람들이 8초 후 집중력을 잃는다는 마이크로소프트의 연구 결과가 《타임》에 실렸다. 처음 연구를 시작한 2000년의 12초보다 더 짧아졌다. 이 결과는 디지털화된 생활방식이 우리 두뇌에 미치는 신체적 영향을 보여준다.

금붕어의 집중력이 유지되는 시간은 9초다.

스마트폰, 태블릿 컴퓨터, 비디오 게임, 클라우드, 무료 와이파이, 무선 인터넷 접속 가능 지역은 계속 늘어간다. 디지털 장비의 수가 증가하는 동안 우리의 관심을 끌기 위한 새로운 방법도 증가한다. 마이크로소프트의 최고경영자인 사티아 나델라는 미래에 "진짜 희소 상품은 인간의 집중"이 될 것이라고 결론을 내렸다.

이 기사를 읽은 후 우리가 날마다 스크롤과 클릭을 할 때 미처 깨닫지 못하는 사이에 얼마나 많은 콘텐츠에 노출되는지 찾아봤다. 101개 범주의 디지털 콘텐츠가 작은 상자에 담겨 화면에 뜬다. 그리고 이런 서비스를 제공하는 디지털 미디어 회사의 수는 계속 증가하고 있다.

"더 이상 세상에 새로운 이야기가 없고 이야기꾼도 없다. 토막 난 구절만 남았다. 이야기의 흔적은 '옛날 옛적에'나 '끝' 같이 조각난 말들뿐이다. 하지만 이 기계의 시대에 모든 것이 그렇듯이 이런 조각난 말들은 끝없는 반복을 통해 의미를 잃었다." 덱스터 파머는 소설 《영구 운동의 꿈The Dream of Perpetual Motion》에서 이렇게 썼다. "이 기계의 시대에는 이야기가 들어갈 공간이 없다. 요즘 우리는 마치 미래를 과거에 연결하고 싶지 않은 것처럼 단 한순간의 즐거움을 찾는다. 이야기? 우리에게는 이야기를 위한 시간이 없다. 우리는 인내가 없다."

이야기가 없는 세상이라니. 그런 일이 벌어지게 두면 안 된다.

그나마 조금 긍정적인 면은 우리의 멀티태스킹 기술이 대단히 증가했다는 것이다. 감사할 거리는 어디에서든 찾을 수 있다.

# 9월 13일

## 시는 무기력증을 치료한다

삶의 설명서. 관심을 가져라.
놀라라.
그것에 대해 말하라.
- 메리 올리버
내셔널 북어워드 및 퓰리처상을 수상한 시인

내가 복잡한 헌책방에서 발굴한 보물 중 하나는《굿 하우스키핑》1925년 10월호다. 이 잡지에는 '시 치료'라는 제목의 새로운 치료법이 실려 있다. 이 기사는 완전히 지쳤을 때 시 한 줄이나 한 절을 곰곰이 생각하면 마음이 평안해진다고 조언한다. 가만히 앉아서 쉬거나 산책할 시간이 단 20분도 없다는 생각이 들 때가 종종 있다. 나는 이 잡지의 제안 덕에 그럴 때 시를 통해 명상에 잠긴다.

많은 여성이 앞길을 밝히는 시의 힘을 인정하지 않는다. 고등학교 국어 시간에 시구를 하나하나 지겹게 분석하던 기억이 남아 있기 때문이다. 또한 시에 대해 열등감을 느끼는 사람들도 있다. 그들은 시는 많이 배우고 문학성이 뛰어나며 박식한 사람이나 감상할 수 있는 예술이라고 여긴다. 그러나 시인은 절대 그 생각에 동의하지 않을 것이다. 시인은 시가 진실하고 개인적이라는 것을 안다. 최연소이자 아프리카계 미국인으로는 최초로 미국의 계관시인으로 선정된 리타 도브는 "시는 당신을 당신 자신에게, 말하거나 협상할 줄 모르는 자아에 연결한다"라고 말한다.

시를 의식 아래로 천천히 가라앉히면 훨씬 수월하게 진정한 자아와 연결할 수 있다. 감정이나 경험이 좋은 기억을 불러일으키는 단어의 멜로디에 포착되고, 이렇게 되면 일상의 만남에 조화와 균형이 생긴다. 리타 도브는 시가 일상생활에 신비감·경이감을 되살리는 힘을 가졌다고 믿는다. 라디오에서 리타 도브가 자신의 시를 낭독하는 것을 들은 적이 있다. 집에 돌아가려고 비행기 탑승을 기다리는 심정을 담은 시였다. 요리를 하던 중이었지만 리타의 시를 듣는 순간 나도 비행기를 기다리고 있다는 착각에 빠졌다. 그 시는 우리의 특정한 삶이 보편적인 경험을 반영할 수 있다는 사실을 확실히 일깨워줬다. 이를 시보다 매혹적으로 표현할 매체는 없다.

이처럼 소박하지만 풍요로운 예술을 탐험하기에 좋은 시인들을 소개한다. 다양한 여성 시인들의 목소리를 듣다 보면 당신에게 맞는 시인을 찾게 될 것이다. 워선 샤이어, 루피 카우르어, 트레이시 K. 스미스, 모건 파커, 이르사 데일리워드, 리타 도브, 앤 섹스턴, 루이즈 보건, 다이앤 와코스키, 에밀리 디킨슨, 마야 앤젤루, 에이드리엔 리치, 오드리 로드, 뮤리얼 러카이저, 주디스 비오스트, 엘리자베스 배럿 브라우닝, 맥신 커민, 다이앤 애커먼, 셜리 코프먼, 메이 사턴, 체리 모라가, 메리앤 무어, 메리 올리버의 시를 읽어보자.

하루에 시를 한 편씩 읽자. 마음에 드는 시구를 카드에 쓴 다음 외워보자. 인스타그램과 페이스북에서 좋아하는 현대 시인을 팔로우하자. 마야 스타인이 10행 시를 쓰는 방법을 가르치는 웹사이트 mayastein. com에 방문해보자. 시에는 많은 비밀이 숨겨져 있다. 끈기 있게 진실을 탐구하는 사람에게 발견되기를 기다리고 있는 비밀이다. 나는 잠들기 직전에 시구 한 줄을 곰곰이 생각하기를 좋아한다.

직접 시를 쓰자. 너무 늙었다는 말일랑 하지 말자. 아무도 당신의 나이에 신경 쓰지 않는다. 1983년 에이미 클램핏은 첫 시집 《물총새The Kingfisher》로 전례 없이 큰 주목을 받으며 문단에 데뷔했다. 그때 그녀의 나이는 63세였다. 물론 클램핏은 평생 시를 썼지만 50대에 접어들어서야 진정한 자아의 목소리를 발견했다. 당신이 평생 마음속에서 또 다른 목소리를 들었다면 이제는 그 목소리에 귀를 기울여야 할 때가 왔다.

"당신이 글을 쓰는 것을 두려워한다면 그것은 좋은 신호다. 당신이 무서워하는 그 진실을 언제 쓰게 될지 당신은 알 것이다." 그러니 그 진실을 소재로 당신의 진정한 자아와 함께 시를 쓰자. 마치 당신과 진정한 자아가 공동으로 컨트리 송을 작곡하고 있는 것처럼 진정한 자아와 함께 시를 쓰자.

러시아 태생의 미국 작가 안지아 예지에스카는 "진정성은 스스로 시를 창조한다"라고 말했다.


## 9월 14일

## 직업이 아닌 천직을 찾아라

주전자는 담을 물을 달라고 하고
사람은 진짜 일을 달라고 하네.
– 마지 피어시

생업, 직업, 천직 사이에는 커다란 차이가 있다. 생업은 생계를 꾸려나 갈 수 있는 수단이다. 하지만 퓰리처상을 받은 사학자 스터즈 터클이 많은 사람들의 생생한 목소리를 담은 인터뷰집《일: 누구나 하고 싶어 하지만 모두들 하기 싫어하고 아무나 하지 못하는》에서 지적했듯이 일상의 의미 추구가 식량 못지않게 중요하며, 남에게 받는 인정이 현금 못지않게 필요하다. 누구나 "월요일부터 금요일까지 일에 매여 있는 무기력한 삶이 아니라 활기찬 삶"을 찾고 있기 때문이다.

　스터즈 터클이 인터뷰한 사람 중 당시 건강 잡지의 기자이던 노라 왓슨이 한 말을 들어보자. "많은 사람이 단순한 생업이 아니라 천직을 찾고 있다. 공장 조립 라인의 노동자처럼, 대부분의 사람은 정신의 크기에 비해 너무 작은 생업을 가지고 있다. 단순한 생업으로는 부족하다." 그래도 생계를 유지해야 하니 생업은 아주 중요하다. 우리는 각종 세금과 청구비를 내야 하고 사랑하는 사람들과 우리를 돌봐야 한다.

　직업이 천직일 수는 있지만 꼭 그래야 하는 것은 아니다. 대체로 직업이란 우리가 상당한 전문성을 가지고 적절한 보수를 받으면서 회계, 광고, 간호, 출판 등의 한 분야에서 장기적으로 종사하는 일을 말한다. 종종 직업은 오래된 결혼생활과 비슷하다. 열정이 위안과 안정과 예측 가능성으로 바뀐다. 물론 이 선택에 잘못된 점은 없다. 많은 여성에게 완벽한 선택이다. 하지만 일부 여성은 안전한 삶을 선택한 결과로 치러야 하는 심리적 대가 때문에 고민한다. 실제로 하루하루를 진정으로 살려고 노력하지 않으면 결국 엄청난 이자가 붙은 대가를 치러야 한다.

많은 사람이 시간이 지나면서 생업에서 직업으로 점차 이동하지만, 특히 중년에 접어들면 진정한 천직에 응답하기를 망설인다. 담보 대출과 빚이 있는 재정적 현실 사이에서, 자녀를 키우고 나이 든 부모를 부양해야 생활 사이에서, 안정된 길과 미지의 길 사이에서, 정기적으로 받는 봉급과 불확실성 사이에서, 주변 상황과 창조적 선택 사이에서 고민하기 때문이다.

하지만 삶의 양상이 바뀌었다. 이제 우리는 80대 혹은 90대까지 살면서 일한다. 진정성은 늙지 않는다. 최장수 모델 카먼 델로피체를 생각해보자. 그녀는 60여 년 전인 단 열세 살에 뉴욕 시내버스에서 발탁돼서 일을 시작했다.

현재 그녀는 여든일곱 살이다. 2년 전 중국 디자이너 구오 페이의 오트쿠튀르 패션쇼의 마지막을 장식했다. 빨간 드레스를 입고 눈부시게 아름다운 모습으로 관객과 언론을 감동시켰다. 그녀는 몇 살까지 일할 계획이냐는 질문에 이렇게 대답했다. "내 목표는 백다섯 살이다. 그때 가서 직업을 바꿀지 생각해보련다." 당신이 이 글을 읽고 있는 지금 몇 살이든지 간에, 아직 당신에겐 살아갈 날이 수십 년이나 남아 있다. 그렇다면 당신이 정말로 좋아하는 일을 몇 개 해봐야 하지 않을까?

선택받은 극소수만이 꿈을 실현하고 산다는 착각에 빠지면 안 된다. 다른 사람이 신의 부름을 받았듯이 당신도 마음을 열고 받아들일 준비가 되면 부름을 받을 수 있다. 사실 우리 모두 선택받았지만 대부분의 사람이 응답하기를 잊어버린다.

소설가 메리 모리스는 이렇게 조언한다. "하고 싶은 일을 추구하면서 목표를 이루는 것은 불타는 덤불을 찾거나 금광을 발견하는 것과 다르다. 신으로부터 계시를 받거나 갑작스럽게 큰 행운을 얻는 게 아니다. 성취는 불규칙적으로 일어난다. … 성취는 여러 모습으로 발생하며 언제라도 찾아올 수 있다. … 그러나 성취하려고 노력해야 한다. 우리가 공허감을 느끼면 아무리 물이 많아도 우리 우물을 채울 수 없다. 물이 내면에서, 지하의 샘과 개울에서 나와야 한다."

## 9월 15일

### 어떻게 하면 지금 하는 일을 좋아할 수 있을까?

일은 눈에 보이는 사랑이다.

– 칼릴 지브란
미국의 소설가·화가·시인

일을 예배로 여기는 사람은 거의 없다. 일은 세속적이다. 반면에 예배는 잠시 속세에서 물러나 신을 우러러 공경하는 의식이다. 하지만 재능을 통해 세상의 재창조에 기여하는 것보다 더 아름답게 위대한 창조주를 기릴 방법이 있을까? 그러니 우리는 날마다 일을 통해서 예배를 드리고 있는 셈이다. 그러나 일에 잔뜩 시달리고, 가치를 제대로 인정받지 못하고, 중압감을 느끼고, 기진맥진하고 열의가 없는 상태에서는 신의 존재를 알아채기조차 어렵다.

메리앤 윌리엄슨은 일터를 "신전의 현관, 무서운 세상의 광기 위로 사람을 들어 올리는 치유의 공간"이라고 생각한다. 그녀가 영혼의 안내자이자 작가가 되라는 부름에 응답하기 전에 가졌던 직업은 칵테일바의 웨이트리스였다. 손님들은 그저 술을 마시러 온다고 생각했겠지만 사실 칵테일바는 교회였고 윌리엄슨은 온기와 대화와 공감으로 손님을 돌보는 성직자였다.

"당신이 하는 일이 무엇이든 그 일을 성직자의 봉사로 전환할 수 있다." 윌리엄슨은《사랑의 기적》에서 말한다. "일자리나 활동의 종류와 상관없이, 모든 사람이 하는 일의 내용은 동일하다. 우리는 인간의 마음을 돌보기 위해 세상에 태어났다. 누군가에게 말하거나 누군가를 보거나 누군가에 대해 생각할 때마다 우주에 사랑을 퍼뜨릴 기회가 생긴다. 식당 종업원부터 영화사 사장까지 혹은 개 훈련사부터 한 국가의 대통령까지, 신에게 중요하지 않은 직업은 없다."

하루에 적어도 여덟 시간씩 하는 일에서 성스러움을 깨달으면 일을 예배로 여기기가 수월해진다. 상황을 불문하고 일을 예배로 여길 수 있는 비결은 정말 좋아하는 일을 발견하는 것이다. 하지만 그런 일을 발견할 때까지는 현재 하는 일을 좋아하려고 노력해야 한다.

오늘부터 시작하자. 일단 당신이 감사할 것이 얼마나 많은지 곰곰이 생각해보면 일터와 일하는 방식을 조금씩 바꿀 수 있다. 아무리 마음에 안 들어도 현재의 직장은 당신이 진정성을 향해 도약할 때 안전망 역할을 한다. 현재 직장이 없다면 진정한 부름에 바로 응답할 수 있도록 길이 정리된 셈이다. 신을 당신의 개인 상담사로 삼자. 신비주의자인 시인 칼릴 지브란은 "당신은 일할 때 대지의 가장 소중한 꿈의 일부를, 태어날 때 이미 당신에게 주어진 부분을 이행하고 있는 것이다"라고 말한다.

당신이 진심으로 일을 대하면 대지의 가장 소중한 꿈에서 당신이 맡은 부분을 이행하게 된다.


## 9월 16일

## 자신이 살아온 기록을 소중히 여겨라

관계 유지는 중요하다. 이는 예전 공책과의 관계에서도 마찬가지다.
… 과거의 자신이 좋든 싫든 계속 되돌아보고 사이좋게 지내야 한다.
… 과거의 자신을 기억해야 한다. 그 점이 항상 핵심이다.

- 조앤 디디온
미국의 문학 기자·소설가·회고록 집필가

딸이 최근에 내 오래된 공책들이 들어 있는 상자를 보고 놀랐다. 딸이 어릴 적 살던 집의 다락에 수십 년 동안 있던 것이었다. 나는 수많은 일기장들, 노란색 메모장들, 달력들, 예술가의 스케치북들, 낱장들을 발견하고 깜짝 놀랐다. 내가 전남편과 결혼하기 전 혹은 딸이 태어나기 훨씬 전으로 거슬러 올라가는 것들이었다. 젊은 시절의 증거였다. 당시에 나는 낮에는 변호사 비서로 일했고(그래서 아직도 많은 라틴어 법률용어가 내 기억의 한 구석에 남아 있다) 밤에는 작가를 꿈꾸며 글을 썼다. 그렇게 아침 일찍부터 밤늦도록 전력을 다했다. 20대였기에 가능한 일이었다.

나는 온갖 경험을 하면서 내가 살아남지 못할 것이라고 확신했는데('살아남기'는 흔히 20대가 많이 이야기하는 주제다) 고맙게도 살아남아서 아직까지 살고 있다. 낭만적인 집착들과 앞뒤 가리지 않은 무모한 결혼들, 그때의 강한 열정은 점차 희미해졌고 "해저의 고래 똥보다 쓸모없는 놈"과 "그가 똑바로 걸으려고 기를 쓰는 동안 손마디가 길에 긁혀 상처가 났다" 같은 문학적 표현만 남았다. 나는 친구들과 피시앤드칩과 칵테일과 오이 샌드위치를 먹으면서 위로를 받는 저녁을 몇 번 보낸 후 지혜가 생겼다. 흉터가 남을 정도로 깊은 교훈이나 상처를 남긴 경험도 있었다. 나는 그때로 다시 돌아가지 않을 것이다.

그렇지만 그때 휘갈겨 쓴 글을 읽다 보면 신기하고 놀라운 느낌이 든다. 특히 1976년 3월 29일 토요일에 한 선언은 당시 아직 깨닫지 못하던 우연의 일치, 완강한 고집, 신비한 통찰력이 결합된 것이었다.

"나는 내 삶의 주도권을 잡기로 결심했다. 무엇이든 내가 원하는 것을 추구할 것이다. 올해 나는 글을 쓰고 싶다."

나는 소명을 받드는 삶의 절망적이면서도 희망적인 시작 단계에 있었다. 모든 초보 창작자가 경험하는 단계. 내 결심은 작가가 되는 것이었지만, 창작 과정은 분야와 상관없이 모두 비슷하다. 눈을 감고 코를 쥐고 아드레날린을 느끼고 뛰어든다. 그날부터 나는 줄곧 그렇게 했다. 글을 썼다.

하지만 나는 그날 작가가 되지는 않았다. 작가가 되겠다는 의지와 소원을 우주에 선언하는 것과 진짜로 작가가 되는 것은 다르다. 작가는 글을 쓰는 행위를 완료한 사람이다. 시, 희곡, 단편소설, 중편소설, 장편소설, 내러티브 논픽션, 전기, 수필, 대본, 기사, 블로그 포스트. 설사 형편없는 글 한 페이지라도, 형편없는 문단 하나라도, 아니면 문장 하나라도 마무리를 지어야 한다. 나는 단 하나의 문장을 쓰려고 여러 날을 매달린 적도 있었다. 오스카 와일드의 말대로 마침표를 하나를 찍느라 오전 시간을 다 썼고 그 마침표를 빼느라 오후 시간을 다 썼다.

이런 일은 나뿐만 아니라 꿈을 따르고 싶어 하는 모든 사람에게 일어난다. 당신이 그동안 돈을 벌든 벌지 못했든(물론 돈을 버는 쪽이 낫다) 상관없다. 어쨌든 오랜 시간이 흐른 뒤에야 제대로 된 수입이 생길 것이다. 내 경우에는 변호사 비서 일을 한 덕분에 먹고살았다. 처음에는 운을 하늘에 맡기고 닥치는 대로 많은 일을 했다. 어느 날 한 편집자가 내 아이디어에 약간 관심을 보였다. 그녀는 좋은 결과를 바란다면서 일단 글을 써보라고 했다. 중요한 것은 무엇이든 해본다는 것이다. 전문적으로 빵을 굽고, 오디션을 보러 가고, 아름다운 새집을 건설해야 한다. 나에게 그것은 글쓰기였다. 뮤즈가 당신을 찾아갈 수 있도록 늘 정시에 자리에 앉아서 글을 써야 한다. 그리고 마무리를 해야 한다. 제출하고 다시 새로운 글을 쓰기 시작해야 한다.

수년 전에 이 공책에 글을 쓴 몽상가, 과거의 내가 이렇게 말한다. "나는 다음 목표가 있다. 베르나르에 대한 희곡 작업 끝내기, 가상 회고록 쓰기, 아일랜드 소설을 초고 상태로라도 마무리하기, 글을 써서 최소한의 생활비 벌기." 나는 그때의 투지가 아주 마음에 든다. 비록 과거의 내가 크로노스와 카이로스, 세상의 시간과 신성한 흐름의 차이를 전혀 몰랐지만 말이다. 내가 이 영혼의 진실을 더 빨리 알았다면 모든 것이 훨씬 수월해졌을 것이다. 하지만 과거의 우리는 자기가 아는 유일한 방법으로 오랫동안 고생하면서 어렵게 깨달을 것이다. 그래서 분홍색 타자기에 엎드려 잠들고 아침에는 이마에 묻은 검은색 먹지 자국을 발견하게 될 것이다.

그래도 그녀가 순진함과 실망과 멀리 돌아가기와 잘못된 선택과 좋지 않은 타이밍과 서툰 노력으로 얼룩진 궁핍한 시절을, 온갖 고투와 외로움과 실패와 후회와 절망으로 너덜너덜한 시절을, 기회를 잡기 위해 노력한 그 시절을(5년 동안 글을 쓰고 30번이나 거절당한 끝에 출판사의 승낙과 더불어 2만 2,500달러라는 거금을 선불로 받게 된다) 돌아보면 눈 깜짝할 사이처럼 느껴질 것이다.

수년이 지난 지금, 이제 결과를 보고할 수 있다.

나는 마침내 글을 끝냈고 사라 베르나르에 대한 여성 1인극을 제작했다. 그 연극은 한 달 동안 공연되었다.

누렇게 변해 둘둘 말린 종이에 적힌 아일랜드 소설의 초고는 먹지와 함께 영국에서 막 도착해서 파일 캐비닛에 들어 있다. 집세를 낼 돈도 없어서 예쁜 분홍색 타자기를 팔아야 했을 때 그 소설을 단념한 기억이 흐릿하게 난다. 하지만 그 속에 새로운 아이디어의 씨앗이 있는지 살펴보기 위해 언젠가 꼭 다시 읽을 것이다.

유감스럽게도 나는 예나 지금이나 '가상 회고록'이 뭔지 전혀 모른지만 꽤 재미있을 것 같으니 가능성을 곱씹어 보련다.

마지막으로 그중에서 가장 중요하면서도 괴로운 사실은 1976년에 한 맹세 중 마지막 목표를 이루기까지 20년이 걸렸다는 것이다. 나는 그 오랜 세월이 지난 후에야 작가로 일하면서 생활비를 벌 수 있었다.

나는 '알아야 할 때 알려주는' 하늘의 방식을 고맙게 여긴다. 이는 인생에서 가장 간과되는 축복 중 하나다.

# 9월 17일

## 가장 좋아하는 작가는 누구인가?

대부분의(어쩌면 모든) 작가처럼, 나는 글쓰기와 본이 되는
글과 독서를 통해서 글을 쓰는 법을 배웠다.

– 프랜신 프로즈
미국의 소설가·수필가·비평가

조앤 디디온이 처음 세상의 주목을 받은 때는 잡지에 기고한 에세이들을 모은 첫 번째 에세이집 《베들레헴을 향해 웅크리다》가 나온 1968년이었다. 기존 저널리즘의 관념을 거부하고 소설 기법을 적용해 사건을 실감나게 전달하려는 미국의 문학 운동인 '뉴저널리즘'이 한껏 고조된 때였다.

톰 울프(《필사의 도전》과 《허영의 불꽃》의 작가)가 뉴저널리즘을 주창했고, 트루먼 카포티(《인 콜드 블러드》의 작가)가 따라 했으며, 게이 탤리즈가 12년 동안 기자로 근무한 뉴욕타임스를 다룬 대작 《왕국과 권능The Kingdom and the Power》에서 우아한 산문으로 그 장르를 정착시켰다.

하지만 조앤 디디온은 독특했다. 조앤 디디온은 내가 아는 그 어떤 작가와도 달랐다. 그녀는 글을 이용하는 기자가 아니라 아리아를 창작하는 작곡가나 날랜 솜씨로 마술을 부리는 마술사였다. 그녀의 문장에 내재하는 정서적인 긴장감은 독자로 하여금 끈기, 호기심, 풍자의 줄 위에서 줄타기하게 한다. 자기 작품의 행간 사이에서 산 작가가 있다면 그 사람은 단연 디디온일 것이다. 그녀는 아늑하고 허물없고 은밀한 분위

기를 조성한다. 드러내려는 의도 없이 자신을 넌지시 내비친다. 그렇지만 헉 소리가 날 정도로 예리하고 정직하게 진실을 알린다. 당신은 고개를 절레절레 저으면서 이것이 신비한 마법인지 확인하려고 그 문단을 다시 읽는다. 그녀는 사람을 취하게 하는 오라만 남긴 채 갑자기 유령처럼 사라진다. 잊을 수 없는 시 같은 산문의 향기로운 안개 속으로 사라진다.

그리고 그곳에 마법이 있다. 연금술이 있다. 당신이 조앤 디디온의 책을 읽다 보면 당신에 대해 읽고 있다고 생각하게 된다.

내가 워싱턴 캐피톨힐에 있는 단골집 젠킨스힐 바에 앉아 그녀의 책을 처음 읽었을 때 흥분에 휩싸였던 기억이 물밀 듯이 밀려온다. 그 시절에 나는 늘 일요일이면 바에 앉아서 블러디 메리와 에그 베네딕트를 먹으면서 일요판 〈뉴욕타임스〉를 읽은 후 집에 가서 낮잠을 잤다(나는 당시만 해도 자신을 잘 돌보고 있다고 생각했다). 하지만 그 일요일에, 늘 신문을 사는 서점에서 《베들레헴을 향해 웅크리다》라는 책을 보게 되었다. 표지가 다소 몽환적이었다. 나는 히피가 아니었지만 W. B. 예이츠의 시에서 제목을 따온 작가라면 누구든 상관없이 그 작가에 대해 알고 싶은 마음이 들었다. 그래서 읽었다.

"나는 어느 건조한 계절에 공책 두 페이지에 걸쳐 대문자로 글을 썼다. 자기를 사랑한다는 망상이 벗겨질 때 순수가 끝난다고. … 참담한 진실을 말하자면 자존감은 다른 사람들의 인정과 아무 상관이 없다는 것이다. 타인은 어쨌든 속이기 쉽다. 그리고 자존감은 명성과도 아무 상관이 없다. 레트 버틀러가 스칼릿 오하라에게 말했듯이 용기 있는 사람한테는 명성은 없어도 되는 것이다. … 그런류의 자존감은 자기 훈련이다. 꾸며낼 수 없으나 계발시키고 훈련시키고 발전시킬 수 있는 마음가짐이다."

조앤 디디온은 나에게 라틴어 '보카레'의 의미를 가르쳤다. 이는 부름 혹은 또 하나의 목소리에 답하는 것이다. 이 목소리는 뚜렷하며 다른 목소리와 다르다. 이 목소리는 당신에게 따르라고 한다. 이 목소리는 당신에게 삶의 모퉁이를 들여다보거나 표지가 얼룩진 오래된 공책을 펼치거나 글을 적기 시작하라고 한다. 그녀의 글은 술술 읽힌다. 이는 그녀가 세상의 어느 작가보다 열심히 노력했다는 뜻이다. 글을 쓰는 모습을 보여주면 안 된다. 캔버스에 붓 자국이 보이면 안 된다. 《보헤미안의 스캔들》에서 늘 '그 여자'로 불리는 아름답고 신비한 모험가 아이린 애들러에 대한 셜록 홈스의 흠모처럼, 조앤 디디온은 나에게 '그 작가'가 되었다. 나는 조앤 디디온처럼이 아니라 세라 본 브래닉처럼 글을 쓰는 방법을 배우고 싶었다.

조앤 디디온은 1956년에 보그의 유명한 '프리 드 파리 에세이 콘테스트'(대학 졸업반 학생들을 대상으로 한 콘테스트로, 우승자에게 일주일간의 파리 체류와 보그에 말단 직원으로 입사할 기회를 보장했다)에서 수상한 후 스물한 살의 나이로 밑바닥부터 작가로서의 삶을 시작했고 패션 홍보 기사를 썼다.

우리는 그녀의 조카 그리핀 던이 감독한 넷플릭스 다큐멘터리 〈조앤 디디온의 초상〉에서 50년의 동안 작품에 가려 있던 그녀의 삶을 볼 수 있다. 다큐멘터리는 처음부터 끝까지 경이로웠지만, 그중에서도 보그의 편집자 앨린 탤미와 디디온의 일화만 하나 이야기하겠다. 탤미는 그녀의 원고를 검토할 때 거침없이 사선을 죽죽 그었다. 그녀의 커다란 옥색 반지가 돌에 부딪치는 부싯돌처럼 불꽃을 일으켰다. 그녀는 연필로 페이지를 가로지르는 사선을 긋고 "주어의 동작을 드러내는 동사! 동작을 드러내는 동사를 쓰라고!"라며 소리를 질렀다. 텔미는 한 문단으로 350자짜리 기사를 쓰라고 지시하고 나서 젊은 작가가 기사를 제출하면 이를 50자로 줄였다. 나는 이 부분을 보면서 웃음을 멈출 수 없었다. 나도 딱 그런 경험이 있었기 때문이다. 당신에게도 그런 일이 생길 것이다. 하지만 그러면서 글을 쓰는 법을 제대로 배운다. 몇 년 후 그녀는 좋은 기회를 얻는다. 보그에서 다른 작가에게 청탁한 표지 기사가 들어오지 않았는데 표지 편집은 이미 끝난 상태였던 것이다. 디디온은 펑크 난 기사를 대체하기 위해 단 48시간 만에 '자기 존중: 자존심의 근원과 힘'이라는 기사를 써야 했다. 그녀는 당당하고 열정적이고 세련되고 통찰력이 있는 멋진 스타처럼 이 엄청난 일을 해냈다. 글자 수까지 정확히 맞췄다.

자존심에 관한 그 에세이(1961년 8월)가 디디온의 첫 번째 《보그》 표지 기사라고 기록되어 있지만 사실 그것은 두 번째였다. 내가 글쓰기를 하면서 가장 좋아하는 부분은 조사를 하는 것이다. 나는 디디온이 '질투: 불치병인가'(1961년 6월)라는 제목의 표지 기사를 썼다는 정보를 인터넷에서 발견했다. 그래서 나는 여기저기 찾아보다가 마침내 이베이에서 그 잡지를 발견했다. 살다 보면 자신이 모래 알갱이가 들어 있는 형편없는 굴이 된 것 같은 느낌이 들 때가 있지만, 조앤 디디온의 진주를 발견한 것은 그럴 가치가 있다.

조앤 디디온은 내가 글을 쓰는 법을 배우는 데 도움을 주었다. 나는 그녀에게서 독특한 목소리를 발견했고, 그것은 음악처럼 듣기 좋았다. 나는 그 음악이 우주의 수학이라는 것을 깨달았다. 그래서 나는 처음 글을 배우는 것처럼 한 문단씩 베꼈다. 조앤 디디온은 진실한 문장을 쓰는 법을 어니스트 헤밍웨이에게 배웠다고 고백했다. 우리 모두가 다른 사람에게 배운다. 우리 모두가 배움을 받는다. 우리는 알파벳 단 26개의 놀라운 조합에서 아름다움과 진실을 찾으려고 노력하는 한 혼자가 아니다. 잠시 생각해보자. 26개의 글자, 우리가 그것으로 할 수 있는 것. 그것의 경이. 마법과 위엄. 우리는 암호 해독자다. 우리는 진정한 자아를 찾고 있는 암호다.

나는 책을 베끼고 또 베끼면서 그녀의 말을 내 손으로 적었고 멜로디와 하모니를 들었다. 리듬을 느꼈다. 들이쉬기와 내쉬기. 나는 그녀의 글을 소리 내서 읽었다. 나는 음악을 들었다. 그러다가 내 글과 음표로 글을 쓰고 음악을 작곡하기 시작했다. 점차 내 운율을 발견했다. 나는 글과 사랑에 빠졌다. 즐거움을 위해 사전을 읽었다. 10년 후《행복의 발견 365》를 쓰기 시작할 즈음 나는 내 목소리를 발견했다. 더 이상 모방이나 흉내가 아니라 이제는 위로의 아다지오였다. 단 하나의 느낌, 영혼과 펜을 위한 독주였다.

나는 왜 글을 쓸까? 나는 무엇을 생각하고 느끼고 아는지 발견하기 위해서 글을 쓴다. 모든 것을 솔직하게 말하기 위해서 글을 쓴다. 위대한 창조자는 흥미진진한 책을 좋아하기 때문이다. 그리고 나는 글을 쓸 때 큰 소리로 읽은 뒤 빠진 화음을 발견하면 기쁨과 순응과 감사의 눈물이 흐를 때까지 반복해서 고쳐 쓰기 시작한다. 완전한 즐거움. 마침내 나는 평생 동안 찾아온 여자를 발견했다. 내 진정한 자아는 우리가 지나온 길과 나아갈 길에 대한 이야기를 공유하고 있다. 나는 혼자가 아니다. 진정한 자아는 항상 내 곁에서 함께하겠다고 약속한다. 그리고 진정한 자아와 내가 계속 길동무가 되도록 조앤 디디온의 책이 늘 내 주머니에 있을 것이다.

## 9월 18일

## 당신이 꿈을 이루도록 도와줄 힘이 나타날 것이다

두려움을 드러내지 않고 당당히 맞선 모든 경험을 통해
힘과 용기와 자신감을 얻게 된다. … 당신이 할 수 없는 일에 도전해야 한다.
- 엘리너 루스벨트
미국 대통령의 부인·정치인·외교가·활동가

에밀리 브론테는 1848년에 죽기 직전에 자신의 영혼은 겁쟁이가 아니라고 썼다. 그때 그녀의 나이는 단 서른 살이었다. 그녀는 말년에, 많은 사람이 본격적으로 삶을 시작하는 나이에, 자신이 용감하게 살았다는 내면의 깨달음을 얻었다. 그녀는 진정한 삶을 살았다.

물론 에밀리 브론테는 힘든 일을 많이 겪은 것으로 알려져 있지만 그녀는 최악의 상황에서조차 위대한 힘이 늘 곁에 머물며 도와줄 것이라고 믿었다. 그녀가 말한 힘은 사랑이었다. 이 사랑이 지닌 변화의 힘이 대단히 강해서 에밀리는 언니인 샬럿에게 쓴 편지에서 사랑은 "변화시키고, 지탱하며, 해소하고, 창조하며, 보호한다"라고 말했다. 위대한 소설 《폭풍의 언덕》이 출판사로부터 계속 퇴짜를 맞는 가운데에도 그녀는 끊임없는 사랑의 힘으로 용기와 자신감을 잃지 않았다.

진정한 길을 걷기 시작하면 사랑이 당신과 당신의 삶을 수많은 방법으로 변화시킨다. 초반에는 변화가 너무 사소해서 가족과 친구가 알아채지 못한다. 그러나 당신은 그런 변화를 즉시 깨닫고 기적이 일어나고 있음을 느낀다. 당신이 열정을 추구하는 길에서 예상치 못한 우여곡절을 만날 때 사랑이 당신을 지탱해준다. 사랑은 당신이 진정한 자아를 발견해서 되살리려고 노력하기 전에는 상상도 못 한 많은 기회를 만들어주고 두려움을 해소해준다. 의심하고 절망하고 부정하는 마음이 들어 꿈이 위협받을 때 사랑이 박차고 일어서서 보호한다. 다음에 겁이 나고 허약한 기분이 들거든 가만히 있자. 그러면 어깨를 스치는 천사의 날갯짓이 느껴질 것이다.

당신의 영혼은 겁쟁이가 아니다. 설사 당신이 지금 그 사실을 깨닫지 못할지라도 나는 분명히 안다. 당신이 겁쟁이라면 소박한 풍요로움의 길을 여기까지 오지도 못했을 것이다. 나는 겁이 나는 것은 은총과 힘을 요청하라는 신의 신호임을 마지못해(사실 발버둥 치고 소리를 지르면서) 깨달았다. 그러니 심호흡을 하고, 평정을 되찾아 계속 나아가자. 우리를 위협하는 주요 요인이 현실의 상황일지라도 모든 두려움은 내면에서 나온다는 사실을 깨닫기가 가장 어렵다. 꿈이 표출될수록 내면의 저항이 격렬해진다. 필연적으로 변화가 따르고 다시는 과거의 삶으로 돌아갈 수 없기 때문이다. 물론 겁이 나는 것이 당연하다. 겁이 나지 않는다면 제정신이 아닐 것이다. 자신의 노력에만 기대려 하지 말고 하늘의 도움을 믿자.

오늘은 겁이 나거든, 기도를 하면 두려움이 줄어든다는 사실을 명심하면서 위안을 찾자. "나는 살면서 여러 꿈을 꿨으며 그 꿈은 이후로 늘 나와 함께하며 내 생각을 바꿨다. 꿈은 물에 떨어진 와인 방울처럼 내 몸을 통과하며 내 마음의 색을 바꿨다." 에밀리 브론테는 이렇게 털어놓았다. 꿈은 신의 선물이며 우리를 변하게 만든다. 당신에게 꿈을 선물한 위대한 힘, 즉 사랑은 당신이 그 꿈을 실현하게 도울 방법도 알고 있음을 믿자.

## 9월 19일

## 꿈을 이루는 과정은 마라톤과 같다

안타까운 일은 당신이 최선을 다해 노력한 일들을
이 세상은 아예 알지 못한다는 것이다.
- 앤 타일러
미국의 소설가이자 문학비평가

소설가 앤 타일러가 진정한 부름을 추구하는 것에 대해 교훈적인 이야기를 들려준다. 어느 날 오후, 학교가 끝난 아이들을 데리러 간 그녀는 다른 학부모를 만났다. 학부모는 아무 생각 없이 "일자리를 구하셨어요? 아니면 아직도 글을 쓰세요?"라고 물었다. 아이고!

당신이 사명감을 가지고 하는 일이라고 해서 다른 사람들이 그 일을 훌륭하거나 가치 있다고 여기라는 법은 없다. 부름을 따르려는 당신의 노력이 다른 사람에게 인정받거나 축복받지 못할 것이라는 사실을 빨리 깨달을수록 마음이 편해진다. 남편과 친한 친구들을 포함한 많은 사람들이 "대체 언제 정신을 차릴 참이냐?"는 질문을 몇 년이 지난 후에도 계속할 것이다.

주변 사람들의 의심을 웃으면서 무시해버리고 당신의 다이아몬드 밭을 파러 돌아가자. 시간이 지나면 결국 그들은 응원단이나 깜짝 놀란 구경꾼으로 바뀔 것이다. 그때까지는 그들의 비관론과 의심과 비웃음을 가능한 한 신경 쓰지 말자. 정신적인 에너지는 한계가 있다. 불신하는 사람들을 설득하느라고 에너지를 낭비하면 당신이 해야 할 일에 쓸 에너지가 부족해진다. 시대를 막론하고 늘 예언자는 가족에게 인정받지 못했다는 사실을 기억하자.

가족을 돌보고 하던 일을 하는 동시에 꿈을 이루려고 노력한다면 당신에게 맞는 속도를 정해야 한다. 당신은 당신의 꿈을 누구보다 잘 안다. 늘 꿈을 간직하고 살아야 하지만 때로는 돌아갈 줄도 알아야 한다.

일을 통해 진정한 성취를 이루는 과정은 단거리 경주가 아니라 마라톤이다. 장거리 경주 선수는 일단 짧은 거리로 수없이 연습한 뒤에 체력과 실력이 나아지면 점차 뛰는 거리와 속도를 늘린다. 부름을 듣고 응답하려면 멀리 보고 시간을 넉넉하게 잡아야 한다. 직접 나서지 않으면 누구도 당신에게 시간을 주지 않는다. 현재 자녀가 있거나 하루 종일 근무하는 직장에 다닌다면, 꿈을 달성하기 위한 5개년 계획을 세워야 한다. 당장 책을 내거나 1인극을 제작하거나 연구 보조금을 따내거나 회사를 열려고 하지 말고 장기 계획을 짜야 한다. 나는 3년 동안 수없이 퇴짜를 맞은 뒤에야 전국에 배포되는 신문에 칼럼을 게재할 수 있었다. 거절당한 수는 셀 수가 없다. 핵심은 꿈을 얼마나 빨리 실현하느냐가 아니라 얼마나 꾸준히 추구하느냐다.

앤 타일러는 에세이집《작품과 작가The Writer on Her Work》에서 가정을 돌보면서 창작을 하는 것이 대단히 어렵다고 털어놓는다. 글쓰기는 앤 타일러에게 삶의 기본 틀이며, 나에게도 마찬가지다. 이는 글쓰기뿐만 아니라 당신이 열정을 지닌 모든 일에 적용된다. 3월의 어느 날, 앤 타일러가 아래층 복도에 페인트칠을 하던 중에 등장인물의 이미지가 퍼뜩 머릿속에 떠올랐다. 당장 책상에 앉아서 등장인물에 대한 아이디어를 종이에 적으면 그것을 중심으로 소설을 구상할 수 있을 터였다. 그러나 3월이었고 다음날 아이들의 봄방학이 시작될 참이었으므로 기다렸다고 한다. 그녀는 7월이 돼서야 드디어 작업을 시작할 수 있었다. 아이들을 키우는 동시에 꿈을 좇으면 일상생활 때문에 어쩔 수 없이 창조 과정이 지연되는 때가 있다. 그러나 엄청난 이점도 있다. "아이들이 있어서 내가 더욱 풍성하고 깊어지는 것 같다. 아이들 때문에 잠시 집필이 지연됐지만 글을 쓰기 시작하자 이야기가 저절로 술술 풀렸다." 앤 타일러가 고백한다.

## 9월 20일

### 원하는 것을 이루는 비밀

우리 모두 일어나 일하지 않으려나.
어떤 운명이든 이겨낼 용기를 지니고
끊임없이 성취하고 계속 추구하면서
일하며 기다림을 배우지 않으려나.

– 헨리 워즈워스 롱펠로
미국 시인

이 시의 단 네 줄에 신비로운 투지의 정수가 들어 있다. 원하는 것을 달성하는 비밀이 고스란히 담겨 있다. 100여 년 전에 쓰인 이 지혜의 말은 당시나 지금에나 유효하다. 나는 특히 결과물이 원하는 만큼 빨리 나타나지 않아서 속상할 때 이 〈인생 찬가〉를 곱씹는다. 오늘 당신도 롱펠로의 충고를 곰곰이 생각하면 감정과 정신이 한껏 고양될 것이다.

'우리 모두 일어나 일하지 않으려나….' 꿈만으로는 부족하다. 노력으로 꿈을 뒷받침해야 한다. 노력에 따라서 성공의 여부가 판가름 난다. 어려운 상황을 무릅쓰고 힘을 다해 노력해야 성공이 온다는 사실을 명심하자. 꿈을 실현하려면 반드시 매일 노력해야 한다. 설사 꿈을 위해 노력할 짬이 하루에 단 15분밖에 나지 않아도 그 시간을 집중적으로 활용해야 한다. 그 시간에 꿈을 실현하기 위해 필요한 전화를 하거나, 이메일을 쓰거나, 영감을 주는 자기계발 강연 영상을 보거나, 책을 다섯 페이지씩 읽거나, 꿈과 관련된 분야의 단체에 대해 조사하면 된다. 매일 15분 동안 집중해서 이룰 수 있는 성과에 깜짝 놀라게 될 것이다.

'어떤 운명이든 이겨낼 용기를 지니고….' 실패할 가능성이 있다는 것을 받아들이기란 말처럼 쉽지 않다. 그래서 기대, 결과물의 세부사항, 세상의 반응에 대한 생각을 내려놓아야 한다. 마음을 열고 신의 미세한 조정 혹은 마무리 손질을 받아들여야 한다. 꿈을 탄생시키는 과정은 협력 작업이다.

'끊임없이 성취하고 계속 추구하면서….' 현실적인 계획을 세워서 적극적으로 꿈을 추구하는 한, 겉으로는 전혀 진전이 없어 보일지라도 사실은 조금씩 성취하고 있는 것이다. 나는 모두 포기하고 싶은 순간에 한 발짝만 내디디면 돌파구가 생긴다는 사실을 경험을 통해서 깨달았다. 오래 참고 견디면 상황도 변한다. 당신과 꿈과 신을 믿자.

'일하며 기다림을 배우지 않으려나⋯.' 이 부분은 롱펠로의 조언 중에서 가장 실행하기가 어렵다. 꿈이 실현되기를 기다리는 시간은 생각보다 훨씬 오래 걸린다. 우리의 시간관념과 신의 시간관념이 완전히 다르기 때문이다. 기다리는 동안에 자신에게 아주 너그럽게 대하자. 그 시간을 최대한 즐겁게 만들려고 노력하자. 꿈이 실현되는 시간이 오래 걸릴수록 당신의 재능에 익숙해진다는 장점도 있다.


## 9월 21일

## 꿈이 커질수록 내 그릇도 커진다

자기 회의는 너무 교활해서 우리를 꼼짝달싹하지 못하게 하고 열정을
마음껏 발산하는 삶에 대해 상상하지 못하게 한다.

- 대니엘 러포트
캐나다의 작가·강연자·출판가


"우리는 스물다섯 살이 되면 상당히 대단한 사람이 돼 있을 거야." 리타가 확신에 차서 말한다. 리타는 웬디 와서스타인의 연극 〈여우들의 파티〉에 나오는 인물이다. 이 연극에는 마운트홀요크 대학의 졸업반 일곱

명이 등장한다. 이들은 그동안 특권과 보호를 누리던 대학을 졸업하고 명성과 부를 찾아서 진짜 세상으로 나갈 참이다. 이들은 아무리 남다른 여성이라도 계속 노력해야 목표를 달성할 수 있다는 사실을 발견하게 될 것이다. 그로부터 6년이 지난 연극의 종반부에서 일곱 여자의 삶은 예상치 못한 방향으로 변해 있었다. 그러나 리타는 아직도 큰 희망을 품은 채 말한다. "우린 마흔다섯 살이 되면 굉장한 사람이 돼 있을 거야."

〈여우들의 파티〉가 정식 무대에 올려진 것은 1997년 여름 코네티컷 주 워터퍼드에 있는 유진 오닐 극장에서 였다. 당시 그곳에서는 미국에서 가장 장래성 있는 젊은 극작가들만 초대해서 3주 동안 전문 비평가들이 교육하는 여름캠프가 열리고 있었다. 이 캠프에서는 해마다 전문 배우와 감독과 극작가의 지도를 받으려고 도전하는 수천 명의 새내기 극작가 중에서 단 열 명만 선정된다.

참석자들의 희곡은 2주 동안 전문가의 지도 아래 수정을 거친 후 아름다운 흰색 목조 건물에서 발표된다. 전국의 극장 관계자들이 다음 시즌의 히트작을 찾아 롱아일랜드 해협이 내려다보이는 이 아름다운 농장으로 몰려든다. 물론 거기에 올려진 작품들은 당연히 이목을 끌게 마련이다. 그러나 어느 작품이 유명해지는지 아닌지는 언제나 유진 오닐 극장의 카페테리아에 줄을 선 사람들의 소음 속에서 결정이 난다.

당시 이 희곡은 그리 큰 관심을 받지 못했지만 시간이 지나면서 그해 여름캠프에서 소개된 희곡 중에서 가장 훌륭한 작품으로 평가받았다. 덕분에 웬디 와서스타인은 전문 극작가의 길로 들어섰고 뉴욕 공연에 출연한 글렌 클로즈, 스우지 커츠, 질 아이켄베리 같은 배우도 주목을 받았다. 와서스타인은 1988년에 〈하이디 연대기The Heidi Chronicles〉로 토니상과 퓰리처상을 모두 휩쓸면서 장래성을 입증했다.

〈여우들의 파티〉의 등장인물들은 자아도취에 빠진 여성들이다. 이 인물들과 마찬가지로 여름캠프에 참가한 대부분의 극작가와 배우와 감독과 비평가도 자기 명성이나 가능성에 우쭐하며 거만했다. 그렇지만 내기억에 웬디 와서스타인은 다소 수줍음을 타고 재미있으며 겸손한 사람으로, 사교계 명사들과 거리를 뒀다. 그녀는 명사들과 인맥을 쌓기보다는 희곡을 다듬어서 무대에 올리는 데에 훨씬 정신을 쏟은 듯했다. 물론 그녀가 그렇게 진정한 재능을 펼치는 데 집중했기에 연극이 큰 성공을 거둘 수 있었고 극장 관계자들이 그녀와 접촉하려고 줄을 섰을 것이다.

진정성을 찾으려는 여정에서 발견하게 될 가장 놀라운 진리는 당신의 포부가 곧 당신의 가능성이라는 것이다. "매해 나는 가능성을 믿겠다고 결심한다." 웬디 와서스타인이 이제야 속마음을 털어놓는다. "매해 현재의 나를 줄여서 미래의 내가 들어설 수 있는 공간을 남겨두자고 다짐한다. 매해 나보다 훨씬 많이 변한 친구와 가족에게 소외감을 느끼지 말자고 다짐한다." 진정성을 향한 이런 열정이 있기에 웬디 와서스타인은 남다를 뿐만 아니라 비범한 여성이다. 그녀는 마흔여덟 살에 딸 루시를 낳았고 안타깝게도 2006년에 죽었다. 하지만 그녀는 우리에게 굉장한 유산을 남겼다. 당신을 믿고 당신이 '남다르다'는 것을 믿기 시작하자.

# 9월 22일

## 진짜 성공과 가짜 성공을 구분할 줄 알아야 한다

어릴 때는 모든 것이 성공하지 않으면 놀란다.
나이가 들면 무엇이라도 성공하면 놀라운 감정이 든다.

– 캐슬린 노리스
미국의 기자이자 소설가

자신이 성공했다고 믿는 여성은 거의 없다. 성공했다는 느낌이 안 들기 때문이다. 마음속 깊은 곳에서 자신을 실패자나 가짜나 사기꾼이라고 여긴다. 실제로 성공해도 그 사실을 인정하지 않는다. 세상은 허풍선이를 좋아하지 않는다. 그리고 우리는 온 세상 사람이 우리를 좋아해 주기를 바란다. 우리는 평생 다른 사람의 기준과 자신의 기준 사이에서 고민한다.

웹스터 사전에 따르면 '성공'이라는 단어는 '원하는 바를 달성함'과 '부나 호의나 명성의 획득'을 의미한다. 우리는 성공하면 번창하고 융성하고 꽃피운다. 우리는 실패하면 수치심이 가라앉을 때까지 땅속 깊이 숨어들고 싶어진다. 우리는 성공과 실패를 흑백 논리로 본다. 선 아니면 악이고, 행운 아니면 불운이다. 그러나 사실은 그렇지 않다. 실패와 성공은 성취의 음과 양이다. 음과 양은 우리에게 통제권이 전혀 없는 우주의 두 힘이다. 우리는 직접 통제할 수 있는 것은 실패와 성공에 대한 스스로의 반응뿐이라는 사실을 계속 잊어버린다.

빅토리아 시대에 성공과 권력과 부는 신의 은총을 받은 징표로 여겨졌다. 이는 오늘날도 마찬가지다. 윌리엄 제임스는 성공을 추구하는 현상이 "전 국가적인 질병"이라면서 조심하지 않으면 "세속적인 성공을 전적으로 숭배"하는 사고방식 때문에 목숨을 잃을 것이라고 경고했다. 빅토리아 시대에 윌리엄 제임스의 말을 믿는 사람은 거의 없었다. 한 세기가 흐른 지금, 우리는 사방에 쓰러지는 몸뚱이들을 보면서도 윌리엄 제임스의 말을 여전히 믿지 않는다. 세속적인 성공은 언제라도 빼앗길 수 있다는 사실을 잊어버리면 안 된다.

많은 사람이 두 종류의 성공이 있다는 사실을 배우지 못했다. 하나는 세속적인 성공이고 다른 하나는 진정한 성공이다. 성공은 인생 대학의 필수 과목이기 때문에 성취감을 느끼며 행복하게 살려면 진짜와 가짜의 차이를 알아야 한다. 물론 세속적인 성공과 경제적인 독립을 추구한다고 해서 문제될 것은 전혀 없다. 나 역시 이 책을 쓰면서 세속적인 성공을 추구하고 있다. 하지만 나는 소박한 풍요로움의 길을 걸으면서 진정한 성공이란 카메라 플래시 세례가 아니라 자신의 빛으로 사는 것임을 배웠다. 당신도 이를 곧 배우게 될 것이다.

그리고 자신의 빛은 세상이 빼앗아갈 수 없다.


## 9월 23일

## 자신이 이룬 성취를 과소평가하지 마라

오페라에서 내가 처음 오른 정상이었다.
정상에서 내려다보니 아주 놀랍고 멋지고 신났다.

대체로 여성이 성공했다고 느끼지 않는 이유 중 하나는 자신의 공을 인정하지 않기 때문이다. 아주 잠깐 성취의 기쁨을 누리자마자 그 성취가 대수롭지 않은 척 행동해야 한다고 느끼며 이런 경향은 특히 가족과 친구 앞에서 두드러진다. 무심결에 우리는 스스로의 성과를 부정하고 있다. 그러나 성공한 많은 사람은 성취를 드러내며 사무실과 집 벽에 사진과 잡지 표지를 걸어놓거나, 금상과 상장을 벽난로 선반에 올려놓거나 특별히 제작한 장식장에 넣어놓는다. 그들은 성공을 거뒀고, 세상이 그들에게 박수갈채를 보낼 뿐만 아니라 스스로도 축하한다.

어릴 때 장거리 가족 여행을 가는 길에 부르던 노래가 기억나는가? "곰이 산에 올라갔네, 곰이 산에 올라갔네, 곰이 산에 올라갔네, 곰이 거기에서 무엇을 봤게? 곰은 다른 산을 봤네, 곰은 다른 산을 봤네, 곰은 다른 산을 봤네. 그래서 곰이 뭘 했게? 곰이 다른 산에 올라갔네, 곰이 다른 산에 올라갔네…." 부모가 현명하게도 차에 기름을 넣거나 화장실에 들르거나 간식거리를 산다는 핑계로 차를 멈출 때까지 노래는 한도 끝도 없이 계속 이어졌다.

많은 여성이 '끊임없이 산을 오르는 곰' 증후군에 시달린다. 산을 하나 정복하면 또다시 다음 산을 기어오른다. 온갖 장애물을 극복하고, 승진을 막는 장벽을 깨부수면서 계속 올라간다. 그런데 그렇게 얻은 승진의 즐거움을 맛보고 있을까? 야간대학을 졸업한 것이나 계약을 성사한 것이나 납품을 완료한 것을 축하하고 있을까? 그렇지 않다. 여성은 요행수라도 되는 양 자기 업적을 대수롭지 않게 취급해버린다. 그러면서 평소에 성취감을 느끼지 못하는 이유를 궁금해한다.

이처럼 나쁜 버릇이 생긴 원인을 찾다 보면 어린 시절로 거슬러 올라간다. 자신이 한 일을 부모에게 인정받으려고 조용히 기다리다가 결국은 아무 칭찬도 못 듣고 돌아서던 모습이 떠오를 것이다. 그렇게 수십년이 흐르면서 우리는 무엇을 해도 부족하다고 믿게 되고 이 때문에 자신이 올린 성과를 인정하지 않는 해로운 순환이 반복된다.

나는 한때 5년 동안 라디오 방송용으로 12부로 된 글을 써서 낭독을 했고, 전국 신문에 칼럼을 게재했고, 책 두 권을 냈고, 수많은 강연을 했고, 워크숍을 열었다. 겉으로 보면 성공한 여성이었다. 지금 생각해보면 당시의 성공을 향한 몸부림은 끊임없이 산을 오르는 곰 증후군의 증상이었다. 게다가 나는 매번 다음 프로젝트야말로 평생 갈망하던 인정을 받을 수 있는 기회가 될 것이라는 자멸적인 망상에도 빠져 있었다. 마침내 기회가 와서 크게 성공할 것이라고 믿었다. 나는 부모에게 인정이나 승인을 받지 못했고 스스로도 자신을 인정하지 않았기 때문에, 인정을 받을 곳이라고는 바깥세상밖에 없었다. 분명히 세상은 내 다음 프로젝트를 제대로 알아봐 주리라.

어느 날 나는 새로운 도전을 위해 이력서를 다시 쓰다가 갑자기 깨달았다. 내가 이룬 업적을 적다 보니 '이 여자가 대체 누구지? 내가 아는 사람인가? 혹시 내가 다중인격인가?' 하는 생각이 들었다. 설사 CSI 형사가 이력서상의 여자를 잡으려고 집에 들어와서 샅샅이 뒤져도 티끌만한 흔적도 찾지 못할 것이 분명했다. 그래서 나는 실마리를 찾기 시작했다. 지하실에 쌓아놓은 종이 상자에서 그동안 산을 오른 증거를 찾아냈다. 내 책의 표지, 칼럼 소개 글처럼 마음에 드는 기념물을 골라 액자에 넣었다. 거실 벽에 액자를 걸고 뒤로 물러서서 바라봤다. 와! 아주 놀랍고 멋지고 신났다. 그러고 나서 그동안 거둔 성취를 소리 내서 축하했다. 이제 나는 내 성취의 순간을 마음껏 즐긴다. 성취의 구체적인 증거를 눈에 보이는 곳에 두니 내가 성공했다고 느끼게 하는 효과가 컸다.

세상이 당신을 여왕처럼 추켜세운다고 해도 당신에게 성취감을 줄 수는 없다. 그것은 당신만 할 수 있는 일이다. 당신이 자신을 인정해야 성취감이 생긴다. 창조적인 프로젝트를 완료하거나 개인적으로 혹은 직장에서 나름대로 성과를 올리면 시원한 샴페인을 준비해 자신을 위해 축배를 들자. 세상이 인정해줄 때까지 기다리면 안 된다. "나는 끊임없이 강박적으로 일할 운명이다. 어떤 목표를 달성해도 만족스럽지 않다. 성공은 또다시 새로운 목표를 낳을 뿐이다. 황금 사과를 게걸스럽게 먹고 나면 씨가 뿌려진다. 끝없는 반복이다." 벳 데이비스가 회고록 《외로운 인생The Lonely Life》에서 고백한다.

9월 24일

자신이 생각하는 성공의 기준은 무엇인가?

우리가 맛보는 달콤한 꿀 값을
삶의 동전으로 치러야 한다.
– 레이철 블룸스타인
미국 시인

진정한 성공의 의미는 사람마다 다르다. 저마다 기준이 다르기 때문에 한마디로 정의할 수 없다. 몇 년 전 어느 가을날 오후, 나는 버려진 공동묘지를 돌아다니다가 1820년에 사망한 여성의 묘비에서 진정한 성공을 멋지게 정의한 말을 발견했다. "그녀는 세상을 떠날 때 외에는 단 한 번도 우리에게 고통을 주지 않았다."

진정한 성공은 즐거운 취미를 즐길 시간, 늘 미루기만 하는 애정 표현을 가족에게 할 시간, 집을 돌볼 시간, 정원을 가꿀 시간, 영혼을 돌볼 시간을 마음껏 낼 수 있는 여유다. 진정한 성공은 당신 혹은 당신이 사랑하는 사람에게 "봐서 내년에나"라는 말을 할 필요가 없는 상태다. 진정한 성공은 오늘이 세상에서 주어진 마지막 날이라고 해도 후회 없이 떠날 수 있는 삶이다. 진정한 성공은 일할 때 정신이 분산되지 않고 집중과 평온함을 느낄 수 있는 상태다. 진정한 성공은 직면한 상황이 어떻든 최선을 다했다는 사실을 아는 것이다. 그 최선이 자신의 최대 역량이고 늘 최대 역량만 발휘하면 된다는 점을 진심으로 아는 것이다.

진정한 성공은 신성한 계획에 따라 미래가 펼쳐지도록 자기 한계를 인정하고, 과거와 화해하고, 열정을 즐기는 것이다. 진정한 성공은 재능을 발견하고 이끌어내고 세상에 드러내 황폐한 영혼을 치유하는 것이다. 진정한 성공은 다른 사람의 삶을 바꾸는 것이다. 미소나 웃음이나 관심이나 다정한 말이나 도움을 통해서 하루에 한 사람의 삶을 바꾸어놓을 수만 있다면 당신이 축복받은 사람이라고 믿는 것이다.

진정한 성공은 은행에 쌓아둔 돈이 아니라 만족감과 마음의 평화로 평가된다. 당신이 하는 일에서 당연한 자부심을 느끼고 스스로 그런 자부심을 느낄 가치가 있다는 사실을 아는 것이다. 진정한 성공은 축적이 아니라 나눔이다. 당신은 필요한 것을 이미 다 가지고 있기 때문이다.

진정한 성공은 자신의 현재 모습에 만족하고, 현재의 위치에 감사하며, 자신의 성취를 축하하고, 지금까지 걸어온 길을 존중하는 것이다. 진정한 성공은 살아 있는 것 자체가 행복이라는 사실을 깨닫는 것이다. 진정한 성공은 꿈을 꾸준히 추구하는 것이다. 진정한 성공은 꿈을 실현하기까지 아무리 오랜 시간이 걸려도 그 과정의 하루하루가 헛되지 않다는 사실을 깨닫는 것이다. 진정한 성공은 당신과 다른 사람이 하는 노동의 가치를 인정하는 것이다. 진정한 성공은 모든 일에 애정을 쏟아 노동을 기술로, 기술을 예술로 승화하는 것이다.

진정한 성공은 바로 이 순간 당신의 삶이 소박하지만 풍요롭다는 사실을 아는 것이다. 진정한 성공은 당신과 가족에게 내려진 축복이 아주 많아 다른 사람과 나눌 수 있음을 감사하는 것이다.

진정한 성공은 매일 감사하는 마음으로 사는 것이다.

## 9월 25일

### 열정은 삶에 활력을 불어넣는다

그녀는 어릴 때 신중하게 행동하도록 강요받았다. 나이가 들면서
로맨스를 배웠다. 부자연스러운 시작에 따른 자연스러운 결과였다.

- 제인 오스틴
영국 소설가

1978년 크리스마스 날 더블린, 나는 영국 경찰의 추격을 받고 있는 잘생긴 아일랜드인 애국 투사를 니리 술집 아래의 방에 숨겨주고 있다. 위험한 짓이라는 생각이 전혀 안 든다.

이는 내가 상상하는 수많은 삶 중의 하나다. 다른 날 밤에는 1915년으로 돌아가 남아프리카의 물랭루주라 불리는 무타이가 클럽의 베란다에 서 있다. 혹은 안데스산맥의 안개 속에서 과나코를 바라본다. 팜플로나에서 헤밍웨이와 함께 소몰이 축제를 구경하거나, 나일강을 항해한다. 카라코람산을 등반하거나, 썰매를 타고 꽁꽁 언 네바강을 질주한다. 상냥한 기 드 모파상과 파리 오페라하우스의 계단을 내려간다. 가만있어보자, 모파상이 아니라 불같은 성질의 젊은 토스카니니던가?

나는 이 모든 것을 한 신사 덕분에 할 수 있다. 그 사람은 세상에 남은 마지막 로맨티스트 J. 피터먼이다. 피터먼은 내가 신비롭고 강하고 매력적이고 똑똑하고 예리하고 활기차고 재미있고 섹시하다고 생각한다. 두말할 것도 없이 그는 내가 아름답다고 생각한다. 게다가 그 말을 항상 한다.

당연히 나는 그와 있을 때 진짜 그런 여자가 된다. 내 진정한 자아가된다. 다정다감하고 못 말리게 낭만적이고 감성적이고 충동적이고 열정적이다.

당신이 이 글을 읽으면서 여전히 J. 피터먼이라는 신비한 남자가 누구인지 모르겠다면 나이가 짐작된다. J. 피터먼 의류 회사의 위상은 1990년대에 절정에 이르렀다. 이 시기에 피터먼(이 경우에 허구의 인물인 피터먼)은 워낙 인기가 많아서 드라마 〈사인필드〉에 농담거리로 자주 등장할 정도였다. 줄리아 루이드라이퍼스가 연기한 인물인 일레인 베네스가 세 시즌 동안 이 괴짜 카탈로그 주인·사업가·세계여행자의 회사에서 근무했다. 이 시기는 〈타이타닉〉의 오리지널 의상과 유일하게 인가받은 유명한 블루다이아몬드 목걸이의 복제품(정확히 말하면 100만 달러의 가치)을 포함한 소품을 판매해서 대박을 터뜨린 시기이기도 한다.

차츰 J. 피터먼의 인기가 줄었지만 그를 향한 내 사랑은 여전하다. 피터먼처럼 나도 로맨스가 일상이었던 시절의 생활방식이 이제는 사라져서 너무 아쉽다. 특히 대부분이 우리가 태어나기도 전에 사라져서 슬프다. 피터먼과 함께하면 원양 여객선, 얇은 비단, 비밀 칸이 있는 여행가방, 모리스 마이너 자동차가 있던 시절로 마음대로 돌아갈 수 있다. 그는 전 세계를 여행하다가 이런 자취를 조금씩 찾을 때마다 사용자 안내서라는 이름의 상품 카탈로그(허구가 아니라 진짜)를 통해 내게 이야기한다. 화려한 사진이나 끈질긴 구매 권유 따위는 없다. 아름다운 옷과 각종 장신구에 대한 문학적인 설명과 수채화는 상상력을 마구 자극한다.

피터먼과의 밀회는 늘 밤에 침대에서 시작된다. 내 영혼의 동반자와 나는 후회의 흔적이 완전히 사라지고 아련한 추억만 남을 때까지 가지 않은 길을 따라가고 감행하지 않은 모험을 떠올린다. 나는 J. 피터먼이 카이로의 셰퍼드 호텔에서 하룻밤도 머물지 않은 것을 후회한다고 토로했을 때 그가 내 소울메이트임을 직감했다. 호텔은 그가 형편이 좋아지기 전인 1952년에 화재로 완전히 무너졌다. "그날 밤부터 셰퍼드 호텔은 내가 갖지 못하거나 하지 못한 모든 것을 의미하는 단어가 되었다." 그가 이런 이야기를 하기 전까지 카이로 셰퍼드 호텔에서 낭만적인 하룻밤을 보낼 기회를 놓친 것을 슬퍼하는 사람은 세상에 나뿐이라고 생각했었다.

피터먼은 나 자신도 잊어버린 진정한 나의 모습을 알고 있다. 피터먼은 내가 로맨스에 열정을 분출하며 살기 위해 태어났다는 것을 안다. 당신이 태어난 이유도 마찬가지다.

여성의 마음을 파헤치면 갖지 못하거나 하지 못한 것을 후회하는 비가 들릴 것이다. 짝사랑의 우울한 파편이 요람에서 무덤까지 이어진다. 후회는 우리를 버린 연인 때문만은 아니다. 한때 우리가 열렬히 좋아했지만 포기한 것에 대한 추억 때문이기도 하다.

참가하지 못한 오페라 마스터클래스, 포기한 파리 대학의 장학금, 골동품점에서 찾아냈지만 평소에 입을 일이 없을 것 같아서 지나친 검은색 벨벳 망토가 떠오를 것이다. 돌려줄 수 없던 사랑, 두려워한 사랑, 표현을 겁낸 사랑이 떠오를 것이다. 망설이느라고 하지 못한 애정 표현, 신중하게 행동하라는 강요 때문에 지나친 삶의 낭만이 떠오를 것이다.

아무리 황당하고 비현실적이라도 당신의 낭만적인 충동을 인정하면 진정한 자아와의 유대가 강해진다. 무조건적으로 당신을 사랑하고 소중히 여기는 사람들과의 유대가 강해진다. 당신의 열정에 불을 붙이고 영혼을 충족시키고 활력을 유지하는 것과의 유대가 강해진다.

오늘은 나와 함께 셰퍼드 호텔에 묵어보겠는가? 주말에는 2인용 방을 특별할인한다. 당신은 분명히 그곳을 좋아할 것이다. 그곳은 세상에서 내가 가장 좋아하는 곳이다.

험프리 보가트와 잉그리드 버그먼은 파리의 추억을 영원히 간직할 것이다. 피터먼과 나는 카이로의 추억을 영원히 간직할 것이다. 나는 이를 증명해줄 목욕 가운을 가지고 있다.

# 9월 26일

## 오랫동안 마음 한쪽에 묻어둔 낭만은 무엇인가?

당신이 되었을지도 모르는 사람이 되고 싶다면 지금이라도 늦지 않았다.

－ 조지 엘리엇

영국 소설가

빅토리아 시대 여행의 전성기는 한 세기가 넘도록 이국적인 배경, 얇고 넓은 트렁크, 배와 육지를 연결하는 판자, 모기장, 피스 헬멧(열대 지방의 햇빛을 가리는 챙이 있는 흰색 모자–옮긴이), 세계 여행을 하는 상류층 여행자들이 매혹적으로 어우러지는 장이었다. 이들은 모두 한 목적지, 카이로와 셰퍼드 호텔로 향했다. 셰퍼드 호텔은 세계에서 가장 매력적이고 호화롭고 멋진 사교장이었다.

셰퍼드 호텔의 전성기는 한 세기 동안 이어졌다. 1841년에 새뮤얼 셰퍼드가 지은 이곳은 곧 국제적으로 음모와 로맨스와 무대가 되었다. 낙타를 타고 사막을 가로질러서 아프리카와 인도와 동아시아 지역으로 가는 여행자들은 전설적인 이층 테라스, 등받이가 높은 고리버들 의자, 빙글빙글 도는 천장 선풍기, 이국적인 식물, 기다랗게 늘어진 야자수 이파리를 향해 무리 지어 갔다.

"여행자는 카이로의 도로가 내려다보이는 셰퍼드 호텔의 테라스 일등석에서 이국적인 삶의 새로운 풍경을 본다." 블란쳇 맥매너스는 1911년에 스릴 넘치는 여행기 《미국 여자의 해외여행The American Woman Abroad》에서 이렇게 썼다. 이 책은 믿기 힘든 놀라운 역사를 담고 있다.

이 책을 읽노라면 25센티미터의 모자 핀(숙녀의 만만찮은 호신용 무기)으로 고정한 챙이 넓은 밀짚모자를 쓰고 시원한 히비스커스 주스를 홀짝거리면서 귀를 쫑긋 세운 채 이야기를 듣는 듯한 느낌이 든다.

모험가, 재산을 노리는 구혼자, 예술가, 작가, 고고학자, 외교관, 해외 주재원, 연극계과 영화계의 유명 배우, 바람둥이, 여성 상속인, 첩자, 악당, 사기꾼, 왕족, 유럽 귀족, 상류층이 지역을 답사하고 재기하기 위해 셰퍼드 호텔로 몰려들었다. 그들은 나일강의 수원을 발견하고, 수에즈 운하를 짓고, 영국의 인도 통치를 확고히 하고, 크림전쟁이나 보어전쟁이나 제1차 세계대전의 전략을 짜고, 투탕카멘 왕의 무덤을 발굴하고, 제2차 세계대전에서 싸우고 나서 갈증을 해소하기 위해 술집 롱 바로 들어갔다.

그런가 하면 낭만적이고 은밀한 만남도 있었다. 모기장이 처진 침대에서 이루어진 만남이 알려진다면 일반 대중은 물론이고 여러 나라에서 추문이 떠돌았을 것이다. 아서 코넌 도일과 애거사 크리스티가 즐긴 문학적 영감도 있었다. 그들은 셰퍼드 호텔에 체류하는 동안 하르툼의 쿠데타와 메소포타미아의 살인자들을 구상했다.

안타깝게도 셰퍼드 호텔은 1952년에 불타서 무너졌다. 나는 그때 다섯 살이라서 혼자 여행할 수 없었지만, 불치병인 내 낭만적인 기질은 계속 자랐고 20대에 방랑벽을 발산하면서 대리 체험을 했다. 오늘 당신이 내 삶에 가장 큰 영향을 준 동기부여가 무엇이었느냐고 묻는다면, 나는 셰퍼드 호텔에서 머물면서 더할 나위 없이 멋진 경험을 해볼 기회를 놓친 것이라고 대답할 것이다. 셰퍼드 호텔과 그곳에서 일어난 일은 내 은밀한 열정이 됐다. 셰퍼드 호텔이라는 이름 자체가 시도하지 않은 일을 뜻하는 암호가 되었다. 아쉬워서 한숨과 후회가 절로 나오는 이런 일에는 무모한 결혼들도 포함된다.

죽기 전에 무엇을 하고 싶은가? 어디에 가고 싶은가? 어떤 세상을 정복하고 싶은가? 아마 그런 것은 당신의 상상 속에만 존재할 것이다. 낭만적인 기질의 영리한 여성이 시간을 가로지르는 상상력을 발휘하면 못할 것이 없었고, 그것은 지금도 마찬가지다. 그러니 언젠가 우리는 일주일 동안 셰퍼드 호텔에 투숙할 것이다. 가명을 쓰든 말든 자유다. 나는 너무 오랫동안 마음 한쪽에 묻어둔 시나리오를 쓸 것이고, 당신은 눈부시게 빛나는 새로운 삶을 위한 비밀 프로젝트를 시작할 것이다.

우리가 희망과 꿈을 잃지 않도록 서로 북돋아 주자. 이제 당신이 나와 함께하기로 한다면, 내 시나리오나 당신의 새 프로젝트가 완성될 때까지 다른 사람에게 비밀을 말하면 안 된다. 우리 꿈이 대단히 약하기 때문이다. 뱃속의 태아를 보호하듯이 우리 안에 저장된 창조성이 세상에 탄생해서 스스로 숨을 쉴 수 있을 때까지 보호해야 한다. 꿈을 가장 빨리 죽이는 것은 다른 사람의 의견, 특히 가족과 친구들처럼 우리를 잘 안다고 생각하는 사람들의 의견이다. 이 책이 세상에 나올 때까지 아무도 내가 그 책을 쓰고 있다는 것을 알지 못했다.

그러니 아련한 추억, 특히 아직 이루지 못한 꿈을 마음에 그리며 공상에 빠지자. 우리는 언젠가 그 꿈을 이루게 될 것이다. 하지만 그 찬란한 미래가 우리를 너무 오래 기다리게 하지 말자.

# 9월 27일

## 현실적으로 불가능한 꿈이란 없다

우리는 살기 위해서 우리에게 이야기를 한다.

- 조앤 디디온
미국의 문학 기자·소설가·회고록 집필자

당신이 오랫동안 갈망해온 꿈은 무엇인가? 당신이 도예에 취미가 있고 질그릇을 만들고 싶은 마음이 간절한데 10년 동안 두 점밖에 만들지 못했을 수 있다.

당신이 열정적으로 하고 싶은 일은 오래되고 희귀한 직물을 복원하는 것이거나 빈티지 물건을 모으는 것일 수도 있다. 당신은 모자 제작과 여성용 모자의 역사에 대해 누구보다 많이 알지만 현실적인 직업인 교사가 되기 위해서 모자 디자인을 포기했을 수도 있다.

먼저 이것을 유념하라. 당신이 실현 가능성만 생각하던 날들은 거의 끝나가고 있다.

나는 비서 일은 오늘로 끝이라고 맹세하면서 출근하던 날 들리던 창조적 에너지의 탁탁 소리를 기억한다. 나는 앞으로 다시 타자기를 치게 된다면 다른 사람의 글이 아니라 내 글을 치겠다고 나 자신과 약속했다. 나는 그 약속을 지켰다. 당신도 비슷한 약속을 할 때가 되었다. 지금 당신의 삶이 꿈에 그리는 삶이 아닐지도 모른다. 하지만 우리가 함께 당신의 내년 일정을 조정하면 어떻게 될까? 당신은 일주일에 이틀씩 일정이 잡혀 있다. 나는 우리를 위한 계획을 하고 있다. 자세한 내용은 나중에 말할 것이다.

왜일까? 당신은 여전히 1950년대 보그 패턴으로 옷을 만들고 싶기 때문이다. 당신은 태피터(광택이 있는 얇은 평직 견직물-옮긴이)의 바스락거리는 소리를 듣거나 실크 튈(망사처럼 짠 천-옮긴이)을 흘끗 보거나 1930년대의 하와이 수피포(나무껍질을 물에 담가 두드려 펴서 만든 헝겊-옮긴이) 한 필을 발견하면 무릎에서 힘이 쭉 빠진다. 당신은 어떤 태피스트리로도 매혹적인 오토만을 만들 수 있다. 집 곳곳에 그런 오토만이 있고, 그것을 보는 여성마다 당신에게 만들어달라고 부탁한다.

어쩌면 당신은 신기하게도 파리의 의상이 가득 담긴 거대한 트렁크를 물려받았을지도 모르겠다. 왜 가족이 당신의 고모할머니 메리 프랜시스에 대해 말할 때마다 손으로 가슴에 십자가를 그었는지 이제야 알게 되었다. 알고 보니 그녀가 바로 소문난 말썽쟁이, 살로메 연기로 유명한 리도쇼의 쇼걸이었던 것이다! 누가 상상이나 했을까? 그런데도 당신은 고모할머니가 프랑스에서 수녀가 된 줄 알았다니! 그녀의 진짜 이야기를 알고 싶지 않은가? 그리고 이 멋진 왜가리 깃털과 타조 깃털 부채로 무엇을 할 생각인가? 정말 신날 것이다! 부디 나도 함께 그 트렁크를 구경하게 해주기 바란다.

라이프스타일 웹사이트를 만드는 꿈을 꾸고 있거나, 친구가 당신에게 특별행사용 꽃장식을 맡아달라고 부탁하거나, 캘리그래피와 액자를 준비해달라고 부탁할지도 모른다. 나는 이런 생각을 하면 점점 행복해진다. 상상 속에서는 무엇이든 마음대로 그릴 수 있다.

상상을 멈추지 말자. 다시 시작하자.

당신이 고등학교 여름방학 때 처음 일자리를 구한 곳이 작은 백화점이었고 그곳에서 쇼윈도 디스플레이를 배우면서 그 일을 아주 좋아했다고 치자. 당신은 그때의 행복한 순간을 누구에게도 말한 적이 없지만 늘 기억하고 있고 그때를 떠올리면 여전히 절로 웃음이 나온다. 당신이 장식한 진열장은 아주 멋졌고 그때 번 돈으로 법학 학위를 땄다. 그 후 당신은 30년 동안 웃음을 잃은 채 변론 취지서를 썼다.

이제 우리는 진전을 하고 있다.

당신은 고층 아파트에 살고 도시에서 일하지만, 사실 해안가 콘도로 가는 길에 있는 작은 시골마을을 가끔 들르는 맛에 산다. 해안뿐만 아니라 양, 소, 말, 돼지, 길가 가판대에 놓인 홈메이드 과일 잼, 그린 토마토 처트니, 카레를 넣은 마멀레이드가 당신을 유혹한다. 당신이 만든 레몬 커드가 교회 바자회에서 가장 인기를 끌었는데도 여전히 당신은 그것을 좋은 신호로 받아들이지 않았다.

실마리, 실마리. 당신의 신비에 대한 실마리와 당신이 열정을 느끼는 일들에 대한 실마리는 아주 많다. 그리고 이런 모든 사례가 당신의 새로운 소명이 될 수 있다. 20년 전만 해도 불가능했겠지만, 전자상거래가 폭발적으로 증가하고 있고 아직 우리가 흔들의자에 앉아 있을 나이가 아니니 우리를 막을 것은 없다. 물론 다른 사람의 의견을 제외하면 말이다. 그래서 우리는 내년을 위해 준비하고 있는 계획에 대해 아무에게도 말하지 않을 것이다. 그러면 우리가 여전히 열정을 간직한 꿈이 실용적이지 않다는 이유로 하지 말라고 참견하는 사람이 없을 것이다.

위의 두 문장을 반복해서 읽고 맹세하자. 당신의 활력과 낙관주의와 명랑함이 점점 커지는 것을 느낀 사람들은 당신이 차고 앞에서 복원한 빈티지 은색 에어스트림을 떠올리곤 어떤 추측에 도달할 것이다. 그러나 그때는 이미 당신이 그 캠핑카를 타고 66번 도로를 달리고 있을 것이다.

나는 당신에게 다음 몇 달 동안 '현실적이지 않다'거나 '터무니없다'는 소리를 하지 않을 것이다. 대신 '돈키호테 같다'거나 괴짜라는 말은 할지도 모른다. 하지만 '스크루볼 코미디'가 루실 볼, 티나 페이, 케이트 매키넌, 캐럴 롬바드, 티파니 해디시, 진 아서, 크리스틴 위그를 얼마나 성공시켰는지 생각해보자.

자, 친구, 그럼 건배!

아무리 실현 가능성이 없어 보이는 꿈일지라도, 우리가 낭만적인 충동을 알아차리면 신성한 도움이 나타난다. 우리는 무조건적으로 사랑하고 소중히 여기는 것을 발견하거나, 그것들과 다시 연결되어야 한다. 그것이 신이 우리를 창조한 이유다. 그렇게 하면 신은 우리를 무조건적으로 사랑하고 소중히 여긴다. 당신이 매일 아침에 이 세상에서 또 다른 하루를 만난 것에 감사하며 침대에서 벌떡 일어나 나온다면, 이 글은 특별히 당신을 위한 것이다. 한 해가 지나서 당신이 아침에 눈을 뜨기 전에 웃음을 짓고 잠들기 전에 "고맙습니다"라고 말한다면, 이 글을 쓴 내 목적이 완수될 것이며 나는 내 암말을 타고 내 목장을 찾아가 시나리오 작업에 몰두할 것이다. 나도 오랫동안 미뤄온 꿈이 몇 개 있다.

당신이 사랑한 모든 것은 빛나는 신비, 독특한 스타일, 필연적인 선함으로 가득한 수수께끼다. 당신이 지금 살았어야 하는 삶, 당신을 기다리고 있는 삶이다. 그 삶이 당신의 꿈을 담은 1인극의 다음 대사를 속삭인다. "한번 해봐."

# 9월 28일

## 작은 행동이 모여 큰 변화를 가져온다

다시. 또 다른 시작.

- 도로시아 랭

미국의 다큐멘터리 사진가

이 말에서 완전히 지친 한숨, 혹독한 진실이 들리는 듯하다. "다시. 또 다른 시작."

그렇다, 빌어먹을. 다시.

나는 도로시아 랭을 존경하고 좋아한다. 그녀는 직감을 감사히 받아들이는 방법을 세상 누구보다도 잘 가르쳐준 사람이다. 널리 인정받은 사진가인 랭은 평생 다시, 또다시 시작해야 했다. 사실 너무 많이 다시 시작해야 했기에 결국 사진 보도의 방식을 탈바꿈시켰다. 랭의 가장 유명한 사진은 〈이주자의 어머니〉이다. 절망을 담은 이 흑백 인물사진에는 완전히 탈진한 어머니가 갓난아이를 안고 있는 모습이 담겨 있다. 1936년에 게재된 이 가슴 아픈 이미지는 대공황에 직면한 인간의 얼굴을 전 세계에 전했고, 실업 통계와 신문 기사보다 훨씬 큰 영향을 미쳤다. 갑자기 미국인들은 식량 배급을 기다리는 도시 실업자의 충격적인 실상을 알게 되었다. 미드웨스트부터 캘리포니아까지 믿기 어려울 정도로 척박하고 굶주린 건조지대의 현실이 알려졌다.

하지만 도로시아 랭의 개인적인 고투가 나에게 엄청난 영감을 주는 이유는 그 놀라운 사진의 뒷이야기 때문이다. 그녀는 이렇게 말한다.

비가 내렸다. 카메라 가방들이 꽉 차 있었다. 내 옆자리에는 긴 출장의 결과물인 필름과 현상한 필름이 가득 든 상자가 있었다. 그것은 워싱턴으로 보낼 준비가 돼 있었다. 안도감이 밀려들었다. 7시간 동안 시속 100킬로미터로 쭉 달리면 그날 밤 가족이 있는 집에 도착할 터였다. 내 눈은 비에 젖어 빛나는 쭉 뻗은 고속도로에 고정돼 있었다. 일에 쏟던 관심을 끊고 집 생각만 할 수 있었기에 자유의 몸이 된 기분이었다.

도로를 주시하고 있어서 대강 만든 표지판을 보지 못 할 뻔했다. 하지만 나는 곁눈으로 분명히 봤다. 반짝거리는 화살표가 달린 표지판에는 완두콩 수확꾼 막사라고 적혀 있었다.

나는 멈추기 싫었고 멈추지 않았다. 본 것을 기억하고 싶지 않았다. 나는 계속 달렸고 부름을 외면했다. 그때 와이퍼의 규칙적인 윙윙거리는 소리 사이로 내면의 언쟁이 커졌다.

〔내면의 목소리〕
도로시아, 저기 있는 막사는 뭐야?
그곳은 어떤 상황이야?
돌아갈 거야?
아무도 너한테 가라고 할 수 없잖아?
돌아가는 것은 완전히 불필요한 일이야….

30킬로미터를 달리는 내내 그냥 지나치자고 생각하던 나는 돌연 반대로 행동했다. 나는 무엇을 하는지 미처 자각하지 못한 채 빈 고속도로에서 유턴을 했다. 30킬로미터를 돌아가서 완두콩 수확꾼 막사라고 적힌 그 표지판 쪽으로 방향을 틀었다.

이성이 아니라 본능을 따라갔다. 나는 비에 흠뻑 젖은 막사로 차를 몰고 가서 집에 돌아온 전서구처럼 주차했다.

나는 굶주리고 자포자기한 어머니를 보자 자석에 끌리듯 다가갔다. 내가 그곳에 간 이유나 카메라에 대해 그녀에게 어떻게 설명했는지 기억나지 않지만, 그녀가 아무 질문도 하지 말라고 말한 것은 기억난다. 나는 그녀에게 점점 가까이 다가가면서 사진 다섯 장을 찍었다. 이름이나 사연을 묻지 않았다. 그녀가 나에게 나이를 이야기했다. 서른두 살이었다. 그녀는 그들이 주변 밭에서 주운 언 채소와 아이들이 잡은 새를 먹고 살았다고 말했다. 그녀는 바로 얼마 전에 식량을 사려고 자동차 타이어를 팔았다. 천막에 앉아 있는 그녀 옆에 아이들이 옹송그리며 모여 있었다. 그녀는 내 사진이 도움이 될 것을 아는 듯했고 그래서 나를 도왔다. 일종의 동등한 입장이었다.

니포모의 완두콩 농작물이 다 어는 바람에 일거리가 전혀 없었다. 하지만 나는 오도 가도 못하고 있는 다른 완두콩 수확꾼들의 천막과 숙소에는 가까이 가지 않았다. 그럴 필요가 없었다. 나는 내 임무의 본질을 기록했다는 것을 알았다.

실제로 그랬다. 하지만 누가 도로시아 랭에게 이 그 임무를 줬을까? 하늘 혹은 농업안전국? 사진이 게재된 후 정부는 그 막사에 식품 9,000킬로그램을 급히 수송했다. 나중에 존 스타인벡은 퓰리처상을 받은 1939년 작 《분노의 포도》가 도로시아 랭의 〈이주자의 어머니〉에서 영감을 받았다고 회상했다. 이 소설은 존 스타인벡의 노벨문학상 수상에도 한몫했다.

우리는 삶을 다시 시작하는 동안 우리가 은총의 파문을 일으킨다는 것을 모른다. 그것이 다른 사람들의 삶을 향상시키는 이유와 방법도 모른다. 하지만 나는 더 이상 알 필요가 없는 지점에 다다랐다. 나는 지시만 따르면 되고 이렇게 하면 놀라운 자유가 생긴다. 이런 지시는 신성하고 창조적이며 직관적인 메시지를 통해서 우리에게 내려온다. 나뭇가지 위에 기어 올라 과일을 향해 점점 다가설 때 아래를 내려다보지 말자. 아래에 안전망이나 넓게 편 날개가 있다고 믿자. 도로시아 랭이 미처 모르는 사이에 수행한 영혼의 임무만 생각하자. 처음에는 망설였지만 결국 영혼의 지시를 기꺼이 따른 그녀의 의지를 보여주는 이 이야기는 나에게 그 어떤 이야기보다 영감을 주며, 항상 나를 앞으로 나아가게 한다. 당신의 꿈을 향해 어둡고 비에 젖은 고속도로를 지나갈 때 이 이야기를 곰곰이 생각해보자.

조금씩 나아가는 발걸음＋작은 선택＝큰 변화. 우리의 갈망은 우리의 축복이다. 우리는 창조적인 자극을 존중하고 고맙게 여길 것이다. 무엇보다도 우리는 이 새로운 세상을 향해 천천히 움직일 것이다. 우리는 용감하고 진실할 것이다. 지금부터 우리 임무는 삶을 다시 시작하는 것임을 인정하고 나면 우리는 혼자가 아니다. 당신에게는 내가 있고, 나에게는 당신이 있다. 그리고 우리 둘 다 진정한 자아의 다정한 지지와 안내와 지원을 받는다. 우리에게는 감사하는 마음이 있다. 하늘에 감사한다.

도로시아 랭이 그 춥고 비 내리는 밤에 자신의 사진이 "그저 다를 바없는 사진"이 되리라고 생각했음을 기억하자. 그녀는 돌아가고 싶지 않았다. 우리도 돌아가고 싶지 않은 밤과 시작하고 싶지 않은 아침을 맞게 될 것이다. 그러니 다음 말을 명심하자. 당신이 자기 능력을 넘어서는 일에 기꺼이 나설 때 당신의 삶만 나아지는 것이 아니다. 나는 공작원으로서 당신의 비밀 임무를 아무에게도 말하지 않을 테니 안심해도 된다.

## 9월 29일

## 성공이 가져오는 변화를 두려워하지 마라

누구나 본모습과 외부의 기대 사이에서 갈등을 겪고 있다.
때로 우리는 도달할 가능성이 있는 위치에 서기 위해 노력하는 대신에
실패한 자로서의 역할이 주는 안락함을 선택하기도 한다.
그저 환경의 희생자, 기회가 없던 사람이 되는 쪽을 선호하는 것이다.

– 멀 셰인
캐나다의 작가이자 기자

많은 여성이 실패보다 성공을 훨씬 두려워한다. 실패는 감당하기 쉽고 익숙하기 때문이다. 그러나 성공하면 예상 가능한 안전 구역을 떠나야 한다. 인정하고 싶지 않겠지만 여성은 성공보다 인간관계를 더 중요하게 생각한다. 여성이 성공을 두려워하는 이유는 성공이 자신의 삶은 물론 사랑하는 사람의 삶에 미칠 영향을 두려워하기 때문이다.

미혼이거나 아이가 없거나 부양해야 할 부모가 없는 경우를 제외하

면, 성공해서 생긴 돈도 전적으로 자신의 소유가 아니다. 그 돈으로 장보기, 교육, 겨울 코트, 치아교정, 여름캠프, 휴가, 의료에 들어가는 비용을 낸다. 담보 대출금이나 월세, 전기·가스·수도 요금, 식품비, 건강보험료는 말할 것도 없다. 이러니 자신의 즐거움을 위해 돈을 쓰는 것을 상상도 못 하는 것은 당연하다.

그러니 우리가 성공을 두려워하는 데는 타당한 이유가 있다. 우리는 많은 위험을 무릅써야 한다. 성공하면 변화가 생기고 변화는 불편하다. 하지만 한 번에 하나씩 도전하면서 우리 자신과 사랑하는 사람들을 위해 성공의 의미를 재정립해보자. 우리가 성취를 편하게 받아들이게 되면 성공이 두렵거나 거추장스럽거나 위험하지 않다는 사실을 알게 될 것이다.


## 9월 30일

### 비상용품을 준비해보자: 대처 행동 요령

나는 온갖 일을 다 겪었단다. 나는 용감한 엄마야.

- 엘리자베스 테일러
미국의 배우·사업가·박애주의자


우리가 지난 몇 달 동안 비상용품함을 준비하는 동안 당신은 태도가 조금씩 변화하고 있고 자신감이 커지는 것을 알아챘을 것이다. 지금까지 미니버 부인이 예상치 못한 비상 상황에 대비하도록 우리를 도왔다. 이제 다음 코치인 용기의 여신이 남은 몇 달 동안 교육을 맡을 것이다. 비상용품함에서 가장 중요한 것은 물건이 아니다. 어떤 상황에서도 침착하게 움직이는 당신의 능력이 가장 중요하다.

무슨 일이 생기든 대응할 수 있는 정신적인 준비에 관해 국제적으로 유명한 생존 컨설턴트 메건 하인은 우리가 두려움을 이해하고 통제할 때 우리 자신이 최고의 협력자가 된다고 말한다. 그녀는 유명인과 각국 고객의 생존 컨설턴트일 뿐만 아니라 베어 그릴스의 텔레비전 프로그램 '러닝 와일드' 시리즈의 생존 전문가이니 그녀의 말을 신뢰해도 좋다.

야생에서든 회의실에서든 메건 하인의 책《생존자 정신: 생존과 성공에 대한 야생의 가르침Mind of a Survivor: What the Wild Has Taught Me about Survival and Success》은 아드레날린이 치솟고 스트레스로 가득한 삶에 위안을 준다. 메건 하인은 간결하게 말한다. "흔히 공기 없이 3분, 물 없이 3일, 음식 없이 3주 동안 생존할 수 있다고 알려져 있다. 나는 한 가지 더 추가하고 싶다. 생각 없이는 3초 동안만 생존이 가능하다." 이제 우리 자신감과 기술을 키우기 위해 몇 가지 훈련을 할 것이다. 먼저 어른, 어린이, 동물을 위한 심폐소생술로 시작한다.

● 심폐소생술

'지나가다Walk on By'는 디온 워릭의 환상적인 노래의 제목만은 아니다. 행인이 거리에서 심장마비를 일으킨 사람을 돕지 않는 걱정스러운 상황을 의미하기도 하다. 펜실베이니아 대학이 실시한 연구에 따르면, 공공장소에서 행인이 나서서 심폐소생술을 하는 경우는 37퍼센트에 불과하다. 심장의 신체적 위치를 고려하면 아무래도 여성이 더 불리할 수

밖에 없다. 남성이 모르는 사람에게 심폐소생술을 받을 가능성(45퍼센트)이 여성(39퍼센트)에 비해 높다. 유색인 여성이 심폐소생술을 받을 가능성은 더 낮다.

미국심장협회는 친구들과 심폐소생술 방법을 공유하라고 권한다. 비디오 영상 '공유의 순간'에서는 응급 구조대가 도착할 때까지 손으로 하는 심폐소생술이 목숨을 구하는 중요한 행위라고 강조한다. 심폐소생술은 배우기 쉽고 응급 상황에서 심장을 계속 뛰게 한다. 그러니 친구들과 가족이 심폐소생술 수업을 받게 하자. 친구가 출산을 앞두고 있는가? 보육원에서 일하는가? 자녀를 포함한 모든 유아를 심폐소생술 수업에 데리고 가자. 여성은 삶에 폭풍이 몰아칠 때 항구 역할을 한다. 남성은 거리에서 그냥 지나칠 확률이 더 높기 때문이다. 최근에 나는 경찰이 사고 현장에서 심폐소생술을 실시해서 영아의 목숨을 살렸다는 이야기를 들었다. 그는 인터뷰에서 20년 동안 심폐소생술을 해본 적이 없었다고 이야기했지만 다행히 본능적으로 어떻게 대처해야 하는지 알았다.

● 응급처치

심폐소생술 수업을 대체할 수 있는 것은 없지만 비상시에 적십자의 애플리케이션 두 개가 도움이 될 것이다. 이는 국제 적십자사 연맹의 응급처치 앱과 미국 적십자의 동물 응급처치 앱이다. 두 애플리케이션은 돌발 상황에 대처하는 방법을 단계별로 제공한다. 우리의 준비 좌우명을 따라서 필요한 상황이 오기 전에 미리 무료 앱을 다운받자.

미국 적십자가 수의사들과 협력해서 만든 동물 응급처치 앱은 치료 방법을 단계별로 설명한다. 개와 고양이를 비롯한 반려동물은 가족이다. 고양이 발에 가시가 박힐 때 가시를 제대로 뽑는 방법을 안다면 다행일 것이다. 핀셋이 든 구급상자가 비상용품함에 있으면 안심이 될 것이다. 시중에 반려동물용 구급상자가 많이 있지만 가족용 구급상자가 대신할 수 있다. 여분의 목줄이나 가슴줄, 입마개, 휴대용 물그릇을 추가하자.

바크 플라워 에센스 브랜드에서는 반려동물의 스트레스와 불안 등을 진정시키는 레스큐 레머디 제품을 제공한다. 구급상자에 한 병 더 넣어놓으면 우리에게도 도움이 될 것이다.

전문가와 상담하는 것이 가장 좋지만, 직접 판단해야 할 경우가 자주 생길 것이다. 메건 하인은 "안 좋은 일은 너무 빠르게 일어난다. 행동을 통한 대처든 주변에 대한 경계든, 생각이 당신의 목숨을 구할 수 있다"라고 말한다.

# 9월에 느끼는 소박한 행복

9월은 다시 시작하는 때다. 시골 숲에서 나무 때는 연기 냄새가 났을 때,
가을의 첫째 날 저녁에 커튼을 치고 식사를 했을 때,
나는 항상 내 행운의 계절이 왔다고 느꼈다.

– 엘리너 페레니
미국의 작가이자 정원사


대부분의 사람이 노동절(미국에서는 9월의 첫 번째 월요일) 주말이 여름의
끝이라고 생각하지만, 사실 태양이 황도면을 따라 북쪽에서 남쪽으로
적도를 지나갈 때 가을이 시작된다. 이를 추분이라고 부른다.


❦ 기승을 부리던 더위가 한풀 꺾였다. 여름의 마지막 야외 파티를 대
대적으로 열자. 좋아하는 여름철 음식을 요리하자. 황혼 녘에 밖에
나와 해가 지는 것을 바라보며 여름에게 아쉬운 작별 인사를 건네자.


❦ 노동절에 15분 동안 시간을 내서 여름에 꼭 하고 싶었지만 실행하지
못한 일을 모두 적자. 목록을 봉투에 넣자. 내년 달력을 구하면 6월
1일 날짜 옆에 목록을 보라고 적어놓자. 내년에 여름이 되면 올해
미뤄둔 즐거움을 우선순위로 잡아서 실행하도록 달력에 따로 표시
하자.

❦ 당신이 사용할 문구를 비축하자. 9월에 학용품 정기세일을 한다. 메모장, 공책, 가위, 테이프, 크레용을 사자. 절로 웃음이 나오는 모양의 연필을 사자. 적은 돈으로 기분전환을 할 수 있을 것이다. 창조적인 유람을 떠나서 글을 쓸 때 사용할 마음에 쏙 드는 펜을 고르자. 좋아하는 브랜드가 정해지면 사무용품 할인점에서 여러 개 사놓자.

❦ 사과 종류가 전 세계에 7,000종이 넘는다는 것을 알고 있는가? 미국에는 약 2,500종이 있고 100종만 상업적으로 재배된다. 사과를 직접 따보고(장담하건대 상당히 재미있을 것이다) 집에 가져와 주방에서 요리를 해보자. 미혼이거나 자녀가 있는 친구들과 함께하기에 아주 좋은 활동이다. 모든 사람이 이 새로운 전통을 좋아할 것이다. 태피 사탕이나 캐러멜 애플, 애플 파이, 사과 튀김, 애플 버터 등을 만들자. 사과로 할 수 있는 음식이 아주 많다. 간단히 인터넷 검색을 하거나 요리책이나 애플리케이션을 둘러보면 하고 싶은 음식을 쉽게 발견할 것이다.

❦ 갓 짠 사과 주스와 배즙을 마시자.

❦ 여러 종류의 팝콘을 만들어보자.

❦ 털옷을 내놓자. 정말로 좋아하는 스웨터가 있는가? 없다면 마음에 드는 제품을 찾아보자.

❦ 가정식 저녁 만찬을 준비해 추분을 축하하자. 특히 혼자 살면서 제대로 된 식사를 거의 챙겨 먹지 않는다면 꼭 이 만찬을 열자. 작은 항아리에 국화꽃을 꽂아 식탁에 올려놓자. 촛불을 켜고 와인이나 주스를 따르자. 추억의 음식이 주는 소박한 즐거움을 음미하자.

❦ 영국의 추수철 전통음식인 피짓 파이를 먹어봤는가? 채소 육수에 감자, 양파, 사과, 햄을 넣고 흑설탕과 소금과 후추로 간을 한다. 일반적인 파이와 마찬가지로 페이스트리 반죽에 재료를 넣고 위에 격자 모양 반죽(냉동 반죽을 사용해도 좋다)을 씌워서 구우면 된다.

❦ 대천사 성미카엘을 기리는 9월 29일 성미카엘 축일을 기념하자. 이날은 영국에서 6세기에 시작된 전통 수확제다. 전설에 따르면 이날 악마가 성미카엘에 의해 하늘에서 쫓겨나 블랙베리가 우거진 땅에 떨어졌다. 전통적으로 차와 함께 블랙베리 파이나 타르트를 먹거나, 스콘에 블랙베리 잼을 발라 먹는다.

❦ 12월에 정신없이 서두르지 않도록 9월부터 크리스마스 선물 목록을 만들기 시작하자.

❦ 자녀가 있다면 지금쯤 핼러윈 의상을 선택하게 해야 한다. 직접 만들 재주나 시간이 없다고 해서 절망할 필요는 없다. 요즘에는 가게에서 산 의상을 입는 아이들과 집에서 만든 의상을 입는 아이들이 반반이다. 구입할 예정이면 미리 주문하자. 직접 만들고 싶다면 모

든 재료를 모으자. 집에서 직접 의상을 만든다면 입는 사람의 취향이 우선이라는 사실을 명심해야 한다. 일부 여성은 목적을 망각하고 자녀를 기쁘게 하려는 것이 아니라 다른 학부모가 감탄할 옷을 만들려고 기를 쓰는 경향이 있다.

❦ 농산물 직거래장터에 가서 말린 꽃을 사와 직접 꽃다발을 만들자. 가게에서 파는 말린 꽃다발은 아주 예쁜 반면에 비싸다는 단점이 있다. 일요일에 하루 날을 잡아 꽃다발을 만들면 마음이 편해질 것이다. 찾으려고 노력하기만 하면 겨우내 소박하지만 풍요로운 아름다움을 즐길 수 있음을 깨닫게 될 것이다.

❦ J. 피터먼은 당신이 이메일로 연락하면 좋아할 것이다. 하지만 jpeterman.com에서 새 카탈로그를 신청하자. 당신의 꿈에 영감을 줄 모험이 많이 있을 것이다.

# 10월

내 행복의 기준을 세우는 달

추수를 끝낸 논이 텅 비어 있다.
논 저편에서 겨울의 휘파람 소리가 들린다.
나이 드는 것이 두려운 여자마냥
10월은 새빨갛고 샛노랗게 치장한다.

– 앤 메리 롤러
미국의 시인이자 소설가

새로운 가을이 왔다. 계절의 변화가 달력의 날짜보다 감각으로 느껴지는 때다. 드디어 무더위가 가고 있다. 익숙한 주변 풍경이 점차 눈부시게 화려하고 아름다운 보석빛 옷으로 갈아입는다. 10월의 매력에 푹 빠지자. "그대가 아는 방식으로 우리를 마음껏 매혹하라. 새벽에 이파리 한 잎을 떨어뜨려라." 시인 로버트 프로스트가 풍요로운 이 계절을 향해 간절히 청한다.

## 10월 1일

## 번아웃을 해결할 수 있는 사람은 자신뿐이다

내 초는 양쪽에서 타들어 가니
이 밤이 가기 전에 다 타버리리라. 하지만 아, 내 적들이여.
그리고 아, 내 친구들이여. 초의 빛이 참 아름답구나!

– 에드나 세인트 빈센트 밀레이
풀리처상을 수상한 시인


불에 탄 제물

바짝 타버렸네

알아볼 수 없게 타버렸네

산 채로 타버렸네

완전히 타버렸네


눈부신 성공을 거두려면 몸과 마음이 소진되는 위험이 따른다. 안타깝게도 우리는 연기가 눈에 보여야 자신이 타들어 가고 있음을 깨닫는다.

극도의 피로인 번아웃은 일과 삶의 불균형으로 생기는 상태다. 책임이나 일이 너무 많고 시간은 너무 부족한데 그 상황이 너무 오래 이어진다. 그동안 추월차선으로 달려왔지만 연료가 다 떨어지고 과열돼서 검은 연기가 풀풀 날린다. 일반적으로 번아웃은 일중독자나 완벽주의자 같은 사람에게나 일어나는 증상이라고 생각한다.

하지만 돌봄 중독자도 이런 상태에 빠질 위험이 다분하다. 돌봄 중독자는 자녀, 일, 결혼생활, 남편, 형제자매, 친구, 지역사회, 사회문제에 몹시 관심을 기울이는 사람을 말한다. 내가 아는 한 모든 여성이 돌봄 중독에 빠져 있다. 피로는 심장마비처럼 극적인 결과를 유발하지 않는 까닭에 많은 관심을 받지 못한다. 그러나 우리 몸에서 검은 연기를 내뿜으며 타들어 가는 내면의 불길은 돌발적인 화재만큼이나 치명적이다.

때로 번아웃은 수개월 동안 어려운 프로젝트에 강도 높게 매달리고 나서 느낄 수 있는 완전히 탈진한 상태로 드러난다. 일반적으로 일주일 동안 푹 쉰 다음 느린 속도로 일을 다시 시작하면 어느 정도 회복이 된다. 하지만 우리가 간과하는 점이 있다. 극도의 피로는 수년간 지속된 삶의 불균형에서 나온다. 일시적인 상황이라고 생각하던 불균형이 생활 방식이 된다.

대체로 번아웃은 좀처럼 떨어지지 않는 독감부터 만성피로 증후군에 이르는 각종 병으로 나타나기 시작하며 대체로 우울증을 동반한다. 번아웃은 때로 창조성 고갈과 분간하기 어렵다. 특히 대부분의 여성처럼 당신이 현실 부정에 능하다면 이 둘을 구분하기가 더욱 어려워진다.

기진맥진해서 잠들고 아침에 일어날 때부터 피곤하며 아무리 잠을 자도 정신이 맑아지지 않는 증상이 몇 달 동안 지속된다면 번아웃이다.

머리를 빗거나, 저녁에 외식을 하거나, 주말에 친구를 만나러 가거나, 휴가를 가는 것조차 큰 노력이 필요하다면 번아웃이다. 어떤 상황에서도 섹스할 마음이 전혀 안 든다면 번아웃이다. 늘 짜증이 나고, 조금만 건드려도 눈물이 흐르거나 불같이 화를 낸다면 번아웃이다. 전화벨 소리가 두렵다면 번아웃이다. 덫에 걸린 기분이 들거나, 절망적이거나, 상상에 잠길 수 없거나, 즐거운 일이 없거나, 매사가 불만스럽다면 번아웃이다. 엄청나게 설레는 순간 혹은 사소한 순간에 마음이 움직이지 않는다면 번아웃이다.

무엇이 잘못됐는지 혹은 어떻게 바로잡아야 할지 도무지 갈피를 잡을 수 없어서 어떤 것도 만족스럽지 않다. 모든 것이 잘못됐기 때문이다. 무엇인가 고장 났기 때문이다. 고장 난 것은 바로 당신이다. 당신을 도울 사람이 세상에 하나도 없다고 느낀다면 번아웃이다.

그리고 도와줄 사람이 없다는 생각이 맞다.

번아웃에 시달릴 때 도울 수 있는 사람은 세상에 딱 한 사람, 당신뿐이다. 생활방식을 바꿔야 하는데 그럴 수 있는 사람은 당신뿐이기 때문이다. 잠시 멈추고 느리게 걷고 빙 돌아가야 한다. 힘이 전혀 남아 있지 않을 때 온전한 상태로 회복하기 위해서 정신의 힘에 의지하는 것 외에 방법이 없다.

# 10월 2일

## 자신이 일중독자는 아닌지 진단해보자

삶에서 가장 큰 유혹은 당신의 일이다.

– 파블로 피카소

스페인의 화가·조각가·도예가

일은 상상 속의 연인처럼 마음을 빼앗고 감미롭고 위안을 주고 어루만져준다. 특히 열정적으로 좋아하는 일은 대단히 유혹적이어서 거부하지 못하고 완전히 사로잡힌다.

하지만 정신을 차리지 못할 정도로 푹 빠진 일이 아니라도 상관없다. 일에 집중하기만 해도 실망스럽거나 마음에 들지 않거나 불안한 상황에서 주의를 돌릴 수 있다. 예를 들어서 현실을 감당할 수 없을 때 당장 처리해야 하는 이메일이나 전화는 반가운 친구가 될 수도 있다.

대체로 가장 큰 유혹은 일중독과 완벽주의라는 최악의 중독을 동반한다. 일중독과 완벽주의가 대단히 위험한 이유는 여전히 청교도적인 노동관에 얽매여 있는 사회가 이 무모한 두 행동을 인정하고 지지하고 유지하기 때문이다. 청교도는 모든 형태의 즐거움에 눈살을 찌푸렸으며 철저하게 검소한 생활과 엄격한 자기 수양과 고된 노동을 통해서만 신의 총애를 받을 수 있다고 믿었다. 그러나 우리가 스스로를 치유할 수 없다면 신도 세상을 치유할 수 없다.

나를 포함한 내 친구들은 일중독자다. 슈퍼맨의 힘을 약하게 하는 크립토나이트조차 우리를 막을 수 없다. 수년 동안 우리는 일중독에 걸렸다는 사실을 격렬하게 부정했다. 이제 일을 많이 하는 '경향'이 있다고 인정하기는 하지만, 이는 알코올 의존증자가 자신을 가리켜 '사교적인 자리에서만 적당히 마시는 음주가'라고 말하는 것이나 마찬가지다. 우리가 말하는 경향은 주중에 날마다 야근하거나, 주말이나 휴가에 일감을 가져오거나, 아이들을 재우자마자 컴퓨터를 켜거나, 어떻게 해서든지 일주일 내내 일하거나, 계약서 검토를 독서로 생각하는 것이다. 일을 '하나 더' 마무리하려고 친구나 가족과의 약속을 취소하거나, 마감이 지나갈 때까지 즐거움을 미루거나, 모든 문자와 이메일을 밤낮 가리지 않고 바로 확인하거나, 모든 메시지에 답장을 하거나, 진행 중인 작업이 끝나기도 전에 새 작업을 시작하는 것이다. 소중한 개인 시간이나 가족과의 단란한 시간을 일 때문에 방해받거나, 출장이 유일한 휴가인 것이다. 그저 일을 많이 하는 경향이라고 치부하기에는 심각한 상태가 아닐까?

당신이 불만스럽게 "이건 미친 짓이야"라는 말을 자주 중얼거린다면 일하는 스타일을 세밀하게 살펴봐야 할 때가 된 것이다. 진정한 성공은 비밀에 싸여 있지 않다.

작은 것부터 시작하자. 조금씩 노력하자. 당신을 일중독에 빠뜨린 지식이 거꾸로 현재 상황에서 탈출하게 도울 수 있다. 집에 일감을 가져오되 컴퓨터를 켜지 말자. 혹은 적어도 이메일을 열지 말자. 저녁식사를 하는 동안 전화기를 무음으로 해서 다른 방에 두자. 2주에 하루씩 쉬자. 내가 아는 어느 여성은 필요하든 필요하지 않든 한 달에 적어도 일요일 하루는 쉬기로 결심했다. 그녀는 그 결심이 가장 잘한 일이라고 속으로 생각한다.

우리가 일중독에 빠지면 성공을 도와주려는 신의 존재를 믿지 않는
다. 속세와 정신세계를 분리해서 생각한다. 끊임없이 일하는 것이 은총
을 구하는 것보다 현실적이라고 여긴다.

마지막으로 직장에 신과 동행한 때가 언제였는가?

마지막으로 신에게 도움을 요청한 때가 언제였는가?


## 10월 3일

## 자존감이 낮은 사람은 완벽주의에 빠지기 쉽다

완벽주의는 만인의 적인 독재자의 목소리다.
평생 당신을 속박하고 미치게 할 것이다.

- 앤 라모트
미국 작가


아주 사소한 부분에까지 목숨을 거는 완벽주의자는 지옥으로 가는 길을
다지고 있는 셈이다. "아, 이런… 저기를 빠뜨렸네, 다시 해야지…."

일중독과 마찬가지로 완벽주의도 낮은 자아존중감 때문에 생긴 중독
증상이다. 우리는 어렸을 때 무엇을 해도 만족할 만한 결과를 얻지 못했
기 때문에 끊임없이 노력했다. 그렇게 쉬지 않고 노력해도 별 차이가 없
자 완벽하게 한다면 목표를 달성할 수 있을 것이라고 생각했다.

완벽하게 하니 갑자기 칭찬의 목소리가 들렸다. 천사의 노랫소리처
럼 아름다웠다. 진정한 칭찬을 듣는 희열은 샴페인이나 초콜릿과 비교

할 것이 못 되었다. 인간은 감각에 의지해 사는 동물이다. 우리는 완벽하게 해냈을 때의 기분이 워낙 좋았기에 비록 10초에 불과한 희열이라 하더라도 그 경험을 반복하고 싶어 한다. 그래서 모든 것을 완벽하게 하려고 하고 이때부터 자멸의 악순환이 시작됐다. 여전히 수많은 여성이 완벽주의를 진정제로 삼는다.

완벽해질 수 있다는 헛된 믿음을 계속 키우는 소셜미디어나 뉴스 기사, 텔레비전, 영화를 보지 말라고 내가 아무리 훈계를 늘어놔도 당신은 내 말을 듣지 않을 것이 분명하다. 대신에 다음에 잡지 표지에 실린 아름다운 여성이나, 인스타그램 피드에 올라온 갖고 싶은 방이나, 전문 요리사가 일주일 동안 준비했을 요리가 시선을 사로잡거든 "저건 진짜가 아니지. 진짜가 아니야. 진짜가 아니라고. 가짜에 홀려 비참해지지 말자"라고 낮은 목소리로 읊조리자. 그런 여성이나 방이나 요리는 우리 현실을 인위적으로 바꾸는 대가로 많은 보수를 받는 전문가들이 공들여서 만들어낸 환영이다.

예전에 친한 친구가 내게 아주 귀한 충고를 했다. 친구는 내가 집착하는 사소한 차이보다 온전한 정신이 훨씬 중요하다고 말했다. 사소한 차이는 완벽의 정수다. 사소한 차이가 감탄을 자아내게 한다. 그러나 사소한 차이에 집착하면서 살면 큰 그림을 보고 즐길 시간이 없어진다. 이제 나는 완벽주의를 극복했으며 사소한 차이를 신의 몫으로 남겨두려고 노력한다.

오늘 나는 그 친구에게 들은 귀한 충고를 당신에게 하려 한다. 온전한 정신이 사소한 차이보다 훨씬 중요하다.

작은 모래시계를 사서 주방이나 책상처럼 눈에 잘 띄는 곳에 놓자.

하루에 한 번씩 뒤집어놓자. 빠르게 떨어지는 모래를 지켜보자. 그것이 당신 삶의 매 순간이다. 그런 순간순간을 놓치지 말고 살자. 그런 순간으로 앞길을 닦자. 하루하루가 당신의 선택에 달려 있다.

하나님이 천지창조를 마무리하고 난 뒤 만물을 보면서 "완벽하구나"가 아니라 "심히 좋구나"라고 말한 이유를 곰곰이 생각하자.

## 10월 4일

## 일과 생활을 철저히 분리해라

차분할 때 가장 잘 배울 수 있는 것이 있고,
소란할 때 가장 잘 배울 수 있는 것이 있다.

- 윌라 캐더
퓰리처상을 수상한 소설가

일상생활에 균형을 잡으려고 노력하는 사람들 사이에서 재택근무가 인기다. 일주일에 며칠이라도 집에서 일하는 것이 사무실에서 일하는 것보다 훨씬 생산적이다. 이런저런 걱정에 마음이 분산되지 않는 평온한 환경이라 집중이 잘 되기 때문이다. 그래서 요즘에 원격 근무가 흔하다.

물론 집에서 일하면 좋지만 생각했던 것처럼 상황이 돌아가지는 않는다. 잠옷이나 트레이닝복을 입은 채 일하고, 세탁기에 빨랫감을 넣으면서 잠시 쉬고, 저녁식사로 내놓을 스파게티 소스가 끓고 있는 동안에 전화로 회의를 할 수 있으니 더할 나위 없이 편하다. 하지만 자칫 잘못하면 집과 직장의 구분이 모호해지고 온통 일에만 매달리게 된다. 아침에 일어나자마자 이메일을 확인하고 밤에 가슴에 노트북을 올려놓은 채 잠든다. 기술의 편의성이 가져온 무자비한 순환이다.

햄스터의 쳇바퀴가 떠오르지 않는가?

나는 거의 평생 집에서 일한 터라 이제는 다른 작업 스타일은 상상조차 할 수 없다. 하지만 모든 삶의 선택이 그렇듯이 당신에게 맞는 작업 스타일을 선택해야 한다. 한 친구는 몇 년 동안 집에서 일하기를 꿈꿨지만 막상 집에서 일한 지 몇 달도 안 돼서 다시 사무실로 출근하기 시작했다. 친구는 사람들과 어울리지 못하고 혼자 있다 보니 만사에 무감해져서 당최 일을 할 수 없었다고 했다.

게다가 집에서 일하려면 집중력이 뛰어나야 한다. 아침에 가족이 직장이나 학교로 향한 즉시 집안의 사무실로 출근해 그날 치의 작업을 마무리할 때까지 집안일에 신경을 쓰면 안 된다. 그런데 그러기가 쉽지 않다. 따라서 일에 착수하기 전에는 절대 집안일에 손대지 않는다는 규칙을 엄격하게 지켜야 한다. 낮에 일하는 중간에 집 안에서 움직일 때는 그저 눈을 감아버리는 것이 최선이다.

집에서 일하는 것이 편하고 즐거워지면 점차 무모해져서 감당할 수 있는 양보다 많은 일감을 떠맡기 쉽다. 일주일에 5일 동안 8~10시간으로 업무시간이 정해져 있는 것이 아니라 집 사무실이 늘 열려 있기 때문이다. 통근할 필요가 없으니 일을 한 시간 일찍 시작해서 한 시간 늦게 끝낸다. 사무실이 거실 바로 옆이라 밤에 아이들을 재우고 다시 일을 마무리하러 간다. 주말은 주중에 남은 작업을 이어서 하거나 다음 주에 할 작업을 미리 하기에 매우 적합하다. 결국 시도 때도 없이 일하는 함정에 빠진다. 설사 수입이 좋아져도 집에서 개인생활이 없어지는 지경까지 갔다면 업무시간을 확실히 정해서 지켜야 한다.

사무실에서 일할 때 집에서 일하기를 꿈꾸는 이유는 가정생활과 직장생활의 균형을 유지하고 싶어서다. 그런 균형 감각을 지키려고 노력할 때, 재택근무는 어떻게 살아갈지 스스로 결정하는 과정에서 한 단계 더 나아가는 선택이 될 수 있다.

집에서 집필 작업을 한 버지니아 울프는 이렇게 충고한다. "일로 아주 성공한 사람은 감각을 잃어버린다. 시력을 잃는다. 그림을 볼 시간이 없기 때문이다. 청력을 잃는다. 음악을 들을 시간이 없기 때문이다. 말하는 능력을 잃는다. 대화할 시간이 없기 때문이다. 인간관계에서 균형 감각을 잃는다. 인간성을 잃는다." 버지니아 울프의 충고에 유념하자.

## 10월 5일

### 세상 어떤 일에서든 기쁨을 찾아보자

**기뻐해라. 착하게 행동해라. 용감해라.**

– 엘리너 H. 포터
미국 소설가

소설가 엘리너 H. 포터의 소설 《폴리애나》의 주인공 폴리애나를 알고 있는가? 이름만 듣고도 웃음이 나와도 참아주기 바란다. 어느 상황이나 지나치게 낙관적으로 보려는 폴리애나의 의지가 지나치게 감상적으로 보이겠지만 나는 폴리애나의 '기쁨 찾기 놀이'를 다른 시각으로 볼 가치가 있다고 생각한다.

당신이 비웃을지 모르겠지만 기쁨 찾기 놀이는 우리 일상에 갑자기 생기는 문제에 대한 완벽한 해독제다. "폴리애나는 만사가 문제없는 척한 것이 아니다." 폴리애나라는 인물을 창조한 소설가 엘리너 H. 포터가 주장한다. "폴리애나는 현실을 쾌활하고 용감하게 받아들이는 사람들의 대변자다. 그녀는 불쾌한 상황이 늘 생기기 마련임을 알았지만, 어떤 상황에서든 좋은 면을 찾아서 불쾌함을 줄여야 한다고 믿었다."

1913년에《폴리애나》가 처음 출간된 후 괴로운 상황에서 희망을 발견하는 능력을 갖춘 열한 살짜리 고아가 갑작스레 큰 인기를 얻자 정작 가장 놀란 사람은 작가인 포터였다. 요란한 홍보도 하지 않았지만 입소문이 퍼져서 베스트셀러가 되었고 급기야 100만 권이 팔렸다.《폴리애나》는 10여 개 국어로 번역됐으며, 대단히 인기를 얻어서 등장인물의 이름은 '못 말릴 낙천주의자'라는 뜻으로 널리 사용되었고 영어 사전에까지 실리게 되었다.

소설에서 폴리애나 휘티어는 시도 때도 없이 아무나 붙들고 기쁨의 중요성을 설교하는 가난한 목사의 딸이다. 휘티어 목사는 하느님이 자녀에게 기뻐하라고 가르치는 일화가 성경에 800회나 기록돼 있다고 주장한다. 그는 인간이 기뻐하며 살기를 하나님이 바란다고 생각한다.

어느 크리스마스에 여성 선교회에서 선물로 보낸 바구니가 도착하자 휘티어 목사의 신념이 시험대에 오른다. 폴리애나는 크리스마스 선물로 진짜 도자기 인형을 달라고 했는데 크리스마스 날 아침 그녀가 열어본 바구니 속에는 엉뚱하게도 어린이용 목발 한 쌍이 들어 있었다. 당연히 폴리애나는 무척 실망을 했다. 휘티어 목사는 딸을 위로하려고 새로운 놀이를 만든다. 크리스마스 선물로 목발을 받아서 좋은 점을 찾는 놀이다. 물론 부녀는 좋은 점을 찾는다. 폴리애나는 다리가 멀쩡해서 목발을 짚고 다니지 않아도 되는 것이다! 이렇게 해서 기쁨 찾기 놀이가 탄생한다.

폴리애나는 아버지가 죽자 부자이지만 외로운 노처녀인 폴리 해링턴 이모네 집에서 더부살이를 한다. 다들 폴리가 결혼을 하지 않은 이유는 지나치게 엄격하고 무례한 성격 때문이라고 생각한다.

폴리애나는 소도시인 버몬트에 도착하자마자 용기와 명랑함으로 동네를 바꿔놓는다. 아픈 사람이 건강해진다. 외로운 사람이 친구와 애인을 찾는다. 불행한 결혼생활이 행복해진다. 폴리 이모를 제외한 모든 사람이 부정적인 태도를 버리고 삶의 밝은 면을 찾으려 노력한다. 그러나 폴리 이모의 완고함은 좀처럼 변하지 않는다. 급기야 폴리 이모는 폭발한다. "그놈의 '기쁘다'는 소리 좀 그만해라. 아침부터 밤까지 끊임없이 해대는 '기쁘다', '기쁘다', '기쁘다' 소리에 미칠 지경이야." 그러나 폴리 이모는 폴리애나가 심각한 사고를 당하지만 용기와 마을 사람의 친절로 어려움을 이겨내는 모습을 보면서 기쁨의 마법에 걸리게 된다.

《폴리애나》가 너무 감상적이고 촌스러운 소설로 보일지도 모르지만 "기운 내요, 그렇게 심각하지 않아요!"라고 확신을 주는 말의 힘은 재고할 가치가 있다.

하루 동안 기쁘게 살려고 노력해보자. 당신과 내가 같은 연구개발팀의 팀원들이라는 것을 기억하자. 회의론자가 최고의 탐구자가 된다.

# 10월 6일

## 작업 환경을 조금씩 개선해보자

그녀의 일, 나는 그녀의 일이

그녀의 진짜 일을 찾아서

하는 것이라고 생각한다.

그녀의 일, 그녀의 진짜 일,

인간으로서 그녀,

세상의 일원으로서 그녀.

– 어슐라 K. 르귄

미국의 공상과학소설 작가

어느 날 아침, 당신은 내적인 자아self 때문에 깜짝 놀랄 순간이 올 것이다. 알람 소리가 울린다. 자아는 시계 버튼을 누르더니 침대에 다시 누워버린다. 일어날 생각을 안 한다. 옷을 입을 기미도 안 보인다. 시위를 하는 것이다. 수년 동안 혹은 평생 동안 불만을 제기했지만 무시당했다. 더는 열악한 작업 환경을 견딜 수 없다.

뛰어난 작가인 애니 딜러드가 다음에 벌어지는 상황을 이야기한다. "주인님의 소중하고 의욕이 넘치는 유일한 일꾼인 저는 이제 파업하렵니다. 아무리 사정하셔도 결심을 바꿀 생각이 없습니다, 주인님. 너무 오래 일하다 보니 공기가 탁해졌고, 바닥의 진동도 느껴집니다. 주인님은 완벽하게 안전하다고 말하지요. 그러나 일꾼은 출근하지 않을 겁니다. 공장을 쳐다보지도 않을 겁니다. 심장에 병이 생겼습니다. 차라리 굶어 죽으렵니다."

아직 당신이 번아웃 상태에 있거나 어디론가 도망쳐버렸거나 병원에 입원했거나 신경쇠약에 걸리지 않았을 수 있다. 아직은 가족관계에 문제가 없을 수도 있다. 적어도 어제 저녁식사 자리에는 온 가족이 모였다. 여전히 친구와 전화 통화를 하고 있을 수도 있다. 그러나 친구가 당신을 제대로 본 지 6개월이나 지났다.

오늘은 당신에게 그야말로 행운의 날이다. 시위에 돌입한 자아를 억압하지 말자. 당신의 삶은 무척 힘들었다. 지금 무의식적인 자아는 파업을 선언했다. 운영자인 외적 자아ego는 새 계약을 체결할 때까지 혼자서 꾸려가야 한다. 수많은 노동법이 있지만 자기 착취를 막아주는 내용은 없다. 자기 착취를 막는 법이 생길 때까지 업무에 복귀하지 않을 것이다.

이쯤 되면 관심을 기울일 때가 왔다. 마음을 안정시키고 이상적인 근무일을 생각하자. 원하는 대로 일할 수 있다면 어떤 작업 방식을 선택하고 싶은가? 이상적인 근무 시간은 얼마인가? 이상적인 작업 환경을 상상해보자. 어떤 모습인가? 이상적인 모습과 현재의 모습을 비교하자. 공통점이 있는가? 이상적인 요소를 현재의 작업 환경에 도입할 수 있겠는가? 현재의 삶을 송두리째 버리고 아무것도 없는 상태에서 진정한 삶을 시작할 수 있는 사람은 거의 없다. 그렇지만 누구나 현재 상황을 조금씩 바꿔나갈 수 있다. 현실의 환경을 개선하는 것이 현실을 완전하게 만드는 방법이다. 완벽은 실현이 불가능한 목표지만 점차 완전하게 만들 수는 있다.

오늘 개선 가능성이 있는 선택과 현재의 환경 사이에서 창조적인 단체 교섭을 시작하자. 일상의 예술가는 평범한 것을 신성한 경지로 올려놓는다. 당신이 가진 것(식사, 대화, 유머, 애정, 새로운 파일 정리 방식, 비교적 깔끔한 책상)을 이용해서 편안하고 편리한 작업 환경을 만들자. 당신의 영혼에게 물어보자. "어떻게 하면 일을 더 즐겁게 할 수 있을까?" 영혼의 대답을 따르자.

<br>

## 10월 7일

### 거절은 나를 지키는 힘이다

내가 담장 안이나 밖에 두고 싶은 것이 무엇인지
담장을 쌓기 전에 알고 싶었다.
- 로버트 프로스트
유일하게 퓰리처상을 네 번 수상한 시인

<br>

말하자면 한계선은 가시 철조망이고, 경계선은 나무 울타리다. 개인생활이나 직장생활에서 한계 너머로 밀어붙이면 철조망에 찔릴 소지가 다분하다. 그러나 경계선은 신성한 영역을 구분해놓는 선이다. 몸을 굽히기만 하면 나무판자 사이로 넘어갈 공간이 충분히 있다.

누구나 한계 없이 살고 싶어 한다. 따라서 우리가 소중히 여기는 모든 것을 보호하고 육성하고 유지하는 경계선을 긋는 방법을 배워야 한다. 대부분의 여성이 경계선 긋기를 몹시 괴로워하고 더 이상 용인할 수 없는 지점에 이를 때까지 미룬다. 경계선을 그으려면 "이 이상은 안돼!"라고 말할 줄 알아야 한다. 속마음을 이야기하고, 필요한 것을 표현하고, 선호를 분명히 밝혀야 한다. 이런 순간은 긴장감이 흐르기 마련이며 자칫하면 말싸움으로 치달아 눈물과 오해와 상처로 끝나기 쉽다. 그래서 많은 여성이 침묵을 지킨다. 분노를 분출하지 못한 채 입을 다물고 욕구를 분명하게 표현하지 못한다.

그러나 침묵으로도 경계를 확실히 그을 수 있다. 내 친구 중에 책을 여러 권 낸 뛰어난 작가가 있다. 오래전에 결혼한 친구의 남편은 똑똑하고 매력적이지만 비판적인 사람이었다. 남편이 훨씬 학력이 좋기 때문에 친구는 늘 원고를 읽고 조언을 해달라고 부탁했다. 안타깝게도 그는 아내를 도우려는 마음에 다소 가혹하게 평가했고 자기 말이 아내에게 큰 상처를 준다는 사실을 전혀 몰랐다. 때로 그는 아내의 원고를 바로 읽지 않고 아무렇게나 던져놓곤 했다. 무례하다는 느낌 혹은 심하면 경멸당한다는 느낌이 들 정도로 오랫동안 방치했다. 그럴 때마다 친구는 마음을 추스르고 다시 펜을 들기까지 며칠이 걸렸다. 마침내 친구는 원고를 남편에게 보여주지 않기로 했다. 꿈을 보호하려고 무언의 경계선을 그은 것이다. 드디어 친구가 낸 소설이 선풍을 일으켰다. 남편은 비평가들의 극찬에 깜짝 놀랐고 사람들이 아내의 소설에 그토록 열광하는 이유를 이해할 수 없어서 당혹스러운 듯했다. 어느 날 밤 친구는 남편이 자신의 베스트셀러 소설을 읽고 있는 것을 발견했다. "좋은데. 음, 아주 좋아." 남편이 놀란 듯이 친구에게 말했다. "왜 애초에 나한테 읽어보라고 하지 않았어?"

"당신은 내게 이런 능력이 있는지 전혀 몰랐으니까요." 친구가 즐거운 마음으로 대답했다. 드디어 친구는 진정한 목소리를 찾았다.

경계선을 긋는 좋은 출발점은 '아니요'라고 말하는 것이다. "'아니요'는 '네'만큼이나 아름다운 말이다." 작가 존 로빈스와 앤 모티피가

《균형을 찾아서: 급변하는 세상에서 조화 발견하기In Search of Balance: Discovering Harmony in a Changing World》에서 말한다. "'아니요'라고 말하고 싶은 욕구를 거부할 때마다 자존심이 훼손된다. 필요할 때 '아니요'라고 말하는 것은 권리일 뿐만 아니라 가장 중요한 의무다. 에너지를 소멸시키는 오래된 버릇에, 내면의 기쁨을 앗아가는 것에, 목적을 방해하는 것에 '아니요'라고 말하는 능력은 우리에게 주어진 선물이기 때문이다. 그리고 다른 사람의 기대가 자신의 기대와 맞지 않을 때 '아니요'라고 말하면 그들이 스스로 길을 발견하도록 도와주는 것이기 때문이다. 우리에게 진정으로 필요한 것에 전념하겠다는 의지를 '아니요'라는 말로 표현할 때 비로소 우리는 자유로워진다."

## 10월 8일

### 물욕을 무시하는 것만이 답은 아니다

아름다움은 환희다. 배고픔만큼이나 분명한 느낌이다.
- 윌리엄 서머싯 몸
영국의 극작가이자 소설가

한 걸음 전진, 세 걸음 후퇴. 내가 소박한 풍요로움의 은총 여섯 개 중 네 개(감사, 소박함, 질서, 조화)를 거의 1년 동안 실험했고 현란한 광고에 넘어가는 본능을 극복했다고 생각한 때의 일이다. 나는 즐겁게 윈도쇼핑을 했고 눈길이 가는 물건을 사지 못해도 위축되지 않았다. 그러다가 내가 정말 좋아하는 것들로 가득 차 있는 라이프스타일 블로그를 발견했다. 나는 계속 웹 화면을 스크롤 하면서 내가 살고 싶은 집을 고스란히 담은 사진들을 보다가 화를 내며 창을 닫았다. 원하는 대로 살지 못하는 것에 넌더리가 났다. 물론 필요한 것을 다 가졌지만 원하는 것까지 다 가지지는 못했다.

몇 시간 동안 괴로워하다가 갑자기 생각을 멈췄다. 내면에 뭔가 문제가 생긴 것이 틀림없었다. 아무 이유 없이 그런 감정이 생기지는 않았을 것이다. 나는 화가 난 이유를 곰곰이 생각했다. 그동안 돈에 너무 쪼들려서 살았나? 예전이라면 두 번 생각하지 않고 바로 샀을 사소한 물건을 살 돈이 없어서 우울한가? 아니면 더 심각한 이유가 있을까?

생각할수록 그동안 아름다움을 향한 열정에 관심을 기울이지 않았다는 것이 분명해졌다. 내가 박탈감을 느낀 이유는 이미 내 삶에 존재하는 아름다움을 인정하거나 음미하거나 축하하지 않았기 때문이었다. 그래서 내 영혼이 항의의 뜻으로 폭발을 일으켰던 것이다. 이처럼 감정이 우리 관심을 끌려고 극단적인 형태로 분출하면 의식적으로 관심을 기울여야 한다. 나를 애타게 부르고 있던 것은 물건이 아니라 아름다움이었다. 이 점을 깨닫고 화훼 직판장으로 향했다. 평소와 달리 꽃 한 다발이 아니라 두 다발을 내게 선물했다. 거실에서 멋지게 꽃꽂이를 하다 보니 아름다움을 향한 갈망이 아주 저렴한 값으로 충족되었고 구매욕이 즉시 가라앉았다.

형편이 안 되지만 꼭 사고 싶은 아름다운 물건이 생기면 감정을 부정하거나 무시하지 말자. 욕구는 신성한 갈망을 만족시킬 실마리를 준다. 당신이 물건에서 아름다움을 느끼는 이유를 탐구하자. 물건을 본 느낌을 떠올려 상상력을 가동하자. 우리는 아름다움에 둘러싸여 있다. 찾으려고 노력하면, 삶을 더 아름답게 만들려고 하면 사방에 펼쳐진 아름다움이 보인다. 호주의 소설가 크리스티나 스테드는 1938년에 "우리는 쏟아지는 금덩어리 속에 쇠스랑을 하나 들고 앉아 있다"라고 썼다.

# 10월 9일

## 스트레스를 극복하는 비결

조용한 구석 자리 하나 없는 이 세상에서, 시끌벅적한 아우성과
어수선하고 끔찍한 소동에서 벗어나기란 쉽지 않다.
– 살만 루슈디
인도 태생의 영국 소설가

스트레스에 시달리지 않는 여성이 있을까? 그런 여성이 있다면 꼭 찾아내서 비결을 들어보기 바란다. 장담하건대 그런 여성은 다음과 같은 조언을 할 것이다.

감사하는 마음을 키우자.
전화기를 끄자.
하루에 한 시간씩 혼자 있는 시간을 내자.
기도와 명상과 반성으로 하루를 시작하고 끝내자.
소박하게 살자.

집을 늘 정돈하자.

일정을 과하게 잡지 말자.

마감일을 현실적으로 정하자.

지킬 수 없는 약속을 하지 말자.

모든 일에 추가로 30분을 배정하자.

집과 직장에 조용한 환경을 조성하자.

일주일에 두 번은 밤 9시에 자자.

항상 흥미로운 읽을거리를 가지고 다니자.

자주 깊게 호흡하자.

움직이자. 걷고 춤추고 달리자. 즐겁게 할 수 있는 운동을 찾자.

신선한 물을 마시자.

배가 고플 때만 먹자.

맛이 없으면 먹지 말자.

지금 이 순간에 몰두해서 살자.

일주일에 하루 날을 잡아 휴식을 취하며 재충전하자.

자주 소리 내서 웃자.

감각적인 즐거움을 누리자.

항상 안락함을 선택하자.

마음에 들지 않은 물건을 집에 두지 말자.

자연의 돌봄을 받자.

저녁식사 중에 전화를 받지 말자.

모두를 만족시키려는 태도를 버리자.

스스로를 만족시키자.

부정적인 사람들을 가까이 두지 말자.

소중한 자원인 시간, 창조적인 에너지, 감정을 낭비하지 말자.

우정을 키우자.

자신의 열정을 두려워하지 말자.

어려움을 도전으로 여기자.

자신의 포부를 존중하자.

달성할 수 있는 목표를 설정하자.

기대를 버리자.

아름다움을 음미하자.

경계선을 긋자.

무조건 "네"라고 대답하지 말고 필요하다면 "아니요"라고 말하자.

걱정하지 말자. 행복해지자.

행복은 살아 있는 감정임을 기억하자.

안전 대신에 평정을 선택하자.

영혼을 돌보자.

꿈을 소중히 여기자.

매일 사랑을 표현하자.

진정한 자아를 발견할 때까지 열심히 찾자.

# 10월 10일

## 자신감이 최고의 패션이다

여성의 가장 매혹적인 점은 자신감이다.
- 비욘세
미국의 가수·작곡가·배우·감독·댄서

나는 가장 비참한 날에 오히려 아주 소중한 교훈을 얻었다. 하루 동안 마음의 평정을 유지할 수 있을지 없을지는 집을 나서기 전에 이미 결정된다는 사실을 깨달은 것이다.

작가의 길에 들어선 초창기에 뉴욕에서 열리는 중요한 출판 회의에 참석하게 되었다. 내가 만나기로 한 여성이 자신만만하고 옷을 잘 입기로 유명하다는 소문이 들렸다. 나는 만만하게 보이면 안 된다고 생각했다. 사실 내심 두려웠기 때문에 무의식적으로 화려한 치장으로 두려움을 포장하려 했다. 나는 척 봐도 돈 냄새가 풀풀 풍기는 비싼 옷을 샀다. 평소의 나와 전혀 어울리지 않는 옷이었다. 게다가 헤어스타일과 화장까지 대대적으로 바꿨다.

나는 세련된 새 모습이 너무 낯설어서 출장 전날 늦게까지 잠을 이루지 못했다. 휴식을 취하고 느긋하게 짐을 싸고 잠을 자는 대신에 쓸데없이 호들갑을 떨며 어영부영 시간을 보냈다. 마침내 침대에 누웠을 때는 완전히 지친 상태였다. 나는 화장품과 필수적인 소지품과 액세서리를 화장대에 널브려놓은 채 잠들었다.

회의 시간에 맞춰서 뉴욕에 도착하려면 새벽 4시 30분에 일어나야 했다. 가족을 깨우지 않으려고 말 그대로 어둠 속에서 옷을 갈아입었다. 캄캄한 곳에서 필요한 물건을 찾기가 쉽지 않았고 짜증스러웠다. 시간이 간당간당했고 결국 기차를 놓칠까 봐 겁나서 허둥지둥 집에서 뛰쳐나갔다.

회의가 시작하기도 전에 열이 났고 땀투성이가 됐다. 재킷 안에 입은 블라우스의 왼쪽 소매가 찢어진 느낌이 든 직후였다. 처음 입은 옷이었기 때문에 팔 부분이 너무 쪼이고, 앉으면 치마 끝이 허벅지까지 올라간다는 것을 미처 몰랐다. 전날 네일숍에서 아주 우아해 보이던 진한 빨간색 매니큐어가 이동하는 중에 긁혀서 드문드문 벗겨졌다. 당연히 손톱을 손질할 도리가 전혀 없어서 남의 눈에 띄지 않게 손을 감췄다. 기차에서 커피를 여러 잔 마신 데다가 신경이 곤두서서 입이 바짝 말랐지만 집에서 구취 제거제를 챙겨오지 않았고 회의가 시작하기 전에 물 한잔을 달라고 부탁할 생각도 못 했다.

불편한 옷과 입 냄새에 너무 신경이 쓰여서 회의 내내 집중하지 못했고 출판 계획에 대해 다른 의견이 있었지만 그 의견을 펼칠 자신감도 없었다. 두 시간이 영원처럼 느껴져 견디기가 너무 힘들었고 드디어 지옥 같은 회의가 끝났다. 스칼릿 오하라가 주먹을 불끈 쥐며 다시는 굶주리지 않겠다고 다짐했듯이 나는 엘리베이터 문이 닫히자 다시는 땀투성이인 채로 회의에 참석하지 않겠다고 다짐했다.

물론 그런 창피를 자초할 사람은 나밖에 없을 것이다. 어쨌든 누구나 살다 보면 중요한 회의나 연설이나 특별한 행사에 참석하게 된다. 이럴 경우 어색한 상황을 피할 수 있는 현실적인 방안을 소개한다.

- 다른 사람에게 좋은 인상을 줄 목적으로 차려입지 말자. 진정한 스타일을 표현할 옷을 입자. 마음이 편해질 수 있는 유일한 길은 자신을 정확히 아는 것이다.
- 중요한 자리에는 처음 입는 옷을 입고 가지 말자. 새 옷을 사면 시험 삼아서 입고 여기저기 돌아다녀 보자. 너무 짧은 치마를 잡아 내려야 하거나 흘러내린 브래지어 끈을 끌어 올려야 한다면 긴장을 풀 수 없고 집중하지 못하고 활동도 못 한다.
- 새로운 사람을 만나기 직전에 헤어스타일이나 화장을 대대적으로 바꾸지 말자. 새로운 스타일을 하고 싶다면 스스로 익숙해질 수 있도록 점진적으로 바꾸자.

가장 멋있는 모습을 연출하려고 이 옷 저 옷 입어볼 때 화장대가 어수선하고 옷장이 뒤죽박죽이면 자신감이 떨어지고 평정을 잃을 수밖에 없다. 내면이 정리되려면 외면부터 정리해야 한다.

머리를 감을 때가 됐거나 입 냄새가 나거나 화장이 지워졌거나 손톱이 지저분하거나 매니큐어가 벗겨졌거나 겨드랑이에서 냄새가 나면, 신경이 쓰여서 가까운 접촉을 피하게 되고 상대방에게 잘못된 인상을 주게 된다. 마음의 평정과 차림새는 밀접한 관계가 있다. 스타일 감각과 침착한 태도로 유명한 여성들의 차림새는 흠잡을 데가 없다.

대체로 우리는 단장할 때 마음의 평정을 간과한다. 마음의 평정이 중요한 이유가 궁금한가? 외모나 결점에 과도하게 집착하지 않을 때 온화한 미소를 짓거나, 자연스레 큰 소리로 웃거나, 사려 깊게 행동할 수 있기 때문이다. 내면이 평온해야 외면도 평온해 보인다. 모든 여성이 내면의 평정을 유지하기 위해 매일 시간을 내서 명상하는 습관을 들여야 한다. 시간과 자신을 돌보는 마음만 있으면 침착한 상태가 될 수 있다. 자신의 모습을 보고 마음이 편안하면 세상을 편하게 대하게 된다.

# 10월 11일

## 삶은 늘 문제투성이다

늘 문제가 생긴다.
- 길다 래드너
미국의 코미디언이자 배우

물론 맞는 말이다. 때로 성가신 일이 생기고 때로 엄청나게 충격적인 일이 생긴다. 어쨌든 항상 문제가 생긴다. 그것이 현실이다.

길다 래드너는 〈새터데이 나이트 라이브〉에서 아직도 시청자의 뇌리에 깊게 새겨져 있는 우스운 캐릭터(로잰 로재너다나, 에밀리 리텔라, 바바와와)를 창조했다. 그렇게 일중독자로 성공 가도를 달리는 동안 10년이라는 세월이 휙 지나갔다. 하지만 배우 진 와일더와 사랑에 빠지면서 느리게 사는 즐거움을 깨달았다. 그녀는 자신의 삶을 살기 위해서 코미디언을 그만뒀다. 1984년에 진 와일더와 결혼했으며 이어 작가가 되고 싶다는 꿈을 실현하기로 결심했다. 늘 관찰력이 좋고 삶에서 풍성한 소재를 찾은 그녀는 '주부 예술가의 초상'이라는 책을 쓰기 시작했다. 가정생활 및 오븐 토스터와 배관공과 관련한 유머를 담은 각종 소설, 시, 짧은 이야기를 한데 모을 작정이었다. 정말 재미있는 책이 나왔을 것이다.

그러나 난소암 진단을 받은 후 실제 삶에 관심을 돌렸다. 원래 쓰던 책의 방향을 바꿔서 불쾌한 현실을 고스란히 담기로 작정했다. 이렇게 해서 도전적이고 감동적인 회고록 《늘 문제가 생긴다It's Always Something》가 탄생했다. 목숨을 위협하는 병으로 고통받는 다른 여성들처럼 그녀는 "삶의 기쁨과 행복과 흥분"을 잃어버린 것을 슬퍼했다. 암 선고를 받기 전날 그녀 앞에 펼쳐진 삶은 무한한 가능성으로 빛났다. 암에 걸렸다는 말을 들은 순간 삶이 24시간 단위로 축소됐다.

주디스 후퍼는 《몸 돌보기: 여성 작가의 신체와 영혼Minding the Body: Women Writers on Body and Soul》에서 충고한다. "우리는 지하실에 가족용 오락 공간을 만드는 것이 현실이라 여기며 분주히 움직인다. 그러나 그것은 현실이 아니다. 암이 현실이다. 암을 받아들이면 비행기에서 비상시 천장에서 자동으로 산소마스크와 구명복이 떨어지듯이 신체 내에 새로운 시스템이 자동으로 가동된다. 죽음을 선고받은 날보다 오래 살면 달력의 하루하루가 새로 사귄 단짝 친구처럼 소중하고 애틋해진다."

그제야 우리는 진실로 살아가기 시작한다.

왜 우리는 유방에서 혹을 발견하고 나서야 이런 사실을 깨닫는 것일까? 이유를 알면 내게 좀 말해주기 바란다. 정말 나는 도무지 알 수가 없다. 이쯤에서 수년 동안 자녀의 학교에서 아주 적극적으로 활동한 멋진 여성의 이야기를 해볼까 한다. 그녀는 자신의 시간을 대폭 투자해서 자원봉사를 해왔기 때문에 그 자리를 대체할 사람이 아무도 없었다. 그녀가 학부모회 활동에 투자한 시간은 직장인의 근무 시간과 맞먹었다. 그녀는 유방암에 걸렸다는 충격적인 소식을 들었을 때 이상하게도 안도감이 들었다고 친구에게 털어놓았다. 암에 걸렸으니 이제 '아니요'라고 말할 수 있고, 경계선을 그을 수 있으며, 죄책감 없이 학부모회의 부담스러운 짐을 내려놓을 수 있게 된 것이다. 드디어 그녀는 자신의 삶을 되찾았다. 유방암과 싸우는 여성에게 몸을 돌보는 것 외에 다른 일을 요구할 사람은 없기 때문이다.

나는 이 소식을 들었을 때 소리치며 울고 싶었다. 너무 슬퍼서 감당이 안 됐다. 맞다, 늘 문제가 발생한다. 그러나 꼭 당신에게 그런 일이 발생하리라는 법은 없다. 나는 모든 여성의 몸에 더 이상 혹이 생기지 않기를 기도한다. 그뿐만 아니라 나는 모든 여성이 어떤 이유로라도 더 이상은 소중한 하루를 낭비하거나 포기하지 않기를 간절히 기도한다.

혹시라도 당신이 이미 혹을 발견했다면, 기쁨과 평화와 은총 속에서 당신의 본모습으로 오래오래 살아가면서 우리에게 교훈을 주기를 기도한다.

아무도 앞일을 모르는 법이다.


## 10월 12일

### 모든 순간을 소중히 여겨라

생애 최고의 순간이자 생애 최악의 순간이었다.

- 찰스 디킨스
영국 소설가

옛날 옛적에.

지금 이 시간까지.

당분간.

계속 반복해서.

때가 되면.

시간 다 됐어요!

태초부터 이후로 인간은 시간의 속성을 이해하려고 노력했다. 시간을 마음대로 통제하기 위해서다. 그러나 시간은 신비롭고 사치스러운 선물이다. 애초에 우리는 시간을 경험만 할 수 있을 뿐이고 이해할 수는 없다. 당연히 통제할 수도 없다. 그렇지 않다면 왜 우리가 늘 정신없이 살아가겠는가?

대부분의 여성이 시간의 신비를 제대로 인식하지 못하는 이유는 시간이 거의 없기 때문이다. 모두 똑같이 하루에 24시간이 주어지지만 그 시간으로는 부족한 것 같다. 그래서 우리는 시간에 쫓기며 두려움 속에서 살아간다. 늘 상황이 반복된다. 그리니치 표준시, 서머 타임, 동부 표준시, 산지 표준시, 중부 표준시, 태평양 표준시 등의 종류와 아무 상관 없다. 문제는 항상 시간이 부족하다는 것이다. 그래서 내가 아는 모든 여성이 늘 지쳐 있다.

시간을 많이 갖고 있는 성자, 시인, 신비주의자, 대가, 현자, 철학자 같은 이들은 수 세기 동안 시간의 수수께끼를 곰곰이 생각했다. 그들은 시간의 이중성을 발견했다. 조각가 겸 시인인 헨리 반 다이크가 설명한다. "시간은 / 기다리는 이에게 너무 느리게 가고 / 두려워하는 이에게 너무 빨리 가며 / 슬픈 이에게 너무 길고 / 기뻐하는 이에게 너무 짧다."
느림과 빠름은 시간의 평행 현실, 존재의 음양이다.

일상에서 마음의 평정을 유지하려면 시간의 두 속성도 이해해야 한다. 고대 그리스인은 이를 크로노스와 카이로스라고 불렀다.

크로노스는 해가 뜨고 지고 지구가 공전과 자전을 하면서 어김없이 반복적으로 흘러가는 세상의 시간을 말한다. 벽걸이 시계, 마감 시간, 손목시계, 달력, 일정, 계획표로 대변되는 시간이다. 크로노스는 최악의 상태인 시간이다. 크로노스는 궤도를 벗어나지 않는다. 크로노스는 과대망상이다. 크로노스는 항상 지하철을 타려고 뛰어가는데 타기 직전에 문이 닫히는 것이다. 우리는 크로노스의 시간 속에서 자신에 대해서만 생각한다. 크로노스는 세상의 시간이다.

카이로스는 특별한 감정을 느끼게 되는, 각자에게 의미 있는 시간이다. 카이로스는 초월, 무한성, 숭배, 기쁨, 열정, 사랑, 신성함으로 대변된다. 카이로스는 진정한 것들과 밀접한 관계가 있다. 카이로스는 최상의 상태인 시간이다. 카이로스는 영혼의 단짝과 19세기 빈에서 슈베르트의 왈츠를 듣는 시간이다. 카이로스는 신의 시간이다.

우리는 크로노스 속에서 존재하면서 카이로스를 열망하는 이중성에 시달린다. 크로노스를 낭비하지 않으려면 속도를 높여야 한다. 카이로스를 음미하려면 공간이 필요하다. 크로노스에서는 그저 바쁘게 움직이지만 카이로스에서는 삶을 즐길 수 있다.

우리는 카이로스를 경험한 적이 없다고 생각하겠지만 그렇지 않다. 명상이나 기도를 할 때, 음악을 들으며 황홀감에 빠지거나 책을 읽으며 공상할 때, 침대에 파고들 때, 석양의 경치를 감상할 때, 섹스할 때, 열정이 가득한 일을 할 때가 카이로스다. 우리는 카이로스에서 기쁨을 느끼고 아름다움을 보며 삶의 의미를 깨닫고 신과 교감한다.

그렇다면 크로노스를 카이로스로 바꿀 방법이 무엇일까?

속도를 늦추면 된다. 한 번에 한 가지에 집중하면 된다. 무슨 일이든 그것이 그 순간에 가장 소중한 일인 것처럼 몰두하면 된다. 세상의 모든 시간이 자신의 것인 양 상상해서 실제로 잠재의식이 그렇게 믿게 하면 된다. 시간을 내면 된다. 천천히 하면 된다.

크로노스에서 카이로스로 전환되는 것은 한순간이지만, 그러자면 잠시 여유를 가져야 한다. 정신없이 내달리는 삶을 잠시 멈추고 천체의 음악에 귀를 기울이면 된다.

오늘은 그 음악에 맞춰 춤을 추자.

이제 당신은 카이로스 속에 있다.


## 10월 13일

### 자신의 어두운 면을 탐색하고 받아들여라

**당신에게 그림자가 없다면 빛도 없다.**

- 레이디 가가
미국의 작곡가·가수·배우


카를 융은 내면 깊이 도사리고 있는 어두운 자아를 '그림자'라고 불렀다. 나는 수년 동안 내 그림자를 구분하고 상상하고 인격화하느라고 어려움을 겪었다. 융은 그림자란 세상이 인정하는 면만 보이려고 속에 꼭꼭 숨겨 두는 창피한 감정, 고약한 충동, 부정적인 성격이 합해진 것이라고 설명했다. 괴기소설에서 가족이 탑에 가둬놓은 미치광이 혹은 로버트 루이스 스티븐슨의 지킬 박사와 하이드를 떠올리면 이해가 갈 것이다.

우리는 자기 그림자를 인식하지 못해서 상처 입고 있다. 특히 그림자를 바람직하게 바꿀 수 있다는 점을 생각하면 안타까운 일이다. 스트레스와 마음과 몸의 전문가인 조앤 보리센코는 《죄책감은 스승이고, 사랑은 가르침이다Guilt Is the Teacher, Love is the Lesson》에서 그림자를 이렇게 설명한다. "우리는 쌍둥이 그림자가 있다는 것을 의식하지 못하지만, 그림자는 우리 내면에서 힘을 키우고 점점 거칠어지고 행동에 영향을 미친다. 그러다가 우연한 상황, 충동적인 행동, 질병, 판단의 실수를 통해 갑자기 격렬하게 폭발해 표출된다. … 다시 말하면 그림자가 표출되지 않는 동안 우리는 자꾸 이상한 충동에 휩싸이고 변화할 수 없는 이유를 도무지 이해하지 못한다."

솔직히 말하면 나는 융이 말하는 그림자의 개념을 이해했지만 내 그림자를 알고 싶은 마음이 별로 없었다. 그러다가 어떤 교훈 덕에 눈을 뜨게 되었다. 나는 그림자를 발견했을 때 충격을 받았지만 공포에 빠져 비명을 지르지는 않았다. 오히려 큰 소리로 웃음을 터뜨렸다.

영국 시트콤 〈앱솔루틀리 패벌러스Absolutely Fabulous〉를 본 적이 있는가? 이 시트콤은 패션계를 배경으로 하는 미국 시트콤 〈30 록〉 정도로 생각하면 된다. 시트콤의 주인공은 40대의 방탕한 두 여자 에디나와 팻시다. 두 사람의 결점을 보완해주는 유일한 사회적 가치는 서로에 대한 변함없는 신의다. 친구들에게 에디라는 애칭으로 불리는 에디나는 어수룩하고 땅딸막한 홍보 담당자이며 '제대로 성공'하는 것이 최대 목표다. 그녀에게는 전남편 두 명, 참을성이 많고 합리적이며 에디를 못마땅해하는 10대 딸, 에디의 삶을 이해하지 못하는 어머니가 있다. 에디나는 깨달음을 얻겠다고 성가, 관장, 감각 차단 탱크를 비롯해 뉴에이지의 온갖 유행을 섭렵하지만 모두 헛된 노력이다.

팻시는 거식증과 알코올 의존증이 심하며 섹스를 밝히는 패션 잡지 편집장이다. 에디나는 디자이너 옷만 입는다. 늘 팻시의 입에는 담배가 물려 있고 손에는 샴페인 잔이 들려 있다. 에디나와 팻시에게 모든 사람은 '스위티'나 '달링' 혹은 '스위티 달링'으로 통한다. 서로에 대한 의견을 비롯해서 기분 좋은 모든 것에 '정말 멋지다'는 말을 달고 산다.

그들은 꼴불견이고 허영심이 심하며 멍청하다. 천박하고 이기적이다. 덤 앤드 더머다. 우스꽝스럽기 짝이 없다. 두 사람은 절대 롤 모델감은 아니다. 오히려 우리의 어두운 그림자로 똘똘 뭉쳐진 전형이다.

나는 에디나와 팻시가 런던에서 신이 나서 뛰어다니는 모습을 처음 봤을 때 소파에 주저앉아서 눈물을 흘리고 소리를 지르고 배를 잡고 폭소를 터뜨렸다. 에디나는 내 사악한 쌍둥이, 내 그림자였다. 나는 즉시 알아챘다. 에디나는 '누구라도 그런 상황에 처할 수 있다'는 말이 무색할 정도로 막 나간다. 그러나 온갖 결점을 고려해도 혹은 그런 결점 때문에 나는 에디나를 아주 좋아한다.

에디나와 팻시 혹은 델마와 루이스를 보면서 동질감을 느끼는 여성이 많을 것이다. 그들은 완전히 통제 불능이니 조심해야 한다. 어쨌든 우리는 그렇게 살 여유가 없다. 우리가 돌봐야 하는 사람들이 있고 마무리해야 하는 일이 있다. 그러나 한나절 동안 모든 의무와 금지를 떨칠 수 있다면 우리도 그들처럼 행동할 것이다. 물론 그들의 모습은 재미있긴 하지만 썩 보기 좋지는 않다. 그렇지만 나는 스트레스가 극에 달할 때마다 와인을 마시며 재미있는 것을 본다. 보고 나면 늘 웃으면서 현실로 되돌아오고 이상하리만큼 활력이 생긴다.

우리가 그림자를 억누르면서 그림자에게 필요한 관심을 주지 않으면 그림자는 더욱 두려운 존재가 된다. 클라리사 핀콜라 에스테스가 《늑대와 달리는 여인들》에서 조언한다. "그림자는 갑자기 기습하거나 미친 듯이 날뛰는 폭죽처럼 예상도 못 하게 폭발한다. 이런 기습과 폭발에 놀라지 않으려면 평소에 조금 문을 열어 그림자의 여러 요소가 분출되게 해야 한다. 또한 그림자를 이해해야 하고 유용한 점을 찾아내야 한다."

에디나는 고통을 감추려고 술과 담배와 마약과 쇼핑과 섹스에 의지하며, 마음의 지혜를 따르기 두려워서 소위 '자기 발견'이라는 유행을 맹목적으로 따른다. 에디나는 깊은 내면에 자리 잡은 걱정거리를 외면하려고 외모에 집착한다. 그녀는 본능을 믿지 않기 때문에 패션의 노예가 되었다. 그러나 에스테스 박사는 "남을 모욕하지 않으면서 자기 의사를 분명히 밝힐 수 있는 여성, 움찔하지 않고도 자신을 직시할 수 있는 여성, 재능을 완벽하게 다듬으려고 노력하는 여성처럼 신성함, 감미로움, 인간성의 아름답고 강한 면이 그림자에 들어 있을 수도" 있다고 말한다.

우리와 마찬가지로 에디나는 진정성을 발견하는 능력이 있다. 진정성을 발견하는 과정에서 에스테스 박사가 "영혼과 자아에 대해 낮게 평가하고 받아들이지 않는 면"이라고 말한 부분을 무시하면 안 된다. 물론 그런 부분이 불편하기 짝이 없겠지만 받아들여야 한다. 특히 풍요롭고 깊이 있고 아주 멋진 삶을 열망한다면 이 점을 명심해야 한다.

## 10월 14일

## 당신은 무엇을 위해서 일하는가?

모든 야망의 궁극적인 결과는 행복한 가정생활이다.
- 새뮤얼 존슨
영국의 시인·극작가·비평가

이 한 문장에 담긴 지혜는 평생 곰곰이 생각해볼 가치가 있다. 이런 지혜를 갖고 있었기에 새뮤얼 존슨 박사가 불멸의 존재들과 더불어 웨스트민스터 대성당에서 잠들 수 있었는지도 모른다.

당신이 그토록 열심히 일하는 이유는 무엇인가? 행복한 가정생활을 위해서다. 그러나 늘 밖에서 일을 하느라고 몸이나 마음이나 정신이 집에 있지 않다. 그렇다면 왜 그리 열심히 일하는가? 행복한 가정생활을 위해서다.

이는 선문답이 아니다. 실제로 삶은 모순덩어리다. 하지만 이미 모순으로 가득 찬 삶을 더 힘들게 만들 필요는 없다. 지금까지 우리는 10개월 동안 소박한 풍요로움의 길을 걸어왔다. 하지만 당신이 새뮤얼 존슨이 한 말의 의미를 이해한다면 다른 사람보다 훨씬 앞서 있다는 뜻이다.

"모든 야망의 궁극적인 결과는 행복한 가정생활이다." 이 말을 명심하자. 이 진리를 의식에 완전히 새겨 넣자. 무의식 상태에서라도 저절로 집으로 향하도록 길을 단단히 다져놓자. 손바닥에 써놓고 하루에 세 번씩 읽자. 아이들을 데리러 갈 시간이 30분밖에 안 남았는데 예산 회의에 참석해야 한다면 이 말을 조용히 읊조리자. 결혼기념일이라면 다른 지방에서 출장 온 고객에게 저녁식사를 접대하겠다고 제안하기 전에 이 말을 조용히 읊조리자. 일요일에 이메일에 답장하거나 자정에 음성메시지를 남기기 전에 이 말을 조용히 읊조리자.

모든 야망의 궁극적인 결과는 무엇이라고 했는가?

맞다. 행복한 가정생활이다.

이 말을 가슴에 새기자. 베개에 이 글을 자수로 새겨 넣자. 잠에서 깰 때와 잠들기 직전에 큰 소리로 말하자. 삶의 목표를 분명하게 일깨워주는 주문으로 삼자. 그렇게 하면 삶에서 최고의 모험은 집에 가는 길을 찾는 것임을 늘 상기하게 될 것이다.


## 10월 15일

### 하루의 운세를 좋게 바꿀 수 있다

하루의 질에 영향을 미치는 것이야말로 최상의 예술이다.

- 헨리 데이비드 소로
미국의 철학자·시인·동식물 연구가


다들 알다시피 삶에는 우리 의견이 개입할 수도, 개입할 필요도 없는 면

이 많이 있다. 최선의 노력을 기울이고 긍정적으로 생각해도 건강과 재산과 평화는 우리를 교묘히 피해간다. 그러나 하루의 질만은 우리가 완전히 통제할 수 있다. 설사 슬픔에 빠져 있고 고통에 괴로워하고 걱정 때문에 병이 날 지경이고 말할 수 없이 우울하고 어쩔 수 없는 상황에 억눌려 있어도, 하루하루를 맞이하고 살고 마무리 짓는 방식은 우리 선택에 달려 있다.

우리는 이런 소리를 듣기 싫어한다.

물론 우리는 아프거나 걱정하거나 슬프거나 우울하거나 정신없이 바쁠 때 하루의 질에 별로 관심이 없다. 그저 고통이 빨리 끝나기만을 바란다. 하루가 사라져버리기를 바라는 것이 그리 신중한 선택은 아니지만 이 역시 창조적인 선택이다.

일상의 예술가는 소박함을 성스러움으로 승화하는 능력이 뛰어나다. 요리나 대화나 유머나 애정 등 손에 쥔 것을 활용해서 안락함과 만족감을 창조한다. 하루 전체의 질이 아닐지라도 적어도 중요한 순간을 긍정적으로 바꾸어놓는다. 나는 소로가 제안한 대로 얼마 전부터 삶을 가지고 극비 실험을 하고 있다. 내가 하루의 질에 얼마나 영향을 미치는지 알고 싶었다. 그래서 아침에 일어나자마자 "이 멋진 날을 선물로 주셔서 감사합니다"라고 말한다.

지금까지 발견한 주요 결과를 아래에 정리한다. 결과가 당신의 마음에 들지 않을 것이다. 사실 내 마음에도 들지 않는다.


- 하루의 질은 투자한 창조적인 에너지와 정비례한다. 투자하지 않으면 소득도 없다.

- 지독하게 안 풀리는 날이라도 경이로움이 감춰져 있다. 때로는 그저 태도를 조금 바꿔서 오후 내내 마음속에 있던 부정적인 태도를 버리고 즐거운 저녁을 향해 가기만 하면 된다.
- 날씨는 실험에 영향을 미치지 않는다. 샹그리아를 마시면서 해먹에 뒹군 화창한 날뿐만 아니라 흐리고 춥고 비가 올 때 사무실에서 보낸 날도 열정을 발휘할 수 있다.
- 불평으로 시작한 날보다 희망찬 기대로 시작한 날이 더 나은 날이 되는 경우가 훨씬 많다.
- 이 실험의 결과는 좋은 일진 혹은 나쁜 일진이 중요하지 않다는 점을 보여준다. 가장 중요한 점은 우리가 하루를 어떻게 보내느냐이다.

하지만 우리가 이미 다 아는 내용이다.


# 10월 16일

## 평범한 날을 특별한 날로 바꿔보자

관습과 의식이 아니고서 어떻게 순수함과 아름다움이 생겨나겠는가?
- 윌리엄 버틀러 예이츠
아일랜드의 시인이자 1923년 노벨문학상 수상자


관습과 의식은 아름다움을 탄생시키며 일상생활에 경이로움을 되살린다. 대부분의 여성이 자신이 가진 것에 싫증을 낸다. 이미 다 본 것이라

놀라울 것이 전혀 없기 때문이다. ·

정확히 이 점이 우리의 문제다. 우리는 다 봤다고만 생각한다. 그러나 우리를 둘러싸고 있는 풍요를, 매일의 화려함으로 포장되어 있는 선물인 아름다움을 아직 보지 못했다.

신성함을 되살릴 수 있는 최선의 방법은 의식을 치르는 것이다. 나는 1923년에 애비 그레이엄이 쓴 자그마한 책《평범한 날을 위한 의식 Ceremonials of Common Days》을 보물처럼 여긴다. 어둡고 먼지가 잔뜩 쌓인 헌책방에서 발견해 단돈 1달러에 손에 넣은 책이다. 검은색 바탕에 노란색과 초록색 꽃이 그려진 이 책은 내 손때가 묻은 채 책상에 곱게 꽂혀 있다. 책등에 인쇄된 황금빛 글자는 자신에게 맞는 속도를 유지할 때만 신성함을 깨달을 수 있다는 사실을 내게 상기시킨다. 진정한 자아의 눈에는 중요하지 않은 것이 없다. 무시할 것이 없다.

한 해 동안 많은 명절이 있다. 명절은 우리가 기운을 회복해야 하는 딱 그 순간에 맞춰 찾아온다. holiday(명절)이라는 단어는 고대 영어인 holy day(성일)에서 나왔다. 우리는 그날이 되면 반가운 친구가 온 듯 특별한 요리와 식탁보와 크리스털 잔과 꽃과 초를 내놓는다.

하지만 사실 대부분의 삶은 평범한 날들로 이루어진다. 우리는 사랑하는 사람에게 대하듯이 그런 날을 당연하게 받아들이며 고마워하지 않는다. 그러나 하루 동안 수많은 순간이 신성하게 여겨 달라고 아우성치고 있다.

혼자 의식을 치르기에 제격인 평범한 순간은 아침에 커피 한 잔을 마실 때, 화장할 때, 책상에서 혼자 점심을 먹을 때, 윈도쇼핑을 할 때, 밤에 현관문을 들어설 때, 편한 옷으로 갈아입을 때, 사랑하는 사람이 집에 돌아오는 발소리 들을 때다. 또한 식탁에 앉아 소박한 저녁밥을 먹을 때, 월급을 받을 때, 출장을 갈 때, 함께 웃거나 비밀을 공유할 때, 비 오는 날 공상에 빠질 때, 집에서 이불을 뒤집어쓰고 엎드려 영화를 볼 때, 늦게 일어나 침대에서 아침식사를 할 때다. 또한 좋은 책을 읽을 때, 체중이 2킬로그램 줄었을 때, 실컷 울 때, 잠자리에 들 때다. 이처럼 당신이 즐길 수 있는 평범한 날의 의식은 한도 끝도 없이 많다. 그저 지친 상상력에 활력만 불어넣으면 된다.

"적어도 첫날을 만들 때는 아침과 저녁만 있으면 하루가 되었다. 그러나 이는 세상이 새로 창조되고 빛과 어둠, 낮과 밤, 하나님만 있을 때의 이야기다. 하나님이 세상을 창조한 이후로 세상이 훨씬 복잡해졌다." 애비 그레이엄이 기억을 상기시킨다. 이제 하루를 만들려면 부가기능, 시계, 책상, 위원회, 회의, 돈, 배고픈 사람, 피곤한 사람, 트위터, 뉴스 피드, 전화, 이메일, 소음, 외침, 서두름 등이 있어야 한다. 이제는 저녁과 아침 이외에도 수많은 것들이 있어야 한다.

"이들은 하루의 필수적인 구성요소일 것이다. 그러나 아침과 저녁의 의식을 치르다 보면 그런 요소는 빛과 어둠이 구분되고 낮과 밤이 창조된 이유가 아닌 것 같다. 내 철학이 무엇이든 간에 나 역시 부가기능, 연료, 개인적인 약속, 일을 빨리 진행시킬 수 있는 특혜에 필요한 돈을 벌기 위해 일을 해야 한다." 애비 그레이엄은 이렇게 인정하면서 시간을 올바르게 사용할 방법을 언급한다. "그러나 내 영혼과 다른 사람의 영혼이 하루의 복잡한 절차에 얽매이지 않고 자유로워지도록, 저녁에 뜨는 별을 바라보고 아침에 동쪽으로 난 창을 열 때 마음을 가라앉히고 정신을 평온하게 하는 의식을 치러야 한다."

# 10월 17일

## 현재를 즐기는 습관을 가져라

너무 많은 세상, 너무 많은 일
반면에 너무 조금 진행되는 일

- 앨프리드 테니슨
영국과 아일랜드의 계관시인

플래너리 오코너가 살아 있는 동안 카메라나 비평가는 그녀에게 그리 다정하지 않았다. 그녀는 사과를 하지 않는 성격으로 유명했으며 그 못지않게 사진이 잘 받지 않았다. 가족과 친구는 플래너리의 지성, 열정, 상상력, 활기, 재치, 우아함을 잘 알았고 아주 좋아했다. 그러나 냉혹한 카메라 렌즈는 그런 면을 포착하지 못했다. 병으로 피폐해진 몸과 얼굴만 기록했다. 게다가 비평가들은 풍자와 냉소적인 유머와 애수가 어우러진 그로테스크함(남부의 특징)이나 종교에 대한 집착을 높이 평가하지 않았다. 플래너리는 인간의 영혼을 상세히 탐험하는 지도 제작자였고, 그녀의 강렬한 언어는 부적응자의 갈망을 표현했다. 그녀의 장편소설과 단편소설에 등장하는 인물들은 버림받았고 결함이 있었으며 의식하든 못하든 구원을 찾아 헤맸다.

구원은 플래너리의 작품에서 주요 주제였으며 그녀의 삶을 결합하는 실이기도 했다. "한 발짝 내디딜 때마다 신념의 대가를 치러야 하는 사람이 있다. 신념이 없으면 어떻게 될지, 신념 없이 사는 것이 가능한지 생각해봐야 하는 사람이 있다." 그녀는 스물다섯 살에 루푸스(플래너리의 아버지도 이 병에 걸려 그녀가 어릴 때 세상을 떠났다)에 걸려 늘 고통받았고 조지아 지방의 시골에 처박혀 있었기 때문에 고립감이 갈수록 깊어졌다. 서른아홉 살에 사망할 때까지 자신을 돌보지 못했고 어머니와 살았다.

가까운 친구들이 기억하는 플래너리의 장점은 하루하루의 선물을 숭배하고 음미하는 것이었다. 친한 친구이자 그녀의 편지를 편집해서 출간한 샐리 피츠제럴드는 이를 '자기 자신이 되는 습관'이라고 불렀다. 이는 플래너리의 일과에 생기를 불어넣는 삶의 환희였다. 샐리 피츠제럴드는 "플래너리가 지닌 삶의 열정은 재능과 작품의 가능성에서 생겼다. 열정과 재능은 플래너리가 받아들일 수밖에 없었던 박탈감을 완전히 보상했으며 대부분의 사람이 상상도 못 할 정도로 삶을 넓혀줬다"라고 말한다. 플래너리는 아침 시간을 신성하게 여겼고 집필 시간으로 정해 놨지만, 나머지 시간에는 전적으로 자신의 본모습으로 살며 순간순간을 즐겼다.

현재의 순간에서 환희를 느끼며 사는 습관은 아주 훌륭한 것이다. 이런 습관은 삶을 아주 풍요롭게 만든다. 인간은 습관의 동물이다. 하지만 일반적으로 우리는 잠자리에서 일어나고 아침식사를 만들고 아이들을 학교에 보내고 일을 시작하는 것처럼 행동하는 습관을 들인다. 그리고 걱정하는 습관도 있다. 미래를 예측하고, 과거를 곱씹고, 오래된 상처를 다시 들추고, 상상의 대화를 하고, 비교를 하고, 머릿속으로 끝없이 돈 계산을 하고, 후회로 괴로워하고, 문제점을 되새기고, 최악을 예상한다. 걱정하는 습관은 과거나 미래에 뿌리를 두며 현재에서 조화와 아름다움과 기쁨을 앗아간다.

그러나 자신의 만족감을 직접 기획하고 연출하는 큐레이터가 돼서 자기 자신이 되는 습관, 즉 현실의 풍요를 깊이 자각하는 습관을 의도적으로 키우면 어떨까? 자기 자신이 되는 습관은 현재 상황이 아무리 나빠도 주변의 모든 것에 감사하며 사는 것이다. 소박한 기쁨이 매시간 펼쳐지리라는 것을 안다면 어떻게 될까? 그런 소박한 기쁨이 펼쳐지도록 스스로 노력한다면 어떻게 될까? 어떻게 하루를 맞이하게 될까?

플래너리 오코너는 고뇌하는 작가들에게 많은 조언을 했다. 그녀는 한 작가에게 쓴 편지에서 "당신이 쓰는 글에 의미를 부여하기보다 의미를 발견하는 것이 낫지 않을까요? 당신이 쓰는 모든 글에 의미가 들어 있답니다. 그 의미가 당신의 내면에 존재하니까요"라고 말했다. 나는 이처럼 의미를 발견하려는 열정이 일상의 예술로 확대된다고 믿는다. 자기 자신이 되는 습관을 키우려고 노력하면 모든 일상에 의미가 있다는 사실을 발견하게 될 것이다. 그 의미가 당신의 내면에 존재하기 때문이다.


## 10월 18일

### 잘못된 선택을 하더라도 언제든지
### 삶의 방향을 바꿀 수 있다

진정성은 우리가 날마다 해야 하는 선택들의 모음이다.
본성을 드러내고 진짜가 되기 위한 선택이다. 정직해지기 위한 선택이다.
진정한 자아를 나타내는 선택이다.
– 브레네 브라운

많은 여성이 선택을 영혼이 주는 선물로 생각하지 않는다. 우리는 선택이 견디고 받아들여야 하는 짐이라고 믿는다. 그래서 선택이 짐이 된다. 하지만 숨 다음으로 자유의지보다 귀한 선물이 있을까?

삶의 행로를 바꿀 방법이 위기, 기회, 선택의 세 가지밖에 없는 순간을 생각해보자. 당신이 미처 깨닫지 못할 수도 있지만, 바로 이 순간에 당신의 삶은(당신이 누구든, 어디에 있든, 누가 당신을 괴롭히든) 과거에 한 선택의 직접적인 결과다. 그것이 30분에 전에 한 선택일 수도 있고 30년에 전에 한 선택일 수도 있다.

우리 선택은 의식적일 수도 있고 무의식적일 수도 있다. 의식적인 선택은 창조적이고 진정성을 반영한다. 무의식적인 선택은 파괴적이고 자기에게 해를 끼친다. 무의식적인 선택 때문에 우리는 다른 사람의 삶을 살게 된다. "가장 흔한 절망은 … 자신 자신이 되기로 선택하지 않거나 그렇게 될 의지가 없는 것이다. 가장 깊은 절망은 자신이 아니라 다른 사람이 되는 선택을 하는 것이다." 19세기 덴마크 철학자 쇠렌 키르케고르가 우리에게 경고한다. 그래서 항상 우리는 사랑하는 사람에게, 상처를 주지 않아야 하는 사람에게 상처를 준다. 그 사람은 우리 자신이다.

우리는 이원성의 세상에서 살고 있다. 빛 혹은 어둠, 위 혹은 아래, 성공 혹은 실패, 옳음 혹은 그름, 고통 혹은 기쁨. 이런 특성은 우리를 끊임없이 움직이게 한다. 괘종시계의 추처럼 감정에 따라 좌우로 흔들린다. 하지만 창조적이고 의식적인 선택은 흔들림을 멈추고 균형과 평온을 유지할 힘을 준다. 흔들리지 말고 자신이 누구인지 알아보자. 많은 여성이 선택을 무서워한다. 본능을 믿지 않기 때문이다. 믿은 지 너무 오래돼서 믿는 방법을 잊어버렸다. 우리는 저녁식사 메뉴를 결정하는 것(이것도 힘든 선택이다. 이번 주에 닭 요리를 몇 번이나 먹었는가?)보다 복잡한 선택을 안 해도 된다면 차라리 고양이 배변 모래를 치우거나 콩고로 향하는 배 위에서 뱃삯 대신 일하는 것을 선택할 것이다. 칵테일 파티에서 어떤 옷을 입을지 혹은 음영이 다른 47종의 흰색 페인트 중에서 어떤 색으로 식당을 칠할지 결정하는 것은 여성을 곤혹스럽게 한다.

우리가 사소한 선택조차 무서워하는 이유는 선택을 '또다시' 잘못할 것이라고 확신하기 때문이다. 오늘 밤은 그런 대화를 하기에 너무 피곤할 수도 있다. 이미 오래전에 해야 했을 대화인데도 말이다. 당신은 내일 밤까지 '또다시' 미루기로 선택할 것이다. 당신이 나와 같다면 수많은 잘못된 선택이 당신을 지금의 자리로 데려왔고 계속 그 자리에 있게 했다.

하지만 잘못된 선택이 꼭 나쁜 선택은 아니다.

잘못된 결혼을 했다. 컨트리 가수가 아니라 교사가 되었다. 대학을 졸업하지 않았거나 평화봉사단에 들어가지 않았거나 뉴욕에 가지 않았다. 당신이 다른 선택을 했다면 삶이 달라졌을 것이다. 하지만 더 나아졌으리라고 장담할 수는 없다. 우리 삶의 질의 촉매제는 외부 환경이 아니라 우리 자신이기 때문이다.

다 살아볼 때까지는 선택이 현명했는지 잘못됐는지 모른다. 선택의 방향을 짐작할 수는 있지만 그 선택이 우리를 정확히 어디로 데리고 갈지 알 수 없다. 우리는 해야 할 것과 하지 말아야 할 것의 고통스러운 갈림길에서 고민한다. 내면의 토론이 격렬해지기 시작한다. 영국의 작가

지넷 윈터슨은 우리의 딜레마를 아름답게 표현한다. "내 이론은 이렇다. 당신이 중요한 선택을 할 때마다 당신이 남긴 선택의 일부는 당신의 것이 될 수 있었을 다른 삶을 계속 이어간다."

많은 생각을 하게 하는 말이다. 남은 하루 동안 곰곰이 생각해보자.


# 10월 19일

## 선택권을 타인에게 넘기지 마라

우리는 선택을 해야 할 때 신과 앉아서 우리 자신을 설계한다.

– 도러시 길먼
미국의 추리소설 작가


잘 잤는가? 밤새 푹 쉰 것처럼 보인다. 당신의 비밀이 무엇인가? 당신은 자는 때가 아니라 깨어 있을 때 더 많은 선택을 하는가? 당신에게 잘 어울린다. 그래서 당신은 선택하기 전에 최대한 많은 정보를 모은다.

당신은 여러 선택을 따져본다. 각 선택의 가능성을 곱씹는다. 가장 친한 친구에게 각 선택의 가능성을 묻는다. 당신의 마음에 묻는다. 이끌어 달라고 기도한다. 그러고 나서 어둠 속에서 힘껏 도약하고 일이 잘 풀리기를 바란다. 당신은 선택에 따라 산다. 오랫동안 뒤를 돌아보지 않는다. 결국 뒤늦은 깨달음에 어떤 선택이 현명한 선택이고 잘못된 선택이었는지 생각해본다. 하지만 적어도 예측한 위험이었고 최선을 다했다. 신은 당신에게 그 이상을 요구하지 않는다. 당신도 자신에게 그 이상을 요구하면 안 된다.

하지만 잘못된 선택을 나쁜 선택과 헷갈리면 안 된다. 우리가 구불구불한 자멸의 구간으로 웃으며 들어갈 때 나쁜 선택을 하게 된다(누구나 나쁜 선택을 한 적이 있다). 당신의 마음이나 친구에게 조언을 구하지 않는다. 깊이 생각하지 않는다. 기도하지 않는다. 이유가 뭘까? 당신은 애초에 이 선택에 대한 생각조차 품지 말았어야 한다는 것을 마음속으로는 알기 때문이다. 그렇지만 당신은 이 선택의 나쁜 면에도 불구하고 이 선택을 너무 하고 싶었다.

솔직히 그런 순간에는 다른 사람이 무슨 말을 해도 귀에 들어오지 않는다.

어쩌다가 그런 선택을 하게 되었을까? 우리가 몽유병 같은 상태일 때 나쁜 선택을 하게 된다. 지금부터는 나쁜 선택을 혼수상태 선택이라고 부르자. 우리가 그런 선택을 하기도 전에 잠에서 깨면 "내가 왜 그렇게 어리석었지?"라고 묻게 될 것이다.

하지만 다행히 우리 삶은 잘못된 선택이나 나쁜 선택만으로 만들어지지는 않는다. 현명한 선택, 좋은 선택, 단호한 선택, 용감한 선택, 행복한 선택이 있었다. 훌륭한 선택도 있었다. 우리가 그런 선택을 기억하지 못할 뿐이다. 삶에 좋은 일이 생기면 그것을 요행이나 우연이나 배달 착오인 양 대수롭지 않게 취급하기 때문이다. 확실히 우리는 자신을 칭찬하지 않는다. 일이 잘못될 때만, 실수할 때만 우리는 책임을 느낀다. 그리고 모든 것이 내 탓이라고 생각한다.

그러니 선택에 대한 주된 반응이 회피인 것이 당연하다. 최대한 미룬다. 필연적인 일을 연기한다. 우리는 선택하지 않음으로써 다른 사람들이 대신 선택하게 허용한다. 다른 사람들이 누구인지, 얼마나 많은 선의를 가지고 있는지는 중요하지 않다. 명심하자. 당신이 직접 선택하지 않았다면 행복하지 않다고 해서 다른 사람을 탓하면 안 된다.

오늘은 당신의 여정을 되돌아보면서 과거의 선택과 그것을 선택한 방법에 대해 깊게 생각해보자. 당신은 신중하게 선택하는가? 충동적으로 선택하는가? 혼수상태에서 선택하는가? 마음이나 머리나 직감을 따라서 선택하는가? 당신의 선택 방법이 마음에 드는가 아니면 부끄러운가? 다른 방법을 시도해보면 어떨까? 당신의 선택 방법이 무엇이든, 장담하건대 내 삶과 마찬가지로 당신의 삶은 당신이 선택할 생각조차 하지 않는 삶일 것이다.

겁나지 않은가?

선택은 운명의 동조자다. 에벌린 앤서니는 소설 《죽은 자의 거리》에서 인식의 순간을 절묘하게 표현한다. "오랜 시간이 흐른 뒤에 그녀는 삶의 방향이 바뀐 그 순간을 기억하게 되리라. 이미 운명 지어진 순간이 아니었다. 선택권이 그녀에게 있었다. 적어도 선택의 여지가 있는 듯 보였다. 받아들일지 거절할지. 교차로에서 오른쪽으로 갈지 왼쪽으로 갈지."

# 10월 20일

## 칭찬을 기꺼이 받아들여라

오늘날 다들 돈에 쪼들려 살다 보니 구할 여력이 되는
유일한 즐거움거리는 칭찬뿐이다.

오스카 와일드
영국의 시인·극작가·전설적인 이야기꾼

모든 여성에겐 칭찬이 더 많이 필요하다. 가족과 친구와 모르는 사람에게 칭찬을 더 해야 한다. 또한 칭찬을 더 들어야 한다. 이는 우리가 자신을 칭찬해야 한다는 의미다. 하지만 무엇보다도 칭찬을 즐겨야 한다.

대부분의 여성이 마음속으로는 지금보다는 칭찬을 더 받아 마땅하다고 느낀다. 그러나 원하는 만큼 칭찬을 듣지 못하는 이유는 우리가 칭찬을 받을 때마다 상대방에게 돌려줘 버리기 때문이다.

"에이, 아주 오래된 옷이에요."

"할인할 때 산 것이에요."

"플리마켓에서 건진 물건인데요, 뭐."

"진짜로 괜찮아 보여요?"

"아유, 별것 아니었어요."

우리가 받은 선물을 돌려보내거나 선물을 받아들일 준비가 되어 있지 않으면 세상은 더 이상 선물을 주지 않는다는 사실을 명심하자. 그렇게 되면 누구를 탓하겠는가? 아무도 은혜를 모르는 사람을 좋아하지 않는다. 우리가 자신의 멋진 점을 무시하는 것이야말로 은혜를 모르는 행동이다.

흥미롭게도 사전에 나온 칭찬의 첫 번째 정의는 '존경의 표현'이다. 여성이 칭찬을 쉽게 받아들이지 못하는 이유는 내심 칭찬을 받을 가치가 없다고 생각하기 때문이다. 칭찬을 기꺼이 받아들이지 못하는 이유는 자부심이 낮기 때문이다.

　오늘은 기꺼이 받아들이자. 일단 당신이 아름답고 빛이 나며 무척 멋지다고 생각하자. 당신이 대단히 현명하고 훌륭하다는 것을 드러내 달라고 신에게 요청하자. 누군가 당신에게 칭찬할 때마다 천사가 신의 말을 대신 속삭이는 것으로 여기면서 받아들이자. 미소를 지으며 "고맙습니다. 알아주시니 기분이 좋네요"라고 말하자. 다른 사람을 듬뿍 칭찬하자. 모든 사람은 연약한 존재다. 특히 용감함을 가장하고 있을 때 더욱 그렇다. 진심이 담긴 칭찬은 아무리 정교한 가면이라도 뚫고 들어가서 고통받는 영혼을 부드럽게 쓰다듬는다. 칭찬이 필요 없어 보이는 여성이 사실은 칭찬을 가장 많이 필요로 한다.

　하루에 적어도 한 번씩 다른 사람과 당신을 칭찬하는 습관을 들이자. 칭찬하면 기분이 좋아지고 곧 자기 자신이 되는 습관 중 하나로 굳어질 것이다. 말은 상처를 주지만 치유도 할 수 있다.


## 10월 21일

### 불평은 습관이다

나는 불평하고 싶은 깊은 내면의 욕구 때문에
우리가 언어를 만들었다고 믿는다.
- 제인 와그너
미국의 작가·감독·프로듀서

우리는 불평에 관한 한 모르는 것이 없다. 불평에 아주 능하다. 대부분의 여성이 불만, 우는소리, 투덜거림, 푸념, 한탄, 넋두리 등 불평의 다양한 기술에 이미 통달했다. 세상에서 우리처럼 불평을 늘어놓지 않는 유일한 여성은 테레사 수녀뿐일 것이다.

우리가 단짝을 좋아하는 이유 중 하나는 불평을 잠자코 들어주기 때문이다. 그러나 우리가 그들을 정말로 좋아한다면, 이제 듣기 싫은 소리를 그만 늘어놔야 하지 않을까? 어떤 사람들은 반평생 불평만 하며 산다. 이제 억제할 때가 됐다. 투덜거리고 한탄하는 소리를 듣고 싶어 하는 사람은 아무도 없다. 당신이 알아채지 못하는 사이에 상대방은 혀를 차고 있다.

적대감을 분출할 새로운 출구를 찾아보자. 샤워를 하면서 소리를 지르거나, 걸으면서 울분을 날려버리거나, 신호등이 바뀌기를 기다리면서 차 안에서 악을 쓰자. 신은 아량이 넓어 불평을 얼마든지 받아준다. 게다가 이전에 다 들어본 불평이다. 하늘 아래 새로운 것은 아무도 없다.

부정적인 감정을 억누르라는 말이 아니다. 하지만 대체로 불평은 입 밖에 내뱉을 가치조차 없다. 말은 대단히 강력한 힘이 있어서 하루의 질을 바꿀 수 있다. 불평을 덜 늘어놓을수록 우리 기분이나 주변 사람의 기분이 좋아진다. 사실 불평은 모든 사람의 기분을 망쳐버린다. 불평을 하지 않는 첫 단계는 그저 어깨를 으쓱하며 떨쳐버리는 것이다.

혹은 창의적으로 불평을 토해낼 수도 있다. 사람들이 기도의 효험을 믿듯이 라이프스타일 코치 바버라 셔는 불평의 효험을 믿는다. 사실 그녀는 '불평 토로회'를 권장하고 책 《위시크래프트Wishcraft》에서 감정이 폭발할 것 같으면 불평 토로회를 열겠다고 주변 사람들에게 알리라고 제안한다. 누구든 친한 사람에게, 당신이 화나고 초조하고 짜증 나서 더 이상 참을 수 없다고 말한다. 앞으로 5분 동안 자제력을 잃겠다고 말한다. 당신에게 신경 쓰지 말고 기분 나쁘게 생각하지도 말라고 말한다. 그러고 나서 미친 듯이 감정을 발산한다. 그러고 나면 기분이 훨씬 좋아질 것이며, 굳이 사과를 하거나 눈물을 흘릴 필요가 없다. 큰 소리로 웃으면서 토로회를 끝내게 될 수도 있다.

오늘은 꼭 불평을 해야겠거든 적어도 창조성을 발휘해보자.

## 10월 22일

### 비교는 불행의 씨앗이다

우리는 우리가 마땅히 해야 하는 것을 이미 하고 있는 사람들을 부러워한다. 부러움은 우리를 운명으로 향하게 하는 거대하고 반짝이는 화살이다.

- 글레넌 도일
미국의 작가·운동가·자선가

사실 비교하고 싶은 마음을 억누르기가 힘들다. 그러나 비교는 사람을 함정에 빠뜨리고 불쾌하게 하며 자기 학대를 일으키는 나쁜 버릇이다.

오늘은 이웃의 몸매나 집이나 옷이나 수입이나 직업을 부러워하지 않으려고 노력하자. 이웃의 성취나 달성이나 보상이나 명성에도 신경 쓰지 말자. 일반적으로 우리가 자기 상황에 불만을 품게 되는 이유는 엄청난 축복을 받은 여성 한 명 때문이다. 대부분의 세상 사람들이 우리보다 훨씬 많이 가졌다는 점에는 그다지 신경을 쓰지 않는다. 그저 자신이 가지지 못한 것을 그 여자가 가졌다는 사실에 화를 낸다. 대체로 적대감의 대상은 당신이 직접적으로 아는 사람이 아니다. 이를테면 그 대상이 소셜미디어에서 부러운 삶을 보여주는 사람일 수 있다. 우리는 그 여자가 받은 행운의 증거를 남몰래 쌓아놓는다. 혹은 그 대상이 친구일 수도 있는데 이야말로 괴로운 상황이다. 친구와 이야기할 때마다 당신이 갖지 못한 것을 절실히 느끼게 되기 때문이다. 그 대상이 누구든지 간에 당신에게는 변장한 악마나 다름없다. 그 여자를 기준으로 당신의 삶과 성공과 예금 잔고와 자기 가치를 평가하기 때문이다.

물론 내가 탐내고 부러워하고 질투하고 비교하면서 스스로를 비참하게 만드는 것에 대해서 곰곰이 생각해본 이유는 나 역시 진정성에 어긋나는 죄악인 비교를 일삼던 시절이 있었기 때문이다. 내가 가장 좋아하는 시가 클라이브 제임스의 웃기면서도 악의에 찬 송시인 〈내 경쟁자의 책이 재고 할인가로 팔렸다〉이라면 믿겠는가(세상의 모든 작가들이 이 시를 좋아할 것이다)?

비교는 좋지 않다. 깨우침과 거리가 멀다. 우리는 다 큰 어른이다. 앞에서 말한 것보다는 아량이 넓다. 그나저나 진짜 그럴까?

어쨌든 비교는 상당히 여러 면에서 피해를 준다. 비교는 자신감을 손상시킨다. 창조적인 에너지의 흐름을 막는다. 신의 힘을 사용하지 못하게 방해한다. 자존감을 떨어뜨린다. 우리 몸에서 생명력을 빨아낸다. 탐내는 마음은 내면의 성스러움을 파괴한다. 당신을 다른 여성과 비교하지 말고 대신 할리우드 앤드 바인(할리우드 스튜디오에 있는 캐릭터 뷔페식당─옮긴이)에 광고판을 내걸어 당신이 얼마나 멋진 사람인지 세상에 알리면 어떨까? 혹은 작은 광고판을 만들어서 당신이 날마다 볼 수 있는 곳에 걸어놓으면 어떨까?

당신의 삶을 다른 사람의 삶과 비교하고 싶거든 잠시 멈추자. 영계에는 경쟁이 없다는 점을 반복해서 생각하자. 당신만을 위해 만들어진 모든 행운을 열린 마음으로 받아들일 준비가 되면 당신이 부러워하는 적수가 받은 축복을 당신도 받게 될 것이다.

그런 날이 언제 올까? 당신이 남몰래 저주하던 여자에게 축복을 내리는 즉시, 당신의 행복과 성공뿐만 아니라 그 여자의 행복과 성공에 감사하는 즉시 축복을 받게 될 것이다.


## 10월 23일

## 타협에 능숙해져라

타협은 삶의 묘미 혹은 삶의 견실함이다.
- 필리스 맥긴리
퓰리처상을 수상한 시인이자 수필가


당신이 미혼이든 기혼이든 혹은 자녀가 있든 없든, 하루에 적어도 한 번 이상은 타협하며 살기 마련이다. 사소한 타협도 있고 중대한 타협도 있다. 우리가 어떤 때 항복하는지 미리 정확히 알고 있으면 웬만큼 원만히 타협을 할 수 있다. 반면에 많은 사람이 날마다 격렬하면서도 조용한 타협을 한다. 격렬한 이유는 우리가 이러지도 저러지도 못하기 때문이고,

조용한 이유는 알아채지 못하거나 표현되지 않기 때문이다.

타협은 결과가 중요하며 양보와 거절을 잘 구사해야 한다. 첫 단계는 어느 정도나 양보할지 정하는 것이지만 이를 정하기가 말처럼 쉽지 않다.

복잡한 상황일수록 결과가 간단해야 한다. 이 상황에서 원하는 것이 무엇인가? 진짜로 필요한 것이 무엇인가? 필요한 것이 있다면 반드시 얻어내야 한다. 이는 협상의 여지가 없다. 없어도 살 수 있는 것이라면 필요한 것이 아니라 원하는 것이다. 유감스럽게도 '원하는 것'은 타협에서 돈이나 마찬가지다. 내가 원하고 당신이 원하고 우리 모두 원하는 것이기 때문에 협상하는 것이다. 당신이 원하는 것이 다른 사람에게 꼭 필요한 것일 수 있다. 최상의 타협은 당신이 필요한 것을 모두 얻어내되 원하는 것도 몇 가지 채우는 것이다.

타협하기가 꺼려진다면 동의하지 말자. 꺼려지는데도 타협하면 당신 자신을 포함한 전 과정을 경멸하게 될 것이다.

정중한 태도를 유지하자. 다른 사람의 시각에서 보려고 노력하자. 융통성을 발휘하자. 상대방의 입을 막지 말고 최대한 너그럽게 대하자. 모든 당사자가 달성할 수 있는 최상의 결과를 의논하자. 당신의 본능을 믿자. 신체 반응, 특히 창자의 반응에 관심을 기울이자. 창자는 소화의 기능을 할 뿐만 아니라 당신에게 최선이 무엇인지 분별할 수 있다.

무엇보다도 "자신을 위태롭게 하지 말자. 당신의 전 재산은 자신뿐이다"라는 제니스 조플린의 충고를 따르자.

# 10월 24일

## 인생은 자기 자신을 찾는 것이 아니라
## 창조하는 것이다

사랑에 관해서는 마음껏 낭만적일 수 있다.
하지만 돈에 관해서는 낭만적이면 안 된다.
– 조지 버나드 쇼
아일랜드의 극작가·비평가·정치 운동가

버지니아 울프의 책상에서.

1940년 5월 15일
쇼 귀하에게,
나는 당신의 편지를 받고 이틀 동안 완전한 즐거움에 휩싸여 침묵에 잠겨 있었습니다. 내가 즉시 몇 문단을 뽑아서 내 교정쇄에 넣었다고 해도 놀라지 않으시겠지요. 원하신다면 조처를 하셔도 됩니다.

인기 있는 남자의 전형을 상상할 때 아일랜드의 극작가 조지 버나드 쇼를 즉시 떠올리는 사람은 없을 것이다. 사실 그가 80년 넘게 괴팍한 사람, 자기 과시적인 사람, 지식인, 비평가, 정치비평가, 사회주의자, 극작가, 노벨상 수상자로 대중에게 비친 모습은 여성을 싫어한다는 인상을 주려고 세심하게 구상한 것처럼 보인다. 또한 그는 이상하게 생긴 사람이었다. 적어도 포옹을 불러오는 외모는 아니었다. 영국의 소설가 이디스 네즈빗은 "윤나는 갈색 머리에 제멋대로 자란 수염을 기른 하얀 얼굴의 송장처럼 아주 평범했다. 그렇지만 내가 만난 사람들 중에 가장 열정적인 사람이었다"라고 그를 묘사했다.

버나드 쇼의 무관심(사실은 지독한 수줍음)에도 불구하고, 그는 여성들을 숭배했으며 여성들이 세상의 은총이라고 믿었다. 결과적으로 여성들은 그의 매력을 거부할 수 없었다. 왜 거부하겠는가? 생각이 있는 여성에게, 특히 남성의 가장 섹시한 부분이 두뇌라고 믿는 여성에게 그는 끝내주게 멋진 사람이었다. 스텔라 테넌트(패트릭 캠벨 부인) 같은 유명 배우부터 버지니아 울프 같은 페미니스트 작가까지 여성들은 그의 마력에 사로잡혔고 매 순간을 즐겼다. 버지니아 울프는 편지에서 그에 대한 평생의 열정을 고백했다.

"사랑에 빠진 것에 관해 말하자면, 고백하건대 일방적이지 않았습니다. 나는 웹의 집에서 당신을 처음 만났을 때만 해도 모든 위대한 남자들에게 반감을 품었습니다. 아버지의 집에서 그런 사람들에게 말 그대로 질렸으니까요. 나는 사업가나, 뭐랄까, 경마 전문가만 만나고 싶었습니다. 그런데 당신을 만난 즉시 나는 모든 생각을 다시 하게 됐고 당신을 존경하게 됐습니다. 사실 당신은 지난 30년 동안 내 삶에서 연인의 역할을 했습니다. 나는 버나드 쇼가 없었다면 더 형편없는 여성이 됐을 것입니다."

물론 우리는 우리를 사랑하고, 우리를 믿고, 우리 기량을 마음껏 펼치라고 격려하고, 그렇게 하도록 돕는 사람을 사랑한다. 조지 버나드 쇼는 투표권과 공직에 나설 권리는 물론이고 소득의 평등 같은 여성의 권리를 확고하게 지지했다. 그는 1908년에 여성참정권 운동가들의 행진에 참여했고 그들을 경제적으로 지원했다. 그는 엘리자 둘리틀부터 잔다르크(성조앤)까지 모든 여성 등장인물에게 그가 여성들에게서 발견한 놀라운 특징을 부여했고 여성의 권리를 옹호했다("공작부인과 꽃 파는 소녀의 유일한 차이점은 어떤 대우를 받느냐이다"). 셰익스피어보다 다작한 버나드 쇼는 희곡 50편을 썼으며 오스카상(1938년에 제작된 영화 〈피그말리온〉의 각본은 몇 년 후 〈마이 페어 레이디〉의 기반이 되었다)과 노벨문학상(1925년에 희곡 《성 조앤》으로 수상했다)을 모두 받은 유일한 작가였다. 고약한 성질대로 그는 상은 받았지만 돈은 거절했다.

알궂게도 돈과 여성에 대한 조지 버나드 쇼의 태도가 오늘 나에게 영감을 준다. 당신도 그의 태도에 웃음 짓게 될 것이다.

내가 소중히 여기는 책 《여성에 대한 조지 버나드 쇼의 단상George Bernard Shaw on Women》에는 조지 버나드 쇼가 사촌인 조지나에게 보낸 편지가 나온다. 예쁘지만 다소 어리석은 조지나는 나이 많은 친척에게 편지를 써서 혼수품을 마련하게 돈을 달라고 부탁한다. 그는 부탁이 구체적이지 않다고 꾸짖는다. 얼마나 많은 돈을 원하는가? 정확히 어디에 돈을 쓸 것인가(그는 유행을 타지 않는 속옷을 사라고 권한다)? 약혼자의 직업이 무엇인가? 그가 백만장자인가, 아니면 빈민인가? "진지하게 생각해야지." 조지 버나드 쇼가 말한다. "그런 큰돈을 다뤄본 적 없는 젊은 여성에게 100파운드를 줄 사람은 없단다."

그는 마침내 사촌에게 예산을 짜라고 시킨 후(옷 65파운드, 트렁크 5파운드, 잡동사니와 용돈 각 10파운드, 결혼식 아침식사 10파운드) "네 이름으로 된 별도 계좌를 평생 유지"하기 위해 은행 계좌를 개설하라는 조건으로 100파운드를 결혼 선물로 준다. 우리가 힘든 경험을 통해 교훈을 얻기 전에 이 충고를 들었다면 삶이 어떻게 달라졌을지, 여정이 어떻게 변했을지 상상이 되는가?

버나드 쇼가 어릴 때부터 어머니와 누나들의 운명에 대해 괴로워한 것은 가난한 환경에서 자랐기 때문일 것이다(그의 아버지는 술고래였다. 그래서 그는 평생 금주했다). 여성, 돈, 자립이라는 주제가 그의 작품에 금광맥처럼 흐른다. 원하는 것은 꽃집을 여는 것뿐인데 개구쟁이에서 숙녀로 바꿔주려는 히긴스 교수의 노력을 받아들인《피그말리온》의 주인공 엘리자 둘리틀부터 1894년에 쓴《워런 부인의 직업》까지, 여성이 돈을 다룰 줄 아는 것의 중요성이 중심 주제다.

《워런 부인의 직업》에는 케임브리지 대학 출신인 젊은 여성 비비 워런이 나온다. 그녀는 금융계에서 일하기를 간절히 바란다. 열정적이고 주관이 뚜렷한 비비는 기숙사에서 자랐고 어머니와 서먹하다. 그녀는 어머니에 대해 잘 모르고, 어머니 재산의 출처는 물론이고 아버지의 이름도 모른다. 딸이 상류사회에 들어가게 돈을 들였고 그 결과로 상류층 남자랑 결혼할 수 있게 한 워런 부인의 직업은 무엇일까?

당신은 비비의 어머니가 자신이 포주라는 사실을 딸에게 알리려 하지 않는다는 것을 쉽게 짐작할 것이다. "나는 좋은 엄마야." 키티 워런 부인이 분명히 말한다. "나를 나환자처럼 취급하는 훌륭한 여성으로 내 딸을 키웠으니까."

워런 부인이 자신은 딸에게 빈곤과 고된 일이 아니라 행복한 삶과 제대로 된 교육을 제공하려고 고급 매춘부가 되었다고 변호하자, 비비는 어머니의 과거를 받아들이고 자신을 위한 어머니의 희생을 마지못해 인정하기 시작한다. 하지만 이 폭로 후, 키티가 브뤼셀부터 빈까지 여러 곳에서 매춘 업소를 운영한다는 사실을 비비가 알게 되자 어머니와 딸의 관계가 극단으로 치닫는다. 비비는 경악해서 뒷걸음치고 더 이상 어머니에게 아무것도 원하지 않는다. 예나 지금이나 이렇게 상징적인 희곡은 없을 것이다. 하지만 한 세기 전에 이 주제는 유럽과 북미 양쪽에서 세간에 물의를 일으켰다. 버나드 쇼가 이 작품을 연극으로 제작하기까지는 8년이 걸렸으며 마침내 1902년에 뉴욕에서 공연이 열렸을 때 배우들이 외설죄로 체포됐다.

요즘처럼 경제적으로 불확실한 시기에 돈과 삶의 의미에 대한 가족의 사고방식이 우리의 사고방식이 돼버린 시점을 되돌아보는 것이 좋다. 그리고 그 사고방식이 우리에게 맞지 않는다면 그것을 버릴 줄 알아야 한다. 나는 항상 희곡의 여주인공이 내 방어선이라고 느꼈고, 조지 버나드 쇼의 여주인공들은 '모두 우월한 사람들'이다. 버나드 쇼의 연극을 보고 나서 희곡도 읽어보자. 재치 있는 농담을 즐기게 될 것이다. 당신이 아직 엘리자, 키티, 성녀 조앤, 바버라 소령, 칸디다를 모른다면 기대해도 좋다.

《백만장자The Millionairess》의 멋진 주인공인 에피파니아 오니산티 디 파레르가는 내 개인적인 멘토다. 그녀는 세계에서 가장 부유한 여성이고, 각 구혼자에게 6개월 안에 150파운드를 5만 파운드로 늘려 오면 같이 샴페인 한 잔을 마시는 것을 고려하겠다고 말한다. 그녀에게 개인 교습을 받자! 나에게 최고의 금융 조언은 대부분 문학작품 속 멘토들에게서 들은 것이다.

조지 버나드 쇼는 1898년에 샬럿 페인타운센드라는 이름의 녹색 눈의 백만장자와 결혼해 매우 기뻐했고, 1910년에 국세청 직원에게 아내의 재산을 대충 짐작만 한다고 말했다. "그녀의 재산은 공동 재산이 아니라 개인 재산입니다. 그녀는 돈을 다른 은행의 개인 계좌에 넣어둡니다. 그녀의 변호사는 내 변호사가 아닙니다. … 내가 당신의 수입을 모르듯이 그녀의 수입도 모릅니다." 그들은 거의 45년 동안 행복한 결혼 생활을 했고, 그는 1950년에 죽을 때 부부의 유해를 섞어서 뿌려달라는 말을 남겼다.

버나드 쇼는 여주인공들이 스스로를 발견할 때까지 항상 그들에게 다음의 고무적인 진실을 알려준 듯하다. "인생은 자기 자신을 찾는 것이 아니다. 인생은 자신을 창조하는 것이다."


## 10월 25일

## 변화하려면 3단계를 거쳐야 한다

당연한 이야기지만, 당신이 행복한 결말을 원한다면 그것은 당신의
이야기를 어디에서 멈추는지에 달려 있다.

- 오슨 웰스
미국의 배우·감독·작가·제작자


우리가 남은 생애에 하고 싶은 것을 찾기 시작할 때(최장수 모델 카먼 델 로피체가 가장 먼저 내세우는 핑계, 즉 나이 핑계를 이미 없앴음을 기억하자) 그리 멀리 볼 필요가 없다. 대체로 실마리는 책장이나 메모판 같은 평범

한 곳에 숨어 있다. 혹은 버릴 수 없어서 다락방이나 다용도실이나 차고나 계단 밑에 숨겨놓은 과거의 꾸러미에 숨어 있다. 당신은 비밀스러운 열망을 멋진 진열 상자에 숨겨놨을 수도 있다. 당신은 수십 년 동안 그 상자를 가지고 있었으면서도 굳이 열어보려고 하지 않았을 것이다. 당신이 그곳에 묻어둔 갈망을 알기 때문이다.

내가 평생 모은 것을 소개하겠다. 클립, 만화책, 사진, 연극 팸플릿, 신문 기사, 이집트 상형문자 기념품처럼 다시 가고 싶은 여행지에서 모은 기념품. 내 삶의 성취와는 거리가 멀지만 채워지지 않는 그리움을 드러내는 물건들이다. 당신도 비슷한 물건들을 어딘가에 숨겨놨을 것이다. 그러니 이번 주는 버려진 꿈의 흔적을 되찾아보자. 우리가 꿈을 잊었어도 꿈은 여전히 우리를 믿고 있다.

시나리오 작가가 되는 내 꿈은 최소한 《에스콰이어》 1980년 6월호만큼이나 오래되었다. 그 잡지 표지에는 전동 타자기 앞에 빨간색 폴로셔츠를 입고 앉아 있는 침팬지 사진이 나온다. 기사 제목은 '시나리오를 쓰지 않는 사람이 미국에 있을까? 당신의 이야기를 할리우드에 알리고파는 방법'이다. 탄소로 고고학 유물의 연대를 측정하는 것처럼, 나는 언젠가 시나리오를 쓰겠다는 꿈을 버린 순간을 정확하게 집어낼 수 있다. 내가 그 표지를 메모판에 붙여놨기 때문이다. 그때 나는 극복할 수 없는 도전에 부딪혔다. 적어도 그렇다고 생각했다. 어쨌든 나는 이 꿈을 따를 수 없었다. 당신이 무엇인가를 할 수 없다고 생각한다면 당신이 옳다. 하지 못한다. 하지만 계속 나아가면 그것을 하고 있는 당신을 발견할 것이다.

일반적으로 영화에서는 극복할 수 없는 도전을 '트랜스포메이션'이라고 부른다.

영화처럼 '변화의 트랜스포메이션'은 3막으로 구성되고 각각 정신적 변화, 육체적 변화, 심리적 변화를 거친다. 이 과정을 다룬 트랜스포메이션의 제목은 '이야기'다. 평범한 여성이던 존재와 외부 환경의 영향으로 바뀐 존재(주인공) 사이의 정서적 불꽃은 용기 없는 사람을 위한 것이 아니다. 일어나지 않을 것 같은 행복한 결말을 얻기 위해 노력하는 자신을 응원하고 싶지 않은 사람이 있을까?

나는 "최고의 이야기가 되려면 누군가가 삶의 통제권을 잃었다가 되찾아야 한다"라는 스티븐 스필버그의 말을 아주 좋아한다. 익숙한 말이지 않은가?

지금 우리는 성공을 향해 가기에 아주 좋은 위치에 있다. 꿈꾸던 삶을 살고 있지 않다면 삶의 통제를 잃은 것이다. 하지만 우리는 지평선 너머에서 기다리고 있는 더 나은 삶을 되찾을 것이다. 나는 원하는 미래를 상상할 때 전율을 느낄 정도로 신이 난다. 그러다가 얼마나 많이 노력해야 하는지 생각하면 돌연 앨프리드 히치콕 영화의 주인공처럼 두려움에 빠진다.

사실 꿈을 이루는 것은 〈북북서로 진로를 돌려라〉에서 에바 마리 세인트가 하이힐을 신고 가파른 러시모어산을 오르는 것처럼 매우 힘겹게 느껴진다. 우리는 산 중턱에 있고 앞으로 갈 길이 너무 멀어 보인다. 과거로부터 아주 멀리 올라왔기 때문에 내려다보면 어지러울 것이다. 올려다보면 너무 까마득해 보여서 호흡이 가빠질 것이다.

하지만 경험 많은 암벽등반가나 스턴트맨은 혼자서 올라가지 않는다. 아는 것이 많은 암벽등반가가 당신 위에서 당신의 몸에 두른 로프를 잡고 있다. 암벽등반을 할 때는 추락이 일어나리라 예측하고 계획을 세운다. 그러니 만일의 사태에 대비해서 마음을 단단히 먹자. 당신의 파트너는 로프를 풀어서 당신을 내려주고, 당신이 암벽 위로 올라오게 돕고, 떨어지면 잡는다. 나는 항상 신에게 정신적 도움을 요청한다. 솔직히 나에게 무엇이 필요한지 모르기 때문이다. 내가 아는 것은 누군가 내 기운을 북돋아 줘야 한다는 것뿐이다. 기도는 내가 아는 유일한 삶의 방식이기에 내 주요 기술이 되었다.

당신은 새로운 것을 경험할 때마다 영감을 받아들인다. 색다른 것을 할 때마다 당신이 깨어 있고 살아 있고 듣고 있다는 메시지를 우주에 보낸다. 우리는 본능을 다시 믿는 방법을 천천히 배울 것이다. 사실 우리 모두가 삶의 철도 건널목에서 직감이 펄럭이는 빨간색 깃발을 무시했다. 후회와 회한은 우리를 잠 못 들게 한다. 우리가 경고 신호를 수없이 보았으면서도 속도를 늦추지 않았기 때문이다. 살면서 직감을 따르지 않은 적이 있다. 당연히 이제 우리는 더 실수를 하는 것이 두렵다. 하지만 우리는 기억해야 한다. 잘못된 판단은 직감을 따르지 않아서 생긴다. 그리고 다시 시작하려면 자신을 용서하는 법을 배워야 하고 이어서 창조적인 자극을 다시 믿는 법을 배워야 한다. 우리 주인공의 근본적인 트랜스포메이션을 위한 계획표가 있다.

그럼 요약해보자. 우리의 부활을 담은 이 새로운 '이야기'는 3막으로 구성될 것이다.


1막: 주인공은 직감을 다시 거스르지 않겠다고 맹세한다.
2막: 주인공은 과거의 일에 대해 자신을 용서한다.

3막: 주인공은 그녀가 누리기에 마땅한 행복으로 이끌 새로운 창조적 자극을 믿는다.

조금씩 나아가는 발걸음 + 작은 선택 = 큰 변화. 우리는 갈망이 축복임을 다시 한번 믿을 것이다. 우리는 창조적인 자극을 존중하고 감사히 여길 것이다. 무엇보다도 우리가 이 멋진 새 세상을 활기차고 열정적으로 꿋꿋이 헤쳐나가려면 성공과 격려가 한 해 내내 되풀이해서 필요하다.

"간절하게 원하면 무엇이든 가질 수 있다." 스콧 피츠제럴드의 마지막 연인인 영국 작가 실라 그레이엄은 1964년 《나머지 이야기The Rest of the Story》에서 이렇게 썼다. "피부를 뚫고 터져 나와 세상을 창조한 에너지와 합해지는 내면의 무성한 활기를 가지고 간절하게 원해야 한다."

## 10월 26일

## 언제나 새로운 길이 나타난다

**논리보다 중요한 것이 있다. 상상력이다.**

– 앨프리드 히치콕
영국의 영화감독이자 제작자

위대한 영화감독 앨프리드 히치콕은 마음과 정신과 자부심을 모두 쏟아 부어 걸작 〈북북서로 진로를 돌려라〉를 찍었지만, 사실 영화 속 장면들은 러시모어산에서 촬영되지 않았다. 국립공원관리청이 국립공원으로

지정된 그 산에 올라가서 촬영하는 것을 허락하지 않았기 때문이었다. 히치콕은 이 결정에 격분했다. 그는 주변에 상당한 영향력을 행사할 줄 아는 사람이었다.

문제없었다. 영화감독이 화를 내면 그 아래의 모든 사람들이 문제를 물려받기 마련이다. MGM 방음 스튜디오에서 마법을 부리는 것은 영화의 숨은 공신인 특수효과·미술디자인 담당자, 스턴트들의 몫이었다. 그리고 눈부시게 아름다운 에바 마리 세인트가 온 힘을 짜내서 산에 오르는 연기를 했다. 아래에는 매트리스더미가 깔려 있었다.

내가 이 이야기를 좋아하는 이유는 당신이 아무리 성공했고 힘이 세고 옳다고 생각해도, 링컨의 코를 가로지르는 추격 장면의 촬영을 막는 국립공원관리청 같은 존재가 삶에 항상 있다는 것을 잘 보여주기 때문이다.

그러니 우리가 과거에 좋아한 것과 지금 좋아하는 것을 발견해서 계속해서 작은 마법을 부리면 어떨까? 당신은 바로 지금 많은 것을 알고 싶을 것이다. 당신은 당장 답을 듣고 싶을 것이다. 하지만 우리는 답을 모른다. 우리가 질문조차 알아내지 못했기 때문이다.

당신이 돌아설 때마다 당신의 꿈을 막는 또 다른 장애물이 나타나는 날이, 시나리오가 처음 생각처럼 완벽하지 않거나 계획처럼 실행할 수 없는 날이 있을 것이다. 우리는 이런 날을 '러시모어산 순간'으로 여기는 법을 배우게 될 것이다. 하루 동안 실망에 빠져 있었지만 다음 날에는 매트리스더미를 쌓을 것이다. 어떻게든 목표를 이룰 방법을 찾아낼 것이다.

"우리가 수년 전에 이 일을 시작할 때 느낀 기쁨을 기억하는가? 우리는 그때 돈이 없었다. 시간도 없었다. 하지만 우리는 모험을 했고 … 시험 삼아 해봤다." 앨프리드 히치콕이 영화 촬영 과정에서 겪은 '러시모어산 순간'들에 대한 회상에 잠겼다. "달리 방법이 없었기 때문에 새로운 촬영 방법을 개발했다."

우리도 그럴 것이다. 누군가 우리가 러시모어산을 오를 수 없다고 말할 때 마법이 진짜로 시작되기 때문이다.


## 10월 27일

## 당신이 좋아하는 물건이 당신을 정의한다

물건은 소유자의 개성을 표현한다. 옷을 제외하면 소중한 장식품보다 더 개인적인 의미를 지니는 물건이 별로 없다. 자신에게 귀중한 물건을 꼭 부둥켜안고 거친 대륙을 횡단한 개척 시대의 여성은 몸은 비록 황무지에 있지만 괘종시계와 사진과 촛대가 집을 의미한다는 것을 알았다.

– 《굿 하우스키핑》, 1952년 8월호


1846년 마거릿 리드는 마지못해 일리노이주 스프링필드의 정든 집을 떠나 남편 제임스, 네 자녀, 병든 어머니와 함께 캘리포니아로 향했다. 남편은 몇 달 전부터 새 도시로 가자고 그녀를 설득했다. 마거릿은 완고하게 거부하면서 안락하고 문화를 즐길 수 있는 행복한 삶을 버리지 말자고 간청했다. 그러나 이미 부유한 가구 제조업자이던 남편은 더 많은 돈을 벌고 싶어 했고 모험도 하고 싶어 했다. 결국 마거릿은 남편의 고

집에 항복했다.

　제임스가 마거릿을 설득할 수 있었던 결정적인 열쇠는 소중한 소유물을 다 챙겨가도 되며 그 누구보다도 화려하고 멋지게 이주하게 하겠다는 약속이었다. 제임스는 약속을 지켰다.

　지붕을 씌운 제임스의 짐마차는 전례 없이 튼튼하고 멋졌으며 이후로도 그런 마차는 만들어지지 않았다. 이 층짜리 마차에는 취침용 칸이 따로 있었고 아주 편한 스프링 의자와 강철 난로가 장착된 데다가 벨벳 커튼이 달려 있었다. 물론 마거릿의 소중한 오르간도 들어갔다. 그리고 최상급 식량과 와인을 6개월분이나 실었다. 제임스의 마차를 필두로 도너 일행이 서부로 향하는 모습은 장관이었으며 보는 사람마다 놀라 숨을 들이켰다.

　도너 일행의 비극적인 모험담은 미국의 서부 개척사에서 가장 잊을 수 없는 승리와 절망의 이야기다. 고향에서 4,020킬로미터를 이동해 고지를 단 이틀 앞두고 역사상 최악의 폭설을 만나 남녀노소 31명이 시에라네바다산맥에 겨우내 갇혔다. 식량이 떨어지자 굶주림을 참지 못한 몇몇 사람이 살아남기 위해 일행의 시체를 먹었다. 마거릿과 자녀들은 그 무리에 동조하지 않았다. 일행을 구조하기 위해 캘리포니아에 도움을 청하러 간 제임스가 돌아올 때까지 마거릿은 눈과 나무껍질과 가죽을 끓인 죽을 아이들에게 먹였다. 마거릿의 가족이 육체적으로나 정신적으로 죽음을 피할 수 있던 것은 이주하기 전에 마거릿이 중요하게 생각한 세속의 물건들과 아무 상관이 없었다. 어차피 마차에 싣고 산맥을 가로지르기가 너무 무겁고 거추장스러워서 이동하는 중에 모두 버려야 했다. 마거릿과 그녀가 사랑하는 가족을 구한 것은 그녀의 재치와 믿음과 용기였다.

　나는 소박한 풍요로움의 길을 걸으면서 소박한 즐거움에 관한 자료를 찾으려고 한 세기 분량에 달하는 인테리어 서적과 여성 잡지를 조사했다. 모든 자료에 공통적으로 나온 내용은 소유물이 사람을 규정한다는(글을 쓰던 당시의) 일반적인 신념이었다. 빅토리아 시대 사람들은 세속의 물건은 신이 내린 은총의 증거라고 생각했다. 나는 그런 사고방식이 여전히 미국인의 의식에서 상당 부분을 차지한다고 생각한다. 진정성을 찾는 여행을 시작하기 전까지만 해도 나도 그렇게 믿었다. 그러나 명상하고 숙고하고 소유물이 사람을 어떻게 규정하는지에 대해 글을 쓰려고 노력하는 동안에 내면의 영혼이 멈칫거렸다. 거부감을 보였고 협조하지 않으려 했다. 나더러 허튼소리를 그만 지껄이라며 마음을 닫는 것 같았다. 대체로 작가가 슬럼프에 빠져 글을 못 쓰는 이유는 자신이 쓰는 내용을 믿지 않기 때문이다.

　현재 나는 소유물이 흥미로운 사실을 많이 드러내며 사람의 개성을 잘 이해하게 도와준다고 믿는다. 그리고 진정으로 필요하고 아름다운 물건을 주변에 두면 커다란 기쁨을 맛볼 수 있다고 믿는다. 그러나 소유물이 우리를 규정한다고는 믿지 않는다.

　대신 나는 우리가 소유한 물건이 아니라 진정으로 좋아하는 물건이 우리의 진정한 모습을 표현한다고 믿는다. 재클린 케네디 오나시스가 사망했을 때 많은 기사가 그녀의 스타일과 강점, 우아함과 아름다움을 다뤘다. 재클린이야말로 자신의 빛을 따라가며 살던 보기 드문 여성이었다. 그녀는 사실상 세상에서 원하는 모든 물건을 가질 수 있었지만 가장 소중히 여긴 것은 사생활이었다.

그렇지만 이보다 더 내 심금을 울린 것은 그녀의 아들이 회상한 내용이었다. 그녀의 아들은 어머니에게 가장 의미가 있던 것은 "애정이 담긴 대화, 가정과 가족의 유대감, 모험 정신"이었다고 말했다. 이 놀라운 여성은 열정적으로 살았다.

오늘 나는 진정한 모험이 끝나 이 세상을 뜰 때 당신이나 내가 사랑을 지녔던 존재로 기억되기를 기원한다.

## 10월 28일

### 진정한 자아를 찾아가는 길은 직선이 아니다

나는 삶이 직선이라고 믿지 않는다.
나는 삶이 원형, 즉 연결된 여러 개의 동심원이라고 생각한다.

– 미셸 윌리엄스
미국 배우

나는 지난 25년 동안 소박한 풍요로움의 길을 걸었으니 이제 진정한 자아로 살고 있느냐는 질문을 종종 받는다. 어떤 순간, 시간, 날은 내가 완전히 진정하게 살고 있다는 생각이 든다. 그리고 가족과 친구와 동료와의 대화는 물론 지인이나 낯선 이들과의 대화도 진정한 만남을 바탕으로 하는 경우가 많다. 내 선택, 기쁨, 슬픔, 희망, 사랑에도 진정한 내가 반영되고 있다. 그러나 아직은 매일 매 순간 진정하게 살고 있지는 않다. 중요한 것은 진정한 삶이라는 종착역이 아니라 진정한 자신으로 살려고 매 순간 노력하는 것이다. 종착역에 도착했다는 생각이 드는 순간 다시 시작점으로 돌아왔을 뿐이라는 사실을 깨닫게 된다.

진정성을 찾아가는 여정에서 가장 놀라운 점은 길이 나선형이라는 것이다. 위로 올라가되 빙글빙글 돌아간다. 한 바퀴씩 돌 때마다 시야가 조금 넓어진다. 카를 융은 '순환'을 통해서만 '자기self'의 정신적인 경험을 진정으로 깨달을 수 있다고 믿었다. '자기'란 내가 말하는 진정한 자아다.

고대인들은 순환의 힘을 숭배했다. 아프리카 전통은 물론 디즈니 영화에서도 속세의 수명을 '삶의 순환'이라고 부른다. 북미 원주민 오글라라 수 부족의 족장 블랙 엘크는 "세상의 힘은 항상 돌고 돈다"라고 가르쳤다. 불교와 힌두교의 순례자들은 숭배를 표현하는 일환으로 티베트 카일라스산의 기슭을 돈다. 이슬람교도는 메카의 카바 주위를 돈다. 수천 년 전부터 동양과 서양에서 만다라를 만드는 전통이 내려왔다. 만다라는 극락을 기하학적으로 표현한 둥근 그림이다. 영적 탐구자들은 성스러운 생각을 시각적으로 표현하려고 만다라를 만든다. 원은 전 세계의 성지에서 발견된다. 프랑스 샤르트르 대성당에는 둥근 미로가 있다. 영국 스톤헨지에는 거대한 선사시대 축조물이 동그란 형태로 서 있다. 가톨릭교의 성찬식에서 신부가 주는 제병은 둥근 모양이다. 원 모양은 사방에서 발견된다. 플라톤은 영혼이 원형이라고 믿었다. 플라톤의 말이 맞고 눈에 보이는 영혼이 바로 진정한 자아라면, 진정성을 찾는 길이 직선이 아니라 원형인 것이 당연하지 않을까?

나는 탈출이 불가능해 보이는 상황에 빠질 때면 진정성을 찾는 길이 나선형이라는 점을 다시 깨닫는다. 이럴 때면 '여기에서 앞으로 나아갈 수 있는 교훈을 얻을 수 있을까?'라고 자문한다. 그러다 보면 문제의 원인이 내가 소박한 풍요로움의 은총을 그동안 활용하지 않았기 때문이었음이 확실히 드러난다. 예를 들자면 며칠 동안 너무 바빠서 감사일기를 쓸 겨를이 없었다. 다른 사람의 부탁을 거절하지 못해서 내가 하던 일이 자꾸 중단됐다. 집이 너무 어수선해 물건을 찾을 수 없어서 짜증이 난다. 마음의 평정을 유지하려면 혼자 있는 시간과 명상이 필수적이라는 사실을 자꾸 잊어버려서 기진맥진해 있다. 나는 이런 과정을 여러 번 경험했다. 이제 나는 일과가 조화롭지 못하면 과정에 완전히 몰두할 수 없다는 사실을 안다.

그래서 나는 다시 시작한다. 출발점으로 돌아간다. 소극적인 기도가 아니라 적극적인 기도로 감사를 표하고, 소박함과 질서를 일상에 의식적으로 되살리고, 살아 있는 순간을 존중한다. 소박한 풍요로움에 대해 알거나 글을 쓰는 것만으로는 부족하다. 소박한 풍요로움의 아름다움과 기쁨을 깨달으면서 살아야 한다. 내 빛을 따라 살기 시작하면 다시 앞으로 나아갈 수 있다. 내 힘으로 외부 상황을 바꿀 수야 없지만 소박한 풍요로움에 의지하면 외부 상황에 대한 내 반응이 바뀐다.

"현재 우리가 원하는 삶은 이미 선택해서 창조한 삶이 아니다. 그것은 지금 선택해서 창조하고 있는 삶이다." 시인 웬들 베리가 우리를 일깨운다.

# 10월 29일

## 쓰린 기억을 놓아주고 달콤한 기억을 모아라

가을, 땅이 성숙해지는 계절이 … 미래를 위해 준비하는지
우리에게 묻는다. 현명하게 모으고 현명하게 놓아줄 준비를 하는지 묻는다.
– 보나로 W. 오버스트리트
미국의 작가 · 시인 · 심리학자

햇볕이 실제로 내리쬐는 시간이 짧아지고 바람이 시원해지면서, 우리는
이제 곧 일상적인 에덴동산들을 느긋하게 거닐기에는 너무 추워지겠다
고 생각한다. "내가 기억하는 한 자연은 늘 나에게 위안과 영감과 모험
과 기쁨의 근원이다. 집이고 스승이고 친구다." 로레인 앤더슨이 《땅의
자매들Sisters of the Earth》에 쓴 말이다. 내게도 그렇다. 내가 10대 시절 내
내 뉴잉글랜드의 작은 시골 마을에서 벗어나려고 애썼던 것을 떠올리면
참 재미있는 일이다. 마침내 나는 영국의 아주 작은 마을에서 10년 넘
게 거주했다. 나는 그곳에서 살던 석조 주택, 집 앞 사과나무 한 그루, 해
가 바뀌는 시기를 정말 좋아했다. 이제 나는 지구 반대편에 있는 캘리포
니아의 낯설고 색다른 전경 속에서 살고 있고 다시 시작할 준비를 한다.

한 해의 끝을 향해 가고 있는 지금, 소박한 풍요로움의 여섯 번째 은
총인 '기쁨'이 다섯 자매(감사, 소박함, 질서, 조화, 아름다움)와 함께한다.
우리는 소박한 풍요로움의 길을 걸으면서 발버둥 치기를 그만두어야 한
다고 느꼈다. 그러니 이제는 기쁨을 통해서 삶의 교훈을 배울 수 있을
것이다.

내 기쁨 중 하나는 절판된 지역 간행물을 모으는 것이다. 특히 한 해 내내 자연과 그 풍성함을 관찰하면서 계절의 흐름을 따라가는 1920년 대부터 1950년대까지의 잡지를 좋아한다. 오늘날 삶의 자연스러운 리듬이 기술에 의해 완전히 가려졌다(19세기 산업혁명 전부터 사람들이 이를 불평하고 있는데도). 나는 일출과 일몰 때 집에서 차를 마시며 다른 여성들의 생각을 글로 읽었으니 정말로 축복받았다. 하루의 끝에 주방 문을 열고 들어가서 커튼을 치고 부드러운 빛이 나오는 작은 램프를 켠 뒤, 따뜻한 벽난로 앞에 앉아 불에 올려놓은 음식의 향기로운 냄새를 들이마시는 것보다 위안이 되는 의식은 없었다.

흙과 가까이 살면 하늘의 법칙을 금방 배운다. "원인과 결과의 작용이 씨앗과 추수의 세계처럼 어디에서나 눈에 보인다면, 많은 인간의 어리석음이 지혜 속에서 행복한 결말에 다다르게 될 것이다." 보나로 오버스트리트가 《여성을 위한 명상: 1년 365일Meditations for Women: For Every Day in the Year》에서 말한다. "식료품점 주인이 가게 문을 열고 지나가는 사람들과 인사를 나누며 '겨울이 오나 보네요. 세상의 많은 사람들에게 힘든 계절이 되겠어요'라고 말한다." 이 책은 1947년에 출간되었지만 오늘 아침에 썼다고 해도 이상하지 않다. 사람이 사는 모습은 어디든 마찬가지다.

오래된 지역 간행물에서는 이 시기를 '줍고 모으고 놓아주는 계절'로 여긴다. 나는 구약성서에 나오는 룻의 이야기를 아주 좋아한다. 룻은 과부인 시어머니 나오미와 사는 젊은 과부다. 그러니 그냥 가난한 정도가 아니라 너무 궁핍하고 집도 없는 지경이었다. 여호와는 가난하고 굶주린 자가 가져갈 수 있도록 밭에 떨어진 이삭을 줍지 말고 남겨두라고 했다. 그 덕에 룻이 추수꾼들을 따라다니면서 남겨진 낟알을 주우니 시어머니와 둘이 배불리 먹을 곡식이 풍성하게 모였다. 곰곰이 생각해보기에 참 좋은 이야기다(룻기 1~2장).

이삭줍기라는 주제는 특히 이농 현상이 본격화된 이후의 시기에 데뷔한 빅토리아 시대의 예술가들에게 비옥한 영감을 주었다. 우리에게도 그럴 수 있다.

당신이 무료 급식소를 방문하든, 중고품 할인점을 가든, 영국 검은딸기나무 열매를 따러 가든지 간에 모으기는 축복이다. 이제 나는 혼자 있는 순간에 승인과 은총과 감사의 황금빛 들판에서 지나간 아쉬운 기억을 모은다. 우리가 기억을 줍고 모으고 놓아주는 동안 쓰린 기억과 달콤한 기억을 구분하는 것은 우리의 선택이기 때문이다. 살면서 여러 계절 동안 눈물을 견뎌야 하겠지만, 기쁨을 맛보며 살게 해달라고 신에게 요청할 수 있다.


## 10월 30일

### 비상용품을 준비해보자: 신변 안전 도구

당신은 당신이 믿는 것보다 강하다. 당신은 당신이 아는 것보다
훨씬 더 위대한 힘을 가지고 있다.

- 안티오페가 다이애나에게
2017년작 영화 〈원더우먼〉에서

영화 〈원더우먼〉을 봤는가? 내가 〈원더우먼〉을 보는 동안 그 영화는 신비로운 여자 주인공을 체험하는 장이 됐다. 여기에는 갈 가도트가 연기한 다이애나뿐만 아니라 다이애나의 어머니와 이모를 포함한 여성 조상들의 혈통이 포함된다. 나는 요즘에는 딸을 저렇게 키워야 한다고 생각했다.

다이애나는 아마존의 공주이고 여성 전사들만 사는 섬에서 자랐다. 그녀는 제1차 세계대전 중에 세상을 구하기 위해 고향을 떠나 새로운 여정을 시작할 운명을 지녔다. 나는 무기를 비롯한 원더우먼의 복장에 완전히 사로잡혔다. 무기에는 그녀의 몸, 방패, 팔찌, 왕관, 진실을 말하게 하는 황금 올가미가 포함된다. 내가 그녀의 무기 중에서 가장 인상 깊었던 것은 무술 실력이었다. 다른 사람들을 구하면서 맹렬하게 싸우고 수비하는 능력에 마음속 깊이 감명받았다.

이 영화에서 그렇게 큰 영향을 받은 이유는 내가 설사 시도한다고 해도 신체적으로 아마존의 여성들을 절대 따라갈 수 없었기 때문일 것이다. 그들이 가상의 인물이기는 하지만 말이다. 나는 나를 비롯한 아무도 구할 수 없었다. 이 사실은 날카로운 상처인 동시에 새로운 자극이었다. 나는 몇 년 전부터 가장 좋아하는 두 가지 활동인 승마와 펜싱을 다시 시작하기 위해 체력을 기르고 싶었다. 하지만 글쓰기가 격렬한 신체 활동이 아님에도 여덟 시간 동안 집중해서 열정적으로 일하고 탈진한 두뇌와 몸에 운동하라고 설득하기란 쉽지 않다.

지난 2년 동안 운동을 하지 않는 중에도 최대한 강해지고 싶은 마음은 점점 더 커졌다. 나는 우리가 삶에서 할 수 있는 가장 긍정적인 선택과 변화가 겨자씨처럼 아주 작은 것에서 시작한다는 점이 늘 놀랍다. 자연에서 식물이 자라거나 내면세계에서 아이디어가 꽃피우는 데 필요한 것은 뿌리내리기뿐이다.

정서적인 수용은 이것과 관련되어 있지만 약간 더 어려운 주제다. 이는 일상생활에서 얼마나 안전하게 느끼느냐에 따라 결정된다. 우리가 세상을 돌아다닐 때 눈에 보이지 않는 자신감의 힘을 발산할 수 있다면 더 안심할 수 있지 않을까? 원더우먼을 떠올려보자.

오리건 대학의 조셀린 홀랜더 박사는 개인의 역량을 강화하는 호신술의 옹호자다. 홀랜더 박사는 호신술의 마음가짐이 무술 기술보다 중요하다고 믿는다. 이 자기방어는 경계선에 대해 가르친다. 선을 긋고 유지하고 보호하는 방법은 우리가 키워야 할 필수적인 기술이다.

《이코노미스트》는 1843년에 '페미니스트를 위한 파이트 클럽'이라는 제목의 기사를 실었다. 기자 에마 골드버그는 '여성주의 자기방어 훈련'의 창립자인 레이철 피아자에게 배운 호신술 강좌에 대해 설명한다. 피아자는 그것이 직관적인 기술이라고 믿는다. 여기에서 중요한 것은 전통적인 호신술 강좌와 개인의 역량을 강화하는 호신술 사이에 차이점이 있다는 것이다. 여성은 아무래도 여성들만 있는 수업이 더 편할 것이다. 그렇지만 호신 기술의 효과는 성별에 따라 달라지고 대체로 공통 경험은 새로운 공동체가 생겨나는 촉매제가 된다.

에마 골드버그는 기사에서 이렇게 강조한다. "운동에 취미가 없는 여성이라도 호신술 수련은 자신감에 놀라운 효과를 발휘한다. 칭찬이나 격려나 데킬라에서 얻는 것과 같은 자신감이 밀려든다."

● 신변 안전 도구

열쇠고리에 호신용 경보기가 달려 있으면 자동차까지 걸어갈 때 훨씬 안심이 된다. 그러니 지금 당장 구하자. 대부분의 제품은 걸을 때 앞을 환하게 밝혀주는 LED 조명이 달려 있으며 비상시 버튼을 누르면 커다란 고음이 울린다. 작은 것이지만 만족도가 크다. 작은 것의 힘을 과소평가하지 말자.

ADT캡스 같은 가정용 보안 시스템을 이용하고 있다면 비상 버튼이 포함되어 있는지 확인하자. 이런 버튼은 누군가 집에 침입할 경우에 대단이 유용하다. GPS 기능이 있는 블루투스 장치를 원한다면 경찰의 승인을 받은 개인 안전용 전자 열쇠를 찾아보자. 휴대폰 애플리케이션과 연결해서 사용할 수 있다. 연로한 친척이 있다면 집과 밖에서 모두 작동하는 의료 경보 시스템이 당신이 어디에 있든 마음을 편하게 할 것이다. 일부 시스템은 월 이용료를 내고 사용할 수 있다.

링 같은 비디오 도어벨은 집과 우리를 연결한다. 비디오 및 오디오 커뮤니케이션 시스템을 통해 도둑이나 불청객을 차단할 수 있다. 시중에 보안 시스템이 다양하게 나와 있다. 당신이 구글홈이나 아마존 알렉사의 팬이라면 그것과 연계해 스마트홈 보안 기능을 수행할 수 있는 시스템을 찾아보자.

이왕 안전에 관해 이야기하고 있으니, 내가 친구들과 가족에게 선물하는 도구를 소개하겠다. 바로 차량용 비상탈출 도구다. 이 저렴한 도구가 있으면 비상시 안전하게 창문을 깨거나 안전벨트를 자를 수 있다. 이는 갑작스러운 홍수, 자동차에 갇힌 반려동물, 충돌사고 같은 상황이 일어날 때 구급대원 역할을 하는 필수품이다.

용기의 신이 주는 교훈을 일상에서 실행하는 방법을 배우면 어떤 상황에서도 평정을 유지하면서 사랑하는 사람들을 보호할 수 있다. 뉴욕의 트위터 사무실에 붙은 안전 포스터에는 "화재 발생 시 트위터에 소식을 올리고 있지 말고 즉시 건물 밖으로 대피하시오"라고 적혀 있다.

## 10월 31일

### 사랑의 힘은 내 안에 있다

> 마법을 일으키려면 보이지 않는 힘을 모아 모양을
> 빚어야 하고, 높은 곳으로 치솟아야 하며, 감춰진 현실에 존재하는
> 미지의 꿈을 탐험해야 한다.
>
> – 스타호크
> 미국의 작가·교사·에코페미니즘 운동가

드디어 마법의 시간인 핼러윈이 다가왔다. 이날 몇몇 여성은 가족을 사랑하고 돌보고 어두운 밤에 보호하는 것과 같은 평범한 일상을 작은 도깨비와 요정과 함께한다. 대부분의 여성은 달콤한 뇌물을 현관에 내놓고 과자를 주지 않으면 장난을 치겠다고 으름장을 놓는 아이들을 반갑게 맞이한다.

핼러윈은 고대 켈트족의 삼하인 축제에서 비롯됐으며 춥고 황량한 겨울이 다가오기 전 마지막 가을밤인 10월 31일에 열린다. 켈트족은 10월 31일을 새해 첫날로 여겼다. 드루이드교에서는 이날 밤에 초자연적인

세상이 현실 세상에 가까워지기 때문에 인간이 눈에 보이지 않는 존재의 힘과 영향력을 예민하게 느끼게 된다고 믿었다. 마법의 주문에 쉽게 걸리고 점괘가 정확해지며 꿈이 특별한 의미를 갖게 된다고 생각했다.

켈트족의 후손인 나는 여전히 이를 믿는다. 핼러윈은 우리 안에 마법이 존재하고 매일 신비를 만나게 된다는 점을 상기시키는 완벽한 날이라고 생각한다. 우리는 마법을 부려서 잃어버렸던 신발 한 짝을 찾고, 남은 음식을 성대한 밥상으로 바꿔놓고, 불모의 땅에서 풍요를 거둬들이고, 두려움을 없애고, 상처를 치유하고, 한정된 돈으로 요령껏 월말까지 잘 버틴다. 가족의 삶을 돌보고 이끌고 지탱한다. 우리는 이외에도 훨씬 많은 마법을 부린다. 그러나 대부분의 여성이 자신의 엄청난 힘을 영원히 자각하지 못한다. 자신의 신성함을 보지 못한다. 고대 성스러운 마법사의 후손이라는 사실을 깨닫지 못한다.

당신 자신과 사랑하는 사람을 위해 진정한 생활방식을 창출하는 것이야말로 마법이 아닐까? 당신은 창조성과 재능을 발휘해 보이지 않는 힘을 보이는 모양으로 빚고, 열정을 통해서 정신세계에만 존재하던 것을 현실 세계에 드러내고 있지 않은가? 이런 활동을 무의식적으로 할 수 있다면, 자신의 힘을 완전히 깨달은 상태에서는 얼마나 더 많은 것을 이룰 수 있을까?

마법사의 후손인 우리는 많은 힘을 선물로 받았다. 이는 사랑의 힘이다. 오늘 거실에 촛불을 켜놓고 앉거나 마당에 나가 보름달 아래에 앉아서 당신의 힘을 현명하게 사용하겠다고 맹세하자. 당신은 살아가면서 상상도 못 할 만큼 많은 삶에 손을 댄다. 당신의 마법 주문으로 치유될 수 있는 사람들이 수없이 많다. 이제 근원을 향해 직진하자. 당신의 혈통과 당신에게 주어진 진정한 선물을 감사한 마음으로 인정하자.

프랜시스 호지슨 버넷이 말한다. "나는 만물에 마법이 존재한다고 확신한다. 그저 우리가 그 존재를 아직 알아채지 못한 까닭에 마법을 손에 넣지도, 우리에게 이롭게 쓰지도 못하는 것뿐이다."

이제 우리는 마법을 알아차렸다.

# 10월에 느끼는 소박한 행복

미니버 부인은 왜 30대일 때보다 40대인 지금이 더 즐거운지 갑자기
이해할 수 있었다. 그것은 8월과 9월, 늦여름의 무기력과 초가을의 생기,
예전 단계의 끝과 새로운 단계의 시작 사이의 차이였다.

- 잰 스트러더
영국의 작가이자 시인

❦ 농산물 직거래장터나 마트로 호박을 사러 가자. 호박 등을 만들기
에 완벽한 모양으로 고르자. 체스판이나 심장이나 달과 별 같은 다
양한 모양으로 조각할 작은 호박도 여러 개 고르자. 큰 호박은 계단
이나 집 앞 도로를 밝히기에 제격이고 작은 호박은 저녁 식탁에 촛
대로 사용하기에 딱 좋다.

❦ 호박씨를 모아서 소금을 뿌리고 굽자. 새로운 시도를 하고 싶으면
달콤하거나 풍미가 좋은 다른 양념을 넣어도 좋다.

❦ 가을 느낌이 풍기는 소품으로 집을 명절 분위기로 꾸미자. 밀단, 호
박, 조롱박, 인디언 옥수수, 초콜릿을 이용하면 된다. 생화 대신 말
린 꽃과 낙엽을 섞어 다발을 만들자.

❦ 호박에 가을꽃을 꽂으면 아주 멋진 꽃병 노릇을 한다. 등을 만들 때

처럼 호박 한가운데를 숟가락으로 파낸 다음에 물을 먹은 오아시스 (꽃꽂이용 스펀지)를 적당한 크기로 잘라 넣자. 선명한 색의 꽃과 말린 이파리와 덩굴식물을 오아시스에 꽂자. 가끔 오아시스가 말랐는지 확인하고 물을 붓자.

❦ 핼러윈 밤에는 전통적으로 점을 친다. 예언 케이크로 재미있게 점을 치자. 먼저 향신료 케이크를 만들자. 팬에 반죽을 부은 다음에 특별 제작된 작은 순은 부적을 여러 개 넣자. 케이크를 자를 때 발견되는 부적으로 미래를 점쳐보자. 종은 결혼을 의미하고 골무는 축복을 뜻한다. V자 모양의 뼈가 나오면 소원을 하나 빌 수 있으며 동전은 번영을 약속한다. 편자는 행운을 보장하며 단추는 가정의 행복을 뜻한다. 케이크에 넣을 물건의 개수를 미리 정하고 나중에 개수를 꼭 세자! 12세 이하의 어린이가 있다면 안전을 위해서 부적이 달려 나오는 리본이나 상점에서 파는 케이크를 이용하자. 예언 케이크는 빅토리아 시대의 새색시들에게서 비롯된 풍습이다. 케이크용 장신구를 다양하게 갖춰놓은 jewelrybyrhonda.com에 방문하자. 나는 크리스마스 건포도 케이크도 부적을 넣어 굽는다.

❦ 핼러윈 의상을 입자. 아니면 적어도 멋진 가면을 준비해놨다가 과자를 받으러 온 아이들에게 문을 열어줄 때 쓰자.

❦ 10월은 크로커스, 수선화, 튤립을 화단에 심을 때다. 내년 봄이 되면 아름다운 꽃이 필 것이다.

❦ 사계절이 분명한 지역에 산다면 일요일에 시골에 가서 화려한 옷으로 갈아입은 자연의 경치를 마음껏 감상하자. 소풍 준비를 해서 가자. 최대한 오랫동안 시간을 보내다가 오자.

❦ 주말에 사과 주스나 와인에 향신료, 설탕, 달걀노른자 등을 넣고 데운 음료를 만들자. 지친 가을날 활기를 북돋아 준다. 특히 낙엽을 쓸어모은 다음에 마시는 음료는 그야말로 최고다. 내가 지금까지 사용해본 중 가장 좋은 향신료는 윌리엄스 서노마 제품이다.

# 11월

자기 자신을 돌보는 달

그녀가 서 있다.

낡은 황금 옷을 입고

호박 조각들을 던지면서.

그리고 비취, 한 살 더 먹은 보석들.

11월.

– 제퍼 웨어 태버

미국 시인

11월은 당신 안의 청교도 이주민의 영혼을 좋아한다. 하지만 명절이 눈앞에 다가온 가운데 자칫 이달이 주는 선물인 은총을 못 보고 불평하기 쉽다. 힘내자! 가족모임, 잔치, 야단법석인 상황이 다가오고 있지만 11월은 당신을 돌보는 방법을 알고 있다. 그러니 11월이 차가운 위안의 매력, 겨울 이야기 한두 개, 호사스러운 잠옷파티, 유리에 비친 찬란함, 그저 간과하고 넘어가는 것 속의 아름다운 평범함으로 당신을 돌보게 하자. 자기를 보호하려는 마음이 넘쳐흐르게 하자.

# 11월 1일

## 쇠락의 시기를 있는 그대로 받아들여라

우리가 진심으로 받아들이는 삶의 모든 것은 변화를 거친다.
- 캐서린 맨스필드
뉴질랜드 단편소설 작가

옛날 옛적에 성미가 급한 여왕이 살았다. 어느 가을, 한 해가 저물어가기 시작하면서 여왕은 심한 우울증에 빠졌다. 먹지도 자지도 못했으며 아무 이유 없이 시도 때도 없이 눈물을 흘렸다. 여왕은 자신의 변화에 당황스럽고 화가 나 걸핏하면 성질을 부렸다. 주변의 신하들은 공포에 벌벌 떨었다.

여왕은 매일 존경받는 현자를 한 명씩 불러서 도무지 알 수 없는 감정 상태의 이유를 설명하라고 명했다. 왕실 주치의, 점성가, 심령술사, 연금술사, 약초학자, 철학자를 비롯한 조언자들이 수없이 오갔다. 다들 왕비에게 걸린 사악한 주술의 비밀을 풀지 못한 돌팔이라는 이유로 해고를 당했다. 두려움에 사로잡힌 신하들은 관직에서 빨리 쫓겨나 오히려 다행이라고 생각했다.

"너희 중 내 고통의 원인을 아는 자가 분명히 있을 것이야." 여왕은 절망에 빠져 소리쳤다. 그러나 왕비의 애처로운 울부짖음에 이어진 것은 불편한 침묵뿐이었다. 신하들은 왕비의 노여움을 살까 봐 두려워서 입도 떼지 못했다. 마침내 불쌍한 여인에게 동정심이 생긴 왕궁의 정원사가 천천히 왕비에게 다가섰다.

"여왕 폐하, 폐하를 스스로 가두고 있는 벽 너머의 정원으로 나오시지요. 그러면 여왕 폐하가 처한 곤경의 원인을 밝혀드리겠습니다." 너무 절박한 여왕은 정원사의 말에 따랐다. 몇 주 만에 정원에 나오니 여름의 찬란하고 생생한 빛이 사라져 있었다. 하지만 여왕은 아름다움이 전부 사라진 것이 아님을 알게 되었다. 멋들어진 진홍색과 황금색이 어우러진 가을의 경치는 그야말로 웅장했다. 바람은 시원하고 상쾌했으며 하늘은 구름 한 점 없이 청명했다. "정원사여, 말하라." 여왕이 명령했다. "그러나 나는 진실을 원하니 신중하게 말을 골라 하라."

"여왕 폐하, 병이 든 것은 여왕 폐하의 몸이나 마음이 아니옵니다. 치유해야 하는 것은 여왕 폐하의 영혼이옵니다. 여왕 폐하는 위대하고 강력한 군주이시나 신이 아니옵니다. 여왕 폐하는 모든 인간을 괴롭히는 문제로 고통받고 계십니다. 자연의 계절이 삶과 죽음과 부활의 순환을 통해서 움직이는 것처럼, 속세의 인간은 희로애락의 계절에 따라 슬픔과 기쁨이 밀려왔다가 밀려가는 것을 경험합니다. 가을은 아무리 초라해도 마음의 수확에 감사하며 한 해의 끝을 준비해야 하는 계절입니다. 바로 지금 이 순간에도 낮의 길이가 줄어들고 어둠의 길이가 늘어나고 있습니다. 하지만 자연의 진정한 빛은 절대 꺼지지 않습니다. 마찬가지로 여왕 폐하의 영혼에 있는 빛도 절대 꺼지지 않습니다. 계절의 쇠퇴를 받아들이고 어둠을 두려워하지 마십시오. 밤이 지나면 낮이 오기 마련이니 빛이 돌아올 것입니다. 그러면 여왕 폐하는 다시 만족스러운 시간을 누리실 것입니다. 이것만은 확신합니다."

슬픔에 빠져 있던 여왕은 이 지혜를 깊이 생각하더니 희로애락이 오가는 계절 내내 내면의 평화를 유지할 비밀을 정원사에게 물었다. 정원사는 여왕을 놋쇠로 만든 해시계 앞으로 데리고 갔다. 그곳에는 이런 문구가 새겨져 있었다.

이 또한 지나가리라.

## 11월 2일

### 자기 자신과 대화를 나눠라

영혼의 돌봄이란 일상생활에 시를 적용하는 것이라고 생각하자.
- 토머스 무어
미국의 심리치료사이자 영성 작가

영혼은 여섯째 날에 창조되었다. 세라핌(계급이 가장 높은 천사 - 옮긴이)과 케루빔(세라핌 바로 아래 계급의 천사 - 옮긴이)이 창조된 후였다. 영토, 미덕, 권력, 공국, 대천사, 천사가 창조된 후였다. 깊은 흑암에서 빛을 만든 후였다. 낮과 저녁의 이름을 정한 후였다. 우주와 시간이 생긴 후였다. 공기, 불, 물, 땅이 생긴 후였다. 해, 달, 별이 하늘에 걸린 후였다. 우주가 돌기 시작한 후였다. 전원이 들어오고 에너지가 주입된 후였다. 우주가 천상의 협주곡을 연주하기 시작한 후였다. 짐승이 들판을 뛰어다니고 새가 날아오른 후였다. 낙원에 꽃이 가득 핀 후였다.

만물이 준비돼 위대한 창조주가 '보기에 좋은' 후에야 영혼을 위한 순간이 왔다. 영겁의 시간 동안 영혼이라는 이름으로 불린 인간은 신이 웃고 울 때 불어넣은 숨결로 세상에 보내졌다. 영혼은 기쁨과 고통 속에서 태어났다. 흙 한 줌에 입김이 불어넣어져 태어났다. 그러니 애초에 신성은 흙으로 만든 생명인 영혼 속에서 살고 움직이고 존재하게 되어 있었다.

여기까지가 인간이 창조된 전말이다. 물론 잘 납득이 안 될 것이다. 그래서 수 세기 동안 사람들은 이를 이해하려고 노력했다. 그러나 이성, 지성, 상상력, 열정, 시, 기도, 예술, 섹스, 노래, 색소폰을 총동원해도 인간 영혼의 신비로운 속성을 이해하기는커녕 완전히 밝히지도 못했다.

2만 5,000년 동안이나 노력했는데도 이 상태인 것을 보면 인간은 영혼의 정수를 이해하지 못하도록 정해져 있는 듯하다. 하지만 영혼을 알 수는 있다. 애초에 인간이 창조된 이유는 다름이 아니라 각자의 내면에 있는 사랑스러운 영혼을 사랑하고 돌보고 키우고 지탱하고 보호하기 위해서이기 때문이다. 희망을 주고 영감을 주고 기쁘게 하고 매혹하고 위안하기 위해서이기 때문이다. 심리치료사이자 영성 작가인 토머스 무어는 깊은 내면이 진정으로 필요로 하는 것에 완전히 관심을 기울이는 행위를 영혼 돌보기라고 부른다.

오늘은 죽은 이를 기억하는 '위령의 날'이다. 속세를 떠나 이제 더 이상 우리와 웃거나 울지 못하는 사랑하는 사람들을 기리는 엄숙한 날이다. 중세에 시작된 위령의 날은 자기 영혼을 잘 돌보고 있는지 곰곰이 생각하기에 좋은 때다. 우리가 세상을 떠난 사람을 극진한 정성을 들여 기렸듯이 자신의 영혼도 잘 돌보고 있는지 생각해야 한다. 모어는 영혼의 깊은 영역에 다가서려면 자신의 삶에서 예술가이자 신학자가 되어야 한다고 조언한다.

영혼이 환영받는다고 느끼게 하려면 일상생활의 사소한 점에 관심을 기울이면 된다. "주변에 있는 것들을 신경 쓰고 가정, 일과뿐 아니라 늘 입는 옷조차 중요하게 생각하는 것이 영혼을 돌보는 방법이다." 토머스 무어가《영혼의 돌봄》에서 말한다.

오늘은 영혼이 당신의 내면에 더욱 즐겁게 머무르기 위해서 무엇이 필요한지 묻자. '지금 필요한 것이 뭐야? 어떻게 하면 평화롭고 만족스러우며 즐거울 수 있을까?'라고 영혼에게 자주 묻자. 영혼은 그저 당신이 삶의 속도를 늦추거나, 산책하거나, 아이들을 꼭 껴안거나, 고양이를 쓰다듬기를 원할 것이다. 혹은 농산물 직거래장터에 가거나, 언니에게 전화하거나, 친구에게 재미있는 사진 파일을 보내거나, 느긋하게 낮잠을 자기를 원할 것이다. 중국음식을 시켜 먹거나, 재미있는 영화를 보거나, 실컷 우는 것일 수도 있다. 옛날식 작은 식당을 찾아서 루트비어 플로트를 마시는 것일 수도 있다. 일찍 잠자리에 들거나, 꿈을 꾸거나, 공상하거나, 상상하거나, 기도하는 것일 수도 있다. 그것이 무엇이든 영혼이 말할 것이다. 그러니 물어보자.

루이자 메이 올컷은 이렇게 우리를 일깨운다. "'머물다'는 친구 사이에서 아주 멋진 단어다." 사랑하는 영혼이여, 머물러라. 머물러라. 지금 당장 말하자. 자주 말하자. 나와 같이 살며 내 사랑이 되어다오.

머물러다오.

# 11월 3일

## 우주는 당신을 위해 크나큰 영광을 준비해놓고 있다

내 미래를 내다보면 아주 눈부시게 밝다.
- 오프라 윈프리
미국의 배우·토크쇼 진행자·자선가

나는 수년 전에 〈뉴욕타임스〉에서 오프라 윈프리의 기사를 읽었다. 그
녀가 나중에 〈오프라 윈프리 쇼〉가 되는 프로그램을 시작하고 있을 때
였다. 그녀는 프로그램을 자신의 방식대로 만들기 위해 제작사 하포를
차렸다. 방송계에서 전례가 없는 일이었다.

오프라 윈프리는 인터뷰에서 신은 인간이 감당할 수 있는 만큼 주는
것은 고통과 시련뿐만이 아니라고 했다. 신은 부, 세속적인 성공, 권력
같은 좋은 것도 우리가 감당할 수 있는 만큼 준다. 당신이 영광을 받아
들일 만큼 강하지 않다고 스스로 생각하면 신은 당신이 준비돼서 요청
할 때까지 영광을 내리지 않을 것이다.

오늘은 이 가능성을 곰곰이 생각하자. 나는 수십 년 동안 이 점을 생
각했으며 얼마 전에야 의미를 알아채기 시작했다.

우리는 매일 매시간 우리가 정신의 전원을 사용할 수 있다는 것을 안
다. 하지만 그 전기 스위치를 켜달라고 요청해야 한다. 그리고 영광을

감당할 준비가 돼 있어야 한다. 한 번에 하나씩 재능을 발휘하고 창조적인 도전을 하면 점차 준비를 갖추게 된다. 성취할 때마다 스스로 인식하고 축하하면 자신감이 늘어나고 자기 능력을 믿게 된다. 게다가 혼자 힘으로 할 필요가 없다는 사실을 깨닫게 된다. 권능과 영광의 돌봄을 받는 것이다. 그렇다면 하나님의 나라는 무엇일까?

영적 구도자는 무엇보다도 천국을 먼저 찾으라고 배운다. 천국을 찾으면 진정한 삶이 펼쳐질까? 나는 그렇다고 생각한다. 진정한 길을 찾아서 그 길을 따르면 돈, 직장, 결혼생활 등의 모든 조각이 퍼즐에서 제자리를 잡게 된다.

풍요롭고 심오하며 의미 있게 살고 싶다면 "당신의 지극한 행복을 따르라"라는 조지프 캠벨의 조언을 기억하자. "당신의 지극한 행복을 따르면 천국의 문이 열릴 것이다. 당신의 지극한 행복을 따르면 태초에 당신만을 위해 창조된 길을 걷게 될 것이다."

지극한 행복과 진정한 삶이 하나가 될 수 있을까? 황홀경에 빠지게 하고 기쁨을 불러오고 높이 날아오르게 하고 굶주림을 채우고 갈망을 만족시키고 열정에 불을 붙이고 다른 사람에게 손을 내밀게 하고 마음의 평화를 주는 것, 다시 말해서 지극한 행복도 천국일까?

나라가 임하시오며 뜻이 하늘에서 이루어진 것 같이 땅에서도 이루어지리라.

오프라가 책 《언제나 길은 있다》에서 말한다. "삶은 고정돼 있지 않다. 모든 결정이나 좌절이나 승리는 진실의 씨앗을 확인할 수 있게 해주는 기회다. 당신을 경이로운 인간으로 만들어주는 진실의 씨앗 말이다. 자신이 어디서 에너지를 얻는지 주의를 기울여보면 자신에게 예정된 삶의 방향으로 움직이게 된다. 우주가 당신이 위해 상상도 못 한 크고 넓고 깊은 꿈을 마련해놓았음을 믿어라."

## 11월 4일

### 집은 사람의 마음이 머무는 곳이다

그것에 대해 써주소서, 여신이시여. 그것에 대해 써주소서.
– 알렉산더 포프
영국 시인

그녀가 돌아왔다! 여신이 우리 욕구를 채워줄 새 책을 가지고 돌아왔다. 어떤 책인지 궁금한가? 그것은 중요하지 않다! 이맘때면 멋진 생활, 손님 접대, 인테리어, 몸매 관리, 패션, 아름다움, 인간관계 분야의 여신이 정기적으로 나타나 숭배와 입소문의 순환을 이어간다. 과거에 여신은 기적을 일으켰다. 이제 여신은 책이나 블로그나 소셜미디어를 통해 우리 자신의 기적을 일으키는 방법을 알려준다. 그리고 가장 큰 베스트셀러 시즌은 명절 전인 지금이다. 그래서 당신의 관심을 차지하려고 경쟁하고 있는 수많은 새 책들이 보이는 것이다.

쌀쌀한 11월의 어느 날 오후 4시, 밖에는 벌써 어둠이 내려앉았다. 워싱턴 전역의 신봉자들이 일과 집과 가족을 팽개쳐두고 신간 사인회에 모여 어서 여신이 나타나 책에 사인해주기를 기다리고 있었다. 여신이 등장하려면 한 시간이나 남았지만 이미 200명에 달하는 충직한 신봉자들이 줄지어 있었다. 제일 앞에 선 사람은 온종일 여기에서 진을 치고 있었다. 당시 열두 살이던 내 딸과 나는 여신의 모습을 구경하러 왔다. 온 지 30분밖에 안 됐지만 이미 우리 뒤로 잘 차려입은 여성이 20여 명도 넘게 서 있었다.

서점 직원이 간간이 나와 여신이 최신작에만, 그것도 한 고객당 두 권에만 사인할 것이라고 안내했다. 이 말에 한 여성이 짜증을 냈다. 그녀는 가족과 친구에게 크리스마스 선물로 주려고 단 몇 분 전에 최신작을 열 권이나 샀다. 250달러를 계산할 때, 구입한 책 중에 여덟 권은 사인받을 수 없다고 말한 직원이 아무도 없었다. 이제 사람들은 여신의 자리에 올라서게 해준 추종자들을 잊은 작가, 뻔뻔함, 명성, 부, 작가와 관련된 거대 사업에 대한 불평을 늘어놓기 시작했다. 하지만 우리는 재치를 발휘했다. 사인용 책을 가지고 있지 않은 여성도 있었으므로 줄 앞뒤로 책이 배분되고 문제가 해결되었다. 여성들이 뭉치면 막강한 힘이 생긴다.

몇 분마다 케이트는 여신의 도착 예정시간에 대해 새 정보를 알아 와 우리 줄에 선 사람들에게 알렸다. 케이트는 아주 배고파했다. 나는 간식을 챙겨올 생각을 미처 하지 못했다. 옆을 지나가는 직원의 쟁반에서 우표 크기의 작은 크랜베리 파이 두 개를 얼른 집어 들었다. 새 정보를 들으러 간 케이트가 오면 주려고 화장지에 싸서 주머니에 안전하게 넣어두었다.

한 시간이 지났다. 내 차례가 오기도 전에 여신이 떠나버릴까 봐 걱정돼서 앞을 가로막은 사람들을 제치고 내다보려고 기를 썼다. 이렇게 오래 기다렸는데 여신의 얼굴을 직접 보지도 못하고 돌아갈 수야 없다.

그런데 상상 이상의 것을 보게 되었다. 여신의 뒤에 제단이 있었다. 멋진 프랑스 전원풍의 소나무 탁자에 소박한 격자무늬 식탁보가 깔려 있었다. 탁자 위에는 과일, 야채, 빵, 구리로 된 각종 조리기구, 양초가 있었다. 여신은 아름다운 꽃꽂이가 놓인 책상 뒤 태피스트리 의자에 앉아 있었다. 근처에는 추종자들이 숭배의 징표로 바친 수많은 꽃다발과 선물더미가 쌓여 있어 성지를 방불케 했다. 선물 대부분이 집에서 직접 감자 도장을 찍어 만든 그림 포장지에 싸여 있었다.

솔직히 나는 이 정도면 충분했다. 여신은 사진에서 본 것처럼 멋졌고, 내 눈으로 보고도 믿지 못할 정도로 제단이 훌륭했다. 전율을 느낄 정도였다. 나는 집에 가고 싶었지만 케이트는 책에 사인을 받지 말고 그만 돌아가자는 말에 질색했다. 그래서 그냥 남아 있기로 했다.

얼마 후 저녁을 만들기에는 너무 늦은 시간이어서 식당에 들러 버거와 감자튀김을 샀다. 집에 도착해 열쇠를 찾아 주머니를 뒤지다 보니 화장지로 싼 크랜베리 파이가 손에 잡혔다. 집은 어둡고 춥고 쓸쓸했다. 우리를 환영하는 벽난로의 불도 촛불도 생동감도 매혹적인 향기도 없었다. "몸뿐만 아니라 마음을 위한 음식과 불이 있어야 집이다." 마거릿 풀러가 1845년에 《19세기의 여성Woman in the Nineteenth Century》에 쓴 말이다. 크랜베리 파이는 맛있었지만 속은 내 생각만큼 꽉 차 있지는 않았다.

# 11월 5일

## 유명인을 섬기기보다 내면의 여신을 섬겨라

베스타 여신이여, 이 아름다운 집에 와서 사소서.

우정의 온기를 전하소서.

그대의 훌륭한 일을 함께할 수 있도록

지성과 에너지와 열정을 가져오소서.

내 영혼에서 영원히 타오르소서.

그대를 환영합니다.

그대를 기억합니다.

− 호메로스 찬가

문명이 시작된 이후로 여성들은 여신에게 의지해 영감과 위안을 얻었다. 로마의 여성들이 가장 사랑한 여신은 베스타였다. 베스타는 그리스 신화의 헤스티아에 해당하는 화덕의 여신이다. 베스타는 여성들에게 마음을 진정하고, 앉고, 보고, 듣고, 맛있는 음식을 만들고, 일상에 아름다움을 선사하고, 육감을 발휘해 살라고 조언한다. 사랑하는 가족을 세상으로부터 보호하도록 안전과 평온이 가득한 성스러운 안식처를 만들라고 조언한다. 베스타는 우리의 창조적인 에너지를 진실한 것에 집중시킬 것을 촉구하는 고대 여신이다.

프랜시스 번스타인은 《고전적인 생활: 마음과 집을 위한 고대 의식 월간 안내서Classical Living : A Month to Month Guide to Ancient Rituals for Heart and Home》에서 화덕을 뜻하는 라틴어는 '포쿠스focus'라고 말한다. 라틴어 포쿠스에서 유래한 단어인 '포커싱Focusing(초점 맞추기)'은 베스타의 신성한 기술이다. 이는 오늘날 가족과 직장으로부터 쏟아지는 끝없는 요구를 충족시키려고 하루 종일 뛰어다니는 여성에게도 필수적인 기술이다. 빨리 뛸수록 갈등이 커진다. 아무런 성과도 보지 못하면서, 초점과 명료성을 잃고 늘 혼란스러운 상태에서 살아간다.

정신이 없다거나 제정신이 아니라는 말을 하루 동안 얼마나 많이 하는지 아는가? 이런 표현은 상당히 적절하다. 내면에 초점이 없다는 것을 정확히 드러내기 때문이다. 초점이 없는 이유는 모든 여성의 내면에 있는 베스타의 엄청난 치유력과 단절됐기 때문이다. 그동안 우리는 성스러운 화덕에서 너무 멀리 떨어졌고 불과 빛과 온기가 있는 그곳으로 돌아가는 방법을 모른다.

다시 초점을 맞추려면 집에 있는 느낌을 되살려야 한다. 우리가 가정의 여신 같은 존재를 만들려고 하는 것은 바로 이런 느낌을 원해서다. 우리는 이런 개인적인 갈망을 영리하게 포착해서 대중적인 이미지로 부각시킨 여성들을 여신처럼 숭배한다. 책이나 소셜미디어, 잡지, 블로그, 텔레비전을 통해서 대리 만족을 느끼며 사는 것이 훨씬 쉽다. 우리의 신성함을 기리는 것보다 여신을 만드는 것이 훨씬 편하다.

내가 그런 유명인들을 싫어한다는 뜻은 아니니 오해하지 말기 바란다. 그들은 영리하고 현명하며, 놀랍도록 창조적인 재능을 가지고 있다. 그들은 우리에게 많은 것을 제공한다. 사실 그런 여성들이 부자가 되는 데 나도 톡톡히 한몫했다. 나도 나무랄 데 없이 정리돼 있고 기쁨이 가득한 집을 원한다. 어떤 부모가 아이가 학교에 갈 때 예쁘게 싼 도시락을 들려 보내고 싶지 않겠는가? 하지만 열렬한 팬과 광적인 추종자는 전혀 다르다. 당신이 완전히 세뇌당한 추종자가 될 필요는 없다.

존경이 숭배로 변하면 삶을 풍요롭게 하는 것이 아니라 삶을 약화시키는 우상을 무의식적으로 만든다. 진정성을 부정한다. 열정을 버린다. 우리 힘을 유명인에게 내준다. 정작 유명인은 이미 힘이 넘쳐나는데도 말이다. 이야말로 부익부 빈익빈이라는 말이 딱 들어맞는 상황이 아닐까? 빈 지갑보다 자신감과 창조적인 에너지의 결여가 더 사람을 빈곤하게 만든다.

가짜 여신을 숭배하는 것은 자기 내면의 창조주가 아니라 아무 상관없는 다른 여성을 창조주로 섬기는 꼴이다. 진정한 여신을 찾고 싶다면 밖에서 헤맬 것이 아니라 내면을 들여다봐야 한다.


## 11월 6일

## 갑작스러운 위기가 닥치면 우아하게 대처하자

사소한 일을 정말 잘하는 능력, 일상의 무미건조한 일을
아주 숭고하고 훌륭하게 하는 능력은 성인聖人으로
추대할 가치가 있을 정도로 진귀한 미덕이다.
– 헤리엇 비처 스토
미국의 노예폐지론자이자 작가


실생활에서 평정을 유지하는 것은 어려움에 잘 대처하는 능력에 달려 있다. 그때그때 처한 상황에 맞추어 수완을 발휘해야 한다.

다음 상황을 생각해보자. 사업상 중요한 회의에 가는 길에 자동차 타

이어에 펑크가 났다. 열쇠를 집안에 두고 문을 잠가버렸다. 남편의 대학 시절 룸메이트가 두 시간 후 집에 온다는 말을 갑자기 들었다. 수도 파이프가 얼어버렸다. 지붕에서 물이 새고 있다. 강아지가 귀걸이 한 짝을 삼켰다. 가족이 아프거나 폭설에 갇혔다. 돈을 빌려달라는 부탁을 받았다. 아이들 픽업을 대신해달라는 연락을 받았다. 배심원으로 선정되었다. 지방 출장이 결정된 직후에 학교 바자회에 급하게 참석해달라는 전화가 왔다.

실생활에서는 희한한 일과 불가능한 일이 허구한 날 충돌한다. 헨리 워즈워스 롱펠로는 대처 능력이 필요한 상황은 어둠을 가장한 '천상의 축복'이며, 하늘이 영혼을 시험하려는 것이 아니라 키우려고 만들어냈다고 믿었다. 굽기 전에 부풀어 오르는 빵 반죽처럼, 어려운 상황에서 쾌활하고 우아하게 기적을 일으킬 때 우리는 상상도 못 한 크기로 성장한다. 어려움에 잘 대처하면 상황에 매몰되지 않고 넓게 볼 수 있어서 일상의 현실이 갑자기 일어난 일에 가려지지 않는다.

대부분의 여성은 어려움에 대처하는 능력이 뛰어나다. 하지만 이 재능은 성인이 되면 제2의 천성이 되므로 우리는 이 재능이 얼마나 놀라운지 깨닫지 못한다. 대처 능력에 대해 진지하게 생각해본 적이 없는지라 마땅한 공을 인정하지 않는다. 하지만 어려움에 잘 대처하는 여성들이 모든 일을 처리한다면 세상은 아무 걱정 없는 극락 같을 것이다.

우리가 자신의 대처 능력을 인정할수록 대처 능력이 더 능숙해진다. 살면서 부딪치는 어려움에 잘 대처할 때마다 자신감과 창조성과 용기가 쌓인다. 그러니 예상치 못한 일을 재주 좋게 처리한 자신을 매일 밤 축하하자. 정말 잘했다고 말하자.

오늘은 어려움이 생기면 우아하게 대처하자. 다 안다는 듯이 웃으며 대응하자. 상황에 당황하지 말자. 자신도 놀랄 정도의 수완을 발휘하자. 별일 아니라는 듯 대처하면 진짜 그렇게 될 것이다.


# 11월 7일

## 실천하지 않는 꿈은 환상일 뿐이다

이제 그녀는 한때 그녀의 행복을 망가트린 강한 충동이 폐허에서
새로운 삶을 다시 짓게 한 힘이었음을 깨달았다.

– 엘런 글래스고
퓰리처상을 수상한 소설가


내가 지극히 사랑했던 영국의 집을 마침내 부동산에 내놓은 날, 연예 잡지 《더 할리우드 리포터》가 구독을 신청한 뒤 처음으로 우편함에 도착했다.

나는 그것을 일종의 신호로 여겼다. 이제 햇빛이 내리쬐는 캘리포니아에서 시나리오 작가로서의 새롭고 엄청난 모험이 시작된다는 징조이리라. 드디어 나는 수많은 전망과 가능성과 흥분을 안고 꿈꾸었던 영국에서의 전원생활에 대한 기대를 내려놓았다. 그런데 놀랍고 당황스럽게도, 쉽게 생각한 것과 달리 영국에서의 삶은 내가 새로운 삶으로 옮겨가는 것을 순순히 허락하지 않았다.

그러면 본격적으로 이야기해보자. 당신은 어떤 사람이 되고 싶었는

가? 10년 혹은 20년 동안 그런 사람이 되려고 노력한 후 기력이 완전히 바닥났는가? 그렇게 된 건 당신을 제외한 모든 사람이 당신에게 완벽하게 어울린다고 생각한 역할에 당신을 억지로 끼워 맞추려 했기 때문이다. 우리 모두가 그런 경험이 있다.

아직도 셰퍼드 호텔을 가보지 못했는가? 눈을 감고 다른 삶을 상상할 때 꿈꾸는 나날은 어떤 모습인가? 혹시 여전히 생각이 수천 갈래로 뻗어나가는가? 행복한 이미지를 떠올릴 수 있는가? 떠보는 질문이 아니다. 최근에 나는 꿈처럼 멋진 삶을 상상하는 데 약간 어려움을 겪었고 여기에는 타당한 점이 있기에 던진 질문이다. 때로 우리는 과거에서 빠져나오는 중에 도로 뒤로 빨려 들어가는 듯한 느낌을 받는다. 꿈은 물론 대처 능력에 합선을 일으키는 상황의 원심력에 의해 '대기실'로 끊임없이 돌아가는 느낌이 든다.

어쩌면 당신도 대기실에 있는 느낌이 들 것이다. 팔아야 할 집, 새 직장, 어디에서 살지에 대한 것 혹은 해고 통지나 조기 퇴직으로 생긴 자유 시간을 어떻게 보낼지에 대한 것을 고민하고 있을 것이다.

내가 그렇듯이 당신도 설거지를 하면서, 빛을 향해 가야 한다는 것을 모르는 유령처럼 머릿속으로 은밀히 여기저기를 헤매고 있을 것이다. 과거의 어느 시점으로 돌아간 당신은 뒷문을 나서 담장을 두른 텃밭을 지나 마구간으로 가 말을 타고 아기 양들이 뛰노는 푸른 초원을 돌아다닌다. 혹은 금방 플리마켓에서 산 물건들을 뒷자리에 싣고 지붕이 접힌 반짝이는 빨간색 빈티지 컨버터블을 운전하고 있다. 혹은 벽난로 앞에 티타임을 위한 호화로운 다과가 차려지는 동안 예쁜 카디건과 스웨터 세트에 진주목걸이를 두른 차림으로 서재에 앉아서 창밖 바다를 내다보고 있다.

설거지가 끝나자 당신은 현실로 돌아오고 오늘 밤의 상상 속 여행은 끝을 맺는다. 하지만 당신이 계속해서 시간과 창조적인 에너지와 감정을 빛바랜 꿈을 다시 방문하는 데 사용하고 다시 올 수 없는 과거의 불씨를 부채질하는 데 사용한다면, 미래에 레드카펫에 서는 꿈을 마음속에 그리기 위한 불꽃을 일으키지 못할 것이다.

사람들은 아카데미상 시상식에서 호명되는 자기 이름을 듣는 순간 시간이 멈추고 갑자기 슬로모션으로 붕 떠올라 하늘을 걷는 기분이라고 말한다. 나는 슬로모션을 좋아한다. 대체로 늘 시간에 쫓겨 허둥지둥하며 살고 있기 때문이다. 그렇지만 지금 나는 서둘러야 하는 삶의 단계에 있다. 내 속에서 긴박감이 점점 커지고 있어 당장이라도 밖으로 터져 나올 것 같다. 몇 년 동안 구상한 그 비밀 시나리오를 당장 본격적으로 쓰지 않으면 머지않아 하늘을 걷는 기분으로 시상대를 향해 가서 오스카상을 받는 수상자는 내가 아닌 다른 사람이 될 것이다.

준비 운동을 하는 셈 치고 당신이 꾸는 꿈에 관해 잠시 창조적인 브레인스토밍을 하면 어떨까? 이제 당신은 내 비밀스러운 꿈이 시나리오작가라는 것을 안다. 당신의 꿈은 무엇인가?

당신은 항상 '영혼의 정원'을 가꾸는 것을 좋아했다. 뒷마당에 미로까지 만들었다. 아주 아름다운 미로다. 나를 포함해서 수많은 여성들이 그런 미로를 갖고 싶어 한다. 원기를 되찾고 영감을 얻는 휴식을 위해 꽃과 나무가 어우러진 자신만의 신성한 원형 길을 스텐실 그림으로 만들어보면 아주 멋지지 않을까?

열정적으로 빠진 취미가 뜨개질인가? 줄리아 로버츠와 라이언 고슬

링도 뜨개질을 아주 좋아한다. 피셔맨 니트의 대표적인 브랜드 아란크 래프트 특유의 뜨개질 패턴에 통달했고, 당신을 알거나 사랑하는 모든 사람에게 스웨터를 하나씩 선물했는가? 그렇다면 이 숭고한 디자인을 다른 곳에, 이를테면 장식 몰드나 목공에 적용하면 어떨까? 상상만 해도 흥분되지 않는가?

귀여운 원피스와 위아래가 붙은 롬퍼스를 전문으로 판매하는 유아복 점을 여는 꿈을 꿀 수도 있다. 혹은 항상 제빵을 좋아했고 당신이 만든 치즈케이크는 천상의 맛일지도 모른다. 모든 사람들이 이제 팔아야 한다고 말한다. 하지만 어디에서 어떻게 시작해야 할까? 어쩌면 국제 요리학교로 떠나는 짧은 여행이 정말 마음에 들 것이다. 파리에서 6주, 토스카나에서 한 달, 이어서 아일랜드 발리멀로 요리학교에서 자격증을 따는 12주짜리 과정. 열정이 있으면 계획이 생긴다.

약초를 길러서 수십 년 전에 런던 포토벨로 마켓에서 산 《허브 심플》 스크랩북에 나온 유기농 약을 만들고 싶을지도 모른다. 당신은 다섯 나라를 거쳐 여행하는 내내 이 스크랩북을 간직해서 집에 가져왔다. 가방에 여분의 옷을 하나 더 넣는 것보다 이 스크랩북이 더 의미가 있었기 때문이다. 이 스크랩북은 당시 신비한 식물과 성스러운 나무와 자연의 연금술에 대해 당신에게 이야기했고 지금도 이야기하고 있지만, 여전히 이 메시지에서 무엇을 포착해야 할지 감이 안 온다. 이제 그것을 알아낼 시간이 있다. 게다가 어서 탐구를 시작해야 한다는 긴박감을 느낀다. 나는 당신이 탐구를 이행하도록 최선을 다해 돕겠다. 그 긴박감은 아무래도 영혼이 하는 재촉일 것이다.

창조적인 브레인스토밍을 할 때 당신의 아이디어를 한 번에 하나씩 터지는 팝콘 알맹이로 여기자. 아이디어가 그렇다. 이제 우리는 당신의 흥미로운 자기 발견의 이야기에 아주 가까이 다가섰다.

현재의 삶과 다른 무엇인가를 하고, 오랫동안 간직한 흥분되면서도 두려운 열망을 펼친다는 발상에 대한 애정이 바로 우리가 여전히 살아 있는 이유다. 당신의 맥박이 여전히 뛰는 이유다. 그래서 당신과 내가 지금 이 책에서 만나고 있다. 하지만 시나리오나 희곡을 쓰고, 책을 펴내고, 그림을 그리고, 사진을 찍고, 조각을 하고, 스탠드업 코미디 무대에 데뷔하고, 새로운 웹사이트 개설하는 것은 그저 생각만 하고 있는 것과는 다르다. 나는 "소망하는 시간은 계획하는 시간만큼 걸린다"라는 엘리너 루스벨트의 비꼬는 말을 좋아한다.

오늘은 그 말을 곰곰이 생각해보자.

꿈과 실현 사이에는 피나는 노력과 강렬한 집념이 있다. 허리가 아프거나 글이 떠오르지 않거나 디자인이 제대로 되지 않아도, 계속 책상 앞에 앉아서 혹은 발레 바를 잡고 집중하는 과정을 거쳐야 한다. 뼈다귀를 놓지 않는 배고픈 사냥개의 투지가 있어야 한다. 온 세상이 잠잘 때 연구하는 고집과 인내가 있어야 한다. 굽히지 않는 용기와 위대한 존재가 돕는다는 믿음이 있어야 한다.

믿음은 '바라는 것들의 실상이며 보이지 않는 것들의 증거'일 수 있지만 실천하지 않는 믿음은 그저 환상일 뿐이다. 그렇다면 당신의 활동을 통해 치유될 수 있을 수많은 사람들은 물론이고 당신을 슬프게 할 것이다. 무엇보다도 처음에 당신에게 그 일을 맡긴 위대한 창조주를 슬프게 할 것이다.

우주에는 영적 법칙이 있으며, 당신이 우주가 어떻게 움직이는지 알면 바보같이 굴지 못할 것이다. 위대한 창조주는 편파적이지 않다. 우리는 각자의 재능을 통해 세상을 재창조하기 위해 태어났다. 하지만 중요한 것은 그 일이다. 꿈이 당신의 머리 위에서 맴돌면서 종이나 캔버스나 새로운 웹페이지나 무대 위로 끌어 당겨지기를 기다리고 있다는 느낌이 들 때, 차분히 앉아서 키보드를 두드리자.

나는 그러면 안 된다는 것을 알면서도 내 목표를 향해 앞으로 움직이게 해줄 외부의 힘을 기다렸다. 나는 아이작 뉴턴의 법칙에 담긴 진실을 잊고 있었다. 정지한 물체는 영원히 정지한 채로 있으려 한다.

움직임이 아무리 작아도 계속 움직이면 목적지에 도달하게 된다. 우리가 처한 상황은 결코 예상하지 못한 일이고 삶의 무대에서 결코 겪지 않은 일이다. 그래서 우리는 익숙하지 않은 삶에 갇혀 빠져나가지 못한다. 갈팡질팡하고 당황하고 정지해 있다.

세상에, 그렇게 오래되었나? 놀랍게도 때로 지난주에 일어난 일인 것만 같다. 원인이 무엇이든 그것으로 인해 오도 가도 못하고 멈춰 있는 당신의 삶을 다시 시작하려면 은총, 투지, 용기가 필요하다. 그러니 우리가 내일 다시 여기에서 만나 미래를 향해 한 걸음 나아가면 어떨까?

열정이 당신이 된다.

# 11월 8일

## 기도를 통해서 하고 싶은 말을 밖으로 표현해라

이 세상이 상상하는 것보다 많은 일이 기도에 의해 일어난다.

- 알프레드 테니슨
영국과 아일랜드의 계관시인

평소에 자신이 기도를 하고 있다는 것을 아는 여성이 있는 반면에 모르는 여성도 있다. 아침과 밤에 무릎을 꿇고 앉아 있지 않기 때문에 기도라고 생각하지 않는 것이다. 하지만 그들은 아이가 아플 때 어두운 새벽에 일어나 돌보고, 점심시간에 짬을 내서 아픈 부모를 보러 가고, 열심히 일해서 사랑하는 사람들의 꿈이 이루어지도록 돌보고, 친구가 슬픔을 극복하거나 기쁨을 즐기도록 돕고, 몸과 영혼에 양분을 준다. 이 모든 것이 기도다.

깨닫든 깨닫지 못하든 여성은 숨을 쉬고 심장이 뛸 때마다 기도한다. 열정, 갈망, 굶주림, 갈증, 한숨, 가책, 후회와 더불어 기도한다. 실망, 좌절, 절망, 불신과 더불어 기도한다. 분노, 격분, 질투, 부러움과 더불어 기도한다. 즐거움, 만족, 행복, 환희, 기쁨과 더불어 기도한다. 감사, 인정, 공감, 수용, 안도와 더불어 기도한다. 우리는 위안하거나 격려하거나 위로할 때 기도한다. 웃거나 울 때 기도한다. 일하거나 놀 때 기도한다. 섹스를 하거나 요리를 할 때 기도한다. 창조를 하거나 창작품을 감상할 때 기도한다. 이런저런 방식으로 기도를 한다. 일상생활이 기도다. 일상생활을 이어가고 축하하고 바치는 것이 기도다. 사람에 따라 잘

하고 못하고의 차이가 있을 뿐이다. 그중에서도 의식적으로 하는 기도가 최상이다.

가장 순수한 형태의 기도는 대화다. 교감이고 유대고 친교다. 기도는 신성한 은어다. 사실 기도야말로 진정한 대화다. 억제할 필요가 없기 때문이다. 원할 때 원하는 방법으로 하고 싶은 말을 그대로 표현해도 된다. 비난할 사람이 없다. 사랑을 잃을 위험도 없다. 그저 기도를 통해서 상황을 잘 깨닫게 된다. 오해를 받을까 봐서 신중하게 말을 고를 필요도 없다. 신은 당신을 오해하지 않기 때문이다. 설사 당신이 원하거나 필요한 것을 미처 깨닫지 못했어도 입을 떼기도 전에 신은 당신이 말하거나 묻거나 요청하거나 절규하거나 찬미할 내용을 알고 있다.

그렇다면 기도할 때 목소리를 높여야 하는 이유가 무엇일까?

침묵이 여성에게 해롭기 때문이다. 우리는 마음에서 현실을 몰아내야 한다. 마음을 괴롭히는 문제를 밖에 내놓아야 편해진다. 문제에 갇혀 있으면 해결할 수 없다. 침묵하면 억제하게 되고 이는 스스로를 해치는 습관이다. "모든 사람의 삶은 일련의 대화다." 언어학자 데버라 태넌이 말한다. 여성이 기도하는 이유는 정말로 귀를 기울이는 누군가에게 말하고 싶은 욕구 때문이다.

# 11월 9일

## 누구나 평범한 일상에서
## 깨달음의 순간을 경험할 수 있다

속세의 모든 것은 신성하며 이는 환생의 심오한 메시지 중 하나다.
- 매들린 렝글
퓰리처상을 수상한 소설가

일상생활이 기도라면, 진정한 삶을 창조하기 위해 기도하는 순간은 성사聖事다.《성공회 기도서》에서는 성사를 '내면의 영적인 은총이 눈에 보이게 외부로 드러난 표시'라고 정의한다. 외부로 드러난 표시, 즉 우리는 시간과 창조적인 에너지와 감정과 태도와 관심을 쏟은 일과를 통해서 평범한 일상을 초월의 경지로 올려놓는다. 성자와 신비주의자와 시인이 아니라도 깨달음의 순간을 경험할 수 있다.

전통적인 가톨릭교회의 성사는 일곱 가지로 나뉜다. 이는 세례성사, 고해성사, 성체성사, 견진성사, 혼인성사, 성품성사, 병자성사다. 하지만 매슈 폭스가 "성스러움은 어디에나 있다"라고 말했듯이 성사를 종교적인 용어로만 생각할 필요가 없다.

우리는 새로운 하루를 맞을 때 감사와 열정으로 세례를 베푼다. 다른 사람과 혹은 자신과 화해하고 보상하려 노력할 때 고해를 경험한다. 견진은 지혜를 준다. 혼인은 인간관계의 성사다. 성체는 양분을 주는 성사다. 성품은 권한을 받는 성사다. 아픈 사람을 치유하는 행위는 완전한 하나가 되는 성사다. 딸의 머리를 땋고, 남편의 도시락을 싸고, 가족을 일터와 학교에 보내고, 집에 돌아올 때 반갑게 맞고, 제안을 하고, 계약을 변경하고, 데이터를 분석하고, 단체를 이끌고, 전화 답신을 하고, 식탁에서 파스타를 건네고, 와인을 따르고, 친구의 이야기를 듣고, 무거운 짐을 들고, 비밀을 털어놓고, 요양원에 있는 부모를 만나러 가고, 아이의 침대 밑에 괴물이 있는지 확인하는 방법 하나하나가 모두 중요하다.

"놀랍게도 성자는 모두 인간이었다." 필리스 맥긴리가 《세인트워칭 Saint-Watching》에서 우리를 안심시킨다. "그들도 화를 냈고 굶주림을 느꼈고 하나님을 원망했다. 자기중심적이었고 퉁명스러웠고 조급했고 실수했고 후회했다. 그러면서도 서툴지만 끈덕지게 하늘을 향해 계속 걸었다."

## 11월 10일

### 의심은 올바른 방향으로 이끌어준다

나 자신이 옳다는 확신을 얻으려고 오랫동안
고민한다는 것은 내가 틀렸다는 뜻이 아닐까?
- 제인 오스틴
영국 소설가

믿음을 주제로 글을 쓸 때 의심에 대한 얘기를 빼놓을 수 없다.

나는 완전한 믿음이 주는 위안에 대해 글을 쓰고 싶다. 아브라함이 사랑하는 어린 아들 이삭을 하나님에게 제물로 바치려고 사막으로 데리고 갈 때 지닌 완전한 믿음의 위안에 대해서 말이다. 아브라함과 이삭에게는 불과 나무가 있었다. "그런데 양은 어디 있어요?" 이삭이 아버지에게 물었다. "하나님이 번제에 바칠 양을 주실 것이란다." 아브라함은 70년 동안 그 제물을 달라고 기도를 드렸다고 말했다. 물론 이는 완전한 믿음에 대한 이야기다. 제단이 완성되고 나무를 모두 쌓은 후 이삭을 꽁꽁 묶고 칼을 뽑아 든 순간에 천사가 개입했다. 믿음은 가슴 아픈 슬픔을 동반했다. 그 과정을 거친 뒤 완전해졌다. 그러나 나는 아브라함이 지닌 것과 같은 완전한 믿음의 위안에 대해 글을 쓸 수 없다. 내 아이를 양 대신 제물로 바치려고 불과 나무를 들고 사막으로 들어가는 것은 상상할 수 없는 일이기 때문이다.

아브라함은 의심의 검은 구덩이에 빠지지 않았다. 그런데 정말 그랬을까? 칼을 높이 쳐드는 순간에도 의심이 들지 않았을까? 예전에 한 친구가 신과 믿음과 의심에 대해 다른 친구와 나눈 대화에 대해 이야기했다. 그녀는 지나가는 말로 두 사람이 나처럼 강한 믿음을 가졌으면 좋겠다고 말했다고 했다. 나는 그 뒤에 나눈 대화는 전혀 기억나지 않는다. 내 연약한 믿음을 부러워하는 사람이 있다는 말에 충격을 받아 빨리 전화를 끊고 싶은 마음뿐이었다.

애니 딜러드는 구약성서의 선지자 에스겔은 의심의 구덩이에 빠져 몸부림을 치지 않고 길을 바로 찾은 사람을 경계하라고 가르쳤다고 말한다. "의심의 구덩이는 영혼의 집이다. 황홀하게 높고 넓고 깨끗해서 영혼이 처음으로 스스로를 발견할 수 있다. 붕대를 풀고 처음으로 세상을 본 맹인과 마찬가지다." 나는 애니 딜러드의 말이 옳기를 진심으로 바란다.

특히 견디기 힘들 정도로 고통스러운 때 의심은 믿음을 불러일으킨다. 의심이 없다면 믿음이 왜 필요하겠는가? 믿음을 강하게 유지하려면 먼저 의심을 깨닫고 받아들이고 인정해야 한다.

도약할 때 숨을 멈춰도 괜찮다. 내려다보지만 않으면 된다.

"믿음은 확신이 아니다. 확신하지 않으면서도 마지막 가진 것까지 다 내놓는 것이다." 에세이스트 메리 진 아이리언이 《예스, 월드Yes, World》에서 한 말은 안도감을 준다. "믿음은 낮에 신앙심을 떠벌리며 다니는 것이 아니다. 밤에 마음속 깊은 곳에 있는 자기에 대한 질문을 던지는 것이다. 그리고 나서 아침에 일어나서 출근하는 것이다."


# 11월 11일

## 평온한 하루를 보낼 수 있는 방법

은총은 빈 공간을 채운다. 하지만 은총을 받아들일 빈 공간이 있어야만
들어갈 수 있으며 이 빈 공간을 만드는 것은 바로 은총 그 자체다.
– 시몬 베유
프랑스의 철학자이자 신비주의자


은총이란 인간을 대신해서 자연의 법칙(시간, 공간, 인과관계, 주차 가능 여부)을 벗어나게 하는 신의 개입이다. 신학자는 은총이 분에 넘치는 하나님의 사랑을 보여주는 징표, 우리가 혼자가 아님을 보여주는 증거라고 말한다.

대부분의 여성이 일상생활을 전쟁터로 여기고 살아가는지라 갑자기 신의 힘이 함께하는 것 같으면 깜짝 놀란다. 은총은 힘이다. 즉 우리를 보호하고 돕는 영혼의 에너지장이다. 은총이 함께하면 순간, 만남, 하루를 미끄러지듯이 원활하게 지나가게 된다. 진정한 삶을 경험하게 된다.

다른 모든 영적인 도구와 마찬가지로 정기적이고 구체적으로 요청하면 은총이 내려온다. 매일 아침 당신은 감사하는 마음으로 하루 분량의 은총을 내려 달라고 요청한다. 아이들이 아무 소란도 없이 아침밥을 먹고 옷을 갈아입고 정시에 문을 나선다. 스쿨버스 기사가 기다리고 있다. 하루가 별 탈 없이 행복하게 펼쳐진다. 누군가가 당신에게 아주 멋지다고, 뭔가 달라 보인다고, 비법이 뭐냐고 묻는다. 당신은 오후 4시에 미소를 짓고 있는 자신을 문득 발견한다. 당신은 하루가 그토록 평온하게 지나가는 데 이유가 있으리라 생각한다. 당신은 다음 날도 그날 분의 은총을 요청한다. 마침내 당신은 은총을 요청하는 것이 숨을 쉬는 것처럼 자연스럽고 필수적임을 깨닫게 되는 단계에 이른다.


## 11월 12일

### 원하는 것을 얻지 못하는 이유

하나님은 어떤 기도에는 갑자기 선명한 답을 주신다.
그러나 우리가 노골적으로 선물이 든 장갑을 바라면 그 기도를 밀어내신다.
— 엘리자베스 배럿 브라우닝
영국 시인

오스카 와일드는 삶에 단 두 가지 비극이 존재한다고 했다. 하나는 기도한 것을 얻지 못할 때고 다른 하나는 기도한 것을 얻을 때다.

줄리아 캐머런은 《아티스트 웨이》에서 이렇게 말한다. "기도에 응답을 받으면 겁이 난다. 그런 기도는 책임을 의미한다. 요청했다. 바라던 것을 얻었다. 이제 어떻게 할 것인가? '바라는 것에 주의하라. 그대로 이루어질 수 있다'는 말이 있다. 기도에 응답을 받으면 다시 우리가 알아서 해야 한다. 마음이 불편할 수밖에 없다."

마음이 불편한 이유는 기도로 바란 것이 올바르지 않기 때문이며 마음속 깊은 곳에서 이를 알고 있기 때문이다. 영혼의 반려자가 매력을 느낄 수 있는 여성이 되게 해달라고 기도하는 대신에 영혼의 반려자를 만나게 해달라고 기도한다. 정말 원하는 것은 진정한 성취감이면서도 세속적인 성공을 달라고 기도한다. 정말 필요한 것은 결혼생활의 변화이면서도 더 많은 돈을 달라고 기도한다. 결과와 상관없이 마음의 평화를 유지하게 해달라고 간청해야 하는데 특정한 결과를 일으켜 달라고 기도한다.

사실 기도는 항상 응답을 받는다. 그저 우리는 아주 타당한 요청에 대한 타당한 답변이 '거절'이라는 사실을 받아들이기 싫은 것뿐이다. 작가 매들린 렝글은 《이성을 잃은 계절Irrational Season》에서 "우리는 '거절'을 싫어한다. 무엇보다 하나님의 거절을 가장 싫어한다"라고 인정한다. 우리 모두의 마음을 대변하는 말이다.

신의 거절은 승낙보다 더 알 수 없는 수수께끼다. 눈물과 분노와 악담을 다 쏟아낸 뒤에 천천히 생각해보면 거절에 훨씬 많은 의미가 들어 있다는 것을 알 수 있다. 의식적이고 이성적인 마음은 하나님의 거절을 이해한다. 마음속으로는 무엇이 최선인지 알기 때문이다. 그런데 정말 알고 있는 것일까?

우리는 늘 승낙을 원하지만 거절이 필요할 때가 있다. 우리가 아이의 요청을 모두 승낙한다면 얼마나 난리가 나겠는가? 생각만 해도 오싹할 것이다. 신에게 우리는 아이다. 우리는 큰 그림을 상상하지 못한다. 우리의 기도가 다른 사람의 기도에 어떤 영향을 끼치는지 알지 못한다. 신은 소풍을 가게 화창한 날을 내려 달라는 가족의 간청과 비가 오게 해달라는 농부의 간청을 둘 다 듣는다.

당신이 모든 기도가 응답받으리라는 생각을 버리면 놀랍도록 커다란 안도감이 생길 것이다.

기도의 응답이 지연되거나 거부되면 당신이 올바른 것을 바라고 있는지 검토해야 한다. 올바르지 않다면 올바르게 기도하게 해달라고 요청하자. 우리가 기도를 거절당하는 이유는 은총의 순간에 대비해 시간과 공간과 지혜와 경험을 우리에게 주기 위해서다. 당신이 마침내 준비되고 의지와 능력이 생기면 승낙의 소리가 갑자기 선명하게 울려 퍼질 것이다.

## 11월 13일

### 기적을 경험하는 것은 어려운 일이 아니다

사는 방법은 딱 두 가지다. 하나는 기적이 전혀 없는 듯이 사는 것이고 다른 하나는 만사가 기적인 듯이 사는 것이다.

우리는 갑작스럽게 완치되는 것 같은 일이 기적이라고 생각한다. 사실 진짜 기적은 삶에 일어난 놀라운 일이 아니라 그 일을 보는 관점이다. 진짜 기적이 무엇인지 자신에게 물어보자. 드디어 월급이 나올 때나 마감일이 연장될 때나 소송이 잘 마무리될 때나 특별한 대우를 받을 때인가? 혹은 견딜 수 없는 상황에서 평정과 미소를 유지하면서 침착하고 용기 있게 어려움을 극복해 자신을 비롯한 모든 사람을 놀라게 하는 때인가?

메리앤 윌리엄슨은 기적이란 "혼란과의 이별, 인식의 변화, 사랑으로의 복귀"라고 말한다. 성스러운 사랑의 연속, 즉 인간을 향한 신의 사랑과 서로를 향한 우리의 사랑과 신을 향한 인간의 사랑이 기적을 일으킨다. 윌리엄슨은 《사랑의 기적》에서 인간이 신의 사랑 속에 살던 시절에 인간이 아는 것은 오로지 기적뿐이었다고 말한다. 그러다가 세상에서 눈을 뜨면서 "경쟁, 고투, 병, 한정된 자원, 한계, 죄책감, 악, 죽음, 결핍, 상실을 배웠다. 우리는 이런 것들을 생각했고, 그래서 이런 것들을 알게 됐다". 사랑이 두려움으로 대체됐다.

현재 많은 사람의 삶처럼 두려움 속에서 살면 기적이 일상이 아니라 이례적인 일이 된다. 하지만 그렇게 살 필요가 없다. 우리는 그저 집으로 돌아가는 길, 진정한 자아로 돌아가는 길만 찾으면 된다.

진정한 본모습이 되는 길은 많다. 메리앤 윌리엄슨이 1977년에 선택한 길은 《기적 수업A Course in Miracle》이었다. 그녀는 이 책이 1960년대

중반에 유대인 심리학자가 신의 말을 듣고 기록한 보편적인 영적 진리에 바탕을 둔 '정신 치료의 독학 프로그램'이라고 설명한다. 우리가 매일 명상을 하고 일지를 쓰면 원하는 것, 필요한 것, 행복을 주는 것에 대한 자아의 선입견을 모두 버리고 일상에서 사랑을 실천하면서 살게 된다. "정신적인 고통을 일으키는 것이 인간관계이든 건강이든 직장이든, 사랑은 모든 것에 적용되는 강력한 힘이고 치료제이고 정답이다." 메리앤 윌리엄슨은 우리에게 확신을 준다.

《기적 수업》의 서문에는 이 책이 세 권으로 구성된 1,188쪽의 방대한 책이지만 정수는 아주 간단하다는 내용이 적혀 있다.

실재는 위협받을 수 없고
비실재는 존재하지 않는다.
여기에 하느님의 평화가 있다.

우리가 이를 깨달으면 진정한 삶의 기적을 경험하게 된다. 메리앤 윌리엄슨이 조언한다. "기적을 요청할 때 현실적인 목표를 찾아야 한다. 내면의 평화를 되살리는 것을 목표로 삼아야 한다. 외부의 변화가 아니라 내면의 변화를 요청해야 한다."

# 11월 14일

## 누구에게나 자신을 지켜주는 천사가 곁에 있다

나는 천사가 유행하기 훨씬 전부터 천사에게 말을 건넸다.
… 당신은 천사가 있다고 믿지 않을지 모르지만 괜찮다. 천사는
신경 쓰지 않는다. 천사는 팅커벨과 달리 천사의 존재에 대한 당신의
믿음에 의지하지 않는다. 많은 사람이 지구가 둥글다고 믿지 않았지만
그렇다고 해서 지구가 더 평평해지지는 않았다.

− 낸시 피카드
미국의 범죄소설 작가

어릴 때 상상 속의 친구와 놀면서 느낀 위안과 기쁨을 기억하는가? 다른 사람의 눈에 보이지 않는다고 해서 상상 속의 친구가 존재하지 않는 것은 아니다. 게다가 마당에서 함께 진흙 파이를 만들던 시절로부터 오랜 세월이 지났지만, 위안을 주는 친구는 여전히 일상에 머물며 당신을 수호하고 이끌고 보호하고 영감을 주고 사랑한다.

천사는 신이 인간을 사랑한다는 증거이며 우리가 혼자가 아님을 끊임없이 상기시킨다. 길을 건너려고 하다가 보이지 않는 힘에 의해 뒤로 당겨져서 위험에서 벗어난 경험을 한 사람이 많을 것이다. 그 순간에 우리는 하늘이 진정으로 우리를 돌본다고 느꼈다. 그 느낌이 맞다. 최근에 궂은 날씨에 이틀 동안 숲에서 길을 잃은 어린아이가 있었다. 아이는 무사히 구출됐을 때 착한 곰이 돌봐줬다고 부모에게 말했다. 부모는 그 지역에 곰이 없다고 들었다. 내 생각에는 천사가 나타났던 것 같다.

우리 중 3분의 2 이상이 천사의 존재를 믿으며 고대 이래 세상의 모

든 종교(기독교, 천주교, 동방정교회, 유대교, 이슬람교, 바하이교)가 천사의 영역을 인정하지만, 모든 사람이 하늘의 우월한 존재와의 친밀한 관계를 받아들일 준비가 돼 있지는 않다.

나는 살면서 내 수호천사와의 친밀한 관계에서 많은 즐거움을 얻었다. 나는 수호천사를 애니라고 부른다. 나는 정신적인 성장에 전념하는 동안 신비로운 우정을 의식적으로 추구했고, 그 우정은 엄청난 기쁨과 위안과 안정감과 평화를 가져왔다. 간절히 바랬지만 애니를 본 적은 한 번도 없다. 천사는 나오라고 한다고 해서 모습을 드러내지는 않는다. 천사는 마술램프의 지니가 아니다. 그렇지만 우리는 이끌고 돕고 영감을 달라고 부탁할 수는 있다.

아일린 일라이어스 프리먼이 말한다. "천사는 부모나 남편보다 우리를 잘 안다. 천사는 우리의 육체적 건강은 물론이고 영혼의 행복을 열심히 돌본다. 천사는 우리가 하고 기도하고 보고 말하는 것을 다 안다. 천사는 세포 하나하나의 삶과 죽음을 돌보며 우리를 사랑한다. 천사는 하나님에게서 나온 존재이고 하나님은 사랑이기 때문이다."

오늘날 천사를 다룬 책이 수없이 쏟아져 나오지만 나는 그중에서 프리먼의 《천사의 손길Touched By Angels》과 《천사의 치유Angelic Healing》를 가장 좋아한다. 프리먼은 우리가 진정으로 원하는 특별한 관계는 신과의 관계임을 깨달아야 천사와 깊고 변치 않는 만남을 이어갈 수 있다고 설득력 있게 주장한다.

신의 선물을 받으려면 요청을 해야 하듯이 천사에게도 도와달라고 요청해야 한다. 하늘에서 내려온 수호자와의 관계가 깊어지게 해달라고 신에게 요청해야 하며 하늘과의 연락망이 늘 열려 있는 것에 감사해야 한다.


# 11월 15일

## 재능은 끈기를 대신하지 못한다

세상에서 끈기를 대신할 만한 것은 없다. 재능은 끈기를 대신하지 못한다.
재능이 있어도 성공하지 못한 사람이 흔하다.
천재성도 끈기를 대신하지 못한다. 성공하지 못한 천재가 주변에 가득하다.
교육도 끈기를 대신하지 못한다. 교육을 받은 낙오자가 세상에 수두룩하다.
끈기와 결단력만이 있으면 무엇이든 이룰 수 있다.

– 캘빈 쿨리지
미국 제30대 대통령


이것은 성공의 길이고, 모든 진리가 그렇듯이 간단하지만 대단히 어렵
다. 성공의 길은 인내와 끈기가 필요하기 때문에 이해보다 실천이 중요
하다.

인내는 기다림의 예술이다. 다른 모든 예술과 마찬가지로 인내에 통
달하려면 시간이 걸린다. 인내가 시간과 순환에 관한 것이라는 점을 고
려하면 당연한 일이다. 시간을 유리하게 사용할 줄 알아야 하고, 기회
를 잡을 줄 알아야 하고, 순간을 포착할 줄 알아야 하고, 말하고 싶은 말
을 참을 줄 알아야 한다. 인내하면 우주를 지탱하며 한 번 일어난 모든
일을 다시 일어나게 하는 순환의 신비로운 형태가 보인다. 모든 일을 다시
일어나게 하는 이유는 처음에 교훈을 얻는 사람이 거의 없기 때문이다.

인내는 확고한 태도고, 끈기는 완고한 태도다. 끈기가 인내보다 의지가 강하다. 인내는 성취의 땀을 흘리는 과정이고, 끈기는 성취의 땀이다. 끈기는 당신의 꿈을 대신해서 아주 요란하게 끊임없이 천국의 문을 두드린다. 당신의 손가락 마디가 피투성이가 된다. 결국 시끄러운 소리를 멈추게 하려고 하늘은 당신이 원하는 것을 내려준다.

예를 들어서 당장 귀를 뚫고 싶어 하는 열한 살짜리 아이를 생각해보자. 옛날 사람인 엄마는 귀를 뚫기에 적당한 나이는 열네 살이라고 생각한다. 아이는 눈물을 흘리며 엄마에게 매달리지만 실패로 돌아간다. 두 번째, 세 번째는 물론 네 번째 시도도 소득이 없다. 하지만 아이는 아침과 점심과 저녁 내내, 몇 주가 가고 몇 달이 지나도록 엄마를 설득한다. 아이의 반복되는 목소리는 바위처럼 단단한 엄마의 이성을 점점 닳아서 없어지게 하는 물방울이다. 고집스러운 아이가 엄마를 꺾는다. 결국 엄마는 아이의 열두 살 생일에 동그랗고 작은 금귀고리 값을 내며 고개를 절레절레 흔든다.

레바논의 시인 후다 나마니는 아래의 시를 쓸 때 인내와 끈기의 강력한 연금술에 대해 깊이 생각하고 있었을 것이다.


나는 절망에 빠지지 않았네
나는 꿀 모으기에 미치지 않았네
나는 미치지 않았네
나는 미치지 않았네
나는 미치지 않았네

당신이 삶의 꿀을 모으려고 결심하고, 벌통에 반복해서 손을 넣고, 고통에 둔감해질 정도로 수없이 많이 벌침에 쏘이고, 당신을 알고 사랑하는 사람들이 더 이상 당신을 평범한 여성으로 생각하지 않을 때까지 인내하고 고집스럽게 계속해서 꿀을 모은다면 아무도 당신을 미친 사람으로 여기지 않을 것이다.

오히려 당신을 진정한 사람으로 여길 것이다.

## 11월 16일

## 야망이 없으면 성취도 없다

아, 야망을 품는다는 것은 정말 멋진 일이야.
… 야망에는 끝이 없나 봐. 그게 제일 좋은 점이지. 야망을 하나 이루자마자
높은 곳에서 빛나고 있는 또 다른 야망이 보이거든.
그래서 인생이 재미있는 거야.
− 앤 셜리
루시 모드 몽고메리의 《빨간 머리 앤》에서


야망은 성취의 단짝이다. 행동은 우리가 세상이 깜짝 놀랄 말한 일을 해 이름을 떨치도록 야망과 성취를 하나로 묶어주는 중매인이다.

우리는 성취를 높게 평가한다. 말하자면 성취는 멋진 사나이다. 훌륭하고 호감이 가는 완벽한 신사다. 반면에 우리는 야망을 숙녀가 아니라 매춘부쯤으로 여긴다. 정숙한 여성이라기보다는 행실이 안 좋은 여자

라고 생각한다. 야망의 열정과 힘이 창조적이고 건설적인 방향으로 발산되지 않으면 공격적으로 바뀔 수 있다. 전기가 삶을 향상할 수도 있고 파괴할 수도 있듯이 야망도 마찬가지다. 야망은 새 홍보 담당자가 절실히 필요하다. 누군가 실패하면 늘 야망이 비난을 받는다.

하지만 야망이 위험해지는 순간은 우리가 야망의 매력에 눈이 멀어서 탐욕의 쉬운 표적이 될 때뿐이다. 영혼이 메마르면 자아가 쉽게 유혹을 당한다. 탐욕은 어둠의 세계에서 유능한 뚜쟁이다.

많은 여성이 진정성을 피하는 것은 당연하다. 포부는 물론이고 야망을 품었다고 인정하는 것은 너무 위험한 일이다. 우리 자신에게 인정하는 것조차 너무 위험하다.

야망이 신의 선물이라면 어떨까? 우리가 태어나면서 재능을 선물 받았을 때 그 꾸러미 안에 야망도 함께 들어 있었다면 어떨까? 섹스는 성스러운 행위인 동시에 불경하고 권력은 축복을 내릴 뿐만 아니라 파괴도 한다면, 야망의 속성도 나쁘게 볼 필요가 없지 않을까?

여성이 야망을 품는 것이 당연하다면 어떨까? 우리가 우리의 최고선을 위해, 사랑하는 사람들과 세상 사람들의 최고선을 위해 야망을 갖기를 거부하는 것이야말로 진짜 타락이 아닐까? 여성이 야망을 소중히 여기고 표출함으로써 이룰 수 있는 모든 성취를 생각해보자. 우리가 야망을 존중하고 그처럼 훌륭한 선물을 받은 것에 감사할 때 삶이 어떻게 변할지 생각해보자.

한 가지는 확실하다. 야망이 없으면 성취할 수도 없다. 야망을 행동으로 표출해야 성취가 생긴다. "중대하고 대담한 일은 모두 내면에서 시작된다." 미국 문학가 유도라 웰티가 말한다. 오늘 당신에게 가장 중

대하고 대담한 일은 평소와 다른 창조적 브레인스토밍을 하는 것이다. 야망을 초대해서 당신의 진정한 자아 옆에 앉히자. 당신이 달성하고 싶은 것을 야망에게 말하자. 야망의 제안을 듣자. 그러고 나서 자세히 살펴보자. 당신이 야망을 보고 뿔이라고 생각했던 것이 사실은 약간 비뚤어진 후광일 수도 있다.

## 11월 17일

## 마음은 우리가 올바른 방향으로
## 가고 있는지를 말해준다

**마음만이 소중한 것을 찾을 줄 안다.**

- 표도르 도스토옙스키
러시아의 소설가이자 철학자

〈뉴욕타임스〉의 칼럼니스트이자 퓰리처상 수상자인 애너 퀸들런이 소설을 쓰고 세 아이를 키우는 데 시간과 감정과 창조적 에너지를 모두 쏟으려고 기자를 그만두자 동료들은 경악했고 여성 독자들은 깜짝 놀랐다. 직장보다 가정을 우선시하기로 결정한 독자들은 그녀의 선택에 박수를 보냈고, 아이들을 행복하게 키우는 동시에 직장생활을 하느라고 필사적으로 노력하던 독자들은 배신감을 느꼈다. 애너 퀸들런은 단순히 슈퍼맘이 아니라 모든 것을 가지려는 여성의 전형이었다. 그녀의 결정은 가정을 가진 직장여성 대 전업주부의 오랜 논쟁을 부활시켰다. 애너 퀸들런이 더 이상 두 생활을 병행할 수 없다면 다른 여성들에게도 희망이 없다는 뜻이 아닐까?

하지만 애너 퀸들런의 창조적인 선택은 직장 대 가족의 문제가 아니었다. 그것은 세속적인 성공 대 진정한 성공의 문제였다. 그녀는 신문 기사 대신에 소설을 쓰고 싶었다. 아이들이 학교에서 돌아올 때 집에서 맞이하고 싶었다. 자신의 빛을 따라서 살고 싶었다. 마음의 소리에 귀를 기울이고 싶었다. 그리고 그렇게 살 수 있는 돈이 있었다.

마음만이 우리 삶에 무엇이 중요한지 안다. 마음은 진정한 나침반이다. 마음에 조언을 구하면 우리가 올바른 방향으로 가고 있는지 말해준다. 하지만 마음은 우리가 방향을 잘못 틀 때나 유턴해야 할 때도 말해준다. 많은 여성은 이런 사실을 알고 싶어 하지 않는다. 알면 선택해야 하고 선택하면 변화해야 한다.

분명히 애너 퀸들런 같은 선택을 하고 싶어도 경제적으로 그럴 상황이 안 되는 여성이 수없이 많을 것이다. 하지만 오늘이나 내일 그런 선택을 못 한다고 해서 평생 못 한다는 뜻은 아니다. 미뤄놓은 꿈이라도 매일 조금씩 실현된다. 미루는 것이 거부하는 것을 의미하지는 않는다.

마음은 시간이 아무리 오래 걸려도 상담, 대화, 창조적인 브레인스토밍이나 구상부터 실현까지 꿈을 보관하는 것에 대한 비용을 청구하지 않는다. "꿈은 행동의 일부가 된다. 다시 행동에서 꿈이 나온다. 이런 상호의존은 최고의 삶을 만들어낸다." 아나이스 닌이 우리에게 확신을 준다.

# 11월 18일

## 동시에 모든 것을 해낼 수는 없다

범사에 기한이 있고 천하만사가 다 때가 있나니.
- 전도서 3장 1절

행복하고, 건강하고, 심리적으로 안정된 아이를 키우고, 멋진 결혼생활을 유지하고, 일주일에 60시간씩 일하는 것을 모두 동시에 할 수 없다.

당신은 모두 동시에 하고 싶어 한다. 나도 그랬다. 그러나 그럴 수 없다. 육체적으로나 감정적으로나 심리적으로나 정신적으로나 불가능한 일이다. 우리는 시도했다. 그러나 실패했다.

그저 편리하다거나 자기 계획에 잘 들어맞는다는 이유로 우주의 법칙을 무시할 수는 없다. 우리는 시도했다. 그러나 실패했다.

동시에 모든 일을 할 수 없을 때는 그중 일부만 해야 한다. 그 일부를 선택하려면 질문을 해야 한다. 지금 내가 진심으로 원하는 것이 무엇일까? 정말로 필요한 것이 무엇일까? 그것을 어떻게 얻어야 할까? 어떤 대가를 치러야 할까?

지금은 어린아이를 키우는 데에 집중해야 할 때일 수도 있다. 그렇다고 해서 사업을 시작할 날이 오지 않으리라는 법은 없다. 지금은 집이 없어 셋집을 전전하고 있을 수도 있다. 그렇다고 해서 식민지풍의 농가를 사서 개조할 날이 오지 않으리라는 법은 없다. 지금 계약하느라 바쁘다고 해서 나중에 아이의 도시락을 챙겨줄 날이 오지 않으리라는 법은 없다. 그러니 모든 일을 동시에 하려고 정신없이 사는 것이 아니라 충만하게 살아야 한다.

"동시에 모든 것을 가질 수는 없다." 애너 퀸들런이 생각에 잠겨 말한다. "자녀가 어릴 때는 어느 정도 양보해야 한다. 아이들은 금방 자라기 때문에 그 시간이 눈 깜짝할 사이에 지나갈 것이다. 아이들이 다 커도 당신은 40대나 50대나 60대밖에 안 됐을 것이고 살아갈 날이 15년이나 25년 넘게 남아 있을 것이다." 25년이면 하고 싶은 일을 마음껏 하기에 충분한 시간이다.

자기 한계를 아는 여성이 축복을 받는다.

## 11월 19일

### 인생 최악의 적은 바로 자기 자신이다

적을 만나고 보니 그 적이 바로 나 자신이었다.

− 포고
미국 만화가 월트 켈리의 만화 캐릭터

최악의 적은 바로 자신이라는 것을 받아들이기란 쉽지 않다. 사실 이 깨달음이 너무 고통스러워서 부정하려고 별별 짓을 다 한다. 잘 세운 계획이 엉망진창이 되면 늘 운명이나 환경이나 불행의 탓으로 돌린다.

꿈을 추구하는 과정에서 실망스러운 결과가 반복될 때 자신이 불쌍해지고 세상을 탓하게 되는 것이 당연하다. 하지만 계속 상황이 불리하다는 생각이 들거나 자신에게만 안 좋은 카드가 온다는 생각이 든다면,

오늘은 카드를 나눠주는 딜러를 확인할 용기를 달라고 기도하자. 그 딜러가 낯익지 않은가? 당연히 그럴 것이다. 딜러는 진정한 자아의 사악한 쌍둥이인 자신의 에고다.

진정한 자아가 강해져서 당신의 최고선을 위한 방향으로 창조적인 선택과 결정과 야망과 행동을 안내하면 에고는 모든 것을 잃는다. 이전에 기본적인 절차였던 거부, 대체, 억제가 이제는 교묘한 자기 학대로 느껴진다. 진정한 자아를 발견하면 과거에 상상도 못 한 큰사람이 되고, 그 결과로 자신과 가족과 세상을 치유하게 된다.

진정한 자아는 에고에게 악몽 같은 존재다. 그래서 에고는 경쟁자의 영향력을 제거하려고 온 힘을 기울인다. 에고는 두려움과 위협이라는 무기를 휘두른다.

두려움은 우리가 미처 알아차리지도 못한 수많은 꿈을 좌절시켰다. 우리가 안주하는 삶의 경계에 서면 먼저 신체적인 고통이 느껴진다. 가슴이 두근거리고 머리가 지끈거리며 위가 뒤틀린다. 이는 자연스럽고 원초적인 본능이며, 불안을 느끼면 싸울 것인지 도주할 것인지 본능적으로 준비하는 반응의 일부다. 하지만 몹시 고통스럽다고 해도 전화를 하거나, 회의에서 의견을 내세우거나, 잠재적인 고용주에게 이력서를 제출하는 것은 거대한 털복숭이 매머드의 습격에 맞서 싸우는 것과 다르다.

겁에 질려서 도망갈 필요가 없다. 두려울 때 나타나는 신체적인 반응을 알아차리고 받아들이는 방법을 배워야 한다. 안주하는 삶을 벗어난다는 생각만으로도 몸에 고통이 느껴진다면, 계속 앞으로 나아가다 보면 두려움이 점차 사라질 것이라고 차분하게 에고를 안심시키자. 많은 배우가 무대에 올라가기 직전에 너무 겁이 나서 토할 것 같은 느낌을 받는다. 하지만 그들은 두려움을 창조적인 에너지로 전환할 줄 안다. 그들은 무대로 박차고 나가서 멋진 연기를 펼쳐 박수갈채를 받는다.

에고가 휘두르는 또 다른 무기인 위협은 노골적인 두려움과 다르게 활동한다. 에고는 변신술의 귀재라서 온갖 모습으로 가장해 당신을 통제한다. 에고는 당신이 안주하는 삶의 경계로 용감하게 나서는 순간 채찍과 의자를 들고 사자 조련사처럼 등장한다. "돌아가!" 하고 소리치며 위협한다. "제정신이야? 그러다가 웃음거리만 될 거야! 넌 지금 생계를 위험에 빠뜨리고 있어! 아이들을 방치하고 있어! 지금 당장 우리로 돌아가!"

이런 위협 전술이 효과가 없으면 이성의 목소리를 가장한다. "이봐, 불안하게 하려는 말은 아니지만… 알다시피 네가 짊어진 책임이 크잖아. 내가 너라면 그러지 않을 거야."

가장 심각한 문제는 에고가 우리의 취약점과 그 취약점을 건들 시점을 정확히 안다는 것이다. 하지만 에고는 위협 전술이 실패로 돌아가면 친절하게 당신의 꿈을 죽이려고 한다. 에고는 당신의 좋은 친구다. 에고는 창조적인 꿈을 파묻을 무덤을 파라고 삽을 건넨다. 지독하게 피곤하니까 잠재적 고객에게 전화하는 대신에 낮잠을 자라고 부추긴다. 쉴 시간이 없으니까 오후에 아이들이 학교에서 돌아오기 전에 이력서를 쓰는 대신에 드라마나 보라고 설득한다. 그냥 느긋이 휴식을 취하라고 말한다. "널린 것이 시간이잖아…. 오늘 하지 못하면 내일 하면 되지…."

이제 당신이 나이가 들어 현명해지고 경험이 많아서 친절 전술이 먹히지 않으면, 에고는 직감의 소리와 아주 비슷한 소리를 속삭이기 시작한다. 그렇다면 이 둘을 어떻게 구분할까? 귀에 들리는 속삭임이 마음의 평화를 가져오지 못하면 진정한 자아의 목소리가 아니다. 다른 모습으로 변장한 에고가 내는 소리다. 입 닥치라고 말하자. 그러고 나서 희망을 주고 영감을 불러일으키는 아름다운 음악을 틀어 에고의 소리를 지우자.

오늘은 일단 당신의 행동 패턴을 관찰하자. 화려한 삶을 누리는 것 같아 보이는 슈퍼스타를 비롯한 모든 여성이 성공에 이중적인 감정을 느낀다. 우리가 존경하는 여성들의 중요한 공통점은 자기 훼방의 패턴을 파악했다는 것이고, 진정한 자아가 내면의 적보다 한 수 앞서게 하는 방법을 배웠다는 것이다. 당신도 그럴 수 있다.

## 11월 20일

## 디지털 디톡스를 실천하자

때로 가장 사소한 결정이 삶을 영원히 바꾸어놓는다.
- 케리 러셀
미국의 배우이자 무용수

얼마나 오랫동안 휴대폰을 잡고 꼼지락거리고 있었는가? 스크롤하고, 화면을 밀고, 차단하고, 이리저리 기웃거리고, 클릭하고, 포즈를 취하고, 꾸미고, 오늘의 '좋아요'나 '팔로잉' 개수가 몇 개든 거기에 끼려고 여기저기 누르고 있었는가?

탈출구가 당신을 기다린다. 내가 목록에 당신의 이름을 올리겠다. 멋진 사설 클럽의 문지기가 싱긋 웃으며 고개를 끄떡이고는 출입통제 가이드라인의 벨벳 로프를 거두면, 당신은 많은 미디어 플랫폼에서 벌어지는 아수라장을 떠난다.

무엇이 기다리고 있을까? 디지털 디톡스 캠프다. 이는 요즘 자기계발 분야에서 새롭게 성장하고 있다. 자신과 다시 연결할 수 있도록 세상과의 연결을 끊자. 당신은 개인 역량 강화를 목표로 하는 수련지에서 모든 디지털용품을 반납하고 직접 몸을 움직이며 활동하는 워크숍을 신청한다. 활쏘기, 수저 만들기, 장대 걷기, 암벽 등반, 아카펠라, 연기, 탱고, 코바늘 뜨개질, 매듭 공예, 만화 그리기, 필름사진 찍기, 홀치기염색, 가면 만들기, 자수, 가구 디자인 등 종류도 다양하다. 스마트폰이 당신의 손을 떠나고 나면 당신의 손가락 끝에서 창조성이 풍부하게 피어난다.

20년 전 페이스북의 초창기에는 안부와 최신 근황을 공유하는 것이 재미있었고, 멀리 사는 가족이나 친구들과 연락하는 아주 좋은 방법이었다. 하지만 어느 때부터인가 모르는 사람들, 게다가 알고 싶지 않은 사람들의 의견을 듣기 시작했다. 정치에 대해 분노에 찬 불평은 어떤가? 부끄러운 게시물은? 끊임없는 비난은? 별 볼 일 없는 인간들끼리의 시시껄렁한 대화는? 혹은 부자와 유명인의 스타일은? 그들은 우리 같은 많은 사람이 팔로우를 한 덕에 여기저기에서 스폰서를 받기 전에는 부자도 유명인도 아니었다. "돈을 받고 행사한 영향은 대체로 진실과 어긋난다." 사회학자 해리엇 마티노가 1836년에 쓴 글은 하늘 아래 새로운 것은 없음을 증명한다.

우리가 인터넷을 사용하는 이유는 크게 네 가지다. 교육이나 오락,

설득이나 생각전환이다.

나는 배움에 이용할 수 있는 정보, 지식, 역사, 과학, 경제, 예술이 인터넷에 아주 많이 있다는 것을 매우 좋아한다. 누구나 온라인대학, 워크숍, 마스터클래스를 통해서 학위 과정을 마치거나 새 학위를 딸 수 있다는 점이 마음에 든다. 나는 사실상 전 세계의 어떤 영화도 볼 수 있다는 생각을 하면 마음이 들뜬다.

나는 위기나 재난이 일어날 때 인터넷을 통해 상황을 파악하고 도움을 줄 수 있어서 고마움을 느낀다. 비상시에 의료 정보가 빠르게 전달될 수 있고, 주변을 넘어 바깥세상에서 벌어지는 일을 잘 이해할 수 있으니 감사한 일이다. 하지만 나는 인터넷의 교육과 오락의 목적이 남을 설득하고 전향시키고 체제를 전복하려는 사람들에 의해 짓밟히고 있어서 진저리가 나고 지친다.

디지털 접속과 우리의 관계를 재검토할 때가 됐다. 먼저 알갱이와 쭉정이를 구분하자. 옛날에 농사를 지을 때 사용하던 이 표현을 기준 삼아서 24시간 내내 퍼붓는 엄청난 양의 정보를 구분하면 된다. 곡식을 재배하는 농부는 알곡과 쭉정이를 분리할 때, 낟알을 둘러싼 겉껍질을 벗겨서 버린다. 당신의 소셜미디어 계정들도 그런 식으로 정리하면 된다. 당신이 그 소셜미디어를 어떻게 사용하는지, 왜 사용하는지, 그것이 당신에게 정서적으로 어떤 영향을 미치는지 생각해보자. 당신에게 도움이 되는가, 아니면 당신을 약화시키는가? 인스타그램을 할 때 당신을 다른 사람들과 비교하는가? 완벽하게 연출된 이미지를 보거나 타인의 삶을 보고 나면 우울해지거나 위축되는가? 트위터를 하는 이유가 정보를 얻고 교환하기 위해서인가? 다른 사람들과 교류하기 위해서인가? 아니면 대체로 울분을 터뜨리기 위해서인가? 당신의 날카롭고 경솔한 말이 다른 사람들에게 상처를 줄 가능성이 있는가?

이런 디지털 대화가 손에 든 무생물을 통해 일어나기 때문에 우리는 진지한 대화가 아니라고 무의식적으로 생각한다. "누군가의 얼굴에 대해 마음 상하는 말을 하지 않고 그저 예쁜 사진만 보는데 뭐 어때. 괜찮아, 진짜가 아니잖아." 하지만 생각해볼 점이 있다. 우리가 콘텐츠를 끊임없이 반복해서 소비하면, 세뇌 효과가 일어나고 진짜가 아닌 것이 마음속에서 진짜처럼 느껴지기 시작한다.

그러면 어떻게 멈춰야 할까? 멈출 수는 있을까?

물론 나는 수많은 회사와 유명한 사람들이 인기 있는 소셜미디어 플랫폼 계정을 일종의 명함으로 사용한다는 것을 알고 있으며, 사람들에게 신제품 정보나 할인행사 정보 같은 새 소식을 점잖게 알리는 것은 괜찮다고 생각한다. 휴대폰과 컴퓨터에서 알림 기능을 끌 수 있다는 것을 알고 있는가? 누군가 당신의 댓글에 다시 댓글을 달 때마다 소리가 나지 않게 할 수 있다. 또한 당신이 팔로우하는 계정의 피드 게시물을 당신의 피드에서 숨기는 기능을 선택할 수 있다. '친구 끊기'를 해서 서로 어색해질 관계라면 아예 팔로우를 취소하면 된다. 그러면 정치에 대한 사촌의 불평이 더 이상 당신의 복잡한 머릿속을 차지하지 않을 것이다. 또한 계정들을 하루에 하나씩만 확인하거나 휴대폰에서 페이스북 앱을 삭제하고 컴퓨터에서만 소통하는 식으로 스스로 제한하는 방법도 있다. 아주 간단하다. 모든 사람들이 하니까 우리도 해야 한다고 생각하지만, 분명히 선택의 여지가 있으며 무엇을 얼마나 많이 소비할지 선택할 수 있다.

최근에 나는 어떤 회사가 소셜미디어에서 철수한다고 발표했다는 소식을 듣고 즉시 흥미가 생겼다. 목욕 및 미용용품 회사인 러시 UK는 작별 인사를 게시했다. "우리는 알고리즘과 싸우는 것에 지쳤고, 당신의 뉴스피드에 나오려고 돈을 내고 싶지 않다. … 그래서 일부 소셜 채널에 작별을 고할 때가 되었다고 결정했다. 그리고 우리의 설립자들부터 친구들에 이르기까지 … 당신과 우리가 마음을 터놓고 대화할 때가 되었다고 결정했다."

선택의 힘보다 강한 것은 없다. 특히 그 선택이 떠나는 것일 때 더욱 그렇다.


## 11월 21일

### 몰입은 최고의 즐거움이다

우연이 첫 단계다. 행운은 나중에 온다.
- 에이미 탄
중국계 미국인 소설가


흐름에 몸을 맡기자. 파도를 따라잡자. 큰 파도를 타자. 내가 그럴 수만 있다면 얼마나 좋을까? 당신은 어떤가? 하지만 말리부 해안에 살지 않는 한 해변에서 파도타기를 하는 호사를 누리기란 현실적으로 쉽지 않다.

우리는 흐름을 타며 몰입할 때마다 하늘로 치솟는 기분을 느낀다. 정신이 초롱초롱해지고 남의 눈을 의식하지 않은 채 진정한 자신의 모습으로 능력을 최대한으로 발휘한다. 먹고 마시고 자는 것을 잊어버린다. 이유가 무엇일까? 사랑이라는 연료가 가득 주입돼 활기가 넘치기 때문이다. 행복하게 "최고야!"를 목청껏 외치며 재능을 발휘한다. 열정을 만끽한다. 사기를 높이기 위해 긍정적인 주문을 외울 필요가 없다. 행복한 마음은 포부를 펼치게 한다. 흐름을 타면 장애물이 사라진다. 부정적인 감정, 불안감, 우울감이 사라진다. 이 세상에 있으면서도 세상에 휩쓸리지 않는다. 엄청난 즐거움과 말로 표현할 수 없는 평화를 경험한다. 환희와 기쁨과 초월을 경험한다. 처음에는 우연히 내디딘 첫발 덕에 이 행운의 파도를 계속 탄다.

문제는 우리가 이렇게 몰입하는 경우가 드물다는 것이다. 다행히 원하기만 하면 얼마든지 몰입할 수 있다. 미하이 칙센트미하이는 수십 년 동안 기쁨의 과학적인 측면을 선구적으로 연구했으며 '최상의 경험'이라는 상태를 세밀히 조사했다. 최상의 경험이란 우리가 '몰입', 즉 진정한 삶과 깊이 연계됐다고 느끼는 순간이다. 그는 기쁨이 일상생활의 일부가 될 수 있다고 생각하며 나는 그의 말을 믿는다. 그의 훌륭한 책 《몰입, 미치도록 행복한 나를 만나다》를 읽으면 당신도 그의 말을 믿게 될 것이다.

게다가 올바른 태도를 지니고 일에 관심을 기울이면 사소한 일에서도 몰입에 다다를 수 있다. 진행 중인 일에 정신 에너지를 완전히 집중하면 몰입이 일어난다. 주변의 혼란을 차단하고 내면의 창조적인 에너지를 집중하면 평소의 능력을 훨씬 뛰어넘는 능력이 발휘된다.

일하거나 놀거나 창조할 때, 의식儀式은 마음과 몸과 영혼이 우리의 중심으로 다가가도록 준비시키는 중요한 역할을 한다. 아침에 일을 시작할 때 책상을 정리하는 특정한 방식, 좋아하는 부드러운 연필, 발견일기를 쓸 때마다 트는 음악은 몰입의 흐름을 타기 위한 의식이다. 책을 읽고 정원을 가꾸고 요리를 하고 그림을 그리고 뜨개질을 하는 등의 사소한 순간을 몰입의 흐름을 타기 위한 파도로 여기고 소중히 여기면 그 순간이 새로운 의미를 지니게 된다. 가족의 유산을 자세히 살펴보고 사소한 물건을 모아 전시하면서 특별한 순간이나 사람을 기념하면 과거와 현재를 연결해서 몰입의 흐름을 일으킬 수 있다.

반복되는 일상에 변화를 주면 몰입의 흐름을 일으킬 수 있다. 새로움이 파도의 진동을 높이기 때문이다. 섹스를 새로운 방식으로 시도하면 그동안 익숙함에 눌려 있던 새로운 욕망에 불을 붙일 수 있다. 좋아하는 인용구, 시, 노래, 정보를 외워서 대화에 활용해도 몰입의 흐름을 불러올 수 있다. 게임이나 스포츠나 새로운 기술을 통달해도 몰입의 흐름을 활성화시킬 수 있다. 혼자 있는 시간이나 공상도 몰입의 흐름을 일으킨다. 상상력은 영혼이 당신의 의식과 대화를 하는 방법이기 때문에 상상에 흠뻑 빠지면 몰입의 흐름에 다가갈 수 있다.

나는 몰입의 흐름을 타기 위해 두 가지 방법을 사용한다. 한 가지는 장기 프로젝트를 할 때 동일한 음악을 듣는 것이다. 나는 정신을 분산하는 가사가 없고 리듬만 있는 영화음악을 틀어놓는다. 나는 이 방법을 에이미 탄을 통해 알게 됐고 많은 사람들에게 알렸다. 다른 한 가지는 책을 쓰는 동안은 모든 약속을 거절하는 것이다. 이를테면 다음 주 목요일부터 일주일 동안은 저녁식사 약속을 잡지 않을 것이다. 나는 글을 쓸 때는 그야말로 글에만 집중한다. 글쓰기, 수정, 잠, 다시 글쓰기의 반복이다. 저녁 초대는 열흘 뒤에나 받아들일 것이다. 그런데 뮤즈가 찾아오는 때를 어떻게 알까? 맙소사, 어쩌면 뮤즈는 오후 2시에 나타날 지도 모른다. 당신이 일단 몰입의 흐름을 타면 그것이 얼마나 멋진지 알게 될 것이다. 나는 뮤즈가 나를 다시 찾아오도록 노력하고 있다.

미하이 칙센트미하이는 이렇게 말한다. "우리 자신에 대한 느낌, 삶에서 얻는 기쁨은 궁극적으로 마음이 일상의 경험을 걸러내고 해석하는 방식에 달려 있다. 행복의 여부는 우리가 외부에 행사할 수 있는 통제력이 아니라 내면의 조화에 따라 결정된다."


# 11월 22일

## 행동이 감정을 바꾼다

느낌이 없는 것보다 논리가 없는 것이 낫다.

- 샬럿 브론테
영국의 소설가이자 시인


오늘은 잔뜩 흐린 날이다. 변덕스러운 날이다. 어젯밤에 푹 자지 못했다. 아이 때문에 두 번이나 깼다. 밤새 잠을 이루지 못하고 뒤척였다. 청구서 납부 기한이 다가왔다. 폭우가 계속 쏟아진다. 비가 그치고 구름 사이로 빛줄기가 비추지만 화창하지 않다. 친구와 점심식사를 하면 기분이 좀 나아지겠지만 책상에 앉아서 혼자서 먹는다면 그것은 불운한 징조다. 다가오는 오후 마감 시간과 상사의 짜증과 영업 실적 검토로 인한 벼락이 예상된다. 밤에는 냉기가 흐른다. 얼마 남지 않은 명절에 대해 남편과의 의견 충돌을 해결하지 못했다. 밤늦게 서리가 내릴 가능성이 있으며 그렇게 되면 내일도 심란한 날이 될 것이다.

오늘날 많은 여성이 술, 약물, 담배, 음식, 섹스, 쇼핑, 운동 등의 다양한 중독에 시달린다. 온라인포럼, 책, 기사에서 이런 자기 학대의 양상을 토론한다. 그런데 많은 여성에게 영향을 미치지만 언론의 주목을 거의 받지 못하는 또 다른 중독이 있다. 바로 감정의 기복이다.

한때 나도 몇 시간 내내 울거나 화를 내던 시절이 있었다. 아주 빈번하게 이 난리를 쳤다. 감정에 완전히 취해 있었다. 탈진할 때까지 눈물을 흘리고 짜증 내며 나를 학대했다. 다정한 배우자나 생산적인 작가 노릇이 불가능할 지경이었다. 과도한 감정은 단순히 기질의 문제가 아니다. 결혼생활, 직장, 꿈을 완전히 끝장낼 수 있다. 내가 정신을 차릴 수 있었던 유일한 방법은 지나치게 감정에 휘둘리고 있음을 신에게 인정하고 마침내 과도한 감정을 내려놓는 것이었다. 나는 온전한 정신을 찾게 해달라고 매일 기도했다. 한 번에 한 가지에 집중했다. 치료를 받았다. 조금 나아졌다. 약을 먹기 시작했다. 훨씬 나아졌다. 하지만 나는 감정에 관한 한 완치란 없다는 것을 안다.

때로 과도한 감정은 생리전증후군과 우울증 같은 신체의 이상 혹은 스트레스와 피로에 의해 촉발된다. 하지만 조증처럼 일상생활을 방해하고 파괴하는 감정의 극심한 변화를 간과하면 안 된다. 치료를 해야 한다.

온전한 정신으로 살면서 사랑받는 구성원이 되려면 필수적으로 감정 변화의 패턴을 알아채야 한다. 여성마다 감정 변화의 패턴이 다르다. 자신의 패턴을 모르면 관심을 기울일 수 없다. 분노나 눈물이 갑자기 터져 나오면 한 걸음 물러서자. 심호흡을 하자. 마음의 중심을 잡자. 최후

통첩을 하기 전에 100까지 세자. 침착해지면 감정에 휩싸인 상황을 다시 생각하자. 불만이 가득 차 있었다. 이유가 무엇일까? 전날 밤에 잠을 얼마나 잤는가? 점심식사로 뭘 먹었는가? 와인을 몇 잔이나 마셨는가? 생리가 언제 끝났는가? 마지막으로 운동한 때가 언제인가? 하루 동안 당분을 얼마나 섭취했는가?

몹시 화가 나 있었다. 이유가 무엇일까? 엄청난 슬픔에 빠졌다. 이유가 무엇일까? 분한 감정이 들었다. 이유가 무엇일까? 문제를 대면하자. 친구와 이야기하자. 발견일기를 쓰자. 보내지 않을 편지를 쓰자. 이력서를 수정하자. 옷이나 서류를 상자에 정리하자. 이제 훨씬 침착해졌을 것이다. 상황을 개선하거나 적어도 참을 만한 상태로 만들 현실적인 방법을 하나 생각하자. 당신이 할 수 있는 방법이 하나는 있을 것이다. 그 방법을 실행하자.

안타깝게도 감정 중독은 감사와 용서와 공감과 존경과 경이 같은 긍정적인 감정으로 다스릴 수 없다. 하지만 기쁨을 통해서 진정성과 평정을 되찾을 수는 있다.

행복을 일구자. 가장 매력적인 자산인 유머 감각을 키우자. 웃고 싶은 기분이 아닐 때일수록 웃자. 입 주변 근육을 움직이면 뇌에서 긍정적인 화학 성분이 분출된다.

"사실 감정적인 행동을 바꾸는 것보다 주변을 점검하고 환경을 개선하고 새 규칙을 정하고 새 클럽에 가입하는 것이 훨씬 더 쉽다. 행동에 대한 느낌을 바꾸기보다 행동 자체를 바꾸기가 더 싶다." 엘런 굿맨이 말한다. 하지만 먼저 행동을 인식해야 바꿀 수 있다. 그리고 사랑으로 치료하지 못할 중독은 없다.

# 11월 23일

## 최악의 상황은 실패가 아니라
## 시도조차 하지 않는 것이다

실패는 인생의 메뉴의 일부이며 나는 코스 요리에서
한 음식도 빼놓지 않는 사람이다.

- 로절린드 러셀
미국의 배우·코미디언·시나리오 작가·가수

세상의 기준으로 보면 클레어 부스 루스는 20세기의 가장 성공한 여성이다. 그녀는 극작가이자 작가이며 하원의원으로 두 번 선출됐고 이탈리아 대사를 지냈다. 또한 어머니이자 아내였으며, 남편인 헨리 루스는 《라이프》와 《타임》의 공동 창간 발행인인 출판계 거물이다. 하지만 이 비범한 여성은 자신이 자서전을 쓴다면 제목은 '실패자의 자서전'이 될 것이라는 생각을 자주 했다고 고백했다.

클레어 부스 루스 같은 여성이 자신의 삶과 훌륭한 경력을 실패라고 여겼다면 우리에게 대체 무슨 희망이 있을까?

고맙게도 진정성으로 향하는 길을 걷는 한 많은 희망이 있다. 클레어 부스 루스가 실패자라고 느낀 이유는 진정한 소명을 따르지 않았다고 생각했기 때문이다. "역설적이지만 내게 최악의 실패는 너무 오랫동안 지속된 연속적인 성공이었다. 모든 성공이 연극과 전혀 상관없는 분야에서 일어났다. 다시 말하자면 내 실패는 천직인 작가의 길로 돌아가지 않은 것이었다. 어렸을 때부터 작가 외에는 되고 싶은 것이 없었다."

애초에 클레어 부스 루스는 하원의원에 출마하고 싶지 않았다. 출마는 순전히 남편의 생각이었다. 헨리 루스는 자신에게 이롭게 힘을 휘두를 줄 알았기 때문에 막강한 영향력이 있는 인물이 됐다. 클레어 부스는 1935년에 결혼했을 때 이미 희곡 다섯 편을 발표한 작가로 연극계에서 한창 성공 가도를 달리고 있었다. 이듬해에 〈여자들The Women〉이 브로드웨이에서 엄청난 인기를 끌었다. 그러나 그녀의 남편은 연극을 그저 여가활동으로 취급했다. 그래서 클레어 부스는 루스라는 성이 생김과 동시에 열정의 방향을 바꿨다. 그녀는 의원직을 두 차례 지낸 후 정치를 그만두고 다시 글을 쓰려고 했다. 그러던 참에 연달아 충격적인 일이 벌어졌다. 어머니와 오빠와 외동딸이 사고로 사망했다. 클레어 부스의 삶이 갑자기 중단됐다. 그로부터 오랜 시간이 지난 뒤에야 다시 삶에 뛰어들 수 있겠다는 생각이 들었다.

얼마 후 그녀는 혼잣말을 하기 시작했다. '너는 작가감이 아니야. 다시는 글을 쓰지 못할 거야.' 결국 그녀는 기사를 쓰거나 책을 펴냈지만 첫사랑인 연극으로는 끝내 돌아가지 않았다. 그녀는 자신이 버린 길을 남은 생애 내내 애석하게 여겼다.

캐럴 하이엇과 린다 가틀립은 실패의 극복에 대해 교훈적이고 현실적인 제안을 담은 책《똑똑한 사람들이 실패할 때: 성공을 위해 다시 일어나기When Smart People Fail: Rebuilding Yourself for Success》에서 클레어 부스 루스의 경우는 '감춰진 실패'였다고 말한다. "감춰진 실패는 만성적인 실패보다 상실감이 덜하다. 그래도 과거를 바꾸고 싶어 하는 것은 마찬가지이며, 해고를 당한 사람들처럼 걱정하고 창피해한다. 수많은 사람이 아무 잘못 없이 해고를 당하고도 실패했다는 느낌에 시달린다. 수많은 사람이 싫어하는 일에 갇혀 있다고 느끼면서도 변화에 따르는 위험을 두려워하며 최선을 다하며 살지 못하는 자신을 경멸한다. 세상이 우리를 칭찬하는 바로 그 순간에 우리 마음의 한편에는 가장 큰 바람을 이루는 데 실패했다는 생각이 자라고 있다."

누구나 실패를 두려워한다. 하지만 모든 위험을 감수하든 안전한 선택을 하든 간에 살면서 실패(드러난 실패 혹은 감춰진 실패)를 피할 수는 없다.

"실패하지 않고 살기란 불가능하다. 실패하지 않으려고 너무 조심스럽게 살아간다면 실패한 것이 없어도 삶 자체가 실패다." J. K. 롤링이 말한다.

이것이 실패의 너그러운 선물이다. 삶에서 최악의 상황은 실패가 아니라 아예 시도조차 하지 않는 것이다.


## 11월 24일

### 소중한 친구에게 마음을 표현하자

각 친구는 우리 내면에 있는 세상을 하나씩 드러낸다.
그들이 오기 전에는 존재하지 않던 세상이다. 이런 새로운 세상은
그들과의 만남을 통해서만 탄생한다.
- 아나이스 닌
미국의 소설가이자 시인

친구는 만족감이라는 왕관의 보석이다. 우리는 친구를 소중히 생각하는 마음을 겉으로 표현해야 한다.

친구를 소중하게 대하는 방법은 여러 가지다. 우정을 다지는 의식이 특히 중요하다. 생일을 기념해서 점심식사에 친구를 초대하자. 당신이 좋아하는 책을 선물하자. 같은 책을 동시에 읽고 한 달에 한 번씩 오후에 만나서 차나 커피를 마시면서 책에 관해 이야기를 나누자. 기사와 요리법과 동영상을 주고받자. 카드와 감사 쪽지를 보내자. 어려운 일을 겪을 때 힘을 주는 간단한 쪽지 한 장이 전화 통화보다 훨씬 소중하다. 새해 전야에 새해의 다짐이나 포부를 이야기하자.

함께 산책하자. 연례 나들이를 전통으로 만들자. 여름에는 중고매장에 가자. 겨울에는 크리스마스 쇼핑을 가자. 친구가 아프면 침대에서 재미있게 읽을 책, 기침약, 티슈, 각종 과일 차, 집에서 만든 수프, 작은 화분 같은 위안거리를 담은 병문안 바구니를 만들어서 보내자. 친구에게 꽃을 직접 주거나 꽃배달을 보내자. 점심시간에 친구를 만나기 전에 노점에서 충동적으로 꽃다발을 사서 건네거나 우울한 날에 미소를 되살릴 꽃다발을 들고 방문하자. 친구의 가족이 사망하면 다른 사람들처럼 장례식에 꽃을 보내거나 돌아가신 분 앞으로 부조하는 대신에 며칠 기다렸다가 친구에게 아름다운 화분이나 꽃다발을 보내자. 친구는 당신이 상상도 못 할 위안을 얻을 것이다.

친구가 어려움을 겪고 있으면 친구를 위해 기도하자. 나는 다른 여성을 위한 기도야말로 가장 사려 깊고 개인적이고 강력한 선물이라고 생각한다. 일 년 내내 수녀원 기도 목록을 나에게 보내는 친구가 있는데, 덕분에 항상 내가 필요할 때 나를 지탱해주는 지원군이 생긴 기분이 든다. 때로 친구를 위한 기도는 우리가 줄 수 있는 최고의 선물이다.

친구를 위해 수집을 시작하자. 생일이나 명절에 수집품을 새로 추가하자. 소중한 친구에게 선물할 때 친구가 갖고 싶어 하지만 스스로는 절대 사지 않을 물건을 고르자. 친구를 위해서 요리하자. 친구가 아프거나 엄청나게 스트레스를 받을 때면 음식을 두 배로 만들어서 반을 친구의 집에 가져다주자.

무엇보다도 당신이 얼마나 사랑하는지 친구에게 알리자. 친구의 우정을 아주 소중한 선물로 여긴다고 자주 말하자. 슬프게도 소중한 가족과 늘 함께할 수는 없다. 아이들은 자란다. 부모님은 돌아가신다. 형제자매는 멀리 떨어져서 산다. 하지만 친구는 늘 우리 삶을 하나로 연결하는 역할을 한다. 생각만이 아니라 행동으로 친구를 소중히 여기자. 멀 셰인은 "친구는 당신이 더욱 본모습으로 살도록 돕는 사람이다"라고 말한다.


## 11월 25일

### 요리는 마음의 평온을 가져다주는 예술이다

이 크고 작은 구리 그릇들, 이 빗자루들과 … 솔들은 도구다.
이것들로 신발이나 장식장을 일하게 할 수 없지만 삶을 만들 수는 있다.
우리는 분위기 속 분위기를 만든다. 우리는 하루하루를 만든다.
하루하루의 표정, 특별한 맛, 특별한 행복. 우리는 삶을 만든다.
- 윌라 캐더

많은 작가들이 특정한 시기와 장소에 대해 글을 쓸 때는 망명 생활 중이었다. 펜을 드는 작가의 슬픈 마음을 달래기에 의식, 숭배, 기억만 한 것은 없다.

이디스 워튼은 1905년에 프랑스 리비에라에서 거주하는 동안 뉴욕 사회의 변두리에서 부자가 되고 싶어서 안달하는 가난한 소녀의 강렬한 갈망을 익살스럽게 보여줬다. 제임스 조이스는 1941년에 파리에서 세기말 더블린의 음울하고 눅눅한 절망을 포착했다. 어니스트 헤밍웨이는 1929년부터 1938년까지 플로리다 키웨스트에서 소설 다섯 편, 희곡 한 편, 단편 소설집 두 권을 쓰는 동안 스페인 내전과 투우사의 격렬한 무모함을 그렸다.

하지만 윌라 캐더만큼 영혼의 신성한 장소 감각을 뛰어나게 상기시키는 작가는 거의 없을 것이다. 그녀가 미국의 황금빛 대초원을 담은 글을 쓴 곳은 당신이 상상도 못 할 곳이었다. 바로 뉴욕의 그리니치 빌리지였다. 거트루드 스타인이 '잃어버린 세대'를 한탄한 때로부터 20년 전, 윌라 캐더는 어떤 여성과 작가도 간 적 없는 황무지로 갔고 신성한 굶주림을 다루는 미국 소설의 개척자가 되었다. 그녀는 소설에서 음식과 사랑, 고향과 타향, 평범함 속의 성스러움, 여성이 주방에서 기도하는 비밀 제단을 아름답게 그렸다.

나는 다음과 같은 점이 아주 놀랍다. 캐더가 쓴 대초원 소설의 행간을 읽다 보면 속뜻이 아주 솜씨 좋고 영리하게 감춰져 있는 것을 알 수 있다. 밀가루가 묻어 앞치마에 남은 손자국처럼 숨어 있는 것 같지만 사실 찾기 쉽다.

나와 같이 상상해보자. 캐더는 매일 아주 이른 아침에 시장에 물건을 사러 갔다. 그녀는 신선한 라즈베리, 브리오슈, 프랑스산 카망베르 치즈, 어느 이탈리아인 노점상에서 파는 닭을 좋아했다. 최상의 식료품을 들고 그리니치 빌리지 뱅크 스트리트 5번지에 있는 2층 아파트의 집으로 돌아온 후, 혼자 있는 즐거운 고독을 즐겼다. 그리고 추문을 캐는 타블로이드 신문《매클루어 매거진McClure's Magazine》(연예 주간지《내셔널 인콰이어러National Enquirer》를 생각하면 된다)에서 편집장으로 일하는 동안 날마다 두세 시간씩 시간을 내서 5년 동안 소설을 세 편 썼다.《오 개척자여!O Pioneer!》,《종달새의 노래The Song of the Lark》,《나의 안토니아》다. 이 소설들은 네브래스카 지역의 변경 이민자들, 대체로 스칸디나비아와 체코와 폴란드 정착민들의 진정한 투지와 진취성을 포착했다. 신랄하고 무자비한 비평가인 헨리 루이 멩켄은 "작가가 남자이든 여자이든, 미국에서 나온 어떤 낭만주의 소설도《나의 안토니아》의 반만큼도 아름답지 않다"라고 말했다.

캐더의 개척자 소설은 프레리도그가 굴을 파고 사는 방법이나 뒤뜰에서 몽둥이로 방울뱀을 죽이는 방법을 알려준다. 그러나 독자들을 감동시키는 것은 방랑벽이라는 감미로운 유혹과 고난에 직면한 용기를, 음식과 집과 가족의 구원과 절묘하게 섞는 그녀의 신기한 능력이다. 윌라 캐더는 가정 관리와 자급자족하는 생활이 "영혼이 번창하고 꿈꿀 수 있는 장소, 안전하고 보호하고 연계시키고 성장시키는 장소를 짓는 활동"이라고 믿었으며 가장 세련된 사람들조차 그녀의 말을 믿게 만들었다.

캐더는 1873년 12월 7일에 유복한 버지니아 가정에서 7남매 중 첫째로 태어났고, 겨우 아홉 살 때 아들과 딸을 데리고 네브래스카 레드 크라우드로 가기로 한 아버지의 결정에 의해 고상한 가정교육 환경 밖으로 내팽개쳐졌다. 마치 우주 캡슐에서 거칠고 우거진 붉은 풀의 바다로 떨어진 것 같았을 것이다. 솔직히 그녀는 그 충격에서 결코 벗어나지 못했다. 그녀의 눈에 닿는 곳에는 초록빛 나무나 가지나 잎이나 풀잎이 전혀 없었다. 나중에 그녀는 주변의 대초원이 그녀의 개성을 지운 반면에 그녀의 등장인물을 만들었다고 썼다. 그녀는 이주 2세대가 옛 서부의 방식을 포기하는 것을 정신적인 위협으로 여겼다. "이제 상황을 주도하는 세대는 무엇인가를 만들기를 싫어하고, 아버지 세대가 긴 옥수수 밭이랑을 따라 왔다 갔다 하던 그 땅을 자동차를 타고 질주하고 싶어 한다. 그들은 옷, 음식, 교육, 음악, 즐거움을 비롯한 모든 것을 기성품으로 사기를 원한다." 그녀가 1923년에 쓴 글이다.

이 신랄한 의견이 아주 매혹적이면서도 당혹스러운 이유는 윌라 캐더가 1906년 이후 이미 그리니치 빌리지에 있었고 1947년에 죽을 때까지 뉴욕에서 살았기 때문이다. 그녀가 대초원에서 지낸 세월은 아홉 살에서 열다섯 살까지로 몇 년 되지 않았다. 여기에는 당나귀를 타고 몇 명밖에 없는 이웃에게 우편물을 배달하던 아주 짧은 시기도 포함된다. 하지만 이 어린 시절의 삶이 어른의 삶에 필요한 모든 기술을 가르쳤다. 그녀가 오전에 빵을 굽거나 버터를 만드는 이웃 이민자 여성들과 지내면서 영혼의 안식처(소속감)를 발견했기 때문이다. "내 마음과 위는 하나다." 그녀는 1925년에 한 독자에게 말했다. "나는 늘 음식에 대해 생각하고 음식에 대해 글을 쓴다. 나는 음식 준비가 삶에서 가장 중요한 일이라고 생각한다. 그리고 미국은 그것을 깨닫기에 너무 어린 나라다.

그래서 요리에서 불협화음이 생긴다."

《나의 안토니아》에서 안토니아가 죽으면 더 이상 요리를 하지 못하니 죽음이 싫다고 말한 것도 당연하다.

이는 앞으로 몇 주 동안 많은 요리를 해야 하는 사람들을 기분 좋게 한다. "나는 오전에 개척자 여성과 버터를 만들고 그녀의 이야기를 들으면서 시간을 보내는 것보다 더 강렬한 지적 흥분을 경험하지 못했다." 윌라 캐더가 털어놓았다. 그래도 그녀는 음식에 대해 글을 쓰는 동안 요리보다 글쓰기를 더 자주 했다. 그녀는 1922년에 제1차 세계대전을 배경으로 한 《우리 중 하나》로 퓰리처상을 받았는데 많은 사람들이 《나의 안토니아》가 먼저 그 상을 받았어야 한다고 생각했다.

당신이 올 추수감사절 식탁을 풍요로운 가을의 색감으로 차리는 동안 만족감과 평온을 느끼기를 바란다. "대가족을 건사하고 그들을 위해 요리하는 농부의 아내는 위대한 예술가의 특성인 … 진짜 창조적인 기쁨을" 표현한다. 여성은 일상의 예술가임을 항상 기억하자. 당신은 일상의 예술가다.

나는 항상 윌라 캐더의 지혜를 아주 좋아했다. "우리는 행복을 일으킬 상황을 알거나 예측할 수 없다. 우리는 운이 좋을 때 세상의 끝 어딘가에서 그것을 우연히 발견하고 우리 일상에서 부와 명예처럼 단단히 붙든다."

그 행복의 순간을 단단히 붙들고, 축복을 단단히 붙들고, 무릎을 꿇고, 그 순간을 아는 복 받은 여성임을 인정하고 감사하자. 그 순간을 소중히 여기자. "일부 기억은 현실이고, 우리에게 다시 일어날 그 어떤 순간보다도 좋다." 윌라 캐더가 위안을 주는 고백을 한다. 작가가 마침내 사랑하는 것이 아니라 상실한 것에 대해 글을 쓰기로 마음먹을 때, 글을 쓰는 것만이 상처 입는 영혼을 달랠 수 있다.


## 11월 26일

## 때로 그저 현실을 살아가는 것만이 해답이다

아름다움과 품위는 우리가 감지하든 못하든 드러난다.
최소한 우리가 할 수 있는 것은 그 자리에 있는 것이다.
- 애니 딜러드
퓰리처상을 수상한 작가


1929년 11월, 주식 시장의 붕괴로 대공황이 시작되고 한 달 후에 《더 하우스홀드The Household》 잡지의 사설은 앞을 알 수 없는 상황에 부딪혔지만 자신감을 가지고 용기를 내라고 독자를 격려했다.

"추수감사절은 단순히 11월 마지막 주 수요일부터 금요일까지의 시기가 아니다. 추수감사절은 명절 이상의 의미가 있다. 혹은 그 어떤 특징으로도 규정지을 수 없는 때다. 그것은이 무엇인지는 마음의 상태에 달려 있다."

1932년 11월에 대공황기의 세 번째 추수감사절이 돌아오자 미국의 주부들과 그들이 읽는 여성 잡지의 논조는 엄청난 상실을 겪은 사람이 거치는 단계와 동일한 심리 단계(충격, 부정, 분노, 협상, 슬픔)를 거친 후, 정신적 고통으로 인한 변화의 가장 긴 단계(우울)에 머물렀다. 새로운 대통령 당선인 프랭클린 루스벨트는 백악관을 넘겨받을 준비를 하고 있었지만 "우리가 두려워해야 할 것은 두려움 그 자체뿐"임을 미국인에게 상기시키는 취임 연설을 할 때까진 아직 몇 달이 더 남아 있었다.

경제적 불안 속에서 허리띠를 졸라맨 추수감사절을 일곱 번 더 보내야 하고 그 뒤로는 5년간의 제2차 세계대전이 이어질 터였다. 우리 할머니들과 증조할머니들은 어떻게 침대에서 몸을 끌고 나와 아침식사로 빵을 구웠을까? 켄터키에 살던 내 할머니가 분홍색 셔닐 목욕 가운과 슬리퍼 차림으로 빵 반죽을 미는 이미지는 내 마음의 기억 보관소 속에서 역경을 겪으면서도 잃지 않는 품위를 대변하는 모습이 되었다.

당신이 미래에 대한 두려움과 현재 상황에 대한 슬픔을 안고 추수감사절을 맞이할지도 모르겠다. 깊은 낙담이 밀려들 때 나는 과거의 영웅적인 여성들을 생각하며 위안을 찾는다. 내 가족뿐만 아니라 여성 정착민, 탐험가, 모험가, 북미 원주민, 대초원의 주부를 포함한 모든 여성들을 떠올린다. 그들은 사랑하는 사람들을 위해 가정을 꾸리려고 황무지와 어려운 시절을 길들였다. 나는 특히 처음 미국으로 이주한 영국 청교도 여성들에 대해 명상하기를 좋아한다.

메이플라워호에 탄 여성은 열여덟 명이었고 영국에서 매사추세츠까지 항해하는 동안 아무도 죽지 않았지만, 혹독한 겨울과 씨를 뿌리는 봄과 수확을 하는 가을을 거치고 살아남은 여성은 단 네 명뿐이었다. 지칠 대로 지친 네 명의 여성은 50명의 남성과 아이를 매일 돌봐야 했다.

남성들이 집과 마을을 짓는 데 거의 모든 힘을 쏟는 가운데 여성들이 해야 할 일들이 수없이 많았고 그들은 교대로 일했다. 청소와 요리 이외에도 밭을 갈고, 곡식과 채소를 심고, 저장식품을 만들어서 보관하고,

가축을 돌보고, 동물 기름으로 비누와 초를 만들고, 아픈 사람을 간호하고, 약초로 약을 만들어야 했다. 일이 너무 많아서 그들은 하루하루의 은총에 기대어 살았다. 쟁기질을 하다가 쓰러져 죽거나 긴 여정에서 걸린 병 때문에 한밤중에 식은땀을 흘리며 죽지 않으면, 그들은 계속 살아가라는 신의 뜻이라고 여겼다. 그들의 생각이 옳았다.

나는 이 진실의 핵심인 소박함을 좋아한다. 때로 살다 보면 우리가 할 수 있는 것은 말 그대로 침대에서 한 발을 빼고 다시 다른 발을 빼는 것뿐이다. 나는 당신이 아침에 잠에서 깬다면 그것은 계속 살아가라는 뜻이라고 생각한다. 하고 싶은 것을 하고 잘못한 것이 있으면 보여 달라고 하늘에 요청하면서 계속 살아가는 것이다. 하나님은 우리가 혼자서 세상을 헤쳐나갈 수 없다는 것을 알기에 우리가 요청하면 우리를 도우고자 하는 섭리가 있다.

이는 모든 여성에게 태어날 때부터 주어진 동일한 선물이다. 우리는 축복받은 DNA를, 회복력과 힘과 독창성과 창조성과 인내와 결의의 유전 암호를 가지고 태어났다. 우리의 운명, 천성, 영감은 하늘이 준 것이다. 그런데 왜 우리는 그것을 이행할 수단을 받지 않았을까?

역사적 관심은 이 거칠고 아름다운 땅으로 간 청교도 이주민들과 초기 정착민들에게 집중돼 있지만, 우리는 청교도 이주민들이 도착하기 전 이곳에 있던 여성들을 간과하면 안 된다. 원주민 연구자이자 운동가인 디나 길리오 휘터커는 북미 원주민 여성들의 영웅적 자질과 인간성에 대한 우리 시야를 넓혀준다. 휘터커는 우리가 알아야 하는 북미 원주민 여성들의 진정한 이야기를 들려준다. 난예이히(낸시 워드)는 '기가우'라는 칭호를 받은 체로키족의 지도자였다. 휘터커는 이 말이 '가장 사랑받는 여성'과 '전쟁터에서의 위대한 여성'이라는 뜻이라고 설명한다. 그녀는 위대한 공적을 세웠지만 우리는 그녀의 공적보다 지혜가 영원히 남기를 바란다. 휘터커의 글에 따르면 1781년에 홀스턴 협정을 논의하는 동안 난예이히는 미국의 조약 위원들에게 "우리는 어머니이고 … 당신들은 우리 아들이다"라고 상기시켰다.

그러니 당신이 올해의 추수감사절 주간에 요리를 하고 식탁을 차리는 동안, 친구들과 사랑하는 사람들과 함께 모이는 자리를 준비하는 동안, 마음을 불안하게 하거나 괴롭히는 일이 벌어지면 내가 하는 것처럼 깊게 숨을 들이마시고 자신에게 몇 가지 질문을 던지자.

오늘 내 가족은 안전한가?
오늘 우리 머리 위에 지붕이 있는가?
오늘 내가 난방을 위해 장작을 패야 하는가?
오늘 내가 2킬로미터 떨어진 개울에서 물을 길어와야 하는가?
오늘 내가 우리의 식사를 위해 칠면조를 죽여야 하는가?

내가 좋아하는 인용구 중 하나는 《레이디스 홈 저널》 1932년 10월호에 나오는 말이다. "돈이 넘쳐날 때는 남성의 세상이 된다. 돈이 부족할 때는 여성의 세상이 된다. 만사가 실패로 돌아간 듯 보일 때 여성의 본능이 두드러진다. 여성은 주저앉아 있지 않고 일자리를 얻는다. 그런 여성이 있기에 온갖 어려움이 일어나도 세상이 돌아가는 것이다."

정말 고맙게도 절대 변하지 않는 것도 있다.

# 11월 27일

## 난관에 부딪쳤을 때야말로 자신을 돌볼 때다

이제 여성은 시선을 돌려 내면의 힘을 찾는 개척자가 돼야 한다.
어떤 면에서 여성은 늘 개척자였다.
— 앤 모로 린드버그
미국의 선구적인 여류 비행사이자 작가

먹고살기 힘든 요즘이지만 우리 세대의 여성만 이런 어려운 시절을 겪는 것은 아니다. 과거의 수많은 여성이 갖은 고난을 이겨내고 풍요를 누렸다는 점을 알면 위안이 된다. 대공황의 암흑기에 《레이디스 홈 저널》 1932년 10월호 사설은 경제적 번영 못지않게 삶의 번영이 중요하다고 주장했다. 하지만 이 기사는 다음 사항을 강조했다. "기존 방법으로 최선을 다하려는 노력만으로는 부족하다. … 돈에 대해 새로운 가치관을 배워야 한다. 개척해야 할 때다. 가정과 가족을 보호할 새로운 안전 조치를 만들어야 한다."

나는 위의 글을 25년여 전에 발견했다. 완전한 어둠 속에서 내 신성한 소명과 목적이 무엇인지 알아내려고 발버둥 치던 시기였다. 돌이켜 생각하니 내가 그 문단을 수첩에 적은 것은 나를 위로하려는 노력이었음을 이제야 깨닫는다. 그 글이 다시 누군가의 눈에 띌 가능성이 거의 없어 보였기 때문이다. 아주 낙담해 있었다. 나는 마흔네 살에 완전히 실패자가 된 것 같았고 아무것도 이루지 못한 것 같았다. 그때까지 2년 넘게 책을 썼는데 미국의 모든 출판사를 알아봐도 출간하겠다는 곳이 없었다. 나는 많은 위로와 위안과 격려가 필요했는데 하늘 말고는 이야기할 곳이 없었고 하늘마저도 대화를 나누려 하지 않는 듯했다. 나는 날마다 빅토리아 시대 후기부터 1950년대까지 여성과 관련된 잡지를 모아놓은 내 보물상자를 들여다봤다. 날마다 그 상자에서 금을 캐냈기 때문에 상자를 광맥이라고 일컬었다. 글을 쓸 때 먼저 인용문을 찾아 첫머리에 넣은 다음에 그 부분이 나를 어디로 이끄는지 살펴본다. 그날 나는 개척자의 길에 들어섰다.

잡지에서 여성의 관점이 몇 십 년마다 바뀌는 것을 발견할 때마다 늘 깊은 감동을 받았다. 대공황 때는 가사의 중요성을 강조하다가 제2차 세계대전 때는 돌연 논조를 바꿔 앞치마를 벗고 공장의 작업 현장으로 가라고 촉구했다. 하지만 목표는 항상 독자들이 일상의 난관에 용기 있게 맞서도록 낙관주의나 희망을 알려주거나, 만족감을 찾는 방법을 알려주는 것이었다.

나는 특히 이런 책들에서 영감을 받은 가정 중심적인 의식을 아주 좋아했다. 커튼 치기, 부드러운 황금빛 조명 켜기, 이불 한 귀퉁이 접기, 시트를 데우기 위해 플란넬 덮개를 씌운 뜨거운 물주머니를 넣어놓기. 대체로 이름 없는 뛰어난 멘토들이 나를 위해 그랬듯이 내가 글에서 안전지대를 만들어 유지할 수 있다면, 어쩌면 내가 바깥세상의 온갖 소란을 막아주는 안식처를 다른 여성들을 위해서 만들 수 있을 것이다.

우리는 즐거움을 위해 읽는다. 귀를 먹먹하게 하는 아우성부터 둔한 욱신거림까지 온갖 고통을 가라앉히기 위해 읽는다. 우리가 누구인지 잊기 위해 혹은 발견하기 위해 읽는다. 이해하기 위해 혹은 이해받기 위해 읽는다. 나도 그래서 읽는다.

지난 70년 동안 사회에서나 가정에서나 사회적·정치적·경제적 혼란이나 격변을 겪고 있는 여성에게 의욕을 북돋아 주어야 한다는 이야기들이 사라져버렸다. 여성은 항상 어떤 식으로든 세상을 돌봤지만, 우리는 자신을 돌보는 방법을 여전히 모른다. 우리가 우리를 돌보지 못하면 다른 사람도 돌보지 못한다. 내가 추구해온 것은 개척자가 이끄는 곳이라면 어디든 계속 나아갈 용기와 신성한 연결이다. 우리는 지난 수 세기 동안 아름답고 용감하고 영웅적인 여성들이 우리에게, 우리 딸에게, 우리 손녀에게 물려준 사랑의 유산을 잊지 못할 것이다. 그들은 과거의 쇠창살문을 통해 손을 뻗어 우리를 돌보고 멀리 나아가라고 격려한다.

그러니 나는 이번 추수감사절에 그 불굴의 정신을 내 사전에 있는 모든 단어로 기리고 찬양할 것이다. 돌보는 사람이라고 불리는 것은 세상에서 내가 하는 일에 대한 가장 아름다운 칭찬이고 기술이다.

## 11월 28일

### 명절의 풍요로움을 즐겨라

열린 집, 열린 마음, 풍년이 들었구나.

– 주디 핸드
미국 예술가

칠면조가 오븐에서 익어가면서 나는 냄새가 집 안에 가득하니 즐겁다. 과일을 잔뜩 채운 파이가 망 위에서 식고 있으니 든든하다. 대화, 어울림, 유쾌함이 이 정든 집의 곳곳을 완전히 바꿔놓고 있고 평화롭다.

곧 사랑하는 가족과 소중한 친구들이 식탁에 모여서 풍성한 은총에 기뻐하고 감사할 것이다. 나는 상을 차리면서 갓 세탁한 식탁보와 반짝이는 크리스털 잔과 빛나는 자기 그릇이 대변하는 사랑과 전통의 유산에 고마운 마음을 느낀다. 은 식기가 반질거리고, 촛불이 발갛게 타오르고, 꽃은 아름다움으로 기쁨을 준다.

좋다. 정말 좋다. 진정으로 소박한 풍요로움이 흐르는 이 순간을 붙잡자. 더할 나위 없는 만족감을 소중히 여기자. 모든 것을 베푼 신을 찬양하자. 영국의 소설가 토머스 하디는 저물어가는 가을날은 그 어떤 시기보다도 우리가 "황홀경에 가까운 영혼의 고지에서" 살 수 있는 내면의 계절을 만든다고 믿었다. 우리 영혼의 황홀한 조화를 기뻐하자.

오라, 고마운 자매들이여, 어서 오라. 풍성한 음식에 대해 감사기도를 드리자. 수확의 노래를 부르고 축배를 들고 기쁨이 넘쳐흐르는 가슴을 활짝 펴자. 감사할 것이 아주 많다. 웃을 이유가 대단히 많다. 서로 나눌 것이 엄청나게 많다. 워낙 풍성한 계절이므로 더 이상 갖고 싶은 것이 없다. 필요한 것을 전부 다 가졌다.

오, 사랑하는 신이시여, 우리에게 아주 많이 베푸시어 풍요로움이 넘칩니다. 바라옵건대 부디 하나만 더 주소서. 감사하는 마음을 선물하소서. 당신이 준 것을 영원히 잊지 않게 하소서.

# 11월 29일

## 건강하다면 세상이 당신의 발밑에 있다

**첫 번째 재산은 건강이다.**

- 랠프 월도 에머슨
미국의 철학자이자 시인

풍요의 계절을 축하하는 날이 끝나기 무섭게 우리 관심은 우리가 가진 것이 아니라 갖지 못한 것으로 향한다. 이유가 있다. 블랙프라이 데이(추수감사절의 다음 날. 연말 쇼핑 시즌을 알리는 시점–옮긴이)가 좀비 복장으로 다가오고, 사이버 월요일(추수감사절 휴일 후 첫 월요일. 온라인쇼핑몰에서 특별할인을 하는 날–옮긴이)이 그 뒤를 바짝 따라온다. 그렇다. 최대의 쇼핑 시즌이 다가왔다. 선물을 둘러보고 찾고 주문하고 구매할 정신없는 4주를 앞두고 돌연 우리는 결핍의 계절에 휩싸인다.

그러니 쇼핑몰에 가기 전에 현실을 점검하는 것이 우리 영혼에 유익하다. 우리가 받은 축복의 개수를 세어보는 것은 물론이고 축복 자체에 초점을 맞추면 된다. 앞으로 몇 주 동안 돈으로 많은 물건을 살 것이다. 하지만 가장 중요한 선물인 건강, 애정이 넘치고 힘을 주는 결혼생활, 건강한 아이들, 창작의 성취감, 내면의 평화는 돈으로 살 수는 없다. 우리가 이 점을 잊는 이유는 은혜를 모르는 인간이라서가 아니라 실생활의 요란함에 정신이 분산되기 때문이다.

지금은 기억해야 할 때다. 다음 두 가지 상황을 생각해보자. 앞서 말한 모든 기쁨을 보장받되 BMW를 포기해야 한다. 혹은 BMW와 사치스러운 집을 살 수 있는 돈을 보장받되, 실생활의 축복을 포기해야 한다. 둘 중 어느 쪽을 선택하겠는가?

오늘 되새겨볼 축복은 건강이다. 돈이 아무리 많아도 건강을 살 수는 없다. 돈으로 세계 최고의 치료를 받을 수 있지만 건강을 판매하는 곳은 없다. 건강은 값을 매길 수 없는 선물이지만 대부분의 여성이 아플 때까지 이를 당연히 여기고 고마운 줄 모른다. 랍비 해럴드 쿠슈너가 《현대인에게도 하나님이 필요한가?》에서 말한다. "한동안 아프다가 어느 날 아침에 몸이 나았다는 느낌을 받으며 깨는 것이야말로 가장 숭고한 경험이다. 그저 두통이나 치통에서 벗어나기만 해도 늘 당연하게 여기던 건강이 갑자기 놀라운 축복처럼 여겨진다." 오늘은 가진 것이 전혀 없어도 건강만 있으면 부유한 사람임을 깨닫자. 마음과 정신이 건강하고 활동력과 창조적인 에너지만 있으면 말 그대로 세상이 당신의 발밑에 있다. 건강하면 다 가진 셈이다.

하지만 건강은 단순히 병에 걸리지 않은 상태가 아니다. 건강은 활기, 정력, 많은 에너지, 마음의 평정, 명료한 정신, 지구력이다. 이런 선물은 기도로 요청해야 하며 신용카드로 구입할 수 없다.

비타민을 먹자. 건강에 대해 신에게 감사하고 더욱 건강하게 해달라고 요청하자. 내가 당신의 의식에 심어주고 싶은 딱 한 가지 교훈은 요청하라는 것이다. 요청하면 받을 것이다. 요청했는데 받지 못한다 해도 적어도 시도했다는 데 의미가 있다. 구체적으로 요청하자. 오늘은 크리스마스 시즌의 북새통에서 살아남는 것은 물론 그 시기를 즐기기 위해 필요한 창의적인 에너지와 체력을 달라고 요청하면 어떨까?

# 11월 30일

## 비상용품을 준비해보자: 조명기기

나는 빛이 가득한 낮에는 석양에 대해 생각하기 싫다.

- 샤키라

라틴계 팝스타·인도주의자·유니세프 친선대사

빛은 놀라운 기적 중 하나다. 우리는 빛이 있을 때 빛에 대해서 별로 생각하지 않는다. 하지만 어둠이 폭풍우를 달고 슬그머니 찾아오면 빛이 생활과 안전에 얼마나 중요한지 기억해낸다. 우리가 겨울밤을 편안히 보내는 동안, 비상용품함에 여분의 조명기기가 있는지 다시 한번 확인하자. 예비용 물품을 두 배로 늘리자.

초는 휴식과 로맨스를 위한 분위기 조성에 큰 역할을 하지만, 정전이 되고 강한 폭풍우가 몰아칠 때는 최적의 도구가 아니다. 비상용 조명기기는 밝을수록 좋다. 전기가 끊길 경우에 휴대용 전등과 골제로 회사의 크러시 라이트 랜턴, 비상용품함과 배낭이 있으면 집에서 별 문제 없이 지낼 수 있다. 크러시 라이트 같은 접이식 태양광 랜턴은 납작하게 눌러서 보관하며 태양광이나 작은 USB 케이블(포함)로 충전할 수 있다. 가볍고 가격이 적당하며 높은 밝기에서 3시간, 낮은 밝기에서 35시간 동안 지속해서 밝힐 수 있다. 독서용으로 적합하지 않지만 생활에는 무리가 없다.

- 비상용 조명기기는 골제로사의 홈페이지 *goalzero.com*에

서 구할 수 있다. 파퓰러메카닉스(www.popularmechanics.com/technology/gadgets/g3035/best-flashlight)는 손전등에 대한 자세한 설명을 제공한다. 맥라이트 브랜드는 각종 택티컬 손전등에 대한 내 관심을 채워줬다. 밝기를 조절할 수 있는 625루멘의 맥라이트 ML300LX 손전등은 어떤 상황에서도 어둠을 밝혀준다. 게다가 제품수명이 수년에 달한다.

- 건전지로 작동하는 랜턴은 실용적이지만 휴대성은 조금 떨어진다. 시중에 다양한 가격으로 나와 있지만, 나는 사면 패널 랜턴을 몇 개 가지고 있다. 모든 면에서 빛이 나온다. 나는 정전됐을 때 이 랜턴들로 현관과 보도를 밝혔다. 콜맨(coleman.com)처럼 당신이 아는 브랜드를 찾아보자. D 사이즈 건전지 여덟 개를 챙기는 것도 잊지 말자.

- 당신이 어떤 종류를 선택하든 모든 장비에 전력원이 필요하다는 것을 명심해야 한다. AAA부터 D까지 다양한 크기의 건전지를 보관해두면 어떤 상황에서나 도움이 될 것이다. 가족이 전자기기를 사용한다면(사실 우리 모두가 사용한다) 휴대용 보조배터리를 사놓는 것이 현명하다. 이 작은 기기로 휴대폰이나 태블릿을 충전할 수 있다. 〈뉴욕타임스〉 제품 리뷰 사이트인 와이어커터(thewirecutter.com/reviews/best-usb-c-battery-packs-and-power-banks)는 노트북도 충전할 수 있는 보조 배터리에 대한 아주 유용한 리뷰를 게재했다. 물론 보조 배터리가 당신이 사용하는 제품의 브랜드와 모델에 사용 가능한지 한 번 더 확인해야 한다.

내부 배터리도 다시 충전해야 한다는 것을 잊지 말자. 카메라맨 에런 로즈는 "적당한 빛이 있는 적당한 때에 모든 것이 놀라워진다"라고 말한다. 이제 무엇이든 영혼의 부적을 챙길 때다. 혹시라도 당신이 부적을 꺼낼 일이 생기면, 이것이 위기의 순간에 당신이 혼자가 아님을 일깨우는 상징적인 역할을 할 것이다.

# 11월에 느끼는 소박한 행복

화단백석이 떠오르는 달의 색깔을 상기시키듯이
11월의 어떤 날은 여름의 기억을 몽땅 불러일으킨다.
– 글래디스 태버
미국의 칼럼니스트이자 작가


🌾 북미 인디언의 전설에 따르면 우리가 밤에 잠을 잘 때 길몽과 악몽
이 우리 마음을 사로잡으려고 주변을 맴돈다. 밤에 숙면을 하고 싶
은 사람들을 위한 드림캐처라는 물건이 있는데, 이는 행복한 꿈이
통과해서 잠재의식으로 들어가도록 한가운데에 구멍을 내서 색실
로 짠 그물이다. 나쁜 꿈은 드림캐처에 걸려서 일출과 더불어 사라
진다. 북미 인디언이 만든 드림캐처 완제품과 만들기 재료 세트를
대형 공예품점과 기념품점에서 사거나 카탈로그를 통해 구입할 수
있다. 자수용 색실로 만든 그물을 자수용 작은 틀에 매달아서 직접
만들어도 좋다. 한가운데 꼭 구멍을 남겨놔야 한다. 화려한 색감의
구슬(초록색은 풍요, 빨간색은 사랑, 파란색은 치유와 보호, 보라색은 내
면의 힘)과 깃털을 넣어서 장식하자. 침대 위에 걸어놓자.


🌾 당신이 받은 은총을 글로 써서 처음으로 추수감사절에 제물로 바치
자. 이 활동은 진정으로 감사하는 것을 세심하게 생각해볼 수 있기

때문에 원기를 회복시키는 효과가 크다. 마샤 켈리와 잭 켈리가 편집한 《100가지 은총One Hundred Graces》을 참고하자.

🌾 추수감사절 전날에 바구니에 음식을 가득 넣어 노숙자나 여성을 위한 보호소에 가지고 가자. 가족 만찬을 최대한 옛날식으로 차리고, 가능하다면 칠면조를 먼저 내놓자. 하지만 무슨 음식을 내놓든 환영받을 것이다. 자녀가 있다면 장을 볼 때 데리고 가서 당신을 돕게 하고 직접 장바구니를 채워 가져오게 하자. 감사할 것이 아주 많다는 사실을 일깨우는 좋은 경험이 될 것이다.

🌾 메이시 백화점의 추수감사절 행진을 구경하자.

🌾 강림절 달력을 고르면서 즐거운 시간을 보내자.

🌾 명절 카드를 보낼 계획이라면 이번 주에 카드를 사거나 가족과 함께 만들어보자. 나는 지인들에게 신년 카드를 보낸다. 아무도 신년 카드를 기대하지 않기 때문이다. 나는 이 시기에 카드를 쓸 시간 여유가 생긴다.

🌾 "당신은 식전 기도를 올린다. 좋다. 하지만 나는 연극과 오페라 공연이 시작하기 전에, 콘서트나 팬터마임이 시작하기 전에 기도를 올린다. 책을 펼치기 전에 기도를 올린다. 스케치하기, 그리기, 수영, 산책, 놀기, 춤추기 전에 기도를 올린다. 그리고 펜을 잉크에 담

그기 전에 기도를 올린다." 영국의 작가이자 시인인 G. K. 체스터턴이 말한다. 감사일기를 다른 방식으로 활용하는 것도 좋은 아이디어다. 하루 동안 얼마나 많은 활동을 하는지 살펴보고 이 모든 기회가 당신에게 주어진 것에 감사하자.

🌾 추수감사절이 끝나자마자 명절 쇼핑을 서두르지 말자. 대신 칠면조 채소 수프를 만들고, 크리스마스 건포도 푸딩이나 기네스 케이크 같은 명절 디저트를 만들 때 필요한 재료를 적어보자. 강림절 화환을 만들고 여러 갈래로 나뉜 큰 촛대를 준비하고 크리스마스 음악을 듣자.

# 12월

## 자신에 대한 믿음을 꾸준히 지켜나가는 달

12월, 보석이 박힌 열두 달을 다른 해로
연결하는 반짝이는 다이아몬드 걸쇠.

– 필리스 니컬슨
영국의 회고록 집필자

12월의 선물인 관습, 예식, 축하, 정화는 종이와 리본이 아니라 소중한 추억으로 포장되어 온다. 12월은 기적의 달이다. 기름이 8일 동안 꺼지지 않고 타올랐고, 고귀한 아이가 마구간에서 태어났으며, 불가사의한 빛이 한 해 중 가장 길고 어두운 밤에 찾아왔다. 사랑이 있으면 기적이 일어난다. 기적이 있으면 크나큰 기쁨이 생긴다. 이제 소박한 풍요로움의 여섯 번째 은총인 '기쁨'의 금실로 만족감의 융단을 짤 때가 왔다. 마침내 당신은 진정성의 기적을 받아들이고 자신과 일상과 꿈과 운명을 보는 관점을 영원히 바꾸게 될 것이다. 평범하다고 생각하던 하루하루가 이제는 신성하게 여겨질 것이다

# 12월 1일

## 행운은 이미 내 안에 있다

주위에 마법이 너무 넘쳐흐르니 멈출 조치를 취해야 한다.

– 도로시 파커
알곤퀸 라운드 테이블의 창립 멤버

라이프스타일 잡지, 블로그, 인스타그램에 가득 찬 화려한 사진은 마법처럼 행운이 가득한 삶의 이미지를 끊임없이 주입한다. 우리 삶의 에너지를 앗아간다. 마법에 걸린 삶으로 가장 유명한 사람은 맥베스다. 그렇다면 곰곰이 생각해보자. 탐욕에 눈이 멀어 결국 스스로 목숨을 끊은 맥베스의 아내는 마법에 걸린 삶이 행운이라고 생각했을까?

사실 모든 사람은 매력적인 삶을 살고 있다. 한껏 포장된 다른 여성들의 삶에 대해 너무 많이 읽어서 정작 행복한 자신의 삶을 깨닫지 못하는 것뿐이다. 이를 깨닫기 위해 현대를 살아가는 전형적인 '보통여자'의 이야기를 들어보자.

보통여자에게 올해는 지옥 같은 나날이었다. 시종일관 안 좋은 일만 일어났다. 적어도 그래 보였다. 커미션을 받는 직업을 갖고 있어서 늘 돈이 빠듯했다. 아무리 열심히 일해도 수입이 불규칙했다.

금전적으로 여유가 없는지라 부부간에 불화가 생겼고, 예산안 협상 실패로 정부의 업무가 일시 정지되면서 남편의 임금 수급이 두 번이나 미뤄지자 갈등이 최고조에 달했다. 남편은 대형마트에서 임시직을 구했다. 이제 그는 밤낮으로 일했지만 한 곳에서만 임금을 받았다. 부부 사이에 대화가 거의 없었으며 그나마 이야기를 할 때도 아내가 더욱 안정적인 일자리를 찾아야 한다는 주제에 국한됐다. 보통여자는 자기 일을 좋아했고 능력이 있었다. 성공하려면 그저 시간이 조금 필요했을 뿐이다. 그런데 이제 시간이 촉박한 것 같다.

올해 보통여자는 만성질환으로 생긴 각종 통증에 시달렸다. 의사는 생활방식을 바꿔야 한다고 조언했다. 갑작스럽게 재발할 수 있으니 스트레스와 피로를 없애야 한다고 했다. 스트레스와 피로가 없는 날이 과연 올까? 사춘기 아들이 질풍노도의 시기를 지나고 있어서 특별히 신경을 써야 했다. 그래서 다른 아이들의 불만이 쌓였다. 게다가 지난봄에 친정아버지가 갑자기 돌아가셨다. 얼마 지나지 않아서 친정어머니가 뇌졸중으로 쓰러졌다. 도저히 친정어머니 혼자 생활할 수 있는 상태가 아니어서 어쩔 수 없이 요양원에 모셨다. 그나마 홀로된 시어머니는 친정어머니보다 처지가 나았다. 여름에 '임시로' 집으로 모셔왔는데 아직도 같이 살고 있다. 10대 딸은 할머니에게 방을 뺏겼다고 수시로 불평했다. 일반적으로 보통여자는 식탁에 앉아 있는 시어머니를 볼 때마다 친정어머니를 모실 수 없는 현실에 죄책감과 원망이 솟구쳤다. 보통여자는 녹초가 된 상태였다. 오늘 보통여자는 도저히 못 견디겠으니 날 좀 내버려두라고 듣고 있는 누군가에게 애원했다.

"그래, 맞는 말이야. 힘든 한해였지." 수호천사가 다정하게 말했다. "용기를 내. 누구나 살다 보면 힘든 때가 있기 마련이야. 하나님이 위로 휴가를 주실 거야. 이리 와서 다른 삶을 선택해봐. 다른 삶 대신에 힘-지혜-은총 세트를 선택해도 돼. 여기에는 시련을 이겨 내는 힘, 현실을 받아들이는 지혜, 현재 가진 것은 물론이고 과거에 거부한 것에 대해서도 감사하는 은총이 들어 있단다."

"행운이 따르는 삶을 선택하겠어요." 보통여자가 말했다.

"음, 행운이 따르는 삶이라…. 정말로? 그럼 뭐가 있는지 한번 살펴볼까?"

다음 순간 보통여자는 천상의 컴퓨터 앞에 앉아 있었고 늘 넘치는 행운 속에서 멋지게 사는 전 세계 여성들의 삶이 화면에 나타났다. 자주본 여성들이었지만 그들의 실제 삶은 대중에게 비친 모습처럼 화려하지 않았다. 천사는 원하는 삶과 바꿀 수 있으니 고르라고 말했다. 한 여자의 삶이 화면에 나왔다. "저 여자는 어때?" 인생 교환 상담사를 자처한 천사가 물었다. "편할 거야. 입주 가사도우미가 있거든. 그렇지만 정신없이 바쁘지. 아주 유명한 변호사인데 쌍둥이 딸들이 낭포성섬유증에 걸려서 얼마 전에 어쩔 수 없이 휴직했어."

보통여자는 다른 삶을 보여달라고 했다.

어느 아름다운 여성은 슈퍼스타인 남편에게 매일 맞고 살았다. 어느 여성은 음주 운전자가 낸 사고 때문에 아들이 식물인간이 됐다. 어느 여성은 불임으로 고생하다가 드디어 임신을 했는데 유방암이라는 진단을 받았다. 어느 유명한 여성의 남편은 세상이 다 아는 공인인데 바람둥이로 소문이 자자했다. 어느 여성의 남편은 주가 조작으로 교도소에 갈 판이었다.

보통여자는 화가 났다. "행운이 따르는 여성의 삶을 보여 달라고 했잖아요." 보통여자가 투덜거렸다. "그런데 왜 명품 옷을 입었을 뿐 엄청난 슬픔과 굴욕과 고통과 절망 속에 사는 여성들만 보여주는 거예요?"

"모두 네가 그렇게 열심히 읽는 잡지와 블로그에 행운이 따르는 삶이라고 떠들썩하게 소개된 여성들이란다. 여전히 보이는 대로 믿을래? 자, 이제 어떤 삶을 택할 거야?"

"힘과 지혜와 은총을 선택하기엔 너무 늦은 건가요?" 보통여자가 머뭇거리며 물었다.

"훌륭한 선택이야. 최근에 네 삶에 행운이 따른다는 소리 들어본 적 없니?"


## 12월 2일

### 힘든 날은 낮잠으로 이겨내보자

내가 30년 동안 여성의 영혼을 연구하고도
아직 답하지 못한 훌륭한 질문은 … "여성이 무엇을 원하는가?"이다.
– 지그문트 프로이트
오스트리아의 신경과 전문의이자 정신분석의 창시자

낮잠이요, 프로이트 박사님. 낮잠이랍니다.

오늘, 지금 당장 말이다. 좋다, 오늘이 아니라도 좋다. 적어도 일요일 오후만이라도 낮잠을 자고 싶다. 앞으로 나는 여덟 시간 동안 일하기, 여덟 시간 동한 휴식하기, 여덟 시간 동안 하고 싶은 것 하기를 규칙으로 삶을 것이다. 당신이 '하고 싶은 것 하기' 목록에 문을 닫아놓고 커튼을 다 닫은 채 아늑한 이불을 덮고 침대에 누워 즐기는 낮잠을 넣는다면 훌륭한 판단을 한 것이다.

낮잠과 잠을 헷갈리면 안 된다. 잠의 목적은 신체를 재충전하는 것이다. 낮잠의 목적은 영혼을 돌보는 것이다. 낮잠을 잘 때 눈은 쉬고 있지만 상상력은 솟아 나온다. 다음 경기에 나설 준비를 한다. 평범함과 신성함을, 가능한 일과 일어나지 않을 일을 분류하고 분리하고 걸러낸다. 노벨상 수상 소감을 연습하고 맥아더 지니어스상을 받을 때 지을 놀란 표정을 연습한다. 이런 상상을 하려면 누워 있어야 한다. 운이 좋으면 잠들겠지만 깊이 잠들지는 않을 것이다. 혼돈 상태에서 창조성을 길어낼 수 있을 정도로만 선잠을 자면 된다.

낮잠에 적합한 장소가 어디일까? 침실이다. 당신이 미혼이면 집 소파에서 자면 되고 아이들이 있으면 부모님 댁에 갈 때 아이들을 부모님에게 맡기고 부모님 댁 소파에서 자면 된다. 그러면 부모님은 불쌍한 엄마를 내버려두고 나가서 놀라고 아이들을 내보낼 것이다(당신이 어릴 때 듣던 말과 똑같다. 당신의 불쌍한 엄마도 혼자 있고 싶었다). 혹은 해먹이나 긴 의자, 해변의 파라솔 밑, 벽난로 앞 의자도 좋다.

낮잠은 얼마나 자는 게 적당할까? 개인적으로 나는 한 시간으로 정해놓고 있지만, 당신이 처음이라면 세상모르게 잠들지 않게 한 번에 30분 정도로 정해놓고 서서히 적응하는 것이 좋다. 언제라도 쉽게 낮잠에 빠지는 사람은 20분 정도 자면 기운이 솟는다고 말한다.

집에 어린아이들이 있다면 어떻게 해야 할까? 아이들이 낮잠을 잘 때 같이 자면 된다. 아이들이 낮잠을 자지 않으면 당장 자라고 단호하게 말하자.

사무실에서는 어떻게 낮잠을 잘까? 안타깝지만 사무실에서는 낮잠을 못 잔다. 사무실 문을 닫고 잠시 책상에 머리를 얹을 수는 있다. 이런 시간은 눈이 빠져나올 듯이 아플 때를 위해서 아껴야 한다. 그래서 일요일에 꼭 낮잠을 자야 하는 것이다. 남은 인생을 행복하게 살고 싶다면 낮잠이 필수다.

낮잠을 자는 습관을 어떻게 들여야 할까? 일요일 오후에 감자 껍질을 벗기고 오븐에 고기구이를 넣은 뒤에 세 시쯤 방으로 사라지자. 잠시 뒤에 나오겠다고 가족에게 확실히 말해놓자. 당신의 행방을 궁금해할 사람에게 혼자서 정리할 것이 있다고 말하자. 생산적인 일을 하는 것처럼 보이고 싶다면 마치 읽을 것처럼 신문, 아이패드, 책을 가지고 방에 들어가자. 이제 이불 밑으로 들어가자. 잘했다! 당신이 해냈다.

"아무리 힘든 날이라도 낮잠으로 이겨낼 수 있다." 미국의 스탠드업 코미디언인 캐리 스노가 주장한다. 아무리 멋진 날이라도 기분 좋은 휴식으로 더 멋져질 수 있다.

# 12월 3일

## 발병을 자신을 돌보는 기회로 삼아라

병은 우리가 가장 많이 주의를 기울이는 의사다.
우리는 친절함과 지식에는 약속만 하지만 고통에는 복종한다.
– 마르셀 프루스트
《잃어버린 시간을 찾아서》의 작가

"죽을 것 같은 느낌이 들고 몰골과 목소리가 형편없지요?" 의사가 내 검사 결과와 엑스레이를 살펴보면서 말했다. "다행히 심각한 병은 아니네요. 독감이 재발했고 부비강염과 늑막염이 있네요. 집에 가서 항생제를 먹고 몸이 완전히 좋아질 때까지 누워 계세요. 7일에서 10일은 쉬어야 할 겁니다." 기운 없는 목소리로 이미 3주 동안이나 독감을 앓았고 작업 일정이 너무 지연됐다고 항의하자 의사가 동정 어린 표정으로 고개를 끄덕였다. "그럼 집에 가서 약을 먹고 잠옷을 입으세요. 그러고 나서 아플 때 자신을 돌보는 것이 얼마나 중요한지에 대해 글을 쓰세요. 그렇지만 또 아파서 병원에 오면 가만 안 둘 거예요."

나는 의사가 말한 대로 했다. 뭐, 거의 비슷하게는 말이다. 지금 나는 몰래 숨어서 이 글을 쓰고 있다.

대부분의 여성이 아파도 침대에 누워 있지 않는 이유는 그럴 수 없기 때문이다. 아이들을 돌봐야 하고 일을 마무리해야 하며 밥을 지어야 한다. 우리가 아파도 삶은 계속된다. 그래서 쓰러질 때까지 휘청거리며 돌아다닌다. 어느 날 아침, 갑자기 꼼짝도 할 수 없는 데에는 다 이유가 있다. 아픈 것이다. 최대한 이삼일은 잠시 일에서 벗어난다. 남편과 아이가 걱정하며 필요한 것이 있냐고 물은 후 당신 혼자 쉬도록 조용히 문을 닫고 나간다. 엄마가 두 시간 이상 침대에 누워 있는 모습을 본 적이 없는 아이들이 수시로 문을 빼꼼히 열고 고개를 들이민다. "이제 좀 나아졌어요?" 명랑하게 묻는다. 자꾸 질문을 받으면 여전히 아파도 나아졌다고 말한다. 침대에서 나와 옷을 갈아입고 집안일을 할 준비를 한다. 삶은 계속되어야 한다.

그러나 때로 아예 일어날 수 없는 경우가 있다. 때로 너무 쇠약해져서 독감을 떨쳐버릴 수 없거나, 독감이 기관지염으로 발전했거나, 넘어져서 뼈가 부러졌다. 때로 상상도 못 한 소식을 듣는다. 유방에 혹이 생겼거나 백혈구 수치가 높거나 머리에 종양이 있거나 폐에 염증이 생겼다고 한다. 잠시 일을 쉬고 한숨 돌려서 될 일이 아니다. 당장 만사 제쳐두고 치료를 받으라는 지시를 받는다.

작가 플래너리 오코너는 어떤 면에서 병은 장기 유럽 여행보다 훨씬 유익한 경험이라고 여겼다. 함께하거나 따라오는 사람이 하나도 없는 상황이기 때문이다. 다음에 몸이 아프면 죄책감을 느끼지 말자. 만사가 당신의 통제 아래에 있다는 위험하고 정신 나간 착각을 버리자. 병을 악화시키지 말고 당장 활동을 멈추고 몸이 회복될 때까지 쉬면서 낯설지만 일시적인 우회로를 탐험하자. 호기심이 많은 여행자처럼 새로운 통찰에 마음을 열자.

내가 10년 전에 머리 부상을 당하지 않았다면 사업을 시작하거나 전국 신문에 칼럼을 게재하거나 책 열네 권을 내지 못했을 것이다. 거의 2년 동안 어쩔 수 없이 휴식을 취한 덕에 회복 후 새 인생을 시작할 기회가 생겼다. 우리가 배우려고만 하면 감기에서부터 암에 이르기까지 모든 병을 통해 긍정적인 교훈을 얻을 수 있다. 교훈은 단순할 수도, 심오할 수도 있다. 건강을 유지하기 위해 앞으로 자신을 잘 돌본다. 일상생활을 더 조화롭게 영위한다. 휴식과 일 사이에서 균형을 유지한다. 행복한 날들뿐만 아니라 힘든 날들 사이의 미세한 차이를 알아차린다. 치유는 물론이고 몸과 마음이 하나가 되도록 노력한다. 완전한 치유법뿐만 아니라 원인을 찾는다.

플래너리 오코너는 병의 긍정적인 면을 탐구했다. 그는 낭창으로 얻은 교훈을 통해 "병은 신의 수많은 자비 중 하나"라고 여기게 됐다. 우리가 평생 그 깨달음을 얻지 못할 수 있다. 그러나 다음에 몸이 안 좋거든 부디 동정심을 가지고 다정하게 자신을 돌보기 바란다. 그것만으로도 몸이 나아질 것이다.


## 12월 4일

## 즐거운 기분은 치유의 힘이 있다

이 세상에서 가장 행복한 사람은 회복 중인 환자다.

- 메리 웹
빅토리아 시대 영국의 로맨스소설 작가


"인플루엔자와 겨울꽃 갈란투스는 손을 잡고 온다. 자정과 새벽의 사이처럼 겨울의 끝에 활력이 최저로 떨어진다." 내가 좋아하는 영국 작가 필리스 니컬슨은 1941년에 이렇게 썼다.

"하지만 여기서 우리는 보상을 받는다. 최소한 편안하게 아플 수 있고 완전한 독립을 유지할 수 있다. 세상에서 최악의 상황은 병상에 누워 남이 시키는 대로 하면서 스트레스를 받는 것이다. 라디에이터, 전기 히터, 손 닿는 곳에 있는 전화, 개인 욕실이 있는 따뜻하고 편한 방에 있다니 우리는 참으로 복을 받았다. 우리는 따뜻한 음료를 만들 수 있고 보온 물주머니에 새로 뜨거운 물을 채울 수 있고, 식료품점 주인에게 전화를 할 수 있다. 그러면서도 바깥세상과 분리돼 있을 수 있다."

쓰러지기 직전일 때 여성이 제일 생각하기 싫은 것은 자신의 끔찍한 모습이다. 빠져나올 것 같은 눈, 콧물이 흐르는 빨간 코, 쉰소리가 나는 목, 마른기침. 잠깐 나는 열이면 발그레하니 보기 좋을 수도 있다. 하지만 정말로 아프면 혼자 있고 싶은 마음과, 보살핌과 다정한 손길을 받고 싶은 마음 사이에서 갈등한다.

다행히 많은 해결책이 바로 가까이에 있다. 가게에 가려고 기를 쓰지 않아도 된다. 사람을 부르지 않아도 된다. 비상용품함 문만 열면 필수품이 가득한 커다란 사각 바구니가 있다. 이런 날을 대비해서 준비한 것이다. 바구니를 꺼내서 회복할 준비를 마치자.

먼저 잠을 잘 준비를 하자. 가볍고 헐렁한 옷으로 갈아입는다. 내가 매년 감기에 무릎을 꿇을 때 입는 옷은 아무것이나 가장 먼저 손에 잡히는 오래되고 깨끗한 옷이 아니다.

대신에 나는 잘 개서 라벤더향 종이로 싸놓은 편안한 면 잠옷을 바구니에서 찾는다. 10년 넘게 입었지만 시간이 지날수록 아름다움과 광택이 더해졌다. 그렇지 않아도 아픈 팔다리를 달라붙고 조이는 옷에 가두지 말자. 침구류도 마찬가지다. 잠꾸러기에게 필요한 것은 어깨까지 덮거나 발로 찰 수 있는 가볍고 얇은 이불들이다. 좌우로 뒤척일 때 껴안을 수 있게 아주 편한 베개를 몇 개 옆에 두자. 베개를 하나 덧대 머리를 높이자. 여분의 시트와 담요와 잠옷을 가까이 두고, 불편하거나 덮거나 땀이 나거나 악취가 나면 바로 시트를 갈고 잠옷을 갈아입자. 그런 수고를 할 가치가 있다. 하지만 정말로 가치가 있는 것은 건강할 때 아픈 날을 위한 계획을 세우는 것이다. 이 준비가 불필요하다고 생각할지 모르지만, 나중에 한바탕 심하게 병치레를 하면 열에 들뜬 상태에서 내 말을 들었으면 훨씬 수월했으리라고 생각하게 될 것이다.

이제 내 시선이 향한 곳은 보온 물주머니다. 옛날 영국의 흑백영화에서 침대 발치에 두는 것이 대체 무엇인지 항상 궁금해했던 사람을 위해 말하자면, 그것은 뜨거운 물을 넣어 그 열기로 몸을 따뜻하게 하는 물주머니다. 천 커버가 씌워져 있는 보온 물주머니를 하나 사자. 돈을 펑펑 써도 되는 선물이라면 캐시미어 커버를 선택하면 된다. 뜨거운 물주머니가 불러오는 편안함과 기쁨은 말로 다 할 수 없다. 인생 최고의 소비라고 사람들에게 자랑하게 될 것이다.

아플 때 상쾌하고 깨끗하게 지내는 것이 불가능해 보이지만, 얼마든지 가능하고 기분도 아주 좋아진다. 내가 어릴 때 어머니는 내 팔과 얼굴과 목을 젖은 천으로 닦아줬다. 엄마는 그것을 '병 닦아 내기'라고 불렀다. 나는 항상 그 말을 믿었다. 나중에 내 딸이 아플 때 그 사랑의 의식을 해주면 내 딸도 나처럼 그 말을 믿었다. 하지만 당신이 기운이 있다면 따뜻한 물로 오래 샤워를 하거나 유칼립투스향이 나는 목욕용 젤과 샴푸를 사용한다면 호흡기 질환에 놀라운 효과가 있을 것이다. 나는 가습기를 사용해서 침실이 건조하지 않게 한다. 라벤더나 유칼립투스나 페퍼민트 오일, 말린 로즈메리나 라벤더, 곱게 간 시나몬 가루를 물에 조금 넣으면 방에 달콤한 향기가 가득해진다. 운 좋게도 옛날식 라디에이터가 있는 건물에 산다면 라디에이터 위에 주전자를 올려놓아 보자. 빅토리아 시대의 유모가 아이를 위해 사용하던 방법이다.

불쌍하게도 코가 너무 아프다면 가장 부드러운 티슈를 사용하자. 립밤과 향긋한 스킨로션을 작고 예쁜 바구니에 담아 침대 옆 탁자에 올려놓자. 아르간 오일 립밤처럼 퓨어 아몬드 오일은 진정 효과가 있다. 이를 장미향 목캔디, 좋아하는 맛의 기침약, 아연 정제, 향이 나는 소금, 손톱을 다듬는 줄, 핀셋, 핸드크림, 손 소독제와 함께 둔다. 교도소에 갇힌 느낌 없이 병을 앓을 준비를 하자.

입술에 포진이 생기면 빨대로 음료를 마신다. 작은 단지에 꿀을 담아두고 조그마한 수저로 떠서 수시로 빨아먹는다.

손을 자주 씻어야 한다는 것을 명심하자(겨우내). 코가 막혀서 냄새를 못 맡는다고 해도 펌프 용기에 담긴 라벤더향 물비누는 손 씻기를 기억나게 한다. 손 소독제도 잊지 말자. 여기저기에 작은 용기의 손 소독제를 둔다. 유리잔과 컵을 씻고 행주를 자주 바꾼다. 많이 아픈데 혼자 산다면 더러운 컵을 그냥 플라스틱 대야에 담아둔다. 나중에 설거지해도 된다. 다른 걱정은 버리고 휴식과 회복에만 신경 쓰면 된다. 그래도 당신의 세균에 다시 감염되고 싶지는 않을 것이다. 그러니 매일 깨끗한 유리잔과 컵으로 바꿔서 사용하자.

모든 감기나 독감의 진행에는 단계가 있다. 눈이 너무 침침하고 열이 나서 글을 읽기가 힘들면, 마음을 달래고 즐거운 상상을 불러일으키는 음악을 듣자. 내가 지독한 감기를 앓을 때 조니 매시스가 고등학교 때처럼 곁에 있어 준 적이 있었다. 기분이 아주 좋았다. 한동안 보지 못한 친구를 만나면 즐거운 몽상에 빠지게 된다. 나는 낸시 드루의 소설 여러 권, '아치와 베로니카' 만화책 여러 권, 플리마켓에서 발견한 《세븐틴》 잡지 몇 권이 가득 든 '경이로운 해' 상자를 가지고 있다. 모두가 내가 기분이 나쁠 때 획획 훑어보기 좋은 재미있는 읽을거리들이다. 핵심은 당신이 아플 때 최대한 당신을 즐겁게 해주는 것이다.

"어른이 되면 아파 봤자 아무 소용없다는 것은 슬픈 진실이다. 그 이유를 알 것이다. 아플 때는 돌봐주는 엄마가 필요하기 때문이다." 어데어 라라가 회고록 《지구에 온 것을 환영해요, 엄마Welcome to Earth, Mom》에서 추억에 잠긴다. "걱정스레 이마를 짚던 그 손이 없으면, 당신이 정말로 아픈지 확인할 사람이 아무도 없다."

하지만 이제 우리는 현명해졌다. 스스로 자신을 돌보면 된다.

추신. 명절 선물로 '감기와 연애하기' 상자를 준비하는 것은 천재적인 발상이다. 운 좋게도 그 선물을 받은 사람은 당신에게 감사할 뿐만 아니라 당신의 영리함에 놀랄 것이다. 내용물을 담을 상자는 엣시 홈페이지(Etsy.com)의 결혼용품 항목에 있다.

# 12월 5일

## 사랑이 아닌 열정을 추구해라

키스는 쉼표나 물음표나 느낌표, 모든 것이 될 수 있다.
- 미스탱게트
프랑스 배우

모든 여성이 손 키스, 작별 키스, 진짜 키스, '문 잠가' 키스의 미묘한 차이를 안다.

아, 문 잠가 키스… 기억이 희미하고 아련하게 떠오른다. 사실 그 키스를 해본 지가 꽤 오래되었다. 현대 의학의 온갖 항생제를 투여해도 패혈성 인두염, 독감, 기관지염 같은 전염성 질환이 끈질기게 반복되는 계절이다. 지금 나는 이런 질환에 걸린 누구에게도 키스를 받고 싶은 마음이 없고 그들 역시 내게 키스를 받고 싶어 하지 않는다.

희소식은 사랑의 행위에 쏟지 못하는 소중한 에너지를 창조적인 작업에 쏟으면 된다는 것이다. 낭비하지 않으면 곤란할 일이 없을 것이다. 열정은 성 에너지와 창조 에너지에 불을 붙인다. 선택은 당신의 몫이다. 터놓고 말하지는 않지만, 모든 예술가들 전력을 다해서 책을 쓰고 영화를 만들고 연극을 연출하고 전시회 준비를 하고 콘서트 리허설을 하고 새 무용을 안무할 때 성욕이 사라진다고 한다. 솔직히 그런 순간에는 섹스에 전혀 신경 쓰지 않는다. 격렬하고 열정적으로 창작하면 격렬하고 열정적인 섹스에 대한 생각이 들어올 틈이 없다.

이 자연스러운 승화 과정은 반대로도 작용한다. 현재 사랑하는 사람이 없는가? 시무룩한 채로 시간을 낭비하고 있지 말자. 채워지지 않은 욕구에 사로잡혀 괴로워하지 말고 그 욕구의 의미를 진지하게 생각하자. 운명의 여신이 문을 두드리고 있다. 운명의 여신을 초대하자. 지금은 포기한 연극을 다시 시작하거나, 사진 강좌에 등록해 열심히 수강하거나, 중단한 학업을 다시 시작하거나, 셰퍼드 호텔에 투숙하거나, 진정한 자아와 사랑에 빠지기에 완벽한 때다. 자아 성취의 페로몬을 풍기는 여성이야말로 가장 섹시한 여성이다. 그러니 외로움을 없애줄 누군가를 곧 만나게 될 것이다.

열정적인 키스를 비롯한 온갖 즐거움, 즉 진정한 삶을 누리지 못하는 이유는 딱 한 가지다. 현실 때문이다. 스스로의 선택이든 상황에 몰려서든 우연이든, 모든 여성은 외로운 시기를 겪는다. 기운을 내자. 당신은 키스하고 싶은 사람을 아직 찾지 못했을 수도 있다. 당신이 키스하고 싶은 사람이 그럴 상황이 아닐 수도 있다. 때로 당신이 키스하고 싶은 사람이 오한과 열과 기침에 시달리며 침대에서 끙끙 앓고 있을 수도 있다.


## 12월 6일

### 모든 것이 다 잘될 것이다

누구에게나 희망이 있다. 어쨌든 죽지 않는 한
매일매일 희망을 겪으며 살아간다.

– 메리 베킷
아일랜드 작가

지칠 줄 모르는 파도가 밀려와 우리 머리를 때리고 가슴에 부딪치며 몸을 거세게 덮치고 최선의 방어를 무너뜨리려고 위협하는 밤이 있다. 해변의 모래언덕이 된 기분이 든다. 바닷물이 차갑고 어둡고 깊다. 술이나 약이나 음식이나 섹스나 쇼핑이나 일 등 과거에 효과가 있던 작전이 이제는 효과가 없고 오히려 위험한 역류를 가린다. 어떻게 해도 파도를 멈출 수 없어 보인다. 실망감에 빠져 죽지 않게 우리에게 줄을 던져 구해 줄 사람이 필요하다.

나는 이런 밤이 찾아와 흔들리는 믿음의 해변에 혼자 좌초된 느낌이 들면 13세기 영국의 신비주의자인 노리치의 줄리안이 쓴 기도문을 피난처로 삼는다.

다 잘될 것입니다.
다 잘될 것입니다.
모든 것이 다 잘될 것입니다.

신념을 담은 이 간단한 말이 위안을 주는 이유는 눈을 감은 후 내 영혼을 괴롭히는, 설명할 수 없고 표현할 수 없으며 해결할 수 없고 불공평하며 부인할 수 없는 어두운 슬픔을 위로하기 때문이다. 나는 기도문을 주문처럼 조용히 계속 읊조린다. 어차피 그 말의 의미를 이해할 수 없으므로 이해하려 하지 않는다. 이해할 수 없는 신비가 있다. 절대로 풀지 못할 신비가 있다. 영원히 알 수 없다.

그래서 나는 뜻을 알려고 하는 대신에 그저 그 말이 내 괴로운 마음과 지친 정신을 진정시킬 때까지 두다가 어느새 스르르 잠이 든다. 때로 납득이 안 될 때도 있다. 때로 전혀 말이 안 될 때도 있다. 어쨌든 다음 날이 올 때까지 이 밤을 견디면 우리 기대나 바람이나 믿음과는 다른 방식일지라도, 다 잘될 것이다.

다 잘될 것입니다.
다 잘될 것입니다.
모든 것이 다 잘될 것입니다.


# 12월 7일

## 소박한 풍요로움은 삶을 완전히 바꿔놓는다

과학이란 일상적인 생각의 개선일 뿐이다.
- 알베르트 아인슈타인
독일의 노벨상 수상자이자 이론물리학자


안다고 생각하는 것과 실제로 아는 것은 전혀 다르다. 표면상의 변화와 세포상의 변화의 격차만큼이나 상당한 차이가 있다. 새 분위기를 조성하려고 가구를 바꾸는 것은 표면상의 변화다. 반면에 지금 당신이 진정성을 찾으려고 하고 있는 활동은 DNA의 재배열이다. 즉 운명과 천성과 포부의 재배열이다. 이를 시작하면 새로운 삶을 얻게 된다.

이 책을 쓰기 시작할 때 일상생활에 감사, 소박함, 질서, 조화, 아름다움, 기쁨을 통합하면 결핍감이 사라지고 충만감이 커지리라는 것을 알았다. 그 정도면 충분할 것 같았다. 하지만 당시만 해도 나는 한 해 동안의 열정적이고 끈질긴 생각과 결합된 소박한 풍요로움의 힘을 알지 못했다. 창조적이고 영적인 삶의 행로인 진정성을 주제로 책을 쓰다 보니 필연적으로 내 삶이 바뀌었다.

종이에 적힌 아인슈타인의 수학 방정식 $E = mc^2$는 아무런 영향력이 없어 보인다. 그러나 이 방정식을 바탕으로 원자폭탄이 개발되었다.

마찬가지로 종이에 적힌 '감사 / 소박함 / 질서 / 조화 / 아름다움 / 기쁨 = 진정성'이라는 방정식은 아무런 영향력이 없어 보인다. 그러나 나는 이 방정식이 사람의 삶과 정신을 완전히 바꿔놓는다는 사실을 발견했다. 알아채지 못할 정도로 아주 깊은 내면에서 특정한 DNA가 불가사의하게 변형되는 것이다. 자신을 잘 안다고 생각한 즉시 진짜 그럴까 하고 의심하게 된다. 자아의 입장에서는 상당히 당혹스러운 상황이다.

에고의 뜻은 여러 가지다. 그중에서 나는 조지프 캠벨이 내린 정의가 가장 마음에 든다. 그는 에고란 "당신이 원한다고 생각하는 것, 당신이 믿는다고 생각하는 것, 당신이 할 수 있다고 생각하는 것, 당신이 사랑하기로 결정한 것, 당신이 생각하는 마땅한 자신의 모습"이라고 말했다. 에고는 진정성과 함께하면 모든 것을 잃는다. 에고는 당신의 운명과 천성과 포부를 대단히 강하게 억누르고 있다. 에고의 지배를 멈추게 하려면 신성한 폭발 이외에 방법이 없다.

걱정할 것 없다. 이때쯤이면 당신은 연쇄 반응을 일으킬 준비가 되었을 것이다.

물리학에서 핵융합이란 수소와 헬륨처럼 분리된 두 원소가 결합되는 현상이다. 높은 압력과 온도가 가해지면 수소와 헬륨이 완전히 다른 상태로 변하면서 태양처럼 강력한 에너지가 갑자기 방출된다. 이 과정을 거쳐서 별이 탄생한다.

진정성을 찾아가는 동안 핵융합과 비슷한 과정이 발생한다. 당신은 소박한 풍요로움의 여섯 가지 은총을 융합한다. 내면의 활동과 더불어 외면의 생활방식이 바뀐다. 아인슈타인은 이를 '일상적인 생각의 개선'이라고 불렀다. 그러고 나서 여섯 가지 은총에 실생활의 압력과 열정의 열기를 가하고 적어도 2년에서 3년 동안 곰곰이 생각한다. 결과가 궁금한가? 어느 날 변화 과정이 더 이상 내면에 머무를 수 없는 지점에 도달한다. 엄청나게 고조된 창의적인 에너지가 갑자기 방출돼 완전히 새로운 존재가 등장한다. 이 존재가 바로 당신의 진정한 자아, 즉 당신의 영혼이 눈에 보이는 형태로 나타난 모습이다.

이렇게 되면 "당신이 원한다고 생각하는 것, 당신이 믿는다고 생각하는 것, 당신이 할 수 있다고 생각하는 것, 당신이 사랑하기로 결정한 것, 당신이 생각하는 마땅한 자신의 모습"은 다른 여성의 것처럼 보일 것이다. 그 생각이 맞다. 이전의 모든 생각과 모습은 진정한 당신이 아니라 에고의 것이었다.

알베르트 아인슈타인은 열정적이고 끈질기게 우주의 근원을 탐구한 뒤에 "사물의 뒤에 깊숙이 감춰진 존재가 있다"라는 결론에 다다랐다. 열정적이고 끈질기게 진정한 모습을 찾는다면 당신도 이 같은 깨달음을 얻고 그 존재를 알게 될 것이다.

## 12월 8일

# 공상은 영혼의 선물이다

공상은 마음의 진공상태가 아니라
오히려 영혼의 충만함을 아는 1시간의 선물이다.

– 가스통 바슐라르
프랑스 철학자

어린 시절에 공상하지 말라는 훈계를 들었는가? 백일몽을 꾸지 말라고
야단맞았는가? 유감스럽게도 나도 그랬다. 현실적으로 생각하려는 충
동을 버리기까지 50년이 걸렸다. 창조적인 공상을 영혼의 선물로 생각
하고 존중했다면 얼마나 많은 일을 이루었을지 상상해보자.

백일몽은 상상력이 무럭무럭 자라서 하늘까지 닿을 수 있는 비옥한
토양이다. 백일몽은 상상력의 산실이며 공상과 시각화와 선견지명까지
가능하게 한다. 많은 사람이 백일몽을 환상이라고 생각하지만 환상은
일어남 직하지 않고 대체로 위험한 일을 대변한다. 환상은 완전히 유익
하고 치료 효과가 있다. 성적인 환상을 비롯해서 누구나 환상을 가지고
있다. 환상은 우리 그림자가 내면 홀로그램의 안전한 틀 안에서 용납될
수 없는 행동을 마음껏 하게 한다. 빌리 그레이엄은 어떤 여성에게 50
년 동안 결혼생활을 한 남편과 이혼할 생각을 해봤냐는 질문을 했다. 그
녀의 남편은 유명한 전도사였다. 그녀는 이혼을 고려한 적은 없지만 남
편을 죽이는 생각을 종종 했다고 대답했다.

공상의 기쁨을 경험하려면 먼저 백일몽을 꿔야 한다. 백일몽은 눈을

뜬 채로 현실에 대한 생각을 의식적으로 중단하는 것이다. 시인, 화가, 작가, 음악가, 과학자는 공상할 때의 생각이 진행 중인 창조적인 작업과 아무 상관이 없을지라도 공상을 할 때 뮤즈가 찾아온다는 것을 안다. 공상은 의식의 반대편 너머의 장막을 지나 경험되는 듯하다. 공상은 항상 즐겁지만 시간이 걸린다. 나는 적어도 15분 동안 백일몽을 꿔야 공상의 영역에 진입할 수 있다. 공상을 멈출 때 육체를 이탈했다가 돌아온 기분이 들면 공상을 한 것이다.

시각화는 백일몽의 가상현실이다. 미래에 이루고 싶은 긍정적인 상황을 무대에 꾸미는 것이다. 시각화를 할 때 장면을 최대한 사실적이고 세부적으로 만든다. 눈에 보이는 모습이 아주 사실적이어서 행복, 환희, 기쁨, 안도, 감사 같은 감정이 일어날 때까지 오감으로 장면을 채색한다. 잠재의식은 현실과 가상현실을 구분하지 못하기 때문에 일정한 시간 동안 의도적으로 시각화를 하면 일반적으로 원하는 결과가 나온다. 잠재의식은 영혼의 하인이다. 따라서 잠재의식은 영혼이 원하는 프로그램을 구체적으로 내놓기 위해 필요한 모든 행동과 상황을 구현하려고 노력한다. 잠재의식의 맥박은 믿음이다. 당신이 진짜로 믿는 꿈은 결국 실현된다.

선견지명은 초자연적인 이미지를 통해 보이는 신의 계시다. 일반적으로 선견지명은 성자, 신비주의자, 주술사의 영역이다. 이런 특별한 사람은 선견지명을 잘 다룰 수 있는 힘이 있기 때문이다. 백일몽을 통해서 선견지명이 생긴다고 해도 우리는 이를 제대로 일으킬 수 없다. 그러나 선견지명에 능통해진다면 이를 축복으로 생각하자. 선견지명은 삶의 방향을 완전히 극적으로 바꾸어놓는다. 선견지명을 접하고 나면 한 곳으로 돌아가거나 머물 수 없다. 엄청나게 도약해 급속히 앞으로 나가게 된다. 선견지명을 불러낼 수 있는 사람은 고립된 생활을 통해서 이러한 경험에 대비한다. 북미 원주민과 호주 원주민은 통과의례의 일환으로 영계와의 교류를 하기 위해 길을 떠났다. 이는 고대의 전통이기 때문에 현대를 살아가는 여성이 따르기는 어렵다. 영적 수양에 대해 조언하는 훌륭한 책이 많이 있다. 하지만 이런 책을 쓴 작가 중 대부분이 자녀가 없어서 힌두교의 아시람, 수녀원, 수도원, 하늘과 땅이 만나는 성지로 자유롭게 여행할 수 있었다. 반면에 오늘날의 여성은 이런 성스러운 장소를 일상생활에서 찾아야 한다. 지금까지 이 책에서 설명했듯이 기도, 명상, 혼자 있기, 감사, 소박함, 질서, 조화, 아름다움, 기쁨, 백일몽 같은 도구를 활용하면 된다. "꿈은 성전이다." 이탈리아 소설가 움베르토 에코가 《장미의 이름》에서 한 말이다. 우리가 신의 계시를 찾으려 노력하면 버스를 타고 가거나 빨래를 개는 도중에라도 발견하게 될 것이다.


## 12월 9일

### 꿈이 보내는 메시지를 해독해보자

꿈은 … 영혼이 당신에 대해 쓰는 책의 삽화다.

- 마샤 노먼
미국의 극작가·시나리오 작가·소설가


어젯밤에 나는 플리마켓에서 금과 은과 구리로 된 설탕 그릇 무더기 속에 감춰진 성배를 찾아 헤매는 꿈을 꿨다. 들고 있는지조차 모르던 분홍색 자기 꽃병이 콘크리트 바닥에 떨어져 산산조각 난 순간에 성배를 발견했지만 아이를 해변에 데려다주기 위해 천둥 번개가 내리치는 빗속으로 뛰어나가야 했다. 이 꿈에 숨겨진 메시지가 있을 것이 확실하지만 아직 생각할 시간이 없었다. 그래도 기회가 생겼을 때 예언을 찾아보려고 꿈의 내용을 써놓기는 했다.

나는 진정성을 추구하는 과정에서 이전에는 있는 줄도 몰랐던 총천연색 꿈을 여러 번 꿨다. 우리는 기억하지 못하지만 밤마다 꿈을 꾼다. 진정성을 추구하는 동안에 많은 꿈이 기억나기 시작해도 놀라지 말자. 우연이 아니다. 우리가 백일몽을 꾸면서 신의 계시를 기꺼이 받겠다는 의지를 전달하자 진정한 자아가 야경으로 답하는 것이다.

꿈은 우리가 지나온 길과 이유, 향하는 목적지, 그곳에 닿을 가장 쉬운 길을 보여주는 신성한 이야기다. 꿈은 중대한 실마리다. 밤마다 새로운 상형문자가 새겨지지만 이집트어는 아니다. 여기에 새겨진 글자는 익숙한 얼굴, 배경, 목적, 추구, 딜레마다. 우리가 시간을 내서 번역하기만 하면 된다. 꿈은 문제 해결사이기도 하다. 우리는 실행 방법이 혼란스럽거나 창조적인 방향이 필요할 때 꿈을 통해서 신의 도움을 구할 수 있다. 과학자, 발명가, 작가, 작곡가는 야경 속에서 진정한 자아와 창조적으로 브레인스토밍을 한다. 베토벤과 브람스는 한밤중에 침대에서 뛰어나와 악보를 그렸다. 헨리 데이비드 소로는 늘 베개 밑에 연필과 종이를 두었다. 새뮤얼 테일러 콜리지는 〈쿠블라 칸〉 시 전체를 꿈에서 받았으며 로버트 루이스 스티븐슨은 꿈속에서 《지킬 박사와 하이드 씨》의 줄거리를 짰다.

일반적으로 푹 잘 때와, 피곤하지 않은 상태 혹은 술과 약에 취하지 않은 상태에서 잠자리에 들 때 꾸는 꿈이 가장 유익한 정보를 제공한다. 자녀가 있어서 일어나자마자 펜을 들 수 없다면 몸을 일으키기 전에 조용히 누워서 꿈의 골자를 기억할 수 있도록 여러 번 생각하자. 아침에 꿈의 내용을 적을 시간이 있다면 기억나지 않는 상세한 사항까지 저절로 써져 놀라게 될 것이다. 그러나 여기에서 몇 시간만 지나면 생생한 야경이 어둠 속으로 사라져버린다.

카를 융은 꿈의 모든 등장인물이 자신의 여러 면이라고 주장했다. 그의 말이 사실이라면 어젯밤에 꾼 꿈은 내가 진정한 모습이 되기 위해서 계속 걸어야 할 길이 소박한 풍요로움의 길이라는 분명한 신호였다. 그 메시지는 나뿐만이 아니라 모든 여성을 위해 보내진 것이다.

성배는 우리의 진정성이다. 이는 집, 가족, 직장, 즐거움 등 우리에게 익숙한 것들 사이에 감춰져 반짝이고 있다. 하지만 보통 사람들은 귀한 금속으로 만들어진 설탕 그릇이 진짜 보물이라고 생각한다. 바닥에 떨어져 산산조각 난 꽃병은 신성함을 깨닫기 전의 우리 모습이었다. 우리의 진정성이 일상생활에서 드러나기 시작하지만 에고가 진정성을 부정하라고 우리를 몰아붙이면서 갑작스러운 폭풍이 발생한다. 우리는 겁이 나서 앞으로 걸어가지 못하고 해변에 모여 있는 어린이나 마찬가지다. 우리는 외롭고 무력감을 느낀다. 그러다가 고개를 드니 아름답고 강하고 용감한 진정한 자아가 우리를 향해 달려오고 있다. 진정한 자아는 우리를 부드럽게 안으며 두려워할 것이 없다고 안심시킨다. 지금까지 진정한 자아는 우리를 안전하게 데리고 왔다. 우리가 본래의 완전한 모습으로 돌아가도록 이끌었다. 집으로 돌아가도록 이끌었다.

# 문제없다고 생각한 곳에 문제가 있다

우리는 만사가 잘 돌아가고 있다고 자만할 때 가장 방심한다.

- 애니 딜러드

풀리처상을 수상한 작가

"삶은 환각이다." 제1차 세계대전에서 가장 악명 높았던 이중 스파이인 마타 하리는 1917년에 총살형을 당하기 전에 시선이 마주친 집행관에게 이렇게 고백했다. 믿든 말든 사람이 죽기 전에 하는 고백은 진실이라는 말이 있다. 결과적으로 마타 하리의 삶은 환각인 것이 분명하다. 그녀는 모든 남성이 열망하는 여자였다. 적어도 자신이 모든 통제권을 가지고 있다고 착각하는 바람에 정체를 들키기 전까지는 그랬다. 처음에 그녀는 프랑스 장교들을 유혹해서 군사기밀을 빼내 독일에 넘겼다. 그 다음에는 독일인들을 구슬러서 프랑스가 탐내는 정보를 얻었다. 그러나 이 유명한 요부는 환각이 영원히 지속될 수 없다는 것을 발견한 후 뼈저리게 후회했다. 환각이 한 줄기 연기와 함께 사라지고 나면 자신이 다른 사람보다 월등하지 않다는 것을 발견하게 될 것이다.

환각은 의식의 이중 스파이다. 에고는 진정한 자아가 자신보다 낫다는 사실을 생각조차 하기 싫어한다. 그래서 이성적인 마음을 유혹해서 현 상태를 유지하려 한다. 그가 이번에는 술을 끊을 것이고, 아이가 질풍노도의 시기를 지나고 있는 것뿐이며, 말다툼은 힘겨루기가 아니라 돈 때문에 생겼고, 조금만 더 열심히 노력하면 불가능한 일이 가능하다고 꼬드긴다. 맞는 말일 수 있다. 하지만 그렇지 않다면 당신이 자신을 배반하는 셈이다. 속임수가 성공하면 환각의 명수인 내면의 마타 하리는 진정한 자아를 죽이려고 접근해서는 삶을 조종할 수 있다고 당신을 설득한다.

우리는 삶을 조종할 수 없다. 하지만 조종당할 수는 있다. 집과 직장에서 몇 주는 일이 잘 흘러간다. 그러다가 갑자기 인간관계나 일이 마음대로 통제되지 않는다고 내심 생각한다. 우리가 제때 제 장소에 있을 수 있도록 만사를 완벽하게 해놓는다. 이어서 다른 사람의 행동과 특정한 결과를 통제할 수 있다는 생각에 중독되면 항상 이번이 마지막 주사라고 생각하는 마약중독자처럼 위험하기 짝이 없는 상태에 빠진다. 모든 것을 잘 통제하기만 하면 그날 하루, 계약, 마감일, 이혼, 죽음에 잘 대처할 수 있다고 생각한다. 그러나 그럴 수 없다. 통제 불능 상태에서 위험하게 회전하다가 추락하고 만다. 멜라니 비티는 《그냥 놓아버려라》에서 "우리가 통제하려는 것이 오히려 우리와 삶을 통제하게 된다"라고 말한다.

그리고 우리는 용케 파멸을 피해도 무너진 현실보다 환각을 상실한 것에 더욱 분노한다. 희소식은 나쁜 상황을 회복할 수 있다는 것이다. 그러자면 먼저 우리가 무의식적으로 자신을 배반했다는 사실을 깨달아야 한다.

처음부터 가지지 않은 것을 잃을 수는 없다. 이전이나 앞으로나 결코 모든 것을 통제할 수는 없다. 통제에 대한 환상을 버려야 상실감을 잊고 나아갈 수 있다. 당장은 어렵고 고통스럽겠지만 필연적인 결과를 있는 그대로 받아들이는 것이 진정한 균형을 이루는 첫 단계다. 멜라니 비티가 말한다. "통제하려고 노력하던 삶을 내려놓으면 더 나은 삶, 즉 관리할 수 있는 삶을 받는다."

## 12월 11일

### 한숨을 쉬며 걱정을 날려 보내라

우리가 듣는 대부분의 한숨은 편집되었다.

— 스타니스와프 예지 레츠
폴란드 시인

나는 버릇이 하나 있다. 전남편은 이 버릇을 미친 듯이 싫어했지만 나는 이 버릇 덕에 미치지 않고 제정신을 유지한다.

이는 한숨을 쉬는 버릇이다.

분명히 나는 의식하지 못할 때도 한숨을 많이 쉴 것이다. 어쨌든 나는 한숨을 쉬는 것을 의식할 때마다 심호흡을 하는데 여기에는 타당한 이유가 있음을 최근에 알게 됐다.

여성은 소리를 지르지 않으려고 한숨을 쉰다. 버럭버럭 소리를 지를 만한 경우가 하루 동안만 해도 여러 차례 생긴다. 그러나 세상은 소리 지르는 것이 옳지 않다고 생각한다.

그래서 우리는 한숨을 쉰다.

먼저 빠르고 날카롭게 숨을 들이마신다. 말다툼이나 실망, 대립이나 갈등, 긴 기다림이나 협조 부족 같은 현실을 들이마시면서 현 상황을 인정한다.

잠시 숨을 멈춘다.

그러고 나서 숨을 천천히 깊게 내쉰다. 당황, 초조, 좌절, 짜증, 실망, 후회 같은 반응을 내쉰다. 모두 내보낸다.

한숨은 수락한다는 조용한 표시다. 혹은 걱정을 멈추고 다른 생각으로 넘어간다는 표시다.

남편과 자녀가 있는 여성은 독신여성보다 훨씬 한숨을 많이 쉰다. 사람이 많으면 해결해야 하는 갈등이 생기기 마련이고 신경 써야 할 취향, 결핍, 욕구, 의지, 요구가 훨씬 많기 때문이다.

그러니 오늘 한숨을 쉬어야겠거든 참지 말고 천천히 심호흡하자. 감정을 드러내며 호흡하자. 한숨이 어려운 상황을 대처할 수 있게 해주는 뜨거운 공기라고 생각하자. 방출되지 않은 뜨거운 공기는 결국 폭발하며 증기로 상처를 입힌다. 하지만 안전밸브를 열어 증기를 빼내면 창조적인 에너지로 전환된다. 그러니 망설이지 말고 한숨을 쉬자. 죄책감을 느끼지 말고 한숨을 쉬자. 창피해하지 말고 한숨을 쉬자. 즐겁게 한숨을 쉬자.

한숨을 더 많이 쉬자, 여성들이여, 한숨을 더 많이 쉬자.

# 12월 12일

## 우리는 영적인 존재다

우리는 영적인 존재가 되려는 인간이 아니다.
우리는 인간이 되려는 영적인 존재다.
- 재클린 스몰
영국의 심리학자이자 작가

영국의 작가 D. H. 로런스는 여성이 인간인가라는 명제에 아주 관심이 많았으며 작품에서 이 주제를 자주 다뤘다. "남성은 여성을 동등한 존재, 치마를 입은 남성, 천사, 악마, 앳된 얼굴, 기계, 도구, 가슴, 자궁, 두 다리, 하인, 백과사전, 이상형, 외설적인 존재로 기꺼이 받아들인다. 그러나 남성은 여성이 인간, 성이 다른 진정한 인간이라는 사실만은 받아들이지 않는다."

남성이 여성을 인간으로 받아들이기 어려운 까닭은 여성이 인간이 아니기 때문일 것이다. 모든 여성이 마음속으로는 이 사실을 알고 있다. 하지만 여성은 종종 일상생활에서 자신의 신성함을 잊어버린다. "나는 한낱 인간일 뿐이야"라는 말로 변명하는 경우가 흔하다.

아니다, 우리는 한낱 인간이 아니다. 나는 오늘 아침에 한 웹사이트가 내가 실제 인간인지 확인해야 하니 여러 사진 중 횡단보도를 모두 찾으라고 요구하는 순간에 그 사실을 되새겨야 했다. 오늘 이런 터무니없는 일에 감정을 소비할 여력이 없다.

나는 딸이 아파서 학교에 가지 않은 날 아침에도 내가 영적인 존재임을 또다시 잊고 있었다. 딸을 병원에 데리고 가서 인두염 검사를 해야 하니 하루 종일 일을 못 할 터였다. 짜증이 났고 화가 났다. 케이트 때문이 아니라 실생활과 마감일 때문이었다. 할 일은 많은데 도움을 받을 길이 너무 적었기 때문이었다. 하지만 내가 또 하루가 엉망이 됐다는 생각에 한숨을 쉴 때 케이트는 내가 그러는 이유를 알았을까? 아니다. 케이트는 자신 때문이라고 오해했을 것이다.

영적인 존재는 실생활에서 우리를 미치게 만드는 것들이 대부분이 사소한 문제임을, 대참사가 아니라 짜증과 불편임을 안다.

영적인 존재는 딸아이를 병원에 데리고 갔다 와서 일하면 된다는 것을 안다. 영적인 존재는 마감일 같은 것은 존재하지 않음을 안다. 마감일은 세상의 시간인 크로노스다. 신은 무한한 시간인 카이로스만 알고 있을 뿐이다. 내가 잊지 않고 은총을 요청하면 마감일을 지킬 수 있을 것이다. 영적인 존재는 오늘 사소하지 않은 유일한 한 가지는 아픈 아이를 돌보고 위로하는 것임을 알고 있을 뿐이다.

영적인 존재가 오늘 아침에 명상을 했다면 딸이 아프다는 것도 알아차렸을 것이다.

구약성서는 사람이 천사보다 신분이 높게 태어났다고 말한다. 하지만 신이 세상을 창조하는 과정에서 절정의 순간은 여성의 탄생이었음을 잊지 말자. 여성이 탄생한 후 현명한 신은 더 이상 창조를 할 필요가 없다고 깨달았다. 이 우월한 존재가 세상을 구할 것이라고 여겼다.

신이 여성에게 거는 기대가 크다.

우리는 그 기대에 잘 부응해야 한다. 우리가 먼저 자신을 돌봐야, 사랑하는 사람을 돌볼 힘과 인내력이 생긴다.

내 경우에는 어머니 같은 영적인 존재에게 위로를 받아야 하는 좌절감이 있었다. 그러니 오늘 누군가 당신에게 인간이라는 것을 확인해달라고 하면 당신은 영적인 존재라고 당당하게 말하면 어떨까?

## 12월 13일

## 생일에는 한 해를 무사히 보낸 것을 축하해라

당신의 해는 계절을
셀 수 없는 해다.
당신이 몇 살인지
나는 결코 모르겠다.
– 비타 색빌웨스트
영국의 시인·소설가·정원 디자이너

책 사인회에 온 잠재적인 새 독자가 작가의 바로 앞에서 처음으로 책을 집어 들 때 작가는 항상 긴장한다. 《행복의 발견 365》가 처음 출간됐을 때 내 사인회에서 이런 순간을 자주 경험했다. 여성들은 페이지를 넘기면서 읽다가 빙그레 웃음을 지었다. 그리고 다른 여성들에게 고개를 끄덕였다. 모두가 유사 이래로 여성들이 서로에게 은밀하게 속내를 표현할 때 사용하는 표정과 몸짓이었다. 《행복의 발견 365》가 새로 나온 책이었기 때문에 나는 대단히 궁금했다. 어떤 내용이 독자들에게 이런 반응을 일으키는 것일까? 마침내 호기심을 이기지 못하고 몇몇 여성들에게 어떤 구절에 대해 이야기하는 중인지 물었다. "아, 생일날 받은 마사지 선물이요. 너무 완벽해요. 저도 그런 곳에서 그런 경험을 하고 싶거든요."

내가 그것을 안 이유는 내가 당신이고 당신이 나이기 때문일 것이다. 여성은 태어난 날짜만 다를 뿐 궁극적으로 쌍둥이다. 그리고 비록 책을 통해서이지만, 나는 드디어 우리가 서로를 발견해서 아주 기쁘다.

대부분의 생일은 즐겁다. 적어도 어릴 때 혹은 직접 준비하지 않아도 되는 때는 그렇다. 어릴 때는 당신이 아침에 일어나자마자 모든 사람이 법석을 떨면서 당신에게 선물을 주고 케이크에 불을 밝힌다. 그런데 어느 날 갑자기 엄마가 당신이 나이가 들었으니 이제 생일파티를 열지 않겠다고 선언한다(내 경우에는 열세 살이었다). 그러다가 기념할 만한 생일을 맞이하면 다시 생일파티를 연다. 열여섯 살, 열여덟 살, 스물한 살, 스물다섯 살, 서른 살, 서른다섯 살, 마흔 살, 쉰 살, 예순 살, 예순다섯 살, 일흔 살, 일흔다섯 살, 여든 살, 여든다섯 살, 아흔 살, 아흔다섯 살, 그리고 백 살. 백 살이 넘어가면 생일파티가 다시 연례행사가 된다. 음, 나는 백 살의 이정표를 목표로 삼고 있다. 내가 삶을 어떻게 살아야 하는지 알아내려면 그 정도 시간은 걸릴 것이다.

내 어머니는 네 명의 자녀에게 아주 멋진 생일파티를 열어줬고, 나중에 언니와 나는 어머니처럼 멋진 생일파티를 열려고 노력했다. 딸이 어릴 때, 나는 몇 달 전부터 딸의 생일파티를 계획했다. 테마 생일파티 혹은 생일 여행이 유행하던 1980년대였다. 댄스 스튜디오, 도자기 장식하기, 인형의 집 박물관에서 차 마시기, 조랑말타기, 수영하기, 볼링하기, 아이스 스케이트 타기, 주말에 모여 밤새도록 파티하기. 그리고 선물 주머니!

그때 생각이 나서 즐거운가?

우리는 파티가 언제 끝날지 알 수 있다. 생일파티의 주인공인 소녀가 지나치게 흥분하거나 피곤해하거나 너무 많은 당분을 섭취하면 파티가 끝이 난다. 소녀가 눈물을 흘리면 엄마는 부드럽게 한숨을 쉬며 말한다. "이미 끝났잖아. 내년에 또 하면 되지!"

올해 나는 공식적으로 특별한 나이에 도달한 여성이 됐다. 특별한 나이의 여성에게 생일은 거룩한 예식이 돼야 한다. 진심으로 하는 말이다.

명심할 점이 있다. 당신이 누릴 자격이 있는 생일 의식을 열어줄 수 있는 사람은 이 세상에서 당신뿐이다. 당신은 진정한 탐닉과 알찬 순간과 즐거운 소박함과 사색과 종결과 아름다움과 축하가 어우러지는 생일 의식을 누릴 자격이 있다. 당신을 사랑하는 많은 사람이 축하해주겠지만, 누구도 당신의 생일을 당신에게 필요한 방식으로 축하할 수는 없다.

그 이유는 아무도 당신이 살아온 한 해에 대해 제대로 아는 사람이 없기 때문이다. 아무도 당신과 하루하루를 함께 헤쳐가지 않았다. 하지만 당신은 그 나날을 직접 거쳤다. 당신은 자신이 묵묵히 견딘 고통을 안다. 당신은 절박한 기도를 안다. 위기에서 살아남은 후 당신의 영혼이 느낀 이루 말로 다 할 수 없는 고마움을 안다. 게다가 당신의 삶에서 한 해 한 해가 다르다. 당신의 서른두 번째 생일, 마흔여덟 번째 생일, 쉰아홉 번째 생일, 예순네 번째 생일, 예순아홉 번째 생일은 시작부터 그 전해와 다를 것이다.

배우자, 동거인, 애인, 아이, 친구, 동료가 최근에 당신의 삶에 일어난 일을 알 수는 있겠지만 그런 일이 당신에게 얼마나 깊은 영향을 끼쳤는지는 하늘과 당신의 영혼만 안다. 어쩌면 사랑하는 사람이 죽었거나 친구와의 관계가 소원해졌을 수 있다. 어쩌면 자녀가 독립해서 집에서 나갔거나 소중한 직업이 없어졌을 수 있다. 어쩌면 당신이나 사랑하는 사람이 얼마 전 병원에서 받은 진단의 충격에서 아직 벗어나지 못해서 밤낮으로 불안하고 두려울 수 있다. 어쩌면 재정적인 위기가 끝나지 않아서 앞으로 어떻게 살아야 할지 막막할 수도 있다. 당신이 겪은 상실에 의한 충격, 당신이 자신을 발견할 새로운 기회의 땅을 먼저 알아차려야 그것을 받아들이고 가로지르고 탐험할 수 있다.

당신에게 필요한 것은 활기 넘치는 가족파티가 아니라 혼자서 몇 시간 혹은 며칠 동안 변화와 이행의 신성함을 기억하고 존중하는 것일지도 모른다. 생일은 새로운 시작일 뿐만 아니라 개인적인 종결의 순간이다. 우리가 진정성을 찾으려면 이런 종결이 대단히 중요하다.

모든 생일은 중요한 이정표. 모든 나이가 사랑, 모험, 생존, 극복, 희망, 기쁨에 관한 365일의 교훈을 가져다준다. "우리는 세월이 지나면서 늙는 것이 아니라 날마다 더 새로워진다." 에밀리 디킨슨이 우리 모두의 마음속에 있는 생일을 맞은 소녀에게 말한다. 날마다 더 새로워진다니 확실히 축하하고 감사할 가치가 있다. 그러니 오늘, 내일, 혹은 연말이 당신의 생일이라면 생일 축하한다! 당신의 생일을 축하한다!

나는 내년에 대해 좋은 예감이 든다. 우리 삶의 최고의 해가 될 것 같다. 우리는 아주 멋진 생일을 누릴 자격이 분명히 있다.

# 12월 14일

## 자신을 칭찬하는 습관을 길러보자

그저 평범하게 보낸 하루라도 나 자신에게 상으로 금별 스티커를
줄 날이 올 것이다. 아주 좋은 성과를 얻게 되면
꾸준히 노력하라는 뜻으로 금별 스티커를 줄 날이 올 것이다.
그리고 더 이상 상으로 금별 스티커를 주지 않아도
잘해나갈 날이 올 것이다.

- 수 벤더
미국의 작가이자 도예가

나는 아직 금별 스티커가 필요 없는 단계에 도달하지 못했다. 다소 어려
운 일을 잘 달성하면 내게 반짝이는 5점짜리 금색별을 상으로 준다. 특
히 다른 사람에게 하듯이 나에게도 다정하고 친절하게 대해야 한다는
것을 기억할 때 상을 준다.

흑판과 분필을 쓰던 어린 시절에 금별은 작은 골판지 상자에 들어 있
었다. 상자 뚜껑을 열면 금박지로 된 별이 500개 들어 있었다. 풀이 발
린 뒷면은 빳빳했다. 하나씩 쌓이는 자그마한 가능성을 손가락으로 쓰
다듬노라면 자부심이 요동치는 소리가 들릴 것이다. 요즘에는 금별이
스티커로 나와서 옛날처럼 뒷면에 침을 바르면서 성공의 맛을 느끼지
못한다. 그래도 나는 예나 지금이나 금별을 좋아한다.

친한 친구 앤은 금별에 대해 나와 다른 추억을 가지고 있다. 앤의 어
머니는 8남매에게 각각 금별 차트를 만들어줬다. 매주 일요일에 저녁식
사를 한 후 모두 식당에 모여서 금별의 개수를 세면서 누가 한 주 동안

숙제를 잘했고 집안일을 잘 도왔으며 잘 씻었고 착하게 행동했는지 확인했다. 물론 그러지 못한 아이도 확인했다. 원래 금별 따기는 동기를 유발하는 놀이였다. 앤은 모든 부문에서 월등했고 '착한 소녀'의 전형이었지만, 강요에 의해서 금별을 따려고 노력하는 것이 재미없었다. 앤은 끊임없는 평가의 압박감이 견디기 힘들었다. 자부심이 없었고 금별 상자를 열기가 심리적으로나 감정적으로 힘들었다.

하지만 직접 자신에게 금별을 주면 상황이 아주 달라진다. 하루를 잘 보내고 상으로 금별을 일정표에 붙여놓으면 반짝이는 작은 별이 윙크를 하며 "잘했어!"라고 속삭인다. 나는 특히 나를 돌보는 새 활동을 시작하거나 포기한 활동을 다시 시작할 때 금별을 주는 것을 좋아한다. 예를 들자면 걷기, 창조적인 활동, 건강한 식습관, 땡땡이치기, 낮잠 자기, 명상, 속도 늦추기, 일과 놀이의 균형 유지 등이다. 마음은 굴뚝같지만 몸이 말을 안 들어서 갓길로 샐 때 금별로 마음을 다잡는 것이다.

하루하루가 아주 잘 굴러가는 때에는 금별이 필요 없다. 그러나 평범한 날이라도 반짝이는 5점짜리 금별이 붙어 있으면 훨씬 빛날 수 있다.


## 12월 15일

## 완벽한 크리스마스는 환상이다

우울은 늘 우리와 함께하는 무성하고 억센 잡초이지만,
기쁨은 가꿔야 한다.
— 바버라 홀랜드

우리는 총소리에 맞춰 뛰어나가는 단거리 육상 선수처럼 크리스마스 시즌을 맞으러 간다. 이번 주에는 크리스마스를 앞두고 해야 할 일의 목록이 스크루지 영감의 동업자인 제이컵 말리 유령의 쇠사슬처럼 길고 무거워지면서 여성의 어깨가 축 처지기 시작한다. 카드를 써서 보내야 하고, 선물을 사서 포장해서 보내야 하고, 크리스마스트리를 사서 장식해야 하고, 과자를 구워야 하고, 파티를 열어야 하고, 칠면조를 구워야 한다. 우리보다 위대한 신성한 힘이 도와주지 않는 한, 다음 주쯤이면 다들 지쳐 쓰러질 것이다. 그러니 독감이 크리스마스 철에 절정에 달하는 것이 당연하다. 마음 같아서는 크리스마스고 뭐고 아무것도 안 하고 그냥 지나가고 싶지만 현실적으로 불가능하다. 어쩌면 당신은 조금이라도 기분전환을 할 겸 좋아하는 잡지를 살지도 모른다. 전면을 장식한 완벽한 크리스마스 만찬의 사진들은 당신을 들뜨게 하지만 동시에 그 페이지를 넘기기도 전에 당신을 기죽게 한다.

최신호 월간 잡지들을 쌓아놓고 음료를 마시면서 보는 재미를 나보다 더 좋아한 사람은 없었을 것이다. 하지만 나를 진정으로 돌보기 시작하면서 이 취미를 포기했다. 특히 '최고의 크리스마스' 특집 기사를 피한다. 내 경험에 따르면 그런 기사는 허상이기 때문이다. 그래서 나는 이 폭로와 더불어 '여성의 기쁨'에 대해 이야기를 해봐야겠다고 생각한다.

"크리스마스는 1년에 단 한 번만 온다. 그 말을 요리 전문 기자들에게 절대 하지 말라." 유명한 영국의 음식 작가 엘리자베스 데이비드는 명절 에세이집 《엘리자베스 데이비드의 크리스마스Elizabeth David's

Christmas》를 이 말로 시작한다.

"요리 전문 기자들은 다르게 알고 있다. 그들에게는 크리스마스가 1년에 세 번 온다고 보면 거의 정확하다. 첫째, 8월 중순경이다. 그들이 화려한 월간 잡지에 조금이라도 기고하려면 요리법에 관한 기사를 준비해야 한다. 요리 과정을 담은 사진 촬영도 진행해야 한다. 다음은 9월 말경이다. 어떤 식으로든 독창적인(어쨌든 적어도 작년과 다른) 원고를 써야한다. 실제로 요리하는 과정에 관해 이런저런 조언을 하지만 내년을 위한 절약에 대해서는 언급하지 않는다. 월간 잡지에 기사를 쓰는 동안에 주간지나 와인 소식지나 일요신문이나 일간지에 기고할 또 다른 크리스마스 기사도 몇 개 써야 한다."

나는 크리스마스부터 새해까지 이어지는 기간에 대해 서술하는 엘리자베스 데이비드의 글을 매년 다시 읽는다. 이것은 내가 연말연시에 하는 아주 좋아하는 의식이다. 그녀의 진실하고 반어적인 통찰을 읽노라면 항상 절로 웃음이 나오고 고개를 끄덕이면서 동의하게 되기 때문이다.

"내 생각에 요리 전문 기자의 크리스마스 기사는 여기저기에서 필사적인 느낌이 분명히 드러난다. 어쨌든 요즘에 우리가 크리스마스를 보내는 방식을 보면 크리스마스가 사람들의 평정을 깨뜨리는 경향이 있다. 특히 케이터링, 요리, 선물, 나무, 장식 … 가게에서 미친 듯이 구매하는 손님… (이들을) 담당하는 사람들을 정신없게 한다. 크리스마스가 너무 과한 시즌, 너무 긴 시즌이 되었다. 이제는 크리스마스에 10일 이상 문을 닫는 것은 평범한 일이 되었다."

너무 과하고 너무 긴 시즌. 현실을 간결하고 극명하게 드러내는 말이다. 걱정하지 말자. 진실을 알게 되는 것만으로도 기분이 벌써 좋아지지 않는가?

　다시 화려한 잡지 이야기로 돌아가자. "내 삶이 잡지에 나온 삶 같으면 좋겠어"라고 말한 적 없는 여성이 있을까? 있을 수 있다. 내년 크리스마스 기사에 나올 사진을 위해 이틀간의 촬영에 필요한 홈데코 스타일리스트, 의상 스타일리스트, 헤어·메이크업 스타일리스트, 사진사, 많은 조수를 동원할 수 있는 여성이라면 말이다. 나는 화려한 크리스마스 잡지에 두 번 소개되면서 꽤 우쭐해했다. 그 기사를 보면 놀랍고 재미있다. 하지만 나는 자동차 백미러에 붙은 경고문 '사물이 거울에 보이는 것보다 가까이 있음'처럼 화려한 잡지에 '이번 호 사진에 나온 완벽한 라이프스타일은 모두 사실이 아님'이라는 경고문이 실려야 한다고 항상 생각했다.

　축제 분위기, 장식, 후한 선물, 파티, 가족 중심의 전통이 어우러진 오늘날의 크리스마스 행사는 빅토리아 시대인 19세기 중반 영국과 미국의 중산층에서 시작됐다. 전업주부이던 빅토리아 시대의 여성들은 7월에 크리스마스 준비를 시작했다. 하지만 1980년대와 1990년대에 이르자 여성은 크리스마스를 준비하는 동안에 다른 많은 일도 병행해야 했다. 그래서 우리는 매년 12월만 되면 정신없는 처지가 된다. 많은 여성이 이 시기에 고통스럽고 불안해한다. 눈물, 짜증, 괴성, 고함, 북적거림, 부산함, 돈 문제, 골치 아픈 관계에 시달린다.

　속도를 늦추고 이 시기의 진정한 의미를 생각한다면 진짜로 크리스마스의 기적이 일어나지 않을까?

　그러니 기운을 내자. 내가 위안과 기쁨의 선물을 전해줄 테니 기진맥진하거나 절망하거나 정신없이 서두르지 말자. 집에서 크리스마스를 보낸다면 당신에게 맞는 방식을 선택하자. 어떤 방식이든 상관없다. 올해 크리스마스에는 의식적으로 행복해지고 다정해지려고 노력하자. 성취감을 느끼고 관대해지고 평화로워지고 만족하고 기뻐하려고 노력하자. 평온하고 즐거워지려고 노력하자. 사랑하는 사람과 감정을 나누려고 노력하자.

아니면 그저 무의식적으로 만신창이가 되는 쪽을 선택할 수도 있다.

오늘은 당신의 한계를 인정하자. 한꺼번에 모든 일을 할 수는 없다. 앞으로 남은 단 열흘 만에 전부 준비하기란 불가능하다. 절대로!

이제 지난 크리스마스가 당신의 기대에 부응하지 못한 이유는 당신이 너무 많이, 너무 완벽하게 하려고 했기 때문임을 인정하자.

크리스마스 준비 목록을 살펴보자.

당신이 크리스마스를 좋아하는 이유와 관련된 항목만 선택하자. 두 개 이상의 항목을 삭제하자. 그러고 나면 창밖에서 부드럽게 내리는 흰 눈을 내다보고, 종소리와 즐거운 음악을 감상하고, 따뜻한 사과주와 칠면조 구이와 생강 쿠키의 향을 음미하고, 뜨거운 코코아와 집에서 만든 에그노그를 마시고, 매일 해 질 무렵에 크리스마스 소설을 읽고, 난로에서 장작이 타오르는 소리를 듣고, 사랑하는 사람의 영혼은 물론 당신의 영혼을 소중히 돌보는 관습을 되살릴 시간이 생길 것이다.

영국의 신비주의자 에벌린 언더힐이 조언한다. "나는 당신이 크리스마스를 맞아 정신없고 분주한 나날 속에서 영원의 의미를 조금이라도 접할 수 있기를 바란다. 늘 크리스마스는 이승과 저승이 절묘하게 섞여 있다는 느낌을 준다. 하긴 결국 그것이 크리스마스의 취지다!"

# 12월 16일

## 돈으로 살 수 없는 값진 크리스마스 선물을 준비하자

선물이 없으면 크리스마스가 아니야.

- 조 마치
루이자 메이 올컷의 《작은 아씨들》에서

조의 말이 맞다. 《작은 아씨들》에서 조가 선물을 살 돈이 전혀 없다고 투덜거리던 모습이 기억나는가?

크리스마스의 핵심은 선물이다.

늘 그랬다. 하지만 선물을 줄 생각을 하면 마음이 불편해진다. 사고 또 사야 하고 계속 돈이 나간다. 자녀에게 크리스마스의 의미를 기억하라고 충고하지만 정작 당신은 크리스마스의 혼란과 야단법석에 사로잡혀 의미를 기억하지 못한다.

오늘은 크리스마스 이야기에서 선물의 진짜 역할을 곰곰이 생각하자. 예수가 탄생할 때 받은 선물은 기적으로 포장이 돼 있었다. 그래서 온라인이나 대형할인점에서 그런 선물을 찾을 수 없는지도 모른다.

첫 번째 선물은 신의 선물로 조건 없는 사랑이었다. 두 번째 선물은 유대인 10대 소녀 미리암의 선물이었다. 가족과 친구들은 그녀를 마리아라고 불렀다. 그녀는 개인적인 욕심을 완전히 버린 이타심과 지상에 천국을 불러오려는 의지를 크리스마스 선물로 내주었다. 마리아의 약혼자인 요셉의 선물은 믿음과 신앙이었다. 요셉은 마리아가 다른 남자의 아이를 잉태한 것이 아니라고 믿었다. 요셉은 이 곤경을 헤치고 나갈 신의 계획이 있다고 생각했다. 아이는 용서를 가져왔다. '온전함'과 두 번째 기회, 세 번째 기회, 당신에게 필요한 수많은 기회를 가져왔다.

천사들의 선물은 위안·기쁨·평화의 소식과 두려워할 것이 없으니 기뻐하라는 확신이었다. 양치기 소년의 선물은 아량이었다. 가장 아끼던 양을 아기의 탄생 선물로 바쳤다. 여관집 안주인의 선물은 연민과 자선이었다. 그녀는 집이 없는 가족이 머물 따뜻하고 쾌적하며 안전한 장소를 제공했고, 산모와 갓난아기의 몸에 두르라고 가장 아끼는 침대보를 선뜻 내줬으며, 요셉에게 음식을 주고 당나귀에게 신선한 건초를 줬다.

동방박사 세 사람은 유대인 왕이 탄생한 곳을 찾아 별을 따라서 험난하고 머나먼 길을 여행했다. 세 현자는 점을 쳐서 '왕 중의 왕'이 태어나리라고 예언했다. 세 사람이 타고 온 낙타의 등에는 예수의 탄생을 축하하는 보물이 실려 있었다. 그러나 베들레헴에 도착하니 궁전이 아니라 말구유에 누워 있는 아기 왕자를 발견했다. 충격을 받은 그들은 황금과 유향과 몰약을 황급히 바쳤다. 하지만 그들의 진짜 선물은 경탄과 받아들임과 용기였다. 그들은 논리와 이성과 상식을 포기했기에 경탄의 뜻을 표했다. 불가능한 일을 받아들였기에 의구심을 누르고, 세상을 바꿀 아기를 찾아 없애려고 혈안이 된 헤롯 왕을 배신했다. 목숨을 버릴 용기가 있었기에 예수의 가족이 이집트의 안전한 피난처로 탈출하도록 도왔다.

그렇다. 크리스마스에는 선물이 중요하다. 무엇보다 선물이 중요하다. 그러나 물질적인 선물이 아니라 예수가 받은 것 같은 마음의 선물이어야 한다. 심금을 울리는 선물이어야 한다. 놀라움과 즐거움을 주는 선물이어야 한다. 평범함을 기적으로 전환하는 선물이어야 한다. 주는 사람과 받는 사람 모두의 영혼에 양식을 주는 선물이어야 한다. 완벽한 선물, 진정한 선물이어야 한다. 신, 겁먹은 10대 소녀, 소녀의 당황한 약혼자, 갓난아기, 천사, 양치기 소년, 여관집 안주인의 선물이어야 한다. 동방박사의 선물이어야 한다.

무조건적인 사랑, 이타심, 믿음, 신앙, 용서, 온전함, 두 번째 기회, 위안, 기쁨, 평화, 확신, 환희, 아량, 연민, 자선, 경탄, 인정, 용기

그런 선물을 주자. 진정으로 마음을 열고 그런 선물을 감사하게 받자. 선물이 없으면 크리스마스가 아니다.

## 12월 17일

### 가장 좋은 선물은 내 시간과 감정이다

우리는 사람들을 기쁘게 해줄 크리스마스 선물에
온통 둘러싸여 있는 동안 잠시 선물의 다른 면을 생각해봐야 한다.
결국 크리스마스 선물은 그저 감정의 징표이며, 우리가 주변 사람들의
행복을 위해 평소에 하는 노력이 더 중요하다.
- 《하우스 앤드 가든》, 1938년 12월호

우리가 사랑하는 이들은 올 크리스마스 선물로 배나무에 앉은 자고새를

간절히 기다리지는 않을 것이다. 하지만 사랑하는 모든 이들이 기뻐할 선물이 하나 있다. 바로 당신 자신이다. 안타깝게도 이 가장 개인적인 선물은 매우 비싸다. 점점 줄어드는 소중한 시간, 창조적인 에너지, 감정을 대량으로 써야 하기 때문이다. 차라리 멧비둘기 두 마리로 끝내는 것이 훨씬 쉬울 것이다('배나무에 앉은 자고새'는 캐럴 〈12일간의 크리스마스The Twelve Days of Christmas〉에 나오는 가사로, 12월 25일에는 사랑하는 사람에게 자고새를 선물 받고 그다음 날에는 멧비둘기를 선물 받는다. 이 캐럴은 크리스마스 축제 기간인 12월 25일부터 1월 5일까지 매일 하나씩 받은 선물을 노래한다—옮긴이).

그렇다고 해서 우리가 크리스마스 때 자신을 선물로 주기 싫어한다는 뜻이 아니다. 사실 우리는 그러고 싶은 마음이 간절하다. 하지만 두말할 것도 없이 제대로 하지 못하고 있다. 그래서 많은 여성이 크리스마스가 끝나고 장신구들을 상자에 담으면서 우울해하고 속상해한다. '어쩌자고 크리스마스를 또 망친 거야?'라고 생각한다.

한꺼번에 너무 많은 일을 떠맡기 때문이다. 온갖 의무와 약속과 해야할 일과 서로 충돌하는 요구가 우리를 짓누른다. 혼란스러운 마음의 첫 전조 증상은 "네, 물론이죠. 문제없어요"라는 대답이다. 모든 부탁을 들어주다가는 한도 끝도 없다.

일단 오늘부터 말일까지 모든 저녁 모임에 참석하지 말자. 정말 가고 싶은 친목 모임에만 가자. 평소에는 당신이 빠지면 금방 눈에 띄겠지만 크리스마스철에는 그렇지 않다. 당신처럼 다들 크리스마스 준비에 정신이 팔려서 당신이 빠져도 신경 쓰지 않을 것이다.

이제 선물 이야기를 하자. 결국 당신을 빈털터리로 만드는 반짝이고 예쁜 자질구레한 선물들은 사실 당신이 정말로 주고 싶은 선물의 상징일 뿐이다. 그러니 올해는 진짜 선물을 하면 어떨까? 캐럴 〈12일간의 크리스마스〉의 가사를 우리 상황에 맞게 바꿨다.

크리스마스 축제의 첫째 날, 나는 진정으로 사랑하는 사람들에게 완전한 관심을 선물로 줬네.
크리스마스 축제의 둘째 날, 나는 진정으로 사랑하는 사람들에게 열정을 선물로 줬네.
크리스마스 축제의 셋째 날, 나는 진정으로 사랑하는 사람들에게 창조적인 에너지를 선물로 줬네.
크리스마스 축제의 넷째 날, 나는 진정으로 사랑하는 사람들에게 이 계절의 소박한 즐거움을 선물로 줬네.
크리스마스 축제의 다섯째 날, 나는 진정으로 사랑하는 사람들에게 다정함을 선물로 줬네.
크리스마스 축제의 여섯째 날, 나는 진정으로 사랑하는 사람들에게 좋은 기운을 선물로 줬네.
크리스마스 축제의 일곱째 날, 나는 진정으로 사랑하는 사람들에게 아름다움을 선물로 줬네.
크리스마스 축제의 여덟째 날, 나는 진정으로 사랑하는 사람들에게 대화를 선물로 줬네.
크리스마스 축제의 아홉째 날, 나는 진정으로 사랑하는 사람들에게 놀라움을 선물로 줬네.
크리스마스 축제의 열째 날, 나는 진정으로 사랑하는 사람들에게 경이를 선물로 줬네.

크리스마스 축제의 열한째 날, 나는 진정으로 사랑하는 사람들에게 평화로운 분위기를 선물로 줬네.

크리스마스 축제의 열두째 날, 나는 진정으로 사랑하는 사람들에게 기쁨을 선물로 줬네.


# 12월 18일

## 바쁠수록 휴식이 필요하다

25년 전 크리스마스는 지금처럼 부담스럽지 않았다.
요란함이 덜했고, 선물을 덜 주고받았고, 몸이 덜 피곤했고,
영혼이 덜 피로했다. 무엇보다도 쓰레기가 덜 쌓였다.
- 마거릿 딜랜드
미국의 소설가이자 시인


잠시 차분히 앉아서 숨을 깊게 쉬고 웃으면서, 빅토리아 시대 크리스마스에 대한 마거릿 딜랜드의 놀라운 의견을 깊이 생각하자. 그녀는 한 세기 훨씬 전인 1904년에 이 글을 쓰면서 펜을 움켜쥔 양손을 쳐들었다.

딜랜드와 그녀 세대의 여성들에게 크리스마스는 무엇이었을까? 부담스러운 시기였을까? 요란한 시기였을까? 피곤한 시기였을까? 영혼이 피로해지는 시기였을까? 쓰레기가 쌓이는 시기였을까? 딜랜드가 평안하기를! 그녀가 크리스마스의 신이 되어 곧 다가올 크리스마스에 방문

한다면, 크리스마스의 악몽 속으로 들어왔다고 생각할 것이다.

나는 크리스마스 시즌이 되면 여성이 극단적인 두 가지 유형의 여성을 왔다 갔다 한다고 생각한다. 한쪽은 신성한 힐데가르트 폰 빙겐 수녀고 다른 한쪽은 메임 고모(영화 〈앤티 메임〉에 나오는 자유분방한 등장인물—옮긴이)다. 한순간 우리는 어마어마한 일들을 헤치고 나가는 동안 성자처럼 행동한다. 그러다가 다음 순간 화려한 빨간색 드레스에 몸을 욱여넣느라 기를 쓰고 그 옷이 잘 어울리면 좋아서 어쩔 줄 모른다.

나는 어쩌다가 이렇게 됐는지 모르겠지만 적어도 한 주를 잃어버렸다. 웬일인지 시간부터 창조적인 에너지, 정신적 여유, 예산까지 모든 것이 부족하다. 하지만 언제부터인가 당신은 늘 이런 식으로 크리스마스를 준비하고 있지는 않은가? 너무 기진맥진한 나머지 기적만 바라고 있지는 않은가? 기적은 너무 거대해서 당신은 그것을 상상조차 하지 못한다. 나는 그런 기적의 존재를 믿는다.

내가 좋아하는 '명절에 대한 사색'이라는 주제로 다시 돌아가자. 최초의 크리스마스가 그렇게 펼쳐진 데는 이유가 있었다. 고대의 어느 날 밤, 지치고 어찌할 바를 모르는 여관집 안주인이 사랑의 힘으로 움직이느라고 다른 일을 할 정신이 없었기 때문이다. 그녀는 곧 첫 출산을 앞둔 겁먹은 미혼의 10대 여성이 안심할 수 있게 임시변통으로 이것저것 준비했다. 그러다가 그녀는 세상을 완전히 바꿀 기적의 아이를 받아낸다. 이런 말을 하기는 좀 그렇지만, 나는 최초의 크리스마스이브에 하느님 아버지가 천국에 있었다는 점을 짚고 넘어가야겠다. 성모마리아는 땅에 있었다. 나는 여인이 북적이고 떠들썩한 식당에서 나와 급하게 방으로 올라가서 가방을 열고 가진 것 중에서 산모와 갓난아기에게 필요한 모든 것을 챙기려고 최선을 다하는 모습이 생생하게 보이는 듯하다. 여인은 침대보와 비단, 침대에 깔려 있던 담요, 아끼는 숄을 두 팔로 가득 끌어안는다.

또한 나는 상상 속에서 젊은 여성의 고마움이 담긴 웃음을 보고, 안도의 한숨을 듣고, 그녀가 흘리는 눈물을 맛본다. 헛간 냄새는 물론이고 나이 든 여인이 젊은 여성에게 힘내라고 먹이는 수프의 향까지 나는 듯하다. 나는 딸을 안으면서 그 두 여성이 서로의 존재에게서 느꼈을 안도감을 느낀다. 나는 나이 든 여인의 성스러운 선물인 아량과 젊은 여성의 감사가 훗날 역사상 가장 위대한 이야기가 되는 사건에서 하찮은 각주에 불과한 것이 아니라는 것을 안다. 경이는 그렇게 펼쳐진다.

때로 누군가가 여성이 잠시 멈추고 휴식을 취해야 할 때를 다정하게 상기시켜야 한다. 그래서 나는 당신과 나를 위해 작은 기도를 드리기로 했다.


용기의 여신이여, 꿈의 방직공이여, 크리스마스의 정신이여. 당신의 사랑으로 그녀의 괴로운 마음을 위로하시고, 이 저녁 그녀의 한숨을 들으소서. 이 사랑스러운 여성이 온갖 고난에서, 그녀를 압도하는 큰 시련과 그녀의 힘을 소진시키는 작은 시련에서 잠시 벗어나게 하소서. 그림자가 길어지는 동안 그녀의 슬픔이 사라지고 두려움이 희미해지게 하소서. 모든 양들을 보살피는 다정한 양치기시여, 양들이 어디에서 방황하든 위험 혹은 절망 속에서 초초해하거나 잠 못 들지 않게 하소서. 그녀의 곤두선 신경을 가라앉히시고 너무 오랫동안 용감하게 다른 사람들을 돌봐온 짐을 내리게 하소서.

길을 잃거나 지치거나 흩어진 그녀의 영혼을 되찾아 돌아오게 하소서. 이 밤의 몽상에서 우아함과 평온함과 쾌활함을 회복하게 하소서. 과로와 선의로 소모된 기운을 다시 채우게 하소서. 이 축복이 가득한 계절의 진정한 의미와 부유함으로 그녀의 영혼을 성장시키면서 그녀의 지갑도 부풀게 하소서. 그녀가 돌보는 모든 사람이 크리스마스, 하누카, 크완자에 부족함이 없도록 그녀가 해야 하는 모든 일에 끝없는 인내심과 한없는 열정을 불어넣으소서.

당신이 그녀를 위해 마련한 소박한 풍요로움 속에서 그녀가 누울 때 위안으로 둘러싸시고 안전으로 감싸소서. 그녀가 사랑하는 모든 것을, 특히 그녀가 안전을 걱정하는 사람들을 축복하고 보호하고 지키시고 어둠이 없어질 때까지 그들을 보살피소서. 그리고 아침의 기적이 오면, 그녀가 첫 번째 빛에 눈뜨게 하시고 비록 그녀의 기대와 달라도 만사가 잘 되리라는 깊은 깨달음을 얻게 하소서.

이 축복받은 여성이 그녀의 모든 노력이 헛수고가 아니었음을 알게 하소서. 이를 위해 우리는 마음에서 우러나온 가장 깊은 감사를 하늘에 바칩니다.

아멘.


어쩌면 당신은 신성한 힘, 지혜, 은총을 갈색 종이와 끈으로 단단하게 포장한 오늘의 선물에서 뜻밖의 축복을 발견할 수도 있을 것이다.

# 12월 19일

## 하루 만에 진정한 자신을 발견할 수는 없다

일단 진짜가 되면 다시는 가짜가 될 수 없단다.
영원히 진짜로 남는 거야.

− 마저리 윌리엄스
뉴베리상 수상 작가

크리스마스 날 아침, 벽에 걸린 양말에 토끼 인형이 들어 있었다. 두 발 사이에 호랑가시나무 가지가 끼워져 있는 토끼는 상당히 멋졌다. 통통했고 갈색 털에 흰색이 드문드문 섞여 있었으며 분홍색 공단이 덧대진 귀와 실로 된 수염이 달려 있었다. 소년은 아주 마음에 들어서 두 시간 내내 토끼 인형하고만 놀았다. 그런데 저녁에 친척들이 모여서 크리스마스트리 아래에 놓인 다른 멋진 선물 꾸러미를 풀자 소년은 새 선물에 마음을 뺏겼고 벨벳 토끼는 잊었다.

토끼는 오랫동안 아무 관심을 받지 못한 채 놀이방에 내팽개쳐져 있었다. 그래도 토끼는 신경 쓰지 않았다. 아주 나이가 많고 현명하며 경험 많은 말 인형과 오래도록 철학적인 대화를 나눌 수 있었기 때문이다. 토끼가 가장 좋아하는 대화 주제는 '진짜'가 되는 것이었다. 이 '진짜 되기'가 동화 《벨벳 토끼 인형》의 핵심이다. 마저리 윌리엄스가 1927년에 쓴 이 동화는 사랑이 지닌 변화의 힘을 환상적으로 담고 있다.

말은 질문을 퍼붓는 토끼에게 참을성 있게 설명한다. "무엇으로 만들어졌든 상관이 없단다. 너도 진짜가 될 수 있어. 아이가 너를 장난감으로만 생각하지 않고 오랫동안, 아주 오랫동안 너를 진심으로 사랑하면 너도 진짜가 될 수 있단다."

장난감이나 사람이나 진짜 되기는 하룻밤에 이루어지지 않는다. "진짜가 될 때쯤에는 털이 빠지고 눈알이 떨어지고 관절이 헐렁해지고 아주 누더기처럼 변해 있을 거야. 그래도 전혀 상관없단다. 진짜가 되면 절대로 추해 보이지 않으니까. 그것을 모르는 사람들도 있지만."

장난감이 진짜가 되려면 아이에게 진짜로 사랑을 받아야 한다. 우리가 진짜가 되려면 복잡하고 불확실한 현실의 삶을 사랑해야 한다. 토끼 인형처럼 우리는 진짜가 되기를 간절히 바란다. 진짜가 된 느낌을 알고 싶어 한다. 때로 아프다. 수염이 빠지고 꼬리가 떨어져 나간다는 생각만 해도 무섭다. 겉모양으로 판단하는 세상에 다 닳아빠져 분홍색이 된 코를 드러내기가 창피하다. 토끼 인형처럼 우리도 거북하고 불쾌한 경험 없이 진짜가 되기를 바란다.

기분 나쁜 경험을 겪지 않고 진짜가 되는 한 가지 방법은 서서히 진정한 자신의 모습으로 성장하는 것이다. 당신이 선반에 놓인 다른 장난감과 다른 점을 깨닫고 받아들이고 감사하면 진짜가 되는 과정이 시작된다. 내면의 지혜를 믿고 자신이 옳다고 생각하는 기준을 바탕으로 창의적인 선택을 하면 그 과정이 진행된다. 일상의 소소한 순간을 사랑할 줄 알게 되면 과정이 완전한 현실이 된다. 검은색 단추로 된 두 눈은 광택을 잃겠지만 이제 영혼을 들여다보게 된 두 창으로 아름다움만 보인다. 당신을 알고 사랑하는 사람들에게는 물론 모든 사람에게 진짜가 된다. 진정한 당신이 되는 것이다.

# 12월 20일

## 동지를 반성과 새 출발의 날로 기념해라

동지는 끝과 시작의 시기다. 당신의 불멸을 곰곰이 생각하는 시기다.
용서하고, 용서받고, 새롭게 출발하는 시기다. 깨어나는 시기다.

– 프레더릭 렌즈
미국의 불교 스승

고대에는 낮이 짧아지고 어두워지면 사람들은 점차 불안해하거나 우울
해했으며 태양이 사라질까 봐 걱정했다. 그들은 신으로 섬기는 태양이
없어지면 자신들도 사라지리라는 것을 알았다. 온기와 빛과 풍요의 근
원인 태양을 달래려고 한겨울의 의식을 치렀다. 성대한 잔치는 일 년 중
밤이 가장 긴 동지인 12월 21, 22일 즈음 절정에 달했다. 여성들은 녹색
나뭇잎을 모아서 집을 장식했고 정성 들여 마을 잔치를 준비했다. 남성
들은 커다란 모닥불을 지폈다. 태양 에너지를 상징하는 밝은 불꽃 주위
에서 음악과 춤을 한껏 즐기며 축제를 벌였다.

오늘날 동지를 기념하는 행사가 아주 대중화되고 있다. 종교를 믿지
않거나 영적 성장을 위한 탐구에 거부감을 느끼는 사람들은 자연의 축
제를 기리면서 인간보다 위대한 힘과 연결되고자 하는 깊고 원초적인
욕구를 충족한다. 그 힘을 무엇이라고 부르든지 상관없다. 고대 여성의
전통을 되살리는 여성은 동지를 위대한 어머니의 생일로 삼고 기념한
다. 많은 북미 인디언처럼 자연을 중요하게 여기는 사람은 대지와의 신
성한 연계를 기념한다. 남편과는 다른 종교를 믿거나 하누카와 크리스

마스 중 하나를 선택할 수 없는 여성은 동지를 온 가족이 모여 축하하는 중립적인 명절로 생각한다.

동지를 기념하는 의미 있는 방법은 이를 반성과 해방과 회복과 새 출발의 성스러운 시기로 여기는 것이다. "겨울은 위안과 맛있는 음식과 온기를 위한 시간이다. 친구의 손을 잡는 시간이고 옆에 앉아 이야기하는 시간이다. 겨울은 집을 위한 시간이다." 영국의 작가인 이디스 시트웰이 우리에게 일깨운다. 또한 동지는 언제 어떻게 시작됐는지 아무도 기억하지 못하는 가족의 오랜 불화를 해결하기 위해 화해의 편지를 보내는 때다. 오랫동안 마음속으로만 생각하고 미루던 사과의 편지를 보내는 때다. 혹은 그저 보고 싶다고 간단히 쓴 카드를 보내는 때다.


# 12월 21일

## 겨울음식을 먹으면서 계절을 즐겨보자

계절의 순환에 따라 각 계절 속에서 살아라. 그 계절의 공기를 마시고
그 계절의 음료를 마시고 그 계절의 과일을 먹어라. 각 계절의 영향에
몸을 맡겨라. 각 계절의 음식과 음료와 약초를 이용하라.

– 헨리 데이비드 소로
미국의 철학자이자 작가


바깥의 겨울 공기는 상쾌하고 가볍다. 살을 에는 듯이 쌀쌀하고 얼음같이 차갑다. 사람들은 어슬렁거리지 않는다. 빠른 걸음걸이는 크리스마

스 준비로 인해 분주해진 움직임을 그대로 드러낸다. 집에 들어와 문을 닫으면 겨울 공기는 따뜻하고 묵직하며 향기로워진다. 벽난로에서 타오르는 장작, 싱싱한 상록수, 알싸한 계피와 생강의 향기가 어우러진다. 만족감의 향기를 깊게 들이마신다.

겨울에 우리는 기대를 갖고 산다. 바깥 추위에 떨던 친구들이 따뜻한 환영을 받으면서 명절을 맞아 북적거리면서도 활기찬 집 안으로 들어온다. "1년 내내 이 집 에그노그가 정말 먹고 싶었어요." 영혼이 담긴 선물인 진심 어린 칭찬과 원기를 북돋는 에그노그를 주고받으면서 손님이 털어놓는다. 주방에서는 따뜻하고 거품이 많은 잔치용 술(향신료가 들어간 사과술과 진한 영국식 에일 맥주)이 겨울 추위에 언 손과 마음을 녹여준다. 식탁에는 칠면조구이, 햄구이, 치즈, 신성한 빵이 가득 차려져 있다. 다양한 연령대의 어린이들이 지팡이사탕, 알사탕, 호박 파이, 민스 파이, 사과 파이 같은 겨울철 음식 주위에 모여 있다.

영혼아, 마시고 음미해라. 평안히 쉬어라. 먹고 마시고 이 기쁨의 계절을 즐거워하라.

"가장 오래된 영적인 지혜는 예상할 수 있는 계절의 변화를 중심으로 생겨났다. 의식은 씨뿌리기, 수확하기, 빛과 어둠의 순환을 중심으로 돌아갔다." 조앤 보리센코가 작은 명상록 《주머니에 가득한 기적: 1년 내내 영혼을 돌보는 기도, 명상, 확언Pocketful of Miracles: Prayers, Meditations, and Affirmations to Nurture Your Spirit Every Day of the Year》에서 말한다. "계절의 리듬은 신체의 리듬과 서로 관련돼 있다. … 꿈꾸는 삶과 내면의 삶은 어두운 겨울에 꾸준히 성장한다. … 한 해를 끝내고 일을 마무리하고 성숙해진 영혼의 산물인 지혜와 용서를 수확한다."

수 세기 동안 중국 의술가를 비롯한 동양치료사들은 계절이 몸과 마음과 영혼에 미치는 영향을 고려해서 치료했다. 그러나 서양의학은 최근까지도 인간과 자연의 상징적인 관계를 무시했다. 이제 의사들은 겨울에 심각한 우울증을 겪는 사람은 어둠에 대단히 민감하다는 점을 인정한다. 몸의 균형을 유지해 건강을 되찾게 하는 빛 치료법도 시행되고 있다.

계절의 치유력을 배우면 진정한 자아를 향한 여정이 더욱 충실해진다. 자연계에서 겨울은 휴식과 회복과 반성의 계절이다. 크리스마스를 앞두고 있기 때문에 이번 주에는 그런 활동을 하기 힘들 것이다. 하지만 크리스마스가 지나면 자신이 시간을 어떻게 쓰고 있는지 살펴보자. 그리고 내년에 시간을 알차게 쓸 방법을 곰곰이 생각하자.

12세기 독일의 신비주의자 힐데가르트 폰 빙겐은 계절의 풍성함을 탐험할 수 있는 소박한 방법을 제안한다.


태양을 잠깐 보라.
달과 별을 바라보라.
녹색 대지의 아름다움을 응시하라.
이제, 생각하라.

# 12월 22일

## 기적은 그것을 믿는 사람에게만 일어난다

그들은 땅을 어깨에 지고 다니고
안식처를 마음에 담고 다닌다.
- 제시 샘프터
유대인 교육자이자 시인

유대인은 12월 중 가장 어두운 기간에 하누카라는 명절을 쇤다. 원래 '빛의 축제'라고 불린 하누카는 기원전 165년에 일어난 기적을 기념한다. 이 기적은 유다스 마카바이우스와 그의 추종자들이 예루살렘을 식민지로 삼은 그리스 황제에게서 예루살렘을 되찾은 후 일어났다.

그리스 제국은 정복한 여러 나라를 동화시켜 통제하기 쉬운 사회로 만들려는 목적으로 다른 종교를 금지했다. 유대인은 신앙을 버리고 그리스 신을 숭배하도록 강요받았다. 법령에 따라서 예루살렘 성전이 그리스 성지로 바뀌었으며 유대인이 율법을 배우거나 축제를 열거나 유대교 풍습을 지키는 것이 모두 금지되었다. 법령에 복종하지 않은 많은 유대인이 처형당했다. 마카바이우스 일족은 3년 동안 기습전을 벌인 끝에 승리를 거뒀고 유대인의 예배지인 예루살렘 성전을 되찾았다. 그들은 성전을 다시 봉헌하는(하누카는 봉헌이라는 뜻이다) 예식의 일환으로 8일 동안 정화 의식을 열었는데 알고 보니 남아 있는 성유가 하루 동안 메노라를 밝히기에도 부족했다. 메노라는 아홉 갈래로 나뉜 촛대다. 하지만 기적처럼 성전의 램프가 8일 내내 끊임없이 타올랐다. 이후로 유대인은 종교의 자유를 위해 벌인 투쟁과 기름의 풍성함으로 상징되는 부활의 기적을 기억하려고 하누카를 지냈다.

크리스마스를 쇠는 사람 중 대다수가 하누카는 유대교를 믿는 사람만을 위한 명절이라고 생각한다. 그러나 랍비 해럴드 쿠시너는 책 《삶을 위하여: 유대인이라는 존재와 사고방식의 찬양To Life: A Celebration of Jewish Being and Thinking》에서 하누카가 있었기에 현재 크리스마스가 있다고 주장한다. 마카바이우스 일족이 그리스에 대항하지 않았다면 유대교가 그리스 문화로 흡수돼 자취를 감췄을 것이다. "그랬다면 150년 후에 예수가 탄생할 유대인 공동체가 없었을 것이다. 세상을 구원하겠다는 예수 그리스도의 약속을 기억하는 사람도 없었을 것이다. 하누카가 없었다면 크리스마스도 존재하지 않았을 것이다."

족보를 거슬러 올라가면 놀라운 것이 많이 발견된다. 마찬가지로 기독교 신앙의 뿌리를 찾아 올라가면 다윗 왕으로 연결된다. 예수는 평생동안 유대교의 율법을 지키며 살았다. 어려서 하누카를 지냈으며 최후의 만찬은 유월절 저녁식사였다. 열두 제자 모두와 초기 추종자 중 대부분이 유대인이었다. 설교를 들으러 온 군중은 예수를 히브리어로 스승이라는 뜻인 랍비라고 불렀다. 유대인과 우리의 유사성 및 공통 유산이 차이점보다 훨씬 많을 것이다.

개인적으로 나는 하누카를 진정성의 축제로 생각한다. 마카바이우스 일족은 진정한 삶의 토대를 목숨을 걸고 지켰다. 그들에게 유대인의 관습을 포기한 삶은 삶이 아니었다. 또한 나는 하누카의 기적이 최초로 기록된 소박한 풍요로움의 증거라고 생각한다. 2,000년 전에 하누카를 밝힐 기름은 단 하룻밤 동안 사용하기에도 부족한 양이었다. 그러나 신념이 강하고 용기가 있고 감사할 줄 알던 사람들에게는 그들에게 꼭 필요한 것이 주어졌던 것이다.

성전의 성유, 산비탈의 떡과 물고기는 기적이었다. 신앙이 아니라 신이 기적을 일으킨다. 그리고 기적은 믿는 사람을 위한 것이다. 이는 하누카의 핵심이자 크리스마스의 정신이다. 다양한 종교의 지혜와 진리를 인식할수록 진정한 자아에 더 가까워질 수 있다.


## 12월 23일

## 자신의 인생을 다른 시각으로 둘러봐라

나는 '왜 영화를 현실처럼 만들 수 없는가?'라는 일반적인 질문 대신에
'왜 현실이 영화처럼 될 수 없는가?'라는 타당한 질문을 생각한다.
- 어니 파일
퓰리처상을 수상한 미국의 종군기자


집안마다 온 가족이 아주 신성하게 여기는 전통이 있을 것이다. 우리 집에서는 매년 크리스마스 고전영화제가 열린다. 우리는 일주일 동안 양말을 걸어놓고 선물을 포장하고 팝콘을 우적우적 먹으면서(장식용으로 실에 꿰어놓은 팝콘보다 우리 입으로 들어가는 팝콘이 더 많다) 영화 〈화이트 크리스마스〉, 〈홀리데이 인〉, 〈코네티컷의 크리스마스〉, 〈주교의 부인〉, 〈34번가의 기적〉, 〈머펫의 크리스마스 캐럴〉을 본다. 당연히 제임스 스튜어트와 도나 리드가 주연을 맡은 최루성 영화 〈멋진 인생〉도 빼놓지

않는다. 개봉된 지 50년이 넘었지만 이 영화의 이상주의와 풍자는 여전히 우리를 마법의 세계로 안내한다.

1946년에 프랭크 캐프라 감독은 소도시를 배경으로 펼쳐지는 환상의 세계가 수세대에 걸쳐 크리스마스철의 인기 영화가 되리라고 상상도 못 했다. 《뉴요커》는 "괴로우면서 즐거운 삶의 일면을 감상적으로 보여준 방식이 굉장한 효과를 발휘한다"라고 마지못해 인정한다. 기적이 펼쳐지는 크리스마스이브가 다가왔다. 두말할 것 없이 조지 베일리에게는 기적이 필요하다. 평생 희생하며 다른 사람을 위해 살아온 그는 완전히 절망에 빠져서 자살하려고 한다. 파산할 지경에 처했고 망신을 당했으며 교도소에 가게 생겼다. 잘못한 것도 없이 돈을 몽땅 날려 빚을 갚을 길이 없다. 화가 나서 차라리 태어나지 말았어야 한다고 말하고 다리에서 뛰어내리려는 순간, 수호천사가 나타나서 그를 구한다. 수호천사는 조지가 진정으로 헌신하지 않았다면 세상이 어떻게 됐을지 보여주려고 잠시 세상에 내려왔다.

조지는 평생 행운이 따르지 않았다고 생각한다. 그러나 한걸음 물러나 자신이 내린 선택을 다시 생각해보니 모두 옳은 선택이었다. 또한 그는 부자였다. 사랑하고 든든한 아내, 건강한 아이들, 변화를 일으키는 일, 집에 다 들어오지 못할 정도로 많은 친구가 있었다. 포기하려 했지만 다시 생각하니 상당히 멋진 인생이었다.

우리도 조지처럼 자신의 인생이 아주 멋지다는 사실을 깨달을 수 있다. 한 걸음 물러나 자신의 삶과 주변 사람의 삶을 다른 시각으로 보면 된다. 내가 이 책을 쓰면서 예상치 못하게 받은 축복은 내 삶의 평범한 순간을 돌아보고 의미를 찾을 기회가 생겼다는 것이다. 만남이나 실수나 후회나 대화에 대한 생각을 쓰면 새로운 사실이 많이 드러난다. 일기를 쓸 때보다 더 많이 드러난다. 5년간 매일 이 책을 쓰는 동안 곰곰이 생각해볼 거리가 있었고 대체로 꼭지 제목이나 인용문도 금방 떠올랐지만 페이지는 늘 공백이었다. 대체로 한참 글을 쓴 후에야 무엇에 대해 쓰고 있는지 알게 되었다. 그리고 내가 발견한 것은 멋진 인생을 누리고 있다는 것이었다. 이 깨달음이 내면 깊이 울려 퍼졌고 나는 진심으로 감사했다. 물론 하지 말았어야 한다고 후회하는 일이나 스스로 초래한 위기도 많았다. 그러나 이제 나는 모든 경험이 다정한 스승임을 안다.

내년부터 당신이 깊이 생각한 내용을 글로 써보기 바란다. 천천히 시작하자. 일주일이나 한 달에 하나씩만 쓰자. 일상에서 신성함을 찾으면 발견하게 될 것이다. 아무리 사소한 것이라도 영감을 일으키는 중요한 보물이다. 정기적으로 글을 쓰면 당신이 기억하고 감사하는 수많은 것에 놀라게 될 것이다. 영국의 시인인 세실 데이루이스는 "우리는 이해받으려고 글을 쓰는 것이 아니라 이해하려고 쓴다"라고 솔직히 인정했다. 진정한 자아를 찾아가는 과정에서 명상한 것들에 관해 쓰기 시작하면 당신이 멋진 인생을 살고 있음을 기억하고 알아채고 이해하게 될 것이다.

# 12월 24일

## 많은 것을 베풀수록 귀중한 것을 얻는다

내가 죽을 때 받아 적거라
내가 소중히 여긴 모든 것이 여기에 있다
이 벽은 아름다움으로 빛나야 한다
내 게으른 영혼이 본분을 다하도록 박차를 가했으니
여기에 기쁨이 있어야 한다
해마다 내가 고생스럽게 일하게 했으니…
모든 생각과 행동이
이 가정을 온전히 보전하기 위한 것이었다

– 에드거 A. 게스트
미국 시인

오늘 밤은 1년 중에서 내가 가장 좋아하는 밤이다. 이 조용한 순간에 소박한 풍요로움은 철학이 아니라 완전한 현실이 된다. 내 마음은 감사로 차오른다. 크리스마스의 각종 의무를 소박하게 행하려고 노력하니 평정이 유지됐다. 질서는 만사를 원활하게 돌아가게 했다. 가정생활과 직장 생활의 균형을 유지하기 위해 적어도 명절 동안은 일을 중단했기 때문에 조화가 생겼다. 축제 분위기로 장식된 온 집안에 가득한 아름다움이 이제 초와 아늑한 벽난로의 불빛을 받으면서 더욱 강해졌다. 그리고 웃음소리와 만족감의 산물이자 가족 만찬의 주빈인 기쁨이 도착했다.

저녁밥을 먹고 선물을 하나씩 열어본 다음에 온 가족이 포근한 잠자리에 들었다. 이제 나만의 크리스마스 의식을 치를 시간이다. 이는 중세부터 내려오는 영국 관습으로 쟁반에 여러 물건을 담아 필요한 이들에게 나눠주는 것이다. 늘 크리스마스이브의 진정한 의미를 일깨우는 의식이다.

전설에 따르면 크리스마스이브에 길을 잃고 슬퍼하는 사냥개를 위한 고기가 붙은 뼈다귀, 벌벌 떠는 말을 위한 건초더미, 갈 곳 없는 여행자를 위한 따뜻한 망토, 쇠사슬에 묶인 사람을 위한 밝은 베리 화환, 옹기종기 모인 새를 위한 빵 부스러기, 외롭게 창밖을 내다보는 어린이를 위한 사탕을 쟁반에 담아 들고 눈밭을 돌아다니는 사람은 공작새의 빛깔과 천상의 조화에 맞먹는 놀라운 선물을 돌려받을 것이라고 한다.

그래서 나는 조용히 찬장 꼭대기에서 커다란 버드나무 쟁반을 내려 천을 깔고 고기가 붙은 뼈다귀, 고양이 먹이, 가을철에 장식으로 쓰던 건초, 가족의 옷 중에서 작아지거나 싫증 난 따뜻한 코트, 크랜베리 한 줌, 신선한 빵 부스러기와 해바라기 씨, 사탕을 담는다.

살금살금 집을 빠져나가 집 앞에 있는 돌담 위에 바구니를 내려놓는다. 눈이 내릴 때도 있고 그렇지 않을 때도 있다. 어쨌든 늘 기온이 낮다. 나는 고개를 들어 밝은 별을 찾아본다. 저게 내 별일까? 내 눈에는 그렇다. 얼어붙을 듯이 춥다. 이제 집이 없는 사람들에 대해 생각하지 않을 수가 없다. 2,000년 전에도 집이 없는 한 가족이 낯선 이의 온정을 찾아 헤맸다. 나는 죄책감을 느낀다. 그나마 오늘 오후에 음식 바구니와 선물을 노숙자 보호소 앞에 갖다 놓은 것이 죄책감을 약간 덜어 준다. 하지만 나는 더 많은 것을 나누지 못한 것이 실망스럽고 슬프다. 나는 내년에는 꼭 그러겠다고 다짐한다. 때로는 나는 이런 선의의 다짐을 지키지만 때로는 고단한 삶에 지쳐 잊어버린다. 올해 나는 충분히 베풀지 않았고, 신과 나는 그 사실을 안다. 내년에는 잊지 않고 꼭 실천하겠다고 다시 다짐한다.

내가 몇 년 전에 크리스마스이브 쟁반 의식을 시작한 이유는 그 전설에 깃든 신비로운 믿음 때문이었다. 또한 천상의 조화에 맞먹는 놀라운 선물을 돌려받으리라는 약속에도 관심이 생겼다. 매해 크리스마스 날 아침에 쟁반을 가지러 나가서 보면 많은 물건이 사라지고 없다. 어떤 해에는 코트마저 없었다. 나는 다람쥐들의 산타클로스인 셈이다. 어쨌든 누군가의 크리스마스 꿈이 실현됐다는 생각에 행복해진다.

그리고 내가 천상에 맞먹는 놀라운 선물을 돌려받았을까? 물론이다. 사방에 선물이 널려 있다. 무엇보다도 이제 내가 그런 선물을 알아볼 수 있다는 것이 가장 큰 선물이다.


## 12월 25일

## 크리스마스의 정신을 기억하자

우리가 헤롯 대왕처럼 탐욕스럽게 물건으로 삶을 채운다면,
스스로를 아주 하찮게 여겨 매 순간 끊임없이 움직인다면 동방박사처럼
오랫동안 천천히 사막을 가로지를 시간이 있을까? 혹은 양치기처럼 별을
바라볼 시간이 있을까? 혹은 마리아처럼 예수의 탄생을 곰곰이 생각할
시간이 있을까? 누구나 여행할 사막이 있다. 발견할 별이 있다.
탄생시킬 존재가 내면에 있다.

– 작자 미상

나는 이 책의 집필에 들어가기 직전에 소박한 풍요로움의 정수를 심오하게 표현한 위의 글을 처음 발견했다. 친정집에 놀러 갔다가 버몬트의 한 화랑을 둘러보던 중에 뛰어난 달필가이자 그래픽아티스트인 마이클 포데스타 작품이 전시된 방으로 나도 모르게 이끌렸다. 거기에 아름답게 쓰인 이 글귀가 있었다. "저거야." 내 진정한 자아가 속삭였다. "저게 소박한 풍요로움이야." 그 작품을 꼭 사야 했다. 그러나 가격표를 보니 당장은 못 사겠다 싶었다. 나는 괜찮다고 헤롯의 딸을 위로하며 글귀를 받아 적었다. "지금은 그냥 그 글귀를 발견했다는 것으로만 만족하자. 때가 되면 작품을 갖게 될 거야." 나는 작가의 카탈로그를 챙긴 다음에 케이트, 언니, 조카들과 나머지 하루를 즐겁게 보냈다. 친정집으로 돌아가서 그 작품에 대해 이야기했다. 그리고 그 문장들이 내가 쓰려는 책의 취지를 고스란히 담고 있다고 말했다. "크리스마스에 딱 맞는 내용이에요." 어머니에게 말했다. "내가 책에서 말하려는 내용을 단 한 문단으로 완벽하게 표현했어요."

친정에서 보낸 휴가를 마치고 집에 오자 마이클 포데스타의 작품이 나를 기다리고 있었다. 어머니가 행운을 기원하며 보낸 선물이었다. 나는 한참 동안 울고 웃은 다음에 어머니에게 전화해 고맙다고 말했다. 나는 작품을 명상 탁자 위에 걸었다. 이 작품은 내가 앉고 일하고 꿈꾸고 자고 사랑하고 기도하는 침실에서 정신적 지주 역할을 한다. 세월이 흘러도 변치 않는 그 글귀의 메시지는 늘 안절부절못하는 마음을 가라앉히는 영혼의 안식처다. 마이클 포데스타에게 전화를 걸어서 글귀의 출처를 묻자 모른다고 했다. 누군가 이름을 밝히지 않고 우편으로 그에게 보냈다고 했다. 그는 그 글귀에 감동을 받아서 작품에 사용했다.

지혜와 진리를 알려준 이름 모를 그 시인에게 특별한 선물을 보내줘서 대단히 고맙다는 말을 전한다.

"아, 크리스마스가 1년 내내 계속되어야 하지 않을까? 크리스마스의 정신이 1년 동안 매일 우리 마음에 살아 있어야 하지 않을까?" 찰스 디킨스가 한탄한다.

그렇다면 크리스마스 정신이란 도대체 무엇일까? 어쩌면 크리스마스의 정신은 신성한 신비로움으로 남게 되어 있는지도 모른다. 어쩌면 크리스마스 정신은 아무리 아름다워도 물건은 그저 물건에 불과하며, 항상 바삐 움직이지 않고 때로 가만히 있어도 된다는 우리 영혼의 지식일 것이다. 어쩌면 크리스마스 정신은 사막으로 길고 느린 여행을 떠날 시간을 내고, 자신의 별을 발견할 시간을 내고, 본모습인 진정한 자아에 대해 생각하는 시간을 존중해야 함을 다정하게 상기시키는 가르침일 것이다. 우리 삶은 신의 선물이다. 그리고 우리가 삶을 살아가는 방식은 신에게 주는 선물이다. 오늘은 이 점을 기억하기에 완벽한 날이다.

그러니 당신과 나를 위해 크리스마스 소원을 빈다. '장난감, 반짝이 장식, 캐럴, 카드, 유쾌한 북적임 뒤에 조용한 사색과 평화의 순간이 오게 하소서. 크리스마스를 잘 보낼 줄 아는 여성이라는 말을 듣게 하소서.'

메리 크리스마스! 당신과 나에게, 그리고 모두에게 축복이 있기를 바란다!

# 12월 26일

## 생각이 아니라 행동이 인생을 바꾼다

당신의 이야기는 지금도 앞으로도 늘 당신의 것이다.
이야기는 소유하는 것이다.

– 미셸 오바마
미국의 변호사·작가·전 미국 대통령의 부인

맛있지만 식상한 감자완두콩 캐서롤 대신에 크리올 새우 스튜를 포트럭 파티에 가지고 가기로 했다고 치자. 이렇게 당신이 늘 하던 방식을 조금 바꿔야겠다고 처음 생각한 순간에 조약돌을 하나 집어 드는 셈이다. 결과가 마음에 들든 실망스럽든 그 결심을 처음 실행한 순간에 조약돌을 연못에 던지는 셈이다. 조약돌은 연못에 거의 보이지 않는 잔물결을 일으킨다. 아무도 알아채지 못한다. 그러나 조약돌을 던진 사람이나 두 시간 동안 주방에서 새로운 요리를 한 여성은 잔물결을 알아챈다.

일상생활의 용기 있는 행동도 이와 마찬가지다. 너무 사소해서 알아채지 못할 수 있다. 하지만 나름대로 용기를, 낸 사소하지만 지워지지 않는 순간이 쌓여서 어느 날 갑자기 폭발할 것이다. 그리고 당신과 당신의 세계가 바뀔 것이다.

진정한 자아를 찾는 과정도 용기를 내는 과정과 마찬가지다. 실행해야 된다. 생각만으로는 안 된다. 로자 파크스는 백인에게 앞자리를 양보하고 뒷자리로 가라는 운전사의 말을 거부했을 때 자신이 인권 운동의 상징이 될 줄은 꿈에도 몰랐을 것이다.

피곤한 그녀는 그저 집에 가고 싶었을 뿐이었다. 하지만 평등을 위해 노력하겠다는 그녀의 진실되고 호방한 기개가 계속 그 자리에 앉아 있게 했고, 세상을 만드는 에너지와 연결됐다. '호방한exuberant'이라는 말에는 '거리낌이 없는'이라는 뜻만이 아니라 '넘치도록 드러내는'이라는 뜻도 있다. 로자 파크스는 진정한 용기를 넘치도록 드러냈다. 그 결정적인 순간에 그녀의 심장이 떨렸을지라도 그 영혼은 거리낌이 없는 발산을 기뻐했을 것이다.

이번 주에 많은 아프리카계 미국인 여성들이 크완자를 맞이한다. 크완자는 스와힐리어로 '수확의 첫 결실'이라는 뜻이며 믿음과 단결과 전통과 가치관을 기리는 축제다. 인권 운동가 마울라나 카렝가가 1966년에 이 축제를 시작했다. 이후 50년이 넘는 세월 동안 진정성을 소중히 여기는 아프리카계 미국인 여성들 사이에 크완자가 널리 퍼졌다. 12월 26일에 시작해서 7일 동안 벌어지는 축제 기간 동안 밤마다 색깔이 다른 초를 하나씩 밝히는데 색깔마다 특별한 의미가 있다. 순서대로 단결, 결의, 협동과 책임, 협력 경제, 목적, 창조, 믿음이다. 크완자를 맞이하는 정해진 방법은 없다. 마음껏 축제 기분만 내면 된다.

크완자를 기념하지 않는 사람도 있지만, 거리낌 없이 진정성을 받아들이는 용기는 초를 켜고 축배를 들면서 평소와 완전히 다른 방식으로 기념할 가치가 있다. 미국의 기자이자 여성 참정권 운동가인 조지핀 세인트 피에르 러핀은 "우리는 서로 만나면서 격려와 영감을 받아야 한다. 같은 목적을 향해 노력하는 마음 맞는 사람과 어울리면서 용기와 새로운 삶을 얻어야 한다"라고 말한다.

# 12월 27일

## 자기 자신을 온전히 믿기까지는 인내심이 필요하다

우리는 먼저 믿어야 한다. 그러고 나면 우리는 믿는다.

- G. C. 리히텐베르크
독일 물리학자

믿음의 계절이 서서히 막을 내리고 있는 가운데 분명하게 짚고 넘어갈 점이 있다. 아직 많은 꿈이 당신을 기다리고 있다. 손만 뻗으면 많은 포부가 잡힌다. 많은 굶주림을 채워야 한다. 갈망이 많다는 것을 인정해야 한다. 열정이 완벽하게 타오르려면 먼저 불이 붙어야 한다. 모닥불에 장작을 하나 넣자.

오늘은 중단할 때가 아니다.

오늘은 울 때가 아니다.

오늘은 부정적인 소리를 하며 간섭하는 사람들을 피할 때다. 그 사람들은 모르는 교훈을 당신은 마침내 배웠다. 이제 당신은 "믿음은 바라는 것들의 실상이요, 보이지 않는 것들의 증거"(히브리서 11장 1절-옮긴이)임을 안다.

오늘은 "나는 믿는다!"라고 힘껏 소리칠 날이다. 목이 쉴 때까지 큰 소리로 외치자. 이제 더 이상은 작은 소리로 읊조리지 말자.

어린이가 "요정을 믿지 않아요!"라고 말할 때마다 무슨 일이 일어나는지 아는가? 요정이 하나씩 죽는다.

여성이 "못 믿겠어. 시간이 너무 오래 걸리잖아?"라고 말할 때마다 무슨 일이 일어나는지 아는가? 여성의 내면이 죽어간다. 그렇게 내면이 죽은 채로 40여 년을 살아야 할지도 모른다. 마침내 당신이 죽어 매장될 때 사람들은 "그녀가 정말로 행복한 때가 한순간이라도 있었는지 모르겠어"라고 말할 것이다. 그들의 말이 맞을 것이다.

지금은 믿음을 포기할 때가 아니다. 의심에 빠지면 안 된다. 당신이 완전히 믿을 때까지 매 순간 믿으려고 노력해야 하는 것이 무엇인지 아는가? 삶과 영혼의 신비한 연금술이다. 과거에 여성의 영성은 생활방식과 분리되어 있었다. 하지만 이제 당신은 그러면 안 된다는 것을 안다. 예나 지금이나 그런 삶은 바람직하지 않다.

이제 당신은 진정한 생활방식과 영혼의 결합이 속이 알찬 여성을 만든다는 사실을 안다.

그 여성이 바로 당신이다.

그러니 당신이 진정한 삶을 만들고 유지하려면 위안과 평정과 힘의 고요한 중심을 발견해야 한다. 당신이 그 중심을 발견할 열정, 지성, 기지, 창조성, 지혜, 이해력, 깊이, 지식을 가지고 있다고 믿자. 매일이 기도다. 진정한 삶은 가장 개인적인 형태의 예배다. 믿기 시작할 때 불가능한 일이란 없음을 알게 될 것이다.

손뼉을 치자.

한 번 더 손뼉을 치자.

이번에는 정말로 큰 소리가 나게 손뼉을 마주치자!

우와! 훨씬 낫다! 박수 소리가 아주 커서 죽은 내면을 깨울 것이다!

잘했다.

# 12월 28일

## 부정적인 생각의 악순환에서 벗어나라

드디어 나는 경험에서 이 교훈을 얻었다.
꿈을 향해 자신 있게 나아가고 상상한 삶을 살려고 노력하면,
평범한 시간에 예상치 못하게 꿈이 이루어진다.

– 헨리 데이비드 소로
미국의 철학자이자 작가

때로 나는 이 책이 여성판 《월든》이라고 생각한다. 소로는 홀로 숲속의 오두막으로 떠났다. 반면에 지금 우리에게는 방학을 맞아 할 것이 하나도 없다며 시무룩해져 있는 자식들이 딸려 있다. 할 것이 무궁무진하고 말해봤자 아이들은 귀 담아 듣지 않는다. 서로 생각하는 기준이 다르니 잔소리로만 들릴 것이다.

헨리, 나랑 삶을 바꿀래요?

오늘은 긴 명절이 끝나고 생기는 우울증이 찾아오는 날이다. 몇 주 동안 온 힘을 다하고 나면 자연스레 기운과 열정이 떨어진다. "삶은 강물과 같다." 소로가 말한다. 때에 따라서 수위가 높아지고 홍수가 나기도 하지만 차차 원래의 수위로 잦아든다.

한 해가 끝나고 있다. 의식하든 못하든 우리가 한 해 동안의 삶을 정산하면서 이익과 손실을 따지는 시기다. 목표를 이루지 못했거나, 기대에 미치지 못했거나, 포부를 펼치지 못했거나, 어쩔 수 없는 상황과 타협했거나, 바꿀 수 있는 상황이었는데도 포기했다면 기분이 울적할 것

이다. 예산을 초과해 돈을 펑펑 썼다면, 두어 달 동안 허리띠를 졸라매고 살아야 할 것이다. 죽을 맛일 것이다.

설상가상으로 몸까지 아프다. 지독한 감기나 쉬 낫지 않는 가슴 통증에 시달리는 것도 당연하다. 동양의학자들은 이를 겨울병이라고 한다. 형이상학적으로 폐는 슬픔을 담당하는 기관이다. 올해 이별이나 가까운 사람의 죽음을 비롯한 상실을 겪었는데 여전히 슬픔에 빠져 있고 슬픔을 인정하거나 발산하지 못하는 사람도 있을 것이다. 사실 누구나 어떤 형태로든 이런저런 상실을 겪었을 것이다. 묵은 고통을 내려놓기란 상당히 어려운 일이다. 오랫동안 가지고 있어서 좋을 것은 없지만 익숙한 친구가 되어 버린다.

이럴 때 자신에게 친절하게 대해야 한다. 비난이 아니라 신뢰가 필요한 때다. 곧 방학이 끝나 아이들이 등교할 것이다. 크리스마스를 함께 보내러 온 가족과 친구가 각자의 집으로 돌아갈 것이다. 미뤄둔 일을 마무리할 것이다. 세금과 각종 청구비를 낼 것이다. 조용한 순간이 찾아올 것이다. 상처가 더 이상 아프지 않음을 깨달을 것이다. 창조적인 에너지와 열정이 돌아올 것이다. 다시 꿈을 향해 자신 있게 나아갈 것이다.

대체로 나는 경험을 공유하는 것을 좋아한다. 그렇지 않은 날에는 경험을 극복하려고 노력하는 중이다. 어쨌든 우리가 겪거나 부딪히거나 두려워하거나 걱정하는 모든 경험은 처음이 아니다. 우리의 모든 경험은 언젠가, 어디선가, 어떤 여성이 마음속 깊이 고민하던 것이다.

나는 소용돌이치는 불안이 어느 정도 가라앉아 찻주전자를 불에 올릴 정도가 되면, 깊게 숨을 들이마시고 풍요의 여신에게 먼저 은총을 주고 그다음으로 기쁨을 달라고 요청한다. 명절은 끝났지만 우리 나날은 아직 끝나지 않았다.

현재의 순간에 충실하게 살아가는 법을 배우는 것은 기쁨으로 가는 길의 일부다. 이 책을 쓰는 5년 동안 하루도 빠짐없이 모든 명상을 글로 썼다. 그 시기의 내 삶은 힘들었고 걱정투성이였지만 좋은 생각에 철저하게 집중했고 당신과 나를 위한 책에 아주 열중했기에, 책에는 언짢거나 괴로운 기록이 하나도 없다. 그것은 소박한 풍요로움의 기적이다. 고마운 일이다.

지난 일을 돌이켜 생각하니, 책이 나보다 훨씬 많은 것을 알고 있다는(창조적인 프로젝트는 항상 그렇다) 것을 이제 나는 이해할 수 있다. 신의 뜻을 거스르지 않기. 정시에 일하러 가기. 나는 이 두 가지만 하면 됐다. 어차피 하루의 대부분을 글을 쓰면서 보냈기 때문에 나쁜 생각을 하고 있는 사치를 누릴 수 없었다. 내가 전하고 싶은 뜻을 당신과 나에게 제대로 이해시키기 위해 그 문장을 한 번 더 쓰겠다. 나쁜 생각을 하고 있는 사치를 누릴 수 없었다. 아프거나 우울하거나 두려우면 이렇게 말했다. "그 생각은 오늘 밤에 하면 돼. 지금 말고." 물론 감사, 소박함, 질서, 조화, 아름다움, 기쁨에 집중해서 하루를 보낸 뒤 밤에 하고 싶은 것은 내가 느끼는 만족감에 대해 고마워하는 것뿐이었다.

그러니 절망적인 세상의 현실을 잠시 잊자. 많은 여성이 마음속으로 드라마를 찍는다. 우리가 24시간 내내 뉴스 속보가 터지는 상황 속에서 끊임없이 발생하는 극적인 일들을 그대로 따라서 혹은 부풀려서 상상하고 있기 때문이다.

마음속으로 재정, 건강, 자녀, 손주, 관계, 일에 대한 드라마를 찍을 때, 애초에 모든 상황에서 최악을 예상할 때, 우리의 잘난 잠재의식은 우리를 실망시키지 않는다. 황홀감의 수치를 0에서 100으로 올리는 능력을 갖춘 사람은 거의 없다. 하지만 비극을 상상하는 것(또는 우리 눈앞에서 실시간으로 혹은 텔레비전에서 진행되고 있는 다른 사람의 악몽을 보는 것)으로 말하자면, 우리는 이미 그곳에서 클로즈업 촬영을 할 준비를 하고 있다. 최악의 상황을 예상하면 그것은 자기충족적 예언이 된다. 무심코 우리는 자기 불행의 작가가 된다.

이번 명절 연휴에는 드라마를 찍는 악순환을 멈추고 삶의 흐름과 신의 선량함을 믿는 실험을 해보자.

내 방법을 이야기하자면 매일 아침에 하루치의 은총을 내려달라고 하고, 위기에서 벗어나게 해달라고 기도한다. 불신을 멈추고 믿음의 도약을 하자. 오늘부터 감사일기에 오늘 감사하는 일은 물론이고 내일 이루어지기를 갈망하는 모든 소망과 기도도 적어보자. 먼저 표현해야 은총이 내려온다.

"어떤 상황이든지 간에 삶을 받아들이고 열심히 살자. 삶을 피하거나 욕하지 말자. 그리 나쁜 상황은 아니다. 갑부의 눈에는 아무리 돈이 많은 사람이라도 가난해 보인다. 상습적으로 흠잡는 사람은 천국에서도 흠을 찾아낸다. 가난하든 부자든 있는 그대로 삶을 사랑하자. 아무리 가난한 집이라도 즐겁고 신나고 멋진 순간이 있을 것이다. 태양은 빈민구호소이든 대저택이든 가리지 않고 똑같이 비춘다. 초봄이 되면 집 앞의 눈이 녹기 마련이다." 헨리 데이비드 소로가 용기를 북돋아 준다.

## 비상용품을 준비해보자: 위안거리

언젠가 내 삶이 끝날 것이다.
그때 당신이 즉흥적으로 그 삶을 평하지 말고
그 주제를 가장 잘 아는 그녀에게 맡겨라.
가장 짧게 말하는 방법을 이야기하겠다.
그러니 "두 배로 행복하게 산 사람이 여기 잠들다"라고 말하라.
"그녀는 행복했다"라고 말하라. "그녀는 알았다"라고 말하라.

- 잰 스트러더
영국의 작가이자 시인

우리는 미니버 부인을 본받는 방법을 다양하게 탐구하면서, 용기 있고 침착할 뿐만 아니라 명랑하게 난관에 맞선 한 여성의 정신을 구현했다. 미니버 부인은 위로와 작은 선물을 아주 좋아했다.

이제 소박한 풍요로움의 비상용품함이 꽉 찼고 배낭과 자동차 트렁크가 비상 상황에 대비한 물품으로 가득하니, 단 하나의 필수품만 남았다. 그것은 위안이다.

당신과 가족에게 위안을 주는 물건을 찾자. 보물찾기를 하는 셈이다. 아주 좋아했지만 헤어진 지 오래된 곰 인형이 있다면 이베이에서 비슷한 물건이 있는지 찾자. 일기를 쓰는 딸을 위한 새 일기장과 펜, 좋아하는 스웨터나 양말, 닌텐도 스위치와 예비 배터리 팩을 준비하면 될 것이다. 배우자가 있다면 특별한 취미를 생각해보자. 예를 들어서 당신의 남편이 제물낚시 애호가라면 그 주제에 관련된 옛날 책이나 잡지를 주면 눈이 반짝거리지 않을까?

당신은 어떤가? 좋아하는 음악의 플레이리스트가 있는가? 위안을 주는 서랍에서 빼 올 만한 것이 있는가? 휴대용 로션, 핸드크림, 립밤을 넣을 공간은 충분하다. 새 감사일기장은 어떨까? 좋은 책도 잊지 말자. 당신이 탐정소설의 팬이라면 추리소설 문집은 어떨까? 단편소설도 좋아하는가? 혹은 새로운 공예품 세트는 어떨까? 무엇이 당신을 기분 좋게 하는지는 당신만 안다. 그러니 그것을 챙기면 된다.

비상시에 좋아하는 차나 인스턴트커피가 없다면 어떻게 견딜까? 가끔 당 충전을 할 간식거리로 유통기한이 긴 대용량 키세스 초콜릿도 챙겨야 할 것이다.

십자말풀이나 스도쿠 책을 위한 공간도 충분하다. 10대 자녀가 있다면 만화책은 어떨까? 최소한의 공간에 최대한의 위안을 담는다고 생각할 때, 가족이 당신에게 주는 힘과 정서적 선물에 대한 감사편지를 추가하는 것도 고려하자. 이런 보물들을 미리 싸놓으면 나중에 발견할 때 기분이 좋아진다.

시중에 재난 대비에 대한 책이 많이 나와 있다. 그중에서 내 책꽂이에 꽂혀 있는 두 권을 소개한다. 나는 모든 기본사항을 깊이 다루면서도 공포 분위기를 조성하지 않는 이 책들을 적극적으로 추천한다.

- 캐시 해리슨의 《만일에 대비하기: 예상치 못한 일이 일어날 때 자급자족하는 방법Just in Case: How to Be Self-Sufficient When the Unexpected Happens》
- 메건 하인의 《생존자 정신》

당신은 끝까지 해냈다. 나는 당신이 자랑스럽다. 혹시 당신이 지금까지 미루고 있었다면, 이제 곧 새해가 다가오니 다시 시작하면 된다. 아일랜드 화가인 마리아 도로시아 로빈슨은 다음과 같이 말하기를 좋아했다. "아무도 과거로 돌아가서 새로 시작할 수는 없지만, 누구나 오늘을 시작하고 새로운 끝을 맺을 수 있다."

축복이 있기를.


## 12월 30일

### 지금껏 살아온 모습을 보고 무엇을 발견했는가?

이타카를 찾아 떠나는 동안
모험과 깨달음이 가득한
기나긴 여정이 되게 해달라고 기도하라.
오래된 괴물을 두려워하지 말라.
행복하고 진취적인 생각을 한다면
진정한 열정이 몸과 마음과 정신을 북돋는다면
두려운 괴물을 만나지 않으리라.
영혼에 괴물을 넣고 다니지 않는다면
영혼이 네 앞에 괴물을 내놓지 않는다면.

— 콘스탄티노스 카바피
그리스 시인


많은 사람이 1911년에 그리스 시인 C. P. 카바피가 쓴 〈이타카〉라는 시를 재클린 케네디 오나시스의 장례식에서 처음 들었을 것이다. 자아발견을 위해 떠나는 여행자를 격려하는 이 아름다운 시를 애도가로 보는 경우가 많다. 하지만 나는 '이타카'가 우리의 실생활 여정에 확신을 주는 말이 될 때 더욱 강력한 힘이 있다고 믿는다.

이타카는 그리스의 전설적인 영웅 오디세우스의 소중한 고향 섬이다. 오디세우스는 트로이 전쟁을 승리로 이끈 후 10년 동안 세상을 돌아다니며 모험하고 도전에 맞서고 일생을 바꾸는 교훈을 얻었다. 오늘날 오디세이는 길고 지치고 신나고 괴로운 변화의 여정을 의미한다.

진정성을 찾는 과정은 우리의 개인적인 오디세이다. 우리가 딸이자 친구이자 연인이자 아내이자 어머니이자 일상의 예술가로서 소박한 풍요로움의 길에서 일상생활을 하는 동안 진정으로 찾고 있는 것은 궁극적인 진실이다. 우리는 이타카를 찾고 있다.

50년이 넘는 세월 동안 카바피의 시를 훌륭하게 번역한 시가 여러 편 나왔지만, 늘 나는 그런 번역이 남자를 위해 쓰인 것 같다는 생각이 들었다. 하긴 번역자가 모두 남자였으니 당연한 일이다. 그렇지만 〈이타카〉는 내게 감정의 시금석이 됐고 이 시에 대해서 수없이 많이 명상했기 때문에 나는 여성들을 위해서 직접 번역과 수정을 하고 싶은 생각이 들었다.

크나큰 즐거움과 기쁨을 안고
미지의 항구에 정박할 때,
수많은 여름날 아침이 펼쳐질
기나긴 여정이 되게 해달라고 기도하라.

페니키아 시장을 구경하며

아름다운 보물을 사라.

자개와 산호, 흑단과 호박,

관능적인 각종 향수를

사고 싶은 대로 사라.

이집트의 여러 도시를 찾아가

현자의 발치에 앉아 행복을 느끼며

마음을 열고 열심히 배워라.

이타카를 늘 마음에 간직하라.

그곳에 도착하는 것은 네 운명이다.

하지만 절대로 서두르지 마라. 인내심을 가져라.

네가 상상한 것보다 훨씬 오랜 세월,

수많은 세월이 걸리는 것이 낫다.

그래야 마침내 성스러운 그 섬에 도착할 때

여정에서 얻은 온갖 경험과 교훈이 가득한

현명한 여인이 돼 있을 것이다.

더 이상 이타카가 너를 부자로 만들어주리라고 기대하지 말라,

더 이상 이타카가 너를 부자로 만들어줘야 한다고 생각하지 말라.

이타카는 네가 지금껏 살아온 모습을 발견할 기회인

심오한 여정을 선사했다.

이타카라는 영감이 없었다면 너는

진정한 자아를 찾는 여정을 떠나지 않았을 것이다.

설령 네 진정한 자아가 가난할지라도, 이타카는 너를 속이지 않

았다.

너는 이제 지혜, 아름다움, 은총으로 가득하고

네 모든 경험으로 풍부해지고 깨우친 진정한 네가 됐으니

마침내 너는 모든 삶의 이타카가 무슨 의미인지 이해할 것이다.

## 12월 31일

### 때가 되면 완전히 다른 사람이 된
### 자신을 발견할 것이다

세상은 둥글기에 끝이라고 생각한 곳이 시작일 수 있다.

– 아이비 베이커 프리스트
미국 재무장관

삶은 여정이다. 삶은 사파리 여행이다. 삶은 순례다. 삶은 정원이다. 삶은 최상의 예술이다.

길잡이. 탐사자. 개척자. 탐정. 탐험가. 고고학자. 순례자. 시인. 체류자. 정원사. 일상의 예술가.

영적인 여성. 속이 알찬 여성. 스타일을 가진 여성. 질문을 하며 사는 여성. 답변을 받아들일 준비가 된 여성. 모자가 잘 어울리는 여성. 그래서 우리는 아주 다양한 모자를 쓴다.

일상에서 성스러움을 추구하는 사람. 진짜 삶. 대혼란 속 신비함. 일상의 신성한 신비로움.

사랑, 열정, 완전성을 추구하는 사람.

진정성.

우리는 어디로 가고 있는가?

우리는 집으로 가고 있다.

이타카로 가고 있다.

하지만 이타카에 도착하기 전에 탐험할 광대한 세상이 있다. 세상의 안, 세상의 밖, 지상, 천국.

지상의 천국.

때로 바위투성이에 경사가 심하다. 때로 정글이 우거져 안이 어둡다. 때로 물이 깊고 파도가 거칠다.

우리가 다양한 방식으로 접근해야 하는 이유를 알겠는가?

우리가 언제 도착할지 어떻게 알까?

때가 되면 알게 된다.

진정한 것이 다 그렇듯이 간단히 알 수 있다.

이제 도착했을까?

아직 멀었다.

하지만 너무 오래 걸린다.

대체로 그런 식으로 흘러간다. 시간상으로 볼 때 우리는 일년의 끝에 와 있지만, 우리 여정은 이제 시작이다. 걱정할 것 없다. 자아를 발견하기 위해 필요한 모든 시간이 카이로스에는 다 있다.

이쯤에서 친구와 작별해야 한다. 적어도 잠깐은 헤어져야 한다. 나는 혼자서 고심해볼 만한 것들을 많이 발견했다. 당신도 마찬가지다.

그렇지만 당신은 혼자가 아니다. 조건 없이 당신을 사랑하는 존재가 이끌고 있다. 신성한 사랑이 당신을 지탱하고 보호하고 안고 있다. 평온하게 나아가자. 당신은 준비되어 있다. 당신은 앞으로 펼쳐질 모험을 위해 단단히 채비했다. 당신의 유일한 본질인 신성한 존재가 풍요롭게 도움을 베푼다. 하지만 먼저 요청을 해야 한다. 도움과 제공과 안내와 은총을 요청하자. 불을 켜달라고 요청하자. 흐름을 따라가게 해달라고 요청하자. 높이 날아오르게 해달라고 요청하자.

요청하자. 요청하자. 요청하자.

모든 위기에서 벗어나게 해달라고 요청하자. 고통과 슬픔과 괴로움을 내주자. 기대를 내주자. 놀라운 기쁨을 달라고 요청하자.

감사하자. 기다리자. 무슨 일이 생기는지 지켜보자. 즐거워하자. 두 팔을 최대한 벌리고 당신에게 주어진 기적을 모두 받아들이자.

당신이 필요한 것을 이미 다 가지고 있음을 절대 잊지 말자.

소박한 풍요로움은 창조적이고 현실적인 길이며 사소한 순간에서 수많은 기쁨을 발견하게 된다. 하지만 이 길이 나선형이라는 점을 명심하자. 한계에 부딪히면 전경을 내다보고 얼마나 멀리 왔는지 확인하자. 소박한 풍요로움은 만족감의 범선이 된다. 작지만 튼튼해서 폭풍이 몰아쳐도 끄떡없는 배다. 이 배는 삶의 양면인 빛과 그림자에서 불어오는 바람을 이용해서 항해하도록 설계되었다.

어디 보자. 필요한 것을 다 갖췄는가? 감사일기를 꺼내자. 발견일기를 항해 일지로 여기자. 당신의 현명하고 다정한 마음은 갈망의 위도와 경도를 알아내는 나침반이다. 나침반을 날마다 확인하자. 나침반이 당신의 목표를 향해 꾸준히 나아가게 한다고 믿자. 사랑은 실망시키지 않는다.

믿자. 당신을 믿자. 당신을 믿는 신을 믿자. 믿는 자에게 불가능한 일이란 없다.

별을 보고 방향을 찾자. 당신의 천국을 찾자. 따라가자. 영혼이 담긴 이정표를 찾자. 이정표가 당신을 둘러싸고 있다. 영혼의 자각은 감사다. 영혼의 정수는 소박함이다. 영혼의 평온은 질서다. 영혼의 휴식은 조화다. 영혼의 열정은 아름다움이다. 영혼의 목적은 기쁨이다.

여정이 길어지게 해달라고 기도하자. 도중에 잠시 멈춰 그 순간을 음미하자. 휴식할 때 놀랍고 의미 있고 기억에 남는 발견을 하게 된다. 당신의 속도를 찾아서 그 속도에 맞춰 가자. 아직 보지 않은 항구가 수없이 많다. 당신은 한 번도 본 적 없는 곳을 향해 가고 있다. 진취적으로 생각하자. 열정으로 몸과 마음과 정신을 북돋자.

진정성이라는 섬을 향해 항로를 잡자. 전설에 따르면 그 섬의 해안에 도착한 사람은 완전히 다른 사람이 되어서 떠난다. 그 성스러운 섬을 발견하면 지금까지 살아온 당신의 모습을 깨닫게 되기 때문이다. 당신은 진정한 당신을 발견하게 된다. 더 이상 다른 사람의 관점으로 세상을 보지 않을 것이다. 당신의 관점으로 세상을 보게 될 것이다. 의심과 믿음이 만나는 지점의 자욱한 안개와 작별을 고하면 진정한 자아란 눈에 보이는 영혼임을 깨닫게 될 것이다.

내 사랑하는 여성이여, 내 소중한 친구여, 당신의 용기에 축복이 있기를 바란다.

행운을 기원한다.

# 12월에 느끼는 소박한 행복

삶이 우리를 놀라게 할 때가 있다. 무슨 일이든 일어날 수 있다.
우리가 바라지 않던 일조차 벌어진다.
- 엘렌 글래스고
퓰리처상을 수상한 소설가


🌱 소박한 풍요로움의 철학이 주는 가장 사랑스러운 선물은 당신이 언제라도 삶을 다시 시작할 수 있다는 것이다. 혹시 크리스마스가 다시 시작할 기회처럼 여겨질 해가 있다면 그 해가 바로 올해다. 우리가 당연하게 여기는 특정한 명절 의식이 여전히 위안과 기쁨을 주는지 다시 생각해볼 때다. 내가 수년 동안 다양한 상황을 겪으면서 발견했듯이 소박한 풍요로움의 핵심은 적응성이다.

🌱 제대로 장식하자. 당신이 어떤 명절을 쇠든 12월의 축제 분위기가 흠뻑 풍기게 집 전체를 장식하자. 상록수, 아름다운 꽃나무, 초, 작은 조명기기, 자연 장식물을 굳이 한 종류의 명절과 결부시킬 필요는 없다. 당신이 집을 아름답게 꾸미려고 특별히 노력하면 하누카, 동지, 크리스마스, 크완자의 진정한 특성인 축제 기분을 즐길 장을 마련하게 된다.

❦ 당신이 올해 크리스마스 연휴를 혼자 보내고 싶고, 요란하진 않지만 명절 기분을 내고 싶다면 아름다운 아마릴리스(분홍색이 우아하다) 한두 송이와 작은 나무 모양의 로즈메리 화분을 당신에게 선물하자. 그러면 집에 들어설 때마다 기분이 좋을 것이다. 향기 좋은 초와 새로운 소파 덮개도 추가하자. 읽을거리도 필요하다. 우선《엘리자베스 데이비드의 크리스마스》를 추천한다. 엘리자베스 데이비드가 혼자 침대에서 연어와 샴페인을 먹고 마시면서 크리스마스를 축하하는 내용이 나온다. 그리고 연휴 내내 추리소설을 보며 보내고 싶다면 두 권의 책을 적극 추천한다.《우아한 크리스마스의 죽이는 미스터리》와《크리스마스 여성 탐정 소설집The Big Book of Female Detectives》이다. 아주 재미있을 것이다.

❦ 선물로 불룩해진 크리스마스 양말은 착하게 살면 보상해주는 존재가 있다고 깊게 믿는 모든 연령대의 어린이(여기에는 우리도 포함된다!)를 황홀하게 한다. 정말 설레고 신난다. 어둠 속에서 크리스마스 양말에 손을 뻗어 이불 밑으로 쓱 가져와 상상의 나래를 펼치면서 양말 속에 손을 넣어 내용물을 움켜쥔다. 희미하게 날이 밝아올 즈음 양말은 이미 텅 빈 채 침대에 놓여 있고 아이들은 환하게 웃으면서 포장지를 마구 벗긴다. 아이가 엄마 집과 아빠 집에서 각각 크리스마스를 보내야 하고 의붓자식들의 선물도 준비해야 하는 재혼 가정이라면, 한 집에서는 크리스마스트리를 만들고 다른 집에서는 크리스마스 양말을 준비하자. 그렇게 하면 나무랄 데 없고 소외감을 느끼는 사람도 없을 것이다. 빅토리아 시대에는 크리스마스 양

말에 먹을 것, 읽을 것, 놀 것, 필요한 것을 넣었다. 모든 연령의 어린이들을 기쁘게 하는 데 절대 실패하지 않는 방법이다. 이 방법을 부활절 바구니에 적용해도 효과가 좋다.

❦ 겨울 명절에 맛있는 음식이 빠질 수 없다. 감자 팬케이크, 크리스마스 푸딩, 눈깔사탕, 에그노그, 잔치용 술, 매콤한 크리올 새우를 맛있게 먹자. 크리스마스 쿠키를 직접 굽기가 번거롭다면 사 먹으면 된다. 칼로리 걱정일랑 1월 2일부터 하자. 과일 케이크가 아니라 블랙 케이크를 준비하자. "설탕에 절인 과일을 넣고 만드는 과일 케이크와 럼주에 절인 과일을 넣고 만드는 블랙 케이크는 천양지차다. 블랙 케이크가 브람스의 피아노 사중주라면 과일 케이크는 가게에서 틀어놓는 배경음악이다." 로리 콜윈이 말한다. 로리 콜윈의 《홈 쿠킹》과 《더 많은 홈 쿠킹》에 블랙 케이크를 만드는 방법이 나와 있다.

❦ 크리스마스 고전영화제를 열자. 익숙하고 좋아하는 영화들 외에도 주요 소재 혹은 부차적 줄거리로 크리스마스를 다루는 좋은 영화가 많이 있다. 당신이 아직 보지 않은 영화를 골라서 보자. 이레나 차머스와 친구들이 만든 《미국 최고의 크리스마스 영화 연감The Great American Christmas Almanac》에 크리스마스를 주제로 한 영화 목록이 있다. 대부분의 크리스마스 영화는 스트리밍 서비스 플랫폼에서 쉽게 볼 수 있다.

❦ 당신의 자녀가 아닌 아이들의 크리스마스 꿈을 이루어주자.

❦ 노숙자나 여성을 위한 보호소에 크리스마스 선물을 하자.

❦ 크리스마스이브 쟁반을 준비해서 밤에 밖에 내놓자.

❦ 당신의 별을 찾자. 그 빛을 따르자. 매일 새로운 별이 발견된다. 진
짜로 당신의 별을 갖고 싶은가? 문제없다. 국제별등기소에 신청하
면 기념으로 별에 당신의 이름이나 꿈이나 사랑하는 사람의 이름을
붙일 수 있다. intlstarregistry.com에서 신청하면 된다.

❦ 영감을 주는 마이클 포데스타의 캘리그래피는 매우 아름답다. 그의
웹사이트 michaelpodestadesign.com에 들어가서 작품을 둘러보자.

❦ 1월 1일 일기에 쓴 올해의 목표를 다시 읽자. 목표를 이루지 못했어
도 실망하지 말자. 목표를 위해 노력했다는 점이 중요하다. 새 목록
을 만들자. 이루지 못한 목표 중에서 여전히 마음이 가는 목표를 새
해 목록에 넣자. 증인이 될 친한 친구에게 새로운 꿈을 털어놓자.

❦ 새해를 기쁘게 맞이하려면 실수, 후회, 부족함, 실망 등 올해에 마
무리되지 않고 남은 앙금을 잊어야 한다. 작은 종이에 잊고 싶은 일
을 모두 적자. 종이를 작은 상자에 넣자. 검은색이나 아주 어두운
색종이로 상자를 꼭꼭 둘러서 슬픔과 불운이 빠져나오지 않게 하

자. "후련하다"라고 말하며 벽난로에 던져 과거를 태우자. 벽난로가 없으면 쓰레기통에 과거의 불행한 기억을 던지자. 좋은 기억만 간직하자.

🌿 샴페인을 냉장고에 넣어 차갑게 하자. 가는 해에 작별의 건배를 건네고 새해를 환영하자. 감사한 마음을 전하자. 한 해 동안 걸어온 소박한 풍요로움의 길을 돌아보며 얼마나 멀리 왔는지, 얼마나 많은 교훈을 얻었는지, 얼마나 진정한 모습이 됐는지 생각해보고 축하하자.

🌿 새해 복 많이 받으세요!

## • 감사의 말 •

# 진심 어린 감사를 담아서

평생 기도한 말이 '감사합니다'일 뿐이라도 그것이면 충분하다.

– 마이스터 에크하르트

13세기 독일의 신비주의자

나는 책이 기적처럼 탄생한다는 것 말고는 책이 세상에 나오는 다른 방법을 모른다. 고백하건대 책을 쓰면서 가장 힘든 부분은 시작이나 끝이 아니라 '감사의 말'이다. 책은 "어둡고 폭풍우가 몰아치는 밤"부터 "끝"까지 공동 작업의 결과물이기 때문이다. 책은 표지에 작가의 이름을 달고 나오지만 공헌한 다른 많은 사람들(수천 명의 천사들)의 재능이 작가와 책에 꼭 필요하다.

이 책이 출간되기까지 오랜 시간 동안 가족과 친구와 동료와 '보이지 않는 손'이 내게 도움을 주면서 마치 자기의 책인 양《행복의 발견 365》을 돌봤다. 내가 지극한 행복을 따르는 동안 나에게 관대하게 쏟아준 사랑, 지원, 시간, 창조적인 에너지, 감정, 인도, 영감, 믿음에 대해 이 자리를 통해 진정으로 고마움을 전하고 싶다.

1995년에 초판으로 시작해 25번째 개정판까지 나온《행복의 발견 365》를 내게 맡긴 하나님께 진심으로 감사한다. 워너북스의 리브 블루머를 만난 것은 큰 축복이었다. 나는 리브의 관대함, 사려 깊음, 열정, 지성, 재치, 내 작업에 대한 존경에 깊이 감동하였다. 《행복의 발견 365》 초판 및 이후에 나온 네 권의 책을 훌륭하게 편집해준 카린 카매츠 러디에게 진심 어린 애정과 존경을 전한다. 카린은 내 요청과 우려에 늘 유쾌하고 친절하게 대응했다. 리브와 케이린은 처음부터 이 책을 진정으로 좋아했으며 빅토리아 시대의 철학자 존 러스킨이 말한 "사랑과 기술이 협력"할 때 생기는 조화를 확실하게 보여줬다.

워너북스는 2006년에 그랜드 센트럴 출판사로 바뀌었다. 이 책을 위해 뒤에서 많은 도움을 준 그랜드 센트럴의 모든 관계자에게 감사한다. 그들은 시간, 공간, 예산 회의, 제작 일정이라는 복잡한 미로 속에서 많은 관심을 가지고 사려 깊게 내 작업을 이끌었다. 우선 그랜드 센트럴의 편집장인 캐런 코츠톨닉이 개정판에 보여준 뜨거운 열정에 감사한다. 캐런의 우아한 관심은 이 책의 모든 페이지에서 드러난다.

어떻게 그 많은 일을 그렇게 잘해내는지 궁금할 정도로 엘리자베스 쿨하넥은 놀랍게도 안정적으로 편집자, 제작자, 작가의 일을 동시에 훌륭한 솜씨로 해냈다. 정말로 고맙다. 헌신적인 애정을 가지고 꼼꼼하게 기술을 발휘해 모든 페이지에 생명을 불어넣은 리베카 메인스에게도 감사한다. 제작 담당자인 루리아 리튼버그, 제작부 차장 로라 아이젠하드, 디지털 제작 담당 멀리사 매슬린에게도 많은 고마움을 전한다. 종이책 출판사의 벤 시비어와 디지털 출판사의 베스 드 거츠먼에게도 고맙다.

아무리 좋은 책이라도 세상에 알리려면 마케팅과 홍보에 재능 있는 사람들이 필요하다. 어맨다 프리츠커와 앨러나 스펜들리, 마케팅 담당자 브라이언 매클렌던에게 감사한다. 홍보를 맡은 캠런 네사에게 감사한다. 영업 분야에서는 앨리 커트론, 앨리슨 래저러스, 크리스 머피와 더불어 캐런 토레스가 새로운 25주년 기념판《행복의 발견 365》를 담당해줘서 무척 기쁘다. 오디오 버전을 맡은 앤서니 고프와 제작자 크리스틴 패럴에게 고마움을 전한다. 표지에 관심이 많은 독자들이 있어도 나는 걱정이 없다. 새로운 표지를 만들어준 크리에이티브 디렉터 앨버트 탱과 표지디자이너 짐 티어니에게 대단히 고맙다. 그녀는 그랜드 센트럴에서 나온 내 다른 책들도 작업했다.

이 책이 나오는 과정에서 늘 지속적인 기도, 엄청난 환대, 진정한 위로, 기쁨이 넘치는 축하를 베푼 내 친구들 돈 윈터, 도나 쿠퍼, MJ 브랜트에게 축복을 빈다. 내 동생 모린 오크린은 처음부터 독자와 나 사이의 연결 고리가 돼줬다. 특히 내가 다른 일로 바쁠 때 그녀의 열정과 이해심과 격려가 없었다면 나는 웹사이트를 운영하지 못했을 것이다.

내 동생 팻 크린은 25주년 기념판을 쓰는 동안 수많은 방법으로 나를 도왔다. 그는 일주일에 두어 번씩 들러 마감일을 맞추느라고 정신없는 나를 살폈다. 내가 정신적으로 여유가 없는 사이에 고양이 밥을 챙겨준 덕에 가장 부담스러운 내 의무가 사라졌다. 어려움이 닥쳐 좌절할 때 그는 "돌아가기에는 조금 늦었어"와 "진정하고 계속 글을 써"라는 현명한 조언을 했다.

오프라 윈프리가 25년 동안 내 책을 전폭적으로 지원해준 것에 말로 다 하지 못할 고마움을 건넨다. 오프라는《행복의 발견 365》의 대모가 되었다.

창의적이고 직관적인 내 사위 제프 릭트퍼스가 소셜미디어에서 새로운 세대를 위해《행복의 발견 365》를 개정할 생각이 없느냐는 오랜 팬들의 문의 글이 갈수록 늘어나고 있다고 여러 번 강조해준 것에 감사한다. 결과물이 그의 마음에 들기를 바란다. 앞으로도 새로운 아이디어를 언제든 환영한다.

내 에이전트이자 단짝 친구인 크리스 토마시노가 없었다면 이 책(초판과 개정판 모두)을 쓰지 못했을 것이다. 크리스가 나를 조건 없이 신뢰했고 내게 필요한 교훈을 다른 여성도 알아야 한다고 열렬히 믿은 덕에 이 책이 탄생했다. 그녀는 달별로 나뉜 초안(1,200장이 넘는 분량에서 줄인 원고)을 가장 먼저 읽었으며 출판사를 찾지 못해 어려움을 겪은 긴 세월 동안 끊임없이 이 책의 가능성을 이야기하며 나를 지탱했다. 크리스의 꾸준한 지원 덕에 20년 동안의 기자 생활을 그만두고 진정한 자아의 목소리를 듣기 위해 위험을 무릅쓸 용기가 생겼다. 나는 크리스가 안전망을 잡고 있음을 알았기에 집필이라는 영역으로 힘껏 도약할 수 있었다.

내가 이 책을 쓰는 꿈을 처음 품었을 때 사랑하는 내 딸 케이트는 여덟 살이었다. 케이트는 자기 인생의 반평생이 넘도록 자신의 일상에서 진행 중이던 '그 책'의 존재를 유머 감각과 인내와 배려를 발휘해 너그럽게 받아들였다. 이 책의 출간에 대한 내 신념이 흔들릴 때조차 케이트는 항상 변치 않는 신념을 보여줬다. 이제 입장이 바뀌어 케이트가 영화 제작자로서 흥미롭고 진정한 길을 걷고 있는 모습을 보게 돼 얼마나 기쁜지 모른다. 자신의 분야에서 최고인 케이트와 함께 새로운 프로젝트를 하는 것이 내 간절한 소망이다.

내 일과 삶의 이 새로운 챕터를 케이트와 크리스와 함께할 수 있어서 정말로 행복하다.

특히 친애하는 독자인 당신을 비롯해 이 책과 관계된 모든 사람들이 내 사랑의 씨앗으로 자란 수확을 풍성하게 거둬들이기 바라며 감사의 말을 마친다. 마이스터 에크하르트는 "하나님은 당신보다 1,000배 더 준비를 하신다. 그러니 항상 하나님의 선물을 받을 준비를 하라. 항상 새로운 선물을 받을 준비를 하라"라고 충고한다.

  내게 도움을 준 모든 분들의 이름은 내 마음속 감사일기에 영원히 새겨져 있을 것이다.

나는 내가 읽은 모든 것의 일부다.

- 존 키런

미국의 작가이자 편집자

내가 인용한 글들의 출처는 많고 다양하다. 함축적이면서 심오한 글을 수집하는 것은 내가 40년이 넘도록 열중한 취미였다. 나는 책, 잡지, 논설, 평론, 신문 기사, 라디오 인터뷰, 텔레비전 방송, 연극, 영화 같은 많은 곳에서 그런 글을 모았다. 내가 좋아하는 인용문 모음집은 로절리 마지오가 편찬한 《뉴 비컨 여성 인용문집The New Beacon Book of Quotations by Women》, 저스틴 캐플런이 편집한 《바틀릿의 친근한 인용문Bartlett's Familiar Quotations》, 로버트 앤드루스가 편찬한 《컬럼비아 인용문 사전The Columbia Dictionary of Quotations》이다. 오래된 자료의 출처는 내가 개인적으로 모은 여성지들로 제1차 세계대전 무렵, 대공황 시기, 제2차 세계대전 당시 후방에서 전쟁에 대비하던 시기에 나온 것이다.

Ackerman, Diane. *A Natural History of the Senses.* New York: Random House, 1990.

Anthony, Evelyn. *The Avenue of the Dead.* New York: Coward, McCann & Geoghegan, 1982.

Antin, Mary. *The Promised Land.* Boston: Houghton Mifflin, 1969.

Armstrong, Karen. *A History of God: The 4,000-Year Quest of Judaism, Christianity and Islam.* New York: Alfred A. Knopf, 1993.

Austen, Jane. *Mansfield Park.* New York: Oxford University Press, 1990.

Baldwin, Christina. *Life's Companion: Journal Writing as a Spiritual Quest.* New York: Bantam, 1990.

Beattie, Melody. *The Language of Letting Go.* New York: Hazelden/Harper-Collins, 1990.

_____. *Gratitude: Affirming the Good Things in Life.* New York: Hazelden/Ballantine Books, 1992.

Beck, Martha. *Finding Your Own North Star: Claiming the Life You Were Meant to Live.* New York: Three Rivers Press, 2001.

_____. "Lies About Love." *Real Simple.* February 2001.

Beeton, Isabella. *The Book of Household Management.* London: 1861.

Bender, Sue. *Plain and Simple: A Woman's Journey to the Amish.* New York: HarperOne, 1989.

Bennett, Arnold. *How to Live on Twenty-Four Hours a Day.* London: 1910; Plainview, New York: Books for Libraries Press, 1975.

Berenbaum, Rose Levy. *The Cake Bible.* New York: William Morrow and Company, Inc., 1988.

Bogan, Louise. *Journey Around My Room: The Autobiography of Louise Bogan.* New York: Penguin Publishing Group, 1981.

Bolen, Jean Shinoda. *Goddesses in Everywoman.* New York: Harper & Row, 1984.

Borysenko, Joan. *Minding the Body, Mending the Mind.* New York: AddisonWesley, 1987.

_____. *Guilt Is the Teacher, Love Is the Lesson.* New York: Warner Books, 1990.

_____. *Fire in the Soul: A New Psychology of Spiritual Optimism.* New York: Warner Books, 1993.

_____. *Pocketful of Miracles: Prayers, Meditations, and Affirmations to Nurture Your Spirit Every Day of the Year.* New York: Warner Books, 1994.

Brant, Mary Jane Hurley. *When Every Day Matters: A Mother's Memoir on Love, Loss and Life.* New York: Simple Abundance Press, 2008.

Breathnach, Sarah Ban. *Mrs. Sharp's Traditions: Reviving Victorian Family Celebrations of Comfort & Joy.* New York: Simple Abundance Press, 1990, 2001.

_____. *The Victorian Nursery Companion.* New York: Simon & Schuster, 1992.

_____. *The Simple Abundance Journal of Gratitude.* New York: Warner Books, 1997.

_____. *Something More: Excavating Your Authentic Self.* New York: Warner Books, 1998.

_____. *The Simple Abundance Illustrated Discovery Journal: Creating a Visual Autobiography of Your Authentic Self.* New York: Warner Books, 1999.

Brontë, Emily. *Wuthering Heights: Complete Authoritative Text with Biographical and Historical Contexts.* Boston: Bedford Books, 1992.

Browning, Dominique. *Around the House and Through the Garden: A Memoir of Heartbreak, Healing and Home Improvement.* New York: Scribner, 2002.

Brussat, Frederic, and Mary Ann Brussat, editors. *100 Ways to Keep Your Soul Alive.* New York: HarperOne, 1994.

Büchmann, Christina, and Celina Spiegel, editors. *Out of the Garden: Women Writers on the Bible.* New York: Fawcett Columbine, 1994.

Budapest, Zsuzsanna E. *The Grandmother of Time: A Woman's Book of Celebrations, Spells and Sacred Objects for Every Month of the Year.* New York: Harper & Row, 1989.

Burnett, Frances Hodgson. *The Secret Garden.* New York: Frederick A. Stokes, 1911.

Burnham, Sophy. *A Book of Angels.* New York: Ballantine, 1990.

Caddy, Eileen. *Opening Doors Within.* Forres, Scotland: The Findhorn Press, 1987.

Cameron, Julia. *The Artist's Way: A Spiritual Path to Higher Creativity.* New York: Jeremy P. Tarcher/Perigee Books/Putnam Publishing Group, 1992.

Cantwell, Mary. "The Mauve-ing of America." *New York Times Magazine,* March 17, 1991.

Carter, Mary Randolph. *American Junk.* New York: Viking Studio Books, 1994.

Chisholm, Anne. *Rumer Godden: A Storyteller's Life.* London: Macmillan, 1999.

Clampitt, Amy. *The Kingfisher.* New York: Alfred A. Knopf, 1983.

Clurman, Carol. "Family vs. Career: A Woman on the Road to Power Takes a U-Turn." *USA Weekend,* December 2-4, 1994.

Colwin, Laurie. *Home Cooking: A Writer in the Kitchen.* New York: Alfred A. Knopf, 1988.

_____. *More Home Cooking: A Writer Returns to the Kitchen.* New York: HarperCollins, 1993.

Conwell, Russell H. *Acres of Diamonds.* New York and London: Harper & Brothers, 1915.

Cooper, Dona. *Writing Great Screenplays for Film and TV.* New York: Prentice Hall, 1994.

Coupland, Ken. "Is There a Doctor for the House?" *New Age Journal,* November/December 1991.

Csikszentmihalyi, Mihaly. *Flow: The Psychology of Optimal Experience.* New York: Harper & Row, 1990.

Damrosch, Barbara. *The Garden Primer.* New York: Workman Publishing, 1988.

David, Elizabeth. *Elizabeth David's Christmas,* edited by Jill Norman. London: Michael Joseph, 2003.

Davidson, Diane Mott. *Dying for Chocolate.* New York: Bantam, 1992.

_____. *Cereal Murders.* New York: Bantam, 1993.

_____. *Catering to Nobody.* New York: Bantam, 2002.

Davis, Bette. *The Lonely Life.* New York: Putnam, 1962.

Deval, Jacqueline. *Reckless Appetites: A Culinary Romance.* Hopewell, New Jersey: Ecco Books, 1993.

de Wolfe, Elsie. *The House in Good Taste.* New York: The Century Company, 1913.

Dickinson, Emily. *Emily Dickinson: Selected Letters,* edited by Thomas H. Johnson. Cambridge, Massachusetts: The Belknap Press of Harvard University Press, 1985.

Didion, Joan. *Slouching Towards Bethlehem.* New York: Farrar, Straus and Giroux, 1998.

Dillard, Annie. *Pilgrim at Tinker Creek.* New York: Harper & Row, 1974.

_____. *The Writing Life.* New York: Harper & Row, 1989.

Dolmar, Alice D. and Henry Dreher. *Self-Nurture: Learning to Care for Yourself as Effectively As You Care for Everyone Else.* New York: Penguin Books, 2001.

Dolnick, Barrie. *Instructions for Your Discontent: How Bad Times Can Make Life Better.* New York: Simple Abundance Press, 2003.

du Maurier, Daphne. *Rebecca.* New York: Doubleday, Doran and Company, 1938.

Eliot, George. *The Mill on the Floss.* New York and Chicago: Scott Foresman & Company, 1920.

Eliot, T. S. *Collected Poems 1909-1962.* New York: Harcourt Brace Jovanovich, 1963.

Emerson, Ralph Waldo. *The Best of Ralph Waldo Emerson.* New York: Walter J. Black, Inc., 1941.

_____. *Self-Reliance: The Wisdom of Ralph Waldo Emerson as Inspiration for Daily Living*(selected and with an introduction by Richard Whelan). New York: Bell Tower, 1991.

Engelbreit, Mary. *Mary Engelbreit's Home Companion: The Mary Engelbreit Look and How to Get It.* Kansas City: Andrews and McMeel, 1994.

Erlanger, Micaela. *How to Accessorize: A Perfect Finish to Every Outfit.* New York: Clarkson Potter, 2018.

Esquivel, Laura. *Like Water for Chocolate.* New York: Doubleday, 1992.

Estés, Clarissa Pinkola. *Women Who Run with the Wolves.* New York: Ballantine Books, 1992.

Ferguson, Sheila. *Soul Food: Classic Cuisine from the Deep South.* London and New York: Weidenfeld & Nicolson, 1989.

Fernea, Elizabeth Warnock, editor. *Women and Family in the Middle East: New Voices of Change.* Austin, Tex.: University of Texas Press, 1985.

Ferrucci, Piero. *Inevitable Grace.* New York: Jeremy P. Tarcher/Putnam Books, 1990.

Field, Joanna (pen name of Marion Milner). *A Life of One's Own.* London: Chatto & Windus, 1936; Los Angeles: Jeremy P. Tarcher, 1981.

Fields, Rick, with Peggy Taylor, Rex Weyler, and Rich Ingrasci. *Chop Wood, Carry Water: A Guide to Finding Spiritual Fulfillment in Everyday Life.* New York: Jeremy P. Tarcher/Perigee/Putnam, 1984.

Fisher, M. F. K. *How to Cook a Wolf.* New York: Duell, Sloan and Pearce, 1942.

Fitzgerald, Sally, editor. *The Habit of Being: Letters of Flannery O'Connor.* New York: Farrar, Straus, and Giroux, 1979.

Foster, Patricia, editor. *Minding the Body: Women Writers on Body and Soul.* New York: Doubleday, 1994.

Fox, Emmet. *Power Through Constructive Thinking.* New York: HarperCollins, 1989.

Fox, Matthew. *The Reinvention of Work: A New Vision of Livelihood for Our Time.* New York: HarperCollins, 1994.

Fraser, Kennedy. *The Fashionable Mind.* Boston: David R. Godine, 1985.

Freeman, Eileen Elias. *Touched by Angels.* New York: Warner Books, 1993.

_____. *Angelic Healing: Working with Your Angels to Heal Your Life.* New York: Warner Books, 1994.

Gibson, Cynthia. *A Botanical Touch.* New York: Viking Studio Books, 1993.

Glasgow, Ellen. *Barren Ground.* New York: Doubleday Page & Co, 1925.

Glaspell, Susan. *The Visioning.* New York: Frederick A. Stokes, 1911.

Godden, Rumer. *A House with Four Rooms.* New York: William Morrow and Company, Inc., 1989.

Goldberg, Natalie. *Writing Down the Bones: Freeing the Writer Within.* Boston: Shambhala, 1986.

_____. *Wild Mind: Living the Writer's Life.* New York: Bantam, 1990.

Graham, Abbie. *Ceremonials of Common Days.* New York: Womans Press, 1923.

Graham, Ysenda Maxtone. *The Real Mrs. Miniver: Jan Struther's Story.* London: John Murray, 2001.

Guest, Edgar A. *Collected Verse of Edgar A. Guest.* Chicago: Reilly & Lee Co., 1934.

Hampton, Mark. *Mark Hampton on Decorating.* New York: Conde Nast Books/Random House, 1989.

Hancock, Emily. *The Girl Within.* New York: Fawcett Columbine, 1989.

_____. "Growing Up Female." *New Woman,* May 1993.

Hanh, Thich Nhat. *The Miracle of Mindfulness: A Manual on Meditation.* Boston: Beacon Press, 1987.

Harrison, Kathy, and Alison Kolesar. *Just in Case: How to Be Self-Sufficient When the Unexpected Happens.* North Adams, Mass.: Storey Publishing, 2008.

Hepner, Harry. *The Best Things in Life.* New York: B. C. Forbes & Sons, 1953.

Hersey, Jean. *The Shape of the Year.* New York: Charles Scribner's Sons, 1967.

Hine, Megan. *Mind of a Survivor: What the Wild Has Taught Me About Survival and Success.* London: Coronet Publishing, 2017.

Holland, Barbara. *Endangered Pleasures.* Boston: Little, Brown and Company, 1995.

Holmes, Marjorie. *I've Got to Talk to Somebody, God.* New York: Doubleday, 1968.

Holt, Geraldene. *The Gourmet Garden.* Boston: Bullfinch Press Books/Little, Brown, 1990.

Huxley, Judith. *Table for Eight.* New York: William Morrow and Company, 1984.

Hyatt, Carole, and Linda Gottlieb. *When Smart People Fail: Rebuilding Yourself for Success.* New York: Penguin Books, 1988.

Irion, Mary Jean. *Yes, World: A Mosaic of Meditation.* New York: R. W. Baron, 1970.

James, William. *The Principles of Psychology.* New York: Henry Holt & Co., 1890; Cambridge, Mass.: Harvard University Press, 1983.

Johnson, Samuel. *Samuel Johnson/Oxford Authors.* Oxford/New York: Oxford University Press, 1984.

Johnston, Mireille. *The French Family Feast.* New York: Simon & Schuster, 1988.

Keane, Molly. *Molly Keane's Nursery Cooking.* London: Macdonald, 1985.

Kelly, Marcia, and Jack Kelly. *One Hundred Graces.* New York: Bell Tower, 1992.

Kondo, Marie. *The Life-Changing Magic of Tidying Up.* New York: Ten Speed Press, 2014.

Kornfield, Jack. *A Path with Heart: A Guide Through the Perils and Promises of Spiritual Life.* New York: Bantam, 1993.

Kosinski, Jerzy. *Being There.* New York: Harcourt Brace Jovanovich, 1971.

Kripke, Pamela. "Create Your Own Decorator's Notebook." *Mary Emmerling's Country,* August 1993.

Kron, Joan. *Home-Psych: The Social Psychology of Home and Decoration.* New York: Clarkson Potter, 1983.

Kushner, Harold. *Who Needs God?* New York: Summit Books, 1989.

_____. *To Life! A Celebration of Jewish Being and Thinking.* New York: Warner Books, 1993.

Lamott, Anne. *Bird by Bird: Some Instructions on Writing and Life.* New York and San Francisco: Pantheon Books, 1994.

Lange, Dorothea. "The Assignment I'll Never Forget: Migrant Mother." *Popular Photography,* February, 1960.

Lawlor, Anthony. *A Home for the Soul: A Guide for Dwelling with Spirit and Imagination.* New York: Clarkson Potter, 1997.

Lawrence, Brother. *Practicing the Presence of God.* Wheaton, Ill.: Harold Shaw, 1991.

L'Engle, Madeleine. *A Circle of Quiet.* New York: Farrar, Straus and Giroux, 1972.

_____. *The Irrational Season.* New York: The Seabury Press, 1979.

_____. *Walking on Water: Reflections on Faith and Art.* Wheaton, Ill.: Harold Shaw, 1980.

Lewis, C. S. *Miracles.* New York: Macmillan, 1947.

Lindbergh, Anne Morrow. *Gift from the Sea.* New York: Pantheon Books, 1955.

Markham, Beryl. *West with the Night.* Boston: Houghton Mifflin Company, 1942.

Martin, Tovah. *The Essence of Paradise: Fragrant Plants for Indoor Gardens.* Boston: Little, Brown, 1991.

Matthews, Caitlin. *Celtic Devotional: Daily Prayers and Blessings.* New York: Harmony Books, 1996.

May, Rollo. *The Courage to Create.* New York: W. W. Norton, 1975.

McCall, Anne Bryan. *The Larger Vision.* New York: Dodd, Mead & Company, 1919.

McDonald, Carla, and Kristen O'Brien on Madame Sophie Swetchine. www.salonniere.com.

McGinley, Phyllis. *Sixpence in Her Shoe.* New York. Dell Publishing, 1964.

_____. *Saint-Watching.* New York: Viking, 1969.

McManus, Erwin Raphael. *The Artisan Soul: Crafting Your Life into a Work of Art.* New York: HarperOne, 2014.

Mendelson, Cheryl. *Home Comforts: The Art and Science of Keeping Home.* New York: Scribner, 1999.

Merker, Hannah. *Listening.* New York: HarperCollins, 1994.

Miller, Ronald S., and the Editors of *New Age Journal. As Above, So Below: Paths to Spiritual Renewal in Daily Life.* Los Angeles: Jeremy P. Tarcher, 1992.

Mitchell, Stephen. *Tao Te Ching, A New English Version.* New York: Harper & Row, 1988.

Moore, Thomas. *Care of the Soul: A Guide for Cultivating Depth and Sa-*

*credness in Everyday Life.* New York: HarperCollins, 1992.

_____. *Soul Mates: Honoring the Mysteries of Love and Relationship.* New York: HarperCollins, 1994.

Morris, Mary. "Hello, This Is Your Destiny." *New Woman,* February 1993.

Moss, Charlotte. *A Passion for Detail.* New York: Doubleday, 1991.

Murphy, Joseph. *The Power of Your Subconscious Mind.* New York: Bantam Books, 1982.

Nicholson, Phyllis. *Norney Rough.* London: John Murray, 1941.

_____. *Country Matters.* London: John Murray, 1947.

Norris, Gunilla. *Being Home.* New York: Bell Tower, 1991.

Nouwen, Henri J. M. *Life of the Beloved: Spirituality Lessons in a Secular World.* Anniversary edition. New York: New York: Crossroad Publishing. 2002.

O'Connor, Elizabeth. *Eighth Day of Creation: Gifts and Creativity.* Waco, Tex.: Word Books, 1971.

O'Donohue, John. *Anam Cara: A Book of Celtic Wisdom.* New York: HarperCollins, 1998.

_____. *To Bless the Space Between Us: A Book of Blessings.* New York: Doubleday, 2008.

Ohrbach, Barbara Milo. *The Scented Room.* New York: Clarkson Potter, 1986.

Olsen, Tillie. *Silences.* New York: Seymour Lawrence/Delacorte Press, 1978.

_____. *Tell Me a Riddle.* New York: Seymour Lawrence/Delacorte Press, 1979.

Palmer, Derek. *The Dream of Perpetual Motion.* New York: St. Martin's Press, 2011.

Pascale, Richard Tanner. "Zen and the Art of Management." *Harvard Business Review,* March/April 1978.

Peck, M. Scott. *The Road Less Traveled.* New York: Simon & Schuster, 1978.

_____. *Further Along the Road Less Traveled.* New York: Simon & Schuster, 1993.

Perenyi, Eleanor. *Green Thoughts: A Writer in the Garden.* New York: Vintage Books, 1983.

Phipps, Diana. *Affordable Splendor.* New York: Random House, 1981.

Ponder, Catherine. *The Prosperity Secrets of the Ages.* Marina del Rey, Calif.: DeVorss & Company, 1954.

_____. *Open Your Mind to Prosperity.* Marina del Rey, Calif.: DeVorss & Company, 1971.

Porter, Eleanor Hodgman. *Pollyanna.* Boston: The Page Company, 1913.

Post, Emily. *The Personality of a House.* New York and London: Funk & Wagnalls, 1948.

Priestly, J. B. *Delight.* London: Heinemann, 1949.

Radner, Gilda. *It's Always Something.* New York: Simon & Schuster, 1989.

Raynolds, Robert. *In Praise of Gratitude: An Invitation to Trust Life.* New York: Harper & Brothers, 1961.

Redfield, James. *The Celestine Prophecy.* New York: Warner Books, 1993.

Rilke, Rainer Maria. *Letters to a Young Poet.* New York: W. W. Norton, 1934.

Ripperger, Henrietta. *A Home of Your Own and How to Run It.* New York: Simon & Schuster, 1940.

Robbins, John, and Ann Mortifee. *In Search of Balance.* Tiburn, Calif.: H. J. Kramer, Inc., 1991.

Robyn, Kathyrn L. *Spiritual Housekeeping: Healing the Space Within by Beautifying the Space Around You.* Oakland, Calif.: New Harbinger Publications, 2001.

Roesch, Diana K. "Body Language." *Lear's.* February, 1994.

Sacks, Oliver. *Awakenings.* New York: Summit Books, 1987.

Sangster, Margaret E. *Ideal Home Life.* New York: The University Society, Inc., 1910.

Sarton, May. *Plant Dreaming Deep.* New York: W. W. Norton, 1968.

_____. *Journal of a Solitude.* New York: W. W. Norton, 1973.

Schaef, Anne Wilson. *Meditations for Women Who Do Too Much.* San Francisco: HarperCollins, 1990.

_____. *Meditations for Living in Balance*. San Francisco: HarperCollins, 2000.

Seal, Mark. "Laura Esquivel's Healing Journey." *New Age Journal,* May/June 1994.

Seuss, Dr. *Oh, the Places You'll Go!* New York: Random House, 1990.

Shain, Merle. *Hearts That We Broke Long Ago*. New York: Bantam, 1983.

_____. *Courage My Love: A Book to Light an Honest Path*. New York: Bantam, 1989.

Sheehy, Gail. *Pathfinders*. New York: William Morrow, 1981.

_____. "The Flaming Fifties." *Vanity Fair,* October 1993.

_____. *New Passages: Mapping Your Life Across Time*. New York: Random House, 1995.

Shi, David E. *In Search of the Simple Life*. Layton, Utah: Peregrine Smith/ Gibbs M. Smith, Inc., 1986.

Shinn, Florence Scovel. *The Wisdom of Florence Scovel Shinn. (Includes four complete books: The Game of Life and How to Play It The Power of the Spoken Word Your Word Is Your Wand The Secret of Success.)* New York: Fireside/Simon & Schuster, 1989.

Siegel, Alan B. *Dreams That Can Change Your Life*. Los Angeles: Jeremy P. Tarcher, 1990.

Sinetar, Marsha. *Do What You Love and the Money Will Follow*. New York/ Mahwah: Paulist Press, 1987.

_____. *Reel Time: Spiritual Growth Through Film*. Ligouri, Missouri: Triumph Books, 1993.

Starhawk. *The Spiral Dance*. New York: Harper & Row, 1979.

Steindl-Rast, Brother David. *Gratefulness, the Heart of Prayer: An Approach to Life in Fullness*. New York/Ramsey, New Jersey: Paulist Press, 1984.

Steinem, Gloria. *Revolution from Within: A Book of Self-Esteem*. Boston: Little, Brown and Company, 1992.

Stern, Jane and Michael. *Square Meals*. New York: Alfred A. Knopf, Inc.,

1984.

Stern, Janet, editor. *The Writer on Her Work*. New York: W. W. Norton, 1980.

Stevens, Wallace. *The Collected Poems of Wallace Stevens*. New York: Alfred A. Knopf, 1954, 1982.

Stoddard, Alexandra. *Daring to Be Yourself.* New York: Doubleday, 1990.

_____. *Creating a Beautiful Home*. New York: William Morrow, 1992.

Struther, Jan. *Try Anything Twice*. New York: Harcourt, Brace and Company, 1938.

_____. *Mrs. Miniver.* New York: Harcourt, Brace and Company. 1940.

Sullivan, Rosemary. *Labyrinth of Desire: Women, Passion and Romantic Obsession*. Washington, D.C.: Counterpoint, 2001.

Taylor, Terry Lynn. *Messengers of Light: The Angels' Guide to Spiritual Growth*. Tiburon, Calif.: H. J. Kramer, Inc., 1990.

_____. *Guardians of Hope: The Angels' Guide to Personal Growth*. Tiburon, Calif.: H. J. Kramer, Inc., 1992.

_____. *Creating with the Angels*. Tiburon, Calif.: H. J. Kramer. Inc., 1993.

Terkel, Studs. *Working: People Talk about What They Do All Day and How They Feel about What They Do*. New York: Pantheon Books, 1974.

Thoreau, Henry David. *Walden and Other Writings of Henry David Thoreau*. New York: Modern Library, 1992.

Thurman, Judith. *Isak Dinesen: The Life of a Storyteller*. New York: St. Martin's Press, 1982.

_____. "A Boudoir of One's Own." Victoria, August 1992.

Tisserand, Robert B. *The Art of Aromatherapy*. New York: Inner Traditions International, 1977.

Uchida, Yoshiko. *A Jar of Dreams*. New York: Atheneum, 1981.

Underhill, Evelyn. *Mysticism*. New York: World Publishing, 1955.

Wasserstein, Wendy. *Uncommon Women and Others*. New York: Dramatists' Play Service, 1987.

_____. "The Me I'd Like to Be." *New Woman,* December 1994.

Watts, Alan W. *The Way of Zen.* New York: Random House, 1965.

White, Katharine S. *Onward and Upward in the Garden.* Edited by E. B. White. New York: Farrar, Straus and Giroux, 1979.

Wickham, Cynthia. *House Plants through the Year.* London: William Collins Sons & Co. Ltd., 1985.

Williams, Margery. *The Velveteen Rabbit, or How Toys Become Real.* Garden City, New York: Doubleday, 1960.

Williamson, Marianne. *A Return to Love: Reflections on the Principles of a Course in Miracles.* New York: HarperCollins, 1992.

_____. *A Woman's Worth.* New York: Random House, 1993.

Winfrey, Oprah. *The Wisdom of Sundays: Life Changing Insights from Super Soul Conversations.* New York: Flatiron Books, 2017.

_____. *The Path Made Clear: Discovering Your Life's Direction and Purpose.* New York: Flatiron Books, 2019.

Witty, Helen. *Fancy Pantry.* New York: Workman Publishing, 1986.

Wolfe, Thomas. *Look Homeward, Angel.* New York: Charles Scribner, 1957.

Wolfman, Peri, and Charles Gold. *The Perfect Setting.* New York: Harry N. Abrams, Inc., 1985.

Woolf, Virginia. *A Room of One's Own.* New York: Harcourt Brace Jovanovich, 1929.

Yancey, Phillip. "Reading Wars," www.philipyancey.com, July 20, 2017.